**DAS NEUE WERK
VON GOTTORF**

Karen Asmussen-Stratmann

DAS NEUE WERK VON GOTTORF

Rekonstruktion, Geschichte und Bedeutung eines norddeutschen Terrassengartens des 17. Jahrhunderts

MICHAEL IMHOF VERLAG

Sonderveröffentlichung der Gesellschaft für Schleswiger Stadtgeschichte

Dissertation zur Erlangung des Doktorgrades
der Philosophischen Fakultät der Christian-Albrechts-Universität zu Kiel

vorgelegt von Karen Asmussen-Stratmann

Kiel 2019

Gedruckt mit freundlicher Unterstützung folgender Förderer:

Dr. Peter Hirschfeld-Stiftung

Gesellschaft für Schleswiger Stadtgeschichte e.V.

in Zusammenarbeit mit der Sparkassenstiftung
Schleswig-Holstein

Freundeskreis Schloss Gottorf e.V.

Gesellschaft zur Erhaltung historischer Gärten
in Schleswig-Holstein e.V.

IMPRESSUM

Gestaltung und Reproduktion: Vicki Schirdewahn
Druck: Druckerei Rindt, Fulda

© 2022
Michael Imhof Verlag GmbH & Co. KG
Stettiner Str. 25
D-36100 Petersberg
Tel. 0661/29 19 166-0 | Fax 0661/29 19 166-9
info@imhof-verlag.de | www.imhof-verlag.de

ISBN 978-3-7319-1165-4

Printed in Germany

DANKSAGUNG

Das Erscheinen dieses Buch erfüllt mich mit Freude und Dankbarkeit. Zwischen dem Beginn meiner Beschäftigung mit diesem wunderbaren Gartenkunstwerk und der Veröffentlichung der Forschungsergebnisse liegen viele Jahre. Mein größter Dank gilt den Betreuern dieser Arbeit, zunächst Prof. Dr. Adrian von Buttlar, dem ich den Einstieg in die spannende Sphäre der Erforschung der Historischen Gärten Schleswig-Holsteins und die Begleitung in der ersten Zeit verdanke. Später ermutigte mich Prof. Dr. Lars Olof Larsson zur Fertigstellung der Arbeit, die in den letzten Jahren von Prof. Dr. Klaus Gereon Beuckers betreut wurde, wofür ich sehr dankbar bin. Das zweite Gutachten übernahm Prof. Dr. Stefan Schweizer, der auch den weiten Weg zu meiner Disputation nicht scheute. Diesen Wissenschaftlern danke ich ausdrücklich für ihre Freundlichkeit und Geduld, für wichtige inhaltliche Hinweise und mentale Unterstützung.

Bei der jahrelangen Quellenrecherche und der Beschaffung von Druckvorlagen konnte ich auf die wertvolle Hilfe der Archiv-, Museums- und Bibliotheksmitarbeiter der vielen verschiedenen Institutionen setzen, u.a. im Reichsarchiv und der Königlichen Bibliothek in Kopenhagen und besonders im Schleswig-Holsteinischen Landesarchiv in Schleswig. Hier möchte ich namentlich Dr. Martin Reißmann, Heinrich von Hoyningen gen. Huene, Dr. Malte Bischoff, Veronika Eisermann, Bettina Dioum und dem Lesesaalpersonal danken.

Für vielfältige Hilfe, gute Zusammenarbeit und Wertschätzung möchte ich mich bei den Mitarbeitern der Stiftung Schleswig-Holsteinische Landesmuseen bedanken, besonders für die kollegiale Unterstützung von Dr. Ulrich Schneider, Kurator des Gartens. Dem Landesamt für Denkmalpflege Schleswig-Holstein, namentlich den Landeskonservatoren Dr. Johannes Habich und Dr. Michael Paarmann und der Gartendezernentin Dr. Margita M. Meyer bin ich für ihr großes Interesse und wertvolle Hinweise sehr dankbar. Ein ganz besonderer Dank gilt den Spezialisten für historische botanische Nomenklatur, die mit viel Mühe unentgeltlich die Identifikation der Pflanzen in den Inventaren des 17. Jahrhunderts übernommen haben als Grundlage für die Beurteilung der Gottorfer Pflanzensammlung, was diese kunsthistorische Arbeit inhaltlich großartig abrundet: Dr. Clemens Alexander Wimmer, Dr. Heinz-Dieter Krausch und Dr. Werner Schuricht. Weiterhin danke ich Dr. Harald Blanke, Dr. Peter Hamann (Plön), Thomas Messerschmidt, Dr. Bernd Brandes-Druba, Kurt-Jürgen Carl (Gut Ludwigburg) und meinem Bruder Dr. Georg Asmussen für interessante, ergänzende Hinweise und Hilfe.

Essenzielle Unterstützung während der Forschungsarbeit erhielt ich durch ein DAAD-Reisestipendium und ein Wiedereinstiegs-Stipendium der CAU Kiel. Großer Dank gilt den finanziellen Förderern der Publikation, der Dr. Peter Hirschfeld-Stiftung, dem Freundeskreis Schloss Gottorf e.V., der Gesellschaft zur Erhaltung historischer Gärten in Schleswig-Holstein und der Sparkassenstiftung Schleswig-Holstein in Zusammenarbeit mit der Gesellschaft für Schleswiger Stadtgeschichte e.V., ohne die die Drucklegung nicht hätte realisiert werden können. Dr. Michael Imhof danke ich für die freundliche Hilfe und die Bereitschaft, die Arbeit in seinem Verlag zu drucken, Vicki Schirdewahn für die sorgfältige Umsetzung. Ganz besonderer Dank gilt meinen Eltern, meinem Mann und Kindern für ihre Geduld und ihr liebevolles Coaching. Meinem Vater Jürgen Uwe Asmussen, der auch an der Identifizierung der Pflanzen beteiligt war und mit riesigem Interesse die Arbeit verfolgte, widme ich in großer Dankbarkeit dieses Buch.

INHALTSVERZEICHNIS

I. **Einleitung** 11

    1. Einführung in das Thema 11
    2. Übersicht und Kritik der Quellen 11
    3. Forschungsstand 14
    4. Aufbau der Arbeit 15

II. **Die kulturellen Voraussetzungen an der Gottorfer Residenz im 16. und 17. Jahrhundert** 17

    1. Die Anfänge der Gottorfer Gartenkunst unter den Herzögen Adolf und Johann Adolf – der Westergarten 17
    2. Herzog Friedrich III. und Herzogin Maria Elisabeth 19
    3. Herzog Christian Albrecht und Herzogin Friederike Amalie 22
    4. Die Gottorfer Sammlungen 26
    5. Der Alte Garten 28

III. **Der Neuwerk-Garten – Dokumentation der Entstehung im 17. Jahrhundert bis zum Ende der herzoglichen Zeit 1713** 31

    1. Name und Datierung 31
    2. Topographie und Verbindung zum Schloss 31
    3. Chronologie der Entstehung 32
        3.1. Die erste Phase bis zum Tode Friedrichs III. 1659 32
        3.2. Die zweite Phase des weiteren Ausbaus bis 1694 unter Christian Albrecht 38
        3.3. Die Vollendung unter Friedrich IV. 48
        3.4. Die Zeit der administratorischen Regierung bis zum Ende der Gottorfer Ära 1713 49
    4. Rekonstruktion anhand der historischen Quellen 52
        4.1. Einfassung und Zugänge 52
        4.2. Der Herkulesteich 55
        4.3. Die Skulptur des Herkules 56
        4.4. Der Globusgarten 58
        4.5. Die Pflanzen im Globusgarten 60
        4.6. Die Bildwerke im Globusgarten 62
        4.7. Das kleine Lusthaus im Globusgarten 64
        4.8. Das Globushaus 65
        4.9. Der Globus 73
        4.10. Das erste Pomeranzenhaus 75
        4.11. Das erste Vogelhaus 76
        4.12. Die Küchengebäude und die Achtkant im Tiergarten 77
        4.13. Der Melonengarten 78
        4.14. Das zweite Pomeranzenhaus 79
        4.15. Das zweite Vogelhaus 80
        4.16. Die Königsallee und die anderen Hauptwege 80
        4.17. Der Labyrinthberg und die Wildnis 81
        4.18. Der Blaue Teich 82

		4.19.	Die Kaskade	.83
		4.20.	Die Ausgestaltung der Terrassenanlage	.91
		4.21.	Die Bildwerke auf den Terrassen	.98
		4.22.	Die Amalienburg	101
		4.23.	Die Orangerie	112
		4.24.	Der Orangeriegarten und die Pflanzensammlung um 1695	120
		4.25.	Das Ringelhaus	122
		4.26.	Das Plankwerk auf dem obersten Plateau	123
		4.27.	Das Glashaus von 1699	124
		4.28.	Die Aloeglashäuser von 1668 und 1705	125
		4.29.	Das Garteninspektorhaus	126
	5.	Zusammenfassung		127

IV. Kunsthistorische Einordnung und Bedeutung des Gartens 129

	1.	Kunsthistorisch-formtypologische Analyse		129
		1.1.	Topographische Lage, Grundriss und Terrassenstruktur	129
		1.2.	Die Begrenzung	133
		1.3.	Die Herkulesstatue	134
		1.4.	Der Globusgarten	138
		1.5.	Das Globushaus	139
		1.6.	Die Kaskade	142
		1.7.	Die Skulpturen	146
		1.8.	Die Amalienburg	151
		1.9.	Das Ringelhaus	158
		1.10.	Die Gestaltung der Terrassenanlage	159
		1.11.	Die abschlagbaren Pomeranzenhäuser	162
		1.12.	Die Orangerie und das Orangerieparterre	164
		1.13.	Das Glashaus von 1699	176
		1.14.	Das Aloeglashaus von 1705	179
		1.15.	Ergebnisse der Analyse und Stellung des Gartens in der europäischen Gartenkunst des 17. Jahrhunderts	180
	2.	Die Bedeutung des Neuen Werkes im Kontext höfischer Repräsentation		182
		2.1.	Untersuchung und Interpretation einzelner Elemente	183
		2.1.1.	Herkules	183
		2.1.2.	Globusgarten und Globushaus	184
		2.1.3.	Die Aussage der Skulpturen	185
		2.1.4.	Die Amalienburg	186
		2.1.5.	Die Orangerie	187
		2.1.6.	Die Bedeutung der Pflanzen	188
		2.2.	Die Nutzung des Gartens in herzoglicher Zeit	189
		2.3.	Zur Rezeption des Neuwerkgartens	191
		2.4.	Resümee	192

V.	**Die Geschichte des Neuwerkgartens vom 18. bis zum 21. Jahrhundert –**	
	die Zeit der Statthalter und der militärischen Nutzung bis zur Wiederherstellung	195

1. Die Entwicklung des Gartens – Chronologie 195
   - 1.1. Das Neue Werk von 1713 bis 1779 195
   - 1.2. Das Neue Werk von 1779 bis zur Mitte des 19. Jahrhunderts 203
   - 1.3. Die Nutzung des Neuwerkgartens bis zum Ende der Statthalterzeit 204
   - 1.4. Das Ende – ein ehemaliger Garten in militärischer Nutzung 205
   - 1.5. Zur Restaurierungsgeschichte 209
2. Geschichte der einzelnen Gartengebäude und -teile 210
   - 2.1. Verbindung zwischen Schloss und Garten 210
   - 2.2. Das Plankwerk 211
   - 2.3. Der Herkulesteich und die Herkulesskulptur 211
   - 2.4. Der Globusgarten und seine Ausstattung 212
   - 2.5. Das Globushaus 213
   - 2.6. Die Königsallee und die anderen Hauptwege 214
   - 2.7. Der Labyrinthberg und die Wildnis 216
   - 2.8. Der Blaue Teich 217
   - 2.9. Die Kaskade 217
   - 2.10. Die Terrassenanlage 231
   - 2.11. Die Skulpturen und anderen Mobilien 240
   - 2.12. Die Amalienburg 247
   - 2.13. Die Orangerie 253
   - 2.14. Die Aloeglashäuser 255
   - 2.15. Die Glashäuser 258
   - 2.16. Der Pflanzenbestand in der ersten Hälfte des 18. Jahrhunderts 262
   - 2.17. Das Ringelhaus 265
   - 2.18. Der Eiskeller im Neuwerkgarten 265
   - 2.19. Das Garteninspektorat 266
   - 2.20. Der Tiergarten 272
3. Zusammenfassung 274

VI. Resümee und Würdigung 275

Anmerkungen zu Kapiteln I–VI 276

Anhänge und wissenschaftlicher Apparat 329

Anhang 1 Biographien der Gärtner und Fontänenmeister im Neuwerkgarten 330

- Vorwort 330
- Liste der Gärtner 330
- Liste der Fontänenmeister und -aufseher 330
- Index der Biographien 331
- Biographien 332

Anhang 2 Quellenauszüge 360

    Vorwort 360
    Index 360
    Quellentexte 362

Anhang 3 Listenübersichten 422

    Nr. 1   Die Herzöge von Schleswig-Holstein-Gottorf 1544–1721 423
    Nr. 2   Die Statthalter der dänischen Könige in den Herzogtümern 1730–1846 423
    Nr. 3   Auf Gottorf tätige Bauinspektoren und Baumeister, die mit dem Neuen Werk
          in Verbindung zu bringen sind 423
    Nr. 4   Die Baugeschichte des Globushauses 424
    Nr. 5   Die Baugeschichte der Kaskade 426
    Nr. 6   Die Baugeschichte der Amalienburg 431
    Nr. 7   Die Baugeschichte der Orangerie 433
    Nr. 8   Die Baugeschichte des Gärtnerhauses 437
    Nr. 9   Alphabetische Liste der originalen Pflanzennamen aus den Inventaren des 17. Jahrhunderts 440
    Nr. 10 Alphabetische Liste der Pflanzen aus den Inventaren des 17. Jahrhunderts
          nach heute gültiger Nomenklatur 446
    Nr. 11 Alphabetische Liste der originalen Pflanzennamen aus den Verzeichnissen
          der 1. Hälfte des 18. Jahrhunderts 448
    Nr. 12 Gartenbau- und Pflanzenbücher in der Gottorfer Bibliothek 455
    Nr. 13 Bücher der Gottorfer Bibliothek mit Relevanz für die Gebiete Architektur,
          Gartenkunst, Bildende Kunst, Topographie und Reiseliteratur 456
    Nr. 14 Zeittafel zur Geschichte des Neuwerkgartens 459

Wissenschaftlicher Apparat 470

    1. Quellenverzeichnis 470
        I.   Ungedruckte Schriftquellen 470
        II. Bildquellen 476
        III. Gedruckte Quellen 482
        IV. Anhang zum Quellenverzeichnis: Quellennachweise der aus Paarmann 1986 zitierten Quellen 484
    2. Literaturverzeichnis 506
    3. Abkürzungen und Siglen 516
    4. Personenregister 517
    5. Ortsregister 524
    6. Abbildungsnachweis 527

I. EINLEITUNG

1. Einführung in das Thema

Das am Rande der Stadt Schleswig gelegene Schloss Gottorf hat durch seine Funktion als Hauptresidenz der Herzöge von Schleswig-Holstein-Gottorf vom Mittelalter bis 1713 eine herausragende landesgeschichtliche Bedeutung. Das gilt nicht nur für den Schlossbau selbst, der als überregional bedeutendes Bau- und Kulturdenkmal seit etwa 50 Jahren Sitz der Landesmuseen, heute der Stiftung Schleswig-Holsteinische Landesmuseen, ist, sondern auch für seine Umgebung, die ehemals in Form mehrerer großer Gartenanlagen einen wesentlichen Stellenwert in der städtebaulichen und kulturellen Ausstrahlung der Residenz und ihrer höfischen Repräsentation innehatte.

Drei Gärten entstanden in der Blütezeit der Gottorfer Kultur, die mit Herzog Adolf ab 1544 ihren Anfang nahm und im 17. Jahrhundert unter den Herzögen Friedrich III. und Christian Albrecht ihren Höhepunkt erreichte. Noch unter Adolf wurde der Westergarten südwestlich außerhalb der Schlossinsel angelegt, und Friedrich III. initiierte ab 1623 den späteren Alten Garten südöstlich vor Gottorf (Abb. 1).

Insbesondere dem ab 1637 bis um 1700 nördlich des Schlosses ausgeführten Terrassengarten, der den Namen „das Neue Werk" erhielt, dem jüngsten und größten der Gottorfer Gärten und Gegenstand der vorliegenden Untersuchung, galt das Hauptinteresse Friedrichs III. und Christian Albrechts bei der Ausgestaltung ihrer Residenz, geprägt einerseits durch den allgemein verbreiteten barocken Zeitgeist der fürstlichen Selbstdarstellung und andererseits durch ihre eigenen Bestrebungen zur Erreichung des absoluten Fürstenstatus. Namentlich das Neue Werk trug mit seiner Ausstattung maßgeblich zur zeitgenössischen internationalen Bekanntheit des Gottorfer Hofes bei und zählt noch heute „zu den bedeutendsten frühbarocken Gartenanlagen Deutschlands […] und zu den wenigen darunter, von denen noch heute Grundstrukturen des 17. Jahrhunderts"[1] erhalten sind, da er nicht in einen Landschaftsgarten umgewandelt wurde. Stattdessen war sein Schicksal von langsamem Verfall seit Beginn des 18. Jahrhunderts bis hin zur militärischen Nutzung ab 1850 gekennzeichnet.

Die Denkmalpflege bemühte sich seit Anfang der 1980er Jahre, dieses herausragende Gartendenkmal des Landes wieder in das Bewusstsein der Öffentlichkeit zu bringen, zu sichern und wieder erlebbar zu machen. Für den Umgang mit dieser historischen Anlage, die bis 2007 von der Stiftung Schleswig-Holsteinische Landesmuseen mit Hilfe großzügiger Sponsoren im Bereich der großen Terrassenanlage restituiert wurde, bilden die Quellenforschungen und Beurteilung des Gartens eine wichtige Grundlage.

Da es bislang an einer monographischen Darstellung des Neuwerks als bedeutendstem Garten Schleswig-Holsteins fehlte, soll diese Forschungslücke nun mit dieser Arbeit geschlossen werden.

2. Übersicht und Kritik der Quellen

Willi Wolke schrieb 1962: „Der Versuch einer Rekonstruktion des […] herzoglichen Lustgartens [gemeint ist der Gottorfer Neuwerkgarten] ist insofern schwierig geworden, als die einschlägige Akte des Gottorfer Archivs im letzten Weltkrieg verlorengegangen ist."[2] Sicherlich ist dieser Verlust außerordentlich zu bedauern, gerade weil er die Entstehungszeit des Neuen Werks betrifft, aber Wolke, der nur einige wenige Sachakten zum Thema untersuchte, täuschte sich doch in der Beurteilung des noch vorhandenen Quellenmaterials, das sich nach gründlicher Sichtung und Bearbeitung sowohl im Schleswig-Holsteinischen Landesarchiv (LASH) als auch im Kopenhagener Reichsarchiv (RAK) als ausgezeichnet und äußerst umfangreich erwies.[3]

Einen ersten, sehr wichtigen Einblick lieferte Michael Paarmann 1986 mit seiner Publikation der die Gärten betreffenden Auszüge aus den Gottorfer Rentekammer- und Amtsrechnungen für den Zeitraum von 1620 bis 1712, also die herzogliche Zeit, in der der Alte Garten und das Neue Werk angelegt wurden. Dieser nur wenige Lücken aufweisende, jährlich geführte Bestand von Quellen bildet den Grundstock für die Erforschung der Baugeschichte des Neuwerks im 17. Jahrhundert und das Gerüst für die zeitliche Abfolge der Arbeiten. Der von Paarmann veröffentlichte Quellenkatalog wird in dieser Arbeit mit dem Zusatz „QuP" und den dort vorhandenen Nummern zitiert bzw. als Nachweis verwendet.[4] Bei kritischer Betrachtung dieses Quellenbestandes kann einerseits festgestellt werden, dass der „Wahrheitsgehalt in Bezug auf Kosten, Preise und auch andere Angaben kaum bezweifelt werden muß"[5], dafür aber andere zu berücksichtigende Probleme auftreten. Die sehr knappen Mitteilungen der Rechnungen und Beilagen lassen Informationslücken offen, so dass manchmal eine genaue Zuordnung zu einem bestimmten Garten, Baukörper oder in topographischer Hinsicht nicht möglich und deshalb Vorsicht bei der Interpretation geboten ist. Die Namen der entwerfenden und ausführenden Künstler sind leider ebenfalls nur zum Teil überliefert.

Daneben sind noch weitere schriftliche Einzeldokumente aus dem 17. Jahrhundert vorhanden, außer der vermissten noch eine zweite Sachakte zum Thema, die wertvolle Informationen u.a. zu den Pflanzenbeständen des Neuwerks enthält, darunter zwei Pflanzeninventare von 1655 und 1681 und ein Pflanzplan für die Terrassenanlage, wohl von 1680. Ergänzend dazu existiert eine dritte Bestandsliste der Orangeriepflanzen von 1695 im Kopenhagener Reichsarchiv.[6] Leider beziehen sich die Gottorfer Pflanzeninventare aber hauptsächlich auf die Orangeriepflanzen, die einer besonderen Haltung in Gewächshäusern bedurften, während die winterharten, im Freiland positionierten Bestände zum größten Teil nicht erwähnt werden.

Nur wenige Bildquellen geben Aufschlüsse über die Entstehungszeit des Gartens. Eine Gesamtdarstellung aus der ersten Ausbaustufe unter Herzog Friedrich III. ist lediglich durch Johannes Mejers vermutlich ersten Stadtplan Schleswigs dokumentiert. Zwei eigenhändige Federzeichnungen von 1641 sind bekannt, wobei sich der Kopenhagener Plan (Abb. 12) durch eine größere Detailgenauigkeit gegenüber dem Schleswiger (Abb. 3) auszeichnet.[7] Eine quellenkritische Beurteilung erweist sich als schwierig, denn obwohl man bei dem Kartographen Mejer eine exakte Vermessung vermutet[8], weisen die beiden in lockerem Duktus gehaltenen Exemplare sowohl untereinander als auch gegenüber späteren Darstellungen des Neuwerks Unterschiede und Ungenauigkeiten auf. Außerdem ergeben sich zwischen der Binnenzeichnung des Neuwerkgartens und den Schriftquellen der ersten Bauphase Widersprüche in mehreren Punkten, so dass die Zeichnungen nur als Lieferanten grober Anhaltspunkte angesehen werden können. Vor allem in Bezug auf die Herkulesstatue ist man geneigt, eine Projektierung zu vermuten.[9] Einen weiteren Stadtplan Schleswigs fertigte Mejer 1649 an und verwendete ihn für die gemeinsam mit Danckwerth 1652 publizierte Landesbeschreibung. Durch die präzisere Darstellung der Her-

kulesfigur ist diese sonst stark schematisierte Gestaltung als Ergänzung zu den früheren Mejer-Plänen anzusehen (Abb. 13).[10]

Zwischen den Mejer-Plänen und der zeitlich nächsten Gesamtdarstellung des Gartens von Rudolf Matthias Dallin (s.u.) klafft eine Lücke in der bildlichen Überlieferung von fast 60 Jahren, die nur sehr unvollständig ausgefüllt wird durch einige wenige Bildquellen von Teilbereichen, wozu zwei außerordentlich interessante, bislang der Forschung unbekannte Neuentdeckungen gehören: Zum einen eine Zeichnung der Kaskade am Eingang des Gartens aus ihrer Entstehungszeit in den 1660er Jahren (Abb. 63) und zum andern eine Darstellung der großen Gottorfer Aloenblüte von 1705 (Abb. 98), die eine detaillierte Ansicht der bisher in ihrem Aussehen fast völlig unbekannten Orangerie wiedergibt und zusammen mit anderen Quellen eine solide Rekonstruktionsbasis liefert.[11] Dazu kommt als großartige Bereicherung die im Zuge der Entdeckung des sogenannten Mecklenburgischen Planschatzes gefundene Zeichnung einer der Böschungskaskaden aus dem Neuwerkgarten.[12]

Ein umfassendes Bild des eben vollendeten Neuen Werks und damit eine Grundlage bzw. ein Leitzustand für die Rekonstruktion des gesamten Gartens bieten zusammen eine schriftliche und eine bildliche Dokumentation der Residenz Gottorf: Ein großes Inventarwerk[13] und der Plan des Baumeisters Rudolph Matthias Dallin. Michael Paarmann konstatierte 1986 noch in Bezug auf das Inventar, dass „der Autor, sowie Datum und Anlaß der Erstellung des Werkes" unbekannt seien.[14] Inzwischen lässt sich nachweisen, dass diese wichtigste Quelle zum Neuwerk im Frühjahr 1709 von dem Gottorfer Baumeister Hinrich Schwartz angefertigt worden ist, um die Arbeit des Bauinspektors Christian Albrecht Thomsen kontrollieren zu können, womit uns also eine zuverlässige Quelle in Form einer äußerst präzisen Beschreibung des damaligen Ist-Zustandes vorliegt.[15] Im Inventar geht es vornehmlich um die architektonische und skulpturale Ausstattung des Gartens. Von Dallins 1707 gezeichnetem Grundriss der Residenz Gottorf existieren der Originalplan (Abb. 5 und 14) und vier Kopien. Dafür, dass der in der Königlichen Bibliothek Kopenhagen verwahrte Plan das Original ist[16], sprechen die Genauigkeit und äußerste Sorgfalt der Darstellung, die ihn zur aussagekräftigsten Bildquelle des gesamten Gartens in herzoglicher Zeit machen.

Über die Interessenlage und Motivation Herzog Christian Albrechts erfahren wir sehr viel aus einer nach langer Vergessenheit wiederentdeckten Tagebuch-Handschrift seiner Reise 1662 nach Frankreich.[17] Gleichzeitig gibt diese hochinteressante Quelle Ansatzpunkte zur kunsthistorischen Einordnung der unter Christian Albrecht entstandenen Teile des Neuen Werks.

Bis zur Vollendung des Neuen Werkes im Jahre 1699 ist die Quellenlage recht gut, danach – wohl bedingt durch die politischen Wirren im Zusammenhang mit dem Tode Herzog Friedrichs IV. 1702 und den nachfolgenden Komplikationen auf Gottorf – setzt eine spärliche Überlieferung zu den Gärten ein, die sich größtenteils auf die jährlichen Reparaturen beschränkt.[18]

Abb. 1 Grundriss der Stadt Schleswig, Kupferstich von Matthias u. Nikolaus Petersen, 1649, aus Danckwerth/Mejer 1652, Stadtmuseum Schleswig, o. Inv. Nr.

Mit der Übernahme Gottorfs durch die Dänen 1713 geht die Quellendokumentation für das 18. und die erste Hälfte des 19. Jahrhunderts größtenteils mit den sogenannten Serienakten weiter, die sich in Vorstellungsprotokolle bis 1847 (RAK) und Resolutionen bis 1798 (LASH) aufgliedern. Beide Bereiche gehören zum Geschäftsgang der Rentekammer, wobei eine Vorstellung etwa einem Antrag und eine Resolution einer Entscheidung gleichzusetzen ist.[19] Dieser sich gegenseitig ergänzende, fast lückenlose Quellenbestand dokumentiert für den genannten Zeitraum einerseits die Baugeschichte des Neuwerks insgesamt und andererseits die Entwicklung der Einzelobjekte im Garten. Auch für die Rekonstruktion des vollendeten Zustands ist er insofern von Bedeutung, weil oftmals in der Vorbereitungsphase einer neuen Bau- oder Instandsetzungsmaßnahme der noch aus der Entstehungszeit erhaltene Status quo festgehalten wurde, womit zum Teil ausgezeichnete Informationen den lückenhaften Quellenbestand des 17. Jahrhunderts vervollständigen, z.B. was die Grundrisse des Globushauses und der Amalienburg betrifft, die in den Kontext des Abrisses der Gebäude gehören. Dieser Sachverhalt gilt im Prinzip für alle ab 1713 datierten Archivalien, aber besonders für die umfangreichen Bestände der Serienakten bis 1847. Allerdings muss quellenkritisch einschränkend bemerkt werden, dass aus den Diskussionen innerhalb einer Vorstellung und dazugehörigen Resolution nicht immer klar das Ergebnis der Verhandlungen hervorgeht, so dass immer bei jedem Vorgang präzise darauf geachtet werden muss, ob es sich um eine Projektierung oder eine tatsächlich ausgeführte Maßnahme handelt.

Aufgrund der Fülle der Bildquellen aus dem 18. und 19. Jahrhundert ist es nicht möglich, jede einzelne Darstellung vorzustellen und quellenkritisch zu kommentieren. Als Gesamtdarstellungen des Neuen Werkes sind die Grundrisse von Jörgen Themsen, Otto Johann Müller und Laurids de Thurah, die Vogelperspektive von Hans Christopher Lönborg und ein nicht ausgeführter Plan zu einer Umgestaltung des Gartens unter König Christian VII. zu nennen, deren kritische Beurteilung in Kapitel V. 1. erfolgt.[20]

Weitere wichtige Quellen für das 18. und 19. Jahrhundert sind die Inventare des Gartens und des Fontänenwesens, die meistens als Übergabeprotokoll an den nachfolgenden Amtsinhaber entstanden und den aktuellen Zustand widerspiegeln. Ein besonders komplizierter Aktenbestand beinhaltet die Streitigkeiten zwischen Garteninspektoren, Fontänenmeistern und Baumeistern in der ersten Hälfte des 18. Jahrhunderts, die u.a. Aufschluss über die desolate Verfassung des Gartens und die beteiligten Charaktere geben, wobei es nicht immer einfach ist, aus den verschiedenen Positionen den eigentlichen Wahrheitsgehalt herauszufiltern. Beschreibungen des Neuen Werkes von Augenzeugen ergänzen das Bild des 18. und beginnenden 19. Jahrhunderts. Dazu zählt die Chronik der Stadt Schleswig von Ulrich Petersen (1656–1735), die er zwischen 1695 und seinem Tod verfasste.[21] Sie dokumentiert mehr die allgemeine Wertschätzung des Gartens als historisch detailgetreue Informationen, wodurch sie für diese Arbeit nur relativ geringen Wert hat, aber an manchen Stellen liefert sie aktuelle Kenntnisse vom Zustand des Gartens um 1730. Die 1822 gedruckte und von Johann Christian Jürgensen (1744–1823) verfasste Chronik von Schleswig ist dagegen genauer und meistens verlässlich.[22]

Für die Zeit ab 1841 unter Garteninspektor Hansen sind kaum noch Nachrichten zum Garten zu finden, sodass die Quellenlage immer schlechter wird.

Abschließend sei erwähnt, dass sich aus dem vorhandenen Archivmaterial vollständige Listen der Gärtner und Fontänenmeister mit einer Fülle persönlicher und berufsbezogener Daten erschließen.[23]

3. Forschungsstand

Die Erforschung des Neuen Werks beginnt eigentlich mit August Sach 1866, dem Robert Schmidt 1903, C. N. Schnittger 1904 und schließlich Heinrich Philippsen 1928 folgen. Sie alle beschäftigen sich sorgfältig unter Berufung auf ihr Quellenstudium mit dem Thema, zu dem sie aber nur nebenbei einen ganz kurzen Überblick geben, da ihr Hauptinteresse der Schloss- oder Stadtgeschichte gilt.

Ähnlich verhält es sich mit Willi Wolkes Aufsätzen und den Abhandlungen von Ernst Schlee aus den 1950er und 1960er Jahren, wobei Schlee sich in mehreren Schriften mit dem Gottorfer Globus intensiv auseinandersetzte und schon 1952 interessante Interpretationsansätze zum Globus und zur Ausstattung des Neuwerks publizierte. Der Garten als Ganzes wird dagegen in seinem 1965 erschienenen, bedeutenden Ausstellungskatalog „Gottorfer Kultur" nur marginal behandelt, desgleichen in seinem Buch über Schloss Gottorf aus dem selben Jahr, wo der Autor die große Orangerie im Neuen Werk aufgrund fehlender Kenntnis als schmuck- und bedeutungslosen Bau abtut. Daneben stellt er die These auf, dass die Kaskade am Eingang des Gartens 1692/93 errichtet wurde nach einem Entwurf des schwedischen Architekten Nikodemus Tessin d. J., der diesen Standort als Ausgleich zur Asymmetrie des Gartens gegenüber dem Schloss auswählte. Die neuesten Forschungen ergeben dagegen ein völlig anderes Bild mit einer ersten Kaskade aus den 1660er Jahren.

Mit den Arbeiten Michael Paarmanns in den 1980er Jahren wurden dann neue Quellen zur Gottorfer Gartenkunst und zum Neuwerkgarten erschlossen (s.o.) und einige Teilaspekte (C. F. Hansens Entwürfe für einen Nachfolgebau der Amalienburg, die Glashäuser aus den 1720er Jahren, die Skulpturen und die Kaskade) genauer beleuchtet. In diese Reihe von Quellenstudien gehört auch der Aufsatz von Gisela Thietje über die Baugeschichte der Kaskade im Neuwerk von 1692/93 bis 1834, wobei ihr Schwerpunkt auf der Renovierung durch Johann Georg Moser in den 1770er Jahren liegt. Auch bei ihr kommen falsche Schlussfolgerungen vor, weil sie nicht alle Quellen kennt.

Ulrike Schillmeier versuchte 1989, das Neuwerk „unter dem Aspekt der Mitarbeit von Theodor Allers und seiner Werkstatt zwischen 1690 und 1701 zu rekonstruieren"[24], wobei sie auf Schlees Forschungsstand aufbaut und wichtige neuere, von Paarmann und Thietje publizierte Erkenntnisse über die Kaskade, an deren Erneuerung der Bildhauer maßgeblich beteiligt war, ignorierte und auch relativ leicht auffindbare Archivalien zur Orangerie, die Allers' Arbeiten an diesem Gebäude belegen, ihr unbekannt blieben.[25]

Helga de Cuveland beschäftigte sich mit dem berühmten Gottorfer Codex und dem hierzu relevanten historischen Pflanzenmaterial, dessen Auswertung zwar für ihr Thema dienlich ist, aber weniger für weitergehende Erkenntnisse über die genaue Platzierung der Gewächse im Neuwerkgarten.[26]

Weitere Forschungen in den 1990er Jahren von Heiko K. L. Schulze über die Gottorfer Herkulesfigur und Felix Lühning mit seiner sehr gründlichen Rekonstruktion des Globushauses brachten wichtige Ergebnisse wiederum zu einzelnen Bereichen des Neuen Werks. Daneben erschienen 1996 in dem von Adrian von Buttlar und Margita M. Meyer herausgegebenen Buch „Historische Gärten in Schleswig-Holstein" und 1997 im Ausstellungskatalog „Gottorf im Glanz des Barock" sowohl kurze Überblicksdarstellungen als auch zusammenfassende Aufsätze zu den schon bearbeiteten Teilgebieten, ohne wesentlich neue Erkenntnisse zu bringen.[27]

1999 machte Annie Christensen mit ihrer Publikation den Versuch einer Auswertung der Paarmannschen Quellensammlung für den Neuwerkgarten, die aber nur das 17. Jahrhundert im Rahmen der dänischen Gärten dieses Zeitraumes im Blick hat und deshalb auch kaum weitere Quellen, weder zum 17. noch zu anderen Jahrhunderten, zu Rate zieht.[28] Bei ihrer chronologischen Schilderung der Entstehung des Gartens unterlaufen ihr m.E. einige irreführende Schlussfolgerungen. Ihre Betrachtungen beschränken sich außerdem weitgehend auf den Aspekt der Pflanzen und deren Kultivierungsmöglichkeiten und -techniken. Zum ersten Mal werden hier die beiden ersten Pomeranzenhäuser im Neuwerk näher beleuchtet, aber der wichtigste diesbezügliche Bau, die große Orangerie von 1690, ausgelassen mit der Begründung, es gäbe keine Informationen dazu. Das Verdienst Christensens liegt in der Feststellung der starken dynastischen Verbindungen zwischen Gottorf und Dänemark, nicht nur auf politischer, sondern ganz klar auch auf gartenkünstlerischer Ebene.

Der Beitrag der Verfasserin von 2002 anlässlich einer Tagung zum Thema „Gärten der Rubenszeit" beschäftigt sich nur grob mit der ersten Ausbaustufe des Neuen Werkes und einigen Überlegungen zu dessen Interpretation.[29] Demselben Gedanken folgt Ulrich Schneider in seinem Aufsatz von 2014 anlässlich der Ausstellung zum Gottorfer Codex, während er sich 2009 schon intensiv mit der Ideengeschichte des Globus auseinandersetzt. Lühning lieferte 2011 eine Rekonstruktion der Amalienburg, die nicht so gründlich gearbeitet ist wie die des Globushauses, aber vor allem durch die Erklärung der architektonischen Konstruktion des Gebäudes und durch die Zeichnungen besticht. Zuletzt erweiterte Constanze Köster 2017 mit ihrer Monographie über Jürgen Ovens unsere Kenntnisse über den Gemäldezyklus in der Amalienburg mit Vorlagezeichnungen des Malers.[30]

Aufgrund der ersten Anfänge einer Restaurierung des Gartens entstanden in den 1990er Jahren die Publikationen von Gustav und Rose Wörner und Karlheinz Schlüter, und mit der großangelegten Wiederherstellung seit dem Jahr 2000, beginnend mit der Neupflanzung der Königsallee, folgten die Aufsätze von Margita M. Meyer, Herwig Guratzsch und Ulrich Schneider, die aber allesamt nicht darauf ausgerichtet sind, neue Forschungsergebnisse, sondern Informationen zur Restitution des Gartens zu vermitteln. Speziell mit dem überkommenen Bestand an historischen Pflanzen, den Stinzen, und mit der Motivation der heutigen Pflanzenausstattung im restaurierten Garten beschäftigen sich Annick Garniel, Ulrich Mierwald und Jörgen Ringenberg, während Heinz-Dieter Krausch anlässlich einer Hamburger Forschungstagung zu Hans Simon Holtzbecker anhand der Gewächsinventare von 1655 und 1681 wertvolle Hinweise zur qualitativen Einschätzung der Gottorfer Pflanzensammlung liefert. Im Zuge der Wiederherstellung des Gartens wurden mehrere archäologische Grabungen durchgeführt. Die Ergebnisse, die mit den Beiträgen von Nina Lau und Hans Joachim Kühn vorliegen, geben wichtige ergänzende Informationen zu den archivalischen Quellen und bestätigen, dass diese zum größten Teil sehr zuverlässig sind.[31]

Wie aus der Darlegung der Forschungsentwicklung zum Neuwerkgarten hervorgeht, sind bisher immer nur Teile genauer bearbeitet und kurze Überblicke erstellt worden. Was bisher völlig fehlt, ist eine monographische Gesamtdarstellung dieses bedeutenden Gartendenkmals.

4. Aufbau der Arbeit

Teil 1 der Arbeit umfasst den Text, Teil 2 die Anhänge und den wissenschaftlichen Apparat. Der grobe Rahmen des Textes ist chronologisch aufgebaut. Eine zeitliche Eingrenzung des Themas erfolgt nur durch den Baubeginn des Neuen Werks 1637. Da gerade für die Arbeit der Denkmalpflege neben Kenntnissen der Entstehungszeit auch Informationen über alle späteren Veränderungsstadien von ausschlaggebender Wichtigkeit sind, ist angestrebt, die Geschichte dieses Gartens – soweit möglich – bis zur Gegenwart fortzuschreiben.

Zunächst erfolgt eine kurze Beschreibung der kulturellen und gartenkünstlerischen Voraussetzungen am Gottorfer Hof des 16. und 17. Jahrhunderts, wobei auf die Biographien der Bauherren ein besonderes Augenmerk gerichtet ist, da in allen drei Untersuchungsschritten mit der Heranziehung der biographischen Daten ein kulturhistorischer Ansatz praktiziert wird mit dem Erkenntnisziel, die Entstehungsmotivation der verschiedenen kunsthistorischen Einzelheiten des Gartens und seiner Gesamterscheinung und die sich daraus ergebende ikonographische und ikonologische Ebene zu erschließen.

Einen Schwerpunkt bei der Bearbeitung des Gartens bildet zunächst die ausführliche Dokumentation der Entstehung des Neuwerkgartens im 17. Jahrhundert. Dieser wesentliche Teil der Arbeit beinhaltet die Baugeschichte und die Rekonstruktion der ursprünglichen Gestalt anhand der Auswertung historischer Quellen und umfasst die Zeit bis zum Ende der Gottorfer Ära 1713. Die Ausführungen bilden den ersten Arbeitsschritt der dreistufigen Untersuchung und die Grundlage zur Erfassung des Gesamtkunstwerks „Neues Werk" und dessen Einordnung und Interpretation.

Die zweite Arbeitsstufe beschäftigt sich mit einer kunsthistoriographischen und formanalytischen Betrachtung des Gartens mit dem Ziel einer Einordnung in die europäische Gartenkunst. Dazu werden Vergleiche von ganzen Gartenanlagen oder Details in zeitlicher und formaler Hinsicht gezogen, kombiniert mit der Auswertung zweier aufschlussreicher Quellen, der Reisebeschreibung Herzog Christian Albrechts und dem Bestand der Gottorfer Bibliothek. Weiterhin soll in diesem Kapitel versucht werden, zwei Fragen zu beantworten, nämlich welchen Anteil der schwedische Architekt Nikodemus Tessin d. J. und welchen Einfluss die Gottorfer Persienreise an der Ausformung des Neuen Werkes hatten.

Der dritte Schritt beinhaltet eine Untersuchung der Bedeutung und Interpretation des Gartens im Kontext der im 17. Jahrhundert immer wichtiger werdenden höfischen Repräsentation anhand einiger ausgewählter Beispiele. Im Vordergrund steht dabei die Klärung der Frage, ob und wie sich das politische und/oder persönliche Selbstverständnis der Bauherren im Garten spiegelt. Dieser Punkt ist besonders interessant angesichts der geschichtlichen Situation des Gottorfer Staates im 17. Jahrhundert, die geprägt ist durch das Streben nach absoluter Souveränität.[32] Als Ergänzung dazu kann die Auswertung der Quellen zur Nutzung und dem sich daraus ergebenden Stellenwert des Gartens innerhalb des höfischen Lebens und der Repräsentation der Gottorfer Residenz angesehen werden. Ebenso trägt die Rezeptionsgeschichte des Gartens zu den Ergebnissen dieser Untersuchung bei.

In der bisherigen Forschungsliteratur sind die kulturellen Verdienste Herzog Friedrichs III. immer besonders herausgestellt worden, während sein Nachfolger Christian Albrecht kaum in Erscheinung tritt bzw. im Vergleich eine untergeordnete Rolle einnimmt. Da die Erweiterung des Neuen Werkes als Hauptwerk Christian Albrechts gilt, ist angestrebt, mit dieser Arbeit seine Bedeutung und sein Wirken für die Gottorfer Kultur neu zu bewerten. Durch die lange Entstehungszeit von 60 Jahren, in der sich die Gartenkunst entscheidend weiterentwickelte, ergibt sich die zu klärende Frage, ob im Neuen Werk bei der Fertigstellung noch ein einheitlicher Gestaltungsgedanke zu finden bzw. der Garten als Gesamtkunstwerk zu betrachten ist.

Es gibt Ansätze zu einer Interpretation des Gartens unter rosenkreuzerischen Aspekten, die hier nicht behandelt werden, weil sie ein eigenes großes Thema bilden, das den Rahmen dieser Arbeit sprengen würde.[33]

Entsprechend der grundsätzlich chronologischen Gliederung schließt sich an die dreistufige Analyse des Neuen Werkes die Dokumentation der weiteren Entwicklung bis ins 21. Jahrhundert und der Veränderungsstadien auf der Grundlage der Quellen an, und zwar zunächst mit einem kurzen chronologischen Überblick, dem dann die genauere Darstellung der einzelnen Gartenteile folgt.

Der zweite Teil der Arbeit dient mit seinen drei unterschiedlich ausgerichteten Anhängen der ergänzenden Information. Anhang 1 erschließt mit den vollständigen Listen der Gärtner und Fontänenmeister des Neuwerks und deren Biographien ein ganz eigenes und abgeschlossenes Kapitel der Gartengeschichte und dient von seinem alphabetischen System her als Nachschlagewerk. Als möglicherweise interessante Quellen für die Erforschung des Kunstgärtnerberufes und anderer Gärten in Deutschland und Dänemark können dabei die hier ebenfalls eingearbeiteten Bewerbungen anderer Gärtner auf die Stelle des Neuwerk-Garteninspektors gelten.

Da es allein von der Anzahl, aber auch von der Art der Quellen ein aussichtsloses und unsinniges Unterfangen sein würde, als Ergänzung zu den von Paarmann publizierten eine Veröffentlichung der restlichen Quellen zum Neuwerkgarten vorzunehmen, ist stattdessen mit dem Anhang 2 ein Apparat mit einer Auswahl der aussagekräftigsten Dokumente entstanden, der Möglichkeiten bietet sowohl für den Leser zur direkten Überprüfung und Erfassung eines größeren Zusammenhanges als auch für weitere Forschungen. Mit den in chronologischer Reihenfolge edierten Quellen soll ein minimaler Querschnitt durch die Geschichte des Gartens vom 17. bis zum 19. Jahrhundert erfolgen, wobei es sich größtenteils um noch nicht abgedruckte Quellen handelt. Die Bestallungen der Gärtner und Fontänenmeister zeigen die Arbeitsbedingungen dieser Berufsgruppe. Die Pflanzeninventare des 17. Jahrhunderts bilden eine Quellengruppe, die als Vergleichsmaterial zu zeitgenössischen Gärten für den Stellenwert des Gartens und für die Erforschung der Orangeriekultur insgesamt förderlich ist.[34] Von entscheidender Bedeutung für die vorliegende Arbeit aber ist das Inventar der Gottorfer Residenz von 1709, das häufig zitiert und herangezogen und aus dem hier der Text zum Neuwerk und Tiergarten zum ersten Mal vollständig publiziert wird. Ebenfalls werden hier die Kapitel zum Neuen Werk und zum Tiergarten aus Ulrich Petersens Stadtchronik zum ersten Mal vollständig transskribiert.[35] Einige bisher nicht ausgewertete Quellen des 19. Jahrhunderts geben Einblick in diese reduktive Zeit der Gartengeschichte. Zur Vorgehensweise bei der Edition ist zu bemerken, dass alle Texte im buchstabengetreuen Originalwortlaut einschließlich der ursprünglichen Orthographie und Interpunktion wiedergegeben sind, um die Authentizität der Quellen zu erhalten. Zusätze oder Auslassungen der Bearbeiterin stehen in eckigen Klammern, runde Klammern hingegen sind mit dem Original identisch. Diese Hinweise gelten auch für alle sonstigen Quellenzitate.

Mit dem Anhang 3 werden wichtige, im Text vorkommende Informationen in übersichtliche Listen gefasst, die dem Leser der Arbeit einen kurzen Überblick zu relevanten Personengruppen und zur Baugeschichte einzelner Gartengebäude liefern. Weiterhin sind hier zwei Apparate als Ergänzung der in Anhang 2 veröffentlichten Pflanzeninventare des 17. Jahrhunderts platziert, die als Hilfsmittel für die Benutzbarkeit und weiterführende Forschung dienen: Zwei alphabetische Listen, erstens der Originalbezeichnungen aus den Inventaren und zweitens nach heute gültiger Nomenklatur. Außerdem befinden sich in diesem Anhang zwei Listen von Büchern, die zur Gottorfer Bibliothek gehörten, zum einen Werke aus den Gebieten Gartenbau und Pflanzen, zum anderen Werke zu den Themen Architektur, Gartenkunst, Bildende Kunst, Topographie und Reise. Eine Zeittafel zur Geschichte des Neuwerks rundet den Anhang 3 ab.

Im anschließenden wissenschaftlichen Apparat sind die Bildquellen (BQ) mit allen wichtigen Daten gesondert aufgeführt. Der Grund dafür liegt in der Absicht, die Anmerkungen zu verkürzen. Das System ist in der Vorbemerkung zu den Bildquellen genau erläutert.

Das Ziel der Arbeit ist es, eine Gesamtdarstellung des Gartens in seiner Gestalt, Bedeutung und geschichtlichen Entwicklung zu erstellen. Es ist außerdem beabsichtigt, das im Vergleich zu seinem Vater bisher weitgehend unbeachtet gebliebene und meines Erachtens unterschätzte Kunstinteresse Herzog Christian Albrechts, das sich hauptsächlich im weiteren Ausbau des Neuen Werks sichtbar manifestiert, herauszuarbeiten. Während bisher in der Neuwerkforschung vor allem der untere, von Friedrich III. initiierte erste Gartenabschnitt im Vordergrund des Interesses stand, soll mit dieser Arbeit der Anteil Christian Albrechts an der Gestaltung des Gartens u.a. in Form von herausragenden Gebäuden und Anlagen wie der Kaskade und der Orangerie, festgestellt und neu bewertet werden.

II. DIE KULTURELLEN VORAUSSETZUNGEN AN DER GOTTORFER RESIDENZ IM 16. UND 17. JAHRHUNDERT

1. Die Anfänge der Gottorfer Gartenkunst unter den Herzögen Adolf bis Johann Adolf – der Westergarten

Nachrichten von einem mittelalterlichen Garten auf Gottorf sind nicht vorhanden. Als Herzog Adolf (1526–1586) nach der letzten Erbteilung der Herzogtümer im Jahre 1544 seine Regierung antrat, gehörte zu seinem Territorium die Festung Gottorf, die er entsprechend dem Anspruch als Begründer des Gottorfer Zweiges der fürstlichen Familie zu einem Renaissanceschloss ausbaute, dazu einen Lustgarten außerhalb der Schlossinsel anlegen ließ und so die kulturelle Führungsposition der Residenz Gottorf in den Herzogtümern Schleswig und Holstein begründete.

Das Entstehungsdatum dieses ältesten bekannten Gottorfer Gartens ist nicht überliefert, aber durch die Radierung aus Braun/Hogenberg (Abb. 2) von 1584 für die Zeit Herzog Adolfs belegt.[36] Paarmann vermutet, der Garten sei in den 1570er Jahren angelegt worden.[37] Der wohl erst später üblich gewordene Name „Westergarten"[38] bezieht sich auf die topographische Lage auf dem ebenen Festland südlich der Schlossinsel, und zwar im Westen der Hauptzufahrt zur Festung, dort wo sich heute das Schleswig-Holsteinische Oberlandesgericht befindet. 1584 hatte der schon mit hohen Bäumen ausgestattete Garten einen querrechteckigen, ost-westwärts ausgerichteten Grundriss. Das Gelände umschloss ein hoher Plankenzaun mit einem rundbogigen Tor als Zugang. Braun/Hogenberg zeigen ein Lusthaus, das als massiver, zweigeschossiger Zentralbau mit kurzen Annexbauten und Zeltdach mit Laterne gestaltet war.

Aus dem 16. Jahrhundert ist kein Grundriss des Westergartens vorhanden. Als Vergleichsbeispiel und mögliches direktes Vorbild im Lande kann die Gartenanlage des Herrenhauses Breitenburg bei Itzehoe in ihrer Erweiterungszeit um 1565[39] unter dem bedeutenden Humanisten und Statthalter des dänischen Königs, Heinrich Rantzau (1526–1598), herangezogen werden. Die beiden befreundeten Bauherren verband u.a. ihr botanisches Interesse und der Austausch von Pflanzen. Wie Adolf bei seinen Nebenresidenzen, so initiierte auch Heinrich Rantzau bei seinen anderen Gutshöfen weitere prächtige Gärten. Die Breitenburger Anlage war wie der Gottorfer Garten ebenfalls von einem Plankwerk mit hohen Bäumen dahinter umgeben. Die unregelmäßige Aufteilung in gleichrangige Kompartimente ohne übergreifendes Ordnungsprinzip gibt dem Breitenburger Garten eine typische Renaissancestruktur, die auch für den Garten Herzog Adolfs angenommen werden muss.

Nach Adolfs Tod folgten auf Gottorf häufige Regierungswechsel, da zwei seiner Söhne und Nachfolger früh starben. So

Abb. 2 Schloss Gottorf mit davorliegendem Westergarten, Ausschnitt aus der Radierung von Braun/Hogenberg, 1584, Stadtmuseum Schleswig, Inv. Nr. 1996-095.00

gibt es aus der Zeit Herzog Friedrichs II. (1568–1587), der nur bis 1587 regierte, und Herzog Philipps (1570–1590), der 1590 starb, keine Nachrichten über Aussehen und Nutzung des Westergartens. Von einem „Garten am Hesterberg", den Philipp in diesen wenigen Jahren neu anlegen ließ, ist nicht viel mehr als die Tatsache seiner Existenz überliefert, weder genauer Standort noch Gestalt.[40]

Herzog Adolfs dritter Sohn, Johann Adolf (1575–1616), trat 1590 die Regierung an. Auch er war – wie sein Vater – am hessischen Hof erzogen worden und galt als kunst- und wissenschaftsbeflissener Mann mit besonderem Interesse für Botanik und Mathematik. In seiner Regierungszeit wurde das Lusthaus des Gartens 1597 um- oder neugebaut durch den Maurer Ambrosius und äußerlich mit 5500 bunten Alstracksteinen und aus Blei gegossenen Köpfen verziert. Im Innern gab es eine Wendeltreppe.[41] Paarmann vermutet unter Johann Adolf weitergehende Umgestaltungsmaßnahmen im Westergarten im Stil der Garten-

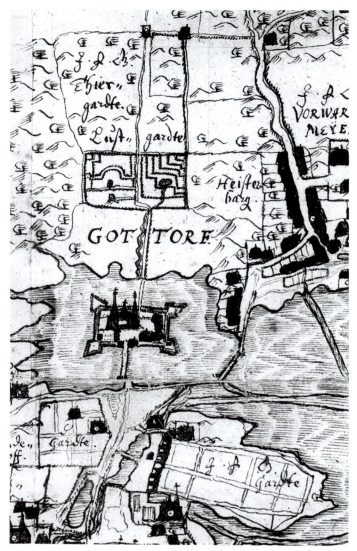

Abb. 3 Die Residenz Gottorf mit ihren Gärten, Detail aus einer farbig lavierten Federzeichnung von Johannes Mejer, 1641, BQ: LASH, Joh. Mejer I

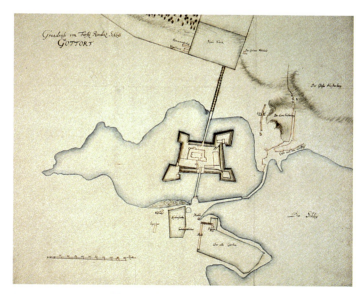

Abb. 4 Lageplan der Residenz Gottorf, lavierte Federzeichnung, anonym, um 1665, BQ: RAK, Gottorfer Residenz 2. Hälfte 17. Jh

Abb. 5 Plan der Gottorfer Residenz, lavierte Federzeichnung von Rudolph Matthias Dallin, 1707, BQ: KBK, Dallin I

entwürfe des Hans Vredeman de Vries[42]. Belege dafür existieren allerdings nicht.

Johannes Mejers Karte von 1641 (Abb. 3) dokumentiert den Umriss des Gartens und z.T. die spätere Entwicklung: Der Westergarten war durch die Vollendung des gegenüberliegenden neuen Lustgartens (Alter Garten) zum Küchengarten degradiert worden. Sichtbar ist bei Mejer neben dem Lusthaus ein großes Gärtnerhaus am östlichen Rand, in dem der 1625 bestallte, „weit berühmte"[43] Gottorfer Hofgärtner Johannes Clodius (1584–1660) bis 1631[44] und danach, bis zu seinem Abbruch, die Gärtner des Alten Gartens wohnten.

Durch den Neubau des zur Residenz gehörenden Jägerhofes 1654 wurde der Garten im Westen erheblich verkleinert, so dass sich nun ein fast quadratischer Grundriss ergab, der gut nachzuvollziehen ist auf einem Lageplan der Gottorfer Residenz aus der Zeit um 1665 (Abb. 4) und bei Dallin 1707 (Abb. 5).[45]

Dieser erste Gottorfer Garten existierte nur bis 1707, als das Gelände dem Grafen Gerhard von Dernath (1668–1740), einem Mitglied der Vormundschaftlichen Regierung des Herzogs Carl Friedrich, geschenkt wurde, der von 1708–12 auf diesem Gelände ein Palais errichten ließ. Der dazugehörige, modern ausgestattete Garten ist die erste Anlage des später in Eutin tätigen Gartenarchitekten Johann Christian Lewon, der 1712 die Stellung eines Oberaufsehers über die Gottorfer Gärten einnahm.[46]

2. Herzog Friedrich III. und Herzogin Maria Elisabeth

Das größte und nachhaltig wirksamste Verdienst, das Herzog Friedrich III. von Schleswig-Holstein-Gottorf (Abb. 42) sich unter schwierigsten äußeren und inneren Verhältnissen während seiner Regierungszeit von 1616 bis 1659 erwarb, ist der Ausbau seiner Residenz Gottorf zu einem kulturellen und geistigen Zentrum im Norden von europäischem Rang und weitreichender Ausstrahlung. Die Erlangung der Souveränität gegenüber Dänemark 1658 bedeutete außerdem den politischen Höhepunkt des kleinen Herzogtums.

Nicht von ungefähr kamen seine vielseitigen geistigen Interessen und die hohe Begabung, denn Friedrich wurde am 22. Dezember 1597 als ältester Sohn Herzog Johann Adolfs, der als Kunstmäzen, Förderer der Wissenschaften und Begründer der Gottorfer Bibliothek galt, geboren.[47] Entgegen der Annahme, Friedrich sei in Dresden erzogen worden[48], verbrachte der junge Prinz Kindheit und Jugend auf Gottorf.[49] Seine frühe Erziehung war geprägt durch das orthodoxe Luthertum, vertreten durch seine Mutter, Herzogin Auguste, und den Oberhofprediger Jacob Fabricius. Dagegen war sein Vater reformerischen Strömungen zugetan und bekannte sich später öffentlich zum Kryptocalvinismus. 1603 erhielt Friedrich als Fünfjähriger, zusammen mit seinem jüngeren Bruder Adolf, den aus Hessen stammenden Johannes Pincier zum Lehrer, der ihm eine fundierte, vielseitige Ausbildung nach dem für Fürstensöhne üblichen Schema vermittelte: dazu gehörten neben Übungen in den sieben freien Künsten mit den Fächern Grammatik, Rhetorik, Dialektik, Arithmetik, Geographie, Astronomie und Musik Kenntnisse des klassischen Altertums und dessen Sprachen. Die Theologie stand aber weiterhin im Vordergrund. Fabricius verlangte dabei sogar das Lesen des hebräischen Urtextes.[50] Ganz selbstverständlich lernte Friedrich Latein als „Sprache der Gebildeten und der Diplomatie jener Zeit".[51]

Immer mehr setzte sich am Gottorfer Hof der Kryptocalvinismus durch. Während z.B. der erste Hofmeister, den die jungen Herzöge 1608 bekamen, der pommersche Adlige Rüdiger von Münchow, noch zu den heimlichen Anhängern dieser Glaubensrichtung zählte, trat sein Nachfolger, der 1615 bestallte Johann Berndt von Dalwigk, als Kryptocalvinist auf. Letzterer leitete die Kavalierstour von Friedrich und Adolf, die als Abschluss und Krönung der Ausbildung galt und sie von Mitte Mai 1615 bis August 1616 durch Deutschland nach Frankreich führte. Die Reise ging über Lüneburg, Braunschweig und Eschwege nach Kassel, wo die Residenz des hessischen Landgrafen Moritz besichtigt wurde, und weiter an Marburg vorbei über Gießen und Friedberg nach Frankfurt am Main. Von dort nahmen sie rheinaufwärts Kurs auf Straßburg über Mainz, Worms, Frankenthal und Speyer, sicherlich verbunden mit Besuchen der großen Kaiserdome. Ernst Schlee geht wohl recht in der Annahme, dass Friedrich, der später den Uhrenbau auf Gottorf förderte, die berühmte Weltuhr von Isaac Habrecht im Straßburger Münster mit besonderem Interesse zur Kenntnis nahm.[52] In Frankreich steuerte das Komitat über Zabern und Nancy nach Metz und weiter durch die Champagne über Chalon und Meaux auf Paris. Bei nur einem Tag Aufenthalt konnten hier nur die wichtigsten Sehenswürdigkeiten betrachtet werden. Den Sommer über hielten sich Friedrich und Adolf an der Loire in Blois und den Winter 1615/16 über in Angers auf, wo sie sich intensiv ihren Studien widmeten. Auf der Rückreise, in Amboise, erhielt die Gesellschaft im Frühjahr 1616 die Nachricht aus Gottorf vom Tod des Herzogs Johann Adolf und begab sich über Nordfrankreich, Brabant, Brüssel, Holland, Friesland und Bremen wieder nach Schleswig.[53]

Nach der von Herzog Johann Adolf 1608 eingeführten Primogenitur trat Friedrich als Neunzehnjähriger 1616 die Regierung an. Von seinem Vater übernahm er eine große Schuldenlast, und finanzielle Schwierigkeiten begleiteten seine gesamte Regierungszeit, die mit Verbindlichkeiten in Höhe von eineinviertel Millionen Rthlr endete.[54] Um dennoch den repräsentativen Ausbau der Gottorfer Residenz vorantreiben zu können, versuchte der Herzog die Wirtschaft im Lande durch gezielte Projekte im Außenhandelsbereich zu fördern. Dazu zählt die Gründung Friedrichstadts[55] ab 1619 mit der Ansiedlung und Tolerierung von Glaubensflüchtlingen verschiedener Konfessionen, vornehmlich aus den Niederlanden. Die nach holländischem Muster angelegte Idealstadt sollte als Stapelplatz für alle westlichen Handelsverbindungen, die bis in den Mittelmeerraum geplant waren, dienen. Die großartigen Visionen der Spanienfahrt zerschlugen sich aber.

In den frühen Regierungsjahren zeigten sich Friedrichs Vorlieben schon deutlich auf dem Gebiet der Bautätigkeit. Das Schloss ließ der Herzog in den 1620er Jahren nur innenarchitektonisch modernisieren, indem er im Obergeschoss des Nordflügels und der Südwestecke einige Repräsentationsräume und private Gemächer, die z.T. heute noch erhalten sind, durch Hans Georg Ritteln stuckieren ließ und dazu neues Meublement anschaffte.[56] Sein Hauptaugenmerk galt aber den Gartenanlagen, die die Residenz im Laufe der folgenden Jahrzehnte territorial ausgreifend erweitern sollten. 1623 gab Friedrich einen neuen Lustgarten, den späteren Alten Garten, in Auftrag und holte zwei Jahre später den namhaften Gartenkünstler und Botaniker Johannes Clodius (1584–1660) an seinen Hof.[57] Der hohe Bedarf an seltenen Pflanzen zum Aufbau einer Pflanzensammlung konnte weitgehend über den in Friedrichstadt ansässigen Niederländer Marten van Bocholt gedeckt werden.

Währenddessen machte sich der Dreißigjährige Krieg auch in den Herzogtümern bemerkbar. Obwohl Herzog Friedrich III. die traditionelle Union mit Dänemark bezüglich der Landesverteidigung durch Verträge in den Jahren 1623 und 1637 erneuerte, zielten alle seine Bestrebungen auf eine Neutralität des kleinen Herzogtums. Trotzdem wurde das Land im sogenannten Kaiserkrieg von Wallenstein und Tilly besetzt. Hinzu kam 1629 noch der durch Friedrichs eigenmächtiges Verhalten vorprogrammierte Interessenkonflikt mit dem Bündnispartner Christian IV. von Dänemark in Form einer Belagerung der Festung Gottorf, der zwar durch den Frieden von Lübeck (12.5.1629) entschärft werden konnte, aber die Tendenz in der Entwicklung des Verhältnisses zwischen Gottorf und Dänemark im 17. Jahrhundert schon andeutete.[58]

Diese Ereignisse verzögerten Friedrichs schon 1626 geplante Hochzeit mit Maria Elisabeth (1610–1684), der Tochter des Kurfürsten Johann Georg I. von Sachsen.[59] Am 21. Februar 1630 fand schließlich die Vermählung statt, bei der der Bräutigam 30.000 Rthlr Heiratsgeld und die Braut 7.000 Rthlr als Morgengabe empfing.[60] Die Feierlichkeiten an dem für barocke Feste berühmten Dresdner Hof zogen sich über Wochen hin und endeten mit einem grandiosen Feuerwerk am 5. März.[61]

Die folgenden dreizehn friedlichen Jahre bis zum sogenannten Torstensonkrieg 1643 nutzte der Gottorfer Herzog zielstrebig für seine großangelegten Pläne zur Förderung des kulturellen Standards seines Hauses. Der Einfluss des Dresdner Hofes durch die Anwesenheit der Herzogin machte sich wohl vor allem in einem verfeinerten Lebensstil und der Hofhaltung (Abb. 6) bemerkbar.[62]

Abb. 6 Herzog Friedrich III. und Herzogin Maria Elisabeth mit ihren Kindern und Hofstaat im Alten Garten mit Blick auf Schloss Gottorf, Gemälde von Julius Strachen, 1638/1639, Öl auf Leinwand, 165 x 206,5 cm, Stiftung Schloss Eutin, Inv. Nr. 422

Ab 1631 entstand die vorher aufgelöste Hofkapelle neu, worauf nach Ansicht K. Gudewills Maria Elisabeth entscheidend hinwirkte.[63] Überhaupt erscheint die Persönlichkeit der jungen Herzogin durch ihr religiöses, literarisches, musikalisches und künstlerisches Interesse als ideale Ergänzung und Unterstützung zu den Anlagen ihres Mannes (Abb. 6).[64] Helga de Cuveland hat die Selbständigkeit und das besondere Engagement Maria Elisabeths im Bereich der Gartenkunst nachgewiesen, das sich in der Umgestaltung des Renaissancegartens ihres Leibgedings, des Schlosses vor Husum, zu einer Barockanlage zeigte.[65]

Da die erhofften wirtschaftlichen Erfolge der Gründung Friedrichstadts ausblieben, lenkte der Hamburger Kaufmann Otto Brüggemann (1600–1640) Friedrichs Interesse auf die Knüpfung von Handelsverbindungen mit Persien.[66] Ziel war es, mit Hilfe einer zu gründenden Handelskompanie die gewinnversprechenden orientalischen Waren wie Seide, Edelsteine, Gewürze etc. auf dem Ostwege über Russland auf Gottorfer Areal zu leiten, um sie von hier aus weiter zu verkaufen. Zur Realisierung dieser hochtrabenden Pläne schickte der Herzog 1633 eine Gesandtschaft nach Moskau und Isphahan an die Höfe des Zaren und des Schahs von Persien, die 1639 zurückkehrte. Diese für einen Zwergstaat wie Gottorf erstaunliche Unternehmung, die enorme Summen verschlungen hatte, blieb zwar wirtschaftlich erfolglos, brachte dem Gottorfer Hof aber durch die Beschreibung der Reise von Adam Olearius (1599–1671) internationale Anerkennung ein.[67] Olearius, der als Reisesekretär an der Expedition teilgenommen hatte, war weiterhin als herzoglicher Rat und später als Bibliothekar und Antiquar am Gottorfer Hof tätig.

Ein ebenfalls sehr bemerkenswertes Projekt ist das von Friedrich initiierte und ab 1638 ausgeführte Kartenwerk des Husumer Mathematikers Johannes Mejer, das mit dem Text von Caspar Danckwerth 1652 als „Newe Landesbeschreibung" gedruckt wurde. Diese Leistung hob den Gottorfer Hof auf wissenschaftlicher Ebene weit hervor, denn „kein Land in Europa war damals topographisch und kartographisch so gut erfasst wie die beiden Herzogtümer".[68]

In den 1630er Jahren betrieb Friedrich mit Clodius' Unterstützung den Ausbau der Gottorfer Gärten unermüdlich weiter. Immer neue Projekte und Pläne wurden verwirklicht: Zuerst die Erweiterung und Vollendung des Alten Gartens bis etwa 1637 und sofort anschließend der Beginn des Neuen Werkes. Kosten spielten merkwürdigerweise – wenn überhaupt – eine untergeordnete Rolle.

Die große Sturmflut von 1634 an der Nordseeküste und der daraufhin notwendige Deichbau bedeuteten schwere Zeiten und starke finanzielle Verluste für Herzog und Untertanen. Hilfreich für Friedrichs Finanzsituation war dagegen der Empfang von insgesamt 111.120 Rthlr in den Jahren 1641 und 1642 nach der Verteilung des Pinneberger Erbes des Schauenburger Hauses.[69] Noch einmal bekamen die Herzogtümer den Dreißigjährigen Krieg hautnah und verheerend zu spüren, nämlich beim Einfall der schwedischen Armee unter General Torstensson 1643/44. Um sein Land vor Einquartierungen und anderen Kriegsauflagen zu befreien, schloss Friedrich mit Torstensson einen Neutralitätsvertrag ab, der ihn teuer zu stehen kam und realiter wenig nützte.[70] Der Frieden von Brömsebro im August 1645 beendete zwar das Kriegsgeschehen, hinterließ das kleine Herzogtum aber „in einem wirtschaftlich zerrütteten Zustand"[71].

Die nun folgende längere Friedensphase bis 1657, besonders nach Abschluss des Westfälischen Friedens 1648, ist einerseits geprägt durch spektakuläre Aktivitäten des Herzogs im kulturellen Bereich und andererseits durch viele familiäre Ereignisse von Belang. Im Jahr 1649 hatte Friedrich noch einmal die Möglichkeit, den angeschlagenen Staatshaushalt durch den Verkauf seines 1640 erhaltenen Anteils aus dem Erbe des Schauenburger Hauses ein wenig zu sanieren.[72] Viel wird es nicht genützt haben angesichts der kostspieligen Festlichkeiten anlässlich dreier fürstlicher Hochzeiten auf Gottorf in den Jahren 1649, 1650 und 1654, die mit dem in der Barockzeit üblichen Zeremoniell mit Balletaufführungen und Feuerwerken nach Dresdner Vorbild bis zu zehn Tage lang gebührend gefeiert wurden.[73] Die Vermählung der Gottorfer Prinzessin Hedwig Eleonora 1654 mit dem schwedischen König Karl X. Gustav hatte aber zweifelsohne, obwohl sie in Stockholm stattfand, durch ihre politische Tragweite die größte Bedeutung. Die allmählich immer stärker werdene Ausrichtung der Gottorfer Politik auf die Großmacht Schweden ging wesentlich auf den Einfluss von Friedrichs Kanzler Johann Adolf Kielman zurück. Neben den Festen trübten zwei tragische Ereignisse die friedlichen Jahre des Herzogspaares. Während ihrer Kavalierstouren starben der Gottorfer Erbprinz Friedrich 1654 und sein nächst jüngerer Bruder Johann Georg ein Jahr später.[74]

Aber durch nichts ließ Friedrich III. sich ablenken von seinen hochgesteckten Zielen bezüglich der Ausgestaltung der Gottorfer Residenz, die in den 1650er Jahren den Höhepunkt aller bisherigen Ideen bildeten und gleichermaßen von seinem Willen zur Repräsentation und zur Darstellung und Ausübung der Wissenschaften zeugen:

Ab 1649 begannen die Arbeiten am Globushaus im Neuwerkgarten und 1652 an dem später dort aufgestellten berühmten Gottorfer Riesenglobus, dessen Anfertigung durch den Mechaniker Andreas Bösch u.a. Friedrichs ausgeprägte Vorliebe für Mathematik und Astronomie dokumentiert. 1651 richtete der Herzog eine Kunstkammer ein, 1652 erlangte er von Kaiser Ferdinand III. das Privileg zur Gründung einer eigenen Universität[75] und in den Jahren von 1654–1657 arbeitete Andreas Bösch an einem astronomischen Pendent zum großen Erdglobus, einer „Sphaera Copernicana" genannten Armillarsphäre, die in der von Friedrich in großartiger Weise erweiterten Bibliothek ihren Aufstellungsort fand.[76]

In diese Jahre fällt auch der Auftrag an den Blumenmaler Hans Simon Holtzbecker (gest. 1671) für die Darstellung der Gottorfer Pflanzensammlung in einem botanischen Prachtwerk, dem „Gottorfer Codex"⁷⁷. Zudem schickte der Herzog einen Sohn des Gartenkünstlers Clodius, Friedrich, 1653 nach England, um neben der Vervollkommnung seiner eigenen Kenntnisse den dortigen Stand der Gartenkunst, Botanik und Chemie zu ergründen und diese Ergebnisse zusammen mit Kontakten zu englischen Wissenschaftlern nach Gottorf zu vermitteln.⁷⁸ Helga de Cuveland urteilt darüber wie folgt: „Wie kein anderes aus dieser Zeit stammendes Dokument stellt die Instruktion für Friedrich Clodius explizite das lebhafte Interesse des Fürsten an Botanik und Gartenkunst heraus."⁷⁹ Neben der Theorie und Wissenschaft faszinierte den Fürsten aber durchaus auch die Praxis des Gartenbaus, die er zuweilen persönlich beim Blumenpflanzen ausübte, wie uns der auf Gottorf längere Zeit tätige bekannte Gärtner und Gartentheoretiker Heinrich Hesse mitteilt.⁸⁰

Die letzten Jahre der 43jährigen Regierungszeit Herzog Friedrichs III. wurden bestimmt vom schwedisch-dänischen Krieg, durch den der kleine Territorialstaat Gottorf in die Verflechtungen der europäischen Großmachtpolitik geriet. Für Gottorf zeitigten diese Begebenheiten zwei völlig gegensätzliche Ergebnisse: Zum einen waren durch die Niederlage Dänemarks die Voraussetzungen geschaffen worden, um 1658 nach dem Frieden von Roskilde im Kopenhagener Vergleich die Lehensunabhängigkeit von Dänemark und damit den Zustand der absoluten Souveränität, verbunden mit bedeutendem Landgewinn, zu erreichen, welcher Umstand als politischer Höhepunkt bezeichnet werden muss. Zum anderen brachte der Erfolg für das Land und die Bevölkerung durch Einquartierungen, Brandschatzungen und Plünderungen Schreckenszeiten mit sich, denn die Herzogtümer gaben zum Teil den Kriegsschauplatz ab. Friedrich selbst musste Schloss Gottorf als Preis für die Anerkennung seiner Neutralität und Souveränität den mit Dänemark verbündeten brandenburgisch-polnisch-österreichischen Mächten übergeben⁸¹ und floh in seine Festung Tönning, wo er am 10. August 1659 im Alter von 62 Jahren nach langanhaltendem schwächlichem Zustand starb und das Ende des Krieges nicht mehr erlebte. Die wertvolle Ausstattung der Gottorfer Residenz als sichtbarer Ausdruck von Friedrichs Kunstsinn und Gelehrsamkeit sowie die Unabhängigkeit seines Staates als Eckpunkte seines Lebenswerkes blieben aber über seinen Tod hinaus erhalten. Herzogin Maria Elisabeth residierte bis zu ihrem Tod 1684 auf ihrem Witwensitz, dem Husumer Schloss.

3. Herzog Christian Albrecht und Herzogin Friederike Amalie

Nachfolger Herzog Friedrichs III. wurde sein Sohn Christian Albrecht (Abb. 7), der nach dem Tod des Vaters 1659 unter ungünstigsten Bedingungen, nämlich in Kriegszeiten und mit schlechter finanzieller Ausgangslage, die Regierung antrat.⁸² Geprägt durch die schwerwiegenden und andauernden Rivalitäten mit seinem Schwager, dem dänischen König Christian V., und

Abb. 7 Herzog Christian Albrecht, Kupferstich von Johann Friedlein, nach einem Gemälde von Ludwig Weyandt, 1695, KBK, Billedsamling, Müllers Pinakotek 3, 78, I, 2°

gleichzeitige familiäre und politische Nähe zu Schweden, ist die durch insgesamt 14 Exiljahre unterbrochene 35jährige Regierungszeit dieses Gottorfer Herzogs gekennzeichnet von seinem Selbstbehauptungs- und Überlebenswillen. Daneben blieb Christian Albrecht nur wenig Raum, seinem Anspruch und seinen Interessen auf kulturellem Gebiet gerecht zu werden.

Geboren am 3. Februar 1641 als zehntes von sechzehn Kindern, wuchs Christian Albrecht in der Atmosphäre der durch besondere Förderung von Wissenschaft und Kultur zu dieser Zeit schon weit bekannten Residenz Gottorf auf. Sicher wurde dem jungen Herzog, der die Entstehung des Neuen Werks und seit seinem zehnten Lebensjahr den Bau des Globushauses und des Globus in direkter Weise miterlebte, bald der Stellenwert der Gartenkunst unter den vielseitigen Interessen seiner Eltern deutlich.

Über seine Kindheit und Jugend ist sozusagen nichts bekannt. Sicherlich aber erhielt er eine fundierte und breitgefächerte Ausbildung nach den Vorstellungen Friedrichs III. und Maria Elisabeths, die aber in seiner nachgeordneten Position sicher nicht vergleichbar war mit der eines Erbprinzen.⁸³ Unversehens änderte sich seine Rolle mit dem Ableben seiner zwei älteren Brüder während ihrer Kavalierstour in den Jahre 1654 und 1655 grundlegend, weil er als dritter Sohn nun zum Erben des Herzogtums avancierte und fast zeitgleich mit 14 Jahren zunächst zum Koadjutor des Fürstbistums Lübeck und im Dezember desselben Jahres zu dessen Fürstbischof mit Sitz in Eutin gewählt wurde.[84] Aus diesem Jahr ist die einzige persönliche Nachricht dieser Zeit über Christian Albrecht überliefert: Ihm wurde ein Buch mit Kupferstichen über die kunstgeschichtlichen Denkmäler der Stadt Rom verehrt.[85]

Nach den leidvollen Erfahrungen der Eltern wurde Christian Albrecht nicht auf eine für diese Zeit übliche Grand Tour geschickt. Stattdessen sollte er 1658/59 seine Schwester Hedwig Eleonora, die schwedische Königin, besuchen und ihren Mann im Krieg gegen Dänemark, beim Angriff auf Kopenhagen, begleiten. Aber wegen des Kriegsverlaufs bewegte er sich nur zwischen den dänischen Königsschlössern Kronborg, Frederiksborg und Malmö.[86]

Erst nach dem Tod des Vaters kehrte Christian Albrecht am 4. September 1659 zurück und trat achtzehnjährig die Regierung an. Seine Gebiete einschließlich der Hauptresidenz Gottorf waren zu diesem Zeitpunkt von feindlichen Truppen besetzt. Er konnte jedoch aufgrund der Bestätigung seiner Souveränität im Kopenhagener Frieden 1660 bald nach Schleswig zurückkehren, wo Ende Januar 1661 die feierliche Begräbniszeremonie für Friedrich III. und wenige Tage später, an seinem zwanzigsten Geburtstag, die Huldigung Christian Albrechts stattfanden.

Die Richtung der Gottorfer Politik hatte Friedrich III. in seinem Testament vorgegeben, und Christian Albrecht bemühte sich um deren Umsetzung. Das bedeutete neben der Verbundenheit zu Schweden auch den Aufbau eines „gutnachbarlichen Verhältnisses" zu Dänemark.[87] Auf dieser Grundlage sind die 15 Friedensjahre der ersten Regierungszeit bis 1675 auch als die fruchtbarste Periode seines kulturellen Wirkens auf Gottorf zu betrachten. Passend zu den Plänen Christian Albrechts ist seine Darstellung als Förderer der Künste und Wissenschaften in einem großformatigen, allegorischen Gemälde des erfolgreichen Gottorfer Hofmalers Jürgen Ovens (1623–1678), das dieser gleich nach dem Regierungsantritt 1661 noch in Amsterdam malte.[88]

Nicht nur politisch, sondern auch kulturell trat Christian Albrecht das Erbe seines Vaters an, indem er die angefangenen Vorhaben zu Ende führte, darüber hinaus aber auch eigene Ideen verwirklichte. So wurden sofort nach der Rückkehr des Hofes auf die Gottorfer Residenz die Vollendung des Globus und die Erweiterung des Neuwerkgartens in Angriff genommen.

Als erstes großes eigenständiges Projekt des Herzogs ist die repräsentative Ausgestaltung der neuen Gottorfer Fürstengruft als dem Begräbnisort Friedrichs III. und später Christian Albrechts durch den Amsterdamer Bildhauer Artus Quellinus d.Ä. (1609–1668) zu betrachten, der 1661 unter Vermittlung des Kanzlers Kielman und Ovens den Auftrag dazu erhielt. 1663 war die Grabstätte vollendet.[89]

Bevor aber weitere Pläne realisiert werden sollten, sah Christian Albrecht die Gelegenheit gekommen, die ihm verwehrte Grand Tour auf verschiedenen Reisen nachzuholen. Im Frühjahr 1661 besuchte er für einige Monate Italien.[90] Leider scheinen Einzelheiten dieser Reise nicht überliefert zu sein. Danach beabsichtigte der Herzog, seine Kenntnisse u.a. von Festungsbau, Kunst und höfischem Zeremoniell durch eine Studienreise durch die Niederlande, Frankreich, die Schweiz und Deutschland auf den modernsten Informationsstand zu bringen. Eine Beschreibung der Reise in Gestalt einer Tagebuch-Handschrift vermittelt uns ein reges und äußerst vielseitiges Interesse Christian Albrechts an allen künstlerischen, wissenschaftlichen, geschichtlichen und höfischen Dingen. Im Folgenden wird die Reise kurz skizziert:[91]

Am 17. Februar 1662 reiste Christian Albrecht mit seinem Hofstaat von Husum ab über Hamburg nach Oldenburg, wo er einige Tage im Schloss Gast des Grafen Anton Günther (1583–1667) war. Dann ging es zum Teil per Schiff weiter nach Amsterdam. Unterwegs besahen sie in Groningen den Prinzenhof und in Enkhuizen das Haus der Ostindischen Kompanie. Während des einwöchigen Aufenthaltes in Amsterdam besuchte die Gesellschaft das 1648 von Jacob van Campen begonnene Rathaus mit den Bildhauerarbeiten von Artus Quellinus d.Ä., das durch die in Schleswig begonnene Arbeit an der Fürstengruft von besonderem Interesse für Christian Albrecht war. Auch Werke des zu der Zeit in Amsterdam tätigen Jürgen Ovens, der 1663 als Hofmaler Christian Albrechts nach Schleswig-Holstein zurückkehren sollte, wurden besichtigt, daneben u.a. die Raritäten- und Kunstkammer einer „Witwe von Reinst" genannten Dame. Über Harlem ging es dann weiter nach Leiden, wo Christian Albrecht verschiedene Einrichtungen der berühmten Universität bewunderte, z.B. den botanischen Garten, eine „camera obscura" und die „Anatomien Cammer".[92] Die nächste Station war Den Haag, wo vor allem das Huis ten Bosch mit der Ausstattung des Oraniersaals, an der maßgeblich der Antwerpener Maler Jacob Jordaens (1593–1678) beteiligt war, faszinierte. In den folgenden Tagen besichtigte das Komitat die Schlösser Rijswijk und Honselarsdijk mit ihren Gärten. In Delft wurden die großen Kirchen und besonders das Erbbegräbnis der Oranier angesehen. Mit dem Schiff fuhren sie weiter über Rotterdam, die Festung Gertrudenberg, deren Fortifikationen Christian Albrecht studierte, und Breda nach Antwerpen, wo die Gesellschaft eine Woche blieb, um genauestens alle Kirchen, besonders aber die Jesuitenkirche mit ihrer Bibliothek, kennenzulernen. Jordaens' Werke im Oraniersaal scheinen auf den Herzog einen so starken Eindruck gemacht zu haben, dass er den Künstler aufsuchte. In Brüssel, dem nächsten, auf dem Wasserweg erreichten Ort, verbrachte man fünf Tage mit Vergnügungen und Besichtigung der Kirchen und des mit Lust- und Tiergarten ausgestatteten Palais des Gouverneurs der spanischen Niederlande. Am 7. April verließ Christian Albrecht Brüssel mit Ziel Paris, wo er eine Woche später eintraf. Unterwegs schaute er in der Kirche von Cambrai die astronomische Uhr und den damals berühmten Garten Liancourt an. In Paris verweilte der junge Herzog mit seinem Gefolge über drei

Monate, besichtigte die Sehenswürdigkeiten, pflegte gesellschaftlichen Umgang und nahm an den öffentlichen Auftritten des Königs teil. Den absoluten Höhepunkt markierten dabei die Audienz bei Ludwig XIV. auf seiner Sommerresidenz Saint-Germain-en-Laye und das königliche Karussell, eine Großveranstaltung in einer provisorisch bei den Tuilerien aufgebauten Pferderennbahn. Bei den Besichtigungen widmete sich Christian Albrecht zum einen den schon zu dieser Zeit obligatorischen Denkmälern, dem Louvre, der Grablege und Schatzkammer der französischen Könige in St. Denis und dem Jesuitenkolleg, wo ihm astronomische Instrumente und physikalische Experimente vorgeführt wurden. Zum andern galt seine Aufmerksamkeit der Architektur und Gartenkunst der umliegenden Schlösser wie Saint Cloud, Maisons, Saint-Germain-en-Laye, Rueil und Vincennes, die aus verschiedenen aktuellen Anlässen bei den Zeitgenossen im Gespräch waren. Am 23. Juli 1662 reiste Christian Albrecht aus Paris ab in Richtung Lyon und nahm am selben und folgenden Tag eingehend das vom ehemaligen Finanzminister Ludwigs XIV., Nicolas Fouquet, erst wenige Jahre zuvor durch den Architekten Louis Le Vau (1612–1670) erbaute Schloss Vaux-le-Vicomte und das Königsschloss Fontainebleau mit ihren Gärten in Augenschein. In Fontainebleau ließ sich Christian Albrecht genauestens über die Baugeschichte informieren. Nachdem das Komitat bei seinem fünftägigen Aufenthalt in Lyon u.a. das Rathaus, die Klöster und eine Kunstkammer angesehen hatte, setzte es seinen Weg über Grenoble und Savoyens Hauptstadt Chambéry mit Besichtigung des dortigen Schlosses fort nach Genf. Hier empfing sie der 1646 geborene Bruder Christian Albrechts, August Friedrich, der sich zu dieser Zeit zu Studienzwecken mit einem Gefolge in Genf befand. Die Geschichte und Verfassung der Stadtrepublik beschäftigte den Gottorfer Herzog intensiv. Erst nach einem Monat, Ende August, reisten sie ab über Lausanne, Bern und Solothurn nach Basel, wo in wenigen Tagen Rat- und Zeughaus, Kirchen und mehrere berühmte Bibliotheken und Kunstkammern besucht wurden. Danach fuhren sie mit dem Schiff rheinabwärts bis Straßburg, um dort das Münster, das Zeughaus und die Universität anzusehen. Die weitere Reise durch Deutschland war neben dem Besichtigen von Sehenswürdigkeiten geprägt durch gesellschaftliche Kontakte und Verwandtenbesuche. Am Rhein entlang, vorbei an Rastatt und Speyer, war nun das nächste Ziel die kurpfälzische Haupt- und Residenzstadt Heidelberg, wo die Gottorfer auf dem Schloss logierten und u.a. den von Salomon de Caus von 1616–1619 angelegten Garten bewunderten. Nach der Besichtigung von Mannheim ging es weiter zur landgräflichen Residenz in Darmstadt. Da Ludwig VI. von Hessen und seine Gemahlin Maria Elisabeth, eine Schwester Christian Albrechts, abwesend waren, nahm der Gottorfer Herzog die Gelegenheit wahr, den Kurfürsten von Mainz zu besuchen, der ihm sein Schloss mit Garten, den Dom, die Befestigungen, das Kartäuserkloster am Rhein und die Festung Höchst zeigte. Am nächsten Tag sah er die Fortifikationen und zwei Zeughäuser der Stadt Frankfurt an und wurde auf dem Frankfurter Römer empfangen, wo er die Goldene Bulle Kaiser Karls IV. bestaunte. Die nächsten fünf Tage verbrachte Christian Albrecht bei seinen Verwandten in Darmstadt und Rüsselsheim am Main. Von hier aus brach die Reisegesellschaft am 28. September auf in Richtung Köln. Sie fuhren auf dem Land und Wasserwege den Rhein entlang und besichtigten unterwegs den Königstuhl, Koblenz und die kurkölnische Residenz Bonn, bei der der von Kurfürst Maximilian Heinrich neu gebaute Schlossflügel und eine italienische Grotte im Garten bei Christian Albrecht besondere Bewunderung hervorriefen. In Köln wurden in nur zwei Tagen u.a. der Dom und einige der romanischen Kirchen, die Jesuitenkirche und das Rathaus angesehen. Danach setzte das Komitat die Reise in östliche Richtung fort direkt nach Zerbst über Siegen, Marburg, Kassel, Goslar, Halberstadt und Magdeburg. Nur das später abgerissene Renaissanceschloss Gröningen bei Halberstadt und der Magdeburger Dom wurden unterwegs angesehen. In Zerbst residierte Johann Fürst von Anhalt, der 1649 Christian Albrechts älteste Schwester Sophie Augusta geheiratet hatte. Mit höfischen Vergnügungen und einem Jagdbesuch auf Schloss Coswig, Sophie Augustas direkt an der Elbe zwischen Dessau und Wittenberg gelegenem Leibgeding, vergingen neun Tage bis zur Weiterreise nach Güstrow, wo der Gottorfer Herzog die erste Novemberwoche bei seiner mit Gustav Adolf Herzog von Mecklenburg verheirateten Schwester Magdalena Sibylla in ähnlicher Weise verbrachte. Von hier aus trat die Gesellschaft den Heimweg nach Gottorf an, wo sie nach 39 Wochen Reise am 17. November 1662 ankam.

Wieder zurück auf Gottorf, trieb Christian Albrecht intensiv die Erweiterung des Neuwerkgartens in Form einer ausgedehnten Terrassenanlage voran. Den Franzosen Michel Le Roy beauftragte er 1664 mit der Installation der Wasserkünste auf den Terrassenstufen und mit dem Bau der Kaskade am Eingang des Gartens.[93] Auf der Schlossinsel verstärkte der Ingenieur Nouack 1665 die Fortifikationen, und 1667 wurde das südliche Torhaus errichtet.[94] Am Schloss selbst ließ der Herzog nur wenige Veränderungen vornehmen.[95]

Von seinem Vater schon begonnen, kam unter Christian Albrechts Regentschaft, wesentlich unterstützt durch seinen Regierungs- und Kanzleipräsidenten Kielman von Kielmansegg, eine wichtige kulturelle Leistung des Gottorfer Staates zustande: die Gründung der Kieler Universität am 3. Oktober 1665.[96] Im Zusammenhang damit steht die Öffnung des Kieler Schlossgartens für Studenten und Bürger und ab 1669 die Anlegung eines ersten Botanischen Gartens innerhalb des Schlossgartengeländes unter der Leitung des Medizinprofessors Johann Daniel Major (1634–1693).[97]

1666 übertrug Christian Albrecht die Lübecker Bischofswürde auf seinen Bruder August Friedrich, behielt aber weiterhin den Titel „postulierter Coadjutor des Stifts" und auch die Bischofsmütze in seinem Wappen.[98]

Von Dezember desselben Jahres bis Ostern 1667 unternahm der Gottorfer Herzog inkognito eine weitere Reise, die ihn nach Wien und Venedig führte, wo er den Karneval erlebte. Leider sind auch von dieser Reise keine Details und Stationen bekannt.[99] Lediglich durch die erhaltene Korrespondenz zwischen Christian Albrecht und Guidobald von Thun (1616–1668), Erzbischof von Salzburg und Regensburg, aus den Jahren 1667 und 1668 und die damit zusammenhängende Reise des Neuwerk-Gärtners Michael Gabriel Tatter nach Regensburg zwecks Abholung von Pomeranzenbäumen wissen wir von Christian Albrechts Aufenthalt in Salzburg, wo er mit Sicherheit die Gärten von Hellbrunn und Mirabell besichtigte.[100]

Inzwischen zeigten die Bemühungen um ein positives Verhältnis zu Dänemark durch die Annäherung wegen des Oldenburger Erbes Auswirkungen. Zunächst wurden im Glückstädter Rezess am 12. Oktober 1667 die gemeinschaftliche Regierung und die Union mit Dänemark dokumentiert und zusätzlich bekräftigt durch die kurz danach am 24. Oktober ebenfalls in Glückstadt in bescheidenem Rahmen stattfindende Hochzeit Christian Albrechts mit der Tochter König Friedrichs III. von Dänemark, Friederike Amalie (1649–1704).[101] Das junge Paar machte im folgenden Sommer eine Reise auf die dänische Insel Seeland[102], bei der die königliche Grablege im Dom zu Roskilde und in Kopenhagen der Runde Turm mit Bibliothek und Gärten, sicherlich die Anlagen von Rosenborg und Sophieamalienborg, besichtigt wurden. Christensen gibt an, dass das Herzogspaar die gerade im Entstehen begriffenen königlichen Gärten von Frederiksdal und Dronninggaard ansah.[103] Carl van Mander führte Christian Albrecht die Kopenhagener Kunstkammer vor, und es folgte ein Aufenthalt auf Schloss Frederiksborg. Auf der Rückreise machte man Station auf dem königlichen Schloss Nyköbing auf Falster.

In diesem Jahr 1668 fiel ein aufsehenerregendes Ereignis im Neuwerkgarten: Eine Agave americana zeigte als fünftes Exemplar in Deutschland seit der Einführung dieser Pflanze 1561 nach Europa[104] einen Blütenansatz, den der Kieler Medizinprofessor Johann Daniel Major (1634–1693) mit einer wissenschaftlichen Würdigung der Öffentlichkeit präsentierte und den Anlass nutzte, der frisch verheirateten Herzogin und dem Lande Holstein Fruchtbarkeit und Segen zu wünschen.[105]

Auch Christian Albrecht feierte seine Gemahlin (Abb. 8) gebührend in dem 1670 bis 1672 als point-de-vue auf der obersten Terrasse des Neuen Werkes gebauten Lusthaus Amalienburg, einer aufwändig gestalteten Gartenarchitektur, in der die Herzogin durch einen Gemäldezyklus von Jürgen Ovens verherrlicht wurde.

Neben der Gartenkunst galt das Interesse des jungen Herzogs vor allem der Musik. So ließ er während seiner Regierungsjahre bis 1675 am Gottorfer Hof Opern und Ballette aufführen, plante 1672 sogar einen eigenen Theaterbau nach italienischem Vorbild[106] und hatte den Kapellmeister Johann Theile engagiert, der später an der von Christian Albrecht 1678 mitbegründeten Hamburger Oper wirkte.[107]

Abb. 8 Herzogin Friederike Amalie, Kupferstich von Pieter van Gunst nach einem Gemälde von Ludwig Weyandt, um 1695, KBK, Billedsamling, Müllers Pinakotek 3, 77, 2°

Politisch machte sich eine schlechtere Atmosphäre zwischen Dänemark und Gottorf sofort nach dem Thronantritt Christians V. 1670 bemerkbar. Der König wollte die Unabhängigkeit seines Schwagers nicht akzeptieren, besetzte dessen Residenz 1675[108] und zwang Christian Albrecht 1676, mit einem kleinen Hofstaat nach Hamburg ins Exil zu fliehen, während Friederike Amalie weiterhin auf Gottorf residierte. Die Herzogin hatte keinen leichten Stand in diesen Jahren des Streits zwischen ihrem Bruder und ihrem Gemahl.[109] Während der ersten Verbannung ihres Mannes reiste sie zwischen Hamburg, Gottorf, Kopenhagen und Augustenburg hin und her und versuchte – ohne Erfolg – zu vermitteln.[110] Christian Albrechts ohnehin schon seit Anfang seiner Regierung angespannte finanzielle Lage verschlimmerte sich nun durch den bis 1689 andauernden Konflikt mit der Krone so rapide, dass kein Spielraum mehr blieb.[111] So wundert es nicht, dass er nach Gottorf die Anweisung gab, nur die allernotwendigsten Dinge im Neuwerk machen zu lassen.[112] Durch den Frieden von Fontainebleau am 2. September 1679 konnte Christian Albrecht wieder alle seine Rechte wahrnehmen und kehrte am 1. Januar 1680 auf seine Residenz zurück. Da Dänemark sich aber mit dem Ausgang nicht zufriedengab, gingen die Streitigkeiten weiter. Durch die zu diesem Zeitpunkt vorliegende internationale Bündniskonstellation bekam Christian V. durch Frankreich freie Hand im Umgang mit dem Gottorfer Herzog, was diesen veranlasste, sich erneut im Juni 1682 nach Hamburg in Sicherheit zu bringen. Friederike Amalie blieb zunächst auf Gottorf, bis ihr Bruder mit dem Rendsburger Okkupationspatent am 30. Mai 1684 die Vereinigung des gottorfischen Anteils von Schleswig mit dem königlichen verkündete und ihr das Schloss vor Husum statt der sequestrierten Residenz Gottorf als Wohnort zuwies.[113] Dorthin begab sich die Herzogin am 6. August 1684 mit einem Hofstaat von 27 Personen.[114] Die noch auf Gottorf gebliebenen herzoglichen Beamten mussten dem König den Untertaneneid leisten, worauf Christian Albrecht mit Aufhebung ihrer Bestallungen reagierte.[115] Von Hamburg aus unternahm der Herzog noch einmal zwei erfolglose Reisen in diplomatischer Mission, um Rückhalt gegen seinen Rivalen und Schwager zu bekommen. Die erste führte ihn 1685 nach Süddeutschland und an den kaiserlichen Hof in Wien, die zweite 1686 in die Niederlande.[116] Erst durch den Altonaer Vergleich am 20. Juli 1689, in dem Christian V. eine entscheidende Niederlage einstecken musste, erhielt der Gottorfer Herzog seine Souveränität über den schleswigschen Anteil seines Besitzes und alle früheren Rechte zurück.

Durch die vielen Jahre der dänischen Sequestration hatte die Schleswiger Residenz erhebliche Schaden erlitten, namentlich einige Räume im Schloss und die Gärten südlich der Schlossinsel waren verwahrlost, während das Neue Werk sich noch in einigermaßen brauchbarem Zustand befand.[117] Mit den Instandsetzungsarbeiten wurde unverzüglich begonnen, so dass das Herzogspaar am 30. Oktober 1689 seinen Einzug in Schleswig mit der Aufführung der von Johann Philipp Foertsch zu diesem Anlass komponierten Oper „Die betrübte und erfreute Cimbria" feiern konnte.[118] Schon in Hamburg scheint sich Christian Albrecht mit Plänen zu einem Neubau seines Schlosses beschäftigt zu haben, denn der veraltete Renaissancebau war nicht mehr zeitgemäß.[119] Auf solche Überlegungen deuten die Besuche des im Dienste seiner Schwester tätigen schwedischen Hofarchitekten Nicodemus Tessin d.J. (1654–1728) beim Gottorfer Herzog 1687 in Hamburg und 1690 auf Gottorf hin.[120] Zu einem Schlossneubau kam es unter Christian Albrecht nicht, wohl aufgrund der akuten Geldknappheit des kleinen Herzogtums[121], was ihn aber nicht daran hinderte, sofort nach der Rückkehr auf seiner Residenz eine große Orangerie im Neuwerk zu errichten[122] und eine neue Hofkapelle zu etablieren, die mit Georg Österreich als Kapellmeister die Gottorfer Hofmusik zu einer neuen Blüte führen sollte.[123] Doch die Vollendung der Orangerie erlebte Christian Albrecht, der am 27. Dezember 1694 im Alter von 53 Jahren starb, nicht mehr.

Über die kulturellen Interessen seiner Gemahlin sind bis zu ihrer Witwenzeit keine speziellen Nachrichten überliefert. Da aber ihre Eltern beide mit Neuanlagen und Ausbau von Gärten intensiv befasst waren[124], ist anzunehmen, dass die Gartenkunst, aber auch die Musik, für Friederike Amalie ebenfalls gewichtige Rollen spielten. Nachweisen lässt sich das erst mit dem ab 1695 erfolgenden Ausbau ihres Witwensitzes Kiel. Das verfallene Schloss wurde instandgesetzt und ausgebaut, der Schlossgarten sogar erweitert und modernisiert.[125]

Die Meinungen in der Literatur in Bezug auf Persönlichkeit und kulturelle Leistungen Herzog Christian Albrechts reichen von überwiegend negativer Beurteilung unter Negierung seines Wissenschaftsinteresses und eigener Projekte bis hin zu seltenen positiven Äußerungen.[126] Fest steht, dass eine Einschätzung der Verdienste dieses Herzogs auf dem Gebiet der Kultur nicht einfach aufgrund eines Vergleiches mit den Leistungen seines Vaters vorgenommen werden kann. Die Einbeziehung der ungleich schwierigeren politischen, finanziellen und durch das Exil räumlichen Situation führt letztlich zu dem Ergebnis, dass Christian Albrecht in seiner Regierungszeit unter den gegebenen Umständen Erstaunliches hervorbrachte, wobei die Erweiterung des Neuwerkgartens neben der Universitätsgründung und der Förderung der Musik als sein Hauptwerk anzusehen ist.

4. Die Gottorfer Sammlungen

Als Ausdruck humanistischen Bildungsideals und des damit verbundenen Interesses an Wissenschaften sowie als Teil der höfischen Repräsentation lassen sich die wie vielerorts so auch am Gottorfer Hof im 16. und vor allem im 17. Jahrhundert entstandenen unterschiedlichen Sammlungen[127] verstehen, aus deren Vielfalt stellvertretend aufgrund ihrer inhaltlichen Relevanz für die Ausgestaltung des Neuen Werkes nur die Bibliothek und Kunstkammer hier in Kürze vorgestellt werden.

Die Gottorfer Bibliothek geht in ihren Anfängen auf Herzog Adolf zurück[128], aber erst sein Sohn Johann Adolf erhob sie 1606 aus dem fürstlichen Privatbereich zu einer offiziellen Institution seiner Residenz, die seitdem von zum Teil bedeutenden Gelehrten wie Heinrich Lindenbrog (1570–1642), Johann Latendorf (gest. 1649), Adam Olearius, Marquard Gude (1635–1689) und Johann Nicolaus Pechlin (1646–1706) betreut wurde. Unter Johann Adolf vermehrte sich der Umfang schon auf 15000 Bände, u.a. durch die Einverleibung der Bibliotheken der beiden säkularisierten Klöster Cismar und Bordesholm und durch den Nachlass des Gottorfischen Rates Johann von Wowern 1612. Auch die folgenden Herzöge Friedrich III. und Christian Albrecht schenkten ihrer Bibliothek größte Aufmerksamkeit.[129] Die Bedeutung dieser Einrichtung lag für die gelehrte Welt des 17. Jahrhunderts vor allem in der großen Zahl lateinischer, griechischer und orientalischer Handschriften, die der Gottorfer Büchersammlung den Ruf der Gleichwertigkeit mit der berühmten Wolfenbütteler Bibliothek eintrug.[130] Bezüglich der Neuerscheinungen boten sich aktuelle Informationen zum Buchmarkt und Kaufmöglichkeiten durch weitreichende Kontakte u.a. zu den wichtigsten Handels- und Buchzentren wie Hamburg, Frankfurt am Main, Leipzig und Amsterdam. Die Anschaffung grundlegender Werke stand im Vordergrund.[131] Dadurch kommt Schlee zu dem Urteil, dass die Gottorfer Bibliothek, die nach und nach von den Dänen ab 1732 nach Kopenhagen transportiert und in die Königliche Bibliothek integriert wurde, „vollgültig das Wissen der Zeit" repräsentierte.[132]

Die beiden erhaltenen Kataloge, die der letzte Gottorfer Bibliothekar Johann Pechlin (1682–1757) im Jahre 1709 anfertigte[133], geben Auskunft über den Bestand der Büchersammlung, der in seiner Zusammensetzung dem Niveau einer Bibliothek des 17. Jahrhunderts entsprach mit Werken aus allen Wissenschaftsdisziplinen, wobei das größte Gewicht auf theologischen und rechtswissenschaftlichen Schriften lag. Daneben waren Gartenbau, Botanik, Architektur und Kunst noch nicht als eigene Gebiete ausgewiesen und die Anzahl diesbezüglicher Literatur noch vergleichsweise gering.[134] Für die Gestaltung des Neuen Werkes sind gerade diese Bereiche von besonderem Interesse. Speziell, weil für die Entwürfe der Bauten im Garten Architektennamen fehlen, sind der Einfluss der Bauherren und ihr geistiges Umfeld in Betracht zu ziehen. Möglicherweise sind die zugrundeliegenden Ideen neben den auf Reisen gewonnenen Anregungen den entsprechenden Werken der Gottorfer Bibliothek entlehnt, was im Einzelfall zu prüfen ist. Um die Voraussetzungen dafür zu schaffen, hat die Verfasserin den Versuch unternommen, aus den Pechlin-Katalogen die relevanten Titel herauszufiltern und in zwei Listen des Anhanges 3 zusammenzustellen.[135] Zum Beispiel kann man sich damit für den recht übersichtlichen Teilbereich der Architekturtheorie ein Urteil bilden und kommt zu dem Ergebnis, dass alle wichtigen Werke zu diesem Thema von Vitruv, Alberti, Vignola, Serlio, Palladio, Du Cerceau und auch von den deutschen Vertretern Dietterlin, Furttenbach, Goldmann, Sandrart und Sturm in der Gottorfer Bibliothek vertreten waren. Bei der botanischen und Gartenbauliteratur mit Werken von Ferrari, Elsholtz, Gessner, van der Groen, Hohberg und Besler u.a. kommt Helga de Cuveland zu einer ebensolchen Einschätzung.[136] Bei einer möglichen Zuordnung einer Vorlage bleibt trotz eines Nachweises in der Gottorfer Bibliothek eine letzte Unsicherheit: Pechlin vermerkt zwar das Erscheinungsjahr, aber nicht das für einen Beweis entscheidende Anschaffungsjahr der Bücher.[137] Nur unter der von Dieter Lohmeier und Helga de Cuveland angenommenen Voraussetzung, dass wichtige Titel bald nach ihrem Erscheinen in die Gottorfer Bibliothek gelangten[138], ist eine Schlussfolgerung ihres Wirkens auf die Ausgestaltung der Residenz möglich.

In enger räumlicher und geistiger Verbindung mit der Bibliothek stand die Gottorfer Kunstkammer (Abb. 9).[139] Den Grundstock dieser Einrichtung bildete neben den mitgebrachten Raritäten der Gottorfer Russland- und Persienexpedition[140] die damals berühmte Sammlung des im niederländischen Enkhuizen ansässigen weitgereisten Arztes und Gelehrten Bernhardus Pa-

Abb. 9 Titelblatt der „Gottorfischen Kunstkammer" von Adam Olearius, 2. Aufl. 1674, Kupferstich von H. v. Hensberg, SSHL

ludanus (1550–1633), die Herzog Friedrich III. 1651 durch Adam Olearius kaufen ließ.

Angeregt durch die in der Spätrenaissance an vielen europäischen Fürstenhöfen angelegten, den Wissenschaften und der fürstlichen Repräsentation dienenden Kunstkammern, besonders aber sicherlich durch die unter dem sächsischen Kurfürsten August gegründete Dresdner Kunstkammer, die das Gottorfer Herzogspaar aus eigener Anschauung kannte, und nicht zuletzt durch seinen aus Sachsen stammenden Bibliothekar und Wissenschaftler Adam Olearius beeinflusst, hatte Friedrich III. großes Interesse an der Einrichtung einer eigenen Kunstkammer auf Gottorf, die schon bald nach ihrer Gründung hohes Ansehen genoss.[141]

Adam Olearius war mit der wissenschaftlichen Leitung und Ordnung beauftragt. Mit seinem 1666 publizierten Buch „Gottorfische Kunst=Cammer", das als „einer der ersten deutschsprachigen Sammlungskataloge" erschien[142], machte Olearius die Gottorfer Kunstkammer weithin bekannt. Allerdings bearbeitete er nur einen Teil der Sammlung, die von ihm benannten Abteilungen der „Naturalia" und „Ethnographica". Die Beschränkung auf diese Bereiche beruhte nach Ansicht von Jan Drees auf der Absicht des Verfassers, „den Typus der Kunstkammer eines Gelehrten" und damit die wissenschaftlichen Leistungen des Gottorfer Hofes vorzustellen, wie der Kopenhagener Sammler

Ole Worm es 1655 mit seinem Buch „Museum Wormianum" vorgemacht hatte, an dem Olearius sich offensichtlich orientierte.[143] Die Kunstkammer der Gottorfer Residenz bestand aber nicht nur aus botanischen und zoologischen Naturalien sowie aus völkerkundlichen Gegenständen, die wohl Olearius' Interessenschwerpunkt markierten[144], sondern hier konnte ebenso das fürstliche Bestreben nach Repräsentation abgelesen werden an den beiden anderen Abteilungen der „Artificialia" und „Scientifica", die durch Gegenstände wie Kunstwerke, Pretiosen und Münzen, mathematische und astronomische Instrumente, ein optisches Kabinett und Uhren vertreten waren. Doch der von Olearius geplante zweite Band seines Kunstkammerbuches, der eine Dokumentation dieser Sammelgebiete beinhaltet hätte, folgte nicht mehr.

Für die Beschäftigung mit der Gottorfer Gartenkunst sind allerdings weniger die in der Gottorfer Kunstkammer selbst bewahrten und kurz nach 1743 den Kopenhagener Sammlungen des dänischen Königs einverleibten Objekte von Interesse, sondern die ungewöhnliche Ausstattung des Neuwerkgartens in der ersten Phase unter Friedrich III. und Olearius, die in demselben Drang nach wissenschaftlicher Erfassung und Darstellung der Welt wurzelt wie die Einrichtung einer Kunstkammer. Am deutlichsten treten dieses Bestreben und die Verbindung zwischen Kunstkammer und Gartenkunst in dem immer wieder als Höhepunkt der Gottorfer Kunstkammer[145] eingestuften großen Globus[146] zutage. Gestaltet als Globus terrestris bildete er das in den Garten verlegte Pendant zur Sphaera Copernicana, einem kunstvollen Himmelsglobus, der in der Mitte der Bibliothek platziert war.[147] Der Gottorfer Herzog und sein Hofgelehrter scheinen sich nicht mit der herkömmlichen und weitverbreiteten Art von Kunstkammer begnügt zu haben, sondern erweiterten diese mit der Ausgestaltung des Neuen Werkes um die Dimension der Lebendigkeit und damit der eigenen praktischen Forschungsmöglichkeiten. Das gilt für verschiedene Bereiche, aber besonders für die Botanik. Während an dieser Stelle nur eine kurze Vorstellung der Gottorfer Kunstkammer gegeben und die Relevanz dieser Einrichtung für die Untersuchung des Neuwerkgartens begründet wird, soll eine genauere Bearbeitung der Verknüpfungspunkte und deren Interpretation im weiteren Verlauf der Arbeit erfolgen.

5. Der Alte Garten

Herzog Friedrich III. war derjenige, der die Vormachtstellung der Gottorfer Gartenkunst im Lande begründete, indem er nacheinander zwei große Neuanlagen initiierte. Da der schon bestehende Westergarten zur Regierungszeit Friedrichs nicht mehr den künstlerischen Ansprüchen der Zeit genügte, widmete sich der Herzog bald einem neuen Gartenprojekt, das gleichzeitig seine erste große Baumaßnahme auf der Residenz war, der Anlage des Alten Gartens.[148] Die Arbeiten begannen 1623 und wurden 1624 unter dem niederländischen Gärtner Peter Mulier[149], der wohl den ersten Entwurf lieferte, fortgesetzt. Am 5. Februar 1625 wurde der weitgereiste Gärtner Johannes Clodius[150] bestallt und übernahm den weiteren Ausbau des Gartens.

Während der Westergarten südwestlich außerhalb der Schlossinsel lag, erstreckte sich das Gelände der neuen Anlage südöstlich der Festung auf einer Halbinsel in der Schlei (Abb. 3 u. 10), so dass sich zwischen Westergarten und Altem Garten die südliche Zufahrt zum Schloss und der Teich der Gottorfer Mühle befanden. Als westliche Grenze zum Mühlenteich hin fungierte der gleichzeitig mit der neuen Anlage gebaute Herrenstall[151], ein 135,56 m langes und 9,15 m breites Gebäude, das als Unterbringung für 103 Pferde der zum Hofstaat gehörigen Herren diente. Südlich des Alten Gartens schloss sich der Gottorfer Fischerhof an.

Abb. 10 Vogelperspektive der Residenz Gottorf und der Stadt Schleswig, lavierte Federzeichnung von Hans Christopher Lönborg, 1732, BQ: LASH, Lönborg II

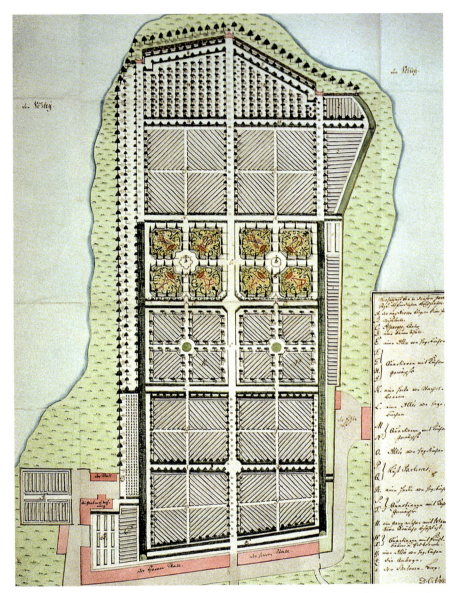

Abb. 11 Der Alte Garten von Gottorf nach der Instandsetzung von 1744, lavierte Federzeichnung von David Christopher Voss, 59 x 44,5 cm, RAK TyRtk C 84

In zwei Abschnitten vollzog sich die Anlegung des Gartens (Abb. 5 u. 11)[152]. Die erste Phase umfasste den westlichen, vom Herrenstall ausgehenden Teil mit acht großen, heckenumsäumten und von Wegekreuzen durchschnittenen Quartieren, die in ihrer ganzen Ausdehnung im Norden und Süden von zwei Bogengängen begleitet waren. Große Mengen von Pflanzenmaterial wurden aus den Niederlanden über den Friedrichstädter Händler Marten van Bocholt geliefert.

Die Erweiterung des Gartens in den 1630er Jahren begann mit dem Einbau einer repräsentativen, gewölbten Tordurchfahrt in den Herrenstall. Den Hausteinschmuck an den Doppelpilasterportalen und Schweifgiebeln arbeitete der Schleswiger Bildhauer Wilhelm Schmidt. Neben der Durchfahrt gab es eine Küche, von der aus eine Wendeltreppe in den heizbaren und wohl als Belvedere gedachten Raum über dem Tor führte. 1632 wurde in der Nordwestecke des Gartens ein zweistöckiges schmuckloses Fachwerkgebäude auf einer Grundfläche von 100 qm errichtet, dessen Untergeschoss als Winterstandort für Orangeriepflanzen diente. Es ist zwar nicht, wie Michael Paarmann nach damaligem Forschungsstand feststellte, mit dieser Hauptfunktion „wohl das erste massive Gartengebäude in Deutschland [gewesen], das ausschließlich der Überwinterung der in Ton- und Holzkübel gehaltenen fremdländischen Gewächse diente"[153], aber als eines der frühen nicht abschlagbaren Gewächshäuser einzuordnen. Als erstes muss wohl das im Prager Burggarten von 1539 angesehen werden, dann folgten Baden-Baden 1584 und Dresden mit einem steinernen, nicht abschlagbaren Pomeranzenhaus von 1591/92 im „Churfürstlichen Pommeranzen Garthen vor dem Wilsdruffer Tor" unter Kurfürst Christian I. (1560–91).[154] Clodius' neues Winterhaus wurde noch vor 1638 in Dänemark auf

5. DER ALTE GARTEN

Schloss Nykøbing mit einem beheizbaren Kräuterhaus rezipiert. Die Zusammenhänge werden über die dynastische Schiene schnell deutlich. Die Dresdner Entwicklung kam über die Heirat Maria Elisabeths 1630 nach Gottorf. Ihre Schwester Magdalena Sibylla wiederum ehelichte 1634 den dänischen Prinzen Christian.[155] Vermutlich hatte Clodius schon 1627 im Westergarten mit dem Lusthaus als Winterung die mobile Gewächshaltung eingeführt, die nun mit dem Bau dieses durch Kachelöfen heizbaren Winterhauses sehr früh in großem Maße auf Gottorf betrieben werden konnte, d.h. die in Gefäßen kultivierten Pflanzen wechselten den Standort mit der Jahreszeit.[156] Das Obergeschoss beherbergte einen großen, ausgemalten Raum, der wohl gelegentlich als Speisesaal und Belvedere genutzt wurde.

Neben den Veränderungen an bestehenden Gebäuden und dem Neubau des Gewächshauses verlängerte Clodius ab 1633 auch das Gartengelände um ein großes Stück nach Osten, so dass es nun die ganze Halbinsel einnahm. Eine breite Mittelachse durchzog nun den Garten von Westen nach Osten und konnte optisch noch erweitert werden durch die Schleipforte im Osten, dem Zugang zum Anlegeplatz der herzoglichen Lustschiffe, die unter Friedrich III. und Christian Albrecht eine große Rolle spielten. Das Pendant zum Schleitor war ein mit einem perspektivischen Garten und Weinlaub bemaltes Holztor in der Herrenstall-Durchfahrt. Wenn es offenstand, reichte die Gartenachse über die den Mühlenteich überspannende lange Brücke bis zum Westergarten. Die Einfriedung des Gartens bestand z.T. aus Plankwerk und auch aus Ulmenreihen mit Hecken. Zusätzlich wurde 1635 ein Schutzwall gegen Hochwasser auf den drei Wasserseiten des Gartens vollendet.

An Sandsteinskulpturen gab es im Alten Garten 16 Hermenpfeiler in den vier westlichen Quartieren und im mittleren Gartenabschnitt acht Schwibbogeneingänge, ebenfalls ausgestattet mit Hermenpfeilern, die jeweils an den Schnittpunkten des großen Wegerasters mit dem kleinen der Quartiere aufgestellt waren. Einige der Hermen hatte der Hamburger Bildhauer Maximilian Steffens (geb. um 1587) 1632 umgearbeitet oder neu geliefert, die anderen waren von Zacharias Hübener (gest. um 1650) zusammen mit zehn als Tischstützen dienenden Löwen 1634/35 angefertigt worden. Dazu kamen 1633 sechs aus Sandstein gearbeitete Einzelskulpturen von Maximilian Steffens. Der 1744 gezeichnete Plan des Alten Gartens (Abb. 11) von dem zu der Zeit dort angestellten Gärtner David Christopher Voss (gest. 1768)[157] zeigt im Parterrebereich noch die zwei 1636/37 aufgestellten großen Sandsteinbrunnen von Zacharias Hübener, die „ohne Zweifel die Glanzpunkte der plastischen Ausstattung"[158] dieser Anlage darstellten. Der eine spielte mit seiner Hauptfigur des Aktaeon auf die Geschichte in den „Metamorphosen" des Ovid (43 v.Chr. – etwa 77 n.Chr.)[159] an, während der andere ein Herkulesbrunnen war, der auf die fürstliche Macht und Tugend hinweisen sollte.

Die gestalterischen Anregungen für den Alten Garten scheinen vielfältig gewesen zu sein. Die eigene Anschauung englischer, französischer, spanischer und italienischer Gärten durch Clodius und speziell der Gartenanlagen der Loireschlösser durch Friedrich III. während seiner Kavalierstour oder auch in geringerem Maße die fürstliche Gartenkunst in Kassel und Dresden[160] mag durch den Bestand der Gottorfer Bibliothek an einschlägigen Werken ergänzt worden sein. Zum Beispiel konnten hier die Gestaltungsprinzipien der französischen Renaissancegärten in Jacques Androuet Du Cerceaus (um 1510 – um 1584) Stichwerk und Möglichkeiten der Parterreformen in den bekannten Gartenentwürfen von Hans Vredeman de Vries (1527–1604) studiert werden.[161] Zwar weist der ohne Bezug zum Schloss angelegte Garten noch eine additive Kombination der Quartiere auf, zeigt aber wesentliche Fortschritte gegenüber dem Westergarten und der gleichzeitigen Gartenkunst in Deutschland, aufgrund derer Michael Paarmann den Garten als bedeutendes Kunstwerk der Spätrenaissance einordnet:[162] Zum einen gab es hier ein auf französische Einflüsse schließendes, hierarchisch gegliedertes Wegesystem mit einer dominierenden Mittelachse und dazu noch den perspektivischen Effekt der nach Osten größer werdenden Quartiere, zum andern waren die aneinandergereihten Kompartimente durch Pflanzung hoher Ulmenhecken zu je vieren zusammengefasst (Abb. 10) wie es besonders deutlich in den Parterres von Giacomo Barozzi da Vignola (1507–1573) in der Gartenanlage der Villa Farnese in Caprarola bei Viterbo in der zweiten Hälfte des 16. Jahrhunderts vorkommt, die Clodius sicherlich gekannt hat.

Die Bedeutung des Alten Gartens für die Gottorfer Gartenkunst ist erstens in den genannten fortschrittlichen Gestaltungsprinzipien ablesbar, die wesentliche, in Deutschland neue und auf die Gartenkunst des Barock vorausweisende Ansätze zeigten. Durch das Brachliegen der deutschen Gartenkunst während des Dreißigjährigen Krieges erfuhr diese Tendenz keine unmittelbare Nachfolge und Weiterentwicklung. Zweitens liegt die Bedeutung vor allem in der Gottorfer Pflanzensammlung, die in diesem Garten und besonders mit dem für Deutschland neuartigen Winterhaus wesentliche Impulse bekam.

Bis etwa 1660 blieb der Alte Garten Hauptgarten der Residenz, zumindest in Bezug auf die Pflanzensammlung, aber spätestens mit der Erweiterung des Neuen Werkes durch Christian Albrecht und der Fertigstellung des Globus ging diese Position auf den Neuwerkgarten über. Dem Alten Garten war keine lange Periode der Blüte beschert. Nach der zweimaligen Sequestrationszeit Gottorfs wurde die Anlage seit 1689 vorwiegend als Küchengarten genutzt. Da sie in der dänischen Zeit ab 1713 mit dem Fehlen eines Hofstaates auch diese Funktion verlor, wurde eine letzte Instandsetzung des Gartens in den Jahren 1740 bis 1744 durch David Christopher Voss zwar durchgeführt, aber dennoch als zu großer Luxus angesehen, und kurze Zeit später, 1748, verkaufte die dänische Krone das Gelände an Privatpersonen, wodurch der Alte Garten als Einrichtung der Gottorfer Residenz aufhörte zu existieren. Letzte Spuren wurden im Laufe der folgenden Jahrhunderte beseitigt.

III. DER NEUWERK-GARTEN – DOKUMENTATION DER ENTSTEHUNG IM 17. JAHRHUNDERT BIS ZUM ENDE DER HERZOGLICHEN ZEIT 1713

1. Name und Datierung

In den letzten beiden Jahrzehnten wurde das Neue Werk in der Literatur und Presse meistens als „Fürstengarten" oder „Barockgarten" tituliert. Leider wird durch diese Bezeichnungen der eigentliche, durch Jahrhunderte in den Quellen nachweisbare und fast ausschließlich gebrauchte Name dieser Gartenanlage zu Unrecht verdrängt. 1637 begannen die Arbeiten zu einer neuen Gartenanlage „uff dem Neuwen wercke".[163] Da diese Benennung in diesem Jahr zum ersten Mal in der Gottorfer Amtsrechnung erscheint, ist damit der Baubeginn eindeutig feststellbar.[164] In den folgenden Jahrzehnten wurde der Name von den Zeitgenossen immer zur eindeutigen Unterscheidung dieser Anlage gegenüber den zwei älteren Gottorfer Gärten verwendet, von denen man bis etwa 1660 als dem „alten Garten" und „newen Garten" bzw. „Fürstlichen Lustgarten" und danach von „Küchengarten" und „alten Fürstl. Garten" sprach[165], und für die sich in der jüngeren Fachliteratur die Bezeichnungen „Westergarten" und „Alter Garten" etabliert haben.

Der Ausbau des Neuwerkgartens zieht sich über Jahrzehnte durch die Regierungszeiten Herzog Friedrichs III. und Herzog Christian Albrechts bis zum Ende des 17. Jahrhunderts hin. Abgeschlossen sind die Arbeiten erst mit der Errichtung des Glashauses von 1699 unter Herzog Friedrich IV.

2. Topographie und Verbindung zum Schloss

Schloss Gottorf liegt am Rande der Stadt Schleswig (Abb. 1) auf einer ehemals zur Festung ausgebauten Insel in der nordwestlichsten Bucht der Schlei, eines etwa 40 Kilometer langen Ostseearmes. Die Stadt Schleswig erstreckt sich östlich und südlich der Schlossinsel. Die Stadtteile Friedrichsberg und Lollfuß verbindet seit 1582 der Gottorfer Damm, der südöstlich der Schlossinsel verläuft und den Burgsee von der Schlei abtrennt. Die Hauptzufahrt zum Schloss kommt von Süden und führte ehemals in Form einer Zugbrücke, heute als Damm, hinüber zur Insel. Da auf dieser kein Freiraum vorhanden war, mussten die Gärten außerhalb angelegt werden. Im Süden des Schlosses, auf dem flachen Gelände der Schleiniederung, befanden sich die beiden älteren Gottorfer Gärten: der Westergarten westlich der Hauptzufahrt, der Alte Garten östlich auf einer in die Schlei ragenden Halbinsel.

Etwa 500 Meter nördlich des Schlosses, von diesem durch den Burgsee und die sumpfigen Pöhler Wiesen getrennt, erhebt sich der bewaldete Fördensteilrand, bestehend aus Endmoränen der jüngsten Eis- und Nacheiszeit.[166] Die hervortretendsten Kuppen dieses Höhenzuges sind das westlich liegende Gehege Tiergarten, dessen Ostteil der Neuwerkgarten einnimmt, und der noch weiter östlich befindliche Hesterberg. Zum Tiergartengehege gehören auch das Anwesen „Paulihof" und der „Ringelberg" nördlich des Gartens. Im Osten schlossen sich ursprünglich das Garteninspektorat und Ackerland an. Letzteres musste am Ende des 19. Jahrhunderts der Flensburger Straße mit ihrer umgebenden Häuserbebauung (Neuwerkstraße, Thiessensweg) weichen.[167]

Die natürlichen topographischen Gegebenheiten des von Süden nach Norden ansteigenden Geländes boten die Möglichkeit zur Schaffung einer Terrassenanlage mit hervorragenden Panorama-Landschaftsprospekten über Schloss Gottorf, die Schlei und die sie umgebende Landschaft. Das ursprüngliche Gartengelände in Form eines Trapezes hat unten eine Breite von 331 und oben 374 m, erstreckt sich über eine Länge von 604 m und nimmt damit eine Fläche von rund 31 ha ein.[168] Es ist in zwei von einem tiefen Tal getrennte Anhöhen gegliedert und steigt unregelmäßig von einer etwa 100 Meter tiefen, ebenen Fläche aus an. Die Wasserverhältnisse dieses Areals sind zugleich günstig und problematisch. Die Hanglage mit einem Höhenunterschied von über 31 m[169] und der Wasserreichtum sind vorteilhaft für den Betrieb von Wasserkünsten. Dagegen erzeugt das durch Niederschlag in die Kiesschichten des Tonmergelbodens eindringende Wasser einen hohen Grundwasserstand, der durch den hydrostatischen Druck seiner abwärtsgehenden Bewegung zur Schlei hin die unteren, ebenen Flächen des Gartens zu sumpfigem Land macht, das nur durch systematische Drainierung genutzt werden kann. Die oberen Bereiche sind dagegen trockener und sandig.

Von der Gartenanlage des 17. Jahrhunderts war bis zum Beginn der Wiederherstellung in den 1980er Jahren das Bodenrelief der Terrassen noch vorhanden, die Entwässerungsanlagen aber größtenteils nicht mehr funktionstüchtig. Inzwischen ist nicht nur der untere, ebene Gartenbereich mit Blauem Teich, Kaskade, Herkulesteich, Globusgarten und außerdem die den ganzen Garten durchziehende Königsallee, sondern auch die große Terrassenanlage durch restauratorische Maßnahmen wieder sichtbar gemacht. Lediglich das oberste Terrassenplateau, der ehemalige Labyrinthberg und das frühere Garteninspektorhaus, heute Forstamt, sind nicht in die Wiederherstellung mit einbezogen.

Die Residenz Gottorf gehörte ursprünglich nicht zur Stadt Schleswig, sondern zur Ahrensharde, und wurde 1713 unmittelbar königliches Gebiet.[170] Seit der zweiten Hälfte des 19. Jahrhunderts, als das Neue Werk nicht mehr den Status eines Gartens hatte, teilte man das Gelände in mehrere Grundstücke auf, deren Eigentümer die Stadt Schleswig und verschiedene Ministerien des Landes Schleswig-Holstein waren.[171] Im Zuge der Revitalisierung des Gartens, seit 1999 durch die Stiftung Schleswig-Holsteinische Landesmuseen, ist das ehemalige Gartengelände mit Ausnahme des Grundstücks des ehemaligen Militärlazaretts, das sich im Besitz von Udo Wagner befindet, am 27. September 2002 der Stiftung übertragen worden.[172]

Nicht zum eigentlichen Gartengelände gehörig, aber dennoch eine Grundvoraussetzung für die Entstehung des Neuwerks, ist die Verbindung zwischen der Schlossinsel und dem Garten. Caspar Danckwerth berichtet 1652 von einer Brücke und einem mit Ulmen bepflanzten Damm, die Herzog Friedrich III. in einem harten Winter aus dem Festungswall heraus nach Norden über den Burgsee und die Burgwiesen bis zum Neuwerk bauen ließ. Er erwähnt auch, dass an dieser Stelle vorher keine Brücke gewesen sei.[173] Dagegen steht die Behauptung von Laurids de Thurah, eine Norderbrücke sei schon von Herzog Adolf angelegt worden.[174] Da diese Aussage bisher nicht durch Quellen belegt werden kann, bleibt sie eine Vermutung. Es ist denkbar, dass es schon zu Herzog Adolfs Zeiten einen bescheidenen Holzsteg, der für Fuhrwerke nicht geeignet war, als Verbindung zwischen der Schlossinsel und dem Nordufer des Burgsees gegeben hat, wenn man davon ausgeht, dass das Gelände des späteren Neuwerkgartens vorher als herzoglicher Tiergarten fungierte und auch die spätere Königsallee

schon als Weg existierte, denn auf den Plänen ist kein anderer Weg dorthin über den Hesterberg erkennbar.[175] Es ist anzunehmen, dass Danckwerth einen ersten repräsentativen Ausbau der Nordanbindung mit einer richtigen Zugbrücke unter Friedrich III. im Kontext der Gartenanlegung meint. Wann genau diese Arbeiten stattfanden, lässt sich anhand der Quellen nur schwer bestimmen. Im Dezember 1637 wurden Holzlieferungen „zu einen Newen Zuchbeugeln" und zu einer „Newen Tochbrugge" bezahlt.[176] Da die Festung Gottorf 1637 schon eine Zugbrücke von Süden her besaß und in diesem Jahr die Arbeiten am Neuwerkgarten begannen, dürfte der Bau der Norderbrücke gemeint sein.[177] Bei Johannes Mejer (Abb. 3) ist 1641 die Situation von Brücke und Damm schon klar zu erkennen. In den 1660er Jahren erneuerte man die „Newwercks brücke", die nun ein schmiedeeisernes Geländer erhielt.[178] Schon 1663 berichtet Olearius, dass zum Neuwerkgarten „ein schöner langer Eingang/ welcher vom Schloß=Graben biß zur Pforte auff beyden Seiten mit einer Hecken und hohen Ipern Bäumen besetzet/ so oben zusammen stossen"[179], führt. Demnach müssen die Ipern bzw. Ulmen etwa zur Zeit der Anlegung des Dammes gepflanzt worden und wohl auch beschnitten gewesen sein, um die repräsentative Wirkung „vermittelst einer […] schönen Brücke und annehmlichen perspectivischen langen/ stets rein gehaltenen Ganges/ so […] schnurgleich hinführt in die ihme correspondirende/ neu=angelegte sehr=köstliche Cascate" zu erzielen, die Johann Daniel Major 1668 beschreibt.[180] Den besten Eindruck dieser 291 m langen, ungepflasterten Allee vermittelt neben Dallin (Abb. 5) die Vogelperspektive von Lönborg 1732 (Abb. 61).[181] Am Ende der herzoglichen Zeit, im Sommer 1705, wurde die 128 m lange und 2,6 m breite Norderbrücke noch einmal neu gezimmert.[182]

3. Chronologie der Entstehung

3.1. Die erste Phase bis zum Tod Friedrichs III. 1659

Die Entstehung des Neuen Werkes war mit zwei wichtigen Arbeiten verbunden, die quasi die Grundvoraussetzung für die Anlegung und Existenz eines Gartens nördlich des Schlosses bildeten: der Bau der Norderbrücke und des Dammes 1637 von der Schlossinsel über Burgsee und -wiesen zum Neuwerk[183] und die Einfassung des Gartengeländes in den Jahren 1637/1638, ausgeführt von den dienstpflichtigen Untertanen des Amtes Gottorf.[184] Johannes Hecklauer (1596–1652) organisierte und leitete in seiner seit 1632 innehabenden Funktion als herzoglicher Bauinspektor dieses Vorhaben, das nicht nur die erste Ausbaustufe des Neuen Werkes, sondern auch das nördlich anschließende Tiergartengelände umfasste (Abb. 12).[185]

Die Frage, ob der Tiergarten bereits vorher existierte und das Gelände für den neuen Garten von diesem abgetrennt, oder ob sowohl Garten als auch Tiergarten ab 1637 neu geschaffen wurden,

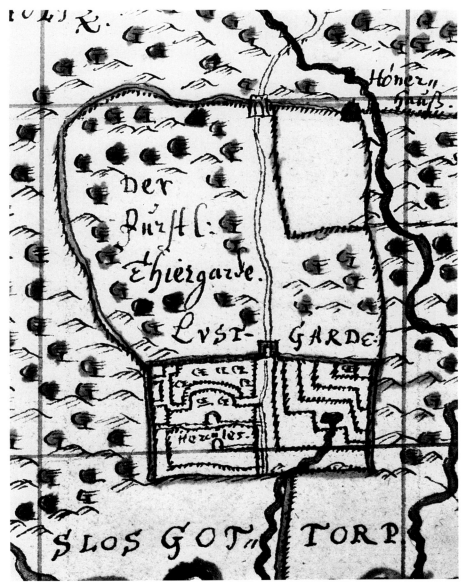

Abb. 12 Das Neue Werk und der Tiergarten, Detail aus einer Karte von Schleswig und Umgebung von Johannes Mejer, 1641, BQ: KBK, Joh. Mejer II

bleibt offen. Für Letzteres könnte die Tatsache der beide Teile umfassenden neuen Plankwerkseinfriedung ab 1637 sprechen.[186] Andererseits entstanden in der zweiten Hälfte des 16. Jahrhunderts wohl die meisten der fürstlichen Tiergärten in Schleswig-Holstein als höfische Einrichtungen, in der in unmittelbarer Nähe der Schlösser die Fürsten und ihre Gäste bequem ihrer Jagdleidenschaft nachgehen konnten.[187] Wolfgang Prange geht davon aus, dass der nördlich der Schlossinsel gelegene Gottorfer Tiergarten 1577 bereits existierte und somit wahrscheinlich von Herzog Adolf angelegt worden ist.[188]

Ein Entwurfsplan zur Anlage des neuen Gartens ist nicht überliefert. Verantwortlich für die Gestaltung war der seit 1625 auf Gottorf tätige, umfassend ausgebildete Gartenkünstler Johannes Clodius, der durch seinen jahrelangen Aufenthalt in Italien über Kenntnisse und Gestaltungsmöglichkeiten von Terrassenanlagen verfügte.[189] Welche Maßnahmen in den ersten zehn Jahren getroffen wurden und wie der Garten in dieser Zeit aussah, lässt sich nur schwer aus den wenigen erhaltenen Rechnungsbelegen erschließen. Mejers Karten von 1641 (Abb. 3 u. 12) geben als einzige Bildquellen grobe Anhaltspunkte zur ersten Ausbaustufe des Neuen Werkes. Hier ist die Bodenmodellierung des vollendeten Gartens im Wesentlichen schon vorhanden. Allerdings sind für diese erste Zeit keine Erdarbeiten belegbar. So ist man geneigt, die Darstellungen als Projekt einzustufen, dessen Durchführung hauptsächlich erst in den 1650er Jahren geschah. Diese Vermutung betrifft vor allem auch den bei Mejer eingezeichneten „Hercules" (Abb. 12).

Neben der umfangreichen Aktion der Plankwerkssetzung in den Jahren 1637/38 war zunächst die Drainierung des sehr wasserreichen Geländes notwendig. Vermutlich zu diesem Zweck begutachtete der als Deichgraf in Gottorfer Diensten stehende Ingenieur Isaac de Moll das Areal.[190] Es wurden ein Siel gelegt und 32 Piepenbäume geliefert.[191] Der Friedrichstädter Gärtner Aedrian Janßen pflanzte 3000 Weiden im Neuen Werk.[192] Wo genau, ist heute nicht mehr nachvollziehbar. 1639 wurde mit dem Bau eines ersten Lusthauses (Abb. 28 u. 34) begonnen, dem kleinen Lusthaus im späteren Globusgarten, wozu man Bauholz herbeischaffte.[193] Welche Arbeit der Steinhauer Heinrich Boekeloehr 1639 im Neuwerk verrichtete, bleibt unklar.[194] Von 1640 bis 1644 erfolgten Zahlungen für die Ausmalung des fertiggestellten Lusthauses. Unter der Leitung des Hofmalers Johannes Müller (gest. 1674) war der 1639 nach Gottorf gekommene Maler Otto Jageteuffel (1610 – um 1667) daran beteiligt. Es wurden in dieser Zeit neben den umfangreichen Malerarbeiten am Lusthaus auch andere Anstreichertätigkeiten, die nicht zuzuordnen sind, im Neuwerk ausgeführt, woran auch Gesellen und Gehilfen arbeiteten.[195] In den Jahren 1643 und 1644 brachte der Hauptpflanzenlieferant des Gottorfer Hofes, Marten van Bocholdt aus Friedrichstadt, für die hohe Summe von insg. 171 Rthlr 32 ß Apfel- und Birnbäume in den Neuwerkgarten.[196] Möglicherweise wurden hiermit die schon bei Mejer eingezeichneten Terrassenabsätze im östlichen Gartenteil (Abb. 12) bepflanzt.[197] Am 10. Juni 1643 trat Heinrich Vak seinen Dienst als Gärtner speziell für das Neue Werk an.[198] Trotzdem blieb Clodius weiterhin verantwortlich für die Aufsicht und Leitung der Gottorfer Gärten.[199] Es scheint, als ob mit Vaks Bestallung und der Vollendung des kleinen Lusthauses eine Zäsur in der Entwicklung des Gartens eintrat, bedingt durch den Torstensonkrieg und dem daraus resultierenden desolaten wirtschaftlichen Zustand der Herzogtümer, denn aus den Quellen der nächsten vier Jahre bis 1648 lassen sich nur relativ wenige Arbeiten dem Neuwerk direkt zuordnen, 1645 und 1647 gar keine. 1646 pflanzte Heinrich Vak Pflaumenbäume und 1648 72 Ulmen. Die Standorte der Pflaumen sind nicht mehr ausfindig zu machen, während die Ulmen vielleicht als Allee auf den Damm zwischen Neuwerk und Schlossinsel gesetzt wurden.[200] 1646 arbeitete der nun jährlich im Neuwerk beschäftigte Blechschläger Matthias Haß zum ersten Mal an einer Wasserleitung.[201] Seit 1646 lieferte ein Radmacher „Wagens, Stürz Karren und andere Arbeith" und wurde von Clodius 1650 mit der hohen Summe von 467 Rthlr 38 ß entlohnt.[202] Wo welche Arbeit damit ausgeführt wurde, bleibt offen, aber am ehesten lässt sich aus dieser Nachricht auf erste größere Erdarbeiten zur Bodenmodellierung im westlichen Teil des Neuen Werkes schließen.

Mit der Beendigung der unsicheren Zeiten des Dreißigjährigen Krieges durch den Westfälischen Frieden 1648 brach auch auf Gottorf eine andere Zeit an. Den lang ersehnten Frieden feierte der Herzog 1649 mit einem großen Fest und Feuerwerken.[203] Im gleichen Jahr erhielt Johannes Hecklauer die riesige Summe von 17.400 Rthlr für den Bauetat[204], im Neuen Werk setzte eine bis 1657 anhaltende, intensive Bautätigkeit ein, und Hans Simon Holtzbecker begann auf Wunsch des Herzogs mit der Darstellung von Pflanzen aus den Gottorfer Gärten.

Im Neuwerkgarten arbeitete Otto Jageteuffel für knapp 300 Rthlr 1649 und 1650 an einem „großen Bilde [...], so mit Kupffer belegt, und sonst gezieret worden".[205] Um was für ein Bildwerk es sich gehandelt hat, war bisher nicht zu ermitteln. Ernst Schlee identifizierte es mit der Herkulesgruppe[206], was aber nicht möglich ist, weil an den wiedergefundenen Teilen des aus Sandstein gearbeiteten antiken Helden keine Spuren einer Anbringung von Kupferblech nachzuweisen sind.[207]

Im Herbst 1649 wurde mit dem Bau eines großen Lusthauses, dem Globushaus, nördlich des kleinen Lusthauses am Scheitelpunkt eines halbrunden Gartens begonnen (Abb. 28 u. 34). Dazu erfolgten die ersten Holzlieferungen, die sich im April 1650 fortsetzten.[208] Nun waren auch für die Pflanzenbeschaffung wieder bessere Bedingungen vorhanden, so dass Clodius 1650 Leute nach Schlesien, ins Fürstentum Anhalt und nach Hamburg aussandte.[209] In diesem Jahr arbeiteten zum ersten Mal nicht von Clodius, sondern von Vak bezahlte Tagelöhner im Neuwerk[210], was auf eine intensivere gärtnerische Ausgestaltung und Erdarbeiten im Garten hindeutet, die Vak nicht allein bewältigen konn-

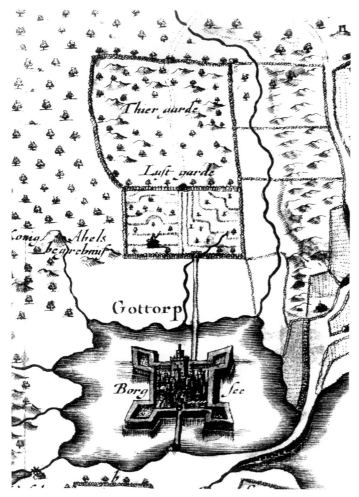

Abb. 13 Schlossinsel, Tier- und Lustgarten Neuwerk, Ausschnitt aus dem Stadtplan von Johannes Mejer, 1649, BQ: LB, Joh. Mejer III

te. Für Arbeiten zur Anlage neuer Gartenteile wurde er außerdem extra bezahlt, z.B. 1651, als der Herzog mit Vak einen Vertrag zur Anlegung eines „ganges hinter dem newen Werck" schloss.[211] Die vielen Bauvorhaben ließen den Garten aber offenbar nicht völlig unansehnlich wirken, denn der Herzog nutzte ihn 1651 zum Scheibenschießen.[212]

Den Vorbereitungen für die Aufstellung der als Wasserkunst gedachten Herkulesgruppe ist wahrscheinlich die 1651 erwähnte Arbeit des späteren Gottorfer Fontänenmeisters Hans Christoph Hamburger an einer „Kunströhre" zuzuordnen.[213] Während der Außenbau des Globushauses unter Einsatz vieler verschiedener Gewerke 1651 wohl weitgehend beendet werden konnte[214], begann man mit der Errichtung eines ersten Pomeranzenhauses.[215] Der Bildhauer Cornelius van Mander (gest. 1657) erhielt einen Großauftrag für Steinmetzarbeiten an diesen Gebäuden. Das dazu erforderliche Material Sandstein holte er z.T. selbst von der Weser.[216] In den Jahren 1652 bis 1654 erhielt der Künstler insgesamt rund 1870 Rthlr für seine kontraktmäßige Arbeit im Neuwerkgarten.[217] 1651 wird zum ersten Mal der Büchsenmacher Andreas Bösch in den Gottorfer Quellen genannt, der die nun beginnende Konstruktion des Riesenglobus leitete.[218] Wohl als vorübergehende Werkstatt, um die vielen anfallenden Schlosserarbeiten bequemer ausführen zu können, diente die für diese Zeit genannte Schmiede im Garten.[219] Gleichzeitig wurde nun ein Wohngebäude eigens für den im Neuwerk angestellten Gärtner Heinrich Vak gebaut[220] und über fünf Monate an der Anlage eines neuen Hopfengartens gearbeitet[221], dessen Lage bis heute unbekannt ist.

1652 ist zum ersten Mal Herkules an seinem Standort im Teich in einer schriftlichen Nachricht greifbar.[222] Seiner Installation als Wasserkunst sind wahrscheinlich die Lieferung von Bleirohren von dem Husumer Orgelbauer Conradt Töpfer und die Arbeit des Schlossers Nickel Willemsen an einer großen und zwei kleinen Wasserkünsten zuzuordnen.[223] Der Herkulesteich wurde ausgehoben, erhielt durch den Maurer Claus Rethmeyer ein Fundament aus Feldsteinen und ein von Zimmerleuten verfertigtes „Schlengwerck".[224] Gleichzeitig war man mit dem Innenausbau des Globushauses beschäftigt, z.B. mit der Dekoration der Stuckdecken durch Philipp Weller.[225] Unter der Leitung des als Nachfolger Hecklauers seit 1652 amtierenden Bauinspektors Otto Jageteuffel[226] wurde nun offenbar die Vervollständigung der architektonischen Gesamtanlage um das große Lusthaus in Angriff genommen mit der Errichtung eines Vogelhauses. Claus Rethmeyer mauerte sowohl dieses Gebäude als auch das Pomeranzenhaus auf, wohl auch die halbrunde Ziegelmauer als Verbindung zwischen Globushaus und den vermutlich symmetrisch im Globusgarten platzierten Pomeranzen- und Vogelhaus.[227] Der Außenbau des Pomeranzenhauses wurde fertiggestellt, und Vak brachte Erde für die Pflanzen ein.[228] In diesem Jahr bekam Clodius erstmalig einen Gesellen speziell für das Neuwerk zugeteilt.[229]

1653 wurden die angefangenen Arbeiten fortgeführt. Der Bau des Globushauses und die Unterkonstruktion des Globus waren so weit fortgeschritten, dass man mit der Zusammensetzung des Globus vor Ort beginnen konnte. Dabei scheint man festgestellt zu haben, dass der Aufstellungsraum zu klein bemessen war, um den Globus ausreichend betrachten zu können. Aus diesem Grund erfolgte eine 1654 durchgeführte einschneidende Änderung des Globushauses in Form einer Erweiterung durch zwei seitliche Anbauten.[230] Währenddessen entstand im Keller der Wasserkraftmechanismus zur Drehung des Planetariums.[231] Auch mit dem Bau der Sphaera Copernicana, einer später in der Kunstkammer aufgestellten Armillarsphäre, begann Andreas Bösch in diesem Jahr.[232] Im Globusgarten ging 1653 die Arbeit weiter mit der Aufsetzung der Brunnen („Kummen").[233] Von 1653 bis 1655 arbeiteten der Blechschläger Matthias Haß und der Piepenbohrer Hans Lorenzen an den Wasserkünsten[234], vermutlich um diese Fontänen an das Wassersystem anzuschließen. Die Südseite des Herkulesteiches verstärkte man mit einem Damm, dessen Erde hinter der Ringmauer des Globusgartens und hinter Pomeranzen- und Vogelhaus entfernt worden war.[235]

Am Vogelhaus wurde bis 1654 weitergebaut mit der Anlegung eines kleinen Teiches und einer Ausstattung aus kostspieligem Messingdraht von einer Drahtmühle im Amt Trittau.[236] Durch den Ankauf u.a. von Kanarienvögeln kam Leben in die Voliere.[237] Zur Fertigstellung des Pomeranzenhauses wurden 1653 Öfen aufgesetzt und an der Nordseite ein Schuppen angebaut.[238] Es handelte sich um ein abschlagbares Pomeranzenhaus, dessen Dach der Zimmermeister Johan Tambs in diesem Frühjahr zum ersten Mal abnahm und im Herbst wieder aufbrachte.[239] Während hier die Pflanzen in der Erde wuchsen, ist gleichzeitig erstmalig die Anschaffung von 25 hölzernen Gewächskästen für das Neue Werk belegt.[240] Im Globusgarten brachte man hölzerne Spaliergerüste an für Wein und Pfirsiche, und Vak pflanzte im Mai 300 Weinstöcke.[241] Im Jahr darauf, 1654, setzte er Pfirsich- und Aprikosenbäume, aber auch andere Obstgehölze und „ezliche tausent Quitzberen beume".[242]

1653/54 muss der Blaue Teich entstanden sein, der zur Versorgung der Wasserkünste im Herkulesteich dienen sollte.[243] Zur gleichen Zeit wurden Erdarbeiten zum Bau einer ersten, unter dem Globushaus gelegenen „kunstreichen Grotta" ausgeführt[244], deren Aussehen aber unbekannt ist. Erst 1656 scheint daran weitergebaut worden zu sein.[245] Heinrich Vak war 1654 wieder mit der Anlegung neuer Wege im Garten und „im Holtze daselbst", womit vermutlich der Tiergarten gemeint ist, beschäftigt.[246] Wo genau er die Wege anlegte, bleibt leider unklar, weil es weder zum Aussehen der Terrasse nördlich des Globushauses noch über den Zustand des Tiergartens bis 1659 zeitgenössische Informationen über die Mejerschen Pläne hinaus gibt. Mejer zeichnete im Tiergarten lediglich einen Weg, die spätere Königsallee, der die beiden Zufahrtstore im Süden und Norden verband, und ein abgezäuntes Stück Land mit einem Hühnerhaus im Nordosten des Tiergartens. 1654 wurde „hinter dem Newenwercke" ein Küchengebäude mit Weinkeller und drei Schuppen für die Verpflegung im Lustgarten und etwa zur gleichen Zeit ein achteckiger Platz auf halber Höhe westlich des Gartens für gesellige Vergnügungen, „Achtkant" genannt, errichtet (Abb. 14).[247] Außerdem bauten Zimmerleute für den Vogelfänger ein „Zelte" im Tiergarten.[248]

1655 war die Fertigstellung des Globushauses in seiner endgültigen Form schon weit fortgeschritten, während die restlichen Arbeiten am schon sehr repräsentativ wirkenden Globus noch – von den Kriegszeiten unterbrochen – bis in die 1660er Jahre andauerten.[249] Der Bildhauer Niclas Heimen (nach 1606 – um 1663) erhielt 1655 Bezahlung für sechs Hermenpfeiler, die „unten am großenn Lusthauß" im Neuwerk aufgestellt wurden.[250] Das Material wird nicht genannt. Die Ortsangabe spricht für eine Aufstellung im Freien, wobei sie nur als Untersätze für die an der Ringmauer aufgestellten herzoglichen Brustbilder aus Blei gedient haben könnten, von denen es allerdings zwölf gab.[251] Dagegen deutet die Anzahl sechs eher auf die geschnitzten Hermenpfeiler an der Horizontgalerie des Globus hin, die nach Lühning schon 1654 errichtet worden war.[252] Über Otto Jageteuffel und den herzoglichen Faktor in Hamburg, Johan Danckwerth, wurde ein Jahr später der hugenottische, später in Mecklenburg, Berlin und Bayreuth tätige Baumeister und Bildhauer Charles Philippe Dieussart (um 1625 – gest. 1696) mit der hohen Summe von insgesamt 800 Rthlr bezahlt für die Anfertigung „allerhandt von Bley gegoßener großen und kleinen Bilder" und für Reisekosten und Spesen.[253] Genauere Angaben fehlen, aber die Vermutung liegt nahe, dass hiermit die Bleibüsten der herzoglichen Vorfahren gemeint sind, die an der Ringmauer im Globusgarten aufgestellt wurden.

Das Neue Werk gewann nun durch seine fortgeschrittene Gestaltung immer mehr Bedeutung innerhalb der Gartenkunst am Gottorfer Hof. Das war vermutlich die Motivation für den Herzog, 1655 den am Kieler Schlossgarten tätigen „kunstreichen" Gärtner Michael Gabriel Tatter (gest. 1690) in den Neuwerkgarten zu berufen. Über seine Ausbildung und Herkunft sind wir nicht unterrichtet, aber er genoss schon in der Kieler Zeit einen sehr guten Ruf.[254] Seine Position in Kiel nahm nun Heinrich Vak ein. Im Gegensatz zu seinem Vorgänger Vak, der über Clodius nur eine feste Hilfskraft gehabt hatte, wurden Tatter sofort acht und 1656 sogar zehn eigene Gesellen bewilligt.[255] Am 11. August 1655 erstellte Otto Jageteuffel ein Pflanzeninventar des Neuwerks anlässlich der Übergabe des Gartens an Tatter.[256] Tatter begann seine Arbeit voller Tatendrang: nun arbeiteten plötzlich Tagelöhner im Neuwerk und Mist wurde in den Garten geliefert.[257] Aus Kiel brachte er große Mengen von Gewächsen mit[258], vermutlich viele exotische, die nun das Neue Werk zierten. Buchsbaum und Liguster wurden zu Heckenpflanzungen eingekauft, dazu viele Obst- und andere Bäume und außerdem Gewächskästen und Kübel.[259] Alles deutet auf eine intensive Ausgestaltung des Geländes auf gärtnerischem Sektor hin.

1656 fertigte Hans Christoph Hamburger vier Muscheln aus Kupfer an als Eckfontänenbecken für den Herkulesteich, und Matthias Haß arbeitete wieder an den Wasserkünsten.[260] Damit scheinen die Wasserspiele des Neuwerkgartens zu einer gewissen Vollendung gekommen zu sein. Daneben arbeitete ein Schneider an einem „Gezelte auff dem newen werck".[261] Die Aufzeichnungen des Prinzen Johann Ernst von Sachsen-Gotha nach seiner Besichtigung des Neuwerkgartens Anfang September 1656 geben Aufschluss darüber, dass das Neue Werk zu dieser Zeit ein „feiner lustgarten" war, von dessen Ausstattung den Besucher besonders der Globus und das Vogelhaus beeindruckten, aber auch die im nahen Tiergarten gelegenen Einrichtungen.[262]

1657 erhielt Bösch zum letzten Mal Besoldung auf Gottorf, danach gibt es keine Nachrichten mehr über ihn.[263] In diesem Jahr wurde noch viel am Globus, aber auch am Globushaus gearbeitet. 1656 waren zu einem neu angelegten Weg Feldsteine geliefert worden, möglicherweise für den „langen steindam aufm Newenwercke", den der Steinbrücker Johan Waeker ein Jahr später pflasterte.[264] Vielleicht ist hiermit der noch heute mit einem historischen Pflaster existierende Weg an der Westgrenze des Gartens gemeint. Das Garteninspektorhaus wurde 1657 durch einen Fachwerkstall ergänzt.[265] Für dieses Jahr sind zum ersten Mal die zur Melonenanzucht nötigen Glockengläser speziell für das Neuwerk bezeugt.[266] In den Sommermonaten der Jahre 1656 bis 1658 hielt der Herzog öfter „Fürstl. Taffell" im Neuen Werk.[267] Auch wenn wir nicht wissen, wie die Terrasse nördlich des Globushauses zu dieser Zeit ausgesehen hat, kann man annehmen, dass die Ausgestaltung des 1637 abgesteckten Gartengeländes bis zum Beginn des Dänisch-Schwedischen Krieges 1658 ein gewisses Endstadium erreicht hatte und einen repräsentativen Gesamteindruck bot.

Infolge des Krieges siedelte der Gottorfer Herzog mit seinem Hofstaat im September 1658 auf die Festung Tönning über, nachdem er zuvor im Kopenhagener Vertrag die Unabhängigkeit von Dänemark und damit die absolute Souveränität erreicht hatte. Im Oktober folgte die Besetzung der Residenz durch feindliche Truppen der Brandenburger und Polen. Im Flensburger Neutralitätsvertrag vom 15. November 1658 wurde verfügt, dass die Bibliothek und Kunstkammer unangetastet bleiben sollten.[268] Zu den Gärten findet sich folgende Bemerkung:

„Der Globus auff den Newen Wercke, nebst allem denen waß sich aldar in den gemächern und gebäuden befindet, soll unverrücket und zu Sr. fürstl. Dhl. freyen disposition, auch unter dero Bedienten Verwahrung bleiben, und niemandten gestattet werden, das geringste darauß zunehmen, odr daran, wie auch an beyden gärten Waßerkünsten, Bäumen und Früchten etwaß zuverderben."

Zu diesem Zeitpunkt war der Alte Garten bereits von den Polen geplündert worden, während das Neue Werk wohl tatsächlich durch den Vertrag verschont blieb. Dafür spricht auch, dass sowohl der Kurfürst von Brandenburg als auch ein Unbekannter aus dem Umkreis des polnischen Feldherrn Stefan Czarniecki

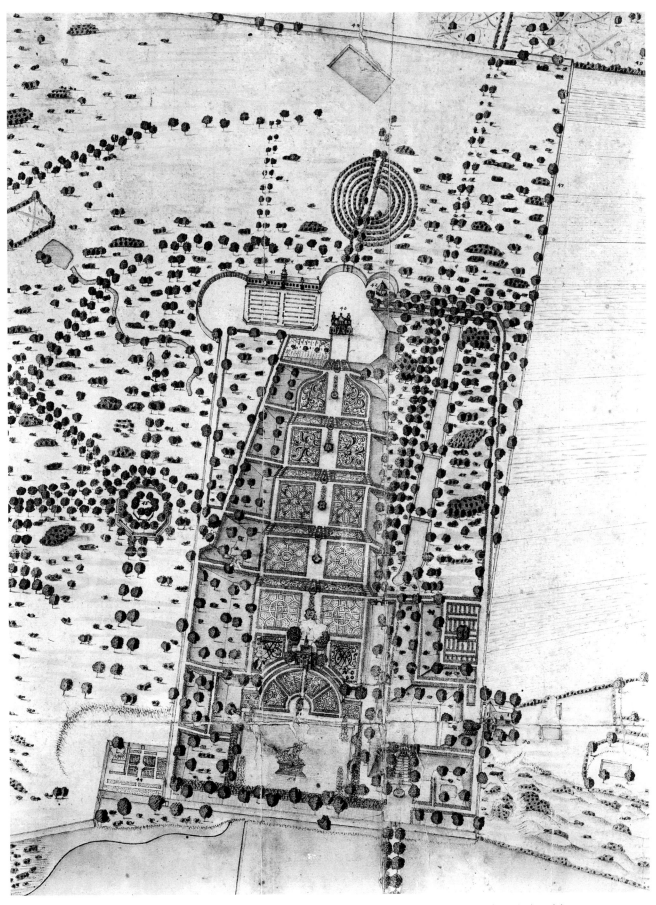

Abb. 14 Das Neue Werk und Teile des Tiergartens, Ausschnitt aus dem Plan der Gottorfer Residenz, lavierte Federzeichnung von Rudolph Matthias Dallin, 1707, BQ: KBK, Dallin I

kurz nach dem Tod Herzog Friedrichs III. am 10. August 1659 in Tönning den Neuwerkgarten besichtigten und sich beeindruckt zeigten von dem „italienischen Lustgarten" und dem Kunstsinn seines Bauherrn.[269]

In der Kriegszeit bis 1660 wurden alle Arbeiten in den Gärten auf das notwendigste Minimum reduziert, wozu das Ab- und Aufschlagen des Pomeranzenhauses gehörte.[270] Tatter musste drei Jahre komplett auf Besoldung und die Unterhaltsgelder für seine Gesellen verzichten[271], während Olearius für die Versorgung der „ZibeethKatzen, Indianischen Vogel unnd dergleichen" und, weil Andreas Bösch nicht mehr auf Gottorf weilte, auch für die Arbeiten am Globus verantwortlich war.[272]

3.2. Die zweite Phase des erweiterten Ausbaus bis 1694 unter Christian Albrecht

Die Bautätigkeit Herzog Christian Albrechts beschränkte sich aufgrund der politischen Gegebenheiten während seiner Regierungszeit im Wesentlichen auf zwei Phasen: Zum einen die 15jährige Friedenszeit von 1660 bis 1675, zum andern seine fünf letzten Regierungsjahre von 1689 bis 1694. Dazwischen lagen die insgesamt 14 Hamburger Exiljahre des Herzogs, die für die Entwicklung des Neuwerkgartens eine Zwangspause mit kurzer Unterbrechung bedeuteten.

Nachdem Herzog Christian Albrecht 1659 die Regierung übernommen hatte, und ab Mai 1660 wieder Frieden im Land herrschte, änderte sich zunächst die personelle Konstellation auf Gottorf ein wenig. 1660 starb Johannes Clodius. 1661 erhielt der Gärtner im Neuwerk, Michael Gabriel Tatter, eine Konfirmationsbestallung, die ihn auch als Kontrollinstanz über den Alten Garten vorsah, in dem nun sein Bruder Hans Georg Tatter als Nachfolger von Clodius eingesetzt wurde.[273] Den langjährigen Hofmaler Johannes Müller (gest. 1674) ernannte der Herzog zum Bauinspektor in der Nachfolge Otto Jageteuffels.[274]

Sofort wurde die Erweiterung des Neuwerkgartens zielstrebig in Angriff genommen. Er sollte nun das gesamte Gelände des Tiergartens umfassen, was eine Verlegung dieser unverzichtbaren höfischen Einrichtung in das nördlich und westlich den Garten begrenzende Pöhler Gehege notwendig machte.[275] Diese Voraussetzung wurde von 1661 bis 1663 erfüllt durch die Einfassung des neuen Tiergartenareals mit Plankwerk und Graben.[276] Gleichzeitig ließ Christian Albrecht im Bereich des Neuen Werkes und Tiergartens 1661 ein „Gezelt"[277] bauen und eine Reit- und ab 1663 eine Maillebahn einrichten[278], außerdem 1664 Schneisen und Wege in der Art eines repräsentativen, barocken Jagdsterns, ausgehend von der Achtkant, anlegen (Abb. 5).[279] Auch die Plankwerkseinfassung des Neuen Werkes wurde durch einen umlaufenden Graben zusätzlich gesichert und fünf neue Holzpforten angefertigt.[280] Danach konnte 1664 das Plankwerk an der ehemaligen Nordgrenze des Gartens, das nun überflüssig geworden war, entfernt werden.[281] Während Christian Albrecht das Jahr 1662 zu einer Reise durch Holland, Frankreich und die Schweiz nutzte, sollte Adam Olearius sich um die endgültige Fertigstellung des Globus kümmern, wozu mit ihm ein Vertrag über insgesamt 400 Rthlr geschlossen wurde. 1664 konnte der Globus samt Maschinerie als vollendet betrachtet werden, nachdem Hans Christoph Hamburger eine 252 Fuß (72,5 m) lange Rohrleitung aus Blei zu seinem Betrieb verlegt und der Uhrmacher Hans Schlemmer noch einen Fehler behoben hatte.[282]

1664 setzte eine intensive Bautätigkeit im Neuen Werk ein, und zwar gleich an mehreren Stellen. Tatter war dabei für die Anlegung der neuen gärtnerischen Bereiche zuständig. Es ist davon auszugehen, dass nun konkret die vom Globushaus nach Norden anschließenden vier weiteren Terrassenstufen modelliert wurden. Soldaten transportierten Erde vom Burggraben in den Garten, Tagelöhner arbeiteten an „Wasen", d.h. Wasserrinnen, die das Land entwässern bzw. das vorhandene Wasser in die richtige Richtung leiten sollten. Man legte neue Wege an und bepflanzte einen Gang mit Tannen.[283] Aus Latten und Pfählen wurde eine „Gallerey" gebaut, womit wohl der bis 1711 um den Herkulesteich existierende Bogengang zu identifizieren ist.[284]

Gleichzeitig begannen die Arbeiten an den aufwendigen Wasserkünsten. Aus bisher unbekannter Herkunft tauchte im Februar 1664 der Franzose Michel Le Roy auf Gottorf auf.[285] Möglicherweise war der Kontakt mit dem Herzog auf dessen noch nicht lange zurückliegender Reise zustande gekommen. Nach Aussage der Quellen war Le Roy für ein Jahresgehalt von 240 Rthlr mit der Bauleitung bei der Installation von Wasserkünsten und -leitungen, Brunnen und Fontänen beschäftigt.[286] Konkret handelte es sich um „newe Brunnen", womit nur die Wasserbassins in der Hauptachse der Terrassenanlage gemeint sein können, und um den 1664 zum ersten Mal genannten Bau einer „Cascaten", der noch heute in veränderter Form vorhandenen Kaskade am südlichen Eingang des Gartens.[287] Für dieses Werk lässt sich auch nachvollziehen, dass Le Roy „in Architecturn gebraucht" wurde, wie es heißt, so dass er an dem Entwurf der Kaskade zumindest beteiligt war.[288] Bis zur Fertigstellung 1667 waren an den wassertechnischen Anlagen der Kaskade vor allem Hans Christoph Hamburger, aber auch der Müller Jacob Kalßen und ein Schiffbauer tätig, während an der künstlerischen Ausgestaltung der Steinhauer Paul Traurnicht, der „Tischler oder Bildtschnitzer" Claus Eibe und an der farblichen Fassung der Hofmaler Johannes Müller arbeiteten.[289] Als Reservoir für die Wassertreppe diente der dahinterliegende Blaue Teich, der nun scheinbar seine rechteckige Form und eine Einfassung aus Pfählen erhielt.[290] Der Vorplatz mit dem Bassin wurde gepflastert.[291] An den Seiten entstanden in den Jahren 1666 bis 1668 „2. Newe Bogengänge und das Bindtwerck" in offenbar künstlerischen Formen von je 26 Fach Länge mit Säulen des Bildhauers Peter Lüeß und einer wohl sehr aufwendigen Bemalung von Johannes Müller.[292] Noch vor der Vollendung der Kaskade verließ Le Roy Gottorf, wo er bis April

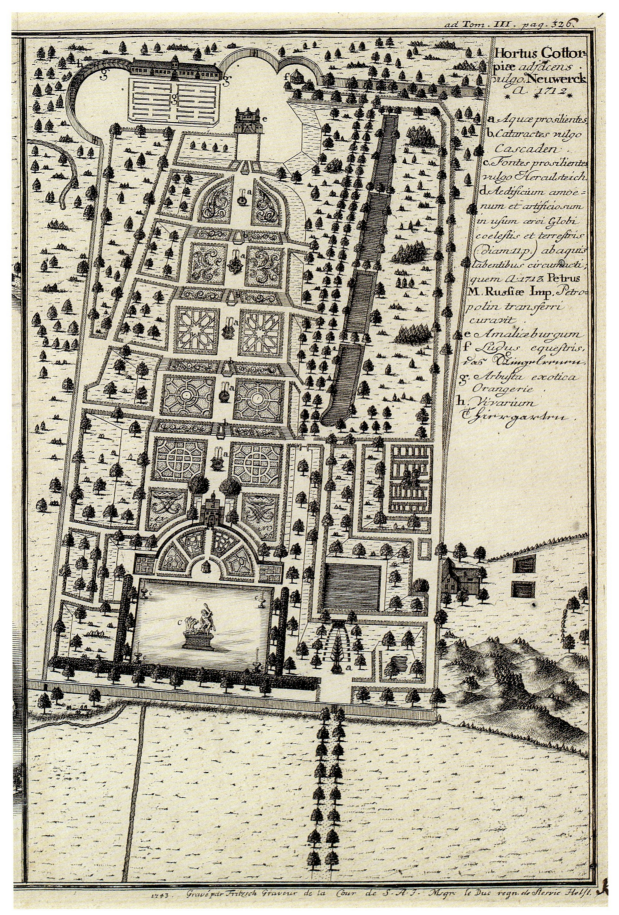

Abb. 15 Das Neue Werk im Jahr 1712, Kupferstich von Christian Fritzsch, 1743, BQ: LB, Fritzsch

1666 nachweisbar ist, um in Kopenhagen für die Königin ebenfalls eine Kaskade in dem neuen, nach ihr benannten Garten Sophieamalienborg zu bauen.[293] Nach seinem Weggang aus Gottorf übernahm Hans Christoph Hamburger die „Aufsicht und Wartung der Waßerwercke ufm Newenwercke", aber als Fontänenmeister wurde er erst 1680 offiziell bestallt.[294]

Auch noch andere Aktivitäten sind für das Jahr 1664 zu vermerken: für die Norderbrücke von der Schlossinsel zum Neuwerk fertigte der Kleinschmied Bartold Severin ein repräsentatives, rund 400 Rthlr teures Geländer aus geschmiedetem Eisen an[295], und eine vom Tischler Caspar Eibe gebaute „Pilkentafel" fand im Garten Aufstellung.[296] Außerdem wurde seit diesem Jahr die skulpturale Ausstattung des Gartens kontinuierlich ausgebessert und vervollständigt, woran Hans Christoph Hamburger, Hans Gudewerdt aus Eckernförde, Jürgen Schröder, Peter Lüeß und vermutlich auch der Steinhauer Johan van Mander beteiligt waren.[297] Als Höhepunkt sticht 1667 die Lieferung der ungewöhnlich teuren Holzskulptur eines Jupiters von dem in Hamburg ansässigen Bildhauer Joachim Henne heraus.[298]

1665 schloss Christian Albrecht mit Michael Gabriel Tatter einen Vertrag über 1000 Rthlr zum Abbruch des Pomeranzen- und Vogelhauses und Neubau in der Südwestecke des Neuen Werkes außerhalb des eigentlichen Gartengeländes.[299] Die Lage der neuen Gebäude ist in einem Plan der Residenz aus der Zeit um 1665 überliefert (Abb. 17).[300] Die weitere Geschichte der Vogelhäuser wird durch die Quellen nur wenig erhellt, aber es scheint so, als ob dem Vertrag nicht vollständig entsprochen wurde, indem das erste im Globusgarten stehen blieb und ein zweites zusammen mit dem neuen Pomeranzenhaus im Melonengarten gebaut wurde.[301] Letzteres war im nächsten Jahr weitgehend vollendet.[302] Der „kleine garthen von 16 Ruthen" „beim newen werck", der 1666 eingezäunt wurde[303], ist wahrscheinlich mit dem neuen Standort des Pomeranzen- und Vogelhauses identisch. 1696 wurde dieser Platz als „Milonen Garten" und von Dallin 1707 als „Der garten zu dehnen treib oder Mistbetten" bezeichnet (Abb. 14 u. 16).[304]

Olearius leitete 1666/67 Arbeiten an einer Grotte im Neuwerk, an der der Tischler und Bildhauer Peter Lüeß, der Husumer Rotgießer Andreas Lorenzen und Vater und Sohn Hans Christoph und Christian Albrecht Hamburger beteiligt waren.[305] Über die Gestalt und den genauen Standort der Grotte ist nichts zu ermitteln. Da nicht von einer neuen Grotte die Rede ist, handelte es sich vielleicht um eine Erweiterung oder Vervollständigung der

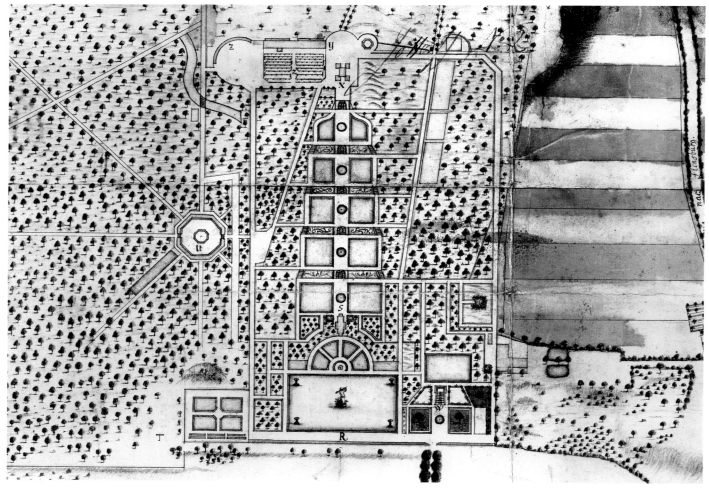

Abb. 16 Grundriss des Neuwerkgartens und Tiergartens, Ausschnitt des Grundrisses der Gottorfer Residenz, 1713, BQ: KBK, Grundriss Gottorf 1713

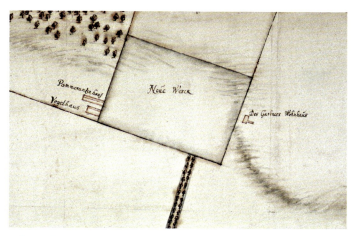

Abb. 17 Standorte des neuen Pomeranzen- und Vogelhauses beim Neuen Werk, Detail eines Planes der Gottorfer Residenz, um 1665, BQ: RAK, Gottorfer Residenz 2. Hälfte 17. Jh.

schon vorhandenen Grotte im Globusgarten. Möglicherweise war aber auch die Ausgestaltung der zwischen den Treppen auf den Terrassen liegenden Kaskaden gemeint.

Mit der Vermählung Herzog Christian Albrechts mit der dänischen Prinzessin Friederike Amalie im Herbst 1667 wurden die Kontakte zum dänischen Königshaus, die schon 1666 mit Le Roys Weggang nach Kopenhagen begonnen hatten, intensiv fortgesetzt, was sich u.a. im Ausbau der Gartenanlagen auf beiden Seiten nachvollziehen lässt.[306]

Im Neuwerkgarten geschah in diesem Jahr neben der Vollendung der Kaskade verhältnismäßig wenig. Auffällig sind die Aushebung eines 53 Ruten (243 m) langen Grabens und die Aufschüttung eines Dammes von 2 Ruten Länge (9,2 m).[307] Möglicherweise geschah dies im Bereich der Königsallee.

Vielleicht auf Anregungen aus Dänemark wurde 1667 der Tiergarten noch durch einen weiteren Teil des Pöhler Holzes nach Westen erweitert und eingefriedet, so dass er nun etwa 70-80 ha umfasste.[308] Im darauffolgenden Jahr kamen mehrere Schiffsladungen lebendigen Wildes aus Dänemark vor Gottorf an, für dessen Fütterung im Tiergarten Wildhütten gebaut wurden.[309] 1669 wurde an der Achtkant und einem neuen Zelt gearbeitet.[310] Vom Lustgarten aus ermöglichten mehrere Pforten zum Tiergarten seine Nutzung als schattenreichen Aufenthaltsort. Als neue Zufahrt zum Tiergarten ließ der Herzog 1670 einen Weg südlich des Neuwerks anlegen. Aus diesem Jahr stammt auch die erste Nachricht einer Eisgrube oder -kuhle im Tiergarten.[311] 1675 entstanden außerdem mehrere neue Teiche[312], wahrscheinlich

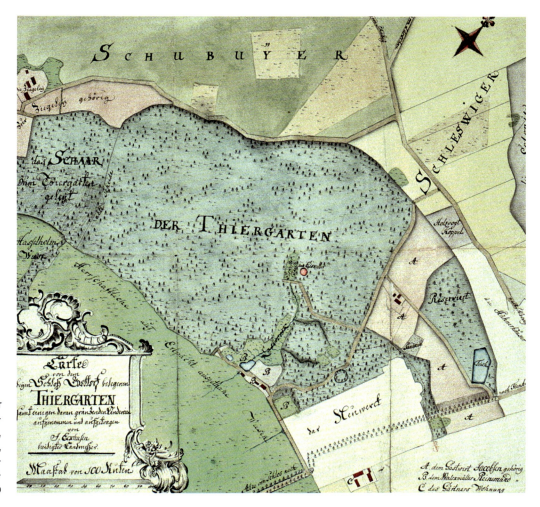

Abb. 18 Karte des Gottorfer Tiergartens, lavierte Federzeichnung von J. Eckhusen, zwischen 1786 u. 1791, 35,5 x 37 cm, RAK, 1. Afd. Kort- og Tegningssamlinger, Krigsmin. Aflev. Mappe 22, Nr. 9

3. CHRONOLOGIE DER ENTSTEHUNG

auch der nördlich des Gartengeländes gelegene, der zunächst u.a. als Reservoir für die Wasserkünste auf der Terrassenanlage diente und für den sich am Anfang des 19. Jahrhunderts aufgrund seiner Nutzung der Name „Eisteich" einbürgerte. Für den fortschreitenden Ausbau der Terrassenanlage im Neuwerk musste Platz geschaffen werden. Deshalb verlegte man den alten Hühnerhof, den Johannes Mejer (Abb. 12) 1641 in der Nordostecke des damaligen Tiergartengeländes gezeigt hatte, in den neuen Tiergarten. Das gleiche geschah 1668 mit der 1663 zum ersten Mal erwähnten „Küche ufm Newenwercke".[313] In den späteren Regierungsjahren Christian Albrechts scheint sie nicht mehr genutzt worden zu sein, denn das Gebäude wurde am Ende des 17. Jahrhunderts umfunktioniert zum Wohnhaus für einen Tierwärter, der für die Versorgung des Wildes im Tiergarten verantwortlich war. Für 1684 ist zum ersten Mal ein Tierwärter namens Emanuel überliefert.[314] Erst spätere Bildquellen geben das Aussehen und Ausmaß des Tiergartens nach der Vergrößerung wieder, z.B. die zwischen 1786 und 1791[315] gezeichnete Karte des Landmessers Eckhusen (Abb. 18), worauf folgende Teile deutlich erkennbar sind: die Achtkant westlich des Gartens, die Lage des Eiskellers mitten im Gelände, das zum Anwesen des Tierwärters umfunktionierte ehemalige Küchengebäude (A), das zu dieser Zeit dem Gastwirt Jacobsen gehörte, nordwestlich des Neuwerks und der Eisteich im Norden des Gartens.

1666/67 unternahm Herzog Christian Albrecht eine Reise nach Wien und Venedig. Daher resultierte sicher der Kontakt zum Salzburger Erzbischof, dessen an den Herzog geschenkte Pflanzen Michael Gabriel Tatter 1667 von der Residenz Regensburg abholte.[316] Ein Jahr später zeigte eine Agave americana im Neuwerkgarten einen Blütenansatz, ein Ereignis von internationalem Interesse, das mit der Publikation des Johann Daniel Major[317] entsprechend gewürdigt wurde und den Zeitgenossen Gottorf als Stätte außergewöhnlicher Botanik empfahl.

Bis 1675 wurde nicht nur der Ausbau der Terrassenanlage stark vorangetrieben, sondern 1669 auch an einer „Camera obscura"[318] für das Neuwerk gearbeitet und auch die aus der ersten Bauphase stammenden Gartenbestandteile mit umfassenden Reparaturen instand gesetzt: 1668 das Globushaus und 1670 die Halbkreismauer und das kleine Lusthaus im Globusgarten.[319] In diesem Zusammenhang erweiterte man die Nutzung des Globushauses durch die Einrichtung einer „newen gewächß-Cammer" im Keller als Unterbringungsmöglichkeit für nicht winterharte Pflanzen.[320] Der Platz im Pomeranzenhaus konnte nicht ausreichen für die mehr als 232 Pomeranzen- und Zitronenbäume, die Tatter von 1668 bis 1674 vermutlich als Ausstattung der Terrassenanlage neben anderen, meist exotischen Gewächsen nach Gottorf kommen ließ.[321]

An der Ausgestaltung der mit dem obersten Platz insgesamt fünf neue Terrassen umfassenden Anlage wurde in den Jahren 1668 bis 1670 mehrgleisig weitergearbeitet. Es waren viele Tagelöhner und Handwerker im Garten tätig, die u.a. Treppen legten.[322] Gleichzeitig ließ der Herzog den plastischen Schmuck beschaffen und aufstellen, der in erster Linie aus 150 Bleibüsten der „alten Romanischen Stamme unnd Osterreichischen Keyser" bestand.[323] Auch an den Wasserkünsten auf den Terrassen wurde weiter gebaut: 1669 fertigte der Bildhauer Claus Eybe Holzmodelle an, nach denen die Fontänenbecken ausgeführt wurden.[324] Verschiedene Gewerke und Tagelöhner waren bis 1670 mit der Verlegung von Wasserleitungen und Drainagerinnen beschäftigt.[325]

1669 wurden noch einmal Veränderungen im Zusammenhang mit dem Vogelhaus vorgenommen, wobei das Ergebnis aus den Quellen nicht klar ersichtlich ist: Der Vogelherd und ein Vogelhaus wurden in den Tiergarten verlegt, aber auch das Dach eines neuen Vogelhauses im Neuwerkgarten gedeckt und außerdem am Westende des Melonengartens ein Fasanenhof mit Plankwerk eingegrenzt.[326]

Bevor 1670 mit dem Bau eines auf der obersten Terrasse als Point de vue platzierten neuen Lusthauses, der Amalienburg, begonnen wurde[327], arbeiteten sowohl der Ingenieur Nouack als auch der Zimmermeister Friedrich Tamsen an einem Modell zu diesem Bau.[328] Schon 1671 konnte mit der kostbaren Innenausstattung des ein Jahr später vollendeten Gebäudes begonnen werden, woran u.a. die Hofmaler Vater und Sohn Johannes und Christian Müller (gestorben 1690), der Maler Jürgen Fuhrman und der Bildhauer Claus Eybe beteiligt waren. Teures Goldleder wurde aus Osnabrück angekauft.[329] Den Höhepunkt aber bildete ein 1670 bei Jürgen Ovens in Auftrag gegebener Gemäldezyklus zu Ehren der Herzogin Friederike Amalie für den mittleren Saal, für den der Maler 1671 2000 Rthlr erhielt.[330] Der Bau der Amalienburg gab 1671 auch Anlass dazu, die oberste Terrasse mit ei-

Abb. 19 Westseite der Amalienburg (Mitte) mit Marstall (links) im Neuwerkgarten, Gemälde in der Bunten Kammer des Herrenhauses Ludwigsburg, 1673, BQ: Ludwigsburg, Amalienburg

Abb. 20 Grundriss des Neuen Werkes, lavierte Federzeichnung von Otto Johann Müller, nach 1734, BQ: RAK, Müller I

nem halbrunden Plankwerk im Norden des Lusthauses repräsentativer zu gestalten. In der Hauptgartenachse setzte man 1675 eine große Pforte zum Tiergarten ein.[331]

Für das Jahr 1671 wird von Materiallieferungen zum Bau eines Marstalles im Neuen Werk berichtet, aber offenbar erst 1675 war das mit Alstracken ausgelegte Gebäude vollendet.[332] Über das Aussehen und den Standort des schon in der herzoglichen Zeit[333] abgerissenen Stalles gibt es nur geringste Informationen: Auf einem der Gemälde in der „Bunten Kammer" des Herrenhauses Ludwigsburg, das die Amalienburg im Gottorfer Neuwerkgarten darstellt, ist der Marstall auf der obersten Terrasse westlich des Lusthauses als ein längsrechteckiger, schlichter Bau gezeigt (Abb. 19).[334] In der Nähe war ein Reitplatz gelegen, wohl derjenige, den Christian Albrecht 1661 hatte einrichten lassen.[335]

Zur gleichen Zeit, 1673–75, entstand eine neue Grotte im Globusgarten, deren Ausführung mit aus Feldsteinen gehauenen Fliesen, gesammelten Schneckenhäusern, von einem Töpfer hergestellten „glasürten Steinen" und Messingdraht sich ebenfalls bis 1675 hinzog.[336] Ihre Platzierung innerhalb des Globusgartens bleibt unklar. Vielleicht ersetzte sie die alte aus den 1650er Jahren stammende Grotte unter dem Globushaus, denn von einem Abriss einer solchen Einrichtung ist nichts bekannt und um 1735 existierte nur noch eine „alte eingegangene Grotte" im Globusgarten.[337]

In den Jahren 1674 und 1675 fanden große Pflanzarbeiten statt, wobei Tagelöhner und Soldaten sich zum einen an einer „newen Allée" betätigten.[338] Welcher Weg damit gemeint ist, bleibt unklar. Zum andern arbeiteten sie an der Anlegung einer „Tannen-Allée"[339], die wohl mit der bei Otto Johann Müller eingezeichneten Tannenallee an der Ostgrenze des Gartens identifiziert werden kann (Abb. 20). 1675 wurden auch die drei östlich der Königsallee gelegenen Teiche angelegt.[340] Noch bevor Herzog Christian Albrecht 1676 ins Exil nach Hamburg ging, waren die Parterres auf den Terrassen zwischen Globushaus und Amalienburg fertiggestellt. Zu deren Anlegung hatte Tatter 1675 die Summe von 672 Rthlr 10 ß erhalten und für 100 Rthlr Zwiebelgewächse und andere Pflanzen gekauft. Ab 1676 standen ihm zur Pflege dieser Gartenteile 60 Rthlr im Jahr zu.[341]

In den Jahren seiner zweimaligen Flucht nach Hamburg, von 1676 bis 1689, hielt sich Herzog Christian Albrecht nur eineinhalb Jahre auf Gottorf auf, was sich auch in den Bauvorgängen und der Pflege des Neuwerkgartens widerspiegelt. 1676 gab der Herzog von Hamburg aus Anweisung an seinen Bibliothekar, die Kaiserbüsten aus dem Neuen Werk in Sicherheit zu bringen.[342] Bis 1679 wurden die Gärtner unregelmäßig besoldet und nur die allernötigsten Instandhaltungsarbeiten gemacht.[343] Die Aufsicht darüber führte der Ingenieur und Baumeister Nils Eosander (gest. 1698), der offenbar als Nachfolger des Bauinspektors und Hofmalers Johannes Müller bestallt worden war und von 1674 bis 1680 in Gottorfer Diensten nachweisbar ist.[344] Aus seiner Hand stammt vielleicht der nicht realisierte Entwurf für ein Schloss, Lusthaus oder eine Orangerie von 1679 (Abb. 21).[345] Interessant ist vor allem die sich aus der Existenz der Zeichnung ergebende Vermutung, dass Christian Albrecht sich trotz seiner schwierigen Lage wohl mit weiteren Plänen zur Vervollständigung des Neuen Werkes beschäftigte.

In der Zeit des eineinhalbjährigen herzoglichen Aufenthaltes auf Gottorf von Anfang 1680 bis Juni 1682 gingen die Arbeiten im Neuwerk wieder zügig voran. Neben der ersten Pflanzung einer Lindenallee 1680 im oberen Teil der späteren Königsallee[346] wurde einerseits die gesamte Ausstattung des Gartens wieder instand gesetzt[347] und andererseits die Terrassenanlage vollendet. Vor allem im Bereich des Globusgartens und Herkulesteiches waren grundlegende Reparaturmaßnahmen notwendig geworden. Dazu sind die Neuverlegung der aus Piepenbäumen bestehenden Wasserleitungen im Herkulesteich und im Globusgarten und in letzterem Gelände auch die Setzung von „Spunden", d.h. wohl wasserdichten Spundwänden aus Holz, zu zählen.[348] Die z.T. verfallenen „Wasserwercke" wurden repariert[349], und zum ersten Mal bestallte der Herzog mit Hans Christoph Hamburger einen Fontänenmeister für den Neuwerkgarten.[350] Der Hofmaler Christian Müller erhielt einen Großauftrag zur Renovierung der Kaskade, Fontänen, Bildwerke und Lusthäuser. Dazu gehörten besonders die Vergoldung der zwölf Büsten im Globusgarten sowie die Erneuerung der Farbfassungen der Kaiserbilder und der Amalienburg, deren mit Leinwand neu bespannte Innenwände der vier unteren Kabinette er außerdem mit einer neuen Bemalung versah.[351] Ein baufälliges Vogelhaus, wohl das im Globusgarten, wurde abgerissen.[352]

Neben den Instandsetzungen erhielt die Terrassenanlage ihr endgültiges Aussehen. In einer riesigen, 2520 Rthlr teuren, die zweite Hälfte des Jahres 1680 dauernden Aktion fanden unter der Aufsicht des Kammerdieners Marcus Thomsen (gest. 1689), der nun offenbar die Aufgaben eines Bauinspektors in der Nachfolge Eosanders wahrnahm, Erdarbeiten großen Ausmaßes statt, die wohl dazu dienten, die seitlichen Böschungen der Terrassen zu

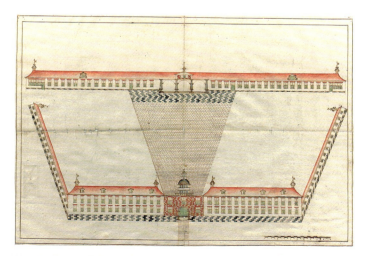

Abb. 21 Entwurf für ein Schloss, ein Lusthaus oder eine Orangerie, anonym, 1679, BQ: LASH, Bauprojekt

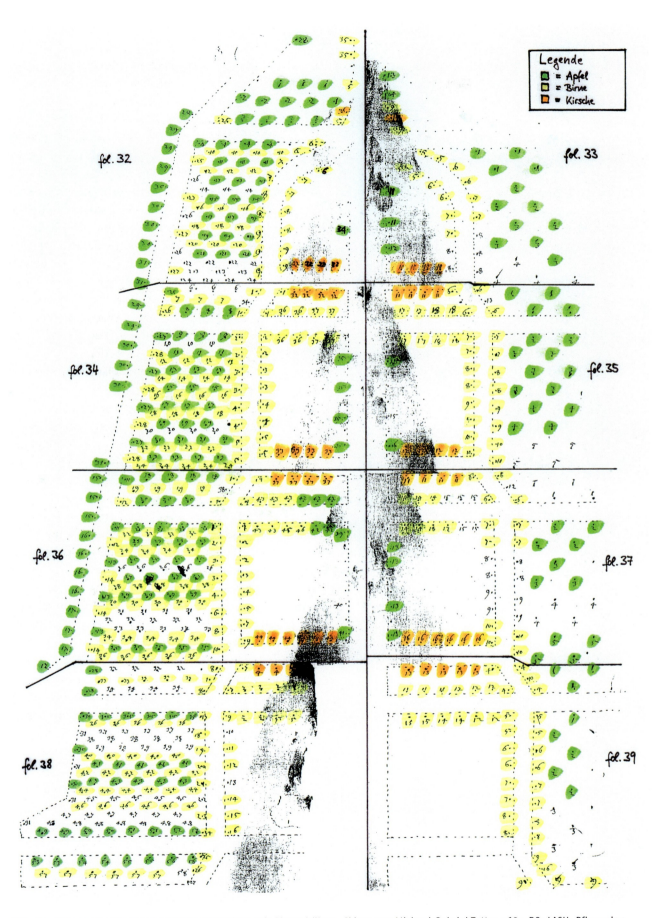

Abb. 22 Plan zur Bepflanzung der Terrassenanlage mit Obstgehölzen, Skizze von Michael Gabriel Tatter, 1681, BQ: LASH, Pflanzplan (zu den einzelnen Baum-Nummern vgl. Anhang 2, Nr. 8), Vorlage LASH; Montage, Farbigkeit u. Beschriftung: Autorin

modellieren.³⁵³ Zur besseren Erschließung der Anlage legten Maurer die auf beiden Seiten befindlichen Feldsteintreppen.³⁵⁴ Im gleichen Jahr ließ Tatter von den bekanntesten Hamburger Pflanzenhändlern etwa 900 Obstbäume unterschiedlicher Sorten Äpfel, Birnen und Kirschen liefern, für deren Setzung auf den seitlichen Böschungen und den Parterres der Terrassenanlage er einen genauen Lageplan anfertigte (Abb. 22).³⁵⁵ Außerdem wurden Zitrus- und Granatapfelbäume gekauft.³⁵⁶ Nach letzten Baumpflanzungen im folgenden Jahr 1681³⁵⁷ ließ Christian Albrecht mit der Begründung, da „Wir Unsern Gartenbau im Newenwercke nuhmero zum zimlichen Stande gebracht haben", den erreichten Entwicklungsstand des Gartens, der vorerst vollendet war, am 14. Juni in einem Pflanzeninventar dokumentieren, das hauptsächlich die vorhandenen Orangeriegewächse berücksichtigte.³⁵⁸

Mit der erneuten Flucht des Herzogs nach Hamburg im Juni 1682 kamen wieder quasi alle Aktivitäten auf Gottorf bis 1689 zum Stillstand. Dieses Mal ging die Mitte 1684 beginnende dänische Sequestration noch weiter, indem sogar die herzoglichen Bediensteten vom König übernommen und von ihm besoldet wurden. Das traf auch auf den Gärtner Michael Gabriel Tatter, seinen Bruder Hans Georg im Alten Garten und auf den Fontänenmeister Hans Christoph Hamburger zu.³⁵⁹

Während dieser Periode besuchte der schwedische Architekt Nikodemus Tessin d. J. (1654–1728) auf seiner Studienreise 1687 nach Frankreich und Italien zum ersten Mal Schloss Gottorf, wo er das Neue Werk besichtigte. In seinem Tagebuch zeichnete er eine Skizze der Gottorfer Anlage (Abb. 23), die durch den Kommentar „Waß von dieser herlichen Situation hätte können gemacht werden [...]"³⁶⁰ als unerreichbare Idealvorstellung zu verstehen ist und einerseits seine Begeisterung für die Lage und andererseits seine Kritik an der nicht auf das Schloss bezogenen Axialität des Gartens deutlich machte. Anschließend konsultierte er den Herzog in Hamburg. Ein zweites Mal hielt sich Tessin nach der Rückkehr Christian Albrechts 1690, und zwar mehrere Wochen, im Herzogtum Schleswig auf, um den Herzog bei Bauvorhaben zu unterstützen.³⁶¹ Von beiden Aufenthalten sind keinerlei signierte Entwurfszeichnungen des Architekten oder über die Arbeit aufschlussgebende Briefe erhalten geblieben.³⁶² In der Literatur ist viel darüber spekuliert worden, ob Tessin Einfluss auf die Gottorfer Baukunst ausgeübt hat und worin dieser bestand.³⁶³ Was die in den 1690er Jahren erfolgende Bautätigkeit im Neuen Werk anbetrifft, so wurde häufig davon ausgegangen, dass die Kaskade am Eingang des Gartens erst zu diesem Zeitpunkt entstand und dass Tessin – ausgehend von seiner o.g. Kritik – das Bauwerk entworfen und mit diesem „genialen" „Kunstgriff" „die störende Zufälligkeit der versetzten Achse zu einem künstlerischen Motiv" gemacht habe.³⁶⁴ Durch die neu aufgefundene Bildquelle (Abb. 63) und eine genauere Lesart der schon bekannten schriftlichen Zeugnisse ist aber nun erwiesen, dass die Kaskade schon 1664 unter Michel Le Roy errichtet und wohl auch von ihm entworfen worden war.³⁶⁵ Das Aussehen der ersten Kaskade (Abb. 63) im Vergleich zu der, die ab 1690 neu gebaut wurde (Abb. 65), ist so auffällig ähnlich, dass man 1690 im Wesentlichen von einer Materialerneuerung ausgehen muss.³⁶⁶ Lediglich der aufrechtstehende Baukörper wurde durch ein völlig neues Gebäude in modernerer architektonischer Formensprache ersetzt. Möglicherweise stammen die Pläne hierzu von Tessin, wofür es aber keine Quellenbelege gibt.³⁶⁷

Die zweite Frage, ob Tessin für das größte Bauvorhaben der 1690er Jahre im Neuwerkgarten, die Orangerie, als Autor reklamiert werden kann, ist bisher eher negativ zu beurteilen, weil einerseits jeglicher archivalischer Anhaltspunkt fehlt und andererseits das Gebäude auch stilistisch nicht in das Oeuvre des Architekten zu passen scheint.³⁶⁸

Am Ende der zweiten dänischen Besatzungszeit auf Gottorf 1689 fanden die herzoglichen Beamten den Wester- und Alten Garten sehr verkommen vor, während sich das Neue Werk und die Gebäude dort in akzeptablem Zustand befanden, „das Holtzwerck aber in den Garten, insonderheit in denen Fontainen sehr verfaulet" war.³⁶⁹ Der Garteninspektor Michael Gabriel Tatter wurde im Juli aufgrund seines Überwechselns in königliche Dienste entlassen und statt seiner Johannes Kempe (gest. 1704) am 2. August 1689 als Gärtner für das Neue Werk bestallt mit der Auflage, die untersten Parterres, wohl auf den Terrassen, „zu einem außträglichen und nützlichen Küchen Garten" zu kultivieren und zu bestellen.³⁷⁰ Am 24. Mai 1690 erfolgte die Ernennung Christian Albrecht Thomsens zum Bauinspektor in der Nachfolge seines Vaters Marcus Thomsen.³⁷¹

Christian Albrecht ließ nun bis zu seinem Tod Ende 1694 den Garten wieder herrichten und gleichzeitig einen ganz neuen Gartenteil, das Orangeriereal auf dem obersten Terrassenplateau, erstellen. Das Neue Werk verwandelte sich in eine riesige Baustelle. Drei Künstler erhielten in diesen Jahren eine Bestallung am Gottorfer Hof: Der Maler Ludwig Weyandt 1689 sowie 1693

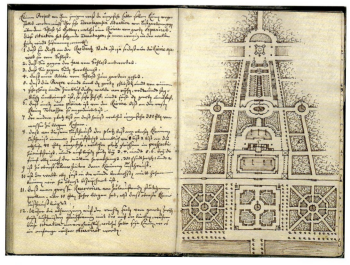

Abb. 23 Idealplan des Neuwerkgartens, Skizze von Nicodemus Tessin d. J., 1687, BQ: RAS, Tessin I

der Maler Andreas Otto Krap (gest. 1724) und der in Kiel ansässige Bildhauer Theodor Allers (gest. 1704).[372] Mit Weyandt wurde ab 1690 eine Extrabezahlung von 80 Rthlr jährlich vereinbart für die „Unterhaltung der Zieraten an den Waßerkünsten und Patern", womit u.a. die Instandhaltung der Farbfassung des Statuenschmucks der Terrassenanlage gemeint war.[373]

Neben kleineren Reparaturen[374] wurden folgende durchgreifende Erneuerungsmaßnahmen durchgeführt: Die nach etwa 50 Jahren marode gewordene Plankwerkseinfassung wurde in den Jahren 1690 bis 1692 in großen Abschnitten renoviert. Insgesamt ersetzte man 367 Fache Plankwerk um Neuwerk und Tiergarten.[375] Der Globusgarten wurde ab 1690 völlig neu angelegt, wozu die Abwasserrinnen zum Herkulesteich neu verlegt und mit „Reepschläger Wahren" ein stabiler Untergrund für die dortigen Parterres und Fontänen geschaffen wurde.[376] 1691 erhielt der gesäuberte Herkulesteich eine neue Einfassung aus großen Feldsteinen.[377] Im gleichen Zug wurde das Niveau des Globusgartens durch Auffahren von Sand angehoben und zusätzlich die Parterreflächen mit Erde erhöht.[378] Unter dem Globushaus verlegte man Abwasserkanäle und pflasterte den Gang zwischen dem von Untertanen neu aufgesetzten rückwärtigen Steinwall und der ebenfalls renovierten vorderen Ringmauer.[379] Auch das kleine, achteckige Lusthaus wurde instand gesetzt.[380] 1692 konnte Kempe mit den Vorbereitungen für die Neugestaltung der Parterres im Globusgarten unter Mithilfe zahlreicher Tagelöhner beginnen. Es scheint so, als ob nicht nur hier die Beete neu angelegt wurden, sondern auch auf den seit 1689 als Küchenland genutzten Terrassenflächen, wo man gleichzeitig an der Erneuerung der seitlichen Feldsteintreppen arbeitete.[381] 1694 besorgte Kempe aus Hamburg 150 Kirsch- und Quittenbäume, 220 Rosen und 31 Weinstöcke, dazu noch einige fremdländische Gewächse von einem Italiener.[382]

An der 1690 beginnenden Erneuerung der Hausteintreppen und der Fontänenbecken auf den Terrassen, deren Holzeinfassungen nun durch Sandsteinprofile ersetzt wurden, und am Neubau der Kaskade war der Bildhauer Theodor Allers maßgeblich beteiligt.[383] Im September 1690 erfolgte der Abbruch der alten Kaskade mit anschließender Geländeplanierung.[384] 1691 gingen die Arbeiten zügig voran mit der Fundamentierung und Aufmauerung des neuen Bauwerkes, der Neuaufsetzung des Feldsteinwalles hinter der Kaskade zum Blauen Teich hin und mit der bis 1692 dauernden Verlegung von Wasserleitungen.[385] Weyandt führte 1693 schon Malerarbeiten an der Wassertreppe aus, während andererseits nun erst das Fundament und der Baukörper des Nymphäums als nördlicher Abschluss der Kaskade errichtet wurden.[386]

Nachdem schon seit 1651 nacheinander zwei abschlagbare Pomeranzenhäuser im unteren Gartenteil des Neuen Werks existiert hatten, von denen das jüngere noch bestand, aber inzwischen zu klein, nicht repräsentativ und zeitgemäß war, wurde nun ein ganzes Areal der Pflanzenpflege und -präsentation gewidmet, und zwar der westliche Teil des obersten Terrassenplateaus, wo seit 1690 nach und nach die neue Orangerie als Winterhaus, der davorliegende Orangerieplatz und Glashäuser als sommerliche Standorte für die wertvollen Gewächse entstanden.

Im September des Jahres 1690 wurde die Arbeit an der neuen Orangerie, deren Baugeschichte sehr gut dokumentiert ist, mit der Planierung des Bauplatzes begonnen.[387] Der Abtransport der Erde in den nahegelegenen Tiergarten unter Beteiligung von bis zu 99 Personen zog sich bis Juni 1691 hin.[388] Bis zum September wurde am Fundament gearbeitet.[389] Ab Januar 1692 fand die Zimmerung des Dachstuhls auf dem Schlossplatz statt.[390] Wie allgemein üblich, wurde auch zu diesem Neubau ein Modell aus Holz angefertigt, das der Hofmaler Ludwig Weyandt im Februar durch eine blau-weiße Bemalung ergänzte.[391] Bis zum August mauerte der Maurermeister Johann Ebelien mit seinen Leuten die Wände auf. Am 16. August 1692 wurde das Pomeranzenhaus gerichtet und bis Ende September das Dach provisorisch eingedeckt. Gleichzeitig arbeiteten die Zimmerleute innen an den Holzdecken, der Dachkonstruktion über den Schuppen und dem Holzgewölbe des Pavillons, setzten Türen und Fenster ein, außerdem wurden die Fenster beschlagen. Am 5. Oktober berichtete der dänische Gesandte, Hans Statius Hagedorn, aus Schleswig nach Kopenhagen von dem Fortschritt des Bauvorhabens: Der Herzog sei auf Jagd, „indessen wird das neüerbaute Pommeranzen Hauß auf Amalienburg [...] zur perfection kommen"[392]. Dieser Aussage entspricht die Anbringung der Jahreszahl 1692 über den beiden Seitenportalen.[393] Dessen ungeachtet und trotz der sehr zügigen Arbeitsweise erlebte aber Christian Albrecht die endgültige Fertigstellung seiner neuen Orangerie nicht, denn sie wurde vermutlich zwischen 1696 und 1698 ganz vollendet. Der Bildhauer Theodor Allers setzte am 2. November 1692 Teile der Portale aus Sandstein auf. In diesem Monat wurden auch am zentralen Pavillon u.a. der Umgang und die innere und äußere Bekleidung gezimmert, dazu das Dach gedeckt. Im Dezember arbeitete der Tischler an den Betten und Türen in den Schuppen hinter der Orangerie. 1692 kamen auch die im Harz bestellten sechs eisernen Öfen auf Gottorf an, und von einem Schleswiger Töpfer wurden Kacheln geliefert und aufgesetzt.

1692 war der Außenbau der Orangerie bis auf die Schmuckelemente fertiggestellt. Diese wurden zusammen mit dem Innenausbau und der Gestaltung des Geländes direkt vor dem Gebäude in den folgenden Jahren ausgeführt.[394] Im März und April 1693 transportierten Tagelöhner gehauene Feldsteine vor die Orangerie.[395] Ebenfalls im März arbeiteten Zimmerleute an der zum Obergeschoss des Mittelraumes führenden Treppe und an den Gerüsten für die Stuckateure, Maler und Tischler, die im April ihre Arbeit in diesem auch „4 Cante" genannten Raum begannen. Offenbar war Ende Mai ein Fehler beim Bau des Pavillons zutage getreten, denn es wurde neues Eichenholz geliefert „Zu pffeilern in die 4 Cante [...] mit den Modellen u: was zerbrochen ist" und eine Änderung an den Türen dort vorgenommen. Im Juni arbeiteten die „Gibßers" an den Stuckaturen in den seitlich anschließenden Räumen, die Maler machten einen Außenanstrich, und die Postamente für den Dachschmuck wurden befestigt. In diesem Sommer transportierten wieder Tagelöhner Erde vor dem Gebäude ab[396], die Tischler fertigten die „Gallerie in der 4 Canten" an und Theodor Allers setzte die fertigen Steinportale auf. Zum Herbst wurde an den Vorrichtungen zum Aufstellen der Gewächse im Haus gearbeitet. 1694 setzte Ludwig Weyandt die im Vorjahr begonnene Bemalung der Balken und der Schmuckelemente an den Portalen fort.[397] Bis Mitte des Jahres waren neben den Stuckateuren und dem Glaser Bartholdt Steffens[398] noch andere Gewerke am Orangeriebau tätig.

Im Frühjahr 1694 wurde auch der Bau des Ringelhauses in der Nordostecke des obersten Plateaus begonnen. Es handelte sich um ein achteckiges Häuschen, eine Art Karussell zum Ringelrennen oder Ringstechen, einer höfischen Freizeitbeschäftigung.[399] Im gleichen Zuge entstand dahinter eine gebogene Plankwerkseinfassung, die an die schon vorhandene hinter der Amalienburg anschloss.[400] Der Plankwerksbogen westlich der Orangerie war schon 1690 zu Beginn der Bauarbeiten an diesem Gebäude errichtet worden.[401]

Als Herzog Christian Albrecht Ende Dezember 1694 starb, war der Garten zwar konzeptionell, aber in der Ausführung noch nicht vollendet. An der neuen Orangerie fehlten im Wesentlichen nur noch die Fertigstellung der Stuckaturen und die Deckenausmalung des Pavillons. Die letzten Arbeiten an der Kaskade zogen sich noch bis über die Regierungszeit Herzog Friedrichs IV. hinaus bis 1703 hin. Auch die Erneuerung der Treppen und Fontänen auf den Terrassen dauerte insgesamt etwa zehn Jahre bis um 1699/1700.[402] Trotzdem bleibt festzuhalten, dass Christian Albrecht in den 35 Jahren seiner überaus schwierigen Regierungszeit eine stattliche Leistung vollbrachte, die sich vor allem auf das Neue Werk konzentrierte: Der Garten wurde bei der Erweiterung mehr als verdoppelt und erhielt nun erst die Terrassenanlage und eine Ausstattung mit drei größeren Gebäuden, der Kaskade, Amalienburg und Orangerie.

3.3. Die Vollendung unter Friedrich IV.

Beim Regierungsantritt Friedrichs IV. (1671–1702) war der Gottorfer Staat hoch verschuldet. Deshalb ordnete der Herzog am 8. März 1695 radikale Sparmaßnahmen an, wozu auch die Anweisung gehörte, den Gärtnern kein Gehalt und Deputat auszuzahlen.[403] Ab 1696 erfolgten dann wieder Besoldungen, aber in erheblich reduzierter Form.[404] Als nächste Maßnahme ließ Friedrich IV. am 9. März den Bestand der Orangeriepflanzen im Neuen Werk in Form eines Inventars erfassen.[405]

In den ersten, ruhigen Regierungsjahren bis 1698 wurden zunächst die unter seinem Vater begonnenen Arbeiten im Neuen Werk zu Ende geführt. Mit Handwerkern und Künstlern handelte man zum Teil neue Arbeitsverträge aus. So sicherte Theodor Allers dem Herzog in einer Gnadenverschreibung am 9. August 1695 zu, die letzten noch ausstehenden Steinhauerarbeiten im Garten zu machen, u.a. die Treppen vor der Orangerie.[406] Die bisher nur provisorisch auf der einen Dachseite des Gebäudes gedeckten Pfannen legten Maurer im September sorgfältig in Kalk.[407] Bis zur Vollendung der Orangerie waren zum einen die italienischen Stuckateure, „Giebs Meister Jacob de Georgio", „Meister Thomas, Deßen Helffer" und Handlanger[408], tätig, zum anderen der 1698 zum Hofmaler bestallte Balthasar Mahs (Lebensdaten unbekannt), der im mittleren Pavillon mit der Deckenausgestaltung beschäftigt war.[409] Die Stuckarbeiten an dem neuen Pomeranzenhaus wurden erst 1698 bezahlt, aber wohl schon 1693/94 ausgeführt, wie aus den Quellen zur Baugeschichte hervorgeht.[410] Der genaue Zeitpunkt lässt sich nicht mehr nachvollziehen. Um den bis dahin eingerichteten Sommerstellplatz für die Orangeriepflanzen vor dem Haus wurde 1699 ein Stakentenzaun gesetzt.[411] Die genaue Summe für den Bau des Orangeriegebäudes ist nicht mehr feststellbar. Wenn man die Beträge aus den Quellen addiert, erhält man lediglich eine Summe von rund 2500 Rthlr, die verschwindend gering erscheint gegenüber den Kosten von 13.300 Rthlr[412] schon 40 Jahre zuvor für das Globushaus, allerdings inclusive der aufwendigen Herstellung des Globus. Im Vergleich dazu erscheint die Angabe von 8000 Rthlr, die Hagedorn 1692 machte,[413] einigermaßen realistisch zu sein, wobei aber noch Kosten aus den späteren Jahren, z.B. für die aufwendige Dekoration des Zentralraumes hinzukamen.

Zur Vollendung der Kaskade am Südeingang des Gartens wurde 1695 das Dach des Nymphäums gedeckt, 1699 erfolgten noch Restarbeiten an der Fontäne auf dem Vorplatz, und erst 1703 gab der Hofmaler Elias Galli unter der Aufsicht Ludwig Weyandts den beiden Teilen eine Farbfassung.[414]

Der 1694 begonnene Bau des Ringelhauses wurde zwar unter Friedrich IV. 1695 fortgeführt, ging aber nur schleppend voran. Zunächst setzte man das gebogene Plankwerk hinter dem Gebäude.[415] 1697 war endlich das Dach mit Holzschindeln eingedeckt, aber an der karussellartigen Drehtechnik, dem Fußboden und der Aufstellung der Stühle wurde noch 1699 gearbeitet, als mit der Anfertigung zweier hölzerner Pferde durch Theodor Allers das Häuschen vollendet werden konnte.[416]

Daneben betrafen kleinere Arbeiten im Garten die Aufstellung eines hölzernen Schwan- und Entenhauses 1697 auf dem Herkulesteich[417] und die Reparatur des alten Pomeranzenhauses, das trotz der Instandsetzung von 1695 bereits zwei Jahre später so verfallen war, dass Maßnahmen zu seiner notdürftigen Sicherung unternommen werden mussten.[418]

Die nun enge Bindung des Gottorfer Hauses nach Schweden trat u.a. 1698 deutlich zutage durch die Heirat Friedrichs IV. mit der Tochter des schwedischen Königs Karls XI., Hedwig Sophie (1681–1708). Um diese Zeit erhielt Johann Heinrich Böhm (1663–1701) seine Bestallung zum Landesbaumeister, und der Neubau des Südflügels, der das Gottorfer Schloss zu einer modernen Barock-Residenz machen sollte, wurde begonnen.[419]

Im Neuen Werk ließ der Herzog ab Januar 1699 ein gerundetes Glashaus errichten, das westlich der Orangerie in den Plankwerksbogen integriert und noch im selben Jahr fertiggestellt wurde.[420] Der Hofmaler Otto Krap führte die Farbfassung in Blau und Weiß aus: die Fachwerkrückwand des Gebäudes und die Plankwerksbögen der obersten Terrassenstufe versah er mit einer das ganze oberste Plateau zu einer räumlichen Einheit verbindenden Scheinarchitektur-Bemalung.[421] Außerdem wurden von ihm der um den Orangerievorplatz neu aufgestellte Staketenzaun und ein zur Aufbewahrung der Glashausfenster zwischen Orangerie und Glashaus gebauter Schuppen angestrichen.[422]

Zur Vervollständigung des durch mehrere Winter geschädigten Obstgehölzbestandes war Kempe 1699 autorisiert, bei dem Händler Johann Klefeker in Hamburg insgesamt 72 Kirsch-, Pfirsich- und Aprikosenbäume und dazu 800 Stachelbeerpflanzen für Heckenpflanzungen einzukaufen.[423]

Während der Regierungszeit Herzog Friedrichs IV. geriet das Herzogtum allmählich in eine totale Abhängigkeit von der Großmacht Schweden, was letztlich den Verlust des Gottorfer Anteils am Herzogtum Schleswig 1713 bzw. 1720 zur Folge hatte.[424] Im Jahr 1700 wurde der Herzog in den Nordischen Krieg hineingezogen, woraufhin die Residenz Gottorf am 23. April erneut für etwa vier Monate bis zum Frieden von Traventhal am 18. August 1700 von den Dänen besetzt wurde. Durch seinen frühen Tod als Generalissimus der schwedischen Armee in Deutschland am 19. Juli 1702 in der Schlacht bei Klissow in Polen brachen schwierige, unsichere Zeiten auf Gottorf an.

Diese Situation war auch bald am Zustand des Neuen Werkes abzulesen. Um 1735 berichteten die Erben des verstorbenen Garteninspektors Bernhard Kempe, der am 28. September 1702 zum Vertreter und Nachfolger seines kranken Vaters Johannes Kempe bestimmt wurde[425], dass noch zu Lebzeiten Friedrichs IV. „der kleine Garten zwischen dem Globus Haus und Hercules Teich […] nebst noch andere Plätze und Öhrter schon unbrauchbar und niedergeleget gewesen /: als die Acht Kant beÿ dem Garten", und dass das alte Pomeranzenhaus im Melonengarten abgerissen und auf den Fischerhof versetzt worden sei.[426] Die Fundamentreste des Pomeranzenhauses beseitigte man 1704.[427] 1702 fiel ein großes Stück Plankwerk um, was den Diebstahl einiger Kaiserbüsten zur Folge hatte.[428]

Resümierend lässt sich festhalten, dass zwar das Neue Werk unter Friedrich IV. vollendet wurde, aber ebenfalls in seiner Regierungszeit der Verfall der kostspieligen und aufwendigen Anlage einsetzte.

3.4. Die Zeit der administratorischen Regierung bis zum Ende der Gottorfer Ära 1713

Nach dem Tod Friedrichs IV. musste eine Vormundschaftsregierung gebildet werden, weil der Nachfolger, Herzog Carl Friedrich (1700–1739), noch unmündig war. Die Herzoginwitwe Hedwig Sophie widmete sich der Erziehung ihres Sohnes vorwiegend in Schweden.[429] Auf Gottorf führte derweil ihr Schwager, der Lübecker Bischof Herzog Christian August (1673–1726), als Administrator zusammen mit dem Geheimen Ratskollegium die Regierungsgeschäfte des Herzogtums.[430] Die Gottorfer Glanzzeit war vorüber, nur das Notwendigste an Unterhaltung der Residenz geschah. Die Periode bis 1713, dem Jahr der neuerlichen Besetzung des Gottorfer Anteils am Herzogtum Schleswig, der schließlich mit dem Frieden von Friedrichsburg 1720 der endgültige Verlust dieses Gebietes mit der Stammresidenz Gottorf für Herzog Karl Friedrich folgte, war geprägt durch politische und persönliche Intrigen zwischen verfeindeten Mitgliedern der administratorischen Regierung, besonders zwischen dem Gottorfer Kammerpräsidenten Georg Heinrich Freiherr von Schlitz, genannt Görtz (1675–1719) und dem Präsidenten des Geheimen Ratskollegiums Magnus von Wedderkop (1637–1721).

Es war eine unstete und schwierige Zeit auf Gottorf, in der sich der schon begonnene Verfall des Neuen Werkes trotz mancher Reparaturmaßnahmen und Instandsetzungskonzepte fortsetzte. Nach dem Tod seines Vaters erhielt Bernhard Kempe 1704 seine reguläre Bestallung als Garteninspektor im Neuen Werk.[431] Im selben Jahr wurde er zur Anlegung einer Baumschule verpflichtet und bekam 246 Obstbäume geliefert. Auch in den folgenden Jahren erhielt er mehrfach Garten- und Pflanzmaterial, z.B. 1704 für die Orangerie 200, 1706 noch einmal 100 neue Gewächskästen und 1707 50 Glasglocken zur Melonenanzucht.[432] Konflikte entstanden, als die Rentekammer 1712 aufgrund seiner Bestallungsurkunde entschied, dass Kempe die Kosten der 300 neu angeforderten Pflanzenkästen selber tragen müsse.[433]

Als sich in den Sommern der Jahre 1704 und 1705 an zwei Exemplaren der Agave americana im Neuwerk drei Blütenansätze bildeten, rückten der herzogliche Garten und die Fähigkeiten seines Gärtners mit Hilfe von Kupferstichen, Gemälden und wissenschaftlichen Abhandlungen zu diesen außergewöhnlichen botanischen Ereignissen noch einmal ins Blickfeld der internationalen Öffentlichkeit.[434] Zum Schutz vor dem rauen Nordklima errichtete man 1705 speziell für diese selten und mit extrem hohen Trieben blühenden Pflanzen an der Südseite der Orangerie ein geeignetes Glashaus.[435]

In den Jahren von 1703 bis etwa 1708 wurden an allen Gartengebäuden Reparaturen vorgenommen. Zu den größeren Arbeiten gehörten die Instandsetzung des Garteninspektorhauses und der Neubau eines dabei befindlichen Backhauses 1705.[436] Der mittlere Pavillon der Orangerie und das Obergeschoss der Amalienburg erhielten 1705 durch Otto Krap einen neuen Außenanstrich, und im Saal des Lusthauses renovierte er die Gemälde von Ovens.[437] Schon ein Jahr zuvor hatte Elias Galli die Malereien in den vier unteren Kabinetten ausgebessert. Die Maßnahme scheint nicht lange vorgehalten zu haben, denn zwei Jahre später wurde erneut ihr ruinöser Zustand konstatiert.[438] Von 1706 bis 1708 erstreckten sich die Reparaturen an der Kaskade und dem Globushaus. Dabei war der Stuckateur Bernhard Sorrot damit beauftragt, die herabgestürzte Decke des Nymphäums und die Stuckdekorationen im Globushaus wiederherzustellen.[439] Das Bassin auf dem Vorplatz der Wassertreppe wurde von Krap neu gefasst.[440] Eine entscheidende Veränderung geschah bei den weiteren Arbeiten zur Instandsetzung des Globushauses mit der Abnahme der Steinbalustraden und deren Ersetzung durch eine von Otto Krap gefasste Eichenholzgalerie.[441] Auch am Plankwerk wurden bis 1711 fast jährlich größere Reparaturen ausgeführt.[442] Der Blaue Teich bekam 1707 eine neue Einfassung aus Feldsteinen, und der auf seiner West- und Südseite verlaufende Weg wurde neu angelegt.[443]

Ab 1707 vollzog sich eine Umstrukturierung des ganzen Gottorfer Gartenwesens. Zunächst wurde der schwedische Baumeister Rudolph Matthias Dallin (um 1670–1734) mit der bildlichen Dokumentation der Residenz in Form eines Planes beauftragt (Abb. 5). Ebenfalls 1707 wurde die Bewirtschaftung des Westergartens eingestellt und das Grundstück dem Grafen Gerhard von Dernath (1668–1740), einem Mitglied des Geheimen Regierungsconseils auf Gottorf, zum Geschenk gemacht.[444] Im gleichen Zuge sollte der Gärtner Peter Wulff das nun fehlende Küchenland durch eine Umgestaltung des Alten Gartens ersetzen, die noch bis 1713 nicht abgeschlossen war.[445]

Während bis 1707 die Gebäude des Neuen Werkes noch instandgehalten worden waren, scheinen die gärtnerisch gestalteten Bereiche des Gartens immer weniger gepflegt worden und in einen verwilderten Zustand geraten zu sein. 1707 war eine schwedische Gärtnerkommission mit der Untersuchung des Gartens beauftragt worden, deren durchweg negatives Urteil in einem Memorial des Fontänenmeisters Christian Albrecht Hamburger überliefert ist.[446] Demnach präsentierte sich das Neue Werk folgendermaßen: Die Bogengänge waren erneuerungsbedürftig, der Globusgarten lag schon seit Jahren wüst, der Antrieb des Globus funktionierte nicht mehr, die vier Parterres auf der ersten Terrasse existierten kaum noch oder waren mit Kohl bepflanzt, die dort und im Globusgarten ehemals vorhanden gewesenen Tulpen und Zwiebelpflanzen fehlten, die Parterres der Anberge waren verwildert und die beiden vor der Amalienburg mit Obstbäumen bepflanzt, während die Obsthaine auf beiden Seiten der Terrassenanlage ausgedünnt waren. Der Irrgarten, der Melonengarten und die Umgebung der Kaskade präsentierten sich völlig verwildert. 1708 befand sich auch das Ringelhaus in schlechtem Zustand[447], und der Staketenzaun um den Orangeriegarten sowie die Statuen waren stark beschädigt.[448]

Um diese Situation zu ändern, schloss der seit 1709 allein die Gottorfer Regierungsgeschäfte leitende Oberhofmarschall Görtz

Abb. 24 Schloss Gottorf und Neuwerkgarten links im Hintergrund von Süden gesehen, Kupferstich von Laurids de Thurah, um 1748, BQ: LASH, Thurah II

Abb. 25 Darstellung des Tiergarten-Plankwerks, Zeichnung von F. W. von Koch, 1770, BQ: SAS, Koch II

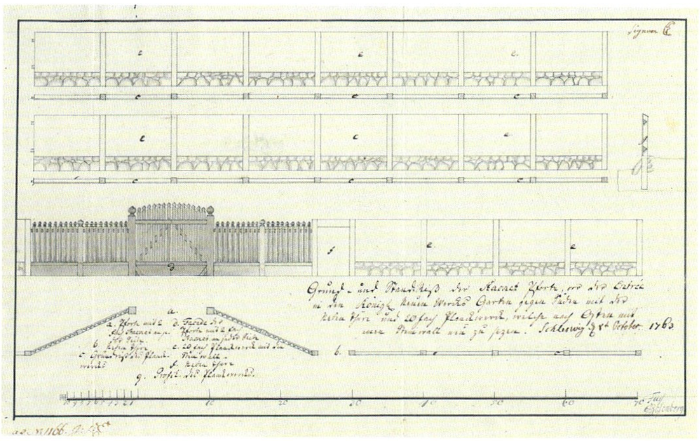

Abb. 26 Grund- und Aufriss des Plankwerks mit Staketenpforte am Haupteingang des Gartens, Zeichnung von Johann Gottfried Rosenberg, 1763, BQ: LASH, Rosenberg I

mit den für den Neuwerkgarten zuständigen Personen, nämlich dem Garteninspektor, dem Fontänenmeister und dem Bauinspektor Christian Albrecht Thomsen neue Arbeitsverträge, die nun auf acht Jahre bis 1717 beschränkt waren.[449] Am 6. Februar wurde außerdem der Baumeister Hinrich Schwartz eingestellt mit der Aufgabe, als Instrument zur Kontrolle des Bauinspektors das umfassende, noch erhaltene Inventar der Residenz Gottorf anzufertigen.[450]

Da diese Maßnahmen für den gärtnerischen Bereich offenbar noch nicht ausreichend griffen und sogar in Erwägung kam, den Garten vollständig aufzugeben[451], wurde der langjährige Husumer Schlossgärtner Christian Klingmann im April 1711 als Oberaufseher über die Gottorfer Gärten eingesetzt.[452] Nach seinem Tod im Oktober desselben Jahres übernahm der zu dieser Zeit am Garten des Schlesiger Palais Dernath arbeitende spätere Eutiner Hofbaumeister und Gartenkünstler Johann Christian Lewon (um 1690–1760) seine Aufgabe, aber auch nur für das Jahr 1712.[453] Während von Lewons Wirken auf Gottorf keinerlei Nachrichten überliefert sind, entwickelte Klingmann ein auf vier Jahre angelegtes Projekt zur Instandsetzung des Neuwerkgartens, von dem offenbar nur eine Maßnahme umgesetzt wurde, nämlich die Rodung des Bogenganges um den Herkulesteich 1711. Stattdessen pflanzte man 1712 eine Hecke aus Hagebuchen (Carpinus betulus L.), machte den begrenzenden „Steinwall" des Teiches einige Fuß niedriger, planierte den umlaufenden Weg und rodete eine mit alten Apfelbäumen bestandene Fläche westlich des Wasserspiegels.[454] Nach Klingmanns Tod orientierte sich Thomsen weiterhin an dessen Projekt und Bernhard Kempe wurde aufgefordert, eine Kalkulation für die notwendigen Verbesserungsarbeiten im Neuen Werk einzureichen.[455] Bis zum Einmarsch der Dänen konnte nur ein Minimum ausgeführt werden, z.B. wurden die Bereiche beidseitig der Kaskade mit Hagebuchen neu angelegt, was wohl im Plan von 1713 dargestellt ist (Abb. 16).[456]

1712 beschwerte sich der Kontrolleur Schwartz massiv über Thomsen, mit dem 1711 ein Kontrakt geschlossen worden war u.a. zur Anlegung einer neuen Fontäne aus den Materialien der alten im Globusgarten.[457] Ob wirklich ein neues Bassin angelegt wurde, ist fraglich.[458] Fest steht aber, dass er mit der Demontage der vier Statuen und acht Bassins bis auf eine Statue nicht nur diese, sondern auch die Parterres vernichtete, und durch die Aufnahme der Wasserleitungen die Drainage ruinierte. Übrig blieben nur die Hecken, die „alte eingegangene Grotte" und die vergoldeten Brustbilder.[459]

Daneben war das Schicksal des im Neuen Werk aufgestellten Gottorfer Globus nicht besser: Noch in den Jahren 1709 und 1711 hatte der offenbar sehr daran interessierte Gottorfer Landbaumeister Nicolaus Wilhelm Fischer Anschläge zur Reparatur der Globusmaschine eingereicht, die aber beide abgelehnt wurden.[460] Am 6. Februar 1713, kurz vor Beginn der dänischen Sequestration des Gottorfer Staates am 16. Februar, trafen sich der russische Zar Peter der Große und der dänische König auf Gottorf und besichtigten die Stadt Schleswig, die Residenz und auch das Neue Werk.

„Ihro Czaarische Maÿtt: funden den großen Globum sehr nach gout und waren nicht nur beÿde Majestäten hinein gestiegen, sondern der Czaar hat sich oben auff dem Globo wohl eine kleine Stunde, ümb sein Land zu suchen, auffgehalten."[461]

Noch im selben Jahr begann die Überführung des Globus nach St. Petersburg. In einem auf den 10. Juli datierten Reskript bekam Kempe den Befehl, dem russischen Leutnant Trawin den Globus, den der Gottorfer Herzog Christian August „Ihr groß Zaarische Maÿtt verehret", auszuhändigen und beim Abtransport behilflich zu sein.[462]

Schon vorher, am 16. Juni, mussten die herrschaftlichen Damen und Kinder Schloss Gottorf verlassen, womit die herzogliche Periode der Residenz endgültig beendet war.[463] Resümierend muss gesagt werden, dass trotz aller Maßnahmen und Bemühungen der unter Friedrich IV. schon begonnene Verfall des kaum vollendeten Neuen Werkes nicht mehr aufzuhalten war. Auch die dänische Zeit sollte daran trotz einiger kleiner Lichtblicke letztlich nichts ändern.

Abb. 27 Der wiederhergestellte Herkulesteich mit der Herkuleswasserkunst, dahinter Globusgarten, neues Globushaus und Terrassen, Zustand 2021

4. Rekonstruktion anhand der historischen Quellen

Mit diesem Versuch einer Rekonstruktion des Neuen Werkes ist beabsichtigt, den vollendeten Zustand des Gartens um 1700, der jedoch in keiner Quelle überliefert ist, zu zeigen. Am nächsten kommt dem das Inventar der Residenz Gottorf von Hinrich Schwartz aus dem Jahr 1709, weshalb dieses Kapitel der Arbeit besonders daran orientiert ist.[464] Da jedoch auch einige frühere, um 1700 wieder verschwundene Stadien im Neuwerkgarten interessant sind wie z.B. die Vogelhäuser und die beiden abschlagbaren Pomeranzenhäuser, werden auch diese Zustände berücksichtigt.

4.1. Einfassung und Zugänge

Mit der Einhegung sowohl des Garten- als auch des nördlich davon liegenden Tiergartengeländes begannen die eigentlichen Arbeiten am Neuen Werk 1637 und zogen sich bis 1638 hin (Abb. 12).[465] Die Umfriedung bestand aus Plankwerk[466], das z.T. auf einem durch Grabenaushub aufgeschütteten Wall stand.[467] Aus der Zeit bis 1659 sind keine Informationen über Aussehen und Beschaffenheit des Plankwerks überliefert, sie lassen sich erst aus späteren Quellen erschließen: Die Begrenzung bestand aus einer undurchsichtigen, festen Wand aus senkrecht nebeneinander, an sogenannten „Loshölzern" und in die Erde gerammten Eichenholzpfählen angebrachten Bohlen aus Kiefern- oder Eichenholz (Abb. 24–26).[468] Das Plankwerk war in Fache eingeteilt, womit der Abstand zwischen zwei Pfählen gemeint ist. Ein Fach hatte 1690 ein quadratisches Maß von 2,30 m Breite und Höhe.[469]

Über Pforten des Neuen Werkes gibt es keinerlei schriftliche Nachrichten bis 1659, sondern nur Anhaltspunkte aus Mejers Plänen: auf dem Kopenhagener Plan ist ein großes, steinernes Tor[470] an der Nordseite des Gartens als Durchgang zum Tiergarten (Abb. 12) und auf dem Kupferstich von 1649 im Süden und Norden eine Art Torhaus (Abb. 13) gezeigt. Dallin (Abb. 14) stellt 1707 ein Tor dar, das gleichzeitig als Talbrücke für den von Westen nach Osten gehenden Querweg diente. Lediglich die Existenz dieser Brücke ist nachweisbar, aber nicht wie sie aussah und wie lange sie dort stand.[471]

1653 wurde „ein gemahltes Perspective" „hintern neven wercke" befestigt. Unter Perspektiv hat man sich eine Illusionsmalerei vorzustellen, wie sie im 17. Jahrhundert auf Gottorf am Plankwerk, d.h. an den Gartengrenzen, angebracht wurde, um diese Grenze zu überspielen und einen scheinbaren Ausblick zu schaffen, in diesem Fall wohl am Nordplankwerk in der Achse

Abb. 28 Herkulesteich, Globusgarten und Globushaus, Ausschnitt aus dem Plan von Rudolph Matthias Dallin, 1707, BQ: KBK, Dallin I

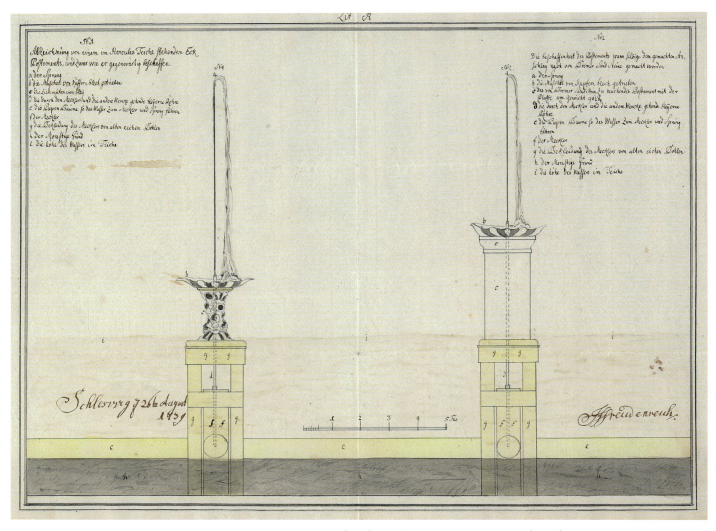

Abb. 29 Eckfontäne im Herkulesteich im Zustand des 17. Jahrhunderts (links), und Vorschlag zur Veränderung (rechts), lavierte Federzeichnung von Johann Friedrich Freudenreich, 1739, BQ: LASH, Freudenreich III

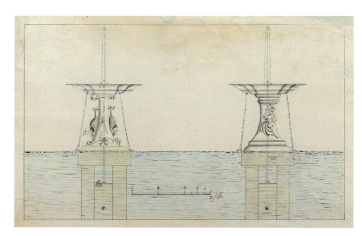

Abb. 30 Eckfontänen im Herkulesteich, BQ: LASH, Herkulesteich

des damals schon im Bau befindlichen Globushauses. Als Beispiel sei hier nur die Bemalung des Tores zum Alten Garten im Herrenstall genannt.[472]

Anhand des Inventares von 1709 folgt nun eine kurze Beschreibung der Plankenumfriedung des vollendeten Gartens und der in ihr befindlichen Eingänge[473]: An der Südseite des Gartens bestand der Haupteingang zum Garten aus einer in das Plankwerk eingelassenen zweiflügeligen, rot angestrichenen „großen Einfahrts Pforte" (Abb. 14), die an Eisenständern befestigt und innen zusätzlich durch einen Schlagbaum gesichert war. Außen und innen vor dem Eingang war der Boden mit Feldsteinen gepflastert. Östlich daneben gab es noch eine kleine Tür. Eine ebensolche Tür führte ganz am westlichen Ende des südlichen Plankwerks zur Burgwiese, von wo aus man weiter westlich in den Tiergarten gelangen konnte.[474] Parallel zum südlichen Bogengang am Herkulesteich war 1709 ein rechteckiges Stück Land am Südplankwerk ebenfalls mit einer Bohlenwand eingezäunt. An den Schmalseiten befanden sich abschließbare Türen, und in der südöstlichen Ecke war ein Bretterschuppen an das Südplankwerk gebaut. Wann die Abtrennung der 27,6 m langen und 6,9 m breiten Fläche erfolgte, ist ebenso wenig überliefert wie ihr Aussehen auf einer Bildquelle.[475] Sie diente möglicherweise als Baumschule.[476]

An der Westseite des Gartens endete der eben genannte Bogengang an einer Tür, durch die man den außerhalb des eigentlichen Gartengeländes und ebenfalls von Plankwerk umschlossenen Melonengarten betreten konnte (Abb. 14).[477] Nach Norden ging die Bohlenwand weiter hoch bis zum Orangerie-Areal, auf halber Höhe an einer platzartigen, ebenen Fläche aber unterbrochen von einem zehn Fach langen Staketenzaun mit Pforte als Durchgang zur Achtkant im Tiergarten. Dieses durchsichtige „Staccet" war weiß angestrichen und bestand aus einzelnen, oben in blau angemalten „Köpfen" endenden Holzstäben. Die Farbfassung ließ diesen Gartenraum sehr repräsentativ erscheinen.[478]

Auf der anderen Seite des Gartens, im Ostplankwerk, waren lediglich zwei Pforten zum Garteninspektorhaus vorhanden, zwischen denen vier Fache Plankenzaun standen. Die südliche, kleinere bildete einen Bogen mit einem Knopf oben, die nördliche war eine zweiflügelige Fahrpforte. Über ihre Farbgebung ist nichts bekannt.[479]

Das Plankwerk an der Nordseite des Gartens bestand aus zwei verschiedenen Bereichen: Der östliche Teil verlief wie an den anderen Gartenseiten in gerader Linie von der Nordostecke bis zum Ringelhaus. Dort, wo die Königsallee das Plankwerk kreuzte, befand sich ein zweiflügeliges „hohes thor" mit einer dachartigen „verdeckung von Holtz", das auch „Waßerpforte" genannt wurde.[480] Möglicherweise ist es 1709 noch dasselbe Tor, das Mejer in seinem Plan an dieser Stelle schon andeutete (Abb. 12). Der westliche Teil des Plankwerks umschloss das oberste Plateau der Terrassenanlage. Da dieser Bereich sich in Form und Gestaltung wesentlich von der übrigen Einfassung des Gartens unterschied, wird er separat in Kapitel III 4.26. behandelt.

Abb. 31 Neu aufgestellte Herkules-Skulptur im Neuen Werk

4.2. Der Herkulesteich

Mitte der 1990er Jahre wurde der große, querrechteckige Spiegelteich im Südwesten des Neuen Werkes bis auf die Westseite in seinem ursprünglichen Umfang wieder hergestellt (Abb. 27). Lediglich durch Mejers Darstellungen könnte man eine Entstehung schon in den 1640er Jahren vermuten, die aber keinerlei Bestätigung durch schriftliche Belege findet. Deshalb müssen die Karten von Mejer in diesem Punkt als Projektionen angesehen werden.[481] Die Existenz des nach der Skulptur in seiner Mitte benannten Herkulesteiches[482] ist dagegen definitiv für das Jahr 1652 durch Danckwerth belegt.[483] In diesem Jahr wurden auch die Handwerker bezahlt für die entscheidenden Arbeiten an dem Wasserbecken, nämlich die Fundamentierung aus Feldsteinen und die Randbefestigung aus „Schlengwerck".[484] Aber erst 1656 konnten die im Teich befindlichen Wasserkünste vollendet werden.[485]

Johann Christian Jürgensen überlieferte 1822 die Größe des Herkulesteiches mit 500 x 280 Fuß.[486] Baumeister Müller hatte dagegen 1740 die Abmessungen mit 370 x 228 Fuß (106,4 x 65,6 m) angegeben, was auch der heutigen Ausdehnung ungefähr entspricht.[487] 1691 bekam das Gewässer eine Einfassung aus Feldsteinen, die man wiederum 1709 durch größere ersetzte und dabei die Umrandung um zwei bis drei Fuß erhöhte, oben mit Erde auffüllte und mit Grassoden belegte.[488] 1712 wurde die ursprüngliche Höhe der Umrandung wieder hergestellt, aber die „großen platten Feldsteine", d.h. behauenen Feldsteine beibehalten.[489]

Viele Quellen befanden sich im Grund des Teiches[490], den außerdem an der West- und Ostseite gelegene Siele mit Wasser versorgten. Die Höhe des Wasserstandes wurde durch ein Siel und einen Mönch in der Südseite reguliert.[491] Aus dem als Reservoir dienenden Blauen Teich floss das Wasser durch insgesamt 730 Fuß (210 m) hölzerne Rohrleitungen (Piepenbäume) zu den Wasserkünsten im Herkulesteich.[492]

Neben Herkules als Hauptattraktion bestanden die Wasserkünste in dem großen Teich aus vier kleineren, springenden Fontänen, die in den Ecken positioniert waren (Abb. 14–16 und 28). Eine genaue Vorstellung von deren Aussehen gewinnen wir aus einer 1739 anlässlich einer geplanten Veränderung von dem Fontänenmeister Freudenreich angefertigten Zeichnung, auf der er links den aus dem 17. Jahrhundert überkommenen Zustand festhielt (Abb. 29).⁴⁹³ Dagegen ist die Datierung und Autorschaft einer zweiten Zeichnung mit Springschalen nach wie vor unklar (Abb. 30).⁴⁹⁴ Dass es sich dabei aber um Eckfontänen des Herkulesteiches handelt, wird durch die Ähnlichkeit mit Freudenreichs Dokumentation deutlich. Folgendermaßen lassen sich die Fontänen rekonstruieren (Abb. 29): Auf einem unter dem Wasserspiegel im Grund des Teiches eingerammten Unterbau aus Eichenholz erhob sich ein runder Schaft mit als „Muscheln und Schnecken ausgearbeiteten Verzierungen". Obendrauf war ein Muschelbecken mit einem Durchmesser von 2 Fuß 9 Zoll (79 cm) montiert. Die Höhe der sichtbaren Teile betrug insgesamt 3 Fuß 2 Zoll (91 cm).⁴⁹⁵ Die senkrecht stehenden Wasserrohre aus Blei in den Eckfontänen hatten eine Länge von 6 Fuß (1,72 m).⁴⁹⁶ Während Hans Christoph Hamburger 1656 die Muschelbecken aus Kupferblech getrieben hatte, waren die verzierten Füße aus Blei gegossen.⁴⁹⁷ Schon für 1709 ist ein Anstrich mit weiß-grauer Ölfarbe nachweisbar, der später erneuert wurde.⁴⁹⁸

Um den Herkulesteich führten mit Ausnahme der Nordseite Bogengänge, die „hin und wieder mit Öffnungen nach der Wasserseite" den Blick auf die Wasserfläche mit ihren Fontänen und der Herkulesskulptur und auf den dahinter liegenden Garten und das Globushaus freigaben (Abb. 28). Während der südliche Bogengang aus Fruchtbäumen bestand, waren die Berceaux an der West- und Ostseite des Teiches aus Ipern (Ulmen) geformt.⁴⁹⁹ 1707 befanden sich diese wohl 1664 gepflanzten „bewachsenen Arcaden" in so ruinösem Zustand, dass sie 1711 gerodet und im Jahr darauf durch eine Hagebuchen-Hecke ersetzt wurden. Der Weg um den Teich wurde planiert.⁵⁰⁰

Zur Säuberung des Wasserbeckens wurde 1690 ein Boot aus Eichenholz angefertigt und ein ebenfalls hölzernes Schwan- und Entenhaus 1697 im Teich errichtet.⁵⁰¹

4.3. Die Skulptur des Herkules

1997 konnte die etwa 150 Jahre lang verschwundene Gruppe des mit einem Drachen kämpfenden Herkules in der Mitte des großen Spiegelteiches in rekonstruierter Form, „als Abguss ihrer aus dem Teich geborgenen Trümmer"⁵⁰² wieder aufgestellt werden (Abb. 31). Durch die vorangegangenen Grabungen kamen nicht nur viele Teile der Skulptur wieder ans Tageslicht, sondern es konnten auch wertvolle Erkenntnisse in Bezug auf die Beschaffenheit und Aufstellung der Figur gewonnen werden, die Schulze in mehreren Aufsätzen publizierte.⁵⁰³

Weder über das Entstehungsjahr noch über den Bildhauer geben die Quellen Auskunft. Die Problematik der Datierung ist dieselbe wie bei dem Teich, in dem die Herkulesgruppe aufgestellt wurde.⁵⁰⁴ Der erste Beleg für ihre Existenz ist ebenfalls Danckwerths Dokumentation in der Landesbeschreibung von 1652,

Abb. 32 Signatur auf einem Segment der Sockelplatte des Herkules, SSHL ohne Inventarnummer, Foto Mai 1994

die Herkules zwar nicht namentlich, aber als funktionierende Wasserkunst nennt.⁵⁰⁵ Wie der Teich, so wurde vermutlich auch die Statue kurz zuvor erstellt und nicht schon, wie bisher angenommen, um 1640.⁵⁰⁶ Auf einem der aufgefundenen Teile der Sockelplatte befindet sich die eingemeißelte Signatur „G.W." (Abb. 32). Es ist noch nicht gelungen, sie einem Künstler zuzuordnen.⁵⁰⁷ Stattdessen wurde die Skulptur meistens Cornelius van Mander (gest. nach 1657), der in der oben eingegrenzten Entstehungszeit als einziger Bildhauer und zugleich Hofbildhauer auf Gottorf belegt ist, zugeschrieben.⁵⁰⁸

Die vorhandenen Bildquellen geben aufgrund ihrer winzigen Darstellungen nur eine vage Vorstellung⁵⁰⁹ der Figurengruppe, die anhand der schriftlichen Belege und Grabungsbefunde folgendermaßen beschrieben werden kann (Abb. 28 u. 31): Das aus dem Wasser nur wenig herausragende, quadratische Postament war aus gelben Ziegeln mit einer Seitenlänge von 12 Fuß (3,45 m) aufgemauert und von einer profilierten, rot gefassten Sandsteinplatte bedeckt.⁵¹⁰ Die kolossale Skulptur aus grauem Sandstein hatte eine Höhe von etwa fünf bis sechs Metern.⁵¹¹ Zumindest der Rumpf der Herkulesfigur war aus mehreren Trommelstücken spießartig auf im Sockel verankerten Eisenstangen zusammengesetzt.⁵¹² Die Figur präsentiert sich aufrecht stehend. Als Kopfbedeckung trägt Herkules das Haupt des für ihn charakteristischen Löwenfells, das sich über den Rücken seines sonst nackten Körpers bis zu einer Art Lendentuch fortsetzt und von einem quer über die Brust laufenden Band gehalten wird. Er schwingt mit beiden Händen eine ursprünglich aus Holz gearbeitete Keule⁵¹³ über seiner rechten Schulter. Sein rechtes Bein ist das Standbein, das linke hat er in Schrittstellung nach vorne auf dem vor ihm bäuchlings liegenden Drachenkörper postiert. Heute ist die Figur stabilisiert mit einer als Baumstumpf gestalteten Sockelverbindung hinter dem linken Bein.⁵¹⁴ Das Ungeheuer hat kurze Beine mit Krallen und Flügel auf dem Rücken. Einer der Schwänze windet sich um das rechte Bein des Helden. Am Hals entspringen neun⁵¹⁵ nach oben gereckte Köpfe mit geöffneten Mäulern, aus denen Wasser spritzt. Das Wasser wurde ursprünglich durch eine 15 Fuß (4,3 m) hohe Hauptröhre aus Blei verteilt

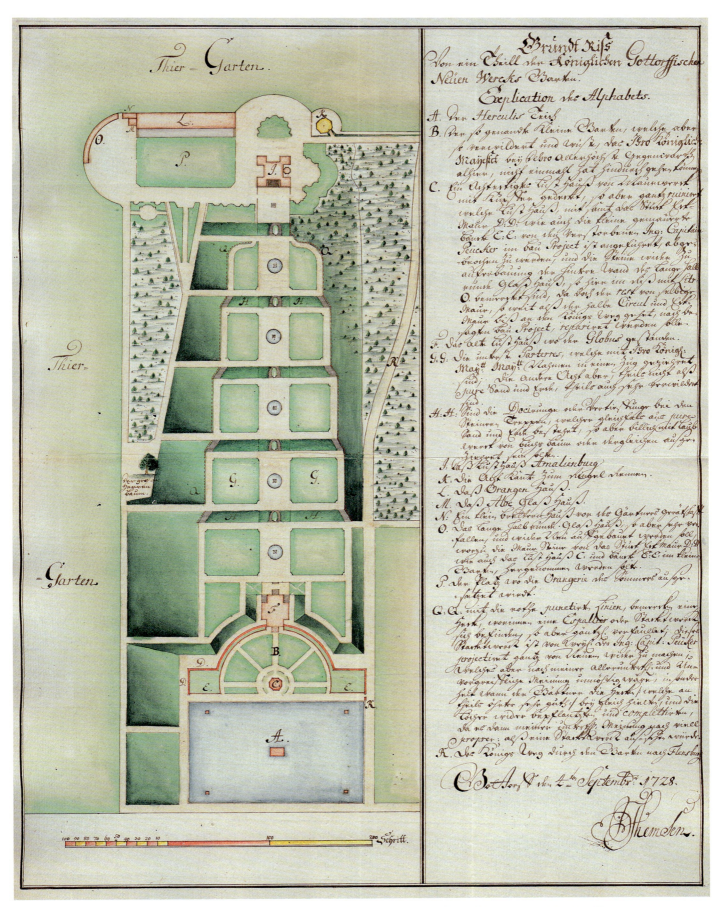

Abb. 33 Grundriss des westlichen Teiles des Neuwerkgartens, lavierte Federzeichnung von Jörgen Themsen, 1728, BQ: LASH, Themsen I

auf neun kleinere von 5 Fuß (1,4 m) Länge, die durch die Drachenköpfe gingen und worauf neun Aufsätze mit blechernen gespaltenen Zungen geschraubt waren.[516] Spuren belegen eine frühzeitige Farbfassung: Die Rachen des Ungeheuers und das Postament waren rot, die Skulpturengruppe ansonsten mit weißer Ölfarbe angestrichen.[517] Herkules schaute nach Norden, so dass die Hauptansicht der auf Fernwirkung und Untersicht gearbeiteten monumentalen Statuengruppe dem Globusgarten zugewendet war (Abb. 28).[518]

4.4. Der Globusgarten

An der Nordseite des Herkulesteiches lag ein halbkreisförmiger, ummauerter Gartenteil (Abb. 28). Im Zentrum dieses reich mit Bildwerken ausgestatteten Blumengartens stand ein kleines Lusthaus. In gleicher Achse, am Scheitelpunkt der gebogenen Mauer, die als Abgrenzung zur nächst höher gelegenen Geländestufe im Norden diente, lag das Globushaus. Heute ist dieser Garten in seiner Grundstruktur z.T. wieder sichtbar gemacht (Abb. 27).

Bis ins 18. Jahrhundert wurde dieser Teil des Neuen Werkes meistens als „kleiner Garten", aber auch als „kleiner Blumen garten" oder „der kleine Lust-Garten" bezeichnet.[519] Der heutzutage übliche Name „Globusgarten" kam dagegen erst ab den 1750er Jahren allmählich in Gebrauch.[520]

Obwohl es über den Zeitpunkt der ersten Gestaltung des Globusgartens und ihr Aussehen keine konkret zuzuordnenden Quellen gibt, muss sie mit ihrem schon auf den Mejerschen Karten dargestellten halbrunden Grundriss in die allerersten Jahre des Neuen Werkes datiert werden (Abb. 3 u. 12). Dafür spricht vor allem auch, dass das 1639 bis 1644 errichtete erste Lusthaus mit Sicherheit nicht von einer Wildnis, sondern von einem vermutlich schon radial angelegten Gartenambiente umgeben gewesen sein wird. Nach etwa zehn Jahren wurde das Gelände ab 1649 im Zusammenhang mit dem Bau des Globushauses und des dazugehörigen Architekturensembles überarbeitet, verfeinert und bis 1656 vollendet. Dazu gehörte die Errichtung der wohl symmetrisch in den seitlichen Eckstücken angeordneten Bauten des Pomeranzen- und Vogelhauses, vermutlich auch der Bau der den Garten umschließenden Ziegelmauer[521], eine Vervollständigung der Brunnenanlagen und der skulpturalen Ausstattung und damit verbundene Arbeiten an den Wasserkünsten und vom Gärtner Vak ausgeführte Erdarbeiten.[522] Eine bildliche Darstellung des Globusgartens aus dieser Zeit ist nicht überliefert. Bis 1700 erfuhr dieser Teil des Neuen Werkes mit dem Abriss des Vogel- und des Pomeranzenhauses 1665[523] und 1690 bis 1693 mit der Erhöhung, Trockenlegung und Neuanlage des Geländes[524] schon einschneidende Veränderungen. Der Zustand des Globusgartens am Ende der herzoglichen Zeit, so wie er in den schriftlichen Quellen dokumentiert ist, entspricht nicht der Darstellung bei Dallin 1707 (Abb. 28). Während Rudolf Matthias Dallin einen geordneten und gepflegten, in der Einteilung der Beete wahrscheinlich sogar authentischen Zustand präsentiert, lag der Globusgarten in Wirklichkeit schon seit Jahren verwildert da.[525] Die Zerstörung der Parterres und des darin vorhandenen plastischen Schmuckes erfolgte kurz danach durch die Arbeitsmaßnahmen des Bauinspektors Thomsen im Jahr 1711.[526]

Neben den Informationen, die Dallins Darstellung vermittelt, werden unsere Kenntnisse über die Anlage des Globusgartens im 17. Jahrhundert durch die schriftlichen Quellen vervollständigt und diese wiederum durch Bild- und Schriftdokumente aus dem 18. Jahrhundert bestätigend ergänzt (Abb. 33–35).[527] Insgesamt ergibt sich – orientiert am Inventar von 1709[528] – folgendes Bild dieses Gartenbereichs am Ende der herzoglichen Zeit:

Der Garten war fest umschlossen von einer an den Seiten im Westen und Osten winkelig auslaufenden, in der Mitte aber nach Norden im Halbkreis ausschwingenden Mauer. Es handelte sich um eine heute nicht mehr erhaltene Blendmauer aus Backstein, anderthalb Stein dick und 10 Fuß (2,87 m) hoch, die oben teils mit Dachpfannen teils mit Schiefer abgedeckt war.[529] In den gebogenen Bereich waren insgesamt 18 „licht löcher" mit Sandsteinzargen eingearbeitet, die in Lönborgs Darstellung gut zu erkennen sind (Abb. 34).[530] Dahinter erhoben sich – parallel zur Ringmauer – die gerundeten Anberge zur ersten Terrasse, befestigt durch eine aus Feldsteinen aufgesetzte Stützmauer[531], die mit einem Abstand von etwa anderthalb Metern[532] hinter der Vordermauer verlief. Dazwischen befand sich unten eine mit Feldsteinen gepflasterte Wasserrinne. Darüber führte wie eine Brücke ein hölzerner Gang, von dem aus man den Globusgarten überschauen konnte. Die Bretter dieser Brücke waren auf Balken gelegt, die mit dem einen Ende auf der Blendmauer, auf der Böschungsseite aber auf Ständern bzw. auf der Erde ruhten. Über der Vordermauer war der Gang, auf den man mittels einer an der Ostseite befindlichen Holztreppe gelangen konnte, mit einem blau-weiß gestrichenen Geländer zum Globusgarten hin gesichert.

Nur ihre Lage im Bereich der Winkelmauern im Westen und Osten, direkt am Herkulesteich (Abb. 28 u. 35), aber keine Ansichten der Eingänge sind überliefert. Es waren repräsentativ gestaltete Sandsteinportale aus Quadersteinen auf einem Pfahl-Fundament. Der architektonische Rahmen bestand über einer inneren Bogenwölbung aus „Architrav, Fries und Haupt Gesiems"[533] zusammen mit einem Satyrkopf und den „Hochfürst. Nahmen"[534] in Form der Buchstaben „FE"[535]. Innen waren grau angestrichene, zweiflügelige Holztüren „von durchbrochner Arbeit"[536] eingehängt. Die Pforten waren mit 10 Fuß (2,87 m) genauso hoch wie die Blendmauer und hatten eine Breite von 8 Fuß (2,3 m). Eine Bedachung aus Holzschindeln schützte die Portale vor Witterungsschäden.[537]

Ein direkt am Herkulesteich entlangführender Weg verband den Standort des kleinen Lusthauses in der Mitte mit den beiden Eingängen. Auch zum Wasserspiegel hin gab es eine Abgrenzung

Abb. 34 Der westliche Teil des Neuen Werkes, Detail einer Vogelperspektive von Hans Christopher Lönborg, 1732, BQ: LASH, Lönborg II

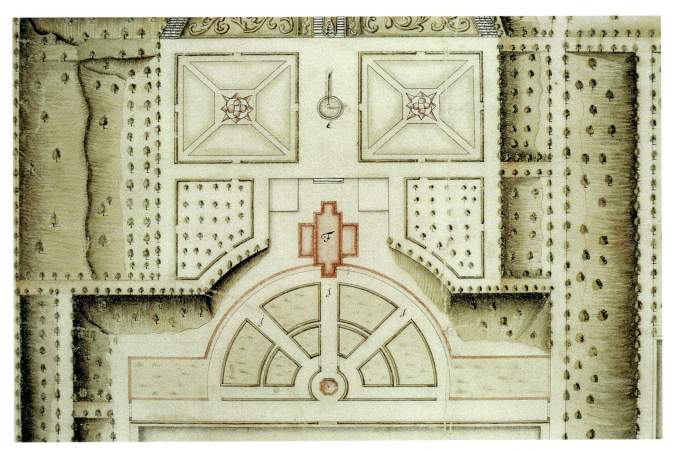

Abb. 35 Globusgarten und erste Terrasse, Ausschnitt aus dem Plan von Otto Johann Müller, nach 1734, BQ: RAK, Müller I

4. REKONSTRUKTION ANHAND DER HISTORISCHEN QUELLEN

Abb. 36 Holzroste zur Fundamentierung der Wegtrassen im Globusgarten, Befund bei der Ausgrabung 1997

Abb. 37 Reste der östlichen Winkelmauer im Globusgarten, Befund bei der Ausgrabung 1997

des Gartens in Form einer platt geschnittenen Hagebuchen-Hecke, worin 20 rote kleine Ständer für Blumentöpfe angebracht waren. In der Achse vom Herkules zum kleinen Lusthaus und weiter zum Globushaus befand sich wahrscheinlich ein Durchblick. Bei den Eingängen standen statt der Hecke je zwei Fache blau-weiß-rot angestrichener Staketenzaun. Keine Bildquelle gibt diesen im Inventar von 1709 beschriebenen Zustand wieder. Der Plan von Müller kommt dem noch am nächsten (Abb. 35). Anders verhält es sich bei der Binnenstruktur des Gartens. Hier scheint Dallins Zeichnung (Abb. 28) die genaueste Darstellung zu sein. Im runden Bereich bildeten vier tortenstückartige, von Buchsbaum eingefasste Kompartimente eine um das kleine Lusthaus spiegelsymmetrisch und radial angeordnete Einheit. Rundherum und zwischen den Stücken befanden sich Wege. Im Innern dieser großen Abteilungen gab es je zwei Fontänenbecken und eine Skulptur, umgeben von kleineren, verschieden geformten Blumenbeeten. Dallin (Abb. 28) und Müller (Abb. 35) zeigen zudem noch eine runde Heckenpflanzung um das Lusthäuschen, die sich in geraden Stücken parallel zum Weg am Teich fortsetzt.

Ihre Existenz bleibt fraglich, da sie nicht durch weitere schriftliche Quellen bestätigt werden kann. Vor der hohen Blendmauer befand sich noch eine niedrige „Rabatte Mauer" oder gemauerte Bank[538], die sich als Einfassung der seitlich in den Winkelmauern gelegenen, geometrisch eingeteilten Stücke fortsetzte. Die auf einem Feldsteinfundament errichtete Mauer war insgesamt etwa 150 m lang, 2½ Fuß (0,71 m) hoch und 1½ Fuß (0,43 m) breit und oben mit Hausteinplatten aus Gotländischem Sandstein bedeckt.[539] Bei Dallin ist sie nicht dokumentiert, dafür aber auf den Plänen des 18. Jahrhunderts und bei Themsen am deutlichsten (vgl. Abb. 28, 33 u. 35). Die 1997 vom Landesamt für Denkmalpflege Schleswig-Holstein durchgeführte Grabung im Globusgarten bestätigt die durch die Quellen gewonnenen Informationen. So wurden u.a. hölzerne Piepenbäume zur Entwässerung des Gartens, Holzroste zur Fundamentierung der Wegtrassen (Abb. 36) und Reste der östlichen Winkelmauer (Abb. 37) gefunden.

4.5. Die Pflanzen im Globusgarten

Bildquellen, aus denen man Kenntnisse über die Bepflanzung des Globusgartens gewinnen könnte, sind ebenso wenig überliefert wie Pflanzpläne für diesen Bereich. Lediglich zwei Inventare von Gewächsen im Neuen Werk geben Auskunft. Am 11. August 1655 führte Otto Jageteuffel anlässlich des Dienstantrittes von Michael Gabriel Tatter eine Auflistung der Pflanzen durch, die sich im Pomeranzenhaus und im Lustgarten des Neuen Werkes befanden.[540] Es ist die einzige Quelle, mit der die historische Bepflanzung der vier Beete des halbkreisförmigen Gartens im 17. Jahrhundert nachvollzogen werden kann, wenn auch mit Einschränkungen.[541] Das zweite Inventar entstand am 14. Juni 1681 auf Befehl Herzog Christian Albrechts, der die Pflanzen seines vorerst fertiggestellten Neuwerkgartens dokumentiert sehen wollte.[542] Hierin sind aber nur die nicht winterharten „frembden"

Pflanzen, die im Sommer in Kübeln draußen standen, verzeichnet, so dass über die eigentliche Ausstattung der Beetflächen nur Informationen von 1655 vorliegen, die höchstwahrscheinlich nicht für die gesamte herzogliche Zeit uneingeschränkt gelten, denn Kempe legte 1692 die Parterres im Globusgarten neu an, womit auch eine zumindest teilweise pflanzliche Umgestaltung verbunden gewesen sein wird.[543]

Sehr befremdend erscheint bei der Analyse der Inventare zunächst das Fehlen von Zwiebelgewächsen mit Ausnahme weniger Exemplare, z.B. der Türkenbundlilie (1655, Nr. 101). Das Verzeichnis von 1655 wurde im August erstellt, so dass die im Boden befindlichen Zwiebeln zwar vorhanden, aber nicht sichtbar waren und deshalb auch nicht erfasst wurden. Für 1681 gilt für die Zwiebelgewächse offenbar das gleiche wie für viele Sommerblumen: Sie zählten schon zu den einheimischen oder lange eingebürgerten Pflanzen und fanden daher keine Erwähnung. Dass aber die im 17. Jahrhundert für Parterres übliche Frühlingsausstattung mit „toulpen und Zwiebeln" auch im Globusgarten vorhanden gewesen ist, beweist der Untersuchungsbericht der schwedischen Gärtnerkommission von 1707, in dem die erneute Anschaffung dieser vorher dort vorhanden gewesenen Pflanzen gefordert wurde.[544] Auch der Gottorfer Codex, ein vierbändiges, repräsentatives botanisches Prachtwerk ersten Ranges für die Zeit nach dem 30jährigen Krieg in Deutschland, dessen Pflanzendarstellungen Herzog Friedrich III. zwischen 1649 und 1659 von dem Hamburger Blumenmaler Hans Simon Holtzbecker in Gouache-Technik auf Pergament im Imperialformat ausführen ließ, zeigt im ersten Band die Fülle der in den Gottorfer Gärten kultivierten Arten und Sorten aus den Gattungen Krokus, Tulpe, Narzisse, Hyazinthe u.a.[545] Obwohl der Fundus des im Codex dokumentierten Gottorfer Pflanzenbestandes weit über die erhaltenen Inventare von 1655 und 1681 hinausgeht, aber nicht differenziert, in welchem Garten die Gewächse standen, vermitteln uns nur die Inventare eine detailliertere Kenntnis, welche Pflanzen definitiv im Neuen Werk vorhanden waren.

1655 gab es neben den im Pomeranzenhaus befindlichen Pflanzen vier mit Blumen bestückte Beete, außerdem standen Gewächse an der halbrunden Blendmauer des Globusgartens und am kleinen Lusthaus. Zu dieser Zeit waren die bei Dallin als Beete gezeigten Flächen in den Winkelmauern (Abb. 28) noch nicht in dieser Funktion, sondern von den hier höchstwahrscheinlich gelegenen Pendantbauten des Pomeranzen- und Vogelhauses dominiert. Während bei den Pflanzen im Pomeranzenhaus und an der Ringmauer die Anzahl der Exemplare genannt wird, fehlen die Stückzahlen bei den Freilandbeeten, vermutlich – so Helga de Cuveland – weil sie als meist einheimische Pflanzen nicht so kostbar waren und selbst vermehrt werden konnten.[546]

Die vier im Halbkreis liegenden Beete waren mit Buchsbaum eingefasst.[547] Da der Haupteingang des Globusgartens im Osten lag, ist zu vermuten, dass Otto Jageteuffel die Beete 1655 von dieser Seite herkommend abschritt und ebenso nummerierte.[548] Für das erste Stück sind 26 (Nr. 64–90), für das zweite 13 (Nr. 91–103), für das dritte neun (Nr. 104–112) und im letzten Teil elf (Nr. 113–123) verschiedene Pflanzen verzeichnet. Der genaue Standort jeder einzelnen Pflanze im Beet ist nicht mehr bestimmbar, weder anhand des Inventares noch am Dallin-Plan, der eine innere Einteilung der vier Tortenstück-Kompartimente zeigt, von der nicht klar ist, ob sie schon zu Michael Gabriel Tatters Zeiten bestand oder erst von Johannes Kempe geschaffen wurde: Außer den jeweils zwei Brunnenbecken befanden sich im ersten und vierten Parterre acht, im zweiten und dritten je neun kleine Beete, immer symmetrisch angeordnet und von Wegen umgeben. 1655 zeigten die vier Kompartimente aber keine spiegelsymmetrische Pflanzenanordnung, sondern eher eine Bepflanzung in der Art botanischer Gärten, bei der es weniger um die ästhetischen Aspekte als um die Pflanzensammlung und -vielfalt ging. Fest steht, dass jedes Parterre mit Frühlings-, Sommer- und Herbstblumen mit Blüten in unterschiedlichen Farben ausgestattet war, so dass dieser Garten die ganze Vegetationsperiode hindurch von März bis November bunt und dekorativ gewirkt haben muss.[549] Es gab neben den meist mittelhohen Pflanzen auch niedrige (z.B. Primeln und Aurikeln, Nr. 69, 71, 122; Roter Storchschnabel, Nr. 116; Frühlingsenzian, Nr. 119) und besonders hoch wachsende (z.B. Nachtviolen, Nr. 68, 118; Malven, Nr. 72, 102; Chrysanthemen, Nr. 91; Kreuzkraut oder Greiskraut, Nr. 115). Neben Kulturpflanzen standen hier auch Wildpflanzen (z.B. Sumpfdotterblume, Nr. 73; Eisenblättriger Hahnenfuß, Nr. 94; Wundklee, Nr. 108) und Heilpflanzen (z.B. Zypressenkraut, Nr. 113), dazu einige stark duftende (z.B. Nachtviolen, Nr. 68, 118; Wicken, Nr. 64; Nelken-Sorten, Nr. 66; Dictam, Nr. 75). Das botanische Interesse wird deutlich an seltenen Pflanzen, die aber von ihrer Gestalt her unauffällig, d.h. nicht besonders dekorativ sind (z.B. Roter Storchschnabel, Nr. 116, dessen nördlichstes, natürliches Vorkommen am Hohen Meißner ist; Gelbes Buschwindröschen, Nr. 117; Frühlingsenzian, Nr. 119; Pyramiden-Glockenblume, Nr. 123). Erwähnenswert sind außerdem die im Freiland stehenden Exoten: Nach Heinz-Dieter Krausch gehört das Vorkommen der aus Böhmen-Mähren stammenden Weidenblättrigen Spirea (Nr. 62), die an der Globusmauer wuchs, zu den ersten Nachweisen in Deutschland.[550] Auch Exemplare der nordamerikanischen Flora wie die schon im 16. Jahrhundert eingeführte Wunderblume (Nr. 80) und auch erst seit 1636 über Paris nach Europa gekommene Pflanzen (z.B. Chrysantheme, Nr. 91; Dreimasterblume, Nr. 93) fanden sich hier.[551]

An der Globusmauer wurde 1655 neben einigen wärmeliebenden Obstspalieren (Aprikose, Pfirsich, Süß- und Sauerkirsche, Nr. 53–55, 57) auch Wein angebaut (Nr. 56).[552] Außerdem wuchsen hier Ziersträucher (Goldregen, Nr. 58; Perückenstrauch, Nr. 59; Weidenblättrige Spirea, Nr. 62) und Rosen (z.B. Damaskusrose, Nr. 61).

Direkt am kleinen Lusthaus im Globusgarten waren 1655 ein Bodendecker (Doldige Schleifenblume, Nr. 124) und einige hohe

Gewächse gepflanzt, die sich z.T. vielleicht sogar am Pavillon hochrankten (Blauer Eisenhut, Blaue Zaunwinde, Echter Jelängerjelieber, Nr. 125–127).

Insgesamt muss darauf hingewiesen werden, dass der Globusgarten als sumpfartiges Gelände mit voller Sonneneinstrahlung extreme Standortbedingungen aufwies, die es normalerweise unmöglich gemacht hätten, Pflanzen mit so unterschiedlichen Anforderungen, wie sie 1655 verzeichnet sind, am gleichen Ort zu kultivieren. Durch ein aufwendiges Entwässerungssystem war der Wasserstand reguliert und somit dieser Gartenbereich überhaupt erst für Pflanzungen vorbereitet worden.[553] Als eines der besten Beispiele kann die Türkenbundlilie (Nr. 101) dienen, eine Pflanze mit fast gegenteiligen Wachstumsbedingungen, die aber dennoch hier gedeihen konnte. Die Schaffung dieser Voraussetzungen muss den großen Kenntnissen und der intensiven Pflege und Sorgfalt des Gärtners Johannes Clodius zugeschrieben werden. Das Ergebnis zeigte sich in einem sehr effektvollen Garten.

Von den Stinzenpflanzen, die im Neuwerkgarten nachgewiesen wurden, sind folgende laut Inventar von 1655 schon im Globusgarten vorhanden gewesen: Türkenbundlilie (Nr. 101), Brauner Storchenschnabel (Nr. 114) und Blauer Eisenhut (Nr. 125).[554]

1681 muss der Globusgarten im Wesentlichen noch so ausgesehen haben wie 1655, allerdings noch bereichert durch die nun hier im Sommer in Kübeln und Kästen aufgestellten 75 Orangeriebäumchen und -sträucher wie Feige, Syrischer Roseneibisch[555], Lorbeerkirsche, Lorbeer und Immergrüner Schneeball (1681, Nr. 120–124).

4.6. Die Bildwerke im Globusgarten

An figuralem Schmuck sind für den Globusgarten zum einen eine Folge von vier Lebensalterfiguren, die zusammen mit acht Brunnenbecken in den vier radialen Abteilungen aufgestellt waren, und zum andern eine Serie von an der zurückschwingenden Blendmauer angebrachten Bleibüsten dokumentiert.[556] Lediglich zwei beschädigte Statuen konnten bei einer Grabung 1987 wiederentdeckt werden[557], alles andere ist nicht mehr existent, nicht einmal auf bildlichen Darstellungen, und nur noch mit Hilfe von Schriftquellen nachzuvollziehen.

Im Inventar von 1709 ist die plastische Ausstattung der Blumenparterres folgendermaßen beschrieben[558]: insgesamt waren hier große Statuen der „4 alter des Menschen in Stein", in jedem Stück eine, und dazu acht Fontänenbassins aus Sandstein[559], in jedem Feld ein rundes und ein ovales, platziert. Einzig Dallin zeigt andeutungsweise diese Wasserbecken (Abb. 28), deren Ränder eine gleiche Ausgestaltung mit Meerestieren aufwiesen: alle ovalen Bassins zeigten „aale Quappen fischottern etc", also offenbar die einheimische, die Ränder der runden Becken mit „Allerhand Meerwunder alß Meerpferd u Kalber, Seehunde, Remota geflügelte Lachßen und dergleichen" dagegen die fremdländische Fauna. Mit „Remota" ist wahrscheinlich „Remora" gemeint, eine Fischart, von der ein präpariertes Exemplar in der Gottorfer Kunstkammer verwahrt und von Olearius bildlich festgehalten wurde (Abb. 38)[560]. Es handelte sich definitiv nicht um Phantasietiere, im Gegenteil, die Meerestiere waren „zimlich scharff darauff angedeutet, daß auch ein Kind die Fischen Kennen solte".

Bei den Menschenalter-Statuen war im ersten Feld die Kindheit thematisiert in Form von „3 Spielende Kinder eins mit Trauben eins mit ein Hund und das ander mit ein Delphin in ein becken auff 3 ineinander gewundene Delphin Stehen". Hund und Delphin konnten aus ihren Maulöffnungen Wasser spritzen. Im zweiten Beet war die Jugend dargestellt: „ein Jüngling mit einer Laute und hinter Ihm ein Hund", der Wasser spie. Das Postament war mit „allerhand Musicalische und Martialische Instrumenta" verziert. Das dritte Parterre präsentierte eine Personifikation des Erwachsenenalters mit einem „Mann seine Hand auff eines Löwen Kopff haltend, sein postement hat allerhand Krieges waffen und Rüstung". Und schließlich verkörperte „ein alte Philosophe" im vierten Stück das Greisenalter. Die Schilderung des Inventars ist an dieser Stelle besonders ausführlich: er „hat in der Hand ein Buch und darauff ein Todten Kopff, den Er mit fingern berühret und fleißig regardiret, Er tritt auff einen Globum und hat einen Schwan beÿ sich stehen [...], auff das postement stehen aller hand Bücher, globos und jnstrumenta Mathematica". Die zwei lebensgroßen, fragmentierten, 1987 an der Nordostecke der Winkelmauer ausgegrabenen Sandsteinskulpturen sind von Michael Paarmann umfassend beschrieben und als „Herkules" (Abb. 39) und „Philosoph" (Abb. 40) den beiden im Inventar letztgenannten Personifikationen des Mannesalters und Greisenalters im Globusgarten logisch zugeordnet worden.[561] Die Identifikation erfolgte sowohl durch die noch nachvollziehbare und mit den Angaben im Inventar übereinstimmende Körperhaltung der Statuen

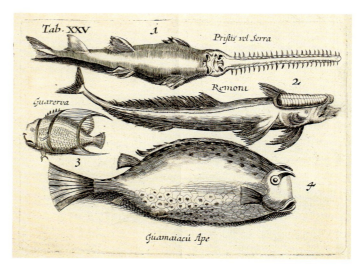

Abb. 38 Fische, Tafel 25 aus der „Gottorfischen Kunstkammer" von Adam Olearius, 1674, SSHL

Abb. 39 „Herkules", Darstellung des Mannesalters als dritte der vier Lebensalterfiguren im Globusgarten, SSHL, Inv. Nr. 1997/440

Abb. 40 „Philosoph", Darstellung des Greisenalters als letzte der vier Lebensalterfiguren im Globusgarten, SSHL, Inv. Nr. 1997/441

als auch anhand der typischen Attribute des Löwenfells für „Herkules" und des langen pelzbesetzten Mantels und Bartes beim „Philosophen".

In Bezug auf die Urheberschaft und das Schicksal der Skulpturen herrschte in der Literatur bisher weitgehend Unklarheit, die sich auch jetzt nicht restlos beseitigen lässt. Als Künstler wurden Zacharias Hübener und zuletzt vor allem Cornelius van Mander genannt.[562] Bei genauer Betrachtung der vorhandenen archivalischen Belege kann folgendes festgestellt werden: Eine Quelle von 1650 teilt mit, dass der Bildhauer Zacharias Hübener für einen Gottorfer Garten „bilder" und „Brunnen" anfertigte und danach an der Kirche in Friedrichstadt arbeitete[563], die 1643 begonnen wurde.[564] Weder der Name des Gartens noch die Anzahl der Skulpturen und Brunnen wird genannt. Dennoch ergibt es m. E. Sinn, die von Hübener in den 1640er Jahren gelieferten „bilder" und „brunnen" konkret mit der Ausstattung der vier Beetkompartimente und den Lebensalterfiguren in Verbindung zu bringen, denn zum einen ist in der Umgebung des 1644 fertiggestellten kleinen achteckigen Lusthauses im Globusgarten eine Ausstattung mit Statuen und Brunnen zeitlich sehr gut denkbar, zum anderen passen die weiteren Entwicklungen im Neuwerkgarten dazu: 1652 schuf der Hoftischler Tobias Burchardt ein Holzmodell „Zue die 4. brunnen im kleinen Gartten".[565] Weiterhin geht aus den Quellen hervor, dass 1653 schon vorhandene „Kummen auff dem newen wercke auffzubrechen" waren, was auch geschah, worauf im gleichen Jahr die Neuaufstellung von acht Brunnen im Globusgarten durch eine Fundamentierung aus Pfählen und „Schlungwerck" vorbereitet wurde und die Aufsetzung der Brunnensteine erfolgte.[566] Es scheint so, als habe Hübener die vier Lebensalterfiguren und vier Brunnenbecken gearbeitet, die dann bei der Erneuerung 1653 beibehalten und durch weitere vier Brunnen ergänzt wurden. Es gibt sonst keine Quelle, die auf die Herstellung oder Lieferung der vier Lebensalterstatuen passen würde. Die Darstellung von exotischen Meerestieren auf den runden Bassins könnte durch den o.g. Zusammenhang mit der Gottorfer Kunstkammer und deren Gründung im Jahr 1651 den Hinweis darauf geben, dass es sich bei den ab 1652/53 zusätzlich aufgestellten vier Brunnen um die runden Becken handelte. Demnach ist anzunehmen, dass der vor dem 23. Februar 1650 gestorbene Hübener die vier älteren, ovalen Bassins mit der

4. REKONSTRUKTION ANHAND DER HISTORISCHEN QUELLEN 63

einheimischen Fauna gestaltete. Für die Anfertigung der vier neuen Brunnen kommen sowohl Cornelius van Mander als auch der Bremer Steinhauer Arndt Prange in Frage. Konkrete Quellenbelege fehlen leider.[567] Dass Cornelius van Mander die Bassins geschaffen hat, ist aber wahrscheinlicher, da er am Ort war und so die Sammlungsstücke der Kunstkammer vor Augen hatte.

Der Lebensalterzyklus und die Fontänenbecken des Globusgartens verfielen schon zu herzoglicher Zeit. Sie wurden bei einer geplanten Wiederherstellung des Globusgartens unter Bauinspektor Thomsen 1711 herausgerissen und offenbar mutwillig vernichtet. 1712 war noch eine Statue vorhanden, die anderen drei zerfallen.[568]

Bei den an der gerundeten Mauer aufgestellten Bildwerken handelte es sich um zwölf aus Blei gegossene Porträtbüsten, die auf Steinpostamenten an der Globusmauer aufgestellt waren, und zwar vom Globushaus aus in jede Richtung sechs, an der Westseite Herzog Friedrich III. mit seinen Vorfahren aus dem Hause Oldenburg bis zu Herzog Friedrich I. und an der Ostseite Herzogin Maria Elisabeth „mit dem Chur-Sächsischen Abstamm".[569] Die Brustbilder waren lebensgroß, aber trotzdem unterschiedlich groß, und eine der kleinsten wog 100 Pfund.[570] Bei ihrer Aufstellung sahen sie „so wie Ertz gemahlet" aus, woraus auf eine blaugraue Bemalung zum Schutz vor Oxydation zu schließen ist.[571] 1681 erhielten die Büsten zum ersten Mal eine Vergoldung durch den Hofmaler Christian Müller, die Ludwig Weyandt 1689 noch einmal erneuerte.[572]

Weder die Datierung noch der Bildhauer der Büsten ist eindeutig belegt, aber zwei Quellen aus dem Jahr 1656 weisen auf die Entstehung hin. Die allererste Erwähnung dieser Plastiken geschah im September dieses Jahres durch Johann Ernst Prinz von Sachsen-Gotha auf seiner Kavaliersreise.[573] Ebenfalls 1656 wurde der hugenottische Baumeister und Bildhauer Charles Philippe Dieussart „wegen allerhandt von Bley gegoßener großen und kleinen Bilder, unnd deßfals auffgewandten reiße: unnd Zehrungs Kosten" mit der hohen Summe von insgesamt 800 Rthlr entlohnt.[574] Die zeitliche Nähe dieser Quellen macht die Annahme, Dieussart habe diese Büsten um 1655 geschaffen, äußerst wahrscheinlich.

4.7. Das kleine Lusthaus im Globusgarten

Im Zentrum der im Halbkreis angelegten Blumenbeete war von 1639 bis 1644 das erste, sogenannte „kleine Lusthaus" des Neuwerkgartens gebaut worden. Die insgesamt etwa 650 Rthlr teure und offenbar kostbare Ausmalung und äußere Fassung des Pavillons führten Otto Jageteuffel und der Hofmaler Johann Müller aus.[575] 1642 reiste ein Zimmermeister von Husum nach Gottorf, um dieses Lusthaus als Vorbild für einen Bau im dortigen Schlossgarten zu inspizieren.[576] In den Jahren 1663 und 1670 fanden Reparaturen statt, und 1691 verlegte Albrecht von Geldern Fliesen auf dem Fußboden, die zuvor über den Hofmaler Ludwig Weyandt eingekauft worden waren.[577] 1694 arbeiteten die italienischen Stuckateure nicht nur in der großen Orangerie, sondern auch in der „Kl. 8 Canten", dem kleinen Lusthaus.[578] Es scheint so, als ob die Innenausstattung in den 1690er Jahren komplett erneuert wurde. Gleichzeitig war es die letzte Instandsetzungsmaßnahme überhaupt an diesem Gebäude.

Die Literatur über das Neue Werk lieferte bislang – bis auf die Erwähnung seiner Existenz – keine Informationen über das kleine Lusthaus. Die wenigen zeitgenössischen Darstellungen aus dem 17. (Abb. 41 u. 42) und 18. Jahrhundert (Abb. 28 u. 34) vermitteln lediglich eine sehr vage Vorstellung der Ansichtigkeit.[579] Mit Hilfe der schriftlichen Quellen lässt es sich folgendermaßen beschreiben[580]: Über einem achteckigen Grundriss (Abb. 33 u. 35) mit einem Durchmesser von 5,7 m erhob sich ein massiv aus Backstein gemauerter, eingeschossiger Bau mit zwei doppelflügeligen Türen an der Nord- und Südseite.[581] Die Türöffnung im Süden war 1709 schon zugemauert, die nördliche hatte noch eine Steinschwelle. In den übrigen sechs Seiten befanden sich große Fenster aus Eichenholz mit vier beweglichen Flügeln, unten zwei hochrechteckigen und oben zwei quadratischen. Den oberen Abschluss des Gebäudes bildete ein Kupfer-

Abb. 41 Jürgen Ovens, Bildnis eines Kavaliers (Herzog Friedrich III. vor dem Neuen Werk), Rötelzeichnung, 1650er Jahre, BQ: KHB, Ovens I

Abb. 42 Herzog Friedrich III. vor dem Neuen Werk, Gemälde von Jürgen Ovens, zwischen 1655 und 1657, BQ: SSHL, Ovens II

dach mit darunterliegender Holzkonstruktion in Form einer Kuppel, auf dessen höchstem Punkt ein vergoldeter „runder Knopff und eine Pique Spitze"[582] angebracht waren (Abb. 42). Zur äußeren Farbgestaltung und insgesamt über das Aussehen der Arbeiten, die Müller und Jageteuffel bis 1644 ausführten, fehlen bis auf die Anwendung von „Mahlergoldt" jegliche Quellenangaben. Da 1694 das Innere überarbeitet wurde, beschreibt das Inventar von 1709 diesen Zustand und nicht den ursprünglichen. Demnach waren die Wände des nicht unterteilten Raumes innen verputzt und marmoriert. Die gewölbte Stuckdecke zeigte weiße Ornamente auf blauem Grund, wobei die Farbauswahl möglicherweise durch die gleichzeitig entstandene große Orangerie beeinflusst worden ist. Da die Stuckatur 1726 als „vom Feuer u Rauch angeschwartzt" beschrieben wird[583], ist zu überlegen, ob in diesem Lusthaus vielleicht ein transportabler Ofen zeitweilig aufgestellt gewesen ist, denn von einer festen Feuerstätte und einem Schornstein ist nichts bekannt.

4.8. Das Globushaus

Im Herbst 1649 begannen die ersten Vorbereitungen für ein neues, großes Lusthaus, dessen Hauptfunktion später in der Präsentation des berühmten Gottorfer Globus bestehen sollte und das am Scheitelpunkt der den Globusgarten umschließenden Blendmauer (Abb. 34) in den folgenden Jahren erbaut wurde.[584] Der entwerfende Architekt ist unbekannt. Die 1719 zum ersten Mal in den Quellen auftauchende Bezeichnung „Globushaus" ersetzte seit Mitte der 1730er Jahre endgültig die früheren Titulierungen wie „großes Lusthauß" und „altes Lusthauß".[585] Der Name „Friedrichsburg", der in der Sekundärliteratur häufig genannt wird, war bei den Zeitgenossen unüblich.[586] 1651 begann Andreas Bösch mit der Konstruktion des Globus, während der Außenbau des Globushauses in diesem Jahr schon weit fortgeschritten war, denn neben einigen anderen Handwerkern, wie z.B. dem Steinhauer Cornelius van Mander, ist schon die Tätigkeit eines Stu-

4. REKONSTRUKTION ANHAND DER HISTORISCHEN QUELLEN

Abb. 43 Schloss Gottorf und der Neuwerkgarten auf einer Vignette, anonymer Kupferstich aus der Zeit zwischen 1672 und 1698, BQ: KBK, Ansicht Gottorf I

ckateurs und die Anfertigung der Wendeltreppe im Turm durch den Schnitzer Steffen Koes dokumentiert.[587] 1652 setzte der Steinhauer Melchior Rüßler die Steinbalustrade auf das flache Dach, wie Caspar Danckwerth berichtet, der auch die Arbeit an einer „kunstreichen Grotta" „unten in diesem Baw", also im Kellerbereich, erwähnt.[588] Daneben wurde in diesem und im folgenden Jahr vorwiegend am Innenausbau gearbeitet, wobei Philipp Weller die Decken stuckierte und der Hofmaler Johannes Müller ebenfalls im Globushaus beschäftigt war, vermutlich mit den Malereien an den Fensterbrüstungen und der farblichen Fassung der Decken.[589] Daneben wurden 1653 von Jürgen Ovens für das Globushaus angefertigte „Contrafeÿte" „untern boden" angebracht, womit anhand des Inventars von 1709 nur die in der Stuckdecke des Festsaales im Obergeschoss eingelassenen Gemälde identifiziert werden können.[590] 1653 bemerkte man bei der Aufstellung des Globus im Lusthaus, dass der Saal im Erdgeschoss zu schmal war für eine gebührende Wirkung dieses außergewöhnlichen Objektes. Daraufhin erfolgte 1654 eine Erweiterung des Gebäudes durch zwei seitliche Anbauten.[591] Mit der Tätigkeit des Stuckateurs Hartwig Singelmann 1655 und einigen restlichen Arbeiten 1657 scheint der Bau des insgesamt etwa 13.300 Rthlr teuren Globushauses abgeschlossen gewesen zu sein[592], so dass es sich 1658 bei einer Besichtigung als „ein treffliches Palatium mit schönen Räumen, Gemachern und weitem Prospect, auch gemahleten und außgehawenen Kunststücken geziehret", präsentierte.[593]

Schon in den 1660er Jahren mussten aufgrund der immer wieder undichten Dächer erste Reparaturen vorgenommen werden, 1668 wurden sogar die „Holtzerne Außluchte" heruntergebrochen und aus Stein neu aufgemauert.[594] Neben Maurern, Zimmerleuten und Tischlern waren 1663 Zacharias Moritz und 1668 Martin Schuster mit der Wiederherstellung der Stuckaturen beschäftigt.[595] 1669/70 ist von einer „Camera obscura" und der Einrichtung einer „newen gewächß-Cammer unterm großen Lust-

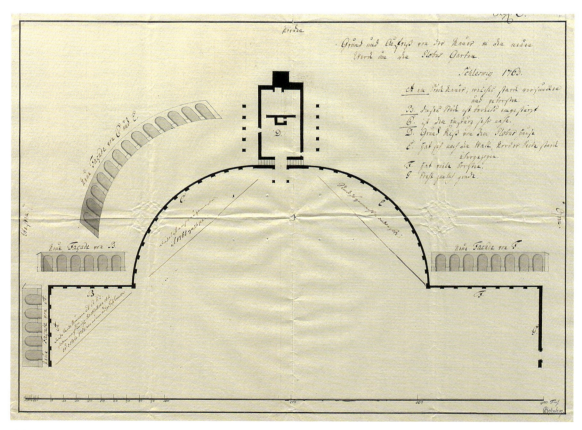

Abb. 44 Grund- und Aufriss der Mauer um den Globusgarten und Grundriss des Kellergeschosses des Globushauses, lavierte Federzeichnung von Gottfried Rosenberg, 1763, BQ: LASH, Rosenberg II

Abb. 45 Ansicht des Globushauses von Südosten, Rekonstruktionszeichnung von Felix Lühning

haußes", offenbar also im Keller des Gebäudes, die Rede.[596] 1671 wurden die Stuckaturen erneut von Jürgen Plett ausgebessert und 1680 der Außenanstrich erneuert.[597] 1705 war der Zustand des Globushauses mit teilweise undichtem Dach, z.T. fehlenden Fensterscheiben und Lücken in den Steinbalustraden schon recht verkommen.[598] Eine wichtige Maßnahme gegen den Verfall bedeutete die Ersetzung dieser steinernen Dockengeländer durch grau angestrichene hölzerne in den Jahren 1706/07.[599] Die letzte Reparatur des Globushauses in herzoglicher Zeit geschah 1708 durch den Stuckateur Bernhardt Sorrot.[600] Mit dem Abtransport des Globus nach St. Petersburg verlor das Gebäude 1713 nicht nur seine Hauptfunktion, sondern wurde durch die Herausnahme des Globus außen und innen stark beschädigt.[601]

Aus der Entstehungszeit des 1768 abgerissenen Globushauses sind keine Bauzeichnungen oder ein Modell überliefert, und sein Aussehen ist aus den bildlichen Quellen des 17. und 18. Jahrhunderts nur schemenhaft und ungenau greifbar wie z.B. bei der frühesten Darstellung auf dem Porträt Friedrichs III. von Jürgen Ovens (Abb. 42) und einer weiteren, bisher unpublizierten Ansicht aus der zweiten Hälfte des 17. Jahrhunderts (Abb. 43).[602] Grobe, aber im Vergleich mit den schriftlichen Quellen recht verlässliche Vorstellungen des Gebäudes vermitteln die Vogelperspektiv-Ansichten von Rudolf Matthias Dallin (direkt von Süden, Abb. 28) und Hans Christopher Lönborg (von Südwest, Abb. 34), während Laurids de Thurah (Abb. 24) und Friedrich Wilhelm von Koch unrealistische Phantasiebauten wiedergeben.[603] Von den überlieferten Grundrisszeichnungen ist die von Johann Gottfried Rosenberg aus dem Jahr 1763 die einzige maßstäbliche Wiedergabe des Globushauses überhaupt (Abb. 44).[604] Demgegenüber zeigen drei in der ersten Hälfte des 18. Jahrhunderts entstandene Pläne des Neuen Werkes unproportionierte Grundrisse (Abb. 16, 33 u. 35).[605] Eine detaillierte Rekonstruktion ist aber dennoch durch das Vorhandensein aussagekräftiger Textquellen, v.a. durch das Inventar von 1709 und die von Rosenberg überlieferten Daten, möglich und bereits von Felix Lühning akribisch und verlässlich durchgeführt worden. Die von ihm angefertigten Zeichnungen und zwei in der Stiftung Schleswig-Holsteinische Landesmuseen ausgestellte Modelle vermitteln eine

Abb. 46 Ansicht des Globushauses von Nordosten, Rekonstruktionszeichnung von Felix Lühning

anschauliche Vorstellung des Gebäudes (Abb. 45–52). Die nun folgende rekonstruierende Beschreibung des Globushauses, die dem Gesamtansatz dieser Arbeit entsprechend nicht so detailliert sein kann wie bei Lühning[606], setzt sich aber mit dessen Ergebnissen auseinander anhand der von der Verfasserin neu zusammengestellten Quellen[607] und konzentriert sich vor allem auf kunsthistorische Gesichtspunkte.

In Hanglage vom Globusgarten zur ersten Terrasse erhob sich über einem nordsüdlich ausgerichteten rechteckigen Grundriss von 70 Fuß (20,1 m) Länge und 34 Fuß (9,7 m) Breite ein Hauptbau von insgesamt 45 Fuß (12,9 m) Höhe, der sich horizontal in zwei Kellergeschosse von 9 Fuß (2,5 m) und 8 Fuß (2,3 m) Höhe und zwei Hauptetagen von 15 Fuß (4,3 m) und 13 Fuß (3,7 m) Höhe gliederte (Abb. 44–46). Die Schmalseiten hatten drei, die Längsseiten sechs Fensterachsen. Bis auf die Nordseite befanden sich an allen Seiten eingeschossige, symmetrisch angesetzte Vorbauten, die auf Arkaden ruhten: Von Anfang an waren im Süden ein allseitig einachsiger Altan von 14 Fuß (4,0 m) Länge und 10 Fuß (2,8 m) Breite und an der Nordseite ein ebenfalls auf einer Arkadenstellung und vor die mittlere Fensterachse gebauter, 40 Fuß (11,5 m) hoher Turm auf einem Grundriss von 10 x 12 Fuß (2,8 x 3,4 m) gebaut. Dagegen wurden erst nach der Grundrissänderung 1654 auch vor den Längsseiten des Hauses die größeren Altane mit 40 Fuß (11,5 m) Länge und 13 Fuß (3,7 m) Breite auf insgesamt sechs gemauerten Arkadenbögen, zwei an den Schmalseiten und vier an der Längsseite, errichtet. Sowohl das Haupthaus als auch die drei Altane besaßen begehbare Flachdächer. Auf einer Pfahlgründung, einer darüber gelegten Balkenkonstruktion und wiederum darauf gesetztem Findlingsfundament war dieses Gebäude massiv aufgemauert aus gelbem Backstein mit horizontalen Zierbändern aus roten Ziegeln.[608] Die aus Eichenholz gearbeiteten, beweglichen Fensterflügel hingen größtenteils in Sandsteinzargen.[609] Während die Fenster im Kellerboden nur zwei Flügel hatten, besaßen die oberen Etagen größere Fenster mit vier und sechs Flügeln.[610] Auf das Material der Scheiben hatte der Herzog offenbar besonderen Wert gelegt, denn es bestand aus extra aus Holland bezogenem französischen („franschen") und aus Lübecker („auserlesen gute Lubschen") Glas, das in Rauten geschnitten in Blei gelegt war.[611] Die flachen Dächer der Altane und des Hauptbaukörpers waren mit Kupferblech gedeckt. Darüber befand sich eine begehbare Schicht aus auf „Unterlagehölzern" montierten Kiefernbrettern.[612] Das Regenwasser wurde durch Kupferdachrinnen und Fallrohre, die oben aus Blei und unten aus Holzkästen bestanden, abgeleitet.[613] Steinbalustraden, die schon 1706/07 durch hölzerne ersetzt wurden, fassten ursprünglich die Flachdächer ein (Abb. 45, 46 u. 51). Das Aussehen

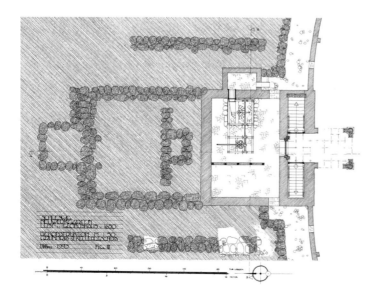

Abb. 47 Grundriss des unteren Kellergeschosses des Globushauses, Rekonstruktionszeichnung von Felix Lühning

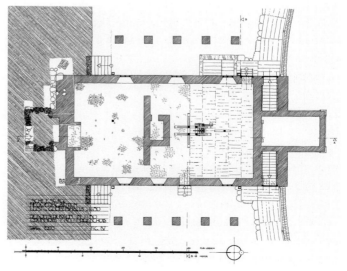

Abb. 48 Grundriss des oberen Kellergeschosses des Globushauses, Rekonstruktionszeichnung von Felix Lühning

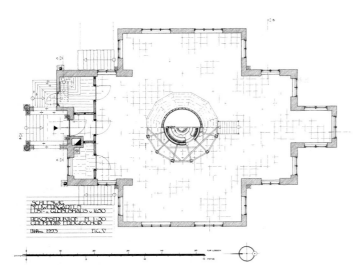

Abb. 49 Erdgeschossgrundriss des Globushauses, Rekonstruktionszeichnung von Felix Lühning

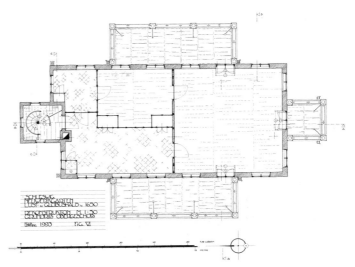

Abb. 50 Obergeschoss-Grundriss des Globushauses, Rekonstruktionszeichnung von Felix Lühning

der steinernen Docken ist durch zwei wiedergefundene Exemplare bekannt (Abb. 53): sie waren aus rotbraunem Öländer Kalkstein und mit vegetativen Motiven in Ausgründungsarbeit ornamentiert.[614] Da wir nur von der Aufsetzung, nicht aber von der Anfertigung der Baluster im Neuwerk wissen, ist es möglich, dass sie in fertiger Form aus Schweden angeliefert worden sind.[615] Der Helm des Turmes, der auf Ovens Gemälde am authentischsten erscheint (Abb. 34, vgl. Abb. 46), gliederte sich in drei Teile: Über dem Turmdach, dessen vier Ecken große vergoldete Kugeln schmückten, erhob sich eine „unten Bauchlicht und oben Zusamengehende Haube"[616], worunter man sich eine Zwiebelform vorstellen kann. Darauf war eine Laterne aus vier Pfeilern als Unterbau einer zweiten, kleineren Spitzhaube gemauert, auf die eine metallene Blume und Wetterfahne montiert waren.[617] Die Bedachung der Hauben bestand aus Kupfer.[618]

Im Norden unter dem Turm befand sich der Haupteingang des Globushauses und als Pendant dazu gab es vom Globusgarten aus einen Zugang zum untersten Keller. Für beide Eingänge hatte Cornelius van Mander repräsentative Portale aus Sandstein angefertigt.[619] Da es keine Bildquellen dazu, aber viele Interpretationsmöglichkeiten der schriftlichen Quellen gibt, sind Lühnings Zeichnungen der Portale (Abb. 45 u. 46), wie er selbst angibt, als mögliche Vorschläge zu werten.[620] Aus den Schriftzeugnissen lässt sich ihr Aussehen folgendermaßen erschließen: Die zwei dorischen Säulen, auf denen der Turm ruhte, bildeten zusammen mit dem darüber liegenden, umlaufenden Architrav, Fries und Karnies den Rahmen des mit allem Schmuck insgesamt 18 Fuß (5,1 m) hohen Hauptportals.[621] Dazwischen und an den Seitenwänden des Turmes spannten sich Bögen. An der Stirnseite befanden sich „über den bogen allerhand Zieraten Delphin Köpff und Kugeln außgehauen", außerdem ein Wappenschild mit „der Hochfürstl: vorfahren nahme".[622] Zwischen den Säulen führte eine Sandsteintreppe hinauf zur Eingangstür, seitlich flankiert von gemauerten und mit Haustein bedeckten Ruhebänken. Die Rücklehnen bestanden aus Sandsteinbalustraden (Abb. 46 u. 51), deren Docken u.a. mit „Fratzen Gesichtern" gearbeitet waren.[623] Seitlich der Tür war je eine weiß gefasste Kaiserbüste aus Blei auf einem Postament aufgestellt. An der Ostseite gab es direkt neben dem Turm eine weitere schlichte Eingangstür, zu der eine Treppe aus gehauenen Feldsteinen und einem fliesenbelegten Podest führte.[624] Der „Platz vor der Entrée", d.h. nördlich des Globushauses, war „mit gehauenen oder gebahnten Feldsteinen" in einer Breite von 52 Fuß (14,9 m) gepflastert.[625] Das Südportal zeigte mit einem Bogen zwischen korinthischen Säulen und zwei seitlichen Bögen eine ähnliche Gliederung, ornamentiert mit „Sta-

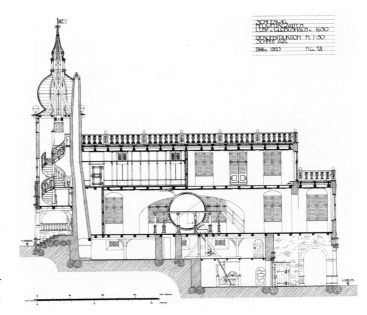

Abb. 51 Längsschnitt des Globushauses, Rekonstruktionszeichnung Schnitt AA von Felix Lühning

4. REKONSTRUKTION ANHAND DER HISTORISCHEN QUELLEN

tuen, Larven Köpffe, und Laubwerck".⁶²⁶ Auf die Außenseite der hölzernen Kellertür war „ein Garten in perspectiv gemahlet".⁶²⁷

Durch das Südportal wurde auch der Brettergang auf der direkt mit dem Globushaus verbundenen Ringmauer erschlossen (Abb. 44 u. 46–48), denn seitlich des Kellereingangs befanden sich Türen, die im Westen zu einer Holz-, im Osten zu einer Hausteintreppe führten, die oben ebenfalls durch Türen verschlossen waren. Von hier aus konnte man sowohl durch die in den Längswänden des Hauses gelegenen Eingänge der Kellerbodenetage als auch unter dem Gewölbe der Seitenaltane hindurch und über zwei außen an den Seitenwänden platzierte Feldsteintreppen auf das Niveau der ersten Terrasse mit dem Hauptportal gelangen (Abb. 44 u. 48).⁶²⁸

Über die äußere farbliche Gestaltung des Globushauses im 17. Jahrhundert sind kaum Informationen vorhanden. 1680 erhielt das Gebäude durch den Hofmaler Christian Müller einen Außenanstrich, wobei die Farbgebung aus dieser Mitteilung nicht hervorgeht.⁶²⁹ Auch die beste historische Ansicht des Globushauses, Lönborgs Vogelperspektive, gibt keine genauere Auskunft, weil dort alle großen Gebäude des Gartens in der Einheitsfarbe rosa gezeigt sind (Abb. 34).⁶³⁰ Die von Felix Lühning aufgrund der Grabungsbefunde angenommene o.g. Farbigkeit des Mauerwerks in Gelb mit roten Bändern ergab überhaupt nur bei Steinsichtigkeit Sinn. Insofern ist es denkbar, dass der Anstrich von 1680 in gleicher Weise ausgeführt wurde und damit nur als Witterungsschutz fungierte. Dazu muss man sich die Balustraden in dem für den Öländer Kalkstein typischen rotbraun und die Turmhauben in grüner Kupferpatinierung vorstellen. Die Farbe der Fenster und Sandsteinportale ist erst aus Quellen des 18. Jahrhunderts überliefert: In dieser Zeit waren die Fenster außen grau und die beiden Portale grau und weiß angemalt, während die seitlichen Bänke und Balustraden des Haupteingangs zusätzlich mit rot abgesetzt waren.⁶³¹

Die beiden niedrigen unteren Geschosse des Globushauses dienten untergeordneten Nutzungszwecken und waren nur von außen separat zugänglich. Der durch eine Tür in der Südwand vom Globusgarten erreichbare gewölbte Teilkeller⁶³² in der untersten Etage bestand aus zwei Räumen (Abb. 47), einer Geräte- und Abstellkammer für den Gärtner im Westen und einem Raum nach Osten, der den wassermühlenartigen Globusantrieb beherbergte. Von beiden Räumen gab es offene „Durchgänge" zu den gepflasterten Abwasserrinnen hinter der Blendmauer.⁶³³ In Bezug auf die obere Kelleretage bleiben viele Unsicherheiten, denn das Inventar von 1709 erwähnt sie nur von außen mit zwei Zugängen, einem in der Mitte der West- und einem ganz im Süden der Ostwand. Dagegen zeigt Rosenbergs Grundriss (Abb. 44, vgl. auch Abb. 48) eine Einteilung in zwei größere Räume und eine kleine, südlich an die Trennwand anschließende Kammer. Belegt ist für

Abb. 52 Globussaal im Erdgeschoss des Globushauses, Rekonstruktionszeichnung von Felix Lühning

das Jahr 1709 die Nutzung dieser Etage mit einer Gerätekammer des Fontänenmeisters und einer „Apffel Cammer", während 1726 dem Garteninspektor ein und dem Fontänenmeister zwei Räume zugeteilt waren.[634] Wo sich die 1652 gebaute Grotte und die 1670 eingerichtete Gewächskammer, die beide im Keller des Globushauses quellenmäßig nachweisbar sind, befunden haben, ist nicht mehr nachzuvollziehen.[635] Die von Rosenberg überlieferte und durch die Grabung bestätigte Nische in der an den Turm grenzenden Wand (Abb. 44) deutet auf eine Feuerstelle unter dem an der Südseite des Turmes gebauten Schornstein.[636] Vielleicht war hier, in der unteren Kelleretage, während der Entstehung des Globus vorübergehend die in den Rechnungen genannte Schmiede im Neuen Werk eingerichtet.[637]

Im Erdgeschoss des Gebäudes nahm der Globussaal mit seiner Einbeziehung der Altane fast die gesamte Grundfläche ein und hatte damit einen kreuzförmigen, achsensymmetrischen Grundriss, der nur durch die Abtrennung von drei sehr kleinen Räumen an der Nordseite beeinträchtigt war (Abb. 49, 51 u. 52). Der mittlere der Räume war ein zwischen Haupteingang und Globussaal liegender Vorflur. Daneben befand sich an der Westseite ein kleines Gemach, über dessen Nutzung das Inventar keine Auskunft erteilt. Da aber der am Turm empor gehende Schornstein angrenzte, ist es vermutlich mit dem durch einen eisernen Kachelofen beheizten Zimmer, das Andreas Bösch zur Verfügung stand, zu identifizieren.[638] Der östliche Raum, der auch direkt durch die Seitentür von außen zugänglich war, diente mit einer „Englischen Geraden Treppe"[639] aus Holz, die von einem mit Alstracken belegten Podest ausging, als Verbindung zum Obergeschoss. Die Eichenholztüren dieser drei Räume zum Globussaal waren mit Rahmen und wohl je zwei Füllungen gearbeitet, wobei die Rahmen braun gestrichen, die Füllungen aber bemalt waren mit Porträts der berühmten Astronomen Tycho Brahe und Nikolaus Kopernikus sowie Garten- und Architekturmotiven.[640] In der Mitte des Saales stand der Globus, beleuchtet durch insgesamt 17 von innen grün angemalte Fenster, unter denen Kupfer-, Zinn- und Bleiplatten befestigt waren. Diese trugen illusionistische Malereien in der Art holländischer Fliesenbilder („auff Fundamenten wie mit fliesen belegt angemahlt"), die teils mit Blumen, mathematischen und astronomischen Instrumenten spielende Putti teils von Rosen umwachsene Balustraden zeigten.[641] Ansonsten waren die Wände verputzt und geweißt. Der Fußbodenbelag bestand aus quadratischen, öländischen Fliesen. Die Decke hatte weiße Stuckatur, deren ornamentale Formensprache nicht überliefert ist.[642]

Die älteste erhaltene, umfassende Information über die bewegliche Ausstattung des Globushauses entstammt einem Inventar von 1695.[643] Demnach war der Globussaal seiner Funktion entsprechend nur spärlich möbliert mit einem rechteckigen, grünen und einem ovalen Tisch, zwei grünen Bänken und 19 Stühlen mit grünen Lackbezügen. Dagegen waren die Wände reich geschmückt mit insgesamt 40 Gemälden verschiedener

Abb. 53 Baluster aus öländischem Kalkstein, 1959 im Neuwerkgarten gefunden, SSHL, Inv. Nr. 1959/1366

Bildgattungen, die größtenteils nicht mehr erhalten sind. Über einer der drei Türen, wohl über der mittleren, hing das einzige Bildnis, ein Porträt des Bauherrn, Herzog Friedrichs III., „mit Blumen". Außerdem gab es ein Landschaftsbild mit der Darstellung des Schlosses Gottorf und einer Jagdgesellschaft.[644] Von den drei Gemälden mit biblischen und den acht mit mythologischen Szenen waren zwei von Jürgen Ovens gemalt, nämlich das noch erhaltene Bild der „Auffindung des Moses" (Abb. 54) und eines mit dem Thema „Raub der Europa".[645] Zu den mythologischen Motiven zählten zwei Herkulesdarstellungen. Es scheint sich bei diesen zwei Herkulesbildern und einem dritten im Vorzimmer des Obergeschosses um die von dem Maler Claus Tambßen 1694 im Auftrag Herzog Christian Albrechts ausgeführten Gemälde zu handeln, für die die Erben erst 1696 bezahlt wurden.[646] Die Herkulesbilder, dazu die drei Bilder der im Neuwerk gewachsenen Melonen, drei Vogelgemälde, drei Blumenbilder und ein Porträt der Agave americana, die 1668 im Neuen Werk geblüht hatte, stellten einen direkten Bezug zum Neuwerkgarten und seiner Ausstattung her.[647] Daneben waren noch zwei Stillleben, zwei Gemälde exotischer Tiere und zehn Dar-

4. REKONSTRUKTION ANHAND DER HISTORISCHEN QUELLEN

Abb. 54 Die Auffindung des Mose, Gemälde von Jürgen Ovens, um 1650, SSHL, Inv. Nr. 1987/17

stellungen römischer Gärten vorhanden. Das Möbelinventar von 1705 dokumentiert, dass sich anscheinend nach dem Tod Herzog Friedrichs IV. in Bezug auf die Ausstattung des Globushauses einige Veränderungen vollzogen: statt zweier gab es nun vier Bänke, statt 19 nur 14 Stühle, dafür aber noch 17 „Tabouretten", ebenfalls mit Lackbezug.[648] Von den 40 Gemälden hingen nur noch 13 in situ, den Rest hatte man ins Schloss transportiert. Dafür sind aber ein im Globussaal befindliches „hölzern Instrument" und „1 Alt mit Eÿsern beschlagen zum Perspectiv zu gebrauchendes werck" verzeichnet, das möglicherweise mit der später von Ulrich Petersen erwähnten „Camera obscura [...], darinnen man allerhand anmuthige Perspectiven und Historische Bilder mit geschliffenen Gläsern praesentiret", zu identifizieren ist und bis 1768 im Globushaus verblieb.[649]

Die erste Etage und das flache Dach des Haupthauses wurden durch den Treppenturm erschlossen. Man gelangte von der schon beschriebenen geraden Treppe im östlichen Zimmer der Hauptetage in ein mit glasierten Tonfliesen, sog. Alstracken, ausgelegtes Zwischengeschoss über dem Hauptportal im Turm (Abb. 49–51). Die von hier aus nach oben führende hölzerne Wendeltreppe besaß bei den Zugängen zum Obergeschoss und Dach Holzpodeste.

Im oberen Stockwerk befanden sich vier Zimmer (Abb. 50 u. 51), die alle mit von Philipp Weller gearbeiteten Stuckdecken und weiß verputzten Wänden ausgestattet waren.[650] Vom Turm betrat man ein an der Westseite gelegenes, langgestrecktes Vorzimmer mit einem Fenster nach Norden und dreien nach Westen. Zwei Fenster waren grün, zwei braun mit vergoldeten Beschlägen angemalt. In der Nordwestecke gab es ein „heiml: gemach", d.h. ein mit Bretterwänden abgeteiltes Klosett.[651] An der Ostwand waren zwei miteinander verbundene Schrankbetten aus Holz fest eingebaut.[652] Jeder Alkoven besaß zwei Flügeltüren, darüber einen Schrank mit zwei vergitterten Türen und unter dem Bett eine Schublade auf Rollen. Die gesamte Vertäfelung war – genau wie alle Türen im Raum – grün und mit Laubwerkornamentik bemalt. Auf der Höhe der Türgesimse hatte man rundherum an den Wänden Borde angebracht. Den Fußboden bedeckten schwedische Kalksteinfliesen.[653] Die ornamentale Gestaltung der Stuckdecke ist nicht bekannt. 1695 sind an beweglichem Inventar für dieses Vorgemach zwei grüne Bänke, ein Waschbecken aus schwarzem Marmor und zwei große Gemälde, eine Herkules- und eine Vanitasdarstellung, verzeichnet.[654] Von diesem Zimmer konnte man durch eine Tür in der Ostwand, gleich neben dem Turm, in ein kleines Kabinett oder durch eine Tür in der Südwand in den Festsaal gelangen.

Im Festsaal gab es in derselben Wand noch eine weitere Tür, beide grün und mit vergoldetem Laubwerk verziert, die in das Schlafgemach an der Ostseite des Hauses führten. Der Saal nahm die südliche Hälfte des Stockwerks ein und hatte in der West-, Süd- und Ostwand je drei Fenster, von denen in symmetrischer Anordnung jeweils das mittlere als Flügeltür über zwei Stufen auf das außen davorliegende Altandach führte. Wie im Globussaal waren auch hier unter den anderen Fenstern Metallplatten angebracht und in ähnlicher Weise mit Blumen und Säulen (Balustraden) bemalt. Der Fußboden bestand aus Kieferndielen. Die Decke des Festsaales war besonders aufwendig gestaltet. In die vergoldete Stuckatur mit Laubwerkdekor waren insgesamt neun ovale und quadratische Gemälde eingelassen, die einheimische und exotische Vögel, Putti mit Blumenkränzen und herzogliche Monogramme, sicher von Friedrich III. und Maria Elisabeth, zeigten.[655] Nach der Formulierung in der Bau- und Nagelrechnung von 1653 müssen diese Deckengemälde oder aber einige der unten genannten Porträts von Jürgen Ovens gemalt gewesen sein.[656] Wenn es tatsächlich die Deckengemälde waren, die von Ovens geschaffen wurden, so ist diese Nachricht eine Bereicherung der Ovens-Forschung, die bislang keine Kenntnis hatte von einer Beteiligung des kurz zuvor aus Holland nach Schleswig-Holstein zurückgekehrten Malers an der Ausstattung des Globushauses.[657] Keines der Deckengemälde ist erhalten. Zum Zeitpunkt der Inventarisation 1709 waren schon einige beschädigte durch „Gips Muschel werck" ersetzt. An Mobiliar standen hier ein langer grüner Tisch und 16 mit grünem Stoff bezogene Stühle, zwei davon mit Lehnen, außerdem ein kleiner Tisch mit einer Schublade.[658] An den Wänden hingen außer einem einzigen Vanitasgemälde 1695 insgesamt neun Porträts von Mitgliedern der herzoglichen Familie: Herzog Friedrich III. und Herzogin Maria Elisabeth, dazu Bildnisse ihrer vier ältesten Töchter mit ihren Ehegatten.[659]

Die beiden nach Osten gehenden Fenster der angrenzenden „SchlaffCamer" waren braun und mit vergoldeten Beschlägen, die Türen dagegen grün mit Laubwerk dekoriert. Wie im Saal bestand der Fußboden aus Kieferndielen. Auch hier war die Deckenverzierung „von weißen Gips" mit Blumengemälden versetzt.

Wer diese „Blumen stücke"[660] schuf, ist unklar, möglicherweise auch Jürgen Ovens oder Johannes Müller. Wahrscheinlich diente dieses Zimmer Friedrich III. als Schlafgemach, denn hier stand ein grün angestrichenes Himmelbett mit gedrehten Pfosten und Eisenstangen als Halterung für den 1695 nicht mehr vorhandenen Stoff.[661] An beweglicher Ausstattung gab es sonst nur einen kleinen Schubladentisch, sechs grün bezogene Stühle und zwei Bilder, eine arkadische Hirtenlandschaft und ein Stillleben.

Durch eine Tür in der Nordwand des Schlafzimmers erreichte man den vierten, in der Nordostecke der Etage gelegenen Raum, der mit quadratischen weißen und blauen Marmorfliesen ausgelegt war.[662] Je ein grün gestrichenes Fenster nach Norden und Osten beleuchtete das Kabinett. Über die Verzierungen der stuckierten Decke ist nichts bekannt. Neben einem grün mit Laubwerk gefassten Einbauschrank mit zwei Türen übereinander in der Nordwestecke war dieses Zimmer möbliert mit einem Wandbord für eine Waschschüssel und einem Bett.[663] Außerdem hingen hier drei Bilder, eine Vanitasdarstellung, ein Gemälde mit Venus und Adonis und ein von Jürgen Ovens gemaltes „Weibs Bildt mit einem Blauen Kleidt".[664] Eine Tür in der Ostwand verband diesen Raum mit dem Vorzimmer.

4.9. Der Globus

Das bedeutendste und namengebende Ausstattungsstück des Globushauses war der berühmte Gottorfer Globus, ein Erd- und Himmelsglobus mit einem Durchmesser von 3,11 m, der im Hauptgeschoss aufgestellt war (Abb. 51 u. 52). Da sowohl die Entstehung und weitere Geschichte als auch die Rekonstruktion des Globus bereits durch die Forschungsarbeiten von Schlee und Lühning gründlich bearbeitet sind und dieses Objekt des 17. Jahrhunderts außerdem noch mehr aus geistesgeschichtlicher und technischer als aus kunsthistorischer Sicht interessant ist, gibt dieses Kapitel lediglich einen hauptsächlich auf o.g. Literatur basierenden zusammenfassenden Überblick.[665]

Aus der nicht mehr erhaltenen, aber überlieferten Inschrift[666] und den authentischen Berichten des Olearius[667] sind wir darüber unterrichtet, dass der Globus aus dem Zusammenwirken von Herzog Friedrich III. als Auftrag- und Ideengeber mit seinem Hofmathematiker und Bibliothekar Adam Olearius als Direktor und einem 1651 nach Schleswig gekommenen Büchsenmacher und Mechaniker aus Limburg bei Aachen, Andreas Bösch[668], als maßgeblich Ausführendem entstand. Die Anfertigung zog sich von 1651 an über 13 Jahre bis zu seiner Fertigstellung im Jahr 1664 hin.[669]

Seit 1651 erhielt Bösch eine feste monatliche Besoldung und bewohnte offenbar ein Zimmer des noch im Bau befindlichen Globushauses, wo er auch arbeitete.[670] Für 1652 und 1653 vermutet Lühning die Schmiedearbeiten für die „eiserne Innenkonstruktion" des Globus. Im Neuen Werk befand sich zu dieser Zeit eine Schmiede.[671] Daneben waren allerhand andere Handwerker mit dem Globusbau befasst. Die Husumer Messinggießer Lorenz Carstens und seine Söhne Christian und Andreas Lorenzen, genannt Rothgießer, und die Uhrmacher Johann Nannen aus Heide/Holstein und der am Gottorfer Hof tätige Nicolaus Radeloff fertigten wohl Teile für das innere und äußere Getriebe an.[672] Die Tischler Peter Hansen und Jürgen Sierich bauten anscheinend neben Tisch, Fußboden und Bank für das Globusinnere auch die Meridianringe, die von Christian Rothgießer dann mit Messing überzogen und vom Kupferstecher Otto Koch graviert wurden.[673] Einige Zimmerleute bereiteten die 1653 beginnende Aufstellung des Globus vor[674], die letztlich wohl den Ausschlag für die Erweiterung des Gebäudes 1654 gab. In diesem Jahr engagierte man den Müller Bartolt Goldtbergh für den Bau des Wasserantriebes[675], und Lühning geht davon aus, dass die Tischler nun an der äußeren Horizontgalerie und der inneren Holzverkleidung der Kugel arbeiteten, für die Otto Koch 1654/55 verschiedenartige Metallsterne herstellte.[676] 1655 muss die Kugelschale aus Kupferblech fertig montiert gewesen sein, denn sie wurde nun „polirt unndt rein gemacht" und mit Leinwand bezogen.[677] Der Hofmaler Johannes Müller begann jetzt mit der bis etwa 1658 andauernden inneren Bemalung des Globus, daneben wurden die Sterne und Handgriffe an der Luke vergoldet.[678] Olearius bereitete persönlich die geographische Einmessung für die Bemalung der Globusaußenhaut vor.[679] Die Arbeiten sowohl am Globus als auch am Gebäude waren schon 1655 so weit fortgeschritten, dass das Globushaus repräsentativ genutzt werden konnte. Wahrscheinlich deshalb mietete der Herzog in diesem Jahr für Bösch ein Haus und eine Werkstatt auf dem Hesterberg an.[680] Andreas Bösch verließ 1657 den Gottorfer Hof, denn seine Aufgaben im Globusbau waren offenbar abgeschlossen.[681] Unterbrochen durch den schwedisch-dänischen Krieg konnte der Globus aber erst 1664 vollendet werden.[682] Günther Oestmann vermutet, dass die geographische äußere Bemalung erst zwischen 1662 und 1664 abgeschlossen wurde, nachdem Olearius den Atlas Major von Willem Janszoon Blaeu (1571–1638) besorgt hatte.[683] Erst 1664 installierte der Rüstmeister Hans Christoph Hamburger die Zuleitung für den Wasserantrieb und der Uhrmacher Hans Schlemmer beseitigte noch einen Fehler, so dass es den Anschein hat, als ob der Globus tatsächlich seine volle Funktionsfähigkeit erreicht hatte.[684] Felix Lühning errechnete als Kosten für die Erstellung dieses technischen Instruments bis 1664 6.400 Rthlr, wogegen Olearius schon 1656 mitteilte, dass der Globus 10.000 Rthlr gekostet habe.[685]

Von seiner Vollendung 1664 bis zu seinem Abtransport nach St. Petersburg im Jahre 1713[686] sind wenige Nachrichten zum Globus überkommen. Nur zweimal noch wurde daran gearbeitet bzw. repariert.[687] 1709 konstatierte Hinrich Schwartz dann einen sehr verfallenen Zustand des Wasserantriebes, der auch nach zweimaliger Initiative des Gottorfer Landbaumeisters Fischer nicht wieder instand gesetzt wurde.[688]

Abb. 55 Der alte Gottorfer Globus in der Lübecker Gasanstalt, Foto 1946

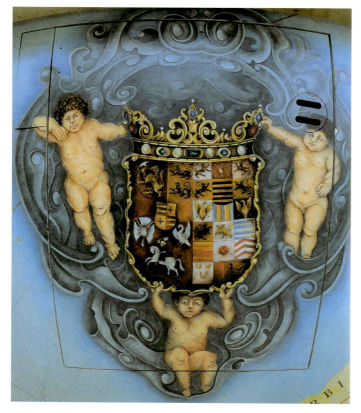

Abb. 56 Allianzwappen Herzog Friedrichs III. und der Herzogin Maria Elisabeth auf der Eingangsluke des neuen Gottorfer Globus

1713 gelangte der Globus in den Besitz des russischen Zaren Peters des Großen, der ihn auf dem See- und Landweg über Königsberg und Riga nach St. Petersburg transportieren ließ. Hier fand er provisorische Aufstellung im Elefantenhaus beim alten Sommerpalais, wo er unter Aufsicht des aus Schleswig mitgereisten und vom Zaren zum „Globusmeister" ernannten Zimmermannes Christoffer Dehio (* 1669) blieb. Erst nach dem Tod Peters des Großen konnte der Globus 1726 in die dritte Turmetage des neu erbauten zaristischen Kunstkammergebäudes, das nun zur Akademie der Wissenschaften gehörte, umgesetzt werden, wo er 1747 verbrannte. Nur das Eisengerüst und die Einstiegsluke blieben erhalten. Zarin Elisabeth ließ den Globus in etwas veränderter Form wiederherstellen und in einem eigens errichteten Globushaus aufbauen. 1828 gelangte er ins Zoologische Museum, 1901 nach Zarskoje Selo, von wo er im Zweiten Weltkrieg von Deutschen nach Neustadt/ Holstein gebracht wurde. 1946 veranlassten die Engländer seine Rückführung nach St. Petersburg, wo er sich nun wieder in der Kunstkammer (früher Lomonossow-Museum) befindet.[689]

Der im 17. Jahrhundert für gewöhnlich mit einem Schutzüberzug aus Wollstoff bedeckte Globus soll nun im Folgenden kurz beschrieben werden.[690] An einer vom Fußboden bis zur Decke reichenden eisernen Achse, die unten in einem durch einen Kasten verdeckten Mühlstein ruhte und oben in einer von einem Drachen aus Stuck gehaltenen goldenen Kugel endete, war das Eisengerüst der Kugel befestigt (Abb. 52 u. 58). An dieses hatte man außen getriebene Kupferplatten mit anschließender Leinwandbespannung, innen gebogene Kieferleisten angebracht. Darauf befanden sich ein Bolusgrund[691] und dann ein glatt geschliffener, weißer Kreidekitt als Untergrund für die Bemalung. Außen war die Erdoberfläche „modellhaft und maßstäblich richtig"[692] kartographisch und mit lateinischer Beschriftung dargestellt von dem Kupferstecher Andreas Rothgießer nach Kartenvorlagen des zu der Zeit führenden Amsterdamer Verlages Blaeu (Abb. 55). In die mit unterschiedlichen Farben abgegrenzten Länder waren jeweils typische Tiere, auf den Meeren Schiffe und Wasserlebewesen gezeichnet. Ein Meridianring aus Messing und ein zu einer Galerie ausgebauter Horizontalring (Abb. 52) gehörten mit ihren Gradskalen zur typischen Ausrüstung von Globen des 17. Jahrhunderts und dienten der Überprüfung von Ortspositionen auf der Erde. Die zwölfeckige Galerie aus heller Eiche ruhte auf zwölf geschnitzten Stützen, von denen je sechs als korinthische Säulen und Hermenpfeiler ausgestaltet waren. Zugänglich über eine transportable, grün angestrichene Treppe aus Kiefernholz sollte sie eine genauere Betrachtung der nördlichen Hemisphäre ermöglichen. An der Außenseite der 89 x 108 cm großen, noch original erhaltenen Einstiegsklappe an der südlichen Halbkugel war das Allianzwappen Herzog Friedrichs III. und Herzogin Maria Elisabeths gemalt (Abb. 55 u. 56). Die Innenseite der Kugel präsentierte sich als Planetarium nach dem geozentrischen (ptolemäischen) Weltbild. Hier waren die Stern-

Abb. 57 Sternbild des Stieres, Detail aus dem Inneren des nachgebauten Gottorfer Globus, Zustand 2005

bilder in barocker Manier figural auf wohl dunkelblauem Grund von Johannes Müller gemalt (Abb. 57), vermutlich orientiert an den Darstellungen in der „Uranometria" des Johan Bayer, eines 1608 erschienenen Himmelsatlas.[693] Silbervergoldete Nägel verkörperten die Fixsterne. An der Achse waren der Fußboden und ein runder Tisch mit Sitzbank aufgehängt (Abb. 58). Auf dem als Horizont fungierenden Tisch stellte eine kupfervergoldete Halbkugel von 66 cm Durchmesser die unbewegliche Erde dar. Hier sitzend konnten bei einer Drehung des Globus sowohl die Bewegung der Sterne als auch der Jahreslauf der aus einem geschliffenen Kristall bestehenden Sonne nachvollzogen werden. Zur Überprüfung dienten auch hier ein Horizontring mit Kalendereintragungen und ein Meridianring. Neben einem von Hand im Globusinnern zu bedienenden Kurbelantrieb, der einen Umlauf in etwa einer halben Stunde ermöglichte, sollte eine im untersten Kellergeschoss eingerichtete Wassermühle für eine

Drehung des Globus in 24 Stunden sorgen (Abb. 58). Dazu floss Wasser durch eine 272 Fuß (72 m) lange Leitung von der Ostseite des Hauses her in ein durch ein Schott verschließbares Reservoir im Keller und von dort auf ein horizontal gelagertes Mühlrad, das die komplizierte Globusmaschinerie antrieb.[694]

4.10. Das erste Pomeranzenhaus

Sowohl über die Gebäude zur Überwinterung von Orangeriepflanzen als auch über deren Standort im Neuen Werk bestand lange Zeit Unklarheit. Erst Annie Christensen befasste sich 1999 eingehender mit den zwei abschlagbaren Pomeranzenhäusern, die es nacheinander an verschiedenen Standorten im Neuwerk gegeben hat, bevor die große, feste Orangerie in den 1690er Jahren errichtet wurde.[695]

Bauzeit und Standort des ersten Pomeranzenhauses im Neuen Werk stehen in engem Zusammenhang mit der Entstehung des Globus- und eines Vogelhauses, wie Caspar Danckwerth in der Landesbeschreibung 1652 mitteilte:[696]

„an der einen Seiten dieses Bawes [des noch im Bau befindlichen Globushauses] ist ein Pomerantzen Haus in diesem Jahre gebawet/ und dürffte an der andern Seite mit der Zeit ein Vogelhauß auffgeführet werde."

Die Rechungsbelege bestätigen, dass das Pomeranzenhaus in den Jahren 1651 bis 1653 und das Vogelhaus etwas später errichtet wurden.[697] In Bezug auf den Standort lässt sich aus Danckwerths Aussage folgern, dass Vogel- und Pomeranzenhaus als Pendantbauten seitlich des Globushauses symmetrisch platziert waren. Aus diesem Grunde ist es – trotz fehlender weiterer Quellen zum genauen Ort des Pomeranzenhauses – möglich, aus den zum Vogelhaus gemachten Angaben auch auf den ehemaligen Standort des Pomeranzenhauses zu schließen. Das Vogelhaus lag „hinter dem Palatio" (gemeint ist das Globushaus, und zwar vom Haupteingang im Norden aus gesehen).[698] 1678 berichtet der Kammerdiener Marcus Thomsen, dass das ehemalige Vogelhaus neben einem Portal und einer Mauer im „kleinen Garten" gestanden hat, woraus als einzige sinnvolle Möglichkeit zu schließen ist, dass sich die beiden Bauten in den rechteckigen Seitenbereichen des Globusgartens befunden haben müssen und durch die Ringmauer mit dem Globushaus zu einem architektonischen Ensemble verbunden waren.[699]

Eine Rekonstruktion des Pomeranzenhauses, das nur 14 Jahre existierte[700], ist nicht möglich aufgrund lückenhafter Schrift- und fehlender Bildquellen. Lediglich auf dem Porträt Herzog Friedrichs III. vor dem Neuwerkgarten von Ovens (Abb. 42, rechter Bildrand) lässt sich der Standort am östlichen Ende der Ringmauer andeutungsweise nachvollziehen, während aus der schemenhaften Darstellung des Baukörpers keine Schlüsse gezogen werden können.[701] Trotzdem lassen sich aus den Rentekammerrechnungen einige interessante Erkenntnisse zu Aussehen und Funktion des

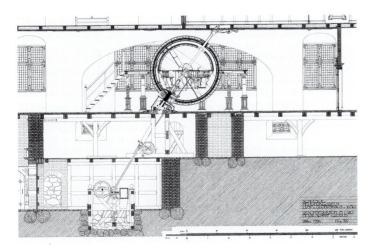

Abb. 58 Schnitt durch den Gottorfer Globus, Rekonstruktionszeichnung von Felix Lühning

Gebäudes gewinnen. Maße und Grundriss sind nicht bekannt. Von der Nutzung und dem Standort ausgehend muss es ein rechteckiger, west-östlich ausgerichteter Baukörper gewesen sein, der sich nach Süden öffnete, um möglichst gut die Sonneneinstrahlung auszunutzen.[702] Darauf befand sich ein pfannengedecktes Satteldach.[703] Da Kanthölzer aus Eiche verwendet wurden[704] und es sehr viele Fenster gab[705], kann man sich für die Südseite des Gebäudes eine fast völlig durchfensterte Ständerbauweise bzw. Fachwerk vorstellen, während die Westwand aus einer Mauer und die Wände nach Norden und Osten vielleicht aus der im Winkel verlaufenden Fortsetzung der hohen, aus Backstein ohne Fenster gemauerten Ringmauer bestanden.[706] Eine repräsentative Note erhielt der Bau durch ein Portal und zwei Fensterzargen, die Cornelius van Mander schon 1651 aus Sandstein gefertigt hatte.[707] Alle anderen Fenster- und Türzargen sowie vier Türblätter waren aus Holz.[708] An die Fenster hatte man mit Ölfarbe gestrichene Läden angeschlagen.[709] Hinter dem Haus gab es ein „Bollwerck", von dem 1653 ein Stück weggebrochen wurde. Außerdem wurde hier Erde abtransportiert, wohl um Platz für den Bau eines Schuppens zu gewinnen.[710] Der von Johann Tambs gezimmerte Schuppen erhielt ein in der Nordmauer des Pomeranzenhauses verankertes Schleppdach.[711] Er diente sicher als Heizgang zur rückwärtigen Befeuerung der Öfen und als Lager sowohl für die hier jährlich verbrauchten 50 Faden (105,9 rm) Brennholz als auch möglicherweise für die im Sommer abgebauten Fenster.[712]

Es handelte sich bei dem Gebäude um ein sogenanntes abschlagbares Pomeranzenhaus, in dem die Pflanzen direkt in der statt eines Fußbodens eingebrachten Erde wuchsen.[713] Mit Hilfe dreier auf eingerammten Pfählen stehenden Kachelöfen konnte es beheizt werden.[714] Der ganze Dachstuhl wurde von Maurern und Zimmerern im Frühjahr abgenommen und im Herbst wieder aufgebracht, eine recht aufwendige und mit 60–80 Rthlr pro Jahr auch teure Methode, die 1653 zum ersten Mal durchgeführt wurde.[715] Es scheint so, als ob die winterlichen Klimaverhältnisse in diesem Haus schon bald zu Problemen geführt haben, denn 1657 wurden große Mengen Heide und Reet ins Pomeranzenhaus geliefert, wahrscheinlich als Isolierungsmaterial für die über dem Raum liegende Decke, die 1658 zum ersten Mal erwähnt und möglicherweise 1657 eingezogen wurde.[716] Merkwürdig ist, dass der Ab- und Aufbau des Daches zum letzten Mal 1659 vollständig stattfand. 1660 wurde erneut Reet für das Pomeranzenhaus geliefert.[717] Da nach 1661 bis zum Abriss des Hauses 1665 keine Tätigkeiten in Bezug auf das Abschlagen des Daches in den Rechnungen mehr auftauchen, bleibt zu vermuten, dass das Gebäude zu diesem Zeitpunkt mit einem nicht abnehmbaren Reetdach eingedeckt wurde.[718]

Über den Bestand an wertvollen Orangeriepflanzen und deren Anordnung in diesem Pomeranzenhaus unterrichtet uns ein Inventar von 1655.[719] Insgesamt waren 36 Zitrusgewächse, von den anderen Pflanzen aber meistens nur ein Exemplar vorhanden. Entlang den Wänden nach Westen, Norden und Osten standen insgesamt sechs Feigen- und zwei Zitronenbäume sowie Weinstöcke und eine aus Nordamerika stammende Trompetenblume (Nr. 1–6)[720]. Ansonsten war der Raum in vier Beete unterteilt, in denen sich neben Pomeranzen- und Zitronenbäumen klassische Orangeriepflanzen aus dem Mittelmeerraum wie Granatapfel, Myrte, Sedum arborescens, Immergrüner Schneeball, Alaternus, Rosmarin, Zypresse, Oleander, Agnus Castus, Lorbeer[721] und auch orientalische Gewächse wie Hibiscus syriacus, drei Sorten Jasmin bzw. Flieder und Lorbeerkirsche[722] befanden. Darüber hinaus gab es den aus dem fernen Osten stammenden Zedrachbaum und schon drei Vertreter der amerikanischen Flora, nämlich „acacia americana", „filis firginiamus" und Medicago arborea L.[723]

4.11. Das erste Vogelhaus

In den Jahren 1652 bis 1654 wurde das erste Vogelhaus im Neuwerk gebaut. Zumindest vom Standort her[724] war es als Pendant zum ein Jahr zuvor begonnenen Pomeranzenhaus gedacht. Vermutlich wurde dieses Gebäude im Gegensatz zum Pomeranzenhaus erst 1680 abgebrochen.[725]

Zum Aussehen dieses Gebäudes sind keinerlei Bildquellen und nur unzureichende schriftliche Angaben überliefert, so dass es nicht möglich ist, sich ein vollständiges Bild davon zu machen. Fest steht, dass das Bauwerk „ein groß Hauß von Draatgeflechten aufgerichet" und „üm und üm mit drat bezogen" war.[726] Es handelte sich also um einen Vogelkäfig aus Messingdraht, einem sehr kostspieligen Material, für das der Herzog mit dem Arbeitslohn allein 930 Rthlr investiert hatte.[727] Wie das Vogelhaus aber wirklich konstruiert war, bleibt letztlich unbekannt. Für 160 Rthlr baute der Zimmermeister Johann Tambs aus Eichenholz das Vogelhaus, das im Frühjahr 1653 gerichtet wurde.[728] Vorher schon hatte der Maurermeister Claus Rethmeyer daran gearbeitet, und 1654 wurden „an den fensterbäncken und in den Mawren Eisen Klammers befäßtiget und eingemawret".[729] Tischler fertigten Fensterläden und große und kleine Fensterrahmen an, die der Blechschläger Matthias Haß mit Messingdraht bespannte.[730] Innerhalb dieses Bauwerkes befand sich ein als Vogeltränke genutzter Teich, der von eingerammten und mit Brettern bekleideten Pfählen umgeben war. Außerdem besaß der Bau eine Abseite, zu der zwei Holztüren führten, und die vermutlich als Lagerraum für Futter u.Ä. diente.[731] Das Vogelhaus erhielt bei seiner Fertigstellung 1654 einen Außenanstrich in unbekanntem Farbton. Das Dach, über dessen Konstruktion nichts bekannt ist, war wohl mit Pfannen eingedeckt.[732] 1653/54 wurden zur Haltung der Vögel 215 Körbe geliefert.[733]

Für die Versorgung der Tiere war der Vogelsteller Hans Georg Rudolph ab 1654 zuständig.[734] Herzog Christian Albrecht bestallte ihn 1660 neben seiner Tätigkeit als Heidreuter des Amtes Schwabstedt zum „auffseher über das Gottor-ffische Vogelhauß" für 60 Rthlr jährlich und monatliches Kostgeld.[735] Zur Wartung

Abb. 59 Nr. 2 zeigt einen Casuar und Nr. 6 einen „Anser Magellanicus", Tafel 13 aus „Gottorfische Kunstkammer" von Adam Olearius, 1674, SSHL

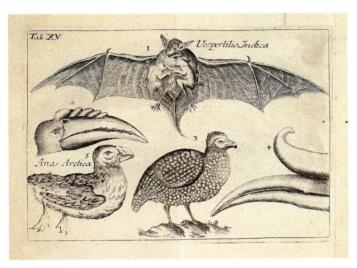

Abb. 60 Nr. 3 zeigt ein „Hun aus Gvinea", Tafel 15 aus „Gottorfische Kunstkammer" von Adam Olearius, 1674, SSHL

der Vögel erhielt er aus dem Kornhaus „Hanff= Lein= Mohn= Carnarien= unndt Rübensaet" und außerdem Korn, Grütze, Roggen und Malz.[736] Es wurden offenbar vor allem exotische, in der zeitgenössischen Sprache als „rar" oder „indianisch" bezeichnete[737], Vögel gehalten, denn nur von solchen gibt es im Zusammenhang mit dem Vogelhaus Nachrichten: Von 1653 bis 1655 wurden über 200 Kanarienvögel eingekauft.[738] Weiter befanden sich in dieser Voliere „große und kleine Papageyen, indianische Hähne und viel andere mehr Sorten, die man nicht alle beschreiben kann".[739] Einige Exemplare hatten einen so hohen Sammlerwert, dass Olearius sie sogar in seinem Buch über die Gottorfer Kunstkammer erwähnte und abbildete: dazu gehörten Hühner „aus Gvinea, derer wir 6. etliche Jahr im Vogelhause lebendig gehabt/ sie haben auch Eyer geleget/ aber nicht zum Außbrüten sitzen wollen" (Abb. 60, Nr. 3), „ein großer Indianischer Vogel/

welchen die Unsrigen Casuar, seine Landsleute aber Emeu nennen" und eine Vogelart mit dem Namen „Anser Magellanicus" (Abb. 59, Nr. 2 u. 6).[740] Auf dem Herkulesteich wurden 1658 „türckische Gänse" gehalten.[741]

Mit dem Fangen einheimischer Vögel, die aber wohl nicht im Vogelhaus gehalten wurden, beschäftigten sich am Gottorfer Hof seit 1654 neben Hans Georg Rudolph der „Fürstl. Vogelsteller Hannß Dietrich" und der „Vogelfänger" Johan Tießen.[742] Kurz zuvor schaffte Olearius auch ein Fachbuch zu diesem Thema für die Gottorfer Bibliothek an.[743] Für die Vogelsteller wurde zunächst „hinterm Newenwercke ein Zelte gemacht" und später ein Vogelherd gebaut, außerdem Flachs für Fangnetze gesponnen und „Quitzberen beume" gepflanzt.[744]

4.12. Die Küchengebäude und die Achtkant im Tiergarten

Die im Tiergarten gelegenen, in der Literatur bislang kaum genannten Einrichtungen der Küchen und Achtkant[745] sollen an dieser Stelle kurz betrachtet werden, weil sie von ihrer Nutzung her eng mit dem Neuen Werk verbunden waren.

Für die adäquate Verpflegung der Hofgesellschaft im Garten wurden 1654 eine Küche, ein Weinkeller und drei Schuppen „hinter dem Newenwercke" gebaut.[746] Eine andere „Küche ufm Newenwercke" wird erstmals 1663 erwähnt.[747] Wo sie genau innerhalb des Gartengeländes gestanden hat, ist nicht mehr nachzuvollziehen. Da dieses Gebäude 1668 abgebrochen und in den neuen Tiergarten transloziert wurde, muss ihr Standort an der Grenze zu oder auf dem Gelände gewesen sein, das Herzog Christian Albrecht zur Erweiterung des Gartens nutzte.[748]

Wohl etwa gleichzeitig mit dem Küchenbau von 1654, jedenfalls bis 1656, hatte Herzog Friedrich III. einen nach seinem Grundriss meist „Achtkant" oder „AchtEck" genannten[749], laubenartigen Platz westlich des Neuwerks einrichten lassen, der bei der Verlegung des Tiergartens in den 1660er Jahren zum Ausgangspunkt eines barocken Jagdsterns wurde (Abb. 5).[750] Obwohl dieser Ort schon in der herzoglichen Zeit vor 1705 völlig verfallen war[751], ist er bis ins 19. Jahrhundert dokumentiert und auch noch heute im Tiergarten auf halber Höhe westlich des Gartens im Gelände sichtbar.[752] Während Dallin die Ansicht grob wiedergibt (Abb. 14), zeigt der Plan von 1713 den Grundriss (Abb. 16).[753] Der Platz[754] war rundherum von einem Wassergraben umgeben, um den außen ein Weg führte. Der Zugang erfolgte über zwei einfache Holzbrücken an der West- und Ostseite. Auf der Insel war von dem Erdaushub des Grabens eine umlaufende, mit Grassoden bedeckte Bank geformt, deren Innenseite mit „Quaderfeldsteinen" bekleidet und deren Außenseite mit Bäumen in regelmäßigen Abständen bepflanzt war.[755] Im Zentrum des Platzes befanden sich anscheinend eine oder mehrere Fontänen auf einem wiederum achteckigen „kleinen hügel welcher mit gehauen

Stein ümb her beleget" war und auch Bäume hatte, aber nur an jeder Ecke einen.⁷⁵⁶ 1705 waren noch fünf steinerne Tische vorhanden. Herzog Christian Albrecht ließ 1669 von dem Zimmermann Detlef Löke eine „Haube" auf das Achteck setzen und zusammen mit dem Tischler Caspar Eibe einen neuen Holzboden verlegen. Vielleicht existierte die Bedachung nur wenige Jahre, denn 1673 wurde diese „Lust Laube" „heruntergebrochen" und eine Abdeckung in keiner der späteren Quellen mehr erwähnt.⁷⁵⁷ Die erst ab 1705 vorkommenden Begriffe „Collonade" bei Dallin, „Trianon" bei Lönborg oder „Pavillon" im Baustaat 1705 assoziieren eine aufwendig gebaute Architektur, die aber in den wesentlichen Quellen nicht bestätigt wird.⁷⁵⁸ Der Zugang zur Achtkant vom Neuwerk aus war mit einer Pforte in einem Staketenzaun etwas repräsentativer gestaltet als das normale Plankwerk des Gartens.⁷⁵⁹

Die Achtkant, die in ihrem Durchmesser etwa vergleichbar mit der Tiefe einer der Terrassenstufen des Gartens und damit ein riesiger Platz war, fungierte als „ein orth im Thiergarten Der Sommers da zu Speisen".⁷⁶⁰ Dazu passt, dass zu diesem Platz auch ein Keller und ein Küchengebäude gehörten, nämlich die 1654 errichteten Bauten ganz in der Nähe. Eine bildliche Darstellung des „absonderlichen Kellers"⁷⁶¹, der zusammen mit der Achtkant 1656 zum ersten Mal erwähnt wird, existiert nicht. Er lag an der Nordseite des Platzes, nach der Beschreibung des Inventars von 1709 zu urteilen, war er in den mittleren Hügel eingearbeitet, „mit Brettern abgekleydet und mit Ziegel belegt". An der Vorderseite mit rot angestrichenen Brettern gab es eine Tür mit einer Klappe.⁷⁶²

Die Küche von 1654 ist dagegen in Grundriss und Ansicht auf den Plänen von 1707 (Abb. 14) und 1713 (Abb. 16) dokumentiert.⁷⁶³ Ab 1707 erscheint dieses Gebäude in den Quellen unter der dann bis zu seiner letzten Nennung 1728 meist üblichen Bezeichnung „Anricht".⁷⁶⁴ Der im Inventar von 1709 näher beschriebene fünf Fach lange, nord-südlich ausgerichtete, mit Brettern bekleidete und pfannengedeckte Bau stand etwa 150 Meter nördlich der Achtkant an einem kleinen Wasserlauf, über den eine Holzbrücke führte (Abb. 16). Außer der Haustür in der Ostwand gab es mindestens fünf Fensteröffnungen. Im Innern befand sich ein Feuerherd. An der Südwestecke des Hauses war ein Schuppen angebaut.⁷⁶⁵

Die 1663 erstmals genannte und fünf Jahre später in den Tiergarten versetzte Küche hatte dagegen ein Reetdach.⁷⁶⁶ Der Bewohner des mit Reet gedeckten sogenannten Tierwärterhauses teilte 1705 mit, dass „dieses Hauß [...] vohr einig 50 Jahren Die Küche gewäßen wan die herschafft darausen gespeiset haben".⁷⁶⁷ Zu dieser eindeutigen Zuordnung passt, dass zu dem Tierwärteranwesen 1709 ein Wohnhaus mit Keller und angebautem „Stall Schauer", ein Backhaus und ein Torfschuppen gehörten.⁷⁶⁸ Das Wohnhaus war ein west-östlich gebauter, sechs Fach langer Fachwerkbau, bestehend aus einer Diele, einer Küche und vier Stuben, eine davon über dem an der Nordseite befindlichen Keller. An den zwei Schornsteinen waren der Herd und zwei Kachelöfen angeschlossen. In dem an der Westseite angebauten und mit Brettern bekleideten Stall hatten vier Kühe und zwei Pferde Platz. An das pfannengedeckte Backhaus aus Fachwerk mit Brettervorblendung war noch ein Gänsestall gebaut. Die Torfscheune bestand nur aus Buschwänden mit Reetdach. Außerdem gehörte ein umzäunter Garten dazu.

Nur der mit etwa 200 Metern vom Garten relativ weit entfernte Standort des Tierwärterhauses nordwestlich des Neuen Werkes (vgl. Abb. 5, 14, wo nur der zugehörige Garten zu sehen ist, u. Abb. 18) lässt an der ehemaligen Küchennutzung des Gebäudes an diesem Ort Zweifel aufkommen. Andererseits passt der Zeitpunkt der Translozierung 1668 zur Planung des neuen Lusthauses Amalienburg. Da das ab 1670 gebaute Gebäude über keinerlei Räume zur Versorgung von Gästen verfügte, ist anzunehmen, dass dieses Küchengebäude im Tiergarten diese Funktion übernehmen sollte und von hier aus die Gesellschaften im Lusthaus bewirtet werden konnten.⁷⁶⁹ Erst ab 1684 wird zum ersten Mal ein Tierwärter erwähnt, der aber vielleicht auch nicht sofort dort wohnte.⁷⁷⁰

Im Gottorfer Tiergarten gab es auch einen Eiskeller, auch Eiskuhle oder Eisgrube genannt, der 1670 zum ersten Mal in den Quellen vorkommt⁷⁷¹ und aus einer Grube bestand, die von einem runden, nach oben spitz zulaufenden Reetdach bedeckt war. Innen waren die Wände ebenfalls mit Reet bekleidet, und an der Nordseite befand sich der aus einer Holztür bestehende Eingang.⁷⁷² 1710 wurde die Eisgrube durch einen Neubau ersetzt, der vom Aussehen her erst durch die Reparaturen späterer Jahrzehnte fassbar ist.⁷⁷³ Das Bauwerk bestand aus Holzständern und Fachwerk, der First des Reetdachs war mit Soden gedeckt. Auch hier waren die Innenwände wieder mit Reet verkleidet. Der auf Eichenholzbalken ruhende Fußboden aus Föhrenbrettern besaß eine Luke.

4.13. Der Melonengarten

Schon für die 1630er Jahre ist die Anzucht von Melonen im Alten Garten unter Johannes Clodius bezeugt.⁷⁷⁴ Im Neuen Werk setzte die Kultivierung dieser im 17. Jahrhundert als exotisch angesehenen, begehrten Gewächse anscheinend erst unter Michael Gabriel Tatter 1657 ein, der nun zum ersten Mal Glockengläser speziell für diesen Garten einkaufte.⁷⁷⁵ An welcher Stelle des Gartens er zuerst diese Pflanzen zog, bleibt unklar.

1666 wurde ein „kleiner garthen von 16 Ruthen" „beim newen werck" eingezäunt, der wohl mit dem neuen Standort der ein Jahr zuvor abgerissenen und wiedererrichteten Bauten des Pomeranzen- und Vogelhauses identisch ist.⁷⁷⁶ Es handelt sich um das in den Tiergarten hineinreichende und von Plankwerk umgebene Gelände in der südwestlichen Ecke des Neuen Werkes (Abb. 14, 16 u. 17). Weil hier das Pomeranzenhaus stand, diente dieser Separatgarten als Sommerstellplatz für die Orangerie. Im

Juni 1681 waren hier neben 65 Zitrusbäumen 57 verschiedene Sträucher und Blumen in Töpfen und Kästen aufgestellt.[777] Im gleichen Jahr wurde an der Südseite des Pomeranzenhauses eine 4 Fuß (1,15 m) hohe Feldsteinmauer aufgesetzt, an der Tatter Mistbeete einrichtete.[778] Spätestens seit dieser Zeit wurden hier die Melonen gezogen und auch eine Baumschule für Obstgehölze unterhalten.[779] Aber erst nachdem die neue Orangerie im Norden des Gartens ab 1692/93 voll in Benutzung genommen worden war und damit das alte Pomeranzenhaus an Bedeutung verloren hatte, findet sich 1696 zum ersten Mal der für dieses Gartenstück bis zum Ende seiner Existenz 1731 verwendete Name „Milonen Garten" oder „Melonen Garten".[780] Erst aus dieser letzten Phase, nach dem Abbruch des Pomeranzen- und Vogelhauses, stammt die visuelle Dokumentation des Melonengartens in den Plänen von 1707 und 1713 (Abb. 14 u. 16).[781] Die Aufteilung wird im Wesentlichen übereinstimmend wiedergegeben. Dallins Darstellung (Abb. 14) ist zwar detaillierter und kommt dem authentischen Zustand wohl am nächsten, aber trotzdem ist die Beschreibung aus dem Inventar von 1709 auch hier schwer nachzuvollziehen.[782] Fest steht, dass das Kernstück aus vier zusammengehörigen rechteckigen, um ein Zentrum platzierten und von Buchsbaum umgebenen Kompartimenten bestand (Abb. 14 u. 16), deren Inneres wiederum in je sechs Beete eingeteilt war. Vermutlich ist dieser Teil identisch mit dem früheren Orangerieparterre. Daneben gab es gemauerte und aus Holz gefertigte Mistbeete. Die dazugehörigen Fenster und Luken wurden in dem ehemals zum Pomeranzenhaus gehörenden Schuppen hinter dem Nordplankwerk verwahrt. Laut Inventar lagerte auch der benötigte Mist im Melonengarten unsichtbar hinter einer Bretterwand, und auf einem Hügel waren Erdbeeren gepflanzt. Von hier aus gab es mindestens einen Zugang zum Tiergarten. Ab wann genau der Melonengarten nicht mehr genutzt wurde, ist nicht klar, da die Quellenaussagen sich z.T. widersprechen. 1731 wurde jedenfalls das Plankwerk des schon seit einigen Jahren verwilderten Melonengartens abgebrochen und damit dieser Bereich wieder ein Teil des Tiergartens.[783]

4.14. Das zweite Pomeranzenhaus

Herzog Christian Albrecht vereinbarte 1665 mit dem Neuwerkgärtner Michael Gabriel Tatter einen Vertrag über die Summe von 1000 Rthlr zum Abbruch des ersten Pomeranzen- und auch des Vogelhauses im Globusgarten und deren Wiederaufbau an anderer Stelle.[784] Sowohl die Existenz des Gebäudes als auch dessen Standort waren der Forschung bis vor kurzem fast völlig unbekannt.[785] Anhand der einzigen Bildquelle zu diesem Gebäude (Abb. 17) und schriftlichen Belegen lässt sich der neue Standort eindeutig lokalisieren auf ein Gelände westlich außerhalb des Gartens, das 1666 angelegt und später „Melonengarten" genannt wurde (Abb. 14 u. 16).[786] Als in den 1690er Jahren die neue Orangerie auf der obersten Terrasse gebaut wurde, war trotz einiger Instandhaltungsmaßnahmen der Verfall dieses Pomeranzenhauses[787] nicht mehr aufzuhalten. Nachdem es 1697 schon z.T. eingefallen war, riss man es 1703 oder kurz davor ab und beseitigte 1704 die Fundamente.[788] Stehen blieb nur der dazugehörige, nun als Aufbewahrungsort für Mistbeetfenster dienende Schuppen, der 1717 noch einmal recht aufwendig repariert und nach seinem Abbruch während der Niederlegung des Melonengartens 1731 im Gottorfer Fischerhof wieder aufgebaut wurde.[789]

Das Aussehen des zweiten Pomeranzenhauses ist aufgrund der spärlichen archivalischen Nachrichten nur schwer fassbar. Da das erste Gebäude nur versetzt und außerdem dieselbe Funktion beibehalten werden sollte, ist anzunehmen, dass es in ähnlicher Form wie das alte wieder errichtet wurde.[790] Das bestätigt, zumindest in Bezug auf den Grundriss, der Plan aus der 2. Hälfte des 17. Jahrhunderts (Abb. 17), auf dem ein langgestreckter westöstlich ausgerichteter Bau zu sehen ist, der der Länge nach einmal unterteilt war, woraus zu schließen ist, dass der südliche Teil das eigentliche Pomeranzenhaus und der nördliche den Schuppen als Lagerraum für Brennholz im Winter und für die Fenster im Sommer darstellte. Wahrscheinlich übernachteten hier auch die Gärtnerburschen, um in den Winternächten durchheizen zu können, aber Belege dazu sind nicht vorhanden. Ähnlich wie im Globusgarten war der Anbau von der Ansichtsseite im Süden nicht sichtbar, sondern hinter dem Plankwerk versteckt und nur vom Tier- oder Neuwerkgarten direkt zugänglich. Das Pomeranzenhaus lag also in der nordöstlichen Ecke des Melonengartens direkt am Plankwerk.[791] Die Fachwerkwände, die vermutlich auf Feldsteinfundamenten ruhten, besaßen nach Westen, Norden und Osten eine Ausfachung mit Mauersteinen, während die Fassade nach Süden sicher weitgehend durchfenstert war. Der Schuppen bestand ebenfalls aus Fachwerk mit Pfannendeckung.[792]

Auch dieses Pomeranzenhaus war abschlagbar, aber interessant ist, dass sich die Technik änderte. Statt einer Eindeckung mit Pfannen, die von Maurern und Zimmerleuten für 60 bis 80 Rthlr jährlich komplett mit Dachstuhl ab- und wieder aufgebracht worden war, entstand nun ein offenbar auf Rollen gelagerter und mit Reet gedeckter Dachstuhl, der mit Hilfe zweier Taue von Tatters Personal für nur 6 Rthlr im Jahr bewegt werden konnte.[793] Offensichtlich musste erst einmal experimentiert werden, denn erst 1669 bewerkstelligte Tatter zum ersten Mal das Ab- und Aufbringen des Daches, und noch später, erst in den Jahren 1671 bis 1674, wissen wir von Rollenlieferungen. Die Decken im Haus waren aus Brettern und mit „Leinen übergeschlagen".[794]

Das zweite Pomeranzenhaus war offenbar größer als das erste. Zu diesem Schluss kommt man bei dem Vergleich der Grundrisse von Pomeranzen- und Vogelhaus im Melonengarten (Abb. 17), wenn man davon ausgeht, dass die Vorgängerbauten im Globusgarten symmetrisch angeordnet waren und deshalb auch ähnlich groß gewesen sein werden. Für diese These sprechen außerdem die nun höhere Anzahl von vier Kachelöfen und der wesentlich gewachsene Pflanzenbestand.⁷⁹⁵ Dieser lässt sich am besten an der Menge der Zitrusbäume festmachen, die sich 1681 mit 98 gegenüber den 1655 verzeichneten 36 Exemplaren mehr als verdoppelt hatten.⁷⁹⁶ Die Zahl der Feigenbäume hatte sich von sechs auf 26 erhöht.⁷⁹⁷ Auch unter den anderen Orangeriegewächsen finden sich 1681 einige, die es 1655 noch nicht im Neuen Werk gab. Dazu zählen die aus dem Mittelmeerraum stammenden Pflanzen Judasbaum, Perückenstrauch, Binsenginster, Lotuspflaume, Mäusedorn, Christusdorn und Brustbeerbaum, dann einige neue Sorten Jasmin und Flieder aus dem Orient, Yucca gloriosa und Feigenkaktus aus Amerika, aber erst eine Pelargonienart aus Südafrika.⁷⁹⁸ Im zweiten Pomeranzenhaus befand sich auch die Agave americana, die 1668 zu blühen begann.⁷⁹⁹ Aus dem Inventar von 1681 ist ersichtlich, dass es im Pomeranzenhaus an der West- und Ostseite je ein großes Beet mit Heckeneinfassungen aus Orangeriepflanzen wie Granatapfel, Lorbeer, Lorbeerkirsche und Immergrünem Schneeball (Nr. 4–7, 25–27) gab und an der Nordwand eine Rabatte, die von Mäusedorn (Nr. 58) umgeben war. Sowohl die Hecken als auch alle anderen für diese Bereiche aufgezählten Pflanzen (Nr. 1–58, Ausnahme Nr. 57) standen – wie im ersten Pomeranzenhaus – direkt in der Erde. Diese Einteilung im Innern deutet darauf hin, dass die Kübel- und Topfpflanzen, die im Sommer laut Inventar im Garten vor dem Pomeranzenhaus aufgestellt waren⁸⁰⁰, auf einem großen freien Platz in der Mitte des Gebäudes überwinterten. 1681 standen Weinstöcke gegenüber 1655 nicht im Innern des Gewächshauses, sondern außen an der Mauer.

4.15. Das zweite Vogelhaus

Über das zweite und ein drittes Vogelhaus im oder beim Neuen Werk geben die Quellen extrem wenig, unklare und z.T. widersprüchliche Auskunft, und zu den lebendigen Vögeln und dem Aufseher des Vogelhauses fehlen seit Mitte der 1660er Jahre jegliche Nachrichten.⁸⁰¹ Das ist wahrscheinlich auch der Grund, weshalb in der Literatur überhaupt nur bei Christensen das zweite Vogelhaus, aber ohne weitere Informationen, erwähnt wird.⁸⁰² Wie im Kapitel zum zweiten Pomeranzenhaus schon näher beschrieben, sollte ebenfalls das erste Vogelhaus laut dem Vertrag mit Tatter 1665 abgebrochen und versetzt werden, und zwar offenbar auch an denselben Ort wie das Pomeranzenhaus, nämlich in den späteren Melonengarten.⁸⁰³ Die einzige Quelle, die ein Vogelhaus an dieser Stelle bestätigt, ist der Kopenhagener Plan von ca. 1665, der den neuen Bau im Grundriss zeigt (Abb. 17).⁸⁰⁴ Dass das erste Vogelhaus im Globusgarten 1665 tatsächlich transloziert wurde, erscheint zweifelhaft, denn schon 1664 ist von der Erbauung eines Vogelhauses, aber keineswegs vom Abbruch der Voliere im Globusgarten die Rede.⁸⁰⁵ Vielmehr unterstützen einige Quellen vor allem durch ihre Ortsangaben die Vermutung, dass das Vogelhaus im Globusgarten stehen blieb, dann sowohl

1665 als auch 1674/75 renoviert und erst im Jahre 1680 abgetragen wurde.⁸⁰⁶

Vielleicht ist mit dem 1664 errichteten Gebäude das im Bereich des Melonengartens eingezeichnete Vogelhaus (Abb. 17) zu identifizieren. Der Grundriss zeigt einen südlich parallel zum Pomeranzenhaus stehenden rechtwinkligen und bis auf eine durchlaufende Zwischenwand an der Nordseite nicht untergliederten Baukörper. Vielleicht verbarg sich hinter der Trennwand auch ein Schuppen, der zur Aufbewahrung von allerhand Geräten und Futter diente. Weitere Informationen zu diesem Gebäude sind nicht vorhanden. 1666 ist von einem neuen Vogelherd die Rede, und außerdem errichtete man ein Plankwerk beim Vogelhaus, wohl bei dem im Melonengarten stehenden. Es muss auch dieses das „newe Vogelhaus" gewesen sein, das 1669 ein neues Dach erhielt⁸⁰⁷, aber warum erst jetzt bzw. schon wieder? Im Oktober 1669 wurde ein auf der „Selker Heide" (d.i. der Name eines Flurstückes beim Neuwerk) platziertes Vogelhaus abgebrochen und im Tiergarten wieder aufgebaut. Dorthin verlegte man auch einen Vogelherd. Außerdem wurde im Tiergarten eine Vogelhütte aus Ziegelsteinen gemauert.⁸⁰⁸ Anschließend zäunte man „an den Wester ende des Vogelhauses uff Fürstl. newen werck" einen Fasanenhof mit Plankwerk ein.⁸⁰⁹

Es ist nicht möglich, aus diesen unvollständigen Angaben eine schlüssige Baugeschichte der Vogelhäuser im Neuen Werk und Tiergarten zu erstellen, geschweige denn eine Rekonstruktion. Vielleicht ist ja das Vogelhaus, das auf der „Selker Heide" gestanden hat, identisch mit dem im Melonengarten, der zu diesem Zeitpunkt noch nicht diesen Namen trug? Diese Vermutung ergibt m.E. am meisten Sinn. Möglicherweise war man zu der Ansicht gekommen, dass das Orangerieparterre und die Frühbeete mehr Platz brauchten, sodass das hier befindliche Vogelhaus 1669 abgebrochen und in den Tiergarten verlegt wurde, wo man dann gleich einen Fasanenhof anfügte. Die Zeitpunkte für den Abriss der Vogelhäuser im Melonen- und Tiergarten sind aber ebenso wenig überliefert wie Informationen zum Aussehen der Bauten. Auf den Plänen von 1707 und 1713 sind jedenfalls keine derartigen Gebäude mehr vorhanden (Abb. 14 u. 16).

4.16. Die Königsallee und die anderen Hauptwege

Die parallel zur Terrassenanlage in einem Bachtal den ganzen Garten in Nord-Süd-Richtung durchquerende „Königsallee", die die beiden Eingänge im Süden und Norden verbindet und weiter durch den Tiergarten bis zu den Hühnerhäusern geht, ist heute noch der wichtigste der Wege im Neuwerk. Die in unsere Zeit tradierte Bezeichnung „Königsallee" bürgerte sich ab 1822 ein und rührte daher, dass dieser Weg als direkteste Verbindung zwischen der von Flensburg kommenden Straße und dem Schloss von den dänischen Königen seit 1713 bei ihren Besuchen auf Gottorf befahren wurde.⁸¹⁰

Während der heute noch erhaltene Weg in seiner gesamten Länge schon für die allererste Zeit des Gartens nachweisbar ist (Abb. 3 u. 12)[811], war es bis jetzt nicht klar, wann die von Johannes Mejer noch nicht eingezeichneten Alleebäume zum ersten Mal gepflanzt wurden.[812] Es gibt kaum Schriftquellen zur Königsallee aus der herzoglichen Zeit und bei den Bildquellen nach Mejer nur Dallin, der aber 1707 diesen Weg sehr genau darstellte (Abb. 14). Hier ist zum ersten Mal der Verlauf des Weges, wie er heute noch ist, nämlich an der Grenze des ersten Gartenabschnittes leicht nach Nordosten abknickend, dargestellt. Genau dieser Punkt bildete bis 1735 auch die Trennlinie zwischen den verschieden gestalteten Abschnitten des Weges[813]: Kombiniert aus Dallins Zeichnung und dem Inventar von 1709 lässt sich rekonstruieren, dass der Weg im südlichen, ersten Gartenteil neben dem östlichen Bogengang des Herkulesteiches und parallel zu diesem begann und über ein mit Bäumen unregelmäßig bestandenes „Graßfeld" bis zu einer Brücke, wohl dem ersten Nordertor des Gartens, gerade verlief und danach in der Richtung etwas abweichend als Allee bis zum Nordende des Neuen Werkes weiterführte.[814] Es deutet alles darauf hin, dass diese Allee 1680 zum ersten Mal gepflanzt wurde, denn in diesem Jahr rechnete man eine Lieferung von 54 Linden ab, wobei nicht angegeben ist, wo im Garten sie gepflanzt wurden.[815] Erst dadurch, dass Dallin ebenfalls exakt 54 Bäume im oberen Abschnitt des Weges zeichnete, lässt sich eine konkrete Verbindung zur Königsallee herstellen.

Die anderen Hauptwege sahen am Ende der herzoglichen Zeit folgendermaßen aus[816]: Die alte Nordgrenze des Neuen Werks unter Herzog Friedrich III. markierte ein Querweg, auf dem man, von Westen kommend, die im Tal liegende Königsallee mittels der o.g. Brücke überqueren und weiter nach Osten auf den Labyrinthberg gelangen konnte.

Außerdem gab es am westlichen und östlichen Plankwerk breite Fahrwege für Karossen zum Nordende des Gartens. Vom Eingang im Süden durchquerte man linker Hand den Bogengang südlich des Herkulesteiches, der am Melonengarten in den sog. „Kleÿgang oder westerfahrweg"[817] mündete. Im unteren Abschnitt bis zum Staketenzaun vor der Achtkant war die Ostseite des Weges mit „Hohen Bußbaum Hecken und mit Bäumen besetzt", im weiteren Verlauf dagegen mit Johannisbeersträuchern an blau-weiß angestrichenen Spalieren. Vor der Pforte zur Achtkant erweiterte sich der Gang zu einem ebenen Platz. An dessen Südseite stand 1709 schon eine große Buche, um die eine quadratische Bank aus Brettern gebaut war (Abb. 20). Das Innere bestand aus Erde, die Sitzfläche aus „grünen rasen".[818] Von hier hatte man einen fantastischen Blick auf die Terrassenanlage, zum Schloss und bis zur Schlei. Von dem Platz an teilte sich der Weg. Nach Osten abbiegend ging er auf die Orangerie zu, aber nicht mittig aufs Portal, sondern auf den östlichen Teil des Gebäudes, während er weiter geradeaus direkt auf den westlichsten Teil der obersten Terrasse führte (Abb. 14, 16 u. 20).

Der Weg entlang des Ostplankwerks führte am Garteninspektorhaus vorbei ebenfalls zur Nordgrenze des Gartens. Vom Eingang bog man rechts ab in einen kurzen Querweg, an dessen Seiten platt geschnittene Johannis- und Stachelbeerhecken mit Bäumen dazwischen wuchsen und an dessen Ende der Ostweg begann. Auf der ersten Strecke bis zum Garteninspektorhaus war hier die westliche Seite „mit Jungen Hecken und oben platten Linden Bäumen besetzt, beÿ deren Ende" auf einem kleinen Platz eine Laube aus 14 Ständern und einer äußeren umlaufenden Bank aus Eichenholz und innen drei Fichtenholzbänken um einen Steintisch gebaut war.[819] Weiter oben, hinter dem Labyrinth, verlief dieser 1674/75 als „Tannen-Alléé" gepflanzte und mit Bänken ausgestattete Spazierweg durch einen kühlen Hochwald.[820] Die beste bildliche Quelle zum Ostweg ist der nach 1734 entstandene Plan von Otto Johann Müller (Abb. 20), auf dem sowohl der Standort der Laube als auch die Tannen dokumentiert sind. Am Norderplankwerk stieß die Tannenallee auf einen Querweg, der, nachdem er die Königsallee gekreuzt hatte, steil hinauf zum Platz hinter der Amalienburg führte und wegen seiner „Natürlichen Boscage der Haßel-gang genant" wurde.[821]

4.17. Der Labyrinthberg und die Wildnis

Im südöstlichen Bereich des Neuwerkgartens liegt ein in drei Stufen abgetreppter Hang, auf dessen Kuppe in herzoglicher Zeit ein Heckenlabyrinth gepflanzt war (Abb. 14). Obwohl keine Rechnungsbelege existieren, ist anzunehmen, dass die Terrassierung gleich in den ersten Jahren des Gartens nach 1637 entstand, da schon Johannes Mejer sie 1641 bildlich festhielt (Abb. 3, 12 u. 13).[822] Der Irrgarten ist dagegen erst 1707 archivalisch fassbar, als er sich schon in verwildertem Zustand befand (Abb. 14).[823] Aus diesem Grund plante der Oberaufseher der Gottorfer Gärten, Christian Klingmann, 1711 in seinem von Bauinspektor C. A. Thomsen 1712 wieder aufgegriffenen Wiederinstandsetzungsprojekt des Neuen Werkes auch eine Neupflanzung des Labyrinths aus Obstgehölzen, die aber nicht ausgeführt wurde.[824]

Mit Hilfe des Inventars von 1709[825] und der Darstellungen bei Dallin (Abb. 14) und Müller (Abb. 20), der auch noch den Zustand vor 1737 zeigt, lässt sich das Aussehen des Labyrinthberges um 1700 folgendermaßen rekonstruieren: Alle drei Absätze besaßen einen äußeren, von Hecken gesäumten Weg. Die Böschungen waren auf einer Grassodenfläche mit „allerhand Kleinen Fruchtbäumen" bewachsen. Auf der ersten Stufe lag der Blaue Teich, dessen rechteckiger Form sich die darauffolgende Böschung mit einem zusätzlichen Winkel anpasste. Der nächste Absatz bestand lediglich aus dem umlaufenden Weg und einem Platz vor dem Garteninspektorhaus. Auf der in der Form eines rechteckigen Plateaus ausgebildeten höchsten Stufe war aus Haselsträuchern (Corylus avellana L.)[826] ein Labyrinth gepflanzt,

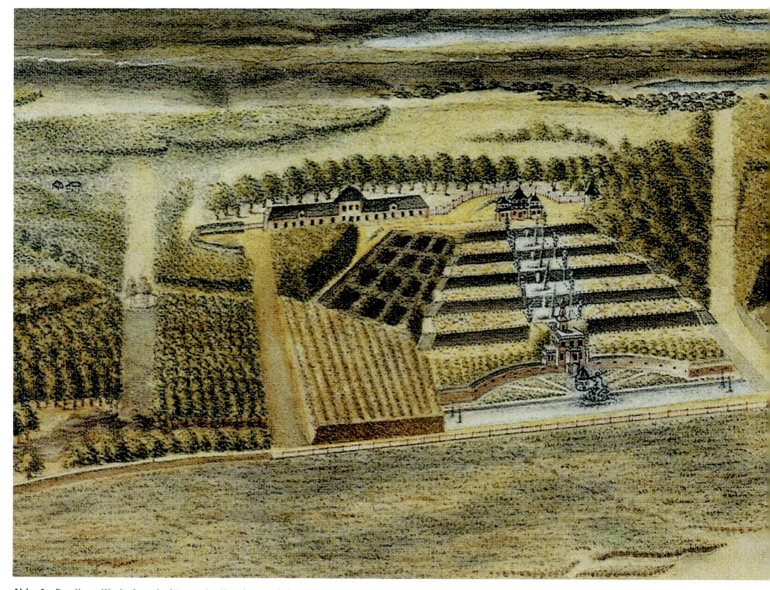

Abb. 61 Das Neue Werk, Ausschnitt aus der Vogelperspektive von Johann Christoph Lönborg, 1732, BQ: LASH, Lönborg II

dessen Wegeführung von Dallin (Abb. 14) nur angedeutet, aber von Müller nachvollziehbar wiedergegeben wird (Abb. 20). Ein breiter Weg von Westen diente als Zugang zum Irrgarten und führte auf eine in der Mitte befindliche, wahrscheinlich erhöhte Zuschauerlaube zu (Abb. 14, 16), die bei Müller merkwürdigerweise fehlt. Neben einem imposanten Ausblick über Neuwerkgarten, Schloss und Schlei bot dieser Platz der Hofgesellschaft die Möglichkeit, den Herumirrenden belustigt zuzuschauen.

In nördlicher Richtung schloss sich an den Labyrinthberg ein natürlich belassener Wald an, der im Westen bis zur großen Terrassenanlage, im Norden und Osten aber bis zum hohen Bretterzaun der Gartengrenze reichte. Die in einem Tal mitten hindurchführende Königsallee teilte das nach Westen und Osten wieder ansteigende Gelände, das in der zweiten Hälfte des 18. Jahrhunderts als „die so genannte Wildniß" bezeichnet wurde.[827] Schon in der herzoglichen Zeit war es ein „wald von allerhand wilden Schattigten Baumen und Stauden", z.B. Eichen und Buchen, aber auch Tannen gab es hier.[828] Östlich parallel zur Königsallee waren 1675 drei Wasserbecken angelegt worden (Abb. 16 u. 20), die Ulrich Petersen „Fischteiche" nannte.[829]

4.18. Der Blaue Teich

Der Blaue Teich, ein Wasserreservoir, das in Ausmaßen und Beschaffenheit noch im Zustand von 1707 erhalten ist, liegt auf dem ersten Absatz der in der Südostecke des Gartens sich hinter der Kaskade nach Norden erstreckenden Anhöhe. Das Jahr seiner Entstehung bleibt im Dunkeln, da die Aussagen der Quellen in der Frühzeit des Neuwerkgartens zu ungenau sind. Erst 1654 gab es definitiv zwei Stauseen im Neuwerk, den Herkules- und den Blauen Teich, und da sie zu diesem Zeitpunkt vom Gärtner Hein-

rich Vak gereinigt wurden, ist davon auszugehen, dass sie schon einige Jahre existierten.[830] Mejer zeichnete 1641 ein Gewässer ähnlich einer natürlichen Quelle, weiter östlich als der spätere Teich, mit unregelmäßigem Umriss und einem frei fließenden Bachlauf zum Burgsee (Abb. 12), was möglicherweise dem Zustand vor dem Bau der Kaskade tatsächlich entsprach, denn an der Ostseite des Wasserbeckens waren und sind noch heute Quellen.[831] Erst von 1664 bis 1666 – mit der Entstehung der Kaskade, für die er als Reservoir diente – erhielt der Teich eine hölzerne Einfassung aus Pfählen[832] und damit wohl seine weiter nach Westen ausgedehnte, rektanguläre Form[833] von etwa 35 mal 46 m (Abb. 14).[834] 1707 bekam der Blaue Teich mit einer haltbareren Umfassungsmauer aus Feldsteinen seine endgültige Gestalt.[835] Die technische Ausstattung des Wasserbeckens bestand 1709 aus drei Wasserkästen an der Südseite als Zugängen zu den Rohren zur Versorgung der Kaskade, einem Kasten für die Wasserkünste im Herkulesteich und einem „Mönch" zum Ablassen des Wassers, beide an der Westseite.[836]

In der Anfangszeit des Gartens gab es keine spezielle Bezeichnung für diesen Teich. Erst mit dem Bau der Kaskade bürgerte sich die bis ins 19. Jahrhundert übliche Benennung „Cascadenteich" ein.[837] Der Name „Blauer Teich" kam erst ab 1761 allmählich in Gebrauch.[838]

Zur Wasserversorgung der Kaskade wird in den Quellen noch ein anderer Teich genannt: der sogenannte „Engelteich". Es ist der südliche der beiden Teiche, die östlich des Garteninspektorhauses lagen und bei Dallin (Abb. 14) und auf dem Plan von 1713 (Abb. 16) festgehalten sind. Von diesem Bassin führte eine Wasserleitung westlich bergab zu den Skulpturen, die auf Höhe des Attikageschosses des ersten Kaskadenbaues oder auf der Attika der zweiten Kaskade angebracht waren.[839]

4.19. Die Kaskade

An der kleinen Anhöhe südlich des Blauen Teiches ließ Herzog Christian Albrecht von 1664–1667 eine erste Kaskade[840] als Wasserkunst und Point de vue am Eingang des Gartens errichten, die ab 1690 durch einen Neubau ersetzt wurde.[841] Als einziges in situ verbliebenes architektonisches und plastisches Element nicht nur des Neuen Werkes, sondern der gesamten Gottorfer Gartenkunst kommt der im Zustand nach dem Umbau von 1834 bis heute erhaltenen Kaskade eine besondere Bedeutung zu (Abb. 62).

Kenntnis von der ersten Kaskade erhielt die Forschung bislang nur durch die Andeutung, dass die Kaskade in den 1690er Jahren erneuert bzw. „anstelle einer Vorgängeranlage", die „heute nicht mehr faßbar" sei, errichtet worden war.[842] Über Baugeschichte und Aussehen war dagegen bis dato nichts bekannt, obwohl die Bauphase von 1664–1667 und der Abbruch im Jahr 1690 in den Rentekammerrechnungen deutlich hervortreten.[843] Letzterer wurde auch von Ulrich Petersen erwähnt.[844] Weitere Quellen beweisen die Existenz der ersten Kaskade. 1668 hielt der Kieler Medizin- und Botanikprofessor Johann Daniel Major seinen Eindruck der eben fertiggestellten Anlage fest. Darin teilte er auch den Standort mit, der identisch ist mit dem der heutigen Kaskade. Er beginnt die Beschreibung des Neuen Werkes mit der vom Schloss kommenden Zufahrt, die „schnurgleich hinführt in die ihme correspondirende/ neu=angelegte sehr=köstliche Cascate oder Wasser=stürzung/ außgezieret mit unterschiedenen reyhen gesetzter Muschl=förmiger Kessel/ gewundenen Drachen und Delphinen, wie auch zu öberst mit einem dazu gehörigen prächtigen Amphitheatralischen Portal von künstlichem Berg= und Grotten=werck/ und von Muscheln zusammen gesetztem Hoch=Fürstl. Holsteinischem Wappen."[845]

Eine genauere und zu Majors Äußerungen passende Vorstellung ihrer Gestaltung gibt uns erstmals eine nun im Kopen-

Abb. 62 Kaskade mit Vorplatz und Springbrunnen im Neuwerkgarten

hagener Nationalmuseum gefundene, unsignierte Federzeichnung (Abb. 63 u. 64), deren Ähnlichkeit mit der schon bildlich bekannten Gottorfer Kaskade der 1690er Jahre (Abb. 65 u. 66) sofort auf den ersten Blick an das Neuwerk denken lässt.[846] Weitere Details der Zeichnung in der Dekoration der Portalarchitektur tragen zu der Gewissheit bei, dass hier die erste Gottorfer Kaskade dargestellt ist. In der Mitte der großen Nische prangt das Gottorfer Wappen mit Krone darüber. Klein, aber deutlich sind die dafür ausschlaggebenden Wappenzeichen für die Territorien, auf die Erbanspruch bestand, zu erkennen (Abb. 64, vgl. Abb. 56): aufrecht schreitender Löwe (Königreich Norwegen), zwei schreitende Löwen übereinander (Herzogtum Schleswig), Nesselblatt (Herzogtum Holstein), Schwan (Grafschaft Stormarn), Pferd mit Reiter (Dithmarschen) und ein Herzschild mit Balken (Grafschaft Oldenburg) und Nagelspitzkreuz (Grafschaft Delmenhorst).[847] Dazu lässt sich das Dargestellte durch die Herrscherinitialen „CA" und das Datum „1669", die im oberen Teil der Schauarchitektur zu sehen sind (Abb. 64), der Anfangszeit der Regierung Herzog Christian Albrechts und gleichzeitig der Entstehungszeit der ersten Kaskade zuordnen.[848]

Anhand der Zeichnung (Abb. 63) lässt sich die Kaskade folgendermaßen beschreiben: Auf einem mit Feldsteinen gepflasterten Vorplatz[849] befand sich ein achteckiges Bassin, dessen Wasserstrahl aus einem in der Mitte aufgestellten Postament mit einer Krone hervorschoss. Dahinter führte eine breite Treppenanlage über sieben Stufen hinauf zu einer Schauarchitektur. Die Treppe war in der Mitte geteilt durch die eigentliche Wassertreppe, deren seitliche Rahmung aus plastisch gearbeiteten Delphinen und anderen Tieren und einem gestuften Geländer bestand. Die ganze Kaskadenanlage war an den Außenseiten eingefasst von im Wechsel angeordneten Postamentblöcken und Springbrunnen, die auf dem jeweiligen Niveau der Stufen standen. Die Zeichnung zeigt auf den Sockeln hohe Obelisken auf vier Kugeln, aber nur die untersten sind plastisch wiedergegeben, während die anderen lediglich im Umriss angedeutet sind. Jeder Springbrunnen bestand aus einer wohl in Knorpelwerk ornamentierten Rückwand, vor der oben eine kleine und darunter eine große Schale angebracht waren. Auf der ansonsten schwarz-weiß gehaltenen Originalzeichnung ist die Führung der Wasserstrahlen genauestens mit hellblauer Wachskreide eingezeichnet (Abb. 64). Demnach floss Wasser aus den Rückwänden in die Schalen und dann in ein jeweils darunter befindliches Bassin, das andeutungsweise zu erkennen ist. Gleichzeitig zielten Springstrahlen aus den Rückwänden auf die mittlere Wassertreppe, so dass eine Art „Wasser-

Abb. 63 Erste Kaskade im Neuen Werk, unsignierte Federzeichnung, mit hellblau Springstrahlen eingezeichnet, 1669, BQ: NMK, 1. Gottorfer Kaskade

Abb. 64 Erste Kaskade im Neuen Werk, Detail aus der Zeichnung von 1669, BQ: NMK, 1. Gottorfer Kaskade

allee" oder „Wasserbogengänge" entstanden. Dazu kamen Vexierfontänen vor der untersten Treppenstufe[850], die den Besucher überraschen sollten.

Die am Ende stehende Schauarchitektur (Abb. 64) bestand vertikal aus drei Teilen, einem hohen, verkröpften Sockel, auf dem die vier, paarweise seitlich angeordneten korinthischen Säulen des Mittelteils ruhten, und einem über deren Gebälk befindlichen, seitlich mit Pilastern eingerahmten Attikageschoss. Zwischen den Säulen befand sich eine Apsis, deren Halbkuppel[851] das Attikageschoss sprengte. In den Bogenzwickeln der Attikazone saßen geflügelte, weibliche Gestalten, die auf mit Fahnen behangenen Trompeten bliesen. An den Außenseiten reichten vom Haupt- bis zum Obergebälk Anschwünge aus Ohrmuschelwerkbögen. Die Sockelzone und die Friese waren mit Festons geschmückt. Das Gebälk der Attika bekrönte ein Aufsatz aus Knorpelwerk in der Umrissform eines Segmentgiebels. In dessen Mitte befand sich ein hochovales Medaillon, worin Neptun mit Dreizack und wasserausgießendem Krug dargestellt war, während an den seitlichen Enden zwei Vasen platziert waren. Die kolossale Apsis war samt den zwischen hellen Flächen aufsteigenden Rippen der Kuppel mit Grottenwerk vollständig ausgekleidet. Vorne, in der Mitte der Nische, waren drei nach der Größe gestaffelte runde Wasserbecken in Form von Muschelschalen übereinander angebracht. Seitlich daneben saßen auf Sockeln zwei große Hunde mit Schleifenhalsband, einander zugewandt. In der Nischenrückwand standen unter Bögen insgesamt sechs Figuren auf zur Mitte hin immer höher werdenden Stufen. Sie sind so winzig gezeichnet, dass nur zwei sich mit Mühe identifizieren lassen. Die mittlere Skulptur der rechten Seite weist sich durch Flügelhelm und Caduceus als Merkur aus. Die oberste Statue der linken Seite scheint einen Strahlenkranz um den Kopf und ein ähnliches Gebilde an einem Stiel in der Hand zu halten, was zu der Assoziation mit Apollo als Gott des Lichtes und der Sonne führt.

Ergänzend zu dieser Zeichnung geht aus anderen Quellen hervor, dass sich hinter dem Kaskadenportal eine Stützmauer aus Feldsteinen gegen den dahinter höher gelegenen Blauen Teich befand.[852] Aus welchem Material dagegen die Kaskadenanlage bestand, ist nicht genau überliefert. Einige Teile fertigten die

Tischler und Holzbildhauer Claus Eybe und Peter Lüeß aus Eichenholz an, das zur Konservierung mit Öl getränkt wurde.[853] Daneben war aber auch der Steinhauer Paul Traurnicht am Kaskadenbau beteiligt, so dass davon auszugehen ist, dass ein Teil der Anlage aus Haustein bestand.[854] Besonders interessant ist, dass 1666 der Gottorfer Fischmeister Andreas Hecklauer echte „Schellfische" anlieferte, die den Bildhauern als Modelle für die plastische Einfassung der Wassertreppe dienten.[855]

Es bleibt noch die Frage zu klären, wer der Urheber der unsignierten Kaskadenzeichnung (Abb. 63) ist. Aus den Rentekammerabrechnungen ist zu ersehen, dass im Jahr 1664 der Franzose Michel Le Roy auf Gottorf eintraf, der „in Architecturn gebraucht" wurde und nachweislich die Bauleitung der im selben Jahr begonnenen Kaskade innehatte.[856] Im Norden waren selten oder keine Spezialisten vorhanden für Hydraulik, die gleichzeitig auch eine architektonische Vorbildung hatten, d.h. letztlich in der Lage waren, eine solche Kaskade zu entwerfen und funktionstüchtig zu bauen. Auf Gottorf scheint es in dieser Zeit niemanden dafür gegeben zu haben, auch keinen Baumeister[857], was zu dem Schluss führt, dass Le Roy vermutlich gezielt u.a. für die Gestaltung der Kaskade engagiert wurde. Dass er deshalb auch am ehesten als Künstler der Zeichnung in Frage kommt, zeigen die Begleitumstände, die Datierung „1669"[858] und die Provenienz des Blattes. Le Roy wechselte 1666, wahrscheinlich auf Empfehlung des Herzogs Christian Albrecht von Gottorf in die Dienste der dänischen Königin Sophie Amalie (1628–1685) und erhielt den Auftrag, für sie auch eine Kaskade zu bauen.[859] Da in den Jahren bis 1670 ein reger Austausch zwischen dem dänischen Königshaus und Gottorf gepflegt wurde, verwundert der Verbleib einer Zeichnung der Neuwerk-Kaskade aus dieser Zeit in Kopenhagen nicht. Lediglich das Jahr 1669 gibt Rätsel auf. Bisher ist Le Roy nur bis Januar 1667 in der dänischen Hauptstadt nachweisbar[860] und es liegen keine weiteren Kenntnisse über ihn nach diesem Datum vor, was aber nicht ausschließt, dass er die Zeichnung 1669 erst anfertigte, vielleicht auf Bitten der Königin als Anregung zur Gestaltung ihrer eigenen Kaskade. Zu dieser Theorie passen auch einige Ungereimtheiten auf der Zeichnung[861], durch die der Eindruck entsteht, Le Roy habe die Zeichnung der Gottorfer Kaskade erst in Kopenhagen auf Bitten der Königin aus dem Gedächtnis angefertigt, ohne alle Details vor Augen zu haben.

1666–68 entstanden bei der Kaskade zwei mit Säulen und Bemalung künstlerisch aufwendig gestaltete Bogengänge mit einer Länge von je 26 Fach.[862] Weder ihr genauer Standort noch weitere Details ihres Aussehens sind bekannt. Vermutlich säumten sie beidseitig den Kaskadenvorplatz.[863] Die Bogengänge verschwanden spätestens 1712, als die auf dem Plan von 1713 (Abb. 16) angedeuteten von Hainbuchenhecken umgebenen Boskets angelegt wurden.[864]

Die fragile, durchscheinende Architektur der gesamten Kaskade, aber besonders des Nymphäums war nicht geeignet, der Witterung lange standzuhalten. Diese Vergänglichkeit erforderte ein hohes Maß an Pflege und ist vor allem in den zahlreichen Reparaturen schon in herzoglicher Zeit dokumentiert.[865] So wundert es nicht, dass schon nach 26 Jahren im September 1690 die Anlage abgebrochen und komplett erneuert wurde. Erst 1703 waren die Arbeiten an der neuen Kaskade abgeschlossen.[866] Vom Ergebnis her, d.h. im Vergleich der von dem Baumeister Müller 1736 vermessenen neuen Kaskade (Abb. 65 u. 66) mit dem Vorgängerbau (Abb. 63) ist die Maßnahme nicht als völlig neuer Entwurf, sondern nur als weitgehende Erneuerung des Materials im Treppenbereich, aber als völlig veränderter Neubau des Nymphäums zu werten. Möglicherweise lieferte Nikodemus Tessin, der in diesem Jahr u.a. auf Gottorf war, die Idee für das neue Kaskadengebäude in aktuellerem Stil.[867] Mit der Ausführung wurde der Bildhauer Theodor Allers beauftragt.[868]

Bis zur nächsten Hauptreparatur des Fontänenwesens in den Jahren 1737/1738 blieb die durch den Neubau der 1690er Jahre entstandene zweite Kaskade unverändert. Ihr Aussehen lässt sich anhand des von dem Baumeister Otto Johann Müller 1736 erstellten Aufmaßes (Abb. 65 u. 66)[869], ergänzt durch verschiedene schriftliche Zeugnisse[870], detailliert nachvollziehen.

Die gesamte Kaskade mit Ausnahme der Statuen und Festons im Gebäude bestand nun aus weichem, gotländischem Sandstein.[871] An dem großen, achteckigen Springbrunnenbecken vor der Kaskade änderte sich nur wenig. Die profilierte Sandsteinumrandung war 2 Fuß (0,57 m) hoch, 1 Fuß (0,29 m) breit und maß rundherum 96 Fuß (27,6 m). Sie erhielt nun noch acht auf den Ecken platzierte Postamente[872], und der Boden des Bassins wurde jetzt mit rötlichen und weißen gotländischen Fliesen im Schachbrettmuster ausgelegt. Auf dem höheren, weiß angestrichenen Postament in der Mitte des Beckens befanden sich nun statt einer zwei übereinander angebrachte Kronen aus vergoldetem Eisenblech.[873] Dazu waren auf dem Fliesenboden rundherum 16 kleinere Postamente in Form achteckiger Zylinder verteilt, worauf grün angestrichene Bleifrösche saßen. Aus den mittleren Kronen und den Froschmäulern schoss jeweils ein Wasserstrahl senkrecht in die Höhe.[874]

Die anschließende, sich nach oben zum Nymphäum verjüngende Treppenanlage mit den dazugehörigen Wasserspielen blieb im Aufbau unverändert bis auf wenige Details. Sie sind entweder auf der Zeichnung der ersten Kaskade nicht genau nachzuvollziehen oder dort anders wiedergegeben. Vor die unterste der vorher acht Stufen wurde eine neunte gesetzt, in deren Mitte unterhalb der Wassertreppe ein halbachtseitiges Bassin mit einer 2 Fuß (0,57 m) hohen und rundherum 25 Fuß (7,2 m) messenden Einfassung nun das herunterfließende Wasser der Kaskade aufnahm. An dieser Stelle waren auch jetzt 18 Vexierfontänen als „heimliche waßer Sprüngen wodurch die Hinauffgehende Zum Schertz können subtil naß gemacht werden"[875] platziert. Die Treppenauftritte bestanden wie vorher vorne aus Haustein, aber die großen Flächen waren nun definitiv in gleicher Weise wie der

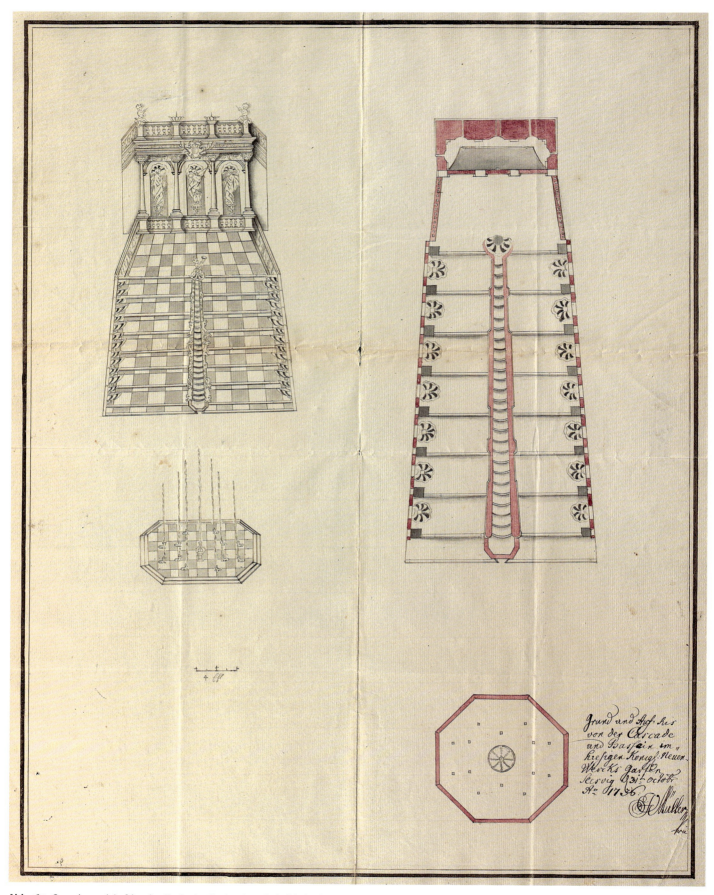

Abb. 65 Grund- und Aufriss der Kaskade, Zustand 1736, farbig lavierte Federzeichnung von Otto Johann Müller, BQ: LASH, Müller II

Abb. 66 Aufriss der Gottorfer Kaskade, Detail der Zeichnung von Otto Johann Müller, 1736, BQ: LASH, Müller II

Abb. 67 Muschel- und Schneckengebinde seitlich der Wassertreppe im Neuwerkgarten

Boden des großen Fontänenbeckens mit Fliesen belegt. Die Kaskade hatte nach wie vor 26 vorne gerundete Hausteinstufen. An ihrer seitlichen Einfassung gab es nun keine Geländer mehr, sondern nur noch den offenbar neu und etwas anders als vorher gestalteten skulpturalen Schmuck, das sogenannte „Grottenwerck" über eine Ausdehnung von 60 Fuß (17,2 m) aus Gotländer Sandstein, das jetzt nur noch Meerestiere zeigte, bestehend aus „allerhand art PerlMuscheln Austern, Schnecken und MeerMuscheln wie auch große Delphin" (Abb. 67).[876] Ganz unten lagen beidseitig die mit 14 Fuß (4 m) längsten Delphine, aus deren Mäulern Wasser in das neu aufgesetzte Bassin strömte. In der Mitte gab es auf jeder Seite zwei Delphine mit ineinander verschlungenen Schwanzflossen (Abb. 68). Das die Kaskade hinunterfließende Wasser stürzte aus dem Rachen des nun ganz oben platzierten, großen Delphins, der mit dem auf ihm sitzenden Triton, einem „Kind mit fliegenden Gürtel in ein gewunden Horn blasend"[877], zusammen eine Höhe von 5 Fuß (1,4 m) maß. Der

Aufbau der seitlichen Wasserspiele blieb mit derselben Anzahl abwechselnd aufgestellter Muschelfontänen und Postamenten erhalten, allerdings waren die schon vorher in ihrer Existenz zweifelhaften Obelisken nun definitiv nicht mehr vorhanden. Die auf einem quadratischen Grundriss mit 2 Fuß (0,57 m) Seitenlänge und einer Höhe von 3 Fuß (0,86 m) aufragenden Postamente besaßen nun einen Dekor in korinthischer Ordnung. Die Schalen der dazwischen angeordneten Springbrunnen waren nun Muscheln, die auf an allen drei sichtbaren Seiten mit „Verhoben Zierrahten und Laubwerck"[878] geschmückten Kragsteinen an einer vertikal stehenden, oben ebenfalls als Muschel ausgearbeiteten, 6 Fuß (1,72 m) hohen Rückwand angebracht waren.[879] Aus der Rückwand floss Wasser in die obere, 1 Fuß (0,29 m) breite Muschel, aus dieser in die 2 Fuß (0,57 m) breite Muschel darunter und schließlich in das am Boden angebrachte, 3,5 Fuß (1 m) breite und wiederum mit Fliesen ausgelegte halbachtseitige Becken.[880] Die Gestaltung des obersten Treppenabsatzes scheint

Abb. 68 Mit den Schwänzen verschlungene Delphinpaare an der Wassertreppe im Neuwerkgarten

Abb. 69 Weibliche Figur mit Lyra, unbekannter Bildhauer, 17. Jahrhundert, SSHL, Inv. Nr. 1986/1666

verändert worden zu sein, indem nun zwei 14 Fuß (4 m) lange Sandsteinbalustraden mit 14 Docken den Platz seitlich einfassten und gleichzeitig die Überleitung zum neuen Kaskadengebäude bildeten.

Dieser nach Süden loggienartig geöffnete, eingeschossige Baukörper (Abb. 65 u. 66) war auf einem völlig neuen Fundament aus 250 Erlenpfählen, festgestampftem Steingrus und Klei über einem querrechteckigen Grundriss von etwa 22 Fuß (6,3 m) Länge und 10 Fuß (2,8 m) Breite errichtet und maß an seiner Schaufassade 20 Fuß (5,7 m) Höhe.[881] Die drei geschlossenen Wandflächen nach Norden, Westen und Osten waren massiv aus Backstein gemauert und schmucklos, während die aufwändig gestaltete Südfront aus Gotländer Sandstein bestand.[882] Die Fassade war sowohl horizontal als auch vertikal in drei Zonen gegliedert. Die unterste Ebene bildete ein hoher Sockel aus vier Postamenten und dazwischen Balustraden wie auf dem Vorplatz, deren Docken nicht rund, sondern „ins Vierkant gehauen"[883] waren. Das Gebäude besaß keinen Eingang, es war nicht zum Betreten gedacht. Vier korinthische, auf den Postamenten freistehende[884] Säulen, die vermutlich vom Vorgängerbau stammten (vgl. Abb. 64 u. 66), stützten das darüber liegende, gerade Gebälk, das sich auch an den Seitenwänden fortsetzte. Während den Architrav Muschelfestons aus Holz zierten, war der Fries mit „Francoir Laubwerck besetzt" und in der Mitte war „Zu Gott Ruhenden Hertzogs C.A: Nahme mit Laubwerck und oben über eine Crone, unten aber ein Laub Schild worinn das Jahrzahl 1693 stehet".[885] Als dritte horizontale Ebene erhob sich über dem Gebälk eine Attika, die der Sockelzone glich bis auf die etwas schlankere Form der Postamente. Auf diesen saßen an den Ecken „Knaben so eine waßer Spritze drücken worauß daß waßer Springen kan, und auff den 2 Mittelsten stehen Große außgehauene Schaalen" in Form von Muscheln (Abb. 66), die auch als Fontänen funktionierten.[886] Die Balustradengalerie ging an den Schmalseiten des Gebäudes weiter bis zu jeweils einem letzten Postament ohne Skulptur, setzte sich aber nicht an der Nordseite des „fast flachen" und bleigedeckten Daches fort. Der Steinwall hinter der Kaskade war als Stützmauer zum Blauen Teich hin erhalten geblieben. Hinter der Sockelbalustrade befand sich im Innern des Kaskadenhauses ein großes, mit Blei ausgefüttertes Bassin im Boden, dessen Wasser zum am oberen Ende der Kaskade sitzenden Triton geleitet wurde. Insgesamt fünf Nischen, je eine an den Schmalseiten und drei in der Nordwand, deren oberer Abschluss aus einer in Stuck gearbeiteten Muschel bestand, gliederten die Innenwände. Über dem Hauptgesims waren an allen vier Seiten und an den Schmalseiten herunterhängend aus Holz geschnitzte Festons angebracht aus „allerhand Sorten Meerschnecken Perl Muscheln und Austern". Eine Balkenlage mit Bretterschalung bildete den Untergrund der stuckierten Decke, die mit einem umlaufenden Gesims bzw. einem „Crantz ümbher mit Oliven Blättern gezieret" war. In allen fünf Nischen ruhten Muscheln aus Gotländer Sandstein von 3 Fuß (0,86 m) Umfang auf 2,5 Fuß (0,72 m) hohen Kragsteinen.

In diese Muscheln wurde von außen Wasser geleitet, und die mittlere bestand im oberen Teil aus mit Blei überlegtem Holz. In den drei Nischen der Nordwand waren auf den großen Muscheln freistehend drei lebensgroße, männliche Holzstatuen platziert „mit Delphin und allerhand Muschel werck gezieret". Ihre Identität ist nicht ganz eindeutig. Die mittlere Figur wird sowohl als Triton als auch als Neptun mit dem Dreizack tituliert.[887] Müllers Wiedergabe (Abb. 66) spricht für eine Neptundarstellung, denn die Statue hatte zwei Beine und keinen Fischschwanz, der als Attribut des Triton gilt, und die lange Stange könnte auf den Dreizack hinweisen, den Johann Christian Jürgensen 1822 noch in situ sah.[888] Die beiden äußeren Skulpturen bezeichnete Jürgensen als „Flötenbläser", was auf Müllers Zeichnung auch zu erkennen ist. Wahrscheinlich war damit Apollo als Gott der Künste und besonders der Musik gemeint, denn als solche identifizierte jedenfalls der Fontänenmeister und Bildhauer Johann Friedrich Freudenreich die Statuen in der ersten Hälfte des 18. Jahrhunderts.[889] Keines dieser Bildhauerwerke hat sich erhalten. In den Jahren 1705 und 1708 befanden sich vier große und ein kleines „von Holtz geschnittene Bilder", die zur Kaskade gehörten, im Globushaus.[890] Die Anzahl und Größe der Skulpturen lassen sich nicht einfach mit den aus allen anderen Quellen übereinstimmend in Anzahl und Größe bekannten Figuren (s.o.) in Einklang bringen. Möglicherweise stammten sie noch von der ersten Kaskade und konnten bei der Erneuerung nicht mehr verwendet werden. Die Steinskulptur aus dem 17. Jahrhundert (Abb. 69), die in der Literatur häufiger als Apollo interpretiert worden ist und deren ursprünglicher Aufstellungsort in der Kaskade im Neuwerk vermutet wurde[891], kann meines Erachtens aus verschiedenen Gründen keine der Kaskadenstatuen gewesen sein. Erstens, weil sie nach Körperformen und Haartracht zu schließen wohl eher ein weibliches Wesen darstellt, zweitens, weil sie nicht aus Holz gearbeitet ist und drittens, weil die Figur als Attribut eine Lyra und keine Flöte bei sich hat. Von ihrer Ikonographie her passt also besser eine Interpretation als Polyhymnia, Muse des Lyraspiels.

Die bildhauerisch gestalteten Bereiche der Kaskadenanlage waren aus Gründen der Konservierung des nicht sehr witterungsbeständigen Gotländer Sandsteins mit Ölfarbe gefasst.[892] Nicht für alle Teile sind die Farbtöne unmissverständlich genannt. Fest steht aber, dass die Nischen und die Decke im Kaskadenhaus „hochblau" oder auch „Fresque Blau" gehalten waren.[893] 1703 wurden die Statuen mit den Muscheln darunter, die Muscheln der oberen Nischenabschlüsse, die Festons und anscheinend auch die vier Säulen und unteren Balustraden, die Seitenwände mit den gestaffelten Muschelfontänen und die Wassertreppe weiß angestrichen. Im Gegensatz dazu stehen die Angaben von 1695 und 1709, dass die Statuen und die innen und außen angebrachten Festons eine Fassung in „Licht grauw" besaßen.[894] Die Hauptfarben waren den Quellenangaben zufolge also Weiß und Blau.[895]

4.20. Die Ausgestaltung der Terrassenanlage

Die große, sechsstufige Terrassenanlage des Neuen Werkes mit ihren Parterres und Wasserkünsten (Abb. 70) war schon in der herzoglichen Zeit mehreren Wandlungen unterworfen.[896] Die erste Ausgestaltung der 1664 begonnenen und 1681 fertiggestellten Anlage hatte nur bis 1690 Bestand, aber die ursprüngliche Grundeinteilung (Abb. 14 u. 16), die im Folgenden kurz beschrieben werden soll, änderte sich bis ins 19. Jahrhundert hinein nicht, und die Geländestrukturen sind bis in die heutige Zeit sichtbar geblieben.

Die Terrassenanlage begann nördlich des Globushauses mit der ersten Stufe und überwand den Höhenunterschied von etwa 27 m bis zur sechsten Terrasse[897], dem obersten Platz, wo die Amalienburg und später die Orangerie standen, durch vier weitere Abstufungen, die sich nach oben hin verjüngten. Nach Westen hin stieg das Gelände an, nach Osten fiel es in Richtung Königsallee ab. Mit Ausnahme der untersten und der beiden obersten Terrassen war die Gliederung des zweiten bis fünften Abschnittes gleichartig und symmetrisch aufgebaut: die Symmetrieachse, in der auch Globushaus und Amalienburg lagen, bildete der breite Hauptweg mit einem mittig auf jeder Terrasse platzierten Fontänenbecken. Beidseitig der Achse lag je ein großes, von Wegen umschlossenes Parterre-Kompartiment. Die Böschungen zur nächst höheren Stufe waren ebenfalls als Parterres gestaltet. Die Anlage war durch Treppen erschlossen: an den Außenseiten der Böschungen gab es je eine einfache und in der Mitte eine zweiläufige, um eine kleine Kaskade gelegte Treppe. Die erste Terrasse mit ihrer gegenüber den anderen doppelten Tiefenausdehnung passte sich im Süden der Rundung der Globusmauer an, so dass die zwei Kompartimente seitlich des Globushauses eine schmalere und schräg abgeschnittene Form zeigten. Die fünfte Terrasse dagegen lief mit ihren Parterrestücken nach Norden spitz auf die Kaskaden-Treppenanlage zu, womit die fehlenden großen Böschungsbeete überspielt wurden. Die sechste Terrasse wies schließlich eine ganz andere Gestaltung als die anderen Abschnitte auf. In diesem Kapitel wird nur die Gestaltung um die Amalienburg behandelt. Das oberste Plateau war auch zu erreichen über zwei westlich der Terrassen ausgebaute Gänge, die beide von der Höhe der zweiten Terrassenstufe ab keilförmig auseinandergehend nach oben führten. Sie umschlossen ein Gartenstück, das als Wildnis belassen und nur von einer Hecke aus wilden Stauden eingefriedet war. Im Süden dieses Geländes, auf Höhe der zweiten Terrasse, befand sich ein plateauartiger Aussichtsplatz.[898] Während der westliche dieser beiden Gänge die Westgrenze des Gartens bildete ohne Zugang zu anderen Wegen, verlief der östliche parallel zur Königsallee und hatte von Stachelbeerhecken gesäumte Verbindungswege zu jeder Terrassenstufe, von denen zwei noch vorhanden sind.[899] Dagegen waren die bei Dallin deutlich eingezeichneten Gänge, die auf die östlichen Böschungen in Richtung Königsallee hinunter führten, schon in den 20er Jahren des 18. Jahrhunderts verschwunden.

Abb. 70 Blick vom Dach des Globushauses auf die 2007 fertiggestellte Rekonstruktion der Terrassenanlage des Neuwerkgartens

Über die 1675 von Michael Gabriel Tatter angelegten Parterres sind nur sehr wenige Informationen vorhanden. Es war „alles mit buchßbaum [...] brodiret"[900] und mit Zwiebel- und anderen „Gartengewächsen"[901], vermutlich sommerblühenden, bestückt. Im Herbst 1680 pflanzte Tatter 771 Obstbäume auf der Terrassenanlage, die meisten davon auf den seitlichen Anbergen nach Westen und Osten, aber auch als eine Art Rabatte an den Rändern der Parterres und der dazwischenliegenden Böschungen. Die Gattungen, Sorten und die genaue Anordnung der Bäume dokumentierte der Garteninspektor in einem Plan von 1681 (Abb. 22).[902] Soweit heute noch identifizierbar, handelte es sich um 247 Apfelbäume in 47 verschiedenen Sorten, 334 Birnbäume in 73 Sorten und 55 Kirschbäume in 8 Sorten, wobei um die Zierbeete hauptsächlich Kirschen und Birnen und auf den seitlichen Anbergen Äpfel und Birnen vorherrschten. Einige der damaligen Sorten gibt es noch heute. Die Bäume hatte Tatter in Hamburg bei den bekannten Händlern Johan Klefeker, Caspar Borckman und Johan Rudolff Meylandt eingekauft.[903] Außerdem pflanzte Tatter in dem genannten Bereich nach eigener Aussage noch 400 selbstgezogene, nicht weiter spezifizierte Obstbäume.[904] Dass auf dem Plan die unterste Terrasse fehlt, deutet darauf hin, dass Tatter diesen schon vor 1664 entstandenen Bereich früher bepflanzt hatte. Vielleicht standen hier die 52 Exemplare der 1663 direkt in Frankreich und die etwa 200 1670/71 bei Susanna von Meerwicks in Friedrichstadt georderten Apfel- und Birnbäume.[905]

Sonst ist über die erste botanische Ausstattung der Terrassenanlage nur noch bekannt, dass „der mittlerste gang [...] auf beijden seijten mitt einer gesnittenen pallissaden von Charmillien", d.h. einer Hecke aus Hage- oder Weißbuchen,[906] bepflanzt war. Darüber hinaus ist anzunehmen, dass ein großer Teil der zwischen 1668 und 1674 aus Regensburg, Friedrichstadt und von den Italienern Johan Baptista Reinhold und Jean Baptist Licony eingekauften oder als Geschenke nach Gottorf gelangten Orangeriebäume, nämlich mehr als 232 Pomeranzen und Zitronen, 110 Jasminstämme, 12 Zypressen und einige Oliven- und Granatapfelbäume, sommertags auf den Terrassen aufgestellt wurden.[907]

Nach der Rückkehr aus seinem zweiten Exil ließ Herzog Christian Albrecht die inzwischen verfallene Anlage instand setzen. Ab 1690 ersetzte Theodor Allers das Holz[908] der vorhandenen Bassins, kleinen Kaskaden und dazugehörigen Treppen durch Sandstein, was sich bis 1699 hinzog. Die Parterres, die von 1691 bis 1693 von Tatters Nachfolger Johannes Kempe völlig neu angelegt und dabei wohl auch in ihrer Binnengestaltung verändert wurden[909], boten bereits 1708 wieder ein trauriges Bild der Verwilderung.[910]

Mit Ausnahme von Tatters o.g. Pflanzplan sind für die herzogliche Zeit nur Bildquellen vorhanden, die den Zustand der Terrassenanlage im letzten Jahrzehnt dieser Periode dokumentieren. Zunächst sind da die beiden Stiche (Abb. 71 u. 72)[911], die 1705 anlässlich der Blüte der amerikanischen Agaven im Neu-

Abb. 71 Aloëblüte im Gottorfer Neuwerkgarten 1705, Kupferstich von I. D. Königshoven, BQ: EL, Königshoven

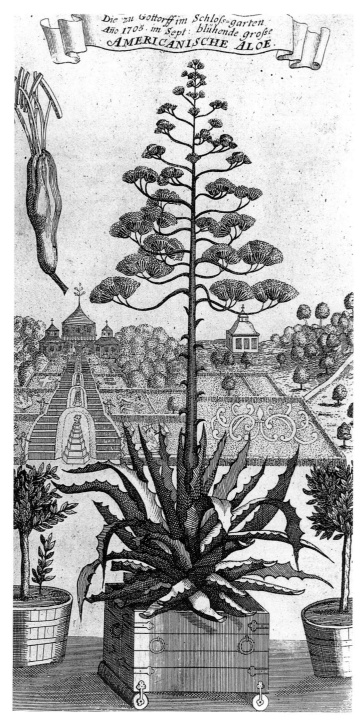

Abb. 72 Blüte einer Agave americana im Gottorfer Neuwerkgarten 1705, anonymer Kupferstich, BQ: KBK, Agave americana

werk entstanden und im Hintergrund die Ansicht der Terrassen in vereinfachter und etwas verzerrter Form zeigen. Ihr Wert liegt in der Wiedergabe der heraldischen Muster auf den Böschungsparterres. Die bildliche Grundlage für eine Rekonstruktion des vollendeten Zustands um 1694 ist der Grundriss von Dallin (Abb. 14, Details der Terrassen Abb. 73 u. 74), ergänzt durch schriftliche Zeugnisse.[912] Dallin zeigt die Parterres nicht in ihrem tatsächlich zur Zeit der Entstehung des Planes 1707 verwilderten Zustand, sondern offenbar mit voller Absicht in dem gepflegten Stadium nach der Wiederherstellung durch Christian Albrecht ab 1690. Die dazu nötigen Informationen erhielt der Zeichner sicher vor Ort von dem Fontänenmeister Hamburger oder der schwedischen Gärtnerkommission, die im selben Jahr das Neue Werk untersuchte.[913] Reste dieser Parterregestaltung waren 1707 auch noch vorhanden. Dagegen gibt der Plan von 1713 (Abb. 16) einen realistischeren Blick auf die Anlage am Ende der herzoglichen Zeit.[914]

Die Terrassenanlage sah um 1694 folgendermaßen aus: An den Außenseiten, parallel zu den seitlichen, über Böschungstreppen aus großen, behauenen Feldsteinen[915] nach oben führenden Wegen, begrenzten hohe Hainbuchenhecken, die an Eichenständern mit Latten befestigt waren, die Terrassenanlage. Die mittleren Treppen, die die dazwischenliegenden Kaskaden einschlossen, bestanden aus zwei, nicht parallel, sondern im oberen Bereich leicht nach innen schwingenden Läufen[916] mit jeweils meistens 14 Stufen aus Gotländer Sandstein mit einer Breite von 6 Fuß (1,7 m), die aus konservatorischen Gründen mit Ölfarbe grau gestrichen waren und auf einem Backsteinunterbau ruhten.[917] Sie waren auf beiden Seiten von Buchsbaumhecken eingefasst (Abb. 71). Durch die anonyme Zeichnung aus dem Mecklenburgischen Planschatz (Abb. 75) bekommen wir erstmals eine bildliche Vorstellung vom Aufbau und der Ausgestaltung der Kaskaden zwischen den Böschungstreppen.[918] Diese Darstellung wird von der Beschreibung im Inventar von 1709 genau bestätigt, wo es bei der untersten Kaskade heißt: „Auff dieser Treppen liegt in die Mitten eine kleine Cascade mit Buschschbaum ümbgeben, worauß daß waßer Continuirlich oben auß einen gegoßenen Bleÿern Delphin läufft, und zwischen Grotten werck welches aber mehrentheils verfallen über 4 Steinern Treppen in eine halbe 8 seitige Komme oder reservoir so in wendig mit fliesen belegt abfällt, […].“[919] Bei der vierten Kaskade wird das „Grottenwerk" noch näher beschrieben, und es wird deutlich, dass anstelle des oberen Delphins auch ein Seehund aufgestellt sein konnte: „Die Kleine Cascade welche mitten darauff [auf der Treppe] liegt, hat Zu öberst einen Seehund von bleÿ gegoßene und weiß angemahlet, die Seiten wozwischen das waßer über die 4 Steinern Treppen hinunter läufft, haben allerhand Zierath von Meer und Perl Muscheln Schnecken und dergleichen, und ist alles noch in guten Stande, wie auch der unterste Reservoir […].“[920] Hier wurden also fünf zwischen den mittleren Böschungstreppen liegende Kaskaden geschaffen, deren Wasser aus dem Maul eines oben platzierten und aus Blei gegossenen Meerestieres über vier Stufen hinunter in ein halbachtseitiges Becken floss, das innen mit Öländer Fliesen ausgelegt war.[921] Von diesen untersten Wasserbecken der Kaskaden sind bei der Grabung 2004 einige noch gut erhaltene entdeckt worden. Sie waren alle von unterschiedlich profilierten Sandsteinwänden umgeben.[922] Die eigentliche Wassertreppe wurde beidseitig flankiert von reliefartig ausgearbeiteten Muschel- und Schneckengebinden, unten begrenzt von zwei plastisch geformten Delphinen. Die Darstellung des skulpturalen Dekors auf der Zeichnung weist große Ähnlichkeit zur mittleren Wassertreppe der Kaskadenanlage am Garteneingang auf, besonders der zweiten Fassung aus den 1690er Jahren und der heute noch erhaltenen Form (Abb. 67).[923] Mit Ausnahme der oberen Bleiplastiken und der Fliesen in den Bassins bestand der gesamte Aufbau der Kaskade aus Gotländer Sandstein, der zusammen mit den Bleifiguren mit Ölfarbe gefasst war.[924]

In der Mitte jeder Terrasse befand sich ein Springbrunnen, insgesamt fünf, die vom Material her alle gleichartig gestaltet waren, aber in Größe und Umrissform voneinander abwichen. Über einem Mauersteinfundament bildete eine profilierte Bordüre aus Gotländer Sandstein den Rand, während der Boden des Beckens mit Fliesen ausgelegt war. Wie bei den Kaskaden war auch hier der Hausteinrand mit Ölfarbe gefasst.[925] In der Mitte jedes Bassins gab es ein Sandsteinpostament, durch das eine Bleiröhre für das Wasser führte. Die Höhe des untersten Springstrahls betrug 40 Fuß (11,5 m).[926] Der Chronist Johann Christian Jürgensen (1744–1823) berichtet, er habe die 1770 abgebrochenen Wasserspiele noch in Funktion gesehen, wobei er bemerkt haben will, dass „die unterste Fontaine einen Wasserstrahl von ungefähr 50 Fuß Höhe gab, die höher liegenden aber einen um so viel niedrigeren Strahl, als sie höher lagen, so dass die Höhe von allen eine Horizontallinie bildete, da alle einen gemeinschaftlichen Ursprung hatten."[927] Die nach oben hin abnehmende Größe der Becken sollte ebenfalls den perspektivischen Effekt der Anlage verstärken. Die meisten Quellen machen übereinstimmend folgende Angaben zum Umfang der Bassins, wobei das unterste mit 74 Fuß (21,3 m) merkwürdigerweise nicht das größte ist, gefolgt vom zweiten mit 86 Fuß (24,7 m). Das dritte Becken hatte 80 Fuß (23 m), das vierte 74 Fuß (21,3 m) und das oberste 70 Fuß (20 m) in der Rundung.[928] Ihre unterschiedlichen, die Abfolge belebenden Umrissformen sind im Inventar von 1709 beschrieben und in der Vergrößerung des Dallin-Planes einigermaßen gut nachvollziehbar (Abb. 73/74): demnach besaß das unterste Fontänenbecken eine sechzehneckige und das zweite eine Bordüre aus „24 auß und eingehende Ecken oder Seiten[,] 14 von diesen seiten seind viellänger alß die andern". Das dritte Bassin hatte „8 seiten davon die Helfften gerade und die Helfften eingebogen", das vierte „8 seiten und an 4 Ecken eine runde Bastion herauß gehend" und das oberste „16. gerade seiten".[929] Auf der dritten Terrasse konnte bei der Grabung noch das Feldsteinfundament in Achteckform mit eingeschwungenen Seiten nachgewiesen werden, das aber nicht ganz der Darstellung von Dallin entspricht.[930]

Die Kaskaden und Fontänenbassins der Terrassenanlage wurden aus dem als Reservoir dienenden Moorteich im Tiergarten nördlich des Neuen Werkes gespeist (Abb. 14). Von hier aus bis zur Amalienburg lag eine unterirdische, 1659 Fuß (477 m) lange Wasserleitung aus hölzernen Rohren, sogenannten Piepenbäumen. Im bzw. unter dem Fundament der Amalienburg bestand sie aus „gute Gemauerte und in Bogen, Gewölbte Reolen".[931]

Während aus den schriftlichen Quellen der weitere Verlauf der Wasserleitung zu den Kaskaden und Fontänen auf den Terrassen nicht recht erschlossen werden kann und höchstens pauschal Erwähnung findet, verhalfen die archäologischen Grabungen 2004 zu klaren Erkenntnissen: Demnach gab es zwei Leitungssysteme. Das eine versorgte als gemauerte Ziegelleitung die Kaskaden mit Wasser, indem es die oberste speiste, dann vom halbachtseitigen Becken am unteren Ende der Kaskade ablief in eine unterirdische Leitung, die im Bogen über die Terrasse, vorbei am Fontänenbecken, zur nächsten Kaskade führte und von dort aus in gleicher Weise weiter bis zur untersten Kaskade. Das zweite System bestand aus einer Druckleitung aus Blei bzw. Piepenbäumen, die zentral in der Mittelachse unter den Kaskaden hindurch verlegt war und die Fontänenbecken auf den Terrassen speiste.[932] Nach den schriftlichen Quellen endete schließlich die Wasserleitung auf der ersten, untersten Terrasse in einem seitlich des Fontänenbassins unterirdisch platzierten, „aufgemauerten Kasten" als Sammelbecken. Vermutlich war auf der Terrasse von diesem „Kasten" nur der am oberen Rand angebrachte Kranz aus Gotländer Sandstein und der Deckel aus Eichenholzbrettern im Boden zu sehen. Wahrscheinlich nahm die Versorgungsleitung für den Globusantrieb hier ihren Anfang.[933]

Von den seitlichen Böschungen der Terrassenanlage waren nur die westlich ansteigenden weiterhin mit Obstbäumen bestanden, für die östlichen wird hingegen ein Bewuchs aus wilden Bäumen auf dem hier steil abfallenden Gelände genannt.

Durch ihre doppelte Größe war die erste Terrasse im südlichen Teil anders gestaltet als die höheren. Vor der Nordseite des Globushauses befand sich eine dreistufige Treppe aus Feldsteinen, die auf das Niveau der Parterrefelder führte. Seitlich scheint sie sich bis zu zwei das Globushaus an der Nordseite flankierenden Lauben, die aus Ulmen im Quadrat gepflanzt waren und bei Dallin als riesige, runde Büsche zu identifizieren sind, erstreckt zu haben (Abb. 73).

Die Parterres und dazwischen liegenden Böschungen boten nach der Neuanlage der 1690er Jahre folgenden Anblick: Nun gab es keine Obstgehölze mehr in diesem Bereich, nur noch auf den seitlichen Anbergen, und alle flachen Kompartimente auf den Terrassen waren von platt geschnittenen Hainbuchenhecken umgeben. Die schrägen Beete seitlich des Globushauses zierten Spiegelmonogramme des Herzogpaares, als Broderien in Buchsbaum gepflanzt, bei Dallin im Westen für Friederike Amalie und im Osten für Christian Albrecht mit der beigefügten Datierung „Anno 1690" (Abb. 73) dargestellt.[934] 1707 existierten die Monogramme nicht mehr, und 1709 wuchsen innerhalb der platt geschnittenen Hainbuchenhecken dieser Beete junge Fruchtbäume (Abb. 16). Die beiden nördlichen Parterres dieser Terrasse waren „mit allerhand Diagonal und andern durch Schnitten in Zierl: Blumen Felder getheylet und mit F: Buschbaum außgesetzt, worin Sommerzeits schöne und raare Blumen floriren"[935], was dem aus Buchsbaum symmetrisch angelegten geometrischen

Abb. 73 Erste und zweite Terrasse im Neuen Werk, Detail aus dem Plan von Rudolph Matthias Dallin, 1707 BQ: KBK, Dallin I

Abb. 74 Dritte, vierte und fünfte Terrasse im Neuen Werk, Detail aus dem Plan von Rudolph Matthias Dallin, 1707, BQ: KBK, Dallin I

Wegeraster und dadurch entstandenen verschieden großen Blumenbeeten auf Dallins Darstellung entspricht (Abb. 73). 1707 waren die Zwiebelpflanzen, u.a. Tulpen, die hier vorher wuchsen, nicht mehr vorhanden, stattdessen hatte man Weißkohl in die Beete gesetzt.[936] Die vier Parterres der beiden folgenden zweiten und dritten Terrassenstufe waren in gleicher Weise angelegt wie die geometrischen Stücke der ersten Terrasse, nur mit anderen, aber ebenfalls symmetrischen Mustern, wobei auf der zweiten Terrasse Kreis- und auf der dritten Sternformen dominierten (Abb. 73/74). Die Pflanzen dieser vier Kompartimente sind nicht überliefert, aber die Beete waren 1709 noch „zierliche Blumenfelder", wobei in denen der dritten Terrasse „allenthalben klein und große Stäbe so weiß und blau vermahlet" steckten als besondere Dekoration.[937] Die Parterres der vierten und fünften Terrasse waren von Johannes Kempe mit Broderien aus Buchsbaum gestaltet worden (Abb. 74). Während in den Quartieren der fünften Stufe 1707 schon französische Obstbäume standen, blieben die darunter gelegenen noch länger erhalten.[938] Aus der Legende des Planes von Themsen von 1728 geht hervor, dass die Terrassenanlage beidseitig nach Westen und Osten von hohen Hecken begrenzt war, die an Staketenzäunen wuchsen.[939] Die Böschungen zwischen den Terrassenstufen waren zwischen den Seiten- und der Mitteltreppe in je ein großes und ein kleines Kompartiment gegliedert. Die kleinen schlossen sich beidseitig der Mitteltreppe an, die großen gingen von hier aus bis zu den Aussentreppen der Anberge. Fast alle großen Stücke waren als Broderieparterres mit Buchsbaum gepflanzt (Abb. 73/74)[940] und besaßen eine Einfassung aus platt geschnittenen Hecken, unten an der Böschung aus Buchsbaum und oben aus Hainbuchen. Am Anberg zum obersten Plateau fehlten aus Gründen der asymmetrischen Geländeformation die großen Beete. Dagegen zeigten die kleinen, vollständig von Buchsbaumhecken begrenzten Abteilungen seitlich der Mitteltreppen einen broderieartigen Schmuck aus Teilen der Wappen des Herzogspaares wie „Löwen, Crohne, Hertzen, Stockfisch, Lindwurm, Balcken, Kreütze und waß sonsten Ihro Hochfürstl: Durchl: und Ihro Königl: Hoheitt im Wapen führen".[941] Alle drei Bildquellen (Abb. 71–74), die die Wappenzeichen dokumentieren, geben unterschiedliche Motive und Anordnung z.T. auch nur in Millimeterformat wieder, so dass keine definitiven Aussagen dazu gemacht werden können. 1707 waren auch diese Beetmuster nicht mehr erkennbar. Westlich neben der Kaskadenanlage am obersten Anberg war 1709 ein Nutzgarten angelegt, der sich bis auf das oberste Plateau ausdehnte und ausschließlich der Kultivierung einer besonderen Pflanze, nämlich Feigen, diente (Abb. 74). Die östliche Seite der obersten Böschung war wie eine Bastion gestaltet und mit Erdbeeren bepflanzt. Auf der obersten Terrasse gab es keine Parterres, nur einen ebenen Vorplatz zwischen der Kaskade und der Amalienburg. Dieser Raum nahm die gleiche Breite wie der Mittelweg der Terrassenanlage ein und war seitlich von hohen Hainbuchenhecken begrenzt, die oben mit runden Türmen geschnitten waren. An der Ostseite des Lusthauses befanden sich Bogengänge aus „Haasel Stauden und Jungen Büchen Stauden", die offenbar erst kurz vor 1709 angelegt wurden, denn bei Dallin ist nichts davon zu sehen (Abb. 74).[942] Ebenso verhält es sich wahrscheinlich mit der Entstehung eines aus Grassoden gearbeiteten und von Löwen gehaltenen Monogramms des Herzogs Carl Friedrich, das sich 1709 im Norden der Amalienburg befand und die gleiche Breite wie das davor liegende Lusthaus aufwies.

Abb. 75 Eine der fünf Böschungskaskaden zwischen den Terrassen des Neuwerksgartens, anonyme Zeichnung, zweite Hälfte des 17. Jahrhunderts, BQ: LMV, Kaskade

4.21. Die Bildwerke auf den Terrassen

Die ehemals reiche skulpturale Ausstattung der Terrassen ist fast vollständig verloren gegangen und heute kaum noch fassbar. Das gilt für den gesamten Geschichtszeitraum des Gartens, aber insbesondere für die hier angestrebte Rekonstruktion der herzoglichen Zeit. In der Literatur wird dieses Thema ohne eine Unterscheidung zwischen der Zeit vor und nach 1713 behandelt und mit der Benennung der Einzelstatuen auf den Terrassen aus einer 1739/40 entstandenen Quelle angenommen, dass die Skulpturenausstattung der Terrassenanlage eine Kontinuität vom Zeitpunkt ihrer Aufstellung unter Christian Albrecht bis zu ihrem Verfall, allmählichen Abbau und Verkauf im 18. und 19. Jahrhundert besaß.[943] Erst eine genaue Quellenuntersuchung zeigte, dass es sich bei der Statuenfolge, die in mehreren Dokumenten ab 1739/40 aufgezählt wird, nicht um dieselben Bildwerke und dargestellten Themen handelt wie vor 1713.[944] Es stellte sich auch heraus, dass die in der Literatur und den Quellen nach 1713 für die oberste Terrasse genannten Figuren sich in der herzoglichen Zeit noch nicht dort befanden.[945]

Anhand der Rentekammerrechnungen des 17. Jahrhunderts lässt sich die Entwicklung der plastischen Ausgestaltung der Terrassen bis 1713, deren Ergebnis uns mit dem Inventar von 1709 vorliegt, nur unvollständig nachzeichnen. Sie vollzog sich im Zuge der Gartenerweiterung in zwei Schritten. Zwischen 1667 und 1670 veranlasste Christian Albrecht den Ankauf bzw. die Anfertigung einer umfangreichen Folge von Kaiserbüsten, zweier großer und vier Kinderskulpturen aus Sandstein sowie einer unbestimmten Anzahl Holzstatuen.[946] Danach folgte eine Pause von mehr als 20 Jahren. Erst wieder zwischen 1693 und 1696 lieferte der Bildhauer Theodor Allers große Sandsteinskulpturen und fünf lebensgroße Holzstatuen. Ludwig Weyandt versah zehn große Bildwerke in der Parterrezone mit einer Fassung.[947]

Eine Rekonstruktion der Skulpturen auf den Terrassen im 17. Jahrhundert ist aus Gründen der unzureichenden Quellenlage und der wenigen erhaltenen Reste nur andeutungsweise möglich. Die vollständigste Information, vor allem zu Standort, Anzahl und Material, liefert auch hier das Inventar von 1709, obwohl die plastische Ausstattung zu diesem Zeitpunkt schon nicht mehr vollzählig und zum Teil nur noch in stark beschädigtem Zustand vorhanden war. Entscheidende Angaben wie Thematik der Einzelstatuen, Künstler, exakte Datierung und die Kunstwerke selbst fehlen größtenteils. Eine Problematik bei der Rekonstruktion ergibt sich auch dadurch, dass die o.g. Skulpturenankäufe unter Christian Albrecht zum Teil nicht mit dem Inventar von 1709 zusammenpassen. Die vorliegenden Bildquellen bieten nur eine grobe, summarische und unvollständige Darstellung (Abb. 71 u. 72).[948]

Auf der Grundlage des Inventars von 1709 wird im Folgenden die plastische Ausstattung der Terrassen, die sich in vier Gruppen gliederte, beschrieben.[949] Eine optische Übersicht dazu findet sich in der Synopse der Bildwerke auf den Terrassen (Abb. 224):

Eine Serie von zehn Kinderfiguren aus gegossenem Blei ohne weitere ikonographische Angaben schmückte die mittleren Böschungstreppen, indem je eine Figur westlich und östlich der Treppenanlage oben in den von Buchsbaum umgebenen Abteilungen stand.[950] Über die Anschaffung dieser Bildwerke gibt es keinerlei Nachrichten in den Quellen.

Ebenfalls zur Akzentuierung der Gartenachse trug die zweite Gruppe von zehn lebensgroßen Statuen (drei aus Blei und sieben aus Holz) auf Sandsteinpostamenten bei. Je eine dieser Figuren war an den Außenseiten der Treppenanlagen direkt oberhalb der Böschungen aufgestellt. Es sind die einzigen Figuren, die überhaupt – allerdings unterschiedlich – bildlich dokumentiert sind. Während bei dem Kopenhagener Stich (Abb. 72) zwölf Statuen in ausladender Bewegung direkt an den Treppen stehen und damit nicht in der Anzahl, aber von den Standorten her ungefähr dem Inventar entsprechen, zeigt der Stich von Königshoven (Abb. 71) zehn Skulpturen in statischer Haltung weiter nach außen gerückt an den Enden der Wappenfelder der Böschungen, was mit dem Befund der archäologischen Untersuchung übereinstimmt.[951] Das Inventar gibt nur eine unvollständige ikonographische Benennung (Abb. 224): Für den Aufgang zur zweiten Terrasse ist lediglich die Nacktheit dieser Figuren aus Blei verzeichnet. An der nächst höheren Böschung registrierte der Inventarisator östlich eine geschnitzte Jupiterstatue, die wohl identisch ist mit der 1667 von dem Hamburger Bildhauer Joachim Henne gelieferten, während er sich bei der Bleiskulptur an der Westseite nicht sicher war: „mit einer Schlangen den sie an der Brust setzet, mag Cleopatra sein sollen".[952] Die sechs folgenden Statuen bestanden aus Holz: An den Treppen zur vierten Terrasse östlich Flora und westlich Herkules und an der nächsten Böschung eine „Venus und ein kleiner Cupido" und „Cupido mit seiner Rüstung" und Bogen in der Hand, d.h. eine Darstellung des Gottes als erwachsenem Mann.[953] Die unbezeichneten, umgefallenen Statuen der höchsten Böschung befanden sich 1709 nicht mehr in situ. Zwischen diesen großen Skulpturen prangte oben in der Mitte jeder Treppenanlage ein großer, aus Blei gegossener Blumentopf.

Die dritte Gruppe bildeten zehn einzeln aufgestellte Skulpturen, jeweils in der Mitte der Parterreflächen, beginnend mit den nördlichen Kompartimenten der ersten Terrasse, von denen 1709 nur noch fünf vorhanden waren. Das Material, und zwar Sandstein, ist nur bei den beiden untersten Statuen explizit genannt, deren westliche als einzige Figur dieser Gruppe mit Postament noch intakt und als „flora mit dem Cornu copia" definiert ist. Die Pendantfigur der östlichen Seite lässt sich aus den späteren Quellen als Herbst-Darstellung kombinieren.[954] Vier andere, unbezeichnete Skulpturen (die östliche der ersten, die westliche der dritten und beide der vierten Terrassenstufe) befanden sich 1709 noch in situ, aber ohne Postamente. Zwei schon zerfallene auf der zweiten Terrasse konnte der Inventarisator nicht mehr identifizieren und an den Standorten östliches Parterre der dritten und beidseitig auf der fünften Terrasse nur noch ehemalige Statuen vermuten.

Die vierte Figurengruppe bestand aus etwa 150 Kaiserbüsten aus gegossenem Blei.[955] Der Künstler und seine Herkunft gehen aus den Quellen nicht hervor, lediglich ein Teil der Provenienz: Der in Hamburg tätige herzogliche Faktor Egidius Hennings hatte sie von einem Mann namens Caspar Hase erhandelt. Im Januar 1669 bezahlte der Gottorfer Amtsinspektor Joachim Schmied den ersten Teil und erst ein Jahr später die meisten der Bleifiguren.[956] In der Zwischenzeit modellierte der am Gottorfer Hof beschäftigte Medailleur und Kupferstecher August John noch eine Kaiserbüste aus Ton.[957] Der zeitliche Ablauf des Geschehens stützt Ernst Schlees Vermutung eines Gelegenheitskaufes der Kaiserbüsten, die Johns Modell als mögliche Ergänzungsarbeit für die schon vorher entstandene Serie einordnet.[958]

Die 150 Kaiserbüsten ruhten auf Eichenholzständern an den die gesamte Terrassenanlage einfassenden Außenhecken, sowohl entlang der flachen Parterreflächen als auch an den seitlichen Böschungstreppen. Eine Ausnahme bildete die Aufstellung von zwei Büsten in den Lauben an der Nordseite des Globushauses.[959] Messingschilder mit eingravierten Namen der Herrscher, angefertigt von dem Husumer Messinggießer und Kupferstecher Andreas Lorenzen genannt Rothgießer, waren zur Personenbestimmung angebracht.[960] Während die Plastiken beim Ankauf als „Brustbilder, der alten Romanischen Stamme unnd Osterreichischen Keyser" betitelt wurden, teilte Johannes Burchard Majus, Professor der Eloquenz und Geschichte an der Kieler Universität, in seiner Begräbnisrede für Christian Albrecht 1695 genauer mit, dass im Neuen Werk Bildwerke aller römischen Kaiser von Julius Caesar an bis zu Leopold I. zu sehen seien.[961] Es handelte sich also um eine Serie Herrscherbüsten, die die Kontinuität von den römischen Kaisern der Antike bis in die Mitte des 17. Jahrhunderts über die Kaiser des Heiligen Römischen Reiches Deutscher Nation darstellte.

Von den Kaiserbildern des Neuwerkgartens ist keines mehr erhalten. Da Blei ein begehrtes Material war, häuften sich Diebstähle. Schon in herzoglicher Zeit reduzierte sich die Anzahl bis 1709 auf 126.[962]

Ursprünglich besaßen alle Figuren im Neuen Werk eine weiße Fassung aus Ölfarbe, die der Hofmaler regelmäßig erneuerte.[963] Die Entscheidung für eine durchgängige weiße Fassung der Bildwerke mag aus zwei Gründen getroffen worden sein: zum einen war es nötig, die nicht witterungsbeständigen Holz- und Sandsteinskulpturen zu konservieren, zum andern konnte damit ein einheitliches Bild der aus drei verschiedenen Materialien bestehenden und zusammengewürfelten Skulpturenausstattung des Gartens erreicht werden. Möglicherweise war auch ein materialillusionistischer Effekt und damit die Vortäuschung von teurem Marmor beabsichtigt.

Eine konkrete Identifizierung der zwischen 1667 und 1696 in den Garten gelangten Statuen mit den im Inventar von 1709 genannten Bildwerken oder eine Zuordnung zu Bildhauern ist nur im Fall der Kaiserbüsten und der Jupiterfigur von Joachim Henne möglich. Alle anderen Überlegungen bleiben aufgrund der unzureichenden Quelleninformationen Vermutungen:

Für die erste Gruppe der zehn Kinderfiguren aus Blei fehlen Herkunftsangaben. Wegen Unterschieden in Anzahl und Material können sie nicht identisch sein mit den vier 1668 gelieferten Kinderstatuen aus Sandstein, deren Verwendung im Neuwerk bisher ungeklärt bleibt.[964]

Bei der zweiten Gruppe der zehn lebensgroßen Statuen an den Böschungstreppen ist eine Zuordnung ebenfalls unsicher. Die drei Bleiplastiken sind am ehesten in Verbindung zu bringen mit dem späteren Gottorfer Fontänenmeister Hans Christoph Hamburger, der 1664 drei Bleifiguren anfertigte, zwei davon als Ersatz für gestohlene.[965] Zu den sieben Holzfiguren zählte die Jupiterstatue von Joachim Henne. Der Bildhauer der restlichen sechs Statuen, die offenbar vor Ort entstanden, bleibt ungenannt.[966] Die fünf lebensgroßen Holzskulpturen, die Theodor Allers 1695 lieferte, passen unter dem Aspekt einer teilweisen Ersetzung der inzwischen verrotteten Bildwerke der 1660er Jahre ebenfalls in diese Gruppe, von der keine einzige Skulptur erhalten ist.[967]

Auch die Sandsteinskulpturen der dritten Gruppe auf den Parterres hatten anscheinend eine unterschiedliche Provenienz. Während des Ausbaus der Terrassen sind bis 1670 überhaupt nur zwei Steinstatuen angekauft worden: die eine lieferte Peter Heidtman aus Glückstadt und die andere, die „die Reike dahm" darstellte, kam über Hamburg nach Gottorf. Erst 1693 sandte Theodor Allers eine unbekannte Anzahl großer Steinskulpturen.[968] Wahrscheinlich sind es nur zwei gewesen, die zusammen mit den anderen beiden um 1668/69 gekauften zu den wenigen Statuen dieser zehnteiligen Gruppe gehörten, die 1709 überhaupt noch vorhanden waren. Die restlichen Figuren müssen – dem schlechten Erhaltungszustand gemäß – älter gewesen sein. Paarmann vermutet, dass sechs große sandsteinerne Einzelskulpturen des Bildhauers Maximilian Steffens, die er 1633 für den Alten Garten geschaffen hatte, 1689 mit der Umnutzung als Küchengarten in das Neue Werk versetzt worden sind.[969]

Nur zwei Statuen, ein Torso und einige andere Fragmente haben sich erhalten, die der Skulpturenausstattung der herzoglichen Zeit auf den Terrassen durch ihren Fundort oder ihre Provenienz möglicherweise zugerechnet werden können. Es handelt sich um eine weibliche Figur mit Lyra (Abb. 69), den Torso einer „Herbst"-Skulptur (Abb. 76) und eine Statue, die den „Winter" zeigt (Abb. 77).[970] Eine Identifizierung dieser Sandsteinfiguren mit den in den schriftlichen Quellen genannten ist nur bei dem „Herbst"-Fragment andeutungsweise möglich, erstens wegen seiner klaren Herkunft als Bodenfund aus dem Neuen Werk und zweitens, weil es ikonographisch zu den fünf aus herzoglicher Zeit übrig gebliebenen Steinstatuen passt, die 1740 dokumentiert sind. Demnach könnte es der Rest einer Jahreszeitenstatue des Herbstes sein, die im nordöstlichen Parterre der ersten Terrasse aufgestellt war, zusammen mit einer Skulptur des Sommers mit einem Füllhorn, die möglicherweise identifiziert werden kann mit einem weiteren Bodenfund einer weiblichen Skulptur 1959 im Garten.[971] Dagegen fügen sich der „Winter" und die weibliche Statue mit Lyra weder größenmäßig noch ikonographisch in den Kontext der dritten Skulpturengruppe ein. Auch durch ihre unklare Provenienz lassen sie sich nicht eindeutig dem Neuen Werk zuordnen.[972]

Zusammenfassend kann festgestellt werden, dass – abgesehen von den 150 Kaiserbüsten – 30 einzeln aufgestellte Bildwerke den Terrassenbereich in herzoglicher Zeit schmückten. Davon lassen

Abb. 76 „Herbst" oder „Bacchus", Torso einer Sandsteinskulptur, SSHL, aus Paarmann 1986/87, S. 27

Abb. 77 „Winter", Sandsteinskulptur-Torso, Foto 2008, aus der Sammlung Nissen, Tolk, Verbleib heute unbekannt

sich nur sieben ikonographisch identifizieren, eine einzige nicht mehr erhaltene konkret einem Künstler zuordnen und ein erhaltener Torso mit den schriftlichen Quellen in Verbindung setzen.

4.22. Die Amalienburg

Auf der obersten Terrasse hatte Herzog Christian Albrecht ein „newes Lust Haus"[973] von 1670 bis 1672 errichten lassen, das zu Ehren seiner Gattin Friederike Amalie den Namen „Amalienburg" erhielt.[974] Es war der Point de vue und die Bekrönung der Hauptgartenachse, die vom Herkules über das Globushaus und den Mittelweg der Terrassenanlage nach oben führte. Das Gebäude diente neben seiner Funktion als hervorragender Aussichtspunkt über Garten und Schloss als Festarchitektur. Der Zentralbau wurde weder in herzoglicher Zeit noch bis zu seinem Abriss 1826 wesentlich verändert.

Es sind keine Baupläne der Amalienburg erhalten, und auch die erste Darstellung des Gebäudes von 1673 auf einem der Emblembilder in der Bunten Kammer des Herrenhauses Ludwigsburg bei Eckernförde ist für eine Rekonstruktion zu grob und leicht verzerrt (Abb. 19).[975] Brauchbarere Bildquellen stammen dagegen erst aus der Zeit kurz vor dem Abriss. Eine Ansicht der Westseite von 1818 von F. Stelzner vermittelt durch die Dreidimensionalität

Amalienburg hinter Gottorff.

Abb. 78 Ansicht der Westseite der Amalienburg im Neuen Werk, Gouache von C. F. Stelzner, 1818, BQ: MKGH, Stelzner

eine gute Vorstellung des Baues, wobei aber die Farbfassung des Lusthauses nicht derjenigen aus der herzoglichen Zeit entspricht (Abb. 78).[976] Am wertvollsten und in den Proportionen exakt sind dagegen die Auf- und Grundrisse des Bauinspektors Meyer von 1823.[977] Neben verstreuten, kleinen Informationen liefert bei den schriftlichen Quellen das Inventar von 1709 eine sehr genaue Beschreibung des Lusthauses, die durch die Anschläge zu den großen Reparaturen im 18. Jahrhundert ergänzt wird.[978]

Folgendermaßen lässt sich das Aussehen der Amalienburg in herzoglicher Zeit rekonstruieren:[979] Der durchgängig zweigeschossige Zentralbau erhob sich über dem Grundriss eines großen Quadrates, in dessen vier Ecken wiederum kleinere Quadrate eingestellt waren (Abb. 79 u. 80). Über einem Fundament aus großen Findlingen bestand das untere Stockwerk aus massivem Ziegelsteinmauerwerk. Dagegen war die obere Etage vollständig außen und innen aus Kiefernholz gebaut, wobei die äußere Bekleidung aus Kieferbrettern bestand.[980] Schon in herzoglicher Zeit scheint die Konstruktion Aufsehen erregt zu haben, denn es wird berichtet, „daß man Keine Balcken darinnen findet sondern daß das Dach die obern Zimmern und sich selbsten Trägt"[981]. Johann Christian Jürgensen berichtet 1822 noch genauer über die Bauweise des Lusthauses:

> „Das Besondere im Bau dieses Gebäudes besteht darin, daß die untere Etage eine so starke Mauer erhalten hat, daß, nachdem die darauf gelegte halbe Verdachung von Zimmerwerk sich nach oben um 50–60 Grad zusammenzieht, und wieder ein Quadrat von einigen 20 Fuß bildet, dieses wiederum den Grund für eine zweite Etage abgibt, deren Zimmerwerk auf diese Oeffnung passet [...]. Auf diese Verzimmerung ist abermals ohne Balken die Kuppel vermöge acht etwas gebogener Sparren, welche acht Fächer geben, an einem Knopfe verbunden werden."[982]

Wie schon in Jürgensens Zitat deutlich wird, waren die vier seitlichen Pavillons in Konstruktion und Ansicht dem Mittelbau bis

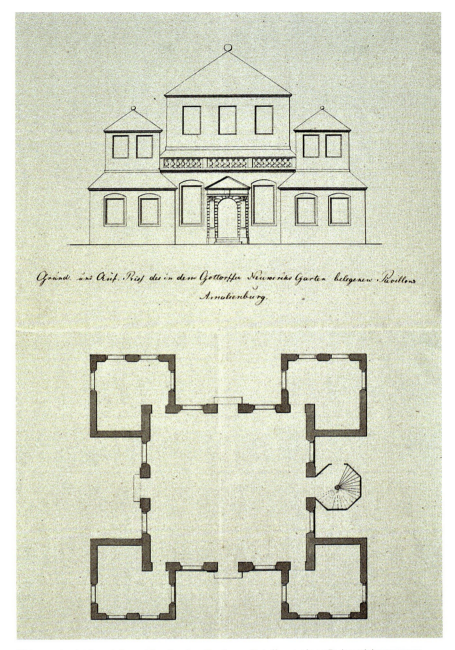

Abb. 79 Ansicht und Grundriss der Amalienburg, Detail aus einer Federzeichnung von Wilhelm Friedrich Meyer, 1823, BQ: RAK, Meyer II

auf die verkleinerten Proportionen gleich. Über einem quadratischen Untergeschoss befand sich jeweils ein kurzer, schräger Dachansatz, auf dem die obere, aus einem kleineren Quadrat bestehende Etage ruhte. Der Mittelbau hatte unten eine Seitenlänge von 41,5 Fuß (11,9 m) und war bis zum Dachgesims 18 Fuß (5,1 m) hoch.[983] Die obere Etage verkleinerte sich proportional auf eine Breite von 30 Fuß (8,6 m) und eine Wandhöhe von 13 Fuß (3,7 m). Die Eckpavillons besaßen unten eine Seitenlänge von 20,5 Fuß (5,9 m) bei einer Höhe von 13,5 Fuß (3,9 m) und verjüngten sich oben auf 13 Fuß (3,7 m) Breite und 10 Fuß (2,8 m) Wandhöhe. Das Hauptgebäude hatte mit Dach eine Gesamthöhe von 50,5 Fuß (14,5 m). Alle fünf Pavillons besaßen Zeltdächer, die wie die kurzen Abdachungen der Untergeschosse mit Schiefer eingedeckt, von Kupferdachrinnen umgeben und an den Ecken mit Blei eingefasst waren. Auf jeder Dachspitze gab es ein Postament mit einer Kugel aus Holz, um die „Ihro Königl Hoheiten Nahme mit Palm Zweigen und darüber" eine vergoldete Kupferkrone gestaltet war.[984]

Der Aufriss bot trotz seiner völligen Symmetrie zwei verschiedene Ansichten, wobei die Nord- mit der Südseite und die West- mit der Ostseite bis auf den Treppenturm identisch waren.[985] Während der Kernbau an allen Seiten dreiachsig war, zeigte sich der Unterschied vor allem an den Fensteröffnungen der eigentlich zweiachsigen Eckpavillons. Im Untergeschoss hatten die

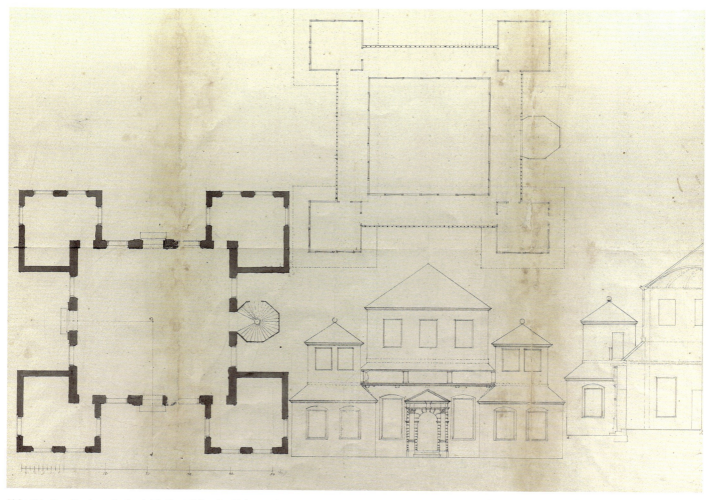

Abb. 80 Amalienburg in Ansicht, Grundriss des Erd- u. Obergeschosses u. angedeutetem Querschnitt, Zeichnungsentwurf, vermutlich von Wilhelm Friedrich Meyer, 1828, BQ: LASH, Meyer I

südlichen je zwei Fenster nach Süden und eines nach Westen und Osten, die nördlichen Pavillons hatten entsprechend zwei Fenster in der Nordfassade und ebenfalls je eins nach Westen und Osten, so dass die Durchfensterung an der West- und Ostfassade geringer war als an der Nord- und Südfassade. Im Obergeschoss hatten die Eckbauten dagegen an den Fassadenseiten des Hauses immer zwei Fenster, zu den Galerieseiten hingegen keine. Alle Fensteröffnungen der Amalienburg entsprachen in ihrer Größe den unterschiedlichen Proportionen der Wandfelder, in denen sie sich befanden, diejenigen des Untergeschosses besaßen zusätzlich „gekehlte Architrave" aus Eichenholz, d.h. eine profilierte Rahmung mit einem bekrönenden Segmentbogen.[986] Auch die Fenster selbst waren aus Eichenholz gearbeitet mit jeweils vier beweglichen Flügeln, immer unten zwei höhere und oben zwei niedrigere, in die die Glasscheiben in Zinn und Blei gelegt waren.[987] Die Fenster der unteren Etage konnten durch Läden verschlossen werden.[988]

Jeweils in der Mittelachse des Hauptbaues befanden sich die Eingangstüren. Nur an der Ostseite war ein Treppenturm davorgesetzt. Die oben von einem Rundbogen abgeschlossenen, zweiflügeligen und etwa 6–7 Fuß (ca. 2 m) breiten Holztüren umgaben unterschiedlich ausgestattete Sandsteinornamente. Das am reichsten geschmückte Hauptportal lag im Süden. Aus der Kombination der Inventarbeschreibung mit der Darstellung bei Wilhelm Friedrich Meyer (Abb. 79) ergibt sich folgende Gestaltungsweise: einem rustizierten Untergrund, der die Bogenöffnung der Tür umrahmte, waren Pilaster auf hohen Postamenten vorgelegt. Auf der Zeichnung lassen sich die genauen Ausführungen des Inventars nicht ohne weiteres nachvollziehen: Zwischen den Voluten der „Ionischen Pilastern" waren „hangende FrüchteCräntze von Granat Apfel Pommerantzen und dergleichen, wie auch über das Mittel des bogens sind auch solche hangende Früchte außgehauen".[989] Der obere Abschluss des Portals über den Kapitellen bestand aus einem Gebälk mit darüber liegendem Frontispiz, in welchem sich der Rest der Verzierung befand, nämlich „Ihro Königl: Hoheiten der in Gott Ruhenden Hertzogin nahmen von Zugwerck mit Lorber Cräntzen, und darüber eine große auß gehauene" vergoldete Krone.[990] Die anderen Portale an der West- und Nordseite waren ähnlich, aber etwas schlichter gehalten: Nach Johann Gottfried Rosenberg bekrönte das Westportal kein

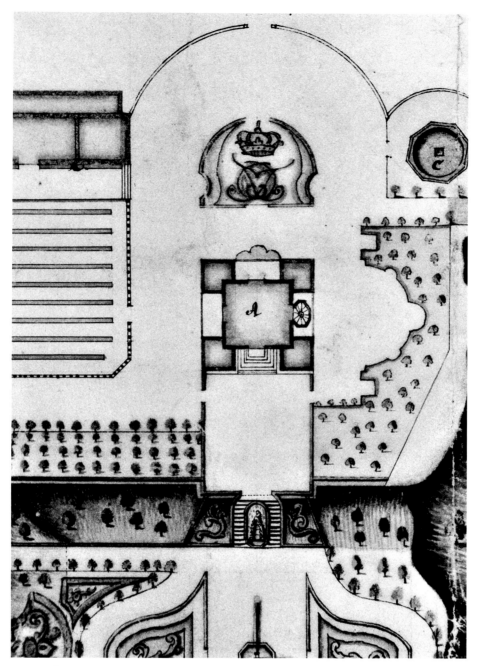

Abb. 81 Östlicher Teil der obersten Terrasse im Neuen Werk mit Amalienburg und Ringelhaus, Detail aus dem Plan von Otto Johann Müller, nach 1734, BQ: RAK, Müller I

Fronton, sondern „ein Schild von Sandsteine mit der Jahr Zahl 1670", während dem Nordportal außerdem noch die Pilaster fehlten.[991] Möglicherweise ist das besonders dekorativ herausgehobene Südportal von dem Hamburger Steinhauer Cordt Busch angefertigt worden. Er lieferte 1670 zwei Portale nach Gottorf, von denen eins im Juli „ufm Newenwercke" von den Mauerleuten eingebaut wurde.[992] Die anderen beiden, schlichteren Portale sind wohl vor Ort von Gottorfer Steinhauern geschaffen worden.

Ebenfalls der Außenbereich vor den Portalen war unterschiedlich gestaltet. Wiederum die Südseite war durch eine den gesamten Raum zwischen den Seitenpavillons einnehmende Freitreppe hervorgehoben. Sie bestand aus einem Ziegelsteinunterbau, auf dem mit Eisenankern Eichenholzstufen befestigt waren.[993] Die oberste der insgesamt sieben Stufen bildete die Türschwelle.[994] Davor lag ein rechteckiges Podest von derselben Breite, von dessen drei dem Bau abgewandten Seiten Stufen nach unten führten. Die einzige bildliche Wiedergabe dieser monumentalen Freitreppe findet sich auf dem Plan von Müller (Abb. 81), der auch die anderen drei Bereiche vor den Portalen bzw. dem Treppenturm andeutet. Hier gab es keine Treppen, „weilen daß Erdreich an diesen seiten höher alß an der süderseiten", sondern nur eine einzige Holzstufe, die diesen mit Fliesen ausgelegten, rechteckigen ebenen Platz zwischen den Seitenpavillons nach außen hin begrenzte.⁹⁹⁵

Über die außen vor der Tür an der Ostseite stehende Wendeltreppe konnte man auf eine Galerie gelangen, die den Hauptbau auf halber Höhe an allen vier Seiten umlief und den einzigen Zugang zu den auf dieser Etage befindlichen Räumen der Eckpavillons bot (Abb. 79 u. 80). Vom Zentralraum aus lag vor der Treppe eine Tür, die identisch war mit denjenigen an den drei anderen Seiten. Zwischen dieser Tür und dem linker Hand befindlichen Antritt der Treppe gab es noch eine einfache Tür in einer „abkleydung"⁹⁹⁶, die aber auf keiner Bildquelle überliefert ist. An der Nordseite des die Treppe umschließenden, achteckigen Treppengehäuses befand sich außerdem noch ein direkter Zugang vom Garten. Die Treppe selbst bestand aus 31 Eichenholzstufen in einer Breite von etwa 5,25 Fuß (1,5 m), die innen an einer offenbar auf ganzer Höhe geschlossen durchlaufenden und mit „Schlängwerck zum anfaßen außgearbeitet[en]" „MittelSeule", also an einer mit geschnitzten Ornamenten verzierten massiven Holzspindel und an der Außenseite in dem aus Kieferbrettern bestehenden Gehäuse befestigt waren. Die Stufen waren nach unten nicht offen, sondern mit Brettern verschalt. An der Ostseite dieser im Durchmesser 12 Fuß (3,5 m) und im Umfang 37 Fuß (10,6 m) messenden Hülle⁹⁹⁷ gab es zur Beleuchtung zwei Fenster mit je vier beweglichen Flügeln. Die Innenseite der Treppenbekleidung war „mit Laubwerck angemahlet". Die Treppe endete vor einer grau angestrichenen Tür, die zur Galerie führte. Der etwa 7 m hohe Treppenbau⁹⁹⁸ besaß ein „rundliches Schieffer dach, oben mit einen vergüldeten Knopff", worunter man sich wohl ein flaches Kegeldach vorstellen muss.

Die auf jeder Seite des Hauses 3½ Fuß (1 m) breite und 34 Fuß (9,8 m) lange Galerie, deren genauer Verlauf mit den jeweils zwei über Eck liegenden Zugängen zu den oberen Kabinetten von Meyer in einem Grundriss des Obergeschosses dokumentiert wurde (Abb. 80), lag direkt über dem Kranzgesims des Untergeschosses und ruhte auf 36 „stich=Balcken"⁹⁹⁹ von 6 Fuß (1,7 m) Länge, die rundherum auf der Außenmauer auflagen und deren sichtbare Enden „mit rosen und andern blumen außgehauen"¹⁰⁰⁰ waren, d.h. geschnitzte Verzierungen besaßen. Im Innern des Mittelbaues waren die Stichbalken offenbar von hölzernen Streben gestützt, durch die hier eine Schrägung entstand. Der darüber liegende flache Gang an der Außenseite war auf einer Schalung mit Kupfer gedeckt, worauf sich wiederum die eigentliche Laufschicht aus Brettern befand.¹⁰⁰¹ Das Regenwasser wurde durch jeweils in den Ecken zwischen Hauptbau und Seitenpavillons angebrachte Fallrohre aus Blei abgeleitet. Die Außenseite der Galerie begrenzte eine Holzbalustrade, an jeder Gebäudefront eingeteilt von zwei seitlichen und einem mittleren „mit Laubwerck"¹⁰⁰² geschnitzten Pfosten, zwischen denen immer zwölf ganze und zwei halbe „ausgeschweifte Docken"¹⁰⁰³ standen.¹⁰⁰⁴ Da der Laufgang nur 1 m breit war, die Stichbalken aber 1,7 m lang, blieb zur Innenseite hin Platz für eine kurze, schräge und mit Schiefer bedeckte Abdachung, die hier hauptsächlich aus Gründen der Symmetrie gegenüber den Eckpavillons optisch notwendig war und bei Meyer sichtbar ist (Abb. 79).

Die ursprüngliche, äußere Farbfassung, die einerseits dem Schutz vor Witterung und andererseits dem einheitlichen Eindruck des aus so vielen verschiedenen Materialien errichteten Gebäudes diente, ist nicht bildlich, aber durch das Inventar von 1709 wie folgt überliefert: Alle Wandflächen in beiden Etagen waren „nach dickte der Maur steine mit weißen Linien bezogen und die Maursteine nach der Längsten Diagonal Linie halb gelb und halb roth angemahlet"¹⁰⁰⁵, so dass die Bretterverkleidung des Obergeschosses also dem Unterbau optisch angeglichen war. Dazu kontrastierte das Grau der Schieferdächer.¹⁰⁰⁶ Auch alle anderen Bauelemente wie die bis zur Höhe des Treppenpodestes an der Südseite reichenden Fundamente des Erdgeschosses und die „Fundamente" der oberen Etagen, d.h. ein schmaler Streifen über den Abdachungen, dann die Fenster und Sandsteinportale, die Gesimse unter den Dächern und das Dockengeländer besaßen einen Anstrich in „Stein grau"¹⁰⁰⁷. Besonders aufwendig präsentierte sich die Dekoration der Türen und Fensterläden. Bei Letzteren waren die Außenseiten mit Nischen, „inwendig gegen den Fenstern aber mit allerhand schönen garten stücken, Spatziergängen und dergleichen angemahlet". Die zweiflügeligen Türen waren „mit Füllungen außgearbeitet nach Ionischer ordre" und außen „grau und mit Laubwerck"¹⁰⁰⁸ bemalt.

Die äußere Bauform spiegelte im Wesentlichen auch die innere Aufteilung des Gebäudes wider. Während sich in den Eckpavillons auf jeder Etage ein Kabinett befand, wich der Mittelbau mit seinem über beide Stockwerke reichenden Saal von diesem Schema ab. Es sind fast keine Bildquellen erhalten, die Aufschluss über die Ausstattung des Lusthauses geben könnten, so dass man auf die Informationen aus den schriftlichen Quellen angewiesen ist.

Der Fußboden des großen, mittleren Festsaals mit einer Grundfläche von etwa 120 qm war mit gotländischen Fliesen ausgelegt.¹⁰⁰⁹ Die Wände des Untergeschosses waren bis zum Hauptgesims mit Goldleder bezogen, das aus Osnabrück angekauft worden war.¹⁰¹⁰ Es zeigte auf „Bleich weißen grund" einen Dekor „mit Gülden Blumen Trauben und Grün Laub".¹⁰¹¹ Und auch die vier Türen in den Ecken der Nord- und Südwand, die zu den seitlichen Kabinetten führten (Abb. 79), besaßen an der zum Saal gewandten Seite ebenfalls einen Goldleder-Bezug¹⁰¹², sodass sie wie Tapetentüren gar nicht ins Auge fielen und in geschlossenem Zustand nur die vier Außentüren zu sehen waren. Die Fensterrahmen und das Hauptgesims waren mit dem gleichen Schmuck bemalt. Auf diese Weise bildeten Wände, Fenster und Zimmertüren eine Einheit.

In einem Vertrag vom 2. November 1670 verpflichtete sich der Gottorfer Hofmaler Jürgen Ovens aus Friedrichstadt zur Anfertigung eines Gemäldezyklus, mit dem der Rest des Festsaals ausgestattet wurde.¹⁰¹³ Es handelte sich um die Auskleidung des gesamten Obergeschosses des Mittelbaus mit insgesamt 56 Bil-

Abb. 82 Pastorale Szene mit Amor, zwei Liebespaaren und Putten unter Bäumen, Federzeichnung von Jürgen Ovens, um 1670, HHKK, Inv. Nr. 22331

Abb. 83 Landschaft mit vier Frauen und zwei Eroten, Federzeichnung über Bleistift von Jürgen Ovens, um 1670, HHKK, Inv. Nr. 22336

dern.[1014] An der Schrägung unter der Galerie waren 12 Bilder platziert, die im Vertrag mit Ovens als nur vier, aber dreiteilige Gemälde und wegen ihrer besonderen Trapezform mit Maßen genannt werden. Diese Bilder sollten so gestaltet sein, dass sie in der Reihenfolge auch variabel angebracht werden konnten.[1015] Weitere 36 Bilder zierten die Wände zwischen, unter und über den Fenstern und acht die hölzerne Kuppel zwischen den vergoldeten Rippen. Aufgrund der sehr kurzen Zeitspanne von einem halben Jahr bis zur Lieferung im Mai 1671 handelte Ovens kontraktmäßig aus, dass ihm bei den Gemälden für die Kuppel und die Schrägung „seine disciputen [...] zur handt gehend vnd helffen mögen, Die ordonancien, Herausführung vnd entliche perfection aber von ihm selber alleinig verrichtet werden", sämtliche Bilder der Wände aber „von ihme Jürgen Ovens inventiret, vnd ohn seinen Kosten von anderen verfertiget vnd ausgemachet werden" sollten.[1016] Damit wird also deutlich, dass das gesamte Bildprogramm von Ovens in Absprache mit Herzog Christian Albrecht entworfen wurde, die Ausführung aber nur bei den Bildern an der Schrägung und unter der Kuppel von ihm selbst in Zusammenarbeit mit seiner Werkstatt stammte. Alle Gemälde wurden in Öl auf Leinwand gemalt, in Blindrahmen gesetzt und diese wiederum mit 284 „langen Holzschrauben" an den Wänden montiert.[1017] Schon in herzoglicher Zeit, 1705, erfolgte die erste Restaurierung durch den Hofmaler Otto Krap.[1018]

Da die Bilder selbst bis auf eines verschollen sind[1019] und keine vollständige Beschreibung der Darstellungen existiert, lässt sich das ikonographische Programm des Zyklus nur ansatzweise rekonstruieren.[1020] Den neuesten Rekonstruktionsversuch stellt Constanze Köster in ihrer Monographie über Jürgen Ovens vor.[1021] Fest steht, dass der Hauptgegenstand die Apotheose der Herzogin Friederike Amalie war, umgeben von Bildern „teils allegorischen, teils mythologischen Inhalts".[1022] Die in der Barockzeit übliche Darstellungsweise erregte in der nachträglichen Beurteilung durch das moralisch-prüde 19. Jahrhundert starkes Missfallen, das wiederum eine lückenhafte Überlieferung zur Folge hatte. So äußerte sich Johann Christian Jürgensen:

Der Saal ist mit „allegorischen Gemähden versehen, deren Deutung schwierig ist. Es scheint mir die Darstellung eines höchst üppigen Lebens dabey beabsichtigt zu seyn, weshalb es mir daher bedenklich scheint, die einzelnen Bilder genau zu beschreiben, obgleich sie von einem Pinsel sind, der edlere und höhere Gegenstände auszuführen im Stande gewesen wäre."[1023]

Eine geringe Vorstellung von Stil und inhaltlicher Ausdrucksweise des Bilderzyklus vermitteln uns einige um 1670 entstandene Zeichnungen des Malers. Dazu muss bemerkt werden, dass es für alle im Folgenden erwähnten Skizzen nur eine vermutete Zugehörigkeit zur Amalienburg gibt, aber keine Quellen, die das belegen. Selbst Vergleiche sind aufgrund des Verlustes der Gemälde nicht mehr möglich. Jan Drees ordnete schon 1997 ein Blatt aus Hamburg (Abb. 82) dem Bildprogramm der Amalienburg zu, auf dem Amor, zwei wenig bekleidete Liebespaare und Putti unter Bäumen in einer lockeren Atmosphäre zu sehen sind.[1024] Diese Darstellung bezeichnet Köster als „Herbst" und wertet sie zusammen mit einer weiteren, von ihr als „Frühling" identifizierten Zeichnung aus Hamburg (Abb. 83), die vier Frauen mit Blumen und zwei Eroten vor einer Landschaft zeigt, als Entwurfsskizzen für die Gemälde der Schrägung. Die Zusammengehörigkeit der beiden Darstellungen erschließt sich ihr aus einer Ähnlichkeit in Aufbau, Format und Rahmung, was nicht ganz nachvollziehbar ist.[1025] Zudem bezieht sie sich in ihrer Argumentation auf die Passage aus dem Tagebuch des Schleswiger Premier-Leutnants Friedrich Wilhelm von Koch (1719–1784), dass in der Amalienburg u.a. die Jahreszeiten dargestellt seien. Aus meiner Sicht ist es aus v. Kochs Beschreibung aber nicht

Abb. 84 Bacchantische Szene Nr. 1, Feder- über Rötelzeichnung von Jürgen Ovens, um 1670/71, HAUMBK, Inv. Nr. 35a.1, fol. 14r., aus Köster 2017, Abb. 207

Abb. 85 Bacchantische Szene Nr. 2, Feder- über Rötelzeichnung von Jürgen Ovens, um 1670/71, HAUMBK, Inv. Nr. 35a.1, fol. 57v., aus Köster 2017, Abb. 208

Abb. 86 Bacchantische Szene Nr. 3, Feder- über Rötelzeichnung von Jürgen Ovens, um 1670/71, HAUMBK, Inv. Nr. 35a.1, fol. 14r., aus Köster 2017, Abb. 209

möglich, die Szenen speziell dem Bereich der Schrägung zuzuordnen.[1026] Sechs weitere offensichtlich zusammengehörige Federzeichnungen über Rötel (Abb. 84–89), die Köster in einem Sammelband im Braunschweiger Herzog Anton Ulrich-Museum entdeckte, scheinen überzeugender als Vorzeichnungen für die Gemälde der Schrägung in Frage zu kommen, weil sie untereinander eine große Ähnlichkeit in Format, Duktus und Inhalt aufweisen und durch eine darauf verzeichnete Nummerierung offensichtlich zusammengehören. Anweisungen zur Farbigkeit der späteren Ausführung sprechen auch dafür. Dargestellt sind Liebespaare inmitten bewegten, bacchantischen Geschehens.[1027] Es ist nur merkwürdig, dass Ovens in seinen Entwurfsskizzen nicht auf die besondere Form der vier Schrägungen (Trapeze) Rücksicht nimmt, so dass man sich fragt, wie die Umsetzung wohl ausgesehen haben mag. Die Schrägung rundherum beinhaltete zwölf Bilder, es sind aber nur sechs im Braunschweiger Band erhalten. Trotz dieser Zweifel passen die Skizzen vor allem auch inhaltlich gut als Vorzeichnungen zu den Gemälden an der Schrägung ebenso wie das von Drees gefundene Hamburger Blatt (Abb. 82). Die architektonische Dreiteilung des Zyklus behielt Ovens auch thematisch bei. Das Inventar von 1709 teilt uns mit, dass der unterste Abschnitt, die Schrägung, „mit den allerlieblichsten Contrefaiten der Spielenden Göttinnen, Kindern und Satyrn" ausgestattet war.[1028] Auch diese Beschreibung lässt sich mit den Braunschweiger Blättern in Einklang bringen. Eine Vorstellung der farblichen Gestaltung dieser Gemälde könnte nach Köster ein in der Stiftung Schleswig-Holsteinische Landesmuseen in Schleswig befindliches Bild geben, in dem Ovens zwei der schon vorgestellten Braunschweiger Zeichnungen kombinierend wiederholt (Abb. 90, vgl. Abb. 88 u. 89).[1029] Die vorherrschende Farbgestaltung zeigt dunklere Brauntöne, kombiniert mit einem kräftigen Rot, der Ausblick in die Landschaft ist dagegen heller gehalten. An der Westseite dieser Neigung muss der ursprüngliche Platz der von Friedrich Wilhelm von Koch als Selbstporträt des Künstlers Jürgen Ovens interpretierten und abgezeichneten Darstellung (Abb. 91) gewesen sein.[1030] Sie zeigt einen auf einer Art Gesims sitzenden Mann in einfacher, möglicherweise antikisierender Kleidung mit großem Buch auf dem Schoß und einer angedeuteten Palette links unten neben sich, der auf die anderen Bilder zeigt. Obwohl diese Zeichnung in keiner Weise an die bekannten Selbstporträts von Ovens erinnert, kann Köster nachweisen, dass diese Interpretation nicht vollkommen unwahrscheinlich ist.[1031] Kochs Zeichnung zeigt nach Köster durch das angedeutete Gesims eine Art Aktionsplattform für die Figuren und damit auch eine architektonische Einbindung der unteren Gemäldezone in den Raum.[1032]

Die Gemälde der Wände, des Mittelteils, waren mit Festons und „mit anmuthigen Engeln und kleinen Cupidons welche Blumen Trauben, Obst, pfeiler und Bogen führen vortrefflich gezieret, Zwischen den NorderFenstern Führen diese Fliegende Kindlein jedes ein Stück des Königl Dähnischen und Ihro hoheiten Stam

Abb. 87 Bacchantische Szene Nr. 4, Feder- über Rötelzeichnung von Jürgen Ovens, um 1670/71, HAUMBK, Inv. Nr. 35a.1, fol. 14r., aus Köster 2017, Abb. 210

Abb. 88 Bacchantische Szene Nr. 5, Feder- über Rötelzeichnung von Jürgen Ovens, um 1670/71, HAUMBK, Inv. Nr. 35a.1, fol. 14r., aus Köster 2017, Abb. 211

Abb. 89 Bacchantische Szene Nr. 6, Feder- über Rötelzeichnung von Jürgen Ovens, um 1670/71, HAUMBK, Inv. Nr. 35a.1, fol. 57v., aus Köster 2017, Abb. 212

Abb. 90 Landschaft mit Liebespaaren, Gemälde von Jürgen Ovens, Öl auf Leinwand, um 1671, SSHL, Inv. Nr. 1974/2717

wapens".[1033] Im Braunschweiger Band findet sich noch eine Rötelzeichnung (Abb. 92). Sie zeigt drei verschiedene Putti-Motive, u.a. eines von zwei Engelchen mit Köcher und Bogen, das gut in die o.g. Beschreibung passt. Constanze Köster ordnet die Zeichnung wegen der Darstellung einer Hirschkuh und der Untersicht dem Diana-Bild in der Kuppel zu. Meines Erachtens könnte sie auch als vorbereitende Skizze für die mittlere Gemäldezone zwischen den Fenstern gedient haben, wo nach der o.g. Beschreibung von „fliegenden Kindlein", „Engeln" und „Cupidons" die Rede ist.

Der ikonographisch wichtigste Abschnitt des Zyklus scheinen die acht Gemälde der Kuppel gewesen zu sein, die aber 1709 nur kurz summarisch charakterisiert sind:

Hier „wird das portrait Ihrer Königl. hoheiten der in Gott ruhenden Hertzogin [Zusatz: F.A.] von Engeln und Göttinnen geführt, wie denn auch in den andern fächern die hochFürst. Princen und Princeßinnen mit den Göttern vergesellschafftet sein, daß daß werck sich selbsten am besten loben wird".[1034]

Durch Jürgensens Beschreibung sind die Sujets aller acht Felder, im Uhrzeigersinn an der Westseite beginnend, bekannt (Abb. 93)[1035]: Im ersten Stück nach Westen Mars, „wie er aus der Schlacht zurückkehrt, und Venus mit dem Taubengespann ihm entgegen kömmt", auf dem zweiten Feld nach Nordwesten eine Darstellung Minervas, im dritten Teil nach Norden Diana, im vierten Feld nach Nordosten das „Bildniß der Herzogin Amalia, welcher zu Ehren das Gebäude errichtet und benannt wurde", im fünften Stück nach Osten Jupiter und Juno, auf dem sechsten Feld nach Südosten Apoll und die Musen, nach Süden im siebten Stück „Phöbus mit dem Sonnenwagen" und im letzten Feld nach Südwesten Ceres und Flora.[1036] Die Darstellung der Vier Jahreszeiten „nach der Heydnischen Alten-Götter-Lehre in Lebensgröße", wie v. Koch sie in seinen bezüglich der Aufteilung etwas undurchsichtigen Tagebuchaufzeichnungen beschreibt, lässt sich

Abb. 91 Figur aus den Malereien von Jürgen Ovens in der Amalienburg, Selbstbildnis des Malers, Zeichnung von F. W. von Koch 1772, BQ: SAS, Koch III

am ehesten mit diesem Abschnitt des Zyklus in Verbindung bringen, weil nur hier wirklich Götter in Lebensgröße gemalt waren. Trotzdem sind im Programm der Kuppel weniger die Jahreszeiten erkennbar, höchstens die Göttin der blühenden Natur Flora als Frühling und die Göttin des Ackerbaus Ceres als Sommer im Südwesten und die Jagdgöttin Diana als Winter im Norden, die gleichzeitig den Bezug zum Garten bzw. dem im Norden liegenden herzoglichen Jagdareal Tiergarten herstellen.[1037] Viel deutlicher lassen sich die Tageszeiten und die dazu passenden Himmelsrichtungen mit dem Lauf der Sonne ablesen. Das trifft zumindest auf die Darstellungen der Diana und des Phoebus mit dem Sonnenwagen zu. Diana wurde nicht nur als Göttin der Jagd, sondern als altitalische Mondgöttin verehrt. Daher macht ihre Platzierung im Norden der Kuppel doppelt Sinn: erstens zeigt diese Position zum Tiergarten und zweitens steht die Himmelsrichtung Norden vom Lauf der Sonne her gesehen für die Nacht, weil sie dort nie zu sehen ist, wozu dann Diana als Mondgöttin harmoniert. Als Gegenstück im Süden fungiert Apoll, der gleich zweimal auftaucht, im Südosten mit den Musen und damit als Anspielung auf den kunstsinnigen Gottorfer Hof und direkt im Süden, wo er mit seinem Beinamen Phoebus oder Phoibos (der Strahlende) als Sonnengott gleichzeitig die Tageszeit Mittag und die Himmelsrichtung Süden repräsentiert. Im Zusammenhang der Tageszeiten macht dann auch von Kochs häufig unverstandene Beschreibung einer profanen Szene an der rechten Seite, d.h. im Osten, Sinn, wo sich ein unmotivierter Junge am frühen Morgen auf den Schulweg macht.[1038] Mars und Venus im Westen sowie Jupiter im Osten fügen sich als Planeten ebenso in diese kosmologische Deutung ein wie die nach Kopenhagen weisende Himmelsrichtung Nordosten mit dem Bildnis der Herzogin Friederike Amalie.[1039] In

einigen Feldern zeigt sich ein inhaltlicher Bezug zur Herzogin. Gegenüber im Südwesten spielten Flora und Ceres auf die Fruchtbarkeit an, die für den Fortbestand einer Dynastie unerlässlich war, daneben im Westen konnte der Betrachter mit dem aus dem Krieg heimkehrenden Mars und der ihm entgegen kommenden Liebesgöttin Venus die Bedeutung der Liebe für das Herzogspaar assoziieren. Dazu passte wiederum im Osten die Darstellung von Juno als römische Göttin der Frauen und der Ehe zusammen mit Jupiter. Im Nordwesten war die römische Göttin Minerva platziert, die mit der griechischen Göttin Pallas Athene gleichzusetzen ist. Ihre Bedeutung als Göttin der Weisheit wird in von Kochs Tagebuchaufzeichnungen angedeutet. Er berichtet von einer gemalten räumlichen und inhaltlichen Verknüpfung der Gemälde von der Kuppel oben bis zur Schrägung unten in Form eines roten Vorhangs, der vom Porträt der Herzogin oben – nach von Koch als Brustbild gestaltet – thematisch überleitete zu einem „jungen Kind in Frauenzimmer Fürstlichen Habit gekleidet, unter der Aufsicht vielerley Tugenden, die das Fürstliche Kind der Ballas [Pallas Athene] übergeben". Diese wiederum zeigt ihr laut v. Koch den Künstler in Gestalt des o.g. Selbstbildnisses von Ovens (Abb. 91), „der sie durch seine Kunst verewigen soll".[1040] Dieses Kind interpretieren Felix Lühning und Constanze Köster ganz selbstverständlich als die am 19.1.1670 geborene Tochter der Herzogin, Prinzessin Sophie

Abb. 92 Putten-Studien, Rötelzeichnung von Jürgen Ovens, um 1670/71, HAUMBK, Inv. Nr. 35a.1, fol. 47v., aus Köster 2017, Abb. 215

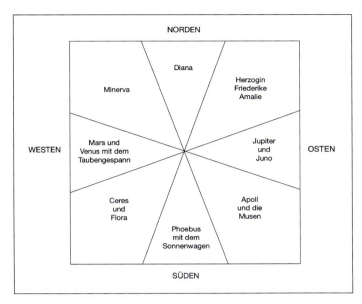

Abb. 93 Schema der Verteilung der Gemälde von Ovens in der Kuppel des Saales der Amalienburg

Amalie, die also zu diesem Zeitpunkt ein Säugling war.[1041] Einleuchtender erscheint aber der Gedanke, dass hier die junge Herzogin selbst mit ihrer guten Erziehung unter der Aufsicht von Minerva dargestellt wurde. Der von v. Koch als Künstler bezeichnete Mann ist durch den Folianten, den er auf dem Schoß hält, vielleicht auch als Lehrer zu interpretieren. So lässt sich diese Szene, die der guten Erziehung und Weisheit der Herzogin gewidmet ist, dem Gesamtthema des Saales, der Apotheose der Herzogin Friederike Amalie, zuordnen. Dazu passte auch die Platzierung der heraldischen Elemente an der Nordseite, quasi unter der Darstellung der Herzogin, die damit direkt beim Betreten des Lusthauses jedem Besucher ins Auge fielen.

Den Hintergrund der Kuppeldarstellungen bildete nach von Kochs Äußerungen ein heiterer schöner Himmel, an dem die genannten Götter die Herzogin umschwebten, und andererseits „allerhand Scheußliche Furien" vor ihrem Anblick zurückwichen.[1042] Der Vermutung von Jan Drees, es könne sich bei einer erhaltenen Federzeichnung von Jürgen Ovens, die auf Wolken sitzende Gestalten zeigt (Abb. 94), um eine Vorzeichnung zu einem der Gemälde aus dem Amalienburg-Zyklus handeln, ist nicht viel entgegenzusetzen, da es einfach heute nicht mehr nachprüfbar ist.[1043] Die Zuordnung zu einem bestimmten Kuppelfeld ist allerdings nicht möglich. Als Vorzeichnung kommt sie nur für eines oder ein Teilstück der Gewölbebilder in Frage.

Wie der Bilderzyklus im Festsaal der Amalienburg genau ausgesehen hat und zu interpretieren ist, bleibt aufgrund der lückenhaften Beschreibungen und der verschollenen Gemälde letztlich verborgen. Zusammenfassend beschäftigte sich das von Ovens geschaffene Bildprogramm mit der Vergöttlichung der Herzogin Friederike Amalie, eingebettet in ein kosmologisches, mythologisches, dynastisches und bacchantisches Ambiente.

Als weitere Ausstattung des Festsaals hingen vor den oberen Fenstern weiße Gardinen mit Quasten. Außerdem gehörten zum Inventar dieses Raumes eine vom Gewölbe herabhängende 3 Fuß (0,86 m) hohe und in ihrem Umfang 4 Fuß (1,15 m) messende vergoldete „weintraube" mit einer Blume daran, ein Kieferntisch mit einer grünen Samttischdecke mit Fransen und in Ermangelung sanitärer Anlagen ein Nachtstuhl mit einem Zinntopf. Im Jahre 1705 gab es insgesamt 49 niedrige Stühle, 24 davon mit grünem Goldleder und 25 mit grünem Lackleder bezogen.[1044]

Die Innenausstattung der insgesamt acht Räume in den Eckpavillons war auch sehr aufwändig. Die Fußböden der vier unteren Zimmer waren wie der des Saales mit gotländischen Fliesen ausgelegt.[1045] Die Dekoration dieser Räume hatte 1671/72 der sonst völlig unbekannte Maler Jürgen Fuhrmann geschaffen.[1046] Die Wände waren vollständig „mit Leinwandbezogen (sic) und Braun angemahlt worauff in 8kantigen rahmen allenthalben Divisen (verb: Devisen) mit frantzoischen Inscriptionen stehen welche dermaßen nach den Affecten gebildet sein daß solches mit großer Plaisir Zubetrachten"[1047]. Als die von der Feuchtigkeit der Wände stark geschädigten Leinwandtapeten zum ersten Mal noch in herzoglicher Zeit 1705 durch den Maler Elias Galli restauriert wurden, ist von „Emblemata" die Rede[1048], wodurch deutlich wird, dass es sich um vier Räume handelt, die vollständig mit Emblembildern ausgestattet waren, deren Inhalt aber leider

Abb. 94 Götterversammlung auf Wolken, undatierte Federzeichnung von Jürgen Ovens, SSHL, Inv. Nr. 1988/955

nicht überliefert ist. Die Decken der unteren Kabinette zierte je ein auf Leinwand gemaltes Gemälde. Es waren „schöne Götter stücken und Engeln mit Blumen und andern Spielenden Sachen mit sehr feinen farben geschildert"[1049]. Sie befanden sich schon 1709 in einem sehr schadhaften Zustand. Während die Fenster innen eine Bemalung aus grauer Marmorierung „mit güldenen Strichen" (Äderung) besaßen, waren die Türen an der Innenseite der Eckräume „mit Zierlichen füllungen und Leisten werck Schwartz und verguldet, in den füllungen sind allerhand Schöne garten Stücken, Portaln und Fontainen gemahlet"[1050].

Auch die oberen vier Kabinette besaßen eine außergewöhnliche Ausstattung. Die aus Brettern bestehenden Fußböden waren illusionistisch bemalt „alß mit fliesen belegt […] worinnen in die Mitten ein theil des hochF: wapens"[1051]. Der Hofmaler Johannes Müller hatte 1671 die erste Fassung der aus bemaltem Leinwandbezug bestehenden Wand- und Deckengestaltung ausgeführt, die aber schon zehn Jahre später von seinem Sohn Christian vollständig erneuert wurde.[1052] Es ist anzunehmen, dass die neue Dekoration, deren Aussehen im Inventar von 1709 überliefert ist, nicht wesentlich von der älteren Konzeption abwich. So waren die Wände bis zum vergoldeten Hauptgesims „allenthalben mit Poetischen Stücken von allerhand Lustige angenehme Götter Jagdten und Satyr gemählden" geziert. Die Decken besaßen wie im Saal eine aus Bretterschalung „mit Creutz=Bogen" gebildete Wölbung, deren Leinwandbezug „mit allerhand Frucht und Trauben führenden Kindlein theils auch mit schönen Götter bildern außgezieret und mit allerhand Schönen Farben gemählet"[1053] war. Die Fenster dieser Gemächer hatten die gleiche Farbfassung wie in den unteren Zimmern, die Türen hingegen waren schlicht grau angestrichen.[1054]

Das Möbelinventar von 1695 überliefert nur eine sparsame Möblierung der unteren Kabinette.[1055] In jedem Zimmer gab es einen kleinen sogenannten „Schap Tisch", d.h. einen Tisch, der auch eine Schrankfunktion besaß und worauf jeweils eine grüne Samtdecke mit grünen Seidenfransen lag. Platz nehmen konnte man auf zwei schwarzen Lehnstühlen, die ebenfalls mit grünem Plüsch und Seidenfransen bezogen waren. 1705 sind noch insgesamt drei weitere Tische verzeichnet, von denen einer vermutlich in Intarsienarbeit mit einem „Brettspiel ausgelegt" war.[1056] Wie die oberen vier Räume eingerichtet waren, ist dagegen merkwürdigerweise nicht überliefert.[1057] Vielleicht hat sich hier das optische Kabinett befunden, von dem 1693 der Kieler Professor Samuel Reyher (1635–1714) berichtete:

„Palatium venustissimum in gratiam Serenissimae Conjugis exstructum, & de ejusdem nomine Amalienburgum dictum, tàm structurae elegantia, quàm sitûs amoenitate spectatores afficiens: in quo nunquam satis laudandus Princeps haud exiguos sumptus impendit in Cameram […] obscuram singulariter adornandam, in apparatum vitris telescopicis et microscopicis necessarium, in rarissimos & artem vulgarem transcendentes […] tornandi modos."[1058]

Lühnings nachvollziehbarer Textinterpretation folgend bestand die kostenaufwändige Ausstattung sowohl aus kunstvollen Drechslerarbeiten – wie sie aus der Gottorfer Kunstkammer bekannt sind – als auch aus verschiedenen optischen Instrumenten wie Fernrohren, Mikroskopen und einer Camera obscura, die wohl zusammen ein optisches Kabinett ausmachten.[1059] 1669 war schon an einer Camera obscura, die für das Neue Werk gedacht war, gearbeitet worden,[1060] obwohl die Bauarbeiten an der Amalienburg erst 1670 begannen. Anscheinend ist dieser Teil des Lusthausinventars im Zusammenhang mit Christian Albrechts Tod Ende 1694 aus der Amalienburg entfernt worden, denn das erste Möbelinventar vom Mai 1695 erwähnt schon nichts mehr davon.

4.23. Die Orangerie

Im Jahr 1690 ließ Herzog Christian Albrecht „das Neüe Pomeranten Hauß", als welche man die feste, große Orangerie 1690 zum ersten Mal bezeichnete[1061], an der Nordgrenze des Gartens, eingebettet in die Plankwerksumfriedung, auf dem obersten Terrassenplateau errichten. Vollendet wurde sie erst etwa 1698 unter Herzog Friedrich IV.[1062] Sie bildete den Anfang einer neuen, groß angelegten Präsentation der Gottorfer Orangeriepflanzen. Neben „Pomerantzen Hause" wurde das Wort „Orangerie" am Ende des 17. und Anfang des 18. Jahrhunderts etwa gleich häufig verwendet, wobei mit „Orangerie" ebenso die Pflanzen wie das Gebäude gemeint sein konnten. Im 18. Jahrhundert traten dann immer mehr die Bezeichnungen „orangerie Hauß" und „das große Orangen, oder so genannte Gewächs Haüße" auf.[1063]

Das Quellenmaterial in schriftlicher und bildlicher Form lässt eine recht genaue Rekonstruktion des großen, neuen Orangeriegebäudes zu, das in der Literatur außer der Tatsache seiner Existenz bisher nicht beachtet wurde. Während Herzog Christian Albrecht als Bauherr feststeht, geben die Quellen dagegen keinerlei Hinweis auf einen Architekten oder Baumeister, der als Schöpfer der neuen Orangerie angesehen werden kann. Eine Bauzeichnung des tatsächlich ausgeführten Gebäudes ist nicht überliefert, stattdessen aber drei unterschiedliche, anonyme Blätter aus der Planungsphase[1064], die einen gedanklichen Entwicklungsprozess erkennen lassen. Es ist daraus zu ersehen, dass das Haus zunächst nur eine Längenausdehnung von 200 Fuß (57,5 m) bekommen sollte und die Zahl der Fensterachsen und Räume bzw. deren Aufteilung am und im Gebäude sich noch änderte. Wenn man die Pläne in eine zeitliche Abfolge bringen möchte, so ist wohl der Grundriss fol. 112 (Abb. 95)[1065] ohne Maßstabangabe als erster skizzen- und ideenhafter Entwurf zu werten. Es ist ein Bau von 200 x 40 Fuß (57,5 x 11,5 m) gezeigt, der nach Süden drei Tür- und 20 Fensterachsen hat. Im Innern weist er einen riesigen Saal in der Mitte mit rechts und links anschließenden quadratischen Räumen und einem nördlich in ganzer Länge des Gebäudes verlaufenden Gang mit kleinen Außentüren

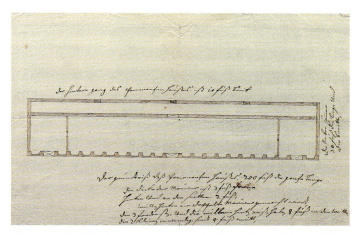

Abb. 95 Grundriss der neuen Orangerie im Neuen Werk, Arbeitsskizze, anonyme Federzeichnung, um 1690, BQ: LASH, Orangerie I

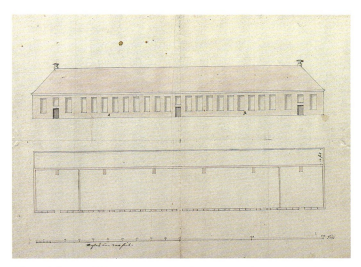

Abb. 96 Entwurf (Grund- und Aufriss) der neuen Orangerie im Neuen Werk, lavierte Federzeichnung, anonym, um 1690, BQ: LASH, Orangerie II

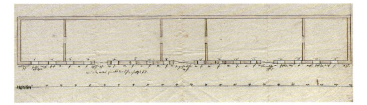

Abb. 97 Entwurf zur Orangerie im Neuen Werk, anonyme Federzeichnung, um 1690, BQ: LASH, Orangerie III

auf. Das Blatt fol. 110 (Abb. 96)[1066] mit maßstäblichem Grundriss und Ansicht könnte als Reinschrift der ersten Skizze gesehen werden. Einige Abweichungen sind aber vorhanden: Die Zahl der Fensterachsen nach Süden hat sich auf 22 erhöht, und es gibt 6 Schornsteine bzw. Öfen in der Rückwand vor dem Gang. Das in der Ansicht gezeigte Walmdach ist noch ganz schlicht, nur an den Enden mit Aufbauten geschmückt. Fol. 113 (Abb. 97)[1067] ist wohl zuletzt entstanden, kurz vor Baubeginn. Darauf weisen die eingetragenen genauen Maße hin. Es ist nur ein Grundriss und dieser sogar ohne den hinteren Gang, aber die Aufteilung der Räume, die Verteilung und Anzahl der Tür- und Fensteröffnungen (drei und 16) und die Länge des Hauses von 230 Fuß (66,15 m) entsprechen genau dem späteren Gebäude. Dieser Plan zeigt als einziger den turmartig ausgeführten mittleren Zentralraum.

Für die Rekonstruktion stehen noch zwei andere, sehr wichtige und bisher ebenfalls von der Forschung nicht beachtete Bildquellen des bereits vollendeten Gebäudes zur Verfügung. Die erste ist ein 1705 oder kurz danach zu datierender Kupferstich von Ludwig Weyandt, entstanden aus Anlass der Aloënblüte von 1704 und 1705, die dargestellt ist mit zwei riesigen Pflanzen im Vordergrund (Abb. 98). Die Ansicht der im Hintergrund gezeigten Orangerie ist schmückendes Beiwerk, nicht maßstabsgenau, aber recht detailliert wiedergegeben (Abb. 99).[1068] Die zweite Bildquelle ist ein trotz fehlenden Maßstabs äußerst genauer und zuverlässiger Grundriss, den der Garteninspektor Bernhard Kempe 1728 in seiner Zeichnung des gesamten Orangeriereals wiedergibt (Abb. 100). Ein weiterer Grundriss des Pomeranzenhauses auf dem Plan von Otto Johann Müller (Abb. 101) ist als grundsätzliche Bestätigung hilfreich, beruht aber auch nicht auf genauem Aufmaß.[1069] Bei der nun folgenden Rekonstruktion des Gebäudes steht vor allem die Beschreibung aus dem Inventar von 1709 im Vordergrund[1070], ergänzt durch viele kleine Informationen aus den Baurechnungen des 17. und den späteren Reparaturanschlägen des 18. Jahrhunderts.

Der Grundriss des Hauses (Abb. 100) bestand zum einen aus einem quer zum Garten mit der Fassade nach Süden gelagerten Rechteck in den Maßen von 230 x 30 Fuß (66,15 x 8,62 m)[1071] als vorderem Hauptbau und zum andern aus zwei hinter dem Gebäude nach Norden befindlichen Anbauten, deren Ausmaße nicht genau bekannt sind, die aber nach Kempes Darstellung (Abb. 100) symmetrisch gelagert waren und deren Raumtiefe nur ein Drittel der Räume des Haupthauses betrug.[1072] Der Hauptbau war symmetrisch in fünf Räume aufgeteilt (Abb. 100): In der Mitte ein fast quadratischer Raum von 32 x 30 Fuß (9,20 x 8,62 m)[1073], rechts und links je ein großer Saal von 69 x 30 Fuß (19,84 x 8,62 m) und ganz außen jeweils wieder ein nahezu quadratisches Zimmer mit den Maßen 28 x 30 Fuß (8,05 x 8,62 m)[1074]. Hinter dem Haus, im Winkel zwischen dem östlichen Anbau und dem Mittelraum des Vorderhauses, befand sich ein kleiner Treppenturm, der den Zugang zum Obergeschoss des turmartigen Aufbaues der Orangerie ermöglichte. Während also die Grundfläche des Hauptbaues mit 570 qm feststeht, lässt sich die gesamte Fläche der Orangerie inclusive Anbauten mangels genauer Angaben nur schätzen auf etwa 720 qm.

Das Haus hatte als Fundament eine Gründung aus eingerammten Eichenpfählen, außerdem waren Anker gelegt, Siele angefertigt, Steingrus und „Reepschläger Wahren" verwendet worden.[1075] Die Wände des eingeschossigen Gebäudes waren massiv aus Ziegelsteinen gemauert, und zwar die Mauer nach Süden 2½ Steine dick, die anderen Wände schmaler.[1076] Gemauert waren auch die Wände der Gauben, lediglich das Treppengehäuse und das Obergeschoss des Pavillons scheinen wohl in einer Holzkonstruktion ausgeführt und mit Brettern bekleidet gewesen zu sein.[1077]

Die Fassade nach Süden (Abb. 99) gliederte sich in 19 Achsen, spiegelsymmetrisch von der Mitte mit dem Hauptportal ausgehend auf jeder Seite erst vier Fenster, dann ein Seitenportal und wieder vier Fensterachsen. Die Dachzone war ebenso aufgeteilt, indem sich über den Seitenportalen Dachgauben und über dem Mittelraum ein eingeschossiger turmartiger Aufbau befand, der das Hauptportal und zwei Fensterachsen umfasste.[1078] Ludwig Weyandt verzeichnete den turmartigen Aufbau (Abb. 99). Er erscheint hier als schmale, eindimensionale Fassade nach Süden, war aber tatsächlich ein breiteres, begehbares Geschoss von den Ausmaßen des darunter liegenden Mittelsaales.

Die 16 Fenster der Südfront unten waren „hohe doppelte Creutz fenster", d.h. mit zwei Fensterkreuzen, aus Eichenholz gearbeitet[1079]. In jeder der Fensterzargen (ca. 3 m hoch und 1,5 m breit)[1080] befanden sich sechs „Schlag=Rahmen", also bewegliche Fensterflügel: unten zwei hochrechteckige nebeneinander, darüber vier nahezu quadratische Fensterflügel, je zwei übereinander und nebeneinander.[1081] In jeder Gaube waren zwei niedrigere Fenster mit je zwei Flügeln.[1082] Das Turmgeschoss in der Mitte besaß nach Süden und Norden je drei Fensteröffnungen, deren Maße und Aufteilung denen des Hauptgeschosses ziemlich genau entsprachen.[1083] An der westlichen und östlichen Schmalseite des Hauptbaues befand sich jeweils nur ein Fenster mit vier beweglichen Flügeln[1084]. Die beiden hinteren Anbauten hatten in der Nordwand je sieben Fenster und eine Tür, der westliche Anbau noch ein Fenster in der westlichen und der östliche in der östlichen Schmalseite (Abb. 100).[1085] Hier waren es „stehende", d.h. nicht zu öffnende Fenster, aus zwei Teilen gemacht.[1086] Alle Fenster des Gebäudes hatten eine Bleiverglasung in Rautenform, wobei nicht alle Scheiben gleich groß, „sondern sowohl in den untersten= als in specie in denen obersten Fenstern gantze Reihen kleinere Scheiben" eingesetzt waren.[1087] Unter den Fenstern der Südseite waren aus Mauersteinen kleine, niedrige Bänke gemauert, mit Brettern bedeckt[1088], auf denen – so zeigt es Weyandt (Abb. 99) – Pflanzen in Kästen und Töpfen aufgereiht standen.

Die drei Eingänge von Süden hatte der in Kiel ansässige Hofbildhauer Theodor Allers aufwendig und repräsentativ aus Gotländer Sandstein ausgeführt.[1089] Die Türen selbst waren zweiflügelig und aus Holz, die mittlere „mit Panel" gearbeitet.[1090] Der Hausteinschmuck des Hauptportals gliederte sich in zwei Ebenen[1091]: Die innere bzw. tieferliegende bildete die eigentliche Türzarge mit Pilastern und einer Archivolte darauf, die äußere, rahmende Schicht bestand aus größeren Pilastern mit korinthischen Kapitellen, die bis zum Scheitelpunkt der Archivolte reichten. Darüber befand sich ein vollständiges Gebälk, worauf wiederum ein gesprengter Segmentbogen lag. In den Fries über der Tür malte Ludwig Weyandt folgende Inschrift, die der Augenzeuge Ulrich Petersen uns überliefert[1092]:

„Cum forte in cana frigus tegit arva pruina,
Frondibus hic intus vernat amcana domus.
Wil so viel sagen:
Wenn der Winter Wald und Feld mit dem Schnee und Reiff begrauet,
Wird in diesem Frühlings Zelt lauter Sommer:Grün geschauet."

Die Mitte des gesprengten Segmentbogens darüber nahm das auch von Weyandt ge- oder bemalte, von Lorbeerzweigen[1093] umrankte Monogramm des Bauherrn, Herzog Christian Albrecht, ein. Ob es in einer solchen Rollwerkkartusche gewesen ist, wie Weyandt sie darstellt, bleibt unklar.[1094] Darüber befand sich als Abschluss eine vergoldete Krone.[1095] Im Inventar von 1709 sind als zusätzlicher Schmuck noch „3 Urnen oder Kraut Töpffen", also Vasen, erwähnt, wie Weyandt sie aber nur für die Seitentüren zeigt.[1096] Die beiden Seitenportale unterschieden sich nicht voneinander: Auf korinthischen Pilastern ruhte ein Gebälk mit der gemalten Jahreszahl 1692 im Fries.[1097] Darüber befand sich ein gesprengter Dreiecksgiebel mit drei auf Postamenten stehenden Schmuckvasen mit Pflanzen, in der Mitte und auf jeder Seite eine.

Dieses Motiv wurde weitergeführt bei der Ausschmückung der Dachzone: Auf den Enden des Dachfirstes nach Osten und Westen und auf den Spitzen der Dacherker waren Postamente befestigt, auf denen Vasen mit vergoldetem Festonschmuck und Blumen darin standen, alles aus Holz gearbeitet.[1098] Als höchste Bekrönung thronte eine Holzstatue der „flora mit dem Cornu copiae", der Flora mit dem Füllhorn, auf dem Dach des Turmes, ebenfalls auf einem Holzpostament.[1099]

Der aus Kiefernholz gebaute Dachstuhl bildete ein Walmdach über dem Hauptbau, das nach Süden eine Höhe von 25 Fuß (7,19 m) hatte und der Wandhöhe des mittleren Pavillons entsprach.[1100] Von den beiden Anbauten gibt es keine Ansicht. Da aber die Höhe der nördlichen Dachseite mit 42 Fuß (12,08 m) angegeben ist[1101] und die Zimmerleute beim Bau mit „aufnagel. der Aufläuffern über die Schupffen"[1102] beschäftigt sind, ist davon auszugehen, dass die Anbauten in Fortsetzung des Hauptdaches ein Schleppdach hatten. Die Dacherker waren mit einem kleinen Satteldach und der Pavillon „nach welscher Manier mit eine doppelte haube"[1103] gedeckt.

Die Dächer der Orangerie waren merkwürdigerweise von Anfang an mit verschiedenen Materialien eingedeckt. Die Gründe dafür sind bisher nicht bekannt, könnten aber sowohl ästhetisch als auch finanziell motiviert gewesen sein. Alle Dachteile, die man vom Garten aus sehen konnte, waren mit Holzschindeln gedeckt und in ihrer Farbigkeit schwarz: Die ganze Südseite mit den Walmen nach Westen und Osten, die Gauben und der Turm.[1104] Nach Norden und über dem Treppenbau hatte das Gebäude ein rotes Pfannendach.[1105] Alle Firste und Dachkehlen

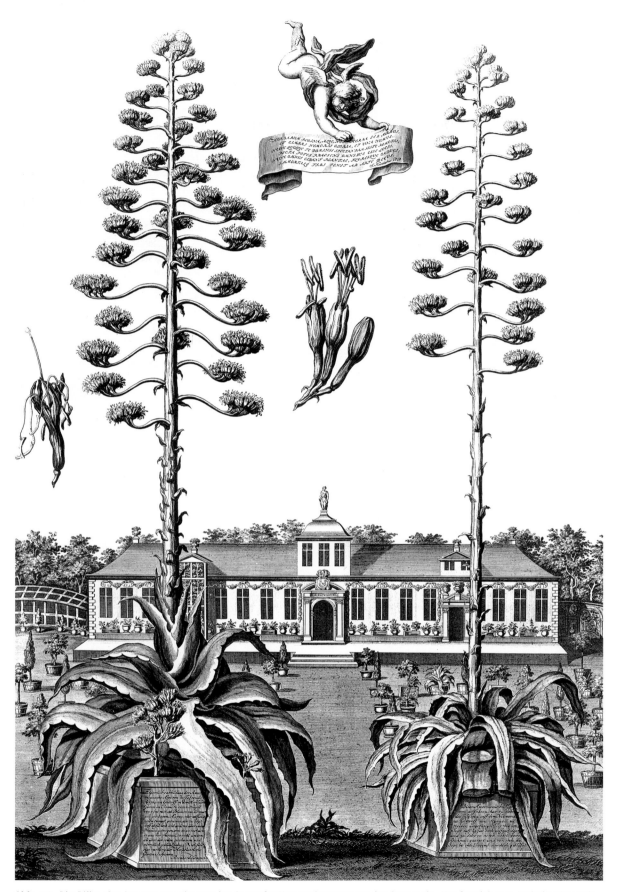

Abb. 98 Die Blüte der Agaven americanae im Gottorfer Neuwerkgarten vor der Orangerie, Kupferstich von Ludwig Weyandt, 1705, BQ: KBK, Weyandt

Abb. 99 Ansicht der Orangerie im Neuen Werk, Detail aus dem Kupferstich von Ludwig Weyandt, 1705, BQ: KBK, Weyandt

waren mit Rollblei abgedeckt und die hölzernen Dachrinnen ebenfalls mit diesem Material ausgekleidet. Es gab aber auch Dachrinnen aus Blei.[1106] Das durchgängig um das Gebäude herumlaufende Dachgesims bestand aus gekehltem Holz, mit einer eingearbeiteten und mit Blei ausgefütterten „Regen Rinne".[1107] Das Hauptgesims des Mittelbaus war besonders hervorgehoben durch „einen weit überhängenden Trauff so unten mit Kragsteinen gezieret"[1108] war. Das Regenwasser wurde an der Orangerie sorgfältig aufgefangen in vier sogenannten „Trommen", indem an der Fassade immer symmetrisch in der Mitte der Vier-Fenster-Blöcke ein Fallrohr aus Blei und unten aus Holz angebracht war, das unten in einem „halben 4 achtseitigen" Holzkasten endete.[1109] An den Schmalseiten des Hauses gab es auch solche Fallrohre, aber ohne Auffangbehälter.[1110] An der Wand zwischen Hauptgebäude und Anbauten waren sechs Schornsteine aufgemauert, die aus dem Ziegeldach heraus-, aber den First des Haupthauses nicht überragten, also an der Fassade unsichtbar blieben (vgl. Abb. 100 u. 96).[1111]

Die farbige Gestaltung des Außenbaues präsentierte sich recht aufwendig in den Hauptfarben weiß und blau.[1112] Die Wände, ob Ziegelmauerwerk oder Bretterverkleidung, waren mit Ölfarbe weiß angestrichen, so auch der Treppenturm, dessen Ecken „mit grauen Quad: Stücken"[1113] eine gemalte Rustizierung erhielt. Weyandt (Abb. 99) zeigt auch die Südfassade an den Ecken mit wohl gemalten Rustizierungen, die aber im Inventar 1709 nicht erwähnt sind. Die Fenster waren grau angestrichen. Die Tönung des Ölfarbenanstrichs von Türen und Portalen ist nicht überliefert. Sie sind wohl grau gewesen, wie auch die gemauerten Bänke und Regentonnen unter den Fenstern.[1114] Monogramm, Lorbeerzweige und Krone des Portalschmucks, wohl auch die Inschrift und Jahreszahlen, waren vergoldet. Die skulpturale Dachbekrönung besaß eine weiße Fassung, die Kränze der Vasen eine goldene. Die Wände der Fassade zierte eine Bemalung aus blauen Muscheln über den Fenstern, die als imaginäre Aufhänger für Festons aus Blumen und Früchten dienten und z.T. weiter herunterhängend wohl zumindest die mittleren Fensterblöcke umrahmten (Abb. 99). Diese Art von Schmuck wiederholte sich in den Giebelfeldern der Gauben. Weitere Akzente in Blau wurden durch eine Umrahmung der Fenster des Zentralpavillons (auch an der Nordseite) und die großen Dachgesimse gesetzt.[1115]

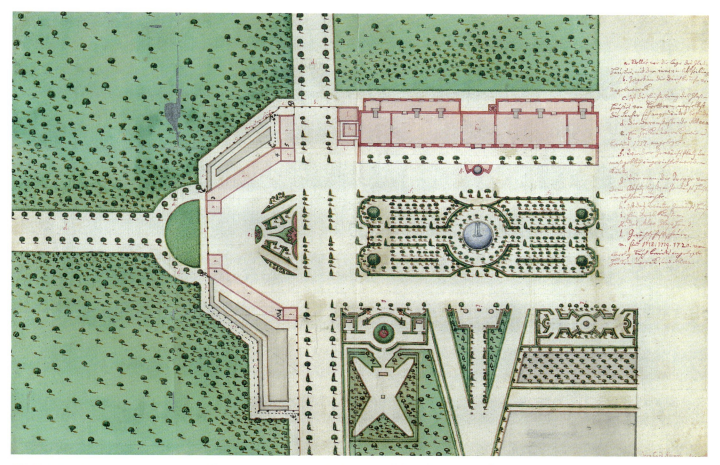

Abb. 100 Orangeriereal auf der obersten Terrasse des Neuwerks, farbig lavierte Federzeichnung von Bernhard Kempe, 1728, BQ: LASH, Kempe

Dazu zeigte sich die Dachzone nach Süden mit dem Schindeldach in dunkelgrau bzw. schwarz.

Zusammenfassend lässt sich zur Ansicht bzw. der Wirkung der Fassade der Orangerie sagen, dass dieses Gebäude eine wohldurchdachte und ästhetisch anspruchsvolle Architektursprache besaß. Einerseits äußerte sie sich in formalen Korrespondenzen zwischen den Spitzgiebeln der Seitenportale und Dacherker und den geschwungenen oder abgerundeten Formen des Hauptportals und der welschen Haube des Turms in der Mitte. Andererseits zeigte sie sich in einer Steigerung des gesamten architektonischen Aufbaus zusammen mit dem Haustein- und gemalten Schmuck von außen zur Mitte hin und gipfelte in der Florastatue über dem Turm.

Die Beschreibung der Räume im Innern der Orangerie beruht hauptsächlich auf der Beschreibung im Inventar von 1709.[1116] Die Haupttür, durch die man die Orangerie betrat, hatte „2 flügel von Corinthischer ordre"[1117], und der eine dieser Flügel besaß einen geschnitzten, weiß angemalten und vergoldeten Blumenkranz, der bei geschlossener Tür vor der Fläche eines blauen Pfeilers herunterhing. Man befand sich nun in einer fast quadratischen, zweigeschossigen Eingangshalle (Abb. 100), die wie die gesamte Fläche des Hauptbaus mit Fliesen[1118] ausgelegt war. Nach oben hin markierte eine Galerie die Grenze zwischen den Etagen. Im unteren Geschoss hatte der Raum an der Südseite rechts und links der Eingangstür je ein Fenster, die Nordwand war dagegen fensterlos. Nach Westen und Osten wurde die Vorhalle von den angrenzenden Sälen durch Zwischenwände getrennt, in deren Mitte sich je eine zweiflügelige Tür befand, gerahmt von drei hohen Schiebefenstern auf jeder Seite (Abb. 102). Die Türen zeigten auf einer Seite schlicht graue Fassung und auf der anderen eine Bemalung „mit Laub und bruststüken".[1119] Die Wände dieses Raumes waren – wie auch in allen anderen Sälen – „gemarmelt", d.h. mit Gips verputzt und mit Marmoradern bemalt, wohl blaue Marmorierung auf weißem Grund wie im Obergeschoss der Eingangshalle (Abb. 102).[1120] Unter der Galerie war offenbar ein umlaufender Ornamentfries[1121]: Aus einem blauen Untergrund ragten aus weißem Stuck gearbeitete Frucht- und Blumenkränze, die an Engelsköpfen hingen, heraus. Die Galerie bestand aus einem hölzernen Umgang[1122] mit einem Geländer aus „gedrehten pfeilern" (Abb. 102). Es wurde schon ein Treppengehäuse an der Nordostecke außerhalb des Mittelsaales erwähnt, das im unteren Teil eine 15stufige Wendeltreppe und darauffolgend einen geraden Abschnitt von zehn Stufen hatte und den einzigen Zugang zur Galerie und über diese zu den Dachböden bot. Wie man sich diese Konstellation genau vorzustellen hat und an welcher Stelle der Aufgang in das Obergeschoss der Eingangshalle mündete, bleibt unklar. Fest steht aber, dass es in der Nord- und Südwand jeweils drei Fenster und in der West- und Ostwand je eine Tür gab, die zu den durch die Gauben der Südseite beleuchteten Dachböden führte. Das Obergeschoss der Eingangshalle war reicher und farbenfroher ausgestattet (Abb. 102). Das Geländer der Galerie mit den Docken hatte in Umkehrung der Wandgestaltung, die auf weißem Grund blau marmoriert war, weiße Marmorierung auf blauer Fläche. Die Wände gliederten „12 Columnen mit Corinthischen weißen Capitäln […] mit roth gelb und Braun in Fresco gemarmelt". Es handelte sich wohl um Halbsäulen oder noch eher um Pilaster, von denen auf jeder Wand zwei (zwischen den Fenstern und seitlich der Türen) und in den Ecken je eine über Eck saßen, so dass jede Wand in drei Felder geteilt war (Abb. 102). Es ist anzunehmen, dass die Schäfte in Stucco lustro ausgeführt waren und glänzten.[1123] Über den Kapitellen lag ein aus Stuck bzw. Stucco lustro gearbeiteter klassischer Wandabschluss, bestehend aus weißem Architrav, braun-rot-grau marmoriertem Fries und weißem Hauptgesims. Die Decke dieses Raumes hatte eine Holzkuppel, die innen mit „gibst Arbeit", d.h. mit Stukkatur von „Italienschen Gibschern" geschmückt war.[1124] Namentlich genannt werden die Stuckateure „Meister Jacob de Georgio" (gest. vor dem 12.2.1698) und „Meister Thomas", die mit Helfern und Handlangern in der Orangerie tätig waren und die Deckendekorationen in allen Räumen des Hauptbaues ausführten.[1125] Aus der Beschreibung des Inventars von 1709 zu schließen[1126], befand sich über dem Galerieumgang eine flache Decke, die sich auf der Höhe des Geländers zur Mitte hin zu einer vom Quadrat ausgehenden Wölbung öffnete. Der flache Teil der Decke hatte eine blau gefasste Stuckatur mit weißem „Laubwerck". Die Ecken wurden betont durch – wohl plastisch ausgearbeitete – „Kinder", also Putti, und „4 oblongsronde felder", womit wohl vier ovale Kartuschen gemeint sind, mit der Darstellung der Jahreszeiten, die der Gottorfer Hofmaler Balthasar Mahs 1698 „in Fresco" gemalt hatte.[1127] Die Wölbung war von der flachen Decke durch einen Lorbeerstab, einen „Crantz von Lorbeer Bletter mit leisten" aus Stuck, abgesetzt. In der Kuppel selbst befand sich „ein Stück von Seulen à la Fresco, perspectivisch gemahlet".[1128] Diese illusionistische Malerei, die den Raum nach oben scheinbar erweiterte, hatte ebenfalls Balthasar Mahs für 200 Rthlr geschaffen „nach dem von Sereniss. approbirten Riß".[1129] Offenbar war der Entwurf dafür zunächst dem Herzog, Friedrich IV., vorgelegt und von diesem genehmigt worden. Mahs fertigte zu dieser Zeit auch mehrere Gemälde für das Neue Werk an, deren Aufhängungsort und weiterer Verbleib unbekannt sind.[1130] Kenntnis haben wir aber von dem großen Gemälde, das an der

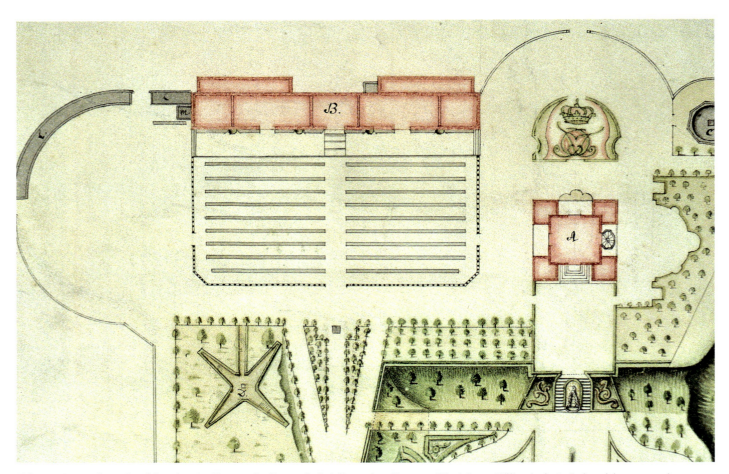

Abb. 101 Orangeriereal auf der obersten Terrasse im Neuwerk, Detail aus dem Plan von Otto Johann Müller, lavierte Federzeichnung, nach 1734, BQ: RAK, Müller I

Abb. 102 Rekonstruktion des Wandaufrisses im Mittelraum der Gottorfer Orangerie zu den angrenzenden Sälen, Zeichnung und Rekonstruktion von Karen Asmussen-Stratmann, 1999

Nordwand im Untergeschoss der Eingangshalle hing: „Die große blühende Aloe Lebens größe geschildert"[1131], von Ludwig Weyandt 1705/06 angefertigt.

Die anderen Räume der Orangerie waren schlichter gestaltet. In allen Zimmern des Hauptbaus waren die Fenster innen „Perl=Grau" angestrichen, hatten ein Fensterbrett aus Kiefernholz[1132] und Läden, die vor die unteren großen Fensterflügel geklappt werden konnten und kunstvoll bemalt waren[1133]: Die Außenseite – vermutlich die Seite, die in aufgeklapptem Zustand zu sehen war – zeigte auf jedem Laden eine graue Nische, in der eine Vase mit allerhand Blumen und Gewächsen stand, das Ganze oben und unten eingerahmt mit Laubwerk. Diese Bemalung passte farblich und vom Motiv her genau zu den schon beschriebenen Innentüren in den Zwischenwänden des Hauptbaues.[1134] In den Scheidewänden zwischen den großen Sälen und den äußersten Räumen saßen auch bleiverglaste Rautenfenster[1135], die aber anders aussahen als die in den Wänden zwischen Sälen und Eingangshalle. Hier gab es wohl auch auf jeder Seite der Tür drei Fensterflächen, von denen eine feststehend und zwei mit je zwei Flügeln zu öffnen waren.[1136] Alle Säle und dahinterliegenden Zimmer waren ausgestattet mit Fliesenfußboden, marmorierten Wänden in blau auf weißem Grund und an den Decken weißen Stuckdekorationen aus „Zirckel bögen und einen gesims ümher"[1137], worunter man sich wahrscheinlich aus Kreissegmenten zusammengesetzte geometrische Muster, z.B. Vierpässe, vorstellen kann.

Während der Mittelraum nicht heizbar war und ohne Vorrichtungen für das Aufstellen von Gewächsen[1138] lediglich als repräsentative Eingangshalle fungierte, waren alle anderen Gemächer mit Öfen an der Nordwand ausgestattet (Abb. 100). In den großen Sälen befanden sich je zwei Öfen, in den anderen Zimmern jeweils ein Ofen, deren Aussehen nicht überliefert ist. Wir wissen aber, dass es sich um sechs, im Harz hergestellte, eiserne Öfen handelte, deren dazugehörende „steinern Kacheln aber von hiesiegen Töpffer aufgesetzet und gelieffert" worden waren.[1139] Diese Heizvorrichtungen ruhten teils auf „2 steinern Füßen" teils „vorne auf Eisern Stangen"[1140] und bestanden zumindest z.T. aus gusseisernen Platten[1141], die vermutlich – wie in der Zeit üblich – mit Reliefdarstellungen versehen waren. Wie Bernhard Kempes Grundriss (Abb. 100) zeigt, gingen die Öfen von den hinteren Anbauten, von wo aus sie wohl befeuert wurden, durch die Wand in die nach Süden gehenden Vorderräume der Orangerie.[1142] Für das Aussehen der Öfen sind mehrere Varianten vorstellbar: erstens Beileger aus Gusseisenplatten, die vor einer mit Kacheln versehenen Wand standen, zweitens kombinierte Öfen aus unten Gusseisenplatten und oben Kacheln oder drittens Kachelöfen in den Räumen nach Süden und gusseiserne Ofeneinsätze zum Feuern in den Anbauten.

Für die Aufstellung der wertvollen Gewächse im Winterhalbjahr dienten sowohl fest eingebaute Bänke und Borde an den Wänden als auch frei im Raum aufgestellte Stellagen. Im westlichsten Raum gab es an der West- und Nordwand gemauerte und mit Brettern bedeckte Bänke, im östlichsten Raum war es spiegelsymmetrisch genauso.[1143] In den großen Sälen war dagegen nur die Nordwand, wo sich auch die Öfen befanden, mit gemauerten Bänken versehen. Rundherum an allen Wänden des Hauptbaues außer im Mittelpavillon waren „brettern Riegen", also Borde, angebracht, und auch auf den Fensterbrettern standen im Winter Pflanzen.[1144] Aloen wurden 1709 auf einem großen „Schavott", wohl ein Holzgestell, in der Mitte der beiden Außenräume aufgestellt, das später für „Indianische Gewächse" Verwendung fand.[1145] In den großen Sälen waren je 16 Reihen Bänke aufgebaut, worauf die Kasten und Töpfe stehen konnten. Dazu wurden behauene Feldsteine „unter die bohlen worauf die balgen in der Orangerie zu stehen kommen" gelegt.[1146] Wahrscheinlich waren es diese Balken, die Ludwig Weyandt 1693 in der Orangerie bemalt hatte. Passend zu den Wänden waren die meisten weiß und blau marmoriert, aber auch „12 Große balgen, mit Landschafften weiß und blauw" bemalt. Sogar 40 Gartentöpfe versah er mit blau-weißem Muster.[1147]

Die beiden Anbauten an der Nordseite der Orangerie sind in ihrer äußeren Gestalt schon beschrieben worden. Sie waren sowohl von außen direkt, nämlich an der Nordseite über den Tiergarten, als auch durch die großen Säle der Orangerie zugänglich. Diese Türen zeigt Bernhard Kempe in seinem Grundriss (Abb. 100)[1148], der ebenfalls deutlich macht, dass von den Anbauten jeweils in der äußersten Ecke eine quadratische Kammer abgeteilt war, die nur von den großen, korridorartigen Räumen erreichbar war. Über die Ausstattung wird in den Quellen fast nichts mitgeteilt. Es ist daraus zu schließen, dass sie wohl recht einfach gewesen ist, ohne Stuckdecken, ohne repräsentative Gestaltung. Diese Räume waren nicht für Besucher, sondern nur für Gartenpersonal bzw. als deren Arbeitsräume gedacht. Einen deutlichen Hinweis auf eine derartige Nutzung liefern u.a. die Bezeichnungen der Anbauten in den Quellen, wie z.B. „Holtz=Behältniße" und „abseiten oder Gesellen Schlaf Cammer"[1149]. 1692 waren Betten in die quadratischen, kleinen Eck-Kammern eingebaut worden, „wo die Gärtner Gesellen und Pursche im Winter, wegen des Einheitzens logiren"[1150]. Da das Gärtnerhaus ganz am entgegengesetzten Ende des großen Gartens lag, waren diese Zweckbauten unentbehrlich für die Aufrechterhaltung der eigentlichen Funktion dieses Gebäudes als Winterstandort für die Pflanzen. Die langgestreckten Räume scheinen hauptsächlich als Lagerraum für das Heizmaterial gedient zu haben, das in 80 Faden (169,4 rm) Buchenholz jährlich bestand.[1151]

Bei einem resümierenden Blick auf die Innenausstattung dieses Gartengebäudes fällt als wichtigstes Merkmal der beachtliche Aufwand auf, der zum Zweck der Repräsentation besonders mit der Ausschmückung in der Eingangshalle betrieben wurde. Die am Außenbau zur Schau getragene Steigerung der Wirkung zur Mitte hin wurde im Innern des Gebäudes wiederholt und durch die illusionistische Malerei in der Kuppel noch überhöht.

4.24. Der Orangeriegarten und die Pflanzensammlung um 1695

Zeitlich etwas unklar ist der Beginn der Arbeiten zur Anlegung eines Sommerstellplatzes für die Pflanzen direkt vor der Orangerie. Mit der Außengestaltung vor dem Gebäude wurde 1693 begonnen, aber erst 1699 erfolgte die Einfriedung mit einem Staketenzaun.[1152] Der Platz dehnte sich in voller Breite des Gebäudes und fast über die gesamte Tiefe des obersten Terrassenplateaus aus (Abb. 14) und blieb in der Art seiner ersten Gestaltung bis 1736 erhalten.[1153] Über sein Aussehen geben uns drei Bildquellen Auskunft. Während Dallin (Abb. 14) noch in herzoglicher und Müller (Abb. 101) in königlicher Zeit weitgehend auch mit den schriftlichen Quellen übereinstimmend den Grundriss zuverlässig wiedergeben, kann Weyandts angedeutete Ansicht des Orangerieplatzes (Abb. 98) quellenkritisch nur als eine willkürliche, dekorative Darstellung, die lediglich den Ort bestätigt, gewertet werden.[1154]

Folgendermaßen lässt sich das ursprüngliche Aussehen dieses Platzes anhand der vorhandenen Quellen rekonstruieren: Direkt vor der Orangerie befand sich in ganzer Länge und auf gleichem Niveau mit den Eingängen ein etwa sechs Meter breiter Absatz, der mit „gehauenen QuaderSteinen" gepflastert und an den beiden Schmalseiten nach Westen und Osten und an der Südseite vor dem Hauptportal jeweils über drei mit Fliesen ausgelegte Stufen zugänglich war (Abb. 99 u. 101).[1155] Hierauf wurden an einem besonders geschützten und dekorativen Ort, nämlich entlang der Südfront des Hauses auf den dort gemauerten und mit Bohlen bedeckten Bänken, einige Kübelpflanzen im Sommer aufgestellt (Abb. 99). Zwischen den Bänken befanden sich große, halbachtseitige, eisenbeschlagene Eichentonnen, in denen das Regenwasser vom Dach gesammelt und zur Begießung der Gewächse im Sommer verwendet wurde (Abb. 101).[1156] Der eigentliche, etwas niedriger gelegene Orangerieplatz war an den drei dem Gebäude abgewandten Seiten durch einen hohen, blau und weiß angestrichenen Staketenzaun mit abgeschrägten Ecken und vier zweiflügeligen Pforten eingefriedet (Abb. 101 u. 104).[1157] Hier wurden die in Gefäßen kultivierten exotischen Gewächse, die in der Orangerie überwinterten, in den warmen Monaten platziert, einerseits um ihnen genügend Licht und Luft zukommen zu lassen und andererseits um sie gebührend zu präsentieren. Wie der Boden dieses Platzes aussah, d.h. ob er aus festgestampfter Erde bestand oder von Rasen bedeckt war, ist nicht bekannt.[1158] Die Pflanzen in ihren Gefäßen stellte der Gärtner auf in neun Reihen angeordnete Eichenbohlen, die wiederum „auf gehauen Stein" lagen, womit vermutlich eine Pflasterung mit Haustein gemeint ist.[1159] Nach welcher Ordnung die Aufstellung der Gewächse in herzoglicher Zeit erfolgte, ist nicht überliefert. Um 1730 waren sie – wie Ulrich Petersen mitteilt – „nach ihrer größe in einer schönen Ordnung hingestellet".[1160] An der Ostseite des Orangerieplatzes befand sich ein runder Brunnen zur Bewässerung, der auf keiner Bildquelle dokumentiert ist.[1161]

Über Umfang und Qualität der Gottorfer Pflanzensammlung im Neuen Werk um die Wende vom 17. zum 18. Jahrhundert[1162] informiert ein Inventar von März 1695, das die in der neuen Orangerie und im alten Pomeranzenhaus untergebrachten Gewächse auflistet.[1163] Die daraus zu ersehenden Fakten sind beeindruckend: Zu diesem Zeitpunkt waren 1198 Kästen oder Töpfe mit Pflanzen bestückt. In der Orangerie gab es 63, im Pomeranzenhaus 30 verschiedene Arten und Sorten.[1164] Unter anderem die hohe Zahl des bis dahin auf 440 Pomeranzenbäume angewachsenen Bestandes an Zitrusgewächsen interpretiert Christensen als Anzeichen für eine außerordentliche Pflanzensammlung und herausragende Kultivierungstechnik.[1165] Anhand der von Clemens Alexander Wimmer aufgelisteten gebräuchlichsten Orangeriegehölze kann eine qualitative Wertung der Gottorfer Sammlung nur eingeschränkt erfolgen, da Wimmer keinen Zeitpunkt angibt, und außer Gehölzen keine anderen Pflanzen berücksichtigt sind.[1166] Während aus den Kategorien der klassischen (mediterranen), orientalischen, fernöstlichen und ostindischen (amerikanischen) Pflanzen im Neuen Werk bis auf wenige Aus-

Abb. 103 Passiflora incarnata L., Passionsblume, Gouache aus dem Gottorfer Codex von Hans Simon Holtzbecker, 1649–59, Statens Museum for Kunst, Kopenhagen

nahmen die meisten Arten bis 1695 schon nachweisbar sind, gab es von den afrikanischen, den sogenannten Kap-Pflanzen, erst drei Arten. Aus der Aufstellung bei Wimmer sind an klassischen Orangeriepflanzen folgende im Inventar von 1695 erstmals im Neuen Werk[1167] verzeichnet: Aloe vera L. (Nr. 86), Anthyllis barba-jovis L. (Nr. 64), Cypressus sempervirens L. (Nr. 38 u. 122), Rosmarinus officinalis L. (Nr. 130), von der im alten Pomeranzenhaus sogar 100 Kästen standen, dann Ceratonia siliqua L. (Nr. 63) und sieben Palmen (Nr. 96), deren Sorte nicht genannt ist. Bei den orientalischen und fernöstlichen Gewächsen gab es keine Neuerungen. Von amerikanischen Pflanzen tauchen Acacia farnesiana Willd. (Nr. 88) und Passiflora incarnata L. (Nr. 92–94) (Abb. 103) 1695 zum ersten Mal auf, und noch 1705 wurden zwei große Ananas-Pflanzen aus Holland für die riesige Summe von 22 Rthlr pro Stück angeschafft.[1168] Von den afrikanischen Gewächsen war 1695 nur die Mesembryanthemum L. (Nr. 58) neu. Während von den meisten Pflanzen nur einzelne Exemplare vorhanden waren, gab es von manchen auch mehrere wie z.B. 6 Yucca gloriosa L., 10 Granatbäume, 30 Aloën, 48 Lorbeerbäume, 22 Myrten, außerdem 25 Jasmin und 21 Ginster, beide in verschiedenen Sorten, und von den Ginstersorten waren auch einige neu

(Nr. 32, 53, 109). Über Wimmers Verzeichnis hinaus sind 1695 folgende weitere Pflanzen erstmalig im Neuen Werk nachgewiesen: Phalaris arundinacea L. (Nr. 128), Canna indica L. (Nr. 90), Phaseolus L. caracalla (Nr. 95), Cyclamen L. (Nr. 76), Herianthemum L. (Nr. 46, 54 u. 55), Thlaspi arvense L. (Nr. 47), Clematis L. ohne Angabe der Sorte (Nr. 73) und Clematis viticella L. (Nr. 111), Carthamus arborescens L. oder Cnicus benedictus L. (Nr. 120), Leonurus cardiaca L. (Nr. 59), Scilla peruviana L. (Nr. 121), Iris florentina L. (Nr. 106), Limonium humile oder Limonium vulgare Mill. (Nr. 113), Linaria vulgaris L. (Nr. 77), Origanum syriacum L. (Nr. 65), Rosa moschata (Herrm.) (Nr. 30), Pistacia vera L. (Nr. 8), Smilax laurifolia L. (Nr. 105), Thymus serpyllum L. (Nr. 70), Lavandula stoechas L. (Nr. 66), Teucrium fruticans L. (Nr. 107), Iberis sempervirens L. (Nr. 62), Satureja thymbra L. oder Satureja hortensis L. (Nr. 116), Plumbago europaea L. (Nr. 68 u. 110) und schließlich Berula angustifolia Koch (Nr. 45). Mit diesem insgesamt breitgefächerten Spektrum an Pflanzenarten und -sorten aus allen damals erreichbaren Teilen der Welt erweist sich die Pflanzensammlung des Gottorfer Neuwerkgartens am Ende der herzoglichen Zeit in einem repräsentativen Stand auf der Höhe der Zeit, der mindestens dem Durchschnitt der zeitgleichen Sammlungen entsprochen haben dürfte.[1169] Spätestens mit dem Bau der großen, festen Orangerie verlagerte sich auch auf dem Gebiet der Pflanzen der Schwerpunkt der Gottorfer Gartenkunst in das Neue Werk.

Auch die Pflanzgefäße der Orangerie verdienen in diesem Zusammenhang eine genauere Betrachtung. Die mobile Gewächshaltung, d.h. die Kultivierung von Pflanzen in transportablen Töpfen und Kästen wurde in den Jahren von 1653 bis 1657 im Neuen Werk eingeführt, betraf aber nur einen Teil der nicht winterharten Arten, denn der Hauptteil stand im abschlagbaren Pomeranzenhaus in der Erde. Für diese Zeit wissen wir von hölzernen „Kreüterkasten" und von „Krauthtöpffen" aus Ton.[1170] Seit 1669/1670 überwinterten diese Kübelpflanzen in einer Gewächskammer im Keller des Globushauses, aber wo sie bis dahin untergebracht waren, ist nicht bekannt. Erst mit dem Bau der Orangerie setzt in den 1690er Jahren eine bis 1706 andauernde neue Welle der Anschaffung von Pflanzgefäßen ein. Zwar existierte zunächst noch das zweite Pomeranzenhaus, in dem die Gewächse direkt in der Erde wuchsen, aber der neue Bau war ganz für die fortschrittlichere Kultivierungsmethode in Kübeln und Töpfen konzipiert. Rechnungsbelege und Inventare von 1695 und 1705 geben eine grobe Beschreibung der verschiedenen Materialien und Formen der Behältnisse, die durch die bildlichen Darstellungen der Gottorfer Aloënblüten ergänzt werden.[1171] In dieser Zeit gab es große und kleine, eckige und längliche Gewächskästen und runde Kübel, teils aus Kiefern- teils aus Eichenholz mit Eisenbeschlägen, von denen viele auch bemalt waren, womit vermutlich eher ein schlichter Ölfarbenanstrich zur Konservierung als eine gemusterte Farbfassung gemeint ist. In ihnen standen die größeren Orangeriepflanzen (Abb. 99). Die 1705 blühenden Agaven americanae befanden sich in großen, beschlagenen und mit Rollen ausgestatteten Kästen, die dem „Versailler Modell" ähnelten (Abb. 71 u. 72).[1172] Daneben waren Tontöpfe unterschiedlichster Art vorhanden, z.B. einfache rote, aber auch bemalte und blaue, außerdem Schalen und „Anhencker". 1691 traf aus Holland Blumengeschirr auf Gottorf ein, vielleicht die 1695 im Inventar erwähnten 88 holländischen glasierten Töpfe und 14 Porzellantöpfe.[1173] Die bei der archäologischen Grabung 2004 gefundenen Keramikfragmente bestätigen und präzisieren die o.g. Aussagen: es fanden sich zahlreiche Scherben von sehr großen, verzierten Blumengefäßen und flachen Schalen aus roter Irdenware in verschiedener Machart. Viele Töpfe besaßen eine rotbraune, dunkelbraune, hell grünliche oder gelbliche Innenglasur. Neben einigen Fragmenten grün glasierter und mit weißer Verzierung versehener Schalen waren die meisten Gefäße außen unglasiert, aber mit umlaufenden Rillen, Riefen oder Wellenbändern geschmückt, einige auch mit eingedrückten, farbig akzentuierten Punkten oder Linien.[1174] Ludwig Weyandt bemalte in den Jahren 1693/94 40 Gartentöpfe blau und weiß, was auf eine Porzellannachahmung schließen lässt. Vielleicht sind sie mit denjenigen Gefäßen zu identifizieren, die mit dem Namen Christian Albrechts versehen und als holländische, glasierte Töpfe bezeichnet 1737 in einer Anzahl von 35 Stück noch existierten.[1175] In gleicher Weise gestaltete Otto Krap 1699 insgesamt 24 Pyramiden, die vermutlich zur erhöhten und dekorativen Aufstellung einiger Pflanzen dienten.[1176] Die Bemalung in blau-weiß war der inneren und äußeren Farbgebung der Orangerie angepasst. Ludwig Weyandt zeigt große Blumenscherben im Mittelgang des Orangerieplatzes und verschieden geformte, teils mit Henkeln versehene auf den Bänken direkt vor dem Orangeriegebäude. Ihr Standort und das Material Porzellan bzw. eine porzellanähnliche Bemalung weisen auf einen hohen Repräsentationswert hin. Vermutlich wuchsen hierin die wertvollsten Pflanzen. Besonders kostbar waren auch die zwischen den Treppen über den Kaskaden von der zweiten bis zur obersten Terrasse platzierten Blumentöpfe aus Bleiguss.[1177] Der Transport der großen Gewächskübel und die Bewässerung der Orangeriepflanzen zur Sommerzeit wurden im Neuen Werk mit Wagen bewerkstelligt.[1178]

4.25. Das Ringelhaus

Auf dem obersten Terrassenplateau nordöstlich der Amalienburg und nördlich des nach Osten hinunter führenden Rundweges an der Grenze des Gartens wurde 1694 nach einem vorher angefertigten Holzmodell[1179] ein kleines Gebäude errichtet, das zunächst „Rönhauß", aber ab 1705 „Ringelhaus" genannt wurde.[1180] Die Bezeichnungen rühren von seiner Funktion her, denn das Haus diente der Unterhaltung der Hofgesellschaft als eine Art Karussell zur Nachahmung des sonst auf Turnierplätzen ausgeübten Ringrennens oder Ringstechens.[1181] Während man schon im Winter

1694/95 das den Bau zum Tiergarten hin umschließende halbrunde Plankwerk aufsetzte, zog sich die Vollendung des Gebäudes insgesamt bis etwa 1699 hin.[1182] Aber schon wenige Jahre später, ab 1705, waren die Lehnstühle und Holzpferde trotz einer 1706 erfolgten Reparatur des Fußbodens ausgelagert und das Ringelhaus in der herzoglichen Zeit nicht mehr benutzbar.[1183]

In der Literatur werden lediglich Existenz, Standort und Funktion des Gebäudes kurz erwähnt, aber nicht seine Gestaltung und Technik behandelt. Aus den vorhandenen Quellen gewinnt man nur eine relativ ungenaue Vorstellung des Ringelhauses, vor allem, weil die wenigen zuverlässigen bildlichen Dokumentationen nur grobe Wiedergaben sind wie die Ansicht bei Dallin (Abb. 104) und die Grundrisse auf dem Plan von 1713, von Themsen und Müller, die alle aus königlicher Zeit stammen (Abb. 16, 105 u. 81).[1184] Das genaueste Bild vermittelt der Text des Inventars von 1709, auf den sich die folgende Rekonstruktion hauptsächlich bezieht.[1185]

Der sichtbare Teil des Ringelhauses war eingeschossig über einem achteckigen Grundriss gestaltet (Abb. 104 u. 105). Darunter befand sich ein in die Erde gegrabenes Kellergeschoss, dessen Wände aus einer Bekleidung der Erde mit Feldsteinen bestanden. Durch eine Flügeltür aus ungehobelten Kieferbrettern an der Ostseite (Abb. 105) konnte der Keller betreten werden. Ein hier verankertes „holtzern gerüst" bildete die Konstruktion des Hauses.[1186] Den seitlich offenen Bau gliederten an den acht Ecken stehende hölzerne ionische Säulen auf Postamenten, die das Dach trugen. Der unterste Teil zwischen den Säulen, nämlich so hoch wie die Postamente reichten, war mit Brettern verschlossen und hatte darüber ein „geländer".[1187] An der Westseite diente diese Brüstung in Form zweier beweglicher Flügel als Eingang zum Karussell (Abb. 104 u. 81). Dallin zeigt das Dach als einen achteckigen Helm mit geschweifter Kontur in der Art einer welschen Haube (Abb. 104), das auf einer Bretterschalung mit geteerten Holzschindeln aus Eichenholz gedeckt war.[1188] An der Nordseite gab es einen Dacherker mit einer Luke. Um den Karussellbau außen herum führte ein Umgang aus Eichenbohlen.[1189] Auf Müllers Plan ist die innere Gestaltung am besten wiedergegeben (Abb. 81): Der im Umriss runde, aus Kieferbrettern gearbeitete Fußboden war in der Mitte des Gebäudes an einem Ständer befestigt und drehbar, weil „in dem Centro unter der Mittelseulen eine welle stehet[,] welche oben durch die 4seitige Mittelseule und unten in die Erde in einen Ruheplatz hinunter reicht[.] an dieser Welle sind unten in der Erden ruhe und Sträbe balcken[,] welche die Balckens des Beweglichen Brettern Bodens tragen". Außerdem waren daran lange Holzstangen angebracht, „woran einige leute fassen und den boden also herüm schieben konnen".[1190] Oben auf dem Fußboden waren zwei von Theodor Allers angefertigte „halb vollgewachsene" Holzpferde je auf zwei Eisenstangen und wohl an der Holzdecke darüber zwei weitere Eisenstangen befestigt, „worin die Ringe hangen". Dazu gab es vier Holzlanzen, um das Ringelrennen durchzuführen.[1191] Ob die zwei im Ringelhaus vorhandenen leinenbezogenen Lehnstühle separat oder auf den Pferderücken platziert waren, geht aus den Quellen nicht hervor.[1192] Die Farbfassung des Gebäudes passte sich der sonstigen Gestaltung der obersten Terrasse mit Ausnahme der Amalienburg an: Die Außensäulen mit der Brüstung und die Mittelsäule mit der Holzdecke besaßen einen weißen Ölfarbenanstrich, abgesetzt mit blauen Kanten.

4.26. Das Plankwerk auf dem obersten Plateau

Das Gelände auf der obersten Terrassenstufe mit den zur Orangerie gehörigen Gebäuden, der Amalienburg und dem Ringelhaus war im vollendeten Zustand des Gartens umschlossen von einem in drei exedrenartigen Ausbuchtungen geformten Plankwerk. Nur die Darstellung auf dem Plan von 1713 (Abb. 16) stimmt mit der Beschreibung des westlich der Orangerie befindlichen Teils dieser Umfriedung im Inventar von 1709 topographisch überein.[1193] Demnach lag ein Bogen westlich der Orangerie. Von Süden nach Norden der Rundung folgend befand sich sofort am Anfang eine Tür, die benutzt wurde, um zur Küche im Tiergarten gelangen zu können. Nach einigen Fachen Plankwerk kam eine zweiflügelige Fahrpforte mit einem Schlagbaum[1194]. Daran schloss sich das 1699 gebaute gebogene Glashaus an, dessen Rückwand aus Fachwerk das Plankwerk ersetzte.[1195] Den Raum zwischen diesem Gebäude und der Orangerie nahm ein fünf Fach breiter Bretterschuppen ein. Da die Nordwand der Orangerie die Grenze des Gartens bildete, gab es hinter ihr kein Plankwerk. Erst am östlichen Ende des Gebäudes ging die Bretterwand in einer zweiten Rundung weiter und umschloss damit den Platz hinter der Amalienburg. In der Fortführung der Hauptgartenachse war in der Mitte eine große Fahrpforte eingelassen (Abb. 104), die der

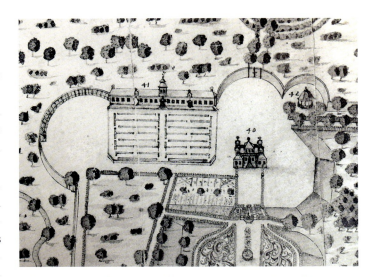

Abb. 104 Oberste Terrasse mit Glashaus, Orangerie (41), Amalienburg (40) und Ringelhaus (42), Detail aus dem Plan von Rudolph Matthias Dallin, 1707, BQ: KBK, Dallin I

im westlichen Plankwerksbogen genau glich. Nördlich des Ringelhauses befand sich die dritte Bohlenwand-Ausbuchtung.

In den Hauptfarben weiß und blau, die das ganze Orangeriearreal kennzeichneten, hatte Otto Krap 1699 auf dem Plankwerk eine Scheinarchitektur aus Arkaden gemalt[1196], von der ein kleiner Teil auf dem großen Aloëstich von Ludwig Weyandt bildlich überliefert ist (Abb. 99). Die Stützpfeiler zierten weiß-blaue Blumentöpfe mit Gewächsen in Nischen, während man durch die Bögen einen Ausblick ins Grüne, in „wälder und Buschwerck" hatte. In den Zwickeln waren „Brustbilder" dargestellt. Auch auf der Fachwerk-Rückwand des Glashauses setzte sich die Malerei fort. Die großen Fahrpforten hoben sich durch eine rot angestrichene Bretterverkleidung der Ständer ab, während die Flügel auch mit Bogenstellungen und einer springenden Fontäne bemalt waren. Im Unterschied zum eher störenden, undurchsichtigen Bretterzaun überall sonst um den Garten erhielt das oberste Plateau durch die amphitheatralische Form und illusionistische Bemalung des Plankwerks einen besonders repräsentativen Charakter, der die hier stehenden Gebäude zusammenfasste und in ihrer Wirkung und Bedeutung steigerte.

4.27. Das Glashaus von 1699

Die Glashäuser des Neuen Werkes sind in der Literatur, speziell von Michael Paarmann, aber in ihrer Funktion und Einordnung auch von Annie Christensen, recht ausführlich behandelt worden.[1197] Das erste Treibhaus wurde 1699 westlich der Orangerie auf der obersten Terrasse des Gartens für geschätzte Gesamtkosten von etwa 850–950 Rthlr gebaut.[1198] Für eine Rekonstruktion stehen an Bildquellen zwei ungenaue Ansichten aus herzoglicher Zeit von Weyandt (Abb. 99) und Dallin (Abb. 104) und drei Grundrissdarstellungen aus der Zeit danach auf den Plänen von 1713 (Abb. 16), von Themsen (Abb. 105) und Müller (Abb. 101) zur Verfügung.[1199] Genauere Informationen liefern allerdings die Baurechnungen und vor allem die Beschreibung im Inventar von 1709.[1200]

Zu Standort und Gestalt des Glashauses[1201] erschließt sich Folgendes aus den genannten Quellen: Der 160 Fuß (46 m) lange Bau auf dem langgestreckten, schmalen Grundriss eines Viertelkreises war eingebettet in die halbkreisförmige Plankwerkseinfassung westlich der Orangerie.[1202] Nur die Grundrisse (bes. Abb. 16 u. 101) geben die Lage präzise wieder: Das Glashaus erstreckte sich von der großen Fahrpforte im Westen bis zu einem fünf Fach breiten, zur Orangerie überleitenden Plankwerksstück, vor dem ein Schuppen gebaut und davor wiederum Mistbeete angelegt waren.[1203] Das Gewächshaus besaß ein Fundament, über das aber keine weiteren Angaben vorliegen.[1204] Die Rückwand bestand aus Kiefernholz-Fachwerk mit Ausmauerung und war zum Garten hin wie das Plankwerk mit Arkaden bemalt, so dass der Eindruck erweckt wurde, es sei mit dem Plankwerk zusammen eine durchgehende, offene Arkadenreihe mit Durchblicken in die umgebende Landschaft.[1205] Die Gartenfront, Seitenwände und schräge Abdachung waren vollständig mit rautenförmigen, in Blei gelegten Scheiben verglast (Abb. 99 u. 104): an den Schmalseiten gab es je zwei Fensterrahmen nebeneinander und an der nach Südosten gewandten Hauptseite und der Bedeckung darüber je 36 Fensterrahmen aus Eichenholz mit Scharnieren,

Abb. 105 Oberste Terrasse mit Glashaus (O), Geräteschuppen (N), Aloëglashaus (M), Orangerie (L), Orangenplatz (P), Ringelhaus (K) und Amalienburg (J), Detail aus dem Plan von Jörgen Themsen, 1728, BQ: LASH, Themsen I

so dass man davon ausgehen muss, dass sie an einer Konstruktion aus Holz befestigt und zum Öffnen und Herausnehmen gedacht waren.[1206] Mit dem umgebenden Plankwerk zusammen erhielt das Gebäude 1699 einen Ölfarbenanstrich in blau und weiß.[1207]

Technisch gesehen handelte es sich bei diesem Glashaus um ein Kalthaus ohne Heizmöglichkeit, die auch deshalb nicht notwendig war, weil der Bau nur temporär, nämlich in den Sommermonaten, genutzt wurde. Im Frühjahr, meistens um den 21. Mai herum, wurden die Fenster an- und im Herbst wieder abgebaut. Die Pflanzen stellte der Gärtner wie auch sonst üblich auf Bänken aus Eichenbohlen auf.[1208] Die Fenster wurden im Winter in dem zwischen Glashaus und Orangerie ans Plankwerk gebauten Schuppen aufbewahrt (Abb. 101 u. 105).[1209] In der Südwand dieses vollständig aus Brettern errichteten Verschlages gab es ein Fenster und eine Tür. 1699 waren Wände und Dach von Otto Krap grau angestrichen worden, ab 1709 wurde der Schuppen zur besseren Konservierung geteert.[1210] Davor hatte der Gärtner zwei Mistbeete angelegt.[1211] Bei den Pflanzen, die während der Sommermonate im Glashaus standen, handelte es sich nach Annie Christensen um Exemplare, die in diesem Klima sogar für eine sommerliche Kultivierung im Freien zu empfindlich waren bzw. nur unter den geschützten Bedingungen im Glashaus zur Blüte oder Fruchtreife gebracht werden konnten.[1212]

4.28. Die Aloeglashäuser von 1668 und 1705

1668 begann zum ersten Mal eine Agave americana im Neuwerkgarten zu blühen. Diese Pflanze, die im Sprachgebrauch des 17. und 18. Jahrhunderts als Aloe bezeichnet wurde[1213], stammte aus dem Husumer Schlossgarten und gelangte 1655 nach Gottorf, wo sie unter der Pflege des Gärtners Michael Gabriel Tatter[1214] einen Blütenstengel trieb. Das wurde als außergewöhnliches Ereignis und großer gärtnerischer Erfolg eingestuft, denn die angeblich erst nach hundertjähriger Pflege blühenden amerikanischen Agaven waren zwar seit ihrer Einführung 1561 nach Europa derart vermehrt, „daß sie nun [1668] in viel hundert Gärten Deutsch=Lands zu finden [...]; jedoch in den allerwenigsten plätzen Europae bißanher Blühend gesehen worden; wes wegen unsere Gottorffische un billich vor eine sonderbahre und grosse rarität zu schätzen".[1215] Aus diesem Grund verfasste Johann Daniel Major (1634–1693), der erste Botanik- und Medizinprofessor der Medizinischen Fakultät der kurz zuvor gegründeten Kieler Universität die fast einzige, aber sehr ausführliche Schriftquelle zur ersten Gottorfer Aloeblüte.[1216] In dieser in Schleswig gedruckten wissenschaftlichen Abhandlung beschäftigte sich Major mit der Beschreibung, Herkunft, den medizinischen Eigenschaften, der pharmazeutischen Nutzung und der Kultivierung der Agave americana.

Über die Pflege der Gottorfer Aloe in diesem Jahr berichtet Major, dass sie in der Nordwestecke des erst drei Jahre vorher versetzten zweiten Pomeranzenhauses in einem 4 Fuß (1,15 m) hohen, speziell angefertigten Holzkasten stand, der allseitig mit Steinöffnungen für den Zu- und Abgang von Feuchtigkeit und darunter mit einem „steinernen Rostwerck" ausgestattet war. Im Spätsommer wurde zum Schutz gegen die einsetzende Kälte mit „reflexion-Gläsern/ und ins gevierdte herumb=gebauten Fenstern" ein provisorisches Aloeglashaus um den Kasten errichtet[1217], das aber auch nicht verhindern konnte, dass die Agave – wie Kritiker später anmerkten – aufgrund zu kalter Wetterverhältnisse nicht tatsächlich zur vollen Blüte gelangte.

Angeblich soll 1697 auch eine Aloe auf Gottorf geblüht haben, aber die Quellenlage zu dieser Information ist unsicher: Ernst Schlee erwähnt in seinem Aufsatz über die Gottorfer Bildersammlung ein Gemälde mit dem Titel „Ein im September 1697 im Neuen-Werk floriert habendes Gewächs" und kombiniert dieses Bild mit einer Nachricht aus den Rentekammer-Rechnungen, nach der der Hofmaler Otto Krabbe in diesem Jahr eine Aloe gemalt habe. Das Bild ist leider nicht mehr nachweisbar und merkwürdigerweise sind weder dieser Rechnungsbeleg noch andere, die auf die Unterbringung dieser Pflanze hinweisen könnten, bekannt.[1218]

Erst wieder in den Jahren 1704 und 1705 trat das Ereignis einer Agavenblüte im Gottorfer Neuwerkgarten ein, und dieses Mal blühten sogar drei Pflanzen. Auch jetzt entstanden, dem bedeutungsvollen Anlass entsprechend, mehrere Gemälde und Kupferstiche (Abb. 71, 72 u. 98)[1219], und der Kieler Arzt Johannes Siricius verfasste eine wissenschaftliche Publikation, die eine Auseinandersetzung mit einem anderen Gelehrten, Wilhelm Huldreich Waldschmidt (1669–1731), Professor der Anatomie und Botanik an der Christiana Albertina und Schwiegersohn von Johann Daniel Major, zur Folge hatte.[1220]

Für die erste, 60 Jahre alte, ursprünglich aus dem Husumer Schlossgarten stammende Aloe, deren Blüte im August 1704 einsetzte, wurde noch keine spezielle Unterbringung benötigt, weil sie nur einen Stängel von etwa 90 Zentimetern trieb. Als aber im Juni 1705 dieselbe Pflanze und im Juli eine andere, 21 Jahre alte Agave über sieben Meter hochschossen[1221], realisierte der Garteninspektor Bernhard Kempe[1222] mit einer eleganten und praktischen Lösung für die Summe von 456 Rthlr das erste dauerhafte Aloehaus im Neuwerkgarten. Michael Paarmann beschrieb bereits dieses erste Treibhaus von 1705 recht genau.[1223]

Die Grundlage für die Rekonstruktion, ergänzt durch wenige andere Quellen, bildet die Beschreibung im Inventar von 1709, die mit der bildlichen Darstellung auf dem Kupferstich von Ludwig Weyandt (Abb. 99) übereinstimmt.[1224] Das Bauwerk zum Schutz der Aloen war auf einer quadratischen Grundfläche von etwa drei Metern Seitenlänge vor die westliche Eingangstür der neuen Orangerie auf der obersten Terrasse gesetzt und durch eben diese Tür zugänglich. Es bot Platz für vier Agaven. Ein Gerüst aus Kiefernholz in der Art einer Fachwerkkonstruktion bildete das statische Element dieses turmähnlichen Glashauses, das etwa zehn Meter hoch war[1225] und mit einem Bretterdach auf gleicher Höhe mit der Gaube über dem Portal abschloss. An den drei Glasseiten hatte es sechs große Fenster mit Rautenverglasung, je zwei neben- und drei übereinander. Am 26. September 1705 wurde der Bauinspektor Christian Albrecht Thomsen beauftragt, einen eisernen Ofen hineinzustellen. Bis dahin hatte Bernhard Kempe das Aloehaus erstens durch Öffnen der Tür zur Orangerie und zweitens durch ein Kohlenfeuer unter den Kästen temperiert.[1226]

4.29. Das Garteninspektorhaus

Ein Gärtnerwohnhaus speziell für das Neue Werk entstand erst 1651 an der Ostseite des Gartens, außerhalb der Einfriedung, auf einer Anhöhe über dem Blauen Teich (Abb. 14 u. 17). Heinrich Vak, der seit 1643 als erster Gärtner eigens für den Neuwerkgarten angestellt war, scheint die treibende Kraft gewesen zu sein, denn er beteiligte sich an der Finanzierung und erhielt das investierte Geld bei seinem Wechsel 1655 an den Kieler Schlossgarten zurück.[1227] 1657 wurde das Haus um einen Stall ergänzt und ein vorher schon bestehendes Backhaus 1705 durch einen Neubau ersetzt.[1228] Das Anwesen wurde im 17. Jahrhundert meistens als „Gärtnerhauß", seit Beginn des 18. Jahrhunderts dagegen als „des Garten Inspectoris Hauße" bezeichnet.[1229] Die Gebäude des 17. Jahrhunderts existieren heute nicht mehr, sondern wurden später durch andere ersetzt.

Für eine rekonstuktive Beschreibung des ersten Gärtnerhauses samt Nebengebäuden in herzoglicher Zeit dient das Inventar von 1709 als Grundlage. Die Bildquellen dieser Periode (Abb. 14 u. 17) geben dagegen nur Auskunft über Lage und grobes Aussehen. Anhand späterer, im Kontext des Abrisses und Neubaus zwischen 1770 und 1772 entstandener Quellen lässt sich das Bild ergänzen. Dazu zählt auch eine von dem Baumeister Johann Gottfried Rosenberg 1771 angefertigte Grundrisszeichnung des ersten und bis dahin nur wenig veränderten Garteninspektorhauses (Abb. 106).[1230]

Über einem nordsüdlich ausgerichteten rechteckigen Grundriss von 61 Fuß (17,5 m) Länge und 32 Fuß (9,2 m) Breite erhob sich auf einem Feldsteinfundament das eingeschossige Wohnhaus in Fachwerkkonstruktion mit ausgemauerten Feldern, einem pfannengedeckten Satteldach und zwei Schornsteinen.[1231] An der Nordseite schloss sich in voller Breite des Hauses eine ebenso gebaute, 15 Fuß (4,3 m) lange Wagenremise an. Der rechtwinklig an die Ostseite angesetzte Fachwerkstall mit Pfannendach maß 50 Fuß (14,3 m) Länge und 18 Fuß (5,1 m) Breite (Abb. 14 u. 106). Vom Hofplatz aus, d.h. von Osten, konnte das Haus durch die zweiteilige Haupttür, von der West- bzw. Gartenseite aus durch einen Nebeneingang im Küchenbereich betreten werden. Die Fenster (im Erdgeschoss vier an der Ost-, fünf an der West- und ursprünglich zwei an der Südseite) waren in Maß und Konstruktion nicht einheitlich, aber fast alle mit Läden verschließbar.

Aufgrund von Baumaßnahmen nach 1713 zeigt Rosenbergs Plan (Abb. 106) einen leicht veränderten Grundriss ohne Westtür, aber mit drei Fenstern an der Südseite.[1232] Das Dachgeschoss beleuchteten zwei Gauben nach Osten und eine große nach Westen, dazu zwei Fenster im Südgiebel. Eine Bretterbekleidung schützte die nördliche Giebelwand. Es gab auch einen Keller, dessen genaue Lage aber unbekannt bleibt. Nach Rosenberg befand er sich unter dem östlichen Stallanbau mit Zugang von der Eingangsdiele des Wohnhauses.[1233]

Die Innenaufteilung des Hauses lässt sich nach der Beschreibung von 1709 und Rosenbergs Grundriss einigermaßen nachvollziehen: An der Ostseite lag die Eingangsdiele mit einer Treppe zum Dachgeschoss und Keller, südlich schlossen sich die Wohnstube und eine Kammer an, die zusammen mit einem durch die Wand gehenden Ofen beheizt werden konnten. An der Westseite befand sich die Küche mit großem Feuerherd, Speisekammer, Hinterdiele und Außentür. Nördlich der Eingangsdiele gab es einen sogenannten „Saal" mit Fenstern nach Osten und von da aus zugänglich zwei nach Westen gewandte Schlafkammern. Der Küchen-Hinterdielenbereich ist in der Innenaufteilung, wie sie 1709 beschrieben wird, nur noch schwer nachvollziehbar, weil kein Grundriss aus dieser Zeit existiert und Rosenbergs Plan eine veränderte Situation, nur noch mit Küche und Speisekammer, darstellt (Abb. 106), wobei im Bereich der Vorratskammer 1709 die Hinterdiele mit Gartentür gelegen haben muss.[1234] Auch die zwei Schlafkammern an der Westseite neben dem Saal sind 1771 zu einem Raum verändert. Fast alle Räume des Erdgeschosses besaßen eine sehr schlichte Ausstattung mit Mauersteinfußboden mit Ausnahme der Fichtendielen in den Schlafkammern und dem mit Alstracken ausgelegten Boden der Wohnstube. Nur der Saal, dessen Decke mit Blumenmalerei geschmückt und in dessen „Camin [...] der Herd vorne mit gehauen Stein und hinten mit fliesen belegt"[1235] war, scheint ein wenig repräsentativer gewesen zu sein. Im Dachgeschoss gab es außer dem Treppenflur zwei Kammern nach Westen und Süden. Die Fußböden dieser drei Räume bestanden aus kleinen Alstracken.[1236] Die nördliche Hälfte dieser Etage nahm aber ein Kornboden mit einer Luke im Nordgiebel ein. Auf dem obersten Boden befanden sich noch eine Räucherkammer nach Süden und eine Vorrichtung zum Dörren von Obst.[1237] In die mit Mauersteinen gepflasterte Wagenremise gelangte man durch eine große, zweiflügelige Einfahrtspforte.

Auch die Innenaufteilung des Stallanbaus erfuhr zwischen 1709 und 1770 durch mehrere in den Quellen nicht nachvollziehbare Umbauten Veränderungen, sodass Rosenbergs Plan nur teilweise den Zustand von 1709 illustriert: Demnach gab es unten zwei von der Südseite belichtete Wohnräume. Der eine gehörte quasi zum Wohnhaus, da er nur von der Wohnstube aus zugänglich war. Das zweite, mit einem Kachelofen heizbare Zimmer diente als Gesindekammer und konnte vom Hof aus betreten werden, denn etwa in der Mitte der Nordwand befanden sich drei Türen nebeneinander, deren mittlere zum Stall, die westlich gelegene zur Gesindekammer und die östliche zu einer Heubodentreppe führte. Der Stall bot Platz für zwei Kühe und zwei Pferde.

Das 1705 neu gebaute Backhaus bildete mit seinem von West nach Ost gelagerten rechteckigen Grundriss und Anbau einen Teil der Einfriedung an der Nordseite des Anwesens (Abb. 106). Während der Kernbau von 27 Fuß (7,7 m) Länge und 16 Fuß (4,6 m) Breite aus Fachwerk bestand, war an der Westseite der Backofen als kleiner quadratischer Anbau massiv gemauert und beide Teile von abgewalmten Pfannendächern gedeckt. Eine kleine Steintreppe mit vier Stufen führte zur Eingangstür, über der sich eine Gaube mit einer Luke zum Heuboden befand. Außer dem Backofenanbau war das Innere in zwei Räume mit Mauersteinpflasterung eingeteilt.

An der Nord- und Ostseite des Wohnhauses erstreckte sich ein zum Teil gepflasterter Hofplatz, während westlich und südlich ein Nutzgarten lag (Abb. 106). Das ganze Gelände war rund herum von Plankwerk umgeben mit Ausnahme der aus einem Staketenzaun bestehenden Einfahrt zum Hofplatz. Zum Garteninspektoranwesen gehörte außerdem noch die sogenannte Garteninspektorkoppel, die sich östlich von Hofplatz und Nutzgarten befand. Über sie führte die eigentliche Zufahrt zum Gärtnerhaus von Osten vom Hesterberg aus, und hier befanden sich auch drei Teiche (Abb. 14), die der Wasserversorgung der Kaskade und des Schlosses dienten.[1238]

5. Zusammenfassung

In Kapitel III wurden die Entstehung und das Aussehen des Neuwerkgartens in der herzoglichen Zeit von 1637 bis 1713 anhand der Quellen untersucht. Mit der chronologischen Darstellung ist es erstmals gelungen, aus vielen Einzelheiten ein Gesamtbild der Entwicklung in ihrer Gleichzeitigkeit und Vielschichtigkeit der Tätigkeiten zu zeichnen. Der Ablauf der Entstehung ist nun wesentlich detaillierter bekannt als vorher, und es wird klar, dass sich aufgrund der politischen Umstände von Anfang an Schaffensphasen und Zäsuren oder sogar Rückschritte abwechselten, was bei den Bauherren für die Realisierung eines so langwierigen Projektes ein hohes Maß an Zielstrebigkeit und Interesse voraussetzt. Aus den Untersuchungen ergibt sich die wichtige neue Erkenntnis vom Vorhandensein verschiedener Stadien bzw. Veränderungen einzelner Gartenteile schon während der herzoglichen Zeit, z.B. bei der Terrassenanlage, der Kaskade und im Globusgarten. Insgesamt zeigt sich, dass es in der etwa 60jährigen Entstehungszeit des Neuen Werkes zwar eine konzeptionelle Vollendung um 1700, aber nie einen Zustand der Vollkommenheit gegeben hat, weil der Globusgarten zu dieser Zeit schon wieder verfallen war.

Durch die systematische Quellenauswertung sind außerdem erst jetzt viele vorher unbekannte Teile des Gartens wie eine Reit- und eine Maillebahn, ein Marstall, Grotten, Bogengänge, ein Me-

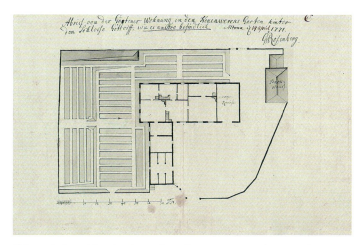

Abb. 106 Grundriss des Garteninspektoranwesens mit quergelagertem Gärtnerhaus, Stallanbau und seitlichem Backhaus (der Plan ist gewestet), lavierte Federzeichnung von Gottfried Rosenberg, 1771, BQ: LASH, Rosenberg V

lonengarten, das zweite Pomeranzenhaus, aber auch die Verbindung zum Tiergarten mit Küche und Achtkant zum ersten Mal als Bestand fassbar und geben wertvolle Hinweise zur Nutzung und Einordnung des Gartens und zur Qualität seiner Ausstattung. Von anderen Gebäuden und Gartenbereichen, die der Forschung nur in ihrer Existenz bekannt waren, erhalten wir durch die Rekonstruktion bzw. deren Versuch erstmals überhaupt eine Vorstellung ihrer Beschaffenheit. Das gilt z.B. für das erste Pomeranzenhaus, das kleine Lusthaus im Globusgarten, die Vogelhäuser, die Eckfontänen im Herkulesteich, das Labyrinth und die Wildnis, die erste Kaskade der 1660er Jahre und das Garteninspektoranwesen. Für die in der Literatur schon etwas ausführlicher behandelten Bereiche (Bildwerke des Globusgartens, Ringelhaus, Aloehäuser und Amalienburg) hat die Quellenauswertung unser Wissen wesentlich vervollständigt. Neue Erkenntnisse ergeben sich auch zur Tätigkeit einiger Künstler im Neuen Werk. Das betrifft vor allem die Arbeit an der Innenausstattung von Gebäuden, z.B. Otto Jageteuffel am kleinen Lusthaus im Globusgarten, Jürgen Fuhrmann und Johannes Müller bei den Eckpavillons der Amalienburg, Jürgen Ovens am Globushaus und die italienischen Stuckateure in der Orangerie. Unbekannt war bisher auch die Gottorfer Verbindung zu dem Bildhauer Charles Philippe Dieussart. Die Tätigkeit anderer Künstler wie Ludwig Weyandt, Balthasar Mahs, Michel Le Roy, Cornelius van Mander, Zacharias Hübener, Theodor Allers und Hans Christoph Hamburger kann genauer definiert werden und erfährt dadurch z.T. eine neue Bewertung. Besonders evident erscheint der Erkenntniszuwachs bei der Orangerie. Bisher in der Literatur als mehr oder weniger bedeutungsloser Zweckbau eingestuft, erweist sich dieses Gebäude nun durch die Rekonstruktion als ein hochrangiger, interessanter Bau sowohl in Bezug auf die Technik der Pflanzenüberwinterung als auch wegen seiner qualitätvollen Außen- und Innengestaltung.

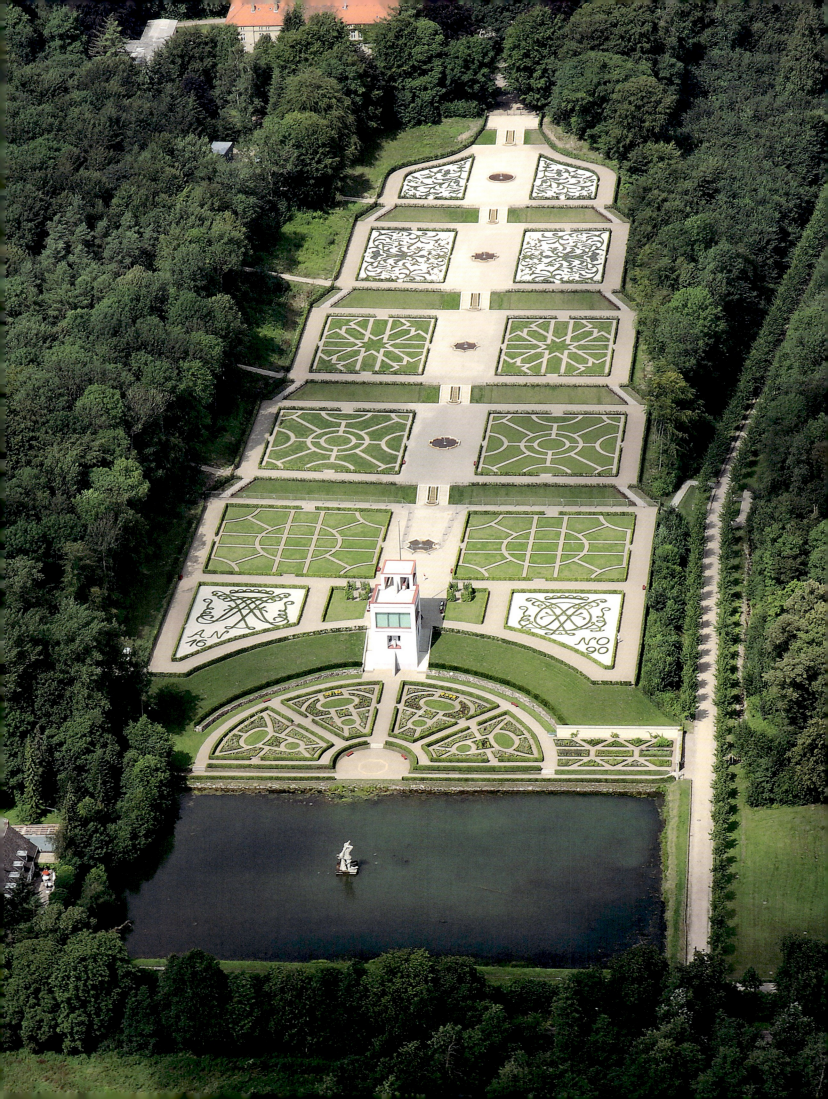

IV. KUNSTHISTORISCHE EINORDNUNG UND BEDEUTUNG DES GARTENS

1. Kunsthistorisch-formtypologische Analyse

In diesem Abschnitt werden die einzelnen Elemente des Gartens nach ikonographischen Gesichtspunkten unter Heranziehung formal und zeitlich relevanter Vergleichsbeispiele untersucht, um eine Einordnung des Gartens und seine Stellung in der europäischen Gartenkunst herauszuarbeiten. Ziel ist es, zu eruieren, woher die Ideen für die einzelnen Gartenbestandteile kommen bzw. woran sich der Gottorfer Hof orientierte. Dafür erweisen sich das Reisetagebuch Christian Albrechts und der Gottorfer Bibliotheksbestand als aufschlussreiche Quellen und Hilfsmittel. Ein Schwerpunkt liegt auf der Analyse der Orangerie, die in der Forschung bislang weitgehend unbekannt war. Auf die einzelnen Künstler kann nur sporadisch eingegangen werden, vor allem aber kann diese Studie keine Einordnung ihrer Arbeiten im Neuen Werk in ihr Oeuvre leisten. Schwierigkeiten bei der Analyse ergeben sich vor allem durch die Tatsache, dass viele Zustände und Details des Gartens nicht bildlich überliefert sind.

1.1. Topographische Lage, Grundriss und Terrassenstruktur

Die Möglichkeit zur Anlage eines Terrassengartens bot sich auf Gottorf durch die Topographie. Aufgrund der Insellage des Schlosses, die einer Befestigung entsprach, war es schon bei den früheren Gartenanlagen nicht möglich gewesen, eine direkte Verbindung der beiden Komponenten herzustellen. Diese Situation traf auch auf das Neue Werk zu, das aber durch die auch schon von Leon Battista Alberti (1404–1472) geforderte Belvederelage[1239] zumindest in Blickbeziehung zum Schloss angelegt werden konnte. Der schwedische Architekt Nikodemus Tessin d.J. kritisierte 1687 die fehlende axiale Ausrichtung des Gartens auf das Schloss, die in den neuen Tendenzen der französischen Gartenkunst unter André Le Nôtre (1613–1700) seit den 1660er Jahren zur Maxime und mit Versailles der Prototyp dafür geschaffen worden war.[1240] Diese Situation war am Ende des 17. Jahrhunderts nicht mehr als zeitgemäß und modern angesehen, weswegen Tessin mit seiner Kritik auch genau den wunden Punkt traf. Er sah den Hauptfehler darin, dass 1637 bei der Planung nicht darauf geachtet worden war, die Symmetrieachse der Terrassen in der Flucht des Verbindungsweges zwischen Schloss und Garten anzulegen.[1241] Dabei hatte er allerdings übersehen, dass die Topographie des Geländes nicht dafür geeignet war. Nicht umsonst hatte Johannes Clodius für die ausgeführte Stufenanlage genau die Stelle in dem hügeligen Gelände ausgewählt, die den größten Höhenunterschied maß. Trotzdem waren letztlich auch hier noch gewaltige Erdarbeiten notwendig, um eine gleichmäßige Abfolge der sechs Terrassen zu schaffen. Die Wahl des Ortes gibt eine klare und positive Antwort auf die Frage, ob denn von Anfang an eine Terrassenanlage in der späteren Größe vorgesehen war, denn nur hier bestand von vorn herein, im Gegensatz zur Schlossachse, die Möglichkeit der Erweiterung, auch wenn zunächst nur der untere Abschnitt realisiert wurde. Damit steht fest, dass Clodius als Gartenarchitekt der Gesamtidee des Neuen Werkes angesehen werden muss. Warum allerdings die Zuwegung nicht schräg nach Nordwesten und die Achse der Terrassenanlage dementsprechend angepasst worden ist, erschließt sich nicht ohne weiteres, denn die zu überwindende Distanz zwischen Schlossinsel und Gartengelände wäre mit dieser Option nicht größer geworden (Abb. 4 u. 5). Es ist schwer zu sagen, aus welchen Gründen die Entscheidung für die Disposition der Terrassenanlage im Verhältnis zum Schlossbau gefällt wurde und welchen Stellenwert die ohnehin weit entfernte Schlossanlage dabei hatte. Die Erklärung liegt vielleicht darin begründet, dass bereits vorhandene Wege und Nutzungen miteinbezogen wurden, die eine nicht unerhebliche Rolle spielten. Fest steht, dass der vielleicht schon vorher existierende und ab 1637 ausgebaute Verbindungsweg zwischen Schlossinsel und Gartengelände erstens eine ungefähre orthogonale Ausrichtung auf die Schlossarchitektur insgesamt und zweitens auch auf den damals noch seitlich platzierten Turm des Südflügels erhielt.[1242] In der Literatur ist vor allem im Zusammenhang mit Tessins Rolle auf Gottorf die Meinung vertreten worden, dass der Bau einer Kaskadenanlage am Gartenanfang in den 1690er Jahren auf Vorschlägen des schwedischen Architekten beruhe mit dem Ziel, die fehlende axiale Anbindung des Gartens an das Schloss wenigstens teilweise zu kompensieren.[1243] Mit den hier vorliegenden Forschungsergebnissen, nämlich dass die Kaskade schon in den 1660er Jahren entstanden ist, können diese Vermutungen klar entkräftet werden. Aber auch schon zu diesem frühen Zeitpunkt konnte ihre Position mit der Funktion als Point de vue für die Schlossachse genutzt werden.

Wenn man sich mit den italienischen Villen und Gärten in Latium beschäftigt, deren Entstehungs- und Blütezeit zwischen 1550 und 1625 lag[1244] und in deren Umfeld sich Johannes Clodius 14 Jahre lang zwischen 1602 und 1620 bewegte und deshalb eine sehr genaue Kenntnis dieser Anlagen vorausgesetzt werden kann, fällt eine verblüffende Ähnlichkeit des Neuwerkgartens mit dem der Villa Lante in Bagnaia in vielen Punkten auf. Dazu gehören sowohl die axiale Ausrichtung des Gartens als auch seine Grundrissdisposition. Beides war schon zur Entstehungszeit ab ca. 1568 ungewöhnlich. Möglicherweise sah Clodius bei den Gottorfer Planungen die topographischen Parallelen, die ihn dazu veranlassten, ähnliche Lösungen wie bei dem damals schon berühmten italienischen Garten anzustreben. Marcello Fagiolo erläutert genau, dass die Achse der eigentlichen Terrassenanlage in Bagnaia außerhalb des Gartens keinen Bezugspunkt hat, aber der östlich davon liegende Haupteingang in der Flucht der heutigen Via Jacopo Barozzi mit dem mittelalterlichen Kastell verbunden ist, was nach seiner Auffassung mit den Planungen des Architekten Giacomo Vignola zu tun haben könnte (Abb. 107).[1245] Mit dieser Lösung wurde also auf vorhandene topographische Gegebenheiten Rücksicht genommen, auch was das Gartengelände selbst angeht, denn diese Achse setzt sich vom Haupteingang nach Norden in einem Weg parallel zur Terrassenanlage fort, knickt aber nach einem Drittel der Strecke nach Osten ab. Auch im Neuen Werk bestand mit der Königsallee schon vor der Planung des Gartens ein älterer Weg, der ebenfalls nicht gerade verläuft und, da er in einem Tal liegt, wie bei der Villa Lante als eine Art Grenze und Wasserscheide zwischen zwei gänzlich gegensätzlichen Gartenbereichen fungierte (Abb. 15). Interessanterweise wurden

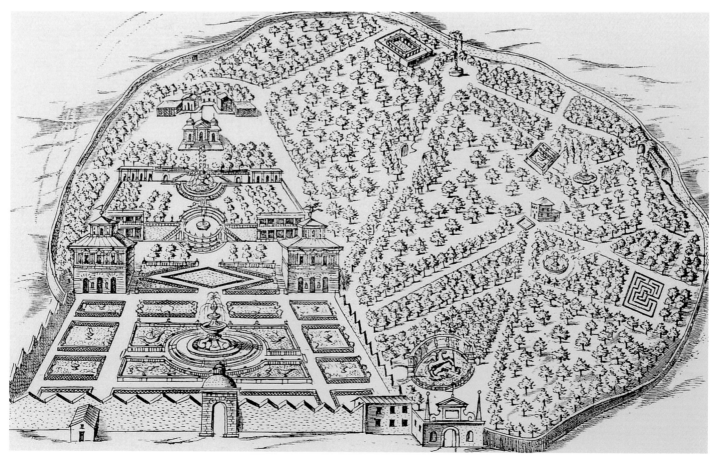

Abb. 107 Villa Lante in Bagnaia bei Viterbo, Stich nach J. Laurus, 1612

nämlich beide Gärten, sowohl Bagnaia als auch das Neue Werk, auf dem Gelände schon vorhandener, eingefriedeter Jagdgebiete angelegt.[1246] Jeweils westlich des Teilungsweges entstand nun ein terrassierter, kunstvoll und künstlich gestalteter Garten, während östlich die Wildnis mehr oder weniger beibehalten wurde. Gerade dieser Gegensatz könnte auch Programm gewesen sein, denn er führte die Fähigkeiten des Menschen, die Natur durch künstliche Maßnahmen zu beherrschen und zu überhöhen, unmittelbar vor Augen. In beiden Gärten wurde im Bereich des „bosco" ein Labyrinth geschaffen, im Neuen Werk allerdings auf einem künstlich terrassierten Berg. Die Kombination von Ziergarten und ungestalteter Wildnis taucht zum ersten Mal in der Gartenkunstgeschichte in Bagnaia auf[1247], findet sich aber auch in anderen Anlagen wie der Villa Montalto in Rom oder Pratolino bei Florenz.[1248] In letzterem gab es auch hintereinander gestaffelte Fischteiche, ein Motiv, das im Neuen Werk ebenfalls parallel zur Königsallee vorkommt. Während sich die innere, asymmetrische Aufteilung des Neuwerkgartens mit dem Vorbild der Villa Lante erklären lässt, entspricht die äußere, fast rechteckige Form des Grundrisses eher den französischen Gärten um 1600 wie sie durch das Stichwerk „Les plus excellents Bastiments de France" von Jacques Androuet Du Cerceau (1510–1584) oder auch durch eigene Anschauung Friedrichs III. und Clodius' zumindest teilweise auf Gottorf bekannt waren.[1249] Der ab 1594 unter italienischem Einfluss entstandene Garten von Saint-Germain-en-Laye bei Paris (Abb. 108) weist dabei die größte Ähnlichkeit auf, erstens als Terrassenanlage und zweitens von seinem rechteckigen Grundriss her.

Im Kontrast zu der asymmetrischen Gesamtdisposition steht die in sich vollkommen ebenmäßig gestaltete Terrassenanlage, sowohl in Bagnaia als auch auf Gottorf, mit einem übergreifenden Ordnungssystem, das von der dominanten Mittelachse bestimmt ist. Nicht nur bei der Villa Lante, sondern auch bei den berühmten Gartenanlagen der Villa d'Este in Tivoli (ab 1560) und der Villa Aldobrandini in Frascati (ab 1598) und in Saint-Germain-en-Laye spielt dieses Motiv ebenfalls die entscheidende Rolle, um eine monumentale Gesamtwirkung zu erzielen. Im Neuen Werk wird diese Monumentalität noch gesteigert mit einem neuen, wirkungsvollen und modernen Kompositionsfaktor in der sich nach oben perspektivisch verjüngenden Form der Terrassen. Der hierdurch optisch verstärkte Tiefenzug, dessen Point de vue die Amalienburg bildete, ist als deutlich barockes Element anzusehen, weil durch diesen gestalterischen Kunstgriff eine bühnenartige, bildliche Wirkung entsteht, die den Besucher in seinem Raumgefühl und seiner Wahrnehmung beeinflusst und auch mit der Veränderung seines Standortes variiert.[1250] Die Umsetzung dieses Effekts im Neuwerkgarten stellt etwas Besonderes dar, weil sie an keiner anderen Terrassenanlage in Europa vorkommt, während Clodius dieses Mittel schon auf flachem Gelände im Alten Garten angewandt hatte. Deshalb, und weil er sehr wahrscheinlich die Gesamtkonzeption des Gartens entwarf, liegt es

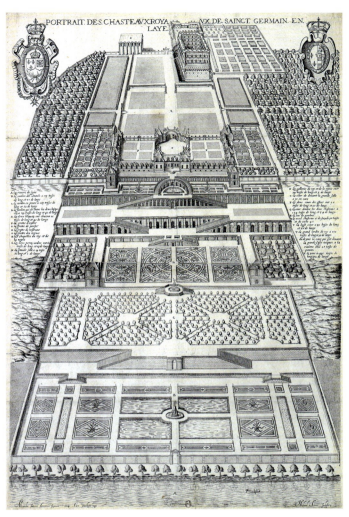

Abb. 108 Saint-Germain-en-Laye, Neues Schloss mit Garten, Stich von Alessandro Francini, 1614

nahe, ihm diese gestalterische Finesse zuzuschreiben. Es ist aber nicht ausgeschlossen, dass die Idee von Michael Gabriel Tatter kam, der von Tessin als ausführender Gartenkünstler für die Erweiterung ab 1659 überliefert ist[1251] und mit Sicherheit auch auf eine sehr gute Ausbildung zurückgreifen konnte, die Kenntnisse der vom Theater auf die Gartenkunst übertragenen Effekte einschloss, wie sie auch in den Traktaten des 17. Jahrhunderts abgehandelt wurden.[1252]

Es stellt sich noch die Frage, ob die Eindrücke der persischen Gartenanlagen, die Olearius während der Gesandtschaftsreise aufgenommen hatte, sich abgesehen von der Gestaltung des Globushauses auch sonst auf die Ausformung des Neuen Werkes ausgewirkt haben.[1253] Auch in Persien gab es Terrassenanlagen mit Kaskadenachsen, deren unterste Stufe ein großes Wasserbecken einnahm wie beim Bagh-i Hizar Jarib in Isfahan, den Olearius in seinem Reisebericht genauer beschreibt.[1254] Es sprechen aber einige Argumente gegen die Annahme, das gesamte Neue Werk sei nach persischem Vorbild angelegt.[1255] Zum einen waren die Arbeiten am Neuwerkgarten schon zwei Jahre vor der Rück-

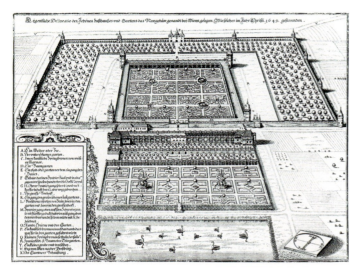

Abb. 109 Schloss Neugebäude bei Wien, Stich von Matthäus Merian, um 1650

kunft aus Persien begonnen worden, und zwar sicherlich nicht ohne einen professionellen Entwurf von Johannes Clodius. Zweitens besitzt der Bagh-i Hizar Jarib zwar eine flache Terrassierung, aber ihn zeichnet ein vollkommen anderes Grundschema aus, denn nach Mahvash Alemi gehört der Garten zum islamisch geprägten Typus des Carabagh, bei dem das Gelände durch Wasserläufe viergeteilt ist.[1256] Dessen war sich Olearius bewusst, wie aus seinem Reisebericht auch bildlich hervorgeht.[1257] Das dritte Gegenargument besteht in der Tatsache, dass die Charakteristika, die der Neuwerkgarten mit manchen persischen Gärten gemein hat wie die Terrassierung, die wasserbetonte Hauptachse mit Kaskaden, der auf der untersten Stufe platzierte Teich (vgl. Abb. 107–109) und sogar die oben erwähnte Kombination aus künstlich gestaltetem Garten und wild belassener Natur[1258] auch in der europäischen Gartenkunst der Renaissance, besonders in Italien, auftreten und dadurch nicht als speziell persisch geprägt gelten können.[1259] Marie-Luise Gothein spricht vom Einfluss der hellenistischen und römischen Gärten bis in den arabischen und persischen Raum, aber auch von orientalischer Wirkung auf westeuropäische Gartenkunst.[1260] Sicher haben sich manche Elemente in beiden Kulturbereichen auch parallel weiterentwickelt.[1261] Fest steht, dass der direkte orientalische Rezeptionsweg über Olearius nur begrenzte Anregung liefern konnte, während Clodius als Gartenkünstler mit seinen Kenntnissen der europäischen Gartenkunst auf diesem Gebiet meines Erachtens mehr Gewicht eingeräumt werden muss.

Sowohl in Italien als auch in Frankreich waren bis an die Wende zum 17. Jahrhundert einige Gärten mit terrassiertem Gelände

Abb. 110 Lauenburger Fürstengarten, Detail einer Kopie von F. Lehmann (1929) eines Gemäldes von Heinrich Martens, 1657, Kreismuseum Herzogtum Lauenburg in Ratzeburg, Inv. Nr. 2369

entstanden, die aber nicht an die Monumentalität der als mögliche Vorbilder des Neuen Werkes genannten Anlagen heranreichten.[1262] Ähnlich verhält es sich mit den wenigen, aber eindrucksvollen Terrassengärten im deutschen Sprachraum aus dem 16. und 17. Jahrhundert. Sowohl die Gartengrundrisse als auch die Art der Anlage und Zahl der Stufen unterscheiden sich sehr von der Gottorfer Terrassenanlage. Bis auf Schloss und Garten des kaiserlichen Neugebäudes bei Wien (ab 1568, Abb. 109), waren der Heidelberger Hortus Palatinus (ab 1614) und die beiden von askanischen Herzögen von Sachsen-Lauenburg angelegten Gärten in Lauenburg an der Elbe (ca. 1580 – Mitte 17. Jh., Abb. 110) und Schlackenwerth bei Karlsbad in Böhmen (ab 1623) Friedrich III. und Christian Albrecht durch Anschauung, Stiche oder verwandtschaftliche Kontakte bekannt, woraus aber kein Einfluss auf die Grundstruktur der Gottorfer Terrassenanlage erwuchs.[1263] Bei der Frage nach Beeinflussung in diesem Punkt muss aber auch immer die geländemäßige Ausgangslage beachtet werden, die bei aller Bewunderung für manches berühmte Gartenkunstwerk nur bestimmte Möglichkeiten und damit Vorbilder zuließ. Es kann festgehalten werden, dass der Gottorfer Neuwerkgarten in seiner Gesamtausformung hauptsächlich unter italienischem Einfluss, besonders dem der Villa Lante in Bagnaia, steht. Er kann nicht als die erste Terrassenanlage nördlich der Alpen gelten, macht aber in seiner monumentalen Gestaltung nach dem Neugebäude in Wien, mit dem es die Ausformung der untersten Stufe als großen Wasserspiegel gemeinsam hatte, wohl den imposantesten Eindruck mit einer großen Fernwirkung.

1.2. Die Begrenzung

Die aus der Tradition des mittelalterlichen Hortus conclusus kommende Einfriedung der Gärten setzte sich in den Mauerbegrenzungen der italienischen Renaissancegärten und darüber hinaus bis in die Barockzeit fort.[1264] Dabei waren sowohl Mauereinfassungen als auch hohe Plankenzäune gängig, wie viele Merian-Stiche belegen[1265], aber auch andere Darstellungen von Gärten, z.B. das Gemälde des Gartens von Caspar Anckelmann in Hamburg von 1669, das einen hohen Plankenzaun als Begrenzung zeigt.[1266] Ebenso besaßen alle Gottorfer Gärten eine Plankwerkseinfassung.[1267] Sinn und Zweck der Umfriedung des Gartens bestand vor allem darin, den Garten vor Diebstahl und Wild zu schützen. Da sie keinen attraktiven Anblick boten, wurden Mauern z.B. mit skulpturenbesetzten Nischen versehen, während Plankenzäune bepflanzt werden konnten, wie es für den Anckelmannschen Garten bildlich und für das Neue Werk aus schriftlichen Quellen nachweisbar ist.[1268] Im Neuen Werk wurde 1699 das Plankwerk in dem besonders exponierten Bereich auf dem obersten Plateau sogar mit einer aufwändigen illusionistischen Architekturmalerei versehen, um einerseits den Garten scheinbar zu erweitern bzw. die Gartengrenze zu kaschieren und andererseits, um die profane Bohlenwand der repräsentativen Umgebung anzupassen.[1269] Aus diesen Gründen waren schon die Mauern der römischen Peristylgärten z.T. illusionistisch bemalt worden.[1270] Im 16. und 17. Jahrhundert diente der Einsatz von sogenannten Perspektiven, die einen gemalten scheinbaren Durchblick gewährten, der optischen Verlängerung von Gartenachsen bzw. der Verschleierung der Begrenzung.[1271] Auf diese Weise nahm die Gartengestaltung in Anlehnung an die Kulissenmalerei des Theaters Einfluss auf die Raumwahrnehmung des Besuchers, was als typisch für die Barockzeit anzusehen ist.[1272] In der exedrenartigen Ausbuchtung des Plankwerks hinter der Amalienburg in der Hauptachse des Gartens wiederholte sich das Motiv der halbrunden Globusmauer.[1273] Die Idee für diese halbrunde Plankwerksform könnte von den auf Gottorf vorhandenen Berichten der legendären Versailler Feste inspiriert worden sein. Darin ist am zweiten Tag von einer halbkreisförmigen Palisade die Rede, wo sich in fünf großen Nischen Figuren von Satyren befanden, die verschiedene ländliche Instrumente spielten.[1274] Dass Motive der Gottorfer Plankwerksbemalung von 1699 eine lange Tradition hatten, zeigt ihre Verwendung in der Malerei der römischen Peristylgärten.[1275] Dazu zählten vor allem mit Vasen und Pflanzen bestückte Rundbogenöffnungen mit Gartendurchblicken, die sich in ganz ähnlicher Form, mit Porträtbüsten in den Zwischenräumen, an der realen, hofseitigen Mauer vor dem Garten des Frankfurter Bürgermeisters Johannes Schwindt (Abb. 111) befanden. Auch für Kopenhagener Gärten hat Hakon Lund illusionistische Perspektivmalereien, die etwa zeitgleich zu den Gottorfer entstanden sind, nachgewiesen. Den Gottorfer Motiven ähnlich war die Gestaltung eines langen Bogenganges im Ridebanehaven auf Slotsholmen. Zur einen Seite konnte man durch 15 echte Öffnungen auf den Garten schauen.

Abb. 111 Garten von Johannes Schwindt in Frankfurt am Main, Kupferstich von Matthäus Merian, 1641

Auf der anderen Seite des Bogenganges versperrte ein dahinter stehender Plankenzaun die Sicht, was durch gemalte Perspektiven kompensiert wurde.[1276] Für den deutschsprachigen Raum sind in der Literatur keine zeitgleichen Beispiele zu finden. Das Motiv der gemalten Scheindurchblicke durch Arkadenöffnungen verwandte Johann Lucas von Hildebrandt 1706–11 auch bei der Gestaltung des Komödienparterres im Garten des Palais Schönborn in Wien.[1277]

1.3. Die Herkulesstatue

Die nach den bisherigen Ergebnissen um 1650 errichtete Wasserkunst und kolossale Herkulesgruppe im Neuwerkgarten bezeichnet Heiko Schulze als „eine der größten und bedeutendsten barocken Gartenskulpturen Norddeutschlands" bzw. die „sicher bedeutendste Skulpturengruppe des Barock in Norddeutschland".[1278] Im größeren Kontext wurde der Gottorfer Herkules als „früheste Gartenkolossalfigur nördlich der Alpen" eingestuft.[1279] Im Folgenden wird der Versuch unternommen, diese Einschätzungen zu überprüfen und den Stellenwert des Gottorfer Herkules im europäischen Vergleich zu untersuchen. Damit zusammenhängend stellt sich auch die Frage nach einem möglichen Vorbild, das bisher noch nicht nachgewiesen werden konnte.[1280] Schulze, der diese Feststellung machte, suchte vor allem im Bereich der Druckgraphik, was durchaus naheliegend ist, da – grob betrachtet – der berühmte, 1602 eingeweihte Augsburger Herkulesbrunnen von Adrian de Vries (1556–1626) eine deutliche Ähnlichkeit in der Darstellung mit dem Gottorfer Herkules aufweist (vgl. Abb. 31 u. 112) und durch die gleichzeitig einsetzende Verbreitung über Kupferstiche sehr schnell überall bekannt war.[1281] Die Kenntnis dieses Prachtbrunnens ist auch für Gottorf vorauszusetzen, zumal ein Kontakt Herzog Friedrichs III. zu dem Augsburger Gelehrten und Kunstagenten Philipp Hainhofer (1578–1647) für die Jahre 1619/1620 sowohl schriftlich als auch in Form einer Lieferung von „allerhand Sachen" in einem „großen Kasten" nachgewiesen werden kann.[1282] Schulze vermutet ein mögliches Vorbild im Bereich der niederländischen Druckgraphik, weil Cornelis van Mander, der zwar als Bildhauer der Herkulesgruppe nicht nachweisbar ist, aber am ehesten für diese Arbeit infrage kommt, aus den Niederlanden stammte.[1283] Er geht dieser Spur aber nicht weiter nach. Direkte Vorbilder sind in diesem Bereich nicht zu finden.

Eine andere Traditionslinie als die der Druckgraphik ist die der Gartenskulpturen selbst. Die Identifizierung der Herrscher mit dem mythologischen Halbgott und Helden Herkules begann schon in der Antike unter den mazedonischen Königen Philipp und Alexander dem Großen[1284], setzte sich auch bei den römischen Kaisern u.a. mit Münzdarstellungen durch[1285], und für die Ausstattung von Julius Caesars Garten in Rom ist ein Herkules-Heiligtum überliefert.[1286] In der Renaissance entwickelte sich der Herkules-Mythos zu einem beliebten Thema für Gestaltungen sowohl von Innenräumen[1287] als auch und gerade in der Gartenkunst bis ins 18. Jahrhundert in ganz Europa. So gab es Herkulesdarstellungen in vielen Varianten, häufig als Einzelstatuen im Kreise anderer Statuen mythologischer Götter, was zum üblichen Programm bei Gartenskulpturen gerechnet werden kann, und in vielen Gärten sogar mehrere Figuren des Helden.[1288] Besonders treten allerdings zwei öfter als Kolossalfiguren ausgeprägte Gestaltungstypen hervor. Zum einen der ruhende Herkules, zu dessen Verbreitung im Zusammenhang mit dem Hesperidenmythos auch die 1546 gefundene antike Statue des „Herkules Farnese" beitrug[1289], zum andern der mit einem Untier kämpfende Herkules. Eine der frühesten bekannten Kolossalfiguren des ruhenden Heros ist die verschollene, von Michelangelo 1492 für die Medici geschaffene Herkules-Statue, die 1529 vom französischen König Franz I. für seinen Garten in Fontainebleau gekauft wurde.[1290] Im 17. Jahrhundert findet sich dieser Typus etwa gleichzeitig als bekrönende Brunnensskulptur im Alten Gottorfer Garten (um 1636/37), im Garten des Malers Peter Paul Rubens in Antwerpen und im Frankfurter Garten des Johannes Schwindt

Abb. 112 Herkules mit Hydra, Teil des Augsburger Herkulesbrunnens von Adrian de Vries, Kupferstich von Jan Muller, um 1602, Rijksmuseum Amsterdam, Inv. Nr. RP-P-OB-32.219

Abb. 113 Adrian de Vries, Herkules mit Drachen, Bronze, heute im Garten von Schloss Drottningholm, Schweden, aus Böttiger 1884, Pl. II A

(Abb. 111), beide vor 1640, in den französischen Gärten Vaux-le-Vicomte (kurz vor 1660) und Sceaux (um 1670) und neben anderen Beispielen des 18. Jahrhunderts besonders gigantisch auf der Kasseler Wilhelmshöhe.[1291] Das früheste bekannte Beispiel für den Typus des kämpfenden Herkules ist der Drachenbrunnen im Garten der Villa d'Este in Tivoli (ab 1567), der in der Planung auch eine kolossale Herkules-Statue mit Keule vorsah, aber anders ausgeführt wurde.[1292] Für Kaiser Rudolf II. schuf Adrian de Vries etwa um 1590 bis 1593 in Prag eine ca. 1,50 m hohe Bronzegruppe des mit dem Drachen kämpfenden Herkules, die später im Garten des schwedischen Königsschlosses Drottningholm aufgestellt wurde (Abb. 113).[1293] Wenige Jahre danach gestaltete de Vries den schon erwähnten Augsburger Brunnen, der zwar nicht als Gartenplastik, aber thematisch durch den Kampf mit der Hydra in diese Reihung passt. Dasselbe Motiv zeigten zwei szenische Brunnen in den französischen Gärten von Saint-Germain-en-Laye (von Francine, um 1600) und Rueil (vor 1630).[1294] Die ersten wirklich freistehend im Garten platzierten Skulpturen dieses Typs sind im deutschen Sprachraum für den Lauenburger Fürstengarten und Schloss Weißenstein in Kassel dokumentiert.[1295] Auf dem Gemälde des Lauenburger Gartens von Martens (Abb. 110, links oben) steht hinter der vom Schloss kommenden Brücke, am Eingang des Gartens – sehr klein dargestellt – eine kolossale Herkulesstatue mit Keule und einem nicht eindeutig identifizierbaren Wesen daneben. Der Künstler ist ebenso wenig bekannt wie die genaue Datierung, die nur anhand des Gemäldes auf vor 1657 festgeschrieben werden kann.[1296] Wie schon erwähnt, kannte Herzog Friedrich III. diesen Garten wahrscheinlich. Nachweislich hat er aber auf seiner Kavaliersreise 1615[1297] das gerade erst unter Landgraf Moritz (reg. 1592–1627) fertiggestellte Schloss Weißenstein in Kassel besichtigt, dessen Gartenanlage durch ein Gemälde von Johann Heinrich Tischbein d. Ä. von 1766 überliefert ist (Abb. 114). Der Abschluss des Gartengeländes weist in zwei Punkten eine frappierende Ähnlichkeit mit dem Neuen Werk auf (Abb. 115): Auch hier ist, wie im Globusgarten, eine Exedra in das ansteigende Gelände (nach links im Bild) eingelassen und davor, in einem Teich, befindet sich eine als Wasserkunst gestaltete, kolossale Skulpturengruppe des mit einem Ungeheuer kämpfenden Herkules, der ebenso wie auf Gottorf nicht auf das Schloss ausgerichtet ist, sondern sich dem Halbrund zuwendet.[1298] Heute ist von dem Jagdschloss Weißenstein samt Gartenanlage durch die in den 1780er Jahren beginnenden Planungen und Neugestaltungen des gesamten Geländes zum Carlsberg, später Wilhelmshöhe, nichts mehr erhalten.[1299] Da der Garten offenbar noch nicht erforscht ist, sind auch hier weder Bildhauer noch Datierung bekannt.[1300] 1617 befand sich der Garten laut einem zeitgenössischen Bericht in einem recht verwilderten Zustand.[1301] Bei einer gerade neu gestalteten Anlage dieses Anspruchs ist das kaum vorstellbar. Deshalb kommen erhebliche Zweifel auf, ob der bei Tischbein dargestellte Abschluss des Gartens mit der Exedra und der Herkulesgruppe gleichzeitig mit dem Schloss entstanden ist. Wegen dieser bestehenden Datierungsunsicherheiten ist derzeit nicht zu klären, welche der drei Herkulesskulpturen in Lauenburg, Kassel und im Neuen Werk die früheste ist und von wo eine Beeinflussung der anderen Anlagen ausging. Ein sehr interessanter Fakt bleibt allerdings die offensichtliche, große Verwandtschaft der Gartengestaltungen von Kassel und Gottorf. Festzuhalten bleibt außerdem, dass die Herkules-Statue im Neuen Werk zu den sehr frühen, freistehenden Kolossalskulpturen mit diesem Motiv in Deutschland zu rechnen ist, für die es auch in Europa sonst keine Vorläufer gibt.

Es stellt sich aber immer noch die Frage, was das Vorbild für den Kasseler und Gottorfer Herkules gewesen ist, denn die Motive finden sich zwar bei Adrian de Vries, aber die Ausführung unterscheidet sich im Aussehen des Untiers, in Standposition und Bewegungsgestus des Helden und dadurch bedingt in der Anordnung der Gruppe. Dafür gibt es drei mögliche Gründe, die auch zusammen treffen können: erstens der für die Skulptur zur Verfügung stehende Platz, zweitens die künstlerische Freiheit der Gestaltung und drittens die Ikonographie, denn beim Typus des mit einem Untier kämpfenden Herkules treten thematische Varianten auf, die sich auf seine zwölf Aufgaben beziehen und ikonographisch nicht immer klar voneinander zu unterscheiden

Abb. 114 Kassel, Schloss Weißenstein mit Garten, Gemälde von J. H. Tischbein d. Ä., 1766, Kulturstiftung des Hauses Hessen, Museum Schloss Fasanerie, Inv. Nr. FAS B 341

Abb. 115 Kassel, Schloss Weißenstein, Gartenabschluss in Form einer Exedra mit Herkules-Wasserkunst, Detail aus Abb. 114

IV. KUNSTHISTORISCHE EINORDNUNG UND BEDEUTUNG DES GARTENS

sind bzw. unterschieden werden. Im Rahmen dieser Arbeit kann keine erschöpfende Untersuchung der Herkulesikonographie erfolgen. Es werden hier nur Beobachtungen beschrieben, die zur Klärung der ikonographischen Identifikation der Gottorfer Herkulesgruppe beitragen. Bei den Gartenskulpturen kommen am häufigsten Darstellungen des Kampfes mit der Lernäischen Hydra und mit dem Drachen Ladon vor, den Herkules besiegen muss, um die Goldenen Äpfel im Garten der Hesperiden rauben zu können.[1302] Die keineswegs einheitliche Überlieferung des Herkulesmythos führt zusammen mit der individuellen Gestaltung des Künstlers dazu, dass die dargestellten Szenen nicht immer klar identifiziert werden können. Die Lernäische Hydra wird als Wasserschlange mit Hundekörper und mehreren Köpfen beschrieben, deren Zahl zwischen fünf und hundert schwankt. Sie konnte von Herkules nur mit Hilfe seines Neffen Iolaos besiegt werden, da er Feuer benötigte, um die Halsstümpfe der abgehauenen Köpfe auszubrennen.[1303] Für diese zweite herkulische Arbeit lässt sich als eindeutige Darstellung der Herkulesbrunnen in Augsburg benennen, weil dort die Hydra mit Hundekörper, Flügeln und mehreren Köpfen gestaltet ist. Herkules steht wohl wegen der schmalen Brunnenplattform auf dem Tier und schwingt hier mit nur einer Hand die Fackel[1304], die in den Stichen zur Keule verändert wurde (Abb. 112). Der Drache Ladon besaß je nach Überlieferung zwei, drei oder auch 100 Köpfe und einen schlangenartigen Körper.[1305] Eine durch die Beigabe eines Apfelbaumes eindeutig als elfte Arbeit des Herkules im Kampf mit Ladon identifizierbare Darstellung zeigt Giovanni Battista Aleotti (1546–1636) in Form eines Wasserautomaten nach dem Vorbild des Heron von Alexandrien (Abb. 116).[1306] Hier, wie auch bei anderen Beispielen (Abb. 113)[1307], hat der Drache zwar einen Schlangenschwanz und Flügel, aber nur einen Kopf. Georg Andreas Böckler veröffentlichte 1664 in seiner als Musterbuch gedachten „Architectura curiosa nova" auch vier Vorschläge für Herkulesbrunnen, von denen zwei als damals sehr aktuelle Entwürfe des französischen Stechers Jean Le Pautre benannt werden können (Abb. 117 u. 118).[1308] Trotz der sehr ähnlichen beidhändigen Haltung der Keule und der Anordnung der Gruppe auf dem Podest (Abb. 117) kommt der Entwurf (Teil 4/Tafel 7) aufgrund der späteren Entstehung nicht als Vorbild für den Gottorfer Herkules infrage. Bei Böckler hat das Untier Flügel und nur einen Kopf. Was es genau darstellen soll, wird nicht erwähnt. Bei dem anderen Beispiel (Abb. 118) benennt Böckler das Untier als „Drachen", während Gerold Weber diesen Entwurf als „Herkules' Kampf mit dem Cerberus" tituliert.[1309] Hiermit wird deutlich, dass ein Teil des Dilemmas aus unklaren Bezeichnungen besteht, was genau so auch in den schriftlichen Quellen zum Gottorfer Herkules der Fall ist, wo vom 17. bis zum 19. Jahrhundert das Untier als Drache, Hydra oder Zerberus identifiziert wird.[1310] Im Neuen Werk (Abb. 31) hält Herkules die Keule mit beiden Händen über dem Kopf und steht sozusagen neben dem Ungeheuer, das hier mit einem Schlangenschwanz, Flügeln und

Abb. 116 Herkules im Kampf gegen Ladon, Entwurf für einen Wasserautomaten von G. B. Aleotti, 1589, aus dem Buch „Gli artificiosi, e curiosi moti spiritali di Herone. Tradotti da m. Gio. Battista Aleotti d'Argenta", 1647

mehreren Köpfen zwar der aus der Antike überlieferten Charakterisierung des Ladon entspricht, aber nicht den neuzeitlichen Darstellungen, die den Drachen meistens mit nur einem Kopf zeigen. Genau dieser Fakt gestaltet auch die Suche nach einem genauen Vorbild so schwierig. Da Adam Olearius, der die Entscheidung für das Thema und die Aufstellung der Herkulesgruppe im Neuen Werk miterlebte und vielleicht sogar mitverantwortete, das Untier als „7. Köpffichten Drachen"[1311] bezeichnet, ist diese Aussage auf der Grundlage der Gelehrsamkeit des Bibliothekars wohl ernst zu nehmen und die mehrköpfige Darstellung des Gottorfer Ladon vielleicht als eine bewusste Abweichung von der üblichen Drachenikonographie zu werten. Die

Abb. 117 Der kämpfende Herkules als Gartenbrunnen, aus G. A. Böckler, „Architectura curiosa nova", 1664, Teil 4, Tafel 7, Universitätsbibliothek Heidelberg

Abb. 118 „Ein anderer Bronn, worauf Hercules mit einem Drachen", aus G. A. Böckler, „Architectura curiosa nova", 1664, Teil 3, Tafel 110, Universitätsbibliothek Heidelberg

auch häufig als merkwürdig empfundene Ausrichtung der Herkules-Statue abgekehrt vom Schloss auf den Garten macht unter der Voraussetzung, dass hier die elfte herkulische Tat dargestellt ist, jetzt Sinn, denn im Globusgarten befand sich auch das abschlagbare Pomeranzenhaus, dessen Pflanzen in diesem Kontext die „Hesperidenäpfel" symbolisieren. Die Herkulesskulptur im Garten von Schloss Weißenstein bekräftigt diese Deutung durch die Ausrichtung auf die vermutlich als Orangerie genutzte Exedrenarchitektur.

Resümierend kann festgehalten werden, dass es schwer fällt, aufgrund der individuellen künstlerischen Gestaltung ein Vorbild für die Gottorfer Herkulesgruppe zu benennen, dass aber die Darstellungsvariante des kämpfenden Herkules in einer kolossalen, freistehenden Gartenskulptur auf der Basis des derzeitigen Kenntnisstandes zusammen mit den Lauenburger und Kasseler Herkulesfiguren nicht nur ein Novum in Deutschland, sondern anscheinend sogar in der europäischen Gartenkunst darstellte und mit dazu beitrug, diese Art von Gartenschmuck bis ins 18. Jahrhundert zu verbreiten.

1.4. Der Globusgarten

Der Globusgarten hatte von Anfang an einen besonderen Status. Obwohl das Neue Werk insgesamt fest eingefriedet war, erhielt dieser „Kleine Garten" eine Umfassungsmauer mit zwei Eingangstoren, die ihn zum „Giardino segreto" machte. Friedrich III. hatte solche Separatgärten bei den Loire-Schlössern und Clodius sowohl in Frankreich als auch in Italien kennengelernt.[1312] In Frankreich sind auch die Vorbilder für erhöhte, umlaufende Galerien zum Betrachten des Gartens zu finden, wie z.B. in Amboise, Blois, Gallion und Anet.[1313] Ähnlich verhält es sich mit Gestalt und Position des achteckigen Pavillons an der Schnittstelle der Wege. Vorbilder für diese gängige Form von Gartenhaus finden sich nicht nur bei den französischen Renaissanceschlössern, sondern auch im deutschsprachigen und skandinavischen Raum.[1314] Die Laubengänge um den Herkulesteich gehören seit der Renaissancezeit zu den typischen Gartengestaltungselementen und spielen auch bei Hans Vredeman de Vries eine bedeutende Rolle. Auch in den deutschen Gärten der ersten Hälfte des 17. Jahrhunderts und bei Joseph Furttenbach klingen diese Strukturen noch nach.[1315]

Anders verhält es sich mit dem Grundriss des Globusgartens. Die Exedraform, die als beliebtes Gestaltungselement für Gärten schon in der Antike häufig verwendet worden war[1316], gewann in den italienischen Renaissancegärten wieder große Aktualität, besonders in den römischen Gärten. Zum ersten Mal tritt das Motiv hier im Belvederegarten im Vatikan (ab 1504) auf.[1317] In den Orti Farnesiani auf dem Palatin in Rom, wo Clodius gearbeitet hatte, hatte der Architekt Giacomo Vignola dieses architektonische Gestaltungsmittel in Form eines Nymphäums in der Hauptachse seines über mehrere Terrassen führenden steilen Aufstiegs vom Forum aus integriert.[1318] Als weitere prominente Beispiele sind die Gärten der Villa d'Este in Tivoli (ab 1560) und der Villen Mondragone und Aldobrandini in Frascati (ab 1598–1604) zu nennen.[1319] Letztere zeigt die imposanteste Verwendung dieses Motivs in einem möglicherweise noch von Giacomo della Porta entworfenen und von Carlo Maderno und Giovanni Fontana ausgeführten Wassertheater, das den Endpunkt einer streng axialsymmetrisch angelegten großen Wasserachse bildet (Abb. 119).[1320] Die Situation im Neuen Werk verbindet mit dem Vorbild die gleiche Position und Form des Halbkreises mit seitlich rechtwinkligen Ausläufern (vgl. Abb. 28). Während das Wassertheater der Villa Aldobrandini aber aus einem Gebäude mit architektonischer Gliederung und plastischem Schmuck in Form von Skulpturen in Nischen zwischen Pilastern an seiner Schaufassade bestand, zeigte sich die Gottorfer Exedra in der schlichtest möglichen Form einer glatten Ziegelmauer mit kleinen Öffnungen (Abb. 34), die aber durchaus einen eindrucksvollen Charakter besaß in ihrer monumentalen Größe, der durch das Globushaus akzentuierten Mittelachse und den unabhängig von der Architektur davor aufgestellten Porträt-

Abb. 119 Wassertheater der Villa Aldobrandini in Frascati, Stich v. Giovanni Battista Falda, 1675, Rijksmuseum Amsterdam

büsten. Adrian von Buttlar wies 1993 darauf hin, dass die früheste Rezeption des „Gran Teatro" der Villa Aldobrandini in Deutschland im Globusgarten des Neuen Werkes zu finden sei.[1321] Dagegen ist das Amphitheater am Springenberg in Kleve, das Helmut-Eberhard Paulus als erstes Beispiel des Teatro-Motivs in Deutschland nennt, tatsächlich erst 1652 begonnen und die Architektur in den Jahren 1656/57 errichtet worden und damit später als die Gottorfer Exedra entstanden.[1322] Wie bereits festgestellt, überliefert aber das Tischbein-Gemälde von Schloss Weißenstein in Kassel (Abb. 114 u. 115) eine Exedra als Gartenabschluss. Das hinter dem Halbrund ansteigende Gelände wird von einer Mauer aus groben Steinen abgefangen. Direkt davor ist eine Treillagearchitektur mit zwölf sich zum runden Platz hin öffnenden Arkaden mit Endpavillons zu sehen, woran sich im äußersten Bereich der hier niedrigeren Umfassungsmauer Büsten in Nischen anschließen: eine weitere interessante Parallele zum Neuwerkgarten neben der Herkulesgruppe.[1323] Wie bei der Einordnung der Kolossalskulptur sorgen die Datierungsprobleme des Gartens von Weißenstein für Unklarheit, wobei vermutlich der Kasseler Garten früher als der Gottorfer entstanden ist, weil der Schlossbau schon 1615 fertiggestellt und sicher die dazugehörige Gartenanlage schon bald danach begonnen worden war. Die Gottorfer Exedra geht aber in Form und Position innerhalb des Gartens sehr deutlich und direkt auf das Wassertheater der Villa Aldobrandini zurück, dessen monumentalen Eindruck Clodius aus eigener Anschauung an den Gottorfer Hof übermitteln konnte.

Wie Paulus feststellt, entwickelte sich nach dem Vorbild der Orangerie im niederländischen Garten Zorgvliet (1675) auch in Deutschland das Teatro- oder Cavea-Motiv vor allem im 18. Jahrhundert zu einer beliebten Form für Orangerieanlagen, als deren frühestes Beispiel die Orangerie im Berliner Lustgarten (1685) zu nennen ist.[1324] Da der Globusgarten wegen der geschützten Lage und im Kontext der anderen Ausstattungselemente bewusst auch als Standort der Orangerie im Neuen Werk gewählt worden war, ist der auch hier vorhandene Zusammenhang von Teatro-Motiv und Orangerie, wenn auch das Pomeranzenhaus hier keine zentrale Position einnimmt, interessant und muss – wenn nicht die Weißensteiner Exedra auch als Orangerie genutzt wurde – als früheste Kombination dieser Art überhaupt gelten. In Dänemark tritt das Teatro-Motiv fast zeitgleich mit Gottorf auf, wohl zuerst im alten, ab 1646 angelegten Garten von Schloss Frederiksborg sowie in Søholt auf Lolland.[1325] In Schweden fand diese Architekturform im Piperska trädgården in Stockholm und im Garten von Schloss Rosersberg in den 1690er Jahren Eingang durch Nikodemus Tessin d.J.[1326]

1.5. Das Globushaus

In der Literatur wurde seit dem Beitrag von Ernst Schlee 1962 das Globushaus im Neuwerkgarten als erstes Beispiel eines europäischen Gartengebäudes in exotischer Form gewertet.[1327] Erst Felix Lühning äußerte 1997 und 2006 Zweifel an dieser Einordnung und versuchte eine kritische Betrachtung[1328], die aber die Frage nach europäischen Vorbildern bzw. die Einordnung in die europäische Lusthausarchitektur noch unbeantwortet lässt. Vor der Erörterung dieser Frage muss aber zunächst geklärt werden, was denn Schlee zu dieser nicht ganz unberechtigten Einschätzung veranlasste. Erst in den 1730er Jahren, also etwa 80 Jahre nach der Bauzeit, kommt mit Ulrich Petersens Beschreibung eine quellenmäßig nachweisbare Verknüpfung der Gestaltung des Globushauses mit orientalischer Architektur ins Spiel. Das Flachdach war dabei das ausschlaggebende, befremdende Charakteristikum, das ihn zu der Formulierung veranlasste, das Lusthaus sei „nach orientalischer Façon mit einem platten Tache erbauet". Weiterhin erwähnt er „das platte Tach dieser Orientalischen Bühne […]".[1329] Wieder fast ein Jahrhundert später griff Johann Christian Jürgensen diesen Aspekt auf und bezog ihn nun direkt auf die Gottorfer Persienreise, weil er das Lusthaus – und nun den Globusgarten ebenfalls – als „persianisch" bezeichnete, was sich dann in der weiteren Literatur fortsetzte.[1330] Neben dem Flachdach werden auch die welsche Haube des Turmes und vor allem die Tatsache, dass Wasser zum Antrieb des Globus in den Keller des Hauses geleitet wurde, als Gestaltungselemente persischen Ursprungs genannt.[1331] Abgesehen davon präsentierte sich das Gebäude in Bauweise und Ornamentik in dem in Nordeuropa verbreiteten niederländischen Stil der Spätrenaissance (Abb. 45). Als besonders prominentes Beispiel für diese Bauweise in Backstein mit farblich abgesetzten horizontalen Bändern (sogenannten Specklagen) gilt die zwischen 1618 und 1624 errichtete Kopenhagener Börse.

Von Adam Olearius, der wohl an der Planung des Gebäudes zumindest beteiligt war[1332], und anderen Zeitgenossen existieren keine schriftlichen Quellen, die die Absicht erkennen lassen, dieses Gebäude bewusst so zu gestalten, dass es an die Persienexpedition erinnerte, allerdings auch keine Aussagen, die dem widersprechen. Olearius fügte der zweiten Auflage seiner Reisebeschreibung den Kupferstich eines Lusthauses (Abb. 120) aus dem Bagh-i Fin bei. Dieser Garten in Kashan entstand in seiner heutigen Form unter dem persischen Schah Abbas I. (reg. 1587–1629). Das Gottorfer Lusthaus ähnelt dem Gebäude auf dem Kupferstich tatsächlich grob mit dem kubischen Baukörper und dem Flachdach, besonders vor der Veränderung von 1653, durch die das Globushaus noch drei seitliche Altane erhielt (vgl. Abb. 120 u. 45). Merkwürdigerweise fehlen aber in Olearius' Beschreibung des seit 2011 zum Unesco-Weltkulturerbe gehörenden Bagh-i Fin genau diese charakteristischen Merkmale des dortigen Hauptpavillons.[1333] Vergleicht man seinen Kupferstich mit dem persischen Original, so fällt eine deutliche Proportionsänderung auf. Bei Olearius weist das Haus keinen quadratischen, sondern einen rechteckigen Grundriss auf, was dazu führt, dass die gezeigte Fassade viel schmaler ausfällt trotz Beibehaltung der fünfachsigen Gliederung.[1334] In Persien hatte Olearius neben Kashan auch die Gärten in Ardebil, Sultanie, Kaswin und mehrere in Isfahan besichtigt und in seinem Buch beschrieben, wozu der oben schon erwähnte Bagh-i Hizar Jarib in Isfahan gehörte, der damals außerhalb der Stadtmauern lag.[1335] Mahvash Alemi bezeichnet in ihrem Beitrag über Typen und Modelle historischer Gärten in Persien dreiachsige Fassaden von Gartengebäuden als typisch, mit breiterer Mitte und schmaleren Seiten. Sie nennt als Beispiel den Pavillon des Bagh-i Hizar Jarib, der auch in einer Zeichnung überliefert ist (Abb. 121).[1336] Der Dreiachsigkeit und Proportion dieses Gebäudes, das Olearius bekannt war, entspricht das Gottorfer Globushaus mehr als dem Lusthaus in Kashan. Aber eine balustradengerahmte, begehbare Aussichtsterrasse wie auf Gottorf ist bei beiden nicht vorhanden[1337], während dieses architektonische Merkmal sich – wie noch zu sehen sein wird – als ein beliebtes Gestaltungsmotiv europäischer Lusthäuser erweist und interessanterweise auf zwei Illustrationen in Olearius' „Persianischem Rosenthal" auftaucht (Abb. 122). Die dort ge-

Abb. 120 Lusthaus im königlichen Garten Bagh-i fin in Kashan, Kupferstich von Adam Olearius, aus Olearius 1656, S. 494, SSHL

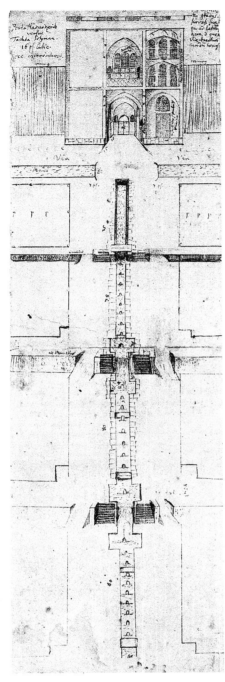

Abb. 121 Isfahan, Bagh-i Hizar Jarib, Gartenhaus u. Kaskaden, Zeichnung v. E. Kämpfer, London, Brit. Libr., ms. Sloane 5232, f. 45s., aus Alemi 1995, S. 47

Abb. 122 Orientalisches Gebäude mit begehbarem Flachdach und Balustrade, Illustration aus dem „Persianischen Rosenthal" von Olearius, 1654, S. 97, SSHL

zeigten Bauten[1338] deuten in ihrer Formensprache mehr auf europäische als auf persische Vorbilder hin und scheinen demnach eher Olearius' Fantasievorstellungen zu entsprechen als authentischen orientalischen Vorlagen.

Wenn mit dem Globushaus eine Erinnerung an die Persienreise geschaffen werden sollte, so geschah dies mit extrem reduzierten Andeutungen, die aber ausreichten, um ein Befremden und eine Assoziation mit orientalischer Architektur beim Betrachter hervorzurufen. Dazu eigneten sich Lusthäuser besonders gut, da diese Bauaufgabe Experimente und die Verwirklichung persönlicher Vorlieben erlaubte.[1339] Angenommen, Olearius und Friedrich III. intendierten eine orientalische Wirkung des Gebäudes, so erfolgte die Umsetzung nicht durch die Kopie eines bestimmten Vorbildes, sondern durch den Einsatz gewisser typischer Elemente wie dem begehbaren Flachdach und der dreiachsigen Schmalseite als Hauptansicht vom Globusgarten.

Das Gottorfer Globushaus ist aber nicht das erste Beispiel einer exotisch anmutenden Architektur in Europa. Besonders bekannt sind Schloss Neugebäude bei Wien (ab 1568) (Abb. 109) und das Gartenhaus des Stiftes Kremsmünster in Österreich (1640). Auch bei diesen Bauten handelt es sich nicht um authentische Umsetzungen islamischer Vorbilder, sondern wie auch später bei der Übernahme chinesischer Einflüsse in die europäische Architektur reichten Anspielungen aus, um die beabsichtigte fremdländische Assoziation hervorzurufen. Bei den genannten Beispielen wie auch beim Globushaus setzt die sprachlich in den Quellen nachweisbare Identifizierung mit orientalischer Architektur dabei interessanterweise erst viel später ein.[1340] Mit dem Neugebäude verbindet das Globushaus das flache, begehbare Dach als Aussichtsterrasse, das seit Anfang des 16. Jahrhunderts einige Gartengebäude in verschiedenen europäischen Ländern auszeichnet: Die „Maison blanche" im Garten des französischen Schlosses Gaillon (Anfang 16. Jahrhundert, Abb. 123), das Lusthaus „Sparepenge" beim dänischen Königsschloss Frederiksborg (1599–1601), das Vischhaus im neuen Münchner Hofgarten (1619/20), das Lusthaus der Pommerschen Herzöge in Stettin (1617 vollendet), das am Ostrand des Lauenburger Gartens gelegene oktogonale Lusthaus mit vier Annexbauten und flachen Altandächern (vor Mitte des 17. Jahrhunderts, Abb. 110), der als „Lusthaus" bezeichnete Anbau an das Husumer Schloss (1631–35) und das etwa gleichzeitig mit dem Gottorfer Bau entstandene Gebäude im Berliner Lustgarten (1650 begonnen).[1341] Auch in gartentheoretischen Werken des 16. und 17. Jahrhunderts werden Flachdächer für

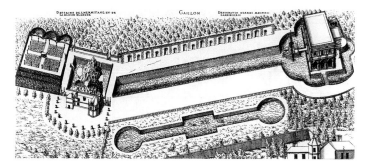

Abb. 123 Gaillon, Eremitage u. Maison blanche (rechts), Stich von Jacques Androuet Du Cerceau

Grotten- oder Galeriebauten vorgeschlagen, meist mit der Funktion einer Aussichtsplattform, von Balustraden begrenzt.[1342] Joseph Furttenbach stellt mit der Bezeichnung „Persianischer Saal" für eine Loggia als Belvedere über einer Grotte auf seinem Titelblatt der „Architectura recreationis" (1640) sogar einen Bezug zu einem nicht genannten islamischen Vorbild her.[1343] Ulrike Weber-Karge führt die Flachdachbauten des Neugebäudes, des Vischhauses in München und die Entwürfe Furttenbachs auf italienische Casinobauten zurück[1344], während Ulrika Kiby orientalischen Einfluss schon für die frühen italienischen Renaissancegärten geltend macht und auch für die Maison Blanche in Gaillon, die von den genannten Lusthausbauten mit zwei Geschossen, dem rechteckigen Grundriss, Flachdach und seitlichem Altan die größten gestalterischen Gemeinsamkeiten mit dem Globushaus zeigt (vgl. Abb. 123 u. 45).[1345] Da dieses Gebäude durch einen Stich von Du Cerceau bekannt war, kommt es neben der direkten Inspiration durch die Persienreise auch als Vorbild für das Globushaus in Frage.[1346]

Wie mit dem Flachdach als Charakteristikum exotischer Architektur, für das es – wie wir gesehen haben – im europäischen Lusthausbau einige Beispiele auch ohne Konnotation mit dem Orient gibt, steht es auch mit dem durch das Gebäude geleiteten Wasser als Kennzeichen der persischen Lusthäuser, das Schlee als Argument für eine orientalische Bauweise des Globushauses anführt, und mit der unter dem Globushaus gelegenen Grotte, die Juliette Roding als Argument für persischen Einfluss betrachtet.[1347] In den o.g. Gärten in Kashan und Isfahan konnte Olearius persönlich Wasserspiele in den Lusthäusern erleben, in Kashan auch eine Grotte unter dem Gebäude. Außerdem berichtet er von der für persische Gärten berühmten unterirdischen Qanat-Wasserführung.[1348] Weil auch beide Elemente, Grotten und das fließende Wassers zur Speisung dieser Grotten und Brunnen, in europäischen Lusthäusern des 16. und 17. Jahrhunderts nicht selten vorkommt wie z.B. in Stuttgart, Dresden, Kassel, Hessem und Berlin, wo es nicht in Beziehung zu orientalischer Architektur steht[1349], kann auch für das Globushaus nicht automatisch eine Inspiration direkt aus Persien angenommen werden, sondern ebenso aus der Entwicklung des europäischen Lusthausbaus, zumal die Wasserleitung hier in erster Linie den konkreten Zweck erfüllen sollte, die Globusmaschine anzutreiben und eine Grottenanlage zu speisen.[1350]

Gerade in Bezug auf die Vielseitigkeit in Funktion und Ikonographie des Globushauses mit Grotte, Festsaal, kleinen Kammern (auch für Übernachtung), ausgestellten naturwissenschaftlich-technischen Instrumenten im Sinne einer Kunstkammer, Bildergalerie, Gewächskammer, Altanen und Flachdach mit der wahrscheinlichen Nutzung als Observatorium und ganz sicher als Belvedere steht das Gottorfer Gebäude direkt in der Tradition der von Ulrike Weber-Karge aufgezeigten Lusthausentwicklung, besonders in Deutschland, wo neben anderen besonders das Kasseler Lusthaus in der Fuldaaue (ab 1570), das Neue Lusthaus in Stuttgart (ab 1584) und das Dresdener Lusthaus auf der Jungfernbastei (ab 1589, nach Unterbrechung Weiterbau ab 1617) herausragende Beispiele für die vielfältigen Funktionen dieser Bauaufgabe sind.[1351] Es ist gut möglich, dass Herzog Friedrich III. die beiden Lusthäuser in Dresden und Kassel kannte und sich von der vielfältigen Ausstattung auch für das Globushaus inspirieren ließ, zumal der Kasseler Bau des Landgrafen Wilhelm IV. (1532–1592) u.a. auch als Sternwarte genutzt wurde.[1352] Als Stimulation für Herzog Friedrich III. zum Bau eines Observatoriums kann sicher auch der Rundetårn gelten, den König Christian IV. von 1637 bis 1642 nach Plänen des Architekten Hans van Steenwinckel d. J. in Kopenhagen erbauen ließ, zumal eine permanente Konkurrenzsituation herrschte.[1353] Aber die gestalterischen Formen hatten nichts gemein.

Die Untersuchungen haben ergeben, dass das Gottorfer Globushaus weder der erste exotisch anmutende Bau noch das erste Gebäude mit Flachdach im europäischen Kulturkreis darstellt. In diesem Kontext besteht die größte formale Ähnlichkeit mit der Maison blanche im französischen Gaillon, die als Vorbild gedient haben könnte. Ansonsten reiht sich das Globushaus mit einer Vielzahl von Merkmalen in die von Weber-Karge als „äußerst heterogen in Gestalt und Funktionsangebot"[1354] charakterisierte Gruppe der Lusthausbauten im deutschen Sprachgebiet ein, was aber die aus den Quellen nicht nachweisbare Intention des Bauherrn, hier eine Erinnerung an die Persienreise zu evozieren, nicht ausschließt. In der architektonischen Ausformung bleibt es wie bei anderen exotischen Gebäuden in Europa bei charakteristischen, vereinfachten Kennzeichen, die offenbar keinem authentischen Vorbild folgen, sondern mit der europäischen Bauweise verbunden werden zu einem sehr individuellen Lusthaus.

1.6. Die Kaskade

Zwischen 1664 und 1667 entstand die erste Kaskadenanlage am Eingangsbereich des Neuen Werkes, die dann ab 1690 erneuert wurde (Abb. 63 u. 65).[1355] Das große Interesse Christian Albrechts an Wasserkünsten, Kaskaden und Grottenarchitekturen geht aus der Reisebeschreibung von 1662 hervor. Vielleicht spielte er schon

Abb. 124 Villa Lante, Bagnaia, Catena d'acqua

Abb. 125 Kasino und Wassertreppe der Villa Farnese in Caprarola

zu diesem Zeitpunkt mit dem Gedanken, im Neuen Werk ein entsprechendes Werk bauen zu lassen und knüpfte möglicherweise noch in Frankreich Kontakte zu dem Franzosen Michel Le Roy, der 1664 nach Gottorf kam, um die Arbeiten an den Wasserspielen auf den Terrassen und der neuen Kaskade am Eingang zu leiten. Gestalterische und technische Anregungen bezog der Herzog auch aus aktueller Literatur zum Thema mit dem Buch „Anatomia physico-hydrostatica fontium ac fluminum" (1663) über Wassertechnik und Hydraulik und mit dem Vorlagenwerk „Architectura curiosa nova d.i. Lustreiche Bau und Waßerkunst" (1664) des Architekten und Ingenieurs Georg Andreas Böckler, das dem ›curiösen Kunstliebhaber‹ Anregungen für seine eigenen künstlerischen Pläne bieten" sollte.[1356] Da Kaskaden und Grotten durch die italienischen Renaissancegärten berühmt wurden und mit italienischen Künstlern nach Frankreich kamen[1357], verwundert es nicht, dass auch die Vorliebe des Herzogs für italienische Kunst und Architektur an der Gestaltung der Kaskaden am Garteneingang des Neuen Werkes ablesbar ist.

Es sind keine konkreten Vorbilder nachweisbar, denen die nacheinander entstandenen Kaskadenanlagen insgesamt nachempfunden sind. Stattdessen sind es Anregungen und Inspirationen aus verschiedenen Quellen und Regionen, die zu stimmigen Kunstwerken zusammengefügt wurden. So bezieht sich beispielsweise die eigentliche, der ganzen Anlage den Namen gebende Kaskade, die Wassertreppe in der Mitte des Aufgangs, direkt auf die berühmten römischen Gärten der Villa Lante in Bagnaia und der benachbarten Villa Farnese in Caprarola, wo sich jeweils eine sogenannte Catena d'acqua mit seitlichem skulpturalen Schmuck befand (Abb. 124 u.125). Eine Kaskade in Caprarola trug sogar den Namen „scala dei delfini". Nikodemus Tessin beschreibt in seinem Tagebuch, dass die beidseitig angebrachten Delfine in sich verwickelte Schwänze hatten.[1358] Beide Gottorfer Kaskaden zeigen in ihrem skulpturalen Schmuck Delphine (Abb. 63 und 65). Das Motiv der verschlungenen Schwänze fand Verwendung in der zweiten Kaskade (Abb. 65 und 68). Auch die auf beiden Seiten der Catena angeordneten Aufgänge wiederholen sich im Neuen Werk, besonders die Situation in Caprarola mit dem Fontänenbecken auf dem Vorplatz und dem

Abb. 126 Kaskade im Garten von Rueil, aus „Recueil d'un grand nombre de vues des plus belles villes, palais, chateaux, maisons de plaisance de France, d'Italie..." von Israel Silvestre, Bd. 2, Blatt 73, 1750, Bibliothèque nationale de France

Blick auf das im Hintergrund liegende Kasino (Abb. 125). Vielleicht spielten bei der Gottorfer Treppenanlage auch Christian Albrechts Erinnerungen aus den französischen Gärten mit hinein, an die große Kaskade in Rueil (Abb. 126), die er „deß prospects wegen [...] über die maßen lustig" anzusehen fand. Einen ähnlich eindrucksvollen Anblick bot der Aufstieg zum Grottenbau in Saint-Cloud (Abb. 127).[1359] Auch auf Gottorf kam es dem Herzog auf den Prospekt an, denn die Kaskade ist als Point de Vue der vom Schloss kommenden Allee angelegt und bekam wie in drei der gezeigten Beispiele ein vorgelagertes Fontänenbecken. Die Gestaltung der Außenseiten der Gottorfer Anlagen mit Kaskaden aus drei untereinander angebrachten und in der Größe gestaffelten Muschelbecken ist eindeutig aus Frankreich inspiriert. Dort war seit dem zweiten Viertel des 17. Jahrhunderts die aus dem bergigen römischen Umfeld stammende Kaskadenidee in einen auch für relativ flaches Terrain geeigneten horizontalen Typus umgewandelt worden, zu dem das Motiv der drei gestaffelten Muschelbecken gehört.[1360] So konnte Christian Albrecht es gleich in mehreren, für ihre Wasserkünste berühmten Gärten bewundern, in Liancourt (Abb. 128), Saint-Cloud, Rueil, Vaux-le-Vicomte (Abb. 129) und Fontainebleau.[1361] Während die Kaskade von Vaux-le-Vicomte durch die zwischen den Muschelbecken stehenden Postamente mehr Ähnlichkeit mit der ersten Gottorfer Kaskade (Abb. 63) hat, gleicht die Anlage von Liancourt mehr dem Zustand von 1690 im Neuen Werk (Abb. 66). Die in den untersten Stufen der Gottorfer Kaskaden versteckten Vexierfontänen und die auf dem Kopenhagener Blatt blau eingezeichneten Wasserstrahlen, die eine Wasserallee bilden, gehören zu den sehr beliebten Wasserscherzen, mit denen die Besucher nass gespritzt wurden. Die berühmtesten Beispiele dafür fanden sich in den Gärten von Pratolino bei Florenz (Abb. 130) und Hellbrunn in Salzburg. Die Hellbrunner Anlage wird Christian Albrecht wohl durch den Kontakt zum Erzbischof und seine Italienreisen aus eigener Anschauung gekannt haben. Trotzdem lassen sich keine direkten Vorbilder aus diesem Garten für Gottorf nachweisen. Auch im Garten der kurfürstlichen Residenz in Bonn besichtigte der Herzog 1662 auf der Rückreise eine Grotte, die ihm noch mehr gefiel als alle französischen und die große Orgelgrotte im Heidelberger Hortus Palatinus.[1362] Auch sie verfügte über Wasserscherze. Leider ist von dieser um 1652 entstandenen und wohl 1689 zerstörten Grottenarchitektur[1363] keine Abbildung erhalten, denn nach der Beschreibung zu urteilen, hat Christian Albrecht dieses Bauwerk bei der Gestaltung des ersten Gottorfer Kaskadegebäudes zumindest teilweise als Vorbild genommen:

> „Die grotte an sich selbst ist der architectur nach auf Italiänisch angeleget, auf den seiten mit Seülen gezieret und oben in dem Gewölbe mit dem Cuhrfürstlichen wapen, welche nicht anders scheinen, als wen Sie gemahlet weren."[1364]

Auch die Schauarchitektur im Neuen Werk besaß Säulen, eine Art Kuppelgewölbe und ein großes Wappen. Dazu kamen wie in Bonn lebensgroße Holzfiguren mythologischer Gottheiten,

Abb. 127 Saint-Cloud, Ostansicht der Grotte mit davorliegender Treppe und Springbrunnen, aus „Recueil d'un grand nombre de vues des plus belles villes, palais, chateaux, maisons de plaisance de France, d'Italie…" von Israel Silvestre, Bd. 2, Blatt 61, 1750, Bibliothèque nationale de France

Abb. 128 Liancourt, Kaskade im Südparterre, aus „Recueil d'un grand nombre de vues des plus belles villes, palais, chateaux, maisons de plaisance de France, d'Italie…" von Israel Silvestre, Bd. 3, Blatt 20, 1750, Bibliothèque nationale de France

die vor einer Grottenrückwand platziert waren. Es sieht aber so aus, als ob Herzog Christian Albrecht sich bei den Überlegungen zur Ausformung seines Kaskadenpavillons nicht nur an der Bonner Grotte orientierte, sondern auch die Vorlagen in Böcklers „Architectura curiosa nova" zu Rate zog, wobei seine Wahl auf die römischen Beispiele fiel. Das Triumphbogenmotiv des ersten Gottorfer Kaskadenbaus (Abb. 64), der in seiner filigranen Gestalt auch an ephemere barocke Festarchitekturen erinnert, findet sich in abgewandelter Form häufiger bei Böckler, besonders deutlich in einem der Brunnen in den Stützmauern der terrassierten Auffahrt der Villa Aldobrandini in Frascati (Abb. 131). Ähnlichkeiten in der Proportion des Gebäudes (bis auf die nur rudimentär vorhandene horizontale Dreiteilung) und der Betonung der Attika ergeben sich auch mit dem Vogelsang-Brunnen der Villa d'Este in Tivoli (Abb. 132), während das spätere Gottorfer Wassertheater (Abb. 66) sich in der loggienartigen Ausformung auch auf den Mosesbrunnen von Domenico Fontana als Abschluss der römischen Acqua felice (Abb. 133) bezieht. Die Motivvielfalt,

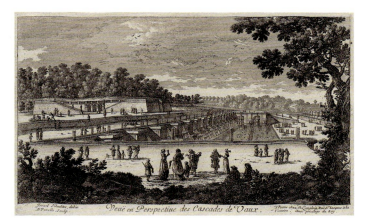

Abb. 129 Kaskade in Vaux-le-Vicomte, aus „Veues des belles maisons de France", hg. von Adam, Gabriel und Nicholas Perelle, Paris [ca. 1680], Universitätsbibliothek Heidelberg

Abb. 130 Fontänenallee im Garten der Villa Pratolino, Radierung von Stefano della Bella, Rijksmuseum Amsterdam

Abb. 131 Brunnenanlage in der Auffahrt-Stützmauer der Villa Aldobrandini in Frascati, aus G. A. Böckler, „Architectura curiosa nova", 1664, Teil 3, Tafel 30, Universitätsbibliothek Heidelberg

mit der Böcklers Modelle ausgestattet sind, scheint der junge Herzog versatzstückhaft genutzt zu haben. So finden sich die bekrönenden Vasen und geflügelten Engelsgestalten des Kopenhagener Blattes (Abb. 64) ebenso in Böcklers „Architectura" wieder wie das Balustradenmotiv als oberer und unterer Abschluss des Grottenhauses von 1690 (Abb. 66) sowie der ins Horn blasende Triton als Kopfstück der Catena d'acqua (vgl. Abb. 66 u. 131). Auch die Bodenbeläge beider Gottorfer Kaskaden scheinen eins zu eins dem Vorlagenbuch entnommen zu sein.[1365]

Wie bei den später unter Herzog Christian Albrecht entstandenen Gartengebäuden der Amalienburg und Orangerie drängt sich der Eindruck auf, dass der offenbar vielseitig interessierte und gebildete Bauherr selbst maßgeblich am Entwurf der beiden Gottorfer Kaskadenanlagen mitgewirkt hat, die dann unter architektonisch fachkundiger Beratung bzw. Bauleitung ausgeführt wurden, was bei der ersten Wasserkunst von 1664 durch Michel Le Roy geschah, aber bei der Erneuerung von 1690 nicht bekannt ist. Die nicht endgültig zu klärende Frage, ob Nikodemus Tessin d.J. hieran beteiligt war, ist schon diskutiert worden.[1366] Fest steht, dass in Tessins Werk keine Vergleichsbeispiele für die Gottorfer Kaskade der 1690er Jahre vorhanden sind, dass er sich aber nachweislich sehr intensiv während seiner Studienreisen in Form von Zeichnungen französischer und italienischer Kaskadenanlagen mit diesem Thema auseinandergesetzt hat.[1367] Eine beratende Funktion des schwedischen Architekten ist aus diesem Grunde nicht auszuschließen. Dafür spricht auch das Motiv der verschlungenen Delphine.

Die beiden Gottorfer Kaskaden des 17. Jahrhunderts haben sich in der formalen Analyse als interessante, eklektische Kompilationen aus verschiedenen Quellen und Regionen erwiesen, die den Stempel des Bauherrn tragen und seine weitläufige Kenntnis dieser Materie verraten. Sie können nicht mit der Monumentalität italienischer und französischer Kaskadenanlagen konkurrieren. Im deutschen Sprachraum weisen für den Zeitraum des 16. und 17. Jahrhunderts wohl die kaiserlichen Gärten und die Münchner Residenz die bedeutendsten Grotten und Wasserspiele

Abb. 132 Vogelsangbrunnen der Villa d'Este in Tivoli, aus G. A. Böckler, „Architectura curiosa nova", 1664, Teil 3, Tafel 21, Universitätsbibliothek Heidelberg

Abb. 133 Mosesbrunnen von Domenico Fontana als Abschluss der römischen Acqua felice, aus G. A. Böckler, „Architectura curiosa nova", 1664, Teil 3, Tafel 27, Universitätsbibliothek Heidelberg

auf.[1368] Ausnahmen bilden die Gärten von Hellbrunn und Heidelberg, die mit besonders reichen Wasserkünsten und vor allem Automaten ausgestattet waren, die es im Neuwerkgarten nicht gab. In den 50er und 60er Jahren des 17. Jahrhunderts setzte der Bau von wassertechnischen Anlagen in deutschen Gärten verstärkt ein. So sind aufwändige Brunnen (Schlackenwerth, Kirbachtal in Württemberg), Grotten (Idstein, Lauenburg, Bonn, Berliner Lustgarten), Wasserorgeln (Berliner Lustgarten und Bornim bei Potsdam), Vexierfontänen (Hessem) und auch Kaskaden (Springenberg bei Kleve, Kirbachtal) bekannt.[1369] Daraus wird deutlich, dass sich die Kaskadenanlage am Eingang des Neuwerkgartens in diesen Kontext als zeitgemäß und modern – gerade auch in Bezug auf die Vorlagen aus Böcklers „Architectura" – einordnen lässt und möglicherweise als Vorbild für die bald darauf entstandenen Kaskaden in Dänemark diente (Dronninggaard, 1668; Sophieamalienborg, 1671[1370]).

1.7. Die Skulpturen

Eine formtypologische Einordnung des bildnerischen Gartenschmuckes kann nicht geleistet werden, weil die allermeisten Werke nicht mehr erhalten sind. Im Folgenden soll aber den Fragen nachgegangen werden, ob die großen Statuen auf den Terrassen ein Programm bildeten und welche Vorbilder und Anregungen es für die zwei Büstenserien gab.

Zu den Ergebnissen der Rekonstruktion des skulpturalen Gartenschmucks gehört, dass erstens schon in herzoglicher Zeit nur noch ein Teil der Statuen auf den Terrassen ikonographisch identifiziert werden konnte, dass diese Bildwerke aus verschiedener, meist unbekannter Provenienz stammten, aus unterschiedlichem Material bestanden und nicht gleichzeitig angeschafft wurden.[1371] Schon Ernst Schlee und Michael Paarmann konnten kein einheitliches Skulpturenprogramm herauslesen, was sie durch die genannten Umstände erklärten.[1372] So lassen sich überhaupt nur sieben der ursprünglich 30 Statuen der Terrassen namentlich benennen (Abb. 224): es gab zweimal Flora, eine in Sandstein mit dem Cornu Copiae und die andere aus Holz, eine Kleopatra aus Blei und vier weitere Holzskulpturen einer Venus mit kleinem Cupido, eines Cupido mit Rüstung, eines Herkules und eines Jupiter. Es handelt sich also mit Ausnahme der Kleopatra um Göttergestalten aus der antiken Mythologie. Ein erweiterter Sinnzusammenhang ist daraus nicht zu erkennen. Stattdessen muss man sich die Frage stellen, nach welchen Prinzipien ein Garten mit Skulpturen ausgestattet wurde und welche Möglichkeiten dazu bestanden. Herzog Christian Albrechts Interesse auf diesem Gebiet zeigt die im Reisetagebuch 1662 dokumentierte Bewunderung der Skulpturen in den französischen Gärten von Vaux-le-Vicomte und Fontainebleau. In Vaux-le-Vicomte bemerkte er, dass „hin und wieder im garten schöne, zum teihl nur aus schlechtem, zum teihl aber aus weißem Marmorsteine außgehauene Bilder [sind], welche solchen nicht wenig zieren". In Fontainebleau berichtete er begeistert von den Figuren und beschrieb einige Werke auch genauer, wobei es sich wahrscheinlich um Repliken antiker Statuen handelte wie eine Laokoon-Gruppe, eine überlebensgroße, liegende Kleopatra, eine nackte Statue des Kaisers Commodus mit einem Kind auf dem Arm, einen römischen Gladiator, „nebenst noch ezlichen andern auch von Kupffer gegoßenen Bildern, welche die Königin Catharina von Medices mit großen unkosten auß Italien hieher bringen laßen".[1373] Diese Aussage spiegelt die Situation der Gartenbesitzer außerhalb Italiens wieder, die nicht mehr wie die römischen des 16. Jahrhunderts auf antike Skulpturen zurückgreifen, sondern diese nur höchst selten durch Ankäufe erwerben konnten. Da die Antiken aber als beste und erstrebenswerteste Stücke galten und Kultstatus besaßen, wurden häufig Nachbildungen der bekanntesten Bildwerke in den verschiedensten Materialen angefertigt und verbreitet.[1374] Durch Kupferstiche waren die antiken Werke auch weithin bekannt. Auch in der Gottorfer Bibliothek befanden sich einschlägige Bücher, sodass angenommen werden kann, dass sowohl Friedrich III. als auch Christian Albrecht gute Kenntnisse auf diesem Gebiet besaßen.[1375] Von dieser Seite betrachtet, verwundert es nicht, dass nicht unbedingt nur die „inhaltliche Beziehung zum Garten [...] im Vordergrund des Interesses" der Gartenbesitzer stand, sondern dass die Skulpturen häufig eine Sammlung aus begehrten Einzelstücken bildete[1376], sodass der sukzessive Ankauf von Gartenfiguren und auch Gelegenheitskäufe nichts Ungewöhnliches darstellten und nötigenfalls durch einfachere Werke ergänzt wurden. Auch für Versailles und die meisten anderen Gärten sind verschiedene Materialien für Gartenskulpturen bezeugt.[1377] So ist die Materialdiversität der Plastik im Neuwerkgarten für das 17. Jahrhundert als gängige Praxis anzusehen, die in dieser Zeit nicht negativ behaftet war und nicht in ihrer Wertschätzung unterschied nach Material oder Herstellungsmethode, ob einzeln oder seriell.[1378] Es muss aber festgehalten werden, dass auf Gottorf keine teuren Bronze- oder Marmorfiguren zu finden waren. Dass die Ausstattung eines Gartens mit Skulpturen keinem vorgeschriebenen Kanon mit starrem Programm, sondern einer gewissen Beliebigkeit und individuellen Vorlieben unterlag, zeigen die Vorschläge im Hausvaterbuch des Franz Philipp Florinus: „Wie gros aber/ wie viel und mancherley/ andere Bilder [...] in dem Garten Platz haben möchten/ stehet einig und allein bey einem grossen Liebhaber derselben."[1379] Neben der inhaltlichen Komponente wurden mit der Aufstellung der Skulpturen Betonungsakzente im Garten gesetzt. Im Neuwerkgarten erhielt die Mittelachse als entscheidendes Element der Gesamtkomposition eine noch gesteigerte Wirkung dadurch, dass an den Aufgängen sowohl je zwei lebensgroße Statuen als auch zwei kleine Bleifiguren platziert waren und damit 20 von insgesamt 30 Einzelbildwerken diese Funktion besaßen, während der Rest von zehn großen Skulpturen jeweils die Mitte der Parterrekompartimente akzentuierte.

Im 16. Jahrhundert hatte sich mit der Entwicklung des Humanismus das Interesse an Porträts ausgebildet, das dem an Personen orientierten Geschichtsbild entsprach und sich erweiterte auf Sammlungen und Bilderreihen von berühmten Personen wie die „uomini illustri", genealogische Folgen, Familiengalerien, Herrscherreihen und Kaiserbilder, die auch in Kupferstichserien in Büchern publiziert wurden, von denen es auch einige wichtige in der Gottorfer Bibliothek gab.[1380] So entstanden an manchen Fürstenhöfen Ahnengalerien, um die Bedeutung des eigenen Geschlechts augenfällig zu machen wie z.B. ein Gemäldezyklus im langen Saal des Stallgebäudes der Dresdner Residenz, der vermutlich als Vorbild diente für eine bemalte Wandtäfelung im sogenannten „langen Tanzsaal" im Nordflügel des Gottorfer Schlosses mit 22 lebensgroßen, ganzfigurigen Bildern aus der kursächsischen Ahnenreihe Herzogin Maria Elisabeths.[1381] In diesen Zusammenhang gehören auch die Bildnisbüsten der Vorfahren des Herzogspaares vor der halbrunden Mauer des Globusgartens, die Charles Philippe Dieussart 1656 angefertigt hatte.[1382] Leider ist keine dieser Büsten und auch kein vergleichbares Werk des Künstlers erhalten, sodass auch hier eine Einordnung auf visueller Grundlage nicht erfolgen kann. Die Porträts waren aus Blei gegossen. Nach Dieussarts Herkunft und Ausbildung zu urteilen, müssen es recht qualitätvolle Kunstwerke gewesen sein, denn er hatte bei seinem Vater, dem berühmten, für verschiedene Herrscherhäuser in Nordeuropa tätigen Bildhauer und Spezialisten für Porträtbüsten, François Dieussart (1600–1661), in Den Haag gelernt und seine Studien in Paris beendet. Vor seiner Indienstnahme als Hofkünstler des Herzogs Gustav Adolf von Mecklenburg-Güstrow (1633–1695) hielt er sich von 1653 bis 1657 in Hamburg auf, wo er auch heiratete.[1383] In diese Zeit fällt der Gottorfer Auftrag. Es ist bisher kein weiteres Beispiel eines Gartens bekannt, in dem die doppelte genealogische Linie des eigenen Hauses in dieser ausgeprägten Form mit zwölf lebensgroßen Büsten vorgeführt wurde, die eher die vornehme Abstammung als den Herrscherstatus betont.[1384] Die Konkurrenzsituation zwischen dem Gottorfer und dem Kopenhagener Hof führte vermutlich auch in Bezug auf die Aufstellung von Büsten zu einer Nachahmung. 1666 wurden im Lustgarten von Schloss Rosenborg Brustbilder aufgestellt und 1668 im Garten von Sophieamalienborg 16 Büsten.[1385] Weil Kaiserbüsten für das dänische Königshaus nicht in Frage kommen, werden es wohl genealogische Galerien der dänischen Könige gewesen sein, die somit vermutlich als Antwort auf die Vorfahrenbüsten im Neuen Werk zu werten sind. Vielleicht hängen die Büsten aus dem Sophieamalienborger Garten auch mit Dieussarts viermonatigem Kopenhagener Aufenthalt 1668 zusammen.[1386]

Auch auf dem Gebiet der Kaiserbilder trug zu deren Kenntnis, Verbreitung und Herstellung maßgeblich die Druckgrafik bei, was zwei auf Gottorf nachgewiesene, einschlägige Bücher verdeutlichen, vor allem eines von Hubert Goltzius (1526–1583) mit Illustrationen von Kaiserbildern auf der Grundlage von Münzen.[1387] 1669/70 kaufte Herzog Christian Albrecht für die Erweiterung des Neuen Werkes insgesamt 150 Kaiserbüsten aus Blei ein. Leider sind den Quellen keine weiteren Informationen über Herkunft, Herstellung und Künstler dieser großen Menge Bleibüsten zu entnehmen.[1388] Dieussart ist mit ihnen nicht in Verbindung zu bringen, obwohl er sich 1668 noch einmal nachweislich in Hamburg aufgehalten hat, aber vielleicht hat er Kontakte in die Niederlande hergestellt.[1389] Der Kauf wurde über einen in Hamburg für den Herzog tätigen Faktor namens Egidius Hennings abgewickelt, der zumindest die erste Teillieferung von 25 bis 30 Stück bei dem Händler Caspar Hase mit 257 Rthlr bezahlte. Bei der zweiten Lieferung ein Jahr später scheint Herzog Christian Albrecht persönlich involviert gewesen zu sein, denn er bezahlte selbst 260 Rthlr der Gesamtsumme von 1200 Rthlr, den Rest erledigte sein Amtsinspektor Joachim Schmieden mit 940 Rthlr. Dafür erhielt der Herzog 120 Brustbilder aus Bleiguss. Der sehr niedrige Einzelpreis von 10 Rthlr gegenüber 66 Rthlr für jede Porträtbüste von Dieussart deutet auf eine serielle Herstellung der Kaiserbüsten hin. Frits Scholten teilt in seinem Aufsatz über die in Den Haag und London als Gießer von Blei- und Gipsstatuen tätige Familie Larson mit, dass deren Erzeugnisse auch im Ausland als bezahlbare Gartenskulpturen sehr gefragt waren. Das zeigt eines der wenigen bekannten Beispiele, ein großer Auftrag über 48 Statuen für den Berliner Lustgarten des Kurfürsten. Eine Vorstellung vom Aussehen der heute nicht mehr erhaltenen Plastiken geben die Illustrationen, die der Botaniker Johann Sigismund Elsholtz in seinem Buch „Hortus Berolinensis" 1657 publizierte (Abb. 134).[1390] Auch die Büsten des Neuwerkgartens stammen sehr wahrscheinlich aus serieller Herstellung in den Niederlanden, allerdings dann nicht mehr von Johan Larson, der 1664 starb, sondern von einem anderen Gießer, der seine Gussformen übernommen oder auch neue hergestellt hat. Infrage kommen hier Arent de Rijp aus Delft, der Haus und Werkstatt von Johann Larson kaufte, oder Jonas Gutsche, der nach Larsons Tod in Den Haag eine Gusswerkstatt betrieb.[1391] In Larsons Nachlassinventar von 1664 sind 275 Bildwerke gelistet, die meisten aus Gips und viele unspezifiziert als „Köpfe" bezeichnet. Neben lebensgroßen Statuen werden auch römische Kaiser erwähnt.[1392] Über Aufträge zur Lieferung von Kaiserbüsten ist aber bislang nichts bekannt. Der Kontakt zu einer Gießerwerkstatt scheint in Hamburg geknüpft worden zu sein. Hier hatte das große, weltweit tätige Handelsunternehmen Marselis & Berns seinen Hauptsitz.[1393] Gabriel Marselis (gest. 1643) besaß selbst einen Garten in Hamburg, den sogenannten >Hoppenhof<, der mit Statuen, Büsten und Vasen aus Blei unbekannter Provenienz ausgestattet war. Sein ebenfalls ursprünglich aus den Niederlanden stammender Kompagnon Albert Baltzer Berns (1581–1652), der den Wandsbeker Schlossgarten gekauft hatte und repräsentativ herrichten ließ, pflegte Kontakte nach Gottorf und zum dänischen Hof.[1394] Gabriel Marselis junior (1609–1674), der in Amsterdam die Geschäfte führte, hatte im Garten seines Sommersitzes Elswout bei Haarlem nachweislich Bleistatuen von Johan Larson.[1395] Auch nach Schweden reichten die Kontakte der niederländischen Künstler. So besuchte der

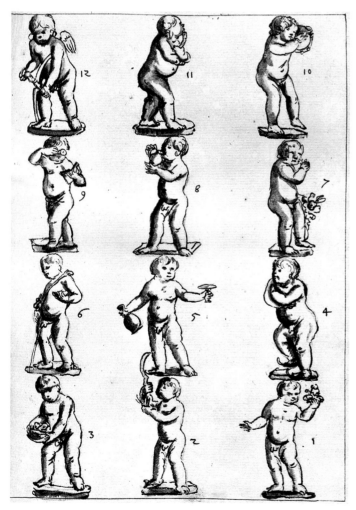

Abb. 134 Zwölf allegorische Putti aus dem Berliner Lustgarten, Bleiguss von George Larson, Zeichnung von Johann Sigismund Elsholtz im „Hortus Berolinensis", 1657, Manuskript in der Berliner Staatsbibliothek, Signatur: Ms. boruss. qu. 12

Abb. 135 Vergoldete Bleigussfiguren des Heckentheaters in Herrenhausen

schwedische Architekt Nikodemus Tessin der Jüngere im Rahmen seiner Rundreise durch Europa 1687 den Bleigießer Barent Dronrijp in Amsterdam, der ihm einen Bestellkatalog mitgab.[1396] Die Idee zu diesem Besuch war Tessin vielleicht gekommen, nachdem er zu Beginn seiner Reise sowohl im Garten des Kopenhagener Palais Charlottenborg[1397] als auch im Gottorfer Neuen Werk Bleibüsten höchstwahrscheinlich niederländischer Provenienz gesehen hatte. Auf der Grundlage dieses Beziehungsgeflechtes ist anzunehmen, dass der Gottorfer Hof ganz sicher Kenntnis dieser Quelle für preisgünstige, seriell hergestellte Gartenplastiken aus Bleiguss besaß.[1398] Unter den oben erwähnten 30 Einzelbildwerken auf den Terrassen befanden sich auch drei lebensgroße Statuen, zehn Kinderfiguren und je fünf Blumenkübel und Meerestiere, allesamt aus Bleiguss ohne Herkunftsangabe. Es ist eher unwahrscheinlich, dass der spätere Gottorfer Fontänenmeister Hans Christoph Hamburger, der 1664 drei Bleifiguren als Ersatz für gestohlene anfertigte, der Urheber all dieser Figuren war. Er beherrschte aber zu dieser Zeit die Technik des Bleigusses, wobei fraglich bleibt, woher die Gussformen kamen. Leider ist es aus Mangel sowohl an schriftlichen wie bildlichen Quellen nicht möglich, die Provenienz der Plastiken aus Bleiguss im Neuwerkgarten zu verifizieren. Gleichwohl ist es sehr wahrscheinlich, dass die Beschaffung aus dem Umkreis der Nachfolger des Gießers Johan Larson aus den Niederlanden über die Hamburger Verbindungen vollzogen wurde. Auch in vielen anderen zeitgenössischen Gärten befanden sich Bleifiguren. Nur die wenigsten haben die Zeiten überdauert wie die nachweislich aus serieller Herstellung in den Niederlanden stammenden vergoldeten Bleistatuen, die 1689/1690 nach Herrenhausen geliefert wurden zur Dekoration des Heckentheaters (Abb. 135).[1399]

So wie Serien von Kaiserporträts sich seit der frühen Renaissance von Italien ausgehend einer großen Beliebtheit erfreuten und in den Schlössern West- und Mitteleuropas häufig Verwendung fanden in unterschiedlichsten künstlerischen Ausprägungen von Skulpturen über Gemälde bis hin zu Kameen in Kunstkammern, so waren sie auch in Gärten anzutreffen.[1400] In den italienischen Gärten des 16. Jahrhunderts wurden Kaiserbüsten eher

1. KUNSTHISTORISCH-FORMTYPOLOGISCHE ANALYSE

im Zusammenhang mit Gartengebäuden in Innenhöfen oder Galerien aufgestellt wie auch Nikodemus Tessin d. J. auf seiner Reise 1687 feststellte.[1401] Eine Ausnahme bildete der Garten des Agostino Brenzone bei der Villa San Vigilio am Gardasee. Hier waren in einer Rotunde auf einem künstlichen, mit Zypressen bewachsenen Berg Büsten der zwölf Caesaren in kleinen Nischenhäuschen platziert.[1402] Im deutschsprachigen Raum zählt Erasmus von Rotterdam Bildnis-Serien von Kaisern oder Päpsten zur Ausstattung seines humanistischen Idealgartens im Kontext mit Galerien oder Spaziergängen, „um der Geschichte zu gedenken".[1403] Großen Eindruck sowohl auf Herzog Christian Albrecht als auch auf den schwedischen Baumeister Tessin machten Schloss und Garten des spanischen Statthalters in Brüssel. Während Tessin 1687 von einer Gartengrotte berichtete, an deren Außenseite zwölf Kaiserbüsten angebracht waren, sah Christian Albrecht 1662 im Palais eine Galerie, die „so schön und mit vielen Römischen Keÿsern in Stein abgebildet nach lebens größe gezieret" war.[1404] In Gärten des deutschsprachigen Raumes treten die Kaiserbilder erst im 17. Jahrhundert auf, vorher gibt es nur zwei Beispiele für Lusthäuser mit einer solchen Ausstattung.[1405] Joseph Furttenbach empfiehlt als skulpturalen Gartenschmuck in seinen Musterbüchern auch Statuen von römischen Kaisern und Helden.[1406] Ein frühes ausgeführtes Beispiel ist der Garten des Bürgermeisters Johannes Schwindt in Frankfurt am Main, der durch den Stich von Merian (Abb. 111) auch auf Gottorf bekannt war. Die angeschnittene Ansicht zeigt nur acht Büsten auf hohen Säulen vor der hofseitigen Begrenzung des Gartens und eine Büste über dem Portal. Vermutlich waren es insgesamt die zwölf Caesaren des Sueton, darauf lassen jedenfalls die Lorbeerkränze schließen. Zwei weitere, kurz nacheinander in den 1660er und 1670er Jahren entstandene Exempel finden sich mit der Kaiserbüstengalerie im Orangeriebereich des Lustgartens am Prinzenhof des brandenburgischen Statthalters Johann Moritz von Nassau-Siegen in Kleve (Abb. 136) und in den Gärten des Großen Kurfürsten in Berlin und Oranienburg, wobei niederländischer Einfluss über die dynastischen

Abb. 136 Kaiserporträtgalerie im Orangeriebereich des Lustgartens am Prinzenhof von Johann Moritz von Nassau-Siegen in Kleve, Radierung von Romeyn de Hooghe, um 1680, Museum Kurhaus Kleve, Inv. Nr. 1970-01-06

Verbindungen vermutlich eine Rolle gespielt hat.¹⁴⁰⁷ 1663 hatte Kaspar Günther eine Folge von Kaiserbüsten für den Großen Kurfürsten angefertigt, etwas später arbeitete der Amsterdamer Bildhauer Bartholomäus Eggers für beide Auftraggeber.¹⁴⁰⁸ Wie Reinhard Stupperich in seinem Aufsatz darstellt, handelte es sich bei den meisten Kaiserporträts um die von Sueton beschriebenen 12 Caesaren, manchmal auch um etwas größere Serien. Nicht immer ist die Anzahl bekannt.¹⁴⁰⁹ Die 150 Kaiserbüsten im Neuen Werk, die in derselben Zeitspanne entstanden sind wie die in Kleve und für den Großen Kurfürsten, fallen dagegen vom Material Blei und von der Menge her völlig aus dem Rahmen. Sie zeigten die Abfolge aller römischen Kaiser über die mittelalterlichen und neuzeitlichen Kaiser des Heiligen Römischen Reiches bis zu dem aktuell zur Aufstellungszeit regierenden Leopold I. (reg. 1658–1705), wie 1695 Johannes Burchard Majus mitteilte.¹⁴¹⁰ Auch die nach 1634 entstandene Kaiserserie im Antikenhof des Palazzo Mattei in Rom bezeichnet Stupperich als ungewöhnlich, denn hier gab es acht römische und acht deutsche Kaiserbilder, verknüpft durch eine Reliefserie spätantik-frühbyzantinischer Kaiser, die so die Verbundenheit des Auftraggebers Scipione Gonzaga mit dem Kaiserhaus und seine neue Position als kaiserlicher Gesandter im Vatikan vor Augen führen sollten. Als Vorlage konnten hierfür eindeutig die Stiche von Hubert Goltzius identifiziert werden¹⁴¹¹, die vermutlich auch in den Niederlanden als Vorbilder für rundplastische Kaiserbüsten oder -statuen dienten. Vom Inhalt und Umfang am besten vergleichbar mit der Kaiserfolge Christian Albrechts ist der zwischen 1709 und 1719 entstandene repräsentative Gemäldezyklus im sogenannten Kaisersaal in der Orangerie des Schlosses Schwarzburg in Thüringen.¹⁴¹² Diesen hatte Graf Ludwig Friedrich I. von Schwarzburg-Rudolstadt anlässlich seiner Erhebung in den Fürstenstand mit 148 Kaiserbildern von Caesar bis zu Kaiser Karl VI. (reg. 1711–1740) ausschmücken lassen. In 100 gemalten Medaillons, die an der Voute und ganz oben in der Laterne verteilt waren, wurden die antiken, byzantinischen und neuzeitlichen Kaiser vorgeführt, während die 48 Kaiser des Mittelalters in großen Gemälden an den Seitenwänden der Laterne herausgehoben positioniert hingen, weil zu ihnen der Ahnherr des Auftraggebers, Kaiser Günther von Schwarzburg, gehörte und mit ihm die Verbindung und Zugehörigkeit des neuen Fürsten zum Kreis der kaiserlichen Verwandten deutlich gemacht werden konnte.¹⁴¹³ Die Anzahl der Gottorfer Bleibüsten ist nicht ganz eindeutig aus den Quellen zu erschließen.¹⁴¹⁴ Nach der Kaiserzahl in Schwarzburg mit 148 dürften im Neuen Werk nur 146 gewesen sein, weil bis zur Entstehungszeit des Kaisersaales noch die Kaiser Joseph I. und Karl VI. hinzukamen. Festzuhalten bleibt, dass der Gottorfer Zyklus höchst wahrscheinlich auf Serienherstellung in den Niederlanden zurückzuführen ist und sowohl mit dem Material Bleiguss als auch von der hohen Anzahl als Gartenschmuck ohne Vergleich dasteht und dadurch eine Sonderstellung einnimmt.

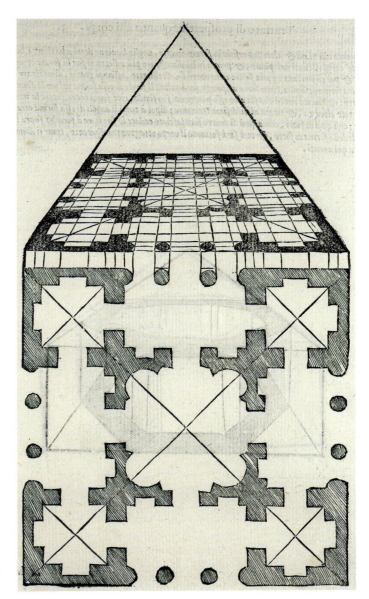

Abb. 137 Ideale Grundrissausteilung, aus „Tutte l'opere d'architettura" von Sebastiano Serlio, 1584, 2. Buch, S. 24r, Universitätsbibliothek Heidelberg

1.8. Die Amalienburg

Durch die Rekonstruktion ist deutlich geworden, dass es sich bei der Amalienburg um eine außen und innen sehr aufwändig gestaltete und ungewöhnliche Architektur handelt. Für die Zeitgenossen Herzog Christian Albrechts mag die stilistische Herkunft aus Italien deutlich gewesen sein, aber erst in den Quellen des 18. Jahrhunderts kommt das Attribut „italienisch" vor wie bei Ulrich Petersen in den 1730er Jahren, der das Lusthaus als „à l'Italiano in einer viereckigten Figur angelegt" beschreibt, womit er richtig auf die wesentlichen Merkmale hinweist, den Zentralbau und den italienischen Stil.¹⁴¹⁵ Ulrike Weber-Karge rechnet die Gottorfer Amalienburg zu den Lusthäusern des von ihr so bezeichneten „Typus des regelmäßigen Eckturmbaus", als dessen

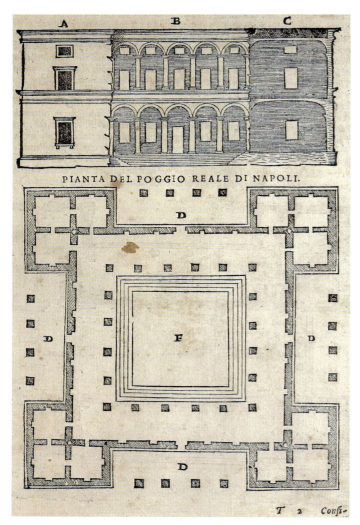

Abb. 138 Villa Poggio Reale bei Neapel, Ansicht und Grundriss, aus „Tutte l'opere d'architettura" von Sebastiano Serlio, 1584, 3. Buch, S. 122r, Universitätsbibliothek Heidelberg

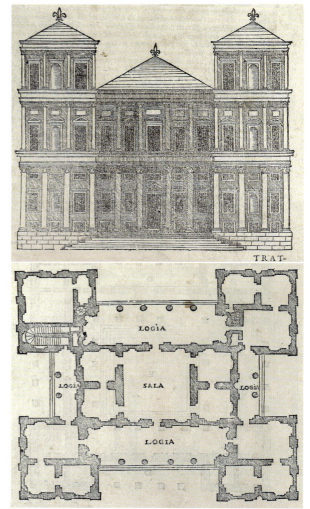

Abb. 139 Poggio-Reale-Variation, Ansicht u. Grundriss, aus „Tutte l'opere d'architettura" von Sebastiano Serlio, 1584, 3. Buch, S. 122v und 123r, Universitätsbibliothek Heidelberg

ersten Vertreter im deutschen Sprachraum sie das Alte Lusthaus in Stuttgart (1553) benennt.[1416] Zwar greift diese Zuweisung vordergründig, weil auch die Amalienburg (Abb. 78 u. 79) zwei der Hauptmerkmale zeigt, nämlich Ecktürme und umlaufende Galerie, aber dennoch sprechen wesentliche Unterschiede gegen eine Gleichsetzung mit den von ihr herangezogenen Beispielen, deren wichtigste (Neues Lusthaus Stuttgart und Kasseler Lusthaus in der Fuldaaue, beide ab 1570)[1417] durch ihren rechteckigen Grundriss, die Erker bzw. Rundtürme und die Renaissanceornamentik an Giebeln stilistisch deutlich von der Amalienburg als Zentralbau abweichen.[1418] Auch die beiden zentral angelegten, nicht mehr existenten Lusthäuser im engeren Umfeld, dasjenige im Gottorfer Westergarten (16. Jh.)[1419], und das östliche im Lauenburger Fürstengarten (vor Mitte des 17. Jh., vgl. Abb. 110) zeigen mit ihren kurzen, über Eck platzierten und als Aussichtsplattformen genutzten Annexbauten eine andere Grund- und Aufrissvariante.[1420] Uwe Albrecht weist in zwei Beiträgen auf die deutliche Ähnlichkeit der Amalienburg mit den Musterentwürfen des italienischen Architekten Sebastiano Serlio (1475–1554) aus seinem Architekturtraktat „I sette libri dell'architettura" hin.[1421] Hieraus kommen mehrere Vorbilder in Frage, von einer idealen Grundrissausteilung (Abb. 137) über den Grundriss der Villa Poggio Reale bei Neapel (Abb. 138) und einer Entwurfsvariante dieser Villa (Abb. 139) bis zu den Idealentwürfen für suburbane Villen (Abb. 140). Die Beispiele der Villen zeigen alle ein ähnliches Schema in Grundriss und Ansicht, auf das die Amalienburg Bezug nimmt. Keine dieser Vorlagen wird genau übernommen, sondern es findet eine Synthese und Individualisierung statt, zugeschnitten auf die Gottorfer Bauaufgabe eines Lusthauses, sodass dieses Gebäude – wie Albrecht feststellt – mehr als alle anderen untersuchten Beispiele in Anlehnung an Idealarchitekturen der italienischen Renaissance im nordeuropäischen Raum „dem Anspruch auf Mustergültigkeit und Formvollendung am meisten gerecht" wird.[1422] Albrecht zeigt die etwa hundertjährige Tradition der Rezeption dieser Idealentwürfe in Nordeuropa auf, die mit dem 1584 unter Herzog Adolf von Schleswig-Holstein-Gottorf

Abb. 140 Idealentwurf einer suburbanen Villa, Ansicht und Grundriss, aus „Tutte l'opere d'architettura" von Sebastiano Serlio, 1584, 7. Buch, S. 25, Universitätsbibliothek Heidelberg

gebauten Tönninger Schloss beginnt und an deren Endpunkt er die Amalienburg setzt. Es scheint so, als ob hier – zumindest aus heutiger Sicht – ein veraltetes Modell wieder zum Einsatz kam.[1423] Um das beurteilen zu können, soll versucht werden, sich mit der zeitgenössischen Architekturauffassung, vor allem der des Bauherrn, auseinander zu setzen.

Herzog Christian Albrecht machte zwei Italienreisen, 1661 die erste und 1666/67 die zweite über Österreich nach Venedig.[1424] Leider besitzen wir keine Informationen darüber, was er dort angesehen hat. Ausgehend vom Programm seiner Frankreichreise ist anzunehmen, dass er sich an den Orten, an denen er sich aufhielt, mit den berühmten Kunst- und Architekturwerken beschäftigte wie zum Beispiel den palladianischen Villen im Veneto. Im Gottorfer Bibliothekskatalog sind interessanterweise zwei Ausgaben des Architekturtraktates von Serlio verzeichnet, neben einer älteren deutschen eine 1663 in Venedig publizierte italienische.[1425] Denkbar ist, dass der Herzog dieses Buch auf der zweiten Reise vor Ort erstanden hat, als er sich schon mit dem Gedanken an ein zweites Lusthaus im Zusammenhang mit der Erweiterung des Neuwerkgartens trug. Die allererste Anregung für einen Point de vue in Form eines italienischen Casinos könnte aber von einem in der Gottorfer Bibliothek vorhandenen Kupferstich von J. Laurus stammen, der die Villa Lante in Bagnaia darstellt (Abb. 107), die – wie wir gesehen haben – für die Gesamtanlage des Neuwerkgartens eine große Rolle gespielt hat.[1426] Der Stich zeigt an gleicher Stelle wie auf Gottorf ein Casino in ganz ähnlicher Form wie die später ausgeführte Amalienburg.[1427] Zur Umsetzung dieser Idee konnte Serlios mehr praktisch als theoretisch ausgerichtetes Architekturtraktat als geeignete Vorbildsammlung dienen.

Weitere Aufschlüsse über den Architekturgeschmack des Bauherrn bekommen wir aus dem Tagebuch der Reise von 1662 in die Niederlande und Frankreich, woraus immer wieder deutlich seine Bevorzugung von Architektur, die „auff Italienische manier und ganz regulier gebauet" ist, hervorgeht.[1428] Ganz konkret werden das Huis ten Bosch in Den Haag (ab 1647 von Pieter Post, Abb. 141) und die französischen Schlösser Maisons (ab 1642 von François Mansart) und Vincennes (Pavillon du Roi neben der Festung, ab 1653 von Louis Le Vau) auf diese Weise charakterisiert.[1429] Es handelt sich bezüglich des Grund- und Aufrisses um ganz unterschiedliche Architekturen, die aber verbindet, dass sie zur Zeit der Reise erst maximal 20 Jahre alt sind, einen symmetrischen Grundriss besitzen und sich in ihrer Dekoration an den Vorgaben der italienischen Hochrenaissance, verbreitet durch die Traktate von Palladio, Scamozzi, Serlio und Vignola, orientieren.[1430] Anders ausgedrückt faszinierten ihn moderne Gebäude, entworfen von damals avantgardistischen Architekten, die zu den führenden französischen und niederländischen Vertretern des barocken Klassizismus gerechnet werden[1431], genau wie Jacob van Campen (1595–1657), dessen Werke Christian Albrecht ebenfalls hoch schätzte.[1432] Nachweislich am meisten beeindruckte den Herzog das Huis ten Bosch mit seinem symmetrischen, auf den zentralen, kuppelbekrönten Saal (Oranjezaal) ausgerichteten Grundriss (Abb. 141).[1433] Sowohl die Grundrissdisposition als auch der doppelgeschossige Oranjezaal mit der von Jacob van Campen mitkonzipierten monumentalen Gemäldeausstattung sprechen in ihrer grundsätzlichen Ähnlichkeit mit der Konstellation der Amalienburg für deren Vorbildfunktion.[1434] Der Stil des barocken Klassizismus war nicht nur in Frankreich und England (Palladianismus) sowie den Niederlanden verbreitet, sondern erreichte auch die skandinavischen Länder.[1435] Das zeigen u.a. die beiden etwa gleichzeitig mit der Amalienburg entstandenen, vermutlich auch an Serlios Musterentwürfen orientierten schwedischen Schlösser Gripenberg (1660er Jahre, Abb. 142) und Strömsholm (1669–1672, Abb. 143).[1436] Aber auch im deutschen Sprachraum zeugen sogar noch zwei Beispiele aus dem 18. Jahrhundert von der Beliebtheit dieser Grundformen.[1437] Vor diesem Hintergrund erscheinen Christian Albrechts Ambitionen und die Architektur der Amalienburg keinesfalls altmodisch oder retrospektiv, sondern auf der Höhe der Zeit, wenn auch in Schleswig-Holstein

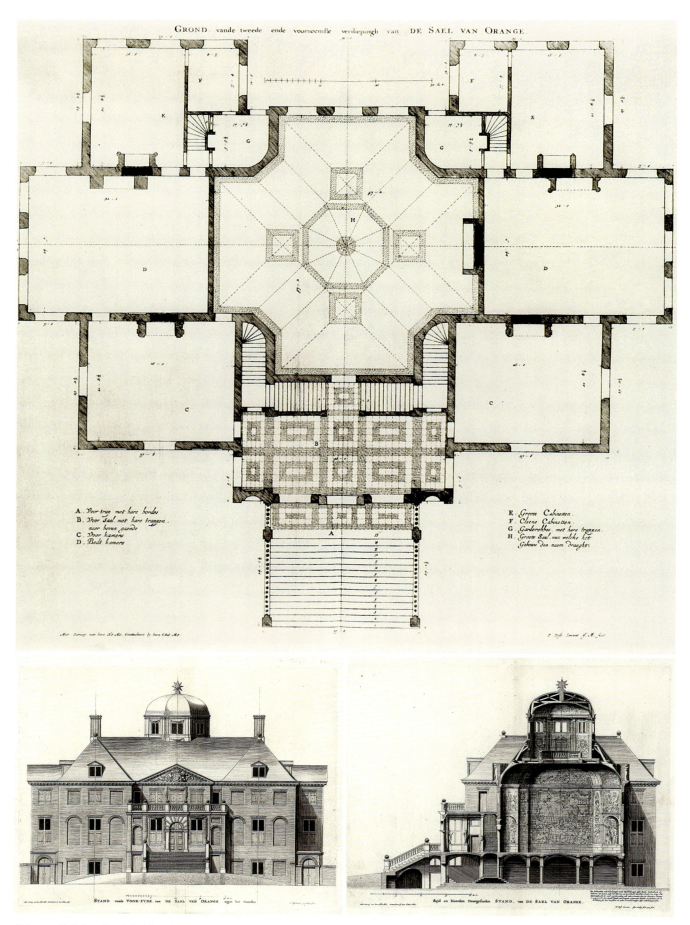

Abb. 141 Huis ten Bosch bei Den Haag, Grundriss, Vorderansicht und Querschnitt, Kupferstiche nach Pieter Post von J. Mathijs, 1655

Abb. 142 Schloss Gripenberg, Småland, Schweden, Zeichnung Bleistift und Feder von Erik Dahlberg (1625–1703), 15 x 33 cm, Königliche Bibliothek Stockholm, Signatur: KoB Dahlb. Handt 10:18

Abb. 143 Schloss Strömsholm, Provinz Västmanland, Schweden, Hofseite, Kupferstich von Willem Swidde, 1693, aus Erik Dahlberg „Suecia antiqua et hodierna", Königliche Bibliothek Stockholm, Signatur: 289 Pr. 1 Fol.

ohne Parallele oder Nachfolge. Diese Einschätzung insgesamt bestätigt auch Renate Wagner-Rieger bei der Einordnung von Georg Andreas Böcklers „Architectura curiosa nova" (1664), dass nämlich bis um 1664 „von dem gesamten kunstinteressierten Europa Rom als höchste künstlerische Instanz betrachtet" und damit „die großartigen Leistungen Italiens für interessant und aktuell" empfunden wurden.[1438] Die von Thomas Scheliga vorgenommene Einordnung des ca. 20 Jahre später als die Amalienburg gebauten Schlosses Salzdahlum (1688–1694) bestätigt diese These. Interessanterweise geht der Entwurf auch hier auf den Bauherrn, Herzog Anton Ulrich von Braunschweig-Wolfenbüttel (1633–1714) zurück, der sich wie Christian Albrecht sowohl an den italienischen Architekturtraktaten der Hochrenaissance als auch am holländischen Palladianismus (in diesem Fall das Amsterdamer Rathaus) orientierte und diese Vorbilder individuell auf seine Bedürfnisse zu einer „Architectura all'italiana" umformte.[1439]

Ein Architektenname ist für die Amalienburg nicht überliefert. Nikodemus Tessin d.J., den Ernst Schlee vorschlug, kommt nicht in Frage, da er erst 1654 geboren wurde.[1440] Felix Lühning vermutet die Urheberschaft des Entwurfes bei dem Gottorfer Hofmaler Johannes Müller (gest. 1674), der ab 1661 auch als herzoglicher Bauinspektor fungierte.[1441] Meines Erachtens liefern die vorangegangenen Ausführungen genug Argumente für die These, dass der Bauherr persönlich als Inventor der Amalienburg anzusehen ist. Müller besaß nicht mehr Kompetenz als der Herzog selbst, der mit dieser ambitionierten Idee ein perfektes Lusthaus vor Augen hatte, dessen Machbarkeit anhand des 1669 erstellten, leider nicht erhaltenen Holzmodells überprüft wurde.[1442] Interessanterweise gibt es Verbindungen zu den genannten schwedischen Bauten. Strömsholm wurde von Nikodemus Tessin d.Ä. (1615–1681) für Christian Albrechts Schwester Hedwig Eleonora gebaut. Für den Entwurf Schloss Gripenbergs kommt neben Tessin d.Ä. auch Nils Eosander (gest. 1698) in Frage, der ab 1674 als Baumeister für die Herzogtümer Schleswig und Holstein in herzogliche Dienste trat.[1443] Ein Austausch bzw. eine Beratung Christian Albrechts scheint deshalb denkbar, aber nicht zwingend.

Unumgänglich notwendig war die Farbfassung der Amalienburg in Steinimitation zur Erlangung einer einheitlichen Wirkung der aus verschiedenen Materialien gebauten Geschosse, die dadurch einen illusionistischen Effekt hatte. Dabei ist anzunehmen, dass die oberen Etagen nicht aus Geldmangel, sondern aus Gründen der Statik aus Holz errichtet worden waren. Der dabei betriebene Aufwand, dass jeder Backstein diagonal geteilt rot und gelb und die Fugen weiß gemalt wurden, zeugt aber zusätzlich von einer intendierten repräsentativen Prachtentfaltung und einer bewussten Betonung des Backsteins in Kombination mit Hausteinschmuck der Portale in Anlehnung an die Bauweise des niederländischen Klassizismus.[1444] Auch die Entscheidung für ein blau-graues Schieferdach trug zu dem gewünschten Ergebnis bei, eine möglichst große Ähnlichkeit mit der farbigen Erscheinung des Huis ten Bosch zu erzielen.[1445] Die besondere architektonische Form der Amalienburg wurde auf diese Weise in barocker Manier noch gesteigert. Da für die Farbfassung keine Informationen zur Technik überliefert sind und das Gebäude nicht mehr erhalten ist, lässt sich nur vermuten, dass es sich hier um Ziegelmalerei handelte, die im Bereich des Backsteinbaus von Holland über Norddeutschland und im gesamten Ostseeraum seit dem 12./13. Jahrhundert verbreitet war. Die Gestaltung von Fassaden in Ziegelmalerei diente der Aufwertung und Idealisierung eines Gebäudes, der Grad des Aufwands und die Qualität, der bei der Amalienburg recht hoch eingeschätzt werden muss, waren Anzeiger für die Reputation des Bauherrn.[1446]

Auch die Innenausstattung der Amalienburg erweist sich in der Rekonstruktion als außergewöhnlich prachtvoll. Das Untergeschoss des Festsaals ergab ein perfektes, einheitliches und kostbares Ambiente durch die Bemalung der Fenster und Zimmertüren mit dem gleichen Muster wie die Ledertapeten, zu deren Anbringung der Herzog bei der Besichtigung der niederländischen Schlösser Rijswijk und Honselaarsdijk inspiriert worden sein mag.[1447] Für den 56teiligen Gemäldezyklus von Jürgen Ovens scheint wiederum – wie schon angedeutet – der monumentale

Oranjezaal im Huis ten Bosch (Abb. 144) die entscheidende Anregung gegeben zu haben. Nach dem Tod des Statthalters der Niederlande, Frederik Henrik Prinz von Oranien (1584–1647), entschied seine Witwe, Amalie zu Solms-Braunfels (1602–1675), den Mittelsaal ihres Sommersitzes Huis ten Bosch zu einer Erinnerungsstätte für ihren Mann umzugestalten. Unter der Beratung von Constantijn Huygens (1596–1687) entwarf Jacob van Campen (1593–1678) einen Gemäldezyklus, der den gesamten Oranjezaal bekleidete und von zwölf Malern zwischen 1648 bis 1652 geschaffen wurde. Er stellte Leben und Taten des Statthalters dar.[1448] Einige zu beobachtende Gemeinsamkeiten zwischen der Ausgestaltung des Festsaals in der Amalienburg und dem Oranjezaal bekräftigen die These, dass letzterer als Vorbild gedient haben könnte. Es handelt sich in beiden Fällen um eine raumgreifende Ausgestaltung mit Bildern, die noch nicht – wie später üblich – al fresco, sondern in Öl auf Leinwand bzw. im Oranjezaal teilweise auch auf Holz gemalt sind. Das Programm ist jeweils Leben, Tugenden und Taten (Frederik Henrik) einer einzelnen Person gewidmet, die auf diese Weise eine Glorifizierung und Apotheose erfährt. Auch die an den Obergeschosswänden in der Amalienburg platzierten Gemälde mit Putti, die an der Nordseite die Bestandteile des Allianzwappens des Herzogspaares präsentieren, haben eine deutliche thematische Parallele in den Kuppelbildern des Oranjezaals. Diese Punkte nahm Herzog Christian Albrecht bei der Besichtigung sehr genau wahr, was aus der Reisebeschreibung deutlich hervorgeht.[1449] Aus diesen Gründen ist es auch nicht nachvollziehbar, warum Constanze Köster in ihrer Monographie über Jürgen Ovens den Oranjezaal nicht als Vorbild für seine Amalienburg-Gemälde, sondern einzig und allein für den ebenfalls von ihm geschaffenen sogenannten Gottorf-Zyklus, einer auf 1663–1665 datierten elfteiligen Bilderfolge zur Geschichte der Gottorfer Herzöge, sieht.[1450] Sie geht davon aus, dass der Maler den Oranjezaal kannte und sich mit seinem Bildprogramm auseinandergesetzt hat.[1451] Konzept und Umfang der Festsaalausgestaltung in der Amalienburg scheinen zu dieser Zeit in Nordeuropa etwas Besonderes zu sein.

Ähnlich sieht es mit der Ausschmückung der vier unteren Eckkabinette mit Emblembildern aus. Die Beliebtheit der Emblematik in der frühen Neuzeit zeigte sich im 17. Jahrhundert u.a. auch in architektonischem Kontext.[1452] Von emblematisch gestalteten profanen Innenräumen sind sowohl einige Decken- als auch Wanddekorationen seit den 1640er Jahren überliefert.[1453] Ein wegweisendes und vielleicht frühestes Beispiel ist der zerstörte Goldene Saal des Nürnberger Rathauses, dessen Bilder Peter Isselburg und Georg Rem in dem weit verbreiteten Buch „Emblemata politica" (1640) dokumentierten, das auch in der Gottorfer Bibliothek nachzuweisen ist.[1454] Außer dem Kabinett mit Herzemblemen in der Münchner Residenz (1660er Jahre) sind im deutschen Sprachraum nur vier raumgreifende emblematische Wandbekleidungen – alle in Schleswig-Holstein – bekannt, von denen die nicht erhaltenen Räume in der Amalienburg die ältesten sind.[1455] In direkter zeitlicher und personeller Verbindung dazu steht die sogenannte Bunte Kammer des Herrenhauses Ludwigsburg bei Eckernförde (Abb. 145).[1456] Während 1671/72 in der Amalienburg die Wände von gleich vier Räumen von dem Maler Jürgen Fuhrmann mit achteckigen Emblembildern mit französischen Inskriptionen auf Leinwand im Auftrag Herzog Christian Albrechts ausgestattet wurden, entstand schon ein Jahr später ein emblematischer Raum in Ludwigsburg. In die Wandvertäfelung waren hier rechteckig gerahmte Bilder in Öl auf Holz mit verschiedensprachigen Sinnsprüchen eingelassen, deren Maler unbekannt ist.[1457] Interessanterweise bestand ein enger Kontakt zwischen Christian Albrecht und dem nur zwei Jahre älteren Auftraggeber der Ludwigsburger Emblembilder, Friedrich Christian Kielman von Kielmansegg (1639–1714), der wie sein Vater Johann Adolf am Gottorfer Hof Karriere gemacht hatte und ein enzyklopädisch gebildeter Mann war.[1458] Diese Verbindung zeigt sich auch in drei Emblembildern (Abb. 19), die direkt auf Gottorf und die dortigen kulturellen Leistungen Bezug nehmen[1459] und den Vorbildcharakter der Amalienburg für die Bunte Kammer ebenso untermauern wie die zeitliche und persönliche Nähe der Auftraggeber, sodass es äußerst wahrscheinlich ist, dass die ihm mit Sicherheit bekannten Emblemzimmer in der Amalienburg Friedrich Christian von Kielmansegg dazu animierten, auf Ludwigsburg etwas Ähn-

Abb. 144 Oranjezaal im Huis ten Bosch, Den Haag, 1648–1652, Nordostecke mit der ganzen Ostwand, April 1999 (nach der Restaurierung)

Abb. 145 Ludwigsburg, Bunte Kammer, Nordostecke des Raumes, 1673

liches zu schaffen. Es könnte auch sein, dass Christian Albrecht und Kielmansegg gemeinsam die Räume der Amalienburg planten. Aus dem Reisetagebuch geht nämlich hervor, dass u.a. „der junge Kielmansegg" den Herzog 1662 begleitete.[1460] Sie besichtigten gemeinsam Schloss Fontainebleau, wo sie eine „lange Galerie von 230 Schritten" sahen, „worinnen die meiste Fabulen aus dem Ovidio abgemahlet und die seitenwände beÿ den Fenstern mit allerhand Emlematibus oder Sinnbildern ausgezieret sind".[1461] Diese Galerie scheint das Vorbild der Gottorfer Emblemräume gewesen zu sein. Dass der Umgang mit Emblematik am Gottorfer Hof geläufig war, bezeugen die erhaltenen Beschreibungen zweier Hochzeitsballette.[1462] Für die Ludwigsburger Bilder können Hartmut Freytag, Wolfgang Harms und Michael Schilling größtenteils die Buchvorlagen bzw. die individuelle Zusammenstellung aus diesen nachweisen, zwei thematische Schwerpunkte in der liebes- und politiktheoretischen Emblematik festmachen und daraus auf das Selbstverständnis des Auftraggebers Kielmansegg als höfischem Kavalier und Politiker mit dem „Anspruch universeller Gelehrsamkeit" schließen.[1463] Für die verloren gegangenen Bilder der Amalienburg und deren nicht überlieferte Inhalte sind solche Forschungen und Rückschlüsse nicht mehr möglich. Aber dass die Inskriptionen hier sämtlich auf Französisch abgefasst waren, ist sicherlich nicht ohne Grund geschehen. Dahinter könnte die in dieser Zeit immer stärker werdende Orientierung am Hof Ludwigs XIV. stehen, womit ein aktueller Bezug hergestellt wurde, der sich sicherlich auch im Inhalt der Embleme widerspiegelte so wie auch die auf Gottorf anspielenden Bilder in Ludwigsburg Aktualität besaßen.[1464]

Auch die oberen vier Kabinette der Amalienburg besaßen eine durchgängig von den Fußböden bis zu den kuppelartigen Wölbungen kunstvoll durchgestaltete, zum Teil illusionistisch gemalte Dekoration[1465], die thematisch mit der Darstellung von mythologischen Göttern, Satyrn und Putti mit Früchten auf den Garten anspielten und wohl zur Abwechslung gegenüber den Emblemzimmern einer leichteren Unterhaltung dienten.

Zusammenfassend lässt sich feststellen, dass der Entwurf der Amalienburg an italienischer Idealarchitektur ausgerichtet, aber zugleich als eine individuelle Ausprägung der in Nordeuropa zu dieser Zeit sich verbreitenden Strömung des barocken Klassizismus anzusehen ist. Als barocke Elemente können die Steigerung der Wirkung des Gebäudes durch die illusionistische, außergewöhnliche Architekturfassung, der Gemäldezyklus des doppelgeschossigen Festsaales und die ebenfalls sehr ungewöhnlichen

Emblemzimmer gewertet werden. Sowohl äußerlich als auch im Innern verwirklichte Herzog Christian Albrecht mit diesem Gebäude seine Vorstellungen von einem perfekten Lusthausbau mit den höchsten Funktions- und Dekorationsansprüchen für die Hofgesellschaft. Im Norden Deutschlands zu dieser Zeit einzigartig, blieb auch sie ohne Nachfolge.

1.9. Das Ringelhaus

Der 1694 noch unter Herzog Christian Albrecht begonnene und unter Friedrich IV. 1699 vollendete Bau des sogenannten Ringelhauses (Abb. 104, Nr. 42; Abb. 81, Buchstabe C)[1466], eines Karussellgebäudes zum Ringspiel, ist nach bisherigem Forschungsstand das erste nachweisbare Karussell in einem Garten. Jochen Martz vermutet, dass „die Idee, Ringelspiele bzw. Karusselle in Gärten zu plazieren […] erst im Laufe des 18. Jahrhunderts aufgekommen" sei. Er benennt für Frankreich zwei Beispiele aus den Gärten Monceau und Versailles vom Ende des 18. Jahrhunderts, die nicht erhalten sind.[1467] Für den deutschen Sprachraum sind zwei Karusselle sicher überliefert. Zum einen das einzig noch erhaltene im Staatspark Wilhelmsbad bei Hanau (Abb. 146), 1779/80 gebaut von dem Baumeister Franz Ludwig Cancrin, zum andern das etwa zehn Jahre später datierte Karussell im Garten von Ludwigsburg bei Stuttgart, das um 1900 abgerissen worden ist.[1468] Ein weiteres Karussell hat es wahrscheinlich im Barockgarten Hildburghausen/Thüringen gegeben, der um 1694/1697 von einem Küchen- zu einem Lustgarten mit allerhand Spielattraktionen umgestaltet wurde. Darunter befand sich auch eine ›Maschine zum Ringelrennen‹, womit ein Karussell identifiziert werden könnte, dessen ursprüngliches Aussehen aber anscheinend nicht überliefert ist.[1469] Selbst wenn es tatsächlich ein Karussellgebäude war, was bisher nicht nachgewiesen ist, bleibt mit dem Baubeginn 1694 das Gottorfer Ringelhaus das bisher älteste nachweisbare Garten-Karussell. Die Bauten von Hanau und Ludwigsburg ähneln in Form und Funktion dem Ringelhaus im Neuwerkgarten.[1470] Alle drei sind offene, auf polygonalem oder rundem Grundriss errichtete Gartenhäuser, deren Dach auf Säulen

Abb. 146 Karusselbau in Hanau-Wilhelmsbad, 1779/80 von Baumeister Franz Ludwig Cancrin, Aufnahme 2020

ruht. Offenbar von der Größe des Gebäudes abhängig, gab es für das Spiel auf Gottorf zwei, in Ludwigsburg vier und in Hanau noch mehr hölzerne, lebensgroße Pferde, die durch einen unter dem Gebäude, im Keller, von Menschen angeschobenen Mechanismus bewegt werden konnten.

1.10. Die Gestaltung der Terrassenanlage

Das Hauptcharakteristikum der Gottorfer Terrassenanlage ist die große, mit Wasserspielen variantenreich durchgestaltete, den gesamten Garten nord-südlich beherrschende Symmetrielinie.[1471] In ihr wechseln sich große, mit verschieden geformten Bordüren umgebene Springbrunnen auf den flachen Terrassenflächen und von skulpturalem Schmuck begleitete Kaskaden zwischen doppelläufigen Böschungstreppen ab, die von zwei Wasserleitungssystemen gespeist wurden. Die Kaskaden erscheinen als Mischform italienischer Vorbilder zweier verschiedener Typen, zum einen der Wasserkette (Catena d'acqua) wie in den Gärten der Villa Lante in Bagnaia und des Palazzo Farnese in Caprarola (Abb. 124 und 125) und zum andern der Treppenwangenkaskade wie sie Heike Juliane Zech am Beispiel des Drachenbrunnens der Villa d'Este in Tivoli beschreibt.[1472] Wie bei der Kaskadenanlage am Gartenzugang war die Realisierung der Gottorfer Wasserachse nur mit den Spezialkenntnissen des Michel Le Roy möglich und für damalige Verhältnisse kompliziert und kostspielig. Die Vorbilder dafür liegen in den berühmten Villengärten in der Umgebung Roms, die durch Clodius und Kupferstiche auf Gottorf bekannt waren. Dabei sind besonders die Villa Lante in Bagnaia (Abb. 107), die Villa d'Este in Tivoli und die Villa Aldobrandini in Frascati (Abb. 119) zu nennen, die durch aufwändig und vielseitig gestaltete Wasserachsen geprägt sind. Mit letzterer verbindet der Neuwerkgarten – wie sich gezeigt hat – auch noch die Exedraform des Wassertheaters, die eine Trennung zwischen dem unteren und dem höher gelegenen Gartenbereich bewirkt. Mit Wasserspielen ausgeschmückte Gartenachsen gab es auch in persischen Gärten, z.B. im Bagh-i Hizar Jarib bei Isfahan (Abb. 121), dessen Kaskadenanlage Olearius sehr beeindruckt schildert.[1473] Mahvash Alemi beurteilt diese „höchst interessante und stark gegliederte Achse" so, dass sie „den gelungensten Schöpfungen in den Barockgärten Europas nicht nachstand."[1474] Indirekt sagt sie damit aus, dass die europäischen Kaskadenanlagen nicht von den persischen beeinflusst waren, sondern sich beide parallel entwickelten und nach Marie-Luise Gothein letztlich auf hellenistische und römische Gartenkunst zurückzuführen sind.[1475] Da im beschriebenen persischen Garten ein viel flacheres Terrain vorhanden war und damit der Eindruck auch ein anderer gewesen sein mag, geht die Gottorfer Wasserachse wohl eher auf italienischen Einfluss zurück als auf die Inspiration durch die Persienreise. Dafür sprechen auch die zweiläufigen Mitteltreppen und die der perspektivischen Ausformung der Terrassen ange-

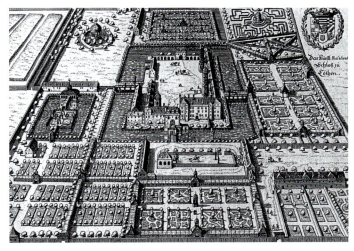

Abb. 147 Der fürstliche Residenzgarten zu Köthen, Vogelschau von Westen, Kupferstich aus Topographia Superiora Saxoniae... von M. Merian u. M. Zeiller, 1650

passte Größenstaffelung der Springbrunnen, die eindeutig als barocke Elemente aufgefasst werden müssen. Nach dem derzeitigen Wissensstand erscheint eine Wasserachse dieser Größenordnung für die Mitte des 17. Jahrhunderts in Europa außerhalb Italiens einzigartig zu sein.[1476]

Abb. 148 Idsteiner Garten, von Johann Jacob Walther aus dem „Idstein Florilegium", ca. 1654–1672, Aquarell und Gouache auf Pergament, 605 x 460 mm, Victoria & Albert Museum, London, Inv. Nr. 9174

Wie die Rekonstruktion ergeben hat, sind die Parterres im Neuwerkgarten erstmals nach der Neuanlage der 1690er Jahre im Dallin-Plan (Abb. 28, 73 u. 74) bildlich fassbar. Die früheren Phasen, zwei im Globusgarten und die Erstgestaltung der Terrassenbeete von Michael Gabriel Tatter ab 1664 können dagegen kaum beurteilt werden. Ihre Auszierung in Broderien aus Buchs mit jahreszeitlich wechselnden Blumen deutet zumindest auf eine moderne und standesgemäße Form hin wie sie ähnlich auch für den Roten Garten, einen Bereich des Köthener Schlossgartens (Abb. 147, Vordergrund Mitte) für etwa 1650 überliefert ist.[1477] Ungewöhnlicher erscheint dagegen die erst im Herbst 1680 vorgenommene Konturierung der Parterre- und Böschungsflächen sowie der Terrassen-Außenseiten mit erlesenen Birn- und Kirschbäumen (Abb. 22), während das Gros der bestellten Obstgehölze auf die seitlichen Hänge verteilt wurde. Dazu gab es Johannis- und Stachelbeerhecken in den Randbereichen des Gartens. Ungewöhnlich deshalb, weil die Kombination von Nutz- und Lustgarten eher selten belegt ist[1478], obwohl Simone Balsam annimmt, dass diese Bereiche nicht strikt voneinander getrennt waren, weil auch die Anzucht von Obst und Gemüse hoch angesehen war.[1479] Auch hierfür kann der Köthener Garten als Vergleichsbeispiel dienen, wenn er nicht sogar das Vorbild war, denn um 1650 waren hier Zier- und Nutzfunktion so eng miteinander verzahnt, dass Michael Karkosch von einem „Fruchtbringenden Lustgarten" spricht, eine Bezeichnung, die auch auf die Fruchtbringende Gesellschaft, deren Gründer Fürst Ludwig von Anhalt-Köthen (1579–1650) war, angewandt wurde.[1480] Als Mitglied dieser Vereinigung ist davon auszugehen, dass Herzog Friedrich III. auch mit der Idee des Nutzaspektes im Ziergarten vertraut war und sie deshalb im Neuen Werk praktiziert wurde und fortwirkte.[1481]

Auch die Beurteilung der Parterres ab 1690 ist aufgrund der spärlichen Quellen nicht unproblematisch. Der Dallin-Plan von 1707 zeigt vier Beete im Globusgarten (Abb. 28 u. 73), die im Halbrund der Exedra zu einer Einheit verschmelzen und auf das Kleine Lusthaus ausgerichtet sind. Ihre Binnenstruktur entspricht dem Typus „Parterre de pièces coupées pour des fleurs", bei dem innerhalb des größeren Rahmens kleine verschieden geformte und von niedrigen Buchshecken gesäumte Blumenbeete symmetrisch angeordnet sind. Den zeitgenössischen Anblick solcher Zierstücke vermitteln der Nassauische Garten in Idstein im Taunus (Abb. 148) und der Garten von Johannes Schwindt in Frankfurt (Abb. 111). Während die Gestaltung der Beete eher als zeitgemäßer Standard zu sehen ist, besteht das Fortschrittliche hier

Abb. 149 Modelle für geometrisch geformte Blumenbeete, aus Jan van der Groen, Le jardinier hollandois, 1669, Scan 42, Bayerische Staatsbibliothek München, 4 Oecon. 158 q

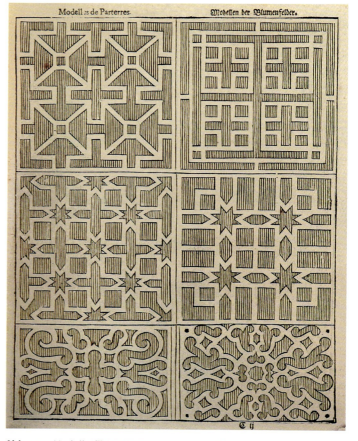

Abb. 150 Modelle für geometrisch geformte Blumenbeete, aus Jan van der Groen, Le jardinier hollandois, 1669, Scan 41, Bayerische Staatsbibliothek München, 4 Oecon. 158 q

Abb. 151 Geometrische Parterremuster Fig. T u. V, aus Georg Andreas Böckler, Nützliche Haus- und Feldtschul, 1678, Universitätsbibliothek Kiel, Cb 7320

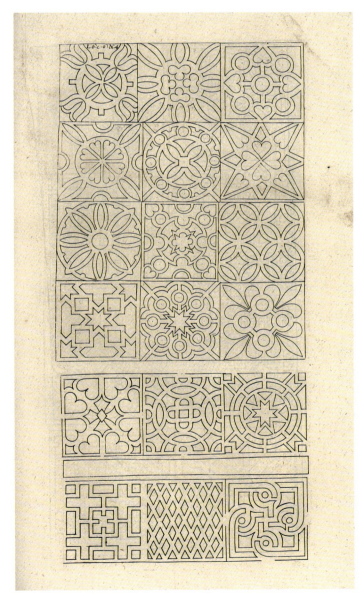

Abb. 152 Geometrische Parterremuster, aus W. H. von Hohberg, Georgica curiosa, Bd. 1, 1716, S. 769, lib.6.c.6.N.4., Universitäts- und Landesbibliothek Sachsen-Anhalt in Halle (Saale)

in der übergreifenden, zusammenfassenden Gesamtform, die z.B. auch Joseph Furttenbach um die Mitte des Jahrhunderts mit diesem Parterretyp vorschlägt.[1482]

Auf den Terrassen finden sich zwei weitere Gestaltungsarten, zum einen die „Parterres de compartiment", in geometrischen Mustern angelegte Zierfelder, deren wichtigstes Merkmal die allseitige Symmetrie ist, zum andern die „Parterres de broderie", die in vegetabilen Formen (Laubwerk) in Buchsbaum gepflanzt sind (Abb. 73 u. 74). Wichtig erscheint zunächst die Umrissform der Beete zu sein. Während bis zur Mitte des 17. Jahrhunderts überall die quadratischen Kompartimente üblich sind, kommt mit Le Nôtre in Frankreich die Rechteckform auf, die sich im deutschen Sprachraum erst mit der Einführung des klassischen französischen Gartens zu Beginn des 18. Jahrhunderts durchsetzt. Die äußeren Parterreformen der Gottorfer Terrassenanlage fallen in der zweiten Hälfte des 17. Jahrhunderts insofern aus dem Rahmen, als dass sie zwar noch dem quadratischen Standardtypus zugerechnet werden müssen, aber nicht alle gleich geformt sind aufgrund ihrer kunstvollen Anpassung an die intendierte perspektivische Gesamtwirkung. Genau in diesem Punkt, der schon auf die Barockzeit vorausweist, hebt sich der Neuwerkgarten von anderen zeitgleichen Gärten in Nordeuropa ab, während die Parterremuster noch den zeitüblichen Formen entsprechen. Für die

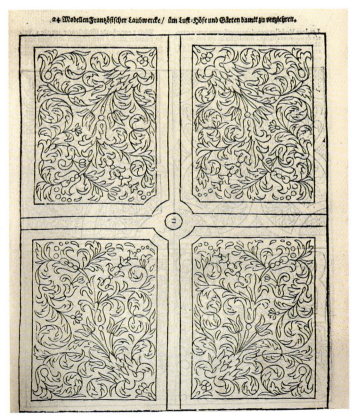

Abb. 153 Muster für ein Broderieparterre, aus Jan van der Groen, Le jardinier hollandois, 1669, Scan 17, Bayerische Staatsbibliothek München, 4 Oecon. 158 q

1. KUNSTHISTORISCH-FORMTYPOLOGISCHE ANALYSE

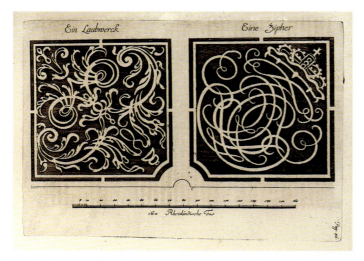

Abb. 154 Muster für Broderieparterres, aus J. S. Elsholtz „Vom Garten-Baw", 1684, S. 45, Bayerische Staatsbibliothek München, 4 Oecon. 103

Heidelberger Gärten, der Herrengarten (1578–1581)[1485] und der Hortus Palatinus (ab 1616) zu nennen, aber u.a. auch die Gärten in Hessem (Abb. 155), Schlackenwerth und Köthen (Abb. 147), die für die Mitte des 17. Jahrhunderts stehen.

Die bei Dallin abgebildeten Muster der Broderieparterres auf der vierten und fünften Terrasse (Abb. 74) lassen sich ebenfalls gut mit den einfacheren Entwürfen von Jan van den Groen vergleichen (Abb. 153), während ein Muster von Johann Sigismund Elsholtz aus dem Buch „Vom Garten Baw" als Vorlage für die Spiegelmonogramme der ersten Terrasse in Frage kommt (vgl. Abb. 73 u. 154). Für den Garten des Braunschweigischen Herzogshauses in Hessem (Abb. 155) sind durch den Merian-Stich – wie im Neuen Werk – gepflanzte heraldische Elemente nachgewiesen.

1.11. Die abschlagbaren Pomeranzenhäuser

Die Idee von Gewächshäusern, bei denen die Pflanzen nicht in Kübeln, sondern in der Erde wuchsen und die nur im Winterhalbjahr als Bauten erkennbar und im Frühjahr wieder abgeschlagen wurden, stammt aus Italien, wo z.B. die Zitruspflanzungen am Gardasee, die sogenannten Limonaie, oder im herzoglichen Garten in Parma im Winter durch provisorische Umbauung geschützt wurden.[1486] Mit dem Beginn der Zitruskultur in Deutschland um die Mitte des 16. Jahrhunderts durch die Einführung der Pomeranze oder Bitterorange (Citrus aurantium) und in der Folge vieler anderer Orangeriegewächse wurden Winterungsgebäude unabdingbar. Die ersten abschlagbaren Bauten entstanden um die Mitte des 16. Jahrhunderts an der Wiener Hofburg („Pomeranzenstube" 1549)[1487], im Heidelberger Herrengarten (1555)[1488], in Stuttgart (1560)[1489] und auch in der ersten Hälfte des 17. Jahrhunderts noch im süddeutschen Raum, bevor sich diese Methode der Überwinterung in den 1640er Jahren auch im Norden etablierte, wozu sicherlich die Stichfolge von Salomon de Caus über den Heidelberger Hortus Palatinus von 1620 beitrug.[1490] Im Norden zeigte sich der Gottorfer Hof führend mit der Errichtung von abschlagbaren Pomeranzenhäusern 1642 in Husum[1491] und von 1651 bis 1653 im Gottorfer Neuwerkgarten. Auch auf dem schleswig-holsteinischen Gut Hanerau (bei Itzehoe) ließ der dänische Oberpostmeister Paul Klingenberg ein solches Gebäude aufsetzen.[1492] In den 1660er Jahren wurde die Idee auch in Dänemark mit Gewächshäusern auf den Kopenhagener Königsschlössern Rosenborg (1663) und Sophieamalienborg (1666) übernommen.[1493]

Mittlerweile hat sich in der Forschung die Erkenntnis durchgesetzt, dass seit Beginn der Orangeriekultur in Deutschland eine Gleichzeitigkeit von Kübelgewächshaltung in festen Bauten und Kultivierung der Pflanzen direkt im Erdreich in abschlagbaren Winterhäusern existierte, die bis ins 18. und 19. Jahrhundert reichte.[1494] Es sind auch Beispiele überliefert, bei denen bei-

1690er Jahre sind die eher quadratischen Parterres dagegen nicht mehr so aktuell, aber eine Umformung zu rechteckigen Kompartimenten war aufgrund der Gesamtkonzeption der Terrassenanlage – anders als bei Gärten auf flachem Terrain – auch im 18. Jahrhundert nicht möglich. Die Vorlagen dafür sind in der Gartenliteratur der Gottorfer Bibliothek zu finden.[1483] An erster Stelle ist da das Buch „Der Niederländische Gärtner" (1669) von Jan van der Groen zu nennen. Es zeigt viele geometrische Parterremodelle mit den Kernmotiven Kreis, Kreuz, Stern, Viertelkreis etc. (Abb. 149 u. 150). Dieses weitverbreitete Handbuch und auch die noch späteren Publikationen mit daran angelehnten Musterblättern von Georg Andreas Böckler (Abb. 151) und Wolf Helmhardt von Hohberg (Abb. 152) zeigen, wie konstant aktuell diese Art der Parterregestaltung durch das gesamte 17. Jahrhunderts dort war, wo der Le-Nôtre-Stil noch keinen Einzug gehalten hatte.[1484] Als Beispiele ausgeführter Gärten sind vor allem die

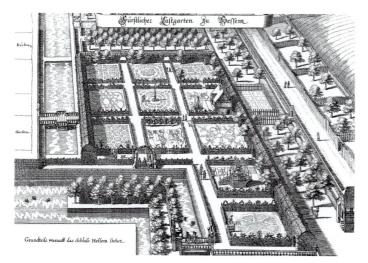

Abb. 155 Der Lustgarten in Hessem, Kupferstich von M. Merian, 1654

de Methoden kombiniert wurden wie in dem bei Ferrari abgebildeten Winterhaus im 1604 fertiggestellten Garten der Villa Aldobrandini in Frascati[1495] und im Nürnberger Garten des Johann Christoph Volkamer (1644–1720), der in seinem abschlagbaren Pomeranzenhaus in der Art der Limonaie um 1700 Pflanzen in Kästen stehen hatte.[1496] Das lag sicher daran, dass die Gärtner gezwungen waren, in der Pflege der neuen Pflanzen selbständig zu experimentieren, weil sie zunächst nicht auf Erfahrungen zurückgreifen konnten und es noch keine festgelegten Standards gab, zumal auch das Klima von Ort zu Ort variierte und unterschiedliche Maßnahmen erforderte. Daneben übten die wie in Italien in die Erde ausgepflanzten Orangenhaine eine eigene Faszination vor allem auf die Gartenbesitzer aus. So finden wir auch in den Gottorfer Gärten diese Gleichzeitigkeit, erst unter dem Gärtner Johannes Clodius, der sich mit dem Bau des festen Winterhauses im Alten Garten schon 1632 für die mobile Gewächshaltung entschieden hatte mit den Argumenten, dass die Pflanzen in Kübeln besser aussähen, besser blühten und ihre Wurzeln nicht kalt würden wie im Erdreich. Trotzdem entstand 20 Jahre später, noch während seiner späten Amtszeit von 1651–1653 das erste abschlagbare Pomeranzenhaus im Neuwerkgarten, sodass beide Kultivierungsarten am Gottorfer Hof und sogar im Neuen Werk gleichzeitig praktiziert wurden, denn für diesen Garten ist die Anschaffung von hölzernen Kästen, Töpfen und „Kreüterkasten" ab 1653 und damit die mobile Gewächshaltung belegt[1497], wenn auch im neuen abschlagbaren Pomeranzenhaus weiterhin die meisten Pflanzen direkt ins Erdreich ausgepflanzt waren. Clodius' Ansicht und die zeitgenössische Aktualität des Themas werden deutlich in einem überlieferten Disput zwischen dem Gottorfer Gärtner und dem Gartentheoretiker Heinrich Hesse während seiner Gesellenzeit dort.[1498] Für das zweite, 1665 unter Michael Gabriel Tatter gebaute Pomeranzenhaus ist die Kombination von ausgepflanzten und in Gefäßen wachsenden Pflanzen bezeugt.[1499] Dass die Entwicklung am Ende des 17. Jahrhunderts letztlich hin zu festen Orangeriegebäuden tendierte, lag nicht nur in ihrer kostengünstigeren und problemloseren Handhabung, sondern vor allem darin begründet, dass hier eine repräsentative Ausstattung möglich war, die einen immer größeren Stellenwert für die Hofhaltung einnehmen sollte.[1500]

Im Neuen Werk entstand mit dem ersten abschlagbaren Pomeranzenhaus – wie schon Michael Paarmann konstatierte – eine weiter entwickelte Variante, bei dem die Rück- und Seitenwände fest gemauert und nur das Dach und die Fenster der Südseite im Frühjahr entfernt wurden.[1501] Vorläufer dieser auf Gottorf durch die Lage im Mauerwinkel sich anbietenden Form finden sich z.B. in dem Friedrich III. bekannten Garten in der Kasseler Karlsaue (1583) und im Berliner Lustgarten (1647–1655), anscheinend aber noch ohne Dekoration.[1502] Arnold Tschira zufolge hatte schon Olivier de Serres diesen Typus in seinem in der Gottorfer Bibliothek vorhandenen Buch „Theatre d'Agriculture"

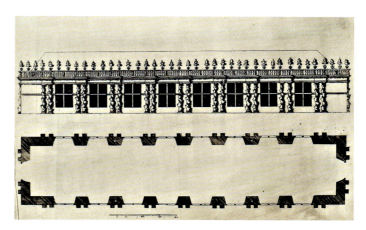

Abb. 156 Gemauertes, repräsentatives, abschlagbares Pomeranzenhaus, nicht realisierter Entwurf von Salomon de Caus für den Heidelberger Hortus Palatinus, aus: S. de Caus: Hortus Palatinus, 1620, S. 10, Universitätsbibliothek Heidelberg

(1603) empfohlen, auch weil er für eine ästhetische Gestaltung geeignet war.[1503] Eingepasst in den konzeptionell anspruchsvollen inhaltlichen Rahmen der Sammlungspräsentation und durch den Standort an der Ringmauer im äußerlichen Kontext mit dem Globushaus, war im Globusgarten einerseits ein Pflanzenhaus erforderlich, andererseits durfte es keinen unästhetischen Schuppencharakter mehr aufweisen. So verwundert es nicht, dass hier ein Bau mit ansatzweise repräsentativer architektonischer Ausstattung an der Fassade aus der Hand des Bildhauers Cornelis van Mander errichtet wurde. Es ist anzunehmen, dass die Entscheidung für ein abschlagbares Haus in dieser stattlichen Form aus den o.g. Gründen eher auf den Bauherrn, Herzog Friedrich III., zurückzuführen ist als auf Clodius. Dieser Bau verfügte mit drei von einem hinteren Heizgang aus zu befeuernden Kachelöfen über eine modernere Ausstattung als der Entwurf für ein repräsentatives Pomeranzenhaus für den Heidelberger Schlossgarten von Salomon de Caus (Abb. 156), das noch keinen Anbau besaß, dafür aber nicht an eine Mauer gelehnt, sondern frei stand.[1504] Da dieses Haus nicht gebaut wurde und in der Literatur kein anderes abschlagbares Pomeranzenhaus mit dekorativem Schmuck aus der ersten Hälfte des 17. Jahrhunderts erwähnt wird oder bekannt ist[1505], scheint der abschlagbare Bau von 1651–53 im Neuen Werk vorerst das erste ausgeführte, architektonisch verzierte Gebäude dieser Art in Deutschland gewesen zu sein. Wenige Jahre später entstand im Berliner Lustgarten 1656 mit dem Nachfolgebau des ersten demontierbaren Winterhauses von 1647 ein abschlagbares Pomeranzenhaus, das nach dem erhaltenen Plan (Abb. 157) zu urteilen erstens ungewöhnlich groß war und zweitens zwei architektonisch gegliederte Fassaden besaß.[1506]

Trotz des fortschrittlichen Aussehens gab die technische Unvollkommenheit des ersten abschlagbaren Pomeranzenhauses im Neuen Werk Anlass für den 1665 erfolgten Abriss und einen Neubau im Melonengarten in der Verantwortung von Tatter,

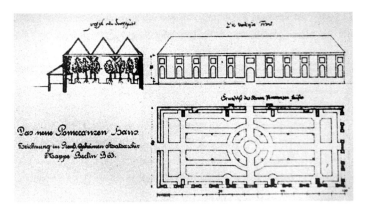

Abb. 157 Abschlagbares Pomeranzenhaus von 1656 im Berliner Lustgarten, aus Hamann 2003, S. 38, Abb. 8

wobei nun nicht mehr der ästhetische Anspruch, sondern die Funktionalität im Vordergrund stand.[1507] Dass die erhofften Vorteile in Bezug auf die Handhabung des Ab- und Aufbaus mit der nun eingesetzten Rolldachkonstruktion[1508] nicht so einfach eintraten, zeigt die Tatsache, dass Tatter offensichtlich experimentieren musste und das System erst 1669 erstmals funktionierte. Dagegen scheint sich das Heizsystem des alten Hauses bewährt zu haben, sodass es mit vier Kachelöfen im vergrößerten Neubau übernommen werden konnte. Eine Roll- oder Walzenkonstruktion, bei der allerdings das ganze Gebäude bewegt worden war, hatte schon der herzogliche Baumeister Heinrich Schickhardt (1558–1635) 1626 in Stuttgart angewendet.[1509] Ein abschlagbares Pomeranzenhaus mit Rolltechnik beschreibt auch Heinrich Hesse für Lauenburg an der Elbe, wobei allerdings nicht klar wird, ob das ganze Haus oder nur das Dach in zwei Teile geteilt war und auseinandergeschoben wurde.[1510] Merkwürdig bleibt, dass Hesse das Rolldachhaus im Neuwerkgarten nicht erwähnt, dessen Bau er doch wohl 1665 miterlebte, denn er beschreibt auch die Gottorfer Aloeblüte von 1668 aus eigener Anschauung.[1511] Dass beim zweiten Gottorfer Pomeranzenhaus nun nur das Dach auf Rollen bewegt werden sollte, stellte eine Weiterentwicklung und Vereinfachung dieser Technik dar, die sonst in der Literatur nicht erwähnt wird. Dass die auf Tatter zurückzuführende Idee Eindruck machte, ist daran abzulesen, dass sie schon ein Jahr später 1666 mit einem neuen abschlagbaren Pomeranzenhaus der dänischen Königin Sophie Amalie auf Schloss Sophieamalienborg rezipiert wurde. Alle Abrechnungen für diesen Bau wurden von dem Franzosen Michel Le Roy unterzeichnet, der kurz zuvor im Neuen Werk beschäftigt gewesen war und den Neubau dort miterlebt hatte.[1512] Das Pomeranzenhaus im Lauenburger Fürstengarten, von dem weder Aussehen und Standort bekannt ist, könnte auch aus dem Neuen Werk beeinflusst worden sein, weil es erst nach 1666 unter dem letzten regierenden Herzog aus dem Hause der Askanier, Julius Franz von Sachsen-Lauenburg (1641–1689) errichtet wurde.[1513]

1.12. Die Orangerie und das Orangerieparterre

Die Rekonstruktion der unter Herzog Christian Albrecht ab 1690 gebauten Orangerie hat gezeigt, dass sie kein reiner Zweckbau war, sondern außen wie innen eine reiche Dekoration erhielt. Dass das Gebäude für die Zeitgenossen eine Besonderheit darstellte, zeigt sich u.a. in der Beurteilung von Johannes Siricius aus dem Jahr 1705:

> „[…] das schöne Orangen= und Treib-Hauß/ der gleichen Gewächs Häuser wenige werden gefunden werden/ in dem es mehr einem grossen Pallast als einem Gewächs-Hauß gleichet/ zumahlen es inwendig gleichfals überall gegipset/ gemarmoriret und gemahlet. Und zwar ist billig/ daß solche herrliche außländische Gewächse auch ein gleich prächtiges Winter=Logier, ihrer Würde nach/ besitzen/ den ich will nicht allein sagen/ daß die Orangeri aus vielen schönen Bäumen bestehet/ die nicht alle einer Art/ indem sie von den rarestern Sorten so in Europa zu finden/ deren dann noch täglich von dem Hn. Inspectore mehr zugezogen werden."[1514]

Aufgrund ihres Abbruchs 1769/70 wurden nur noch die Existenz und grobe Gestalt des Gebäudes überliefert, während die Kenntnis der Details verloren ging und folglich auch keine kunsthistorisch angemessene Bewertung vorgenommen werden konnte. Obwohl August Sach 1866 die Bauzeit mit 1692 schon fast exakt festlegte[1515], datierte Arnold Tschira 1939 wohl durch eine Verwechslung das Gebäude auf 1652, was dann von Dieter Hennebo übernommen wurde und zu der Einschätzung führte, dass dieses nicht abschlagbare Orangeriehaus „wohl das erste seiner Art in Deutschland" sei.[1516] Tschira leitete es aber schon von den holländischen Orangenstuben ab.[1517] Mit der richtigen Datierung in die 1690er Jahre stellte Michael Paarmann die Orangerie des Neuen Werkes 1986 allgemein korrekt in den Kontext der frühen deutschen Orangerien von Hannover-Herrenhausen (1694–98) und Gaibach (1687/88).[1518] Obwohl Harry Schmidt 1917 die Mitarbeit des Malers Balthasar Mahs und Irmgard Schlepps 1945 Stuckarbeiten des Italieners Jacob de Georgio in der Orangerie des Neuen Werkes aus den Quellen nachwiesen – allerdings ohne ein Vorstellung von deren Aussehen zu haben oder vermitteln zu können – beurteilte Ernst Schlee 1965 das Gebäude als „ein Bauwerk aus Tessinschem Geist, wenn auch ein sehr anspruchsloses".[1519] Und auch Ulrike Schillmeier konnte, weil ihr die Quellen unbekannt waren, in ihrer Dissertation 1989 über den Gottorfer Hofbildhauer Theodor Allers weder dessen Arbeiten an der Orangerie noch den kunsthistorischen Wert des Gebäudes würdigen.[1520]

Im Folgenden stellt sich deshalb die Aufgabe, die Provenienz der Ideen zum Bau der Gottorfer Orangerie und ihre Stellung im nordeuropäischen Vergleich zu untersuchen. Da kein entwerfender und ausführender Architekt bekannt ist, muss auch der Frage der Zuschreibung nachgegangen werden.

Nachdem sich seit dem 16. Jahrhundert im deutschen Sprachraum parallel zueinander massiv gebaute und abschlagbare Winterhäuser entwickelt hatten[1521], bei denen die Kultivierungstechnik noch größtenteils die Bauaufgabe dominierte, ging die Tendenz in der zweiten Hälfte des 17. Jahrhunderts allmählich immer mehr zu festen Bauten mit einer immer höheren Bedeutung für die Hofhaltung und damit einhergehend größerem Repräsentationsanspruch bis hin zu bewohnbaren Orangerieschlössern, die im 18. Jahrhundert im europäischen Kontext eine Sonderentwicklung darstellen.[1522] Die „hochwertigen Pflanzen" sollten als „Attribute ihrer Besitzer" präsentiert und der Bauherr auf diese Weise allegorisch glorifiziert werden.[1523] Der erste Schritt in der Entwicklung vom reinen Nutzbau zum Orangerieschloss geschah durch die Einbeziehung eines Festsaals in einem mittig platzierten Pavillon wie z.B. im Neuen Werk (1690) oder in Fulda (1722–24). In einem weiteren Schritt konnten fürstliche Appartements z.B. in Endpavillons untergebracht werden wie in Kassel (Karlsaue, 1706–11).[1524] Die Problematik einer Systematisierung der mittlerweile durch den Arbeitskreis Orangerien in Deutschland e.V. maßgeblich vorangetriebenen Erforschung u.a. der Orangeriebauten zeigt sich in einem Resümee, das Helmut-Eberhard Paulus schon 2004 zog:

> „Immer wieder als erfolglos erweist sich der Versuch, für die Disposition von Orangerien, für deren gestalterische Bauformen oder deren Stellung innerhalb des Schlossensembles verbindliche Kriterien oder gar Maßstäbe zu entwickeln. […]. Es bleibt daher problematisch, von einem ›Bautypus Orangerie‹ zu sprechen. Man sollte eher von gewissen gärtnerischen Grundsätzen und gestalterischen Möglichkeiten der ›Bauaufgabe Orangerie‹ sprechen und dabei akzeptieren, dass die gärtnerischen Grundsätze und Notwendigkeiten eine Konstante und die Kunstform nur eine Variante bilden."[1525]

Aus diesem Grund soll im Folgenden die Gottorfer Lösung der „Bauaufgabe Orangerie" in Bezug auf die Lage des Gebäudes, seinen Grundriss, die Raumdisposition sowie die Außen- und Innendekoration vergleichend beleuchtet werden.

Der Standort der Gottorfer Orangerie erscheint einerseits ungewöhnlich und andererseits logisch. Ungewöhnlich deshalb, weil in den zeitgenössischen Gartentraktaten die Nähe zum Gärtnerhaus als ein entscheidendes Kriterium empfohlen wurde, um die winterliche Heizung auch in der Nacht zu gewährleisten.[1526] Dagegen wurde das Gebäude im Neuen Werk an der vom Garteninspektorhaus am weitesten entfernten Stelle im Garten platziert, nämlich im westlichen Bereich der obersten Terrasse, während das Gärtneranwesen außerhalb des Geländes am unteren östlichen Teil angesiedelt war (Abb. 14). Aber durch das Vorhandensein des rückwärtig angebauten Arbeitstraktes mit Schlafräumen war dieses Problem gelöst. Auch die Nähe zu einem Wirtschaftsgarten – ein weiteres Argument für die Positionierung einer Orangerie – war hier nicht gegeben, weil sich die Nutzgärten (Westergarten und Alter Garten) weit weg südlich der Schlossinsel befanden. Simone Balsam nennt den Garten von Schloss Oranienbaum in Sachsen-Anhalt im 18. Jahrhundert als Beispiel für einen mehrfachen Standortwechsel der Orangerie innerhalb eines Gartens.[1527] Auch im Neuen Werk, allerdings im 17. Jahrhundert, wurde das zuerst im Globusgarten gebaute Pomeranzenhaus in den Melonengarten und schließlich auf die oberste Terrasse verlegt. Die Logik für den letzten Standort erschließt sich folgendermaßen: Die Entscheidung für die oberste Terrasse fiel ziemlich offensichtlich aufgrund der sich hier offenbarenden Möglichkeit einer großzügig angelegten, weithin sichtbaren Präsentation, die auch noch Platz für weitere Gewächshäuser bot. Diese Position bezeichnen Simone Balsam und Sibylle Hoiman als Standort im eigenen separaten Quartier, meist etwas abseits und an der Gartengrenze gelegen, wofür es viele Beispiele in Deutschland gibt.[1528] Auch in den französischen Gärten der zweiten Hälfte des 17. Jahrhunderts war das eine häufig verwendete Position (Meudon, 1657–58; Versailles, 1684–86; Chantilly 1682–86).[1529] Zwar fehlte der Gottorfer Orangerie – anders als in Gaibach (1697–99), wo Orangerie und Schloss korrespondieren – mit der axialen Anbindung auch der Bezug zum Schloss oder einem Gartengebäude, aber mit der Lage auf der obersten Terrasse diente der Bau sowohl als Belvedere[1530] mit einem prominenten Ausblick über Garten, Schlossinsel und die Schleilandschaft als auch als weit sichtbarer Point de vue vom Schloss und Garten aus, sodass dieser Standort der angedachten Bedeutung des Gebäudes angemessen war. Gerade durch die Position etwas abseits der Mittelachse bot sich sogar noch die Chance einer ganz freien Gestaltung, die sich in einer außergewöhnlichen Dekoration widerspiegelt.

Auch vom Grundriss her standen verschiedene Varianten zur Verfügung, vom langgestreckten, rechteckigen Galeriegebäude über eine als Teatro-Form im Halbkreis bis zur Orangerie auf einer Insel, die alle schon bei den frühen repräsentativen Orangerien vom Ende des 17. Jahrhunderts in Deutschland auftreten. Der einfache rechteckige Grundriss der Gottorfer Orangerie findet sich kurz nach 1600 bei dem massiven Winterhaus der italienischen Villa Aldobrandini, das spätestens durch Ferraris Hesperiden-Publikation 1646 in Fachkreisen europaweit bekannt wurde.[1531] Auch in Frankreich entstanden Orangeriebauten in

Abb. 158 Rueil, Orangerie (links) mit davor liegendem Sommerstellplatz und trompe l'œil-Bogen

Galerieform schon im 16. Jahrhundert (Gaillon, Vallery, Anet) und später im 17. Jahrhundert (Chantilly, 1682–86; Sceaux, 1684).[1532] Zu den nach Tschira relativ wenigen künstlerisch anspruchsvollen Orangerien in Frankreich gehörte das unter Kardinal Richelieu im Garten von Rueil errichtete Winterungsgebäude mit rechteckigem Grundriss zwischen zwei Pavillons[1533], das Herzog Christian Albrecht auf seiner Frankreichreise 1662 gesehen hat (Abb. 158).[1534] Zusätzlich zeigte Merians Topographia Galliae (ab 1655), die sich in der Gottorfer Bibliothek befand, einen Stich dieses Gebäudes.[1535]

Eine andere Inspirationsquelle für Grundriss, Aufriss und Kultivierungstechnik der Gottorfer Orangerie boten die holländischen Pflanzenhäuser, auch Orangenstuben oder „Oranje-Stooves" genannt, allen voran die der botanischen Gärten. Als der berühmteste galt zweifelsohne der 1587 von Carolus Clusius (1526–1609) gegründete Garten der Universität Leiden, gefolgt von dem 1642 von Jan Commelin (1629–1692) betriebenen Garten in Amsterdam.[1536] Das gärtnerische Wissen und die Zweckmäßigkeit der Gebäude beeindruckten die zeitgenössischen Gärtner und Gartenbesitzer. Eine Besichtigung des Amsterdamer Gartens von Jan Commelin ist im Tagebuch nicht speziell notiert, obwohl Herzog Christian Albrecht sich eine Woche in der Stadt aufhielt.[1537] Auch sein 1676 veröffentlichtes Buch „Nederlantze Hesperides", das einige Stiche holländischer Winterhäuser präsentiert, ist nicht in der Gottorfer Bibliothek nachweisbar, aber möglicherweise besaß der Gottorfer Garteninspektor Johannes Kempe das Buch oder kannte das als einziges dort in Ansicht abgebildete Winterhaus des Pieter de Wolff (Abb. 159), das eine große Ähnlichkeit zur Gottorfer Orangerie zeigt, aus eigener Anschauung.[1538] Christian Albrecht hatte aber auch nachweislich selbst Kenntnis vom Typ der holländischen Orangenstube, weil er auf seiner Weiterreise in Leiden die Universität besichtigte, deren Berühmtheit er sich wohl bewusst war. Im Reisetagebuch wurde notiert: „Den 19. [März 1662] früh die Academie und den dabeÿ verhandenen Kreütergarten von unterschiedenen zur Medicin gehörenden Früchten, auch allerhand orangiers; Es ist beÿ dem Garten eine Gallereÿ, in welcher allerhand rariteten […]."[1539] Auch dieses Winterhaus (Abb. 160) zeigt Gemeinsamkeiten mit der Gottorfer Orangerie (Abb. 98 u. 99). Alle drei Bauten verbindet der gleiche langgestreckte, galerieförmige Grundriss. Das Leidener Gebäude hat keine Schornsteine, die aber beim Wolffschen Winterhaus zu sehen sind. Die Ansicht dieses Gebäudes sagt aber nichts über einen Heizgang in einem hinteren Anbau aus, den es aber gegeben haben muss, denn Commelin zeigt auch das Innere des Gebäudes mit Öfen (Abb. 161), die halb in der Rückwand installiert sind und somit von hinten beheizt wurden. So war auch die herzogliche Orangerie ausgestattet. Wie die französischen Galeriebauten sind auch die holländischen Winterhäuser ebenso wie die Orangerie im Neuen Werk mit hohen Dächern (in Holland und auf Gottorf Walmdächer) gedeckt, die zum Teil mit Gauben oder Giebeln akzentuiert sind. Auch die Ansicht der drei Gebäude hat Parallelen in der Eingeschossigkeit und den vielen, die Südfront bestimmenden Fensterachsen. Im Unterschied zu den französischen Rundbogenfenstern, die meistens bis zum Boden reichen, prägen nicht ganz so große, rechteckige Fensteröffnungen die niederländischen

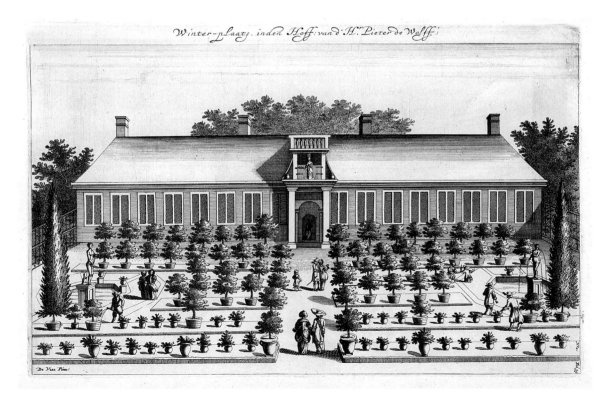

Abb. 159 Das Winterhaus des Pieter de Wolff, Kupferstich aus Jan Commelin „Nederlantze Hesperides", 1676, S. 65, Universität Leiden, Niederlande

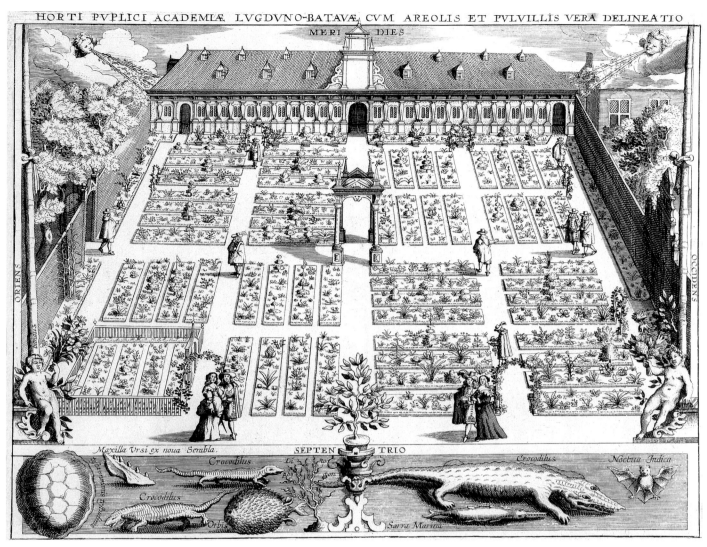

Abb. 160 Leiden, Hortus Botanicus, Radierung von Willem Swanenburgh nach Jan Cornelisz Woudanus, 1610

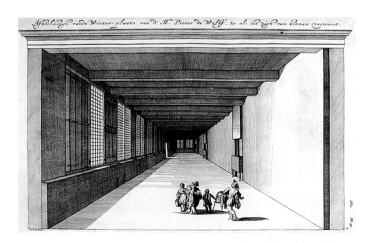

Abb. 161 Inneres des Winterhauses von Pieter de Wolff, Kupferstich aus Jan Commelin „Nederlantze Hesperides", 1676, S. 66, Universität Leiden, Niederlande

Pflanzenhäuser und auch das Gottorfer Gebäude. Bei der Fassadengestaltung fällt das reich durch Halbsäulen gegliederte Leidener Akademiegebäude mit drei Eingängen auf, während sich das Orangenhaus des Pieter de Wolff ohne Schmuck und nur mit mittlerem Zugang extrem einfach präsentiert. Die schlichte Bauausführung im Fassadenbereich entspricht der Gottorfer Orangerie, die aber hier eine Aufwertung durch gemalte Dekoration und wiederum drei geschmückte Portale erhält. Bei der Achsenanzahl verhält es sich ähnlich: Die Gottorfer Orangerie und das Wolffsche Haus haben mit 19 bzw. 17 Achsen eine sehr ähnliche Proportion, von der das leicht asymmetrisch aufgebaute Leidener Gebäude mit 27 Achsen deutlich abweicht. Eine weitere Gemeinsamkeit der Gottorfer Orangerie mit den holländischen Gebäuden besteht in der durch bekrönende Aufbauten betonten Mittelachse. Während das Leidener Gebäude eine Art Schaugiebel über dem Hauptportal aufweist, zeigt die Mitte des Wolffschen Winterhauses einen belvedereartigen, auf Säulen ruhenden Balkon. Bei der Gottorfer Orangerie tritt das Zentrum durch den

Mittelpavillon als richtiger Baukörper hervor. Wie schon Ernst Schlee bemerkte, wirkt die Ansicht der Orangerie vor allem durch dieses sehr bestimmende Detail wie eine verkleinerte Fassung des ab 1698 unter Herzog Friedrich IV. gebauten Südflügels des Gottorfer Schlosses (vgl. Abb. 24 u. 98), was ihn dazu veranlasste, den schwedischen Architekten Nicodemus Tessin d. J. als maßgeblich entwerfenden Architekten der Orangerie, aber vor allem des Südflügels zu vermuten.[1540] Anja Wiesinger hat dagegen überzeugend die Herleitung dieses signifikanten Elements aus der mitteldeutschen Schlossarchitektur der zweiten Hälfte des 17. Jahrhunderts und die Verbindung zu dem aus Sachsen stammenden Baumeister Johann Heinrich Böhm (1663–1701) nachgewiesen, der für den Entwurf des Gottorfer Südflügels verantwortlich ist.[1541] Dabei geht es um die Residenzschlösser Weimar, Zeitz und Weißenfels, deren Neu- oder Wiederaufbauten der Architekt Johann Moritz Richter d. Ä. (1620–1667) vornahm, wobei bei allen Bauten verbindende Merkmale auftreten, die auch die Ansicht des Gottorfer Südflügels wesentlich bestimmen[1542]: Eine hierarchisch betonte Mitte durch einen über dem durchlaufenden Hauptgesims beginnenden dreiachsigen, pavillonartigen Turmaufsatz von zwei Geschossen mit welscher Haube und Laterne, eingebettet in ein hohes, durch Gauben akzentuiertes Walmdach, dessen First sich auf Höhe der Turmhelmtraufe befindet sowie eine „flächige und strenge" [1543] Gliederung der mehrgeschossigen, monumentalen Fassade durch eine symmetrische Reihung von Fensterachsen. Interessanterweise treffen diese Merkmale in verkleinertem Maßstab auch auf die acht Jahre vor dem Südflügel begonnene Orangerie zu, wobei hier der Eingeschossigkeit des Gebäudes der ebenfalls nur eingeschossige, dreiachsige eingebundene Viereckturm entspricht, weshalb die Wirkung nicht so monumental ist. Den geschweiften Helm schmückt hier statt der Laterne eine zierliche Skulptur. Die Ähnlichkeit des Südflügels mit den mitteldeutschen Schlössern führt Wiesinger allein auf die Vermittlung des Baumeisters Böhm zurück und schließt die vielfältigen dynastischen Verbindungen als nicht ausschlaggebend aus.[1544] Es stellt sich aber die Frage, wieso ausgerechnet die kleinere, frühere Architektur der Orangerie zuerst die markanten beschriebenen Merkmale schon vor dem Bau des viel eindrucksvolleren, neuen Gottorfer Schlossflügels aufweist. Dafür gibt es zwei mögliche Erklärungen. Erstens könnte Johann Heinrich Böhm theoretisch schon nach 1689, dem Jahr seines letzten archivalischen Nachweises in Sachsen, also rechtzeitig zum Bau der Orangerie, sporadisch auf Gottorf gewesen sein oder über seine Verbindung zu Theodor Allers zur Gestaltung des Gebäudes beigetragen haben.[1545] Das ist allerdings quellenmäßig nicht zu belegen. Zweitens ist es möglich – und das ist meines Erachtens die wahrscheinlichere Erklärungsvariante – hat Herzog Christian Albrecht selbst Kenntnis dieses markanten Motivs des pavillonartigen Turmaufsatzes erlangt, was auf drei Wegen möglich war. Wiesinger nennt als bekanntes Vorbild den turmartigen, 1624 von Jacques Lemercier geschaffenen Pavillon d' Horloge am Westflügel des Louvre, den Christian Albrecht 1662 in Paris gesehen hat.[1546] Zweitens legen die dynastischen Verbindungen nach Sachsen die Kenntnis der Schlossbauten mit dem besonderen Merkmal des Pavillonturmes nahe. Die Bauherren der Schlösser in Zeitz und Weißenfels waren Brüder der Gottorfer Herzogin Maria Elisabeth und damit Onkel Herzog Christian Albrechts. Außerdem heiratete sein jüngerer Bruder August Friedrich die Tochter des Bauherrn von Weißenfels, nämlich Christine Herzogin von Sachsen-Weißenfels, und zwar 1676, zu einem Zeitpunkt, als der Bau des 1660 begonnenen Schlosses schon sehr weit vorangeschritten war. Es ist anzunehmen, dass Christian Albrecht an der Hochzeit teilnahm und damit auch den Schlossbau kennenlernte.[1547] Speziell das Weimarer Stadtschloss kannte Christian Albrecht aus seiner Bibliothek, weil es in Georg Andreas Böcklers „Architectura curiosa nova" von 1664 abgebildet ist (Abb. 162).[1548] Es ist also durchaus möglich, dass das Motiv des turmartigen Pavillons aus der mitteldeutschen Schlossarchitektur als Inspiration Christian Albrechts in die Gestaltung der Orangerie eingeflossen ist. Als Böhm dann 1698 nach Gottorf kam, ist vielleicht die Idee aufgekommen, den neuen Schlossflügel in den ihm auch aus Weißenfels vertrauten Ausdrucksformen in Korrespondenz mit der weithin sichtbaren, interessanten Architektur der neuen Orangerie zu gestalten und somit eine Verbindung zwischen Schloss und dem damals schon berühmten Garten zu schaffen. Dass dieses architektonische Element des eingebundenen, pavillonartigen Vierkantturmes, das in Schleswig-Holstein zuerst auf Gottorf auftritt, offenbar auch hier eine prägende Wirkung entfaltete, lässt sich an zwei Herrenhausbauten beobachten.[1549]

Zusammenfassend entspricht die Gottorfer Orangerie vom Grundriss der einfachen, langgestreckten, rechteckigen Galerieform, die zum Teil in den französischen, aber vor allem in den

Abb. 162 Ansicht des Residenzschlosses in Weimar von Norden, Kupferstich aus „Architectura curiosa nova" von G. A. Böckler, 1664, Teil 4, Tafel 19, Universitätsbibliothek Heidelberg

holländischen Winterhäusern vorgebildet war. Dieser niederländische Einfluss, besonders vom Orangenhaus des Pieter de Wolff, zeigt sich auch in der Ansicht, der aber als markantes, prägendes Element der dreiachsige, pavillonartige Vierkantturm aus französischer oder mitteldeutscher Quelle hinzugefügt wird. Was die Raumdisposition angeht, besaß die Gottorfer Orangerie im Unterschied zu den holländischen Vorbildern, die abgesehen von einem hinteren Wirtschaftstrakt nur aus einem einzigen großen Saal bestanden, eine innere, symmetrische Raumaufteilung, bestehend aus einem mittleren Festraum und seitlich je zwei großen, hintereinander liegenden Pflanzenräumen, die alle durch eine Enfilade miteinander verbunden waren. Während im bürgerlichen Ambiente der holländischen Winterhäuser die Nutzfunktion noch deutlich vorherrscht, demonstrieren die Raumdisposition, die Zweigeschossigkeit des mittleren Festsaals, die die Einfügung des Pavillonelementes überhaupt erst erforderlich machte, die innere Ausstattung und der äußere Dekor der Gottorfer Orangerie, auf die im Folgenden noch näher eingegangen wird, die gewachsenen höfischen Ansprüche an die Repräsentation in Bezug auf die Bauaufgabe Orangerie. Die durch die Anbauten noch nicht vollständig in die Architektur integrierten rückwärtigen Heizgänge weisen nach Sibylle Hoiman auf die frühe Entstehungszeit des Gebäudes hin.[1550] Die Idee, die Orangeriebauten durch eine reicher dekorierte und ikonologisch wirksame Ausgestaltung immer mehr dem Anspruch der höfischen Repräsentation dienstbar zu machen, tritt in Deutschland seit den 1680er Jahren auf, wobei alle Grundrissvarianten und verschiedene Einflüsse zeitgleich vorkommen. Im hessischen Bad Homburg entstand von 1680 bis 1695 ein mittlerer Orangeriebau mit seitlichen Gewächshausflügeln.[1551] Während Enrico Zucchalli (1642–1724) im Lustheimer Garten in München ab 1684 eine durch den Florentiner Boboligarten inspirierte, inselförmige Orangerie schuf[1552], legte Johann Arnold Nering (1659–1695) 1685 mit der halbrunden Orangerie des Berliner Lustgartens nach dem Vorbild der Orangerie im niederländischen Zorgvliet (1675) und 1695 der Orangerie am Potsdamer Stadtschloss in französisch beeinflusster Galerieform (ab 1714 zum Marstall umgebaut) gleich zwei repräsentative Prototypen vor.[1553] Es folgte 1687/88 die Orangerie in Gaibach in „Form eines Rondells mit einem schlichten Pavillon", die schon zehn Jahre später durch einen exedrenartigen Bau ersetzt wurde.[1554] Das ab 1688 gebaute Schloss in Salzdahlum erhielt eine als Ehrenhofgebäude seitlich vom Hauptgebäude gelagerte Orangerie über rechteckigem Grundriss.[1555] 1690 folgten der Galeriebau auf Gottorf und eine Orangerie in halbrunder Teatroform im Boseschen Garten in Leipzig.[1556] Französischer Einfluss zeigte sich wiederum bei der ab 1694 in Hannover-Herrenhausen errichteten Orangerie, dem sogenannten Galeriegebäude, das in Grundriss und Lage an die Salzdahlumer Orangerie anknüpfte und dessen zentraler im Winter genutzter Pflanzensaal nach einer Umplanung 1696 als Festsaal für den Sommer dekoriert und seitliche Anbauten für Wohnzwecke genutzt wurden.[1557] Unklar ist, wann genau das von den holländischen Winterhäusern inspirierte, eigentlich aus zwei miteinander verbundenen Einzelgebäuden bestehende und mit 93 Metern sehr lange Orangeriegebäude in Schwöbber errichtet wurde, das von außen einen schlichten, monumentalen Gesamteindruck machte, aber innen wohl noch keine Dekoration aufwies.[1558] Aus dieser Auflistung der wichtigsten Orangeriebauten dieser Zeit ist klar ersichtlich, dass der Gottorfer Bau zu den frühen repräsentativen Orangerien in Deutschland am Ende des 17. Jahrhunderts zu zählen ist, was vor allem durch die folgende Analyse der Außen- und Innendekoration untermauert werden kann.

Zum Schmuck der Südfassade der Gottorfer Orangerie gehörten drei aufwendig gearbeitete Sandsteinportale und skulpturaler Dachschmuck von dem Hofbildhauer Theodor Allers, eine in blau auf weißer Wandfläche, von Ludwig Weyandt gemalte Dekoration aus Muscheln und Festons, eine ebenfalls aufgemalte Eckrustizierung in grau und die Orangeriepflanzen selbst, die im Sommer auf einer gemauerten Bank direkt vor der Fassade aufgestellt wurden (Abb. 98 u. 99). Einige Elemente, die die Gestaltung der drei Portale ausmachen, weisen alle auf den Bauherrn und die Bauzeit hin: Korinthische Pilaster stützen das Gebälk und die darüber liegenden Giebel. Auf den Fries der Seitenportale war die Jahreszahl 1692 und in das Giebelfeld des Hauptportals ein von Lorbeerzweigen umgebenes Monogramm Herzog Christian Albrechts mit einer vergoldeten Krone gemalt. Lorbeerzweige gelten als Symbol der Virtus, der Tugend des Auftraggebers, auf dessen politischen und gesellschaftlichen Rang außerdem die Krone und die korinthische Ordnung als königliche Ordnung verweisen.[1559] Auch im Dreiecksgiebel des Risalits des kurze Zeit später entstandenen Galeriegebäudes in Herrenhausen finden sich Anspielungen auf die Bauherren, hier das Fürstenpaar, in Form von Wappen, Monogrammen und den Figuren von Mars und Minerva.[1560] Alle anderen Bestandteile der Gottorfer Fassaden- und Dachdekoration deuten auf die Funktion und Bedeutung des Gebäudes hin. Dazu gehören die lateinische Inschrift im Gebälk des Hauptportals, die Blumenvasen auf den Giebeln der Seitenportale, den Firstenden und den Gauben und in besonderem Maße die den pavillonartigen Turm bekrönende Statue einer Flora mit Füllhorn. Als Göttin des Frühlings erinnert Flora, ausgestattet mit einem Füllhorn als Symbol der Fruchtbarkeit, an die Nutzung dieses Gebäudes als Pflanzenhaus, wobei der lateinische Spruch über dem Hauptportal auf den ewigen Frühling der immergrünen und -blühenden Orangen verweist, deren Schönheit man dank des Gebäudes auch im Winter genießen kann. Während die gemalte, graue Eckrustika der Fassade eine Aufwertung des sonst von der Bauweise her schlichten Gebäudes bedeutete und ihm mehr Würde verlieh, passten die an Muscheln hängenden, schon in der Antike und Renaissance verwendeten Festons und Girlanden aus Blumen und Früchten thematisch wieder sehr gut zur Gartensphäre bzw. einer Gartenarchitektur.[1561]

Dieses Motiv war in Holland an den im 17. Jahrhundert berühmten Bauten des Jacob van Campen (1596–1657), dem Mauritshuis in Den Haag (1633–44) und dem Amsterdamer Rathaus (1642–48) zu sehen, wo sie von dem Bildhauer Artus Quellinus d.Ä. (1609–1668) zwischen 1650 und 1664 als Außen- und Innendekoration geschaffen wurden. Die Gottorfer Bibliothek enthielt zwei Bücher zur Architektur des neuen Amsterdamer Rathauses.[1562] Schon vor der Reise des Herzogs 1662, auf der er diese beiden Gebäude besichtigte, hatte Quellinus für den Gottorfer Hof an der Fürstengruft im Schleswiger Dom gearbeitet.[1563] Die von ihm vor allem in Amsterdam verwendeten, in Ornamentstichen verbreiteten hängenden Festons aus lebensechten Früchten und Blättern wurden beliebte Dekorationselemente, die z.B. auch der Kieler Bildhauer Theodor Allers verwendete, der ja am Bau der Gottorfer Orangerie beteiligt war, aber in Bezug auf die Festons nicht zum Zuge kam, weil die Dekoration in Malerei ausgeführt wurde.[1564] Weitere Beispiele für die Verwendung dieses Schmuckmotivs an der Fassade von Orangerien sind der Galeriebau in Herrenhausen und die Kasseler Karlsaue (1703 begonnen).

Von besonderem Interesse ist bei der Gestaltung der Gottorfer Orangerie die bis auf die grau gestrichenen Fenster und Eckrustika konsequent durchgängige Verwendung der Farben Blau und Weiß, die nicht nur die Fassade, sondern auch das Innere des Gebäudes und sogar die Pflanzgefäße und die Farbgestaltung des Sommerstellplatzes einschloss.[1565] Das führte soweit, dass die Orangerie durch verschiedene Materialien der Dacheindeckung eine Zweiansichtigkeit erhielt, die aber den Besuchern verborgen blieb.[1566] An allen Seiten, die vom Garten aus sichtbar waren, erhielt das Gebäude ein schwarz geteertes Holzschindeldach, dagegen nach Norden rote Dachziegel. Da der Hof Ludwigs XIV. (1638–1715, regierte alleine ab 1661) immer mehr Einfluss auf Politik und Gesellschaft in der zweiten Hälfte des 17. Jahrhunderts gewann und Schloss Versailles mit seinen Gärten in ganz Europa zum fast ausschließlichen Vorbild avancierte, liegt es sehr nahe, das Muster für diese ungewöhnliche Gestaltung der Gottorfer Orangerie im Umfeld des Sonnenkönigs zu suchen, denn auch an Herzog Christian Albrecht ging die Entwicklung in Frankreich nicht spurlos vorbei. Schon auf seiner Reise 1662 hatte er an königlichen Zeremonien teilgenommen, die ihn sehr beeindruckten.[1567] Als der französische König 1670–72 auf dem Terrain von Versailles das Trianon de Porcelaine von François d'Orbay (1634–1697) nach Plänen von Louis Le Vau (1612–1670) bauen ließ (Abb. 163), erlangte dieses schon 1687 wieder abgerissene Gebäude erstens aufgrund seiner kurzen Bauzeit, zweitens aber vor allem wegen seiner namengebenden äußeren und inneren Ausstattung mit der Verkleidung des Daches mit blau-weißen Fayenceplatten, den blau-weißen Vasen auf den Dachbalustraden, den vor der Fassade stehenden weißen Marmorbüsten auf Fayencesockeln, der mit blau-weißen Fliesen ausgekleideten Festräume, dem ebenfalls blau-weißen Blumengeschirr und drittens durch den räumlichen Zusammenhang mit einer außergewöhnlichen Fülle an Blumen und Zitruspflanzen einen legendären Ruf, der auch auf der Gottorfer Residenz nachhallte.[1568] Informationen über Versailles und das Trianon de Porcelaine sind hier auf zweierlei Weise konkret nachweisbar. In der Gottorfer Bibliothek lag André Félibiens (1619–1695) berühmte Beschreibung der Versailler Feste von 1668 und 1674 vor.[1569] Darin berichtet er vom 2. Tag der Festlichkeiten, die beim Trianon stattfanden, dass man an diesem Ort immer den Frühling findet und dass es nichts Delikateres gibt als die Ornamente, mit denen das Gebäude verziert ist. Bei einem anderen achteckigen grünen Salon im Garten, außerhalb der Einfriedung von Trianon, werden als Dekoration Porzellanvasen erwähnt, die mit Blumen gefüllt sind, und zwischen Pilastern sind große Blumengirlanden aufgehängt, die ebenso wie die in den Niederlanden beliebten Festons als Inspiration für die Gestaltung der Gottorfer Orangerie gedient haben können.[1570] Neben dieser bilderlosen Schilderung standen auf Gottorf zwei kleine viereckige „Perspektiven" von Versailles zur Verfügung, die Ansichten des Schlosses und Gartens, u.a. vom Trianon de Porcelaine zeigten und so eine visuelle Vorstellung dieser Lokalitäten vermittelten.[1571] Als Anregung für die Ausstattung des Trianon de Porcelaine gilt die aus Berichten und Reisebeschreibungen bekannte, von außen mit Porzellan verkleidete und als achtes Weltwunder eingestufte Pagode in Nanking, die zusammen mit der Einfuhr chinesischen Porzellans nach Europa infolge des Fernhandels das Interesse am Exotischen und dessen Nachahmung beflügelten.[1572] Trotz der gewohnten architektonischen Formensprache des Trianon de Porcelaine fand bei den Zeitgenossen durch die Verwendung des charakteristischen Elementes der blau-weißen Keramik sofort eine Assoziation mit China statt. Deshalb gilt dieses Gebäude in der Kunstgeschichte als das erste Beispiel der europäischen Chinamode und avancierte zum Vorbild für viele weitere Bauten, die – wie es schon beim Trianon erfolgt war – in freier Kombination mit europäischen Formen, aber immer ausgestattet mit der mar-

Abb. 163 Trianon de Porcelaine in Versailles, Gartenseite, Kupferstich von Adam Perelle, nach 1671, HAUM

Abb. 164 Garten des Charlottenborg/Gyldenløve-Palais in Kopenhagen mit Orangerie rechts des Parterres, Gemälde von Jacob Jacobsen Coning, 1694, Öl auf Leinwand, 70 x 111 cm, Inv. Nr. A 41, Det Nationalhistoriske Museum Schloss Frederiksborg

kanten blau-weißen Farbgebung, aber nicht durchgängig auf dem Material Keramik oder Fayence – sofort als ostasiatisch beeinflusst identifiziert werden konnten.[1573] Das früheste in der Literatur genannte Beispiel eines chinoisen Gebäudes oder einer solchen Ausstattung für Deutschland ist die Obere Orangerie in Weilburg/Lahn (1703–05), in deren nördlicher Galerie eine Dekoration in Form einer blau-weißen, auf Leinwand gemalten Kachelimitation angebracht wurde.[1574] Neben dem „Salettl", einem blau-weiß gefliesten Saal in der Pagodenburg (1716–19) des Nymphenburger Schlossgartens in München und dem mit Delfter Fliesen ausgestatteten großen Saal im Mittelpavillon der ersten Orangerie in Schwetzingen (1718–1728) folgten viele interessante und individuelle Bauten oder Innenraumgestaltungen im Stil der Chinamode.[1575] Demnach muss die Gottorfer Orangerie mit ihrer Bauzeit ab 1690 tatsächlich als das früheste bisher bekannte Gebäude in Deutschland mit chinoiser Gestaltung, und nicht nur in einem Detail, sondern konsequent angewandt, gesehen werden, auch wenn – was aber auch in Weilburg der Fall ist – das Material der Keramik fehlt. Stattdessen schaffte es Christian Albrecht mit den bescheidenen, ihm zur Verfügung stehenden Mitteln und mit Hilfe des Hofmalers Ludwig Weyandt, der vor der Ausführung der Dekoration im Februar 1692 das schon vorhandene Holzmodell des Gebäudes zur besseren Anschauung in den Farben Blau und Weiß bemalte[1576], der neuen Orangerie mit dieser Farbgebung einen besonderen Stempel aufzudrücken und andererseits seine eigenen Interessen und Ideen in Anlehnung an Versailles zum Ausdruck zu bringen.

Die Orangerie des Charlottenborg-Palais in Kopenhagen, die auf einem Gemälde von Jacob Coning von 1694 leider nur grob überliefert ist (Abb. 164), zeigt mit ihrem langgestreckten, eingeschossigen Baukörper über rechteckigem Grundriss, parallel zum Nyhavn gelegen, Ähnlichkeiten mit der Gottorfer Orangerie. Das Gemälde dokumentiert ein übergiebeltes Portal in der Mitte mit seitlichen Statuennischen, große Fenster und vier Schornsteine. Es vermittelt den Eindruck, als sei die Fassade des Gebäudes möglicherweise bemalt gewesen.[1577] Da zu wenige Informationen zu diesem Gebäude vorliegen, vor allem nicht die Bauzeit, ist es schwer zu sagen, ob hier eine Rezeption der neuen Gottorfer Orangerie stattfand wie auch bei anderen Pflanzenhäusern in Kopenhagen.

Auch im Innern der Gottorfer Orangerie wurde das an der Fassade begonnene Farbkonzept fortgeführt, zunächst mit einer recht schlichten Ausstattung der vier seitlichen Pflanzensäle in Form einer durchgängigen Wandgestaltung aller Räume in blauer Marmorierung auf weißem Grund in Kombination mit einfachen geometrischen Stuckaturen und grauem Fensteranstrich, in der nur die Bemalung der von den holländischen Winterhäusern übernommenen inneren, aber schmucklosen Fensterläden (Abb. 161) Farbakzente setzte und Hinweise auf die kostbaren Pflanzen gab. Dagegen fiel der Mittelpavillon mit einer aufwändigeren Dekoration aus dem Rahmen, die sich nach oben hin steigerte, indem im Obergeschoss noch andere Farben im stucco lustro der korinthischen Pilaster und der Gebälkzone miteinbezogen wurden (Abb. 102) und damit eine Überleitung zur blau gefassten und mit weißem Akanthuslaubwerk prächtig stuckierten Decke geschah, in die vier Eckgemälde und eine illusionistisch bemalte Kuppel eingelassen waren. Eine vergleichende Einordnung der verlorenen, nur durch schriftliche Quellen überlieferten Innenausstattung gestaltet sich problematisch und ist nur sehr eingeschränkt zu leisten. So lässt sich die Qualität der einzelnen Elemente nicht wirklich beurteilen, sondern anhand anderer Kriterien wie z.B. der Entlohnung nur erahnen, zumal auch größtenteils keine Vergleichswerke der Künstler mehr existieren. Aus der Rekonstruktion ist aber klar ablesbar, dass mit der Innenausstattung der Orangerie kein geringer Aufwand getrieben wurde und gleichzeitig ein hoher Anspruch an die Repräsentation verbunden war. Der in der Gottorfer Orangerie tätige Jacob da Georgio (gest. vor dem 12.2.1698) wird von Barbara Rinn, die sich grundlegend mit den italienischen Stuckateuren in Hamburg und Schleswig-Holstein auseinander gesetzt hat, als Stuckateur, d.h. als Künstler eingestuft, nicht als „Maurer-Gipser", während Meister Thomas ihr nicht bekannt ist.[1578] Das bedeutet, dass da Georgio selbst – wie es bei den Stuckateuren üblich war, aber meistens nicht nachweisbar ist[1579] – die Entwürfe anfertigte für die Räume der Orangerie und somit auch als Entwerfer für die Gesamtkonzeption der Decke des Mittelpavillons samt eingefügter Kartuschen- und Kuppelmalerei in Frage kommt. Die Stuckaturen in der Gottorfer Orangerie sind die ersten nachweisbaren Arbeiten italienischer Stuckateure in Schleswig-Holstein, denn ab März 1693 fanden Stuckarbeiten in der Orangerie statt[1580] und ab Anfang 1694 ist von italienischen Gipsern die Rede[1581], die aber erst 1698 in der Endabrechnung namentlich genannt werden.[1582] Da über Jacob da Georgio weder Geburtsdatum, Herkunft noch andere Werke bekannt sind, ist man versucht, eine Verbindung zu dem seit 1691 in Rendsburg ansässigen italienischen Gipser, Unternehmer und Baumeister Domenico Pelli (1657–1729) zu vermuten, die sich archivalisch einzig auf seine Erwähnung in der Endabrechnung von 1698 als Unterhändler zwischen der Gottorfer Verwaltung und den Erben des inzwischen verstorbenen da Georgios stützt.[1583] Wahrscheinlich kam da Georgio wie Domenico Pelli und Dominico Carbonetti (geb. 1664), dessen 1694 in der Gottorfer Kunstkammer ausgeführte Stuckatur Rinn als erste in Schleswig-Holstein verzeichnet, ebenfalls aus der Gegend von Lugano im schweizerischen Tessin, gehörte wohl derselben Generation an, reiste wahrscheinlich auf einer ähnlichen Route aus der Schweiz in den Norden und wurde vermutlich von Pelli an Herzog Christian Albrecht vermittelt.[1584]

Obwohl Barbara Rinn überzeugend den Zusammenhang zwischen der kunsthistorischen Bedeutung einer Stuckarbeit und deren materiellem Wert, d.h. der Höhe der Bezahlung, darlegt[1585], ist das bei der Orangerie nicht so einfach nachvollziehbar, weil nur eine einzige und wahrscheinlich wegen des Regierungswechsels bis 1698 verzögerte Bezahlung von nur 24 Rthlr 40 ß überliefert ist.[1586] Dass diese sehr geringe Summe nicht die gesamte Entlohnung der italienischen Stuckateure für ihre Arbeit in der Orangerie, bei der allein nach der Endabrechnung zwei Meister insgesamt 58 Tage und dazu noch Helfer und Handlanger tätig waren, gewesen sein kann, zeigen die von Rinn angeführten Beispiele. Danach erhielt z.B. Joseph Mogia 1699 auf Gottorf für 8 große Gemächer mit einfachen Stuckprofilen schon Arbeitslohn von 150 Rthlr, und die Ausstattung eines Appartements, bestehend aus vier Räumen, davon einer in repräsentativer Form, kostete ungefähr 200 Rthlr.[1587] Die Arbeit in der Orangerie umfasste fünf Räume mit Stuckdecken, davon vier einfache und eine repräsentative, und die Marmorierung sämtlicher Wände in diesen Räumen. Die Marmorierung gehörte eher zu den einfachen Arbeiten der Stuckateure, die auch von Gesellen ohne Anwesenheit des Meisters ausgeführt werden konnte, aber wegen des hohen Arbeitsaufwandes nicht als billiger Ersatz für echten Marmor gesehen werden kann.[1588] Nach Rinn erfolgte die Entlohnung der Stuckateure bei größeren Aufträgen in Raten bis zum Abschluss der Arbeit.[1589] Da die Stuckierung der Gottorfer Orangerie ganz offensichtlich kein kleiner Auftrag gewesen ist, kann der erhaltene Rechnungsnachweis nicht die einzige Zahlung gewesen sein, sondern nur die Endabrechnung. Es ist also von einer größeren Summe auszugehen, woraus sich ein hoher künstlerischer Anspruch ableiten lässt, der auch aus der erhaltenen Beschreibung ersichtlich wird.[1590] Eine Vorstellung vom Aussehen der zerstörten Stuckaturen lässt sich nur durch Vergleiche mit anderen Stuckdekorationen gewinnen, denen eine ähnliche Konzeption zu-

Abb. 165 Klein Nordsee, Stuckdecke der Kapelle, 1701, Zuschreibung an Dominico Carbonetti

Abb. 166 Ottobeuren, Ausschnitt der Deckendekoration im nördlichen Treppenhaus des Westtraktes, Stuckatur von Andrea Maini und Freskomalerei von Franz Joseph Spiegler (Glorie Gottes mit den drei Tugenden und den vier Erdteilen), ausgeführt zwischen 1717 und 1731

grunde liegt oder die von Künstlern aus dem vermuteten Umkreis und der gleichen Zeit Jacob da Georgios kommen und ähnliche Motive verwandten, wobei dieser Versuch sich auf die Deckengestaltung des Orangeriemittelpavillons beschränkt. Dafür kommt zum Beispiel die von Rinn Dominico Carbonetti zugeschriebene, 1701 gearbeitete Decke der Kapelle im Herrenhaus von Klein-Nordsee (Abb. 165), Kreis Rendsburg-Eckernförde, in Frage, die sowohl die gleiche Farbkombination als auch Laubwerkornamentik, d.h. weiße Arkanthusranken auf blauem Fond, aufweist und damit einen ganz guten Eindruck vermittelt, wie der äußere, flache Bereich der Decke in der Vierkant ausgesehen haben mag.[1591] Die Flächenfüllung mit kräftig ausgearbeiteten Akanthusranken beschreibt Barbara Rinn als ein typisches Element der Stuckdekoration um 1700 in Nordeuropa.[1592] Den Übergang vom flachen Teil zur Kuppel in der Gottorfer Orangerie markierte ein Lorbeerstab wie er z.B. bei der von Giacomo Antonio Rossi (Lebensdaten unbekannt) 1698 gestalteten Stuckatur in der Lübecker Königstr. 23 als Rahmen der großen ovalen Medaillons zu sehen ist.[1593] Die auffälligste Ähnlichkeit in der Konzeption der Deckendekoration, die sich in der Anordnung von vier in den Ecken platzierten Gemäldekartuschen und einer mit Säulen architektonisch und illusionistisch gestalteten Malerei im Mittelspiegel zeigt, ist im nördlichen Treppenhaus des Westtraktes der Klosteranlage von Ottobeuren zu finden (Abb. 166), die der auch in Schleswig-Holstein und Mecklenburg tätige italienische Stuckateur Andrea Maini (1683–1780?) zwischen 1717 und 1731 schuf.[1594] Seine Arbeiten hier sind in dem für oberitalienische Stuckateure typischen Kartuschenstil gearbeitet, der aber auch schon die erste, in Hamburg nachweisbare Werkstatt des Carlo Tagliata (Lebensdaten unbekannt) kennzeichnete. Tagliata fertigte im Schloss Ehrenburg in Coburg 1692 Stuckaturen in diesem Stil an, die von Carbonetti weitergeführt wurden, der wiederum 1694 auf Gottorf zum ersten Mal nachweisbar ist. Rinn vermutet, dass Dominico Carbonetti in Tagliatas Werkstatt gearbeitet hat und dadurch seinen Stil übernahm.[1595] Wo Jacob da Georgio gelernt hat, ist unbekannt, aber eine mögliche, nicht beweisbare Verbindung zu Dominico Carbonetti wurde schon aufgezeigt. Der Beschreibung nach zu urteilen, wies die Stuckdekoration im Pavillon der Orangerie die wesentlichen Züge des Kartuschenstils auf.

Die Ausmalung der Eckkartuschen und der Kuppel im Pavillonsaal der Gottorfer Orangerie fand nicht sofort im Anschluss an die Fertigstellung der Stuckaturen 1694 statt, wahrscheinlich, weil kein dafür ausgebildeter Künstler zur Verfügung stand, sondern erst 1698 durch den Maler Balthasar Mahs, der aus bislang ungeklärter Herkunft auf Gottorf auftauchte und sofort mit dieser anspruchsvollen Aufgabe betraut wurde.[1596] Da nur aus seiner von 1698 bis 1700 nachweisbaren Gottorfer Zeit Werke bekannt, aber die meisten nicht erhalten sind[1597], ist auch die Qualität seiner Gottorfer Arbeiten in der Orangerie und im Südflügel nur von der Höhe der Bezahlung ablesbar, die den üblichen Summen für diese Art Arbeiten entsprach.[1598] Merkwürdig erscheint, dass Balthasar Mahs nicht im Folgejahr 1699, als er noch auf Gottorf weilte, mit der Ausmalung des Deckenspiegels in der Kunstkammer eine vergleichbare Arbeit wie in der Orangerie ausführte, sondern stattdessen der italienische Maler Giovanni Battista Aprile.[1599] Bislang bleibt es ein Rätsel, welche künstlerische Prägung Balthasar Mahs bekam und wo er ausgebildet wurde, um auf Gottorf eine so aktuelle, italienisch beeinflusste Quadratura in hochbarockem Stil für die Orangerie zu schaffen, für die es in Schleswig-Holstein keine Vorläufer gibt. Da Jacob da Georgio wohl das Gesamtkonzept der Deckendekoration in der Orangerie entworfen hatte, stand das Thema vermutlich fest, sodass Mahs nur seine Idee der Umsetzung in einem Entwurf präsentieren sollte, der dann vom Herzog akzeptiert wurde. Dieser Aufgabe konnte er eigentlich nur mit entsprechender Vorbildung gewachsen sein, z.B. durch eine Italienreise, durch eine Ausbildung im süddeutschen Umfeld oder durch das Studium von Entwurfsvorlagen, wie sie beispielsweise 1693 von dem Italiener Andrea Pozzo in Rom publiziert worden waren.[1600] In der Literatur zur Orangerieforschung findet sich bisher nur ein einziges, späteres Beispiel für eine Deckenausmalung mit illusionistischer Säulenarchitektur in Deutschland, und zwar in der von 1720 bis 1730 gebauten Orangerie in Fulda, die gleich mehrere Gemeinsamkeiten mit der Gottorfer Orangerie aufweist, erstens durch ihre Belvederelage und die Korrespondenz mit dem Schloss, zweitens in der eingeschossigen Galerieform mit mittigem doppelgeschossigen Pavillon und drittens durch dessen Ausgestaltung 1730 als Festsaal durch den italienisch geschulte Hofmaler Emmanuel Wohlhaupter und den Stuckateur Andreas Schwarz. Auch hier zeigt das Obergeschoss eine Dekoration mit Stuckpilastern zwischen Fenstern, darüber in der Kuppel ein Deckenfresko mit Ausblick durch Kolonnaden in den Himmel.[1601]

In der Gottorfer Orangerie werden zum ersten Mal in Schleswig-Holstein Stuckaturen von oberitalienischen Künstlern in hochbarockem Stil mit einer illusionistisch-raumerweiternden, römisch inspirierten Quadratura des Malers Balthasar Mahs geschaffen. Zugleich muss dieser Bau nach dem jetzigen Forschungsstand als erste Orangerie im deutschsprachigen Raum mit architektonisch-illusionistischer Kuppelausmalung gelten. Außerdem liegt hier der seltene Fall einer Stuckatur vor, die von ihrer Farbfassung bis zur Malerei des Deckenspiegels vollständig ausgeführt wurde, was oft aus Geldmangel der Auftraggeber oder aufgrund anderer Schwierigkeiten nicht geschah[1602], auf Gottorf aber trotz Herzog Christian Albrechts Tod, trotz des Regierungswechsels und insgesamt politisch-finanziell nicht unproblematischer Verhältnisse vollendet wurde. Mit dem Festsaal im Mittelpavillon der Gottorfer Orangerie ist so ein außerordentlich früher und anspruchsvoller, repräsentativer Raum entstanden. Deshalb sollte Jacob da Georgio auch zu den „besten italienischen Stukkateuren im deutschsprachigen Raum" gerechnet werden, zu denen Rinn auch u.a. Carlo Tagliata und Dominico Carbonetti zählt, da Georgio aber nicht, aber sicherlich nur, weil sie die Quellen zur Orangerie nicht kannte und deshalb seine Arbeit nicht beurteilen konnte.[1603] Auch für seine nicht erhaltene Arbeit in der Orangerie muss daher das von Rinn gezogene Fazit gelten, dass die Stuckaturen der italienischen Künstler im Norden einem Vergleich mit den Arbeiten anderer italienischer Stuckateure im deutschsprachigen Raum standhalten können.[1604] Im Norden wird mit ihrem Auftreten eine neue Tradition unter dem Einfluss des römischen Hochbarock begründet und ein Beitrag zur Entwicklung des barocken Gesamtkunstwerks geleistet. Die oberitalienischen Stuckateure erfüllen mit ihren Arbeiten die neuen Ansprüche an luxuriösere und standesgemäß-repräsentativere Gebäudeausstattungen am Ende des 17. Jahrhunderts mit spektakulären Raumwirkungen. Sie wurden von den Bauherren bevorzugt engagiert wegen des hohen künstlerischen Niveaus und der Qualität ihrer Arbeit.[1605] Gerade Herzog Christian Albrecht wird die Möglichkeit, für die Ausstattung der Orangerie italienische Künstler beschäftigen zu können, begrüßt haben, denn im Reisetagebuch von 1662 ist seine besondere Vorliebe und Begeisterung für italienische Kunst dokumentiert.[1606]

Neben der in Frankreich, aber auch anderswo vorkommenden Art der sommerlichen Präsentation der Orangeriepflanzen um die Beete eines als Broderieparterre gestalteten Raumes, wie z.B. in Versailles, Fontainebleau oder auch Schloss Mirabell in Salzburg[1607], bestand die einfachste, vermutlich älteste und wohl zunächst auch häufigste Form der Aufstellung darin, die Kübel und Kästen auf einer rechteckigen freien oder nur mit Rasenstreifen gestalteten Fläche in schlichter Reihung vor der gesamten Südseite eines meist in Galerieform gebauten Orangeriehauses zu platzieren, weswegen Paulus sie als „Grundform" bezeichnet.[1608] Zwei frühe Beispiele solcher Orangengärten in Karreeform um die Mitte des 17. Jahrhunderts finden sich in Rueil (Abb. 158) und im Garten des Erzbischofs in Bratislava.[1609] Vielleicht fungierte die schon oben erwähnte 1676 von Jan Commelin publizierte Ansicht des holländischen Winterhauses des Pieter de Wolff zumindest für die frühen repräsentativen Orangeriebauten in Galerieform vom Ende des 17. Jahrhunderts im nördlichen deutschsprachigen Raum als Prototyp eines Sommerstellplatzes dieser Art (Abb. 159), bevor sich im 18. Jahrhundert – wie auch im Neuwerkgarten nachweisbar – der Wunsch nach einer gärtnerisch repräsentativer gestalteten Fläche durchsetzte.[1610] Auch im Neuwerkgarten tritt der rechteckige Sommerstellplatz im Zusammenhang mit der Galerieform des Pflanzenhauses auf

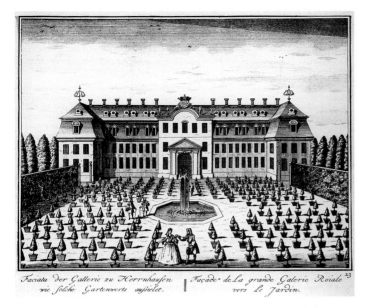

Abb. 167 Herrenhausen, Großer Garten, Orangerieplatz u. Galeriegebäude, Kupferstich von Joost van Sasse, 1751

(Abb. 98 u. 101) und zeigt damit große Ähnlichkeit zu dem holländischen Vorbild, aber auch zu den ebenfalls unter diesem Einfluss stehenden, zeitlich und formal vergleichbaren Orangeriegärten in Herrenhausen (Abb. 167) und Schwöbber.[1611] Während in Herrenhausen eine Hainbuchenhecke den Platz umschließt, ist er auf Gottorf von einem blau und weiß gestrichenen und damit dem Gebäude farblich angepassten, hohen Staketenzaun eingefasst. Die markante Farbgestaltung der Orangerie setzte sich sogar fort über das Blumengeschirr bis in die Parterres auf der zweiten und dritten Terrasse, wo in herzoglicher Zeit blau und weiß angestrichene Stäbe als Dekoration vorhanden waren[1612] und knüpfte auch hiermit direkt an die von Versailles und dem Trianon de Porcelaine geprägte Mode an, bei der nicht nur am und im Gebäude, sondern auch noch weiter im Gartengelände an Bänken und Blumentöpfen die Farben Weiß und Blau als Erkennungszeichen des chinesischen Porzellans dominierten.[1613] Neben vielen verschiedenen Formen, Farben und Materialien für Pflanzengefäße im Neuwerkgarten[1614] sind bei der neuen Orangerie 88 holländische glasierte Töpfe und sogar vierzehn Porzellantöpfe nachweisbar. Ludwig Weyandt verzierte 40 Gartentöpfe in Porzellanimitation blau und weiß mit dem gemalten Monogramm Herzog Christian Albrechts. Zur wirkungsvolleren Präsentation der Pflanzen schmückten noch 24 von Otto Krap blau-weiß bemalte Holzpyramiden den Orangenplatz. Die große Wertschätzung der blau-weißen Zierkübel um 1700, ob aus glasierter Fayence oder anderem, die Fayence durch Bemalung imitierendem Material, belegen sowohl Ulrike Grimm als auch Claudia Gröschel in ihren Beiträgen.[1615] Sie besaßen einen besonderen Stellen- und Repräsentationswert und unterstrichen durch ihre Kostbarkeit, Exklusivität und die chinois-exotische Wirkung den hohen Wert und die Seltenheit der ebenfalls exotischen Pflanzen.

Die Übernahme der aus Versailles stammenden Idee der blau-weißen Töpfe fand zuerst in den letzten beiden Jahrzehnten des 17. Jahrhunderts statt.[1616] Sämtliche erhaltene Fayence-Pflanzenkübel dieser Art stammen aus dem 18. Jahrhundert.[1617] Aus Gottorf haben keine solchen Gefäße die Zeit überdauert, aber durch den archivalischen Beleg ihrer Existenz zeitgleich mit dem Orangeriebau gehören sie zu den am frühesten nachweisbaren im deutschsprachigen Raum.

Zusammenfassend kann festgestellt werden, dass die Form des Sommerstellplatzes nicht neu war, sondern passend zur Galerieform – wie auch noch bei anderen später entstandenen Orangerien – gewählt wurde, während durch das blau-weiße Blumengeschirr eine sehr innovative, an Versailles orientierte und damit äußerst repräsentative Komponente hinzugefügt wurde.

Die blau-weiße Dekoration der Orangerie und des Sommerstellplatzes wurde noch ergänzt durch die 1699 ebenfalls in diesen Farben dominierende Gestaltung des halbrunden Glashauses und des exedrenartig geformten Plankwerks (Abb. 16 u. 99), das das gesamte oberste Plateau durch eine Bemalung mit illusionistischen Arkaden, Pflanzgefäßen, Brustbildern und Durchblicken zusammenfasste und so dem Areal einen sehr repräsentativen Charakter verlieh.[1618]

Es stellt sich nun die Frage, wer für Entwurf und Dekoration der Gottorfer Orangerie verantwortlich ist und wer die erhaltenen Zeichnungen aus der Planungsphase der Orangerie (Abb. 95–97) erstellt hat. Ein Architekt oder Baumeister geht aus den Quellen nicht hervor. Seit dem Weggang des von 1674 bis 1680 auf Gottorf bestallten Schweden Nils Eosander (gest. 1698) ist kein Baumeister auf Gottorf bis zur Bestallung von Johann Heinrich Böhm (1663–1701) 1698 nachweisbar.[1619] Von professioneller Seite kommen nur zwei Personen in Frage: Zum einen der aus Italien stammende Bauunternehmer Domenico Pelli (1657–1728), dessen einzige Verbindung zur Orangerie in der Unterschrift als Mittelsmann einer erst 1698 erfolgten, schon erwähnten Abrechnung mit seinen Landsleuten für Stuckarbeiten in diesem Gebäude besteht.[1620] Da er aber von 1688 bis 1695 zunächst für den dänischen König an verschiedenen Projekten und erst danach bis 1698 für das Gottorfer Herzogshaus am Kieler Schloss und vor allem als Unternehmer tätig war, scheidet er als Entwerfer der Orangerie aus.[1621] In der Literatur wurde dagegen vor allem von Ernst Schlee der schwedische Architekt Nikodemus Tessin d.J. aufgrund seiner Anwesenheit 1687 und 1690 auf Gottorf als Ideengeber für die Bauvorhaben der Orangerie, der Kaskade und auch des Schlossneubaus vermutet.[1622] In ihrer Zusammenfassung der in der Literatur geschilderten Quellen, Tatsachen und Mutmaßungen zu Tessins Aufenthalten und Tätigkeit für Herzog Christian Albrecht kommt Anja Wiesinger zu der eindeutigen Schlussfolgerung, dass die Aufträge, mit denen Tessin betraut war, nicht bekannt sind und damit seine Tätigkeit auf Gottorf und in den Herzogtümern nicht zu spezifizieren ist.[1623] Meines Erachtens ist es nicht unwahrscheinlich, dass der nachweislich sehr kunst- und architekturinteressierte Herzog Christian Albrecht als Bauherr selbst genaue Vorstellungen und Ideen hatte, die in den etwas unprofessionell anmutenden Skizzen mit ihrer sichtbaren gedanklichen Weiterentwicklung ihren Niederschlag fanden.[1624] Sein starkes persönliches Interesse an Gartenangelegenheiten spiegelt sich zum Beispiel in seiner Korrespondenz mit dem Erzbischof von Salzburg wegen Austausch von Gärtnern und Pflanzen wieder. Vielleicht hat auch der Garteninspektor Johannes Kempe die unsignierten Pläne gezeichnet. Es existiert sonst keine Zeichnung von ihm, mit der die Orangeriegrundrisse verglichen werden könnten, aber Gärtner in seiner Position waren von ihrer Ausbildung her in der Lage, Pläne zu entwerfen und zeichnerisch umzusetzen. Zumindest besaß Kempe das gärtnerische Wissen zur Einbringung der Grundfunktionen einer Orangerie und damit der erforderlichen Grundrissdisposition. Auch der deutliche Einfluss der holländischen Winterhäuser auf Grundriss, Aufriss und Kultivierungserfordernisse spricht für die Einbeziehung Kempes in den Entstehungsprozess, der sicherlich Kenntnisse von den niederländischen Vorbildern hatte.[1625] Die dagegen von Italien und Frankreich geprägte Architektur Tessins[1626] ist mit dem Orangeriebau nur wenig in Einklang zu bringen bis auf die Kuppelmalerei im Mittelpavillon, die aber ebenso auf die Vorschläge der italienischen Stuckateure oder des Malers Balthasar Mahs oder auf Christian Albrechts eigene Vorstellungen zurückgehen kann, sodass selbst eine beratende Funktion des schwedischen Architekten nicht unbedingt erforderlich war.[1627] Gerade in Bezug auf die aufwendig durchkomponierte Gestaltung in den Farben des Chinaporzellans Blau und Weiß erscheint die Bewunderung der zeitgenössischen absolutistischen Fürsten für Ludwig XIV. und Versailles ein Argument für eine selbständige und sehr individuelle Entscheidung Christian Albrechts zu sein, die seine Auffassung von Repräsentation und fürstlichem Selbstverständnis nach außen tragen sollte und die auch erst 1692 im Einzelnen von Weyandt anhand des bemalten Architekturmodells ausgearbeitet wurde. Für die Umsetzung eigener Vorstellungen des Herzogs in Zusammenarbeit mit Kempe spricht auch die Kombination von höchstem repräsentativen Anspruch in der Dekoration und Einbeziehung eines Festsaales mit dem funktionalen Grundgerüst der holländischen Orangestuben, die noch keine Festraumfunktion benötigten, weil sie in keinem höfischen Kontext standen. Für diese auf Gottorf nachgewiesene Konstellation bei einer Orangerie in Galerieform gab es zur Bauzeit noch keine Vorbilder. Auch weil Orangeriebauten nicht „dem Regelkanon der klassischen Baukunst" unterworfen waren, wie Sibylle Hoiman konstatiert, sondern Architekturform und Aussehen dieser Gebäude nach topographischer Ausgangssituation und persönlichen Prägungen und Wünschen von Architekt und Auftraggeber festgelegt wurden[1628], konnte Christian Albrecht hier ganz eigene Ideen verwirklichen, die mit den ihm zur Verfügung stehenden, relativ bescheidenen Mitteln zu einem sehr innovativen, ungewöhnlichen Bauwerk mit Prospektcharakter und einer hochwertigen Innenausstattung führten.[1629] In der Amalienburg, aber noch mehr in der Gottorfer Orangerie tauchen zum ersten Mal in Schleswig-Holstein wesentliche Elemente der Barockbaukunst auf wie die doppelgeschossige Festraumarchitektur. Barbara Rinn beobachtet, dass sich zu Beginn des 18. Jahrhunderts in der Raumdekoration die Stuckatur gegenüber der vorher üblichen Ausmalung durchsetzt, was auch an der Entwicklung der Gebäude im Neuwerkgarten ablesbar ist mit dem von Ovens großflächig ausgemalten Festsaal der Amalienburg gegenüber dem stuckierten Mittelraum der Orangerie. Dabei gehörten gerade die Stuckaturen italienischer Künstler für den Auftraggeber „zum unverzichtbaren Teil seiner Selbstdarstellung und Repräsentation".[1630] Und wie wir gesehen haben, müssen die Stuckatur und das für den Hochbarock typische Element der illusionistischen Kuppelmalerei in der Orangerie als früheste, leider nicht erhaltene Zeugnisse des Hochbarock im norddeutschen Bereich gelten. Dazu kommt, dass mit der Gottorfer Orangerie als repräsentativem Gebäude eine für Norddeutschland neue Bauaufgabe vorlag, mit deren Lösung Christian Albrecht vielleicht sogar eine Vorlage im Kleinen für den wenige Jahre später begonnenen Neubau des Südflügels lieferte. Die Orangerie im Neuen Werk ist weder durch ihre Lage noch durch ihre Dekoration ein dem Hauptgebäude untergeordnetes Nebengebäude, wie Sibylle Hoiman es als Grundsatz für das 18. Jahrhundert formuliert[1631], obwohl eine gewisse „gestalterische Einheit" mit dem Schloss vorliegt, sondern eigenständig, auffällig und vielleicht ideell, nicht aber praktisch sogar als Ersatz zu sehen für den von Herzog Christian Albrecht noch nicht zu leistenden Schlossneubau. Das hängt auch damit zusammen, dass hier noch nicht die Beziehungen des französischen Gartenstils gelten, sondern weder der Garten selbst axial auf das Schloss bezogen noch die Orangerie im Garten axial eingebunden ist.

1.13. Das Glashaus von 1699

Etwa gleichzeitig mit dem 1699 gebauten Glashaus im Neuwerkgarten war auch im Alten Garten nach 1697 ein Pflanzenhaus in ähnlicher Form entstanden. Mit seiner Länge von 16 Metern hatte es viel kleinere Ausmaße als das 46 Meter lange im Neuen Werk. Wie das Gebäude im Alten Garten gebraucht wurde, stellt sich nicht so eindeutig dar: Weil seine Funktion im Inventar von 1709 als Winterung für Orangenbäume bezeichnet wird und die Fenster entfernt werden konnten, geht Michael Paarmann davon aus, dass die Zitruspflanzen hier ins Erdreich gesetzt waren. Damit rückt er das Glashaus in eine „nahe Verwandtschaft zu den abnehmbaren Pomeranzenhäusern"[1632], was aber insofern nicht einleuchtet, als dass es in dieser Art Gebäuden Heizmöglichkeiten gegeben hat, die ein frostfreies Überwintern der exotischen Pflanzen überhaupt erst möglich machten. Für beide neuen Gottorfer Glashäuser sind aber keine Feuerungsstätten nachgewiesen. Sie

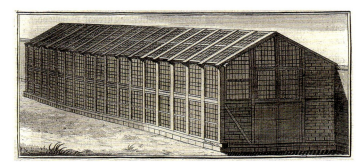

Abb. 168 Großes Glashaus in Schwöbber, aus J. Chr. Volkamer „Continuation der Nürnbergischen Hesperidum", S. 23r, Nürnberg 1714, Bayerische Staatsbibliothek München, Res/2 Oecon. 106

wurden also nur temporär im Sommerhalbjahr genutzt, was für das gebogene Glashaus im Neuwerkgarten auch nachgewiesen werden konnte: Die abnehmbaren Fenster wurden im Winter in einem Fensterschuppen gelagert, im Frühjahr zunächst zur Anzucht in den Mist- oder Frühbeeten verwendet und ab Ende Mai, wenn die Orangerie ins Freie gesetzt wurde, an der Holzkonstruktion des Glashauses angebracht, wo dann den Sommer über die wärmebedürftigsten Gewächse unter Glas zur Blüte und Frucht gebracht werden konnten.[1633] Es ist anzunehmen, dass auch das Glashaus im Alten Garten in dieser Weise verwendet wurde, und dass diese Feinheiten der Pflanzenkultivierung dem Inventarisator, der kein Gärtner war, vielleicht nicht vertraut gewesen sind.

Das Besondere dieser beiden Glashäuser bestand in ihrer Bauweise, vor allem in der vollständigen Verglasung der nach Süden gerichteten Front und der darüber befindlichen schrägen Abdachung. In der Literatur wird ausgeführt, dass bis zum Ende des 17. Jahrhunderts die Glasverarbeitung dahingehend weiterentwickelt worden war, dass aus diesem Werkstoff durch Walzverfahren nun größere Stücke von Flachglas in größeren Mengen und auch billiger hergestellt werden konnten.[1634] Erst diese Voraussetzung machte den Bau von Gewächshäusern mit größeren Glasflächen möglich, die ab dem Ende des 18. Jahrhunderts dann allmählich die Orangerien ersetzten.[1635] Michael Paarmann und Simone Balsam vermuten, dass die um 1699 auf Gottorf errichteten Glashäuser wohl die frühesten Gebäude dieser Art in Deutschland seien.[1636] Dabei sind bei diesen Bauten nachweislich noch Rautenscheiben in Bleiverglasung verarbeitet worden, so dass die neue Technik hier noch gar keine Anwendung fand. Im deutschsprachigen Bereich finden sich tatsächlich nur zwei baulich vergleichbare Beispiele, die aber ca. zehn Jahre später datieren. Das erste ist ein 1711/12 gebautes, langgestrecktes Glashaus in Weilburg an der Lahn, das von seiner Position her in der Nähe der ein Jahr zuvor begonnenen Unteren Orangerie vermutlich ähnlich genutzt wurde wie das Glashaus im Neuen Werk. Über Aussehen und Beschaffenheit dieses Glashauses ist nichts weiter bekannt.[1637] Bei dem zweiten handelt es sich um das große Glashaus im Münchhausenschen Garten in Schwöbber bei Bad Pyrmont. Seine genaue Entstehungszeit ist unklar, aber durch den bei Volkamer publizierten Stich (Abb. 168) ist es auf vor 1714 zu datieren. Die Bauweise mit einer gemauerten Rückwand nach Norden und den verglasten Flächen im Süden, im Dachbereich und den Seitenwänden entspricht weitgehend den Gottorfer Glashäusern. Auch das 18,20 Meter lange Glashaus in Schwöbber wurde als Sommertreibhaus genutzt, aber für extreme Witterung stand ein Ofen zur Verfügung. Gitta Jagusch und Corinna Kramer gehen davon aus, dass die Anregungen und Kenntnisse für die außerordentlich frühen und verschiedenartigen Gewächshäuser in Schwöbber aus Holland stammen, das Otto von Münchhausen (1643–1717) schon 1668 bereist hatte.[1638] Im Gegensatz zu den genannten Vergleichsbeispielen besaß das Glashaus im Neuwerkgarten noch die Besonderheit des Viertelkreisgrundrisses. Nur ein einziges weiteres Gewächshaus mit leicht gebogener Form, aber nur 12 m Länge gab es im Hofgarten von Eichstätt. Die Entstehungszeit ist aber unklar, lediglich ein Plan von 1830 belegt seine Existenz.[1639]

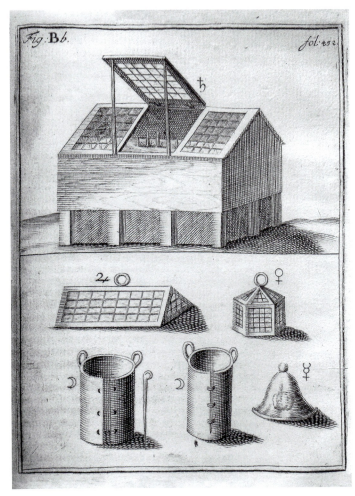

Abb. 169 Melonenkasten, darunter Glasabdeckungen für Melonenpflanzen („Pultbrett" und Glasglocken) und zwei „Verpflanzer" aus Metall, Stich aus Böckler 1678, fol. 452, Fig. Bb, Universitätsbibliothek Kiel, Cb 7320

1. KUNSTHISTORISCH-FORMTYPOLOGISCHE ANALYSE 177

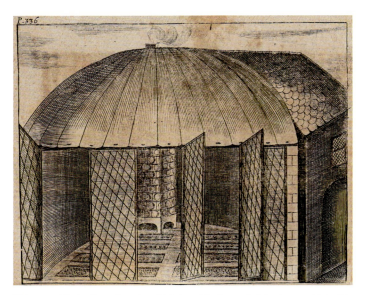

Abb. 170 Ein in Skandinavien übliches Mistbeet-Gebäude, aus Heinrich Hesse „Neue Garten-Lust", 1706, Abb. S. 336, Chicago Botanic Garden, Lenhardt Library

Arnold Tschira leitete in seiner Dissertation 1937 die Entstehung der Glashäuser von den Früh- oder Mistbeeten her, die auch auf Gottorf zum Beispiel bei der Melonenkultivierung schon in der ersten Hälfte des 17. Jahrhunderts Verwendung gefunden hatten.[1640] Verbreitet wurden diese Kenntnisse neben dem praktischen Erlernen des Gärtnerberufes durch Bücher, von denen sich u.a. Georg Andreas Böcklers 1678 erschienene „Nützliche Hauß- und Feldschule" in der Gottorfer Bibliothek befand.[1641] Darin stellt er einen Melonenkasten mit schräggestelltem, zu öffnenden Glasdach vor, der allerdings mit dem Glashaus von 1699 im Neuwerkgarten sehr wenig gemein hat (Abb. 169). Nicht viel besser erscheint der Vergleich mit dem von dem Gartentheoretiker Heinrich Hesse in seinem Buch „Neue Gartenlust" 1706 publizierten Gebäude (Abb. 170), das zwar große Glastüren mit Rautenverglasung an der Südseite, aber noch kein Glasdach besitzt.[1642] Es erinnert in seiner Art und vor allem wegen des Ofens eher an die abschlagbaren Pomeranzenhäuser. Sowohl Böcklers als auch Hesses Beispiel sind höchstens als entfernte Vorläufer des großen Glashauses im Neuen Werk anzusehen.

Daneben könnte die Entwicklung der Gewächshausbauten in Schweden in der zweiten Hälfte des 17. Jahrhunderts auch Einfluss auf die neuartigen Glashäuser auf Gottorf genommen haben. Nach seiner Rückkehr 1654 von einem mehrjährigen Studienaufenthalt im niederländischen Leiden, gründete der schwedische Mediziner, Botaniker und Universalgelehrte Olof Rudbeck (1630–1702) den botanischen Garten in Uppsala, den er mit einem selbstentworfenen Gewächshaus ausstattete. Dieses Gebäude bildete er später in dem in der Gottorfer Bibliothek befindlichen Buch „Atlantica" ab, allerdings ohne Beschreibung.[1643] Die Bildunterschrift der Figur 138 (Abb. 171) bezeichnet es als „Projekt", während es sich bei dem auf Figur 125 aus der Vogelperspektive dargestellten Gebäude (Abb. 172) anscheinend um das ausge-

führte Gewächshaus handelt, denn es macht einen etwas anderen und realistischeren Eindruck. Beide Darstellungen zeigen eine trapezförmige offene Dreiflügelanlage mit Pultdächern, die sich noch in zwei niedrigeren, gerade und parallel zur Gartengrenze verlaufenden Flügeln fortsetzt. Der Idealentwurf weist eine durchgängige strenge klassische Fassadengliederung aus dorischen Kolonnaden in den niedrigen und eine auf hohen Sockeln stehende ionische Ordnung in den höheren Gebäudeteilen auf, jeweils von einem Architrav abgeschlossen. Dagegen erscheint dieselbe Dekoration an den Fronten des wohl ausgeführten Gewächshauses wie aufgemalt, und erst hier erkennt man an den schräg gestellten Flügeln Fenster, die aber nicht sehr viel Fläche einnehmen. Stritzke spricht von einer „symmetrischen Holzkonstruktion". Rudbeck nutzte diese Erfahrungen auch, um in den folgenden Jahrzehnten weitere, verschiedenartige Orangeriegebäude „in Fertigbauweise" aus Holz für die Schlösser des Reichskanzlers Magnus Gabriel De la Gardie (1622–1686) zu liefern.[1644] Unklar bleibt, ob der Mittelteil, der hier aus Arkaden zwischen den Pilastern besteht, möglicherweise ganz offen und eher als Durchgang gedacht war, was durchaus Sinn macht, da

Abb. 171 Gewächshäuser für den botanischen Garten in Uppsala, Entwurf von Olof Rudbeck, publiziert in „Atlantica", Tab. 37, Fig. 138, aus Josephson 1930, Bd. 1, Abb. 16

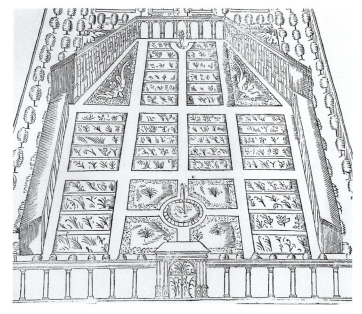

Abb. 172 Gewächshäuser im Botanischen Garten in Uppsala, Schweden (Ausschnitt), publiziert in Taflor 1938, Tab. 33, Fig. 125, Universitätsbibliothek Kiel, V 258

sonst der hintere Bereich des Gartens kaum zugänglich gewesen wäre. Wie Rudbecks Gewächshaus genau beschaffen war, bleibt unklar, und ob es schon so durchgängig verglast war wie das Gottorfer Treibhaus von 1699, ist zweifelhaft, aber zumindest ein Teil wird wohl als Sommertreibhaus genutzt worden sein wie im Neuwerkgarten. Schornsteine sind auf den Abbildungen jedenfalls nicht zu erkennen. Schon der in Schweden tätige französische Gartenkünstler André Mollet (1600–1665) hatte 1651 darauf hingewiesen, dass in Schweden im Gegensatz zu seinem Heimatland auch im Sommer Gewächshäuser notwendig seien.[1645] Auffällig bei Rudbecks Gewächshaus in Uppsala ist die repräsentative Form und Dekoration, die zu dieser Zeit im deutschsprachigen Gebiet bei diesen als Zweckbauten angesehenen Gebäuden nicht üblich war, aber sein Gebäude mit dem Gottorfer Glashaus in gewisser Weise verbindet. Es ist nicht bekannt, ob die anderen schwedischen Gewächshausbauten Rudbecks auch so repräsentativ gestaltet waren. Die vielfältigen Verbindungen des Gottorfer Herzogshauses seit den 1650er Jahren nach Schweden hatten zur Bauzeit des Gottorfer Glashauses ihren Höhepunkt erreicht, sodass schwedische Anregungen auf Gottorf, aber auch umgekehrt, möglich, aber andererseits nicht wirklich greifbar sind bis auf das o.g. Buch „Atlantica" von Rudbeck.[1646]

Aber auch für Dänemark nennt Annie Christensen etwa gleichzeitig mit den Gottorfer Glashäusern entstandene Bauten, allerdings ohne nähere Angaben oder Abbildungen, sodass nur ein zeitlicher, aber kein formaler Vergleich möglich ist. Dazu gehören Glashausbauten in Frederiksberg unter König Friedrich IV., auf Slotsholmen unter dem Generaladmiral Ulrich Christian Gyldenløve und bei Paul Klingenberg junior auf Schloss Højriis auf der Insel Morsø im Limfjord.[1647]

Die beiden in den 1690er Jahren gebauten Glashäuser in den Gottorfer Gärten sind nach dem derzeitigen Forschungsstand wohl die ersten ihrer Art im deutschen Sprachraum. Ihre bauliche Herleitung bleibt nach wie vor unklar, stammt meines Erachtens aber nicht aus der Frühbeetkultur. Stattdessen sind technische Anregungen sowohl aus Holland, wo sich Herzog Christian Albrecht in den 1660er Jahren persönlich informieren konnte, als auch aus Skandinavien zu denken, wo die klimatischen Verhältnisse eine noch sorgfältigere sommerliche Pflege der Pflanzen erforderlich machte. Es bleibt leider auch ungeklärt, wieweit die Verglasung der Gewächsbauten in Dänemark und Schweden schon fortgeschritten war im Vergleich zum Gottorfer Glashausbau von 1699. Was die Dekoration angeht, ist Rudbecks Bau in Uppsala bisher der einzige mögliche Vorläufer, wobei auch hier nicht genau bekannt ist, wie sie genau beschaffen war. Es darf bei der Einordnung aber auch nicht außer Acht gelassen werden, dass die Gärtner selbst großes Interesse und auch Anteil an der Weiterentwicklung solcher gärtnerischer Funktionsbauten hatten, weil sie sehr experimentell und empirisch arbeiten mussten, um die teuren exotischen Pflanzen in dem jeweiligen Klima erfolgreich kultivieren zu können. Da leider über den Werdegang des damaligen Gottorfer Neuwerkgarteninspektors Johannes Kempe nichts bekannt ist, sind wir nicht unterrichtet, woher seine Kenntnisse stammen. Das Glashaus von 1699 im Neuen Werk nimmt aber nicht nur durch seine frühe Entstehung, sondern ebenso durch seine imposante Größe, die ungewöhnliche Viertelkreisform und vor allem durch die repräsentative Bemalung eine Sonderstellung im deutschsprachigen Raum ein. Der einzige sonst bekannte Bau mit einer 1694/95 nachträglich eingefügten illusionistischen Ausmalung aus Laubwerk und Früchten ist das von Heinrich Hamann genannte, 1633 in Stuttgart errichtete abschlagbare Pomeranzenhaus.[1648] Für ein Glashaus ist diese Art Dekoration allerdings bisher nicht bekannt. Im Neuwerkgarten bekommt dieser Bau durch seine dekorative Wirkung einen ganz anderen, einzigartigen Stellenwert und fügt sich in diesen besonderen Ort der Pflanzenpräsentation auf der obersten Terrasse zusammen mit der Orangerie ein.

1.14. Das Aloeglashaus von 1705

Als ein außergewöhnliches Pflanzenhaus muss das 1705 zur Zeit des Garteninspektors Bernhard Kempe vor dem westlichen Seitenportal der Orangerie errichtete und von hier aus zugängliche Gottorfer Aloeglashaus allein wegen seiner turmartigen Form mit einer Höhe von ca. zehn Metern über einem quadratischen Grundriss von etwa drei Metern Seitenlänge angesehen werden (Abb. 99). Form und Entstehung stehen in direktem Kontext zur Blüte der namengebenden Pflanze. Zwar konnte man im Neuen Werk auf die Erfahrungen der Aloeblüte 1668 und dem dazu errichteten provisorischen Glashaus zurückgreifen, aber einen wirklichen Vorgängerbau hatte es nicht gegeben, sodass Kempe hier Neuland beschritt.[1649] Es sind für das 17. und das beginnende 18. Jahrhundert nur sehr wenige Treibhäuser speziell für diese Pflanze bekannt, über die Heinrich Hamann ausführlich berichtet.[1650] Daneben erwähnt Norbert Nordmann das früheste „Aloestüberl" ab 1613 im Münchner Hofgarten, das aber wohl nur zur normalen Überwinterung der Pflanzen und nicht zum Schutz der Blüte diente, weil hier erst 1634 eine Agave americana einen Blütentrieb bekam.[1651] Johannes Siricius berichtet in seiner Liste der Aloeblüten nur ein einziges Mal von einer Art Schutzbau aus Glas 1701 in Salzdahlum, der nach der Beschreibung aber lediglich mit der Gottorfer Vorrichtung von 1668 vergleichbar ist, weil eigentlich nur der Kasten verkleidet und damit kein begehbarer Raum geschaffen wurde.[1652] Erst für das 18. Jahrhundert sind betretbare, turmartige Aloeglashäuser für blühende Agaven nachweisbar. Das erste dieser Gebäude wurde 1705 im Gottorfer Neuwerkgarten errichtet[1653], dann folgten wohl Zerbst mit einem ersten, undatierten Turm und einem Nachfolgebau von 1732[1654] sowie Regensburg, wo 1735 eine blühende Aloe „mit einem erhöhten Glaß-Haus" verwahrt wurde.[1655] 1751 und 1753 entstanden noch in Friederikenberg bei Zerbst und im Weimarer Belvederegarten Agavenglashäuser anlässlich der Blüte.[1656] Während die meisten wohl eher als provisorische Gebäude gedacht waren, die tatsächlich ab- und auch bei Bedarf wieder aufgebaut wurden[1657], blieb das Gottorfer Aloeglashaus von 1705 dauerhaft stehen und wurde nur wegen Baufälligkeit 1717 und 1746 durch gleichartige, ebenfalls ungeschmückte Nachfolgebauten ersetzt.[1658] Bei der Bauweise der späteren Aloetürme in Zerbst und Weimar ist eine Steigerung in Bezug auf Zweckmäßigkeit und Dekoration zu beobachten. So gab es auf Gottorf noch keine Treppe, um den Besuchern einen Blick auf die in großer Höhe befindliche Blüte zu erlauben. Von der Heizung her mit Kohlenfeuer unter den Kästen und einem eisernen Ofen konnte aber das Aloetreibhaus im Neuen Werk schon mit den späteren, großartigeren Bauten in Zerbst und Weimar mithalten.

1.15. Ergebnisse der Analyse und Stellung des Gartens in der europäischen Gartenkunst des 17. Jahrhunderts

Die Analyse der Einzelbereiche hat gezeigt, dass der Gottorfer Neuwerkgarten als Terrassenanlage maßgeblich aus Italien, namentlich von den Gärten der römischen Villen des 16. und vom Anfang des 17. Jahrhunderts beeinflusst ist. Zu nennen ist die Villa Lante in Bagnaia, die das Vorbild lieferte für die Gesamtdisposition der Terrassenfolge und die Kombination mit der ungestalteten Wildnis, aber wohl auch zur Position und Gestaltung der Amalienburg als Idealarchitektur nach Vorlagen Sebastiano Serlios. Die Anregung für die imposante Gottorfer Wasserachse auf den Terrassen mit der Exedra unterhalb des Globushauses stammt augenscheinlich von der Villa Aldobrandini in Frascati, während die kleinere Catena d'acqua an der Kaskade sich an die Wassertreppen bei der Villa Lante und des Palazzo Farnese in Caprarola anlehnt. In der Innenausstattung der Orangerie zeigt sich der Einfluss des römischen Barock in Form der Stuckaturen und der illusionistischen Quadratura des Festsaals. Dazu kommen – hauptsächlich in der zweiten Gestaltungsphase – auch Anregungen aus Frankreich und den Niederlanden. Französischer Einfluss findet sich z.B. in der Detailausformung der Kaskade, in der Gestaltung der Emblemzimmer der Amalienburg und der Dekoration der Orangerie in Anlehnung an das Trianon de Porcelaine, wodurch die allmählich stärker werdende Orientierung des Gottorfer Hofes am immer dominanteren absolutistischen Vorbild Versailles zum Ausdruck kommt. Unter Herzog Christian Albrecht nehmen die Niederlande auch eine bedeutende Vorbildfunktion ein, wie an der Farbfassung der Amalienburg und der Ausgestaltung ihres Festsaals in Anlehnung an das Huis ten Bosch bei Den Haag und an der Grundrissform und Funktionalität der Orangerie zu sehen ist. Eine interessante, aber nicht belegbare Verbindung nach Holland hat die Recherche zu den Kaiserbüsten ergeben. Die Parterreformen sind an den gängigen niederländischen und deutschen Gartentraktaten der zweiten Hälfte des 17. Jahrhunderts orientiert, während die vielfältigen Funktionen des Globushauses und der Amalienburg in der Tradition der Lusthausbauten im deutschsprachigen Raum stehen. Die Frage nach dem Einfluss der Gottorfer Persienexpedition auf die Gartengestaltung kann nicht eindeutig beantwortet werden. Für alle drei infrage kommenden Bereiche – Globushaus, Terrassenanlage insgesamt und große Wasserachse – gibt es zwar gewisse Parallelen mit der persischen Gartenkunst des 17. Jahrhunderts, aber keine belegbaren Fakten, die die mindestens so deutlich vorhandenen und wahrscheinlicheren Vorbilder französischer und italienischer Provenienz überzeugend verdrängen würden. Dennoch ist für das Globushaus die Intention einer orientalischen Assoziation vorstellbar, wobei es aber nicht als erstes orientalisch gestaltetes Gebäude in Europa gelten kann.

Die formtypologische Untersuchung hat weiterhin ergeben, dass der Neuwerkgarten in einigen Bereichen zwar zeitgemäß und modern, aber im nationalen Vergleich nicht außergewöhnlich gestaltet war. Dazu gehören die noch mehr oder weniger quadratischen Umrisse der Parterres auf den Terrassen und deren innere Muster und Bepflanzung, die Skulpturenausstattung mit Ausnahme der Kaiserbüsten und die Kaskadenanlage von 1664 am Garteneingang. Dazu muss auch die Ausstattung des Globusgartens als nach außen verlegtes Pendant zur Kunst- und Wunderkammer gerechnet werden.

Weit interessanter ist, dass auf Gottorf in vielen Fällen ganz neue Wege beschritten werden. Als absolutes Alleinstellungsmerkmal zu dieser Zeit sind der Gottorfer Globus und seine Aufstellung im Garten anzusehen. Weitere Innovationen sind das Ringelhaus als ältestes nachweisbares Karussellgebäude in einem Garten, die perspektivische Ausformung der Terrassen zu einem bühnenartigen Raum und vor allem die Pflanzenhäuser. Wie sich gezeigt hat, ist das erste Pomeranzenhaus der 1650er Jahre im Globusgarten als erstes, tatsächlich ausgeführtes abschlagbares Winterhaus in Deutschland mit architektonisch repräsentativen Formen zu werten. Das zweite Pomeranzenhaus von 1665 im Melonengarten stellt dagegen eine Weiterentwicklung und Vereinfachung der Rollentechnik dar. Sowohl das Glashaus von 1699 als auch das Aloegewächshaus von 1705 sind die frühesten Pflanzenkultivierungsbauten ihrer Art in Deutschland. Neben ihren außergewöhnlichen Ausmaßen ist besonders die repräsentative Einbindung des Glashauses in das Orangeriereal mit seiner illusionistischen Plankwerksbemalung durch die Viertelkreisform und die Farbigkeit bemerkenswert. Den Höhepunkt der Pflanzenhäuser bildet die Orangerie von 1690, die zu den frühesten repräsentativ gestalteten Gebäuden dieser Bauaufgabe in Deutschland zählt und sogar als erste repräsentative Orangerie vom Typus der Galeriebauten gelten muss. Eine weitere Novität bedeutet die durchgängig ausgeführte blau-weiße Innen- und Außendekoration der Orangerie, die sie zum frühesten Gebäude im deutschen Sprachraum mit chinoiser Gestaltung macht. Die

Stuckaturen des Mittelpavillons sind nachweislich die ersten von oberitalienischen Künstlern ausgeführten Arbeiten dieser Art in Schleswig-Holstein. Die Analyse hat auch ergeben, dass der Gottorfer Bau die erste Orangerie im deutschsprachigen Raum mit einer architektonisch-illusionistischen Kuppelausmalung ist. Während die Form des Orangerieparterres nichts Neues darstellt, gehört das an Versailles orientierte blau-weiße Blumengeschirr zu den ersten nachweisbaren dieser Art in Deutschland.

In anderen Bereichen werden im Neuwerkgarten keine neuen Themen vorgestellt, aber ihre Umsetzung erfolgt in sehr individueller und monumentaler Weise. So kann das Neue Werk nicht als erster Terrassengarten nördlich der Alpen angesehen werden, aber nach dem Wiener Neugebäude kann er immer noch als eine sehr frühe und vor allem als monumentalste Anlage mit Fernwirkung vor der Entstehung des Kasseler Carlsberges um 1700 gelten. Ihre perspektivische Ausformung ist an keinem anderen Terrassengarten zu beobachten. Auch die große Gottorfer Wasserachse und die Exedra haben außerhalb Italiens eine einzigartige Stellung und sind damit neu für den nordeuropäischen Raum. Die Kombination von Teatro-Motiv und Orangerie, die im 18. Jahrhundert zu ausgefeilten und prachtvollen barocken Orangerieanlagen führte, ist hier in sehr einfacher und indirekter Form zum ersten Mal überhaupt vorhanden. Die Analyse hat gezeigt, dass die Herkulesgruppen im Neuen Werk, in Kassel-Weißenstein und Lauenburg die ersten kolossalen freistehenden Gartenskulpturen vom Typus des kämpfenden Herkules sind, für die es in Europa keine Vorbilder gab. Aufgrund der Datierungsprobleme der anderen Gärten kann vorerst nicht festgelegt werden, von welchem der drei Gärten diese Entwicklung, die auch auf das 18. Jahrhundert ausstrahlt, ausgeht. Der Gottorfer Zyklus der 150 Kaiserbüsten steht vom Material des Bleigusses und der hohen Anzahl her als Gartenschmuck ohne Vergleich da und nimmt somit eine Sonderstellung ein.

Auch für die Rezeptionswege und künstlerischen Zuschreibungen hat die Analyse neue Erkenntnisse offenbart. Es wird deutlich, dass die Terrassenanlage von Anfang an als Gesamtkunstwerk von Johannes Clodius nach den römischen Vorbildern, die er persönlich kennengelernt hatte, entworfen wurde. Damit ist einer der beiden für den Gottorfer Hof relevanten Rezeptionswege angesprochen. Der persönliche Eindruck auf Reisen spielte eine entscheidende Rolle auch für die Bauherren, was allerdings bei Herzog Friedrich III. weniger direkt nachweisbar ist als bei Christian Albrecht, dessen Reisetagebuch von 1662 die Orte, Kunstwerke und Vorlieben des Herzogs klar offenbart und dadurch sich als wertvolle Quelle für die Einordnung des Neuwerkgartens bzw. seiner einzelnen Bestandteile erwiesen hat. Mit dieser Quelle ist es nun möglich, Herzog Christian Albrecht als vielseitig kunst- und kulturinteressierten Fürsten zu begreifen und seinen persönlichen, außerordentlich interessanten Beitrag als Bauherr nachzuweisen, der sich nur im Neuwerkgarten zeigt. Da der Fokus der Forschung bisher hauptsächlich auf den Leistungen Friedrichs III. lag, wurde dieser als sehr wissenschaftlich und künstlerisch interessierter Mann und als Förderer dieser Bereiche herausgestellt, während Christian Albrecht dahinter verblasste. Durch die Rekonstruktion des Neuwerkgartens und das Reisetagebuch sind seine Leistungen klar benennbar und erweisen sich ebenfalls als hochinteressante und innovative Lösungen, zu denen er offenbar persönlich sehr viel beitrug, sodass man davon ausgehen muss, dass die Ideen für die Kaskade am Garteneingang, für die Amalienburg und die Orangerie auf seine Person zurückzuführen sind. Auch sein Interesse an Naturwissenschaften zeigt sich in der Reisebeschreibung und in der Ausstattung der Amalienburg. In der Beurteilung der persönlichen Beiträge der Bauherren darf allerdings nicht die allgemeine Entwicklung des 17. Jahrhunderts und ihr Einfluss auf die Protagonisten außer Acht gelassen werden, bei der die Wissenschaften im Zuge der Ausbreitung des Absolutismus zugunsten der höfischen Repräsentation immer mehr zurücktraten. Diese Tendenz ist auch in der 60jährigen Entstehungszeit des Neuen Werkes und vor allem in der Gestaltungsweise der Gottorfer Orangerie zu spüren. In diesem Sinne formuliert Dieter Lohmeier sehr treffend die Einschätzung der Rolle Herzog Christian Albrechts im Vergleich zu der seines Vaters im Kontext der höfischen Entwicklung:

> „Das ausgeprägte Interesse Christian Albrechts an den schönen Künsten war ganz gewiß kein scharfer Bruch mit der von Friedrich III. übernommenen Tradition, aber doch eine merkliche Akzentverlagerung. Möglicherweise spielte dabei die unterschiedliche individuelle Begabung der beiden Herrscher eine Rolle, doch handelte es sich nicht zuletzt wohl auch um eine charakteristische Entwicklung der Hofkultur des Barock, denn bei den Regentenwechseln in Braunschweig-Wolfenbüttel von Herzog August zu seinen Söhnen Rudolf August und Anton Ulrich oder in Brandenburg vom Großen Kurfürsten Friedrich Wilhelm zum späteren König Friedrich I. vollzog sich Vergleichbares; auch dort verloren die wissenschaftlichen Interessen der Fürsten an Bedeutung neben der Lust an künstlerischer Prachtentfaltung."[1659]

Die Gottorfer Bibliothek mit ihrem weitgefächerten und jeweils aktuellen Bestand an Büchern und Druckgraphik erweist sich in der Untersuchung als wichtiges Instrument der Rezeption. Insgesamt ist ein eklektischer Umgang mit Vorlagen und Vorbildern zu beobachten, die nie komplett übernommen, sondern eigenständig den persönlichen Vorstellungen und örtlichen Gegebenheiten angepasst werden, sodass es im Neuen Werk zu neuartigen individuellen Lösungen kommt. Eine Zielsetzung dieser Arbeit war die Klärung, ob und welchen Beitrag Nikodemus Tessin d.J. für die Kaskade und Orangerie des Neuen Werkes geleistet hat. Wie schon an verschiedenen Stellen ausgeführt wurde, ist eine Beteiligung des schwedischen Architekten in keinem Fall nachweisbar und höchstens in beratender Tätigkeit zu vermuten.

Als Höhepunkt der Gottorfer Gartenkunst entsteht der Neuwerkgarten in einer Zeit des Umbruchs, die historisch gesehen den Dreißigjährigen Krieg und die nachfolgende Periode des langsamen Wiederaufbaus bis 1680 umfasst und in der im deutschen Sprachraum viele Anlagen zerstört und wenige neue Gartenkunstwerke geschaffen werden. Auch stilistisch gesehen kann man von einer Übergangszeit sprechen zwischen Renaissance und Barock, bevor die Zeit der großen, im klassisch französischen Stil angelegten Gärten in Deutschland und Nordeuropa anbricht. Unter diesen Voraussetzungen erscheinen sowohl der Entstehungszeitpunkt als auch die Ausformung des Neuen Werkes als besondere Leistung. Zwar kann der Gottorfer Garten nicht mit der Größe und dem Reichtum der Ausgestaltung der berühmten Gartenkunstwerke Italiens und Frankreichs vor der Zeit Ludwigs XIV. und auch nicht mit den kaiserlich-habsburgischen Anlagen dieser Periode konkurrieren, setzt aber für Nordeuropa neue Akzente mit seiner monumentalen Wirkung sowie der innovativen und ungewöhnlichen Ausstattung. Aber vor allem die auf die Barockzeit vorausweisenden Elemente verleihen dem Garten seinen außergewöhnlichen Status, der sich in der dominanten, alles zusammenschweißenden Symmetrieachse der Terrassen und deren perspektivisch ausgearbeiteter Verjüngung nach oben als optischem Verlängerungseffekt manifestiert. Auch die Lage der Amalienburg mit doppelter Funktion als Point de vue und Belvedere, die Ausstattung dieses Lusthauses und der Orangerie mit doppelgeschossigen Festsälen mit raumgreifendem Gemäldezyklus bzw. Stuckatur und illusionistischer Kuppelmalerei sind Beispiele für die wegweisenden, barocken Tendenzen im Neuwerkgarten. Im Sinne Albertis öffnete sich von der obersten Terrasse ein beeindruckender Ausblick über Garten, Schloss und Schleilandschaft. Dagegen erinnert der noch fehlende axiale Zusammenhang von Schloss und Garten klar an die frühe Entstehung des Gottorfer Gartens vor der Übernahme des Le-Nôtre-Stils in Deutschland, als dieses Gestaltungsmerkmal noch nicht als alles beherrschende Maxime galt. Vermutlich strebte Christian Albrecht 1664 mit der Positionierung der Kaskadenanlage am Garteneingang in der Schlossachse eine gewisse Kompensation dieses Mangels an, der ihm, der kurz zuvor den neuen französischen Gartenstil in Vaux-Le-Vicomte kennengelernt hatte, nun erst als negativer Punkt bewusst geworden war. Es muss festgehalten werden, dass mit Ausnahme der Klever Gartenprojekte des brandenburgischen Statthalters Johann Moritz von Nassau-Siegen, die aber als einzelne Anlagen nicht die Monumentalität des Neuen Werkes erreichen, kein anderer Garten im deutschen Sprachraum in dieser Übergangsphase so starke barocke Tendenzen aufweist wie der Gottorfer Neuwerkgarten, weshalb er wohl zurecht als „erster Barockgarten nördlich der Alpen"[1660] bezeichnet werden kann. Trotz der langen Entstehungszeit von etwa 60 Jahren kann das Neue Werk als Gesamtkunstwerk angesehen werden, weil Christian Albrecht die von Clodius vorgeplante Terrassenanlage nach dem Tod seines Vaters konsequent zu Ende führte zu einer räumlichen Gesamtwirkung, die er noch gekonnt durch die Hinzufügung der Kaskade und der Orangerie ergänzte.

2. Die Bedeutung des Neuen Werkes im Kontext höfischer Repräsentation

Im Rahmen eines Kolloquiumsbandes der Residenzenforschung, speziell zur höfischen Repräsentation in Residenzstädten des Alten Reichs, hat Werner Paravicini den Begriff Repräsentation in seinen in der neueren Forschung ausgeloteten Koordinaten zusammenfassend dargestellt:

> „Repräsentation ist die Vergegenwärtigung von Abwesendem oder Unsichtbarem im Raum sozialer Beziehung mit Hilfe von Medien vielfacher Art (Körper, Kleidung, Sprache, Text, Wappen, Inschrift, Bild, Porträt, Thron, Brief, Geschenk) oder von symbolischer Interaktion beziehungsweise statischer oder performativer Kommunikation (Architektur, Raumordnung, Einzug, Prozession, Fest und Feier)."[1661]

Die Forschung der letzten Jahrzehnte, insbesondere Horst Wenzel mit seiner Untersuchung zur höfischen Literatur, konnte zeigen, dass sich im späten 12. und frühen 13. Jahrhundert die höfische Repräsentation im eben beschriebenen Sinn an den großen Fürstenhöfen herauszubilden begann. Mit der Entstehung neuer Formen der Herrschaftsorganisation und der Rezeption französischer Adelskultur entwickelten sich neue Standards der Selbstdarstellung und ein höfisches Symbolsystem zum Zweck der sozialen Kommunikation, die Integration nach innen und Distinktion nach außen vermittelte.[1662] Die Notwendigkeit dieses Prinzips verdeutlicht Julius Bernhard von Rohr in der Einleitung seines Buches „Ceremonial-Wissenschafft der großen Herren" von 1728, wenn er sagt,

> „der gemeine Mann, welcher bloß an den äußerlichen Sinnen hangt und die Vernunft wenig gebrauchet, kann sich nicht allein recht vorstellen, was die Majestät des Königs ist, aber durch die Dinge, so in die Augen fallen und seine übrigen Sinne nähren, bekommt er einen klaren Begriff von seiner Majestät, Macht und Gewalt."[1663]

Auch in der neuesten Forschung ist unbestritten, dass Repräsentation einen engen Bezug zu Macht und Hegemonie aufweist, der sich in allen Disziplinen zeigt.[1664] Im höfischen Bereich wurde sie mit der Sichtbarmachung sozio-politischen Handelns als gesellschaftliches Differenzierungs-Instrument eingesetzt, um Rang, Macht und Legitimation des Fürsten und gleichzeitig die Hierarchie der Mitglieder des eigenen Hofes und fremder Höfe zu demonstrieren, „basierend auf dem Zeremoniell als übergreifender Norm und Struktur".[1665] Nur durch die visualisierte und symbolträchtige Selbstinszenierung in einem breiten Spektrum von Ausdrucksmöglichkeiten, unter anderem mit Hilfe der bildenden Kunst und mit dem Aufgebot einer Fülle von außergewöhnlichen, kostbaren, fremden und nicht für alle erreichbaren Gegenständen mit einer synästhetischen Wirkung für die Adressaten, konnten Hoheit, Würde, Ansehen, Macht, Rang, Ehre und Nachruhm eines politischen Stellvertreters des Staates demonstriert werden zu dem Zweck, Ehrerbietung und Anerkennung zu erlangen.[1666]

Historisch gesehen erreichte die Entwicklung der höfischen Repräsentation ihren Höhepunkt zur Blütezeit des Absolutismus, in der zweiten Hälfte des 17. bis zum Anfang des 18. Jahrhunderts, also genau in der Periode, in der der Gottorfer Neuwerkgarten geschaffen wurde.

Gernot Gruber und Monika Mokre fassen in ihrem Sammelband zur Repräsentationsforschung die neuesten Tendenzen zusammen, die darin bestehen, dass Repräsentation als Vorgang, als fortlaufender, dynamischer Prozess aufgefasst wird, an dem verschiedene Beteiligte wie die Autoren oder Initiatoren, die Ausführenden und die Rezipienten intentional oder nicht intentional mitwirken. Sehr differenziert wird heute nach Repräsentationsleistung, -medien und -funktionen gefragt.[1667] Wie Werner Telesko erläutert, bildete in der Vergangenheit die repräsentative Leistung der bildenden Kunst in ihrem evidenten, durch Mimetik oder Verweis begründeten Bezug zu den repräsentierten Personen einen kunstgeschichtlichen Forschungsschwerpunkt. In der neueren Literatur hingegen wird sie noch kritischer und differenzierter auf ihre wirklichkeitsbildende Funktion hin untersucht.[1668]

Zu den Repräsentationsmedien gehörten auch fürstliche Gärten als Teile der Residenz und die in ihnen stattfindende gesellschaftliche Nutzung. Davon, von der Selbstverständlichkeit der Repräsentationsmechanismen und dem Bekanntheitsgrad der Residenzen in den damaligen deutschen Landen berichtet Johann Christoph Volkamer:

> „Dann wie kein Königreich in ganz Europa/ an dem höchsten und hohen Adel/ unserm Teutschland beikommt/ da so viele durchläuchtige und illustre Familien/ die ihren Ursprung auf ein begrautes und undenkliches Alterthum/ zu finden wären; so wissen sich nicht allein die regierende Fürsten und Herren/ von dem gemeinen Adel und niedern Volk/ mit Aufführung der kostbarsten Palläste/ sondern auch zugleich mit Anlegung der allerschönsten Gärten zu distinguiren/ und ihr hohes Ansehen dardurch zu behaupten. Niemand ist unbekandt/ was zu Berlin/ zu Oranienburg/ zu Dreßden/ zu München/ zu Eichstädt/ zu Salzburg/ zu Passau/ zu Prag/ und in andern Chur- und Fürstlichen Gärten/ für Seltenheiten sich zeigen/ und mit was Erstaunen und Vergnügen/ die Reisende daselbst/ die wunderbare Vermischung der Kunst und Natur anschauen."[1669]

In der folgenden Untersuchung wird es darum gehen, die Aussage und Bedeutung einzelner, wichtiger Bestandteile des Neuwerkgartens und damit den Zweck ihrer Entstehung bzw. die Motivation des Auftraggebers zu entschlüsseln. Dabei wird sich erweisen, ob und inwieweit das Prinzip der höfischen Repräsentation auch auf den Gottorfer Neuwerkgarten und seine Auftraggeber zutrifft.

2.1. Untersuchung und Interpretation einzelner Elemente

2.1.1. Herkules

Während eine größere Verbreitung des Hesperidenmythos in europäischen Gärten erst ab 1646 mit dem Erscheinen des von Giovanni Battista Ferrari verfassten Buches „Hesperides sive de malorum aureorum cultura et uso" begann, das die Gleichsetzung der Goldenen Äpfel der Hesperiden mit Zitrusfrüchten verdeutlichte und auf diese Weise die mythologische Grundlage für den Zusammenhang zwischen Gärten und dem Herkuleskult herstellte, ist diese Thematik – wie wir gesehen haben – auf Gottorf wie auch bei einzelnen anderen Beispielen in Deutschland schon früher nachweisbar.

Wie bereits dargelegt, ist anzunehmen, dass die Herkulesgruppe im Neuen Werk nicht den Kampf des Helden mit der Lernäischen Hydra, sondern mit dem Drachen Ladon darstellt[1670], was Auswirkungen auf die Bedeutung dieses Kunstwerkes in seinem Kontext hat. Dadurch zeigt sich hier nicht allein die Ebene der seit der Antike üblichen Identifikation des Herrschers, in diesem Fall Friedrichs III., mit dem tugend- und standhaften Helden, der das Ideal eines regierenden Fürsten repräsentiert, sondern auch die Verbindung zum Hesperidenmythos, womit eine zweite Bedeutungsebene eröffnet wird.[1671] Schon im Alten Gottorfer Garten waren diese Zusammenhänge 1636/37 künstlerisch in Form eines großen Monumentbrunnens wohl mit der bekrönenden Statue des ruhenden Herkules thematisiert worden[1672], denn auch hier gab es schon eine große Pflanzensammlung u.a. mit Zitrusgewächsen und einem massiven, aber noch schmucklosen Winterhaus. Im Neuen Werk wird diese Bedeutungsverbindung durch die direkte räumliche Nähe zwischen der Herkules-Skulptur und dem Pomeranzenhaus im Globusgarten hergestellt.[1673] Die hier wachsenden Zitrusfrüchte sind als Attribute des Herkules zu verstehen, als Goldene Äpfel der Hesperiden, mit denen der Topos „Paradies" greifbar wird. „In vielen Fürstenhöfen wird die Sinnbildhaftigkeit der Orangerie durch eine zusätzliche Identifikation des Fürsten mit der Person des Herkules komplettiert."[1674] So wird der Globusgarten mit dem Pomeranzenhaus als Ort der Orangerie zur Allegorie der Überwindung des Bösen und des Lasters, das in Personifikation des Drachens Ladon den Zugang zum Hesperidengarten versperrte. Herkules schafft durch seinen Sieg über das Laster den Weg ins Goldene Zeitalter, das als irdisches Paradies verstanden wird. Also symbolisiert Herkules nicht nur die Herrschertugenden, sondern wird auch zum Schutzgott der Gärten wie schon bei der Villa d'Este in Tivoli und der Villa Aldobrandini in Frascati. Bei letzterer ist er im Zentrum des halbrunden Wassertheaters dargestellt, wie er für den Riesen Atlas das Himmelsgewölbe trägt, der ihm dafür die Früchte beschafft.[1675] Diese zweite Version der Geschichte vom Raub der Goldenen Äpfel schwingt im Neuwerkgarten angesichts der Aufstellung des Globus mit, wodurch dieser neben seiner wissenschaftlichen auch eine symbolische Bedeutung erhält. Herkules als Träger des Himmelgewölbes bzw. der Erdkugel, auf Gottorf in einer großen Maschine vereint, war im 17. Jahrhundert ein geläufiges Sujet in Kunst und Kunsthandwerk.[1676] Der Zeitpunkt ihrer Aufstellung kurz nach dem 1648 geschlossenen Westfälischen Frieden verstärkt die Deutung der kolossalen Herkulesfigur in ihrer dritten Bedeutungsebene als Friedensbringer, der den Menschen mit den Goldenen Äpfeln aus dem Garten der Götter über das irdische Paradies in Form des Goldenen Zeitalters hinaus auch Frieden bringt. Auch die Zitrusfrüchte, die schon in der Antike mit den mythischen Goldenen Äpfeln identifiziert wurden, versinnbildlichen durch ihre besonderen Eigenschaften der gleichzeitigen Blüte und Frucht und den immergrünen Blättern Fruchtbarkeit, Kontinuität und Unendlichkeit, das Ideal einer friedlichen Regentschaft, die den Untertanen Frieden und Auskommen geben soll. Die mühevollen Taten des Herkules, die in der vorgeführten elften anklingen und ihm zur Unsterblichkeit verhelfen, symbolisieren die schwierigen Zeiten während der Regierung Friedrichs III., die letztlich zu einem guten Ende führen. Das wird gleichzeitig auch verdeutlicht durch die im nordischen Klima mühevolle Kultivierung der Agrumen, die selbst eine Metapher für die Überwindung von Schwierigkeiten darstellt und mit ihren Früchten den verdienten Lohn zeigt.

Eine vierte Bedeutungsebene der Herkulesfigur wird in dem Nebeneinander der zwei gegensätzlichen Gartenbereiche von wilder Natur (Wildnis und Labyrinth) und gestaltetem Garten (Globusgarten und Terrassenanlage) im Neuen Werk deutlich. Wie Helmut-Eberhard Paulus erläutert, gehören beide Bereiche zu dem von dem römischen Autor Vergil beschriebenen Goldenen Zeitalter. Herkules, der mit seinen kunstvollen Taten die „cultura" verkörpert, steht für die Welt der humanistischen Bildung und ist im Neuwerkgarten Ausgangpunkt des kunstvoll gestalteten unteren Gartenbereichs mit der Zurschaustellung eines Wissenskosmos. Die Wildnis mit dem Labyrinth stellt als Gegenstück und Ergänzung die „natura" dar, die naturbelassene, bukolische Welt des arkadischen Hirtengottes Pan. Diese zwei Welten sind nach Paulus in der Konstellation des unter dem Markgrafen Georg Wilhelm angelegten älteren Hofgarten der alten Eremitage in Bayreuth (ab 1715) abgebildet, wo sich – angelehnt an ein Vorbild des Pegnesischen Blumenordens – Pomeranzengarten und Labyrinth gegenüber stehen als metaphorische Pendants verschiedener Welten, einerseits des Goldenen Zeitalters (Orangerie) und andererseits des Weges dorthin (Labyrinth).[1677] Diese Gegenwelten finden sich auch im Neuen Werk.[1678]

2.1.2. Globusgarten und Globushaus

Die vielseitige Ausstattung des Globusgartens samt Globus hat mehrfach Anlass dazu gegeben, diesen Bereich als eine in den Garten verlegte Außenstelle der Gottorfer Kunst- und Wunderkammer zu interpretieren.[1679] Hier wurden nach dem humanistischen Bildungsideal, für das – wie wir gesehen haben – Herkules steht, die Sammlungen einheimischer und fremdländischer Pflanzen, lebendige, exotische Vögel in der Voliere sowie vertraute und fremde Meerestiere als skulpturaler Schmuck an den Einfassungen der acht Bassins in den Beeten präsentiert. Der dahinter stehende wissenschaftliche Anspruch zeigt sich in der gleichzeitigen Dokumentation der Pflanzen im Gottorfer Codex, in Olearius' Publikation der Gottorfer Kunstkammer, in der er auch Tiere und Pflanzen präsentiert, die im Garten zu sehen waren, und in der lebensechten Darstellung der Fische an den Bassinbordüren[1680], die an die Werke des französischen Naturwissenschaftlers, Keramikers und Grottenkünstlers Bernard Palissy (1510–1589) erinnern, der mit Hilfe von Abgüssen exakte, naturgetreue Reproduktionen von Tieren erstellte. In seinem Buch „Recepte véritable" von 1563 legte er die dahinterstehenden Grundsätze seines Gartens der Weisheit dar, dessen verschiedene Bereiche er als Kuriositätenkabinette ansah, die die Betrachter in Erstaunen über die Geheimnisse und Wunderlichkeiten der von Gott geschaffenen Natur versetzen sollten.[1681] Palissys Buch ist in der Gottorfer Bibliothek bisher nicht nachweisbar, aber es ist durchaus möglich, dass Johannes Clodius bei seinem Aufenthalt in Frankreich Palissys heute nicht mehr erhaltene Grotte für Katharina von Medici im Pariser Tuilerien-Garten (1570–72 und nach 1576) gesehen hat.[1682] Ergänzt wurde die Präsentation im Globusgarten durch einen allegorischen Skulpturenzyklus der vier Lebensalter des Menschen, der zu den in Barockgärten beliebten Vierergruppen zu rechnen ist, die den Kreislauf der Natur versinnbildlichen und damit auch auf die Vergänglichkeit des menschlichen Lebens und auf eine kosmologische Dimension dieser Gartenschöpfung und der Sammlungen verweisen. Besonders deutlich wird dies in der Allegorie des Greisenalters. Dargestellt ist ein alter, durch Attribute wie Bücher, Globen und mathematische Instrumente als weiser Philosoph charakterisierter Mann. Aber sein Wissen schützt ihn nicht vor der Vanitas, die durch den Tritt auf einen Globus und den Totenkopf in seiner Hand symbolisiert wird.[1683]

Die Sammlungs-Schau im Neuen Werk setzte sich mit der Ausstattung des Globushauses fort, deren prominentestes Stück der große Globus war.[1684] Seine Bedeutung kann hier nur kurz in Anlehnung an die einschlägige Literatur beschrieben werden. Er war zugleich wissenschaftliches Instrument mit pädagogischem Anspruch und luxuriöser, kostspieliger Repräsentationsgegenstand.[1685] Dasselbe galt für die in der Gottorfer Kunstkammer stehende Sphaera Copernicana. Beide sich ergänzende Instrumente dokumentieren das überdurchschnittliche Interesse des Gottorfer Hofes an den Naturwissenschaften und speziell an den astronomischen Fragen der Zeit.[1686] Der Globus übertraf mit seinem Durchmesser, der Zusammenführung von Erd- und Himmelsglobus, seiner Drehfunktion, der Begehbarkeit und daraus ermöglichten anschaulichen Erfahrung der Himmelsbewegungen alle bis dahin gebauten Globen.[1687] Beide Maschinen verband die Idee, die astronomischen Zusammenhänge nach neuesten Erkenntnissen und zwei verschiedenen Weltsystemen modellhaft vorzuführen und damit nach den Vorstellungen der Zeit die Wunder der Welt und die göttliche Allmacht zu demonstrieren.[1688] Wie Felix Lühning es treffend formulierte, wurde durch den Globus ein „weiter Bogen vom Makrokosmos des Universums zum Mikrokosmos der Pflanzen im Garten" gespannt.[1689]

Im Globushaus gab es außerdem noch andere naturwissenschaftlich-mathematische und optische Instrumente, wie sie gerne in Kunstkammern gezeigt wurden, aber auch zur praktischen Nutzung bei der Himmelsbeobachtung.[1690] Die Sujets der vielen als Bildergalerie zu verstehenden Gemälde verweisen auch auf die Intention, das Lusthaus als Teil der Kunst- und Wunderkammer zu begreifen. Darunter sind Stillleben, Blumenbilder, ein Porträt der blühenden Aloe von 1668, Gemälde von im Neuen Werk gewachsenen Melonen, zwei Bilder von exotischen Tieren und Vogelgemälde. Im Festsaal waren in die stuckierte Decke ebenfalls Gemälde von einheimischen und fremdländischen Vögeln eingelassen. Neben der Betrachtung der Exponate führten gleichzeitig die Ahnengalerie aus Büsten entlang der Globusmauer und die im Globushaus aufgehängten Porträts des Herzogspaares und ihrer vier ältesten Töchter mit Ehegatten den Besuchern vor Augen, wer die Urheber dieser Pracht und Fülle an Wissen und Wunderwerken waren, sodass auch dieser Bereich des Neuwerkgartens deutlich zur Repräsentation des Fürstenhauses beitrug.

Die Einfassung des Globusgartens in Form einer Exedra bot die äußere, würdevolle Rahmenkulisse für diese Inszenierung des humanistischen Bildungsideals. Helmut-Eberhard Paulus sieht die „hohe Bedeutung" des Exedra-Motivs, das er auf das Amphitheater zurückführt, in seiner Funktion als Zitat der antiken Architektur, das „als Synonym für Antike und antike Geisteswelt" galt.[1691] Marcello Fagiolo bringt diese architektonische Form in gleicher Weise aber auch mit dem Vorbild der antiken Thermen in Verbindung, die mit ihren vielen Funktionen als Orte der hohen römischen Kultur angesehen wurden.[1692] Es ist anzunehmen, dass die Gottorfer Exedra im Bewusstsein dieser Bedeutungszusammenhänge gerade im Kontext der im Globusgarten präsentierten Kunst- und Wunderkammerstücke samt Pflanzen- und Tiersammlungen zur Anwendung kam, wobei die Monumentalität der Mauer die intendierte Wirkung noch unterstrich.

Die Ausstattung des Globusgartens unter Herzog Friedrich III. steht einerseits in der Tradition der Gelehrtengärten[1693] und der botanischen Gärten des 16. und 17. Jahrhunderts, andererseits in der Folge der höfischen Gärten, die mit fürstlichen Sammlungen in Verbindung stehen. Die botanischen Gärten waren von Anfang an mit einer musealen Galerie kombiniert, in der wie in den Wunderkammern und Raritätenkabinetten vor allem Exponate aus den drei Bereichen der Natur, den „Vegetabilia", „Animalia" und „Mineralia" ausgestellt wurden.[1694] Ein gutes Beispiel hierfür ist der Botanische Garten in Leiden mit seinem Galeriegebäude (Abb. 160), den Christian Albrecht 1662 bewunderte.[1695] Aber schon im 16. Jahrhundert war die Darstellung der Wissenschaften und das Staunen über die Naturwunder in Gärten Teil des Selbstverständnisses höfischer Repräsentation.[1696] Das prominenteste Beispiel dafür ist sicher der Garten der Villa Pratolino bei Florenz (1568 bis 1586), den Bernardo Buontalenti für Francesco I. von Medici gestaltete. Von den Zeitgenossen hochgerühmt, galt er als „einzigartiges Museum von >Wunderwerken<".[1697] In seiner Publikation über die Gottorfer Aloeblüte von 1668 bezeichnet Johann Daniel Major das Neue Werk als „ein rechtschaffen Pratolin, und von Menschen=Händen wol=geordnetes Paradiß in Holstein".[1698] Dieser Vergleich zielt nicht auf eine direkte, formale Ähnlichkeit ab, sondern auf die Pracht, Fülle und Vielfalt des Staunenswerten. Allerdings muss betont werden, dass auf Gottorf schon der „Paradigmenwechsel am Beginn des 17. Jahrhunderts" zu spüren ist, der sich in der Verlagerung auf die empirische Forschung und Erkenntnis zeigt.[1699] Hier liegt nicht, wie in Pratolino, der Schwerpunkt auf der Bewunderung von Grotten und Automaten, sondern auf einer fortschrittlichen, nüchterneren naturwissenschaftlichen Betrachtungsweise anhand der lebendigen Pflanzen- und Tiersammlungen und des Globus, die sich auch im Gottorfer Codex spiegelt.[1700] Und diese Betonung der Wissenschaft und der Globus als wissenschaftliches Instrument sind es, die dem Globusgarten einen singulären Status verleihen. Obwohl es schon um 1600 in Dresden und Stuttgart Lusthäuser gab, in denen u.a. auch Kunst- und Rüstkammern untergebracht waren, ist doch kein weiterer Garten mit einem Globus als Mittelpunkt und vergleichbarer wissenschaftlicher Intention bekannt.[1701]

Das Globushaus in seiner ungewöhnlichen Gestalt mit dem möglicherweise exotisch motivierten Flachdach, der Globus und die zu bestaunenden Sammlungsstücke zeigten die Weltoffenheit des Gottorfer Hofes und repräsentierten ihn als Ort des humanistischen Bildungsideals.[1702] Die Figur des antiken Helden Herkules steht in dieser Verbindung für geistige Macht und Wissen, die mit dem Instrument des Globus sogar das Universum umfasst, und verbindet so die einzelnen, hier vorgeführten Wissensgebiete zu einem Theatrum mundi.

2.1.3. Die Aussage der Skulpturen

Wie in anderen Gärten erfüllten auch die Skulpturen im Neuen Werk ihren Zweck, den Besucher in eine bestimmte Atmosphäre zu versetzen bzw. ihm bestimmte Botschaften mitzuteilen. Wie wir im Kapitel zur Einordnung der Skulpturen gesehen haben, lässt sich kein spezielles ikonographisches Programm für die

Einzelstatuen der Terrassen erkennen. Aber eine ganz allgemeine, für Gärten wichtige Botschaft wird dem Betrachter allein durch ihr Vorhandensein vermittelt, nämlich die pastorale und arkadische Sphäre des Gartens als Paradieswelt, mit der Figuren der olympischen Götter und der antiken Mythologie assoziiert wurden. Einzelne Bildwerke haben auch eine besondere inhaltliche Verbindung mit dem Gartenthema. So ist z.B. Venus „nach altitalischer Überlieferung die Göttin des Frühlings und die Herrin der Gärten".[1703] Und Flora, ebenfalls römische Frühlingsgöttin, die sogar zweimal vorhanden war, stellte als „Beschützerin der Gartenkultur"[1704] allegorisch die Fülle und lebensspendende Kraft der Natur im Garten dar.

Einen vollkommen anderen Zweck verfolgte die Aufstellung der Porträtserie der herzoglichen Vorfahren an der Ringmauer des Globusgartens. Die Präsentation der Vorfahren thematisierte die altehrwürdige Abstammung und den standesmäßigen Fürstenstatus Friedrichs III. und interessanterweise auch seiner Gattin Maria Elisabeth von Sachsen. Über den hier dokumentierten Herrschaftsanspruch zeigte die unübersehbare Position der Büsten inmitten des Globusgartens und direkt vor dem Globushaus das Selbstverständnis des Herzogspaares als Förderer von Wissenschaft und Kultur, was sich in vielen Aktivitäten des Fürstenpaares spiegelte, hier aber mit dem Globus seinen Höhepunkt erreicht hatte. Mit der Abfolge der 150 Kaiserbüsten, die die gesamte Terrassenanlage an den Außenwegen begleitete, kam aber noch viel deutlicher eine politische Botschaft zum Ausdruck. Das kleine Herzogtum hatte im Zuge des schwedisch-dänischen Krieges 1658 mit dem Frieden von Roskilde die erstrebte Souveränität erlangt. Diesen neuen Status eines souveränen Herrschers, der nicht mehr dem dänischen König verpflichtet war, stellte Herzog Christian Albrecht hier zur Schau, und zwar in einer unmissverständlichen Form. Die Aufreihung aller 146 römisch-deutschen Kaiser war eine unübersehbare und provokante Machtdemonstration gegenüber seinem Schwager, dem dänischen König Christian V. Sie zeigte den Herrschaftsanspruch des Gottorfer Herzogs und seine „Zugehörigkeit zum Kreis der kaiserlichen bzw. königlichen Blutsverwandten. Nach dem Standesrecht galten die Fürsten als unmittelbare Verwandte oder Verschwägerte der deutschen Könige bzw. der Römischen Kaiser", wie Helmut-Eberhard Paulus es treffend als Begründung und Motivation des Auftraggebers zur Präsentation der Kaiserbilder in der Schwarzburger Orangerie formulierte.[1705] Im Neuwerkgarten demonstrierte Herzog Christian Albrecht durch die Kaiserbüsten seine Legitimation als souveräner Fürst.

2.1.4. Die Amalienburg

Eine Interpretation des nicht erhaltenen Gemäldezyklus von Jürgen Ovens im Festsaal der Amalienburg kann nur sehr oberflächlich erfolgen, weil die Kenntnisse darüber zu dürftig sind. Aus den überlieferten Beschreibungen, die vage und unvollständig sind, geht hervor, dass schon im 18. und 19. Jahrhundert keine klare Deutung mehr möglich war.[1706] Fest steht aber, dass die Ausmalung zu Ehren der Herzogin Friederike Amalie geschah, was auch der Name des Lusthauses unterstreicht. Die Gemälde gliederten sich räumlich und thematisch in drei Bereiche. Die unterste Ebene an der Schrägung zeigte bacchantische Szenen (Abb. 82–90) mit einem genussvollen Leben, die vermutlich auf die Funktion dieser Gartenarchitektur und des Saales als Ort für Feste und fröhliche, ausgelassene Stunden verweisen sollten. Die mittlere Zone war von Putti mit verschiedenen Attributen bevölkert (Abb. 92), die sich wie Blumen und Früchte einerseits auf den Garten und andererseits wie Pfeil und Bogen auf Jagd oder Liebe bezogen oder insgesamt vielleicht die Jahreszeiten darstellten. In diesem Bereich befand sich direkt gegenüber der Eingangstür an der Nordwand die wichtige repräsentative dynastische Ebene mit den von Putti gehaltenen Bestandteilen des herzoglichen Allianzwappens, die nicht nur als Hommage an die Herzogin aufzufassen ist, sondern auch Christian Albrecht als Urheber des Lusthauses miteinbezog. Die dritte Ebene bildeten die acht Gemälde in der Kuppel, die die Herzogin im Kreis von Göttern der römisch-griechischen Mythologie vor einem Himmel darstellten (Abb. 93). Die Auswahl und räumliche Platzierung der Götter deuten auf zwei Sinnebenen hin: Zum einen wurden Lebensstationen der Friederike Amalie mit der guten Erziehung (kleine Prinzessin und Minerva), ihre Ehe (Jupiter und Juno) und ihre Liebe zu Christian Albrecht (Mars und Venus) thematisiert, zum andern die Tageszeiten (Diana als Mondgöttin im Norden, Phoebus mit Sonnenwagen im Süden), und zusätzlich spielten Ceres und Flora auf den Garten bzw. die Fruchtbarkeit und Diana auf die Jagd bzw. den Tiergarten an. Ein großer, roter Vorhang als Würdesymbol verband an der Nordwand die drei Ebenen miteinander. Der gesamte Gemäldezyklus kann als Apotheose der Herzogin und Repräsentation des Gottorfer Fürstenhauses gedeutet werden.

Da die vier Emblemzimmer der Amalienburg sowohl zeitlich als auch von den Auftraggebern sehr eng mit der Bunten Kammer in Ludwigsburg zusammenhängen, steht zu vermuten, dass sich die Forschungsergebnisse von Hartmut Freytag, Wolfgang Harms und Michael Schilling bezüglich der Bedeutung des Ludwigsburger Emblemzimmers auch auf die Gottorfer Räume anwenden lassen, obwohl die Beurteilung durch ihre Zerstörung eingeschränkt ist.[1707] Zum einen spielt für die Interpretation ihre Funktion eine wichtige Rolle. Wie aus den französischen Salons des 17. Jahrhunderts bekannt, dienten die Embleme der höfischen Gesellschaft zur geselligen Unterhaltung, indem sie Anregungen zu gebildeter und geistreicher Konversation gaben. Durch die französischen Inskriptionen der Amalienburger Embleme ist wohl auf eine Orientierung Christian Albrechts an den Gepflogenheiten der zu dieser Zeit angesagten französischen Mode zu schließen. Den drei Forschern gelingt es aber auch, einen sinnfälligen Bezug zwischen Emblemzimmern und Kunst- und Wunderkammern nachzuweisen. Das geschieht anhand eines Gemäldes der Bunten Kammer, auf dem der Raum selbst in Verbindung mit einem Schlüsselbund dargestellt ist.[1708] Das Inventar des Raumes in Gestalt eines großen Kunstkammerschranks und eines geöffneten Schatzkästleins auf einem Tisch untermauern ihre These. Die Schlüssel sind als Metapher für die zu entschlüsselnden Embleme zu verstehen, indem jeder Schlüssel nur ein Schloss öffnen kann, aber viele Schlüssel viele. Im übertragenen Sinn ist hier das Weltverständnis gemeint, zu dem die Gesamtheit der Embleme mit ihrer Entschlüsselung hinleitet. So ist die Bunte Kammer als geistig-ideelle Visualisierung der Welt zu verstehen. Genau das ist auch der enzyklopädische Ansatz, der hinter den frühneuzeitlichen Kunst- und Wunderkammern steht, nur dass es hier nicht um eine materielle, sondern um eine geistige Sammlung geht.[1709] Zu dieser Deutung passen auch die im Gottorfer Kulturkreis in der zweiten Hälfte des 17. Jahrhunderts gegründeten Kunst- und Wunderkammern unter Friedrich III. und dem Kieler Professor Johann Daniel Major.[1710] Weil Kunst- und Wunderkammern von ihrer Idee her die „Ordnung des Kosmos" widerspiegelten, gehörten sie „seit dem 16. Jahrhundert zu den Ausdrucksformen des Machtanspruchs frühabsolutistischer Herrschaft", mit anderen Worten zur fürstlichen Repräsentation, was durch die o. g. inhaltliche Parallele also auch für die Emblemzimmer zutrifft.[1711]

Dass die Amalienburg nicht nur als Gebäude für Feste anzusehen ist, sondern den Kunst- und Wunderkammeraspekt des Globusgartens und Globushauses in sehr individueller Weise fortführt, konnte anhand der Emblemzimmer deutlich gemacht werden. Die Präsentation weiterer Kunstkammerstücke in diesem Lusthaus wie eine Camera obscura, die zu einem optischen Kabinett gehörte, und kunstvolle Drechslergegenstände zeigen das lebhafte Interesse Herzog Christian Albrechts an Wissenschaft und Kunst, das bisher nur seinem Vater beigemessen worden ist, aber auch durch das erhaltene Reisetagebuch nachgewiesen werden kann.[1712] Die Amalienburg mit ihrer äußeren Gestaltung und inneren Ausstattung zeugt von Christian Albrechts hohen und modernen Ansprüchen gleichermaßen an höfische Unterhaltung, Kunst, Architektur, Gelehrsamkeit, Wissenschaftsförderung und Repräsentation.

2.1.5. Die Orangerie

Dass eine Orangerie in der Barockzeit nicht nur zur Überwinterung exotischer Pflanzen diente, sondern darüber hinaus einen weitgespannten inhaltlichen Bedeutungskreis umfasste, der letztlich die utopischen Lebensvorstellungen der Zeitgenossen und das Ideal eines Herrschers spiegelte und sich in der Gestaltung des Gebäudes manifestierte, hat besonders Helmut-Eberhard Paulus durch seine ikonographisch-ikonologischen Analysen verschiedener Orangerien deutlich gemacht.[1713] Ihm zufolge ist eine „Orangerie nicht nur Architektur, sondern ein mit allen Möglichkeiten der Allegorese arbeitendes Ideal, das nach Form und Gestalt verlangt."[1714] Einen wichtigen Aspekt stellte dabei die Verknüpfung mit der antiken Mythologie über die Zitruspflanzen dar, speziell die Orangen, die mit den von den Hesperiden in einem paradiesgleichen Garten gehüteten goldenen Äpfeln identifiziert wurden und mit ihrer Besonderheit als immergrüne, zeitgleich Blüten und Früchte tragende Bäume als Sinnbild für das irdische Paradies, für Fruchtbarkeit und immerwährenden Frühling, für Unsterblichkeit und Tugendhaftigkeit galten.[1715] Der Raub der goldenen Äpfel durch Herkules eröffnete eine weitere, wichtige inhaltliche Dimension zum Mythos des Halbgottes mit der schon mindestens seit der Renaissance üblichen Identifizierung der Herrscher mit den Herkules zugesprochenen Attributen der Stärke und Tugend.[1716] Anhand dieser Komponente konnte die inhaltliche Gestaltung einer Orangerie vor allem auf die Übermittlung des fürstlichen Selbstverständnisses abzielen und gehörte damit in den Bereich der höfischen Repräsentation. Vor diesem Hintergrund ist die Perfektionierung des symbolisch-mythologischen Gehaltes dieser Gebäude in der ersten Hälfte des 18. Jahrhunderts zu sehen, die die botanischen Raritäten bei weitem übertraf und den Orangerien einen immer höheren Stellenwert innerhalb der fürstlichen Hofhaltung zuwies.[1717] Somit werden Paulus zufolge drei Bedeutungsebenen einer Orangerie erkennbar, erstens als „Sinnbild des Paradieses" durch die Zitruspflanzen und ihren Aufstellungs- und Überwinterungsplatz, zweitens als „Allegorie des olympischen Götterhimmels" durch die Verbindung mit Herkules und drittens als „Metapher fürstlichen Selbstverständnisses", indem die Orangerie als paradiesischer Ort der Götter und gleichzeitig vom Bauherrn genutztes Terrain den idealen Rahmen bildete für seine Selbstverherrlichung.[1718] Paulus zieht auch die Verbindung zu der vierten Ekloge des römischen Dichters Vergil, in der er das durch den Goldenen Apfel symbolisierte Goldene Zeitalter mit Glück, Frieden, Wohlstand, Fruchtbarkeit und Unsterblichkeit beschreibt.[1719] Dieses symbolische Geflecht war den humanistisch gebildeten Zeitgenossen geläufig und daher für die höfischen Zwecke einsetzbar. Im Folgenden soll versucht werden, die genannten Bedeutungsschwerpunkte bei der Gottorfer Orangerie anhand ihrer Gestaltung zu verifizieren.

Am augenfälligsten erscheint die auf den Fries des Hauptportals gemalte Inschrift: „Cum forte in cana frigus tegit arva pruina, Frondibus hic intus vernat amcana domus" (nach Ulrich Petersens Übersetzung: „Wenn der Winter Wald und Feld mit dem Schnee und Reiff begrauet, Wird in diesem Frühlings Zelt lauter Sommer:Grün geschauet"). Die Inschrift wies zusammen mit den vor der Fassade, auf dem Orangenplatz oder im Winter im Gebäude aufgestellten Pflanzen den Besucher auf die Bedeutung der Orange als Allegorie des ewigen Frühlings, der Unsterblichkeit und des irdischen Paradieses hin. Auch Girlanden und Kränze aus Früchten und Blumen sowohl an der Fassade als auch im Innern als Attribute der Göttin Flora und plastische, mit Blumen bestückte Vasen in der Dachzone schufen einen direkten Bezug zur Natur und zur Nutzung des Gebäudes. Im Mittelsaal symbolisierten die vier in den Ecken der Decke platzierten Fresken mit Jahreszeitendarstellungen die Einbindung in den Kreislauf der Natur.[1720] Die Pilaster an den Portalen und im Obergeschoss des Pavillons zeigten wie bei der später entstandenen Erlanger Orangerie die als königlich eingestufte korinthische Ordnung, die den Rang des Gebäudes deutlich erhöhte und auf die „Sphäre der Flora" hinwies, wie Paulus es für Erlangen formuliert.[1721] Flora, die römische Göttin der Blumen, des ewigen Frühlings und des Goldenen Zeitalters, die bei der Gottorfer Orangerie zentral auf dem Dach als Skulptur mit dem Füllhorn, ebenfalls ein Symbol für das Goldene Zeitalter und Fruchtbarkeit, platziert war, nahm hier die unübersehbare Funktion als Herrscherin des Orangeriearelals ein, wodurch das Gebäude wiederum gedanklich mit der antiken Mythologie verknüpft war.[1722] Die von einem Lorbeerstab umrahmte illusionistische Kuppelmalerei im Mittelpavillon vermittelte durch die scheinbare Raumerweiterung eine Verschmelzung zwischen irdischer und göttlicher Sphäre wie es das Goldene Zeitalter des Vergil versprach. Die Verbindung zum Herkulesmythos zeigte sich bei der Gottorfer Orangerie nicht direkt im unmittelbaren Umfeld, aber aus der Ferne, weil von der obersten Terrasse die große Herkulesskulptur im unteren Gartenbereich deutlich sichtbar war wie auch umgekehrt von unten die Orangerie. Dass dieser für die Orangerien so bedeutsame Themenkreis um Herkules und die goldenen Äpfel aber auch sonst am Gottorfer Hof präsent war, zeigt die Tatsache, dass Johann Sigismund Cousser auf Grundlage des Librettos von Christian Heinrich Postel anlässlich der Hochzeit Herzog Friedrichs IV. 1698 eine Oper komponiert hatte mit dem Titel „Die aus Hyperboreen nach Cimbrien überbrachten güldenen Aepfel".[1723]

Nur wenige Schmuckdetails am Hauptportal stellten eine von heutigem Standpunkt aus offensichtliche Verbindung zum Bauherrn her wie das von Lorbeerzweigen gerahmte fürstliche Monogramm mit vergoldeter Krone im gesprengten Segmentgiebel, wobei der Lorbeer als Symbol der Virtus (Tugend) sowohl auf das Selbstverständnis des Herzog verwies als auch – wie oben – zu den Attributen des Goldenen Zeitalters gehörte.[1724] Die Selbstdarstellung und Apotheose des Herzog erfolgte an der Gottorfer Orangerie in anderer, unübersehbarer und selbstbewusster Form, nämlich durch die für die Zeitgenossen eindeutig mit dem Chinabezug assoziierte Farbgestaltung in Blau und Weiß, die sich wiederum direkt auf das berühmte Trianon de Porcelaine Ludwigs XIV. in Versailles bezog. Durch den Altonaer Vertrag von 1689 hatte Christian Albrecht seine lange von dänischer Seite in Frage gestellte Souveränität wiedererlangt, die nun hier mit der Allusion auf Versailles gefeiert wurde. Damit zeigte der Herzog nicht nur überdeutlich seinen absoluten Herrschaftsanspruch auf höchstmöglichem Repräsentationsniveau, sondern fügte zudem die zum Bedeutungsgehalt der Orangerie als Ort des irdischen Paradieses und des Goldenen Zeitalters passende, der gebildeten Hofgesellschaft bekannte Anspielung auf das ferne, unerreichbare und ideale Land China hinzu, das durch die nach Europa gelangten jesuitischen Missionsberichte die Vision eines sorglosen, luxuriösen und paradiesischen Lebens hervorzauberte und mit der Orangerie als Sammlungsort exotischer, kostbarer Pflanzen harmonierte.[1725] Dass die Erinnerung an das Trianon de Porcelaine auch an anderen Höfen, aber in viel bescheidenerem Rahmen, nämlich nur über die blau-weißen Versailler Zierkübel, erfolgte, wird in Ulrike Grimms Beitrag über die Pflanzgefäße der Barockzeit deutlich, denn diese Fayencetöpfe galten bis zur Mitte des 18. Jahrhunderts als Synonyme für höchste Repräsentation wie auch ihre Verewigung in Gemälden mit Kultivierungserfolgen seltenster Orangeriepflanzen zeigt.[1726]

Resümierend kann festgehalten werden, dass bei der Gottorfer Orangerie durch die Dominanz der Göttin Flora mit ihren Attributen nicht nur eine Brücke geschlagen wird zwischen der Architektur und ihrer Funktion, sondern auch die Verbindungen zu den allegorischen Bedeutungsebenen des irdischen Paradieses, des olympischen Götterhimmels und des Goldenen Zeitalters deutlich werden, wobei der Herkulesmythos nur von Ferne hineinspielt. Als Metapher fürstlichen Selbstverständnisses kann dieses Bauwerk gelten aufgrund ihrer überdeutlichen Rezeption des Versailler Trianon de Porcelaine. Die Belvederelage unterstrich die verschiedenen Aussagen des Gebäudes, indem die weithin sichtbare Orangerie einerseits als Sinnbild der aus weiter Ferne zusammengetragenen wertvollen Pflanzensammlung fungierte und andererseits die politische Botschaft Christian Albrechts von weitem prospekthaft zur Schau gestellt wurde.[1727] Insofern verkörperte die Orangerie Herzog Christian Albrechts das, was Paulus als Ideal eines solchen Gebäudes bezeichnete, nämlich „die Verflechtung aus Pflanzenbestand, Architektur und allegorischer Dimension".[1728]

2.1.6. Die Bedeutung der Pflanzen

Teil der fürstlichen Repräsentation war auch die Pflanzensammlung im Neuwerkgarten, deren Ruhm die Vielfalt der Gewächse und deren Seltenheitswert maßgeblich bestimmten.[1729] Die bei weitem größte Aufmerksamkeit bekam die Blüte der Agave americana.[1730] Die Gründe dafür lagen in der komplizierten und langwierigen Pflege, die gute technische Voraussetzungen der Überwinterung sowie höchste gärtnerische Kompetenz und Geduld erforderte, da die Blüte im mitteleuropäischen Klima meist erst nach Jahrzehnten erreicht wurde, weshalb die Pflanze den zeitgenössischen Namen „Hundertjährige Aloe" erhielt. Auch die Höhe des Blütenstängels mit ca. acht Metern, die unzähligen Blüten und die Tatsache, dass die Pflanze nach einmaligem Flor abstirbt, erhöhten die Faszination. 1668 erzielte Michael Gabriel Tatter im Neuen Werk zum ersten Mal den spektakulären Erfolg einer Aloeblüte. Als Ausdruck der enormen Wertschätzung dieses außergewöhnlichen Ereignisses können die angefertigten Gemälde, Kupferstiche, Medaillen und wissenschaftlichen Publikationen gelten, die die Agavenblüten dokumentierten und so die entsprechenden Gärtner, Gärten und Gartenbesitzer bekannt und berühmt machten.[1731] Die repräsentative Bedeutung für den Neuwerkgarten zeigt die Liste der Aloeblüten in Europa in Johann Daniel Majors 1668 erschienenem Buch über die Gottorfer Aloe.[1732] Neben dem äußeren Wert wurde dieses Staatsereignis nach barocker Manier auch symbolisch und sinnbildlich genutzt und verwertet. Das lässt sich beispielhaft ablesen in Majors Schrift: Zum einen an dem Zuschreibungs-Sonett in der Widmung, worin der Autor der Herzogin und Holstein Fruchtbarkeit und Segen wünscht:

„Grünt/ wie die Aloe/ tragt Früchte/ wie sie trägt!

Dem Holstein sey/ und Euch/ viel Segen beygelegt!"

Zweitens formuliert Major drei Sinnbilder der blühenden Aloe, indem er zunächst die späte Blüte mit den Tugenden und der aus Bedachtsamkeit resultierenden guten Regierung des Herzogs Christian Albrecht gleichsetzt, weiterhin den langen Blütentrieb der Pflanze mit der hohen königlichen Herkunft sowie entsprechender Tugend und Frömmigkeit der Herzogin vergleicht und schließlich in Parallele zu den unzähligen Blüten der Pflanze dem frisch vermählten Herzogspaar eine große Nachkommenschaft wünscht.[1733]

Nicht nur als einzelne Sammlungsobjekte, sondern in ihrer Verwendung und Anordnung in bestimmten kostspieligen und kunstvoll gepflanzten Broderiemustern bekamen Pflanzen in herrschaftlichen Gärten die Bedeutung von höfischer Repräsentation, im Neuen Werk nachweisbar in der zweiten Phase der Parterregestaltung auf den Terrassen ab 1690 in den zwei Kompartimenten seitlich des Globushauses mit den Spiegelmonogrammen des Herzogspaares und in den kleinen, beidseitig der Kaskaden befindlichen brodierten heraldischen Zeichen.

2.2. Die Nutzung des Gartens in herzoglicher Zeit

Obwohl es mit dem Westergarten bis 1707 und dem Alten Garten ab 1689 spezielle Bereiche zur Anzucht von Obst und Gemüse für die Versorgung des Hofes gab[1734], hatte das Neue Werk von Anfang an nebenbei auch die Funktion eines Nutzgartens, was bis ins 18. Jahrhundert hinein nicht ungewöhnlich war.[1735] Das ist aus verschiedenen, im Folgenden dargelegten Quellen ersichtlich, aber auch allein schon durch die Existenz eines separaten Melonengartens.[1736] In den dort und bei der Orangerie auf der obersten Terrasse gelegenen Mistbeeten wurden nicht nur Melonen, sondern auch andere Nutz- und Blühpflanzen vorgezogen und kultiviert. Zum Schutz der kleinen Melonenpflänzchen benötigte der Gärtner als Abdeckung Glasglocken, von denen explizit für das Neue Werk 1657 und 1658 über 100 und 1707 noch einmal 50 Stück angeschafft wurden.[1737] 1654 lieferte der Schleswiger Gewürzhändler Johann Luhden „allerhant sachen" in den Neuwerkgarten für immerhin 15 Rthlr 15 ß.[1738] Vielleicht handelte es sich dabei um Gewürzpflanzen oder um Gewürze zur Verarbeitung von Obst und Gemüse. 1663 wurden leere Fässer ins Neue Werk gesandt.[1739] Dass sie vermutlich dazu dienten, „umb die Agurcken darinnen einzumachen", kann man aus einer früheren Lieferung ohne Ortsangabe schließen, bei der der „Mundt Koche in der kleinen Küche" leere Fässer zu diesem Zweck an den fürstlichen Lustgärtner schickte.[1740] Auch aus den Bestallungsurkunden der Neuwerkgärtner geht klar hervor, dass sie verpflichtet waren, Früchte, Kräuter und Blumen, aber kein Gemüse, für die Hofhaltung anzuziehen und in der Küche und Konditorei abzugeben. Nach Beendigung der zweiten dänischen Besatzungszeit erhielt Johannes Kempe 1689 sogar die ausdrückliche Anweisung, die untersten Parterres im Neuen Werk als Küchengärten einzurichten, um genügend Erträge für die Hofküche zu erwirtschaften. Dieser Zustand hatte nur vorübergehend Bestand bis zur Neuanlage der Parterres ab 1691, und in der Bestallungsurkunde seines Sohnes Bernhard 1704 fehlt auch dieser Passus. 1709 wurde er allerdings wieder dazu verpflichtet, spezielle Gemüsesorten anzubauen wie „Frembden und einheimischen Solladen, Spargeln, Cucumern, Melonen, Mohnrettig, portulac und andere Eßbahre Kräuter".[1741] Um den Forderungen nach Obstlieferungen nachkommen zu können, waren zum Beispiel einige der Hauptwegstrecken im Garten von Johannis- und Stachelbeersträuchern gesäumt.[1742] Dazu gab es um 1680 über 1000 Obstgehölze, meist Apfel-, Birn- und Kirschbäume verschiedenster Sorten und Provenienz, aber auch Haselnüsse, die auf den Stufen des Labyrinthberges, an den Hängen westlich und östlich der Terrassenanlage und um die Parterres auf den Terrassen gepflanzt waren.[1743] Ab 1655 gehörten auch die Erträge aus den Pomeranzenhäusern und später der Orangerie wie Feigen, Weintrauben und Zitrusfrüchte dazu.[1744] An der obersten Terrassenböschung waren 1709 Plantagen für Feigen und Erdbeeren angelegt.[1745] Weil sich Herzogin Hedwig Sophie mit ihrem Sohn Carl Friedrich nach dem Tod ihres Mannes 1702 meistens in Schweden aufhielt, mussten 1703 nur noch Prinzessin Anna Dorothea und einige Kavaliere verpflegt werden. Daraufhin wurde 1704 der sogenannte Küchenstaat als Teil des Hofstaates zumindest vorübergehend abgeschafft und stattdessen im Oktober auf Befehl der Herzogin der Gartenertrag per Schiff nach Stockholm gesandt.[1746] In den folgenden Jahren der vormundschaftlichen Regierung scheint sich das wieder geändert zu haben, denn vom Oktober 1708 haben sich die Wochenzettel mit den Mengen der wöchentlichen Ablieferung von Früchten aus dem Neuen Werk an die Konditorei erhalten, die der Schlosshauptmann Persius von Löhnsdorff an den Baron von Goertz genannt Schlitz in Hamburg brieflich übermittelte, woraus ersichtlich wird, dass diesem Vorgang weiterhin große Bedeutung beigemessen wurde.[1747] Zusammenfassend ist festzuhalten, dass der Neuwerkgarten in der herzoglichen Zeit durchgängig u.a. dazu diente, die Hofkonditorei mit Gartenfrüchten zu beliefern, während Gemüseanbau die Ausnahme blieb. Der Grund liegt vermutlich darin, dass die Obstproduktion tatsächlich nebenbei erfolgen konnte und der repräsentative Charakter des Gartens dadurch nicht gestört wurde wie es bei Gemüsegärten der Fall gewesen wäre.

Während die Nutzung des Gartens zur Versorgung des Hofes als wichtiger und unerlässlicher Nebeneffekt gesehen wurde, stand die Funktion der höfischen Repräsentation und der Unterhaltung der Hofgesellschaft deutlich im Vordergrund.[1748] Auch damit hob der Gottorfer Hof sich nicht von anderen Residenzen ab.[1749]

Die erste definitiv für den Neuwerkgarten überlieferte Nutzung im Sinne eher alltäglicher Vergnügen und Gesellschaftsspielen der Hofgesellschaft bestand im Scheibenschießen in den Jahren 1648 und 1651.[1750] Nachdem durch den Bau eines Küchengebäudes ab 1654 und der Anlage der sogenannten Achtkant als Gesellschafts- und Essraum im Freien bessere Voraussetzungen geschaffen worden waren, tafelte die fürstliche Gesellschaft von 1656 bis 1660 im Sommerhalbjahr häufiger im Neuen Werk, wozu extra Leute (meist Soldaten) bezahlt wurden, um Konfekt in den Garten zu bringen.[1751] Während sich Herzog Christian Albrecht in Hamburg aufhalten musste, speiste seine Gemahlin in den Jahren 1678 und 1679 nachweislich mehrfach im Neuwerkgarten, u.a. in der Amalienburg, zum Teil anlässlich von Besuchen ihrer Verwandtschaft aus dem dänischen Königshaus.[1752] In der Nähe der Achtkant war auch eine Vogelstange aufgestellt worden.[1753] Weitere sportlich unterhaltsame Aktivitäten konnten seit Anfang der 1660er Jahre durch die Einrichtung einer Reitbahn auf der obersten Terrasse ausgeübt werden, die südlich des 1671 gebauten Marstalls lag.[1754] Dazu wurden für Turniere Pappköpfe und Lanzen angefertigt, und wie das Bild in der Bunten Kammer von Ludwigsburg zeigt, fand hier offenbar auch das beliebte Ringstechen statt (Abb. 19).[1755] 1663 entstand eine Maillebahn[1756] für das in England und Frankreich sehr verbreitete, dem heutigen Krocket vergleichbare Maille-Spiel.[1757] Eine Pilkentafel für das Neue Werk gab Herzog Christian Albrecht 1664 in Auftrag. Für diesen Vorläufer des heutigen Billardspiels stellte der Tischler Caspar Eybe den Spieltisch aus Holz her, während der Rotgießer Niclas Matthießen die Metallscheiben dazu lieferte.[1758] Da die Reitbahn der neuen Orangerie weichen musste, sorgte Christian Albrecht ab 1694 mit der Errichtung des Ringelhauses für Ersatz.[1759] Auch zum Spazierenfahren wurde der Garten genutzt. Belegt ist das für Herzogin Friederike Amalie im Jahr 1678.[1760]

Mindestens gleichrangig muss die Repräsentationsfunktion des Gartens bewertet werden. Das belegt allein schon die Ausstattung des Gartens mit inhaltlich darauf abzielendem Bildschmuck wie die große Herkulesskulptur, die Porträts der herzoglichen Vorfahren und die Kaiserbüsten, die Ausmalung von Amalienburg und Orangerie und dazu der Globus.[1761] Dazu zählt auch die oben eingehender betrachtete Einrichtung des Globusgartens unter Friedrich III. im Sinne einer nach außen erweiterten Kunst- und Wunderkammer. Belegt ist, dass die Ausgestaltung des Neuen Werkes zur Besichtigung einlud.[1762] Daneben bildeten sicherlich Feste, die im Garten gefeiert wurden, den repräsentativen Höhepunkt. Wie auch an anderen Höfen gab es auf Gottorf Feierlichkeiten zu Anlässen wie Taufe, Geburtstag, Hochzeit, Begräbnis und Huldigung u.a. mit Ballettaufführungen, Festumzügen und Pferdeturnieren. Leider ist die Überlieferung dazu eher schlecht. Entweder werden die Anlässe in den Quellen nicht genannt oder es gibt keine Nachricht, ob der Neuwerkgarten miteinbezogen war.[1763] Dokumentiert sind aber die beiden großen Hochzeitsfeste von Sophie Augusta (1630–1680) und Maria Elisabeth (1634–1665), zweier Schwestern Herzog Christian Albrechts, im September 1649 und November 1650, mit deren Ablauf und emblematischer Bedeutung sich Ingrid Höpel beschäftigt hat.[1764] Leider gehen aus den Quellen keine Angaben hervor, an welchen genauen Orten und Räumlichkeiten der Residenz die einzelnen Veranstaltungen der Feste, die meist mehrere Tage umfassten, stattfanden.[1765] So wissen wir also nicht, ob auch der Neuwerkgarten Teil des Zeremoniells war, wobei anzumerken ist, dass die Hochzeit im November 1650 wohl kaum im Garten gefeiert wurde. Es scheint aber so, als ob zumindest die Feuerwerke bei beiden Feste hier abgehalten wurden.[1766] Das erscheint schon deshalb wahrscheinlich, weil sie vom Standpunkt des Schlosses aus eine großartige Wirkung hatten. Wenn diese beiden Feste vielleicht nicht im Garten stattfanden, so sieht Ingrid Höpel doch inhaltliche Assoziationen zwischen den Emblemen des aufgeführten Balletts und den zu dieser Zeit gerade erst fertiggestellten Ausstattungselementen (Lebensalterfiguren im Globusgarten, Herkules) oder sogar zu dem noch in Planung befindlichen Globus im Neuen Werk.[1767] Das scheint kein Zufall gewesen zu sein, da besonders die Herkules-Skulptur und der Globus schon allein durch ihre imposante Größe für eine hohe Außenwirkung geplant waren und sicher für Aufmerksamkeit und Gesprächsstoff bei den Zeitgenossen sorgten.

Aus den 1690er Jahren haben wir durch die Berichte des dänischen Gesandten Hans Statius Hagedorn Nachricht von einigen Festlichkeiten am Gottorfer Hof, die aber wie vorher ungenau bleiben bezüglich der Orte. So fanden zu Ostern 1693 anlässlich des Geburtstages von Herzogin Friederike Amalie Opern- und Ballettaufführungen statt. Um Pfingsten desselben Jahres divertierte sich Herzog Christian Albrecht in Gesellschaft des Pfalzgrafen von Sulzbach mehrere Tage unter anderem im Neuwerkgarten.[1768] 1695 feierte der Gottorfer Hof den Geburtstag der Herzogin am 11. April mit einem Feuerwerk, und am 7. Juli fand die Hochzeit ihrer ältesten Tochter Sophie Amalie (1670–1710) mit dem Herzog August Wilhelm von Braunschweig-Lüneburg, Erbprinz in Wolfenbüttel (1662–1731), auf Gottorf statt.[1769] Für diesen letzten Abschnitt der Regierungszeit Christian Albrechts haben Winfried Richter und Dorothea Schröder in Bezug auf die Musikausübung und Hofkapelle enge Verbindungen zwischen Gottorf, der herzoglichen Residenz Braunschweig-Wolfenbüttel und dem königlich dänischen Hof nachweisen können, die auf verwandtschaftlichen Beziehungen basieren. Es ist anzunehmen, dass in diesem Kreis und darüber hinaus insgesamt auf der Ebene der Fest- und Gartenkultur ein reger Austausch stattgefunden hat.[1770] Zu dem hohen Anspruch in der Gestaltung der Orangerie passen auch die Nachrichten einer Nutzung zu gesellschaftlich-repräsentativen Anlässen, die allerdings erst und einzig für die Jahre 1705 und 1706 belegbar sind.[1771] 1705 war auch das Jahr der großen Gottorfer Aloeblüte, das den Pflanzen- und Orangerieteil des Gartens in den Vordergrund des Interesses rücken ließ und deshalb einer der Gründe für die Wahl des „gehaltenen Lust Banquett[s]" anlässlich des Namenstages Herzog Christian Augusts, des jüngeren Bruders Friedrichs IV., am 1. August gewesen sein mag. Am 3. Juli 1706 wurde schließlich der Geburtstag seiner Gemahlin Albertine Friederike (1682–1755) hier gefeiert.[1772]

Obwohl die Quellen insgesamt spärlich sind, ist es doch möglich, ein Bild der vielfältigen Nutzung des Neuen Werkes zu zeichnen, bei dem vor allem die Repräsentation und höfische Unterhaltung wie bei anderen Residenzen im Vordergrund stehen, während die Versorgung des Hofes eine geringere Rolle spielt, weil es sich nicht um einen reinen Nutzgarten handelt. So wie in dieser Zeit noch nicht Wirtschafts- und Lustgarten streng voneinander geschieden waren, so lässt sich auch diese utilitaristische Ebene nicht von der Selbstdarstellung des Fürsten trennen, denn die allgemein sehr hohe Wertschätzung von Melonen, Feigen und anderen nicht einheimischen Früchten und besonders der Ananas, die auf Gottorf und vor allem im Neuwerkgarten schon sehr früh kultiviert wurden, zeigte sich zum Beispiel in den im Globushaus zur Schau gestellten Gemälden einiger vor Ort gewachsener Melonen.[1773]

2.3. Zur Rezeption des Neuwerkgartens

Die Wirkungsgeschichte des Neuen Werkes gründete sich auf den Bekanntheitsgrad, den der Garten und seine Ausstattung auf verschiedene Weise erlangten. Zum einen durch zeitgenössische Beschreibungen des 17. Jahrhunderts in Büchern wie der Landesbeschreibung von Caspar Danckwerth und Johannes Mejer, den Publikationen von Adam Olearius und dem Gartentheoretiker Heinrich Hesse, den Kieler Professoren Samuel Reyher und Johann Daniel Major sowie weiteren Schriften über die Gottorfer Aloeblüten von 1705 von Johannes Siricius und Wilhelm Huldreich Waldschmidt.[1774] Auch druckgraphische Werke und Gemälde informierten u.a. über die Agavenblüten im Neuen Werk (Abb. 71, 72 u. 98).[1775] Zum andern wirkten Besucher mit ihrer persönlichen Anschauung des Gartens als Multiplikatoren.[1776] Dazu gehörten Kavaliersreisende, regierende Fürsten bei kriegsbedingtem Aufenthalt wie der Kurfürst von Brandenburg 1658 und der russische Zar 1713 zusammen mit anderen Kriegsherren und Diplomaten, Königin Christine von Schweden nach ihrer Abdankung 1654, Künstler wie Nikodemus Tessin d.J. und Michel Le Roy u.a. sowie Mitglieder der Fruchtbringenden Gesellschaft bei einem Besuch anlässlich der Aufnahme Herzog Friedrichs III.

Abb. 173 Herkules mit dem Drachen im Garten von Schloss Drottningholm, Bronze von Adrian de Vries

in die erlauchte Sprachvereinigung.[1777] Die dritte und vielleicht wirksamste Schiene der Rezeption verlief auf der dynastischen Ebene, d.h. über verwandtschaftliche Beziehungen und Besuche, die zu wechselseitiger Inspiration, aber auch zur wetteifernden Konkurrenz zwischen den Fürstenhöfen führten, also auch politisch motiviert waren. Solche Kontakte und Wechselwirkungen lassen sich hauptsächlich mit Dänemark beobachten.[1778]

Konkret wurde durch die Heirat Christian Albrechts mit der dänischen Prinzessin Friederike Amalie 1667 der schon bestehende kulturelle Austausch mit dem dänischen Königshof noch intensiviert. Fassbar wird das an den Vorhaben der Königin im Garten des nach ihr benannten Schlosses Sophieamalienborg. Nachdem er im Neuen Werk gearbeitet hatte, ging Michel Le Roy nach Kopenhagen und baute auch für die Königin eine Kaskade mit Grotte und ein neues, mit derselben Technik wie auf Gottorf ausgerüstetes Pomeranzenhaus.[1779] Auch die Aufstellung von Bildnisbüsten im Garten scheint aus Gottorf angeregt worden zu sein.[1780] Wieder andere Ideen wurden nach Gottorf transferiert wie die Setzung einer Tannenallee, damals eine Rarität, und die Pflanzung großer Mengen von Obstgehölzen im Ziergarten.[1781]

In Schweden zeigt sich eine andere Situation: Auf den ersten Blick scheint die Positionierung der bronzenen Herkulesgruppe von Adrian de Vries im Hauptparterre des Gartens von Schloss Drottningholm bei Stockholm (Abb. 173) eine direkte Rezeption des Gottorfer Herkules zu sein. Die damit für die Königinwitwe Hedwig Eleonora verbundene Reminiszenz an ihren Herkunftsort mag vielleicht auch eine Rolle gespielt haben, aber wohl mehr noch die Bedeutung als Kriegsbeute aus dem Dreißigjährigen Krieg mit dem damit verbundenen Triumph.[1782] Eine Rezeption des Neuwerkgartens insgesamt in Schweden ist nicht zu erwarten, weil Hedwig Eleonora schon 1654 nach Schweden ging und die Erweiterung der Terrassenanlage nicht persönlich kannte. Die Verbindung mit Gottorf blieb eng, aber um ihre eigenen Projekte zeitgemäß gestalten zu können, schickte sie ihren Architekten Nikodemus Tessin d.J. auf Studienreisen durch Europa, um berühmte Kunstwerke aus erster Hand kennenzulernen, um die neuesten Strömungen aufzunehmen und diese in Schweden umzusetzen. Mit dem Regierungsantritt Ludwigs XIV. und dem Ausbau von Versailles in den 1660er Jahren lag der Fokus aus schwedischer Sicht nicht auf dem Neuwerkgarten, sondern auf internationalem Terrain, vor allem auf Frankreich und dem neuen Gartenstil.

Der Globus erregte mit seiner Einzigartigkeit der Größe und als wissenschaftliches Instrument höchstes Interesse in der zeitgenössischen Welt und auch Nacheiferer. Juliette Roding ist der Meinung, dass im berühmten Amsterdamer Rathaus ein Nachklang des Gottorfer Globus zu spüren ist. Für den Fußboden des Bürgersaals entwarf Jacob van Campen drei riesige Kreise, deren mittlerer das Universum und die seitlichen die zwei Hälften der Erde darstellen.[1783] Einen ebenfalls begehbaren Globus errichtete 1661 der Gelehrte Erhard Weigel auf dem Dach des Jenaer Schlosses. In den 1680er Jahren ließ der französische König Ludwig XIV. von Vincenzo Coronelli ein Globenpaar bauen, das den Gottorfer Globus an Größe noch übertraf, aber die größte Annäherung an das Vorbild vollzog noch einmal Weigel mit der Konstruktion eines Riesenglobus mit einigen Spezialeffekten im Jahr 1696 für den dänischen König Christian V.[1784] Neben dem dynastischen Wettbewerb zeigt sich die Wirkung des Neuen Werkes zum Teil auch im näheren Umfeld der Herzogtümer. Das trifft vor allem auf die Entstehung der Bunten Kammer im Herrenhaus Ludwigsburg (Abb. 145) in direkter zeitlicher Nachfolge der Emblemzimmer der Amalienburg zu, aber auch für die Architektur der Gottorfer Orangerie, vor allem auf das markante Motiv des turmartigen Mittelpavillons, das vielleicht im Südflügel des Gottorfer Schlosses und in den Herrenhausbauten Carlsburg und Rantzau rezipiert worden ist.[1785]

Dass der Neuwerkgarten auf die Gestaltung des Kasseler Carlsberges ab 1696, der späteren Wilhelmshöhe, durch den Besuch Nikodemus Tessins d.J. und den von ihm gezeichneten Idealplan des Neuen Werkes (Abb. 23), Einfluss nahm[1786], erscheint unwahrscheinlich, weil der hessische Landgraf Carl direkte Verbindungen nach Italien pflegte. Selbst die Gottorfer Herkules-Kolossalfigur geht eher auf den Garten des Kasseler Schlosses Weißenstein zurück als umgekehrt.[1787]

Eine direkte und nachvollziehbar politisch motivierte Rezeption der Terrassenanlage des Neuen Werkes ist klar zu spüren in der von Johann Cornelius Krieger ab 1724 geplanten Neuanlage des Gartens der dänischen Königsresidenz Frederiksborg auf Seeland (Abb. 174), die sich durch eine sehr ähnliche topographische Konstellation anbot: in beiden Fällen befand sich das für eine Terrassenanlage geeignete Gelände nördlich des älteren, auf einer Insel gelegenen Schlosses. Die gestalterische Anlehnung an den Neuwerkgarten ist als beabsichtigtes symbolträchtiges Zeichen für die Übernahme des Schleswiger Anteils des Gottorfer Herzogtums durch die Dänen 1713 und dessen endgültige Manifestation im Frieden von Frederiksborg 1720 zu werten. Bis dahin galt das Neue Werk unbestritten als der größte und prächtigste Garten in diesen Breitengraden. Nun wurde er durch die modernere Anlage in Frederiksborg übertroffen.[1788]

Trotz des großartigen, nachhaltigen Rufes, den der Neuwerkgarten bis weit ins 18. Jahrhundert hinein genoss[1789], ist aus dieser Zeit keine weitere Nachfolge mehr bekannt. Der Grund ist wohl darin zu suchen, dass sich die Gartenmode am Anfang des 18. Jahrhunderts dem klassisch-französischen Stil zuwandte.

2.4. Resümee

Zusammenfassend kann festgestellt werden, dass der Neuwerkgarten und damit die Gartenkunst eine erhebliche Bedeutung für die höfische Repräsentation am Gottorfer Hof besaß. Wie facettenreich die Repräsentation angelegt war, zeigen beispielhaft

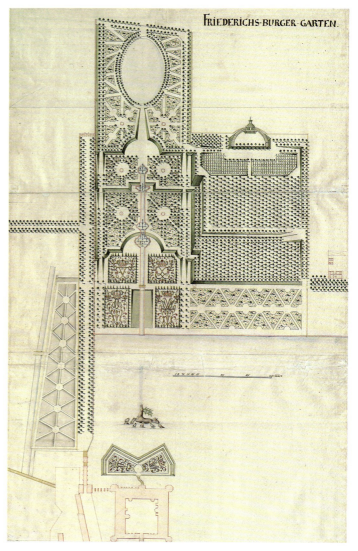

Abb. 174 Garten des Schlosses Frederiksborg, Plan v. J. C. Krieger zur Umgestaltung des Gartens, 1724, KBK, Frederik V's atlas, Bd. 37, 14

die vielen Bedeutungsebenen der Herkules-Figur und ihr daraus erwachsendes allegorisches Beziehungsgeflecht zur Orangeriekultur, zur Herrscherikonographie und zum höfischen Bildungsideal und damit verbunden zur in den Garten erweiterten Kunst- und Wunderkammer als Präsentation eines Wissenskosmos, bekrönt durch den Globus. Die einzelnen Bestandteile des Gartens sind als Repräsentationsmedien zu lesen, weil sie Symbole sind oder verwenden, deren Konnotationen den Vorrang des Herzogs, der Herzogin oder des Herzogshauses sinnlich erfahrbar machen. Gerade dafür erweist sich der Garten als ausgezeichnetes Medium, weil mit Hilfe der Pflanzen synästhetische Effekte erzielt werden können. Im Neuwerkgarten zeigt sich auch, dass Repräsentation ein fortlaufender Prozess ist, indem die unter Herzog Friedrich III. eingeschlagene Linie von Christian Albrecht auf allen Ebenen fortgeführt wird, wie die Emblemzimmer und das Vorhandensein weiterer Kunstkammerstücke in der Amalienburg zeigen, aber verstärkt noch mit der Aufstellung der Kaiserbüsten. Mit diesem Medium bringt Christian Albrecht erneut unmissverständlich seinen Anspruch als souveräner Fürst, unabhängig vom Königreich Dänemark, aber zugehörig zum Heiligen Römischen Reich deutscher Nation unter Berufung auf die lange Herrscherkontinuität der Kaiser zum Ausdruck. Damit ist die Repräsentationsfunktion dieser Bildwerke geklärt, während ihre Repräsentationsleistung in ihrer Wirklichkeitsbildung besteht. Es geht bei diesen Büsten nicht eigentlich um die Kaiser und deren Abbild, sondern um die mit ihrer Hilfe sinnlich erfassbare Wirklichkeit des souveränen Ranges Herzog Christian Albrechts. Diese überdeutliche und bewusste Botschaft wird 20 Jahre später wieder aufgegriffen (fortlaufender Prozess) und bekräftigt im Medium der Orangerie, u.a. und vor allem in ihrer allegorischen Gestaltung, die als Metapher des politischen Selbstverständnisses und der Legitimation Christian Albrechts als souveräner Fürst selbstbewusst das Versailler Trianon de Porcelaine Ludwigs XIV. rezipiert. Der Repräsentationsprozess setzt sich auch nach der dänischen Übernahme der Gottorfer Residenz 1713 fort, in diesem Fall mit dem Medium der Medaille, die König Friedrich IV. im Spiegel der Aloeblüten als den nun tonangebenden, ranghöheren neuen Besitzer der Gottorfer Residenz ausweist. Wie diese Medaille sind auch die druckgrafischen Werke, Publikationen und Gemälde der blühenden Aloen sowie Gemälde von besonderen Früchten aus dem Neuwerkgarten quasi indirekte, gedoppelte Repräsentationsmedien, weil nicht nur die originalen, echten Gewächse, sondern auch ihre überhöhten Abbilder diese Funktion inne haben.

Nicht nur seine einzelnen Elemente, sondern der Garten als Ganzes erweist sich in seiner Komposition und Monumentalität als Medium zur symbolischen Darstellung und als Herrschaftszeichen des herausragenden, fürstlichen Status und dem damit verbundenen souveränen Machtanspruch und gleichzeitigen Distinktion gegenüber dem rivalisierenden dänischen Königshaus. Gerade diese permanente Rivalität muss als Motor für die aktive, innovative und einfallsreiche Umsetzung der Repräsentation der Gottorfer Herzöge Friedrich III. und Christian Albrecht betrachtet werden. Die Nutzung des Gartens in ihrer Exklusivität für die Hofgesellschaft und für diese als Unterhaltungs- und Repräsentationsort zeigt ebenfalls den hohen Stellenwert der Gartenkunst für die Prachtentfaltung am Gottorfer Hof.

Die Darstellung der Rezeptionsgeschichte des Neuwergartens hat gezeigt, dass Prestigefragen und politische Repräsentation eine wichtige Rolle bei diesem Prozess spielen, wie die Nachahmungen des Globus und der Gottorfer Terrassenanlage am dänischen Hof beispielhaft vor Augen führen.

Abb. 175 Neuwerkgarten, Detail aus dem Kupferstich von Laurids de Thurah, 1749, BQ: LASH, Thurah I

V. DIE GESCHICHTE DES NEUWERKGARTENS VOM 18. BIS ZUM 21. JAHRHUNDERT – DIE ZEIT DER STATTHALTER UND DER MILITÄRISCHEN NUTZUNG BIS ZUR WIEDERHERSTELLUNG

1. Die Entwicklung des Gartens – Chronologie

1.1. Das Neue Werk von 1713 bis 1779

Nachdem im Zuge des Nordischen Krieges der Gottorfer Anteil des Herzogtums Schleswig samt der Residenz Gottorf 1713 vorläufig und 1721 endgültig an das dänische Königshaus abgetreten worden war, mussten auf Gottorf erst einmal viele Verwaltungsangelegenheiten wie z.B. Personalentscheidungen[1790] und Zuständigkeiten neu geordnet werden, bevor auch in den Gärten Normalität einkehren konnte. In dieser Umbruchzeit, die sich für das Neue Werk bis in die 1730er Jahre hinzog, herrschte mehr oder weniger Chaos, und die schon unter der Vormundschaftsregierung für den minderjährigen Herzog Carl Friedrich begonnene Verwahrlosung des Gartens schritt schon allein dadurch voran, dass gar keine richtige Unterhaltung stattfand, obwohl der Garteninspektor Bernhard Kempe im Amt blieb, aber die Oberaufsicht fehlte. Dementsprechend sind außer dem Grundriss der Gottorfer Residenz von 1713 (Abb. 16) kaum Quellen aus den Jahren 1713 bis 1716 überliefert. Die jahrelang offenstehende Westseite des Globushauses nach dem Abtransport des Globus 1713 nach St. Petersburg legt von diesem Zustand Zeugnis ab. 1716 bekam der schon seit 1690 als herzoglicher Bauinspektor bestallte Christian Albrecht Thomsen einen neuen Vertrag auf Lebenszeit, wodurch der Sanierungsstau allmählich abgebaut werden sollte. Da aber offenbar die Kontrolle fehlte, haperte es weiterhin an der Durchführung, nur schleppend wurden die nötigsten Reparaturen gemacht.[1791] Zudem gab es Streit und Beschuldigungen über den schlechten Zustand des Geländes und fehlendes Garteninventar, besonders bei der Skulpturenausstattung, von der ein Großteil in dieser Zeit gestohlen, unkontrolliert abhandengekommen oder durch mangelnde Pflege zerstört war. Dafür wurde namentlich Christian Albrecht Thomsen verantwortlich gemacht.[1792] Insgesamt ist die Periode bis 1734 durch große Unregelmäßigkeiten, Wechsel und Schwierigkeiten gekennzeichnet. Dazu kamen drei schwere Stürme in den Jahren 1717, 1718 und 1720, die große Schäden im Garten verursachten, vor allem an den Pflanzenhäusern.

Erst nach dem Tod von Christian Albrecht Thomsen 1726 ging es allmählich voran. Der neu eingestellte Ingenieur-Capitain Johann Hinrich Peucker, der wie seine Nachfolger auch die Oberaufsicht über den Neuwerkgarten übertragen bekam[1793], erstellte zunächst ein „Projekt zur Senkung der Kosten im Gottorfer Bau-, Garten- und Fontainenwesen", in dem er konstatierte, dass „insonderheit der Neue Wercks Garten, sehr merckl: im Verfall gerahten"[1794] war, indem sowohl Globus- als auch Melonengarten vollkommen verwildert waren und die Baumschule nicht mehr existierte. Von den Kompartimenten auf den Terrassen hatte Kempe zwei neu angelegt, der Rest inklusive der Böschungen war ebenfalls in wüstem Zustand.[1795] Peuckers Projekt sah nun vor, eine Sanierung in den Jahren 1727 und 1728 durchzuführen, sodass der normale Betrieb ab 1729 die königliche Kasse jährlich um 1500 Rthlr entlasten sollte.[1796] Am 15.8.1727 fertigte er außerdem ein Inventar der Orangeriepflanzen an.[1797] Die Instandsetzung verzögerte sich aber durch seinen plötzlichen Tod um den Jahreswechsel 1727/28.

Nun übernahm der Bauinspektor Jörgen Themsen (Lebensdaten unbekannt) die Leitung. Mit viel Energie setzte er Peuckers Arbeit fort. Seine wesentliche Leistung manifestiert sich in der Umsetzung von dessen Konzept, zu dem er einen Übersichtsplan

(Abb. 33) zeichnete, im Bau des zweiflügeligen Glashauses und der Erneuerung der Skulpturenausstattung in den Jahren 1729/30. Themsens Plan ist aufgrund der Legende als eine Bestandsaufnahme des Gartens zu werten. Trotz der Einstichlöcher, die auf eine genaue Vermessung hinweisen, weist er in Bezug auf die Gebäude große Ungenauigkeiten auf und zeigt auch sonst keine Einzelheiten, die aber z.T. in der Legende ergänzt werden. Der östliche Teil des Gartens mit der Kaskade fehlt ganz. Die Zeichnung diente Themsen zur Verdeutlichung einiger Veränderungen des Peuckerschen Vorhabens gegenüber der Rentekammer in Kopenhagen, die dann auch genehmigt wurden.[1798]

Der Bau des neuen, zweiflügeligen Glashauses am westlichen Ende der obersten Terrasse, der im 18. Jahrhundert die einzige große Investition und Neuerung an Gebäuden im Neuen Werk war, verursachte erhebliche Streitigkeiten zwischen Themsen und dem Garteninspektor Bernhard Kempe. Im Zusammenhang damit steht eine sehr aufwändig und schön gestaltete, farbig lavierte Federzeichnung (Abb. 100), die Kempe 1728 anfertigte, um seinen Standpunkt zu verteidigen.[1799] Sie zeigt die Idealform des gesamten Orangeriebereichs auf der obersten Terrasse, wie Kempe ihn sich vorstellte. Nur die große, sehr detailliert dargestellte Orangerie ist als Bestand zu werten. Das zweiflügelige Glashaus war gerade in Planung, aber noch nicht gebaut, und wie aus der dazugehörigen Legende hervorgeht, beabsichtigte der Garteninspektor, das Orangerieparterre moderner und aufwändiger als bisher zu gestalten, wozu es aber unter ihm nicht kam.[1800] Die mit „e" und „m" bezeichneten Zonen westlich und südlich des Orangerieparterres hatte er laut Legende schon in den Jahren 1717 bis 1720 nach und nach mit Heckenmustern und -räumen neugestaltet. Da er das übrige Gartengelände eher verkommen ließ, wie Themsen in der Legende seines gleichzeitigen Übersichtsplans (Abb. 33) und auch im Kontext des Streits um den Glashausneubau mitteilt[1801], ist aus dieser Zeichnung zu schließen, dass Bernhard Kempe diesen der Pflanzenkultivierung und -präsentation vorbehaltenen Bereich auf dem obersten Plateau als sein Hauptprojekt betrachtete und den Rest entgegen seiner Pflichten mehr oder minder ignorierte. Aber auch für die neue Heckenanlage vor den Glashäusern, die merkwürdigerweise auf Themsens und dem späteren Plan von Müller (Abb. 33 u. 20) nicht vorhanden ist, erntete er Kritik. Sie wurde an dieser Stelle als völlig unpassend empfunden, „indehm ein solcher Orth freÿ und Durchsichtig sein Müsten, und auff solche Arth den Besten Prospect benehmen würde."[1802] Nicht alles von dem, was Kempe auf seiner Zeichnung als bis 1720 ausgeführt angibt, scheint tatsächlich realisiert worden zu sein. Aus einem Vergleich der Gartengrundrisse bis 1750 (vgl. Abb. 100 mit Abb. 33, 20 und 175) ergibt sich, dass er auf jeden Fall das dem Hauptportal der Orangerie gegenüberliegende Dreieck und wohl ein westlich davon gelegenes Heckenkabinett anlegte, das Themsen (Abb. 33) zeigt. Der südlich davon gelegene neue, sternförmige Kegelplatz scheint erst zwischen 1728 und 1734 realisiert worden zu sein. Auf allen genannten Bildquellen sind mehr oder weniger deutlich aufwändig und repräsentativ gestaltete Heckenformationen als Abschlüsse an der Süd- und Ostseite der obersten Terrasse erkennbar, die wohl ebenfalls auf Bernhard Kempe zurückgehen.

Weder über die Gründe von Themsens baldigem Weggang noch über die Person seines Nachfolgers Karl Christian Hemsen (Lebensdaten unbekannt), der auch nur drei Jahre auf Gottorf blieb, geht etwas aus den Quellen hervor.[1803] Dass Schloss Gottorf für das dänische Königshaus zu dieser Zeit nicht nur eine strategisch bedeutende, sondern auch eine repräsentative Funktion besaß, lässt sich an der Tatsache ablesen, dass in Hemsens Gottorfer Zeit 1732 Hans Christopher Lönborg (gest. 1746)[1804] den Auftrag erhielt, eine große Darstellung der Residenz aus der Vogelperspektive zu zeichnen, „sambt Dessen vornehmste Situation", nämlich der Lage an der Schlei, umgeben von den herrschaftlichen Gärten und der Stadt Schleswig (Abb. 10 u. 61).[1805] Durch die große Entfernung ist diese Ansicht des Neuen Werkes als Bildquelle nur für wenige Teilbereiche interessant, nämlich für das Globushaus, den Globusgarten, die Herkulesfigur und die Achtkant im Tiergarten, für deren Ansicht keine anderen Bildquellen existieren, und für die Wirkung der Kaskade.

1734 begann endlich mit der Bestallung von Otto Johann Müller (1692–1762) eine Phase längerer personeller Kontinuität und Planungssicherheit, was den Zustand des Gartens auf Jahrzehnte hin deutlich verbesserte. Müller bekleidete als Baumeister für die Herzogtümer Schleswig und Holstein und Nachfolger von Claus Stallknecht einerseits eine überregionales Amt, beantragte aber zugleich die Oberaufsicht über den Neuwerkgarten, worüber es allerdings bis 1743 Auseinandersetzungen mit dem ebenfalls 1734 neu angestellten Garteninspektor Johann Adam Clasen gab, der diese Regelung nicht akzeptieren wollte.[1806]

Von Müller ist ebenfalls ein Grundriss des Neuen Werkes überliefert (Abb. 20), der undatiert ist und in seiner Darstellung etwas widersprüchlich erscheint, weil er sowohl veraltete als auch neue Zustände des Gartens vereint. Deshalb erweist sich die Datierung auch als schwierig. Michael Paarmann ordnet den Plan wohl wegen der Wiedergabe des alten Glashauses auf „von vor 1728"[1807] ein, was aber keinen Sinn macht, weil Müller erst ab 1734 vor Ort war. An manchen Details lässt sich in Kombination mit anderen Quellen eine Eingrenzung vornehmen. So wurde die Königsallee 1735 neu bepflanzt und bei Müller dementsprechend dargestellt, während die Umgestaltung des Globusgartens erst 1736 begann, und in diesem Bereich der alte Zustand gezeigt ist, sodass die Entstehung des Planes auf 1735/36 festgelegt werden kann.[1808] Da sich die Zeichnung nicht mehr im ursprünglichen Quellenkontext befindet, bleiben sowohl die eigentliche Entstehungsmotivation als auch der Grund verborgen, der den Baumeister zu der veralteten Darstellung im Glashausbereich und beim Labyrinth bewog. Sogar der Titel „Grund=Riß des Hochfürstl: Gottorfischen Lust=Gartens" entspricht nicht der

Abb. 176 Vier Beispiele zur Anlegung von Gartenfontänen, farbig lavierte Federzeichnung zur Bewerbung des Fontänenmeisters Johann Friedrich Freudenreich, 27.12.1736, BQ: LASH, Freudenreich I

zeitgenössischen politischen Situation. Dennoch erweist sich dieser sorgfältig ausgeführte Plan für manche Details als eine zuverlässige Bildquelle.

Als Garteninspektor Bernhard Kempe 1734 starb, sollten seine Erben verantwortlich gemacht werden für den schlechten Zustand des Gartens, was einen jahrelangen Streit auch um die Eigentumsverhältnisse der Pflanzen zwischen Kempes Erben und seinem Nachfolger Johann Adam Clasen nach sich zog.[1809] In diesen Zusammenhang gehören auch einige Verzeichnisse über Orangeriegewächse, Stauden und zur Entwicklung des floralen Garteninventars zwischen 1727 und 1734, die einen Einblick in den Pflanzenbestand des Neuwerkgartens in der ersten Hälfte des 18. Jahrhunderts geben.[1810] Tatsächlich hatte Kempe den Garten nur partiell gut gepflegt und andere Teile waren in vollkommen verwahrlostem Zustand, besonders der Globusgarten, wofür aber nicht Kempes Nachlässigkeit verantwortlich war, sondern die schon vorher anscheinend mutwillige Zerstörung dieses Gartenteils in der Zeit der administratorischen Regierung.[1811] Die Angelegenheit konnte endlich 1738 mit der Übergabe des Gartens an Clasen anhand eines Inventars beigelegt werden.[1812]

Garteninspektor Clasen hatte sich bei seinem Amtsantritt 1734 verpflichtet, den Garten innerhalb von drei Jahren wieder repräsentativ zu gestalten.[1813] Zur Verdeutlichung seiner Absichten fertigte er einen nicht mehr erhaltenen Plan mit Buchstaben an, auf die sich sein Kostenvoranschlag über insgesamt 576 Rthlr 16 ß bezieht.[1814] Leider verweist er aber immer nur auf die Projektierung in der Zeichnung, ohne sie zu beschreiben, sodass die Veränderungen heute nur teilweise mithilfe anderer Quellen nachvollziehbar sind. Es handelte sich um sieben Bereiche, nämlich den Orangenplatz, die acht Parterres ab der zweiten Terrasse, die fünf Böschungen, die vier Kompartimente der ersten Terrasse als Boskette, den Globusgarten, die Zone östlich der Kaskade und die sogenannte Schanze bzw. den ehemaligen Labyrinthberg. Die Rentekammer bewilligte nach Müllers Fürsprache 1736 alle Punkte mit kleinen Einschränkungen, dazu 7000 Hainbuchenpflanzen und den Ankauf von 100 kleinen Taxus und 50 Linden. Schon vor dem Gesamtkonzept hatte Clasen 1735 mit der Instandsetzung der Königsallee und zweier Parterres auf den Terrassen begonnen[1815] und führte die geplanten Neugestaltungen und Renovierungen ab 1736 nach und nach aus.

Trotz seines Engagements und der anfänglichen Verbesserung steigerte sich der Ärger über Clasens Verhalten und eine zunehmende Vernachlässigung des Gartens derart, dass 1743 eine Untersuchungskommission eingesetzt werden musste.[1816]

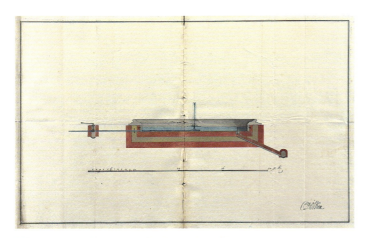

Abb. 177 Querschnitt eines Bassins auf den Terrassen, Verbesserungsvorschlag für die Bauweise der Fundamente der Bassins, farbig lavierte Federzeichnung von C. E. D. von Ötken, 16.3.1741, BQ: LASH, Ötken

Der Aufschwung, der sich im Garten mit Beginn der Ära Clasen und Müller bemerkbar machte, zeigte sich auch im Bereich des Fontänenwesens seit der Anstellung von Johann Friedrich Freudenreich 1737 als neuem Fontänenmeister bis zu seinem Tod 1766. Von Hause aus Bildhauer, brachte er große Erfahrung und Fähigkeiten durch seine früheren Tätigkeiten in den Gärten des Dresdner Zwingers, des Kasseler Winterkastens (Wilhelmshöhe) und dem Overbeckschen Garten in Hamburg mit, die er – was einmalig für Gottorf ist – in einer Bewerbungs-Zeichnung mit vier technisch unterschiedlich betriebenen Fontänenanlagen (Abb. 176) darlegte.[1817] Da sich die Wasserwerke, Springbrunnen und die Kaskade am Eingang des Gartens insgesamt seit langem in schlechtem Zustand befanden, hatte Müller schon im Herbst 1736 für die sogenannte Hauptreparatur des Fontänenwesens einen Kostenvoranschlag in Höhe von 2179 Rthlr verfasst[1818], die dann ab Juli 1737 hauptsächlich durch Freudenreich durchgeführt wurde.[1819] Unter anderem aus der Tatsache, dass die Arbeiten an der Kaskade umfangreicher ausfielen als zunächst angenommen, entstand auch hierüber ein jahrelanger Streit, der sich bis 1742 hinzog. Vor allem Freudenreich wurde unlautere Arbeit durch Garteninspektor Clasen unterstellt, weswegen es drei Untersuchungen der geleisteten Arbeit gab.[1820] Es stellte sich dann heraus, dass der Fontänenmeister an mancher Stelle zu wenig, an anderer mehr, aber immer sorgfältig gearbeitet hatte, während die Maurerarbeiten von Martin Agazius zum Teil schlampig ausgeführt waren, im Bereich der Springbrunnen auf den Terrassen aber auch wegen der von Grund auf schlechten Bauweise nicht halten konnten, wie der Fortifikationsoffizier von Ötken bei der letzten Untersuchung 1741 konstatierte und zugleich einen Querschnitt eines Bassins als Verbesserungsvorschlag (Abb. 177) einreichte, der aber nicht ausgeführt wurde.[1821] Zu der abschließenden Resolution gehörte auch die Entscheidung, dass der Garteninspektor die Hälfte der Kommissionskosten tragen sollte, da er mit seinen Denunziationen gewaltig zu dem Ärger beigetragen hatte.[1822]

1745 wurde eine Resolution erlassen, die sich auch auf den Neuwerkgarten auswirkte:

„Daß zu menagirung der Königl: Casse, an denen Schlößern und übrigen Gebäuden in den Hertzogthumern, vor der Hand nur diejenigen Reparationes vorgenommen werden sollen, welche unumgänglich notig, und auf keine weise auszusetzen stehen".[1823]

Im gleichen Jahr legte Johann Adam Clasen ohne Genehmigung auf eigene Kosten Wege und Kabinette in der sogenannten Wildnis östlich der Königsallee an, was nach Meinung des Baumeisters Müller „dem Garten ein mehreres und würcklich gutes Ansehen" verlieh.[1824]

Am 10. April 1748 entstand ein Schaden im Neuwerkgarten durch Überflutung und Wegspülung der Erde in der Königsallee von etwa halber Höhe bis in die vom Garten zum Schloss führende Allee.[1825] Schuld daran war das unüberlegte Ablassen des Wassers aus dem Fisch- oder sogenannten Lütgen-Teich, der nördlich des Tiergartens bei den Hühnerhäusern lag und von dem Fischereipächter Ernst Christopher Schwartz bewirtschaftet wurde, und die vom Tierwärter Glantz unerlaubte Stauung des Eisteiches im Tiergarten nördlich des Neuen Werkes, wodurch das Wasser nicht seinen normalen Lauf nehmen konnte, den Müller als Ergänzung zu seinem Untersuchungsbericht in einer

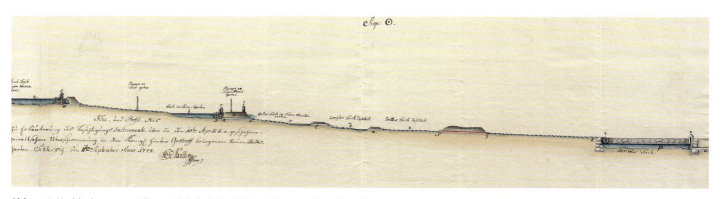

Abb. 178 Verbindung vom Lütgenteich bei den Hühnerhäusern über den Eisteich im Tiergarten und weiter zu den drei Teichen an der Königsallee im Neuen Werk bis zum Herkulesteich, farbig lavierte Federzeichnung von Otto Johann Müller, 11.9.1748, BQ: LASH, Müller VI

„Situations=Charte" (Abb. 178)[1826] von links nach rechts darstellt: vom Lütgenteich durch den Tiergarten zum Eisteich, von da durch die drei Teiche und zwei unterirdisch gelegenen steinernen Reolen an der Königsallee im Neuen Werk bis in den Herkulesteich und von dort in den Burgsee. Die Schuldigen mussten zu gleichen Teilen den Schaden in Höhe von rund 209 Rthlr begleichen, was Schwartz auch tat. Dem Tierwärter wurde sein Gehalt gepfändet und schließlich nach seinem Tod 1755 den Erben die Restsumme von rund 80 Rthlr erlassen.

Die letzte kreative Arbeit des Garteninspektors Clasen bestand in der Ersetzung der Treppen vor der Amalienburg 1748 durch gärtnerisch gestaltete Böschungen, die aber wie andere seiner Schöpfungen bildlich kaum mehr greifbar sind.[1827] Beim Verkauf des Alten Gartens im November desselben Jahres wurde Clasens Antrag bewilligt, für das Neue Werk Hecken mit einer Länge von 3000 Fuß (863 m), acht Sandsteinbögen mit dazugehörigen Hermenpfeilern und Mistbeetfenster zu übernehmen.[1828]

In seiner Amtszeit schaffte es Clasen zunächst, den verwilderten Garten nicht nur wieder in Ordnung zu bringen, sondern ihn – ohne die großen Formen zu verändern – im Stil seiner Zeit zu modernisieren. Leider sind keine der dazugehörigen und von Clasen gezeichneten Entwürfe überliefert, sodass es kaum möglich ist, sich von dem tatsächlichen Aussehen des Gartens ein Bild zu machen. Die einzige Bildquelle, die diese Entwicklung visualisiert, ist der Grundriss und zugleich die letzte Gesamtdarstellung Gottorfs als Residenz (Abb. 175) von Laurids de Thurah in seinem Werk „Den Danske Viturvius" zusammen mit einer Ansicht des Schlosses mit dem Neuen Werk im Hintergrund (Abb. 24).[1829] Eine quellenkritische Beurteilung dieses Gartenplanes ergibt sich erst aus der detaillierten Beschäftigung mit den Einzelbereichen. Insgesamt zeigt er die Veränderungen bis 1750, die aber an manchen Stellen eher pauschal wiedergegeben sind wie z.B. beim Orangenplatz, den Parterres auf den Terrassen oder dem Labyrinthberg, während andere Details wie die Tannen am Blauen Teich sehr exakt dargestellt sind. Die Gründe dafür bleiben im Dunkeln. Was der Plan nicht zeigt, ist die Tatsache, dass zu seiner Entstehungszeit wesentliche Teile des Gartens wie der Globusgarten und die Parterres auf den Terrassen samt den Böschungen am Ende von Clasens Amtszeit bei der Übergabe an seinen Nachfolger David Christopher Voss 1749 wieder verwildert waren, zwei der Boskette auf der ersten Terrasse wieder als Küchengarten dienten, was Thurah auch zeigt, und 300 Orangeriekästen neu angeschafft werden mussten.[1830]

In der Zeit zwischen 1750 und 1815 wurden zur kontinuierlichen Instandhaltung immer wieder Verträge mit mehrjähriger Laufzeit mit externen Unternehmern oder Handwerkern geschlossen, besonders was die Maurerarbeiten z.B. am Fontänenwesen und an der Herkulesgruppe betraf.[1831]

Während der Dienstzeit von Voss im Neuwerkgarten entstand durch Diebstähle besonders in der Zeit von 1758 bis 1763 viel Schaden an den Wasserkünsten und Bildwerken.[1832] Bei den Gebäuden ergaben sich folgende Veränderungen: 1750 wurde das provisorisch errichtete Aloeglashaus wieder abgerissen und das baufällige, aber wegen des immer noch großen Bestandes an Orangeriepflanzen weiterhin notwendige, zweiflügelige Glashaus 1756 durch einen gleichartigen Neubau ersetzt. Das Ringelhaus wurde dagegen im Jahr 1763 endgültig entfernt.

Auch Voss bemühte sich, den Garten in zeitgemäßer Weise ansehnlich zu präsentieren, was sich in der von 1752 bis mindestens 1758 dauernden Neuanlage der Parterres auf den Terrassen und der Schaffung neuer Wege in der Wildnis zeigt, wie auch sein Vorgänger Clasen sie angelegt hatte, diesmal aber westlich der Königsallee.[1833] Den Fahrweg an der Westseite des Gartens setzte Voss ebenfalls wieder instand.[1834] Durch ein Unwetter am 28.7.1763 entstand auf den Terrassen aber ein erheblicher Wasserschaden an den Parterres, der nach und nach von Voss wieder beseitigt wurde.[1835] Dabei nutzte er die Gelegenheit, zunächst 1765 zu Ehren Königs Friedrichs V. (reg. 1746–1766) und seiner Gemahlin die Kompartimente auf der fünften Terrasse und dann 1767 diejenigen auf der zweiten Terrasse für den nun regierenden Christian VII. (reg. 1766-1808) und seine Gemahlin Caroline Mathilde mit Spiegelmonogrammen aktuell zu gestalten.[1836] Seit 1763 bewirtschaftete Voss den Globusgarten mit einer neu aufgesetzten Ringmauer als Küchengarten.

1762 konnte der verstorbene Baumeister Müller durch Johann Gottfried Rosenberg adäquat ersetzt werden, was aber 1766 beim Tod des Fontänenmeisters Freudenreich nicht möglich war. Seine Nachfolger besaßen weder bildhauerische Fähigkeiten noch die für komplizierte Anlagen tiefergehenden wassertechnischen Kenntnisse, was auf längere Sicht die Reduzierung der Wasserkünste zur Folge haben sollte.

Kurz nach seinem Gottorfer Aufenthalt vom 10. bis 28. Mai 1768 verfasste König Christian VII. am 3. Juni in Traventhal eine für den Neuwerkgarten einschneidende Resolution, dass „die alten und bereits verfallene Gebäude in dem Garten zu Gottorf verkauft und niedergerißen, hingegen das so genannte Amalienburger Gartenhaus nebst der Cascade ungesäumt in gutem Baulichen Stande gesetzt und unterhalten werden"[1837] sollten. Man kann nur vermuten, was ihn zu dieser Entscheidung veranlasst hatte. Durch den Plöner Successionsvertrag war er 1761 in den Besitz des Plöner Herzogtums samt der zwischen 1730 und 1760 etwa gleichzeitig entstandenen, modernen Gartenanlagen in Plön und Traventhal[1838] gekommen, deren Anblick nun möglicherweise den Wunsch weckte, seiner einzigen regelmäßigen Nebenresidenz in den Herzogtümern, Gottorf, einen zeitgemäßeren, besseren und gleichzeitig kostensparenderen Charakter zu verleihen. Dazu kamen die positiven Verhandlungen bezüglich der Lösung der Gottorfer Frage und der Hamburger Vergleich, die Christian VII. mit dem Diplomaten Caspar von Saldern (1711–1786) kurz zuvor erzielt und auf dessen Gut Schierensee bei Kiel den gerade neu gestalteten Garten bewundert hatte.[1839]

Etwa gleichzeitig mit der Resolution muss der große, aufwändig gezeichnete Gartenplan des Neuen Werkes entstanden sein,

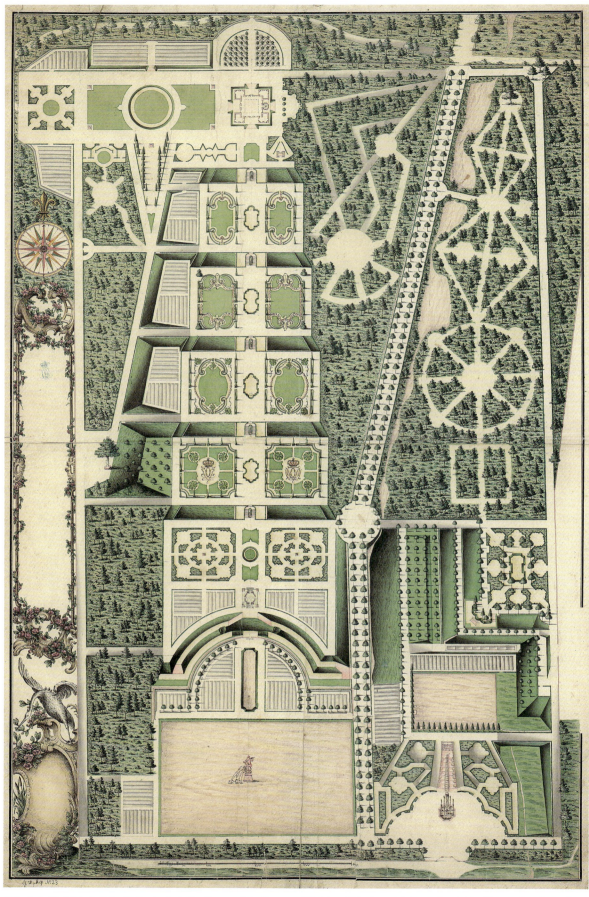

Abb. 179 Projektplan zur Renovierung des Neuwerkgartens, entstanden zwischen 1766 u. 1772, wohl vor dem 3.6.1768 von Nicholas-Henri Jardin gezeichnet, BQ: HMDH, Projektplan Neuwerk unter Christian VII.

der sich in der Königlichen Handbibliothek in Kopenhagen erhalten hat (Abb. 179).[1840] Titel, Datierung und Signatur fehlen, für die sicher die nun leere Rokoko-Kartusche links unten vorgesehen war. Die Entstehungszeit der farbig aquarellierten Federzeichnung lässt sich aufgrund der Initialen C7 und CM in den Parterres der zweiten Terrasse auf die Zeit zwischen 1766 und 1772 eingrenzen, in der Christian VII. mit Caroline Mathilde an seiner Seite regiert. Der Gottorfer Garteninspektor David Christopher Voss, der bis 1768 im Neuen Werk bestallt war und nachweislich 1767 an dieser Stelle neue Parterres mit den königlichen Monogrammen anlegte, käme von seinen zeichnerischen Fähigkeiten, die er schon früher u.a. mit den Darstellungen des Alten Gartens bewiesen hatte, und mit seinen detaillierten Ortskenntnissen durchaus als Zeichner dieses großartigen Planes in Frage, wenn nicht die sehr speziellen, eigenwilligen Entwürfe der Parterres auf den Terrassen drei bis fünf so direkt auf den in Dänemark gleichzeitig für das Königshaus tätigen Architekten und Gartenentwerfer Nicholas-Henri Jardin (1720–1799) hinweisen würden, sodass man davon ausgehen muss, dass er der Urheber dieser Zeichnung ist, obwohl für ihn bisher kein Aufenthalt auf Gottorf nachweisbar ist.[1841] Für die Gartenumgestaltung des Schlosses Fredensborg, die sich ab 1752 bis in die 1760er Jahre vollzog, fertigte er mehrere Entwurfszeichnungen an, auf denen Rasenparterres zu sehen sind, die exakt dieselbe Formensprache in der Ornamentik mit Voluten und geschwungenen Blumenbändern aufweisen wie auf dem Gottorfer Projektplan. Speziell eine Art Lilienmotiv, das Jardin schon für Fredensborg verwandte, kommt in den Beeten der vierten Gottorfer Terrasse wieder vor (vgl. Abb. 180 und 181). Während die Fredensborger Zierbeete aufgrund des halbkreisförmigen Gartenbereichs eine Dreiecksform besitzen, schafft Jardin es als erster, die alte starre quadratische Struktur der Gottorfer Kompartimente aufzubrechen und sie geschickt mithilfe ovaler Grundformen und seitlich begleitenden mit Formbäumchen bestandenen Rasen-Platebandes in oblonge, moderne Parterres des aktuellen spätbarocken Stils zu verwandeln. Passend dazu veränderte er die zentrierten Terrassenbassins zu ebenfalls oblongen Formen. Hakon Lund beschreibt die von Jardin für Fredensborg entworfenen Parterres als von delikater Gestalt, mit Mustern sehr moderner Art.[1842] Tatsächlich ist es bei der Recherche nicht gelungen, für diese speziellen Formen Vergleichsbeispiele in anderen Gärten oder Plänen zu finden.

Auch andere Details deuten auf Jardins Urheberschaft wie das kreisrunde Rasenmassiv als Bestandteil eines Tapis-vert auf dem ehemaligen Orangerieplatz, das in gleicher Verwendung auch zwischen den Boskets der ersten Terrasse wiederholt wird und ebenfalls auf der Fredensborg-Zeichnung mehrfach, allein zweimal im zentralen Rasenstreifen der Hauptachse erscheint (vgl. Abb. 179 u. 182). Bei den Boskettformen ist es ebenfalls ein Kreismotiv in der Gottorfer Wildnis, das sich in dem rechts der Parterrezone gelegenen großen Boskett in Fredensborg wieder-

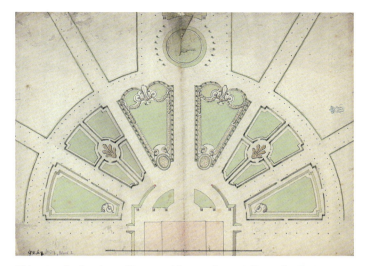

Abb. 180 Fredensborg, Planvorschlag zur Umgestaltung der Parterrezone v. N.-H. Jardin, Anfang der 1760er Jahre, HMDH, G. K. M. 7, 27, 2, 352 x 470 mm

Abb. 181 Parterres auf der vierten Terrasse des Neuen Werkes, Detail aus dem Projektplan Abb. 179

Abb. 182 Fredensborg, Plan von N.-H. Jardin zur Umgestaltung des Gartens um 1760, KBK, Frederik V's atlas, Bd. 37, 24, 522 x 750 mm, Detail

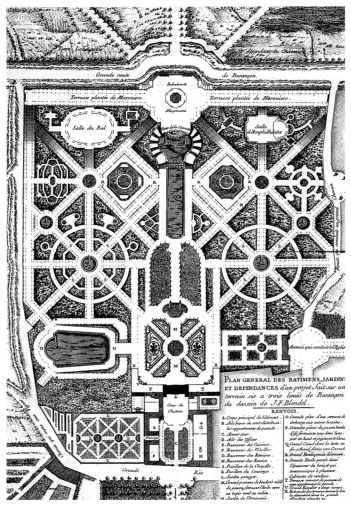

Abb. 183 Gartenentwurf von Jacques-François Blondel, aus: „De la distribution des maisons de plaisance ...", Bd. 1, Paris 1737, S. 96, Tafel 15, Universitätsbibliothek Heidelberg

findet. Vielleicht hat sich Jardin hier inspirieren lassen von einem Gartenentwurf Jacques-Francois Blondels (vgl. Abb. 179, 182 u. 183). Auffällig an dem Projektplan ist auch, dass Nutzgartenflächen bewusst miteinbezogen werden, z.T. auf neu geschaffenen Flächen, nämlich dem Standort der ehemaligen Orangerie, am Blauen Teich und im Böschungsbereich westlich der Terrassen, wo der Zeichner scheinbar sogar eine Abflachung des Geländes vorsah. Dass der Aspekt des Nutzgartens immer noch aktuell war, beweisen die behandelten Gartenentwürfe für Fredensborg und Blondels, die jeweils seitlich des Schlosses einen Jardin potager zeigen. Während zeitgleich in anderen Gärten schon Tendenzen zur landschaftlichen Gestaltung aufkamen, zeigen Jardins Pläne ein Festhalten an den strengen Formen des Barockgartens, was im Fall des Neuwerkgartens auch mehr Sinn machte.[1843]

Es ist anzunehmen, dass der König den Plan persönlich in Empfang genommen und verwahrt hat, wodurch er – von allen anderen Gottorfer Quellen separiert – in den Bestand der Königlichen Handbibliothek gelangte. Wahrscheinlich erhielt Jardin den Auftrag für diese Projektzeichnung schon vor der königlichen Resolution am 3.6.1768, mit der das weitere Schicksal des Gartens entschieden wurde, und zwar gegen eine grundlegende und modernisierende Überarbeitung, die wohl zu teuer erschien dafür, dass Gottorf eine veraltete und nur wenig genutzte Residenz war.

Der Plan ist eindeutig als nicht ausgeführte Projektierung zu werten. Die Resolution sah vor, Globushaus, Orangerie und Glashäuser abzureißen, worauf die Zeichnung Bezug nimmt. Auf der obersten Terrasse ist statt der Orangerie ein heckenumsäumter Küchengarten, statt des Orangerieplatzes ein einfach gehaltenes Rasenparterre und anstelle der Glashäuser ein Boskett zu sehen, deren Ausführung so nicht nachweisbar ist. Am Standort des Globushauses zeigt der Plan im Grundriss ein nie ausgeführtes Ersatzgebäude sehr kleinen Formats auf einer rechteckigen Grundfläche, deren eckplatzierte Stützen wohl eine Art offene Vorhalle bilden sollten zu einem ovalen inneren Bau mit Treppenzugängen von Süden und Norden. Im Globusgarten war ein Kanal in der Hauptachse geplant, ansonsten sollte der Nutzgarten beibehalten werden. Auch die Aufteilung der ersten Terrasse mit Küchenland und Bosketten sollte unverändert bleiben, nur die Boskette mit einer neuen, interessanteren inneren Gestaltung versehen werden. Während der Bestand der neuen Parterres der zweiten Terrasse wohl nicht angetastet werden sollte, zeigen die übrigen Terrassen neue Entwürfe im Stil der Zeit als Rasenparterres in ovalen Formen, mit Taxuspyramiden geschmückt. In der Mittelachse sollten neue, zu der Parterregestaltung passende Bassinformen geschaffen und auf der ersten Terrasse zwischen den Bosketten ein Tapis vert ohne Fontäne angelegt werden. Es ist der einzige Plan, der Wege in der Wildnis zeigt, die von Clasen und Voss ab 1745 angelegt worden waren. Inwieweit die Darstellung hier dem tatsächlichen, zeitgenössischen Befund entspricht, bleibt unklar.[1844] An der Stelle, wo die Königsallee abknickt, sollte der Weg sich zu einem Rondell erweitern. Der ehemalige Labyrinthplatz scheint in etwa auf Clasens Neuanlage Bezug zu nehmen, wobei noch der Ausbau eines schanzenartigen Aussichtsplatzes an der Südwestecke hinzukommt.[1845] Während die Kaskade am Garteneingang selbst wirklichkeitsgetreu dargestellt ist, sollten anscheinend die beidseitig angeordneten Boskette aufwändiger ausgearbeitet werden. Die Gestaltung des Vorplatzes zitiert interessanterweise ziemlich genau den Müller-Plan (Abb. 20), an dessen Ausführung aber Zweifel bestehen.[1846]

Nach der Entscheidung gegen den großartigen Projektplan und dem plötzlichen Tod des Garteninspektors Voss trat Hans Nicolai Dölner 1769 die Gärtnerstelle an, die ohne Orangerie nicht mehr so anspruchsvoll war wie vorher. Für ihn entwarf und baute der Baumeister Rosenberg 1772 ein neues Gärtnerhaus anstelle des alten. Dölner trat in seiner Amtszeit nicht sonderlich in Erscheinung. Rosenberg war von 1768 bis 1775 damit beschäftigt, die Umsetzung der königlichen Resolution zu organisieren, wozu der Verkauf und Abriss von Globushaus und Orangerie, der Rückbau der Bassins und Kaskaden auf den Terrassen, die

Instandsetzung der Amalienburg und Kaskade, die Erstellung eines Inventarkonvoluts für den Neuwerkgarten und der Verkauf von überflüssigen Gemälden und Möbeln aus den Gebäuden des Gartens gehörte.[1847]

1.2. Das Neue Werk von 1779 bis zur Mitte des 19. Jahrhunderts

Mit dem Jahr 1779 verschlechterte sich erneut und dauerhaft der Status des Gartens. Da sowohl Fontänenmeister Kruse als auch Garteninspektor Dölner in der ersten Hälfte des Jahres starben, mussten beide Posten neu besetzt werden. Das Gottorfer Amtshaus hatte seit dieser Zeit offenbar die Oberaufsicht über den Garten[1848], was verheerende Konsequenzen nach sich zog. Amtsverwalter Mörck nutzte die Gelegenheit, der Kopenhagener Rentekammer Sparvorschläge zu unterbreiten:[1849] Da wegen des Rückbaus des Gartens an Fontänen nur noch die Kaskade existiere und das Gelände nur noch zum Spazierengehen und als Küchengarten genutzt werde, könne man beide Tätigkeiten von einer Person ausführen lassen. Die gärtnerische Arbeit beschränke sich auf die Pflege von Hecken, Alleebäumen und Wegen, und der Nutzgarten auf dem Gelände habe eigentlich gar keine Berechtigung außer der, dass der Garteninspektor sich damit einen Zuverdienst erwirtschafte. Von Parterres auf den Terrassen ist hier gar keine Rede mehr. Die Interessenverschiebung wird ganz klar benannt. Nach Meinung Mörcks war der Fontänenmeister wichtiger als der Garteninspektor, aber nur, weil seine Zuständigkeit die vom Neuwerk ausgehende Wasserversorgung des Schlosses einschloss. Schon unter Hans Nicolai Dölner hatte sich dieser Trend gezeigt, aber nun dominierten klar die wirtschaftlichen Interessen, Repräsentation und gartenkünstlerische Belange spielten überhaupt keine Rolle mehr. Mörcks Eingabe hatte Erfolg. Deshalb wurde im Sommer 1779 Hinrich Friedrich Godske als Gärtner und Fontänenmeister angestellt.[1850] In seiner Bestallung sind die Veränderungen deutlich abzulesen: Die wichtigste Aufgabe bestand in der täglichen Begutachtung der Fontänen und Wasserleitungen beim Neuen Werk, Schloss und Gottorfer Amtshaus. Das Gehalt wurde um zwei Drittel auf 400 Rthlr gekürzt, wovon der Gärtner den Garten und die dafür notwendigen Arbeitsleute, Materialien und Pferde unterhalten sollte. Als Gegenleistung erhielt er freie Wohnung im Gärtnerhaus und freie Nutzung des Gartens und der Graskoppel. Godskes permanente Unzufriedenheit mit der Situation und Bezahlung und sein Desinteresse am Garten führten dazu, dass er seine Tätigkeit auf die Anzucht und den Verkauf von Obstgehölzen und Gemüse konzentrierte. Weil dieses Modell nicht wirklich funktionierte, plädierte Baumeister von Motz für die Wiedereinführung der Fontänenmeisterstelle, die 1783 mit Johann Leonhard Koch besetzt wurde. 1790 wurde Godske zusätzlich zum Schlossverwalter ernannt.

In Godskes 28jähriger Amtszeit geschah nicht viel im Neuwerkgarten. 1785/86 wurden die alten Ulmen der Schlossallee durch 120 Kastanien ersetzt. Seit 1791 erhielt ein Gartenwärter den Auftrag, nachts im Garten zu patrouillieren, weil die Diebstähle stark zugenommen hatten. Als nachhaltig schädigende Entscheidung erwies sich 1795 die Trockenlegung des Herkulesteiches zum Zwecke der Reinigung, weil er über Jahrzehnte nicht wieder befüllt wurde, wodurch eine unumkehrbare Verwahrlosung dieses Bereiches einsetzte. Erst 1797 erfolgten endlich wieder ein paar Instandhaltungsmaßnahmen und die Errichtung eines neuen Eiskellers am ehemaligen Standort des Ringelhauses. Im Globusgarten wurde 1799 die Ringmauer repariert, und Godske verlegte neue Drainagen. 1802 begann er mit einer Sanierung der Gartenwege.

Schon 1800, aber auch nach Godskes Tod wurden Überlegungen angestellt, das Neue Werk als königlichen Garten aufzugeben und stattdessen zu verpachten, was aber nicht zur Ausführung kam.[1851]

Auch unter seinen Nachfolgern Friedrich Christoph Langenheim, der bereits 1808 starb, und Wilhelm Nagel verschlechterte sich zunehmend der Zustand des Neuen Werkes, weil Nagel, der schon bei seiner Einstellung 1809 den seit vielen Jahren vernachlässigten Zustand des Gartens beklagt hatte[1852] und anfangs „bekantlich mit grose Verbeßerungen in dem Königl Neuwerksgarten auf eigene Kosten beschäftiget"[1853] war, sich wegen Krankheit die letzten neun Jahre seiner Amtszeit von seinem Sohn vertreten lassen musste. Der wesentlichere Grund für den Niedergang lag aber eher in der Tatsache, dass der Garten seinen früheren Status als Ort der Repräsentation verloren hatte, was überdeutlich aus der Einschätzung des Hausvogts 1816/17 spricht: „Uebrigens wäre es für die königliche Kasse sehr gut, wenn der Garten gar nicht existirte."[1854] Parallel zu dieser Entwicklung wird auch das Aufkommen der überlieferten Quellen geringer. 1823 konstatiert Amtmann von Staffeldt, dass „der Neuwerksgarten sich in einem Zustande der Verwahrlosung befindet".[1855] Tatsächlich geschahen nur noch ganz banale Notinstandhaltungsmaßnahmen wie die vertragliche Übernahme der Plankwerkspflege durch Nagel, die Sanierung der Königsallee als Weg, was ein Jahr später 1817 durch einen Wasserschaden zunichte gemacht, aber von Nagel wieder instand gesetzt wurde[1856], und der Bau einer Feldsteinmauer im Globusgarten als Ersatz für die Blendmauer. Ansonsten trat der Verfall immer deutlicher zutage mit den ab 1823 beginnenden Überlegungen zum Schicksal der Amalienburg über mögliche Ersatzbauten bis zu ihrem Abriss 1826, mit der Entfernung des Königsbaumes und der letzten Skulpturen aus dem Garten und der zerstörerischen Kappung der Linden in der Königsallee 1830.

Mit dem neuen, von 1832 bis 1845 tätigen Garteninspektor Ernst Friedrich Hansen war dem Garten zum letzten Mal ein kurzer Aufschwung vergönnt. Hansen verschaffte sich einen guten Ruf, indem er sofort mit der Instandsetzung des Neuen Werkes begann, das sich „in einem Zustand gäntzlicher Verwilderung"[1857] befand. 1841 berichtet er über den Fortschritt: Erstens war die Plankwerks-Umfriedung erneuert worden. Zweitens hatte die schon seit 1823 einsturzgefährdete Kaskade durch den erst 1834 nach langen Diskussionen erfolgten Umbau unter dem engagierten Bauinspektor Wilhelm Friedrich Meyer als einziges Gartenbauwerk erhalten und das direkte Umfeld etwas verschönert werden können. Der Garteninspektor hatte sich weiterhin mit der Urbarmachung und Entwässerung des Globusgartens und der Terrassen, auf denen die Mitteltreppen neu gelegt worden waren, und mit den seit Jahren unbeschnittenen Hecken und verunkrauteten Wegen beschäftigt. Den ausgetrockneten Herkulesteich hatte er in eine Wiese verwandelt. Um Geld und Genehmigungen zu erwirken, reichte Ernst Friedrich Hansen mehrere Zustandsberichte, Projekte und Zeichnungen ein, durch die wir gut unterrichtet sind über seine Vorhaben.[1858] Wie fast immer lehnte die Rentekammer aber die Vergütung dieser außergewöhnlichen Kosten ab.[1859] 1841 schlug er sogar noch die Umwandlung des Neuen Werkes in einen Landschaftsgarten vor.[1860] Vielleicht war der Gottorfer Garteninspektor inspiriert worden durch die kurz zuvor begonnene Umgestaltung der Schlossgärten in Plön und Kiel durch den seit 1839 für den dänischen König Christian VIII. (reg. 1839–1848) tätigen Hannoveraner Gartenkünstler Christian Schaumburg (1788–1868).[1861]

Aufgrund der geringen Fläche klassifizierte Garteninspektor Hansen das Gelände des Neuen Werkes nicht als Park, sondern als Pleasureground. Leider sind die dazugehörigen Zeichnungen verloren gegangen. Nach seiner Beschreibung aber sollte zunächst der natürliche Wald mit Ausnahme einiger effektvoller Solitäre und schöner Baumgruppen beseitigt, die rechtwinkligen Terrassen „durch Abtragen und Planiren, in sanftgerundete zum Theil wellenförmige Hügel und Abhänge verwandelt" und der Boden für Anpflanzungen und Anlegen des Rasens präpariert werden. Im Globusgarten plante er statt der Mauern die Erbauung eines felsigen Wasserfalles, während die Wiese des ehemaligen Herkulesteiches wieder zu einem Wasserstück „von irregulärer Form verwandelt und die in der Mitte befindliche Ruine des Hercules zu einer passend bepflanzten Insel gebildet" werden sollte. Weiterhin wollte er die Königsallee komplett entfernen und das Plankwerk durch Anpflanzungen kaschieren. Auf den Wegen „in sanften Biegungen" sollten die Besucher „zu den höchsten, so wie zu allen interessanten Punkten und schöne Fernsichten und Durchblicke gewährende Sitzplätze des Gartens" gelangen. Er erläuterte die „Landschaftsprospecte" und Panoramablicke in alle Himmelsrichtungen über Schloss, Stadt und die Schlei bis zu den Hüttener Bergen und zum Danewerk. Für eine neu zu bauende „Villa oder Pavillon" stellte er sich die oberste Terrasse vor.

Vermutlich aufgrund des üblichen Desinteresses auf höherer Ebene wurde wie immer nichts aus diesen Plänen. Stattdessen werden die Nachrichten über den Garten in den Quellen immer spärlicher und versiegen um die Mitte des 19. Jahrhundert fast ganz. Nach dem Tod Hansens wurde noch Moritz Friedrich Christian Jess 1846 als letzter Garteninspektor im Neuen Werk bestallt, der als Novum laut Dienstanweisung auch für den 1830 auf der Schlossinsel angelegten kleinen Garten und die Bestückung der Schlossgemächer der Statthalter-Gattin mit Topfblumen wintertags zuständig war.[1862] Nachdem noch 1846 bei einem Treffen mit Oberhofmarschall von Levetzau und dem Garteninspektor für die königlichen Gärten in den Herzogtümern, Christian Schaumburg, vor Ort über die „Verschönerung Neuwerks und der Umgebungen"[1863], aber ohne überliefertes Ergebnis, verhandelt worden war, kam 1847 eine Nachricht aus Kopenhagen, die faktisch das Ende des Gartens besiegelte, dass nämlich keine „Kosten der Unterhaltung des Gottorfer Schloßgartens im Normalreglement und Budget der Königlichen Gartenkasse aufgenommen sind oder aus derselben entrichtet werden."[1864] Im selben Jahr wird zum letzten Mal ein Fontänenmeister auf Gottorf erwähnt. Bis 1853 taucht Jess noch im dänischen Hof- und Staatskalender auf, und als 1854 Schloss Gottorf nicht einmal mehr als königliches Schloss geführt wird, scheint der Garteninspektor entlassen worden zu sein.

1.3. Die Nutzung des Neuwerkgartens bis zum Ende der Statthalterzeit

Nach der dänischen Übernahme 1721 behielt Schloss Gottorf bis 1846 den Status als wichtigste Nebenresidenz in den Herzogtümern und Sitz des königlichen Statthalters. Die tatsächliche Nutzung des Gartens durch die Statthalter und ihre Familien kann quellenmäßig aber erst ab 1779 belegt werden.[1865] Bis 1768 fokussierte sich die Arbeit der Garteninspektoren vielmehr auf die jährlichen Sommerbesuche des Königs, wofür der Garten dann in möglichst gutem Zustand präsentiert werden sollte.[1866] Für den gebührenden Empfang ließ Garteninspektor Clasen um 1748 in der Königsallee sogar eine Art Festarchitektur, eine „Ehrenpforte" oder auch „Portal" genannt, aufsetzen[1867], denn der Einzug der hohen Herrschaften von Norden aus zum Schloss Gottorf erfolgte über diesen Weg.[1868]

Zwei Aspekte der Gartennutzung setzten sich seit der herzoglichen Zeit fort. Dazu zählt laut Gärtnerbestallung die Pflicht, die Hofhaltung mit Obst und Gemüse zu versorgen, was nachweislich bis mindestens 1807 erfolgte.[1869] Ob diese Lieferungen nur für die gelegentlichen königlichen Aufenthalte oder auch für die tägliche Haushaltung der Statthalterschaft gedacht waren, geht aus den Quellen nicht hervor. Fest steht, dass der private Zuverdienst der Garteninspektoren durch Anzucht und Verkauf von Früchten, Küchengewächsen und Obstbäumen seit Ende des 18. Jahrhunderts immer mehr an Bedeutung gewann.[1870] 1847 warf die Rentekammer die Frage auf, ob der Eiskeller im Neuwerkgarten überhaupt noch gefüllt werden solle, nachdem auf Gottorf kein Statthalter mehr residiere. Daraufhin berichteten Amtmann von Liliencron und Schlossverwalter Rüppell, dass zwar keine ständige Hofhaltung mehr vorhanden, es aber immer möglich sei, dass sich die Herrschaft im Laufe des Sommers für längere oder kürzere Zeit auf Gottorf aufhalten könne, wie z.B. 1846, als eine Menge Eis verbraucht wurde.[1871]

Der zweite durchgängige Aspekt ist die repräsentative Nutzung des Geländes, wovon die Gebäude aber offenbar nicht betroffen waren, denn schon ab 1726 wurden sie nur extrem selten besucht und verwahrlosten mit ihrem Meublement entsprechend.[1872] Stattdessen wurde 1742 die Amalienburg sogar den im Garten tätigen Handwerkern als Werkstatt überlassen.[1873] Zur Repräsentation gehören aber zwei Illuminationen des Neuen Werkes für König Friedrich V. (1746–1766), der sich im Juni 1754 auf Gottorf aufhielt. Bei der nächtlichen Rückkehr von Militärmanövern, an denen er teilgenommen hatte, konnte der Herrscher zweimal den beleuchteten Garten bewundern zusammen mit seinen Begleitern und anderen Zuschauern. Wie die Illumination technisch bewerkstelligt wurde, ist nicht bekannt, aber Graf von Haxthausen beschrieb dieses Erlebnis folgendermaßen:

> „Der königliche Garten, durch welchen der Weg führt, war sehr schön illuminiert. Auf einer Anhöhe war ein kleines Schloß dargestellt, umgeben von Grotten und Wasserfällen, ein schöner Anblick vom Fuße des Berges.[1874]

Auch aus dem 19. Jahrhundert wissen wir von einem Feuerwerk, das ein Herr Dupuis anlässlich des Geburtstages der Königin und der Kronprinzessin am 28.10.1813 im Neuen Werk installierte[1875], und von einem Fest im Garten, als Christian VIII. (1839–1848) sich im Sommer 1840 in der Stadt aufhielt.[1876] Auch die Wasserspiele der Fontänen wurden weiterhin zu repräsentativen Zwecken gezeigt. Laut Bestallung hatten aber alle Fontänenmeister bis zu Peter Christian Cunrau 1799 die Instruktion, die Fontänen nur auf Befehl von königlichen Herrschaften springen zu lassen. Für andere hochgestellte Personen musste erst eine Genehmigung des Baumeisters eingeholt werden.[1877] 1734 funktionierte die Vorführung für König Christian VI. (1730–1746) peinlicherweise nicht, weil der Knecht des Fontänenmeisters Kallau ihm durch absichtliche Verstopfung einer Leitung hatte schaden wollen.[1878]

In der Zeit des Statthalters Carl von Hessen (1768–1836) traten einige Änderungen ein, bedingt durch eine aufwändigere Hofhaltung, die seine Gemahlin Louise als Schwester des dänischen Königs Christians VII. beanspruchte, und dadurch, dass sie den Sommer auf Gut Louisenlund an der Schlei verbrachten.[1879] Den Rest des Jahres residierten sie auf Schloss Gottorf, wobei das Neue Werk und der Tiergarten vorwiegend zum täglichen Spazierengehen, -fahren und -reiten genutzt wurden.[1880] Zu diesen Veränderungen gehörte die allmähliche Öffnung des Gartens in den Sommermonaten für die Bevölkerung, was damit begann, dass Fontänenmeister Kruse (1766–1779) „für Reisende oder andere angesehene Leute aus der Stadt" auf Verlangen die Wasserkünste gegen einen Obolus vorführen und sich dadurch einen kleinen Nebenverdienst verschaffen durfte.[1881] Nachdem 1774 unter dem Oberbefehl des Statthalters in Schleswig eine Garnison eingerichtet worden war, etablierten sich allmählich immer beliebter werdende Freiluftkonzerte der Militärmusiker im Garten[1882], die mit dazu beitrugen, dass das Neue Werk und der Tiergarten schon um 1800 von den Schleswigern zunehmend und regelmäßig als Ausflugsziel und auch als Naherholungsgebiet vor allem zum Spazierengehen[1883] genutzt wurden, so dass immer wieder die Idee aufflammte, den Garten zu verpachten und eine Gastronomie für die Besucher einzurichten.[1884] Die Öffnung des normalerweise abgeschlossenen Gartens geschah aber nur zu bestimmten Tagen im Sommer, nämlich an Sonn- und Festtagen und an einem Wochentag.[1885] Außerdem hatten einige auserwählte Personen einen Schlüssel.[1886] Als 1816 der Gastwirt Morell vom Statthalter persönlich die Erlaubnis erhielt, in der Amalienburg für einen Sommer eine Gastwirtschaft zu den üblichen Öffnungszeiten des Gartens zu betreiben, fanden auch die Konzerte dort statt.[1887] 1823 bat ein Herr Lymkilde noch einmal erfolglos darum, die Amalienburg auf eigene Kosten renovieren und sich als Gastwirt dort etablieren zu dürfen.[1888]

Es geht nicht klar aus den Quellen hervor, ob und wann der Neuwerkgarten tatsächlich ein uneingeschränkt öffentlich zugängliches Gelände wurde. Heinrich Philippsen bringt diesen Vorgang ohne Beleg mit dem Wirken des Garteninspektors Hansen 1834 in Verbindung.[1889] 1836 ist von „dem bekanntlich öffentlichen Neuwerkgarten" die Rede, ab 1844 wurden die Wasserkünste bei der Kaskade an allen Sonntagen im Sommer vorgeführt und 1852 berichtet der Bauinspektor Meyer, dass der Garten seit „undenklichen Jahren" dem Publikum öffentlich zugänglich sei zum Spazierengehen auf den Promenaden.[1890]

1.4. Das Ende – ein ehemaliger Garten in militärischer Nutzung

Mit dem Ende des schleswig-holsteinisch-dänischen Krieges von 1848–1851 war auch das Ende des Neuwerkgartens besiegelt. Schloss Gottorf wurde von 1851–1855 einschließlich des Gartens unter der Leitung des Ingenieur-Kapitäns Schröder als dänische Kaserne eingerichtet[1891], die nach dem Krieg von 1864 unter preußische Hoheit kam und bis zum Ende des Zweiten Weltkriegs genutzt wurde.

Einige Bildquellen verdeutlichen diese Entwicklung vor allem in der dänischen Zeit. Der Kopenhagener Baukondukteur Bondo, der etwa gleichzeitig die Stallgebäude auf der Schlossinsel plante, fertigte im März 1854 Zeichnungen für ein Militärkrankenhaus und einen Krankenstall für Pferde an, die auf dem Gelände des ehemaligen Gartens gebaut werden sollten. Eine Entwurfsskizze für das Lazarett (Abb. 184) zeigt die Grundrisse von Keller und zwei Etagen eines langgestreckten, rechteckigen Gebäudes mit zwei eingestellten Flügeln mit polygonalem Abschluss, dazu die

Abb. 184 Entwurf für ein Militärkrankenhaus auf dem Gelände des Neuwerkgartens, Federzeichnung des Baukondukteurs Bondo, März 1854, BQ: KBK, Bondo I

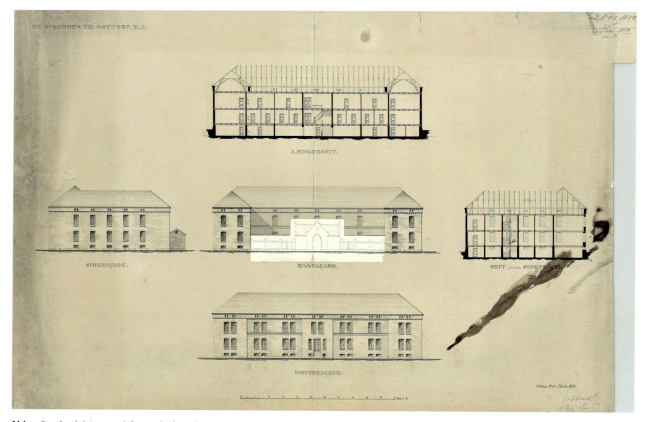

Abb. 185 Ansichten und Querschnitte des ca. 1856 gebauten Militärkrankenhauses auf dem Gelände des Neuen Werkes, Federzeichnung des Baukondukteurs Bondo, März 1854, BQ: KBK, Bondo II

Abb. 186 Nordseite des ehemaligen Militärlazaretts, Paulihof 2, Schleswig, auf dem Gelände des Neuen Werkes, Aufnahme 2017

Ansicht der Rückfront.[1892] Auf einem zweiten, gleichzeitig entstandenen Blatt (Abb. 185)[1893] ist das etwas veränderte, ausgeführte Gebäude in Fassadenansichten und Schnitten zu sehen: Eine sehr schlichte, sparsam mit schmal hervortretenden Mittel- und Eckrisaliten gegliederte, stilvolle Dreiflügelanlage mit Keller-, zwei Hauptgeschossen und einer niedrigen Drempeletage aus gelbem Backstein mit roten Ziegelwalmdächern (Abb. 186). Nach Süden, zum Garten und Schloss gewandt, liegt die Schauseite, der Innenhof nach Norden. Merkwürdigerweise zeichnete Bondo erst im August 1856 die dazugehörigen Grundrisse auf einem dritten Blatt (Abb. 187)[1894] mit einer sehr zweckmäßigen Einteilung dieses großen, mit drei Treppenhäusern modern ausgestatteten Krankenhauses, das aber schon im März 1856 als „jetzt aufgeführtes Militärkrankenhaus"[1895] beschrieben wird. Somit muss es zu diesem Zeitpunkt zumindest äußerlich fertiggestellt gewesen sein.[1896] Es wurde auf dem Platz der früheren Orangerie errichtet. Ebenfalls 1854 hatte Bondo in einer weiteren Zeichnung seinen Entwurf für einen in den Folgejahren errichteten Krankenstall samt Tierarztwohnung mit Ansichten, Schnitten und Grundrissen (Abb. 188) zu Papier gebracht.[1897] Während dieses an der Westseite des Herkulesteiches erbaute Gebäude heute bis zur Unkenntlichkeit verändert ist, hat sich der seit 2001 unter Denkmalschutz stehende Lazarettbau nur wenig gewandelt und wurde vor kurzem zu Wohnungen umgebaut.[1898] Beide sind heute in Privatbesitz.

Über die Umnutzung des Gartengeländes in der Zeit der dänischen Kaserne geben eine unsignierte Zeichnung von 1857[1899] (Abb. 189) und ein Plan von Wilhelm von Sommer aus dem Jahr 1862[1900] (Abb. 190) Auskunft: Das alte Gartenareal bildete nun keine Einheit mehr, sondern wurde aufgeteilt und verschiedenen Zwecken und Institutionen zugeführt. Während die 1857 dunkel gekennzeichneten Flächen zunächst einzelnen Mitgliedern der Kaserne als Gärten zur Verfügung standen, wurden die drei obersten Terrassen mit Sand aufgeschüttet und als Exerzier- und

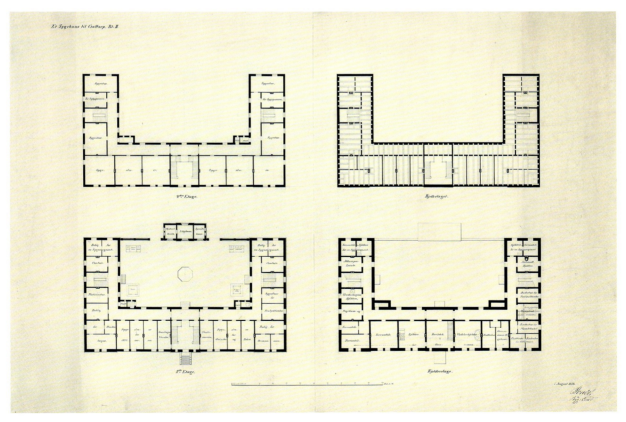

Abb. 187 Grundrisse des Militärkrankenhauses im Neuwerkgarten, Zeichnung des Baukondukteurs Bondo, August 1856, BQ: KBK, Bondo III

1. DIE ENTWICKLUNG DES GARTENS – CHRONOLOGIE 207

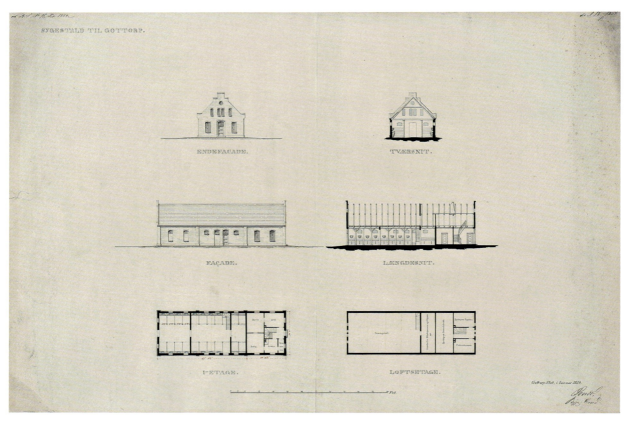

Abb. 188 „Sygestald til Gottorp", Entwurf eines Krankenpferdestalles auf dem Gelände des Neuen Werkes, Zeichnung des Baukondukteurs Bondo, 1854, BQ: KBK, Bondo IV

Reitplätze hergerichtet. 1862 gab es keine Einzelgärten mehr. Nur Schlossverwalter Kersten, dem seit der preußischen Übernahme 1864 bis zur Übergabe an die Forstverwaltung 1869 die Aufsicht und Organisation einer spärlichen Instandhaltung des ehemaligen Gartens übertragen wurde, durfte sein Dienstland weiter nutzen.[1901] 1869 stimmte die Regierung in Berlin endgültig der Teilung des Geländes zu: Die Militärverwaltung bekam das Lazarett und den Krankenstall mit je einem Garten, den Eiskeller und vier Reitplätze, der Rest unterstand der Forstverwaltung, wobei der mit Bäumen bestandene Teil des Neuwerks weiterhin „parkartig behandelt" werden sollte.[1902] Das alte Garteninspektorhaus wurde 1875 Dienstsitz des Oberförsters.[1903]

Auch in der Kasernenzeit existierte die mittlerweile aus Plankwerk, Steinwällen, Hecken und Gräben bestehende Umfriedung des ehemaligen Gartens noch. Sie erscheint in den Quellen zum letzten Mal 1869.[1904] Wann sie endgültig entfernt wurde, ist nicht bekannt.

1870 fiel nach längerer Diskussion die Entscheidung, die Kaskade zu erhalten. Die laufende Unterhaltung sollte nun aus dem „Civilfond" bezahlt werden, womit sie der königlichen Bauverwaltung in Berlin unterstand.[1905] Die früheren Militärmusikkonzerte wurden auch in dänischer Zeit ab 1851 zweimal wöchentlich bei der Kaskade fortgesetzt.[1906] Nach dem entscheidenden Sieg im Deutsch-Französischen Krieg in der Schlacht bei Sedan 1870 fand die jährliche Gedenkfeier am 2. September vor der Kaskade mit springender Fontäne statt, die zu diesem Anlass immer instand gesetzt wurde.[1907] Ab 1881 wurden mit der Stadt Schleswig, die ebenfalls Interesse am Fortbestand der Kaskade bekundet hatte, immer wieder Verhandlungen zur Kostenbeteiligung und Übernahme geführt, die endlich 1935 in den Kauf dieses Teils der ehemaligen Gartenanlage mündeten.[1908]

Alle anderen Bereiche verfielen dagegen weiter. Zum Zustand des Globusgartens existieren keine Quellen für den Zeitraum zwischen 1841 und 1872, als nur noch die eckigen Seitenmauern aus Ziegeln im Zustand der Rosenbergschen Instandsetzung der 1760er Jahre erwähnt werden.[1909] Wann die 1823 errichtete Feldsteinmauer, die auf dem Fundament der alten Blendmauer gebaut worden war, verschwunden ist, bleibt unklar. Robert Schmidt berichtet 1903 noch von Initialen des Herzogspaares über dem Osttor, ansonsten ließ zu diesem Zeitpunkt „nichts mehr […] hier den einstigen Lustgarten vermuthen".[1910] Am Ende des Zweiten Weltkriegs stand nur noch die östliche Winkelmauer in ihrer ursprünglichen Höhe von etwa zwei Metern und wurde dann als Steinbruch genutzt.

Die erste Terrasse nördlich des Globusgartens war nach der Aussage von Henning Oldekop 1906 bewaldet, die vier anschließenden wurden als Reitplätze genutzt, während das parkartig gestaltete Gelände der obersten Stufe zum Militärkrankenhaus

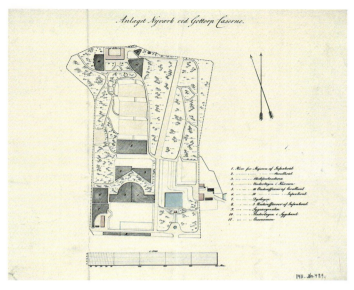

Abb. 189 Plan des Neuwerks in der dänischen Kasernenzeit, unsignierte Zeichnung von 1857, BQ: KBK, Neuwerk 1857

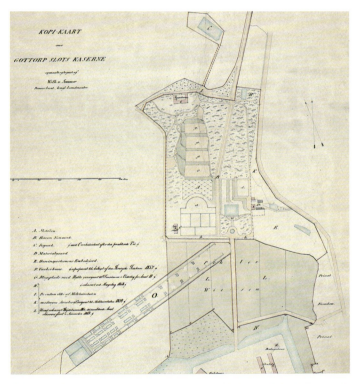

Abb. 190 Der Neuwerkgarten als Kasernengelände mit Schießstand im Süden, Detail aus einer Zeichnung von Wilhelm v. Sommer, 1862, BQ: KBK, v. Sommer

gehörte.[1911] Schon vor 1937 waren hier als Ergänzung zum Lazarett mehrere große Gebäude errichtet worden.[1912] Nach einer Abholzung des Baumbestandes auf den Terrassen im Jahr 1950 folgte umgehend eine neue Aufforstung des Geländes außer der vierten und fünften Terrasse, auf denen Baracken und ein Sportplatz gebaut wurden.[1913]

1.5. Zur Restaurierungsgeschichte

1886 setzte langsam das Bewusstsein für den Denkmalwert des Neuwerks ein. Allerdings betraf das zunächst nur den Bereich der Kaskade, nicht aber die 1887 auf dem Gartengelände und in der Umgebung verstreuten Spolien früherer Gartenskulpturen.[1914] 1925 forderte der damalige Provinzialkonservator Sauermann den Regierungspräsidenten auf, die Kaskade sachgemäß instand setzen zu lassen, was in den Folgejahren mit denkmalpflegerischer Einbindung geschah. Dazu gehörte auch die Restaurierung der Sandsteinvasen durch den Bildhauer Borgwardt.[1915] Von dem ehemaligen Garten waren zu dieser Zeit außer der Kaskade nur der Blaue Teich, der halb verlandete Herkulesteich mit dem Sockelstumpf der Skulpturengruppe, die eingewachsene halbrunde Globusmauer aus Feldsteinen, die Grundstruktur der Bodenmodellierung von Terrassenanlage und Labyrinthberg und die Königsallee mit Resten alter Alleebäume vorhanden.

Erst 1981 kehrte das Neue Werk mit dem von Holger Behling und Michael Paarmann in der Schriftenreihe „Denkmal in Gefahr" verfassten Text ins öffentliche Bewusstsein zurück, worauf 1984 ein Gutachten des Landesbauamtes mit Vorschlägen zu Sanierungsarbeiten und schließlich die Restaurierung der Kaskadenanlage und des Blauen Teiches 1984–87 folgten.[1916] Es schlossen sich archäologische Grabungen an den Terrassenböschungen, dem ehemaligen Standort des Globushauses und im Globusgarten an. 1991 erstellten Rose und Gustav Wörner ein gartendenkmalpflegerisches Gutachten mit dem Ziel, den Garten in seinen groben Grundstrukturen nach dem Vorbild des Planes von Otto Johann Müller (Abb. 20) wieder erlebbar zu machen, was aber zunächst am Widerstand der Umweltverbände scheiterte.[1917] 1994 gelang ein erster Schritt mit der Wiederherstellung des Globusgartens und des Herkulesteiches. Bei dieser Gelegenheit konnten die meisten Teile der in den Teich gekippten ehemaligen Herkulesskulptur geborgen, zusammengesetzt und als Replik 1997 an historischer Stelle wieder aufgestellt werden.[1918] Bei Grabungen im Globusgarten wurden das Entwässerungssystem und Fundamentreste des kleinen Lusthauses gefunden.[1919] Seit ihrer Gründung 1999 verfolgte die Stiftung Schleswig-Holsteinische Landesmuseen Schloss Gottorf unter ihrem Leiter Herwig Guratzsch das Ziel der Restituierung des Neuen Werkes nach dem Vorbild des Planes von Rudolf Matthias Dallin (Abb. 14). Nachdem nur noch zwei abgängige Linden der Königsallee überdauert hatten, konnte im Jahr 2000 dieser Weg mit 150 Kaiserlinden (Tilia pallida), gespendet von Günther Fielmann, wieder als Allee neu gepflanzt werden (Abb. 194).[1920] In den folgenden Jahren bis 2007 wurden, erkenntnismäßig unterstützt durch archäologische Grabungen und eine Kartierung der Stinzenpflanzen, in mehreren Arbeitsphasen der Globusgarten, die gesamte Terrassenanlage mit ihren Parterrekompartimenten und die Wasserachse wiederhergestellt. Dazu kam die Errichtung eines neuen Globushauses in modernen Formen als Unterbringungsort für den nachgebauten Gottorfer Globus.[1921]

1. DIE ENTWICKLUNG DES GARTENS – CHRONOLOGIE

Durch diese großartigen Anstrengungen ist seither ein großer Teil des Neuen Werkes wieder erlebbar, auch wenn das Ergebnis naturgemäß nur eine Annäherung an den vollendeten Zustand des Gartens um 1700 sein kann. Das liegt unter anderem an fehlenden Quellen zur Blumenbepflanzung der Terrassenbeete und der störenden, aber unvermeidlichen Wirkung des heutigen Wohnhauses am Herkulesteich, dessen Existenz auch die vollständig symmetrische Wiederherstellung des Globusgartens unmöglich machte. Ein wesentlicher Unterschied zum 17. Jahrhundert liegt weiterhin in der Ausgrenzung der obersten Terrasse, die sich heute z. T. in Privatbesitz befindet. Dadurch gehört der ehemals so immens wichtige Orangeriebereich heute nicht mehr zum Garten, und durch das Fehlen der Amalienburg besitzt die Hauptgartenachse keinen Point de vue mehr. Auch wurde der Gartenteil östlich der Königsallee mit Ausnahme der Kaskadenanlage und des Blauen Teiches nicht in die Wiederherstellungsmaßnahmen mit eingebunden.

2. Geschichte der einzelnen Gartengebäude und -teile

2.1. Verbindung zwischen Schloss und Garten

Im 18. Jahrhundert wurde die aus Holz bestehende Norderbrücke 1725 und 1751 jeweils völlig neu gebaut[1922], während der lange, mit einer Ulmenallee und beidseitigen Hainbuchenhecken bepflanzte Damm unverändert die repräsentative Verbindung zwischen Schloss und Neuwerkgarten darstellte (Abb. 61). 1745 ersetzte Garteninspektor Clasen 30 eingegangene Bäume und planierte den Weg.[1923] Erst ab 1785 traten zwei größere Veränderungen ein: Die nun fast 150 Jahre alten Bäume auf dem Damm über die Burgwiesen befanden sich in so schlechtem Zustand, dass sie gerodet werden mussten. Garteninspektor Godske pflanzte im Jahr darauf eine neue Allee aus 120 „wilden Kastanien".[1924] Im August 1799 resolvierte die Rentekammer die Anlegung eines Erddammes anstelle der Norderschlossbrücke, was sich wegen des morastigen Untergrundes bis 1802 hinzog. Nach längeren Verhandlungen wurde 1807 doch ein Durchstich durch den Damm vollzogen und eine kleine Holzbrücke gebaut. Das neue Dammstück erhielt ebenfalls eine Bepflanzung mit Kastanien.[1925] 1823 wurde der Weg mit Ziegelsteinen gepflastert.[1926] Die Allee besteht bis heute aus Kastanien, wobei die jetzigen Bäume vermutlich in den 1920er Jahren gepflanzt wurden.[1927]

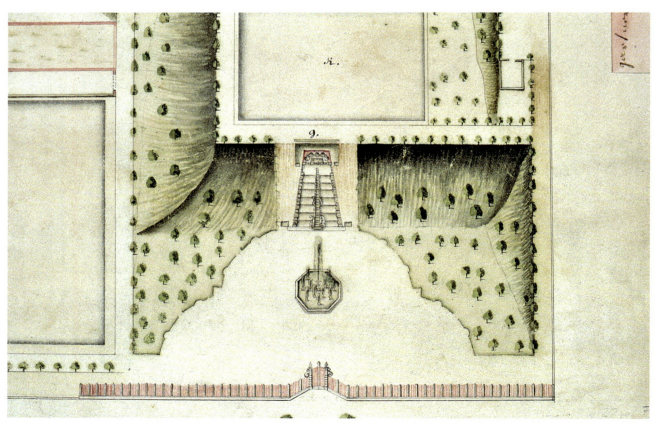

Abb. 191 Südpforte mit Staketenzaun und Kaskadenanlage, Ausschnitt aus dem Plan von O. J. Müller, nach 1734, BQ: RAK, Müller I

Abb. 192 Pforte am Haupteingang mit Vasenschmuck, Zeichnung von O. J. Müller, 1739, BQ: LASH, Müller III

2.2. Das Plankwerk

In der königlichen Zeit blieb die kostenintensive Umfriedung des Neuwerks durch Plankwerk erhalten, wurde aber z.T. verändert in den Abmessungen der Fache, Material und Ausführung und im Aussehen der Pforten. Es zeigte sich, dass man nur durch fortwährende Instandhaltung und Erneuerung dem schon 1719 konstatierten starken Verfall der Bohlenwände entgegen wirken konnte,[1928] aber erst Baumeister Müller begann mit einer systematischen Erneuerung in kleineren Abschnitten von 1742 bis 1750.[1929] Sein Nachfolger Johann Gottfried Rosenberg führte ab 1764 einen zwei Fuß hohen Steinwall als Unterbau bei der bis 1780 dauernden vollständigen Plankwerksneusetzung ein (Abb. 26).[1930] Nach der nächsten Generalerneuerung der Umfriedung von 1803 bis 1811 übernahm Garteninspektor Nagel per Vertrag die Instandhaltung auf Lebenszeit.[1931] Von 1832 bis 1841 wurde zum letzten Mal „die ganz verfallene Befriedigung [...] durch ein neues Plankwerk zum größten Theil wieder hergestellt".[1932]

Die meisten Veränderungen an Pforten wurden am Haupteingang im Süden vorgenommen: Von 1717 bis 1722 erhielt dieser statt des alten Plankwerks eine repräsentativere Gestalt in Form eines insgesamt 56 Fach langen, rot-weiß bemalten Staketenzaunes mit einem ebensolchen Tor, das mit Ornamenten und Bildhauerarbeit verziert war, die nach dem Müller-Plan aus Vasen auf Pfeilern bestand (Abb. 191).[1933] 1739/40 wurde der Staketenzaun auf jeder Seite auf 14 Fache reduziert, und der Fontänenmeister und Bildhauer Johann Friedrich Freudenreich fertigte nach einem Entwurf des Baumeisters Müller zwei neue, 72 cm hohe Vasen aus Eichenholz als flankierenden Schmuck der Pforte an (Abb. 192).[1934] Rosenberg vereinfachte den Haupteingang 1764 noch einmal auf eine Fahrpforte und vier Fache aus grau angestrichenem „Stacket" ohne Vasen (Abb. 26).[1935] Die letzte aktenkundige Erneuerung dieses Eingangs fand 1797 statt mit ähnlichen Maßen wie 1764. Nur wurden wieder zwei Holzvasen in gleicher Höhe wie 1740 für die Pfeiler bei dem Schleswiger Bildhauer Schmädl in Auftrag gegeben, von denen sich aber nichts erhalten hat.[1936]

Im Orangeriebereich verschwand der westliche Plankwerksbogen mit seiner Illusionsmalerei im Zuge des Glashausneubaus 1731 zugunsten einer völlig neuen Grundrissform (Abb. 245). Das Plankwerk und die Staketenpforten hier und hinter der Amalienburg wurden nun auch rot-weiß gemalt.[1937] Das große Tor am Nordende der Königsallee mit einer Gangpforte daneben erhielt in der dänischen Zeit vor 1738 einen roten Anstrich und firmierte seitdem unter dem Namen „rothe Pforte", im 19. Jahrhundert aber unter „Königspforte".[1938] 1775 wurden die Durchfahrtstore an der Westseite durch Plankwerk ersetzt und 1835/36 stellenweise die Nordumfriedung, z.B. der Bogen beim ehemaligen Ringelhaus, begradigt.[1939]

2.3. Der Herkulesteich und die Herkulesskulptur

Nach 1712 fand lange keine wirkliche Pflege des Herkulesteiches statt. Erst mit der Hauptreparatur des Fontänenwesens geschah 1739 eine gründliche Reinigung mit Ablassung des Wassers.[1940] Die vier Eckfontänen, für die der Fontänenmeister Freudenreich einen Entwurf zur Erneuerung angefertigt hatte (Abb. 29 rechts), bekamen bei dieser Gelegenheit lediglich einen weißen Ölfarbenanstrich. Alle anderen Reparatur- oder Veränderungspläne wurden nicht ausgeführt, weil die geplanten Sandsteinelemente zu schwer gewesen wären für den morastigen Untergrund des Teiches.[1941] Neun Jahre später erfolgte ebenso wie bei der Herkulesfigur noch einmal ein Konservierungsanstrich.[1942] Die letzten Nachrichten 1763 und 1766 von den vier Eckfontänen beinhalten den Diebstahl zweier Muschelaufsätze und aller Bleirohre der Herkulesgruppe im Januar 1763 aus dem zugefrorenen Teich. Die übrig gebliebenen Muscheln und Postamente wurden daraufhin für den Winter offenbar in der Materialkammer eingelagert, woraus dann noch einmal – anscheinend bevor die im Oktober bewilligten Ersatzarbeiten ausgeführt werden konnten – drei mit Schneckenornamenten geschmückte Postamente gestohlen wurden, sodass kaum noch etwas von diesen ursprünglich sehr eleganten Wasserkünsten übrig war. Die fehlenden Teile wurden offenbar nicht mehr ersetzt und die Fontänen nie wieder aufgestellt.[1943]

Auch die Erhaltung der großen Skulptur gestaltete sich schwierig. 1750 erhielt die Herkulesfigur eine neue Keule aus Eichenholz.[1944] Für die laufende Instandsetzung im Neuwerkgarten war 1754 ein Vertrag mit Lorenz Henningsen für Maurerarbeiten auf zehn Jahre geschlossen worden, der auch die Herkulesgruppe mit ihrem Sockel einschloss und mit Personenwechsel wohl bis 1825 weitergeführt wurde.[1945] Nach Diebstählen wurde durch Ersetzung der Bleirohre die Funktionalität der Wasserkunst wiederhergestellt.[1946] Im Zuge der Diskussion um das weitere Schicksal des Gartens 1768 stufte der Baumeister Gottfried Rosenberg

2. GESCHICHTE DER EINZELNEN GARTENGEBÄUDE UND -TEILE   211

Abb. 193 Reste der Herkulesgruppe im Neuen Werk, Ölgemälde von Hans Peter Feddersen d. J., 1869, BQ: MBF, Feddersen

die Herkulesskulptur als „große und kostbare Statüe" ein, die erhalten bleiben sollte.[1947] Aber nur noch bis 1797 fand eine aktive Pflege des Teiches, der wassertechnischen Einrichtungen und der Skulpturengruppe statt. In diesem Jahr arbeitete der Bildhauer Schmädl aus Schleswig die sehr beschädigte Herkulesfigur noch einmal auf, der dann zur Konservierung samt Postament wieder mit „Oelsteinfarbe" angestrichen wurde. Der Teich selbst war für die Maßnahmen schon 1795 trockengelegt worden, was sich offenbar bis zur Restaurierung des Gartens im 20. Jahrhundert nicht mehr änderte.[1948] Zustandsberichte dokumentieren die völlige Verwahrlosung dieses Gartenbereiches bis 1845.[1949] 1823 existierte die ursprüngliche Feldsteineinfassung des Teiches nur noch an zwei Seiten und der Sockel des Herkules konnte nicht mehr repariert werden. Zum letzten Mal erwähnt Johannes von Schröder 1827 die Herkulesfigur. Sie muss um 1830 umgestürzt sein.[1950] 1841 berichtete der Garteninspektor Hansen:

> „Der unterste Theil [… des Gartens] war früher ein Teich oder Wasserbehälter, in dessen Mitte sich noch die Ruinen eines 18 fuß hohen, aus Sandstein gefertigten Hercules im Kampf mit der Lernaeischen Schlange, auf einem gemauerten Piedestall, befindet. 1832 war dieser Theil ein Sumpf, durch Ableitung des stagnirenden, demselben überausreichlich zufließenden Quellwassers, seitdem, in eine Wiese verwandelt."[1951]

Der Maler Hans Peter Feddersen hielt diesen Zustand 1869 in einem Gemälde für die Nachwelt fest (Abb. 193).

2.4. Der Globusgarten und seine Ausstattung

Der noch in den 1690er Jahren unter Herzog Christian Albrecht neu angelegte Globusgarten war schon in herzoglicher Zeit zu einer ungepflegten Wildnis verkommen, und von der ehemals interessanten und vielseitigen Blumenbepflanzung und der skulpturalen Ausstattung war nichts mehr übrig geblieben.[1952] Nach 1713 verschlimmerte sich der Zustand noch. In den 1720er Jahren stürzten das Westportal und die niedrige Rabattmauer um, die Entwässerungskanäle unter der Erde verfielen derartig, dass der Garten unbrauchbar wurde, und der Bretterngang hinter der Ringmauer verschwand.[1953] Auch das seit 1690 nicht mehr instand gehaltene kleine, achteckige Lusthaus befand sich 1720/21 in sehr schlechter Verfassung.[1954] Eine grundlegende Reparatur des Lusthauses und Gartens wäre nötig gewesen, fand aber nicht statt. Der für den Zustand verantwortlich gemachte Bauinspektor Christian Albrecht Thomsen rechtfertigte sich 1726 für die unterlassene Reparatur damit, dass schon zu herzoglichen Zeiten darüber nachgedacht worden sei, das Lusthaus abzureißen und an seiner Stelle ein Bassin aufzusetzen.[1955] Dieser Plan wurde in den Folgejahren von den aufeinander folgenden Bauverantwortlichen Peucker und Themsen mehrmals wieder aufgegriffen und doch immer von der Kopenhagener Rentekammer abgelehnt[1956], da die Reparatur sehr kostspielig und der Pavillon letztlich nutzlos gewesen wäre, obwohl Peucker 1727 sogar schon einen Vertrag mit dem Garteninspektor Bernhard Kempe zur Neuanlage des Globusgartens geschlossen hatte.[1957] 1728 präsentierte sich dieser kleine Garten in einem derart verwilderten Zustand, „das Ihro Königliche Maÿestet [Friedrich IV.] beÿ Dehro Allerhöchste Gegenwarth alhier, nicht einmahl hat hindurch gehen können".[1958] Erst 1735 schlug der neue Garteninspektor Johann Adam Clasen eine Instandsetzung des Globusgartens mit vollständig erneuerter Drainage vor, mit der er dann 1736 begann.[1959] Durch die Streitigkeiten mit den Erben seines Vorgängers verzögerte sich der Abbruch des Lusthauses noch bis 1737, der in diesem Frühjahr von Maurermeister Christian Drechsler für 26 Rthlr vorgenommen wurde.[1960]

Die neue Anlage bestand nun aus zwei Parterrestücken, die in zeitgemäßer Mode mit Broderien aus Buchsbaum und Rasenstreifen gestaltet waren, versetzt mit rotem und schwarzem Füllmaterial. Jedes Kompartiment schmückten außerdem 26 Taxuspyramiden, vermutlich auf einer Rasenrabatte rund herum.[1961] Leider gibt es keine bildliche Quelle, die die Neuanlage so wiedergibt, wie sie in den Schriftquellen beschrieben wird. De Thurahs 1749 publizierter Stich (Abb. 175) ist die einzige bildliche Wiedergabe aus dieser Zeit.[1962] Sie zeigt vier statt zwei Parterrestücke, aber die Binnengestaltung lässt sich mit der o.g. Beschreibung in Einklang bringen. Den leider nicht erhaltenen Plan dazu hatte Clasen entworfen. Vergleicht man die Pläne von de Thurah und Dallin für diesen Bereich (Abb. 175 u. 28), so fällt die Modernisierung ins Auge. Der Mangel an besseren Bildquellen erschwert allerdings die Beurteilung von Clasens Neuanlage. Es sieht so aus, als wenn der Gottorfer Garteninspektor hier Parterres de broderie schuf wie sie als eine der verschiedenen Parterrevarianten zu dieser Zeit am Übergang vom Régence- zum Rokokostil in ganz Europa modern und verbreitet waren. Die Grundlage für diesen Stil des klassischen französischen Gartens bildete das Traktat „La Théorie et la Pratique du Jardinage" von Antoine

Dézallier d'Argenville, das nach der französischen Ausgabe von 1709 nun auch in deutscher Übersetzung kurz zuvor 1731 erschienen war und sicherlich auch zu Clasens Grundwissen zählte. Diese Form des Parterres galt noch immer als die vornehmste und passte deshalb hervorragend in diesen prominenten Gartenbereich. Die Schattierung mit verschiedenfarbigen toten Materialien und die Ausstattung mit Formbäumchen zeigt eine zeitgemäße und repräsentative Ausführung.[1963] Durch die nötige Anpassung an das vorhandene halbkreisförmige Gelände war Clasen allerdings in seiner gestalterischen Freiheit eingeschränkt. Im Gegensatz zu den Parterres auf den Terrassen scheint er – nach de Thurahs Darstellung zu gehen – auf die altmodische äußere Einfassung der Kompartimente mit Hainbuchenhecken verzichtet zu haben.

Clasen ließ auch die niedrigen Rabattmauern abbrechen und ersetzte sie durch wohl etwas erhöhte Rasenstreifen.[1964] Am Herkulesteich entlang befand sich eine Hainbuchenhecke, die 1750 als „figurirt" bezeichnet wird, d.h. eine kunstvoll mit Figuren beschnittene Hecke in der Art der Ars topiaria.[1965] Was bei der Neugestaltung des Globusgartens mit den innerhalb der eckigen Mauern gelegenen Beeten geschah, bleibt unklar. In den schriftlichen Quellen sind sie nicht genannt, während de Thurah eine Nutzung als Küchenland zeigt (Abb. 175).

Zehn Jahre nach der Neuanlage, 1746, verlegte Clasen im Globusgarten neue Entwässerungsrinnen unter der Erde, sogenannte Reolen[1966], und zwar auf zwei Reihen verteilt insgesamt 54 Ruten 6 Fuß (ca. 170 m). Durch diese notwendige Maßnahme wurde die Hälfte der Taxuspyramiden vernichtet und die Parterres so beschädigt, dass sie neu hätten angelegt werden müssen, was aber – vermutlich aufgrund von Clasens schlechtem Gesundheitszustand – bis zur Übergabe 1750 an den neuen Garteninspektor Voss nicht geschah.[1967] Es ist anzunehmen, dass Voss den Globusgarten zu Küchenland umwandelte, denn als solches wird er ab 1763 mehrmals bezeichnet. Die restlichen Taxusbäume wurden auf die Terrassen verpflanzt.[1968]

Immer wieder wurden Reparaturen an den Umfassungsmauern vorgenommen, denen es an Standfestigkeit mangelte[1969], bis schließlich zwischen 1763 und 1766 – nachdem Teile der Mauer eingestürzt waren – eine grundlegende Wiederherstellung mit neuem Pfahlfundament unter dem Baumeister Rosenberg erfolgte, der einen Auf- und Grundriss dazu angefertigt hatte (Abb. 44).[1970] Im Gegensatz zur alten erhielt die neue, mit Dachziegeln bedeckte Blendmauer rundbogige Nischen, in denen wieder die Bleibüsten der herzoglichen Vorfahren auf ihren alten Konsolsteinen Aufstellung fanden, die nun aber nur „gelb angestrichen" und nicht mehr vergoldet waren.[1971] Auch die dahinterliegende Feldsteinstützmauer musste neu aufgesetzt werden, weil die steile Böschung zur ersten Terrasse abgesackt war. Zum Abschluss der Arbeiten pflanzte der Garteninspektor Voss Obstspaliere an die Mauer. Beim Abriss des Globushauses 1769 wurde der Unternehmer verpflichtet, die nun entstandene Lücke in der Ringmauer des Globusgartens zu schließen und mit einem Tor zu versehen.[1972] Von einer Verbindung zur ersten Terrasse in Form einer Treppe oder Rampe ist aber nicht die Rede, sodass diese Bereiche nun getrennt voneinander bestanden.

Als 1772 eine der zwölf Bleibüsten gestohlen worden war, erging der Befehl, die restlichen Porträts im Keller des Schlosses zu verwahren. Dort wurden sie 1808 bei einer Inspektion der dort liegenden Materialien durch den Gottorfer Amtmann und den Bauinspektor Kreiser „fast alle, mehr oder weniger beschädigt"[1973] vorgefunden und als wertlos beurteilt, woraufhin die Rentekammer am 30.4. die Einschmelzung anordnete.[1974]

Auch nach der Sanierung in den 1760er Jahren traten immer wieder dieselben Probleme im Globusgarten auf: 1799 musste der Garteninspektor Hinrich Friedrich Godske die Drainage umfassend erneuern, und die Ringmauer wurde nach partiellen Einstürzen 1794 und 1799 wieder instand gesetzt.[1975] Als sie aber 1822 in einem kaum noch zu reparierenden Zustand war, beschloss der Bauinspektor Lorenz Christian Kreiser für den halbrunden Bereich den Bau einer Ersatzmauer aus gespaltenen Feldsteinen auf dem Fundament der alten Blendmauer. Wegen unsachgemäßer Arbeit fiel die neue Mauer schon kurz nach der Fertigstellung wieder um, wurde aber 1823 neu aufgesetzt, diesmal verfugt und mit Grassoden belegt.[1976]

1832 bis 1835 dokumentieren die Quellen noch eine letzte große Aktion, bei der der engagierte Garteninspektor Ernst Friedrich Hansen den völlig verwilderten Globusgarten wieder urbar machte. Er rodete Bäume und Hecken, legte das Land durch eine Erneuerung des Entwässerungssystems trocken, grub es um, pflanzte eine neue Hecke entlang des ehemaligen Herkulesteiches und 28 Spalierbäume (Aprikosen und Pfirsiche) an die wieder einmal instand gesetzten eckigen Mauern.[1977] Über die Binnengestaltung und Bepflanzung des Gartens geben die Quellen keine Auskunft. 1841 bestand die Einfassung des Globusgartens noch immer aus der mittleren, halbkreisförmigen Feldsteinmauer und den beiden aus gelben Mauersteinen bestehenden und mit roten Dachpfannen bedeckten eckigen Seitenflügeln.[1978]

2.5. Das Globushaus

Wie beim Globusgarten begann der Verfall des Globushauses auch schon in den letzten Jahren der herzoglichen Zeit. Nach 1708 sind keine Reparaturen mehr überliefert. Durch die Herausnahme des großen Globus 1713, der durch keine Tür- oder Fensteröffnung passte, wurde dem Gebäude schwerer Schaden zugefügt, der erst sechs Jahre später, 1719, überhaupt taxiert wurde: Die aufgebrochene Außenmauer an der Westseite hatte all die Jahre offen gestanden. In der Globusetage waren sowohl die Bretter- und Fliesenfußböden als auch die Stuckdecke und Wände stark beschädigt, im Obergeschoss mussten ebenfalls Mauerwerk, Stuck und Fenster instand gesetzt werden.[1979] Die Reparaturen erfolgten 1720, wobei an den Stuckdecken nur das Nötigste gemacht wurde.[1980] In den Folgejahren fand im Wesentlichen nur eine Instandsetzung des südlichen Altans, des großen Kupferdaches auf dem Hauptbau und der Fallrohre statt.[1981] Ansonsten wurden die vielen nötigen Maßnahmen immer wieder vertagt,[1982] bis 1728 endlich eine umfassende Außen- und Innenreparatur durchgeführt werden konnte, die vom Baudirektor Jörgen Themsen geleitet wurde und sich auf 1129 Rthlr 30 ß belief.[1983] Auffällig dabei sind die vielen Schäden, die auf eindringende Feuchtigkeit aufgrund der undichten Dächer und kaputten Fenster zurückzuführen waren wie z.B. die Absackung des Fußbodens im unteren Saal durch Verrottung der Unterkonstruktion oder die fast oder ganz zerstörten Stuckdecken der beiden großen Säle.

In den darauffolgenden 20 Jahren wurden weitere kleine Reparaturen getätigt, vor allem an Fenstern und Dächern.[1984] 1745 reichte Baumeister Otto Johann Müller einen größeren Kostenvoranschlag ein, der aber bis auf die Glaserarbeiten nicht bewilligt wurde. Er berichtete darin, dass die Dockengeländer der Altane durch Sturm vom Herunterfallen bedroht seien.[1985]

1748 konnte aber endlich wieder eine Hauptreparatur stattfinden. Für ihre Notwendigkeit plädierte Baumeister Müller im Frühjahr mit einem Kostenanschlag über 412 Rthlr 7 ß. Die Entscheidung darüber wurde aber bis zum Sommeraufenthalt König Friedrichs V. ausgesetzt, wohl deshalb, weil Müller hier zum ersten Mal den Abriss des Gebäudes zur Disposition gestellt hatte: „Wie aber dieses Gebäude obgleich es einen schönen Garten Saal in sich schlieset, und zu diesem behuf von der Königl: Allerhöchsten Herrschaft genutzet werden könnte, zu nichtes nutzbahres gebrauchet worden, so muß Ew. Excellence […] anheim geben, ob daselbe zu obigem Gebrauch eines Garten Saals fernerhin conserviret, und mit der projectirten Reparation geholffen und erhalten, oder aber als ein bishero überflüßiges und nicht zu nutzendes, der Königl: Casse nur zur Last fallendes Gebäude angesehen, und folgl. […] itzo eingehen solle oder nicht […]."[1986]

Bei seiner Anwesenheit auf Gottorf wurde dann Garteninspektor Clasen vom König persönlich aufgefordert, einen Konkurrenzvorschlag einzureichen, der mit 218 Rthlr nur noch die Hälfte der Kosten vorsah und sofort genehmigt wurde, sodass dann Clasen selbst für Maurer-, Tischler-, Glaser- und Malerarbeit mit den Handwerkern Verträge abschloss.[1987] Die schadhaften Stellen am Mauerwerk wurden instand gesetzt, im Innern die Wände und Stuckdecken repariert und geweißt, daneben die Altangeländer renoviert und zehn neue Fensterflügel angefertigt. Dazu kamen die Konservierungsanstriche und Ausbesserung einiger Fenster. Am insgesamt ruinösen Zustand des Globushauses änderte sich durch diese Aktion nur wenig. 1750 war der Fußboden des Globussaales nicht mehr sicher zu betreten und die Geländerdocken vollkommen verrottet.[1988]

Bis 1756 fanden nur noch wenige kleine Reparaturen statt.[1989] In diesem Jahr wurde bei einer öffentlichen Auktion ein Teil des Inventars aus dem Globushaus verkauft. Die Möbel und Gemälde befanden sich schon in sehr schlechtem Zustand.[1990] Ein letztes Mal wurden 1763 noch einmal 258 durch Unwetter zerstörte Fensterscheiben neu in Blei gelegt[1991], bevor König Christian VII. am 3. Juni 1768 die Resolution erließ, das Globushaus zum Abbruch verkaufen zu lassen.[1992] Um eine Vorstellung des Wertes zu erhalten, arbeitete der für die Abwicklung zuständige Baumeister Johann Gottfried Rosenberg erst eine Auflistung des Materials und später die Verkaufskonditionen aus, nach denen der Käufer mit großer Rücksicht auf die Umgebung das Gebäude bis zum Fundament abbrechen, den Platz planieren und die Lücke in der Ringmauer des Globusgartens schließen sollte.[1993] Am Silvestertag 1768 approbierte die Rentekammer den endgültigen Vertrag mit dem Schleswiger Glasermeister Joachim Wilhelm Dubel, der bei der Versteigerung am 24.11.1768 den Zuschlag für 1565 Rthlr erhalten hatte, etwas mehr, als Rosenberg veranschlagt hatte.[1994] Nachdem die letzten Ausstattungsstücke, zu denen neben einigen Möbeln und einem alten „hölzern Instrument" mit Eisenbeschlag ein großes Gemälde einer blühenden Agave americana gehörte, nach der „Cammer Ordre" vom 24. Januar veräußert worden waren, wurde das Globushaus im Frühjahr 1769 nach 120 Jahren Existenz abgebrochen.[1995]

2.6. Die Königsallee und die anderen Hauptwege

Erst in den 1730er Jahren gibt es wieder Nachrichten von dem ältesten, ca. 16 m breiten und mit einer Länge von 589 m das ganze Neuwerk durchziehenden Weg, der Königsallee, die im Süden am Herkulesteich begann und bis zur „rothen Pforte" zum Tiergarten führte.[1996] Unter König Christian VI. gestaltete Garteninspektor Clasen 1735 den Weg neu.[1997] Auf dem etwa gleichzeitig entstandenen Plan von Müller (Abb. 20) ist die neue Allee bis auf die Hecken sehr genau dokumentiert.[1998] Bis zu diesem Zeitpunkt war nur der nördliche, leicht abknickende Teil als Allee bepflanzt. Nun wurden auf der gesamten Strecke neue Drainageleitungen verlegt, der Weg planiert und 150 „holländische" Linden neu gesetzt, auf beiden Seiten begleitet von Hainbuchenhecken.[1999] Nur im südlichen Teil entlang des Herkulesteiches und der Globusgartenmauer gab es nur eine Baumreihe auf der Ostseite, wohl um die unteren Gartenbereiche nicht so stark voneinander zu trennen.[2000] An den Linden wurde bis 1750 kein Baumschnitt durchgeführt. 1738 standen an der roten Pforte, die zum Tiergarten führte, zwei kleine, weiß angestrichene Holzskulpturen auf Holzpostamenten, die aber 1750 nicht mehr vorhanden waren.[2001] Wann sie entstanden sind und was sie darstellten, ist nicht überliefert. Außerdem waren Anfang und Ende der Allee akzentuiert durch je zwei Fichten, von denen im 19. Jahrhundert nicht mehr die Rede ist.[2002] Nach dem Wasserschaden, der durch Ablassen zweier Teiche im Tiergarten 1748 im Neuwerk entstanden war (Abb. 178), mussten die unterspülten Wege, u.a. die Königsallee, wieder mit Sand und Erde aufgefüllt und planiert werden.[2003] 1749 wurde die Allee durch den Tiergarten hindurch bis zu den Hühnerhäusern mit der Pflanzung von 166 jungen Eichen erweitert und nach vier Jahrzehnten 1792/93 mit 57 Bäumen nachgepflanzt.[2004] 1748 ist von einer „Ehrenpforte" die Rede, die wohl am nördlichen Ende der Allee gestanden hat[2005] und vermutlich gleichzusetzen ist mit dem 1750 genannten „Portal", das Johann Adam Clasen „vor kurtzen Jahren auf eigene Kosten" – wahrscheinlich zu Ehren eines königlichen Besuches auf Gottorf – hatte anfertigen lassen und das in diesem Jahr an den Anfang der Allee versetzt wurde, weil es dort „weit mehr Ansehen und Zierde" habe.[2006] Über Aussehen und Beschaffenheit dieses Tores, einer Art Festarchitektur, gibt es fast keine Nachrichten, aber vermutlich war es aus Holz und besaß einen weißgrauen Anstrich. Zwischen 1750 und 1769 ist das Portal „beÿ einer im Garten gewesenen Illumination par malheur in Brand gerahten" und dadurch vermutlich vollständig zerstört worden, denn nach 1769 wird es nicht mehr erwähnt.[2007] Ein zweiter, durch ein Unwetter verursachter Wasserschaden auf den Wegen musste 1763 beseitigt werden, wobei in der Königsallee auch zwölf umgerissene Bäume ersetzt wurden.[2008] 1769 standen noch 141 Linden in der Allee, von denen fünf abgängig waren.[2009] Ein dritter Wasserschaden, hervorgerufen durch das versehentliche Ablaufen des Tiergartenteiches, ereignete sich am 12.4.1817. Erst ein Jahr zuvor war der Weg in Bezug auf Entwässerung und Auffüllung mit Erde und Sand instand gesetzt worden.[2010] Garteninspektor Nagel hatte danach eine Kappung der Linden in der Königsallee vorgeschlagen, die zu dieser Zeit als „einer der ersten öffentlichen Spatziergange dieser Stadt"[2011] wertgeschätzt wurde. Der Amtmann warnte vor möglichem Schaden durch diese Maßnahme und verweigerte außerdem die Bezahlung, weil Nagel schon laut seiner Bestallung für die Pflege der Alleen auf Gottorf zuständig sei.[2012] Von der dennoch, aber erst 1830 durch Nagel wohl selbst finanzierten und durchgeführten Kappung berichtet sein Nachfolger Hansen 1832 und 1841 mit der Forderung, dass „die […] verstümmelte große Lindenallee […] weggeschafft und durch neue Bäume ersetzt werden" müsse.[2013] Ob und wann das passierte, ist nicht sicher, weil keine weiteren Nachrichten zur Königsallee überliefert sind aus der Zeit zwischen 1841 und 1962, als Willi Wolke von einer Neupflanzung der Allee mit Pappeln berichtet.[2014] Merkwürdigerweise werden diese Pappeln später nie mehr erwähnt, im Gegenteil, denn vor der Neupflanzung im Jahr 2000 (Abb. 194) gab es nur noch Reste alter Linden.[2015]

Erst ab den 1730er Jahren wurde die große, in herzoglicher Zeit schon rundum mit einer Bank ausgestattete Buche auf dem beliebten Aussichtsplatz auf halber Höhe des westlichen Fahrweges „Königs Baum" genannt.[2016] Bei Müller ist der Ort sehr deutlich gezeigt (Abb. 20). Die 2 Fuß (0,57m) hohe und im Quadrat mit 9 Fuß (2,57m) Seitenlänge angebrachte Bank wurde 1790 komplett erneuert.[2017] Bis kurz vor 1827 blieb die Buche erhalten.[2018] Das Obstspalier im oberen Bereich des Westweges

Abb. 194 Der südliche Abschnitt der Königsallee nach der Neupflanzung 2000, Aufnahme 2021

wurde 1728 erneuert und angestrichen.[2019] Nach dem Abtransport von großen Mengen Erde durch Garteninspektor Clasen 1748 befand sich der westliche Fahrweg in unpassierbarem Zustand. 1752 genehmigte dann die Rentekammer die Instandsetzung und Pflanzung einer Hainbuchenhecke an der Westseite durch den Garteninspektor Voss.[2020] Der historische westliche Fahrweg des Neuwerkgartens ist heute verschwunden und merkwürdigerweise im Gelände nicht mehr ablesbar. Einzig den von ihm beim Königsbaum abgehenden schräg nach Nordosten auf die Orangerie zuführenden Gang mit den Verbindungswegen zu den Terrassenstufen gibt es noch. Der heute an der Westseite des Gartens verlaufende, weitgehend gepflasterte Weg muss Anfang des 19. Jahrhunderts direkt parallel zum Westweg im Garten am Plankwerk entlang entstanden sein. Er führt auf den sogenannten Kleiberg und weiter, sich nach Westen wendend, zum Paulihof-Herrenhaus. Die Pflasterung stammt von 1816.[2021] Der einzige Plan, der zwei Wege nebeneinander zeigt, ist der Stadtplan von Schleswig von 1823 (Abb. 262), wobei der Gartenweg auch noch wie bei Dallin (Abb. 14) auf der obersten Terrasse endet. Auch Henningsens Karte von 1829 (Abb. 250) zeigt den Weg zum Paulihof deutlich direkt außerhalb des Plankwerks. Auf der Innenseite muss auch zu dieser Zeit noch der Gartenweg vorhanden gewesen sein, aber das Neuwerk ist nicht binnendifferenziert wiedergegeben. Bei den Plänen, die aus der Kasernenzeit stammen, wie der erste von 1857 (Abb. 189), haben sich die Gartengrenze im Nordwestbereich und der alte Westweg verändert. Dafür, dass der heutige Weg nicht der alte Westweg ist, spricht auch, dass er im oberen Bereich auf den Bachlauf stößt, der auf den historischen Plänen (z.B. Abb. 14) weiter westlich lokalisiert ist, und dadurch nicht auf das oberste Plateau führen kann, wie der historische Weg es vorsah.[2022]

Über die Umfassungswege im Norden und Osten existieren keine weiteren Quellenangaben, bis auf die Tatsache, dass die sogenannte „lange Tannen=Allee", der obere Teil des Ostweges, 1793 noch existierte.[2023] Beide Wege sind heute noch vorhanden.

Unter Garteninspektor Godske waren 1793 alle Hauptwege im Neuwerk in sehr schlechtem Zustand: morastig und so nass, dass die dort vorhandenen Bäume und Hecken teilweise abstarben, weshalb Godske Material zur Auffüllung beantragte. Bei den Verhandlungen stellte der Amtmann klar, dass die Untertanen noch nie Fuhren zum Neuwerkgarten leisten mussten, was offenbar in Vergessenheit geraten war und nun wegen der Kosten zu einer fast zehnjährigen Verzögerung der Bewilligung führte. 1802 bekam der Garteninspektor 1000 Fuder Sand zugestanden, aber der Statthalter, Landgraf Carl von Hessen, beanstandete immer noch die schlechten Promenaden, sodass mit Godske ein Vertrag auf zehn Jahre zur Instandhaltung der Reolen geschlossen und noch einmal Sand geliefert wurde.[2024] Das Wasser stellte ein Dauerproblem dar. Immer wieder mussten die ausgespülten, abschüssigen Wege im Garten aufgefüllt und planiert werden.[2025] Bei seinem Amtsantritt 1832 musste Garteninspektor Hansen feststellen, dass sämtliche Wege seit mehreren Jahren nicht von Unkraut befreit worden waren. In den Folgejahren wurden sie wieder gereinigt und instand gesetzt.[2026]

2.7. Der Labyrinthberg und die Wildnis

Aufgrund der Terrassierung über Eck wurde die Anhöhe neben dem Garteninspektorhaus, auf deren Plateau in herzoglicher Zeit ein Heckenlabyrinth existiert hatte, im 18. Jahrhundert Schanze genannt.[2027] 1735, kurz nach dem Dienstantritt des Garteninspektors Clasen, war dieser Bereich „mit Lauter Wilden Bäumen und Busch bewachsen"[2028], wohl den Resten des schon 1707 verwildert gewesenen Irrgartens. Clasens eingereichter, moderner Neugestaltungsvorschlag mit Entwurfszeichnung, die leider nicht erhalten ist, wurde genehmigt.[2029] Im Inventar von 1738 ist dokumentiert, dass die Neuanlage 1737 ausgeführt wurde und wie sie in etwa ausgesehen hat: „In der Mitten ist eine Vertiefung mit Soden ausgelegt, der Platz ist mit Hegebüchen Buscagen und 9. Cabinetten versehen."[2030] Ulrich Petersen beschreibt auch den schönen Blick, den man von diesem Ort auf Schloss Gottorf und den Südwesten des Gartens (den unteren Gartenbereich) genießen konnte.[2031] Zehn Taxus, zwei Buchskugeln und vier Tannen waren dort außerdem aufgestellt oder gepflanzt. Zwei Bildquellen geben den umgestalteten Labyrinthberg wieder: Zum einen der Stich von Laurids de Thurah (Abb. 175), der aber nur vier Kabinette um eine mittlere mögliche Vertiefung zeigt, und der viel später entstandene Projektplan aus der Königlichen Handbibliothek in Kopenhagen (Abb. 179).[2032] Die Darstellung auf letzterem mit acht oder neun Gartenräumen in Boskettform passt erstaunlich gut zu der oben genannten Inventarbeschreibung. Vielleicht war Clasens Neugestaltung noch nicht so veraltet, sodass sie bei einer geplanten Überarbeitung des Neuwerkgartens um 1770 noch akzeptabel erschien. Weiterhin gehörte zur Ausstattung noch Gartenmobiliar wie eine Tischplatte aus Stein mit Holzfuß und fünf dazugehörigen, geschnitzten und weiß angestrichenen Holzbänken, sechs weiße, geschnitzte Holzbänke, die in den Kabinetten verteilt waren, und eine Sonnenuhr aus Marmor auf einem Holzpostament.[2033] Auf der zweiten Stufe, zwischen Blauem Teich und Plateau, befand sich ein breiter Gang, der 1750 an der Innenseite mit einer Buchsbaumhecke und außen mit 24 Taxuspyramiden bepflanzt war. Statt letzteren standen 1769 an der Südseite weiße Maulbeerstauden und an der Westseite junge Pflaumen- und Kirschbäume. Bis zu diesem Jahr waren auch die Boskette noch in gutem Zustand.[2034] Spätestens im 19. Jahrhundert wurde Clasens Anlage von 1737 nicht mehr richtig gepflegt, denn 1841 war der ehemalige Labyrinthberg nur noch „theils mit verwilderten alten Hecken, theils mit verkrüppelten alten Bäumen einer ehemaligen Obst=Plantage besetzt".[2035] Die Konturen der Böschungen und ansatzweise die Wegführung dieses terrassierten Berges sind im Gelände bis heute sichtbar, der Platz des früheren Irrgartens aber jetzt von hohen Bäumen bestanden (Abb. 195).

Die sogenannte Wildnis, das in der herzoglichen Zeit natürlich belassene Waldgelände östlich der Terrassenanlage und nördlich des Labyrinthbergs, wurde ab etwa der Mitte des 18. Jahr-

Abb. 195 Terrassierter Labyrinthberg vom Blauen Teich aus, Aufnahme 1994

hunderts durch zwei Umgestaltungen aufgewertet. Zuerst legte Johann Adam Clasen 1745 auf eigene Kosten östlich der Königsallee „durchgängig Spatzier-Gänge" und wohl auch Kabinette aus Pflanzungen junger Hainbuchen an.[2036] Später gestaltete Garteninspektor Voss zwischen 1749 und 1768 in ähnlicher Weise das Gelände westlich der Königsallee[2037], während alle noch am Ende der herzoglichen Zeit verzeichneten Verbindungswege von den Terrassen hinunter in Richtung Königsallee auf den nach 1713 entstandenen Bildquellen nicht mehr vorhanden sind (vgl. Abb. 14 u. 16 mit Abb. 20 u. 33). Ihre Existenz ist außer auf den Plänen nicht nachweisbar. Wie die Waldstücke nach der Anlegung von Wegen und Kabinetten genau ausgesehen haben, ist nicht bekannt. Die einzige Bildquelle, die überhaupt eine Gestaltung dieses Gartenbereiches darstellt, ist der Plan aus der Königlichen Handbibliothek (Abb. 179).[2038] Die hier gezeichneten Gänge unterscheiden sich von den Schlängelwegen, wie sie etwa gleichzeitig in Plön und Traventhal entstanden. Sie erinnern stattdessen mit ihren sehr geometrischen, eckigen Formen eher an Boskette. Dadurch bleibt die Absicht der Gärtner unklar, ob mit diesem Bereich eine Ergänzung der im Gartenentwurf des 17. Jahrhunderts fehlenden Boskettzonen, die es seit nachherzoglicher Zeit sonst nur in geringem Ausmaß auf der ersten Terrasse und beim Gartenzugang gab, oder eine Modernisierung doch im Sinne der natürlichen Schlängelwege erreicht werden sollte.[2039] Da die Zeichnung einen projektierten Idealzustand wiedergibt, ist es nicht sicher, dass diese recht aufwändige Wegeführung in der Wildnis dem tatsächlichen Zustand entsprochen hat ebenso wie die hier renaturalisierten Fischteiche entlang der Königsallee, für die aber keine Veränderung nachweisbar ist. 1793 hören wir das letzte Mal von den „zu Promenaden eingerichteten Wildnissen".[2040] Dagegen berichtet Garteninspektor Hansen 1841 nur noch von der

> „natürlichen Waldung […], größtenteils Eichen und Buchen, von denen die Mehrzahl längst beilreif ist, und sich im Zustand der Abnahme befindet; das Unterholz ist größtenteils abgestorben oder verkrüppelt, und werden diese waldigten Theile mit jedem Jahr unten kahler und durchsichtiger."[2041]

Bis heute ist das Gelände als Wald erhalten, und auch die Wasserbecken sind in teilweise unschöner, betonierter Form noch vorhanden.

2.8. Der Blaue Teich

Am Blauen Teich wurden nach 1707 keine großartigen Veränderungen mehr vorgenommen. Etwa alle 20 Jahre fand eine Grundreinigung und z.T. Erneuerung der technischen Ausstattung wie Siele oder Mönche statt.[2042] Der südlich und westlich des Wasserbeckens verlaufende Weg musste 1727 und 1746 instand gesetzt und die darin verlaufenden Rohre neu verlegt werden, wobei Bernhard Kempe 1727 auf beiden Seiten Hecken, wohl aus Hainbuchen, pflanzte.[2043] Johann Adam Clasen ersetzte 1746 diese Hecken durch kleine Fliederhecken.[2044] Baumeister Müller schätzte die Tannen, von denen Bernhard Kempe insgesamt 138 Stück beidseitig entlang dieses Weges gepflanzt hatte, deutlich älter als das Inventar von 1727.[2045] Merkwürdigerweise zeigt Müller sie nicht auf seinem Gartenplan (Abb. 20), aber durch de Thurah und den Projektplan um 1770 sind sie bildlich überliefert (Abb. 175 u. 179). Einige der Tannen standen noch bis ins 19. Jahrhundert.[2046] Die heute noch vorhandenen großen alten Platanen und Kastanien sind wohl 1834 im Zuge der Neugestaltung des Kaskadenumfeldes unter dem Garteninspektor Ernst Friedrich Hansen gepflanzt worden.[2047] 1824, 1837 und 1864 war es notwendig, die Feldsteinwände des Wasserbeckens neu aufzusetzen und zusammen mit dem im Westen und Süden verlaufenden Damm (auf dem der Weg verläuft) zu erhöhen. Der Damm nach Westen war zweimal durchgebrochen. Die betreffenden Reparaturen wurden immer sofort ausgeführt, da von solchen Schäden die das Schloss versorgende Wasserleitung betroffen war.[2048]

2.9. Die Kaskade

Die meisten Beiträge in der Sekundärliteratur beschäftigen sich nur mit einem kleinen Ausschnitt der Baugeschichte der Kaskade. Zum Teil werden dort, weil der Gesamtblick auf die Quellen fehlt, falsche Schlüsse gezogen.[2049] Außerdem finden sich häufig falsche Daten und Angaben wie z.B. die Beteiligung des Bildhauers Lemcke an einer Renovierung der Kaskade 1757/58.[2050] Am präzisesten und auf guter Quellenbasis ist der ältere Aufsatz von Willi Wolke zu werten.[2051] Die interessante Zeit des fähigen Fontänenmeisters Johann Friedrich Freudenreich (1737–66 auf Gottorf) ist in der Literatur bisher gar nicht bekannt.

Bis in die 1730er Jahre wurde mit einer Reparatur und Konservierung der Sandsteinbestandteile 1717 und der Gipsdecke und Dachkonstruktion im Kaskadenhaus 1728 nur wenig an der in den 1690er Jahren neu gebauten Wasserkunst (Abb. 65) gearbeitet.[2052] 1737 veränderte Garteninspektor Clasen etwas an der Gestaltung des Kaskadenumfeldes.[2053] Wie der Plan von 1713 (Abb. 16) andeutet, war dieser Bereich zwar 1712 symmetrisch mit Boskett-Kompartimenten beidseitig zur Kaskade angelegt worden[2054], aber es ergab sich an der Ostseite ein ungenutzter Raum, der wohl einen unschönen Eindruck bot (Abb. 16).[2055] 1734 pflanzte Clasen zunächst die Einfassung aus Hainbuchenhecken, stellte dann aber ein Jahr später einen mit einer Zeichnung versehenen Antrag, auf der Ostseite der Kaskade symmetrisch zur Westseite ein Boskett anlegen zu dürfen, wozu aber auch Erde abgefahren werden musste, da auch die Geländeform der anderen angeglichen werden sollte.[2056] Eine vollkommene Symmetrie konnte hier nicht erreicht werden, weil die Bereiche nicht gleich groß sind, aber dieser Makel war vom Gartenbesucher kaum noch wahrnehmbar. Clasens dazu angefertigte Zeichnung ist leider nicht mehr erhalten, sodass nicht mit Sicherheit geklärt werden kann, wie diese Boskette aussahen. Ausgehend von dem Plan von 1713 erscheint die Darstellung bei Müller (Abb. 20) sehr unwahrscheinlich, zumal der ca. 15 Jahre nach Müller veröffentlichte Stich von Thurah (Abb. 175) in den Formen eher der Situation von 1713 entspricht. Es ist bei Clasen nicht die Rede gewesen von Wegen, vielleicht hatte er sie aber gezeichnet. Was für die Genauigkeit in Thurahs Darstellung spricht, sind die Taxuspyramiden, die Clasen vor der „Buscage" pflanzte und die auch in den Inventaren von 1738 und 1750 genaue Erwähnung finden.[2057] Müllers etwas gefälligere Variante findet sich aber interessanterweise ziemlich exakt wieder in dem Projektplan aus der Königlichen Handbibliothek von etwa 1768 (Abb. 179), sodass wieder Zweifel aufkommen, ob der Kaskadenvorplatz in den 1730er Jahren doch in dieser die Kaskade mehr zur Geltung bringenden Weise umgestaltet worden ist, wofür es allerdings keine Belege gibt.

Da alle Wasserspiele im Garten ziemlich verfallen waren, erstellte Baumeister Müller 1736 einen Kostenanschlag für die sogenannte Hauptreparatur des Fontänenwesens mit der Kaskade als größtem Posten. Die Ausbesserungen des für Witterungsschäden sehr anfälligen Gotländer Sandsteins als Hauptmaterial der Wasserkunst sollten nun in dem widerstandsfähigeren Bremer- oder Wesersandstein ausgeführt werden. Zu diesem Zweck entstand auch die genaue Grundriss- und Ansichtszeichnung der Kaskade von Müller, die uns die Kenntnis dieser Gartenarchitektur im Zustand der 1690er Jahre vermittelt (Abb. 65 u. 66).[2058] An der 1737 begonnenen und im Sommer 1738 mit der Übergabe eines Inventars an den neuen Fontänenmeister abgeschlossenen Hauptreparatur waren die Maler Hans Ulrich Sielentz und Johann Caspar Ehstedt, der Mauermeister Christian Drechsler, der Schieferdecker Matthias Mörck, der Tischler Peter Eÿben, der Rotgießer Christian Albrecht Schröder und der seit dem 1.5.1737 bestallte neue Gottorfer Fontänenmeister und Bildhauer Johann Friedrich Freudenreich beteiligt.[2059] Nur 45 Jahre nach der Erbauung wurden fast alle Wasserleitungen, Abwasserkanäle und Fundamente der Kaskade erneuert und außerdem die Geländer mit 16 neuen Docken sowohl unten als auch oben angefertigt. Die Treppen mussten komplett neu verlegt und mit neuen Sandsteinauftritten vorne versehen werden. Zum Schutz vor Diebstahl errichtete Martin Agazius hinter dem Bauwerk, wo alle großen Bleirohre zusammenkamen, einen kleinen 3¾ Fuß (1,1 m) tiefen Anbau, bestehend aus einer Ziegelmauer von 16 Fuß Länge (4,6 m) und 20 Fuß (5,8 m) Höhe, die seitlich mit zwei Türen und einem einfachen geteerten Bretterdach mit der Kaskade verbunden war.[2060] Freudenreich baute ein vollkommen neues, 92 Fuß (26,5 m) rundherum messendes Wasserbecken nach als Ersatz für das alte Bassin auf dem Vorplatz der Kaskade, wofür er 1739, als es zum Streit kam, eine Zeichnung (Abb. 196) mit klappbaren Teilen an der linken Seite lieferte, die zeigen sollte, wie das Bassin von den Fundamenten bis zur Oberfläche aufgebaut war.[2061] Die Reparaturen waren noch nicht beendet, als durch bösartigen Vandalismus Teile der Kaskade erneut beschädigt wurden wie eine der Statuen und das große Wasserbecken im Kaskadenhaus, eine große Muschel und der Triton oben an der Wassertreppe.[2062] Durch die Instandsetzung wurde die Kaskade nicht in ihrer bisherigen Form, sondern nur im Erscheinungsbild 1738 durch die Hinzufügung von insgesamt 25 Eichenholzskulpturen verändert, für deren unentgeltliche Anfertigung Freudenreich sich erboten hatte.[2063] Für das Bassin vor der Kaskade schnitzte der Fontänenmeister vier Vasen und vier Putten, alle 2½ Fuß (0,72 m) hoch und 1½ Fuß (0,43 m) breit, die auf alten Gotländer Sandsteinplatten auf dem profilierten Rand Aufstellung fanden, dazu für das Postament in der Mitte des Bassins noch eine Gruppe aus zwei Kindern in den Maßen 3 Fuß (0,86 m) hoch und breit. Offenbar wurde dann die alte Verzierung der Mittelfontäne, bestehend aus einer Krone mit einem Aufsatz in Form einer Sonne und darüber einem Kreuz, alles aus vergoldetem Kupfer, über der Skulptur montiert. Für die Außenseiten der Treppenaufgänge vor dem Gebäude arbeitete Freudenreich ebenfalls acht Kinderfiguren und acht Vasen, die auf den hohen Postamenten zwischen den wasserführenden Muscheln Aufstellung fanden. Alle Skulpturen und auch die Docken mit Geländer wurden zur Konservierung mit weißer Ölfarbe angestrichen. Seinem Memorial vom 6.3.1738 fügte der Bildhauer zwei leider nicht erhaltene Zeichnungen hinzu, eine für die 16 Figuren an den Seiten und die andere für die Skulpturen auf dem Bassin. Weiterhin beschreibt er darin grob die Ikonographie der symmetrisch aufgestellten Werke: unten zwei Putten „mit Romanischen Habit den Schild in der Hand haltend, worauf" sich die vergoldeten Monogramme des Königspaares mit Krone darüber befanden, darüber vier die vier Jahreszeiten darstellenden Putten und ganz

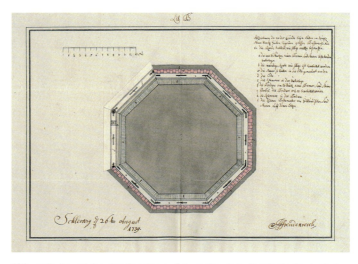

Abb. 196 Grundriss des Bassins auf dem Vorplatz der Kaskade, lavierte Federzeichnung von J. F. Freudenreich, 26.8.1739, BQ: LASH, Freudenreich II

oben zwei als Pluto und Neptun ausgearbeitete Kinder, alle 3½ Fuß (1,0 m) hoch und 2½ Fuß (0,72 m) breit. Die acht Vasen von 4 Fuß (1,15 m) Höhe und 2½ Fuß (0,72 m) Breite hatten unterschiedlichen Dekor, eine war „mit vielen franschen Zierathe, Laub= und Gesims=Werk" geschmückt.[2064] Für die zwei bisher leeren Nischen in den Seitenwänden des Kaskadenhauses, wo keine Statuen standen, fertigte Freudenreich zwei Satyrköpfe aus Bremer Sandstein an.[2065]

1750 fand die nächste größere Maßnahme statt mit dem Abriss und Ersetzung der herabgestürzten Decke und des Daches des Kaskadenhauses.[2066] Bei der Reparatur 1755 musste die „große lange Welle", wie die Wassertreppe in den Quellen genannt wird, in der Mitte hochgenommen und neu aufgesetzt werden, wobei alle Teile aus neuem Gotländer Sandstein von Freudenreich wie die alten angefertigt wurden, sowohl die Stufen der Wassertreppe als auch die mit Delphinen, Muscheln, Schnecken und Grottenwerk verzierte seitliche Rahmung.[2067] Drei Jahre später, 1758, ersetzte Freudenreich Teile der Seitenwände mit den großen Muscheln durch neu gearbeitete Stücke aus Gotländer Sandstein.[2068] 1763 konstatierte Baumeister Rosenberg durch Vandalismus, Diebstahl und Witterung verursachte Schäden an zwei Kinderfiguren auf dem Bassinrand und an einer Vase der Seitenwände und veranlasste deren Neuanfertigung nach altem Muster durch Freudenreich.[2069] Zwei lange hölzerne Wasserleitungen (Piepenbäume), die eine zum Bassin auf dem Vorplatz und die zweite vom Engelteich zu den Dachfiguren der Kaskade, wurden 1765 repariert.[2070]

Die königliche Resolution vom 3. Juni 1768 bildete die Grundlage, auf der Johann Gottfried Rosenberg nun die zweite grundlegende Instandsetzung der Kaskadenanlage zu planen begann, die Anfang der 1770er Jahre stattfand und von Gisela Thietje in zwei Aufsätzen behandelt wurde.[2071] Schon im Oktober hatte Rosenberg verschiedene Kostenanschläge ausgearbeitet, von denen Nr. 2, der die Sanierung von Kaskade und Herkules behandelte, verloren gegangen ist. Teile des Inhalts sind durch das Anschreiben des Baumeisters vom 26.10.1768 bekannt. Darin wollte Rosenberg zum einen nun wieder Wesersandstein verwenden, zum andern schlug er in Ermangelung eines Bildhauers vor Ort – Freudenreich war 1766 gestorben – den Eutiner Künstler Johann Georg Moser (1713–1780) vor, vielleicht, weil er ihn schon länger kannte, oder weil der König von ihm gesprochen hatte, denn er hatte bei seinem Besuch auf Gut Schierensee im Frühjahr die von Moser angefertigten Statuen und Vasen gesehen.[2072] Dieser erste Anschlag über 2117 Rhtlr 2 ß erschien der Rentekammer wohl zu hoch[2073], so dass Rosenberg am 19.8.1769 eine überarbeitete Version nach Kopenhagen sandte, die dann offensichtlich genehmigt wurde.[2074] Warum es dann aber noch ein Dreivierteljahr dauerte, bis ein Arbeitsvertrag mit Moser am 21.5.1770 geschlossen wurde, geht aus den Quellen nicht hervor. Dann verstrich noch einmal etwa ein Jahr, bis Moser 1771 mit der Arbeit begann, weil die Sandsteine noch nicht geliefert worden waren.[2075] Aus Rosenbergs Anschlag von 1769 geht deutlich hervor, welche Arbeiten die Bildhauer an der Kaskade ausführen sollte[2076]: Im Innern des Kaskadenhauses sollte die große Muschel unter der mittleren Statue neu aus Bremer Sandstein gemacht und an der Fassade die Säulen und das Hauptgesims mit den darüber befindlichen Verzierungen wie z.B. die Skulpturen ausgebessert werden. Der Anschlag sah merkwürdigerweise vor, den gesamten bildhauerischen Schmuck mit Delphinen, Triton, Schnecken und Muscheln beidseitig der mittleren Wassertreppe, der erst 1755 von Freudenreich – allerdings in Gotländer Sandstein – neu angefertigt worden war, nun aus Bremer Sandstein neu zu arbeiten. Ebenfalls neu aus Sandstein sollten die 16 bisher aus Eichenholz bestehenden Kinder- und Vasenskulpturen von Freudenreich zwischen den Muschelwasserspielen an den Außenseiten gemacht, die acht kleineren Statuen und Vasen aus Eichenholz auf dem Bassinrand des Vorplatzes aber nur ausgebessert werden.[2077] Daneben war auch Mauer-, Maler-, Tischler-, Zimmer- und Installationsarbeit veranschlagt. Im April 1772 stellte Rosenberg fest, dass der Unterbau der Seitenwände und der Wassertreppe so mürbe, abgesackt und instabil war, dass die nun fertigen Bildhauerarbeiten nicht aufgesetzt werden konnten.[2078] Um die Renovierung der Kaskade abschließen zu können, handelte der Baumeister neue Verträge mit dem Kaufmann Bruyn aus Eckernförde aus zur Lieferung der notwendigen Bremer Sandsteine, mit Maurermeister Henning für die Mauerarbeiten und mit Moser als „Entrepreneur", d.h. Unternehmer, für die noch notwendigen Bild- und Steinhauerarbeiten, für die er einen am 3. Juli 1772 über die Summe von 720 Rthlr genehmigten Anschlag eingereicht hatte.[2079] Moser ging offenbar gleich zu Werke, denn Rosenberg hatte in seinem Schreiben vom 29. Juli 1772 für eine zügige Fortsetzung plädiert.[2080] Nun wurden die gesamten äußeren Seitenwände repariert, und an der Wassertreppe sieben Stufen und die Unterlage der untersten Stufe, auf der auch die beiden Delphine liegen, neu gemacht, dazu im Kaskadenhaus – was merkwürdigerweise wohl vorher übersehen worden war – noch zwei große Muschelbecken aus Sandstein neu gearbeitet und die Hälfte der hölzernen Festons über dem Hauptgesims wieder aus Holz neu geschnitzt.[2081] Die zweite Phase der Renovierung dauerte nach Rosenberg noch bis Juli 1773.[2082]

Gisela Thietje kommt bei ihren Untersuchungen zu der Einschätzung, dass Johann Georg Moser persönlich die bildhauerischen Arbeiten der Putten, Vasen, Muscheln und des Wassertreppenschmuckes schuf.[2083] Allerdings gibt es einige kleine Punkte, die in ihrer Argumentation nicht stimmen, und deshalb meines Erachtens der bei Moser beschäftigte Bildhauer Jacob Lemcke (Lebensdaten unbekannt) aus Itzehoe als ausführender Künstler der o.g. Werke einschließlich der Vasen im Gottorfer Neuwerkgarten anzusehen ist.[2084] Rosenberg schwärmt zwar in seinem Pro Memoria und Anschlag vom 29.7.1772, weil er ihn erneut der Rentekammer für die zweite Phase der Kaskadenreparatur empfehlen möchte, von Mosers Arbeit, die er bis dahin auf Gottorf geleistet hatte, in dem er schreibt:

„Was indeßen die anitzo erforderliche Bild= und Steinhauer Arbeit angetrift, so läßet die Beschaffenheit derselben nicht anders zu, als daß solche dem Bildhauer Moser zu Eutin, als Entrepreneur der an obiger Cascade bereits verfertigten Arbeit anvertrauet, und mit ihn veraccordiret werden muß. Dieses erfordert eines theils die Notwendigkeit, anderntheils auch die gröste Billigkeit, indem er an dieser verfertigten Arbeit nicht nur Fleiß und Kunst erwiesen, sondern auch sothane Arbeit in solchen prächtigen Ansehen und Stande gesetzet hat, daß Kenner derselben solche nirgends schöner gesehen zu haben versichern, und sich nicht genug darüber wundern können, auch ihn daher das wohlverdiente Lob eines rechtschaffenen Künstlers beÿlegen müßen."[2085]

Aber es ist entscheidend, dass er Moser als „Entrepreneur", als verantwortlichen Unternehmer und Inhaber einer Bildhauerwerkstatt erwähnt, womit aber noch nicht bewiesen ist, dass er selbst und nicht einer seiner Werkstattmitarbeiter die Arbeiten durchgeführt hat. Mit anderen Worten spricht dieses Zitat nicht gegen die Annahme, dass Jacob Lemcke die Skulpturen und Vasen angefertigt haben könnte. Den Beweis dafür liefert Rosenberg selbst 1779 anlässlich der Bewerbung Lemckes um die vakante Gottorfer Fontänenmeisterstelle, der er durch eine Empfehlung in seinem beigefügten Bericht Nachdruck verleihen wollte:

Lemcke habe sein Handwerk gründlich erlernt, und „seit mehr als 25. Jahren da ich ihn gekanet habe, theils beÿ dem Bildhauer Schuppius in Plöen und theils beÿ dem Bildhauer Moser in Eutin, theils auch beÿ andern hohen Herrschafften mit vielen Beÿfall und Zufriedenheit derselben Practisirt […], daher dann gedachter Bild-Hauer Moser, als Entrepreneur der von Bremer Sand-Stein […] verfertigte Cascade, in hiesigen Königl. Neuwerks Garten, kein Bedencken getragen, ihn diese Arbeit, gänzlich anzuvertrauen. Dieses von ihm zu Stande gebrachte Werck, findet zum Ruhm des verfertigers itzigen Supplicanten, beÿ Kennern, vielen Beÿfall, und zeuget von seiner Kunst und Geschicklichkeit."[2086]

Rosenberg hatte auch deshalb besonderes Interesse daran, Jacob Lemcke zu etablieren, weil er ihn in Ermangelung von Bildhauern im nördlichen Teil der Herzogtümer nach Schleswig geholt und versprochen hatte, ihm Arbeit zu verschaffen. Das machte er nur, weil er ihn als zuverlässig und selbständig arbeitenden Bildhauer bei der Kaskadenrenovierung vor Ort erlebt hatte.[2087] In welchem Zeitraum genau Lemcke bei Moser beschäftigt war, weiß Thietje auch nicht und schreibt, „seit mindestens 1772". Da es für sie aber wohl nicht „vorstellbar"[2088] ist, dass Lemcke auch die Kinderskulpturen und Vasen anfertigte, behauptet sie, dass Lemcke erst ab 1772 dann die minderwertigen Steinmetzarbeiten im Neuwerkgarten machte, was aber Rosenbergs oben zitierter Aussage widerspricht, Moser habe „kein Bedencken getragen, ihn diese Arbeit, gänzlich anzuvertrauen". Eine zeitliche Eingrenzung von Lemckes Tätigkeit auf Gottorf ab 1772 nimmt nur Thietje vor, was aber in keiner Quelle belegbar ist. Im Gegenteil wird ja

Abb. 197 Vase Typ 1 des Kaskadenvorplatzes

Moser in Johann Christian Jürgensens Fortführung von Helduaders Schleswig-Chronik 1822 gar nicht erwähnt, sondern stattdessen nur Lemcke explizit als Bildhauer der früher aus Holz bestehenden Figuren und Vasen an den Außenseiten der Kaskade genannt, wobei Jürgensens falsche Zeitangabe in der nachfolgenden Literatur zu Verwirrung führte, wie oben schon geklärt wurde. Der einzige wirkliche Anhaltspunkt, dass Moser selbst tätig gewesen ist an der Kaskadenerneuerung, ist eine Signatur aus den Buchstaben „GMR", die bei der Restaurierung 1985 „am Unterfutter eines der mittleren Delphine" zutage kam und von Paarmann als „Georg Moser Restaurator" wohl richtig interpretiert wurde[2089], aber die obige Beweisführung nicht außer Kraft setzt, sondern Moser als Entrepreneur nur unterstreicht.

Leider hat sich nur wenig des früheren bildhauerischen Schmuckes der Kaskade bis heute erhalten. Dazu gehören wohl die sechs seit 1987 auf dem Kaskadenvorplatz aufgestellten Sandsteinvasen. Freudenreich hatte 1737/38 acht Eichenholzvasen für die Außenseiten der Kaskade geschaffen, die bei der Renovierung 1771–73 durch Sandsteinvasen von Lemcke ersetzt wurden, zusammen mit acht Kinderfiguren. Warum nur noch sechs Vasen vorhanden sind, geht aus den Quellen nicht hervor. Fest steht aber, dass diese Vasen nicht einfach die alten ersetzten, die sicherlich ausladende spätbarocke bzw. Rokokoformen aufwiesen,

Abb. 198 Vase Typ 2 des Kaskadenvorplatzes

Abb. 199 Vase Typ 3 des Kaskadenvorplatzes

sondern in der neuen, strengeren Formensprache der Zeit um 1770 gearbeitet, also Neuschöpfungen, sind.[2090] Gisela Thietje teilt sie in drei Typen ein, von denen jeweils zwei existieren.[2091] Alle ruhen auf einer Plinthe, auf der bei Typ 1 (Abb. 197) ein gedrehter Fuß steht. Darüber erhebt sich ein niedriger Bauch mit langem Hals, oben abgeschlossen von einer dicken Lippe. Der ganze Vasenkörper ist überzogen von einer Art Korbgeflecht mit breiten Vertikal- und schmalen Horizontalstreifen. Fuß und Körper weisen noch Rokokozüge auf, während das umlaufende Band zwischen Bauch und Hals als Eichenlaubgebinde eher zu einer späteren Stilphase gehört. Typ 2 und 3 sind in viel strengeren Formen und mit mehr antikisierenden Elementen gestaltet. Typ 2 (Abb. 198) hat einen kraterartigen Körper mit einer Deckelbekrönung und seitlichen aus Akanthusblättern gebildeten Henkeln, zwischen denen auf jeder Seite ein Frauenkopf angebracht ist. Zwei dicke Eichenlaubgirlanden hängen über den Henkeln auf die jeweils andere Seite nach unten, so dass sie sich unter den Porträtköpfen kreuzen. Der Bauch scheint aus Akanthusblättern herauszuwachsen, die genau wie die geometrischen Ornamente an Deckel und Fuß sehr flach und zart gearbeitet sind. Typ 3 (Abb. 199) wiederum sieht mit seinem zylinderartigen Corpus eher aus wie eine Urne. Es gibt stark antikisierende, flach gearbeitete Ornamente wie ein Flechtband am Deckel und einen Mäander am Fuß, der eine Art Wiederholung im oberen Bereich des Vasenkörpers erfährt, wo vier zinnenartige Gebilde mit angebrachten Ringen hervortreten. Wie bei Typ 2 bekommt auch diese Vase Haupt- und Seitenansichten durch Anbringung zweier dicker Eichenlaubgirlanden, die durch die Ringe gezogen sind. Thietje schrieb 1986 die Gottorfer Vasen auch deshalb Moser zu, weil Typ 3 mit der zylindrischen Form eine große Ähnlichkeit zu einer Urnenvase im Garten des Herrenhauses Schiersensee südwestlich von Kiel hat, die von Moser zwischen 1767 und 1769 geschaffen worden war.[2092] Aber auch wenn Moser die Schierenseer Vase persönlich anfertigte, ist es möglich, dass Lemcke nach seinen Vorgaben die Gottorfer Vasen arbeitete. Da es keine weiteren Nachrichten über neue Vasen für den Neuwerkgarten gibt, müssen wir davon ausgehen, dass die heute vorhandenen diejenigen sind, die Jacob Lemcke im Auftrag des Bildhauers und Unternehmers Johann Georg Moser anfertigte, auch wenn es heute nur noch sechs statt der ursprünglichen acht Vasen sind und ihre Größe nur ungefähr mit den pauschalen Quellenangaben übereinstimmt.[2093]

Noch während der Kaskadenrenovierung waren 1771 und 1772 etwa 1000 Pfund Blei, mit dem das große Wasserbecken am Boden des Kaskadenhauses ausgefüttert war, gestohlen worden, wodurch das Becken selbst so stark beschädigt war, dass es

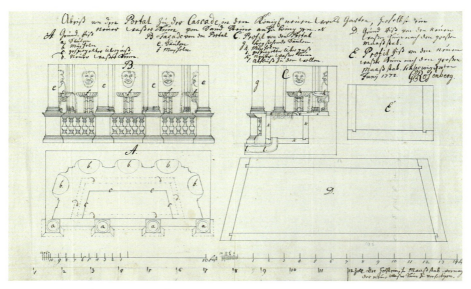

Abb. 200 Grundriss (A), Ansicht (B) und Querschnitt (C) des Kaskadengebäudes, dazu Grund- (D) und Profilriss (E) des neu geplanten Wasserbeckens, Federzeichnung von Rosenberg, 20.6.1772, BQ: LASH, Rosenberg VII

neu angefertigt werden musste.[2094] Im Februar 1773 erstellte der Baumeister Rosenberg einen Kostenanschlag für das neue Becken und plädierte dafür, dass der Bildhauer Moser, der zu dieser Zeit noch mit der Instandsetzung der Kaskade beschäftigt war, den Auftrag zum Bau der neuen Kumme ohne Bleiausfütterung in Bremer Sandstein bekommen solle. Aber weil die Kopenhagener Baudirektion auf Bornholmer Sandstein bestand, wurde die Arbeit von dem Kopenhagener „Hof=Steinhauer" Fischer ausgeführt nach einer von Rosenberg angefertigten Zeichnung (Abb. 200)[2095], die den Grundriss (A), eine Ansicht des unteren Teiles (B) und einen Querschnitt (C) des Kaskadenhauses zeigt und außerdem noch Grundriss (D) und Profilansicht (E) des Wasserbeckens. Aus dem Querschnitt (C) lässt sich die Wasserführung in der Kaskade gut nachvollziehen: Das vom Blauen Teich kommende Wasser wurde in die Muschelbecken unter den Skulpturen geleitet, floss dann in das große trapezförmige Becken am Boden und von hier aus durch ein Rohr zum Triton oben auf der Wassertreppe. Auf der Zeichnung sind merkwürdigerweise fünf Faunsköpfe in den Nischen des Kaskadenhauses zu sehen, was dem Befund zur Zeit der Kaskadenrenovierung 1771–73 widerspricht, nach dem immer noch drei Statuen in den mittleren und die zwei von Freudenreich gearbeiteten Satyrköpfe in den seitlichen Nischen angebracht waren.[2096] Am 28. Mai 1774 konnte die neue via Schiff nach Gottorf gelieferte Kumme von dem mitgeschickten Bildhauergesellen Joseph Niedersee aufgesetzt werden.[2097]

Im Inventar von 1780 sind als Verluste bei dem Bassin auf dem Kaskadenvorplatz die Mittelskulptur der „doppelten Kinder" aus Eichenholz und vier Bleifrösche verzeichnet. Während die wohl verrottete Skulptur nicht nachgearbeitet wurde, ergänzte Johann Hinrich Brodersen noch im selben Jahr die Frösche.[2098] Spätestens ab 1785 präsentierte sich das Innere des Kaskadenhauses in folgender Farbgebung: Decke und Wände waren geweißt, die Nischen in „Berliner blau" und die Festons perlgrau gefasst.[2099]

1797 musste die Kaskadenanlage erneut renoviert werden: Das Kaskadenhaus erhielt eine neue Decke, wobei Zimmermeister Paul Gertz die neuen Balken mit der Schalung und Maurermeister Schmidt die Gipsdecke mit dem Gesims anfertigten. Alle hölzernen Wasserkästen der Anlage wurden ersetzt. Der Bildhauer Schmädl erhielt den Auftrag, „alle Steinarbeit auszubessern". Außerdem sollte er eine 7 Fuß (2,0 m) hohe Skulptur im Kaskadenhaus reparieren und „mit neuen Armen und Beinen versehen" und die acht von Freudenreich noch aus Eichenholz geschaffenen Vasen und Putten von 2½ Fuß (0,72 m) Höhe auf dem Rand des großen Vorplatzbassins, die bei der Instandsetzung 1771–73 nicht erneuert worden waren, aus Holz neu anfertigen.[2100]

Obwohl seit 1805 mit verschiedenen Maurermeistern Instandhaltungsverträge für die Kaskade geschlossen und diese auch sorgfältig ausgeführt worden waren,[2101] berichtete Maurermeister Jessen Anfang 1823 von einem insgesamt sehr schlechten Zustand der Anlage, und dass die Wände des Hauses vom Einsturz bedroht seien. Die drei Holzstatuen im Innern waren noch vorhanden, aber es fehlten sowohl auf der Attika die zwei Sandsteinvasen als auch die Vasen und Figuren auf dem Bassin vor der Kaskade.[2102]

Trotzdem kamen erst im Sommer 1830 Verhandlungen über die Zukunft der Kaskade in Gang, nachdem der Bauinspektor Wilhelm Friedrich Meyer der Rentekammer einen Bericht über den ruinösen Zustand der Anlage gegeben hatte, wonach der Einsturz des Kaskadenhauses im Winter 1829/30 nur durch Abstützen mit Bauholz verhindert worden war. Meyer plädierte darin für den Abbruch des nicht mehr zu reparierenden Gebäudes und stellte die Frage in den Raum, ob ein Ersatzbau überhaupt erforderlich sei.[2103] Im Oktober schloss sich dann ein Gutachten des bekannten Architekten und seit 1808 als Oberbaudirektor des dänischen Königreichs in Kopenhagen tätigen Christian Frederik Hansen (1756–1845) an, der ein vernichtendes Urteil über die bestehende Anlage fällte:

> „Das Cascadenhaus […] ist in dem verdorbenen Geschmacke des damaligen Zeitalters erbaut. In demselben befinden sich verschiedene Statuen und Figuren von Sandstein […], alle sehr beschädigt, und, da sie nicht auf Kunstwerth Ansprüche machen können, keiner Restauration werth sind. […] Ein neues Gebäude wieder aufzuführen finde ich jedoch nicht rathsam, weil die ganze Anlage der Art ist, daß sie der dadurch veranlaßten Kosten nicht werth ist."

Als Alternative schlug er vor, das Kaskadenhaus auf Abbruch zu verkaufen und stattdessen eine Felsengrotte mit einem Bassin zu errichten, von wo aus das Wasser die Kaskade hinunter zum großen Becken fließen könne. Dort sollten alle Fontänen zu einer großen zusammengeführt werden, bestehend aus „einem einfachen Piedestal mit Teller, im antiquen Style" aus Gusseisen. Die Außenseiten der Kaskade mit den Muschelbecken und Skulpturen sollten abgebaut werden.[2104]

Daraufhin beauftragte die Rentekammer am 4.12.1830 Meyer mit einem Kostenvoranschlag und Zeichnung, die er aber erst 1833 einreichte.[2105] In der Zwischenzeit, im Mai 1831, hatte der Amtsmaurermeister Jessen einen Anschlag zur Reparatur der Kaskade über eine Summe von 1419 Rthlr eingereicht, der offenbar zum neuerlichen Überdenken der Angelegenheit führte.[2106] Im Jahr darauf wurde der größte Teil des Bleis, mit dem das Dach des Kaskadenhauses eingedeckt war, nebst vielen Bleirohren der seitlichen Wasserspiele gestohlen. Außerdem besuchte Christian Frederik Hansen am 21.11.1832 den Neuwerkgarten, um sich vor Ort ein Bild der Kaskade zu machen.[2107]

Im März 1833 reichte Meyer einen „Bau- und Kosten-Anschlag über Aufführung einer Grotte von Feldsteinen" zusammen mit drei Zeichnungen ein, die mit „Litr. A" bis „Litr. C" bezeichnet waren, sich aber heute nicht mehr in der Akte befinden. Die Grotte selbst war auf den Rissen A und B gezeigt, während C den Entwurf für die neue Brunnenschale darstellte. Meyer stellte dazu klar, dass er „alles in Gemäßheit der in dieser Beziehung von Seiten des Ober Bau Directorats gethanen Vorschläge" angefertigt habe, d.h., die Zeichnungen zeigten nicht seine eigenen Ideen, sondern die des Oberbaudirektors C.F. Hansen.[2108]

Von den vier mit „Litr. A" bis „Litr. D" bezeichneten Zeichnungen, die Meyer einen Monat später, im April, anfertigte und dann im weiteren Verlauf der Verhandlungen im Mai 1833 nach Kopenhagen sandte, ist eine auch nicht überliefert: Lit. A (Abb. 201) stellt einen Aufriss der geplanten Grottenarchitektur dar. Die Zeichnung Lit. B, die nicht mehr erhalten ist, zeigte „einen Grundriß der ganzen Cascade". Auf Lit. C (Abb. 202) ist der Entwurf der neuen gusseisernen Brunnenschale zu sehen, und

Abb. 201 Entwurf einer Grotte anstelle des alten Kaskadenhauses, lavierte Federzeichnung von W. F. Meyer, April 1833, Lit. A, BQ: LASH, Meyer III

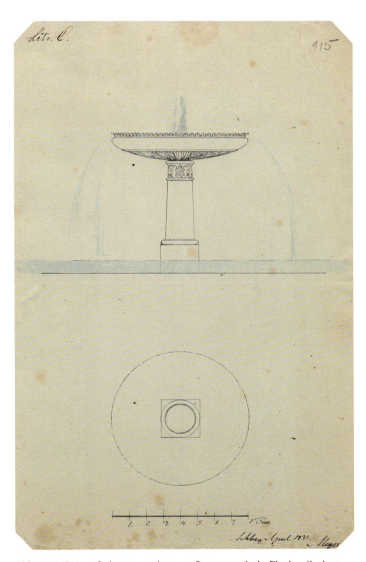

Abb. 202 Entwurf einer gusseisernen Brunnenschale für den Kaskadenvorplatz, lavierte Federzeichnung von W. F. Meyer, April 1833, Lit. C, BQ: LASH, Meyer V

2. GESCHICHTE DER EINZELNEN GARTENGEBÄUDE UND -TEILE 223

Abb. 203 Entwurf mit Auf- und Grundriss zu einem neuen Kaskadengebäude, lavierte Federzeichnung von W. F. Meyer, April 1833, Lit. D, BQ: LASH, Meyer IV

Abb. 204 Kaskadengebäude im Neuwerkgarten

Lit. D (Abb. 203) stellt einen Grund- und Aufriss des von Meyer vorgeschlagenen neuen Kaskadengebäudes dar. Es scheint so zu sein, dass Meyer die Zeichnungen A bis C, die er im März mitgeschickt hatte, hier noch einmal kopierte, so dass sie als inhaltlich identisch zu werten sind.[2109]

Die Planung vom März 1833 sah vor, statt des Kaskadenhauses eine 20 Fuß (5,7 m) lange, 14 Fuß (4,0 m) tiefe und 15 Fuß (4,3 m) hohe Grottenarchitektur nach der Zeichnung Lit. A (Abb. 201) aus „theils rauhen u theils gespaltenen" Feldsteinen aufzusetzen. Die Fugen sollten mit kleinen Feldsteinen und Moos ausgestopft und ein Fußboden mit hochkant gestellten Mauersteinen gelegt werden. Oben und an den äußeren Seiten sollte die Grotte eine Abdeckung aus Klei und Grassoden erhalten. Zur Veränderung der Gesamtanlage war geplant, die Muschelseitenwände samt ihrem Skulpturenschmuck zu entfernen und stattdessen Randsteine zu setzen. Die Stufen beidseitig der Wassertreppe und das davorliegende große Bassin sollten repariert werden. Zum Anschlag gehörte auch der Guss einer „Waßer Kumme von circa 8 füßigem [2,3 m] Durchmesser nebst runden Postaments dazu von ungefähr 5 Fuß [1,4 m] Höhe in Uebereinstimmung mit dem Riße Litr. C". Die veranschlagte Summe war mit 1419 Rthlr bzw. 2270 Rbthlr genauso hoch wie im Kostenvoranschlag des Maurermeisters Jessen.[2110]

Weil der Grottenentwurf der Rentekammer zu kostspielig erschien, was u.a. an den Feldsteinen, einer für die Schleswiger Landschaft ungewöhnlichen Sorte, und an der Tatsache lag, dass ein künstlicher Hügel hätte aufgeschüttet werden müssen, schlug Meyer im Mai 1833 vorsichtig und diplomatisch eine selbständig erarbeitete Alternative vor, „einen Entwurf zu einer Umbauung des jetzigen Cascaden=Hauses ungefähr in der bisherigen Form und mit Benutzung der annoch tauglichen Materialien", den er in der mitgeschickten Zeichnung Lit. D (Abb. 203) anschaulich machte.[2111]

Bevor der Umbau der Kaskade in die Tat umgesetzt wurde, hielt sich C. F. Hansen im Sommer 1833 noch einmal in Schleswig auf. Hier konnte der Schleswiger Baumeister offenbar seinen Kopenhagener Vorgesetzten von dem Alternativentwurf überzeugen, obwohl die Kosten letztlich mit 2167 Rbthlr 19 ß nur wenig unter denen der Grotte lagen. In seinen verschiedenen Gutachten äußert sich der Oberbaudirektor ganz zufrieden über die Entwicklung, dass „die neue Anlage in einem für unser Zeitalter paßenden Style aufgeführt wird", „jetzt so sehr vereinfacht ist [und] übrigens aber eine sehr gute Wirkung machen wird".[2112] Christian Frederik Hansen bestand lediglich darauf, der von Meyer entworfenen Brunnenschale, Lit. C (Abb. 202), eine schönere Form zu verleihen, wozu er eine Zeichnung seines korrigierten Entwurfs, mit Lit. E bezeichnet, einreichte. Auch dieses Blatt ist nicht erhalten. Hansen plädierte in seiner Stellungnahme dafür, die Arbeiten nicht per Lizitation zu vergeben, sondern dem Schleswiger Bauinspektor und dem Garteninspektor die Bauaufsicht und die Vertragsabschlüsse mit den Handwerkern zu überlassen. Mit der Resolution vom 29.1.1834 wurde der Umbau in dieser Form bewilligt.[2113]

Das neue Kaskadenhaus erhielt folgendes Aussehen, das dem alten in Grundriss und Aufbau durchaus noch ähnelte (vgl. Abb. 203 u. 204 mit Abb. 65): Mit 17 Fuß (4,9 m) Länge, 9½ Fuß (2,7 m) Breite und fast 19 Fuß (5,3 m) Höhe hatte es vor allem in der Länge geringere Ausmaße gegenüber dem alten Haus mit 22 Fuß (6,3m) Länge, 10 Fuß (2,8 m) Breite und 20 Fuß (5,7 m) Höhe.[2114] Auch das neue Gebäude besaß drei geschlossene Wände und eine nach Süden offene Fassade, bestehend aus zwei seitlichen, vor die Wand gestellten Pilastern und zwei mittleren Säulen. Der Sockel und die drei Treppenstufen wurden aus Granit, die Wände und die Pilaster aus verputztem Ziegelmauerwerk aufgebaut, während die zwei Säulen aus Spolien der alten Sandsteinsäulen des Vorgängerbaus gearbeitet waren. Das darüber liegende Gebälk bestand ebenfalls aus wiederverwendeten Sandsteinen. Im Gegensatz zum alten, durch Balustraden abgeriegelten Nymphäum konnte das neue Gebäude betreten werden. Laut Anschlag sollte der Fußboden aus hochkant gestellten Ziegelsteinen verlegt werden. Es scheint aber eine Planänderung gegeben zu haben, denn 1842 wurden die damals vorhandenen Fliesen neu verlegt. Auch heute befindet sich noch ein schachbrettartig verlegter Fliesenboden im Kaskadenhaus.[2115] Im Innern war wie vorher unter den Deckenbalken eine Verschalung mit Stuckdecke und Gesims angebracht.[2116] Innen erhielt der Bau einen weißen und außen einen Anstrich mit „hellgrauer Klei=Farbe".[2117] Durch die Treppenstufen vor der Fassade lag das neue Kaskadenhaus höher und damit exponierter als das alte. Der wesentliche stilistische Unterschied zwischen dem barocken Vorgängerbau und dem klassizistisch anmutenden neuen Gebäude wurde vor allem durch den schlichten Dreiecksgiebel über einem mit Zahnschnitt verzierten Kranzgesims erzielt, der das Attikageschoss mit Balustrade und skulpturalem Schmuck ersetzte und dem Gebäude ein tempelartiges Aussehen verlieh. Auch der Innenraum wurde durch den Verzicht auf Nischen und Skulpturen puristischer. Nur ein großes Wasserbecken in der Mitte dient heute als Behälter für das Wasser, das aus dem Mund eines Satyrkopfes in eine muschelförmige Schale fließt (Abb. 205), anders als auf Meyers Entwurf, bei dem über dem großen unteren Becken eine klassizistisch gestaltete Schale angebracht ist, während der Satyrkopf fehlt (Abb. 203). Es ist anzunehmen, dass an dieser Stelle gespart und mit dem Muschelbecken und Faunskopf vorhandene Dinge wiederverwendet wurden, die heute zu den wenigen noch erhaltenen skulpturalen Elementen barocken Ursprungs zählen. Das Becken in Muschelform stammt von Lemcke und ersetzte das frühere von Freudenreich angefertigte. Es hat sich die Skizze eines Muschelbeckens (Abb. 206) erhalten, auf der die Schale und Anbringung dem heutigen Befund bis auf die Maße gleichen, die merkwürdigerweise nicht übereinstimmen.[2118] Es stellt sich die Frage, ob das im heutigen Kaskadenhaus angebrachte Muschelbecken oder ein anderes gezeichnet wurde. Der Satyrkopf (Abb. 205) ist das einzige von Freudenreich überkommene Werk, das er 1737/38 zusammen mit einem zweiten Faunskopf vollkommen neu und nicht als Ersatz eines vorhandenen Stückes schuf.

Die Idee von C. F. Hansen und Meyers dazu ausgearbeiteter Entwurf einer Grotte (Abb. 201) als Ersatzbau für das alte Nymphäum ist den Bestrebungen des englischen Landschaftsgartens zuzuordnen, möglichst natürlich aussehende Staffagen zu schaffen. Von England ausgehend waren am Ende des 18. Jahrhunderts

Abb. 205 Faunskopf von Johann Friedrich Freudenreich 1737/38 mit Muschelbecken darunter von Jacob Lemcke 1771 im Innern des Gottorfer Kaskadenhauses

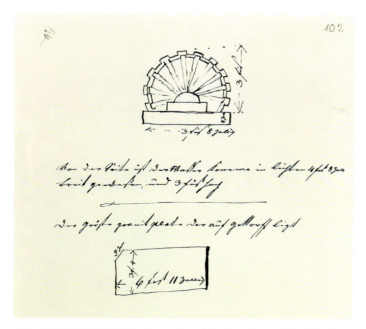

Abb. 206 Skizze eines Muschelbeckens (oben) und einer Granitplatte (unten), anonyme Federskizze, 19. Jahrhundert, BQ: LASH, Kaskade 19. Jh.

auch in Deutschland mancherorts Grotten entstanden, die als Vorbilder dieser Idee gedient haben könnten, so z.B. die um 1787 gebaute Sphinxgrotte im Weimarer Park an der Ilm (Abb. 207), die Grotte von 1798/99 im Schlosspark Zerbst und die Hansen vielleicht noch bekanntere Quellgrotte (Abb. 208) des Hofarchitekten Andreas Kirkerup von 1787 im dänischen Schlosspark Frederiksberg bei Kopenhagen, die allesamt in ähnlicher Weise gebaut waren, nämlich eingebettet unter einem künstlichen Erdhügel.[2119] Auch der Große Wasserfall von 1790/91 im Eutiner Schlossgarten mit einem grottenartigen Hintergrund aus Tuffstein gehört zu dieser Kategorie von romantisch anmutenden, felsartigen Gartenstaffagen, die bis weit ins 19. Jahrhundert noch beliebt waren, sodass die erhebliche zeitliche Verzögerung von ca. 40 Jahren zwischen den genannten Beispielen und der für den Neuwerkgarten erdachten Grottenarchitektur nicht so sehr ins Gewicht fällt.[2120] Da sich eine Grottenanlage in den damals wie heute noch in barocken Grundstrukturen erhaltenen Gottorfer Garten nicht harmonisch eingefügt hätte, erscheint die von Meyer forcierte Lösung als Glücksfall, mit dem die barocke Situation gleichzeitig erhalten und modernisiert werden konnte. Da es sich bei dem neuen Kaskadenhaus um einen Umbau handelte, der möglichst kostensparend errichtet werden sollte, blieb Meyer mit seinem Entwurf (Abb. 203) dicht am Bestand des Vorgängerbaus, sowohl Grundriss und achsiale Einteilung des Aufrisses als auch die Wiederverwendung alter Materialien betreffend. Das Gebäude sollte den neuen klassizistischen Zeitgeschmack ausdrücken, was mithilfe des Dreiecksgiebels und einer sehr reduzierten Formensprache gelang und von Meyers Vorgesetztem C. F. Hansen entsprechend gelobt wurde.[2121] Das Ergebnis war ein Antentempel, d.h. eigentlich nur die Vorhalle (Pronaos) des griechischen Bautypus. Anregungen dazu waren allerorts zu finden, wie auch die Beispiele (Abb. 240–242) zur Einordnung von Hansens nur wenige Jahre vorher angefertigten zweiten Ersatzbau-Entwurf für die Amalienburg (Abb. 237), den Meyer ja kannte, zeigen. Während alle diese Beispiele (Abb. 240–242) geschlossene Seitenwände (Anten) aufweisen, findet sich die dreiachsige Tempelfront eher bei offenen Fassaden wie dem Floratempel von 1796 in Wörlitz (Abb. 209), um nur eines der bekanntesten Gartengebäude dieser Art zu nennen. Deshalb ist es kaum zu eruieren, woher Wilhelm Friedrich Meyer genau seine Inspiration bekam, zumal er durch seine Ausbildung an der Kopenhagener Akademie und als Schüler von Hansen mit der klassizistischen Formensprache sehr vertraut war.[2122]

Nach der Beendigung des Umbaus, bei dem neben anderen Handwerkern auch wieder der Bild- und Steinhauer Schmädl aus Schleswig beteiligt war[2123], teilte Wilhelm Friedrich Meyer am 1.8.1835 in seinem Bericht an die Rentekammer mit, dass die Arbeiten insgesamt 1014 Rthlr 46 ß und damit 10 Rthlr mehr als veranschlagt gekostet hatten, was aber durch die Einnahmen aus einer Auktion im März des Jahres ausgeglichen wurde. Bei der schon im Februar in verschiedenen Zeitungen angekündigten

Abb. 207 Sphinxgrotte, um 1787, im Park an der Ilm, Weimar

Abb. 208 Ansicht der Quellgrotte für den Garten des Schlosses Frederiksberg, Zeichnung des Hofarchitekten Andreas Kirkerup 1787, 27,5 × 43,1 cm, RAK, Overhofmarskallatets arkiv, ohne Nr.

Abb. 209 Wörlitz, Floratempel (1796)

Abb. 210 Jahreszeiten-Putto (Frühling) an seinem heutigen Standort in Bollingstedt, Aufnahme 2016

Abb. 211 Jahreszeiten-Putto (Sommer) auf dem Giebel des Hauses Norderstraße 8, Flensburg

Versteigerung waren die vor allem durch den Rückbau der Fontänen an den Außenseiten übrig gebliebenen alten Sandsteinmaterialien wie Statuen, Wasserbecken und Fliesen veräußert worden.[2124]

Ob der im Garten des ehemaligen Müllerhauses in Bollingstedt, Mühlenstraße 12, vorhandene Putto aus Sandstein (Abb. 210), der aus dem Neuwerkgarten stammen soll, einer der von Jacob Lemcke nach Johann Friedrich Freudenreichs Vorbild geschaffenen Kinderskulpturen aus Sandstein ist, lässt sich nicht mit letzter Sicherheit beantworten. Die Maße der Figur mit ca. 1,25 m Höhe und einer ungefähren Breite von 0,50 m weichen von den Figuren Freudenreichs mit 3½ Fuß (1 m) Höhe und 2½ Fuß (0,72 m) Breite ab.[2125] Andererseits ist es möglich, dass Lemcke die neuen Putti in etwas anderen Maßen arbeitete als die alten. Die stilistischen Details der Figur passen dagegen gut in die Entstehungszeit unter Freudenreich in der Mitte des 18. Jahrhunderts: Die Körperformen des Kindes sind sehr üppig ausgearbeitet. Das rechte Standbein wird von einem Baumstumpf bis an das Gesäß gestützt, während das linke Bein angewinkelt auf einem niedrigeren Teil des Baumstumpfes abgestellt ist. Die Haare sind mit großen Locken gestaltet und um den sonst nackten Körper schwingt sich ein von der rechten Schulter quer über den Rücken nach unten und an der Vorderseite wieder nach oben bis über den rechten Arm verlaufender Schal. Mit beiden Händen hält der Putto einen geflochtenen und mit Blumen gefüllten Korb, womit er ikonographisch als Darstellung des Frühlings gelten kann. Sowohl thematisch als auch stilistisch, besonders was die Haltung und die Gesichtszüge angeht, passen dazu drei Putti (Abb. 211), die nachträglich auf dem barocken Giebel des Flensburger Hauses Norderstraße 8 angebracht wurden und wohl die Jahreszeitenfolge mit Sommer, Herbst und Winter ergänzen. Sie sollen ebenfalls von der Kaskade im Neuwerkgarten stammen und von Lemcke gearbeitet sein.[2126]

Die flachen Treppen vor der Kaskade waren beibehalten worden, hatten aber nun an den Außenseiten einen Abschluss aus einfachen Randsteinen statt der Springbrunnenanlagen bekommen. Die mittlere Wassertreppe mit ihrem skulptural ausgearbeiteten Schmuck, den Delphinen und dem auf einem Horn blasenden Triton an oberster Stelle (Abb. 212), wurde beim Umbau der Kaskadenanlage nicht verändert und gehört damit zu den wenigen noch erhaltenen bildhauerischen Teilen der barocken Kaskadenanlage, die nach jetzigem Kenntnisstand von Jacob Lemcke 1771 angefertigt wurden, und zwar nicht originär, sondern den vorhandenen in den 1690er Jahren von Theodor Allers geschaffenen und 1755 von Johann Friedrich Freudenreich schon ersetzten Stücken nachgearbeitet sind.

Die von Meyer 1834 bei dem Agenten und Besitzer der Rendsburger Carlshütte, Hartwig Holler, in Auftrag gegebene neue Brunnenschale für das große Bassin auf dem Kaskadenvorplatz konnte allerdings erst 1838 aufgesetzt werden, weil die Eisengießerei nach mehreren Fehlversuchen für diesen ersten

Großguss lange hatte experimentieren müssen. Holler resümierte, dass die „Herstellung dieser Fontainen Kumme zu den schwierigsten und hinsichtlich des Gusses zu den riskantesten Arbeiten zählen könne", die die Carlshütte bisher ausgeführt habe.[2127] Aus diesen Gründen wog das fertige Werk mit 3876 Pfund erheblich mehr als vorher berechnet, wodurch auch die Kosten auf insgesamt 740 Rbthlr 77 ß stiegen und nachträglich bewilligt werden mussten.[2128] Die nach dem Entwurf von C.F. Hansen ausgeführte Schale (Abb. 213) von 8 Fuß (2,3 m) Durchmesser und einer Gesamthöhe von ca. 7 Fuß (2,0 m)[2129] ist gegenüber Meyers Entwurf (Abb. 202) in ihrer Form stärker konturiert, indem das tellerartige Oberteil unterhalb der Lippe zunächst nach innen und dann wieder nach außen schwingt. Auch das Piedestal lädt nach unten weiter aus. Meyers Ornamentik wurde auch zum größten Teil nicht übernommen, sondern richtete sich bei der Ausführung nach den Modellen des Kopenhagener Professors Hetsch.[2130] Statt des oberen Palmettenabschlusses bekam der Teller nun einen glatten Rand, und die flache Reliefierung mit Blättern an der Unterseite wurde zugunsten von Löwenköpfen in der einschwingenden Zone weggelassen. Das runde Piedestal ist in der Ausführung ebenfalls ornamentiert, oben mit einem umlaufenden Palmettenmotiv, das auch Meyer skizziert hatte, und unten mit einem Ornamentstab in Blattform. Das ganze Werk wurde „mit

Abb. 212 Auf einem Delphin reitender Triton als oberer Abschluss der Wassertreppe

Abb. 213 Brunnenschale aus der Rendsburger Carlshütte im Neuen Werk vor der Kaskade

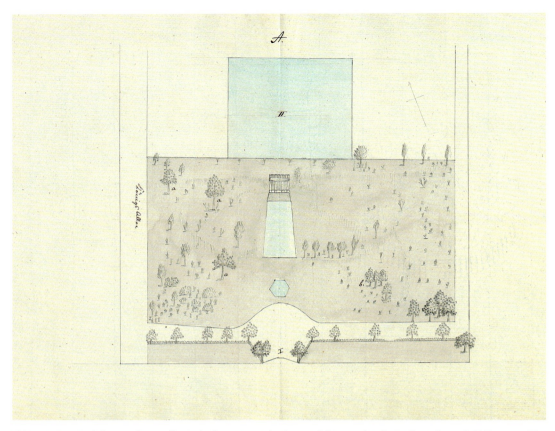

Abb. 214 Zustand des Areals um die Kaskade 1834, unsignierte Zeichnung des Garteninspektors E. F. Hansen, BQ: LASH, E. F. Hansen A

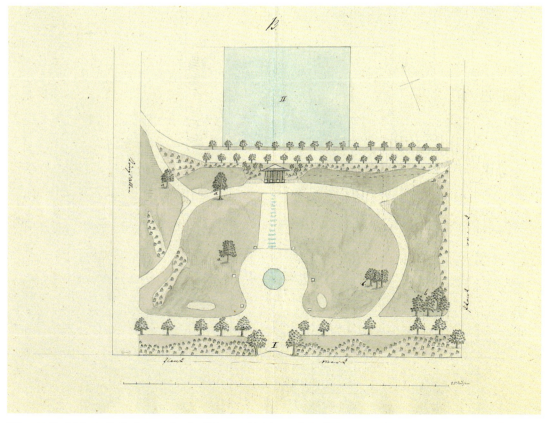

Abb. 215 Projektierte Veränderung des Kaskadenumfeldes, unsignierte Zeichnung des Garteninspektors E. F. Hansen, April 1834, BQ: LASH, E. F. Hansen B

Oel=Bronze Farbe" angestrichen bis auf die acht Löwenköpfe und die Palmettenverzierung, die mit echter Vergoldung versehen wurden.[2131] Von dieser Farbigkeit ist heute nichts mehr erhalten. 1838 musste das neue Brunnenbecken durch das Anbringen „Dreier starken Anker=Stangen" gegen einen möglichen Umsturz gesichert werden.[2132] Das dazugehörige achteckige Bassin blieb in seiner Form und dem Fliesenbelag innen im Gegensatz zu der Umgebung unverändert.

Schon im Sommer 1833 hatte der Garteninspektor Ernst Friedrich Hansen die Gelegenheit genutzt, dem Oberbaudirektor C. F. Hansen anlässlich eines Besuches auf Gottorf seine Überlegungen zur Umgestaltung des Areals rund um die Kaskadenanlage vorzustellen, „welcher dieselbe seinen Beifall gab und vollkommen zweckmäßig fand". Der Garteninspektor reichte die Pläne dann im April 1834 bei der Rentekammer in zwei Zeichnungen samt Kostenvoranschlag ein.[2133] Die mit „A" bezeichnete erste Zeichnung (Abb. 214)[2134] gibt den vorhandenen Zustand 1834 wieder, der deutlich macht, dass der Kaskadenvorplatz zu dieser Zeit vollkommen überwuchert und das umgebende Gelände planlos mit Sträuchern und Bäumen bestanden war. Heinrich Philippsen würdigt die Verdienste E.F. Hansens bei dem Umbau der Kaskadenanlage:

> „Der Garteninspektor Hansen hat sich um das Neuwerk große Verdienste erworben, was von diesem heute noch erhalten ist, ist seinen Bemühungen zu verdanken. In erster Linie gilt dies von dem heutigen Kaskadenplatz. […]."[2135]

Die Zeichnung „B" (Abb. 215) zeigt die Ideen des Garteninspektors, die im Wesentlichen folgende Punkte umfassten: Anpflanzung einer Allee aus Rosskastanien oder Platanen zwischen dem Antentempel und dem Blauen Teich, Anlegung eines unregelmäßigen Rundweges mit Zuwegen auf dem Gelände um die Kaskade, Schaffung eines runden Kaskadenvorplatzes um den Mittelpunkt des achteckigen Bassins und Aufstellung von sechs Postamenten rundherum, Anpflanzung von 100 Arten blühender Ziersträucher und Holzarten auch als Basis für eine Vermehrung im Neuwerkgarten und Setzung von vier Blutbuchen beidseitig des Kaskadenhauses. Einige der alten, großen Bäume (Kastanien, bezeichnet mit „a") und Baumgruppen (Erlen, bezeichnet mit „b") sollten beibehalten werden. Die Antwort der Rentekammer ist nicht überliefert, aber der heutige Befund lässt den Schluss zu, dass nur wenige Planungspunkte tatsächlich umgesetzt worden sind, nämlich zum einen die Gestaltung des Kaskadenvorplatzes und zum andern die Pflanzung einer Allee am Blauen Teich entlang, wo sich heute einige alte Bäume befinden, zwei Platanen und vier Kastanien, die vermuten lassen, dass an der Südseite des Weges Kastanien und an der Nordseite Platanen gepflanzt wurden. Der Rest inklusive der neuen Wegeführung wurde nicht verwirklicht. Auf jeden Fall hat E. F. Hansen eine Verbesserung der vorhandenen Wege und des Rasens im Kaskadenumfeld und insgesamt eine repräsentativere Wirkung der neuen Kaskadenanlage erreicht. Eine Darstellung der Kaskadenanlage

Abb. 216 Kaskadenanlage im Neuwerkgarten um 1850, Aquatinta-Radierung von C. L. Mertens als eines von mehreren Randleistenbildern, auf einem Blatt mit 15 Ansichten von Schleswig, BQ: LB, Mertens II

um 1850 zeigt, dass zu dieser Zeit sechs Vasen auf Postamenten auf dem Kaskadenvorplatz aufgestellt waren, was vermutlich auf die Umgestaltung um 1834 zurückzuführen ist (Abb. 216).

1836 wurde der von Meyer gestellte Antrag auf Anschaffung von acht neuen, 10 Fuß (2,8 m) langen und mit heller „Stein=Couleur"-Ölfarbe angestrichenen Gartenbänken genehmigt, die den Besuchern Bequemlichkeit beim Anblick der Fontänen bieten und im Winter im Anbau des Kaskadenhauses verwahrt werden sollten.[2136]

Nach dem Umbau von 1834 wurden keine Veränderungen, sondern nur noch Instandhaltungsmaßnahmen vorgenommen, so dass die Kaskadenanlage als einziges bauliches Element des Gartens bis ins 21. Jahrhundert überdauert hat.[2137]

2.10. Die Terrassenanlage

Die Geschichte der Terrassengestaltung nach 1713 ist kompliziert und schwer zu fassen, weil es nur fünf Bildquellen gibt, die erstens nur die Zeit bis 1750 abdecken und zweitens sehr wenige, schematisierte und unzuverlässige Informationen zum Aussehen der Parterres und Böschungen geben. Spezielle Darstellungen der Parterres oder Entwürfe zur Neuanlegung sind nicht überliefert. Der Grundriss von 1713 (Abb. 16) und die Pläne von Themsen von 1728 (Abb. 33) und Müller (Abb. 20), nach 1734, zeigen fast keine Binnengestaltung der Parterres, sondern höchstens eine Art Broderiebepflanzung der Böschungen. Das Gegenteil ist bei der großen Vogelschau von Lönborg von 1732 (Abb. 34) der Fall, wo mit Broderieparterres auf allen Terrassen ein Zustand zu sehen ist, den es so nie gegeben hat. Der Kupferstich von Laurids de Thurah von 1749 (Abb. 175) ist trotz einiger Unstimmigkeiten der einzige Plan, der teilweise nachvollziehbare Details der Bepflanzung zu diesem Zeitpunkt wiedergibt. Keine einzige dieser Bildquellen zeigt einen vollständigen historischen Zustand, der durch schriftliche Quellen belegt werden könnte. Es stimmen immer nur Einzelheiten mit Schriftzeugnissen überein.

Im Folgenden wird die Gestaltung der Terrassen in verschiedene Phasen eingeteilt, die zumindest bis 1769 mit dem Wechsel der Garteninspektoren zusammenhängen. Die Zählung der Terrassen erfolgt wie schon vorher ohne den Globusgarten von der Höhe des Globushauses ausgehend (erste Terrasse) bis auf das oberste Plateau (sechste Terrasse).

Die erste Phase zog sich von 1713 bis zum Tod des Garteninspektors Bernhard Kempe 1734 hin, der 1704 in noch herzoglicher Zeit den Garten mit den zwischen 1691 und 1693 von seinem Vater Johannes neu angelegten Parterres, wie sie bei Dallin (Abb. 70/71) dokumentiert sind, übernommen hatte. Schon 1712 befanden sich diese Beete in so ungepflegtem Zustand, dass der beauftragte Gärtner Christian Klingmann in seinem Wiederherstellungsplan eine Neugestaltung dieses Bereichs vorsah, die aber nicht ausgeführt wurde.[2138] Stattdessen fanden nur Reparaturen der Bassins und Treppen auf den Terrassen statt.[2139] Johann Hinrich Peucker fand bei seinem Dienstantritt als Gottorfer Baudirektor 1726 nur zwei von Kempe neu angelegte Kompartimente vor, die aber nicht fertig geworden waren, während der Rest samt den Böschungen weiter verwildert war.[2140] Er und auch sein Nachfolger Jörgen Themsen machten Bernhard Kempe für den schlechten Zustand der Terrassenanlage verantwortlich und planten die Instandsetzung, wozu mit dem Garteninspektor ein Vertrag geschlossen wurde.[2141] Das Wenige, was davon 1728 durchgeführt wurde, attestierte Themsen: Die Feldsteine der acht seitlichen Treppen waren neu verlegt und ein Kompartiment von Kempe neu mit Buchsbaum bepflanzt worden.[2142] Mithilfe zweier Quellen soll versucht werden, den Zustand der Beete am Ende dieser ersten Phase zu ermitteln. Zum einen sind es die Eindrücke, die Ulrich Petersen um 1730 von einem Besuch im Neuwerkgarten niederschrieb, und zum andern ist es ein Untersuchungsbericht vom August 1734, in welchem verzeichnet ist, was alles zur Wiederherstellung gemacht werden müsse[2143]:

Die beiden noch vorhandenen Lauben vor dem Globushaus waren mit Tischen und Bänken zur Benutzung ausgestattet. Die zwei südlichen Beete der ersten Terrasse, die schon in der herzoglichen Zeit innerhalb der umgebenden Hainbuchenhecken mit Obstbäumen statt der Spiegelmonogramme bepflanzt worden waren, hatten sich nicht verändert und sind noch auf dem Müller-Plan (Abb. 20) so eingezeichnet, wie sie auch der Plan von 1713 (Abb. 16) dokumentiert. Unklar ist dagegen der Zustand der nördlichen Kompartimente, die von Ulrich Petersen als „schöne Parterre[s]", von Hainbuchenhecken umgeben, beschrieben werden, während Johann Adam Clasen alle vier Gartenstücke der ersten Terrasse als „boscagen" bezeichnet. Vielleicht waren die nördlichen Beete in den etwa vier Jahren zwischen Petersen und Clasen so verwildert, dass man nicht mehr von Parterre sprechen konnte. Der Müller-Plan (Abb. 20) zeigt hier ein anderes geometrisches Muster als der Dallin-Plan (Abb. 73), sodass es vermutlich diese beiden Kompartimente waren, die Kempe vor 1726 neu begonnen, aber nicht fertig gestellt hatte. Dafür spricht auch die Legende auf Themsens bildnerisch sehr wenig aussagekräftigem Gartengrundriss (Abb. 33), wo es heißt: „G:G: Die unterste Parterres, welche mit Ihro Königl: Maÿtt: Maÿtt: [ist in der Quelle doppelt genannt] Nahmen in einen Zug geziehret sind: Die andere Acht aber, theils nicht alß pure Sand und Erde, theils auch sehr verwildert sind".[2144] Von der Regierungszeit ausgehend müsste Kempe die Beete für König Frederik IV. (reg. 1699–1730) und seine zweite Frau Anna Sophie von Reventlow (1693–1743, seit 1721 verheiratet) angelegt haben. Leider widersprechen sich die genannten Quellen, weil Ulrich Petersen genau diese Beschreibung für die zweite Terrasse angibt:

„und zu beÿden Seiten 2. Blumen Felder in zierlichen Hecken wol verwahret, davon das zu lincken Hand oder gen westen in der Mitte ein zierlich gekröhntes Bette hat mit I.K. Maÿtt Friderici IV. und dero Gemahlin Namen und Wapen, von allerhand Bunten Steinen angeleget, so die itziger Zeit hohe Conservatores dieses Gartens anzeiget."[2145]

Es ist jedenfalls anzunehmen, dass sich die drei von Bernhard Kempe neu angelegten Parterres auf der ersten und zweiten Terrasse befunden haben. Für die dritte und vierte Terrasse erwähnt Petersen die Kompartimente gar nicht, wohl weil sie, wie alle anderen Quellen angeben, nur noch in ihrem Umriss existierten. Merkwürdigerweise sieht er aber auf der fünften Stufe noch „zu beÿden Seiten ein angenehmes Blumenfeld", obwohl auch dieser Bereich 1727 und 1734 als verwildert beschrieben wird.[2146] Alle früher mit Mustern bepflanzten Böschungen bestanden nur noch aus Sand[2147], was Petersen übergeht und lediglich die Blumenhecken oberhalb der Anberge der dritten bis fünften Terrasse erwähnt.[2148]

Hier wird die Gestaltung des obersten Plateaus bzw. der sechsten Terrasse nur in den Bereichen rund um die Amalienburg und die Böschungen behandelt, während die Entwicklung des Orangerieplatzes im Kapitel V 2.13. zur Sprache kommt. Ulrich Petersens Beschreibung ist dafür die einzige Schriftquelle in der ersten Phase bis 1734. Seine Beobachtungen weichen stark von der Gestaltung in der herzoglichen Zeit ab. Die wohl von Kempe zwischen 1728 und 1734 angelegten Formhecken vor der Amalienburg sind auf den Plänen von Themsen (Abb. 33) und Müller (Abb. 20) sichtbar, obwohl Petersen sie nicht beschreibt. Östlich des Lusthauses, wo am Ende der Gottorfer Zeit noch Bogengänge standen, sah Petersen hohe Hecken und „unterschiedliche an einander hangende lustige Cabinetten"[2149], teils offen teils mit Laubdach, außerdem mit Statuen, Buchsbaum- und Taxuspyramiden sowie Tischen und Bänken ausgestattet, was bei Themsen (Abb. 33) und Müller (Abb. 20) sehr gut dargestellt ist. Zwischen der Amalienburg und dem Nordplankwerk gab es in herzoglicher Zeit ein aus Grassoden gearbeitetes und von Löwen gehaltenes Spiegelmonogramm Herzog Carl Friedrichs. Merkwürdig ist,

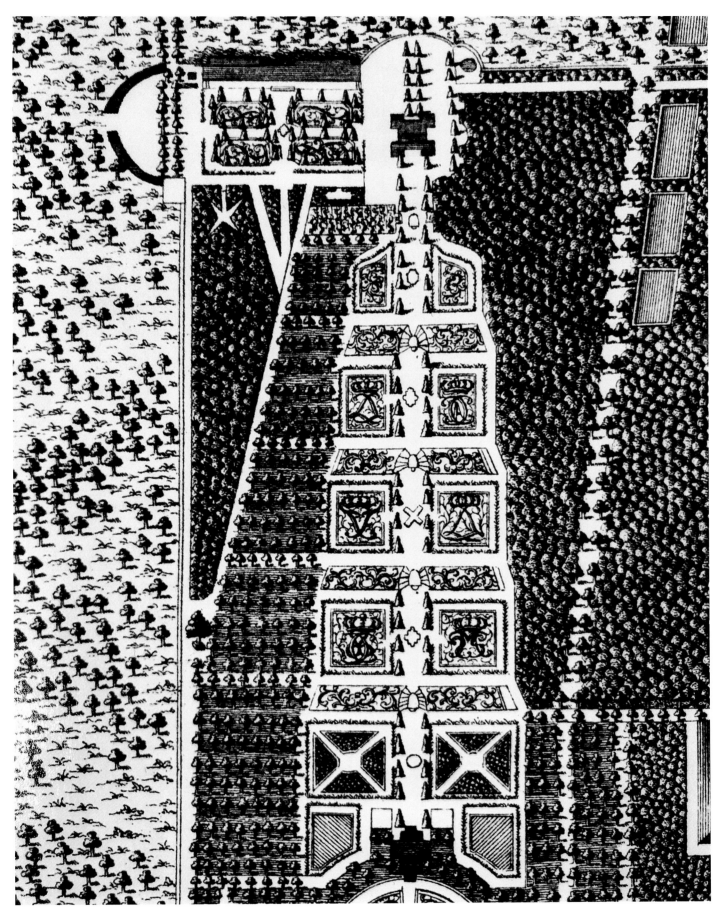

Abb. 217 Terrassenkompartimente und oberste Terrasse, Ausschnitt aus dem Kupferstich von Laurids de Thurah, 1749, BQ: LASH, Thurah I

dass Müller (Abb. 20) ein ähnliches Gebilde zeigt, obwohl Ulrich Petersen etwas anderes beschreibt, das auf dem Themsen-Plan (Abb. 33) und auch andeutungsweise bei Lönborg (Abb. 34) nachvollziehbar ist:

> „Nordwerts hinter dieser Amalienburg ist auch noch ein zierlicher plaz mit einer angenehmen lebendigen Hecke besezt, in form eines Amphiteatru, so auch mit allerhand angenehmen Blumen und Gewächsen in Töpff= und Kasten in zierlicher Ordnung embelliret und ausgeschmücket ist."[2150]

Südlich des Orangerieplatzes befanden sich nach 1713 von Westen nach Osten ein Kegelplatz und eine keilförmig zwischen zwei Wegen eingefügte Heckenformation, die auf das mittlere Orangerieportal wies. Beides hatte es in herzoglicher Zeit noch nicht gegeben (Abb. 14). Diese Bereiche sind zum Teil von Bernhard Kempe zwischen 1717 und 1720 angelegt beziehungsweise projektiert worden wie seine Zeichnung des Orangeriereals von 1728 (Abb. 100) und auch die Beschreibung von Ulrich Petersen dokumentieren.[2151] Während Themsen (Abb. 33) wohl die bis 1728 tatsächlich gestalteten Bereiche in etwas vereinfachter Form zeigt, gibt der Müller-Plan (Abb. 20) den weiteren Fortschritt der Arbeiten wieder. Auf dem etwas weiter östlich gelegenen, rechteckigen Gelände am Hang, dem herzoglichen Feigenberg, wurde auch nach 1713 diese Frucht weiterhin kultiviert. Resümierend kann festgestellt werden, dass die erwähnten Bereiche der obersten Terrasse zwischen 1713 und 1734 interessanter und aufwändiger ausgestaltet waren als in der herzoglichen Zeit, was in Bezug auf den gesamten Garten als Ausnahme gewertet werden muss. Die Parterres auf den anderen Terrassen waren samt Kempes Neuanlagen 1734 ebenso wie die Böschungen verwildert und die Hecken am Rand der Terrassen in schlechtem Zustand, als Johann Adam Clasen mit seinem Dienstantritt die zweite Gestaltungsphase einläutete, die dann bis 1750 dauerte.

Noch 1734 wurde bei den Untersuchungen u.a. festgestellt, dass auch die Entwässerung des Geländes erneuert werden musste, und im folgenden Jahr verhandelte Clasen direkt mit dem König wegen Extrageldern für die Renovierung der Terrassen, für die er eine Zeichnung angefertigt hatte, die sich aber nicht erhalten hat.[2152] Aus dem Garteninventar von 1738 geht hervor, dass der Garteninspektor 1736 und 1737 die Parterres und Böschungen auf den Terrassen nicht nur neu bepflanzte, sondern auch in moderneren Formen gestaltete.[2153] Die einzige Bildquelle, an der sich diese Entwicklung andeutungsweise nachvollziehen lässt, ist der 1749 publizierte Kupferstich von Laurids de Thurah (Abb. 217): Auf der ersten Terrasse legte Clasen alle vier Kompartimente als Boskette aus Hainbuchen neu an. Darin wurden auch 16 junge holländische Linden gepflanzt. Clasen selbst änderte diese Konzeption später ab, indem er die zwei südlichen Stücke rodete und als Küchengarten nutzte (Abb. 217), während er die 16 Linden auf den Orangenplatz translozierte, wo sie 1750 noch vorhanden waren.[2154] Die zweite Terrasse gestaltete er mit „2 Englische Parterres von Soden und Buchs=Bäume, worin Ihro Königl. Maytt. gezogener Nahmen befindl". Zu dieser Zeit war Christian VI. (1730–1746) an der Regierung, verheiratet mit Sophie Magdalene von Brandenburg-Kulmbach, so dass die Monogramme „C6" und „SM" lauteten, die bei Thurah (Abb. 217) andeutungsweise zu erkennen sind. Der Stich von Laurids de Thurah stellt aber anscheinend Broderieparterres dar und keine Parterres à l'Angloise wie die Inventarbeschreibung vermuten lassen würde. Nach Dézallier d'Argenville sind die englischen Zierbeete ornamental gestaltete und von einer Blumenrabatte umgebene Rasenstücke (Le Blond, 1731/1986, Tafel 6 B, Fig. 3). Wilfried Hansmann nennt neben der klassisch französischen Gestaltungsart auch noch das englische Parterre in der Variante des Gartenbuchautors Florinus, das sowohl aus Buchsbroderien als auch aus Rasenmustern besteht und nach französischer Art auch mit verschiedenen Farben ausgeziert und dazu von einer Hecke umgeben ist.[2155] Bei Thurah (Abb. 217) sind die Hecken zu sehen, aber auch eine innere Rahmung der Parterres mit Wegen und Rabatten. Blumenpflanzungen werden im Inventar nicht erwähnt, dafür aber diese Hainbuchenhecken, von denen jedes Parterre auf den fünf Terrassen nach wie vor ganz außen umgeben ist und nun über zwei kleine weiß angestrichene, 4 Fuß (1,15 m) im Quadrat große und an zwei eingegrabenen Pfählen befestigte Staketenpforten zugänglich war.[2156] Tatsächlich wirken die Heckeneinfassung und die quadratische Form der Kompartimente zu dieser Zeit altmodisch, was keineswegs zusammenpasst mit der Tatsache, dass Johann Adam Clasen schon allein durch seine Paris-Aufenthalte während seiner Ludwigsburger Zeit über die neuesten Strömungen der Gartenkunst informiert war und mit seinem Änderungsplan für den Ludwigsburger Garten kurz vor seinem Weggang nach Gottorf einen modernen, künstlerisch anspruchsvollen Entwurf vorlegte, der aber leider nur noch in einer schlechten Reproduktion erhalten ist. Nach der Beschreibung von Elisabeth Szymczyk-Eggert zeigte Clasen mit den vier äußeren Beeten im untersten Teil des Planausschnitts, der den Südgarten darstellt (Abb. 218), Zierbeete vom Typ des Parterre de Compartiment, einer zu dieser Zeit beliebten Kombination aus Rasenornamenten und Buchsbaum-Broderien, wie sie auch bei Dézallier d'Argenville zu finden sind (Le Blond, 1731/1986, z.B. Tab. 2 B und 3 B). Die Mitte zierten wie in den Gottorfer Beeten die Initialen des Auftraggebers.[2157] Dass die Beetform wie im Neuwerkgarten bei einer gleichzeitigen Modernisierung des Parterreinnenraumes in älteren Gärten beibehalten wurde, ist auch woanders nachweisbar wie zum Beispiel beim ebenfalls in die 1730er Jahre datierten Entwurf des dänischen Gartenarchitekten Johann Cornelius Krieger für Schloss Rosenborg in Kopenhagen (Abb. 219) oder vor Ort im Alten Gottorfer Garten während der Sanierung durch David Christopher Voss in den 1740er Jahren (Abb. 220). Gerade die gleichzeitige Aktion auf Rosenborg war Clasen durch seine Kontakte dorthin bekannt.[2158] Beide Beispiele zeigen aber im Gegensatz zum Neuen Werk eine moderne Anpassung der steifen Quadrate an Fontänenbecken. Resümierend

Abb. 218 Südgarten von Schloss Ludwigsburg, Detail aus dem Entwurfsplan von Johann Adam Clasen, undatiert, Anfang der 1730er Jahre, Original im 2. Weltkrieg verbrannt, Fotografie im Württembergischen Landesmuseum, Stuttgart

ist festzustellen, dass die Terrassenbeete bei der Neugestaltung durch Clasen ihre alte äußere Form einschließlich der Hecken behielten. Offenbar wurden diese Elemente nicht als restlos altmodisch wahrgenommen. Die Quellen geben darüber keine Auskunft. Aus heutiger Sicht scheinen sie in diesem Punkt zu kontrastieren mit dem ehrgeizigen Engagement und den tatsächlichen Fähigkeiten des Garteninspektors. Da Clasen beim Besuch des Königs aber immer direkten Kontakt mit ihm pflegte, wird zumindest die innere Gestaltung der Gottorfer Terrassenparterres modern gewesen sein. Wie sie genau vorzustellen ist, bleibt aufgrund der möglicherweise dilettantischen Äußerungen des Inventarisators und mangelnder bzw. eher schematischer Bildquellen vage, ist aber durchaus denkbar in der Form des Ludwigsburger Entwurfes als Parterres de Compartiment. Dasselbe gilt für die Beschreibung der folgenden Terrassenbeete dieser Gestaltungsphase unter Clasen, wobei die zum Teil dreifarbige Schat-

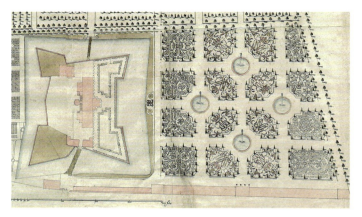

Abb. 219 Parterrezone des Rosenborger Gartens nach der Umgestaltung, Ausschnitt des Planes aus den 1730er Jahren wohl von Johann Cornelius Krieger, KBK, Frederik V's atlas, Bd. 37, 745 × 720 mm

tierung mit rot, schwarz und gelb besonders hervorgehoben wird. Sie ist auch auf Dézallier d'Argenville zurückzuführen, wo die Materialien Sand für die Erzeugung des gelben Farbeffekts, schwarze Erde oder Hammerschlag für Schwarz und zerstoßene Ziegelsteine für Rot genannt werden.[2159]

Auf der dritten Ebene entstanden „2 Parterres mit Franschen Laub von Soden – schwartz und roth chattirt". Es ist nicht klar, was genau damit gemeint ist: „Fransches Laub" bezeichnet sonst immer Broderien, ursprünglich aus Buchsbaum und nun aus Grassoden gebildet, um die hier verschiedenfarbiges Füllmaterial wie bei Broderieparterres gestreut war. Ebenso gestaltete Clasen auch die Beete der vierten und fünften Terrasse, wobei die fünfte Terrasse sogar mit schwarzer, roter und gelber Schattierung geschmückt wurde. Thurah (Abb. 217) zeigt die dritte und vierte Terrasse mit Spiegelmonogrammen, die aber erst später in der dritten Phase angelegt wurden. Auf dem Feigenberg, dem westlichen Anberg vor der Orangerie wuchsen 1738 noch „60. Stk erwachsene und Fruchttragende Feigen=Bäume"[2160], die auch wintertags in der Erde blieben. Die Böschungen hatte Clasen ebenfalls neu gestaltet, „von Soden beleget, und mit Franschen Laub, roth und gelb chattiret, daselbst befinden sich auch die Hohe Herrschafft verzogene Nahmens."[2161] Im Mittelgang waren 40 „junge in dreÿen Kugeln geschnittene Taxus" wohl in die Erde gepflanzt. Zusätzlich gab es Bäume „zwischen den Parterres" – wie man sich das genau vorzustellen hat, ist fraglich –, nämlich auf der ersten Terrasse zwei große und zwei kleine Fichten, auf der zweiten Stufe vier große „TannenBäume" und zwei große Taxuspyramiden, auf der dritten Terrasse standen „zwischen den Parterres in den Ecken" vier große „Tannenbäume", die vierte Stufe zierten neben vier Tannen noch vier Bu-

Abb. 220 Parterrezone im Alten Garten von Gottorf nach der Instandsetzung 1744, Detail aus Abb. 11, Plan von David Christopher Voss, RAK, TyRtk C 84

xuspyramiden und die fünfte Terrasse zwei Tannen. Die mittleren Böschungstreppen und die dazwischen liegenden Kaskaden waren „mit breit beschnittenen Buchs=Bäumen Hecken versehen". Die seitlichen Feldsteintreppen entfernte Clasen 1737 und ersetzte sie durch „8. mit Kleÿ versehene item mit Soden bedeckte und charpirte Apprilles", womit wohl mit Grassoden bewachsene Rampen gemeint sind.[2162]

Gleichzeitig mit der gärtnerischen Sanierung reparierte Johann Friedrich Freudenreich im Zuge der Hauptreparatur des Fontänenwesens ab 1737 auch alle Bassins und Kaskaden, außerdem erneuerte er die hölzerne Wasserleitung zwischen dem Moorteich im Tiergarten und der Amalienburg. Auf den Terrassen musste an vielen Stellen gegraben werden, um neue „Canäle", d.h. gemauerte Wasserleitungen, zu legen und die Bleileitungen zu reparieren, sodass die Wasserkünste nun nach langer Zeit wieder funktionsfähig waren.[2163] 1738 fertigte Freudenreich nach seinem eigenen Vorschlag und Entwurf für das mittig platzierte Postament jedes Bassins einen großen Frosch aus Eichenholz an, durch den das Wasser springen sollte. Der Maler Ehstedt malte sie „mit Differenten Couleuren nach dem Leben" an.[2164]

Schon sieben Jahre nach der Neuanlage teilt Baumeister Müller 1743 in einem Untersuchungsbericht mit, dass sich speziell die Parterres und Böschungen in Ermangelung regelmäßiger Pflege in einem derart schlechten Zustand befänden, dass sie neu angelegt werden müssten. Die Wartungsmaßnahmen führt er detailliert aus. Sie bestanden in Beschneidung der Hecken und Alleen, Planierung und Säuberung der Wege, aber vor allem in der Pflege der Rasenstücke in den Parterres, d.h. im Frühjahr und Herbst in Klopfen und Moosentfernen und im Sommer in Begießen und monatlichem Mähen, was den Grasflächen ein Aussehen von Samt geben sollte. Er beklagt auch das Fehlen von Blumen, die zu dieser Zeit als Rabattbepflanzungen die Parterrestücke umgeben sollten, wobei er Hyazinthen, Jonquillen (Narzissenart), Amaranthen, Anemonen, Ranunkeln, Rosmarin, Nelken, Tulpen, Rosen und Lilien nennt.[2165]

Im Garteninventar, das nach Clasens Tod zur Übergabe an seinen Nachfolger David Christopher Voss am 15.1.1750 angefertigt wurde, ist der Gesamtzustand der Terrassenanlage dokumentiert:[2166] Alle Parterres von der zweiten bis zur fünften Terrasse waren ganz verfallen und völlig verwildert, die sie umgebenden Hainbuchenhecken und Pforten hatte Clasen ausgegraben und weggeworfen, die Tannen, Taxus- und Buxuspyramiden zwischen den Parterres standen größtenteils noch in situ, waren aber unbeschnitten, während von den 40 Taxusbäumchen in der Hauptachse nur noch 13 gesunde vorhanden waren. Die 1737 mit Bestandteilen der königlichen Namen bepflanzten Böschungen waren nach dem Regierungswechsel nun veraltet. Von den Hainbuchenhecken mit einem „figurirten Rickwerck", einer Art Ars topiaria, aus dem Alten Garten, die Clasen 1748 oberhalb der Böschungen auf den Terrassen gepflanzt hatte, waren einige ausgegangen. Auf dem Feigenberg waren 1740 und 1743 die meisten Bäume verfroren, aber Clasen scheint sie noch nachgepflanzt zu haben.[2167]

Die dritte Gestaltungsphase, von der es keine bildlichen Quellen gibt, beinhaltet die Dienstzeit von David Christopher Voss im Neuwerkgarten von 1749 bis 1768. 1752 hatte Voss schon zwei Parterres neu angelegt und zwei waren in Planung. Außerdem ergänzte er die fehlenden Taxuspflanzen und pflanzte neue Hainbuchenhecken um die Parterres.[2168] 1758 war er immer noch mit dieser Arbeit beschäftigt und bekam weitere 26 Taxusbäume geliefert, für deren Standorte er eine nicht überlieferte Zeichnung angefertigt hatte.[2169] Die durch ein Unwetter 1763 beschädigten Parterres und Böschungen setzte der Garteninspektor nach und nach wieder instand.[2170] Auf der fünften Terrasse entstanden 1765 neue Kompartimente mit den Monogrammen „F5" und „J.M." für König Friedrich V. und seine zweite Gemahlin Juliane Marie von Braunschweig-Wolfenbüttel, und 1767 gestaltete Voss zu Ehren des neuen dänischen Königspaares Christian VII. und Caroline Mathilde von Großbritannien auf der zweiten Terrasse die Parterres mit den Zeichen „C7" und „C.M.".[2171] Wie diese Beete ausgesehen haben mögen, zeigt der große Gartenplan aus der königlichen Handbibliothek Kopenhagen (Abb. 179 u. 221) aus der Zeit um 1768, der als Projektierung anzusehen ist, aber vielleicht diese gerade neu angelegten, aktuellen Parterres in ihrem tatsächlichen Aussehen miteinbezog. Verglichen mit den hier dargestellten Mustern der höheren Terrassenbeete erscheinen diese Kompartimente in einer noch vergleichsweise altmodischen Gestaltung, vor allem durch die immer noch vorherrschende Quadratform, allerdings schon mit eingezogenen Ecken wie Voss sie schon im Alten Garten 1744 (Abb. 220) gezeichnet hatte. Die Parterres sind in vier innere, von Buchsbaum umgebene Rasenbeete mit eingearbeiteter Muschel oder Palmette unterteilt und durch Wege sowohl voneinander als auch von der umgebenden Rabatte getrennt. Die Mitte schmücken in Buchs oder mit Blumen gepflanzte Spiegelmonogramme mit darüber liegender Krone. Das Motiv der Rasenmuschel findet sich in Schleswig-Holstein nur in den schlichten Parterres a l'Angloise auf dem prächtigen, undatierten Ascheberger Gartenplan.[2172] Wie auf dem Gottorfer Projektplan zu sehen ist, zierten Taxuspyramiden die Rabatten. Neben diesen Formbäumchen erwähnt das 1769 anlässlich des Dienstantritts des neuen Garteninspektors Hans Nikolai Dölner verfasste Inventar die Bepflanzung der Rabatten auf dieser Terrasse „mit Tulpen, Narcissen und einigen andern Stauden Gewächsen".[2173] Wenn man die Aussagen des Inventars mit der Annahme kombiniert, das der Projektplan auf der zweiten Terrasse die von Voss 1767 angelegten Parterres wiedergibt, dann kann man von einer stilistischen Weiterentwicklung der Parterreformen von der Zeit Clasens zu Voss sprechen, der hier nun tatsächlich Parterres à l'Angloise wie in den gängigen Gartenlehrbüchern mit Blumenrabatten gestaltete. Allerdings spricht die Tatsache, dass David Christopher Voss die von Clasen entfernten Hecken um

Abb. 221 Parterres der 1. bis 4. Terrasse, Ausschnitt aus dem Projektplan zur Renovierung des Neuen Werkes, entstanden zwischen 1766 und 1772, BQ: HMDH, Projektplan Neuwerk unter Christian VII.

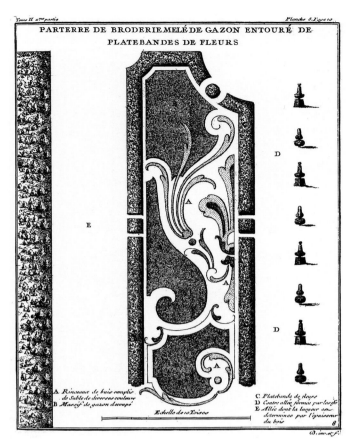

Abb. 222 „Parterre de broderie melé de gazon entouré de platebandes des fleurs", Parterre-Entwurf von Jacques-François Blondel aus „De la distribution des maisons de plaisance...", Bd. 2, Paris 1738, S. 10, Tafel 8, Universitätsbibliothek Heidelberg

Abb. 223 „Parterre de broderie melé de gazon", Parterre-Entwurf von Jacques-François Blondel aus „De la distribution des maisons de plaisance...", Bd. 2, Paris 1738, S. 10, Tafel 10, Universitätsbibliothek Heidelberg

die Zierbeete wieder erneuerte, nicht für eine modernere Gestaltung der Terrassen in dieser Zeit.

Dass der große Plan nicht ausgeführt wurde, bezeugt die Beschreibung der Terrassen im Inventar von 1769, wo ihr tatsächlicher Zustand am Ende der dritten Phase dargestellt ist:[2174]

Die erste Terrasse mit ihren zwei als Küchenland genutzten Kompartimenten und zwei Bosketten hatte sich nicht verändert, so dass hier noch Thurahs Darstellung (Abb. 217) gilt. Die erst zwei Jahre alten Parterres auf der zweiten Terrasse, die oben beschrieben sind, waren noch in gutem Zustand. Die von Voss angelegten Parterres der dritten Terrasse zeigten Muster aus „Franschen Laub von Graß Soden, mit Sand chattirt", worunter man sich ein Rankenmuster wie bei Broderien vorstellen muss, aber statt des Buchsbaums aus Grassoden gepflanzt, von Blumenrabatten umrahmt. Bei der Beschreibung der Parterres auf der vierten Terrasse muss dem Inventarisator ein Fehler unterlaufen sein, weil hier eine Monogramm-Kombination genannt wird, die es nie gegeben hat.[2175] Fest steht, dass Voss diese Felder wohl in seinen Anfangsjahren angelegt hat und sie ähnlich wie die der dritten Terrasse ausgesehen haben werden, wobei sie auf beiden Terrassen nun erneuerungsbedürftig waren. Die vier Jahre alten und mit Monogrammen aus Buchsbaum ausgestatteten, rot und weiß in den dänischen Landesfarben „chattirt" und von Blumenrabatten wie auf der zweiten Terrasse umgebenen Parterres auf der fünften Stufe brauchten ebenfalls schon wieder eine Instandsetzung.

Da wir keine Bildquellen besitzen, die die von Voss in den 1750er und 1760er Jahren angelegten Parterres visualisieren, muss man wohl – um sie sich vorstellen zu können – davon ausgehen, dass auch er sich sicherlich am nun vorherrschenden modernen Zeitgeschmack des Rokokogartens orientierte, dessen neue Ideen bekannt waren durch das im 18. Jahrhundert weit verbreitete, 1737/38 in Paris erschienene Architekturbuch des Jacques-Francois Blondel „De la distribution des maisons de plaisance etc.". Nach den Mitteilungen aus den Quellen sind vielleicht Musterbeispiele wie das „Parterre de broderie melé de gazon entouré de platebandes des fleurs" (Abb. 222) oder das „Grand parterre de broderie melé de gazon" (Abb. 223) als Vorlagen für Rasenparterres auf den Neuwerkterrassen zu denken mit der Einschränkung, eine quadratische Form auszufüllen und in die Mitte Initialen einzufügen. Voss und Clasen hatten mit demselben Problem zu kämpfen, dass sie nicht frei waren in der Gestaltung neuer Beete, sondern den Garten in seiner Grundform nicht verändern durften, aber dennoch einem repräsentativen und modernen Anspruch genügen mussten.

Die Terrassenanlage schmückten laut Inventar von 1769 nach wie vor einige Tannen zwischen den Parterres, nun befanden sich aber auf der zweiten und fünften Terrasse in jedem Kompartiment noch 12 beschnittene Taxuspyramiden, auf der dritten elf und auf der vierten Terrasse je 21. Dazu kamen im Mittelgang noch 82 Eibenpyramiden und fünf zur Kugel geschnittene Taxus. Zusammen mit den oberhalb jedes Anbergs noch vorhandenen figurativ geformten Hecken setzte diese große Anzahl an Formbäumchen starke vertikale Akzente auf den Terrassen. 1758, 1764 und 1767 wurden die Bleidelphine oberhalb der zweiten und dritten Kaskade und Teile der Bleifiguren von der vierten und fünften Terrasse gestohlen.[2176] Die von Clasen erneuerten Böschungen hatte Voss in der Gestaltung nicht verändert, nur auf zwei Anbergen, wahrscheinlich den obersten, Erdbeeren gepflanzt. Der frühere Feigengarten an der westlichen obersten Böschung war nun zu Küchenland umfunktioniert worden. Die Boskettpflanzungen „um den sogenannten Kegel Platz" waren 1769 noch vorhanden. Wie das Gelände rund um die Amalienburg zu diesem Zeitpunkt gestaltet war, ist nicht bekannt.

Die vierte Phase dauerte von 1770 bis zum Amtsantritt des Garteninspektors Hansen 1832. Aus dieser ca. sechzigjährigen Periode gibt es keine Nachrichten über das Aussehen und die Entwicklung der Parterreflächen und nur wenige, aber einschneidende zu den Wasserkünsten und mittleren Treppenanlagen. Nach Reparaturen noch 1758 und 1763[2177] beschloss die Rentekammer 1769 den Abbau der Bassins und Kaskaden.[2178] 1770 entfernte Hans Nicolai Dölner die Sandsteineinfassungen der Bassins und ersetzte die Becken durch Rasen, deren Form als „blinde Bassins"[2179] erhalten blieb. Das bedeutete, dass der Garteninspektor die Fontänenvorrichtungen vor Ort entfernte, nicht aber die Wasserleitungen aus Blei und Ziegelsteinen auf den Terrassen. Auch die Kaskaden zwischen den Treppen wurden abgebaut, mit Erde aufgefüllt und mit Rasen belegt. Noch im selben Jahr wurden die „steinern Borduren und übrigen Grotten werken" und 1773 die „dazu gehörigen bleyerne Röhren" öffentlich verkauft.[2180] 1774 fand zum Abschluss der Aktion noch eine Instandsetzung der Mitteltreppen statt, und der Mauermeister Gottfried Genthe erhielt laut Vertrag 1805 bis 1825 die Aufgabe, diese Sandsteintreppen weiterhin zu unterhalten.[2181]

In der fünften Phase vollzog sich mit dem Dienstantritt des Garteninspektors Ernst Friedrich Hansen im Sommer 1832 wieder eine Veränderung der Terrassen, die bis zu diesem Zeitpunkt so verwildert waren, dass sie von jungen Waldbäumen und Sträuchern überwuchert zu werden drohten. Außerdem waren die Wege verunkrautet, die Hecken seit Jahren nicht beschnitten und die Drainagen verstopft. Am Ende des Jahres legte er einen Zustandsbericht und Katalog der nötigen Maßnahmen vor, um den Garten wieder instand zu setzen. Demnach wurden die Boskette der ersten Terrasse als „der sogenannte Irrgarten" bezeichnet, dessen Hecken und Bäume er zu roden beabsichtigte, genauso wie die verwilderten Parterres der anderen Stufen sowie die darauf wachsenden alten Tannen und Taxus. Die „unten auf jedem Parterre befindlichen [wo, ist nicht klar], seit vielen Jahren freÿ aufgewachsenen Buxbaum=Hecken" wollte er „ihrer Größe, ihres Alters und ihrer eigenthümlichen Schönheit wegen" in der Höhe kappen und beschneiden. Auch die mit großen Waldbäumen mittlerweile bewachsenen seitlichen Böschungen westlich und östlich der Terrassen sollten gerodet und die „Schnörkeleÿen von alten Laubholz=Hecken" auf der sechsten Terrasse westlich des ehemaligen Amalienburg-Standortes entfernt und das Gebiet zu einer Baumschule umgenutzt werden.[2182] Mit großem Elan hatte Hansen schon im Oktober 1832 angefangen mit dem Abräumen der Terrassen von Unkraut, mit dem Roden der Hecken und Bäume und dem Legen der neuen Drainagen.[2183] Er berichtet 1841, dass er diesen Bereich nun wieder zum Gemüsebau und zur Obstbaumzucht nutzen könne.[2184] 1835 fand eine grundlegende Reparatur der mittleren Sandsteintreppen auf den Terrassen durch den Bild- und Steinhauer J. Schmädl statt, wobei statt der zwei die ehemaligen Kaskaden flankierenden Treppen nun nur eine Treppe in der Mitte neu, aber aus den alten noch gebrauchsfähigen Materialien aufgesetzt wurde mit kleinen Absätzen nach jeweils 5 Ruthen. Gleichzeitig rodete Hansen die zu den alten Treppen parallel stehenden alten Buchsbaumhecken.[2185]

2.11. Die Skulpturen und anderen Mobilien

In diesem Unterkapitel wird die Entwicklung der skulpturalen Ausstattung auf den Terrassen (Globusgarten nicht mit eingerechnet) und auf dem obersten Plateau im Bereich der Amalienburg und der Orangerie nach 1713 behandelt, was durch die lücken- und fehlerhafte Quellenlage und die vagen Mutmaßungen und Zuordnungen in der Literatur nicht weniger undurchsichtig ist als in der herzoglichen Zeit. Schriftliche Quellen dafür finden sich hauptsächlich in den Inventaren und Reparaturanschlägen des 18. Jahrhunderts.[2186] Außerdem finden hier einige andere Mobilien aus dem Garten Erwähnung.

Die ersten Nachrichten nach 1713 dokumentieren eine extreme Dezimierung des ursprünglich 180 Werke (150 Kaiserbüsten und 30 andere Figuren) umfassenden Bestandes an Bildwerken auf den Terrassen auf nur noch 10 Kaiserbüsten und 25 brauchbare Statuen im Jahr 1726.[2187] Deshalb setzte Johann Hinrich Peucker Ende 1726 „zu Regulirung der fast gäntzl: weg gestohlen oder auch sonst ruinirten Bilder und Statuen" einen Kostenvoranschlag auf, der die Reparatur der alten Stein- und Bleifiguren und die Neuanfertigung von sieben großen und sechs kleinen Holzstatuen beinhaltete.[2188] Es ist nicht bekannt, wer 1728/29 die neuen Skulpturen schuf.[2189] Entgegen dem Kostenvoranschlag erhöhte der zu diesem Zeitpunkt zuständige Nachfolger Peuckers, Jörgen Themsen, die Anzahl der großen neuen Skulpturen auf 10, vermutlich, um eine einheitliche Gestaltung der Terrassenmittelachse wiederherstellen zu können.[2190] Die ur-

	Synopse der Skulpturen auf den Terrassen			
Quellen	**1709** LASH 7/6826, pag. 613-626	**1740** LASH 24/158, Nr. 45 u. 47; LASH 66/9282, Nr. 82	**1754** LASH 66/9319, Nr. 75	**1769/70** LASH 66/9351, Nr. 16; LASH 66/9352, Nr. 106; RAK TyRtk C 84, Kostenanschlag v. 19.8.1769 u. Nr. 4 d. Inventarkonvoluts unter Rosenberg v. 31.7.1770
	Terrassenanlage 1709	**Terrassenanlage 1740**	**Terrassenanlage 1754**	**Terrassenanlage 1769/70**
Oberhalb Treppe	Statue Holz P: Stein	Statue Holz P: Stein	Eintracht Holz P: Stein H: 12 Fuß	Merkur Holz	Eintracht mit Mühle Holz	Merkur Holz H: 7,5 Fuß	Zerbrochen Holz P: Stein	Zerbrochen Holz P: Stein
Treppe	Kind	Kind						
5. Terrasse								
Oberhalb Treppe	Venus u. kleiner Cupido, lebensgroß Holz	Cupido m. Rüstung, lebensgroß Holz	Minerva Holz P: Stein H: 12 Fuß	Ganymed Holz P: Stein H: 12 Fuß	Minerva Holz H: 7,5 Fuß	Ganymed mit Adler Holz H: 7,5 Fuß	Minerva Holz P: Stein	Leda Holz, P: Stein
Treppe	Kind	Kind						
4. Terrasse	Statue a. Steinplatte	Statue a. Steinplatte						
Oberhalb Treppe	Herkules, „gantz groß" Holz P: Stein	Flora „gantz groß" Holz P: Stein	Amphitrite Holz P: Stein H: 11 Fuß	Neptun Holz P: Stein H: 11 Fuß	Amphitrite mit Delfin Holz	Neptun Holz H: 7,5 Fuß	Amphitrite Holz P: Stein	Neptun Holz P: Stein
Treppe	Kind	Kind						
3. Terrasse	Statue ohne P							
Oberhalb Treppe	Cleopatra mit Schlange, lebensgroß Blei P: Stein	Jupiter lebensgroß Holz P: Stein	Juno Holz P: Stein H: 11 Fuß	Herkules Holz P: Stein H: 11 Fuß	Leda mit Schwan Holz H: 7,5 Fuß	Herkules Holz H: 7,5 Fuß	Juno Holz P: Stein	Herkules Holz P: Stein
Treppe	Kind Blei	Kind Blei						
2. Terrasse	Reste einer Skulptur	Reste einer Skulptur						
Oberhalb Treppe	Nackte Statue Blei P: Stein	Nackte Statue Blei P: Stein	Apoll Holz P: Stein H: 11 Fuß	Mars Holz P: Stein H: 11 Fuß			Venus mit dem Kind Stein H: 11 Fuß	Frühling Stein H: 11 Fuß
Treppe	Kind Blei	Kind Blei						
1. Terrasse	Flora mit dem Cornu Copiae Stein	Statue Stein	Sommer mit Cornu Copiae Stein H: 10 Fuß	Herbst Stein H: 11 Fuß		Herbst Stein	Sommer Stein P: Stein, 3 Paar Hermenpfeiler mit Bögen Stein H: 10 Fuß	Herbst Stein P: Stein, 3 Paar Hermenpfeiler mit Bögen Stein H: 10 Fuß

Abb. 224 Alle Skulpturen samt Postamenten besaßen einen weißen Ölfarbenanstrich. Kommentar: 1769 waren von den namentlich benannten Statuen nur noch sechs in situ, die anderen vier waren umgefallen und in der Orangerie gelagert. P = Postament, H = Höhe

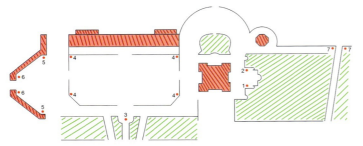

Abb. 225 Angaben zu den Bildwerken auf der obersten Terrasse und an der Pforte in der Königsallee 1740, Höhenangaben (H:) immer mit Postament (P:), Standorte ungefähr (nach LASH 24/158, Nr. 45, Zeichnung Autorin)
1 Flora, Stein, H: 11 Fuß
2 Venus, Stein, H: 11 Fuß
3 Apoll mit Hund, Stein, auf dem Postament Instrumente ausgehauen, H: 10 Fuß
4 Vier Kinderskulpturen der Jahreszeiten, Holz, P: Holz, H: 6 Fuß
5 Griechische Venus und andere Statue, Blei, P: Stein, H: 9,5 Fuß
6 Kinderfiguren, Blei, P: Stein, H: 6 Fuß
7 Kinderfiguren, Holz, P: Holz, H: 8 Fuß

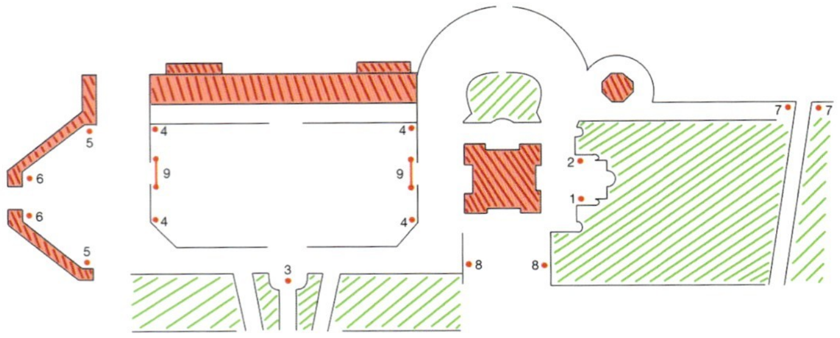

Abb. 226 Angaben zu den Bildwerken auf der obersten Terrasse und an der Pforte in der Königsallee 1769/70, Höhenangaben (H:) immer mit Postament (P:), Standorte ungefähr (nach LASH 66/9352, Nr. 106; RAK TyRtk C 84, Kostenanschlag v. 19.8.1769 u. Nr. 4 d. Inventarkonvoluts unter Rosenberg v. 31.7.1770, Zeichnung: Autorin)
1 Große Holzstatue, P: Stein (verkauft)
2 Große Holzstatue, P: Stein (verkauft)
3 Apoll mit Hund und Instrumenten, Stein, P: Stein, H: 11 Fuß
4 Fünf kleine Holzstatuen, P: Holz (schon zu Clasens Zeiten verrottet)
5 Zwei große Bleistatuen, P: Stein (1766 verkauft)
6 Zwei kleine Bleistatuen, P: Stein (nicht mehr vorhanden, eine Statue ohne Postament wurde zu Clasens Zeit gestohlen)
7 Zwei kleine Holzstatuen, P: Holz (schon zu Clasens Zeiten verrottet)
8 Große Löwen, Stein (verkauft)
9 Hermenpfeilerpaare mit Bögen, Sandstein, aus dem Alten Garten

sprünglichen, lebensgroßen Holzfiguren sind bis dahin anscheinend völlig verfallen gewesen und entfernt worden. Die neuen Skulpturen wurden dann an den alten Standorten auf den alten Postamenten an den oberen Böschungskanten aufgestellt, wie Lönborgs Vogelschau von 1732 (Abb. 34) grob dokumentiert.²¹⁹¹ Allerdings zeigt diese einzige Bildquelle der nachherzoglichen Zeit zum Skulpturenbestand auf den Terrassen mit der dargestellten Statuenallee auch nur einen Teil der zu diesem Zeitpunkt im Garten befindlichen Figuren. Die noch übrigen, alten Bildwerke von den Terrassen wie die Kinderskulpturen aus Blei, die lebensgroßen Bleistatuen und die Steinskulpturen auf den Parterres sind vermutlich bei der Aufstellung der zehn neuen Statuen zunächst in Verwahrung genommen und später auf das oberste Plateau versetzt worden, wo vor 1713 keine Skulpturen standen außer einigen Kaiserbüsten.²¹⁹²

Um die Entwicklung der auf den Terrassen und dem obersten Plateau aufgestellten Skulpturen und ihrer Standorte im 18. Jahrhundert übersichtlicher zu gestalten, wurden sowohl eine Synopse der Skulpturen auf den Terrassen für die Jahre 1709, 1740, 1754 und 1769/70 als auch zwei Skizzen der obersten Terrasse für die Jahre 1740 und 1769/70 erstellt auf Grundlage der dort angegebenen Quellen (Abb. 224–226).

Die Themen der zehn neuen Holzstatuen werden erstmals 1739 anlässlich einer Grundinstandsetzung aller Skulpturen und Postamente durch den Fontänenmeister Freudenreich und den Maler Sielens, der bei allen Skulpturen im Garten die weiße Ölfarbenfassung erneuerte, aktenkundig: Oberhalb der ersten Böschung befanden sich Apoll und Mars, oberhalb der zweiten Juno und Herkules, oberhalb der dritten Amphitrite und Neptun, oberhalb der vierten Minerva und Ganymed, und oberhalb der fünften Böschung standen Eintracht und Merkur.²¹⁹³ Bei der Gegenüberstellung mit dem Bestand von 1709, soweit bekannt (Abb. 224), handelte es sich bei der 1728/29 getroffenen Auswahl nicht um eine Rekonstruktion der Figuren aus herzoglicher Zeit, sondern um eine inhaltlich neue Zusammen- und Aufstellung. Hier erfahren wir auch zum ersten Mal die Höhe der Figuren (H) mit Postament (P) von 11 Fuß (3,16 m) bzw. 12 Fuß (3,45 m), die aber in etwa der früheren Skulpturen, die als lebensgroß geschildert werden, entsprochen haben dürfte.

Bei der nächsten Renovierung durch Freudenreich 1754 waren nur noch acht der zehn Holzstatuen vorhanden, Apoll und Mars der ersten Böschung fehlten.²¹⁹⁴ 1754 sind alle diese Skulpturen abweichend von 1740 mit einer Höhe von nur 7½ Fuß (2,15 m) angegeben. Vielleicht sind 1754 die Postamente nicht mitgemessen worden wie 1740 und 1769/70, als Johann Gottfried Rosenberg die noch vorhandenen Skulpturen als irreparabel einstufte.²¹⁹⁵ Danach werden die erst 26 Jahre alten Holzstatuen von 1728/29 nicht mehr erwähnt.

1740 sind für die nördlichen Kompartimente der ersten Terrasse zwei Steinskulpturen registriert, die den "Sommer" mit „Cornu Copiae" (Füllhorn) und den „Herbst" darstellten. Im Vergleich mit 1709 (Abb. 224) scheinen sie die einzigen Statuen zu sein, die aus herzoglicher Zeit noch auf den Terrassen vorhanden waren. Bei der Reparatur 1754 wird der Sommer nicht erwähnt, vielleicht weil die Statue nicht bearbeitet werden musste, aber 1769/70 sind sie beide noch präsent. Danach verliert sich ihre Spur in den Quellen und sie tauchen auch nicht unter den verkauften Skulpturen auf. Möglicherweise sind der Sandstein-

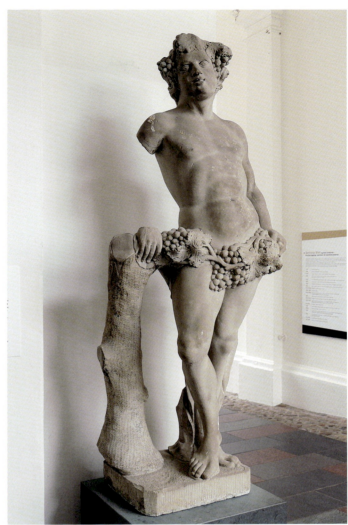

Abb. 227 und 228 Flora und Bacchus, Sandsteinskulpturen einer Jahreszeitengruppe, wohl 18. Jahrhundert, SSHL, Inv.-Nr. 1986-1667 und 1986-1668

torso einer Herbst-Skulptur (Abb. 76) und das Fragment einer weiblichen Figur mit der Inventar-Nr. 1959/1343 mit diesen Statuen zu identifizieren.[2196] Die Zuordnung der beiden zusammengehörenden, ins 18. Jahrhundert datierten Jahreszeitenfiguren „Flora" und „Bacchus" (Abb. 227 u. 228), die sich heute in der Gottorfer Sammlung befinden, zu den beiden Skulpturen auf der ersten Terrasse und insgesamt zum Neuwerkgarten ist dagegen sowohl zeitlich als auch quellenmäßig fraglich.[2197] Es können nicht diese Figuren sein, die auf der ersten Terrasse gestanden haben, weil die Flora kein Füllhorn bei sich hat wie in den Quellen ausdrücklich beschrieben ist. Außer diesen großen gab es nur Jahreszeitendarstellungen in Form von Kinderfiguren im Neuen Werk. Es sind weder Quellenbelege überliefert zum Ankauf oder zur Anfertigung neuer Steinskulpturen im 18. Jahrhundert für die Terrassen noch zum Verkauf der fraglichen Skulpturen. Leider ist die Provenienz dieser Figuren nicht ausreichend geklärt.[2198]

Die Identifizierung, Herkunft und Verbleib der 1740 und 1769/70 auf der obersten Terrasse dokumentierten Skulpturen (Abb. 225 u. 226) erweist sich durch Ungereimtheiten und Lücken in den Quellen in vielen Fällen als unklar:

Zwei große Steinfiguren finden sich 1740 als Nr. 1 und 2 bei der Amalienburg, bezeichnet als Flora und Venus, beide 11 Fuß hoch. Sie müssen eigentlich zu den Skulpturen aus herzoglicher Zeit gehören, wofür auch ihre Höhe spricht, sind aber der Aufstellung von 1709 nicht eindeutig zuzuordnen, höchstens den ungenauen Angaben für die zweite und vierte Terrasse. Sie tauchen 1769/70 wieder oberhalb der ersten Böschung auf als Ersatz für die zwei Holzstatuen des Apoll und Mars, die 1756 verkauft worden waren. 1769/70 wird fälschlicherweise angegeben, dass diese verkauften Holzfiguren bei der Amalienburg als Nr. 1 und 2 gestanden haben.

Die als Nr. 3 verzeichnete Apoll-Statue aus Stein mit Hund und auf dem Postament gestalteten Instrumenten ist am ehesten zu identifizieren mit dem „Jüngling" des Lebensalterzyklus von Zacharias Hübener aus dem Globusgarten. Im Inventar von 1709 heißt es nämlich zu dieser Skulptur: „In das ander Feldt stehet ein Jüngling mit einer Laute und hinter Ihm ein Hund mit einem bleyern röhr, daß postement hat allerhand Musicalische und Martialische Instrumenta [...]."[2199] Handelt es sich doch vielleicht um die von Jan Drees als Apoll betitelte und ins 17. Jahrhundert datierte Skulptur, die noch erhalten ist (Abb. 69)?[2200] Die Größenangaben von 1740 und 1769/70 sprechen mit 10 Fuß (2,87 m) bzw. 11 Fuß (3,16 m) dagegen, denn die erhaltene Figur ist mit 1,53 m deutlich kleiner, selbst wenn man noch ein Postament einrechnen würde. Die möglicherweise erst später abgeflachte Rückenpartie, wo vielleicht früher ein Hund platziert gewesen sein könnte, spricht aber dafür. Trotzdem erscheint diese Skulptur immer noch weiblich und ihre Provenienz bleibt ebenfalls unklar.

Die vier Jahreszeiten-Kinderfiguren aus Holz auf dem Orangenplatz (Nr. 4) und die zwei kleinen Holzstatuen bei der Pforte in der Königsallee (Nr. 7) scheinen die sechs neuen kleinen, von Jörgen Themsen beauftragten Holzskulpturen zu sein, die nach ihrer Anfertigung 1728/29 wohl sofort an diesen Orten aufgestellt wurden. Wie 1769/70 mitgeteilt wird, waren sie schon zur Zeit des Garteninspektors Clasen, der bis 1749 in Dienst stand, verrottet.

1740 gab es nur noch zwei große Bleistatuen im Garten (Nr. 5), eine davon als griechische Venus bezeichnet. Sie sind vielleicht zu identifizieren mit den beiden 1709 als „Nackte Statuen" dokumentierten Bleifiguren oberhalb der ersten Böschung, die zusammen mit den anderen Skulpturenresten bei der Aufstellung der neuen Holzskulpturen auf die oberste Terrasse versetzt wurden. Am 13.5.1766 wurden die beiden Bleistatuen verkauft.[2201]

Bei den beiden Kinderfiguren aus Blei (Nr. 6) handelt es sich wohl um Reste der in herzoglicher Zeit an den Terrassentreppen platzierten zehn Kinderstatuen. 1769/70 sind sie nicht mehr vorhanden, eine davon war schon vor 1749 gestohlen worden.

Die weiß gefassten Löwen aus Sandstein vor der Amalienburg, die als Nr. 8 auf der Skizze von 1769/70 verzeichnet sind, gehörten sicherlich zu den Teilen der skulpturalen Ausstattung des Alten Gartens, die 1748 beim Verkauf des Geländes ins Neue Werk gebracht wurden. Sie tauchen erst 1750 in den Quellen auf[2202] und werden 1769 als verkauft gemeldet.[2203] 1635 hatte der Bildhauer Zacharias Hübener zehn Löwen angefertigt für den Alten Garten, die als Tischstützen dienten und gleichzeitig Wappenschilde hielten. Die dazugehörigen Tischplatten waren schon 1708 im Alten Garten separat gelagert worden.[2204] Es ist nicht bekannt, ob sich einer der Löwen erhalten hat.

Als weitere Skulpturen aus dem Alten Garten wurden 16 Hermenpfeiler und acht Schwibbögen aus Sandstein im Neuwerkgarten 1748 an zwei Orten von dem Maurermeister Lorenz Henningsen wieder aufgestellt und von dem Maler Koes weiß angestrichen:[2205] Zwei Hermenpfeilerpaare mit Torbögen auf dem Orangerieplatz (Nr. 9 auf der Skizze für 1769/70) und weitere sechs Pfeilerpaare mit Bögen als Schmuck der Eingänge zu den nördlichen Parterres der ersten Terrasse.[2206] Die letzten Verträge zur Instandhaltung der Sandsteinbögen und übrigen Statuen wurden 1805 und 1815 auf jeweils zehn Jahre mit dem Maurermeister Genthe geschlossen.[2207] Vor 1831 sind die letzten Reste der Hermenpfeiler und der fünf noch existierenden, beschädigten Steinskulpturen abgeräumt worden: die Apollostatue bei der Orangerie und die vier Skulpturen im unteren Terrassenbereich (in der Synopse für die Zeit 1769/70 noch verzeichnet).[2208] 1903 konstatiert Robert Schmidt, dass der Statuenschmuck längst aus dem Garten verschwunden sei.[2209] Auf dem Gelände des Neuen Werkes konnten 1959 zwei der Hermenpfeiler geborgen werden (Abb. 229), die Paarmann in seiner Dissertation ausführlich beschreibt, einordnet und identifiziert als Werke des Bildhauers Maximilian Steffens.[2210] Mehrere Kapitell-Fragmente von Hermenpfeilern wurden außerdem 2004 bei den Ausgrabungen ent-

Abb. 229 Zwei Hermenpfeiler, grauer Sandstein, Höhe 1,70 m, 1959 im Neuwerkgarten gefunden, SSHL Inv. Nr. 1959/1327 und 1959/1328

deckt (Abb. 230).²²¹¹ Ein weiterer Fund im Gartengelände, ein Sandsteinrelief, das den „Kopf eines sterbenden Kriegers" darstellt (Abb. 231), wird von Schlee in die zweite Hälfte des 17. Jahrhunderts datiert und stammt vielleicht ebenfalls aus dem Alten Garten. Bei der Beschreibung des dortigen Herkulesbrunnens, von dem keine Bildquellen existieren, erwähnt Paarmann „Ornamentmasken".²²¹² Eine Zuordnung zu den Skulpturen des Neuen Werkes ist jedenfalls nicht möglich. Anders sieht es bei zwei fragmentierten, sandsteinernen Köpfen einer weiblichen und männlichen Skulptur (Abb. 232) aus, ebenfalls Grabungsfunde, bei denen eine Zugehörigkeit zu den ehemaligen Statuen des Neuwerkgartens vorstellbar ist, aber bisher noch keine Identifizierung möglich war.²²¹³

Von der großen Zahl an Kaiserbüsten aus Blei ist keine mehr erhalten. Bis 1736 waren noch zehn eingelagert, die aber nach und nach gestohlen wurden. 1750 waren noch sechs übrig.²²¹⁴ Das ist gleichzeitig ihre letzte Erwähnung in den Quellen überhaupt.

Mit den fünf großen Blumentöpfen aus Blei, die in der herzoglichen Zeit oberhalb der Kaskaden platziert waren, verhält es sich ähnlich. 1750 waren noch alle in der Orangerie vorhanden, aber nur noch drei in brauchbarem Zustand, die aber sechs Jahre später als gestohlen registriert wurden.²²¹⁵

Auf den Terrassen gab es im 18. Jahrhundert noch zwei besondere Ausstattungsstücke, die erstmals um 1730 in den Quellen genannt werden: ein gläserner Bienenstock und ein Windglockenspiel oder „Äolsharfe", wie Heinrich Philippsen sie titulierte.²²¹⁶ Der Chronist Ulrich Petersen (1656–1735) berichtet, dass der Bienenstock auf der Westseite der vierten Terrasse stand und die Form eines bleiverglasten kleinen Turmes hatte, der auf einem weiß angestrichenen Holzfuß ruhte. Als Zierde war oben auf dem Turm eine Krone mit dem Spruch „Finis coronat opus" angebracht. Während die Bienen schon im ersten Winter aufgrund der Kälte starben, blieb ihr Haus zumindest bis 1738 stehen, 1750 war es aber nicht mehr vorhanden.²²¹⁷

Die Windharfe war auch ein relativ fragiler Gegenstand, der sich auf der obersten Terrasse südlich der Amalienburg in der Hauptgartenachse befand. Auf einem großen, dreistufigen Postament aus Holzbrettern ruhte eine „Durchsichtige Pyramide" aus „dünnen hölzernen Stangen", an denen 40 Glasglocken hingen, „daran der wind die mit mittelmäßigen Federn bestockte Knebel bewegt und eine von XL. differenten Stimmen sanfft klingende Musique erreget".²²¹⁸ 1738 stand die Windharfe noch, aber die hier genannten 36 Glocken waren „nicht mehr im Stande". Insgesamt muss sie in sehr schlechtem Zustand gewesen sein, denn Baumeister Müller machte 1745 den Vorschlag, sie neu zu errich-

Abb. 230 Fragment eines Hermensäulenkapitells, Sandstein, 2004 im Neuwerkgarten ausgegraben, SSHL, Inv. Nr. SH 2004-368.1

Abb. 231 Kopf eines sterbenden Kriegers, Sandsteinrelief, Höhe 51 cm, SSHL Inv. Nr. 1959/1357

Abb. 232 Männlicher Kopf einer Statue mit Schnurrbart und Eichenlaub im Haar, Sandstein, 2004 bei Ausgrabungen im Neuwerk gefunden, SSHL, Inv. Nr. SH 2004-368.2

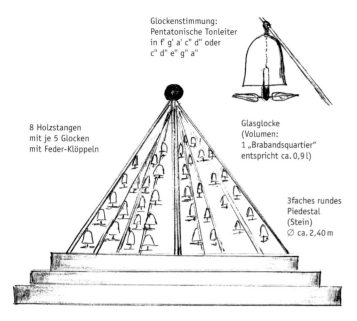

Abb. 233 Windglockenspiel aus dem 18. Jahrhundert im Neuen Werk, Rekonstruktion von Cornelius Kellner, Skizze v. U. Kellner, 2012

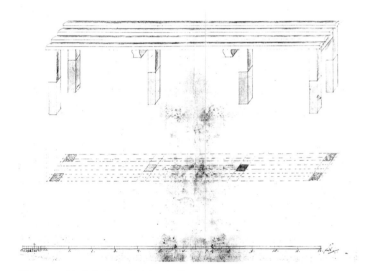

Abb. 234 Modell einer Holzbank für das Neue Werk, Entwurfszeichnung des Baumeisters v. Motz, 1790, BQ: LASH, von Motz II

ten, wobei bei den Maßen, die er angibt, nicht klar ist, ob sie willkürlich sind oder im Sinne eines Nachbaus mit den Originalmaßen übereinstimmen: 3 Fuß (0,86m) im Quadrat für das Postament und 12 Fuß (3,45 m) Höhe für die Pyramide, alles weiß angestrichen. Vorgesehen waren aber nur 24 Glasglocken. Da die Aktion nicht ausgeführt wurde, verfiel das Glockenspiel weiter, sodass 1750 nur noch die vermoderte Pyramide ohne Postament und Glocken existierte, die 1756 unter den verkauften Gegenständen erscheint.[2219] Cornelius Kellner zeigt eine Rekonstruktionsskizze (Abb. 233), deren Maße nicht quellenmäßig gesichert

sind. Nach Müllers Angaben müsste der Fuß quadratisch sein und ganz andere Proportionen (mehr hoch als breit) aufweisen.

Im 18. Jahrhundert sind außerdem drei Sonnenuhren im Neuen Werk nachgewiesen: Zwei, deren genaues Aussehen nicht bekannt ist, standen 1738 bei der Amalienburg und eine weitere aus Marmor auf einem Holzpostament bei der roten Pforte in der Königsallee. Von letzterer wird 1750 gemeldet, dass sie gestohlen wurde, die zwei anderen stehen auf der Verkaufsliste von 1756.[2220]

Aus der herzoglichen Zeit sind keine Nachrichten über Gartenmobiliar überliefert. Erstmals erfahren wir aus einem undatierten Inventar von etwa 1730, dass es im Neuen Werk 17 freistehende Bänke „von feiner Tischler Arbeit", acht Steintische und drei „fein ausgearbeitete" Holztische gab, die vielleicht noch aus der Zeit vor 1713 stammten.[2221] 1730 wurden zwölf eiserne Bänke aus dem Garten abgeliefert, um für neue „Waßer Cummen" auf dem Schlossboden wohl eingeschmolzen zu werden.[2222] Das Inventar von 1738 verzeichnet noch beim Orangenplatz und der Amalienburg je einen Steintisch, außerdem zwei „ausgeschnitzte und weiß angestrichene hölzerne Bäncke", bei der Kegelbahn drei Steintische und drei Holzbänke, dazu auf der neu angelegten Schanze einen Steintisch auf Holzfuß, umgeben von einer aus fünf Teilen bestehenden, geschnitzten Holzbank und außerdem sechs Holzbänke. Alle Holzteile waren weiß angestrichen. 1750 war davon schon Einiges abgängig. Zwei Steintische beim Orangenplatz und der Kegelbahn und von dort auch drei Holzbänke wurden 1756 verkauft.[2223] Um diesem Niedergang entgegenzuwirken, ließ Baumeister Rosenberg 1765 insgesamt 26 neue, weiß angestrichene Gartenbänke aus 10–12 Fuß (2,87–3,45m) langen Föhrenbrettern auf Eichenpfählen anfertigen, die 2 Fuß (0,57m) tief in die Erde gesetzt wurden.[2224] Sie scheinen viel schlichter gewesen zu sein als das um 1730 erwähnte Mobiliar. 1790 veranlasste Baumeister von Motz die Reparatur alter Tische und Bänke sowie die Neuanfertigung von etwa 17 neuen Bänken (Abb. 234) für folgende von ihm genannte Orte, an denen vorher auch schon Sitzplätze gewesen waren: bei der Amalienburg, in der Wildnis beim Ausgang zum Tiergarten, gegenüber der Gärtnerwohnung (hier ist wohl der Bereich der Schanze gemeint), in einer Laube bei der Gärtnerwohnung und in der Allee. Zwölf der neuen Bänke sollten explizit mit „pailler Oelfarbe" (strohgelb) angestrichen werden. Alle Tische und Bänke waren wie schon bei Rosenberg auf in die Erde eingegrabenen Pfählen fest montiert.[2225] 1822 gab es 36 Gartenbänke im Garten, von denen 24 neu angefertigt und zwölf repariert worden waren.[2226] Die letzten Nachrichten zu diesem Thema stammen von 1836 und 1840, als noch einmal insgesamt mehr als zehn Bänke neu gemacht, vier repariert und alle in Steinfarbe angestrichen wurden.[2227] Wo die Bänke zu diesem Zeitpunkt gestanden haben, bleibt unklar.

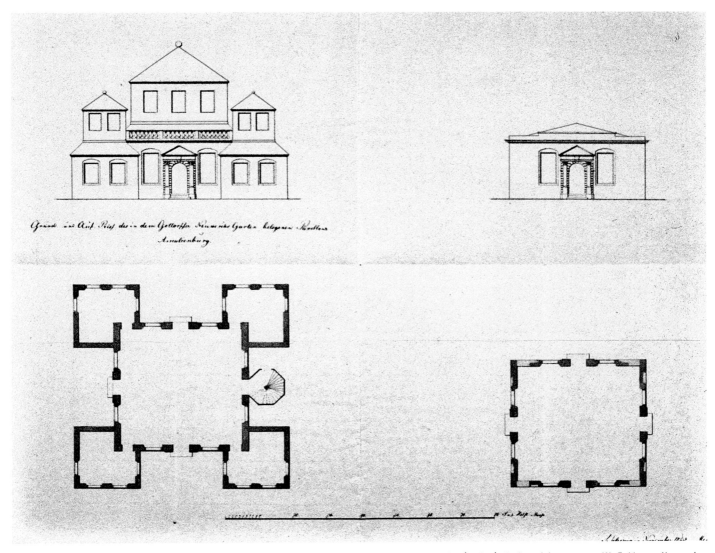

Abb. 235 Grund- und Aufriss der Amalienburg (links) und Entwurf eines reduzierten Gebäudes (rechts), Federzeichnung von W. F. Meyer, November 1823, BQ: RAK, Meyer II

2.12. Die Amalienburg

Die Tatsache, dass die Amalienburg (Abb. 78 u. 79) schon in den 43 Jahren der herzoglichen Regierung häufig Reparaturen unterzogen werden musste, änderte sich auch nach 1713 nicht. Nun wurde das Gebäude aber in seiner Ansicht und Innenausstattung sukzessive leicht verändert. 1717 begann es mit einer Dachreparatur und der Neuanfertigung der acht Türen in den oberen Kabinetten.[2228] Eine größere Dach- und Fensterinstandsetzung folgte 1722, und der Laufgang der Galerie erhielt einen neuen Bretterboden. Die Mauern des Untergeschosses wurden ausgebessert und „nach Ihro Königl: Maÿtt: allergnädigste ordonnance und Befehl außwendig mit Roht und Weißer Öhl=farbe angestrichen und verziehret".[2229] Damit ließ der König die ursprünglich sehr außergewöhnliche rot-gelbe Mauerwerksgestaltung durch eine eher gängige und sicherlich nicht so aufwändig ausgeführte Bemalung in den dänischen Landesfarben ersetzen. Unter Johann Hinrich Peucker fand 1727 die Restaurierung der Goldledertapeten und sämtlicher Malereien in den Kabinetten statt. Da letztere sich schon 1709 in einem sehr schadhaften Zustand befanden, erhielten sie wohl im Zuge dieser Instandsetzung eine neue Gestaltung oder zumindest eine Ergänzung mit dem Monogramm des derzeitigen dänischen Königs, Friedrich IV. (1699–1730), denn Friedrich Wilhelm von Koch beschreibt die Deckenmalereien 1772 als Darstellung der vier Jahreszeiten mit dem „Namen-Zug" Friedrichs IV.[2230] Dazu plante Jörgen Themsen für 1728 noch einen neuen Anstrich der jeweiligen Innenseite aller acht Türen im Untergeschoss in Anpassung an die alte Bemalung und die Neulegung der Fliesenböden in den unteren Eckzimmern.[2231] Fünf 1738 gestohlene Fallrohre aus Metall wurden durch solche aus Holz ersetzt.[2232] Ein Jahr später mussten die Holzkuppel des Saales und die Wendeltreppe durch eine Reparatur vor dem drohenden Einsturz bewahrt werden.[2233] An der 1742 stattfindenden Nutzung des Lusthauses als Tischler- und

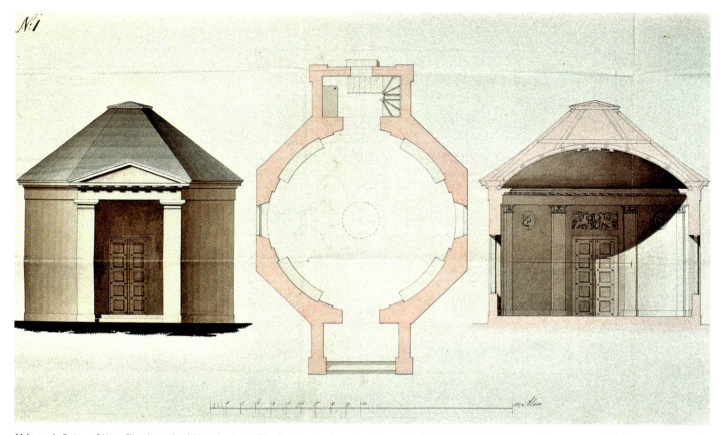

Abb. 236 Entwurf Nr. 1 für einen Pavillon als Ersatz für die Amalienburg im Neuen Werk, farbig lavierte Federzeichnung von C. F. Hansen, 1825, BQ: RAK, C. F. Hansen I

Malerwerkstatt bei der Reparatur der Glashausfenster ist ersichtlich, dass es keine adäquate Verwendung mehr gab.[2234]

Schon 1748 befand sich das Gebäude offenbar wieder in einem so desolaten Zustand, dass Baumeister Müller im Februar von einer „Einsenckung" berichtete, die „von der schlechten Beschaffenheit der hölzernen Verbindung" herrühre. Die Kosten zur Wiederherstellung des Lusthauses schätzte er auf 3000 Rthlr, wobei aber unsicher sei, ob damit eine dauerhafte Reparatur bewerkstelligt werden könne, da ohne Öffnung des Gewölbes innen und außen kein zuverlässiger Kostenvoranschlag zu machen sei. Die Entscheidung wurde vertagt bis zur Ankunft des Königs.[2235] Die Rentekammer genehmigte schließlich im Juli eine Instandsetzung der Amalienburg für nur 334 Rthlr 32 ß nach einem Anschlag des Garteninspektors Clasen, der dann auch als Unternehmer auftrat.[2236] Während der Arbeiten traten weitere eklatante Mängel zutage, wie Müller es vorausgesehen hatte. Diese Hauptreparatur beinhaltete im Wesentlichen eine Grundreparatur des Mauerwerks einschließlich der Ersetzung ganzer Mauerpartien durch Maurermeister Lorentz Henning und den Austausch der acht Balken der mittleren Kuppel und aller 36 Stichbalken der Schrägung unter der Galerie sowie die komplette Neuzimmerung der Obergeschoss-Südwand des Mittelbaus durch Zimmermeister Clauß Reimer. Weiter musste der Tischler Hestorff neben vielen Ausbesserungen die Schrägung im Saal neu verkleiden, den Laufboden und das Dockengeländer der Galerie erneuern, die Treppe und die oberen Kabinette neu bekleiden und in letzteren außerdem die abgesackten Fußböden wieder stabilisieren sowie drei neue Fenster in die neugezimmerte Südwand des Saalobergeschosses einsetzen. Das intakte Dach wurde wegen der darunter zu machenden Arbeiten abgenommen, später mit Rollblei wieder abgedichtet und wie vorher mit Schiefer eingedeckt. Der Maler Friedrich Wilhelm Koes erhielt den Auftrag, das gesamte Gebäude mit einem neuen Außenanstrich in roter Ölfarbe zu versehen. Die Ecken sollten weiß gestrichen und „mit brauner Farbe als Quadrat Steinen" wie Quader abgesetzt werden. Das Treppengehäuse wurde ebenfalls rot, die Fenster, Portale und Gesimse weiß gemalt. Die Knöpfe auf den fünf Dachspitzen wurden „weis mit gelb geschlungener Nahmens" angestrichen.[2237] Innen besserte Koes die zum Teil „gäntzlich verrotteten" Gemälde an den Wänden und Decken in den vier unteren Kabinetten mit 42 Ellen und unter der Kuppel im Saal mit 10 Ellen Leinwand aus, ergänzte die Malerei (in den Kabinetten mit Groteskenmalerei) und überzog das gesamte Innere des Gebäudes mit einem Glanzfirnis. Im Saal mussten die Bilder dazu abgenommen werden. Bei der späteren Montierung passten die Rahmen nicht mehr zusammen, weshalb sie auseinandergenommen und neu verschraubt wurden.[2238] Der Sattler Berend Hestorff nahm die Goldledertapeten im Saal ab, besserte sie aus und schlug sie wieder an. Weil die

Gemälde in der Kuppel auf Drängen Clasens im Winter renoviert wurden, als das Dach noch gar nicht dicht war, verursachte eindringendes Regenwasser erneut Schaden. Dass diese Hauptreparatur keine dauerhafte Besserung brachte, zeigt Müllers Kommentar 1750, in dem er davon berichtet, dass die Stellen in den Kabinetten, die nicht bearbeitet worden waren, genau wie das gesamte Goldleder im Saal trotz der Restaurierung so mürbe seien, dass man sie nicht berühren dürfe. Deshalb wies er Koes an, noch einmal 13 Ellen Leinwand an den schlimmsten Stellen in den vier Eckzimmern auszutauschen. Clasen selbst hatte 1748 noch die vor den Portalen befindlichen Treppen, außer an der Ostseite, durch Böschungen aus Erdreich mit „4 charpirten Appareilles" ersetzt, worunter man sich wohl eine Art Rasenböschung vorstellen muss[2239] wie der Projektplan aus der königlichen Handbibliothek als einzige Bildquelle andeutet (Abb. 179).

Dass es keine Verwendung mehr für die Amalienburg gab, zeigt auch die Tatsache, dass 1756 die noch brauchbaren Reste des Mobiliars verkauft wurden.[2240] Umso erstaunlicher ist es, dass immer wieder Versuche gemacht wurden, das Gebäude zu erhalten. So verfügte der König in seiner Resolution vom 3.6.1768, das Lusthaus nicht abzureißen, sondern gründlich instand zu setzen unter der Regie des Baumeisters Rosenberg.[2241] Die Arbeiten begannen 1770 und waren erst 1775 abgeschlossen.[2242] Das Gebäude erhielt nun neue Fenster, im Untergeschoss mit Verglasung in Kitt, im Obergeschoss aber wie vorher in Blei.[2243] Vier neue Außentüren wurden angefertigt nach einem Entwurf von Rosenberg, der sich aber nicht erhalten hat. Der Treppenturm bekam eine neue Bekleidung mit neuen Fenstern. Die vier oberen Kabinette erhielten neue Türen in etwas einfacherer Form.[2244] Es erfolgte ein neuer Außenanstrich des Hauses in etwa wie vorher, nur mit gelben Eckquadern.[2245] Ein gewisser Aufwand zeigte sich auch jetzt noch darin, dass die Ornamente der Portale farblich abgesetzt und zum Teil mit Vergoldung versehen wurden. Im Innern ersetzte Rosenberg sämtliche Fliesenfußböden im Untergeschoss komplett durch Kiefernbretter. Das Goldleder im Saal und die Leinwandtapeten in den vier Eckräumen wurden endgültig abgenommen und stattdessen ein grau gestrichenes Holzpaneel angebracht, das mit Rahmen und Füllung gearbeitet war und sich über die gesamte Wandhöhe erstreckte. Allerdings ist auch von „Spiegelwänden" die Rede, die sich offenbar zwischen und neben den Fenstern der Südseite befanden.[2246] Dass Rosenberg Wert auf Qualität legte, wird dadurch deutlich, dass er für die Restaurierung der Ovens-Gemälde im Saal und der Deckengemälde in den vier unteren Kabinetten den zu dieser Zeit in Hamburg tätigen Kunstmaler Johann Jacob Tischbein (1725–1791) verpflichtete, der im Juni 1771 die Arbeiten ausführte. Tischbein nahm die Gemälde der Wände herunter und aus den Rahmen, klebte sie auf neue, stabile Leinwand, reinigte sie, retuschierte die schadhaften Stellen und montierte sie dann zum Teil in neuen Rahmen. Ebenso verfuhr er mit den vor Ort bleibenden Malereien in der Kuppel und an den Decken der Kabi-

Abb. 237 Entwurf Nr. 2 für einen Gartenpavillon als Ersatz für die Amalienburg, lavierte Federzeichnung von C. F. Hansen, 1825, BQ: RAK, C. F. Hansen II

nette. Sämtliche Bildwerke wurden dann noch mit einem Firnis, der nicht verdunkelt, „sondern vielmehr die Farben erhebet", überzogen.[2247]

Nach kleineren Reparaturen wurden 1788 die Kupferrinnen und das Mauerwerk instandgesetzt, das dann zum ersten Mal statt eines Ölfarben- einen Kalkanstrich erhielt, bestehend aus „Seegeberger und ungelöschten Kalck, so auf Art einer Steinfarbe röthlich gemischt"[2248] war. Die Fenster bekamen einen neuen weißen und die Türen einen roten Anstrich. Diese Fassung ist diejenige, die uns durch Stelzners Gouache von 1818 überliefert ist (Abb. 78). Auch die Gemälde mussten wieder bearbeitet werden. Dazu wurde mit dem Glaser Dubel vertraglich vereinbart, die zum Teil abgelösten Gemälde unter der Kuppel und an den Wänden bis herunter zum Paneel zu reinigen.[2249]

Außer einer Reparatur der Fensterscheiben 1820 waren die Maßnahmen aus dem Jahr 1788 die letzten Instandhaltungsmaßnahmen der Amalienburg überhaupt noch.[2250] 1816 betrieb der Gastwirt Morell für einen Sommer eine Wirtschaft im Lusthaus.[2251] Bauinspektor Kreiser meldete 1822, dass eine normale Reparatur der Amalienburg bei dem verfallenen Zustand unmöglich sei. Deshalb schlug er den Abriss vor.[2252] Über das weitere Schicksal der Amalienburg mitsamt der etwa vier Jahre dauernden Meinungsbildung zu Alternativentwürfen und dem schließlich ersatzlos verfügten Abbruch des Gebäudes verfasste Michael Paarmann 1984 einen ausführlichen Aufsatz. Es folgt hier eine kürzere Zusammenfassung auf der Grundlage der dazugehörigen Quellen: Der Gastwirt Lymkilde bemühte sich am 1.8.1823 mit einer Eingabe an den König noch einmal – letztlich vergebens – um die Genehmigung, in der Amalienburg, die er auf eigene Kosten renovieren lassen wollte, ein Lokal betreiben zu dürfen.[2253] Um eine Entscheidung herbeizuführen, was mit dem vom Einsturz bedrohten Gebäude geschehen solle, übertrug der König während seines Aufenthalts auf Gottorf am 30. August 1823 der Rentekammer die Aufgabe, die weiteren Möglichkeiten wie Umbau, Neubau oder kompletter Abriss zu prüfen und befahl, die Gemälde sofort zu entfernen und nach einer Reparatur in die Kunstkammer zu bringen.[2254] Aber erst im Oktober ließ Bauinspektor Wilhelm Friedrich Meyer ein Gerüst bauen, um die Bilder abnehmen und den Bau gleichzeitig über Winter abstützen zu können. Dann veranlasste er den Abtransport der Gemälde in den „alten Rittersaal", um sie im Frühjahr nach Kopenhagen zu transportieren[2255], was aber anscheinend nicht geschah. Stattdessen, so überliefert es August Sach, wurden „die übrigen nebst Inventar am 1. November 1853 in öffentlicher Auktion verkauft" und gelangten dann nach Frankfurt und Kopenhagen.[2256] Was mit den von Jürgen Ovens gemalten Bildern aus dem Saal der Amalienburg, die nachweislich viermal restauriert und retuschiert worden waren, wodurch die Malerei nach Jürgensens Aussage[2257] sehr gelitten hatte, genau geschehen ist, lässt sich heute nicht mehr nachvollziehen. Drees stellt fest, dass sie nach 1853 verschollen sind bis auf das Gemälde „Minervas Besuch bei Apoll und den Musen auf dem Helikon", das wohl in den 1980er Jahren in Privatbesitz nachweisbar war.[2258]

Anfang November vermaß Meyer die Amalienburg noch einmal genau, zeichnete einen Grund- und Aufriss (Abb. 79 u. 80) und lieferte auf der rechten Seite desselben Blattes eine bildliche Umsetzung der von der Rentekammer geäußerten Idee (Abb. 235 rechts), das Obergeschoss und die vier Pavillons des Gebäudes abzureißen, die Mauern zu reparieren und den verbleibenden Mittelsaal mit einem recht flachen Dach zu versehen.[2259] Das Ergebnis missfiel Meyer so sehr, dass er diese außerdem unwirtschaftliche Lösung als eine „Verunstaltung" des Gartens bezeichnete und zu einem Neubau unter Hinzuziehung des Oberbaudirektors Christian Frederik Hansen riet.[2260] Ein halbes Jahr später erließ der König am 20.7.1824 als Reaktion auf ein Gesuch des Kammerdieners M. M. Eichel den Befehl, diesem das Lusthaus als Wohnung auf Lebenszeit zu überlassen.[2261] Über die näheren Verhandlungen, warum daraus nichts wurde, geben die Quellen keine Auskunft.

Nachdem C. F. Hansen sich endlich im Frühjahr 1825 vor Ort ein Bild von der Situation hatte machen können, plädierte auch er für einen Abbruch und reichte zwei Alternativ-Entwürfe für einen kleineren Neubau ein (Abb. 236 u. 237), für die Meyer Kostenvoranschläge unter Berücksichtigung des noch brauchbaren Materials des alten Gebäudes ausarbeiten sollte.[2262] Vom Aussehen besaßen die Entwürfe einen unterschiedlichen Charakter, indem Nr. 1 (Abb. 236) ein außen achteckiger, innen runder Zentralbau mit zwei kleinen Annexen darstellte und Nr. 2 (Abb. 237) einen rechteckigen Grundriss aufwies. Dagegen basierte die Aufteilung nach Hansens beigefügter Kurzbeschreibung auf einem ähnlichen Nutzungsprinzip: In beiden achsensymmetrisch angelegten Entwürfen war nur ein Zimmer vorgesehen, das von Westen und Osten durch je ein Fenster Licht erhielt und sehr schlicht nur mit Bänken ausgestattet war. Davor befand sich jeweils nach Süden der Haupteingang in Form einer kleinen offenen Vorhalle, und nach Norden schloss sich ein kleiner Wirtschaftsraum mit einem weiteren Ausgang, ausgestattet mit einem Feuerherd, an. Dadurch ergab sich die Möglichkeit einer kulinarischen Versorgung, die für die alte Amalienburg von jeher nur im Tiergarten existiert hatte und schon seit vielen Jahrzehnten weggefallen war. Über den Zweck der jeweils eingezeichneten Treppe erfahren wir nichts, und da in den Anschlägen keine Keller erwähnt werden, muss davon ausgegangen werden, dass sie als Zugänge zu den Dachböden dienen sollten. Im Gegensatz zum zweiten Entwurf präsentierte Hansen auf der ersten Zeichnung (Abb. 236) neben Fassadenansicht und Grundriss auch einen Querschnitt des Gebäudes, der zeigt, dass der runde Innenraum kuppelartig überwölbt, mit Opaion versehen und durch acht Pilaster mit darüber liegendem Gebälk untergliedert war. Von der Fassade ausgehend, erscheint der erste rotundenartige Pavillon schlichter als der zweite Bau, weil die einzigen äußeren Schmuckelemente aus den mit Dreiecksgiebeln bekrönten Portiken in den Annexbauten bestehen, während die Ansicht des zweiten Entwurfs mit der dreiachsigen Rundbogen-Tempelfront aufgelockerter und reicher wirkt. Erst im Januar 1826 reichte Meyer die dazugehörigen Kostenvoranschläge ein, die weitere Kenntnis vermitteln über Bauweise und Materialien.[2263] Demnach sollten beide Gebäude vollständig verputzt werden und schmückende Bauteile wie Kapitelle außen aus Sandstein und innen die Ornamente und Decken aus Gips gestaltet werden. An Kosten errechnete Meyer für den ersten Entwurf 2123 Rthlr und mit 2027 Rthlr etwas weniger für die zweite Lösung. Meyer teilte auch mit, dass Hansen den achteckigen Pavillon wegen der besseren Wirkung an diesem Standort und seinem größeren Platzangebot favorisiere. Den Plänen lassen sich die Maße der beiden Bauten, umgerechnet nach dem angegebenen Maßstab in Alen[2264] entnehmen mit 10,9 Alen (6,3 m) Breite,

Abb. 238 Landhaus für Anton Friedrich Gebauer in Othmarschen, etwa 1806 erbaut, Zeichnung von C. F. Hansen, Tusche laviert, 215 × 425 mm, KBK, Danmarks Kunstbibliotek, Samlingen, Arkitekturtegninger, Inv. Nr. 1674

16,5 Alen (10,5 m) Länge und 11,8 Alen (6,8 m) Höhe für den achteckigen Bau und 9,2 Alen (5,2 m) Breite, 12,8 Alen (7,4 m) Länge und 8,5 Alen (4,9 m) für das rechteckige Gebäude.

C. F. Hansens Entwürfe für den Neuwerkgarten zeigen zwei interessante Bautypen, die in einer langen Tradition stehen. In dem Zentralbau (Entwurf 1, Abb. 236), den Hansen ausdrücklich empfahl, kreierte er erneut eine Variante des berühmten römischen Pantheons (118/119–125/128 n. Chr.). Nachdem er sich auf seiner Italienreise 1783/84 intensiv in Form von Zeichnungen und Aufmaß mit dem einzigen vollständig erhaltenen antiken Bauwerk auseinandergesetzt hatte, traten in seinen späteren Werken immer wieder Anleihen daran auf, am deutlichsten im 1806 über rundem Grundriss gebauten Landhaus für Anton Friedrich Gebauer im heutigen Hamburger Stadtteil Othmarschen (Abb. 238) und der Schlosskirche in Kopenhagen von 1811.[2265] Neben der eigenen Anschauung des römischen Originals, das ihn wohl sehr beeindruckt hatte, war der bis 1804 in Holstein und danach in Kopenhagen tätige Architekt sicher auch informiert über die mit dem frühen englischen Landschaftsgarten populär gewordenen palladianischen Staffagebauten, die wie das „Pantheon" in Chiswick (1719) und das ebenso genannte 1754 errichtete Gebäude in Stourhead das antike Monument zitierten und in die profane Baukunst transferierten.[2266] Mit der Verbreitung über England hinaus entstanden auch in Deutschland ähnliche Bauten wie der 1778/80 erbaute „Tempel der Botanik" in Schwetzingen (Abb. 239) und das Wörlitzer „Pantheon" (1796/98), sodass dieser Bautyp gerade für Gartenarchitekturen nicht ungewöhnlich war.[2267] Hansen greift mit seinem ersten Gottorfer Entwurf mit dem fast fensterlosen Zentralbau, wenn auch achteckig statt rund, mit vorgelagertem Portikus außen und deutlicher mit der inneren, durch Pilaster gegliederten und mit einer flachen Kuppel mit Opaion gedeckten Rotunde klar auf die Grundelemente des römischen Pantheons zurück, die er aber gekonnt variiert und reduziert. Mit diesem Bautyp und gerade durch die fensterlose Ansicht erreicht Hansen eine erhabene,

Abb. 239 „Tempel der Botanik" im Schwetzinger Schlosspark, 1778/80 gebaut von Nicolas de Pigage, Aufnahme 2020

monumentale Wirkung, die zusammen mit der Axialität des Gebäudes dem Standort als Point de vue einer barocken Terrassenanlage in einem königlichen Garten in würdiger Weise fast mit Denkmalcharakter Rechnung trägt.

Dem zweiten von Hansen entworfenen Gottorfer Gartengebäude (Abb. 237) liegt mit dem rechteckigen Grundriss, der tempelartigen Front und dem Satteldach eher der Bautypus eines Säulentempels zugrunde, den Hansen hier aber stark abwandelt. Für die Gestaltung einer ganzen Fassade verwendete der Oberbaudirektor das Motiv der Tempelfront nur in leicht variierter Form beim Landhaus Blacker[2268], sonst aber sehr häufig als Portikus. Der Aufriss des Tempio del Dio Redicolo in Rom (Abb. 240), den er 1783 während seiner Italienreise gezeichnet hatte, zeigt in der Beschränkung auf nur vier Stützen in Form von Pilastern eine gewisse Parallele zum Gottorfer Entwurf, der sowohl vom Grundriss als auch der Fassadengestaltung insgesamt auch Ähnlichkeit zu den weit verbreiteten tempelartigen Staffagebauten in Landschaftsgärten aufweist. Die meisten dieser Gebäude folgen demselben Schema, bestehend aus einer von einem Dreiecksgiebel bekrönten Säulenfront als offener Vorhalle vor einem rechteckigen Bau, wie einige der bekanntesten in Stourhead/Wiltshire (Floratempel, 1745), Wörlitz (Floratempel, 1796/98, Abb. 209), das Römische Haus in Weimar ((1792–98) oder auch unbekanntere in Schleswig-Holstein wie der in der ersten Hälfte des 19. Jahrhunderts entstandene Seetempel beim Gut Panker in Ostholstein

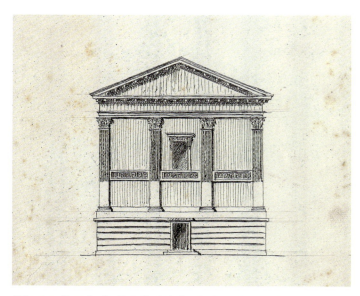

Abb. 240 Fassade des Tempio del Dio Redicolo in Rom, Reiseskizze von C. F. Hansen, 1783, KBK, Danmarks Kunstbibliotek, Samlingen, Arkitekturtegninger, Inv. Nr. 1746, Kat. Nr. 490

zeigen.[2269] Und auch Christian Cay Lorenz Hirschfeld (1742–1792) empfahl in seiner 1779–1785 erschienenen „Theorie der Gartenkunst" unter anderem genau diese Form als Gartenarchitektur.[2270] Dagegen weicht Hansen von diesem Modell ab, indem er einen Antentempel mit Arkadenfront auf vier Pfeilern schafft. Das Arkadenmotiv findet sich ansonsten eher selten in Hansens Werk, nämlich als Teil von Fassaden bei Stadthäusern seiner Hamburger Auftraggeber Willink, Jarvis und Georg Friedrich Baur an der Palmaille in Altona.[2271] Zwei Gartengebäude kommen am ehesten als Vergleich oder Vorbild in Frage, weil sie mit Dreiecksgiebel und geschlossenen Seitenwänden wesentliche Elemente von Hansens Entwurf aufweisen und damit einen ähnlichen Gesamteindruck abgeben, aber dennoch in der Fassadengestaltung andere Lösungen zeigen: Einerseits der „Englische Sitz" im Wörlitzer Landschaftsgarten (Abb. 241), 1765 von Friedrich Wilhelm von Erdmannsdorff (1736–1800) als erstes klassizistisches Gebäude in Deutschland errichtet, das zwar keine Arkaden, aber einen Rundbogen im Kontext eines Palladiomotivs zeigt. Zum andern der heute nicht mehr existente Marienpavillon im Düsternbrooker Gehölz in Kiel (Abb. 242), 1807 gebaut von Hansens Architektenkollegen Axel Bundsen (1768–1832) mit seiner recht geschlossenen Fassadengestaltung. Mit beiden Gottorfer Entwürfen bewegt sich Christian Frederik Hansen also insgesamt in der Tradition der tempelartigen Staffagearchitekturen des Landschaftsgartens, die er aber jeweils sehr individuell variiert und damit einzigartig macht, wobei der zweite, kleinere Bau nicht die monumentale Wirkung des ersten erreicht, den er selbst für diesen Ort vorschlug.

Am 18.5.1826 fiel mit der Königlichen Resolution die Entscheidung, die Amalienburg zum Abbruch zu verkaufen und auf die Errichtung eines Ersatzbaues zu verzichten. Stattdessen wurde verfügt, den „ledig werdenden Platz mit einer passenden hübschen Anlage" zu bepflanzen.[2272] Nach der Bekanntgabe im Schleswiger Wochenblatt hatte kurz zuvor am 29.4. eine erste Lizitation zum Verkauf stattgefunden, die allerdings nicht die vorgestellte Summe erzielte. Bei einer zweiten Versteigerung erhielt Maurermeister Jacobsen aus Schleswig für 320 Rthlr den Zuschlag. Nach der Approbation am 5.8. erfolgte der Abriss, bei dem auch die Fundamente ausgegraben, aber die dabei gefundenen alten gemauerten Wasserleitungen, die vermutlich zur

Abb. 241 Der „Englische Sitz" im Wörlitzer Garten, 1765 gebaut von F. W. von Erdmannsdorff, Aufnahme 2020

Abb. 242 Marienpavillon von Axel Bundsen (1807) im Düsternbrooker Gehölz in Kiel, Kupferstich von C. D. Voigts, 1810, LB, Inv. Nr. Kiel VII f 6

Wasserachse der Terrassenanlage gehörten, liegen gelassen und der Platz planiert wurde. Bis Juni 1827 entfernte Jacobsen die letzten Materialien der Amalienburg.[2273] Die vom König verfügte spätere Bepflanzung des Ortes ist nicht aktenkundig.

2.13. Die Orangerie

Die ab 1690 gebaute Orangerie (Abb. 98 und 99) blieb nur 80 Jahre stehen und wurde bis zu ihrem Abriss im Winter 1769/70 kaum verändert.[2274] Wie auch bei den anderen Gartengebäuden ist hier eine gewisse Vernachlässigung in den politisch schwierigen Jahren bis 1721 bei ihrer Instandhaltung zu verzeichnen. 1717 und in den Folgejahren entstanden durch insgesamt vier Stürme wiederholt Schäden an Dach und Schornsteinen, die erst 1720/21 einigermaßen wiederhergestellt wurden.[2275] Da die Orangerie an der Südseite und den Schmalseiten nach Westen und Osten mit geteerten Holzschindeln und nach Norden mit Pfannen gedeckt war, bleibt die mehrmalige Erwähnung von Schieferdach in den Quellen von 1723 bis 1739 rätselhaft. Es ist nicht nachzuvollziehen, welcher Teil des Daches mit Schiefer gedeckt gewesen sein soll, zumal in denselben Jahren, in denen von Schieferdach die Rede ist, auch gleichzeitig die beiden anderen Bedachungsarten genannt sind. Es ist höchstens denkbar, dass ein Teil des Schindeldaches durch Schieferdach, das ja denselben Unterbau erfordert und in etwa die gleiche Farbigkeit zeigt, ersetzt wurde.[2276] Der neuangetretene Bauinspektor Peucker verzeichnete im Inventar von 1727 zwei Reihen Gemälde in der Orangerie, deren Inhalt nicht genannt wird. Diese 1734 nicht mehr vorhandenen Bilder waren einer der vielen Streitpunkte in der Auseinandersetzung um die Übergabe des Gartens an den neuen Garteninspektor Clasen.[2277] Im Rahmen seines Bauprojektes für die Jahre 1727 und 1728 stellte Johann Hinrich Peucker auch für dieses Gebäude einen Katalog von Reparaturmaßnahmen über insgesamt 556 Rthlr 37 ß auf.[2278] Danach sollten alle Dächer samt der Regenrinne repariert und die Bänke vor der Südseite des Gebäudes neu aufgemauert und wieder mit Bohlen belegt werden. Die dazwischen platzierten Wasserbehälter sollten ebenfalls erneuert werden. Dazu kamen zwei neue Luken und die Verglasung von 49 Fenstern. Nach der Reparatur der Außenmauern sollte der gesamte Bau einschließlich des mit Brettern verkleideten Turmes, der Gauben, der Fenster und Türen einen Anstrich erhalten. Im Innern war geplant, die „Gips Decken", die „marmorirten Seiten Wände", „die beschädigte Mahlereÿ an diesen Wänden und das a la Fresco an den Gips Decken" instand zu setzen.[2279] Aber 1728 wurden lediglich 12 Rthlr verbaut und ein Jahr später nur das Pfannendach und die Fenster repariert.[2280] Der Anstrich des Gebäudes wurde 1730 erneut für ein Jahr ausgesetzt wegen der Spalierbäume (Aprikosen und Pfirsiche) an der Südmauer. Stattdessen plante Jörgen Themsen Reparaturen an Fenstern, Dach, einem abgefallenen Stück Stuckdecke und den Öfen.[2281]

Es ist anzunehmen, geht aber nicht klar aus den Quellen hervor, dass diese Planungen und die für 1731 ausgeführt wurden. Hier sah der Bauinspektor u.a. die neuerliche Reparatur des Pfannendaches nach Norden, dieses Mal sogar mit 24 neuen Balken, und des Spandaches nach Süden vor.[2282] Unter Baumeister Müller verpflichtete sich der Töpfer Gabriel Gottfried Fentzken 1736 per Vertrag zur Pflege der Öfen in der Orangerie.[2283] 1737 geschah eine größere Reparatur der Fenster, auch derjenigen in den inneren Scheidewänden, wobei die Rautenbleiverglasung noch beibehalten wurde.[2284] 1739 musste im Zuge der Anbringung eines neuen Hauptgesimses das Dach an der Südseite mit Schindeln und Schiefer im unteren Bereich neu gedeckt werden. Diese Maßnahme zog sich von der ersten Anfrage bei der Kopenhagener Rentekammer (Vorstellung) bis zur Fertigstellung mit Teerung des Spandaches etwa drei Jahre bis zum Sommer 1741 hin.[2285] Als 1740 eines der vier Eckgemälde der Stuckdecke im mittleren Pavillon abgefallen war, wurde leider entschieden, die anderen drei auch abzuschlagen und die entsprechenden Stellen der Decke wieder „gerade" zu putzen, also ohne Verzierungen, womit der erste gravierende Substanzverlust eintrat. Außerdem wurde die ganze Südwand außen repariert samt den gemauerten Bänken, vier neue Regentonnen angefertigt und die Pflasterung aus „gehauenen Feldsteinen" vor dem Gebäude wieder gerade gelegt.[2286] Im Herbst desselben Jahres ließ Garteninspektor Clasen die Fenster noch notdürftig für den Winter reparieren, und der Maurermeister Martin Agazius beseitigte die Frostschäden des vergangenen Winters durch Neueindeckung des Pfannendaches an der Nordseite mit Ersetzung der Latten. Auch das Pfannendach des Treppengehäuses wurde erneuert und die Wände der Gauben und die Schornsteine repariert.[2287] 1744 besserte der Schieferdecker Mörck das Schindeldach mit 2000 Dachspänen aus. Vermutlich aus Sparsamkeitsgründen wurden 12 der 16 Fensteröffnungen der hinteren Anbauten (Abb. 100) zugemauert. Die vier verbleibenden wurden mit altem Blei und Glas instand gesetzt und je fünf Latten zur Stabilisierung davor genagelt. Die Stuckdecken im mittleren und im östlichen großen Saal wurden ebenfalls repariert.[2288] Zwei Jahre später erhielten das Pfannendach und die Schornsteine eine Ausbesserung. Die beiden Gauben, „die allzu flach im Dache sind", wurden „1½ Fuß am Fronton" erhöht, wozu die Dachstühle mit Sparren und Bretterverschalung komplett neu gebaut und mit Schiefersteinen belegt wurden.[2289] Im Herbst 1746 mussten für die Überwinterung der Pflanzen die Stellagen in den äußeren Sälen erneuert und zwei Öfen samt neu gebauten Schornsteinen im hohen Mittelsaal, der eigentlich nicht dafür vorgesehen war, installiert werden, damit dort die hoch gewachsenen Lorbeerbäume stehen konnten. Sechs Fensteröffnungen erhielten innen neue Luken.[2290] Die gemauerten Bänke vor dem Gebäude wurden 1748 offenbar endgültig abgebrochen und neben anderen Arbeiten auch die Stuckdecken in den beiden großen Sälen repariert.[2291] In der sogenannten „Vierkant", dem mittleren Saal, wurden 1749 die Reste der zum Teil herabgefallenen ursprünglichen ornamentalen Stuckatur entfernt und stattdessen eine einfache Gipsdecke eingezogen.[2292] Ebenfalls in diesem Jahr ersetzte der Schieferdecker Matthias Mörck etwa ein Viertel des Schindeldaches der Südseite durch Schieferdeckung, nämlich den Ostwalm und von dort bis an die östliche Gaube. Allerdings kam es aufgrund der schlechten Qualität des verwendeten „nordischen" (norwegischen) Schiefers immer wieder zu Reparaturen, bis er schließlich 1754 durch 60.000 holländische Schiefersteine ausgetauscht wurde.[2293] Mit einer Grundreparatur des Daches an der Nordseite 1755, bei der sogar die Lattung und acht Balken erneuert und die Schornsteine außerhalb des Daches neu aufgemauert wurden, der Renovierung der Südwand des Hauses und 1758 mit der Neudeckung des Pavillondaches mit Schiefer und Anfertigung und Anstrich neuer Fenster und Luken für die gesamte Südfront fand in der zweiten Hälfte der 1750er Jahre noch einmal eine große Instandsetzung der Orangerie statt.[2294] Insgesamt deuten die seit dem Bau des Hauses häufig stattfindenden Reparaturmaßnahmen auf eine unsolide Bausubstanz hin.

1768 begannen die Überlegungen zu Aufgabe und Verkauf der Orangerie.[2295] Und obwohl der Baumeister Gottfried Rosenberg noch einen Kostenvoranschlag zur kompletten Instandsetzung eingereicht hatte, resolvierte die Rentekammer am 31. Januar 1769 den Verkauf.[2296] Noch im gleichen Jahr fand die Versteigerung des Gebäudes statt. Der Glaser Joachim Wilhelm Dubel erhielt am 9. Oktober den Zuschlag für den Abbruch der Orangerie mit der Auflage, hinterher ein neues Plankwerk von 26 Fachen an der Nordgrenze des Gartens zu setzen. Die Pflanzen und Öfen wurden einzeln veräußert.[2297] Die nicht im Verkauf enthaltenen Schiefersteine des Daches nahm der Schieferdecker Primon ab und brachte sie zum Schloss.[2298] Im Inventar der Bauwerke des Neuwerkgartens vom 31.7.1770 ist die Orangerie nicht mehr aufgeführt, nur noch die Pflasterungen vor und seitlich des ehemaligen Hauses mit der Mitteltreppe. Es bleibt unklar, ob das Fundament der Orangerie ebenfalls beseitigt wurde.[2299]

Anders als die Orangerie erfuhr der davorliegende Sommerstellplatz im 18. Jahrhundert noch zwei Umgestaltungen. Zunächst aber blieb er im Wesentlichen unverändert bis auf die mittige Aufstellung einer Sonnenuhr, die der Ingenieur H. Stahlmann angefertigt hatte.[2300] Garteninspektor Bernhard Kempe hatte zwar in einer Projektierung von 1728 (Abb. 100) einen Entwurf zur Neugestaltung vorgestellt, sie aber nicht ausgeführt. Seine Planung zeigt einen wesentlichen Fortschritt gegenüber der bis dahin hauptsächlich verbreiteten Aufstellung der Pflanzen in einfachen Reihen auf einem dreiseitig umschlossenen Platz vor der Orangerie wie es auch im Neuwerkgarten der Fall war (Abb. 101).[2301] Nun plante er ein symmetrisches Gerüst aus Hecken mit abgerundeten Enden im Westen und Osten und einem zentralen Rondell. In den geschwungenen Bereichen zeichnete er Wasserbassins, umgeben von Orangeriepflanzen, während die dazwischen liegenden Flächen weiterhin mit in geraden Reihen aufgestellten Gewächsen besetzt werden sollten. Die Platzierung der Pflanzen

Abb. 243 Ansicht der Orangerie und des Sommerstellplatzes des Schlosses Schönborn in Göllersdorf, Kupferstich v. J. B. Gutwein aus dem Stichwerk von Salomon Kleiner „Gräflich Schönbornsche Schlösser, Häuser, Gärten und Kirchen ...", Blatt 29, Wienbibliothek im Rathaus, 5737-c

sah er nun nicht mehr auf Holzbalken, sondern wohl auf einzelnen Unterlagen vor. An markanten Stellen setzte er Akzente durch Formbäumchen. Kempes Idee tendierte zu einer repräsentativeren, eleganteren Anlage, die aber noch nicht an die schwungvollen Inventionen heranreichte wie sie für die Orangeriegärten des Schönbornschlosses Göllersdorf in Niederösterreich, publiziert durch Salomon Kleiner in den 1720er Jahren (Abb. 243), oder von Gottfried Heinrich Krohne 1747/48 für Schloss Friedenstein in Gotha erdacht wurden, die mit raffinierteren Elementen wie Boulingrins und amphitheatralisch ansteigenden Terrassen spielen, aber tatsächlich wohl nur in vereinfachten Formen ausgeführt wurden.[2302]

Weil Kempes Entwurf nicht zur Ausführung kam, zeigt Müllers Plan aus der Mitte der 1730er Jahre (Abb. 101) noch den alten Zustand mit den aufgereihten und mit neuen Bohlen belegten Gewächsbänken, umgeben von einem 1728 erneuerten Staketenzaun.[2303] 1735 setzte sich der neu angestellte Garteninspektor Clasen für eine Neuanlage des Orangenparterres ein, zu der er eine nicht mehr erhaltene Zeichnung angefertigt hatte. Im Jahr darauf fand tatsächlich eine Umgestaltung statt, die aber anders aussah als Clasen sie in seiner Supplik 1735 beschrieben hatte.[2304] Die Inventare von 1738 und 1750 geben eine recht gute Beschreibung des neuen Sommerstellplatzes, von dem bedauerlicherweise keine Bildquelle erhalten ist: In der Mitte befand sich eine Vertiefung (Boulingrin), die mit Laubwerk aus Gras, rot und schwarz schattiert, geschmückt war, umgeben von einer figurierten Taxushecke. In diesem Bereich standen 30 Taxuspyramiden. Der gesamte Platz war in acht Parterres eingeteilt, von denen die vier mittleren „auf Englische manier von glatten Graß" und die äußeren aus Gras „mit Frantzöschen Laubwerck roth, schwartz chattiret" waren. Auf den mit Buchsbaumhecken eingefassten Rabatten standen die Orangeriegewächse.[2305] Bei der Vertiefung und den inneren Beeten handelte es sich wohl um Muster, die aus Grassoden gebildet und von roten und schwarzen Steinen umgeben waren. Die Gestaltungsweise scheint den von Clasen angelegten Parterres auf den Terrassen geähnelt zu haben.[2306] Eine Einordnung ist aufgrund mangelnder Bildquellen kaum vorzunehmen. Festzustellen ist, dass Clasen das im 18. Jahrhundert beliebte gartenkünstlerische Motiv des Boulingrin in einer ausgefeilten ornamentalen Ausführung einsetzte und dem vorher sehr einfach gestalteten Sommerstellplatz nun einen anspruchsvolleren repräsentativen Charakter verlieh.[2307] 1738 standen zudem noch fünf kleine, weiß angestrichene Holzstatuen auf Holzpostamenten auf dem Orangenplatz.[2308] Statt des umlaufenden Staketenzaunes pflanzte Clasen 1737 noch eine figürlich beschnittene Hainbuchenhecke, die er zum Ende seiner Amtszeit wiederum durch eine als „weit beßer und kostbahrer" angesehene Stechpalmenhecke (Ilex aquifolium) austauschte.[2309] Etwa zu dieser Zeit ließ er auch die zwei Hermenpfeilerpaare mit Sandsteinbögen aus dem Alten Garten am West- und Osteingang zum Orangengarten aufstellen[2310] (Abb. 226) und verpflanzte 16 holländische Linden von der ersten Terrasse hierhin. Wo sie dann genau standen, ist unklar, weil sie im Inventar von 1750 nicht erwähnt werden. 1752 musste der Sommerstellplatz abgeschottet werden gegen Diebstahl und Vandalismus durch Einsetzung von 6 Fuß (1,73 m) hohen, rot angestrichenen Staketenzauntüren „mit zierlichen [weißen] Köpffen" an Pfählen und Staketen an den insgesamt fünf Zugängen im Süden zwischen zwei großen Taxuspyramiden, im Westen und Osten bei den Sandsteinbögen und zwischen der Orangerie und dem Platz.[2311] Im Jahr darauf war „das alte Rickwerck [...], woran die Hoch- und schwachstämmige orange=Bäume gebunden" wurden, so verfallen, dass es durch ein neues ersetzt werden musste. Auch dieses Spalier war wie der Staketenzaun gebaut, aber weiß angestrichen mit blauen Zierköpfen und insgesamt 42 Fach oder 252 Fuß (72,5 m) lang.[2312] Die letzte Quelle zum Orangengarten ist das Inventar von 1769, das die Veränderungen unter dem Garteninspektor Voss mitteilt: die mittlere Vertiefung hatte Voss aus praktischen Gründen mit Erde zugeschüttet, um die Pflanzen besser auf den Platz transportieren zu können. Die mit Pyramiden ausgeschmückte umgebende Hecke blieb dabei erhalten. Clasens Anlage aus acht Parterres wich einer Einteilung in vier als Blumenbeete, ohne Rabatten und Buchsbaum gestaltete Kompartimente. Die Ilex-Hecke, mittlerweile durchwachsen mit anderen Gesträuchen, fungierte noch als äußere Abgrenzung des Orangeriegartens. Obwohl sie zeitlich in die Gestaltungsphase unter Clasen zu rechnen ist, gibt de Thurahs Darstellung von 1749 (Abb. 217) eher das letzte Stadium wieder mit den vier Beeten, die hier aber mit Broderien geziert sind. Außerdem fehlt die Ausgestaltung der Mitte, während die Außenhecke wiederum vorhanden ist. So ist diese Bildquelle zumindest für diesen Bereich als sehr schematisch zu werten. 1770 verlor dieser Ort mit dem Verkauf der exotischen Pflanzen seine Funktion. Weitere Nachrichten sind nicht erhalten.

2.14. Die Aloeglashäuser

Nach den prachtvollen Aloeblüten 1705 brachte der Garteninspektor Bernhard Kempe noch einmal 1713 eine Agave americana zur Blüte, die – soweit bekannt – nicht wie sonst durch Kupferstiche und Gemälde, sondern von König Friedrich IV. von Dänemark auf einer Medaille gewürdigt wurde. Die Vorderseite zeigt ihn selbst mit Allongeperücke, die Rückseite die blühende Pflanze (Abb. 244) mit einer Aufschrift unter dem Pflanzkasten, in der die genaue Anzahl der Zweige und Blüten mitgeteilt ist.[2313]

Abb. 244 Medaille auf die blühende Aloe im Neuwerkgarten 1713 (Rückseite), Vorderseite zeigt König Friedrich IV. von Dänemark, Silbermedaille von 41 cm Durchmesser von Peter Berg, SSHL, Inv. Nr. 1961/274

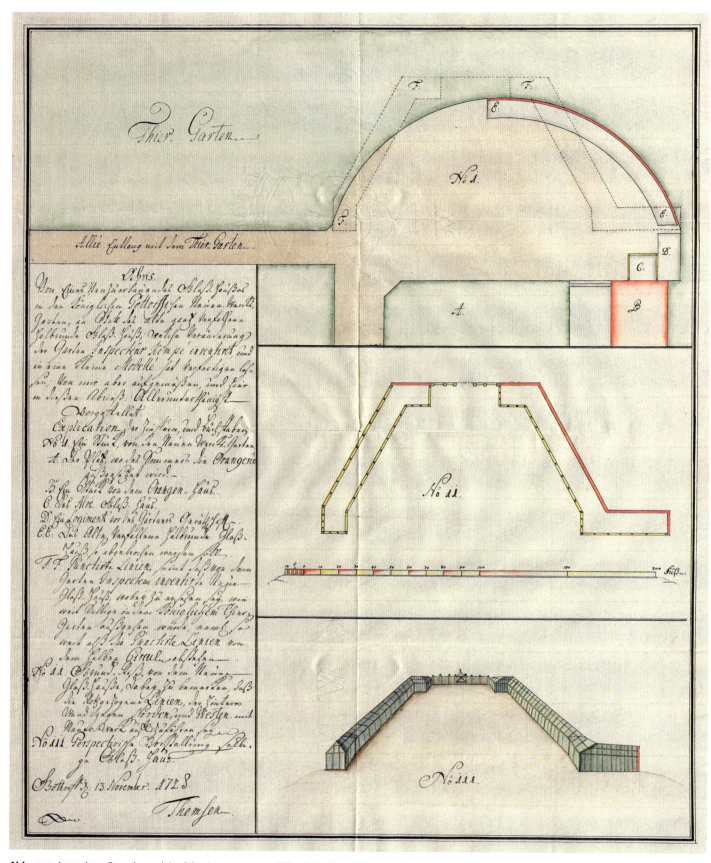

Abb. 245 Lageplan, Grund- und Ansicht des neuen zweiflügeligen Glashauses, lavierte Federzeichnung von Jörgen Themsen, 13.11.1728, BQ: LASH, Themsen II

Diese Pflanze stand noch in dem 1705 an die Südseite der Orangerie angebauten Aloehaus, das Ludwig Weyandt (Abb. 99) bildlich festgehalten hatte. 1717 warf ein Sturm das Gebäude um. Noch im selben Jahr wurde ein Nachfolgebau genehmigt, der größer als der alte war, aber erst 1718 endgültig fertiggestellt werden konnte.[2314] Es sind nur grobe Grundrisse auf größeren Planzeichnungen überliefert, keine Ansicht dieses neuen Agaventreibhauses, das an einem etwas windgeschützteren Platz westlich der Orangerie gebaut wurde. Müller (Abb. 101) und Themsen (Abb. 105) zeigen auf ihren großen Grundriss-Plänen dieselbe Lage wie auf der verlässlichsten Darstellung, der 1728 ebenfalls von Themsen gezeichneten Lageskizze für das geplante neue zweiflügelige Glashaus (Abb. 245): Hier steht das quadratische Aloehaus (C) in einem Winkel, mit der Ostwand an der Orangerie (B) und mit der Nordwand an einem Geräteschuppen (D), in dem die Glashausfenster im Winter aufbewahrt wurden, sodass etwas mehr Stabilität für das hohe, schmale Gebäude gewährleistet war.[2315] Diese Lage bestätigen auch die Quellen vom späteren Abbruch des Gebäudes.[2316]

Das Fundament des neuen Aloehauses bestand aus in Kalk gelegten Mauersteinen.[2317] Darüber erhob sich eine mit weißer und roter Ölfarbe angestrichene Holzkonstruktion in Fachwerkbauweise, zum Teil – vermutlich vor allem im Bereich der Nord- und der Ostwand – mit Ziegeln ausgemauert.[2318] Ulrich Petersen berichtet, dass es „ein hohes schmales Treib=Hauß, von lauter gläßern Fenstern auffgeführet" war.[2319] Daraus lässt sich schließen, dass das Gebäude zumindest an den Hauptansichtsseiten nach Süden und Westen vollständig mit bleiverglasten Scheiben durchfenstert war.[2320] Das Dach bestand zunächst aus einer Bretterschalung, die erst später mit Holzschindeln gedeckt wurde.[2321] Wie der Zugang zu diesem Treibhaus aussah und wo er sich befand, bleibt unklar. Nur einmal ist von zwei „grose Thür=Fenstern" die Rede.[2322] In seiner ersten Textfassung berichtet Ulrich Petersen von einem Ofen im Aloeglashaus, im endgültigen Manuskript spricht er von einem „Antrieb [des Wachstums der Aloen durch] eines dazu moderirten Feuers".[2323] Im Innern waren auch – genau wie in den anderen Treibhäusern – „höltzerne Bäncke, und Stellagen" angebracht, „worauf des Sommers die orangerie und Indianische Gewächse gesetzet werden".[2324]

1742 fand nach mehreren Reparaturen eine größere Instandsetzung des Agaventreibhauses statt, bei der das Fundament und die Fenster erneuert wurden. Der inzwischen etwas wackelige Bau musste mit Eisenklammern stabilisiert werden.[2325] Danach häuften sich Sturmschäden, von denen hauptsächlich die Fenster, aber insgesamt auch das altersschwache Gebäude betroffen waren. Im Mai 1745 drohte das Aloehaus einzustürzen, weil das Ständerwerk verrottet war.[2326] Da der Baumeister Müller die nötige Generalreparatur für unwirtschaftlich und das Gebäude mit seiner beachtlichen Höhe für nicht besonders nutzbringend hielt, schlug er deshalb den Neubau eines anderen Glashauses (Abb. 246) mit Kosten von 546 Rthlr 32 ß vor, das

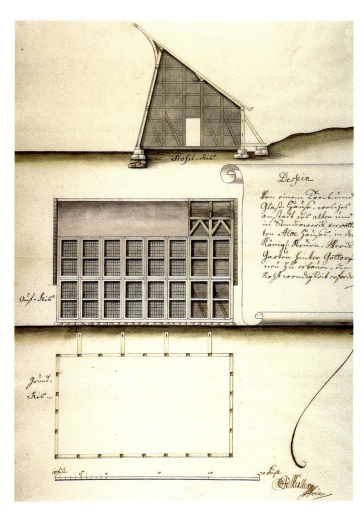

Abb. 246 Nicht ausgeführter Entwurf für ein neues Glashaus im Neuen Werk, lavierte Federzeichnung von O. J. Müller, 1745, BQ: LASH, Müller IV

nicht speziell für die Kultivierung von Agaven gedacht war.[2327] Diese Idee lehnte die Rentekammer als nicht notwendig ab, während ein neues Agaventreibhaus zu einem späteren Zeitpunkt wieder errichtet werden sollte. Daraufhin vereinbarte Otto Johann Müller den Abbruch des Aloehauses zunächst mit Zimmermeister Rehmke für 19 Rthlr 5 ß, schloss aber später einen neuen Vertrag mit Lorenz Hennings, weil Rehmke die Arbeit nicht schnell genug ausführte. Im Dezember 1745 war der Abriss abgeschlossen.[2328]

Kaum war das alte Aloehaus entfernt, gelangte 1746 wieder eine Agave americana im Neuwerkgarten zur Blüte, was einen ungeplanten, provisorischen Bau eines weiteren Aloehauses zur Folge hatte. Aus der Not heraus kurzfristig gebaut, wies dieses Gebäude sicherlich keine technische oder konstruktive Verbesserung gegenüber den früheren Treibhäusern dieser Art auf. Weil vermutlich auch das sorgfältig verwahrte Material vom Abbruch des Vorgängerbaus verwendet wurde, bedeuteten die Kosten von nur 48 Rthlr 17 ß keine große Investition. Es sind keine Zeichnungen oder näheren Angaben zu diesem Gebäude überliefert.[2329] Auch von der blühenden Pflanze ist keine Dokumentation wie sonst üblich bekannt. Es ist anzunehmen, dass das neue Agavenhaus wieder an derselben Stelle gebaut wurde wie das von 1717, zumindest lässt das die einzige bildliche Quelle dieser Zeit von Laurids de Thurah aus dem Jahr 1749 (Abb. 217) vermuten. Auch dieser Bau scheint wieder quadratisch gewesen zu sein und wohl auch im Aufriss ähnlich wie der alte Bau, nur insgesamt etwas kleiner.[2330] Schon 1750 wurde dieses letzte Gottorfer Aloetreibhaus von dem Zimmermann Claus Reimers, weil es „schlecht conditioniret, und stündlich der Gefahr exponiret gewesen ist, gäntzlich nieder zu fallen", für die Summe von 8 Rthlr abgerissen, wobei die Fenster gerettet werden konnten.[2331] Im September desselben Jahres wurden in der Materialkammer noch 12 Fenster vom Aloehaus aufbewahrt mit den lichten Maßen von 9 Fuß (2,59 m) Höhe und 3½ Fuß (1 m) Breite.[2332] Geht man davon aus, dass es alle Fenster des Aloehauses waren und die Nordwand aus Fachwerk bestand, dann befanden sich an den drei anderen Seiten des Gebäudes je vier Fensterrahmen des angegebenen Maßes, woraus sich in etwa ein quadratischer Baukörper von 4 qm (7 Fuß Breite = 2 m) und einer Höhe von 18 Fuß (5,20 m) konstruieren lässt.

2.15. Die Glashäuser

Das 1699 gebaute, viertelkreisförmige Glashaus westlich der Orangerie erlitt wie auch andere Gebäude im Garten durch den Sturm im April 1717 Schaden. Ob eine Reparatur der Fenster und Rahmen erfolgte, bleibt unklar. Erst 1721 gibt es wieder Nachrichten über eine Ausbesserung und den Auf- und Abbau der Fenster, was auch 1722 geschah. Aber nun merkte der Bauinspektor Thomsen an, dass der Zustand des Treibhauses „mit der Zeit abgängig" sei.[2333] 1724 musste außer der Teerung des Fensterschuppens neben der Orangerie das baufällige Glashaus mit acht Stützen aus Erlenholz von hinten an der Tiergartenseite stabilisiert werden.[2334] 1726 begann die Planung eines Ersatzbaus für das mittlerweile von dem Ingenieur-Capitain Peucker als „irreparabel" eingestufte, alte Glashaus, das schließlich im Herbst 1729 zugunsten eines Neubaus abgerissen wurde.[2335]

Jörgen Themsen übernahm Anfang 1728 bei der Planung zunächst das Projekt seines Vorgängers Johann Hinrich Peucker, das einen Neubau auf gleichem Grundriss, aber in verbesserter Form vorsah. Dabei sollte die Rückwand nicht aus Fachwerk, sondern massiv aus Ziegeln gemauert, ein Fundament aus Feldsteinen gelegt und alle Holzteile wie Mauerplatten, Sparren, Ständer und Fenster aus Eichenholz gemacht werden. Die Vorderansicht nach Südosten war wie vorher mit Fenstern unten und an der südlichen Seite des Satteldaches geplant, nach hinten dagegen ein geteertes Bretterdach.[2336] Im Laufe des Jahres änderte sich die Planung aber noch einmal überraschend für den Verantwortlichen Themsen, worüber er sich mit einer Eingabe bei der Rentekammer beklagte. Als er mit den Arbeiten für den Neubau beginnen wollte, hatte der Garteninspektor Kempe plötzlich Einspruch erhoben. Erst da trat zutage, dass Kempe die Umbruchphase des Gottorfer Bauwesens genutzt und ohne Themsens Wissen selber ein größeres und eleganteres Glashaus mit zwei Flügeln entworfen und ein Modell davon hatte bauen lassen. Das hatte er dem König Friedrich IV. bei dessen Besuch im Sommer offenbar so überzeugend vorgestellt, dass die Ausführung dieser Invention sofort vor Ort vereinbart worden war. Nun, im Herbst, bekam der überraschte und übergangene Themsen erst einmal den Auftrag, das Modell des Garteninspektors aufzumessen und in eine Zeichnung (Abb. 245) zu übertragen[2337], die dann bei der Rentekammer eingereicht wurde und auf deren Grundlage der König nun den Neubau des Glashauses nach Kempes Vorstellung für die etwa doppelt so hohe Summe von 1400 Rthlr gegenüber Peuckers Entwurf mit der Resolution vom 8. Dezember 1728 approbierte.[2338] Der Grund für die Entscheidung war letztlich, das Kempes Glashausmodell „viell comoder: alß auch Zierlicher vor den Garten" war, wie Themsen selbst formulierte und nur die mangelnde Kommunikation mit dem Garteninspektor monierte, woraus die Probleme erst entstanden waren[2339] und sich auch noch fortsetzen sollten. Anfang Mai 1729 war mit dem Bau immer noch nicht begonnen worden, weil die nun berechneten Realkosten von 2109 Rthlr 36 ß die genehmigte Summe weit überschritten. Aber am 7. Mai erteilte der König auch dafür seine Zustimmung.[2340] Im Juni wurde zunächst der südliche Teil gebaut, während Kempe das alte Glashaus im Norden noch nutzte. Nun verfasste der Garteninspektor ein Memorial, in dem er sich über Themsen beschwerte, er würde das Glashaus nicht wie vereinbart bauen. Er legte eine Zeichnung (Abb. 100) bei, auf der er das gesamte Orangeriereal des Neuwerkgartens abbildete samt den neuen Glashäusern.[2341] Themsen machte hierauf Eintragungen mit schwarzer Tinte bei seiner Antwort an die Rentekammer, wobei es aber um relativ unerhebliche Dinge ging. Der eigentliche Grund für den neuerlichen Ärger bestand darin, dass Kempe nun plötzlich insgesamt fünf für die Funktion unentbehrliche Zwischenwände mit je drei Fenstern in den Glashäusern beanspruchte, die er hier eingezeichnet hatte, von denen er aber vorher wieder nichts gesagt und sie auch erst nachträglich in das hölzerne Modell eingearbeitet hatte.[2342] Durch die nun erst einzuholende Genehmigung der Extrakosten kam der Bau wieder ins Stocken. Als Kempe dann Ende September die Pflanzen aus dem alten Glashaus zur Überwinterung in die Orangerie transportierte, erfolgten sofort der Abbruch des Gebäudes und die Legung des Fundamentes für den nördlichen Glashausflügel, der im Frühjahr 1730 fertig gestellt wurde, während der südliche Flügel schon im Januar bis auf die Malerarbeiten und die Stellagen innen fertig gewesen war.[2343] Im Juni 1730 wurden schließlich auch die Zusatzkosten von 207 Rthlr 24 ß für die inneren Trennwände bewilligt.[2344] Es ist anzunehmen, dass der Bau der beiden neuen Glashäuser in diesem Jahr noch abgeschlossen werden konnte.

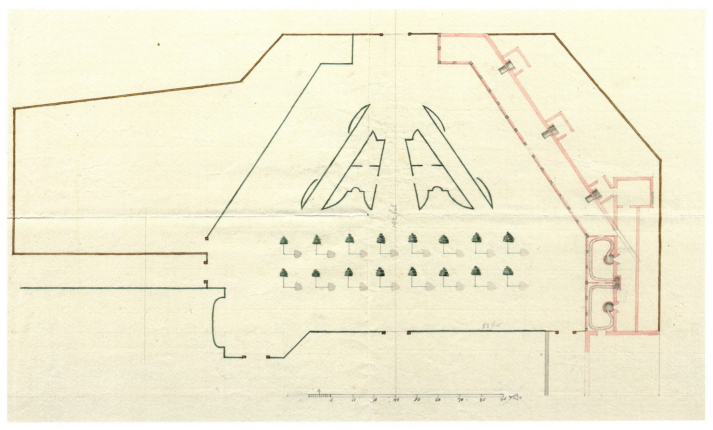

Abb. 247 Skizze des Nordflügels des neuen Glashauses mit Öfen und Kanalheizung, lavierte Federzeichnung, unsigniert und undatiert, um 1728, BQ: LASH, Glashaus I

Kempe hatte sein Ziel erreicht. Über Lage, Grundriss und Ansicht der neuen Glashäuser geben die Zeichnungen von Jörgen Themsen (Abb. 245) und Bernhard Kempe (Abb. 100), ergänzt durch Themsens Bauprojekt für 1729, Auskunft.[2345] Den westlichen Abschluss des Orangeriebereiches bildeten nun zwei im Wesentlichen achsensymmetrische, eine Trapezform umschließende Glashausflügel. In der Mitte waren die Bauteile durch einen Staketenzaun mit Fahrpforte in den Tiergarten verbunden. Wie aus der Grundrisszeichnung des Garteninspektors (Abb. 100) hervorgeht, hatte er zwischen den Glashausschenkeln und dem dahinter aufgestellten Plankwerk zwei kleine Gärten vermutlich zur Anzucht von Blumen und Gemüse geplant, die aber weder in der Legende noch in anderen Quellen genannt werden, sodass ihre tatsächliche Nutzung nicht nachweisbar ist. Die genaue Lage des neuen doppelten Glashauses scheint eher auf dem Plan von Themsen (Abb. 245) dargestellt zu sein, der auch den vorhandenen Bestand mit Orangerie, Fensterschuppen und Aloehaus realistisch zeigt, während Kempe (Abb. 100) eine große durchlaufende Allee zwischen Aloeglashaus und den neuen Bauten zeichnet, deren Existenz ungewiss ist, die aber auch bei Thurah zu sehen ist (Abb. 217). Beim Bau fand u.a. Material des alten Glashauses Verwendung. Auf einem Fundament aus Feldsteinen wurden die in Themsens Grundriss durchgängig rot gezeichneten Rückwände nach Westen und Norden massiv aus Mauersteinen gebaut und auch Mauersteine dafür verwendet, „das Fundament rund um, unter denen Fuß Leeden um einen Fuß zu erhöhen".[2346] Die Nordmauer hatte eine Länge von 152 Fuß (43,70 m), die kurze Westwand des Südflügels war nur 23 Fuß (6,60 m) lang.[2347] Der Rest bestand aus einer durchfensterten Eichenholzkonstruktion. Dafür wurden 74 Fenster in den Maßen 10 Fuß (2,87 m) hoch und 4 Fuß (1,15 m) breit und weitere 21 Fenster mit 10 Fuß (2,87 m) Höhe und 2 Fuß (0,57 m) Breite neu hergestellt. Aus den alten Fenstern ließ Themsen 140 Dachfenster und dazu 60 Dachfenster neu anfertigen, alle 5½ Fuß (1,58 m) hoch und 4 Fuß (1,15 m) breit.[2348] Die Innenseiten der Rückwände waren mit Brettern bekleidet. Es gab vier Türen, die sich wohl optisch nicht von den Fenstern unterschieden. Es ist nicht überliefert, an welchen Stellen sie eingebaut waren. Die Glashäuser präsentierten sich in den dänischen Landesfarben: die Fenster waren mit weißer, das Ständerwerk mit roter Ölfarbe angestrichen.

Die genannten Hauptquellen zu den neuen Glashäusern lassen keinerlei Schlüsse auf eine Heizfunktion zu. Zweifel, ob die Bauten nicht doch teilweise temperiert worden sind, kommen bei Kempes Argumentation für den Bau der inneren Trennwände auf. Dort schreibt er 1730 in seinem Memorial:

„Der gantze Gebrauch des Glaß Haußes hinweg fällt, und nur lediglich dienet zu einer äußerlichen Parade und Ansehen [wenn die Trennwände nicht gebaut werden]; Dann die erforderliche große Hitze, so wohl von der Sonnen, als den Feuerstetten angehörigen Ortern darinen nicht kann aufgefangen, und die temperirte Luft und Wärme hergegen an andern Ortern auch nicht gegeben und aufbehalten werden kann."[2349]

Die eine von zwei unsignierten Skizzen der neuen Glashäuser, die nicht datiert und aus dem alten archivalischen Kontext gerissen und deshalb schwer zuzuordnen sind, lässt die Vermutung aufkommen, dass die Beheizung zumindest des nördlichen Flügels wenigstens planerisch durchgespielt worden war. Wer die Zeichnungen anfertigte, bleibt ungewiss.[2350] Michael Paarmann meint, dass sie von Themsen stammen und „Grundrißskizzen auf der Basis des genehmigten Glashausentwurfes" seien, „in die er mit Bleistift Veränderungsvorschläge einzeichnete."[2351] Auf dem Blatt Glashaus I (Abb. 247), einer skizzenhaft unvollendeten farbig lavierten Federzeichnung ist nur der nördliche Flügel gezeichnet, dafür aber sehr genau und mit drei Öfen und einer Verlängerung dieses Baus bis an die Orangerie mit zwei Extraabteilungen, vielleicht zur Kultivierung der schon seit 1705 im Neuwerkgarten vorhandenen Ananaspflanzen, mit einer umlaufenden Kanalheizung im Boden. Die Öfen sind sehr ähnlich dargestellt wie auf Kempes größerem Plan von 1728 (Abb. 100). Die intensive Beschäftigung mit der Beheizung von Pflanzenhäusern war nicht Sache der Baumeister, sondern ein Spezialthema der Gärtner, die sich mit den Anforderungen der Gewächse auskannten, was dafürspricht, dass Kempe diese Skizze angefertigt hat. Dass er dazu in der Lage war, zeigt der oben genannte, eigenhändig gezeichnete Plan. Über diese beiden Hinweise hinaus deutet nichts auf eine Heizmöglichkeit in den neuen Glashäusern hin, sodass man davon ausgehen muss, dass sie höchstens in den genannten Bereichen beheizbar waren, ansonsten nur zur sommerlichen Unterbringung der besonders empfindlichen Pflanzen dienten, wie Ulrich Petersen sie kurz nach ihrem Bau schilderte:

„[...] praesentiren sich auch in ihrem neuen Pomp und pracht die beÿden [...] jüngsthin à la Moderne zierlich erbawete Glaßhäuser [...]. Darinnen dem Sommer über die Citron= und Pomeranzen Bäume, auch andere Durch die Sonnenhitze zu conserviren oder zur Blüthe und Frucht zubringende gewächse, gesetz und erhalten werden. Eine in diesem kalten Norden vor dergleichen ausländische Bäume und Früchte höchstnöthige Beÿhülffe, ohne welche kein Garten einige Raritäten conserviren kan."[2352]

Auch eine andere Quelle bestätigt diese Nutzung: Demnach diente das große Orangeriehaus als Winterquartier der exotischen Gewächse, die aber von Ende Mai bis Ende September auf dem Orangenplatz und in den Glashäusern aufgestellt wurden.[2353]

Die Skizze Glashaus II (Abb. 248) ist eine Federzeichnung, in die genaue Maße eingetragen und auch mit Bleistift Ergänzungen hinzugefügt sind. Interessant ist, dass hier zum Teil die Zwischenwände, die Kempe erst während des Baus reklamierte, zu sehen sind. So scheint diese Skizze die spätere der beiden zu sein, vielleicht eine Arbeitsgrundlage von Themsen?

Schon das Glashaus von 1699 war sehr modern, innovativ und repräsentativ gewesen.[2354] Technisch gingen die Glashäuser von 1729/30 aber noch einen Schritt weiter durch ihre zum Teil mit Kanalheizung versehen abgetrennten Räume. In ihnen konnte Bernhard Kempe die Bedingungen eines Warmhauses schaffen, um die zu dieser Zeit neu eingeführten tropischen Pflanzen, u.a. Ananas und den Kaffeebaum, den er in der Phase des Neubaus der Glashäuser kaufte, besser zu kultivieren.[2355] Möglicherweise besaß Kempe das brandneue, 1728 von seinem Kollegen, dem Meininger Schlossgärtner Georg Ernst Tatter (1689–1755), verfasste Traktat über die Kultivierung des Kaffeebaumes als Kübelpflanze, worin zur Einsparung von Heizkosten kleine Separaträume empfohlen wurden[2356], was ihn dazu veranlasste, die Konzeption der neuen Glashäuser noch einmal zugunsten der Trennwände zu ändern. Damit war der Neubau sogar sehr fortschrittlich, denn erst Mitte des 18. Jahrhunderts setzten sich aufgrund der größeren Pflanzenvielfalt die Trennwände in den Gewächshäusern durch.[2357] Während zeitgleich andernorts wie in Eutin schmucklose Ananashäuser errichtet wurden[2358], vereinigte Kempe mehrere Nutzungen in den neuen Glashäusern, die mit ihrer außergewöhnlichen längenmäßigen Ausdehnung[2359] auch genügend Platz dafür boten: außerhalb der Warmhauskabinette dienten sie weiterhin als Sommerstandort für empfindliche Pflanzen und im Gegensatz zum Glashaus von 1699 vermutlich auch zur Anzucht von Blumen und Obstpflanzen, denn von einem Auf- und Abbau der Fenster wie beim Vorgängerbau ist hier keine Rede mehr in den Quellen. Obwohl die illusionistische Bemalung nun fehlte, steigerte Kempe mit dem Neubau der Glashäuser von 1729/30 die repräsentative Wirkung der Anlage durch den symmetrischen trapezförmigen, zweiflügeligen Grundriss, und auch die farbliche Gestaltung in den dänischen Landesfarben Rot und Weiß trug zu dieser Inszenierung bei. Die Recherche ergab keine anderen Glashausbauten aus die-

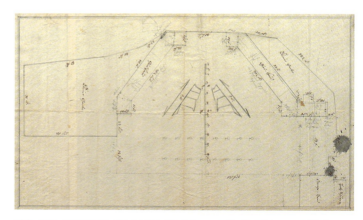

Abb. 248 Bauskizze der neuen Glashäuser mit eingetragenen Maßen, Feder und Bleistift, unsigniert und undatiert, um 1728, BQ: LASH, Glashaus II

ser Zeit mit dieser Grundrissdisposition, die schon in die Richtung der zeitgleich immer repräsentativer gestalteten Orangeriegebäude weist. Aus diesen Gründen erscheinen Kempes neue Glashausbauten außergewöhnlich und sehr fortschrittlich zu sein gegenüber den von Arnold Tschira beschriebenen, seit dem zweiten Jahrzehnt des 18. Jahrhunderts in Europa verbreiteten zweckmäßigen und schmucklosen Standardgewächshäusern, bei denen allerding um etwa 1715 die Kanalheizung üblich wurde, die es auf Gottorf erst jetzt vermutlich in einem kleinen Teilbereich gab.[2360]

Die mangelnde Stabilität der neuen Glashäuser trat bald zutage. Schon 1734 ließ der Baumeister Müller bei seinem Amtsantritt beide Gebäude „mit starcken eisern Stangen Quer durch und oben mit Kreütz-Höltzer verbinden".[2361] Nach Sturmschäden in den Jahren 1736 und 1739[2362] waren 1741 schon wieder viele Fenster reparaturbedürftig. Deshalb kam es zum Streit, weil der Garteninspektor Clasen laut Müller seiner Aufsichtspflicht nicht nachgekommen sei und die Fenster, ohne sie einzuhaken, habe offenstehen und im Wind schlagen lassen, so dass er die Reparatur zumindest anteilig bezahlen sollte.[2363] Abgesehen davon schilderte Clasen in seinem Bericht, dass die Glashäuser an einigen Stellen abgesackt und an anderen „so sehr ausgewichen, daß zu besorgen, daß bey entstehenden Sturm das gantze Gebäude übern Hauffen falle".[2364] Auch Müller kam zu der Einsicht, dass die Glashäuser eigentlich abgerissen werden müssten. Man hätte sie damals anders bauen sollen, aber mit einer speziellen Reparatur sei es möglich, sie wieder instand zu setzen.[2365] Diese größere Reparatur erfolgte im Frühjahr 1742, bei der die Standfestigkeit durch Einziehen von Eisenstangen und Eisenwinkeln wiederhergestellt und durch Maßnahmen zum Abdichten der Mangel behoben wurde, dass es durch die Glasrahmen hineinregnete. Dazu wurden u.a. 80 neue Oberfensterrahmen aus Föhrenholz angefertigt.[2366] Aber auch diese Instandsetzung war nicht von Dauer. Im September 1746 wurden die Glasdächer der vier sogenannten „Cabinette", womit die durch Zwischenwände abgetrennten Räume an den Enden der Glashäuser gemeint sind, durch Bretterabdeckung ersetzt, weil sie absolut nicht mehr dicht waren. Dazu kamen laufend erforderliche Fensterreparaturen, z.T. nötig durch Sturmschäden aus den Jahren 1745 und 1746, aber auch aufgrund des schlechten Zustandes der Fensterrahmen.[2367] 1749 mussten wegen Einsturzgefahr die Fundamente instand gesetzt werden. Der besonders bedrohte Nordflügel wurde durch Streben, acht Föhrenbalken und Eisenklammern wieder gerade gerichtet und abgestützt.[2368] Zur speziellen Pflege einiger zum Teil kranker Gewächse erhielt 1750 das östliche Kabinett des Norderglashauses auf Antrag des neu angetretenen Garteninspektors Voss einen eisernen Beilegeofen mit einem 8 Fuß (2,30 m) hohen Schornstein und einem Windfang in Fachwerkbauweise.[2369] 1754 ließ Müller zwei weiß angestrichene Pforten aus „zierlichen Staqueten" bei den Glashäusern neu anfertigen mit geschweiften, blau angemalten Köpfen auf den Pfählen.[2370] Ein starker Sturm am 5./6. April 1755 richtete erneut Schäden an, die noch repariert wurden, obwohl schon Einsturzgefahr der Bauten bestand, weil das Holz überall verrottet war.[2371]

Otto Johann Müller plante deshalb im Januar 1756 einen Neubau und zeichnete dafür „Grund= und Profil=Riße", die aber nicht erhalten sind, während der dazugehörige Kostenvoranschlag noch vorliegt. Der König bewilligte dafür im März die Summe von 2279 Rthlr.[2372] Die beiden Glashäuser wurden bis auf die gemauerten Rückwände, die stehen blieben, auseinander genommen und dann in gleicher Form mit einer etwas veränderten Konstruktion auf dem alten Fundament wieder neu gebaut, unter Verwendung einiger alter noch brauchbarer Materialien. Die Verbesserung bestand hauptsächlich aus einer noch erweiterten Halterung durch Eisenstangen und -winkel und aus einer gründlicher durchdachten und sorgfältiger durchgeführten Verarbeitung, z.B. an den Dächern. Während das Ständerwerk weiterhin aus Eichenholz bestand, wurde für die übrige Zimmerarbeit Föhrenholz verwendet. Der nachträglich angefügte Windfang wurde wieder abgebrochen und der Ofen zum Globushaus transportiert. Auch die von Kempe damals geforderten Kabinette wurden wieder eingebaut. Der Glaser legte die neuen Fensterrahmen mit dem alten Glas wieder in Blei. Der Neubau erhielt nun auch eine geänderte Farbfassung mit perlgrauem Ständerwerk und weißen Fensterrahmen. Während der Glaser seine Arbeit in der Orangerie verrichtete, wurde dem Tischler das Globushaus als Werkstatt angewiesen.

Mit der Reparatur der Schäden des Unwetters von 1763, einem Neuanstrich 1764, der Neuanfertigung der Gewächsbänke im Innern 1765 und einer Investition von 170 Rthlr noch im Januar 1769 für Maler- und Schmiedearbeit wurden die erneuerten Treibhäuser bis zur Entscheidung ihrer Aufgabe im September 1769 instand gehalten.[2373] Nach der Bekanntgabe durch Anzeigen im „Altonaer Merkur" wurde das zweiflügelige Glashaus 1770 zum Abbruch verkauft.[2374]

Im Neuwerkgarten gab es zumindest im 18. Jahrhundert noch ein weiteres, kleines Treibhaus, das südlich vor dem 1717 gebauten Aloehaus platziert war. Auf den Plänen von Kempe (Abb. 100), Müller (Abb. 101) und Thurah (Abb. 217) ist es bildlich dokumentiert, aber etwas unterschiedlich. Nur bei Kempe wird es in der Legende unter dem Buchstaben „i" als „Ein Treib Kasten" benannt. Wann das „kleine Treib=Haus" erstmals gebaut wurde, bleibt im Dunkeln. Erst durch eine Instandsetzung 1737 erscheint es erstmals in den schriftlichen Quellen mit Angabe seiner Nutzung: der Garteninspektor brauchte es „gleich beym Anfang des Sommers und so bald nur die Wetter einigermaßen warm und temperiret werden, zu Conservirung des jungen zuzugs an Orangerie und andern ausländischen Bäumen".[2375] Da es zu diesem Zeitpunkt als „ganz verrottet und verfaulet" beschrieben wird, muss es schon älter gewesen sein, zumindest war es 1728, als Bernhard Kempe die Zeichnung anfertigte, schon existent. Wie der Treibkasten, zu dem 30 Fensterrahmen gehörten, genau ausgesehen hat, lässt sich aus den Grundrissen nicht ersehen, aber er besaß wohl eine Länge von 12 Fuß (3,45 m) und war mit einem Dach aus 14 Fuß (4,0 m) langen Brettern gedeckt.[2376] Bis 1752 fanden noch Reparaturen am kleinen Treibhaus statt, danach gibt es keine Nachrichten mehr davon.[2377]

Anstatt eines neuen Aloehauses hatte Baumeister Müller 1745 den Bau eines neuen, vielseitiger nutzbaren Glashauses vorgeschlagen, der dann nicht zur Ausführung kam, weil er für unnötig gehalten wurde. Der Entwurf soll in diesem Kapitel kurz vorgestellt werden, weil es kein spezielles Gewächshaus für Agaven ist, sondern ein normales Treibhaus. Die schön ausgeführte Zeichnung (Abb. 246) dokumentiert die sorgfältige und gründliche Arbeitsweise, die den Baumeister kennzeichnete. Das Blatt zeigt von oben nach unten „Profil=Ris" (Querschnitt), „Auf=Ris" (Ansicht) und Grundriss. Er legte einen Anschlag bei, auf dem er seine Idee erläuterte.[2378] Das Hauptproblem, das Müller dazu veranlasste, ein neues Glashaus in veränderter Form vorzuschlagen, lag seiner Erfahrung nach darin, dass die vorhandenen Glashäuser „ihrer Structur halber, die Dächer nicht dichte halten wollen, obgleich jedes Jahr ein beträchtliches dahin verwandt wird."[2379] Er erklärt, warum er im Anschlag für das neue Glashaus Föhren- und nicht Eichenholz genommen hat, wie es sonst für solche Gebäude üblich und haltbarer sei. Föhrenholz sei erstens billiger und zweitens biege es sich nicht in der Luft so sehr wie Eichenholz, sodass also nicht ständig die Gläser kaputt gingen. Voraussetzung für die Haltbarkeit sei aber ein Ölfarbenanstrich des Holzes.

Sein Entwurf (Abb. 246) zeigt einen rechteckigen Bau mit einer Grundfläche von 34,7 x 21,4 Fuß (10 x 6,16 m)[2380], also etwa 61,6 qm. Auf einem Fundament aus Feldsteinen war eine Fachwerkkonstruktion vorgesehen, deren Fache an der West-, Ost- und Nordseite mit Mauersteinen ausgemauert werden sollten. In der Mitte der Schmalseiten sollte jeweils eine Tür sein. Der Entwurf zeigt eine schräg gestellte, zu zwei Dritteln durchfensterte Südwand mit zwei Reihen von je acht Fensterrahmen übereinander. Darüber erhob sich der mit Brettern bekleidete „Schnabel" bis zu einer Gesamthöhe des Gebäudes von 25,3 Fuß (7,3 m). Die höchste Stelle innen betrug 20,8 Fuß (6 m), während die Nordwand nur 9 Fuß (2,6 m) hoch war. Daraus ergab sich, wie im Profilriss ablesbar ist, ein steil hoch gezogenes Pultdach, das mit Brettern bekleidet und geteert werden sollte. An der Rückseite des Hauses waren vier Strebepfeiler aus Holz vorgesehen. Im Innern sollten Wände und Decke mit Föhrenbrettern bekleidet werden. Für den Anstrich plante Müller weiße Türen und Fenster, alle anderen sichtbaren Holzteile außen und der Schnabel braunrot. Dieses Treibhaus sollte offenbar auf den Platz des Aloeglashauses und des Fensterschuppens direkt an die Nordseite des Gartens zwischen Orangerie und zweiflügeligem Glashaus gesetzt werden. Je zwei Fache Plankwerk sollten die Zwischenräume zu den genannten Bauten schließen.

Mit dem aus Sparsamkeitsgründen unausgeführten Entwurf für ein neues Gewächshaus von 1745 (Abb. 246) orientierte sich Müller an der aktuellen Entwicklung in Deutschland, wo ab der Mitte des 18. Jahrhunderts der Typus des Schwanenhalsglashauses häufige Verwendung fand[2381]: ein schmuckloses Glashaus mit schräggestellter, verglaster Südfront und einem darüber befindlichen Sonnenfang in Form eines aus einer Hohlkehle gearbeiteten hohen Gesimses, auch Schwanenhals oder Schnabel genannt. Dieser war als technische Verbesserung gedacht, indem er die Sonnenwärme länger halten und die Glasfassade gegen Unwetter schützen sollte. Ein nach Norden geneigtes Pultdach deckte den Bau, dessen rechteckiger Grundriss in einen nach Süden gerichteten Bereich für die Pflanzen und einem nach Norden liegenden Heizgang eingeteilt war. Vielleicht bildeten die Vorschläge von Johann David Fülck, die er in seinem Buch „Neue Garten Lust" 1720 erstmals publiziert hatte[2382], den Ausgangspunkt dieser Entwicklung, die z.B. im Eutiner Schlossgarten mit dem Neubau eines Ananas- und eines Gewächshauses von Johann Christian Lewon in der Art eines vertieften Glashauses in den 1720er Jahren eine frühe Umsetzung zeigt, sodass davon auszugehen ist, dass dieser Typus im Norden frühzeitig bekannt, aber auf Gottorf noch nicht gebaut worden war.[2383] Tschira nennt weitere Beispiele, von denen das wohl 1774 errichtete, noch erhaltene Schwanenhalsglashaus des ehemaligen Zisterzienserklosters Bronnbach a.d.Tauber ein spätes, aber wegen seiner allegorischen Freskomalerei das bekannteste und ungewöhnlichste Pflanzenhaus dieser Art darstellt.[2384] Der Entwurf für den Neuwerkgarten zeigt dagegen einen vollkommen schmucklosen Zweckbau, noch ohne Heizmöglichkeit und deshalb auch ohne Heizgang. Dem Baumeister kam es mit der Verwendung von Föhrenholz vor allem auf hohe Stabilität und Haltbarkeit an. Sein Vorschlag war zeitgemäß, aber unspektakulär.

2.16. Der Pflanzenbestand in der ersten Hälfte des 18. Jahrhunderts

Aus der nachherzoglichen Zeit sind für den Neuwerkgarten keine Rechnungen über Pflanzenankäufe erhalten. Es scheint so, als wenn die Garteninspektoren diesen Part ohne die üblichen Verwaltungsinstanzen regelten. Nur aus der Zeit von Bernhard Kempe sind Bezugsquellen bekannt. Er kaufte zum Beispiel bei einem reisenden italienischen Kaufmann, der mit Zitrusbäumen und anderen Gewächsen nach Schleswig kam. Ansonsten tätigte er Einkäufe bei den in Schleswig ansässigen Gärtnern Johann Peter Beuck, angestellt beim Baron von Königstein, und Andreas Andreßen. Über den Kaufmann Jean Eymar, der sich nach 1727 in Schleswig niedergelassen hatte, bezog er Bäume aus Frankreich, Brabant, Holland und anderen Gegenden, und der Schleswiger Bürger H. Hagen besorgte ihm seltene Gewächse über Altona und Holland. Bei Eymar und Hagen konnte er sicherlich auch Bestellungen für spezielle Pflanzen aufgeben.[2385]

Über das florale Inventar des Neuwerkgartens in der ersten Hälfte des 18. Jahrhunderts geben bisher unerschlossene Listen

Auskunft. Die umfangreichste Quelle ist ein Inventar der Orangeriepflanzen, das Johann Hinrich Peucker am 15.8.1727 anfertigte.[2386] Weitere Verzeichnisse sind im Kontext der seit 1734 andauernden Streitigkeiten zwischen den Erben von Bernhard Kempe und dem neuen Garteninspektor Johann Adam Clasen entstanden, um Klarheit über die Eigentumsverhältnisse bezüglich der Pflanzen zu erlangen.[2387] Eine zusammengestellte Liste aller in diesen Quellen vorkommenden 349 Pflanzenarten und -sorten in Anhang 3, Nr. 11 gibt einen Überblick über den Pflanzenbestand des Neuwerkgartens um 1730, bestehend einerseits aus Gehölzen, Stauden und Blumen, die in der Orangerie überwinterten, und andererseits im Freiland wachsenden Hecken, Blumen, Obstgehölzen und anderen Nutzpflanzen. Insgesamt ist durch eine Auswertung dieser Quellen eine Beurteilung der Gottorfer Orangerie im Vergleich mit anderen zeitgleichen Gärten möglich. In Bezug auf die im Freiland wachsenden Pflanzen bleibt das Bild durch die Lückenhaftigkeit der Quellen allerdings unvollständig.

Liste 11, Anhang 3, zeigt, dass etwas mehr als ein Drittel der Pflanzen schon in herzoglicher Zeit angeschafft worden war und etwa zwei Drittel zwischen 1713 und 1727 dazu kamen, nachdem „ein ansehnliches Quantum" der Orangeriegewächse sofort nach der königlichen Übernahme von Schloss Gottorf 1713 unter der Regie des Schlossverwalters Hans Heinrich Brahn nach Schloss Frederiksberg bei Kopenhagen überführt worden war.[2388] Aus der Quelle geht nicht hervor, wie viele und welche Pflanzen abtransportiert wurden, aber es ist anzunehmen, dass es sich um Zitrus handelte, denn die Erben von Bernhard Kempe berichteten nach seinem Tod, dass er den Bestand bis 1727 auf eigene Kosten wieder komplettiert habe, was nachvollziehbar ist anhand der Vergleichszahlen. 1695 gab es 440 Exemplare gegenüber 468 Stück im Jahr 1727. Außerdem zeigt die Liste, dass Bernhard Kempe den Orangeriebestand insgesamt in großem Ausmaß erweiterte.[2389] Das war wohl auch der Grund dafür, dass er mit so viel Nachdruck den Neubau des modernisierten, zweiflügeligen Glashauses von 1729/30 forderte und durchsetzte. Wie allgemein üblich, war auch auf Gottorf die Zahl der Zitrus bei weitem am größten mit dem Höchststand im Jahr 1727 von 393 „oculierten" und 75 wilden bzw. unechten Exemplaren in über 100 Sorten, wobei erst im Inventar von 1738 zum ersten Mal eine Differenzierung vorgenommen wird, bei der nun Citrus medica „Pomo d'Adamo" (Adamsapfel), Citrus lemon (Zitrone), Citrus aurantium (Pomeranze), Citrus grandis (Pampelmuse), Citrus limetta (Süße Limette) und Citrus sinensis (Apfelsine) nachweisbar sind. Auch die meisten anderen Grundausstattungspflanzen einer Orangerie hatte Kempe bis 1727 stark aufgestockt. So gab es nun 44 statt vorher 22 Myrten, von Oleander 29 Stück in drei verschiedenen Sorten statt 5, von Lorbeer 170 statt 48 Stück, Lorbeerkirschen 30 statt vorher 6 Stück, Laurustinus 15 Exemplare statt einem, Yucca gloriosa 70 Stück statt vorher 6, von Rosmarin 35 große Bäume und über 100 junge Pflanzen in verschiedenen Sorten[2390] und Jasmin 39 Stück in neun Sorten statt vorher 25. Ein auffälliger Anstieg in Anzahl und Sorten ist bei den Aloen zu verzeichnen von 30 Exemplaren 1695 auf 230 im Jahr 1727. Von anderen anscheinend nicht mehr so interessanten Pflanzen war der Bestand etwa gleich geblieben oder verringert wie bei Granatbäumen mit zehn Exemplaren, Cistus mit 19 Stück in 6 Sorten statt vorher 18, Ginster mit nur noch neun statt vorher 21 Pflanzen und den Zypressen mit noch 30 statt 46.

Wenn man die von Clemens Alexander Wimmer[2391] aufgezählten gebräuchlichsten Orangeriepflanzen nach ihrer Herkunft mit den Beständen im Neuwerkgarten vergleicht, kommt man zu folgenden Ergebnissen: Von den bei Wimmer erwähnten 42 klassischen, in Südeuropa anzutreffenden Orangeriepflanzen waren 30 Arten bis zum Ende des 17. Jahrhunderts vorhanden und bis 1727 kamen noch sechs neu dazu wie z.B. Cedrus, Colutea scirpioides, Olivenbaum und Lentiscus, während sechs Arten noch nicht im Neuen Werk kultiviert wurden.

Bei den orientalischen Gewächsen sieht es ähnlich aus: Bis 1695 gab es acht der 13 aufgezählten Pflanzen auf Gottorf, aber zwei Sorten Jasmin fehlten. Bis 1727 kamen dafür vier neue Sorten Jasmin dazu, außerdem vier Exemplare der recht seltenen Baumwoll-Bäume (Gossypium herbaceum L.) und bis 1738 auch Citrus sinensis, während Rosa sinensis fehlte.

Von den afrikanischen Neueinführungen, den Kap-Pflanzen aus Südafrika, gab es nur vier der bei Wimmer genannten 16 Pflanzen bis zum Ende des 17. Jahrhunderts auf Gottorf, während im 18. Jahrhundert sehr viele neue Gewächse dazukamen, vor allem Ficoides (Lebende Steine) mit 15 Exemplaren in sieben Sorten, 34 Pelargonienpflanzen (Geranium africanum) in 12 Sorten, Fritillaria crassa (Stapelia variegata L.) mit zehn Exemplaren in drei Sorten und der in deutschen Gärten seltene und darum auch mit sechs Exemplaren à 6 Rthlr wertvolle und teure Bestand an Hyacinthus africanus tuberosus … (Agapanthus africanus Hoffmgg.). Weitere bei Wimmer nicht gelistete Kap-Pflanzen, die im Neuwerk vorhanden waren, lassen sich mit der noch wertvolleren Althaea africana grossularia folio flore rubro (10 Rthlr 32 ß für ein Exemplar), zwei Elychrysum-Sorten (Helichrysum) und dem mit 34 Exemplaren großen Bestand an insgesamt sieben Wolfsmilch-Sorten (Euphorbium/Tithymalus) benennen. Weitere Kapenser auf Gottorf waren die erst nach 1727 angeschafften zwei Melianthus-Sorten und die besonders wertvollen Pflanzen, nämlich vier Exemplare à 8 Rthlr teure Lilium Narcissus Jacobaeus (wohl Amaryllis) und eine Pflanze namens Lotus africana latifolia Guajacum Patavinum vulgo, die 33 Rthlr 16 ß kostete. Außerdem ist 1727 im Neuen Werk die hohe Anzahl von 118 Aloe africana in 19 Sorten nachweisbar, die aber zum Teil auch aus Nord- und Ostafrika und von den Kanaren stammten, ebenso wie 11 weitere verzeichnete Pflanzen dieser Herkunft, die erkennbar sind an den geographischen Angaben der vorlinnéschen Nomenklatur wie „aegyptiacum", „aethiopica", „azoricum" und „canariensis".

Bei den fernöstlichen Pflanzen nennt Wimmer insgesamt elf, von denen im 17. Jahrhundert schon vier im Neuen Werk kultiviert wurden. Im 18. Jahrhundert kam dann noch die sehr wertvolle Ananas seit 1705 dazu, von der 1727 ein großer Bestand von 17 Pflanzen in drei Sorten vorhanden war, obwohl im Neuwerkgarten kein separates Ananashaus gebaut wurde.[2392] Möglicherweise war Kempe der erste, der in Deutschland Ananas kultivierte.[2393] Zwischen 1727 und 1734 beschaffte Bernhard Kempe einen Kaffeebaum, der noch nicht lange in Europa eingeführt war und „im ersten Drittel des 18. Jahrhunderts als absolute Rarität galt"[2394] und auch nach Wimmers Beurteilung nur in anspruchsvolleren deutschen Gärten zu finden war. Daneben gab es 1727 noch drei fernöstliche Pflanzen, die durch das entsprechende Epithetum „Zeylanicum" zu identifizieren sind. Von diesen nennt Wimmer nur Adhadota Zeylanica (Justicia adhadota L.), die auf Gottorf mit immerhin 12 Exemplaren vorhanden war. Außerdem sind 1727 jeweils ein Exemplar der Pflanzen Myrtus Zeylanica und Narcissus Zeylanicus nachweisbar.

Von den aus Amerika eingeführten und von Wimmer aufgezählten 12 Pflanzen waren sieben schon in herzoglicher Zeit in den Neuwerkgarten gelangt. Bis 1727 kamen drei weitere hinzu, nämlich drei unter dem Namen Clematis Cucumis verzeichnete blaue Passionsblumen und 58 Stück Cereus in fünf Sorten, darunter ein besonders wertvoller alter 14 Fuß (4,02 m) hoher Peruanischer Stangenkaktus. Auch andere Kakteen gab es 1727 in großen Mengen, z.B. 45 Opuntia ficus-indica (Feigenkakteen) gegenüber 8 Stück 1695 und die im 18. Jahrhundert neuen Pflanzen Ficus curassavica (Opuntia minima) mit 18 Exemplaren und 21 Stück Echino Melokaktus. Die Anzahl der amerikanischen Aloen war auf 112 in mindestens neun Sorten angewachsen, unter welchen einzelne Exemplare einen Wert von bis zu 50 Rthlr besaßen, also fast so viel kosteten wie ein Kutschpferd, das ca. 60 Rthlr wert war.[2395] Zu den Neuzugängen bis 1727 zählten weiterhin 24 Pflanzenarten und -sorten aus Nord-, Mittel- und Südamerika, worunter auch einige 1734 als besonders teuer eingestuft wurden[2396], wie z. B. ein Arbutus arbor (Erdbeerbaum) für 10 Rthlr, ein Exemplar einer Chrysanthemum virginianum für 33 Rthlr 16 ß und zwei wohl verschiedenartige Laurus Americana, einer für 33 Rthlr 16 ß, und der andere ein 16 Jahre alter zehn Fuß (2,87 m) hochstämmiger im Wert von 100 Rthlr.

Während Wimmer sich hauptsächlich mit den Gehölzen beschäftigt, tauchen in den Gottorfer Listen auch Blumen auf, von denen schon einige genannt wurden, die hier aber bis auf wenige Ausnahmen nicht separat behandelt werden sollen, weil es zu weit führt: Die Anzahl der Nelken ging von 169 Töpfen im Jahr 1695 auf nur noch 53 zurück. Stattdessen lag der Focus mehr auf Aurikeln und den südamerikanischen Flos admirabilis (Wunderblume) mit jeweils 100 Stück.

Interessant für das Aussehen des Gartens um 1730 sind auch die im Freiland wachsenden Blumen, Hecken und der in Kugel- oder Pyramidenform geschnittene florale Gartenschmuck, wobei die genauen Standorte nur zum Teil nachweisbar sind. Die Blumen (46 Arten) sind nicht identifizierbar durch die pauschale Bezeichnung „allerhand Sommergewächse". An Hecken gab es im Neuwerkgarten Anagyris foetida (Goldregen), Weiß- und Rotbuche, kleine Buchsbaumhecken, Hypericum arborescens (Johannisbeerkraut), Lambertsche Nüsse, Liguster, Syringa (blau), Taxus und Trifolium arborescens. Als Pyramidenformbäumchen schmückten zwei Astragalus, 19 Buxus, zwei Cedrus, 15 Juniper, neun Rosmarin und die mit insgesamt 442 Rhtlr gerechneten, besonders wertvollen 112 Taxus die Hauptachse, den Garteneingang, den Globusgarten, die Terrassenanlage, den Orangeriebereich und die sogenannte Schanze.[2397] Dazu kamen einige Buchsbaumkugeln, 18 Kiefern und 140 Tannen, die vor allem am Blauen Teich standen.

Über Obst- und Gemüseanbau im Neuwerkgarten in der nachherzoglichen Zeit ist wenig bekannt: In Bernhard Kempes Arbeitsvertrag bis 1717 hieß es, dass er so viel wie möglich an Obst und Gemüse für die fürstliche Tafel zu liefern habe wie z.B. fremde und einheimische Salate, Spargel, Gurken, Melonen, Mohnrettich und Portulak.[2398] Wohl in dieser Zeit kultivierte er in den Kompartimenten auf der ersten Terrasse auch englische Artischocken und italienischen Spargel. Nicht bekannt ist, was später in den Mist- und Frühbeeten gezogen wurde, die sich erst noch bei der Orangerie und zum Schluss beim Garteninspektorhaus befanden.[2399] In der ersten Hälfte des 18. Jahrhunderts wurde an Obst namentlich Feigen, Ananas, Johannisbeeren und Quitten als Hecken, Aprikosen, Pfirsiche, Wein, Äpfel, Birnen, Pflaumen, Zwetschen, Kirschen, Mispeln und außerdem Hasel- und Walnussbäume zum Teil an Spalieren angebaut.[2400] Die seitlichen Begrenzungshecken der Terrassenanlage bestanden noch 1734 vorwiegend aus Obststräuchern.[2401]

1756 wurden unter der Regie des Garteninspektors Voss bei einer Auktion im Neuwerkgarten insgesamt 433 Orangeriepflanzen für 200 Rthlr 9 ß versteigert, um in den überfüllten Gewächshäusern Platz zu schaffen.[2402] Trotzdem gab es immer noch einen sehr großen Bestand, für dessen Pflege in diesem Jahr der Neubau des zweiflügeligen Glashauses beschlossen wurde.[2403] 1769 fand im Zuge des Abbruchs der Orangerie und Gewächshäuser der Einzelverkauf aller 1125 bis dahin verbliebenen und im Inventar aufgelisteten Pflanzen in Kästen und Töpfen statt.[2404] Aus dem Inventar geht weiter hervor, dass es noch eine Menge Obstbäume und -sträucher im Garten gab.

1796 setzte der Garteninspektor Godske eine Werbeanzeige ins „Flensburger Wochenblatt für Jedermann" mit dem Verzeichnis der Apfel- und Birnbäume, die es aus seiner Anzucht zu kaufen gab.[2405] Wie es zu dieser Zeit um die eigenen Obstbäume im Neuen Werk bestellt war, bleibt unklar. Die Quellen geben nach 1750 kaum noch Auskunft über Pflanzen im Garten, nur über Baumfällungen. Die letzte ausführlichere Nachricht entstammt dem Zustandsbericht bei Amtsantritt des Garteninspektors Hansen 1832, der ein trauriges Bild zeichnet: Es seien nur noch wenige alte Obstbäume vorhanden, nur an der Südwestseite des Herkulesteiches gebe es noch 19 Apfelbäume mit ordinärem Wirtschaftsobst in besserer Verfassung. Er konstatiert weiter, dass von feinen Obstsorten wie Pfirsichen, Aprikosen, Wein und Erdbeeren keine Spur mehr zu finden sei, auch keine gewöhnlichen Obststräucher wie Stachel- und Johannisbeeren, weder eine Baumschule, Mistbeete, Spargelanbau noch Blumen und deren Anzucht.[2406] Er selbst pflanzte aber wieder 28 Pfirsich- und Aprikosenbäume als Spalierobst an die Globusmauer.[2407]

Zusammenfassend kann festgestellt werden, dass das Neue Werk in der ersten Hälfte des 18. Jahrhunderts in Bezug auf seine Pflanzenausstattung immer noch zu den führenden deutschen und dänischen Gärten gehörte. Wenn man den Gottorfer Bestand 1727 anhand von Wimmers Tabelle für typische Kübelgehölze des Barock mit den gelisteten Gärten vergleicht, so gab es hier 40 der 47 genannten Gewächse. Diese hohe Quote wurde in vergleichbarem Zeitraum nur vom Karlsruher Garten 1733 mit 39 erreicht und dann erst wieder 1752 in Hannover-Herrenhausen mit 41 Pflanzenarten.[2408] Das Hauptinteresse galt nach wie vor auch auf Gottorf den Zitrus und den neueingeführten Arten. In beiden Bereichen spielten die Sortenvielfalt und Anzahl eine große Rolle, womit der Bestand im Neuen Werk die zeitgenössischen Ansprüche bis zum Verkauf der Orangerie erfüllte.

2.17. Das Ringelhaus

Erst 1717 wurde mit der Reparatur des Fußbodens etwas dafür getan, dass das Ringelhaus, das nach seiner Fertigstellung 1699 überhaupt nur etwa fünf Jahre intakt war, wieder der Hofgesellschaft zur Verfügung stehen konnte. Das war 1721 endlich der Fall, als auch der äußere Bretterumgang renoviert und die Holzpferde und Lehnstühle wieder zum Gebrauch montiert waren.[2409] Wie bei Gartenarchitekturen häufig, scheint dieses höfische Karussellgebäude nicht mit großer Stabilität und Qualität gebaut worden zu sein, denn nur sechs Jahre später bedurfte es schon wieder einer Reparatur, wobei wieder der Fußboden und der äußere Umgang instand gesetzt, jetzt aber auch das Schindeldach geteert wurde und der ganze Bau einen neuen Ölfarbenanstrich bekam. 1739 fanden eine Reparatur der Pferde und die Anfertigung von zwei neuen Lehnstühlen statt.[2410] Eine umfassende Reparatur u.a. mit einem Konservierungsanstrich innen und außen in perlgrau und weiß, also etwas anders als in herzoglicher Zeit, wurde schon wieder 1743 notwendig, außerdem auch die Planierung des Kellers mit Sand.[2411] 1750 kam dann zum ersten Mal die Überlegung auf, das Ringelhaus aufzugeben, aber Baumeister Müller meinte, man könne es mit wenigen Mitteln noch bis zu einer Hauptreparatur erhalten, woraufhin das um einen halben Fuß (0,14 m) aus dem Lot geratene Gebäude mit Holzstreben notdürftig abgestützt wurde.[2412] Nach weiteren 13 Jahren machte Baumeister Rosenberg den Vorschlag, das Ringelhaus seines schlechten Zustandes wegen wegzunehmen, weil die Reparatur „allzu hohe Kosten verursachen" und es dem „Garten weder zum Nutzen noch zur Zierde" gereichen würde. So wurde dieses Gartengebäude, das 64 Jahre im Neuen Werk gestanden hatte, mit der Resolution vom 25. Juli 1763 zum Abbruch verkauft.[2413]

2.18. Der Eiskeller im Neuwerkgarten

Der Neubau eines Eiskellers im Neuwerkgarten als Ersatz für den alten im Tiergarten wurde nach mehreren Versuchen 1797 endlich bewilligt.[2414] Er sollte – wie schon 1768 geplant – „auf dem Ringelberg" anstelle des abgerissenen Ringelhauses gebaut werden.[2415] Eine Bildquelle ist nicht erhalten, aber nach den schriftlichen Nachrichten zu urteilen, muss der neue Eiskeller ähnlich ausgesehen haben wie der, den Gottfried Rosenberg 1768 gezeichnet hatte (Abb. 249).[2416] Dieser hatte einen Außendurchmesser von 25,5 Fuß (7,3 m) und war aus Feldsteinen 20 Fuß (5,8 m) hoch gemauert (vgl. rechts den Profilriss C). Auf dem Fundament lag ein Holzrost (A), auf dem das Eis gelagert werden sollte. Wenn sich Schmelzwasser bildete, konnte es heruntertropfen und durch eine Reole abfließen (C). Der gemauerte Teil des Bauwerks war außen mit Erde angefüllt, so dass nur der mit Reet gedeckte, auf einer achteckigen Balkenlage aufgesetzte Dachstuhl sichtbar war (B u. C). An der Nordseite führte eine Feldsteintreppe zu einem ins Dach integrierten hölzernen Eingangsverschlag, von wo das Eis durch die Balkenlage eingebracht und wieder herausgeholt werden sollte. Auch diesmal legte Baumeister von Motz Wert darauf, das in das alte, noch erhaltene halbrunde Plankwerk eine Pforte eingebaut wurde, um das Eis vom nördlich des Gartens gelegenen Eisteich heranschaffen zu können.[2417] 1810 musste das Reetdach neu gedeckt und 1833 der gesamte Dach-

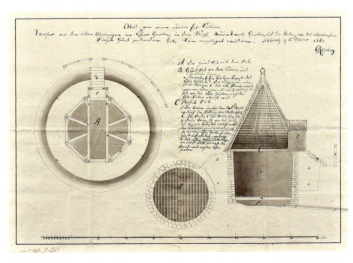

Abb. 249 Entwurf zu einem neuen Eiskeller im Neuwerkgarten an der Stelle des abgebrochenen Ringelhauses, Zeichnung von Gottfried Rosenberg, 12.10.1768, BQ: LASH, Rosenberg III

stuhl samt Eindeckung des nun als „verfallen" bezeichneten Eiskellers erneuert werden.[2418] Die letzte Nachricht von diesem Eiskeller stammt von 1868, als er noch einmal repariert wurde.[2419] Wann dieses Gebäude entfernt und stattdessen der noch heute existierende Eiskeller im Südwesten der Schlossinsel gebaut wurde, geht aus den Archivalien nicht hervor.

2.19. Das Garteninspektorat

Das Garteninspektorhaus von 1651, von dem wir uns am besten über den Rosenbergplan von 1771 eine Vorstellung machen können (Abb. 106), erlitt in der dänischen Zeit bei drei schweren Stürmen 1717, 1718 und 1720 starke Schäden. Das Wohnhaus befand sich insgesamt schon 1717 in schlechtem Zustand, der durch einen umgefallenen Baum im März 1818 noch gravierender wurde. Nach notdürftigen Reparaturen vor allem an den Dächern sämtlicher Gebäude des Anwesens fand aber erst 1723 eine große Instandsetzung des Wohnhauses statt, bei der u.a. die südliche Giebelwand neu gemauert und die Ost- und Westwand im Fachwerk repariert wurden. Auch abgesackte Kellerbalken unter der Wohnstube mussten gerichtet werden. Dazu kam der Bau eines neuen Abtritts.[2420] Böden und Decken im Wohnhaus mussten 1723 auch z.T. erneuert werden, und 1728 erfolgte noch der Einbau einer neuen Holzdecke im Saal. Außerdem wurden in diesem Jahr 24 Fach neues Plankwerk um das Grundstück des Garteninspektors gesetzt.[2421] Die Vervollständigung durch acht Fache rot angestrichenen Staketenzauns am Eingang zum Hofplatz und die Neubekleidung eines Giebels mit ebenfalls rot bemalten Brettern erfolgten 1737.[2422]

In diesem Jahr hatte Garteninspektor Johann Adam Clasen eigenmächtig auf der zur Dienstwohnung gehörenden Pferdekoppel südlich des Hauses, dem auf Henningsens Karte mit „III" bezeichneten Land (Abb. 250), einen kleinen Garten von 21 x 70 Fuß (6 x 20 m) neu angelegt, in dem er Petersilie kultivierte. Zur Verdeutlichung der Lage reichte Clasen eine Zeichnung (Abb. 251) ein, nachdem es zu einer Beschwerde des Fontänenmeisters Freudenreich gekommen war, der eine Beeinträchtigung möglicher Arbeiten an der Wasserleitung vom sogenannten Engelteich (rechts im Bild) zu den Figuren auf der Kaskade befürchtete. Der Garten ist links zu sehen. Clasen durfte letztlich den mühevoll angelegten Garten „der Zierde halber" behalten.[2423]

Bis zum Abriss 1772 gab es noch vier große Reparaturen am Wohnhaus: 1740/41 wurden u.a. die Dachgauben instand gesetzt und die Fachwerkwände des Wohnhauses, des Stalls und der Wagenremise saniert.[2424] Daneben war eine neue Aufmauerung des Küchenherdes mit Rauchfang, Wand und Schornstein bis zum Dach geplant, was aber erst 1745 durchgeführt wurde, als im Bereich der Küche und Diele noch andere Veränderungen anstanden. Die Wohnstube erhielt eine neue Stuckdecke und einen Windofen und die Gesellenstube einen neuen Kamin. Ein neuer Abtritt wurde gebaut und das Backhaus an Fundament, Wänden und Dach grundlegend renoviert und ein Abriss und Neubau des Backofenanbaus (Abb. 106) vorgenommen.[2425] 1750 mussten die Kellermauern aus Feldstein und das Dach über dem Wohnhaus und der angrenzenden Remise ausgebessert werden. Daneben wurden Instandsetzungen im Innern vorgenommen wie die Neumauerung des nördlichen Schornsteins im Saal mit Aufsetzung eines neuen, zweistöckigen Eisenofens, der Einbau einer neuen Treppe zum obersten Boden und die Erneuerung der Holzdecken und Fußböden in mehreren Wohnräumen.[2426] Die letzte größere Reparatur 1762 fand am Dach und den Fachwerkwänden des Wohn- und Backhauses statt, wobei u.a. auch der Backofenschornstein erneuert wurde.[2427] 1756/57 erhielt der nordöstlich des Anwesens liegende kleine Garten (Abb. 250, Land mit Bezeichnung II) aus den Resten des Plankwerks der Eisgrube im Tiergarten eine neue Einfriedung als Ersatz für den verrotteten Staketenzaun.[2428]

Im April 1771 begann Baumeister Gottfried Rosenberg einen Neubau des Gärtnerhauses zu planen, weil es nach Garteninspektor Dölners Urteil durch die Einsturzgefährdung des Daches

Abb. 250 Karte der Ländereien um Schloss Gottorf (Ausschnitt), farbig lavierte Federzeichnung von P. Henningsen, 1829, BQ: RAK, Henningsen

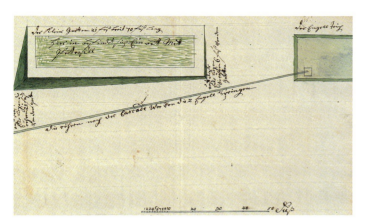

Abb. 251 Lageplan des 1737 neu angelegten kleinen Gartens und der Wasserleitung vom Engelteich (rechts) zur Kaskade, Zeichnung von J. A. Clasen, 1738, BQ: LASH, Clasen

remise, das aber nun weiter weg an der Nordostecke des Hofes platziert wurde (Abb. 253). Mit 2475 Rthlr wurde die Planung als zu teuer abgelehnt, woraufhin Rosenberg im Juni einen neuen Kostenvoranschlag für eine grundlegende, fast neubauwertige Reparatur des alten Hauses für knapp 1300 Rthlr einreichte, der aber auch nicht ausgeführt wurde. Stattdessen teilte die königliche Baukommission in zwei mitgeschickten Skizzen (Abb. 254 u. 255) Einsparmöglichkeiten durch konkrete Veränderungen in Rosenbergs Neubauplan mit. Aufgrund dieser Verkleinerung erstellte Rosenberg im Oktober einen neuen Anschlag, dessen Summe von 2064 Rthlr 47 ß bei der Auftragsvergabe 1772 noch einmal auf 1680 Rthlr gedrückt und dann genehmigt wurde.

Das neue, eingeschossig massiv über einer vollen Kelleretage gebaute Wohnhaus maß 50 x 40 Fuß (14,3 x 11,5 m) und stand frei, abgerückt von dem an das alte Haus rechtwinklig angebauten Stall weiter westlich direkt an der Gartengrenze mit der Fassade nach Osten (Abb. 253).[2430] Das äußere Erscheinungsbild und die Bauweise wichen wahrscheinlich nur wenig von Rosenbergs erstem Plan ab, nur dass die Achsenanzahl der Hauptfront von sieben auf fünf reduziert war und die rustizierten Risalite der äußeren Achsen fehlten (vgl. Abb. 252 mit Abb. 254 u. 255).[2431] Der überwölbte

und die „ausgewichenen" Wände nicht mehr bewohnbar war.[2429] Er lieferte einen Bericht an die Kopenhagener Rentekammer mit Kostenüberschlag und Zeichnungen zum Bau eines neuen, massiv gemauerten Wohnhauses (Abb. 252) und eines Fachwerknebengebäudes als Ersatz für die alte, ans Haus grenzende Wagen-

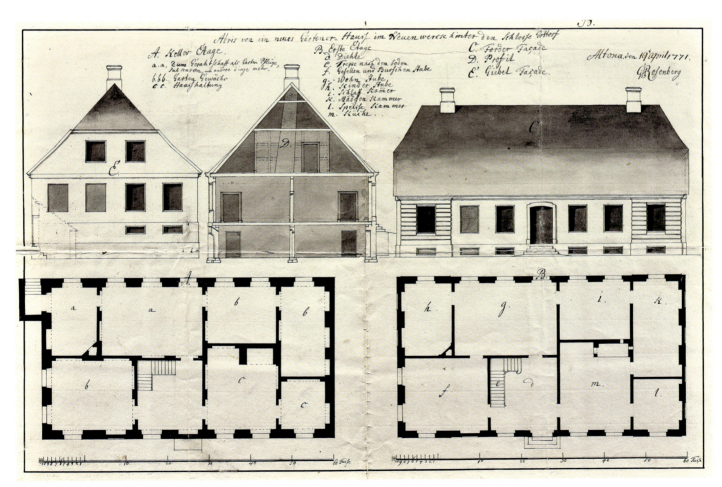

Abb. 252 Grundrisse, Ansichten und Querschnitt des neu zu bauenden Gärtnerhauses (Plan B), Federzeichnung von G. Rosenberg, 19.4.1771, BQ: LASH, Rosenberg IV

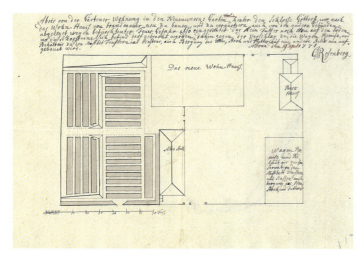

Abb. 253 Situationsgrundriss des Garteninspektoranwesens mit den geplanten Neubauten von Wohnhaus und Wagenremise (Plan ist gewestet), Zeichnung von G. Rosenberg, 19.4.1771, BQ: LASH, Rosenberg VI

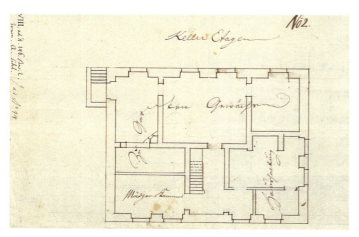

Abb. 254 Grundriss der Kelleretage des neuen Gärtnerwohnhauses, Zeichnung der königlichen Baukommission, 6.7.1771, BQ: LASH, Gärtnerhaus II

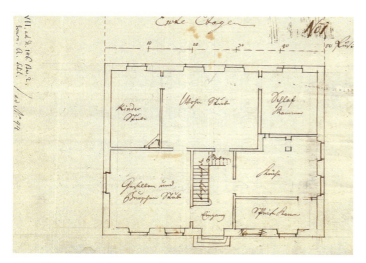

Abb. 255 Grundriss der ersten Etage des neuen Gärtnerwohnhauses, Zeichnung der königlichen Baukommission, 6.7.1771, BQ: LASH, Gärtnerhaus I

Keller erhielt 2½ Fuß (0,72 m) dicke Außenwände aus Granitquadern[2432] und Mauersteinen und 1 Stein dicke innere Scheidewände. Man konnte sowohl durch die Hausdiele als auch an der Südwestecke von außen in den Keller gelangen, wo sich eine Treppe in einem kleinen, gemauerten Anbau befand. In der Treppendiele war der Fußboden mit Fliesen, sonst überall im Keller mit Mauersteinen belegt. Durch die veränderte Planung, dass die Gartengerätschaften nun im neuen Nebengebäude aufbewahrt werden sollten, war im überall durch Fenster beleuchteten Kellergeschoss Platz in den drei westlichen Räumen für Gartengewächse, in der Südostecke für eine Mädchenkammer und in der Nordostecke für Hauswirtschaftsbelange (Abb. 254). Die hochgelegene Wohnetage (Abb. 255) war über eine Freitreppe mit fünf Stufen[2433] und eine zweiflügelige Haustür zu erreichen. Von der Eingangsdiele mit Treppenhaus lag linker Hand nach Süden die Gesellen- und Burschenstube. Geradeaus nach Westen betrat man die Wohnstube, von der aus nach Süden das Kinder- und nach Norden das Schlafzimmer abgingen. Die Küche lag rechts der Diele nach Norden und dahinter die Speisekammer. Alle Räume waren mit Holzfußboden ausgestattet bis auf die Eingangsdiele, die mit schwedischen Fliesen belegt war. Das Haus besaß zwei Schornsteine. Der eine stand im Dreieck von Kinder-, Wohn- und Gesellenstube, der andere ging vom gemauerten Küchenherd ab. Alle Zimmerdecken waren gegipst. In den Giebeln saßen je zwei Fenster, die zu Kammern gehörten, die vom Dachboden durch Scheidewände abgeteilt waren und die gleiche Ausstattung besaßen wie die Zimmer in der Wohnetage. Wie die Dachkammern genutzt wurden, ist nicht bekannt. 1809 wird noch ein Dachfenster erwähnt, dessen Lage unbekannt ist. Das Krüppelwalmdach war mit Pfannen gedeckt. Vor den Fenstern wurden Fensterläden angebracht.

Außerdem erhielt der Garteninspektor eine neue Wagenremise im Nordosten des dazu begradigten Hofplatzes (vgl. Abb. 106 mit Abb. 253) von 50 x 28 Fuß (14,3 x 8 m).[2434] Auf einem Feldsteinfundament wurde dazu ein Holzgerüst gezimmert, mit Brettern verkleidet und darauf ein mit Pfannen gedecktes Satteldach gesetzt. Hier sollten einerseits die Mistbeetfenster und -kästen und andererseits Heu, Stroh und Futter für die Tiere untergebracht werden. Nach Fertigstellung der neuen Gebäude wurde 1773 der nun vergrößerte Hofplatz mit Feldsteinen teils neu-, teils umgepflastert.[2435]

1809 fand zum ersten Mal eine größere Reparatur[2436] des inzwischen 37 Jahre alten Gärtnerhauses statt, das aber nun in der Nutzung für den Garteninspektor großzügiger war als 1772: Die Küche und Speisekammer hatte man in den Keller verlegt und die Gesellen und Burschen wohnten nun nicht mehr mit im Haus, sodass die Hauptetage einen „Saal" und vier Zimmer bot, die alle heizbar waren.[2437] Außer den Gebäuden von 1772 gab es zu diesem Zeitpunkt noch den alten Stall von 1657, der durch eine 9 Fuß (2,6 m) lange und 8,5 Fuß (2,4 m) hohe Mauer mit Tür mit dem Wohnhaus verbunden war. Vor 1770 waren die zwei nach Westen hin gelegenen Räume für das Gartenpersonal genutzt worden, während nun zumindest in dem äußeren Zimmer eine Gewächskammer für den Winter, aber ohne Ofen, untergebracht war. Das Backhaus von 1705 in der Nordwestecke des Anwesens war schon seit 1770 als Wohnung für die Gartengesellen und -burschen umfunktioniert worden. 1809 wird noch eine zweite „Wagen Remise" oder „Schauer" genannt, die genau den Raum „zwischen der Gesellen Wohnung und der grosen Remise" mit einer Größe von 29 x 17 Fuß (8,3 x 4,9 m) einnahm und deshalb auch an den Schmalseiten keine eigenen Wände besaß. Das Pfannendach ruhte auf Pfählen. Die Rückseite nach Norden war mit Brettern verkleidet, die Vorderseite zum Hofplatz hin offen. In den Quellen gibt es keine Nachricht über die Erbauung dieses Schuppens, der aber zwischen 1773 und 1809 errichtet worden sein muss, wobei der Zustand 1809 nicht mehr neu war.[2438] 1832 existierte das Gebäude nicht mehr.[2439]

Wegen starker Schäden durch die Einquartierung feindlicher Truppen mussten nach dem Kosakenwinter 1813/14 alle Gebäude des Anwesens wieder instand gesetzt werden.[2440] Dazu zählte auch das heizbare „Treibhaus" oder „Gewächshaus" im alten Stall, das nach der Reparatur beide Räume mit einer Länge von 21 Fuß (6 m) einnahm und nach Süden und Westen statt des alten Fachwerks nun Brandmauern mit vier Fenstern erhielt.[2441] Zehn Jahre später entstanden Sturmschäden am Wohnhaus, die aber erst 1826 mit einer großen Reparatur beseitigt wurden. 1827 folgte auf Beschwerde des Garteninspektors Nagel eine sehr notwendige Reparatur der „Scheune", die mit der 1772 neu gebauten großen Wagenremise zu identifizieren ist. Das Gärtnerwohnhaus und der alte Stall von 1657 wurden erneut 1832/33 anlässlich des Dienstantritts des Gartensinspektors Ernst Friedrich Hansen instand gesetzt.[2442]

Das alte Backhaus stufte Bauinspektor Wilhelm Friedrich Meyer dagegen als nicht mehr reparaturfähig ein. Nachdem 1834 noch die westliche Mauer eingestürzt war, beantragte Hansen den Abriss und einen Ersatzbau mit Gewächshaus und auch den

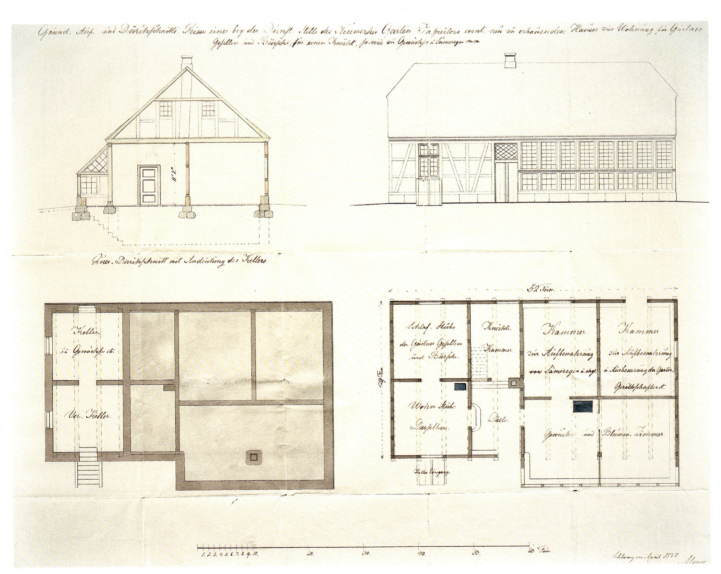

Abb. 256 Unausgeführter Entwurf eines Nebengebäudes als Wohnung für die Gärtnergesellen mit Gewächshaus, Zeichnung des Bauinspektors W. F. Meyer, April 1837, BQ: LASH, Meyer VI

Abriss des alten Stalles.²⁴⁴³ Der Stall blieb stehen, aber für den Neubau einer Wohnung für die Gartengesellen und Lehrjungen reichte Meyer einen Kostenvoranschlag und einen Riss im April 1837 (Abb. 256) bei der Rentekammer ein. Dieser Entwurf, mit dem Meyer auf einer Grundfläche von etwa 52 x 29 Fuß (15 x 8,3 m) sowohl Wohnräume für das Gartenpersonal als auch ein Treibhaus und Lagerräume für Sämereien und Gartengerätschaften miteinander vereint hatte, wurde als zu groß und zu teuer abgelehnt. Nach Aufforderung sandte Meyer einen neuen Vorschlag ein, wobei das Haus die Größe des alten Backhauses nicht überschreiten sollte. Der mit 35 x 23 Fuß (10 x 6,6 m) wesentlich kleinere und mit 1031 Rbthlr nur halb so teure zweite Kostenvoranschlag mit Zeichnung (Abb. 257) wurde dann genehmigt. Dieses massiv gemauerte Haus verzichtete auf Keller und Treibhaus und sah von der Vordiele aus symmetrisch aufgeteilt vier Räume vor, links der Eingangstür ein Wohn- und ein Schlafzimmer für die Gärtner, rechts zwei Kammern für Sämereien und Gartengeräte. Das Krüppelwalmdach sollte mit Pfannen gedeckt, die Giebel – der eine mit Luke, der andere mit einem Fenster ausgestattet – mit Brettern verkleidet werden. Als Fußböden waren Fliesen geplant bis auf eine Feldsteinpflasterung in der Kammer für Gartengeräte. Die Erbauung des Hauses übertrug die Rentekammer per Kontrakt dem Garteninspektor. Für die o.g. Bausumme sollte er das alte Backhaus abreißen, wobei die alten Materialien ihm überlassen wurden, und das von ihm veranschlagte Haus und ein mit dem neuen Haus in Verbindung stehendes neues Gewächshaus bauen. Eventuelle Abweichungen von Meyers Planung sollten abgesprochen werden. Ende 1838 war das Projekt abgeschlossen. Erst durch den Plan und das Inventar von 1872²⁴⁴⁴ (Abb. 258), wo dieses Gebäude als „Nebenhaus" bezeichnet ist, wird deutlich, dass das neue Haus genau auf dem Standort des alten Backhauses errichtet wurde und in welcher Weise Hansen ein Gewächshaus damit verband: An der Südseite war das Haus um die Hälfte verbreitert worden und nach Süden mit einer Fensterfront versehen. Eine Heizmöglichkeit und der Zugang sind nicht eingezeichnet. Neben dem in zwei Räume unterteilten Gewächshaus, das statt eines Fußbodens mit Erdreich zum Pflanzen ausgestattet war, dienten die vier Zimmer des Hauses 1872 als Wohnstube, Schlafzimmer, Küche und Kammer. Den Hauseingang hatte Hansen nach Norden verlegt und im Flur zwei Schornsteine statt nur einem gebaut (vgl. Abb. 257 mit 258).

1839 wurde die sogenannte „Scheune" noch einmal repariert.²⁴⁴⁵ Zum letzten Mal wird dieses Gebäude als „Schuppen" im Inventar von 1872 erwähnt (Abb. 258) mit der Bemerkung, dass es zum Abbruch bestimmt sei. Heute ist es nicht mehr vorhanden.

Bis 1853 wurde das Gärtnerwohnhaus definitiv noch als solches genutzt.²⁴⁴⁶ Wann der letzte Garteninspektor, Jess, auszog, ist nicht bekannt. 1864 jedenfalls diente es als „Arsenalwache", bevor am Ende des Jahres eine Anzeige in den „Schleswiger Nachrichten" zur Vermietung des Anwesens geschaltet wurde. Nach einigen Reparaturen an den Gebäuden erfolgte von 1865 bis 1868 die Vermietung an verschiedene Militärbedienstete.²⁴⁴⁷ Das 1838 gebaute Nebengebäude war inzwischen auch vermietet worden. Bis 1871 wurden immer wieder Renovierungsarbeiten an beiden Gebäuden beantragt und zum Teil ausgeführt. Bis mindestens 1894 hat das 1872 eingezeichnete Nebengebäude noch gestanden (Abb. 259, ganz links im Bild). Heute ist es nicht mehr vorhanden. Ebenso wenig ist bekannt, wann der alte Stall von 1657 abgerissen wurde. Auf einem Stich von Ludwig Mertens von etwa 1850 (Abb. 260) ist er noch dargestellt, während er auf dem Situationsplan von 1872 (Abb. 258) nicht mehr gezeigt ist, dafür aber ein anderes als „Stall" bezeichnetes Gebäude im Norden des Garteninspektorhofes. 1865 und 1869 wird ein „neues Stallgebäude" erwähnt, das massiv aus gelben Ziegeln mit Granitsockel und abgewalmtem Pfannendach auf einer Grundfläche von 13,2 x 6,7 m gebaut war, wohl als Ersatz für das alte, baufällige Gebäude.²⁴⁴⁸ Ob der neue Stall (Abb. 250) noch existiert, ist unklar. Heute steht ungefähr dort, wo der Schuppen gestanden hat, ein mit den Giebeln west-östlich ausgerichtetes kleines, verputztes Nebengebäude mit Krüppelwalm-Pfannendach, das aber nachträglich noch einen Anbau in südliche Richtung erhalten hat (Abb. 261). Das ganze Anwesen mit Wohnhaus wurde ab Ok-

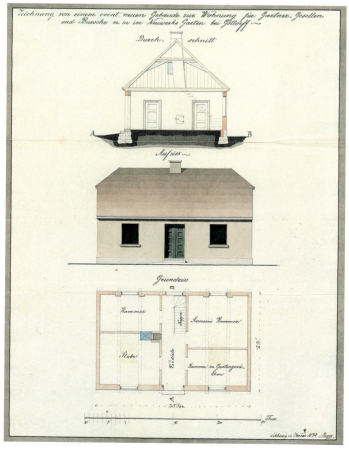

Abb. 257 Querschnitt, Ansicht und Grundriss eines 1838 errichteten Nebengebäudes als Wohnung für Gärtnergesellen, Zeichnung von W. F. Meyer, Januar 1838, BQ: LASH, Meyer VII

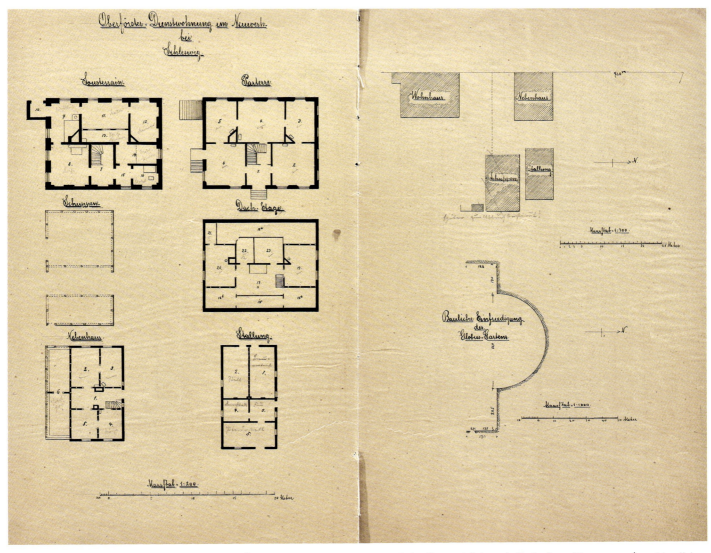

Abb. 258 Grundrisse und Situationsplan (gewestet) der Oberförsterdienstwohnung beim Neuwerk (ehemals Garteninspektoranwesen) und bauliche Einfriedung des Globusgartens, Zeichnung zum dazugehörigen Inventar v. 4.6.1872, BQ: LASH, Oberförsterhaus

Abb. 259 Ansicht des ehemaligen Garteninspektorhauses mit dem zwischen 1872 und 1894 gebauten Giebel vom Blauen Teich aus (Westen), Fotografie von 1894, aus Dreesen 1894, Blatt 15

Abb. 260 Das Garteninspektoranwesen am Neuwerk um 1850, Stahlstich von C. L. Mertens als eines von mehreren Randleistenbildern auf einem Blatt mit 15 Ansichten von Schleswig und Umgebung, BQ: LB, Mertens I

2. GESCHICHTE DER EINZELNEN GARTENGEBÄUDE UND -TEILE 271

Abb. 261 Luftbild des Forstamtes (ehemaliges Garteninspektoranwesen): links unten Wohnhaus mit Westgiebel und Veranda, nordöstlich davon am Rondell Nebengebäude mit Anbau nach Süden, Aufnahme 1985, aus Weldt 1985, S. 30

tober 1871 der Oberförsterei Schleswig als Dienstwohnung für den Oberförster zugeschlagen und blieb bis zu dem kürzlich erfolgten Verkauf in dieser Funktion.[2449] Aus dem Plan von 1872 (Abb. 258) sind einige Veränderungen ersichtlich gegenüber dem Zustand von 1832[2450]: Der südöstliche Raum des Erdgeschosses (Nr. 6) hatte inzwischen eine Außentür mit Holztreppe in den Garten erhalten. Im Keller hatte man die Küche in die Südostecke verlegt und daneben, beim Ausgang, eine Waschküche eingerichtet (Nr. 8 u. 9). In der Nordostecke gab es nun einen „Klosettraum" (Nr. 16), und alle anderen Kellerräume waren hauswirtschaftlichen Funktionen zugeordnet. Im Dachgeschoss wurde jetzt die gesamte Fläche genutzt: neben den in den Giebeln liegenden Schlafzimmern (Nr. 19 u. 20) gab es noch zwei in der Mitte liegende, unbeleuchtete Kammern (Nr. 22 u. 23), während die durch eiserne Dachfenster belichteten Dachschrägen an der West- und Ostseite als Abseiten (Nr. 18) dienten. Dieses 1772 unter Rosenberg gebaute Wohnhaus des Garteninspektors ist heute noch vom Neuwerkgarten aus hoch über dem blauen Teich sichtbar (Abb. 259), hat aber seit 1872 äußerlich noch zwei Umbauten erfahren: zum einen wurde an der Westseite ein großer, bis zum First reichender Giebel und andererseits neben der Eingangstür an der Ostseite eine Art Veranda gebaut (Abb. 261).

2.20. Der Tiergarten

Der auch für die Gartenbesucher interessante Fest- und Speiseplatz der Herzöge im Tiergarten, die Achtkant westlich des Neuwerks, war schon 1705 nicht mehr existent. In diesem Jahr stellte Bauinspektor Christian Albrecht Thomsen zwar die Möglichkeit vor, dort einen „Pavillon" wieder zu errichten, was aber abgelehnt wurde.[2451] Zuletzt taucht der Ort 1728 in den Bauakten auf, wo Thomsen konstatiert, die Achtkant habe schon so viele Jahre wüst gelegen, sei ganz verfallen und davon gar nichts mehr vorhanden.[2452] Allerdings erinnert auch noch Ulrich Petersen in den 1730er Jahren an die allerdings „vormalige" Achtkant.[2453] Dagegen wurde das nördlich davon befindliche Küchengebäude 1711 mit der dabei liegenden Brücke über den Bach außen und innen „zum Gebrauch in Standt gesetzt". Eine weitere Reparatur geschah 1720/21. 1726 fehlten schon die Fenster, während das Haus an sich in gutem Zustand war, wie Thomsen mitteilt. Danach gibt es keine Nachrichten mehr von diesem Gebäude, dessen völliges Verschwinden in den Quellen nicht einmal mehr erwähnt wird.[2454]

In der dänischen Zeit verlor der Gottorfer Tiergarten weitgehend seine höfische Funktion als Jagdgebiet und wurde deshalb 1750 niedergelegt.[2455] Dazu resolvierte die Rentekammer, das Plankwerk abzubrechen und größtenteils für die Einfassung des Neuwerkgartens, aber auch zur Umfriedung des Eiskellers und den Rest zum Verkauf zu nutzen. Der erst 1746 grundlegend instand gesetzte Eiskeller sollte nun dem Garteninspektor unterstellt werden. Dem Amt Gottorf wurde der Grund und Boden zur Verpachtung als Viehweide übertragen. Der letzte bis dahin amtierende Tierwärter Johann Georg Glantz erhielt eine Pension[2456], die Tiere wurden versteigert, die Wildhütten auf Abbruch und ebenfalls das Tierwärterhaus mit der Genehmigung zu einem Gastgewerbe verkauft.[2457] Behauene Steine, die Ruth Prange der noch heute im Gelände sichtbaren Achtkant zuordnet, wurden 1750 bei der Aufgabe des Tiergartens zur Gottorfer Materialkammer im Herrenstall transportiert.[2458] 1760 umfriedete man den ehemaligen Tiergarten von neuem, diesmal mit einem Graben und Wall mit Brüstung, um die jungen Bäume, die Jägermeister von Gruttschreiber dort ziehen wollte, vor dem Abfressen durch Wild zu schützen. Die Untertanen des Amtes Gottorf, die sowohl in herzoglicher als auch in königlicher Zeit für die Einfassung dieses Geländes zuständig gewesen waren, wurden allerdings von den Kosten der Errichtung befreit und nur zur künftigen Unterhaltung verpflichtet. Das Gelände diente nun aber nicht mehr als Jagdgebiet, sondern forstwirtschaftlichen Zwecken.[2459]

Die Größe des Tiergartens zu dieser Zeit gibt die zwischen 1786 und 1791[2460] entstandene Karte von Eckhusen (Abb. 18) wieder, worauf folgende Teile deutlich erkennbar sind: die Lage des Eiskellers mitten im Gelände, das Tierwärterhaus nordwestlich des Neuwerks (A), der Eisteich nördlich des Gartens und die Bauten der ab 1770 durch Claus Delfs errichteten Walk-, Stampf- und Lohmühle mit Wohnhaus (B), für das der Eigentümer 1777 auch die Konzession einer Krügerei erwarb.[2461]

Die Schankwirtschaft im ehemaligen Tierwärterhaus wechselte seit dem Verkauf 1750 häufig den Besitzer, weil der Betrieb durch die hohe Abgabensumme nicht wirtschaftlich war. 1802 endete sie ganz.[2462] Der Kammerherr Georg Christian von Stemann erwarb das Anwesen und baute dort ein Landhaus, das nach seinem Nachfolger, dem Hardesvogt Franz von Seestern-Pauly bis heute Paulihof genannt wird.[2463]

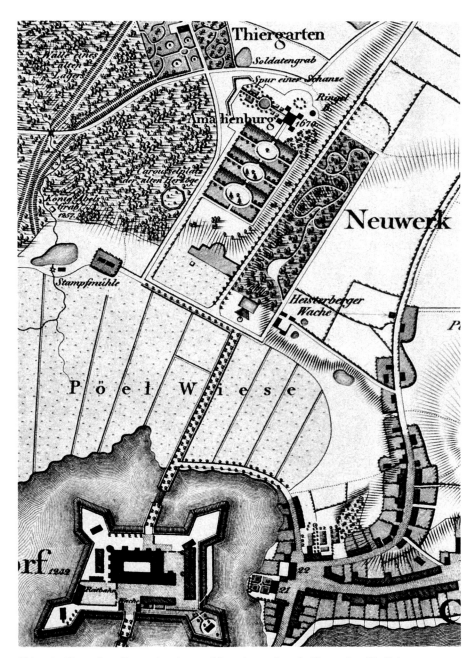

Abb. 262 Ehemaliger Neuwerkgarten und Umgebung, Ausschnitt aus dem Stadtplan von Schleswig von Johannes von Schröder, 1823, BQ: RAK, v. Schröder

Der Eiskeller im Tiergarten musste alle paar Jahre repariert werden. 1739 errichtete man einen Zaun rund herum zum Schutz des Daches vor dem Wild, der 1750 durch ein Plankwerk und 1758 durch einen 4 Fuß (1,15 m) hohen, mit Soden bedeckten Wall aus Feldsteinen ersetzt wurde.[2464] 1768 war die Eiskuhle in so schlechtem Zustand, dass der Baumeister Gottfried Rosenberg den Vorschlag machte, einen neuen Eiskeller auf der Grube des abgebrochenen Ringelhauses im Neuwerkgarten zu bauen, wozu er auch eine Zeichnung einreichte (Abb. 249). Der Rentekammer erschien das Projekt aber zu teuer, weswegen sie die Reparatur der alten Eiskuhle verfügte.[2465] Eine erneute Überlegung zur Verlegung des Eiskellers 1792 wurde von der Rentekammer wieder abgelehnt[2466], aber nur fünf Jahre später, 1797, bekam Baumeister v. Motz die Bewilligung für einen Neubau auf dem von Rosenberg angedachten Standort. Schon 1791 sprach für den Neubau nicht nur der verfallene Zustand der alten Eisgrube, sondern auch die Ruhe, die eintreten werde, wenn die zur Auffüllung des Eiskellers verpflichteten Untertanen der Ahrensharde nicht mehr mit Eiswagen und Schubkarren die Tiergartenhölzung täglich bevölkern würden, wie Hausvogt Jacobsen argumentierte.[2467] So wurde also 1797 die alte Eiskuhle im Tiergarten endgültig aufgegeben.

Die Einfriedung des sogenannten Pöhler- und Tiergartengeheges wurde 1800 noch einmal instand gesetzt.[2468] Neben der Holzwirtschaft diente das durch Pforten zugängliche Gelände seit Anfang des 19. Jahrhundert nicht nur „den auf Gottorf wohnenden hohen Herrschaften", sondern auch „herkömmlich beständig […] vielen Spaziergängern aus der Stadt Schleswig" als „Vergnügungsort".[2469] Diese Funktionen und den an die höfische Zeit erinnernden Namen hat das jetzt nicht mehr umfriedete Gebiet bis heute behalten.

3. Zusammenfassung

Die politische Umbruchzeit ab 1700 und besonders ab 1713 hinterließ im Neuwerkgarten deutliche Spuren. Bis 1726 ist der Zustand des Neuwerkgartens durch große Unregelmäßigkeiten, Verwilderung und Baufälligkeit gekennzeichnet. Bernhard Kempe widmete sein Interesse hauptsächlich der Pflanzensammlung und den Gewächshäusern, wodurch der Garten auf diesem Gebiet immer noch zu den führenden deutschen und dänischen Gärten gehörte. Unter dem Bauinspektor Themsen konnte in den Jahren 1729 und 1730 die Skulpturenausstattung erneuert und ein modernes, repräsentatives zweiflügeliges Glashaus gebaut werden. Eine für den Garten auf Jahrzehnte konstruktiv nachhaltige Phase trat erst 1734 und 1736 mit den Bestallungen des Baumeisters Otto Johann Müller und des Fontänenmeister Johann Friedrich Freudenreich ein, was eine Instandsetzung der Wasserkünste einschließlich der Kaskade zur Folge hatte. Das verwilderte Gartengelände wurde in dieser Zeit unter dem Garteninspektor Johann Adam Clasen und unter seinem Nachfolger David Christopher Voss wieder in einen repräsentativen Zustand versetzt, der aber nicht von Dauer war. Ohne die Grundform zu verändern, passten Clasen und Voss den Garten dem Stil der Zeit vorsichtig an, indem sie die Parterregestaltung modernisierten und sogar Wege in der Wildnis anlegten. Mit dem Tod des Fontänenmeisters und Bildhauers Freudenreich 1766 verschlechterte sich die personelle Situation dauerhaft mit Auswirkung auf die Erhaltung der Wasserkünste. Der große Bruch in der Gartengeschichte kam aber erst am 3. Juni 1768 mit der Resolution König Christians VII., die den Abriss des Globushauses und die Aufgabe der Orangerie samt dem dazugehörigen Gebäude verfügte, gleichzeitig aber auch die Instandsetzung von Kaskade und Amalienburg anordnete. Durch den Verkauf der Pflanzensammlung sank die Bedeutung des Gartens und des Garteninspektors. Seither profitierte der Neuwerkgarten nur noch von seiner früheren Berühmtheit. Die eigentliche Zäsur erfolgte aber erst 1779, als mit der Zusammenlegung des Garteninspektor- und Fontänenmeisterpostens radikale Sparmaßnahmen getroffen und der Fokus nur noch auf Wirtschaftlichkeit und die Wasserversorgung des Schlosses gelegt wurde. Die Wiedereinführung einer separaten Fontänenmeisterstelle vier Jahre später zeigte das Scheitern dieses Versuchs, änderte aber nichts an der reduzierten Pflege des Gartens, die schließlich nur noch in der Erhaltung der Hauptwege, des Plankwerks, der Globusmauer und der Kaskade bestand, die als einziges Bauwerk des Gartens durch einen Umbau 1834 erhalten geblieben ist. Einhergehend mit immer wieder auftauchenden Überlegungen, den Garten ganz aufzugeben, verfiel das Gelände immer weiter u.a. durch die Trockenlegung des Herkulesteiches 1795 und den Abriss der Amalienburg 1826, dem zwei interessante Entwürfe Christian Frederik Hansens für einen Ersatzbau vorausgegangen waren. Auch der Vorschlag des vorletzten Garteninspektors Ernst Friedrich Hansen, die Terrassenanlage in einen Landschaftsgarten umzuwandeln, wurde abgelehnt. Schon vorher, in der Zeit ab 1713, wurde keine durchgreifende Modernisierung hin zu einem klassischen französischen Garten vollzogen, weil das Gelände wegen der Terrassierung und der fehlenden axialen Schlossanbindung keine guten Voraussetzungen dafür bot. Es fand nur eine Übernahme einzelner Elemente statt wie bei der Binnengestaltung der Parterres und Boskette, nicht aber in der Platzierung dieser Elemente im Garten. So blieben also die Grundstrukturen des Neuen Werkes auch über das Ende der Gartennutzung 1853, die darauffolgende militärische Zeit und anschließende Aufforstung erhalten, was die Grundvoraussetzung bildete, um den historischen Terrassengarten 2007 wieder sichtbar und erfahrbar zu machen.

VI. RESÜMEE UND WÜRDIGUNG

Durch die Dokumentation der Entstehung des Neuen Werkes und die Rekonstruktion des Gartens im 17. Jahrhundert auf der Basis einer Auswertung aller bekannten Quellen wird zum ersten Mal ein umfassender Überblick zum Thema gegeben mit vielen neuen Forschungsergebnissen, worunter die spektakulärsten die Kaskade am Garteneingang und die Orangerie betreffen. Auf dieser Erkenntnisgrundlage konnte die kunsthistorische Beurteilung dieses Gartenkunstwerkes im Kontext des 17. Jahrhunderts und seine Bedeutung für die Repräsentation am Gottorfer Hof herausgearbeitet werden, die ebenfalls viele neue Aspekte und Verbindungen ergaben. Dabei hat sich erwiesen, dass die Gottorfer Terrassenanlage als ein maßgeblich aus Italien, aber auch aus Frankreich und den Niederlanden inspiriertes Gesamtkunstwerk anzusehen ist, das durch seine Monumentalität und die außergewöhnliche, individuelle und innovative Ausstattung mit Globus und anderen Kunstkammerexponaten, mit Lusthäusern, Wasserkünsten, Skulpturen wie der kolossalen Herkulesgruppe und den Kaiserbüsten, vielfältigen Pflanzenhäusern und einer großen, berühmten Pflanzensammlung zu den führenden Gärten des 17. Jahrhunderts in Nordeuropa gehört. In ihm finden sich durch die Gestaltung mit den Mitteln der Perspektive und des Point de vue sowie der künstlerischen Zusammenfassung der Terrassenfolge durch die Symmetrieachse klar erkennbare barocke Tendenzen, sodass er als erster Barockgarten nördlich der Alpen gelten kann in der stilistischen Übergangsperiode bis 1680 noch vor der Entstehung der großen Barockgärten im klassisch-französischen Stil in Nordeuropa. Damit nimmt die Gottorfer Terrassenanlage eine bedeutende Stellung innerhalb der Gartenkunstgeschichte dieses geografischen Bereichs ein. Der Garten erweist sich als wichtiger Bestandteil der höfischen Repräsentation, wozu maßgeblich die Herrscher- und Herkulesikonographie, die große Prachtentfaltung in der Ausgestaltung der Amalienburg und der Orangerie von 1690 sowie die Aloeblüten beitragen. Zugleich wird mit der Herkulesfigur schon für die Zeit Friedrichs III., aber noch klarer mit dem Zyklus der Kaiserbüsten und der Orangerie unter Christian Albrecht eine politische Aussage vermittelt, die das Selbstverständnis und den Herrschaftsanspruch der Gottorfer Herzöge als souveräne Fürsten in einer Zeit permanenter politischer und territorialer Auseinandersetzungen mit dem eigentlichen Lehnsherrn, dem Königreich Dänemark, spiegelt. Diese Situation zeigt sich auch in der fortwährenden Konkurrenz mit dem dänischen Königshof auf kulturellem und gartenkünstlerischem Sektor, der in der Rezeption des Neuwerkgartens ablesbar ist. Die Arbeit leistet weiterhin einen wichtigen Beitrag zur Beurteilung Herzog Christian Albrechts, der aufgrund der vorgelegten Forschungen als Ideengeber für neuartige und außergewöhnlich aufwendige Bauvorhaben im Neuen Werk hervortritt und als gleichwertige Persönlichkeit gegenüber seinem Vater erscheint.

Die Darstellung der Geschichte des Gartens nach 1713 bis ins 21. Jahrhundert anhand der Quellen vervollständigt das Bild des Gartens, der durch seinen Bedeutungsschwund als einer der vielen königlich dänischen Gärten nur in seiner Ausstattung kontinuierlich dezimiert und schließlich als Garten aufgegeben wurde statt zum Landschaftsgarten umgeformt zu werden. So kann dieses bedeutende gartenkünstlerische Gesamtkunstwerk des 17. Jahrhunderts in Nordeuropa noch heute durch seine Wiederherstellung Zeugnis ablegen von der Blütezeit der Gottorfer Kultur.

ANMERKUNGEN ZU KAPITELN I–VI

1   Arbeitskreis Historische Gärten im DGGL 1989, S. 174.
2   Wolke 1962, S. 55. Es ist von einer Akte mit dem Titel „Betr. den Alten Garten zu Gottorp und das Neue Werk; Thiergarten 1624–1712" die Rede, die im zuständigen Findbuch des LASH (Hector 1977, Bd. 1, S. 20) verzeichnet ist mit dem Hinweis, sie sei durch Plünderungen des Ausweichmagazin in Kronshagen in den Jahren 1946/47 verloren gegangen.
3   Weil die Residenz Gottorf von 1713 bis 1867 zu Dänemark gehörte und von der Kopenhagener Rentekammer verwaltet wurde, danach aber in preußischen Besitz überging, sind die Rentekammerakten aufgrund der Archivauslieferungsverträge zwischen Preußen und Dänemark 1864 und nach 1920 geteilt worden, so dass sich in beiden Institutionen große Bestände an schriftlichen und bildlichen Archivalien zum Neuwerkgarten befinden. Von der Verfasserin wurde der Versuch gemacht, die Archivalien zum Neuen Werk möglichst vollständig zu erfassen.
4   Zur direkten und einfacheren Nachprüfbarkeit auch für diejenigen, die die Veröffentlichung von Paarmann nicht zur Hand haben, wurde im Teil 2 dieser Arbeit unter der Nummer 1. IV. des wissenschaftlichen Apparates ein Anhang zum Quellenverzeichnis erstellt, der die LASH-Signatur, Rechnungsjahrgang und nähere Angaben zur Herkunft der einzelnen Quellennummern bei Paarmann ausweist.
5   Göttsch 1983, S. 164.
6   Alle drei Inventare sind in Transskription publiziert im Anhang 2, Nr. 2, 9 u. 11. Der Pflanzplan befindet sich in LASH 7/187, fol. 31–39, vgl. auch Transskription in Anhang 2, Nr. 8.
7   BQ: LASH, Joh. Mejer I u. BQ: KBK, Joh. Mejer II.
8   So wie Schlee 1979, S. 40.
9   Hierzu genauer in Kap. III 3.1. u. 4.3.
10 BQ: LB, Joh. Mejer III. Eine weitere, auf Mejers Plänen fußende Darstellung ist die 1655 publizierte BQ: LB, Zeiller (Abb. in Klose/ Martius 1962, S. 112). Die Schematisierung zeigt sich bei beiden Bildquellen besonders am Alten Garten, bei Zeiller auch an der Binnenzeichnung des Neuwerkgartens, weshalb diese Quelle nicht zur weiteren Interpretation herangezogen werden kann.
11 BQ: NMK, 1. Gottorfer Kaskade und BQ: KBK, Weyandt.
12 BQ: LMV, Kaskade, publiziert in Mecklenburgischer Planschatz 2020, S. 372f. Die Kenntnis dieser Bildquelle verdanke ich dem freundlichen Hinweis von Dr. Bernd Brandes-Druba.
13 LASH 7/6826, pag. 565–677. In Anhang 2, Nr. 13 ist der vollständige Text zum Neuwerk und Tiergarten transskribiert.
14 Paarmann 1986, S. 55. Seine Vermutungen der Datierung auf 1708 und möglichen Autorschaft unter den damals auf Gottorf beschäftigten Baumeistern gingen aber in die richtige Richtung. Neuerdings schreibt Paarmann die Quelle Hinrich Schwartz zu, vgl. Felix Lühning 1997, S. 13, Anm. 3. Lühning 2011, Anm. 5, S. 113 schreibt das Inventar nun fälschlicherweise Christian Albrecht Thomsen zu, während Anja Wiesinger 2015, S. 423, Anm. 453 sie wieder richtig Schwartz zuordnet.
15 Die Vorgeschichte der Erstellung des Inventars ist lang und undurchsichtig. Am 18.8.1707 berichtete der Schlosshauptmann Persius von Löhnsdorff, dass er mit dem „Inventario auffm Schloße u: gärttens" lange fertig sei und derzeit der Registrator Otto Wentzel alles ins Reine schreiben lasse. Ein Jahr später teilte er mit, dass Bauinspektor Thomsen um die Anfertigung eines Inventares von Schloss Gottorf bitte (LASH 7/6536, Briefe v. 18.8.1707 u. 18.10. 1708). Gleichzeitig dazu, Anfang Oktober 1708, wurde Freiherr von Schlitz gen. Görtz, der Leiter der Gottorfer Vormundschaftlichen Regierung und Verwaltung, angewiesen, Inventare vom Schloss mit allen Pertinenzen anfertigen zu lassen, womit dieser wenige Tage darauf Thomsen beauftragte (LASH 7/184, Brief an Görtz v. 4.10.1708 u. von Görtz v. 8.10.1708). Der Bauinspektor Thomsen erhielt am 31.12.1708 einen neuen Vertrag zur Unterhaltung und Reparatur der Residenz Gottorf mit einer Gültigkeit vom 1.1.1709 bis 1717, vgl. LASH 7/184. In seiner Gottorfer Bestallung vom 6.2.1709 (LASH 7/229, fol. 457–462) wurde der Baumeister und Kontrolleur Hinrich Schwartz unter den Punkten 2 u. 3 folgendermaßen instruiert: „Hat er ein Vollständiges Inventarium nach der gnädigst verordneten und Ihm zuertheilenden methode mutatis mutandis von gemeldeter hochfürstl. Residence cum pertinentiis [...] zuerrichten [...]." Zur Erstellung bekommt er sechs Monate Zeit. Die Bestallung enthält auch die Anweisung, die Arbeit des „Entrepreneurs" Thomsen genauestens zu kontrollieren. Der für diese Arbeit relevante Teil des Inventars ist im Wortlaut zu finden in Anhang 2, Nr. 13.
16 Auch Gerhard Eimer 1961, S. 112, Anm. 29 kam schon zu der Ansicht, dass dieser Plan das Original sein muss. Eine der Kopien, BQ: RAK, Dallin II, ist vermutlich aus der gleichen Zeit, möglicherweise von Dallin selbst gezeichnet, unterscheidet sich aber durch gröbere und ungenauere Zeichnung und geringfügige orthographische Abweichungen in der Legende vom Original. Der Verfasserin war es leider nicht möglich, den Plan im Reichsarchiv anzusehen, da er zum Zeitpunkt ihres Aufenthaltes nicht auffindbar war. Die Beurteilung erfolgte anhand von Fotos. Zwei weitere Kopien stammen etwa aus der Mitte des 18. Jahrhunderts, wobei das Eutiner Exemplar als Kopie von J. E. Randahl signiert und auf 1730 datiert ist (BQ: ASSE, Dallin III) und das Stockholmer Blatt durch die ähnliche Art der Zeichnung vermutlich auch von Randahls Hand ausgeführt wurde, vgl. dazu auch Eimer 1961, S. 112. Die letzte Kopie (SMS, Schmidt (Dallin V)) ist signiert „copirt und gezeichnet von A. v. Schmidt". Eine Datierung fehlt. Die Verzierungen des Titels, des Maßstabs und der Signatur deuten auf eine Entstehung Ende 18./Anfang 19. Jh. hin. Dieser Plan weicht in seiner gesamten Erscheinung stark ab vom Original in der Königlichen Bibliothek.
17 Handschrift in der Gutsbibliothek Nehmten, Kreis Plön. Die Verfasserin bereitet derzeit eine Transskription des Reisetagebuches vor.
18 LASH 7/184 u. 188, Baustaaten.
19 Zum Aufbau des Systems der Rentekammerakten vgl. Prange 1968 u. Prange/Wenn 1993, S. 893ff.
20 BQ: LASH, Themsen I; BQ: RAK, Müller I; BQ: LASH, Thurah I; BQ: LB, Lönborg I u. LASH, Lönborg II; BQ: HMDH, Projektplan Neuwerk unter Christian VII. Keiner der hier genannten Pläne gibt ein vollständig authentisches Bild des Gartens wieder, z.B. zeigt Müller einen veralteten Stand des Orangeriereals, oder Lönborg vergisst bei seiner Darstellung den Blauen Teich.
21 RAK, Håndskriftsamling, Gruppe I, Ulrich Petersen, Vol. 16–17. Die Kapitel 112 über das Neuwerk und 113 zum Tiergarten sind in Anhang 2, Nr. 15 transkribiert nachzulesen. In einem Gutachten zu Petersens Manuskripten

wird festgestellt, dass er vor 1713 mit der Niederschrift begonnen haben muss, denn die Formulierung, wo die Stadt Schleswig liegt, deutet darauf hin, nämlich „in dem nunmehro Souverainen, Absoluten, Lehn- und Dienst-Freÿen Hertzogthum" (TKIA, B 166, 1735–36. Breve til Arkivsekretær Eskel Lohmann m. fl. Sager ang. Erhvervelsen af Ulrik Petersens Samlinger. Vgl. zu Ulrich Petersen zuletzt Braunschweig, 2010.

22 Zu Jürgensen vgl. Philippsen 1928, II, S. 224f.
23 Vgl. Anhang 1, Biographien.
24 Schillmeier 1989, S. 112.
25 Zwar werden die entscheidenden Aufsätze von Thietje 1986 und Paarmann 1986/87 in ihrer Dissertation genannt, aber vom Inhalt her nicht berücksichtigt. So weiß Schillmeier nichts vom Umbau der Kaskade in den Jahren 1833/34, die dem Bauwerk sein heutiges Aussehen verlieh. Sie stellt auch Schlees Tessin-These keineswegs in Frage, obwohl Paarmann die Bauphase 1692/93 an der Kaskade schon vorsichtig als Wiederaufbau beschrieben hatte, womit die künstlerische Leistung des Bildhauers an der Kaskade einen ganz anderen Stellenwert erhält als Schillmeier annimmt.
26 Vgl. de Cuveland 1989. Dort schreibt sie auf S. 44f.: „Die topographische Einordnung der im Verzeichnis [gemeint ist das Pflanzeninventar von 1655] aufgeführten Quartiere [...] innerhalb eines Gartengrundrisses muss einer noch ausstehenden Rekonstruktion des Neuwerk-Gartens vorbehalten bleiben."
27 V. Buttlar/Meyer 1996, Aufsätze von Messerschmidt, Lühning, Paarmann, Schulze u. de Cuveland auf den Seiten 533–562; Asmussen-Stratmann 1997.
28 Christensen 1999, S. 40–54 u. 198–219.
29 In ähnlicher Weise sind alle anderen Beiträge der Verfasserin aus den Jahren 2004 bis 2014 zu werten, vgl. Literaturverzeichnis.
30 Lühning 2011 u. Köster 2017. Beide kennen nicht alle Quellen bzw. haben sie z.T. nicht selbst angesehen. Dazu genauer in Kap. III 4.22.
31 Wörner 1991 u. 1994; Schlüter 1992; Meyer 2001; Guratzsch 2001/2002; Schneider 2004 u. 2006 I u. II; Garniel/Mierwald 2001; Mierwald 2002; Ringenberg 2006; Krausch 2003; Kühn 2006 I u. II; Lau 2006.
32 Anna Franziska von Schweinitz 1999 praktiziert diesen Forschungsansatz einer Nutzung des Gartens als historische Quelle und formuliert ihn folgendermaßen: „Ein Residenzgarten wird zu bestimmten Zeiten von hoher Aussagekraft für die Landesgeschichte sein. Die Aussage wird sich auch auf die Rolle, die das Territorium im Reich spielt, vielleicht mehr aber noch auf die Rolle, die es gerne spielen würde, beziehen" (S. 12).
33 Hans H. Sievert: Das Neuewerk in Gottorf in seiner rosenkreuzerischen Beziehung (Manuskript), freundlicher Hinweis von Johannes Habich; Schneider 2009.
34 Die vielen, zwar erfassten und in Kap. V 2.16. ausgewerteten Quellen zum Pflanzenbestand des Neuwerks im 18. Jahrhundert können aus Platzgründen hier nicht publiziert werden.
35 Diese Kapitel gehören zum zweiten Teil seiner Stadtchronik. Der erste Teil ist in zwei Bänden 2006 und 2012 publiziert worden in der Bearbeitung von Hans Braunschweig, hrsg. von der Gesellschaft für Schleswiger Stadtgeschichte (befindet sich nicht im Literaturverzeichnis).
36 Die folgende Darstellung beruht im Wesentlichen auf der ausführlichsten Beschreibung dieses Gartens von Paarmann 1986, S. 9–16.
37 Paarmann 1986, S. 9.
38 Dokumentiert ist diese Bezeichnung z.B. in BQ: KBK, Joh. Mejer II.
39 Dazu grundlegend Jahnecke 1999, S. 41–59, vgl. dort Abb. 6 auf S. 45.
40 Schmidt 1916, S. 284; Paarmann 1986, S. 10. Christensen 1999, stellt allerhand Vermutungen zu diesem Garten an, die aber jeder Quellengrundlage entbehren. Sie ist z.B. der Meinung, der terrassierte Berg im östlichen Teil des Neuwerks sei ein Relikt des Hesterberg-Gartens, der vermutlich von den Wallensteintruppen zwischen 1627 und 1629 zerstört wurde (S. 42 u. 275).
41 Haupt Bd. 3 1889, S. 14.
42 Paarmann 1986, S. 12.
43 Olearius 1663, S. 135.
44 Vgl. zu Clodius und seiner Wohnsituation Anhang 1, Biographien.
45 BQ: RAK, Gottorfer Residenz 2. Hälfte 17. Jh.; BQ: KBK, Dallin I.
46 Zu Lewon vgl. Anhang 1 Biographien. Über den Garten schrieb Thietje in: v. Buttlar/Meyer 1996, S. 563–566.
47 Zur Biographie Friedrichs III. vgl. Bøggild Andersen 1935 I und Kellenbenz 1961 I.
48 Schlee, in: Borzikowsky 1981, S. 11; Paarmann 1986, S. 133 und de Cuveland 1989, S. 32, die ihre Information von H. Koch, Sächsische Gartenkunst, S. 21ff. bezieht. Zuletzt noch Schlee 1991, S. 40.
49 Vgl. dazu ausführlich und quellenorientiert bei Buttgereit 1997.
50 Olearius 1663, S. 363 berichtet von Friedrichs Fähigkeiten in der hebräischen Sprache.
51 Buttgereit 1997, S. 72.
52 Schlee 1991, S. 10.
53 Die Nachrichten über die Reise befinden sich in LASH 7/58, wo z.T. die Stationen genannt werden. Wenn Bøggild Andersen 1935 I, S. 285 und de Cuveland 1989, S. 18 schreiben, dass diese Studienreise über Nürnberg, Regensburg und Augsburg verlief, so liegt hier wohl eine Verwechslung mit der zweiten Kavaliertour Herzog Adolfs 1619/20 nach Italien vor, für die zumindest die Aufenthalte in Nürnberg und Augsburg belegt sind, vgl. LASH 7/59.
54 Bøggild Andersen 1935 I, S. 286.
55 Vgl. dazu Claussen, in: Gottorf im Glanz des Barock 1997, Bd. 1, S. 107–109.
56 Dehio 1994, S. 802; Wendt 2000, S. 37–41. Zu den Stuckaturen grundlegend Rinn 1997. Zu Friedrichs Bautätigkeit gehören auch Neubauten für die Hofhaltung auf und außerhalb der Schlossinsel, wie z.B. Zeughaus, Kornhaus, Reithaus und Laboratorium (vgl. Mai, in: Gottorf im Glanz des Barock 1997, Bd. 1, S. 93) und 1654 der Jägerhof. Pauschale Aussagen dazu finden sich bei Jürgensen 1822, S. 140 u. Oldekop 1906, S. VIII 92. Die meisten dieser Gebäude sind bisher noch kaum erforscht, weshalb größtenteils keine Baudaten vorliegen.
57 Zu Clodius vgl. Anhang 1 Biographien u. Anhang 2, Nr. 1.
58 Zur Politik Friedrichs III. und den kriegerischen Ereignissen vgl. Kellenbenz 1985, S. 23ff. und Rathjen, in: Gottorf im Glanz des Barock 1997, Bd. 1, S. 29–34.
59 Gottorfer Kultur 1965, S. 36.
60 LASH 7/75 I.
61 Ein Kupferstich dieses Ereignisses ist abgedruckt in Gottorfer Kultur 1965, S. 64.
62 Andresen/Stephan 1928, I, S. 22 bringen den „verfeinernden Zuschnitt" des Gottorfer Hofes ganz allgemein mit der Regierungszeit Friedrichs III. in Verbindung. Bøggild Andersen 1938, S. 329 und Höpel in: Gottorf im Glanz des Barock 1997, Bd. 1, S. 238 aber besonders mit Maria Elisabeth.
63 Gudewill 1956, Sp. 567.
64 Schlee 1991, S. 12 u. 40 weist auf ihr eigenes Sammelinteresse z.B. von Uhren hin.
65 De Cuveland 1989, S. 14f., 19f., 38, 85 und 1994, S. 36, 45 u. 64. Sie kaufte z.B. Gemälde, Kupferstiche, Bücher und Pflanzen ein und ließ den Blumenmaler Hans Simon Holtzbecker für sich arbeiten. Dass der Husumer Garten florierte, zeigt die Tatsache, dass die Agave americana, die 1668 im Gottorfer Neuwerk Blüten ansetzte, aus Husum stammte, und von dort 1666/67 auch Melonen an den Schleswiger Hof gebracht wurden.
66 Hierzu ausführlich zuletzt Kiecksee, in: Gottorf im Glanz des Barock 1997, Bd. 1, S. 110–115.
67 Vgl. Olearius 1647 u. 1656. Das Werk wurde in viele Sprachen übersetzt. Zur Person des Olearius zuletzt Lohmeier, in: Gottorf im Glanz des Barock 1997, Bd. 1, S. 349–353.
68 Gottorf im Glanz des Barock 1997, Bd. 1, S. 559, Kat. Nr. 252. Schlee, in: Borzikowski 1981 bemerkte allerdings zu Recht schon zu diesem Zeitpunkt, dass die Idee wohl aus Sachsen stammte, aber dort aus Gründen des Krieges nicht publiziert wurde (S. 11).
69 LASH 7/6798.
70 Insgesamt investierte Friedrich etwa 126.000 Rthlr, von denen er etwas mehr als die Hälfte durch eine erste Sondersteuer erstattet bekam, vgl. Kellenbenz 1985, S. 27.
71 Rathjen, in: Gottorf im Glanz des Barock 1997, Bd. 1, S. 32.
72 Friedrich verkaufte das Amt Bramstedt an den Grafen Christian Rantzau für 170.000 Rthlr, vgl. Bøggild Andersen 1935 I, S. 288.
73 Olearius 1663, S. 294, 299f. und 317 berichtet ausführlich darüber: 1649 heiratete die älteste Tochter Friedrichs III., Sophie Augusta, den Fürsten Johann von Anhalt–Zerbst, 1650 vermählte sich Prinzessin Maria Elisabeth mit

Ludwig VI. Landgrafen von Hessen-Darmstadt und 1654 wurde die Hochzeit von Magdalena Sibylla mit Gustav Adolf Herzog von Mecklenburg-Güstrow begangen. Zu den Festlichkeiten zuletzt Höpel, in: Gottorf im Glanz des Barock 1997, Bd. 1, S. 237–243.

74 Olearius 1663, S. 301 u. 318.
75 Schlee 1991, S. 26. Wohl aus Kostengründen wurde dieses Vorhaben jedoch nicht sofort realisiert.
76 Zum Gottorfer Globenpaar zuletzt im Überblick Lühning, in: Gottorf im Glanz des Barock 1997, S. 367–373 und ausführlich ebenfalls Lühning 1997.
77 De Cuveland 1989, S. 67. Dieses Werk wird heute im Kupferstichkabinett des Kopenhagener Statens Museum for Kunst verwahrt.
78 Vgl. zu Friedrich Clodius auch Anhang 1 Biographien unter Johannes Clodius.
79 De Cuveland 1989, S. 67. Zu ergänzen ist hier noch, dass auch Friedrichs Interesse an der Alchimie zum Ausdruck kommt. Auf Gottorf hatte er zu diesem Zweck ein Laboratorium einrichten lassen.
80 Hesse 1706, Vorrede.
81 LASH 7/1068. Der Neutralitätsvertrag mit Brandenburg v. 15.11.1658 sah vor, dass die Bibliothek und Kunstkammer unangetastet blieben. Zu den Gärten heißt es dort: „Der Globus auff den Newen Wercke, nebst allem denen waß sich aldar in den gemächern und gebäuden befindet, soll unverrücket, und zu Sr. fürstl. Dhl. freyen disposition, auch unter dero Bedienten Verwahrung bleiben, und niemandten gestattet werden, das geringste darauß zunehmen, odr daran, wie auch an beyden gärten Waßerkünsten, Bäumen und Früchten etwaß zuverderben."
82 Zu Christian Albrecht vgl. die ausführliche Biographie von Auge 2016. Zum Regierungsantritt vgl. daselbst S. 67ff.
83 Vgl. Auge 2016, S. 48f.
84 Lohmeier 2008, S. 192. Zu den näheren Umständen dieser sonst unüblichen Gleichzeitigkeit vgl. Auge 2016, S. 54–58.
85 Gottorf im Glanz des Barock 1997, Bd. 1, S. 560, Kat. Nr. 259: Der Titel lautet: Giovanni Alto/Giacomo Lauro: Splendore dell' antica e moderna Roma, Rom 1641.
86 Olearius 1662, S. 345 berichtet, Christian Albrecht sei mit seiner Schwester nach Pommern gereist. Bøggild Andersen 1934 II, S. 164 erwähnt die Kriegsteilnahme. Vgl. zu der Reise ausführlicher Auge 2016, S. 59–67.
87 Rathjen, in: Gottorf im Glanz des Barock 1997, Bd. 1, S. 34.
88 Abbildung in: Gottorf im Glanz des Barock 1997, Bd. 1, S. 451. Nähere Angaben zum Bildinhalt bei Drees, in: Gottorf im Glanz des Barock 1997, Bd. 1, S. 254ff. Ovens war schon Hofmaler bei Friedrich III., verließ die Herzogtümer aber 1657, um in Amsterdam zu arbeiten. Zu Jürgen Ovens zuletzt grundlegend Köster 2017.
89 Ellger 1966, S. 519. Vgl. auch Kellenbenz 1985, S. 200.
90 Auge 2016, S. 85.
91 Die Reise kann hier nur in ganz groben Zügen angedeutet werden. Die Handschrift befindet sich in der Gutsbibliothek Nehmten, Preis Plön. Das Tagebuch scheint von Christian Albrecht selbst aufgesetzt zu sein, die vorliegende Niederschrift stammt aber vermutlich von Augustus von Axen. Vgl. auch Auszug Reisebeschreibung, 1821, der einen kurzen Abriss der Reise gibt.
92 Reisebeschreibung 1662, Bibliothek Gut Nehmten, S. 17f.
93 Zum ersten Mal wird er in QuP 1032 erwähnt.
94 Biernatzki 1889, S. 7; Schmidt 1903, S. 49.
95 Vgl. Schmidt 1903, S. 55. Schlee 1965, S. 47 und Behling/Paarmann 1981, S. 4 sprechen von einer neuen Ausgestaltung der Staatsräume.
96 Vgl. Auge 2016, S. 96–110 mit weiteren Hinweisen zu neuer grundlegender Literatur.
97 Vgl. Alberts 1996, S. 346. Dieser erste Botanische Garten existierte bis etwa 1684.
98 Kellenbenz 1985, S. 30. Zu den genaueren Zusammenhängen vgl. auch Auge 2016, S. 54–58.
99 Vgl. Schmidt 1903, S. 49; Lohmeier 2006 I, S. 73; Auge 2016, S. 86, die leider keine direkten Quellen benennen.
100 LASH 7/1428. In seinem Brief v. 16.5.1667 schreibt Christian Albrecht, dass er in Salzburg war. Kellenbenz 1985, S. 207 nennt versehentlich den Gottorfer Gärtner „Etter" statt „Tatter".
101 Vgl. Hertzogthümer Schleßwig=Holstein 1703, Teil III, S. 9; Bracklow 1847, S. 142; Fuhrmann, in: Gottorf im Glanz des Barock 1997, Bd. 1, S. 38ff., zuletzt ausführlicher Greinert 2014, S. 67f. u. Auge 2016, S. 111–119.
102 LASH 7/137.
103 Christensen 1999, S. 287.
104 De Cuveland 1997 I, S. 234, Anm. 3.
105 Major 1668, S. 14f.
106 Schröder, in: Gottorf im Glanz des Barock 1997, Bd. 1, S. 295.
107 Gudewill 1956, Sp. 568f.; Richter 1985, S. 300 erwähnt auch Christian Albrechts großes Interesse an der Hamburger Oper während seiner Exilzeit ab 1675.
108 Zu den internationalen Verflechtungen Dänemarks und Gottorfs vgl. ausführlich Fuhrmann, in: Gottorf im Glanz des Barock 1997, Bd. 1, S. 40–48.
109 Vgl. Bøggild Andersen 1935 II, S. 325; Kellenbenz 1941, S. 68 u. Greinert 2014, S. 162ff.
110 LASH 7/138. Vgl. auch Auge 2016, S. 122f., der hier auf unveröffentlichte Forschungen von Melanie Greinert zurückgreift, in denen sie eine glückliche und funktionierende Ehe zwischen Christian Albrecht und Friederike Amalie nachweist.
111 Christian Albrecht übernahm von seinem Vater Schulden in Höhe von eineinviertel Millionen Rthlr, s.o. im Kapitel zu Friedrich III. Zur Finanzsituation ab 1675 vgl. Fuhrmann, in: Gottorf im Glanz des Barock 1997, Bd. 1, S. 40 u. 44 und zuletzt Auge 2016, S. 123f., dessen Ausführungen über die finanziellen Hilfen der Herzogin das gute Verhältnis des Paares untermauern.
112 LASH 7/184, Brief v. 25.5.1677.
113 LASH 260/83.
114 Auge 2016, S. 123.
115 RAK TyRtk B 132, 8. Packen. Der Gärtner im Neuwerk, Michael Gabriel Tatter, war von dieser Situation betroffen, vgl. Biographie Tatter in Anhang 1.
116 Auge 2016, S. 142.
117 LASH 7/183, Berichte v. 15. u. 18.7.1689 aus Gottorf. Vgl. auch Kellenbenz 1941, S. 80ff., wo der Bericht vom 18. Juli abgedruckt ist.
118 Gudewill 1956, Sp. 569. Zu Foertschs weiterem Wirken für den Gottorfer Hof vgl. Schröder 1997, S. 295f.
119 Schlee 1979, S. 24; Dehio 1994, S. 802; Habich u.a. 1998, S. 70. Christian Albrecht hatte – zumindest in den 1680er Jahren – auch einen Garten in Hamburg, von dem wir allerdings kaum etwas wissen (QuP 1397).
120 Rigsarkivet Stockholm, Eriksberg Arkiv, Nicodemus Tessin d. y:s samling: 1 bt Resedagbok 1687, S. 6 (das Original ist ohne Seitenzahlen). Der Text ist auch abgedruckt bei Schlee 1965, S. 49f. Zum Aufenthalt Tessins auf Gottorf 1690 vgl. Schlee 1965, S. 50.
121 Gut unterrichtet darüber sind wir durch die Berichte des dänischen Gesandten am Gottorfer Hof, Hans Statius Hagedorn nach Kopenhagen an Thomas Balthasar von Jessen aus den 1690er Jahren (RAK TKIA B 85). Am 16.11.1692 berichtet er, dass Magnus von Wedderkop, einer der führenden Gottorfer Politiker, dem Herzog 30.000 Rthlr vorgeschossen habe gegen die Überlassung der Ämter Tremsbüttel und Steinhorst. Die Stimmung am Hof sei allgemein schlecht, weil die Hofbedienten seit zwei Jahren keine Gehälter bezogen haben, der Herzog aber schon geschafft habe, 200.000 Rthlr Schulden abzutragen. Am 18.2.1693 schreibt Hagedorn von einem Geldgeschenk über 30.000 Rthlr des Präsidenten Kielmann an Christian Albrecht und 1694 vom Kieler Umschlag, bei dem sich der Herzog in Zahlungsschwierigkeiten befindet (Briefe v. 16.1. u. 24.1.1694). Dass die finanzielle Lage insgesamt desaströs war, zeigen Lohmeier 2006 I, S. 77 u. Auge 2016, S. 123f., S. 137 u. S. 148f. auf.
122 Schlee 1965, S. 50 resümiert nach der Lektüre des Tessinschen Tagebuchs von 1687: „Aber man erfährt nicht, welchen besonderen Auftrag Tessin auf Gottorf zu erfüllen hatte." Ob und worin der Einfluss Tessins auf die Gottorfer Baumaßnahmen bestand, wird im Einzelnen noch zu klären sein in den entsprechenden Kapiteln der Arbeit, vgl. Kaskade und Orangerie.
123 Vgl. Richter 1985, S. 302f. und Schröder 1997, S. 296.
124 Christensen 1999, S. 48f., 287, 289, 292. Ihr Vater, König Friedrich III., modernisierte den Garten von Rosenborg und ließ in Frederiksdal auf Nordseeland einen neuen Garten an-

125 Zu Schloss und Garten in Kiel vgl. Alberts 1996, S. 346f. und zuletzt Neumann 2019. Zur Musik vgl. Gudewill 1956, Sp. 570.
126 Negative Beurteilung vgl. Bøggild Andersen 1934 II, S. 166; Kellenbenz 1957, S. 236; Lohmeiers Nachwort, in: Olearius 1656/1971, S. 38*; Kellenbenz 1985, S. 30; Lohmeier 2006 I, S. 78. Zu positiver Einschätzung vgl. Schmidt 1903, S. 51; Hirschfeld 1964, S. 105; Schlee 1991, S. 52. Zu einer fairen Beurteilung, die auch die Zeitumstände einrechnet, gelangt Auge 2016, S. 152ff.
127 Die besten Überblicksdarstellungen liefern die Ausstellungskataloge Gottorfer Kultur 1965 und Gottorf im Glanz des Barock 1997, Bd. 1.
128 Zur Geschichte dieser Institution und ihrer Bestände vgl. Gottorfer Kultur 1965, S. 251–259; Merckens 1982 und zuletzt Lohmeier 1997 I. Schmidt 1957, publizierte das Verzeichnis von 1590, das schon fast 700 Bücher umfasste.
129 Von Friedrich III. ist dies mehr bekannt als von Christian Albrecht, aber Drees 1997 I, S. 24 weist explizit auf das große Interesse Christian Albrechts hin.
130 Vgl. Sach 1866, S. 12 u. Kellenbenz 1985, S. 203.
131 De Cuveland 1989, S. 26.
132 Schlee 1991, S. 83.
133 Die beiden mit „Catalogus bibliothecae Gottorpiensis" betitelten Inventare befinden sich heute in der Landesbibliothek Oldenburg, Oldenburg und in der Eutiner Landesbibliothek, Eutin.
134 Vgl. de Cuveland 1989, S. 25. In dem Oldenburger Pechlin-Katalog von 1709 sind z.B. Kunstbücher und Topographien unter den „Libri Genealogici, Chronologici et Rei literariae", Architekturbücher unter den mathematischen und Werke über Botanik bei den „Libri Medici" verzeichnet.
135 Eine vollständige Rekonstruktion des Bestandes an Architektur-, Malerei-, Skulptur-, Gartenbau- und Botanikwerken ist dabei nicht möglich, u.a. weil die Titeleintragungen nicht immer genau auf den Inhalt eines Buches schließen lassen. Diese spezielle Arbeit ist vielleicht durch Experten möglich, führt aber im Rahmen dieser Arbeit zu weit. Lohmeier 1997 I, S. 338 weist außerdem explizit darauf hin, dass in der Gottorfer Bibliothek viele Werke möglicherweise als Vorlagen für die Gestaltung der Gärten gedient haben könnten, die aber bei Pechlin nur pauschal als „Große Bilder Bücher" o.ä. registriert und dadurch nicht genau identifizierbar sind, wobei es sich wohl um großformatige Kupferstichwerke gehandelt hat. Bewusst wurden auch einige der unzähligen Werke zur Militärbaukunst nicht in die Liste aufgenommen. Eine Übersicht über den Bestand der Gottorfer Bibliothek an naturwissenschaftlich-botanischer Literatur unter Einbeziehung des Eutiner Pechlin-Katalogs und anderer Quellen publizierte bereits de Cuveland 1989, Anlage I, S. 109–111.
136 De Cuveland 1989, S. 26. Aber auch Lücken sind festzustellen, z.B. fehlten auf Gottorf die Bücher von Heinrich Hesse, Peter Lauremberg, Le Pautre, Mollet und Salomon de Caus.
137 Diese sind nur sporadisch durch Belege aus den Rentekammerrechnungen bekannt.
138 Lohmeier 1997 I, S. 332 und de Cuveland 1989, S. 26.
139 Zur Geschichte vgl. Sach 1866, S. 12–14, dann Schlee, in: Gottorfer Kultur 1965, bes. S. 280–299 und zuletzt ausführlich Drees 1997 I. Zum Bestand der Kunstkammer vgl. Gottorf im Glanz des Barock 1997, Bd. 2.
140 Vgl. Drees 1997 I, S. 14.
141 König Friedrich III. von Dänemark bewunderte die Sammlung 1652 (vgl. Schlee, in: Gottorfer Kultur 1965, S. 283). 1659 besuchte der Kurfürst von Brandenburg die Gottorfer Kunstkammer und übergab Olearius „etliche Kunststücklein" als Ergänzung (Olearius 1663, S. 378).
142 Drees 1997 I, S. 11. Die erste Auflage kam 1666 heraus, 1674 die zweite, ein Nachdruck erfolgte noch einmal 1703, vgl. Olearius 1666 u. 1674.
143 Drees 1997 I, S. 12.
144 Drees 1997 I, S. 12.
145 Kellenbenz 1985, S. 199.
146 Zuletzt erschöpfend bearbeitet in Lühning 1997.
147 Dazu genauestens Lühning 1991.
148 Hier wird der Einfachheit halber nur vom „Alten Garten" gesprochen, obwohl diese Anlage erst ab 1662 zur Unterscheidung zum „Neuen Werk" „Alter Garten" genannt wurde. Vorher gab es verschiedene Bezeichnungen für diesen Garten, vgl. Paarmann 1986, S. 17, der den Alten Garten grundlegend behandelt und auf dessen Forschungen diese kurze Vorstellung des Alten Gartens beruht.
149 Die Lebensdaten sind nicht bekannt. Man weiß auch nicht, warum er nur von Mai 1624 bis April 1625 auf Gottorf war. Paarmann 1986, S. 132 vermutet, dass er ein reisender Gartenkünstler gewesen ist. Zu Mulier vgl. auch Paarmann 1986, S. 104.
150 Zur Person des Johannes Clodius vgl. Anhang 1, Biographien, S. 7–11 u. Anhang 2, Nr. 1.
151 Zur Geschichte dieses auch „langer Stall" genannten Gebäudes vgl. Prange 1969, S. 31–35 und Paarmann 1986, S. 17–23 u. 69–73.
152 Alle hier verwendeten bildlichen Quellen zeigen den Alten Garten in vollendetem Zustand. Es sind keine früheren Bilddokumente erhalten.
153 Paarmann 1986, S. 114.
154 Paulus 2016 I, S. 102 (Prag); Balsam 2015, S. 36 (Dresden).
155 Christensen 1999, S. 228. Allerdings widerspricht sie sich selbst, indem sie auf S. 231 sagt, dass erst 1658 eine beheizbare Kräuterstube auf Rosenborg erwähnt wird.
156 Paarmann 1986, S. 119.
157 Zur Biographie von Voss vgl. Anhang 1, Biographien. Er war ab 1749 Garteninspektor im Neuen Werk.
158 Paarmann 1986, S. 37.
159 Ovid 1974, Liber III, S. 95–101. Das Buch war sowohl in einer französischen Ausgabe von 1619 als auch als Bilderfolge von Kupferstichen in der Gottorfer Bibliothek vorhanden (vgl. Anhang 3, Nr. 13).
160 Kassel besichtigte Friedrich III. ebenfalls auf seiner Kavaliersreise 1615, während der Einfluss aus Dresden erst mit den Heiratsabsichten des Gottorfer Herzogs einsetzt, also relativ spät.
161 Von Du Cerceaus Stichwerk „Les plus excellents bastiments de France", das 1576–79 erschienen war, befand sich auf Gottorf nur der erste Band in einer Ausgabe von 1607. Die Gartenentwürfe von Vredeman de Vries mit dem Titel „Hortorum Viridariorumque formae" waren in der Ausgabe von 1583 vorhanden (vgl. Anhang 3, Nr. 12 u. 13).
162 Paarmann 1986, S. 7.
163 QuP 290. Die Schreibweisen in den Quellen sind äußerst vielfältig, wobei auch einige wenige Male Abweichungen in der Benennung oder Zusätze zu finden sind, z.B. „Newer Garten" (QuP 289), „newangelegter Garten in Pöhl" (QuP 382), „Fürstl. Newenwerck" (QuP 487), „uff Ihr Fstl. Dhl. neuen wercke" (LASH 7/4570), „Lustgartenn auff dem newen werck" (QuP 801), „HochFürstl: Lustgarten" (LASH 7/187, fol. 13). Seit Mitte des 18. Jahrhunderts geht die Entwicklung immer mehr zu unserem heutigen Sprachgebrauch, indem vom „Neüen=Wercks Garten (LASH 66/9253, Nr. 176), „Neuen Werck" (RAK, Håndskriftsamling, Gruppe I, U. Petersens Samling, Vol. 17, pag. 837) oder dem „Königl: Gottorffischen Neue-Wercks-Garten" (RAK TyRtk C 84, Inventar v. 15.1.1750) die Rede ist.
164 In der Literatur ist bisher nur selten das richtige Jahr genannt worden (Seebach 1985, S. 207; Paarmann 1986, S. 18 u. 38; Wörner 1994, S. 215), meistens zeichnen sich die Angaben zur Datierung seit Anfang des 19. Jahrhunderts bis in die Gegenwart (z.B. Jürgensen 1822, S. 152 u. Habich u.a. 1998, S. 79) durch Ungenauigkeiten aus.
165 QuP 345, 318, 480 u. 991, vgl. auch Paarmann 1986, S. 17f. Diese Tatsache wird aus der Arbeit mit den Quellen deutlich und ist von großer Wichtigkeit bezüglich der Identifizierung der für den Neuwerkgarten relevanten Rechnungsbelege.
166 Zu den geologischen Verhältnissen des Gartengeländes vgl. LASH 168/78 II, Bericht des Garteninspektors Hansen 1841; LASH 66/

166 ... 3531 II, Bericht des Baumeisters v. Motz 1802; Degn/Muuß 1966, S. 31; Schneider 1983, S. 5f.; Riedel/Packschies/Müller 1989, S. 56; Wörner 1994, S. 212.
167 BQ: KBK, Lorenzen: Stadtplan Schleswig von 1871.
168 Die Maße beruhen auf den Angaben bei Jürgensen 1822, S. 152, die alle anderen Autoren danach übernehmen: 2100 Fuß Länge, 1150 Fuß Breite der Südseite, 1300 Fuß Breite der Nordseite, mit dem Zusatz „alt holsteinisch Maaß", weshalb die Umrechnung in dem bis 1768 in den Herzogtümern gesetzlich vorgeschriebenen Lübecker Fuß, der 0,28762 m entspricht, erfolgte, vgl. auch Lorenzen-Schmidt 1990, S. 24 zu alten Maßeinheiten. Merkwürdigerweise spricht Meyer 1994, S. 42 von nur 12 ha „gesamter historischer Fläche des Fürstengartens".
169 Wörner 1994, S. 212. Die oberste Terrassenstufe hat eine Höhe von 35,4 m ü. NN. Christensen 1999, S. 41 gibt an, dass der als Reservoir dienende Teich nördlich des Neuwerks auf einer Höhe von 41 m ü. NN liegt.
170 Jürgensen 1822, S. 139.
171 Wörner 1991, S. 7.
172 Schneider 2001/02, S. 266.
173 Danckwerth/Mejer 1652, Bd. 1, S. 110.
174 Thurah 1749, Bd. 2, S. 247.
175 Schlee 1965, S. 38f. Zur Datierung des Tiergartens vgl. nächstes Kapitel.
176 QuP 289. Ein Bericht von 1658 bestätigt, dass die Norderbrücke aus Holz war, vgl. Opitz 1978, S. 93.
177 Sowohl für den Bau des Dammes als auch für die Pflanzung der Ulmen gibt es keine Abrechnungen, die sich direkt zuordnen lassen. Christensen 1999, S. 41, bezieht die hohen Summen, die dem Bauinspektor Hecklauer im Januar und Februar 1640 ausgezahlt wurden, auf die Aufschüttung des Dammes, was m.E. in der Datierung nicht passt und außerdem in der allgemein gehaltenen Quelle mit keinem Wort auch nur angedeutet wird (QuP 340). Für die Pflanzung der Ulmen kann nur spekuliert werden: Als Voraussetzung für die Errichtung der Brücke muss die Fertigstellung der Erdarbeiten am Damm angesehen werden. 1636 lieferte Marten van Bocholdt für die hohe Summe von 439 Rthlr 27 ß unterschiedliche Bäume, Hagedorn u.a., was Clodius quittierte (QuP 286). Möglicherweise handelte es sich hierbei um das Material zur Bepflanzung des Dammes. Vielleicht erfolgte die Pflanzung aber auch erst 1648, denn für dieses Jahr ist eine Lieferung von 72 „Ipern beume" von Marten von Bocholdt speziell für das Neuwerk bekannt, aber ohne Angabe des Pflanzortes (QuP 441).
178 QuP 989, 1146, 1131. Christensen 1999, S. 45 spricht von einer Erneuerung der Brücke 1653 im Zusammenhang mit der Vollendung der Kaskade. Erstens existiert eine Kaskade zu diesem Zeitpunkt noch nicht im Neuwerk und zweitens beziehen sich die von ihr zitierten QuP 868–871 auf die Erneuerung der langen Brücke vor dem Alten Garten.
179 Olearius 1663, S. 367. LASH 7/6826, Inventar v. 1709, pag. 565. An der Westseite standen 1709 116 und an der Ostseite 111 Bäume. Vermutlich waren es Hainbuchenhecken, die 1745 noch erwähnt werden, vgl. LASH 24/153, Nr. 103.
180 Major 1668, S. 16.
181 LASH 7/6826, Inv. 1709, pag. 565. Zur Längenangabe vgl. RAK TyRtk B 3, 1786, Nr. 122. BQ: KBK, Dallin I; BQ: LASH, Lönborg II.
182 LASH 7/184, Bericht Thomsens v. 23.7.1705. Zu den Maßen vgl. Prange 1974, S. 30.
183 Zu den Quellen vgl. Kap. III 2. Topographie u. Verbindung zum Schloss.
184 QuP 291–295, 307.
185 QuP 882. Zur Person Hecklauers zuletzt Althöfer, in: Gottorf im Glanz des Barock 1997, Bd. 1, S. 302f.
186 Vgl. dazu in Kap. III 4.1. Christensen 1999, S. 41 vermutet die gleichzeitige Entstehung von Neuwerk und Tiergarten. Schlee 1965, S. 54 meint, dass der schon bei Mejer eingezeichnete durchgängig von Süden nach Norden verlaufende Weg der späteren Königsallee ebenfalls darauf hindeute. Meines Erachtens ist diese Schlussfolgerung nicht zwingend. Auch in einem vor 1637 schon vorhandenen Tiergarten wird dieser in einem natürlichen Tal verlaufende Weg existiert haben als Verbindung zu den nach Norden und Westen weiterführenden Wegen (vgl. Abb. 1).
187 Vgl. Prange 1988, S. 77.
188 Prange 1988, S. 75ff, auf S. 77 weist er auf die schlechte Quellenlage zur Entstehung des Tiergartens hin.
189 Zu Clodius vgl. Biographien in Anhang 1.
190 QuP 303. De Moll wird 1635 als Ingenieur für die Fürstentümer Schleswig und Holstein und als Deichgraf auf Nordstrand genannt, 1641 als Ingenieur und Generaldeichgraf, vgl. Andresen/ Stephan 1928 II, S. 319.
191 QuP 290, 309.
192 QuP 302.
193 QuP 318.
194 QuP 316.
195 QuP 337–339, 355, 370, 398. Zur Person Jageteuffels zuletzt Zubek 1990, S. 27–50 und Schlee 1991, S. 65f. u. 68. Zu Müller vgl. Gottorfer Kultur 1965, S. 357 u. Schlee 1991, S. 44f.
196 QuP 382, 397.
197 Der Labyrinthberg war 1709 mit Fruchtbäumen bepflanzt, vgl. LASH 7/6826, Inventar von 1709, pag. 572 u. 589.
198 QuP 414. Zu Vak vgl. ausführlich in Anhang 1, Biographien.
199 Z.B. ließ Clodius noch 1648 Ulmen ins Neuwerk liefern, vgl. QuP 441. Zu den beiden Gärtnern vgl. Anhang 1, Biographien.
200 QuP 415, 441; Danckwerth/Mejer 1652, Bd. 1, S. 110.
201 QuP 416, 448, 474, 502.
202 QuP 516.
203 QuP 471–473, 488, 490, 503.
204 QuP 475. In den Jahren zuvor waren es höchstens 5000 Rthlr, vgl. QuP 340, 399, 426.
205 QuP 508. Für 1649 vgl. QuP 461, 465.
206 Schlee 1991, S. 68f.
207 Schulze 1995, S. 17.
208 QuP 426, 487–489, 491–494. Warum Lühning 1997, S. 15 u. 125 nur die Rechnungsbelege seit 1650 einbezieht und nicht die m.E. dazugehörenden von 1649, verwundert, denn in keiner der o.g. Holzlieferungen, auch nicht in den ersten von 1650, die Lühning zitiert, ist das Globushaus genannt. Danckwerth/Mejer 1652, Bd. 1, S. 110f. datiert den Baubeginn erst auf 1651.
209 QuP 506, 507, 511.
210 QuP 513.
211 QuP 564.
212 QuP 542.
213 QuP 534, 540. Zu Hans Christoph Hamburger vgl. Anhang 1, Biographien.
214 Lühning 1997, S. 18.
215 QuP 553.
216 QuP 568, 572. Weitere Lieferungen von Wesersandstein sind in QuP 548, 561 u. 562 belegt.
217 QuP 613, 673, 732, 735.
218 QuP 563, 565. Die letztgenannte Quelle nennt auch Lühning 1997, S. 67, während seine Quellendokumentation zum Globusbau (S. 131ff.) erst im Jahre 1652 einsetzt.
219 QuP 558, 727.
220 QuP 571, 581.
221 QuP 583, 771.
222 Danckwerth/Mejer 1652, Bd. 1, S. 110, wo er zwar nicht als Herkules erwähnt wird, sondern nur als Statue „in dem gemelten grossen Teiche 18. Werck=Schuch hoch/ so Wasser sprütze".
223 QuP 642, 698.
224 QuP 620 u. 614. Mit der Anlegung des Teiches stehen vermutlich auch die Anschaffung von Schubkarren und die Anlegung eines „Bollwerkes" in Verbindung, vgl. QuP 617, 623.
225 Lühning 1997, S. 18; QuP 608, 609, 612, 616, 622.
226 Schmidt 1916 I, S. 246; Kellenbenz 1985, S. 160.
227 QuP 621. In QuP 705 wird die runde Mauer zum ersten Mal aktenkundig.
228 QuP 699, 639.
229 QuP 653.
230 Lühning 1997, S. 18; QuP 719, 727, 728, 732, 749.
231 Lühning 1997, S. 19; QuP 748, 759.
232 Lühning 1997, S. 69.
233 QuP 672, 682, 701, 702, 704, 705.
234 QuP 697, 726, 741, 750, 819, 824.
235 QuP 675, 676, 680, 681, 683, 705.
236 QuP 657, 682, 691, 697, 726.
237 QuP 665, 715, 788, 789.
238 QuP 682, 705, 703, 760.
239 QuP 723.
240 QuP 685.
241 QuP 703, 663.

242 QuP 712, 716, 724, 773, 777.
243 QuP 744: 1654 existiert er schon. Die Bauphase ist quellenmäßig nicht recht nachvollziehbar, vgl. dazu auch Kap. III 4.18.
244 Danckwerth/Mejer 1652, Bd. 1, S. 110f.
245 QuP 754, 755, 874.
246 QuP 739.
247 Zur Küche vgl. QuP 727, 728 und zur Achtkant vgl. Landesbibliothek Coburg, Ms 33, Reisebeschreibung von 1656, fol. 106f.
248 QuP 728.
249 Lühning 1997, S. 19.
250 QuP 803.
251 Da es nur sechs und nicht zwölf „Tarmes" waren, bleibt diese Zuordnung zweifelhaft. Von einer zweiten Lieferung ist nichts bekannt. Lühning 1997, S. 128 führt diese Abrechnung zwar unter Q 108 in seinem Quellenkatalog auf, ordnet sie aber mit keinem Wort in den Kontext des Globushauses ein.
252 Lühning 1997, S. 69. Zur Beschreibung der Horizontgalerie vgl. LASH 7/6826, Inventar v. 1709, p. 605.
253 QuP 844.
254 Vgl. Gedanken und Wünsche 1651. Zur Person Tatters vgl. ausführlich in Anhang 1, Biographien.
255 QuP 780, 782, 832.
256 LASH 7/187, fol. 17–18, vgl. vollständige Wiedergabe in Anhang 2, Nr. 2.
257 QuP 801, 807, 811, 816, 812, 842.
258 QuP 817.
259 QuP 837, 851, 784, 840, 858.
260 QuP 860, 864.
261 QuP 848.
262 Landesbibliothek Coburg, Ms 33, fol. 106f.
263 QuP 901, vgl. auch Lühning 1997, S. 73.
264 QuP 857, 903.
265 QuP 909.
266 QuP 881, 890.
267 QuP 873, 925, 948.
268 LASH 7/1068.
269 Olearius 1663, S. 378; Opitz 1978, S. 93. Christensen 1999, S. 46, 204 u. 281 spricht dagegen von starken Kriegsschäden im Neuwerkgarten, ohne dafür einen Beleg anzuführen.
270 QuP 940, 941, 944, 947, 949, 958, 960, 964, 966, 969.
271 QuP 929. 1659 und 1660 wird er bei den Besoldungen überhaupt nicht erwähnt.
272 QuP 956, 963, 965, 967, 968.
273 Zum Text der Bestallung M. G. Tatters vom 9.4.1661 vgl. Anhang 2, Nr. 3. Zu Hans Georg Tatter vgl. Paarmann 1986, S. 110.
274 QuP 973; LASH 7/5937. Vgl. auch Philippsen 1928 II, S. 78f. Müller wurde am 1.11.1674 in Schleswig begraben, vgl. Biernatzki 1889, S. 48.
275 Christensen 1999, S. 48 u. 281 spricht von einer Mode, Tiergärten zur Parforcejagd anzulegen. Auch in Dänemark ließ König Christian V. zur gleichen Zeit wie Herzog Christian Albrecht den Tiergarten auf Schloss Jägersborg einrichten.
276 QuP 974, 977–979, 988 u. 1028.
277 QuP 973, 976, 980, 982. Der Standort bleibt unbekannt.
278 Die ehemaligen Standorte sind bisher nur zum Teil zu ermitteln. Für Unklarheit in Bezug auf die Lage der Reit- und der Maillebahn sorgen die topographischen Bezeichnungen in den Quellen, die teils das Neue Werk (QuP 980 u. 1016) und teils den Tiergarten (QuP 1335 u. 1374) nennen. Möglicherweise ist mit diesen Einrichtungen die aus konzentrischen Kreisen gebildete und von einem Weg durchzogene Anlage nördlich des Neuen Werkes im Tiergarten zu identifizieren, die einzig 1707 von Dallin wiedergegeben wird (Abb. 14). Nach der Darstellung zu urteilen, scheint es sich um einen aus Hecken gepflanzten Irrgarten zu handeln. Eine Deutung der Anlage anhand der schriftlichen Quellen erweist sich als äußerst schwierig. In der Literatur finden sich keinerlei Interpretationsansätze dazu, lediglich Christensen 1999, S. 53 beschäftigt sich überhaupt mit diesem Gebilde und vermutet dabei eine Heckenpflanzung, die 1674 aus 5000 jungen Buchen entstanden sein könnte (QuP 1315), erklärt aber in keiner Weise seine Funktion und Nutzung. Weil 1675 nacheinander sowohl die Maillebahn als auch die „große pforte im Thiergarten hinter dem Neüwen Lusthause", d.h. nördlich der Amalienburg, ausgebessert (QuP 1335) und 1681 bei den Reinigungsarbeiten der Wege „Reit= Malle= und Wiltbahn" in einem Zuge genannt werden (QuP 1374), sprechen diese Quellen doch in gewisser Weise für eine doppelte Nutzung der runden Anlage nördlich des Neuwerks. Es ist denkbar, dass die runden Wege zum Reiten und die mitten hindurch gehende gerade Allee als Bahn für das Maille-Spiel, ein aus Frankreich gekommenes Spiel mit Kugeln und Schlägern, dienten (vgl. zum Maille-Spiel auch in Kap. III 4.12.). Über das Jahr 1681 hinaus gibt es keine weiteren Nachrichten zur Maillebahn im Tiergarten, während eine Reitbahn noch 1687 bei Tessins Besuch in der Nähe des Marstalles auf dem obersten Plateau der Terrassenanlage genannt wird, vgl. weiter unten in diesem Kapitel.
279 QuP 1046.
280 QuP 979, 1028, 1015, 1021.
281 QuP 1039.
282 Zum Vertrag mit Olearius QuP 1001, 1014, 1035, sonst QuP 1043 u. 1058.
283 QuP 1044, 1039, 1037.
284 QuP 1040, 1661.
285 QuP 1032. Seine Lebensdaten sind unbekannt.
286 QuP 1039, 1043, 1047, 1049, 1053, 1059, 1075, 1081, 1089, 1093, 1094, 1097, 1098, 1100, 1117, 1119, 1124. Aus den Quellen ist zu lesen, dass er weisungsbefugt gegenüber den Handwerkern war und ihre Abrechnungszettel unterschrieb. Le Roy befasste sich 1665 auch mit Münzprägung auf Gottorf.
287 QuP 1039, 1092, 1068. Christensen 1999, S. 47 u. 281 meint dagegen, dass Le Roy für eine totale Erneuerung der Wasserversorgung im westlichen Sektor des Neuwerkgartens steht, wobei sie überhaupt nicht die Erweiterung des Gartens mit der Terrassenanlage berücksichtigt. Dagegen bringt sie Le Roy mit Arbeiten an der Herkulesfontäne in Verbindung, wofür es keinerlei Belege gibt. Was den Neubau der Kaskade betrifft, so kommt Annie Christensen ebenfalls zu einer nicht nachvollziehbaren Einschätzung, indem sie von einer Umlegung des Bauwerkes spricht: „Der kan ikke herske tvivl om, at Michel le Roy har stået for en total fornyelse af vandforsyningen til den vestlige sektion af Newenwercke og for omlægning af kaskaden." (S. 47).
288 QuP 1032. Zu diesem Zeitpunkt kommt auf Gottorf auch kein anderer für diese Arbeit in Frage.
289 QuP 1087, 1152, 1093, 1104, 1095, 1094, 1097, 1099, 1127, 1153. Die Steinhauer Jürgen Schröder und Paul Traurnicht waren 1665 auch am Bau des Nordertorhauses auf der Schlossinsel beschäftigt, vgl. QuP 1096.
290 Qup 1036, 1057, 1125.
291 QuP 1109, 1142.
292 QuP 1133, 1166, 1171, 1173, 1182.
293 Christensen 1999, S. 47, 282f. u. 292. Hier vermutet die Autorin auch, dass Le Roy nicht nur die Kaskade, sondern auch das ganze Schloss Sophieamalienborg samt Pomeranzenhaus entwarf. In Kopenhagen erhielt Le Roy am 1. Mai 1666 seine Bestallung, war aber schon im Januar 1667 wieder verschwunden. Bisher war sein Verbleib unbekannt. Wahrscheinlich ist er mit dem französischen Architekten Michael Le Roy zu identifizieren, der ab 1670 in den Stuttgarten Bauakten auftaucht, vgl. dazu Hennebo/Hoffmann 1965, S. 120.
294 QuP 1160; zur Bestallung vgl. Anhang 2, Nr. 6. Zu Hans Christoph Hamburger vgl. Biographie in Anhang 1.
295 QuP 1146.
296 QuP 1050, 1051. Zur Funktion dieses Spieles vgl. Kap. IV 2.2.
297 Zu Hamburger vgl. QuP 1043; zu Gudewerdt vgl. QuP 1054, außerdem allgemein QuP 1056. Vermutlich ist Hans Gudewerdt d.J. bzw. II. (um 1600–1671) gemeint, der bis zu seinem Tod die renommierte Eckernförder Werkstatt innehatte. Zu Schröder, der als Steinhauer bezeichnet wird vgl. QuP 1132 u. 1145. Lüeß arbeitete als Bildhauer, aber es fehlen genauere Angaben, vgl. QuP 1136. Welche Arbeit Johan van Mander verrichtete, wird ebenfalls nicht mitgeteilt, vgl. QuP 1061, 1062, 1088, 1103.
298 QuP 1150. Für die Figur wurden 30 Rthlr bezahlt.
299 QuP 1086.
300 BQ: RAK, Gottorfer Residenz 2.H.17.Jh.
301 QuP 1083, 1085, 1334; LASH 7/187, fol. 13. Das Vogelhaus im Globusgarten wurde vermutlich 1680 abgetragen, vgl. QuP 1366. Vgl. zu den Vogelhäusern weitere Ausführungen in Kap. III 4.15.

302 QuP 1128.
303 QuP 1140. Beim Vogelhaus wurde außerdem Plankwerk gesetzt, vgl. QuP 1125.
304 QuP 1519; Legende auf BQ: KBK, Dallin I.
305 QuP 1121, 1144, 1153; LASH 7/4580. Zu Christian Albrecht Hamburger vgl. Biographie in Anhang 1.
306 Z.B. reiste Michael Gabriel Tatter 1670 nach Kopenhagen, um Pflanzen zu überbringen, vgl. QuP 1228. Zu den Kontakten vgl. auch Kap. II 3. mit Literaturhinweisen. Die freundschaftliche Verbindung nach Dänemark zeigt sich z.B. auch in gegenseitigen Schenkungen von Lustschiffen 1668 u. 1669 (QuP 1164, 1189, 1190). Das erste „Fürstl. Lustschiff" ließ Christian Albrecht ab 1664 bauen, nachdem er auf seiner Reise 1663 selbst den Rhein mit einem solchen Schiff befahren hatte, vgl. Reisebeschreibung1662, Bibliothek Gut Nehmten, S. 228.
307 QuP 1151.
308 QuP 1156 (zur Erweiterung); Prange 1988, S. 77 (zur Größenangabe).
309 QuP 1162, 1163, 1176 u. 1194.
310 QuP 1205, 1211.
311 QuP 1253 (zum neuen Weg) und QuP 1233 (zur Eiskuhle).
312 QuP 1331 u. 1336.
313 QuP 1022 u. QuP 1168–1170 (zur Küche); QuP 1222 (zum Hühnerhof). Es gab also zwei Küchengebäude im Bereich des Neuwerks und Tiergartens.
314 RAK TyRtk B 122; in LASH 7/196, Inv. v. 1695 [p. 133] ist ein Wohnhaus des Wärters im Tiergarten dokumentiert. Eine eindeutige Identifizierung des Tierwärterhauses mit der ehemaligen Küche ist in LASH 7/187, fol. 122 möglich.
315 Durch die Angabe in der Legende zum Buchstaben „A. dem Gastwirt Jacobsen gehörig" lässt sich die Entstehung des undatierten Planes auf diese Zeit eingrenzen, vgl. LASH 66/9398, Nr. 111.
316 LASH 7/1428, vgl. dazu auch Kap. II 3.
317 Major 1668.
318 QuP 1209, 1249. Ulrich Petersen berichtete um 1730 von einer früher im Globushaus vorhanden gewesenen „Camera obscura", RAK Håndskriftsamling, Gruppe I, U. Petersen, Vol. 17, Kap. 12, pag. 856 § 11. Zum Standort und zur Interpretation der „Camera obscura" vgl. Kap. III 4.8. u. 4.22.
319 QuP 1172, 1174, 1175, 1177, 1234, 1243.
320 QuP 1248.
321 QuP 1161, 1229, 1260, 1285, 1310. 1673 wurden auch 85 Holzkästen für Pomeranzenbäume für das Neuwerk angefertigt, vgl. QuP 1299.
322 QuP 1206, 1221.
323 Zitat aus QuP 1232, sonst dazu QuP 1195, 1240, 1227 u. LASH 7/2347, fol. 52v.
324 LASH 7/4583; QuP 1199, 1211.
325 QuP 1197, 1202, 1204, 1211, 1225, 1236, 1245, 1249.
326 QuP 1215, 1194, 1212. Auch hier tritt wie bei den Einrichtungen der Reit- und Maillebahn das Problem auf, die ehemaligen Standorte zu finden, die durch die wechselnden, ungenauen Ortsangaben in den Quellen nicht lokalisierbar sind.
327 QuP 1254, 1255.
328 Über Nouack ist durch Biernatzki 1889, S. 7 nur bekannt, dass er 1665 an den Gottorfer Festungswerken tätig war. Nouack wurde im Dezember 1668 bezahlt (LASH 7/4582), Tamsen für ein Holzmodell im Februar 1669 (QuP 1196). Die unterschiedlichen Kenntnisse und Fähigkeiten der Beteiligten sprechen m.E. dafür, dass Nouack zunächst eine Zeichnung entwarf, die Tamsen dann in ein Holzmodell umsetzte. Lühning 2011, S.89 und S. 114, Anm. 33 schreibt den Entwurf der Amalienburg dem Gottorfer Bauinspektor Johannes Müller zu, allerdings ohne Belege. Er betont dabei extrem, dass auf Gottorf offenbar „regionale Lösungen" bevorzugt wurden, was aber schon durch die Einstellung des Franzosen Michel Le Roy widerlegt werden kann. Lühning nennt als Baubeginn das Jahr 1669 (S. 81 u. 89), was sich aber auf die Anfertigung des Modells bezieht und nicht auf die tatsächliche Errichtung des Gebäudes.
329 QuP 1269, 1288, 1289, 1293, 1298, 1333. Christian Müller war der Sohn von Johannes Müller, dessen Haus im Lollfuß er auch übernahm, vgl. LASH 7/5937.
330 LASH 7/167, vgl. Transskription in Anhang 2, Nr. 5; QuP 1272.
331 Zur Plankwerksetzung 1671 vgl. QuP 1267, die keine Ortsangabe macht. Zur Pforte vgl. QuP 1335.
332 QuP 1278, 1279, 1297, 1316, 1317, 1332.
333 QuP 1417 aus dem Jahr 1690: Hier wird der Marstall zum letzten Mal genannt „bey aufbringung der Alowe in dem Stahl auf das Neue werck". Nach dem ersten Exil hatte das Gebäude 1680 einen neuen Außenanstrich erhalten, vgl. QuP 1370.
334 BQ: Ludwigsburg, Amalienburg. Die Emblembilder sind 1673 entstanden, vgl. Freytag/Harms/Schilling 2001, S. 12. Auf keiner anderen Bildquelle taucht der Marstall auf. Wann er abgerissen wurde, ist nicht bekannt, es muss aber wohl vor dem Ausbau der obersten Terrasse als Orangeriereal gewesen sein.
335 Zur Reitbahn vgl. weiter oben in diesem Kapitel. Nikodemus Tessin notierte 1687 in seinem Tagebuch bei dem Besuch des Neuwerkgartens: „Oberst lag noch ein klein lusthaus [gemeint ist die Amalienburg]. Öberst auf der linckeren seiten wahr der Stall mit einem Reitplatz [...]." (Riksarkivet Stockholm, Eriksberg Arkiv, Nic. Tessin d.y:s samling 1bt Resedagbok 1687).
336 QuP 1303, 1305, 1306, 1314, 1319, 1324, 1334. Bei den „Laubwerkimitationen" aus glasiertem Ton, die an der Nordostecke des Globushauses 1993 von Felix Lühning (vgl. Lühning 1997, S. 32f. u. Abb. 17) und 2001 von Hans Joachim Kühn gefunden wurden, handelt es sich mit Sicherheit um Material zur Ausgestaltung von Grotten. Kühn 2006 I, S. 80 geht nach den Angaben von Jürgensen 1822, S. 155 davon aus, dass die Grotte nie ausgeführt wurde, hatte aber wohl keine Kenntnis der hier angeführten Quellen und der schon vorher existierenden Grotten an dieser Stelle, vgl. weiter vorne in diesem Kapitel. Das Material ist vermutlich – wie es auch bei den Skulpturen des Globusgartens gemacht wurde – beim Abbruch der Grotte hinter die Halbkreismauer geworfen worden.
337 RAK TyRtk C 89, Nr. 7, pag. 6.
338 QuP 1323.
339 QuP 1323, 1331.
340 QuP 1336.
341 QuP 1330, 1327; LASH 7/187, fol. 41/42. In den Kriegsjahren 1676–1679 verzichtete Tatter auf die jährlichen 60 Rthlr. Christensen 1999, führt auf den Seiten 49, 53f., 290 u. 294 ihre Ansicht aus, die Amalienburg sei zuerst entstanden, bevor man überhaupt mit der Ausformung der Terrassen begonnen habe. Sie meint, die Terrassenanlage sei erst ab 1679 modelliert worden. Das kann aufgrund der o.g. Quellennachweise zur Anlegung der Parterres vor 1676 nicht nachvollzogen werden. Außerdem erscheint es aus arbeitstechnischen Gründen unwahrscheinlich, dass das Lusthaus vor den großen Erdarbeiten der Terrassenanlage gebaut worden sein soll.
342 LASH 7/203, Brief des Bibliothekars Marquard Gude aus Gottorf v. 9.10.1676, in dem er Bedenken zu dieser Aktion anmeldet, so dass nicht klar ist, ob die Kaiserbüsten tatsächlich aus dem Garten gebracht wurden.
343 QuP 1344, 1345; LASH 7/184, Brief v. 25.5.1677; QuP 1342, 1348. Zu diesen Aufträgen gehörte eine Reparatur „bey dem Radt unter dem Globo" im Garten, vgl. LASH 7/184, Brief v. 23.10.1677.
344 Eosander erhielt seine Bestallung zum Baumeister für die Fürstentümer Schleswig und Holstein am 23.2.1674 (LASH 7/228, fol. 202v.). Bis April 1680 war er in Gottorfer Dienst (QuP 1354). Er ist der Vater des für König Friedrich I. von Preußen tätigen Architekten Johann Friedrich Eosander gen. Göthe (um 1670–1728). Schlee 1965, S. 48 konstatierte: „Worin seine Leistungen für Schloss und Hof bestanden, ist einstweilen nicht erkennbar."
345 BQ: LASH, Bauprojekt. Während Stephan 1924, S. 467 in der Zeichnung einen Entwurf zu einem Schlossneubau auf der Gottorfer Schlossinsel vermutet, ist Schlee 1965, S. 48 eher der Ansicht, es handele sich um die Projektion eines Lustschlosses mit Orangerietrakt für die oberste Terrasse des Neuwerkgartens. Beide Autoren sind über Eosander als Urheber des unsignierten Entwurfes in Zweifel. Meines Erachtens ist der projektierte Bau in seinen Ausmaßen zu klein als Schlossbau und zu groß für den Neuwerkgarten. Ausgehend von der damaligen Bebauung des Gartengeländes gab es zu dieser Zeit keinen Platz, an

346 QuP 1362.
347 LASH 7/2374, Nr. 4–27.
348 LASH 7/2374, Nr. 5; QuP 1379, 1386.
349 LASH 7/2374, Nr. 5.
350 LASH 7/228, fol. 252, vgl. auch Transskription in Anhang 2, Nr. 6.
351 QuP 1359, 1369, 1376, 1377; LASH 7/2374, Nr. 27.
352 QuP 1366. Zur Identifikation des Gebäudes trägt LASH 7/187, fol. 13 bei.
353 QuP 1360, 1361.
354 QuP 1367.
355 Zum Einkauf der Obstgehölze LASH 7/187, fol. 24–26, vgl. auch die wichtigste Liste transkribiert in Anhang 2, Nr. 7. Zum Pflanzplan vgl. LASH 7/187, fol. 31–39, Anhang 2, Nr. 8 bzw. BQ: LASH, Pflanzplan.
356 LASH 7/187, fol. 21.
357 LASH 7/2374, Nr. 4: Es wurden noch 42 Linden „umb den Antbahn (?)" und Apfelbäume an die neuen Lauben gesetzt.
358 LASH 7/187, fol. 16 (Zitat), fol. 27–29v. (Inventar), vgl. auch Abschrift in Anhang 2, Nr. 9. Das Inventar wurde vom Amtsinspektor Joachim Schmidt, dem Rentmeister Jacob Massau und dem Kammerdiener Marcus Thomsen unter Beteiligung des Garteninspektors Michael Gabriel Tatter erstellt.
359 RAK TyRtk B 132, VIII; RAK TyRtk B 122. Für Michael Gabriel Tatter hatte dieser Umstand nachhaltige Folgen, vgl. Biographie Anhang 1.
360 BQ: RAS, Tessin I. Der mit Tessin zusammenarbeitende Gartenkünstler Johan Hårleman fertigte später eine unvollständige Kopie der Skizze an, vgl. NMS, Tessin II. Der Bericht Tessins in seinem Tagebuch befindet sich im Rigsarkiv Stockholm, Eriksberg Arkiv, Nicodemus Tessin d. y:s samling: 1 bt Resedagbok 1687, S. 6 (das Original ist ohne Seitenzahlen). Der Text ist auch abgedruckt bei Sirén 1914, S. 66 und bei Schlee 1965, S. 49f.
361 Ein Brief Tessins vom 21.8.1690, den Josephson 1928, S. 39 zitiert, dokumentiert die Anwesenheit und Arbeit des Architekten nicht nur auf Gottorf, sondern auch in Friedrichstadt, Tönning und Husum.
362 Schlee 1965, S. 50 u. 53.
363 U.a. Josephson 1928, S. 37, 40f. geht davon aus, dass Tessin zur Neugestaltung des Schlosses herangezogen wurde.
364 Besonders Schlee 1965, S. 53 (Zitat), aber auch schon in der vorhergehenden und nachfolgenden Literatur: Sach 1875, S. 323; Jensen [1909], S. 29; Josephson 1928, S. 40; Josephson 1930, Bd. 2, S. 198; Eimer 1961, S. 104; Hirschfeld 1964, S. 105; Hennebo/Hoffmann 1965, S. 93; Behling/Paarmann 1981, S. 10; Kellenbenz 1985, S. 201; Schillmeyer 1989, S. 50, 51, 116; Meyer 1994, S. 41; Dehio 1994, S. 813; Messerschmidt 1996, S. 541; Habich u.a. 1998, S. 79. Lediglich Paarmann 1986/87, S. 20 spricht von einer „Erneuerung" der Wasserkaskade und Paarmann 1996, S. 555 von einer „Vorgängeranlage". Auch Schlee äußert sich in seinem letzten Beitrag zur Kultur Gottorfs (1991, S. 93) in ähnlicher Weise. Dagegen wurde im Dehio 1971, S. 604 sogar von einer Gesamtkonzeption Tessins für die erweiternden Baumaßnahmen der 1690er Jahre im Neuwerk ausgegangen, für die es keinerlei konkrete Anhaltspunkte gibt.
365 Zu den Quellen vgl. im Kapitel zur Kaskade. Auch Tessin hatte die Kaskade im Neuwerk gesehen und in seinem vielzitierten Tagebuch erwähnt: „Unterst ist eine piece d'eau mit bewachsenen Arcaden herumb [gemeint ist der Herkulesteich], auff der rechten seiten ist eine art von einer Cascade vorgestellet, auf der linckeren seijndt die Orangerien [gemeint ist der Melonengarten westlich des Herkulesteiches]."
366 QuP 1445. Die hier genannte ungleichmäßige Anzahl der Steine lässt nicht auf eine vollständige Ersetzung der alten Steine, sondern auf eine Teilerneuerung schließen, bei der die noch brauchbaren alten Steine wiederverwendet wurden.
367 Zu dieser Diskussion vgl. auch Zech 2010, S. 49. Ausgehend von der Literatur wundert sie sich über die Annahme, Tessin habe die Anregung zur Kaskade (sie kennt nur die zweite Kaskade) gegeben, gesteht ihm aber eine große Flexibilität in Bezug auf Bauaufgaben und Auftraggeber zu.
368 Einzig bei Schlee 1965, S. 53 ist der Orangeriebau bisher als Möglichkeit für Tessinschen Einfluss genannt worden. Zur Rekonstruktion der Orangerie vgl. Kap. III 4.23., zur stilistischen Einordnung vgl. Kap. IV 1.1.12.
369 LASH 7/183, Berichte vom 18.7. und 15.7.1689.
370 Genaueres vgl. in den jeweiligen Biographien in Anhang 1. Im Alten Garten wurde gleichzeitig Hans Georg Tatter entlassen und für ihn Peter Wulff angestellt. Die Abschrift der Bestallung von Kempe befindet sich in Anhang 2, Nr. 10 (Zitat hieraus).
371 LASH 400.5/223. Bis 1725 ist C. A. Thomsen als Bauinspektor auf Gottorf nachweisbar, sein Verbleib unklar. Wahrscheinlich wurde er wegen schlechter Amtsführung entlassen, vgl. z.B. LASH 66/9258, Nr. 16. 1726 bekam Johann Hinrich Peucker die Direktion des Gottorfer Bauwesens übertragen, vgl. LASH 66/9259, Nr. 45.
372 LASH 400.5/223, pag. 117 (Weyandt), 215 (mit Krap unterschrieb er selbst, in den Quellen findet sich aber auch die Schreibweise Krabbe) und 211 (Allers). Weyandt wohnte ebenfalls später in Kiel. Bis 1712 ist er in den Gottorfer Hofstaaten nachweisbar, zuletzt mit einem Gnadengeld von 300 Rthlr jährlich, vgl. LASH 7/243, 244 u. 245, Hofstaaten 1710–1712. Zu den Arbeiten dieser Künstler am Gottorfer Südflügel zuletzt grundlegend Wiesinger 2015, S. 247f., S. 450, Anm. 1173 u. S. 470, Anm. 1773 (Krap) und S. 245ff., S. 254 u. S. 449, Anm. 1173 (Weyandt).
373 LASH 7/235, Hofstaat 1690, vgl. auch QuP 1500.
374 U.a. am alten Pomeranzenhaus, den Mistbeeten und am Globushaus 1693, vgl. QuP 1402, 1468, 1469. 1693 brachen Zimmerleute vier „lusthäuser" ab, womit vermutlich Lauben gemeint sind, vgl. QuP 1470.
375 QuP 1409, 1452, 1465, 1470.
376 QuP 1403, 1462.
377 QuP 1431, 1433, 1454.
378 QuP 1419, 1434, 1438, 1446.
379 QuP 1444, 1437, 1448.
380 QuP 1437, 1440.
381 QuP 1453, 1472–76, 1479, 1503.
382 QuP 1532, 1535.
383 Für 1690 vgl. QuP 1410, 1414, 1415; für 1691 QuP 1425, 1439; außerdem bekam Allers in diesem Jahr 789 Rthlr 12 ß wegen der Kaskade und noch einmal speziell für dieses Jahr die hohe Summe von 1093 Rthlr 36 ß ausbezahlt für Arbeit an der Kaskade und den Fontänen, vgl. QuP 1429, 1450; 1692 erhielt Allers 1610 Rthlr 16 ß für Material und Arbeit mit drei Gesellen und drei Jungen, wobei sich sein Arbeitsfeld noch auf den Orangerieneubau ausdehnte, vgl. QuP 1451, 1455, 1461; für 1693 bekam der Bildhauer an Arbeitslohn für sich und seine Gesellen 1019 Rthlr 38 ß, vgl. QuP 1486; 1694 wurden Allers 100 Rthlr zusätzliche Jahresbesoldung zuerkannt, die er in diesem Jahr neben den 1708 Rthlr 8 ß als Arbeitslohn incl. Materiallieferungen erhielt, vgl. QuP 1483, 1501. Ein Geselle von Allers arbeitete 1695 ein halbes Jahr auf Gotland, er selbst besorgte eine steinerne Kumme und fertigte sowohl vier Holzstatuen als auch Steine für die Fontänenbecken und Treppen auf den Terrassen an, vgl. QuP 1505, 1506, 1516, 1517. Steinlieferungen und Arbeiten zu den Fontänen und Treppen erfolgten von Allers noch 1697, vgl. QuP 1526, 1527, und 1699, als Allers auch noch an der Kaskade tätig war, vgl. QuP 1558, 1559, 1557, 1568. Im Jahr 1700 wurde der Bildhauer für die Jahre 1698 bis 1700 mit 2000 Rthlr entlohnt, vgl. QuP 1568, womit seine Tätigkeit im Neuen Werk ihren Abschluss fand.
384 QuP 1418.
385 QuP 1431, 1445, 1444, 1403, 1429, 1464.
386 QuP 1500, 1475, 1477, 1478.
387 QuP 1420. Die Baugeschichte wird hier in verkürzter Form geschildert, in Anhang 3, Nr. 7 befindet sich eine detaillierte, chronologische Übersicht. In der Literatur ist bisher meistens die unrichtige Angabe von 1692 oder 1693 als Jahr des Baubeginns gemacht worden, vgl. z.B. Sach 1875, S. 323; Kellenbenz 1985, S. 201; Meyer 1994, S. 41.
388 QuP 1420 u. 1436.
389 QuP 1432, 1442, 1443, 1462.
390 LASH 7/4598. Alle weiteren Angaben für das Jahr 1692 stammen, sofern nicht eine andere Quelle angegeben ist, auch aus dieser Akte.
391 QuP 1463.
392 RAK TKIA B 85.

393 RAK, Håndscriftsamling, Gruppe I, U. Petersen, Vol. 17, Kap. 112, § 35.
394 Soweit nicht anders gekennzeichnet, stammen die Angaben zum Jahr 1693 aus der Akte LASH 7/4600.
395 QuP 1471.
396 QuP 1472.
397 LASH 7/4598; QuP 1500.
398 QuP 1510.
399 LASH 7/4602.
400 QuP 1509.
401 QuP 1452.
402 QuP 1558, 1568.
403 LASH 7/210; RAK TKIA B 85, Berichte des dän. Gesandten H. S. Hagedorn nach Kopenhagen an Th. B. v. Jessen v. 6. und 9. März 1695.
404 Ab 1696 bekam Kempe 400 Rthlr weniger als vor 1695, also nur 700 Rthlr, ab 1699 bis auf weiteres wieder 200 Rthlr mehr, also 900 Rthlr, vgl. LASH 7/187, fol. 89–91, fol. 142; QuP 1512, 1513, 1546. Auch das Gehalt des Fontänenmeisters wurde auf 312 Rthlr jährlich gekürzt, vgl. QuP 1514. Der Garteninspektor Johannes Kempe beklagte sich 1701, dass er während der Regierungszeit Friedrichs IV. nie Gartengeräte oder die dafür bestimmte Summe Geldes erhalten habe, worauf ihm in diesem Jahr 33 Rthlr zu diesem Zweck bewilligt wurden, vgl. LASH 7/187, fol. 64–67.
405 RAK TyRtk C 89, Nr. 6 Lit. B, vgl. Transkription in Anhang 2, Nr. 11.
406 LASH 7/5807.
407 QuP 1508.
408 QuP 1541.
409 QuP 1545 u. 1556, woraus möglicherweise zu lesen ist, dass er in Schleswig ansässig war, während aus der Bestallungsurkunde in LASH 400.5/223, pag. 303 hervorgeht, dass er in Kiel wohnte. Zu den Arbeiten des Malers in der Orangerie vgl. auch Schmidt 1917, Bd. 2, S. 367f. Zu den anderen Werken von Balthasar Mahs im neuen Gottorfer Südflügel vgl. Wiesinger 2015, S. 245ff. u. 369.
410 LASH 7/4600 u. 4602, vgl. auch Anhang 3, Nr. 7. Seit 1693 wurde in der Orangerie stuckiert, aber erst 1694 ist von „Italienische Gipser[n]" die Rede.
411 QuP 1551.
412 Lühning 1997, S. 19.
413 RAK TKIA B 85.
414 QuP 1511, 1557, 1568, 1585. Über den am Anfang des 18. Jahrhunderts im Dienst der Gottorfer Herzöge stehenden Hofmaler Galli ist wenig bekannt. Bevor er 1701 in Schleswig, das er um 1712 verließ, ansässig wurde, ist er als Hamburger Bürger belegt. Mit Arbeiten am Gottorfer Hof ist er in den Jahren 1703 bis 1707 nachweisbar, vgl. besonders Schmidt 1917 II, S. 368f. und Philippsen 1928 II, S. 79–81.
415 QuP 1499.
416 QuP 1509, 1529, 1543, 1551, 1555, 1568.
417 QuP 1525.
418 QuP 1508, 1528; LASH 7/187, fol. 47.
419 LASH 400.5/223, pag. 289. Einen Zusammenhang zwischen dem Neuwerkgarten und der Tätigkeit von Böhm auf Gottorf ist bisher in keiner Form nachzuweisen. Zu Böhm und dem Bau des Südflügels zuletzt grundlegend Wiesinger 2015.
420 QuP 1551–1555, 1567.
421 QuP 1554. Paarmann 1986, S. 97 datiert die Malerei auf 1695 und schreibt sie Ludwig Weyandt zu, obwohl dieser nicht im Zusammenhang mit Plankwerksbemalung genannt wird, dagegen aber Krap eindeutig in QuP 1554. Auch der Zeitpunkt 1699 nach Vollendung des Glashauses ergibt erst Sinn.
422 QuP 1554, 1560.
423 QuP 1563.
424 Die Ausführungen zur Politik und der Person Herzog Friedrichs IV. beruhen auf den Angaben in folgenden Darstellungen: Kellenbenz 1941, S. 73–75; Kellenbenz 1961 II, S. 584; Kellenbenz 1985, S. 39–43; Fuhrmann, in: Gottorf im Glanz des Barock 1997, Bd. 1, S. 49–53.
425 RAK TyRtk C 89, Nr. 3.
426 RAK TyRtk C 89, Nr. 7, Lit. BB; QuP 1584.
427 QuP 1591.
428 LASH 7/187, fol. 74–77.
429 Bøggild Andersen 1936, S. 508. Nach Korth 1985, S. 164f. hielt sie sich schon seit 1701 nicht mehr auf Gottorf auf. Dazu auch LASH 7/240, Hofstaat 1705. 1704 sandte sie sogar von Stockholm einen Befehl nach Gottorf zur Lieferung von Gartenfrüchten, vgl. LASH 7/342, Brief v. 1.10.1704.
430 Die Ausführungen beziehen sich auf Kellenbenz 1941, S. 75–78 u. 83 und Kellenbenz 1985, S. 42f.
431 Die Bestallung findet sich transskribiert in Anhang 2, Nr. 12.
432 LASH 7/187, fol. 81–85 u. fol. 160–164; QuP 1592, 1627.
433 LASH 7/187, fol. 279–282 u. 334–337; RAK TyRtk C 89, Ikke anbragte bilag, Nr. 3.
434 Für 200 Rthlr malte Weyandt die Aloën. Eine Darstellung wurde nach Stockholm zu Hedwig Sophie gesandt, eine andere zeigte die Pflanzen in Originalgröße vor der Orangerie (QuP 1616). Vgl. dazu BQ: Kbk, Weyandt, BQ: KBK, Agave americana, BQ: LB, Agave americana und BQ: EL, Königshoven. Ein wissenschaftlicher Streit entbrannte zwischen Siricius (1705 u. 1706) und Waldschmidt (1705 u. 1706).
435 QuP 1601; LASH 7/187, fol. 115–120; LASH 7/188, Extrakt der Extraordern, die Thomsen 1705 empfing.
436 LASH 7/187, fol. 131–135; LASH 7/188, Extrakt der Extraordern, die Thomsen 1705 empfing.
437 QuP 1598, 1600; LASH 7/184, Handwerkerrechnungen, die Thomsen am 15./16. Dez. 1705 prüfte; LASH 7/184, kommentierter Baustaat 1705; LASH 7/188, Thomsens Kommentar zum Baustaat von 1705 v. 6.10.1705; LASH 7/188, Baustaat 1706.
438 QuP 1599; LASH 7/188, Baustaat 1706.
439 QuP 1634; LASH 7/188, Baustaat 1707.
440 QuP 1635.
441 QuP 1610, 1612, 1617, 1618, 1626; LASH 7/187, fol. 172–175; LASH 7/188, Baustaaten 1706 u. 1707. Aus den fein gearbeiteten Pfeilern aus Öländer Kalkstein (Abb. 53) stellte man 44 Ofenfüße für das Schloss her, vgl. QuP 1619.
442 LASH 7/184 u. 188, Baustaaten von 1705, 1706, 1708, 1709, 1711.
443 QuP 1625; LASH 7/188, Baustaat 1707; RAK TyRtk C 58, Nr. 5 v. 11.5.1707. In QuP 1624 wird von der Neuanlage eines nicht lokalisierten Weges im Neuwerk berichtet, bei dem die „Reolen", d.h. die Wasserabführungskanäle, und Wasserkästen für die Fontänen neu verfertigt wurden. Wahrscheinlich ist es der um den Blauen Teich führende Weg, der nach der Erstellung der neuen Einfassung planiert wurde, vgl. QuP 1625.
444 Vgl. Thietje, in: v. Buttlar/Meyer 1996, S. 563 u. Paarmann 1986, S. 15. Auf S. 48 teilt Paarmann 1986 hingegen mit, dass Dernath das Gelände käuflich erwarb.
445 QuP 1628, 1636, 1641, 1652, 1669. Vgl. dazu Paarmann 1986, S. 48f.
446 LASH 7/187, fol. 214–216.
447 Noch 1706 war es repariert worden, vgl. LASH 7/187, fol. 172–175; LASH 7/188, Baustaat 1706; 1708 waren die Holzwände z.T. verfault, vgl. LASH 7/188, Baustaat 1708; schließlich wurden die hölzernen Pferde zum Schutz vor größerem Schaden im Baumagazin gelagert, vgl. LASH 7/184, Inventar der Baumaterialien im Baumagazin 1709.
448 LASH 7/188, Baustaat 1708.
449 Zu B. Kempe und C. A. Hamburger vgl. die Biographien in Anhang 1 mit den Quellennachweisen zu den Verträgen.
450 LASH 7/6826, vgl. Auszüge daraus in Anhang 2, Nr. 13. Zur Diskussion der Entstehung und Autorschaft des Inventars s.o. im Kap. I 2. Übersicht und Kritik der Quellen.
451 RAK TyRtk C 89, Nr. 7, pag. 7f.
452 Zur Person Klingmanns und seiner Tätigkeit vgl. die Biographie in Anhang 1.
453 Zu Lewon vgl. Anhang 1, Biographien.
454 LASH 7/188, Baustaat 1711; LASH 7/187, fol. 286–293 u. fol. 295f.; QuP 1661; RAK TyRtk C 89, Nr. 4, Vertrag zwischen Peucker und Kempe zur Renovierung des Neuwerks v. 6.5.1727.
455 LASH 7/187, fol. 286–293; RAK TyRtk C 89, Nr. 7, Beilage Nr. 8.
456 QuP 1670. Es ist auch öfter von der Pflanzung einer Allee mit Hagebuchen, vgl. QuP 1661, und von Heckenpflanzungen die Rede, womit möglicherweise Hecken in der Königsallee gemeint sind, vgl. auch RAK TyRtk C 89, Ikke anbragte bilag Nr. 2 und LASH 7/189, fol. 286–293.
457 QuP 1672.
458 1721 plant Thomsen immer noch die Fontäne, die anstelle des achteckigen Lusthauses ange-

legt werden soll, vgl. LASH 66/1712 I, Thomsens Beantwortung der Kritik durch die Untersuchung v. 8.2.1721 und LASH 32/23. Nur 1737 wird das Bassin in einer Quelle genannt, ist aber zu diesem Zeitpunkt schon nicht mehr vorhanden, vgl. LASH 24/220.1, Vertrag mit Freudenreich v. 27.5.1737 Nr. 4, § 2.

459 LASH 7/188, Baustaat 1711; LASH 7/184, Gravamina von Schwartz über Thomsen u. Bericht von Fischer; LASH 7/187, fol. 286–293 u. fol. 295f. Schwartz spricht sogar von mutwilliger Zerstörung von Statuen, die noch so gut waren, dass man sie woanders noch wieder hätte aufstellen können. RAK TyRtk C 89, Nr. 7, pag. 5f. (Zitat).

460 LASH 7/6536, Brief v. Löhnsdorff an Görtz in Hamburg v. 6.5.1709; LASH 7/187, fol. 273–277. Bei Lühning 1997 werden diese Quellen nicht erwähnt. Fischer wurde 1706 bestallt, vgl. LASH 7/229, fol. 413–415. 1712 wird er als Landbaumeister bezeichnet, vgl. LASH 7/184.

461 LASH 400.5/140, Relation von Brockdorffs aus Gottorf vom 6.2.1713.

462 LASH 400.5/234, sub. 29. Obwohl Schlee 1991, S. 86 dieses Dokument erwähnt, spekuliert er weiter darüber, „welchen Rechtscharakter die Überlassung hatte" (S. 85), während Lühning 1997, S. 30 diese Quelle nicht zu kennen scheint und deshalb von einer Schenkung des dänischen Königs an den Zaren ausgeht.

463 LASH 400.5/140.

464 LASH 7/6826, vgl. die vollständige Wiedergabe der das Neue Werk betreffenden Seiten in Anhang 2, Nr. 13.

465 QuP 291–295, 307, 882. Nach der Umrechnung der Längenangaben von der Maßeinheit Rute in Meter (1 dänische Rute = 3,1385 m, vgl. Lorenzen-Schmidt 1990, S. 53) wurden um das Neuwerk 485 m und um den Tiergarten (in den Quellen immer nur „Poell" genannt) 1759 m, zusammen 2244 m Zaun gesetzt. Dazu kommt noch ein Zaunstück, bei dem die Länge nicht angegeben ist (QuP 307). Die Umrissmaße des vollendeten Neuwerkgartens haben eine Länge von ca. 1913 m, wozu man im Jahre 1637 noch den von Westen nach Osten verlaufenden nördlichen Begrenzungszaun der ersten Ausbaustufe des Neuen Werkes rechnen muss, was einer Gesamtlänge von 2260 m und damit etwa den Angaben in den Quellen entspricht. Es ist also davon auszugehen, dass in den Jahren 1637/38 das Neuwerk in seiner ersten Ausbaustufe und der Tiergarten, so wie Mejer (Abb. 12) das Gelände zeigt, in einem Zuge eingehegt wurden. Über eine vorher bestehende Einfassung des Tiergartens, der ja schon vorher existiert haben soll (vgl. Prange 1988, S. 75–77), gibt es keine Nachrichten.

466 Bei den Arbeiten von 1637/38 wird in den Quellen nur von verschiedenen Arten und Höhen von Zäunen gesprochen: „gezeuneter" und „gepateter" Zaun (z.B. QuP 291, 292). Bei letzterem vermutet Paarmann einen Pfostenzaun (QuP 292). Aus den Quellenangaben sind das Aussehen und die Beschaffenheit dieser Einfriedungen nicht zu erschließen. Erst 1653 wird zum ersten Mal im Zusammenhang mit dem Neuwerkgarten das Wort „Planckwerck" verwandt (QuP 702, 703), und zwar wird zu diesem Zeitpunkt altes Plankwerk repariert. Das lässt die Schlussfolgerung zu, dass es sich bei den Zaunsetzungen von 1637/38 um Plankwerk gehandelt hat. Auch als die Erben von Johannes Hecklauer 1657 Restzahlungen für die Setzung des Plankwerks um das Neue Werk erhalten (QuP 882), müssen die Einfriedungsarbeiten von 1637/38 gemeint gewesen sein, denn Hecklauer war nur bis 1652 Bauinspektor, und für den Zeitraum zwischen 1637 und 1652 liegen keine Nachrichten von Zaun- oder Plankwerksetzungen vor.

467 Nur ein einziges Mal ist in QuP 295 von einem Graben die Rede, der mit der genannten Länge von 72 Ruten nur einen Bruchteil der gesamten Tiergarten- und Neuwerkeinfassung einnahm. Christensen 1999, S. 41 interpretiert diese Quelle so, dass der Neuwerkgarten von Anfang an vollständig mit einem doppelten Graben und dazwischen aufgeworfenem, mit Zaun oder Hecke bestandenem Wall eingegrenzt war. Für die erste Ausbaustufe des Neuwerkgartens ist diese Schlussfolgerung zu weitgehend. Erst 1663 hob man einen Graben auf ganzer Länge aus (QuP 1028), aber nicht zwei.

468 Auf Abb. 24 (BQ: LASH, Thurah II) und Abb. 25 (BQ: SAS, Koch II) kann man die Fernwirkung des Plankwerks erkennen, aber nicht die Einteilung in Fache. Abb. 25 zeigt die etwas gröbere Variante des späteren Tiergartenplankwerks aus dem Jahr 1770. Die Fache sind dagegen sichtbar bei der etwa gleichzeitigen Einfassung des Neuwerkgartens (Abb. 26). Der hier gezeichnete Steinwall wurde erst zu dieser Zeit eingeführt (BQ: LASH, Rosenberg I).

469 QuP 1409. Später im 18. Jahrhundert haben die Fache auch andere Abmessungen.

470 BQ: KBK, Joh. Mejer II. Das Tor ist im Original rot, was immer auf das Material Stein hindeutet.

471 LASH 7/188, Baustaat 1707, Nr. 8.

472 Paarmann 1986, S. 71, der zitiert, dass die Torflügel „außwendig mit weinlaub und einen garten nach dem perspectiv" bemalt waren. Die späteren Beispiele im Neuwerk werden in Kap. III 4.26. näher behandelt.

473 LASH 7/6826, Inventar von 1709. Auf den vorhandenen Bildquellen ist die Position der Eingänge und deren Aussehen kaum nachzuvollziehen, am besten noch bei BQ: KBK, Dallin I (Abb. 14) und bei BQ: LB, Fritzsch (Abb. 15). Es gab Plankwerk sowohl aus Eichen- als auch aus Kiefernholz. Es wird hier bewusst keine Anzahl von Fachen des Plankwerks genannt, weil schon im Inventar unvollständige Aussagen gemacht werden, z.B. bei der Nordseite, und auch die Angaben in den Quellen des 18. Jahrhunderts nicht miteinander übereinstimmen.

474 LASH 7/6826, pag. 566f.

475 LASH 7/6826, pag. 569.

476 Eine Nachricht von 1727 deutet darauf, dass es am Herkulesteich eine Baumschule gab, die zu diesem Zeitpunkt verlegt werden sollte, vgl. RAK TyRtk C 89, Nr. 4, Vertrag zwischen Peucker und Kempe zur Renovierung des Neuwerks v. 6.5.1727. Vielleicht handelt es sich um die Baumschule, zu deren Anlage Bernhard Kempe laut seiner Bestallung von 1704 verpflichtet worden war, vgl. Anhang 2, Nr. 12. Dagegen spricht zum einen, dass die Baumschule nicht auf Dallins Plan von 1707 (Abb. 14) gezeigt ist, zum andern, dass Klingmann in seinem 1711 konzipierten Sanierungsprojekt des Neuwerks auch die Anlegung einer Baumschule forderte, vgl. LASH 7/187, fol. 286–293.

477 LASH 7/6826, pag. 569f.

478 LASH 7/6826, pag. 570. Von dem „durchsichtigen Staquet=werck" wird auch berichtet in RAK Håndskriftsamling, Gruppe I, U. Petersen, Vol. 17, Kap. 112, § 34. Dort nennt Petersen es auch „Befriedigung von Palisaden".

479 LASH 7/6826, pag. 567f.

480 LASH 7/6826, pag. 655f.; Zur Bezeichnung „Waßerpforte" vgl. QuP 1416, 1430 u. RAK, Håndskriftsamling, Gruppe I, U. Petersen, Vol. 17, Kap. 112, § 39.

481 Vgl. Abb. 3, 12 u. 13 (BQ: LASH, Joh. Mejer I; BQ: KBK, Joh. Mejer II; BQ: LB, Joh. Mejer III). So werten auch Schlee 1991, S. 46 und Christensen 1999, S. 42 diesen Sachverhalt. 1665 ging Schlee dagegen noch davon aus, dass Herkules mit dem Teich schon vor Mejers Karten angelegt worden war (S. 54).

482 Erst 1681 wurde das Gewässer zum ersten Mal namentlich direkt mit der Herkulesstatue verbunden: „Teich bey Hercules", vgl. QuP 1379, oder „Hercules Deich", vgl. LASH 7/2374, Beilage Nr. 26 z. Kammerrechnung v. 1681. Vorher wurde er nur als „großer Teich" bezeichnet, vgl. QuP 703, 952, 1091, 1135.

483 Danckwerth/Mejer 1652, Bd. 1, S. 110. Christensen 1999, S. 44 bezieht sich in ihrer Datierung auf Mejers „Renovirte Landesbeschreibung" (Quelle zitiert bei Christensen 1999, S. 332f.), die mit einem 1653 geschriebenen Vorwort erst 1654 erschien, aber denselben Wortlaut des Textes wiedergibt wie Danckwerth/Mejer 1652. Bd. 1. So kommt sie zu dem Ergebnis, der Herkulesteich und die Herkulesskulptur seien erst 1653 nahezu vollendet gewesen.

484 QuP 614, 620. Beide Maßnahmen kosteten zusammen 700 Rthlr. Mit „Schlengwerck" ist wohl ein Flechtwerk gemeint.

485 QuP 860, 824 u. 864. Christensen 1999, S. 43 bringt die Lieferung der 4 Muschelbecken aus Kupfer von H. C. Hamburger mit einer neuen Grotte, die sie unter das Globushaus platziert, in Verbindung (QuP 860). Diese Schlussfolgerung entbehrt jeder Grundlage.

486 Jürgensen 1822, S. 153. Wie er zu dieser Angabe kam, ist nicht nachvollziehbar. Von ihm ausgehend finden sich in der Literatur bislang immer diese unrichtigen Daten: Schmidt 1903, S. 54 und Wolke 1953, S. 189; Haupt Bd. 8 o.J., S. 357, Schlee 1965, S. 54, Schillmeier 1989, S. 113 und Schlüter 1992, S. 46 geben die Umrechnung von Jürgensens Daten in Meter mit 143 x 80 m an.

487 LASH 66/9280, Nr. 54; RAK TyRtk B 2, 1740, Nr. 137; LASH 66/9281, Nr. 46.

488 QuP 1433; LASH 7/188, Baustaat 1709; LASH 7/6826, Inventar v. 1709, pag. 579.

489 LASH 7/187, fol. 286–293, fol. 295f.; RAK, Håndskriftsamling, Gruppe I, U. Petersens Samling, Vol. 17, Kap. 112, § 9 (Zitat); LASH 66/1712 III, fol. 273–279, Inv. des Fontänenwesens v. 19.8.1738. In der Literatur (Philippsen 1923, I, S. 67 und Behling/Paarmann 1981, S. 3) wird indessen von Steinquadern oder von Granitquadern (Wörner 1994, S. 213) gesprochen.

490 RAK TyRtk B 2, 1740, Nr. 137.

491 LASH 7/6826, pag. 579.

492 LASH 66/9278, Nr. 91b, Lit. C; LASH 66/9279, Nr. 2.

493 BQ: LASH, Freudenreich III. Eine identische Zeichnung der Eckfontänen, aber auf einem Blatt mit der Darstellung eines Bassins ist BQ: LASH, Freudenreich IV.

494 BQ: LASH, Herkulesteich.

495 LASH 66/1712 III, fol. 176–198v., Auflistung der Bremer Sandsteine v. 27.7.1739; LASH 66/1712 III, fol. 273–279, No. 11 (Zitat); LASH 66/9339, Nr. 152; LASH 66/9345, Nr. 96.

496 LASH 66/1712 III, fol. 273–279, Inventar des Fontänenwesens v. 19.8.1738, vgl. auch Anhang 2, Nr. 17.

497 QuP 860; Legende auf BQ: LASH, Freudenreich III; LASH 66/1712 III, fol. 176–198v., No. 11; RAK TyRtk B 2, 1740, Nr. 184; LASH 24/129.2, 1742, Nr. 76, Lit. A; LASH 66/9339, Nr. 152; LASH 66/9345, Nr. 96; RAK TyRtk C 84, Inventar des Fontänenwesens v. 18.11.1766. Schlee 1965, S. 55 gibt ohne Quellennachweis an, die Schäfte seien aus Holz und die darauf sitzenden Verzierungen aus Blei gewesen. Die o.g. Legende auf BQ: LASH, Freudenreich III nennt dagegen nur „Ziehrahten von bleÿ".

498 LASH 7/188, Baustaat 1710, der von 1709 berichtet.

499 LASH 7/6826, Inventar von 1709, pag. 569 u. 579f.; LASH 7/187, fol. 214–216; Pasche 1843, S. 346 (Zitat).

500 LASH 7/187, fol. 214–216; QuP 1040, 1661; LASH 7/188, Baustaat 1711 in einem Bericht v. 11.4.1712; LASH 7/187, fol. 286–293, fol. 295f.

501 QuP 1408 u. 1525. Die Schwäne wurden nicht nur wegen des schönen Anblicks gehalten, sondern auch weil sie Insekten fressen, vgl. RAK, Håndskriftsamling, Gruppe I, U. Petersens Samling, Vol. 17, Kap. 112, § 9.

502 Habich u.a. 1998, S. 80. Dazu wurde ein styroporähnliches Material (PU-Hartschaumstoff) gewählt, vgl. Schulze 1997, S. 212.

503 Schulze 1995 I u. II; Schulze 1996, 1997 u. 1998. Außerdem Kühn 2006 II.

504 Vgl. dazu im vorangegangenen Kapitel die Beurteilung der Karten von Joh. Mejer.

505 Danckwerth/Mejer 1652, Bd. 1, S. 110, wo von einer Statue in einem großen Fischteich „18. Werck=Schuch hoch/ so Wasser sprütze" die Rede ist. Ein Zusammenhang zwischen dem „großen Bilde", das Otto Jageteuffel 1649/50 mit Kupfer belegte, und der Herkulesfigur konnte nicht festgestellt werden, vgl. dazu die Ausführungen in Kap. III 3.1. mit Quellenangaben.

506 Schulze 1995 I, S. 16f. und Paarmann 1996, S. 553 datieren die Figurengruppe auf um 1640, während Schlee 1979, S. 74 die 1650er Jahre als Entstehung vermutet.

507 Vgl. auch Kühn 2006 II, S. 82. Merkwürdigerweise erwähnt Heiko K. L. Schulze in seinen o.g. Aufsätzen die Signatur mit keiner Silbe. Es ist kaum vorstellbar, dass sie ihm nicht bekannt geworden ist. In den Gottorfer Quellen ist für die Zeit zwischen 1638 und 1660 kein Bildhauer oder Steinmetz zu finden, dessen Name zur Signatur passen würde.

508 Zu C. van Mander vgl. vor allem Schmidt Teil I 1916, S. 276–278. Zu dieser Einschätzung kommen Schlee 1965, S. 57, Schulze in den o.g. Aufsätzen, Messerschmidt 1996, S. 539, Christensen 1999, S. 43 und Roding 2020, S. 277. Für Paarmann 1996, S. 555, Anm. 4 kommt außerdem Zacharias Hübener in Betracht, der aber nur bis um 1647/48 mit Arbeiten für die Gottorfer Gärten nachweisbar ist, vgl. QuP 505. Für die Herstellung der Skulptur vor Ort sprechen auch die Funde von Werkzeug und drei Füßen, von denen einer dann aussortiert wurde (freundlicher Hinweis von Dr. Margita M. Meyer, Landesamt für Denkmalpflege Schleswig-Holstein, vom 27.4.2001, vgl. außerdem Kühn 2006 II, S. 82). Für van Mander wurden ab 1651 große Mengen von Sandstein in den Garten geliefert, die aber nicht direkt mit der Skulptur in Verbindung zu bringen sind, vgl. QuP 568, 572, 548, 556, 561, 562. Von 1652 bis 1654 erhielt der Künstler für seine Steinmetztätigkeit im Neuen Werk, wobei namentlich nur die Arbeiten an Globus- und Pomeranzenhaus genannt werden, die hohe Summe von 1870 Rthlr, vgl. QuP 613, 673, 732, 735.

509 Die zeitgenössischen Porträts Friedrichs III. von Jürgen Ovens (BQ: KHB, Ovens I und BQ: SSHL, Ovens II, vgl. Abb. 41 u. 42) zeigen die Herkulesfigur zwar, aber in relativ freier Gestaltung und Ausrichtung, während die zuverlässigste Darstellung in diesem Punkt wie auch sonst BQ: KBK, Dallin I ist (Abb. 28).

510 Die erhaltenen Reste zeigten gelbe Backsteine, vgl. auch Schulze 1995 I, S. 12f. u. Kühn 2006 II, S. 82. Bei beiden auch noch weitere Details zur Beschaffenheit des Sockels. Zur Größenangabe vgl. Müllers Aufstellung der „Mangelpöste" vom 8.10.1738 in LASH 66/9279, Nr. 40, die durch die Grabung bestätigt wurde. Die aufgefundenen Teile der Herkulesfigur zeigten noch Reste der roten Fassung der Sockelplatte, die auch in folgenden Quellen genannt wird: LASH 66/9279, Nr. 40; RAK, Håndskriftsamling, Gruppe I, U. Petersen, Vol. 17, Kap. 112, § 9.

511 Während die Größe bei Danckwerth/Mejer 1652, Bd. 1, S. 110 mit 18 Werkschuh (5,17 m) angegeben ist, nennt Müller 1738 eine Höhe von 22 Fuß (6,32 m), vgl. LASH 66/9279, Nr. 40.

512 LASH 66/9279, Nr. 40, wo Baumeister Müller von „Fugen" am Herkules und Drachen berichtet. Das ergab auch der Befund, vgl. Schulze 1995 I, S. 12 u. Kühn 2006 II, S. 82. Von Ulrich Petersen stammt die oft in der Literatur zu findende, unrichtige Information, die Herkulesskulptur sei „aus einem Stein gehauen" gewesen, vgl. RAK, Håndskriftsamling, Gruppe I, U. Petersens Samling, Vol. 17, Kap. 112, § 9.

513 LASH 66/1712 III, fol. 273–279, Inventar des Fontänenwesens v. 19.8.1738; RAK TyRtk C 84, Nr. 4 der Rosenberg-Inventare v. 31.7.1770.

514 Vgl. Schulze 1995 II, S. 48. Die Standposition und die Anbindung an den Drachen sind nicht völlig gesichert, da die Unterschenkel der Skulptur nicht gefunden wurden.

515 Über die genaue Anzahl der Drachenköpfe herrscht Unklarheit. In den gedruckten Quellen angefangen bei Olearius 1663, S. 366f. wird immer die Zahl sieben genannt, während in den Fontänen-Inventaren und einem Reparaturanschlag des 18. Jahrhunderts von neun Köpfen die Rede ist. Da der Fontänenmeister Freudenreich, der das Inventar von 1738 (vgl. Anhang 2, Nr. 17) verfasste, Herkules sicher aus unmittelbarer Nähe kannte, scheint die Version der neun Köpfe glaubhafter zu sein, vgl. LASH 66/1712 III, fol. 273–279; LASH 66/9279, Nr. 40; RAK TyRtk C 84, Inventar des Fontänenwesens v. 18.11.1766. Bei der Grabung wurden einige der Drachenköpfe mit einer Markierung aus römischen Zahlen gefunden. Die höchste Zahl war dabei VII, vgl. Kühn 2006 II, S. 82.

516 LASH 66/1712 III, fol. 273–279, Inventar des Fontänenwesens v. 19.8.1738, vgl. auch Anhang 2, Nr. 17. Vgl. dazu Schulze 1995 I, S. 12 u. Kühn 2006 II, S. 83.

517 Schon 1680 wurde die Fassung durch den Hofmaler Christian Müller erneuert, vgl. QuP 1369. Die genaue Farbigkeit überliefert Müller in seiner Aufstellung v. 8.10.1738, vgl. LASH 66/9279, Nr. 40. Die Fundstücke bestätigen die Quellenaussagen.

518 Diese Ausrichtung ergibt sich eindeutig aus der Beschreibung Ulrich Petersens, vgl. RAK, Håndskriftsamling, Gruppe I, U. Petersens Samling, Vol. 17, Kap. 112, § 9 (auch in Anhang 2, Nr. 15) und wird durch die Untersu-

chung des Bildhauers Lindemann an den Sockelresten bekräftigt, vgl. Schulze 1995 I, S. 12f. An allen anderen Seiten des Teiches waren Bogengänge gepflanzt, die nur sporadisch den Blick auf die Statue öffneten. Schulze 1995 I, S. 16 und auch in seinen anderen Aufsätzen täuscht sich, wenn er die Darstellung des Herkules bei Fritzsch (BQ: LB, Fritzsch) als identisch mit der in Dallins Originalplan von 1707 (BQ: KBK, Dallin I) ansieht. Während Herkules bei Fritzsch nach Süden blickt, steht er bei Dallin nach Norden gewandt, ebenso wie im Plan von 1713 (BQ: KBK, Grundriss Gottorf 1713, vgl. Abb. 16) und bei Lönborg (BQ: LASH, Lönborg II), nicht erst in der Darstellung 1770 (BQ: HMDH, Projektplan Neuwerk unter Christian VII.). In der neuesten Literatur geht Juliette Roding fälschlicherweise davon aus, dass Herkules nach Süden zum Schloss blickte, wobei sie sich auf die sonst sehr verlässlichen Aufsätze von Schulze stützt, vgl. Roding 2020, S. 277f.

519 Das erste Beispiel tritt 1652 zum ersten Mal auf, vgl. LASH 7/4570, Fasz. 1, dann auch in QuP 682 und auch noch auf der Legende von Themsens Plan 1728, vgl. LASH 66/9265, Nr. 38, Lit. D. Zur zweiten Bezeichnung vgl. LASH 7/6826, Inventar von 1709, pag. 580. Die dritte Variante erscheint nur in den Inventaren von 1738, 1750 und 1769, vgl. RAK TyRtk C 84 u. LASH 66/9352, Nr. 106.

520 LASH 66/9322, Nr. 151 von 1755 ist eines der ersten Beispiele. Erst mit der Sekundärliteratur kommt die Bezeichnung „Persischer Lustgarten", der nach einem Konzept des Adam Olearius angelegt worden sein soll, auf, zuerst bei Sach 1866, S. 14, später noch bei Sach 1875, S. 321; Haupt Bd. 8 o.J., S. 357; Schmidt 1903, S. 44f.; Neuer Führer 1913, S. 41; Schlüter 1992, S. 47. Ein persischer Einfluss ist in der Gestaltung nicht nachweisbar und nachvollziehbar, sondern reine Fantasie. Schlee 1991, S. 61 und 70 benutzt sogar u.a. die Neuschöpfung „Herkulesgarten".

521 In QuP 705 aus dem Jahr 1653 wird diese Mauer zum ersten Mal in den Quellen erwähnt. Vielleicht gehört auch die Lieferung von Eichenpfählen für ein Bollwerk (QuP 623) in diesen Kontext, wobei die Eichenpfähle als Fundament der Mauer gebraucht werden konnten. Vermutlich wurde die Mauer von dem Maurer Claus Rethmeyer aufgesetzt, der auch am Bau des Vogel- und des Pomeranzenhauses arbeitete.

522 QuP 534, 540, 672, 682, 701, 704, 705, 689, 726, 741, 800, 805, 824, 860, 864, 844.

523 QuP 1086.

524 QuP 1403, 1419, 1434, 1437, 1438, 1440, 1444, 1446, 1448, 1453, 1462, 1472–1476.

525 RAK TyRtk C 89, Nr. 7, Lit. BB; LASH 7/187, fol. 214–216.

526 QuP 1672; LASH 7/188, Baustaat 1711; LASH 7/184, Gravamina von Schwartz über Thomsen u. Bericht von Fischer; LASH 7/187, fol. 286–293 u. fol. 295f.; RAK TyRtk C 89, Nr. 7, pag. 5f.

527 BQ: LASH, Themsen I; BQ: LASH, Lönborg II; BQ: RAK, Müller I.

528 LASH 7/6826, Inventar v. 1709, pag. 580–586. Bei der nun folgenden Beschreibung werden nur noch Zitate aus dieser Quelle extra nachgewiesen, ansonsten nur die Informationen aus anderen Quellen.

529 LASH 66/1712 III: 1726; LASH 7/188, Baustaaten 1708 und 1711; RAK TyRtk B 2, 1741, Nr. 305; LASH 66/9284, Nr. 102; LASH 24/158, Nr. 82; LASH 66/9306, Nr. 92.

530 Im Gegensatz zur Angabe bei Pasche 1843, S. 346, wo der Zustand im Jahr 1702 geschildert wird, und im Gegensatz zur Literatur bis zu Roding 2020, S. 278, hat die Ringmauer zu diesem Zeitpunkt definitiv noch keine Nischen gehabt, sondern erst später nach einem Neubau, vgl. Kap. V 2.4.

531 Die heutige Mauer ist nicht mehr das Original aus dem 17. Jahrhundert, vgl. dazu Kap. V 2.4.

532 Lühning 1997, S. 21 ohne Quellenangabe.

533 RAK TyRtk C 84, Rosenberg-Inventar von 1770.

534 LASH 7/6826, Inventar v. 1709, pag. 580.

535 RAK TyRtk C 84, Rosenberg-Inventar von 1770. Die Buchstaben sind als Initialen für Friedrich III. und Elisabeth (Maria Elisabeth) zu verstehen. Jürgensen 1822, S. 154 stellt es anders dar: es haben dort die Buchstaben F.M.E. gestanden, „die Anfangsbuchstaben der Friedericke Marie Elisabeth". Welcher Quelle mehr zu glauben ist, bleibt fraglich, denn die Tore sind nicht mehr vorhanden. Rosenberg berichtet 50 Jahre früher und insgesamt sehr zuverlässig. Wenn tatsächlich die Buchstaben F.M.E. an den Portalen angebracht waren, so sind sie jedenfalls nicht so zu interpretieren, wie Jürgensen es tut, sondern als Initialen des Herzogspaares Friedrich und Maria Elisabeth.

536 LASH 7/6826, Inventar v. 1709, pag. 580.

537 Zur Beschaffenheit der Portaleingänge vgl. QuP 1411, 1583; LASH 7/187, fol. 13; LASH 7/188, Baustaat 1708; LASH 66/9296, Nr. 7; LASH 66/9343, Nr. 132; RAK TyRtk C 84, Rosenberg-Inventar von 1770. Der einzige Unterschied dieser sonst gleichen Portale bestand darin, dass der Westeingang keine Schwelle aus Stein besaß.

538 LASH 66/1712 I; LASH 66/9264, Nr. 12.

539 LASH 7/188, Baustaaten 1708–1710. RAK TyRtk B 2, 1737, Nr. 181; LASH 66/9275, Nr. 67 A.

540 LASH 7/187, fol. 17/18, vgl. Transskription dieses Inventars in Anhang 2, Nr. 2.

541 Zu den Einschränkungen gehört die Schwierigkeit der Identifikation der in den Inventaren des 17. Jhts. genannten Pflanzennamen mit heutigen botanischen Bezeichnungen, die in einigen Fällen nicht eindeutig möglich ist, vgl. zu diesem Problem auch de Cuveland 1989, S. 45, 48f., Christensen 1999, S. 216–218 und Krausch 2003. Die Pflanzen aller drei Inventare des 17. Jhts. von 1655, 1681 und 1695 sind in der Transskription (Anhang 2, Nr. 2, 9 u. 11) durchnummeriert, um eine Identifizierung und ein schnelleres Auffinden vom Text zur Quelle zu ermöglichen. Die Übersetzungen in die heutige Nomenklatur befinden sich in Anhang 3, Nr. 10. Die Arbeit des Identifizierens leisteten Dr. Clemens Alexander Wimmer, Dr. Heinz-Dieter Krausch und Jürgen Uwe Asmussen, denen an dieser Stelle nochmals herzlich gedankt sei.

542 LASH 7/187, fol. 27–29v., vgl. Transskription des Inventars in Anhang 2, Nr. 9.

543 QuP 1403, 1453, 1462.

544 LASH 7/187, fol. 214–216 (auch Zitat). Vgl. dazu de Cuveland 1989, S. 41.

545 Der Gottorfer Codex befindet sich im Kupferstichkabinett des Statens Museum for Kunst in Kopenhagen. Vgl. dazu die Monographie von de Cuveland 1989 und neue Forschungen in Der Gottorfer Codex 2014.

546 De Cuveland 1989, S. 45.

547 LASH 7/6826, Inventar v. 1709, pag. 582.

548 Ähnlich wird es auch der Inventarisator 1709 gemacht haben, vgl. LASH 7/6826. Die im Folgenden angegebenen Nummern sind eine Orientierungshilfe und finden sich wieder in Anhang 2, Nr. 2.

549 Genauere Informationen über die einzelnen Pflanzen beruhen auf der kenntnisreichen Hilfe von Jürgen Uwe Asmussen, dem Vater der Verfasserin, dem an dieser Stelle herzlich gedankt sei.

550 Krausch 2003, S. 272.

551 Krausch 2003, S. 296 u. 467; de Cuveland 1989, S. 48.

552 1653 pflanzte Heinrich Vak 300 Weinstöcke im Neuwerkgarten, vgl. QuP 663.

553 Außer dem empfindlichen Obstbaumbestand an der Globusmauer, der im Inventar von 1655 erfasst ist, fehlen Angaben über Obstgehölze hier völlig. Ob vielleicht solche fruchttragenden Bäume als schattenspendende Randbepflanzung eingesetzt wurden, bleibt unbeantwortet, vgl. auch de Cuveland 1989, S. 45.

554 Meyer 1994, S. 44; Poppendieck, in: v. Buttlar/Meyer 1996, S. 676–681; Mierwald 2002, S. 12f., 15 u. 55f. Garniel/Mierwald 2001, S. 51 nennen noch folgende Stinzenpflanzen, die zwar nicht 1655 verzeichnet, aber dafür im Gottorfer Codex (1649–1659) abgebildet sind und also möglicherweise auch in herzoglicher Zeit im Globusgarten standen, wohl aber erst nach 1655: Kleines Schneeglöckchen (Galanthus nivalis), Hasenglöckchen (Hyacinthoides non-scripta), Dolden-Milchstern (Ornithogalum umbellatum), März-Becher (Leucojum vernum), Wilde Tulpe (Tulipa sylvestris), Schachblume (Fritillaria meleagris), Herbst-Zeitlose (Colchicum autumnalis), Schlangen-Knöterich (Bistorta officinalis), Einjähriges Silberblatt (Lunaria annua), Finger-Lerchensporn (Corydalis solida), Kleines Immergrün (Vinca minor), Frühlings-Geden-

555 Die Deutung der im Inventar hierfür angegebenen Originalbezeichnung „Alcea Arborescens" bereitet große Probleme, vgl. dazu Christensen 1999, S. 216.

556 Behling/Paarmann 1981, S. 7 nennen „Figuren der Jahreszeiten" für den Globusgarten, wofür es keinerlei archivalische Belege gibt.

557 Paarmann 1986/87, S. 24.

558 LASH 7/6826, pag. 582–584. Die folgenden Zitate bei der Beschreibung der Skulpturen stammen daraus, vgl. auch Transskription in Anhang 2, Nr. 13.

559 Die hier angegebenen wenigen Ergänzungen zu den Informationen des Inventars stammen aus RAK TyRtk C 89, Nr. 7; dito, Lit. BB; LASH 7/197, Möbelinventar von 1705.

560 Olearius 1674, Tafel 25, Nr. 2.

561 Paarmann 1986/87, S. 24–27.

562 Zacharias Hübener: vgl. Haupt Bd. 3 1889, S. 17 und Biernatzki 1889, S. 46; Behling/Paarmann 1981, S. 7; dem schließt sich Wörner 1991, S. 12 u. 1994, S. 213 an. Cornelis van Mander: vgl. Paarmann 1986/87, S. 27; Paarmann 1996, S. 553.

563 QuP 505.

564 Paarmann 1986, S. 37. Er reklamiert diese Quelle (QuP 505) für den Alten Garten von Gottorf und sieht Hübener als Bildhauer der großen Sandsteinbrunnen, die er in die Jahre 1636/37 datiert. Für diese Hypothese gibt es keine weiteren Hinweise.

565 LASH 7/4570, Fasz. 1.

566 QuP 672, 682, 701, 704, 705. Außerdem wurde „buchenholz zu den Kummen" transportiert, vgl. QuP 702. Gänzlich falsche Schlussfolgerungen zieht Christensen 1999, S. 44 aus den Quellen zur Aufsetzung der Kummen im Globusgarten (QuP 682, 702, 705) und bringt diese in Verbindung mit einem viel späteren Kaskadenbau (QuP 1274, 1348).

567 Zu van Mander vgl. QuP QuP 613, 673. Zu Prange vgl. QuP 548, 751. Prange lieferte nicht nur Wesersandstein, sondern fertigte auch Arbeiten an, die aber aus der Quelle nicht zu identifizieren sind.

568 QuP 1672; LASH 7/188, Baustaat 1711; LASH 7/184, Gravamina von Schwarz gegenüber Thomsen u. Bericht von Fischer; LASH 7/187, fol. 286–293 u. fol. 295f.

569 RAK TyRtk C 89, Nr. 7, Lit. BB; Landesbibliothek Coburg, Ms. 33, Reisebeschreibung 1656, fol. 106r.; LASH 7/2373, Beil. Nr. 27. Auf der sächsischen Seite werden die Vorfahren Maria Elisabeths und Kurfürsten von Sachsen bis zum ersten Kurfürsten der albertinischen Linie gestanden haben: Maria Elisabeth, Johann Georg I. (reg. 1611–1656), Christian II. (reg. 1591–1611), Christian I. (reg. 1586–1591), August I. (reg. 1553–1586) und Moritz I. (reg. 1541, als Kurfürst ab 1547–1553). Auf Gottorfer Seite bestehen Unklarheiten, wer dargestellt war, denn es regierten einschließlich Friedrichs I. und Friedrichs III. sieben Herzöge, vgl. zu den Regierungsdaten ab Herzog Adolf Anhang 3, Nr. 1. Dass Friedrich I. (reg. 1490–1533) unter den Büsten war, ist belegt, vgl. Landesbibliothek Coburg, Ms. 33, s.o. Da hier auch erwähnt wird, dass Maria Elisabeth mit einer Büste präsent war, muss angenommen werden, dass auch Friedrich III. gezeigt war. So muss folglich ein anderer Herzog gefehlt haben, welcher, bleibt allerdings offen: entweder Christian III., der als Nachfolger seines Vaters, Friedrichs I., das Herzogtum von 1533 bis zur Landesteilung 1544 quasi nur provisorisch regierte, oder einer der älteren Söhne Herzog Adolfs, Friedrich II. und Philipp, die beide nur sehr kurz regierten. Schlee 1965, S. 55 u. 1968, S. 11 spricht im Zusammenhang der Globusmauer von der Aufstellung von Büsten der römischen Kaiser, was nicht zutreffend ist, vgl. Kapitel zur Terrassenanlage.

570 LASH 66/1973 I; Landesbibliothek Coburg, Ms. 33, Reisebeschreibung 1656, fol. 106r.

571 Landesbibliothek Coburg, Ms. 33, Reisebeschreibung 1656, fol. 106r. Reines Blei nimmt sonst unter Witterungseinflüssen eine unschöne weißliche Farbe an.

572 LASH 7/2374, Beilage Nr. 27 zur Kammerrechnung v. 1681 und QuP 1377; QuP 1398. Die Angabe von Jürgensen 1822, S. 154, die Büsten seien „koloriert und mit vergoldeten Ketten und Ordenszeichen verziert" gewesen, erscheint gegenüber den älteren, zeitgenössischen Quellen etwas reichlich phantasievoll, zumal da die Büsten zu dieser Zeit nicht mehr existierten und der Autor sie auch nicht vor ihrer Vernichtung selbst in situ gesehen hat.

573 Landesbibliothek Coburg, Ms. 33, Reisebeschreibung 1656, fol. 106r.

574 QuP 844.

575 QuP 337–339, 355, 370, 398. Merkwürdigerweise erwähnt Zubek 1990 in seinem Aufsatz über O. Jageteuffel dessen umfassende Tätigkeit an diesem Gartenpavillon überhaupt nicht.

576 LASH 168/AR Gottorf 1642, Nr. 357. Es lässt sich aber kein Gebäude des Husumer Gartens mit dieser Nachricht in direkte Verbindung bringen. Die in diesem Jahr gebaute Orangerie hat wenig Vergleichbares, die anderen Lusthausbauten passen dagegen zeitlich nicht, vgl. de Cuveland 1994, S. 41 u. 45f.

577 QuP 1018, 1243, 1437, 1440. Ob der Fußboden schon vorher mit Fliesen ausgelegt war, geht aus den Quellen nicht hervor.

578 LASH 7/4602, Bau- und Nagelrechnung 1694, Ausgabe Segeberger Kalk.

579 BQ: KHB, Ovens I; BQ: SSHL, Ovens II; BQ: KBK, Dallin I; BQ: LASH, Lönborg II.

580 LASH 7/6826, Inventar von 1709, pag. 584f.; QuP 337–339, 355, 370, 398, 1440; LASH 7/4602; LASH 66/1712 III, 1726; LASH 66/9265, Nr. 38; LASH 66/9274, Nr. 13.

581 Schneider 2006 I, S. 57 spricht von einem „zweigeschossigen, oktogonalen Pavillon", den Mejer 1641 darstellte. Bei Mejer ist aber lediglich die Existenz des Bauwerks zu erahnen. So meint Schneider wohl die Bildquellen von Dallin und Lönborg, deren Darstellungen vielleicht zu einer Interpretation des kleinen Lusthauses als zweistöckigem Bau führen könnten. Eine tatsächliche Zweigeschossigkeit dieses Gebäudes ist aber mit keiner Quelle belegbar. Selbst das sehr genaue Inventar von 1709 (LASH 7/6826, pag. 584f.) nennt keine Treppe o.ä.

582 LASH 7/6826, pag. 584f.

583 LASH 66/1712 III: Thomsens Beantwortung der von der Baukommission angestellten Untersuchung v. 19. 2. 1726, Nr. 103, pag. 46f.

584 QuP 426, 487–489, 491–494. Zur Baugeschichte vgl. genauer in Kap. III 3. und in Anhang 3, Nr. 4. Hier kann nur ein grober Überblick gegeben werden.

585 1719: „Das sogenandte Globy Hauß", vgl. LASH 66/1712 I, Bericht v. 27.2.1719, seit Mitte der 1730er Jahre nur noch „Globus-Hauß", z.B. RAK TyRtk C 84, Inventar v. 18.10.1738. Die Bezeichnung „Großes Lusthauß" wurde von 1651 bis 1671 gebraucht (QuP 565, 1271), während es von 1691 an bis etwa 1736 „das alten Lusthauß" genannt wurde (QuP 1443; zum letzten Mal 1736: RAK RyRtk D 3, Vertrag mit Mörck v. 2.6.1736).

586 Das beweist auch Thurah 1749, Bd. 2, S. 251, der mitteilt, dass das Gebäude „unter dem gewöhnlichen Namen des Globus=Hauses bekannt ist". Die Bezeichnung „Friedrichsburg" erscheint überhaupt nur zweimal in den Quellen des 18. Jahrhunderts, vgl. RAK, Håndskriftsamling, Gruppe I, U. Petersen, Vol. 17, Kap. 112, pag. 856; Lühning 1997, Q 280.

587 QuP 563, 565, 567, 568, 605; vgl. auch Lühning 1997, Q 42. Die 1657 von Johan Remsen von Büren aus Friedrichstadt für den Neuwerkgarten gelieferte Wendeltreppe ließ sich bislang nicht in den Kontext des Globushauses sinnvoll einordnen. Zu dieser Ansicht kommt auch Lühning 1997, S. 53, Anm. 55.

588 QuP 626 u. Danckwerth/Mejer 1652, Bd. 1, S. 110.

589 QuP 622, 678, 692.

590 LASH 7/4571, Fasz. 2. LASH 7/6826, Inventar von 1709, pag. 611f., denn hier heißt es in Bezug auf die Decke des Saales: „kalck arbeit worin oval und Quadrat Figuren mit großen und kleinen Contrefaiten von allerhand Bekandten und Frembden Vögeln, Fliegenden Kindlein mit Blumen Cräntzen, wie auch mit den Hochfürst nahmen".

591 QuP 719, 727, 728, 732, 749, 795, 820.

592 QuP 814, 895, 904, 905, 912. Die Summe errechnete Lühning 1997, S. 19.

593 Opitz 1978, S. 93.
594 LASH 7/4582. Bei der Formulierung in dieser Quelle wird nicht ganz deutlich, ob es sich um einen der Anbauten oder beide handelte.
595 QuP 1023, 1018, 1019, 1172, 1174, 1175, 1177.
596 Zur Gewächskammer vgl. QuP 1248. Bei der „Camera obscura" (QuP 1209, 1249) ist nicht eindeutig, wo sie im Neuwerkgarten aufgestellt wurde, vgl. auch Kap. III 4.22. zur Amalienburg.
597 QuP 1271, 1369.
598 LASH 7/197, Zusatz zum Möbelinventar v. 1705; LASH 7/188, Baustaat 1705.
599 QuP 1610, 1612, 1618, 1619, 1626; LASH 7/188, Baustaat 1707.
600 QuP 1634. In LASH 7/6826, Inventar von 1709, pag. 611f. wird die Veränderung der Stuckdecke im oberen Saal erwähnt. Möglicherweise ist damit die 1708 ausgeführte Arbeit von Sorrot gemeint.
601 LASH 400.5/140, Relation von Brockdorffs aus Gottorf v. 6.2.1713; LASH 400.5/234, sub. 29; LASH 32/23, Baustaat 1718, §17 und Baustaat 1720/21, § 61; LASH 66/1712 I, u.a. Baumängel 1719, zusammengestellt nach der Besichtigung des Fontänenmeisters am 27.7.1719.
602 BQ: SSHL, Ovens II; BQ: KBK, Ansicht Gottorf I.
603 BQ: KBK, Dallin I; BQ: LASH, Lönborg II; BQ: LASH, Thurah, II; da Kochs Zeichnung (BQ: SAS, Koch I) für eine Rekonstruktion des Globushauses nicht verwendet werden kann, ist sie hier nicht abgebildet. Ein Abdruck findet sich bei Schlee 1968, S. 12, Abb. 3.
604 BQ: LASH, Rosenberg II.
605 BQ: KBK, Grundriss Gottorf 1713; BQ: LASH, Themsen I; BQ: RAK, Müller I.
606 Lühning 1997 widmet der Rekonstruktion des Globushauses und des Globus ein ganzes Buch, das vor allem die technisch-handwerklichen Aspekte des Themas genauestens beleuchtet.
607 Die Rekonstruktion beruht hauptsächlich auf dem Inventar von 1709, vgl. LASH 7/6826, pag. 589–613, vgl. Anhang 2, Nr. 13. Die Maßangaben stammen von Rosenberg, vgl. LASH 66/9350, Nr. 158, Rosenbergs Anschlag v. 8.10.1768 und sind durch die archäologischen Grabungen 2001 bestätigt worden, vgl. Kühn 2006 I, S. 74–81. Diese Quellen werden im Folgenden nicht mehr extra nachgewiesen, außer bei Zitaten, sondern nur noch die darüber hinausgehenden. Die bei Jürgensen 1822, S. 155f. angegebenen Maße stimmen – wie auch bei anderen Bauten des Neuwerkgartens – nicht mit denen in den authentischen Quellen überein.
608 Die archäologische Grabung 2001 zeigte unterschiedliche Arten der Aufmauerung der Wände: bei der östlichen Längswand des Haupthauses zunächst eine etwa einen Meter hohe Mauer aus Findlingsblöcken, danach einen Übergangsbereich aus kleineren Feldsteinen und gelbem Backstein und dann reinen Backsteinverband, während z.B. bei der westlichen Längswand des Haupthauses die Findlinge fehlten und das Backsteinmauerwerk direkt auf der Balkenlage begann, vgl. Kühn 2006 I, S. 75 u. 77. Zu den Findlingen vgl. auch QuP 727 und LASH 66/9350, Nr. 158, Verkaufskonditionen vom 16.11.1768. Die rote Verbänderung ergibt sich allein aus den Grabungsbefunden, vgl. Lühning 1997, S. 38.
609 QuP 568; LASH 66/1712 III. Einige Holzzargen wurden 1706 eingesetzt, vgl. LASH 7/188, Baustaat 1706.
610 In diesem Punkt widersprechen sich die Angaben aus dem Inventar von 1709 und in LASH 66/9304, Nr. 108. Lühning kann den Sachverhalt auch nicht näher klären, geht aber von einer Normalfenstergröße von 4 Flügeln und in den Längswänden der großen Altane von sechsflügeligen Fenstern aus. Zu den Kellerfenstern vgl. LASH 66/9310, Nr. 116.
611 Zur Herkunft des Glases vgl. QuP 567, zur Bleiverglasung vgl. LASH 66/1712 III. fol. 106–145. Dass die Fensterscheiben Rautenform hatten, geht aus LASH 7/197, Zusatz zum Möbelinventar v. 1705 hervor. Lühning 1997, S. 47 geht dagegen von rechtwinkligen Scheiben aus, was er mit den Grabungsfunden begründet. Da aber erst nach 1705 die großen Reparaturen auch der Fenster einsetzten, ist es möglich, dass im 18. Jahrhundert bei komplett neu verglasten Fenstern statt der ursprünglichen Rauten auch orthogonale Scheiben Verwendung fanden.
612 LASH 7/184, Baustaat 1705, Nr. 3; LASH 7/188, Baustaaten 1705 u. 1706; RAK, Håndskriftsamling, Gruppe I, U. Petersen, Vol. 17, Kap. 112, pag. 856; LASH 66/9310, Nr. 116.
613 LASH 7/6826, Inventar v. 1709, pag. 613. In späteren Quellen ist von Fallrohren aus Kupfer und Blei und Dachrinnen aus Blei die Rede, vgl. LASH 32/23, Vertrag mit Primon v. 7.10.1726; LASH 66/1712 III.
614 Gottorfer Kultur 1965, S. 50.
615 QuP 626, 732. Das nimmt auch Lühning 1997, S. 51 an. Im Zusammenhang mit der geplanten Eheschließung der Gottorfer Prinzessin Hedwig Eleonora mit dem schwedischen Thronfolger sind für die Jahre 1652–1655 Beziehungen zu Schweden belegt, vgl. LASH 7/1507. Dabei bedankte sich Herzog Friedrich III. 1653 für eine „nicht geringen anzahl so block: und quadersteine, zu Pilaren, capitelen und piedestalen, alß auch Fliessen, geblümirden Tisch und tischscheiben". Es ist naheliegend, dass auch Material für den Bau des Globushauses darunter war. Vielleicht gehörte dazu auch der Prachttisch aus Öländer Kalkstein, der in gleicher Art wie die Baluster gearbeitet ist und sich heute in der Sammlung der SSHL auf Schloss Gottorf befindet (Inv. Nr. 1960/367, abgebildet bei Lühning 1997, S. 51).
616 LASH 7/6826, pag. 591.
617 QuP 565; LASH 66/1712 III.
618 LASH 32/23, Vertrag mit Primon v. 7.10.1726.
619 QuP 568.
620 Lühning 1997, S. 45.
621 LASH 66/9304, Nr. 108.
622 LASH 7/6826, Inventar von 1709, pag. 590. Es scheint sich um eine Kartusche mit den Monogrammen von Friedrich III. und Maria Elisabeth gehandelt zu haben, denn so gibt es Ulrich Petersen an, vgl. RAK, Håndskriftsamling, Gruppe I, U. Petersen, Vol. 17, Kap. 112, pag. 856. Die Angabe des Inventars muss demnach aus der Sicht der Regierungszeit Herzog Friedrichs IV. verstanden werden.
623 LASH 66/9322, Nr. 151.
624 LASH 24/158, Nr. 44; LASH 66/9282, Nr. 82.
625 RAK TyRtk C 84, Nr. 4 des Inventarkonvoluts unter Rosenberg v. 31.7.1770.
626 Die im Anschlag des Malers Koes 1748 angegebenen Maße des Südportals mit einer Säulenhöhe von 21 Fuß (6,0 m) und damit also noch 3 Fuß höher als beim Hauptportal erscheinen extrem, vgl. LASH 66/9304, Nr. 108. Lühning benutzt zwar diese Quelle, berücksichtigt aber die dort angegebenen Maße in seiner Rekonstruktion nicht, vgl. Lühning 1997, S. 44f.
627 Beide Zitate aus LASH 7/6826, Inventar v. 1709, pag. 593.
628 LASH 66/9296, Nr. 7; LASH 66/9304, Nr. 108.
629 QuP 1369. Die Quelle gibt ebenfalls keine Auskunft darüber, ob das Haus vorher schon angestrichen war.
630 BQ: LASH, Lönborg II. Z.B. stimmt diese Farbgebung nachweislich nicht mit den schriftlichen Quellen zur Orangerie überein.
631 LASH 66/9304, Nr. 108, für die Fensterfarbe auch LASH 66/9319, Nr. 75. Der erste Nachweis für graue Fenster ist von 1737, vgl. LASH 66/9276, Nr. 82. Eine Farbfassung der Portale ist zuerst für 1728 belegt, vgl. LASH 66/1712 III.
632 LASH 66/9203, Nr. 22, Anschlag v. 17.2.1748. Hieraus geht hervor, dass es einen gewölbten Keller mit einer Tür nach Süden gab. Bestätigt wird das Gewölbe im untersten Keller eindeutig von Jürgensen 1822, S. 154f. Lühning dagegen vermutet hier eine flache Holzbalkendecke (Abb. 51). Dass es sich um einen Teilkeller handelt, lässt sich aus U. Petersens Beschreibung schließen, vgl. RAK, Håndskriftsamling, Gruppe I, U. Petersen, Vol. 17, Kap. 112, pag. 856. Nach den Ergebnissen der archäologischen Untersuchung 2001 erstreckte sich der unterste Keller nicht wie von Lühning angenommen nur auf die südliche Hälfte des Gebäudes, sondern nahm dreiviertel der Fläche unter dem Globushaus ein, vgl. Kühn 2006 I, S. 76.
633 LASH 7/6826, Inventar v. 1709, pag. 593f.
634 LASH 7/188, Baustaat 1709; LASH 66/1712 III. Lühning 1997, S. 26 u. Anm. 22, S. 27 ordnet die Einziehung einer Trennwand 1706 (LASH 7/188, Baustaat 1706) der unteren Kelleretage zu, was aber nicht zutreffen kann, da die in der Quelle erwähnte Gerätekammer des Fontänenmeisters in den o.g. späteren Nachweisen immer für das obere Kellergeschoss

634 genannt wird. 1709 wurde hier eine Fachwerk-Zwischenwand durch eine aus Kieferbrettern ersetzt, vgl. LASH 7/188, Baustaat 1709.
635 Bei der Ergrabung der Fundamente des Globushauses im Herbst 2001 wurden Teile von großen Keramikgefäßen mit Löchern in den Böden gefunden, die als Pflanzgefäße interpretiert werden können und somit eine Überwinterungsmöglichkeit für Pflanzen im Globushaus bestätigen, vgl. Kühn 2006 I, S. 79.
636 Vgl. Kühn 2006 I, S. 76. Zum Bau des Schornsteins 1651 durch Cornelius van Mander vgl. QuP 568.
637 QuP 558, 727. Lühning 1997, S. 26, 39 u. 42 bezeichnet das obere Kellergeschoss als „Küchenkeller". Eine Nutzung in diesem Sinne ist nicht quellenkundig und insofern unwahrscheinlich, da 1654 hinter dem Neuwerk ein spezielles Küchengebäude errichtet wurde, vgl. Kap. III 4.12.
638 1651 wurde ein eiserner Kachelofen in einem Raum, der Andreas Bösch zugewiesen war, repariert (QuP 565), und 1654 nahm der Töpfer einen Ofen ganz herunter (QuP 760). Vielleicht handelte es sich um denselben Ofen. Im Inventar von 1709 wird keine Heizmöglichkeit mehr für das Globushaus erwähnt. Bei der Ergrabung der Fundamente des Globushauses im Herbst 2001 wurden Teile eines glasierten Kachelofens gefunden, vgl. Kühn 2006 I, S. 79.
639 LASH 7/6826, Inventar v. 1709, pag. 606.
640 Zur Rekonstruktion der Türen vgl. Lühning 1997, S. 46.
641 Zu den Malereien sowohl an den Türen als auch auf den Fensterbrüstungen vgl. Originaltext des Inventares v. 1709 in Anhang 2, Nr. 13, pag. 597–599. Lühning 1997, S. 24 vermutet die Balustradendarstellungen als Hinweis auf die Verbindung zum Garten unter den Altanfenstern. Zu dem Material der Platten vgl. auch LASH 66/1712 III u. LASH 66/9350, Nr. 158, Rosenbergs Anschlag v. 8.10.1768.
642 Neben dem Inventar v. 1709 vgl. auch LASH 66/9304, Nr. 108 (zu den Wänden), LASH 66/9350, Nr.158, Rosenbergs Anschlag v. 8.10.1768 (zum Fußboden).
643 LASH 7/196, Inventar v. 1695. Weitere Inventare von 1705 und 1708 geben einige ergänzende Informationen, vgl. LASH 7/197 u. 198. Die beiden Kellergeschosse werden hierin überhaupt nicht genannt, weil die dort verwahrten Gegenstände nichts mit dem Globushaus zu tun hatten, sondern Garteninspektor und Fontänenmeister gehörten.
644 Dieses Bild ist zuerst in LASH 7/197, Inventar von 1705 verzeichnet. Vielleicht ist es identisch mit einem Gemälde im Stadtmuseum Schleswig, das bei Schlee 1979, S. 25 abgebildet ist. Es wird zwar auf um 1750 datiert, könnte aber m.E. auch kurz nach dem Neubau des Südflügels, der hier zu sehen ist, entstanden sein.
645 Drees 1986/87 I, S. 102 äußerte die Vermutung, dass es sich bei dem in der SSHL befindlichen Gemälde (Inv.-Nr. 1987/17) höchstwahrscheinlich um das im Inventar von 1705 (LASH 7/197) erwähnte Ovensbild handelt, und begründete die Vermutung damit, dass ein anderes, auf Schloss Gavnø in Dänemark noch erhaltenes, unsigniertes Gemälde mit demselben Thema wohl einem anderen Maler zugeschrieben werden müsse. Köster 2017, S. 31ff. u. Abb. 14 S. 33 hält dagegen das Gemälde in Gavnø für dasjenige, das im Globushaus gewesen ist. Ovens' Urheberschaft des Bildes „Raub der Europa" weist das Inventar von 1708 nach, vgl. LASH 7/198.
646 QuP 1521.
647 Zum Aloe-Bild vgl. Siricius 1705, S. 37.
648 LASH 7/197, Inventar v. 1705. Mit dem Wort „Tabouretten" sind niedrige Hocker gemeint.
649 1. Zitat aus LASH 66/9350, Nr. 158, Verkaufskonditionen v. 16.11.1768, 2. Zitat aus LASH 7/197, Inventar v. 1705; RAK, Håndskriftsamling, Gruppe I, U. Petersen, Vol. 17, Kap. 112, pag. 856 § 11. Petersen teilt mit, die Camera obscura befinde sich „in dem Oberstock dieser Burg". Ob Petersen aber tatsächlich selbst das Globushaus von innen gesehen hat, scheint angesichts seiner pauschalen Beschreibung doch zweifelhaft. Nach allen erhaltenen Inventaren befand sich der o.g. Gegenstand im Globussaal. Lühning 1997, S. 29 vermutet, dass mit der Camera obscura wohl eine Laterna magica gemeint war, die für 1694 auf Gottorf nachweisbar ist. Lühning 2011, S. 118, Anm. 90 betrachtet nun die Angaben Ulrich Petersens zur Camera obscura, die sich im Globushaus befunden haben soll, als irrtümlich.
650 QuP 622, 678; LASH 66/9304, Nr. 108.
651 Vgl. auch LASH 66/1712 III.
652 Die Angaben des Inventars lassen unterschiedliche Interpretationsmöglichkeiten zu. Lühning zeigt eine fast vollständig vertäfelte Ostwand mit zwei weit auseinanderliegenden Alkoven (Abb. 50). Es ist aber auch möglich, dass sie nebeneinander platziert waren. Im Hinblick auf die Aufstellung eines Himmelbettes im angrenzenden Ostzimmer scheint Lühnings Lösung aber die sinnvollste zu sein.
653 LASH 66/9350, Nr. 158, Rosenbergs Anschlag v. 8.10.1768.
654 LASH 7/196.
655 Neben dem Inventar v. 1709, LASH 7/6826, pag. 611f. vgl. auch LASH 7/196; LASH 66/1712 III, wo von „Mahlerey unter der verguldeten Gipsdeke" die Rede ist. Lühning 1997, S. 25 spricht von den Monogrammen Friedrichs III. und Christian Albrechts. Das ist in keiner Quelle belegt. Da diese Decke schon 1653 dekoriert wurde, kommt das Monogramm Christian Albrechts m.E. nicht in Frage.
656 LASH 7/4571, Fasz. 2, wo es heißt: Aug. (7.) „Lütge Kuhl [Tischlergeselle] ufm Newenwerck im grosen Lusthause Eisenwerck an ein groß Contrafeÿt rahme untern boden anzuschlagen [...] Noch daselbsten [?] Mons. Ovens Zu Contrafeÿten anzuschlagen gethan".
657 Schmidt 1922 u. Schlüter-Göttsche 1978 I erwähnen eine solche Arbeit nicht und auch Lühning 1997, S. 25 u. Köster 2017 haben keine Kenntnis davon.
658 LASH 7/196, Inventar v. 1695. Die Angabe von Lühning 1997, S. 28, die Stühle hätten „gewundene Beine" gehabt, lässt sich nur auf QuP 1258 zurückführen, wobei die Quelle nicht klar ausweist, ob die Stühle für das Globushaus oder die kurz vorher erbaute Amalienburg angeschafft wurden.
659 Sophie Augusta (1630–1680) mit Johann Fürst von Anhalt in Zerbst (gest. 1667); Magdalena Sybilla (1631–1719), deren Gemahl Gustav Adolf Herzog von Mecklenburg in Güstrow (gest. 1695) als einziger fehlt und gerade 1695, im Jahr der Verzeichnung des Inventars, gestorben war, vgl. LASH 7/196; Maria Elisabeth (1634–1665) mit Ludwig VI. Landgraf von Hessen in Darmstadt (gest. 1678) und Hedwig Eleonora (1636–1715) mit Karl X. Gustav König von Schweden (gest. 1660). Auch bei diesen Porträts ist Christian Albrecht nicht vertreten.
660 Zitate beide aus LASH 7/6826, Inventar v. 1709, pag. 610.
661 LASH 7/196, Inventar v. 1695; RAK TyRtk C 84, Inventar v. 18.10.1738.
662 LASH 66/9350, Nr. 158, Rosenbergs Anschlag v. 8.10.1768.
663 LASH 7/196, Inventar v. 1695, wo das Bett als „Roll Bettstett" bezeichnet wird. In RAK TyRtk C 84, Inventar v. 18.10.1738 wird es dann „Tisch-bett Stelle" genannt. Es ist nicht klar, was man sich darunter vorzustellen hat.
664 LASH 7/196, pag. 132, Möbelinventar v. 1695. Köster 2017, S. 231 u. Abb. 229 vermutet, dass es sich dabei um das erhaltene Bildnis der Maria Ovens handelt (SSHL, Inv. Nr. 1975/436).
665 Schlee 1991; Lühning 1997. Der nun folgende kurze geschichtliche Abriss orientiert sich an den von Paarmann 1986 publizierten Rechnungs- und zusätzlich von der Autorin aufgefundenen Quellen genauso wie an Lühnings Beschreibung der Globusentstehung, vgl. Lühning 1997, S. 67–75. Das weitere Schicksal des Globus nach 1713 wird nach den Forschungsergebnissen von v. Holst 1975, S. 122 und Schlee 1991, S. 85–92 referiert.
666 Den Wortlaut der lateinischen Inschrift überlieferte zuerst Wilhelm Ernst Tentzel 1691 in seinem Buch „Monatliche Unterredungen Einiger Guter Freunde Von Allerhand Büchern und andern annehmlichen Geschichten", abgedruckt mit deutscher Übersetzung bei Schlee 1991, S. 37. Ein zweites Mal taucht sie bei Ulrich Petersen auf, der sie sicher von Tentzel übernommen hat, vgl. RAK Håndskriftsamling, Gruppe I, U. Petersen, Vol. 17, Kap. 112, pag. 862.
667 Olearius 1656/1971, S. 626f.; Olearius 1663, S. 369, wo es heißt, dass „I.F.D. [Ihre Fürstliche

Durchlaucht] zwey köstliche/ dergleichen wol zuvor in Europa nie gesehene Monumenta Mathematica [gemeint sind der große Globus im Neuwerkgarten und die Sphaera Copernicana] auß eigener Invention unter der Inspection Ihres Hoff Mathematici A.O." hat anfertigen lassen. Ein Besucher berichtete im Herbst 1656 allerdings, dass Olearius ihm den „globus, den Er selbst inventiret" gezeigt habe (Landesbibliothek Coburg, Ms 33, Reisebeschreibung 1656, fol. 106r.).

668 Lühning 1997, S. 67.
669 Während die Inschrift den Zeitraum von 1654 bis 1664 angibt, belegen die Rentekammerrechnungen eindeutig einen früheren Arbeitsbeginn, vgl. QuP 563, 565. Der Bauablauf ist aus den Quellen nur schwer zu ersehen, denn diese geben anhand der Lieferung einiger wichtiger Bestandteile oder Materialien und durch die Nennung der beteiligten Handwerker nur vage Anhaltspunkte. Zu dieser Erkenntnis kamen auch schon Schlee 1991, S. 45 u. Lühning 1997, S. 67.
670 QuP 667, 565.
671 Lühning 1997, S. 67. Die Schmiede, die Lühning merkwürdigerweise gar nicht erwähnt, ist für 1651 und 1654 nachweisbar, vgl. QuP 558, 727 und Ausführungen im vorigen Kapitel.
672 QuP 597, 599, 660, 618, 624, 671; vgl. auch Lühning 1997, S. 68f.
673 QuP 598, 606, 628, 631, 636, 656, 690. Vgl. Lühning 1997, S. 68f.
674 QuP 703, vgl. Lühning 1997, S. 68f.
675 QuP 748.
676 QuP 734, 745, 804.
677 QuP 627, 661, 806, 809. Vgl. Lühning 1997, S. 69.
678 QuP 829, 914, 836, 910.
679 QuP 877 u. Brief von Olearius v. 24.11.1656, vgl. Oestmann 1999, S. 40 u. 42.
680 QuP 847, 901.
681 Lühning 1997, S. 73.
682 Dazu vereinbarte der mittlerweile regierende Herzog Christian Albrecht einen Kontrakt mit Olearius über 400 Rthlr, vgl. QuP 1001, 1014, 1035.
683 Oestmann 1999, S. 40, vgl. auch QuP 992, 1001 u. 1035.
684 QuP 1043, 1058.
685 Lühning 1997, S. 74; Landesbibliothek Coburg, Ms 33, Reisebeschreibung 1656, fol. 106v.
686 Vgl. dazu genauer am Ende des Kapitels III 3.4.
687 1670, vgl. QuP 1226, und 1677, vgl. LASH 7/187, fol. 10, Brief Christian Albrechts an den Rentmeister Jürgen Vollmer v. 23.10.1677.
688 LASH 7/6826, Inventar v. 1709, pag. 594; LASH 7/6536; LASH 7/187, fol. 273–277. Vgl. auch nähere Ausführungen am Ende des Kapitels III 3.4.
689 Genauer zur Geschichte des Globus seit 1713 bei Schlee 1991; Lühning 1997; Karpeev 2001/02; Willms 2005.
690 LASH 7/196, Inventar v. 1695. Die Beschreibung des Globus im Originalzustand basiert auf den Forschungsergebnissen und dem Rekonstruktionsversuch von Lühning 1997, S. 77–93. Vgl. auch den Text des Inventares von 1709 in Anhang 2, Nr. 13, pag. 599–605 und die Beschreibung von Ulrich Petersen in Anhang 2, Nr. 15, Kap. 112, § 12–23.
691 Bolus meint Tonerdesilikat.
692 Lühning 1997, S. 77.
693 Sowohl dieses Werk als auch Atlanten aus dem o.g. Verlag Blaeu waren in der Gottorfer Bibliothek vorhanden, vgl. Lühning 1997, S. 79f., vgl. auch Anhang 3, Nr. 13 unter „Jansz Blaeu".
694 Von wo aus genau das Wasser zum Globusantrieb hergeleitet wurde, ist nicht bekannt. Olearius 1674, S. 136 berichtete etwas ungenau, dass das Wasser „auß einem/ neben dem dazu erbaweten Lusthause gelegenen Berge/ entspringender Brunnenquelle/ so continuirlich und heuffig fleust" stamme. Lühning 1997, S. 90 vermutet den Beginn der Wasserleitung im untersten Kaskadenbassin nördlich des Globushauses, was partiell durch die Ausgrabung 2001 bestätigt werden konnte. Allerdings ließ sich „der weitere Verlauf der Leitung über die Mitte der Terrasse I [...] nicht verfolgen", sondern nur ein Teilstück eines dicken Bleirohres, ausgehend vom Fußbecken der untersten Böschungskaskade, vgl. Kühn 2006 I, S. 78f. Am wahrscheinlichsten ist es, dass das Wasser vom untersten Fußbecken aus zu einem unterirdischen, gemauerten Sammelbecken, das östlich des großen Fontänenbassins auf der ersten Terrasse platziert war, geführt und von da aus zum Globus geleitet wurde, vgl. dazu auch Kap. III 4.20. Abgeleitet wurde es vermutlich über die gepflasterte Rinne hinter der Ringmauer. Zum von Lühning rekonstruierten Globusantrieb vgl. Lühning 1997, S. 82–92.
695 Christensen 1999, S. 43 u. 48 usw. Paarmann 1986, S. 115 hat zwar Kenntnis von drei verschiedenen Pomeranzen- bzw. Orangeriebauten im Neuwerk, teilt aber über das zweite nichts mit, während de Cuveland 1989, S. 49 nur das erste von 1651, nicht aber das zweite von 1665 bekannt ist.
696 Danckwerth/Mejer 1652, Bd. 1, S. 110.
697 QuP 553, 703. Zum Vogelhaus vgl. nächstes Kapitel.
698 Opitz 1978, S. 93. In anderen Quellen ist die Lage des Globusgartens ähnlich beschrieben worden.
699 LASH 7/187, fol. 13. Paarmann 1986, S. 115 vermutete den Standort des ersten Pomeranzenhauses „auf dem ersten und damals noch einzigen Terrassenparterre unmittelbar hinter dem Globushaus", d.h. nördlich davon, wofür es aber keinerlei nähere Hinweise aus den Quellen gibt.
700 QuP 1086.
701 Im Gegenteil, trotz des realistisch gemalten Hintergrundes (Globushaus, Pavillon und Herkules) ist ein so hohes Gebäude, das fast zweigeschossig zu sein scheint, mit einem abschlagbaren Pomeranzenhaus nur schwer in Einklang zu bringen. Auf Ovens' Zeichnung mit demselben Motiv (Abb. 41) ist der Betrachterstandpunkt etwas anders und dadurch das Pomeranzenhaus nicht zu sehen.
702 Wenn das Gebäude mit seiner langen Seite den gesamten nördlichen Teil der Winkelmauer einnahm, hatte es eine Längenausdehnung von etwa 25 Metern.
703 QuP 849, 981, wo von Giebeln die Rede ist.
704 QuP 619.
705 Der Kleinschmied Nickels Willemßen beschlug 1652 „112 fenster Rahmen" (QuP 698) und der Glaser Friedrich Zimmermann fertigte im gleichen Jahr „216 Newe finstern" an (QuP 699). Da die Fenster besonders groß sein sollten, befanden sich vermutlich in einer Fensterzarge vier große Flügel oder Rahmen, die wiederum jeweils durch eine Sprosse in zwei Fenster abgeteilt waren, so dass man bei dieser Berechnung auf eine Anzahl von etwa 28 Fensteröffnungen kommt.
706 QuP 621. Auch hier war – wie beim Vogelhaus – Claus Rethmeyer tätig. Dass die Westwand eine Mauer war, besagt LASH 7/187, fol. 17/18, Inventar der Pflanzen von 1655, vgl. Anhang 2, Nr. 2.
707 QuP 568.
708 QuP 640, vielleicht auch 638, 644, 677. Zu den Türblättern vgl. QuP 553.
709 QuP 693, 731. Ob die Läden außen oder innen angebracht waren, bleibt im Dunkeln.
710 QuP 703, 705.
711 QuP 682, 704, 701, wo von „Ufschöte" (wohl Aufschieblinge gemeint) die Rede ist.
712 LASH 7/228, fol. 39v.ff.
713 QuP 639.
714 QuP 703, 705, 760.
715 QuP 723. Zu dieser Tätigkeit in den folgenden Jahren vgl. QuP 730, 808, 827, 846, 849, 862, 896, 900, 906, 907, 924, 926, 940, 941, 944, 958, 960, 964, 966, 969, 981. Sicher wurden auch die Fenster und Fensterläden im Frühling herausgenommen und im Herbst wieder eingehakt, was in den Rechnungen wohl deshalb nicht erwähnt wird, weil es eine normale, nicht extra bezahlte Arbeit des Gärtners war.
716 QuP 924, 926, 941, 907.
717 QuP 964, 966, 969, 949.
718 Die Rechnungen vermerken für 1660 nur die Abdeckung des Daches und für 1661 nur das Aufrichten des Dachstuhles, vgl. QuP 969, 981. Christensen 1999, S. 46 u. 204 interpretiert die Reetlieferungen so, dass daraus ein Reetdach angefertigt wurde, um es über das Dach zu legen. Meines Erachtens ist diese Verwendung des Reetes recht unwahrscheinlich aufgrund der Befestigungsschwierigkeiten und des starken Windes.
719 LASH 7/187, fol. 17/18, vgl. auch Transskription in Anhang 2, Nr. 2, wo auch die im Folgenden genannten Nummern wiederzufinden sind. Das Inventar liefert aber kein vollständiges Bild des Gottorfer Bestandes an exo-

720 Trompetenblume = Campsis radicans (L.) Seem., im Inventar 1655, Nr. 2 als „Climatus virginianum" bezeichnet.
721 Inventar v. 1655, Nr. 16, 30, 18, 20, 36, 42, 38, 40, 43, 45, 46, 49.
722 Inventar v. 1655, Nr. 12, 35, 17, 27, 52, 44.
723 Inventar v. 1655, Nr. 41, 25, 32, 34. Vgl. dazu auch de Cuveland 1989, S. 44–49; Christensen 1999, S. 46, 211, 219; Heinz-Dieter Krausch 2003. Zur Einordnung der Pflanzen vgl. Wimmer 1999, S. 14–19.
724 Zur Diskussion des Standortes vgl. im vorigen Kapitel zum Pomeranzenhaus.
725 QuP 1083, 1085, 1086, 1334; LASH 7/187, fol. 13; QuP 1366. Zur Argumentation vgl. Kap. III 4.15.
726 Opitz, 1978, S. 93; Landesbibliothek Coburg, Ms 33, Reisebeschreibung 1656, fol. 106r.
727 QuP 657, 691, 697, 726.
728 QuP 682, 637, 704, 705.
729 QuP 633, 727.
730 QuP 693, 694, 697, 726.
731 QuP 682; Opitz, 1978, S. 93; QuP 753.
732 QuP 731, 1128.
733 QuP 731. 1663 wurden noch 17 Vogelbauer für den Neuwerkgarten angeschafft, vgl. QuP 1012.
734 QuP 772, 788; LASH 7/4521 u. 4523, Beilagen zur Kornrechnung.
735 LASH 7/228, fol. 26v., Bestallung v. 12.6.1660.
736 QuP 865, 919; LASH 7/4521, Beilage zur Kornrechnung Nr. 35.
737 Z.B. QuP 956, 963.
738 QuP 665, 715, 788.
739 Opitz, 1978, S. 93.
740 Olearius, 1674, S. 21–24. Die zunächst auf Gottorf lebendig gehaltenen Tiere gelangten nach ihrem Tod in ausgestopfter Form in die Kunstkammer. Olearius nennt auch einen „Paradiß Vogel", wobei unklar bleibt, ob dieses Exemplar auch lebendig auf Gottorf existiert hat. Den „Casuar" hatte man 1655 über Friedrichstadt aus Holland bezogen, vgl. QuP 789.
741 Opitz 1978, S. 93.
742 Zu Rudolph vgl. u.a. QuP 772, 788 u. 1139. Die anderen beiden werden jeweils nur einmal genannt, vgl. QuP 768 (Hannß Dietrich) und LASH 7/4521, Beilagen zur Kornrechnung.
743 „Aitinger/ Joh Conr:/ Von Vogelstellern Cassel 1653", verzeichnet in EL, „Catalogus Bibliothecae Gottorpiensis" von 1709.
744 QuP 728, 768, 724, 773, 923. „Quitzberen" sind „rothe Beeren, Vogelkirschen, womit man die Krammetsvögel [Wacholderdrosseln] fängt" (Zitat aus: Schütze 1800–1806, Bd. 3, S. 263), um sie zu braten. Der Vogelherd wurde erst 1666 gebaut, vgl. QuP 1139.
745 Radtke 2013 und Hacht 2016.
746 QuP 727, 728.
747 QuP 1022.
748 QuP 1168–1170. Auf keiner einzigen Bildquelle ist dieses Gebäude eingezeichnet, vgl. Mejer (Abb. 12 u. 13).
749 „Achtkant" z.B. in QuP 1303, 1337, 1446, 1468 oder auch „8Kant" in LASH 7/6826, Inventar v. 1709, pag. 668; „AchtEck" z.B. in QuP 1205, 1211, 1378. Ansonsten wurde der Platz auch noch als „Collonade" (Legende auf: BQ: KBK, Dallin I), „8 Eckigter pavillon" (LASH 7/184, Baustaat 1705, Nr. 7), „Trianon" (BQ: LB, Lönborg I) und „Carousselplatz der alten Herzöge" (Beschriftung auf BQ: RAK, v. Schröder) bezeichnet.
750 Baurechnungen sind nicht erhalten bzw. nicht zuzuordnen. Die erste Erwähnung findet sich in Landesbibliothek Coburg, Ms 33, Reisebeschreibung von 1656, fol. 106f. Zur Anlegung von Alleen im neuen Tiergarten vgl. QuP 1046. Dallin (Abb. 14) zeigt nur vier Alleen, 1713 sind aber acht eingezeichnet (Abb. 16).
751 LASH 7/184, Baustaat 1705, Nr. 7; LASH 7/188, approbierter Baustaat 1705; LASH 7/197, Möbelinventar v. 1705, pag. 116; RAK TyRtk C 89, Nr. 7.
752 Für das 19. Jahrhundert vgl. BQ: RAK, v. Schröder und die Beschreibung bei Jürgensen 1822, S. 33. Heute ist noch der Wassergraben mit der Insel erkennbar.
753 BQ: KBK, Dallin I; BQ: KBK, Grundriss Gottorf 1713. Bei Lönborg (BQ: LB, Lönborg I und LASH, Lönborg II) ist die Achtkant dagegen nur angedeutet (vgl. Abb. 61).
754 Die Quellen zur Beschreibung der Achtkant werden hier zusammenfassend genannt: Landesbibliothek Coburg, Ms 33, Reisebeschreibung von 1656, fol. 106f.; LASH 7/6826, Inventar v. 1709, pag. 668; QuP 1368, 1378; LASH 7/2374, Beilage z. Kammerrechnung v. 1681, Nr. 7, 14, 16, 17, 23, 25; QuP 1389, 1468; LASH 7/197, Möbelinventar v. 1705, pag. 116; RAK TyRtk C 89, Nr. 7.
755 Zunächst waren es „junge Linden" (Landesbibliothek Coburg, Ms 33, Reisebeschreibung von 1656, fol. 106f.), später „Junge Büchen" (LASH 7/6826, Inventar v. 1709, pag. 668). Die Aussagen von U. Petersen (RAK Håndskriftsamling, Gruppe I, U. Petersen, Vol. 17, Kap. 113), die Achtkant habe auf acht Pfeilern geruht, was Philippsen (1928 I, S. 69) wieder aufnahm, und von Christensen (1999, S. 49), die Achtkant sei eine von Säulen getragene Kuppel gewesen, werden weder durch schriftliche noch bildliche Quellen gestützt.
756 Es werden auch „Moßeln" (Muscheln) (QuP 1389) und „schalen" (QuP 1278; LASH 7/2374, Beilage z. Kammerrechnung v. 1681) erwähnt. Noch im Vertrag mit Fontänenmeister Junge kommt die Achtkant vor, vgl. LASH 66/1712 III, fol. 146v.
757 QuP 1205, 1211, 1303. Vgl. Hacht 2016, S. 75, den die Entlohnungsweise von Löke irritiert. Im Folgenden unterläuft ihm mit dem Wort „Eßgrube" ein Schreibfehler, der zu Missverständnissen führen kann. Er zitiert dort nach Radtke 2013, S. 430, Anm. 34 die Beschreibung der Achtkant von U. Petersen, in der von einer „Eyßgrube" die Rede ist, womit ein Eiskeller gemeint ist und nicht ein Platz zum Essen.
758 BQ: KBK, Dallin I, Legende, BQ: LB, Lönborg I u. LASH, Lönborg II, Legende; LASH 7/184, Baustaat 1705, Nr. 7. Die wichtigsten Quellen für die Achtkant sind: Landesbibliothek Coburg, Ms 33, Reisebeschreibung von 1656, fol. 106f. und LASH 7/6826, Inventar v. 1709, pag. 668f. Radtke 2013, S. 430 geht wohl auch von einer beeindruckenden Architektur aus, weil er diese wichtigen Quellen nicht kennt.
759 Vgl. dazu Kap. III 4.1.
760 Legende auf BQ: KBK, Grundriss Gottorf 1713. Die Identifikation der Achtkant mit der Maillebahn, wie U. Petersen (RAK Håndskriftsamling, Gruppe I, U. Petersen, Vol. 17, Kap. 113) sie vornimmt oder als Reitbahn, wie Jürgensen (1822, S. 33) sie interpretiert, sind nicht nachzuvollziehen. Da beide nur noch die Rudimente der Achtkant kannten, hatten sie offenbar auch keine Informationen über ihre ursprüngliche Nutzung. Für eine Reitbahn waren Bänke eher störend und der Platz zu eng. Als Maillebahn konnte dieser runde Platz mit Sicherheit auch nicht gebraucht werden, denn dazu war eine lange, gerade Strecke von etwa 400 bis 500 Schritt wie z.B. eine Allee erforderlich, vgl. Meyers Konversationslexikon, 3. gänzlich umgearb. Aufl., Bd. 11, Leipzig 1879, S. 103. Denkbar ist, dass die Maillebahn in einer der vom Achtkant ausgehenden Alleen angelegt war wie auch Radtke 2013, S. 430, Anm. 34 meint.
761 Landesbibliothek Coburg, Ms 33, Reisebeschreibung von 1656, fol. 106f.
762 Die genaue Beschreibung des Kellers beruht auf LASH 7/6826, Inventar v. 1709, pag. 668f. Daneben wird das Vorhandensein des Kellers nur noch in der Legende auf BQ: KBK, Dallin I erwähnt: „45 Die Collonade. Des 8 Ecks im tihrgarten, mit der Küche und Keller".
763 BQ: KBK, Dallin I; BQ: KBK, Grundriss Gottorf 1713. In anderen Bildquellen ist sie nicht verzeichnet.
764 LASH 7/188, Baustaat 1707; LASH 66/1712 III, Häussers u. Themsens Untersuchungsprotokoll von Februar 1728, fol. 503v. Einen Beweis der Zusammengehörigkeit dieser Küche mit der Achtkant liefert auch der Dallin-Plan (BQ: KBK, Dallin I), wo beide Gebäude mit Nr. 45 bezeichnet sind (Abb. 14).
765 Zur Baubeschreibung vgl. LASH 7/6826, Inventar v. 1709, pag. 669f.; LASH 7/188, Baustaat 1711; LASH 32/23, Ergänzungen zum Baustaat 1717 u. Baustaat 1720/21.
766 QuP 1168–1170; LASH 7/188, Baustaat 1711.
767 LASH 7/187, fol. 122.
768 LASH 7/6826, Inventar v. 1709, pag. 670–675. Auch die erste Küche bestand aus mehreren Gebäuden, s.o. in diesem Kapitel. Die folgende Beschreibung beruht auf dem o.g. Inventar v. 1709.
769 Lühning 2011, S. 90 stellt auch fest, dass in der Amalienburg keine Nutzräume nachzu-

769 weisen sind, weiß aber auch nichts von den Küchenbauten im Tiergarten.
770 1684 ist zum ersten Mal ein Tierwärter namens Emanuel erwähnt, vgl. RAK TyRtk B 122, der spätestens seit 1695 das Tierwärterhaus bewohnte, vgl. LASH 7/196, Möbelinventar v. 1695, pag. 133. In der Legende zum Dallinplan (Abb. 5 u. 14) ist es die Nr. „43. Des alten Manvels Hauß für aufsicht des Thiergartens".
771 LASH 66/1712 I, Thomsens Baustaat 1722 (Eiskeller); QuP 1233 (1670) (Eisgrube); LASH 7/6826, Inventar v. 1709, pag. 675 (Eiskuhle).
772 LASH 7/6826, Inventar v. 1709, pag. 675f.
773 LASH 7/188, Baustaat f. 1710; LASH 24/158, Nr. 5; RAK TyRtk B 2, 1739, Nr. 157 u. 161; LASH 66/9279, Nr. 45; LASH 24/159, Nr. 189; LASH 66/9318, Nr. 100.
774 Paarmann 1986, S. 120. Außerdem liefert Olearius 1656, S. 575 den Beweis dafür, dass Melonengewächse auf Gottorf schon vor der Persien-Expedition gezogen wurden.
775 QuP 881, 890.
776 QuP 1140.
777 LASH 7/187, fol. 27–29v., Inventar der Pflanzen im Neuwerk von 1681, vgl. auch Anhang 2, Nr. 9, [Nr. 59–119]. Über die genaue Platzierung bzw. die Aufteilung des Geländes finden sich aber keine Angaben.
778 LASH 7/2374, Beilage zur Kammerrechnung von 1681, Nr. 9/10; QuP 1402, 1405.
779 Von der Obstbaumschule erfahren wir erst 1707 durch das Gutachten der schwedischen Gärtnerkommission und 1712 durch Klingmanns Projekt, vgl. LASH 7/187, fol. 214–216 u. fol. 285–293.
780 QuP 1519, 1540; nur auf der Legende von BQ: KBK, Dallin I wird der Melonengarten bezeichnet als „Der garten zu dehnen treib oder Mistbetten".
781 BQ: KBK, Dallin I u. KBK, Plan von 1713.
782 LASH 7/6826, Inventar v. 1709, pag. 586–588, vgl. Anhang 2, Nr. 13.
783 RAK TyRtk B 2, 1731, Nr. 18; LASH 66/9267, Nr. 7a. Hierin wird behauptet, der Melonengarten sei seit dem Tode Herzog Christian Albrechts Ende 1694 nicht mehr gebraucht worden. Auch Thomsen gibt in seiner „Beantwortung" vom 19.2.1726 an, dass die Mistbeete schon seit länger als 30 Jahren nicht mehr bewirtschaftet worden seien, vgl. LASH 66/1712 III, pag. 49f. Dagegen sprechen aber Reparaturarbeiten an den Mistbeeten und dem Schuppen bis 1717, vgl. LASH 7/188, Baustaat 1706, Nr. 16 u. Extrakt der Extraordern an Thomsen, Nr. 3; LASH 32/23, Ergänzungen zum Baustaat 1717. Am Ende der herzoglichen Zeit auf Gottorf scheint dieser Garten aber jedenfalls nicht mehr so gut gepflegt worden zu sein. Darauf deuten übereinstimmend der Bericht der schwedischen Gärtnerkommission 1707 und Klingmanns Projekt von 1712, vgl. LASH 7/187, fol. 214–216 u. 285–293.

784 QuP 1086.
785 Lediglich Paarmann 1986, S. 115 erwähnte das Vorhandensein mehrerer Pomeranzenhäuser im Neuen Werk, bis Christensen 1999, S. 48, 205, 234 u. 281 Gebäude und Standort näher beleuchtete.
786 BQ: RAK, Gottorfer Residenz 2.H.17.Jh.; LASH 66/1712 III, Thomsens „Beantwortung" v. 19.2.1726, Nr. 7, pag. 49f.; RAK TyRtk C 89, Nr. 7, Lit. BB. Eine Bestätigung des Standorts findet sich auch in Tessins Tagebuch von 1687, vgl. Zitat in Sirén 1914, S. 66. Zum Melonengarten vgl. das vorhergehende Kapitel.
787 Fast durchgängig wird dieses Gebäude in den Quellen als „Pommerantzen Hauß" (LASH 7/187, Pflanzen-Inventar von 1681, fol. 27–29v.) bezeichnet, nur einmal taucht der Name „Fürstl: Citronenhaus" auf, vgl. QuP 1273.
788 QuP 1402, 1468, 1508, 1528; LASH 7/187, fol. 50f.; RAK TyRtk C 89, Nr. 7, Lit. BB; QuP 1584, 1591.
789 QuP 1584; LASH 32/23, Erläuterungen zum Baustaat 1717; LASH 66/1712 III, Thomsens „Beantwortung" v. 19.2.1726, Nr. 7, pag. 49f.; RAK TyRtk C 89, Nr. 7, Lit. BB.
790 Christensen 1999, S. 48 u. 281 vermutet, dass Michel Le Roy das neue Gewächshaus entworfen und gezeichnet hat. Diese These beruht auf der Nachricht, dass Le Roy zu dieser Zeit auf Gottorf war und für Architektur gebraucht wurde (QuP 1032). Da keine Zeichnungen erhalten sind und sowohl zum Pomeranzenhaus als auch zu Le Roys Arbeiten kaum Informationen vorliegen, lässt sich diese Vermutung nicht näher nachprüfen. Eine größere Herausforderung wird für Le Roy aber der Bau der Kaskade bedeutet haben, vgl. dazu in Kap. III 4.19.
791 LASH 7/6826, Inventar v. 1709, pag. 588.
792 QuP 1528, 1591; LASH 7/6826, Inventar v. 1709, pag. 588. Das Dach des Schuppens wurde 1717 mit Reet und einem First aus Soden neu gedeckt, vgl. LASH 32/23, Ergänzungen zum Baustaat 1717.
793 Zum Dach des ersten Pomeranzenhauses vgl. in Kap. III 4.10. Zum Dach des zweiten Pomeranzenhauses vgl. QuP 1110, 1128, 1239, 1241, 1276, 1273, 1291, 1321; LASH 7/187, fol. 41f.
794 QuP 1335.
795 Zu den Kachelöfen vgl. RAK TyRtk C 89 (Nr. 6, Lit. B), Inventar der Pflanzen von 1695, vgl. auch Anhang 2, Nr. 11, pag. 4. Über die dort untergebrachten Pflanzen und deren Anordnung gibt das eben genannte Inventar, aber noch besser das Inventar von 1681 Auskunft, vgl. LASH 7/187, fol. 27–29v., vgl. auch Anhang 2, Nr. 9. Die im Folgenden genannten Nummern beziehen sich auf diese beiden Inventare.
796 Vgl. Anhang 2, Nr. 2 und Nr. 9. Die eigentliche Zahl der Zitruspflanzen war 1681 noch höher, wie der Kommentar zwischen Nr. 125 u. 126 zeigt.
797 Vgl. Anhang 2, Nr. 2 und Nr. 9.

798 1681, Nr. 36, 17, 50, 100, 37, 53, 58, 49, 57, 54, 11, 118, 10, 68, 12, 32, 43, 119, 97, 105 (die Reihenfolge entspricht der Nennung im Haupttext). Außerdem befand sich eine 1695 neu in der Gottorfer Sammlung verzeichnete Pflanze, nämlich Rosmarinus officinalis L. (1695, Nr. 130), damals im zweiten Pomeranzenhaus. Aber umgekehrt sind nicht alle Gewächse, die es 1655 gab, 1681 noch im Neuwerkgarten vertreten, wie z.B. Korallenstrauch (1655, Nr. 26), Zedrachbaum (1655, Nr. 41), „filis firginiamus" (1655, Nr. 32) u. Trompetenwinde (1655, Nr. 2).
799 Major 1668, S. 18. Nähere Informationen vgl. Kap. III. 4.28.
800 Inventar von 1681, Nr. 60–62, 73, 76, 80, 83, 87, 93, 98–100, 102, 104–119, vgl. Anhang 2, Nr. 9.
801 Zu letzteren Punkten vgl. QuP 963 u. 1139.
802 Christensen 1999, S. 48. Sie beschränkt sich in ihren Ausführungen auf die Technik des Pomeranzenhauses.
803 QuP 1086. Vgl. dazu auch das vorige Kapitel.
804 BQ: RAK, Gottorfer Residenz 2.H.17.Jh.
805 QuP 1065.
806 1665 bekam der Maurermeister Claus Rethmeyer 18 Rthlr 36 ß bezahlt „für 12500. Maursteine am Vogelhause zu brechen und zu renoviren", vgl. QuP 1083. Diese Quelle kann sich auf die übliche Methode beziehen, durch Witterung beschädigte Ziegel auszutauschen. Wie die in QuP 1085 erwähnten Fundamentarbeiten der Zimmerleute in diesen Kontext passen, bleibt unklar. Bei den 1674/75 stattfindenden Reparaturen handelte es sich um Ausbesserungen mit Messingdraht, wobei die Formulierungen exakt auf das erste Vogelhaus im Globusgarten passen, vgl. QuP 1334. Und schließlich scheinen sich die Ortsangaben in einer Quelle von 1678, wo von einem zusammengefallenen Vogelhaus die Rede ist, eindeutig auf den Globusgarten zu beziehen, vgl. LASH 7/187, fol. 13. Zum Abriss vgl. QuP 1366.
807 QuP 1139, 1125, 1167, 1194.
808 QuP 1215.
809 QuP 1212.
810 Als erster titulierte Themsen diesen Weg schon 1728 als „Des Königs Weg durch den Garten nach Flensburg", vgl. Legende auf BQ: LASH, Themsen I. Diese Funktion wird auch in LASH 66/3531 II bestätigt, wo Hausvogt Jacobsen von der Allee mit Linden spricht, „woselbst die Königl= und Fürstliche Herrschaften Ihre Aus= und Einfarth nach und von dem Schlosse Gottorf nehmen". Zur Verwendung des Namens im 19. Jh. vgl. LASH 66/2189; Jürgensen 1822, S. 32 u. 153, wobei gleichwertig auch „Königsweg" vorkommt; LASH 66/3531 II. Im 18. Jh. hieß dieser Weg meistens „grose Allée" oder „die mittelste Haupt oder Linden Allée", vgl. LASH 66/9309, Nr. 71 u. LASH 66/9339, Nr. 160. Bei der Neupflanzung im Jahr 2000 wurde die Allee in der Presse meistens „Schleswig-Holstein-Allee"

811 BQ: LASH, Joh. Mejer I; BQ: KBK, Joh. Mejer II; bei BQ: LB, Joh. Mejer III etwas abgewandelt.

812 Auf BQ: LASH, Joh. Mejer I u. BQ: KBK, Joh. Mejer II wird im Vergleich mit der Darstellung des Norderdammes klar, dass die Königsallee zu diesem Zeitpunkt noch keine Bäume besaß. Wörner 1994, S. 219f. beschäftigt sich am intensivsten mit der Geschichte und Ausgestaltung der Königsallee. Meyer 2001, S. 46–48 lehnt sich im Wesentlichen daran an. Beide gehen ohne Belege davon aus, dass die ersten Alleebäume um 1660 gepflanzt wurden.

813 1735 bepflanzte man den Weg erstmals in voller Länge mit einer neuen Allee, vgl. LASH 24/76, Untersuchungsberichte v. 18.8. u. 18.9.1734; LASH 66/9270, Nr. 49.

814 LASH 7/6826, Inventar v. 1709, pag. 578f. (auch Zitat). Zu der Brücke vgl. auch in Kap. III 4.1.

815 QuP 1362. Auch Christensen 1999, S. 53, stellte diesen Zusammenhang fest.

816 Es werden hier nur der mittlere Quer- und der Umkreisweg beschrieben auf der Grundlage des Dallin-Planes und LASH 7/6826, Inventar v. 1709, pag. 567–571 u. 656, vgl. auch Anhang 2, Nr. 13. Zur Wegeführung auf den Terrassen vgl. in Kap. III 4.20.

817 RAK, Håndskriftsamling, Gruppe I, U. Petersen, Vol. 9, § 20 and Vol. 17, § 5 u. 38.

818 LASH 7/6826, Inventar v. 1709, pag. 570.

819 LASH 7/6826, Inventar v. 1709, pag. 567f., vgl. zu diesem Weg auch RAK, Håndskriftsamling, Gruppe I, U. Petersen, Vol. 17, § 40.

820 QuP 1323, 1331; LASH 7/6826, Inventar v. 1709, pag. 568 u. 656; RAK, Håndskriftsamling, Gruppe I, U. Petersen, Vol. 17, § 40. Der Name Tannenallee ist bis mindestens 1793 in Gebrauch gewesen, vgl. LASH 66/3531 II, Bericht des Hausvogts v. 16.4.1793.

821 RAK, Håndskriftsamling, Gruppe I, U. Petersen, Vol. 17, § 39f.

822 Die Darstellungen in den verschiedenen Mejer-Plänen sind insgesamt relativ ungenau und geben eine unterschiedliche Anzahl von Terrassenstufen wieder. Ob die Beschreibung eines abgetreppten Berges bei Danckwerth/Mejer 1652, Bd. 1, S. 110 sich auf den Labyrinthberg oder den Beginn der hinter dem Globushaus entstehenden Terrassenanlage bezieht, bleibt unklar: „Welches Newe Werck dann S.F. Durchl./ [...]/ ferner und noch schöner einzurichten angefangen/ [...]/ in deme sie daselbst [...] vielfältige sonst nicht leicht vorkommende Absetze an dem Berg/ daß man von dem einen zu dem andern auff und abgehen kan/ so überall mit fruchtbahren Bäumen besetzet/ zierlich abführen/ und zu Spaziergängen eben und bequem machen lassen [...]." Christensen 1999, S. 42 u. 277 meint, dass die Terrassierung des Labyrinthberges möglicherweise schon vor Beginn des Neuwerkgartens bestand und zum Hesterberg-Garten, der hier ihrer Meinung nach gelegen haben soll, gehörte. Diese Vermutung entbehrt jeder Grundlage, aber besonders die topographischen Voraussetzungen stimmen nicht, weil der Hesterberg ein separater, weiter östlich liegender Höhenzug ist.

823 Den verwilderten Zustand stellte die schwedische Untersuchungskommission fest, vgl. LASH 7/187, fol. 214–216, Punkt 9.

824 Zu Klingmann und seinem Projekt vgl. Anhang 1, Biographien. Wolke, 1962, S. 63 meint fälschlicherweise, dass die 1712 geplanten Arbeiten ausgeführt wurden.

825 LASH 7/6826, Inventar v. 1709, pag. 572 u. 589.

826 Einzige Quelle dafür ist LASH 7/6826, Inventar v. 1709, pag. 589.

827 Zuerst 1745, vgl. LASH 24/147, Nr. 70; später noch in RAK TyRtk C 84, Inventar v. 1750; LASH 66/9339, Nr. 160; LASH 66/9352, Nr. 106, Auszug a.d. Inventar v. 1769.

828 LASH 7/6826, Inventar v. 1709, pag. 615 (Zitat), 618, 622, 624; LASH 66/9339, Nr. 160.

829 QuP 1336. Petersen, RAK, Håndskriftsamling, Gruppe I, U. Petersen, Vol. 17, § 42, meinte, diese Teiche seien als Reservoirs für die Kaskade, die Herkulesgruppe und die Globusmaschine angelegt worden, was aber schon aufgrund der Datierungen nicht stimmen kann. Warum Dallin (Abb. 14) und in seiner Nachfolge auch Fritzsch (Abb. 15) vier Wasserbecken darstellen, bleibt völlig unklar. Alle anderen Bildquellen, auf denen die Teiche zu sehen sind, zeigen drei.

830 QuP 744.

831 1841 berichtet Garteninspektor Hansen von „Grundquellen" im Teich, weshalb er auch keinen Zufluss benötigt, vgl. LASH 168/78 II, Juni 1841. 1761 werden die Quellen auch schon erwähnt in LASH 66/9335, Nr. 112.

832 QuP 1036, 1057, 1125; LASH 7/187, fol. 110–113, Thomsens Bauanschlag v. 18.4.1705: „Hingegen so es [das Bollwerk] wiederüm von Holtz gemacht werden solte [...]".

833 Auch Christensen 1999, S. 279 äußert diese Vermutung.

834 Die Maße werden 1749 und 1761 übereinstimmend mit 122 Fuß Breite und 162 Fuß Länge angegeben, vgl. LASH 66/9306, Nr. 92, Lit. A; LASH 66/9335, Nr. 112; LASH 66/2261, Nr. 51. Die genannte Umrechnung aus dem bis 1768 gültigen Lübecker Fuß in Meter entspricht der heutigen Größe des Teiches.

835 LASH 7/188, Baustaat 1707; QuP 1625; RAK TyRtk C 58, Nr. 5 v. 11.5.1707.

836 LASH 7/6826, Inventar v. 1709, pag. 578.

837 1666 ist von dem „Newen teiche zu der Cascade" die Rede (QuP 1125), aber erst 1690 tritt zum ersten Mal die Bezeichnung „Kaskaten Teich" auf (QuP 1404).

838 1761 taucht die Bezeichnung der „blaue oder Caskaden Teich" zum ersten Mal überhaupt auf, vgl. LASH 66/9335, Nr. 112 u. LASH 66/2261, Nr. 51. Erst seit 1864 wird der Wasserbehälter nur noch „Blauer Teich" genannt (LASH 168/78 II).

839 In LASH 24/147, Nr. 24 findet sich eine klare Zuordnung dieses Teiches zur Versorgung der hoch gelegenen Figuren der Kaskade. Clasen berichtet 1738, dass nur „die beeden Engeln auf der Cascade, aus diesem Teiche ihren Sprung haben." Im Attikageschoss der ersten Kaskade waren zwei geflügelte, weibliche Figuren (Abb. 64), die von dem Teich wohl mit Wasser gespeist wurden und ihm den Namen gaben, der sich dann gehalten hat, obwohl die zweite Kaskade nicht mehr über geflügelte Skulpturen verfügte.

840 Von Anfang an bis 1989 wurde diese Anlage insgesamt einfach als „Cascate" (QuP 1068) bezeichnet. Erst in der neueren Sekundärliteratur (Thietje 1989, S. 52; Schillmeyer 1989 I, S. 54; Meyer 1994, S. 41 und Messerschmidt 1996, S. 541) verfestigte sich der verfälschende Begriff „Kleine Kaskade" im Unterschied zu den Wasserspielen auf den Terrassen, die Messerschmidt 1996, S. 539 folgerichtig „große Mittelkaskade" nennt, obwohl diese ursprünglich nur als „Fontainen" bezeichnet wurden. In den Quellen war es gegenteilig: auf den Terrassen befanden sich mehrere kleine Kaskaden, was 1738 und 1766 dazu Anlass gab, die Wasserkunst am Garteneingang als „grose Cascade" zu benennen (LASH 66/1712 III. fol. 273–279, Inventar des Fontänenwesens v. 19.8.1738; RAK TyRtk C 84, Inventar des Fontänenwesens v. 18.11.1766). Daneben sind aus den Quellen des 17. und 18. Jahrhunderts auch die Bezeichnungen „Waßerkunst", „Wasser=stürzung" oder „Wassertheater" für die ganze Anlage überliefert (QuP 1087; Major 1668, S. 16; Pasche 1843, S. 346), während der dazugehörende offene Baukörper mit „Pavillon", „waßer Portal", „Theatre", „Grotte", „Niesche, oder Colonate" tituliert wurde (Pasche 1843, S. 346; LASH 7/6826, Inventar v. 1709, pag. 572 u. 574; LASH 66/9339, Nr. 152; LASH 32/19, fol. 83–84; RAK TyRtk E 24 IV; LASH 32/19, fol. 53–54).

841 Die Baugeschichte der Kaskade in herzoglicher Zeit wurde bereits in den Kapiteln III 3.2. bis 3.4. behandelt, vgl. dazu auch die Übersicht in Anhang 3, Nr. 5.

842 Als erster Paarmann 1986/87, S. 20, dann Schlee 1991, S. 93 und deutlicher Paarmann 1996, S. 552 u. 555 (Zitate). Zum Forschungsstand zur Kaskade sonst vgl. auch in Kapitel I 3. und III 3.2.

843 QuP 1068: erste Erwähnung der Kaskade 1664; QuP 1418: Abbruch der ersten Kaskade.

844 „Der alhin beÿgefügte Name C.A. bedeutet den Herrn Hz. Christian Albrecht, als Stiffter dieses werckes, mit der Jahrzahl 1693. welcher nach langem Disturbio die alte verfallene Cascade Wieder erneuert und verbeßert [...]." (RAK, Håndskriftsamling, Gruppe I, U. Petersen, Vol. 17, Kap. 112, pag. 854, vgl. auch Anhang 2, Nr. 15).

845 Major 1668, S. 16, vgl. auch Anhang 2, Nr. 4.
846 BQ: NMK, 1. Gottorfer Kaskade (Abb. 63 u. 64) u. BQ: LASH, Müller II (Abb. 65 u. 66).
847 Zur Erklärung des Wappens vgl. die Erläuterungen von Heinrich Freiherr von Hoyningen gen. Huene in Schlee 1991, S. 42.
848 Die Initialen sind auf die Fahnen der Trompete blasenden weiblichen Figuren in den Bogenzwickeln geschrieben, das Datum befindet sich im oberen Gebälk am Scheitelpunkt der Arkade.
849 Auch QuP 1109 u. 1142.
850 Auf die Existenz von Vexierfontänen an diesem Ort deuten auch QuP 1304, 1389 u. 1673.
851 Aus QuP 1152 geht hervor, dass die Kaskade ein Dach aus unbekanntem Material hatte, womit – nach der Zeichnung zu schließen – nur die Halbkuppel gemeint sein kann.
852 Sie wurde in herzoglicher Zeit zweimal erneuert, 1691 und 1710, vgl. QuP 1444; LASH 7/188, Baustaat 1710; LASH 66/1712 III.
853 QuP 1097, 1101, 1109, 1127.
854 QuP 1094, 1097. Vermutlich waren zumindest die großen Sockel der Seitenwände und des Portals und die vorderen Blenden der Treppenstufen aus Haustein.
855 QuP 1123. Der Schellfisch ist ein etwa 90 cm langer, grauweißer Knochenfisch, der in Atlantik, Nord- und Ostsee lebt und als wichtiger Nutzfisch gilt.
856 QuP 1032, 1092–1094, 1097, 1098 u. 1124.
857 Vgl. Anhang 3, Nr. 3.
858 Auf die Zeichnung ist nachträglich mit Bleistift „1665" geschrieben worden. Nach genauester Prüfung lese ich aber „1669" in der Jahreszahl über der Kuppel (Abb. 64).
859 Die Quellen dazu wurden schon in Kap. III 3.2. genannt. Von dieser Kaskade, die erst 1671 unter dem 1670 nach Kopenhagen gekommenen französischen Fontänenmeister Marin Cadart gebaut wurde, haben wir keine weitere Kenntnis, Christensen 1999, S. 292 nimmt aber an, dass sie nach Le Roys Entwurf errichtet wurde.
860 Christensen 1999, S. 283.
861 Erstens, dass die Obelisken bis auf das unterste Paar nur angedeutet sind, zweitens, dass das unterste Bassin vor der Wassertreppe fehlt und dadurch nicht nachzuvollziehen ist, wohin das Wasser abläuft, und drittens, dass die gezeigte Feldsteinpflasterung von dem tatsächlichen Fliesenbelag (QuP 1304, 1673) der Treppenstufen abweicht (Abb. 63).
862 QuP 1133, 1166, 1171, 1173, 1182.
863 Ebenfalls ungenau ist die bei Pasche 1843, S. 346 übersetzte u. publizierte Angabe aus einem Reisebericht von 1702: „Das Ganze [damit ist die Kaskadenanlage gemeint] ist von hohen, lebendigen Hecken umgeben."
864 Vgl. Näheres und Quellen dazu in Kap. III 3.4.
865 QuP 1274, 1322, 1337, 1359, 1348, 1385; LASH 7/187, fol. 20, Extrakt der Rentekammerrechnung; LASH 7/2374, Beilagen Nr. 14 u. 20.
866 Zum Abbruch 1690 vgl. QuP 1418; zum Abschluss des Kaskadenneubaus vgl. QuP 1585.
867 Zu Tessins Einfluss auf die Gottorfer Baugeschichte vgl. in Kap. III. 3.2. Zur möglichen Autorschaft Tessins bei der zweiten Kaskade vgl. auch in Kap. IV 1.6.
868 Zu den Quellen vgl. Kap. III 3.2. Die Möglichkeit, dass Allers das neue Kaskadenhaus entworfen hat, wird von Schillmeier 1989, Bd. 1, S. 51f. verworfen, da er „selber in seinem Gesamtschaffen nie als originär schöpferisch in Erscheinung getreten ist – immer war er auf Vorlagen oder Pläne anderer Künstler angewiesen".
869 BQ: LASH, Müller II.
870 Besonders LASH 7/6826, Inventar v. 1709, pag. 572–578, vgl. Anhang 2, Nr. 13. Alle anderen Quellen zum Zustand der Kaskade nach dem Neubau von 1690 werden der Einfachheit halber an dieser Stelle in der Reihenfolge ihrer ersten Erwähnung in der nun folgenden Beschreibung genannt: LASH 24/76, Lit. S, Freudenreichs Memorial v. 3.7.1739; LASH 66/1712 III, fol. 258–263v., Müllers Dokumentation von 1736; QuP 1410 u. 1429; LASH 66/1712 III, fol. 172; QuP 1500, 1585 u. 1635; RAK TyRtk C 84, Inventar des Fontänenwesens v. 29.4.1732; LASH 66/9276, Nr. 77, Lit. D, Vertrag mit Maler Sielentz; LASH 66/1712 III, fol. 273–279, Inventar des Fontänenwesens v. 19.8.1738, vgl. Anhang 2, Nr. 17; LASH 66/9276, Nr. 77, Lit. AA; LASH 66/1712 III, fol. 283v.; LASH 32/23, Baustaat 1720/21, § 61; LASH 66/9278, Nr. 91b, Nr. 3; LASH 66/9308, Nr. 53; RAK TyRtk C 84, Nr. 4 des Inventarkonvoluts unter Rosenberg; RAK TyRtk B 3, 1834, Nr. 17; RAK TyRtk E 24 IV; QuP 1475 u. 1477; LASH 7/4600; LASH 66/1712 III, Vertrag zwischen Baumeister Peucker und Schieferdeker C. Primon v. 7.10.1726; RAK TyRtk C 84, Kostenanschlag von Rosenberg v. 19.8.1769; LASH 32/19, fol. 53–54, Reparaturanschlag von J. G. Moser v. 3.7.1772; LASH 7/188, Baustaat 1707; QuP 1634; RAK, Håndskriftsamling, Gruppe I, U. Petersen, Vol. 17, Kap. 112, pag. 854; RAK TyRtk C 84, Inv. des Fontänenwesens v. 18.11.1766; LASH 66/9339, Nr. 152; LASH 32/19, fol. 83–84, Bericht des Amtsmauermeisters Jessen v. 30.1.1823; Jürgensen 1822, S. 152.
871 Die Erwähnung von 1717 (LASH 32/23, Baustaat 1717, § 26; LASH 66/1712 I, Baustaat 1717), dass Bremer Sandstein an der Kaskade repariert werde, muss ein Irrtum des Verfassers des Baustaates sein, denn alle anderen Quellen sprechen zu dieser Zeit nur von Gotländer Sandstein.
872 Die Postamente sind bei Müller nicht eingezeichnet, waren aber definitiv vorhanden und wurden später zur Aufstellung von Statuen genutzt.
873 Die Quellen ab 1733 geben eine andere Gestaltung an, wobei merkwürdigerweise kein Veränderungsvorgang aktenkundig ist: Auf dem Postament war eine 2,5 Fuß (0,72 m) hohe Krone aus vergoldetem Kupferblech und darauf ein Aufsatz in Form einer kupfernen Sonne und ein Messingkreuz, beides ebenfalls vergoldet (RAK TyRtk C 84, Inventar des Fontänenwesens v. 18.12.1733; LASH 66/1712 III, fol. 273–279, Inventar des Fontänenwesens v. 19.8.1738, vgl. Anhang 2, Nr. 17; LASH 66/9282, Nr. 80; RAK TyRtk C 84, Inventar des Fontänenwesens v. 18.11.1766).
874 Lediglich Müller berichtet auf seiner Zeichnung (Abb. 65) u. in LASH 66/1712 III, fol. 258–163v., beides aus dem Jahr 1736, von nur 14 Postamenten mit Fröschen, während auch spätere Quellen wieder die Zahl 16 nennen.
875 LASH 7/6826, Inventar v. 1709, pag. 576.
876 Beide Zitate aus LASH 7/6826, Inventar v. 1709, pag. 575.
877 LASH 7/6826, Inventar v. 1709, pag. 575.
878 LASH 66/9278, Nr. 91b, Nr. 3 (Zitat); in LASH 66/9328, Nr. 137 wird die Dekoration als „mit vielen franschen Zierathen und Schnirkeln" bezeichnet.
879 LASH 32/19, fol. 53–54.
880 Merkwürdigerweise ist Müllers schriftliche Dokumentation von 1736 (LASH 66/1712 III, fol. 258–263v.) die einzige Quelle, in der „dreÿfache Muscheln" genannt werden. Im Aufriss seiner Zeichnung zeigt Müller nur zwei Muschelbecken, aber der Grundriss soll offenbar vermitteln, dass das unterste Bassin eine Muschelform besaß (Abb. 65), was im Gegensatz steht zu allen anderen Quellen vorher und nachher, z.B. LASH 7/6826, Inventar v. 1709, pag. 574, vgl. Angaben im Text. Nicht die Gestaltung, aber die Breitenangabe bei Müller von 3,5 Fuß für die unteren Bassins stimmt mit der Beschreibung des Fontänenmeisters Freudenreich von 1738 überein, in der sie als „Sechskantige Bassins jedes 12. Fuß in der rundung" bezeichnet werden, vgl. LASH 66/9278, Nr. 91b, Nr. 3, wobei noch darauf hinzuweisen ist, dass ein „sechskantiges" Bassin dasselbe sein kann wie ein „halbachtseitiges".
881 Von 1736 bis 1834, dem Abbruchjahr dieses Gebäudes, gibt es vier Quellen (LASH 66/1712 III, fol. 258–263v.; LASH 66/9308, Nr. 53; RAK TyRtk C 84, Nr. 4 des Inventarkonvoluts unter Rosenberg; RAK TyRtk B 3, 1834, Nr. 18), in denen die Maße, meist aber nicht vollständig, verzeichnet sind. Während Länge und Höhe einigermaßen übereinstimmen, schwanken die Angaben zur Breite der Seitenmauern zwischen 10 und 15 Fuß. Anhand des Grundrisses von Müller (Abb. 65) lässt sich aber feststellen, dass die Seitenmauern genau die halbe Länge der Nordwand besaßen. Es ist zu vermuten, dass bei der Angabe von 10 Fuß für die Seitenmauer, die dafür zu gering ist, die im Süden davorstehende Säule nicht eingerechnet wurde. Wenn man dies aber tut, stimmen die Proportionen.
882 Lediglich für „Ledholtz", „Mürplaten" und „gesembß" wurde Eichenholz verwendet, vgl. LASH 7/4600.
883 LASH 66/9276, Nr. 77, Lit. D.
884 Vor dem Umbau 1834 ist von zwei Säulen und zwei Wandpfeilern die Rede (RAK TyRtk E 24 IV), was vermutlich so zu interpretieren

ANMERKUNGEN ZU KAPITELN I–VI

885 LASH 7/6826, Inventar v. 1709, pag. 577. Die noch folgenden Zitate in diesem Kapitel sind ebenfalls aus dieser Quelle, pag. 577f.
886 Das Wasser für diese Fontänen wurde vom Engelteich zur Kaskade geleitet und von den Muscheln weiter nach unten zur in der Mitte stehenden Skulptur des Neptun abgeführt, vgl. LASH 66/9308, Nr. 53.
887 Triton: LASH 66/9278, Nr. 91b, Nr. 3; RAK TyRtk C 84, Inv. des Fontänenwesens v. 18.11.1766; Neptun: LASH 66/9308, Nr. 53; LASH 66/9339, Nr. 152.
888 Jürgensen 1822, S. 152.
889 Thietje 1986, S. 103, Abb. 2 schließlich interpretierte die drei Figuren als Apoll zwischen zwei Flötenspielern. Dem folgte Messerschmidt 1996, S. 542.
890 LASH 7/197, Möbelinventar v. 26.2.1705; LASH 7/198, Möbelinventar v. 1708.
891 SSHL, Inv. Nr. 1986/1666. Die Figur ist aus Sandstein und hat eine Höhe von 153 cm, der Bildhauer ist unbekannt. Nach Drees 1986/87 II, soll sie „der Überlieferung zufolge" aus dem Neuwerkgarten stammen und „vermutlich mit den Resten des auf Schloss Gottorf verbliebenen Inventars und Bestandteilen der Gartenausstattung 1853 öffentlich versteigert worden" sein (S. 110). Zur Identifikation der Skulptur mit einer der drei Statuen im Kaskadenhaus vgl. auch Thietje 1986, S. 103, Abb. 2.
892 Das geht aus der Nennung dieser Elemente in den Quellen zu Malerarbeiten von 1703 (QuP 1585) und 1736/37 (LASH 66/9276, Nr. 77, Lit. D) hervor.
893 LASH 7/6826, Inventar v. 1709, pag. 577; LASH 66/9276, Nr. 77, Lit. D, Vertrag mit Maler Sielentz.
894 QuP 1500; LASH 7/6826, Inventar v. 1709, pag. 576f.
895 Wie Schillmeier 1989, Bd. 1, S. 57 zu der Ansicht kommt, dass Gold eine der Hauptfarben der Kaskadenanlage gewesen sei, ist nicht leicht nachzuvollziehen. Sie geht von einer Ölvergoldung „aller bildhauerisch ausgeführten ornamentalen Teile der Kaskade" aus, ohne dass dies in einer Quelle explizit mitgeteilt ist. Eine Vergoldung, und zwar mit Feingold, ist nur für die Kronen im Bassin nachgewiesen (QuP 1585), ansonsten vielleicht auch für andere Teile denkbar, am ehesten aber noch für die Schriftzeichen der Kartusche am Gebälk.
896 Zur Baugeschichte vgl. näher in den Kapiteln III 3.2. bis 3.4. mit Quellennachweisen. Die Bildwerke der Terrassenanlage werden in einem separaten Kapitel abgehandelt.
897 Diese Nummerierung der Terrassen, die im Süden mit Nr. 1 beginnt, wird hier grundsätzlich beibehalten, wenn auch in den Quellen manchmal von Norden nach Süden gezählt wird.
898 Vgl. zu dessen Gestaltung in Kap. III 4.16.
899 Vorhanden sind noch die Wege zwischen der ersten und zweiten und zwischen der zweiten und dritten Terrasse.
900 RAS, Eriksberg Arkiv, N. Tessin d. y:s samling: 1 bt Resedabog 1687.
901 QuP 1327. Die Pflanzen kaufte Tatter 1675 für 100 Rthlr bei dem Italiener Jean Baptist Licony.
902 BQ: LASH, Pflanzplan; zu den Gattungen vgl. die Farblegende auf Abb. 22; zu den Sorten vgl. die Transkription mit Kommentar der Quelle in Anhang 2, Nr. 8. Für die Identifizierung der alten Sorten sei Herrn Diplom-Gärtner Dr. Werner Schuricht aus Jena herzlich gedankt.
903 LASH 7/187, fol. 24–26, vgl. auch fol. 26 in Transkription in Anhang 2, Nr. 7 mit Kommentaren. Tatter orderte insgesamt 871 Bäume und 6 Weinreben, neben Apfel-, Birn- und Kirschbäumen auch Aprikosen, Pfirsich- und Mirabellenbäume. Während die frostempfindlichen Aprikosen und Pfirsiche zusammen mit dem Wein an der Globusmauer gepflanzt wurden, muss Tatter auch sonst im Garten einige der o.g. Obstbäume gesetzt haben, denn die Zahl der eingekauften Gehölze übertrifft die der laut Plan gepflanzten.
904 LASH 7/187, fol. 31.
905 QuP 1010, 1229 u. 1275.
906 RAS, Eriksberg Arkiv, N. Tessin d. y:s samling: 1 bt Resedabog 1687. Zu „Charmille" (frz.) vgl. Uerschln/Kalusok 2003, S. 80.
907 QuP 1161, 1229, 1260, 1285, 1310; LASH 7/1428; LASH 7/187, fol. 21–22v.
908 QuP 1211 u. 1221.
909 Die Parterres wurden durch Erdaufschüttung erhöht und für eine vollständig neue Bepflanzung vorbereitet, vgl. QuP 1438, 1453, 1472–1474, 1503.
910 LASH 7/187, fol. 214–216.
911 BQ: EL, Königshoven u. BQ: KBK, Agave americana. Ein dritter Stich ist BQ: LB, Agave americana, der mit einigen geringen Unterschieden ein seitenverkehrter Nachstich von BQ: KBK, Agave americana zu sein scheint und keine neuen Informationen liefert.
912 BQ: KBK, Dallin I; LASH 7/6826, Inventar v. 1709, pag. 588f. u. 613–626, vgl. den Wortlaut in Anhang 2, Nr. 13. Außer Zitaten werden in der folgenden Beschreibung nur die Ergänzungen aus anderen Quellen nachgewiesen. Durch letztere, die größtenteils aus dem 18. Jahrhundert stammen, sind erst die Details der Beschreibung überliefert.
913 LASH 7/187, fol. 214–216.
914 BQ: KBK, Grundriss Gottorf 1713.
915 Die Treppen wurden 1680 gelegt, vgl. QuP 1367; LASH 7/2374, Beilage Nr. 13; LASH 7/188, Baustaat 1706. Bei der Grabungskampagne 2004, vgl. Lau 2006, S. 19, gab es zu den seitlichen Treppen nur sehr schlechte Befunde an der Westseite, wo auf der zweiten Terrasse ein einziges Granitfragment „möglicherweise noch in situ oder zumindest nicht weit von seiner ursprünglichen Lage entfernt" gefunden und als Treppenstufe interpretiert wurde. Dieses Fragment kann aufgrund der nicht eindeutigen Fundsituation und den o.g. sehr eindeutigen schriftlichen Quellenaussagen (vgl. dazu außerdem das Inventar v. 1709, LASH 7/6826, pag. 617 und die zeichnerische Unterscheidung des Materials der Seiten- und Mitteltreppen im Plan von Müller, vgl. Abb. 20) nicht den Seitentreppen des 17. Jahrhunderts zugeordnet werden.
916 Sowohl die Bildquellen als auch die Grabungen ergeben kein ganz klares Bild der Treppenanlagen im 17. Jahrhundert. Der Dallin-Plan (Abb. 70 u. 71) zeigt recht gerade Treppen, die aber nach oben hin zusammenlaufen. Im Gegensatz zur Darstellung bei Dallin erwies die Grabung, dass die in der Mitte liegenden Kaskaden nicht bis an die Böschungsoberkante reichten, was die Pläne des 18. Jahrhunderts von Müller (Abb. 20) und Themsen (Abb. 35) auch zeigen. Dort haben die Treppen eine gebogene Form und laufen in der obersten Stufe zusammen, was wiederum das Inventar v. 1709 (LASH 7/6826) bestätigt, denn der Standort des großen Bleiblumentopfes bei den Mitteltreppen auf jeder Terrassenstufe wird angegeben mit: „mitten auff der Treppen oben" (pag. 616) oder „mitten auff den obersten tritt" (pag. 619). Da es sich nur um eine symmetrische Aufstellung gehandelt haben kann, deutet diese Formulierung darauf hin, dass die oberste Stufe beider Treppen eine gemeinsame war.
917 LASH 7/188, Baustaat 1706 u. 1708; LASH 32/23, Baustaat 1717; LASH 66/1712 III, fol. 258–263v., Müllers Anschlag z. Hauptreparatur des Fontänenwesens v. 31.10.1736; LASH 66/9276, Nr. 77, Freudenreichs Anschlag f. d. Steinhauerarbeit v. 19.12.1736; LASH 66/9362, Nr. 41; RAK TyRtk E 24 IV, Meyers Reparaturanschlag v. 3.6.1835, worin sogar die Gestaltung der Stufen angegeben ist „mit einem Rundstabe, einer Platte und einem Anlaufe darunter". Meyer hatte eine Zeichnung für die Neuanfertigung einiger Stufen eingereicht, die aber nicht mehr erhalten ist. Die Anzahl der Stufen war nicht immer gleich: Im Inventar v. 1709 sind insg. 14 Stufen für die unteren beiden Böschungen, dagegen 15 für die dritte und 13 für die vierte angegeben, während Dallin jeden Treppenlauf auf allen Anbergen mit sieben Stufen zeichnete (Abb. 70/71). Lau 2006, S. 31 kommt zu dem aus allen Grabungsbefunden zusammengefassten Ergebnis, dass jede Treppe mindestens 14 Stufen gehabt haben muss. Allerdings wurde von den Archäologen eine Stufenbreite von 1,90 bis 1,96 m festgestellt. Der in schriftlichen Quellen überlieferte Unterbau der Treppen konnte durch die Grabung bestätigt werden.
918 BQ: LMV, Kaskade.
919 LASH 7/6826, Inventar v. 1709, pag. 616.
920 LASH 7/6826, Inventar v. 1709, pag. 623 (Zitat). RAK Håndskriftsamling, Gruppe I, U. Petersen, Vol. 17, Kap. 112, § 25, vgl. auch Wortlaut in Anhang 2, Nr. 15; LASH 66/9278, Nr. 91b, Nr. 3; LASH 66/9328, Nr. 137; LASH

66/9308, Nr. 53, Müllers Anschlag v. 25.2. 1750. Ein größeres Fragment der Kaskadenrückwand aus Sandstein wurde bei der Grabung 2004 an der Böschung zwischen zweiter und dritter Terrasse gefunden und entspricht der Beschreibung im Inventar, vgl. Lau 2006, S. 18 u. Abb. 9. Ansonsten waren die Kaskaden zerstört worden und auch archäologisch nicht mehr fassbar. Wie Lau 2006, S. 31 zu der Angabe kommt, die Kaskaden hätten zehn Stufen gehabt, bleibt deshalb unklar.

921 Das Inventar v. 1709 nennt Seehunde bei der 2. u. 4. Kaskade, während in den späteren Quellen vier Delphine und nur ein Seehund bei der 4. Kaskade erwähnt werden, vgl. RAK TyRtk C 84, Inventare des Fontänenwesens v. 29.4.1732 u. 18.12.1733; LASH 66/1712 III, fol. 258–263v., Müllers Anschlag f. d. Hauptreparatur des Fontänenwesens v. 31.10.1736; LASH 66/1712 III, fol. 273–279, Inventar d. Fontänenwesens v. 19.8.1738.

922 Lau 2006, Abb. 10, 12, 16 u. Taf. 36.

923 LASH 66/1712 I, Baustaat 1722, fol. 35; LASH 66/1712 III, fol. 273–279, Inventar des Fontänenwesens v. 19.8.1738.

924 Eine weiße Fassung ist 1709 nur für die Bleitiere genannt, aber trotzdem scheinen die gesamten Kaskaden gefasst gewesen zu sein, denn 1736 veranschlagt Müller einen „neuen" Ölfarbenanstrich des gesamten „Grotten Wercks mit allem Zubehör", der von dem Maler Sielentz ausgeführt wird, wobei die Farbtöne nicht angegeben sind, sondern nur die Anweisung, die Steine mit „wohl gekochtem Oele" zu tränken und erst danach mit Ölfarbe mehrfach anzustreichen, vgl. LASH 66/1712 III, fol. 258–263v.; LASH 66/9276, Nr. 77, Lit. D. Diese Fassung wurde wiederum 1748 in den Farben grau und weiß erneuert, vgl. LASH 66/9302, Nr. 22.

925 LASH 66/1712 III, fol. 172f., Untersuchung des Fontänenwesens v. 25.6.1739; LASH 24/76, Lit. S; die Fliesen waren vermutlich wie bei den Bassins der großen Kaskade im Schachbrettmuster gelegt. U. Petersen spricht von „polirten steinen", vgl. RAK Håndskriftsamling, Gruppe I, U. Petersen, Vol. 17, Kap. 112, § 24, vgl. Anhang 2, Nr. 15. Zur Farbfassung vgl. LASH 7/188, Baustaat 1708; LASH 32/23, Baustaat 1717; erst bei der Erneuerung 1748 wird mitgeteilt, dass die Bassins in grauer und weißer Ölfarbe angestrichen werden, vgl. LASH 66/9302, Nr. 22.

926 RAS, Eriksberg Arkiv, N. Tessin d. y:s samling: 1 bt Resedagbog 1687; das stimmt mit der Angabe in LASH 7/6826, Inventar v. 1709, pag. 614 überein, wo mitgeteilt wird, der Wasserstrahl gehe so hoch wie der Turm des Globushauses, der 40 Fuß hoch war.

927 Zum Abbruch der Bassins und Kaskaden vgl. RAK TyRtk C 84; LASH 66/9362, Nr. 15; LASH 32/19, fol. 77–82. Zur Person Jürgensens vgl. Schnittger 1904, S. 136–141. Zu den Fontänen vgl. Jürgensen 1822, S. 159 (Zitat). Die in der Literatur, zuletzt bei Asmussen-Stratmann 1997, S. 226, immer erwähnten Frösche auf den Postamenten der Bassins gehörten nicht zur ursprünglichen Ausstattung des Gartens in herzoglicher Zeit, vgl. dazu in Kap. V 2.10.

928 LASH 66/1712 III, fol. 258–263v., Müllers Anschlag f. d. Hauptreparatur des Fontänenwesens v. 31.10.1736; LASH 66/9276, Nr. 77, Freudenreichs Anschlag zur Hauptreparatur v. 19.12.1736; RAK TyRtk C 84, Fontäneninventar v. 18.11.1766. Die in den späteren Quellen (LASH 66/9308, Nr. 53, Müllers Anschlag v. 25.2.1750; LASH 66/9351, Nr. 16) genannten Daten zu Lage und Maß der Bassins sind nicht nachzuvollziehen, besonders deshalb nicht, weil keine Veränderung nachweisbar ist. Bei der Grabung 2004 zeigte das Bassin auf der dritten Terrasse einen Durchmesser von 5,79 m und aus den Resten des fünften Bassins wurde ein Durchmesser von 5,95 m errechnet, vgl. Lau 2006, S. 20 u. 24. Die Maße stimmen nicht so einfach mit den Angaben des Inventars überein, weil auch nicht leicht nachvollzogen werden kann, in welcher Weise der Umfang dort ermittelt wurde.

929 LASH 7/6826, Inventar v. 1709, pag. 614, 617f., 620, 621, 624.

930 Lau 2006, S. 20, Abb. 11. Sonst zeigten sich nur noch auf der fünften Terrasse Spuren eines Fontänenbeckens. Lau 2006, S. 30f. geht davon aus, dass alle fünf Fontänenbassins gleich groß und in einer Achteckform mit eingeschwungenen Seiten ausgeführt waren. Für diese weitgehende Schlussfolgerung ist m.E. aber die Fundsituation von einem vollständigen und einem halben Becken nicht ausreichend.

931 LASH 66/1712 III, fol. 273–279, Inventar des Fontänenwesens v. 19.8.1738 (Zitat); LASH 66/9278, Nr. 91b, Lit. B u. Nr. 3; 1826 fand man beim Abbruch der Fundamente der Amalienburg die gemauerten Reolen, vgl. LASH 168/78 II. In LASH 66/1712 III, fol. 135v. wird erklärt, was unter „Reolen" zu verstehen ist, nämlich „Canäle, wodurch die Wasser Quellen […] unter der Erden abgeführt werden", vgl. dazu übereinstimmend auch Prange 1970, S. 8. Mit der archäologischen Untersuchung 2004 wurde die oberste Terrasse nicht erforscht, sondern nur lediglich alle anderen Terrassen und Böschungen.

932 Lau 2006, S. 32f.

933 LASH 66/1712 III, fol. 273–279, Inventar des Fontänenwesens v. 19.8.1738. Dass die Wasserzufuhr für die Globusmaschinerie von der ersten Terrasse aus, und zwar von dem untersten Kaskadenbecken, kam, konnte bei der Ergrabung der Globushausfundamente nachgewiesen werden, nicht aber der Verlauf der Leitung über die erste Terrasse, also auch nicht der in den schriftlichen Quellen beschriebene Wasserkasten, vgl. Kühn 2006 II, S. 78f.

934 Dallins Darstellung wird bestätigt durch die Aussage des Fontänenmeisters Hamburger in LASH 7/187, fol. 214–216. Es können auch nur die Monogramme dieses Herzogspaares gewesen sein, da in den Quellen keine Tätigkeit mehr an den Parterres in der herzoglichen Zeit nach 1695 nachzuweisen ist. Insofern ist auf BQ: LB, Fritzsch (Abb. 15) ein nie dagewesener Zustand dargestellt, nämlich die Spiegelmonogramme von Herzog Friedrich IV. und Hedwig Sophie, kombiniert mit der Jahreszahl 1696, was schon deshalb nicht möglich ist, weil sie erst 1698 heirateten.

935 LASH 7/6826, Inventar v. 1709, pag. 614.

936 LASH 7/187, fol. 214–216.

937 Die beiden letzten Zitate stammen aus LASH 7/6826, Inventar v. 1709, pag. 620. In einem Untersuchungsbericht vom 18.9.1734 (LASH 24/76) ist davon die Rede, dass die vier Parterres der zweiten und dritten Terrasse „noch mit Buxbaum und hammerschlag", womit wohl Ziegelsplitt gemeint ist, verziert waren. Während die Beete der zweiten Terrasse von B. Kempe 1728 neu angelegt worden waren (LASH 66/9265, Nr. 38, Lit. B und Legende von BQ: LASH, Themsen I), haben wir keine Unterlagen über eine Veränderung der Parterres der dritten Terrasse, so dass davon ausgegangen werden muss, dass die Gestaltung dieser Stücke seit den 1690er Jahren bestand.

938 LASH 7/187, fol. 214–216.

939 LASH 66/9265, Nr. 38, Legende zu den Buchstaben „Q:Q:" (Abb. 33).

940 Nur bei den untersten Böschungen wird in LASH 7/6826, Inventar v. 1709 kein Laubwerk als Binnengestaltung erwähnt. Ringenberg 2006, S. 50 vermutet, dass die Buchsbaumornamente hier ungewöhnlicherweise in Rasenflächen statt eines Kiesuntergrundes gepflanzt waren aufgrund der Erosionsvorgänge an Böschungen.

941 LASH 7/187, fol. 214–216. Die genannten Elemente sind einige der Bestandteile der Wappen der Herzöge von Schleswig-Holstein-Gottorf und der dänischen Könige, vgl. z.B. das Wappen König Friedrichs III. von Dänemark, des Vaters der Herzogin Friederike Amalie, in Siebmacher 1909, Taf. 50. Vermutlich war hier das Allianzwappen des Herzogspaares Christian Albrecht und Friederike Amalie dargestellt.

942 LASH 7/6826, Inventar v. 1709, pag. 626.

943 Zuerst Wolke 1953, S. 189f., dann Behling/Paarmann 1981, S. 8f., Paarmann 1996, S. 554 und Asmussen-Stratmann 1997, S. 226.

944 Eine Liste der Statuen findet sich z. B. in LASH 24/158, Nr. 45. Der Vergleich mit dem Inventar v. 1709 (LASH 7/6826, pag. 613–626) macht sofort deutlich, dass die Skulpturen nicht identisch sind.

945 Im Inventar v. 1709 (LASH 7/6826) werden sie nicht erwähnt. Auch ein gläserner Bienenstock und eine Äolsharfe (Windharfe), die in der Literatur viel Beachtung finden, sind Ausstattungsstücke des 18. Jahrhunderts, vgl. Kap. V. 2.11. Skulpturen.

946 Zu den Kaiserbüsten vgl. QuP 1188, 1195, 1200, 1227, 1232. Zu den Steinfiguren vgl. QuP 1208 u. 1231. Zu den Holzskulpturen vgl. QuP 1150 u. 1220.

947 QuP 1461, 1471, 1500, 1516.

948 Es sind Kupferstiche, die die 1705 blühenden Aloen zum Thema haben (Abb. 72: BQ: EL, Königshoven und Abb. 73: BQ: KBK, Agave americana) und nur als Beiwerk auch die Terrassen mit Statuen zeigen.

949 LASH 7/6826, pag. 613–626, vgl. auch Anhang 2, Nr. 13. Bei der nun folgenden Beschreibung werden nur noch Zitate aus dem Inventar und andere Quellen extra nachgewiesen.

950 Vgl. auch LASH 7/197, Möbelinventar v. 1705 u. LASH 7/188, Möbelinventar v. 1708. Oben auf der Böschung zur zweiten Terrasse wurden bei der Ausgrabung 2004 zwischen den Außenkanten der Treppen und den weiter außen liegenden Postamentfundamenten der großen Statuen zwei Steinsetzungen aus Ziegeln gefunden, die als Fundament für die Postamente der Kinderstatuen aus Blei fungiert haben können. Rätselhaft bleibt aber, dass sie nur auf dieser Terrasse nachgewiesen werden konnten und hier mit Wasserleitungen ausgestattet waren, wozu es bislang noch keine plausiblen Erklärungen gibt, da Wasserspiele an dieser Stelle archivalisch nicht nachzuweisen sind. Vgl. dazu Lau 2006, S. 15 u. 32 u. Tafeln 5, 8 u. 9.

951 Lau 2006, S. 14f. (und Tafel 5), S. 19 (und Tafeln 16 u. 19) u. S. 32. Die ergrabenen Postamentfundamente für Statuen befinden sich etwa 4,5 bis 5 m in östlicher u. westlicher Richtung vom äußeren Rand der Treppen entfernt, merkwürdigerweise aber nur auf der zweiten und dritten Terrasse.

952 LASH 7/6826, Inventar v. 1709, pag. 620. Zur Jupiterstatue QuP 1150.

953 LASH 7/6826, Inventar v. 1709, pag. 623.

954 Ein Reisebericht von 1702, abgedruckt bei Pasche 1843, S. 347 bestätigt diese Steinfiguren in den Parterres. Das Zitat stammt aus LASH 7/6826, Inventar v. 1709, pag. 614f. Cornu Copiae ist ein Füllhorn und Symbol für Fruchtbarkeit und Überfluss. Die Statue passt damit gut in eine Jahreszeitenfolge. Die Auflistungen von 1740 (LASH 24/158, Nr. 45 u. 47; LASH 66/9282, Nr. 82), 1754 (LASH 66/9319, Nr. 75) und 1769 (RAK TyRtk C 84, Kostenanschlag v. Rosenberg v. 19.8.1769) geben durchweg für das östliche Parterre eine Steinskulptur mit dem Thema „Herbst" an. 1740 u. 1769 wird für die westliche Seite eine Statue des „Sommers" genannt, die mit der Flora von 1709 identifiziert werden könnte.

955 Die Angabe der Anzahl ist nicht einheitlich: In QuP 1232 bezahlt Schmied 120 Büsten à 10 Rthlr. Vorher in QuP 1195 ist nur die Summe von 275 Rthlr genannt, die bei vermutetem gleichem Einzelpreis auf etwa 25 bis 30 Büsten schließen lässt, zusammengerechnet also zwischen 145 und 150 Bildwerke. In QuP 1227 ist von 150 Schildern für die Kaiserbüsten die Rede. Der Gottorfer Bibliothekar Gude schätzte die Anzahl der Büsten 1676 auf „etwan beÿ anderthalb hundert stück" (LASH 7/203, Brief v. 9.10.1676), während sie in den Möbelinventaren von 1705 u. 1708 auf ursprünglich 148 präzisiert wird (LASH 7/197, Möbelinv. v. 1705 u. LASH 7/188, Möbelinv. v. 1708).

956 QuP 1195 u. 1232 (letztere wurde schon von Schmidt 1916, S. 302f. publiziert). Nur in QuP 1232 werden die Bildwerke als Kaiserbilder definiert, während QuP 1195 lediglich „bleyerne Bilder", aber mit dem Handelsweg, der in QuP 1232 nicht erwähnt wird, nennt. Da beide Male die Abwicklung über Joachim Schmied geschah, der sonst normalerweise in den Quellen nicht auftaucht, und auch die Summen mit der letztlich vorhandenen Anzahl in etwa übereinstimmen, scheinen die beiden Quellen sich aufeinander zu beziehen.

957 QuP 1188. Der Tagelöhner Henrich Wiese assistierte ihm anscheinend „bey pousirung einer Lemern statua" (QuP 1200).

958 Schlee 1965, S. 55, der sich intensiv mit August John und den Kaiserbüsten auseinandersetzt, kommt zu der Schlussfolgerung, Johns Tonmodell könnte den erst 1658 an die Regierung gekommenen Kaiser Leopold I. dargestellt haben und dann später wohl auch in Metall gegossen worden sein.

959 LASH 7/6826, Inventar v. 1709, pag. 613–626. Hier sind immer unterschiedliche Zahlen von Büsten auf den Terrassenstufen und bei den Treppen angegeben mit einer Gesamtanzahl von 126, wobei der Inventarisator nur an einer Stelle (pag. 624) andeutet, dass eine Büste inzwischen fehlte. Aber aus anderer Quelle ist ersichtlich, dass die Büsten schon 1702 nicht mehr vollständig waren (LASH 7/187, fol. 74–77). Wenn man bei einer zu vermutenden gleichmäßigen Aufstellung der Kaiserbilder – wie das Inventar v. 1709 es noch an manchen Stellen dokumentiert – entlang der flachen Terrassen auf jeder Seite zehn und an den Böschungstreppen je drei an jeder Seite und zusätzlich vor der Amalienburg sechs auf jeder Seite rechnet, kommt man auf 144 Büsten. Allein 135 Holzpostamente fertigte der Tischler Caspar Eybe an (QuP 1240). Schmidt 1916, S. 302f. schmückt die Standortbeschreibung der Kaiserbilder fantasievoll aus, indem er von Nischen, Ruhesitzen und Vogelhäusern spricht, die aber durch die Quellen nicht belegbar sind. Einzig der Reisebericht von 1702 erwähnt etwas unpräzise „Büsten in den Nischen" (Pasche 1843, S. 347), die aber 1709 nicht bestätigt werden. In der Literatur werden häufig die auf den Terrassen stehenden Kaiserbilder mit den Büsten der herzoglichen Vorfahren, die im Globusgarten platziert waren, vermengt, z.B. bei Schlee 1965, S. 55, bei Schlee 1991, S. 70 u. Paarmann 1996, S. 555.

960 QuP 1227 und vielleicht auch QuP 1226.

961 QuP 1232 (Zitat). Der entscheidende Satz aus Majus' auf Lateinisch gehaltener Rede lautet: „Hic variae ad veterum imitationem normamque affabre facta statuae, hic imagines Imperatorem omnium, inde a Julio Caesare usque ad invictissimum nostrum Leopoldum, pulchra serie dispositae conspiciuntur." (zit. aus Schillmeier 1989, S. 106).

962 LASH 7/6826, Inventar v. 1709, pag. 613–626.

963 1676 und 1680/81 von Christian Müller (QuP 1359, 1369, 1377 u. LASH 7/2374, Beilage Nr. 27), 1695 durch Ludwig Weyandt (QuP 1500). 1680 wurden alle Bildwerke neu gefasst, vgl. QuP 1369. 1681 ist für die Kaiserbüsten eine Fassung in grauer Farbe belegt, während das Inventar v. 1709 von weißer Ölfarbe berichtet. Für die anderen Figurengruppen auf den Terrassen fehlt größtenteils eine Information zur Fassung im Inventar v. 1709, nur bei einigen der lebensgroßen Figuren in der Hauptachse ist ein weißer Ölfarbenanstrich explizit genannt. Da aber Weyandt 1695 10 große Statuen „auff die Pateren" (QuP 1500) weiß fasste, ist davon auszugehen, dass damit die dritte Skulpturengruppe in der Mitte der Parterres gemeint ist. Schillmeier 1989, S. 165 kombiniert aus einer Abrechnung Ludwig Weyandts von 1703 (QuP 1585) fälschlicherweise „im Barock beliebte Buntfassungen" für die Figuren im Neuen Werk. Erstens bezieht sich diese Quelle nur auf die Kaskade und zweitens wird für die hier platzierten Figuren explizit eine weiße Fassung genannt. Es gibt keine Quelle zum Neuwerkgarten, die eine Buntfassung von Bildwerken nachweist.

964 QuP 1231.

965 QuP 1043. Zu Hamburger vgl. Anhang 1, Biographien.

966 QuP 1150 u. 1220, wo von Eichenholzfuhren für Statuen des Neuwerks die Rede ist.

967 QuP 1461 u. 1516.

968 QuP 1208 u. 1231. Ob Heidtman nur der Lieferant oder auch der Bildhauer der Skulptur ist, teilt die Quelle nicht mit. Der Bildhauer der anderen Figur wird nicht genannt. Für Allers vgl. QuP 1471.

969 Paarmanns 1986, S. 29, 122 u. 130. Auch Schlee 1965, S. 56 äußert eine ähnliche Vermutung, aber allgemeiner.

970 Die auch als Muse Polyhymnia zu deutende weibliche Figur (Inv. Nr. 1986/1666) und der Torso (ohne Inv. Nr.) befinden sich im Besitz der SSHL, die „Winter"-Skulptur gehörte zu einer Privatsammlung in Tolk, ihr Verbleib ist aber derzeit unbekannt.

971 LASH 24/158, Nr. 45 u. 47; LASH 66/9282, Nr. 82. Diesen Vorschlag machte auch schon Paarmann 1986/87, S. 27, der die Skulptur „Herbst" publizierte. Die Höhe des Fragments mit 87 cm passt zu einer lebensgroßen Figur und damit zu dieser Einordnung. Nach den obigen Identifizierungsversuchen und Paarmanns Datierung auf Anfang des 18. Jahrhunderts wäre es denkbar, dass der „Herbst" von Theodor Allers stammt, wobei ein stilkritischer Vergleich noch aussteht. Zu der weiblichen Figur mit der Inventar-Nr. 1959/1343 vgl. Paarmann 1986/87, S. 27.

972 Paarmann 1996, S. 552 publiziert die Skulptur, die er als „Winter" interpretiert, versucht aber

nicht, sie in einen Kontext zu bringen. Diese fragmentierte Statue eines alten Mannes mit langem, gelockten Bart und vom Kopf her den Rücken herabfallendem Tuch, das um die linke Hüfte nach vorne schwingt, hat nur eine Höhe von 1,05 m, wobei die Unterschenkel fehlen. Ihre Provenienz als Fundstück aus einem Schleswiger Garten weist nicht zwangsläufig auf den Neuwerkgarten hin, ebensowenig wie bei der weiblichen Skulptur mit Lyra, die zu den Figuren gehört, die 1986 von der SSHL aus Privatbesitz in Bollingstedt erworben wurden. Sie sollen „der Überlieferung zufolge" aus dem Neuwerkgarten stammen und 1853 öffentlich verkauft worden sein, vgl. Drees 1986/87 II, S. 110. Eine Auktion von 1853 ist in den Quellen nicht zu finden. Vielleicht ist hier ein Zahlendreher unterlaufen und die Versteigerung von 1835 gemeint, bei der u.a. Statuen verkauft aber nicht weiter spezifiziert wurden (RAK TyRtk E 24 IV). Es ist also nicht erwiesen, dass diese Skulptur dabei war. Drees, 1986/87 II und Thietje 1986, S. 103 deuten die Skulptur merkwürdigerweise als Apoll, obwohl sie eindeutig weiblich ist, und ordnen sie der Kaskade zu, was anhand der Quellen nicht nachzuvollziehen ist, vgl. dazu Kap. III 4.19. Auch mit ihrer geringen Höhe von 1,53 m passt sie nicht zu den lebensgroßen Skulpturen auf den Parterres. Außer den beiden Jahreszeitenfiguren des „Sommers" und „Herbstes" auf der ersten Terrasse waren 1740 (Nachweis s.o.) von den Sandsteinstatuen der herzoglichen Zeit nur noch eine Venus, eine Flora und ein Apoll erhalten, so dass auch eine Identifizierung auf ikonographischer Ebene auszuschließen ist.

973 QuP 1254.
974 1681 taucht diese Bezeichnung zum ersten Mal in den Quellen auf, vgl. QuP 1376. Aktenkundig wird die offizielle Begründung des Namens in LASH 7/6826, Inventar v. 1709, pag. 626f.: „[...] liegt daß [...] HochFürstl: Lusthauß Amalienburg welches von dem in Gott ruhenden, Hertzog Christ: Albrecht, Ihro Königl Hoheiten Dero HochFürstl: Gemahlin Zu Ehren auff führen laßen und nach Ihren Nahmen ist genennet worden, [...]." Ende des 18. u. Anfang des 19. Jahrhunderts wird das Gebäude auch manchmal „Amalienburger Garten Hauß" oder „Amalienburger Lust-Haus" genannt, vgl. RAK TyRtk C 84, Nr. 4 des Inventarkonvoluts unter Rosenberg; RAK TyRtk B 2, 1772, Nr. 67; RAK TyRtk E 24 II, Vertrag mit Maurermeister Genthe.
975 BQ: Ludwigsburg, Amalienburg. Während schon Albrecht 1991, S. 35, Anm. 59 diese Darstellung als das Gebäude der Amalienburg im Gottorfer Neuwerkgarten richtig identifizierte, deuteten Freytag/Jantzen/Michels 1997, S. 81f. u. 88 es fälschlicherweise als Schloss Amalienburg bei Kopenhagen, wodurch auch ihre gesamte politische Interpretation der Bunten Kammer verzerrt wird. Dagegen sehen nun Freytag/Harms/Schilling 2001, S. 95, 114 u. 150 richtig drei Darstellungen von Schloss Gottorf in Ludwigsburg, darunter die Amalienburg (L 93, S. 114).
976 BQ: MKGH, Stelzner. Lühning 2011, S. 82, Abb. 1 sieht auch die Westseite abgebildet, während er sich auf S. 91 selbst widerspricht, indem er seine Argumentation mit der Behauptung unterstützt, bei Stelzner sei die Nordseite des Hauses gezeigt.
977 BQ: LASH, Meyer I (Abb. 80); BQ: RAK, Meyer II (Abb. 79). Abb. 80 ist wohl als die Vorarbeit für das offizielle, nach Kopenhagen geschickte Blatt (Abb. 79) anzusehen. Lühning 2011, S. 83, Abb. 2 u. S. 113, Anm. 13 behauptet, dass beide Zeichnungen in Kopenhagen liegen, was aber nicht richtig ist. Seine Abb. 2 ist das Blatt, das sich im LASH befindet (BQ: LASH, Meyer I), das im Original starke Schmutzspuren aufweist, die bei Lühning nicht vorhanden sind, weil er eine eigene Umzeichnung verwendet.
978 LASH 7/6826, Inventar v. 1709, pag. 626–638, vgl. Wortlaut in Anhang 2, Nr. 13; LASH 66/9304, Nr. 108 u. LASH 66/9310, Nr. 116 zu der Reparatur von 1748; RAK TyRtk C 84, Rosenbergs Anschlag v. 26.10.1768 u. Nr. 4 des Inventar-Konvoluts unter Rosenberg, dazu LASH 66/9359, Nr. 17 zu den Vorgängen von 1768 bis 1770. Die Informationen aus diesen Hauptquellen zur Amalienburg werden, außer bei Zitaten, im folgenden Text nicht mehr nachgewiesen, sondern nur die anderen Quellen.
979 Felix Lühning hat 2011 eine Rekonstruktion der Amalienburg publiziert, die vor allem durch ihre Erklärungen zur Statik und zu den Proportionen der Architektur sowie durch die Zeichnungen des Äußeren besticht. In Ermangelung genauerer Quellenkenntnis sind leider ein paar Irrtümer bzw. Unvollständigkeiten zu verzeichnen. Auch in den Beurteilungen kann die Verfasserin ihm nicht immer folgen, weswegen hier eine eigenständige Rekonstruktion vorgenommen wurde, die auf die Unterschiede zu Lühnings Überlegungen hinweist.
980 QuP 1255; LASH 7/197, Zusatz zum Möbelinventar v. 1705, pag. 124v.; RAK TyRtk B 2, 1748, Nr. 60; LASH 66/9302, Nr. 22. Lühning 2011, S. 87 u. 104 behauptet, die Amalienburg habe kein Fundament gehabt, wobei er sich nur auf das Inv. v. 1709 stützt und die Quelle QuP 1255 außer Acht lässt.
981 LASH 7/6826, Inventar v. 1709, pag. 638.
982 Jürgensen 1822, S. 160.
983 Da die in den Quellen (neben den o.g. Hauptquellen nur noch LASH 66/2260, Nr. 231) angegebenen Maße teilweise voneinander abweichen, was möglicherweise auf eine unterschiedliche Art der Messung zurückzuführen ist, die aber aus den Quellen selbst nicht hervorgeht, beruhen die hier angegebenen Daten auf dem mit einem Maßstab versehenen Originalplan von Meyer (BQ: RAK, Meyer II, vgl. Abb. 79), der den eigentlich nur bis 1768 gebräuchlichen Lübecker Fuß mit einer Länge von 0,28762 m verwendet.
984 LASH 7/6826, Inventar v. 1709, pag. 630f. (Zitat). Zum Material der Dächer vgl. auch LASH 7/184 u. 188, Baustaaten 1705 u. 1709; LASH 32/23, Baustaat 1720/21; LASH 66/1712 III, Vertrag mit Schieferdecker C. Primon v. 7.10.1726.
985 Darauf weist Lühning 2011, merkwürdigerweise gar nicht hin.
986 LASH 66/9343, Nr. 132. Lühning 2011, S. 91, Abb. 9 u. S. 93, Abb. 10 rekonstruiert gemauerte Segmentbögen, aber ohne Beleg.
987 Die Größe der Fenster und ihrer Flügel ist detailliert angegeben in LASH 66/9343, Nr. 132 und RAK TyRtk C 84, Rosenbergs Anschlag v. 26.10.1768 und Nr. 4 des Inventarkonvoluts unter Rosenberg. Auch die Größenverhältnisse der unteren Fensterflügel zu den oberen passten sich den Proportionen der Fensteröffnungen an. Zu den Glasscheiben vgl. LASH 66/9282, Nr. 113.
988 Neben dem Inventar von 1709 gibt QuP 1618 darüber Auskunft. Hier ist von 40 Fensterläden die Rede, die 1706 neu angemalt wurden, während aus dem Inventar hervorgeht, dass nur „vor die untersten lange fenstern Schlag Lucken" an Eisenscharnieren hingen, die mit einer Schraube am Fensterpfosten festgemacht wurden (LASH 7/6826, pag. 629). Wenn man beide Quellen kombiniert, müssen sowohl vor den Fenstern des Mittelbaues als auch vor denen der Seitenpavillons Läden gewesen sein, wobei man pro Fensteröffnung immer zwei rechnen muss und so zu einer Gesamtzahl von 48 kommt.
989 Im Inv. v. 1709 ist von ionischer Ordnung die Rede. Meyers Zeichnung zeigt allerdings Kompositkapitelle, wofür sich auch Lühning 2011, S. 93, Abb. 10 bei seiner Rekonstruktion entscheidet. Die Verteilung des Fruchtschmuckes bei Lühning ist allerdings relativ willkürlich.
990 Die beiden letzten Zitate stammen aus LASH 7/6826, Inventar v. 1709, pag. 628f.; Rosenberg widerspricht dem, indem er vom Namenszug Herzog Christian Albrechts spricht, vgl. RAK TyRtk C 84, Nr. 4 des Inventarkonvoluts unter Rosenberg. Zusätzlich zum genannten Schmuck erwähnt Rosenberg auch noch die „Jahr Zahl" über den Türen, vgl. RAK TyRtk C 84, Rosenbergs Anschlag v. 26.10.1768, was er im Inventarkonvolut nur für das Westportal bestätigt, s.o. Mit „Zugwerck" sind wohl die ausgeschriebenen Namen gemeint im Gegensatz der sonst oft üblichen Verwendung von Initialen. Lühning 2011, S. 91, geht dagegen von einem Spiegelmonogramm aus und spricht noch von weiteren Vergoldungen, die aber in den Quellen nicht nachweisbar sind.
991 RAK TyRtk C 84, Nr. 4 des Inventarkonvoluts unter Rosenberg. Felix Lühnings Rekonstruktionszeichnung (2011, S. 91, Abb. 9) des West- und Nordportals ist also fehlerhaft, erstens, weil die Portale sich unterschieden, und zweitens, weil nirgends von einem Spiegelmono-

992 QuP 1235. Lühning 2011, S. 91 vermutet das ebenfalls, aber er ordnet die Quelle fälschlicherweise in das Jahr 1671 ein und geht ganz selbstverständlich davon aus, dass der Entwurf für das Portal nicht aus Gottorf, sondern von dem Steinhauer stammt. Da die Maße nach Hamburg kommuniziert werden mussten, ist es ebenso denkbar, dass auch eine Entwurfszeichnung an Busch gesandt worden ist, der dann die detailreiche Ausführung bewerkstelligte.

993 LASH 66/1712 III, Thomsens „Beantwortung" der Kommissionsuntersuchung v. 19.2.1726 u. Häussers u. Themsens Untersuchungsprotokoll v. Febr. 1728. Zwar hatte sich Theodor Allers 1695 verpflichtet, neue Treppen für die Legung vor der Amalienburg anzufertigen (LASH 7/5807, Gnadenverschreibung f. Th. Allers durch Herzog Friedrich IV. v. 9.8.1695), aber es ist nicht ganz eindeutig, ob damit die Freitreppe vor dem Hauptportal des Gebäudes oder die Treppen gemeint waren, die die oberste Kaskade vor der Amalienburg umgaben. Es scheint so, als wenn es sich um letztere handelte, denn 1699 machte ein Zimmermann eine neue Treppe „vor Amalienburg", vgl. QuP 1555.

994 RAK Håndskriftsamling, Gruppe I, U. Petersen, Vol. 17, Kap. 112, § 32.

995 Lühning 2011, S. 87 rekonstruiert die Treppe vor dem Südportal etwas anders, als dreistufige Steintreppe mit nochmals acht Stufen davor in einer Einfassung aus Eichenholz, wofür der genaue Nachweis fehlt. Wenn an der West- und Nordseite eine Holzstufe war, die auch Lühning so sieht, wird damit seine Rekonstruktion der Südtreppe noch unwahrscheinlicher.

996 Dieses und alle folgenden Zitate im Absatz zur Wendeltreppe stammen aus LASH 7/6826, Inventar v. 1709, pag. 637.

997 Die hier zur Treppe angegebenen Maße beruhen alle auf der Umrechnung aus Meyers Zeichnung (Abb. 79). In den schriftlichen Quellen sind sie entweder nicht angegeben oder weichen bei mehreren Nennungen voneinander ab.

998 Die Höhe ist wie auch die anderen Maße unterschiedlich angegeben, nämlich einmal mit 26,5 Fuß (7,6 m) (LASH 66/9304, Nr. 108) und ein anderes Mal mit 24 Fuß (6,9 m) (LASH 66/2260, Nr. 231). Die Zeichnungen von Meyer zeigen weder eine Ansicht noch einen Querschnitt der Treppe, sodass hieraus keine Aufklärung erfolgen kann.

999 LASH 66/9310, Nr. 116.

1000 LASH 7/6826, Inventar v. 1709, pag. 633.

1001 LASH 32/23, Baustaat 1719, § 28; LASH 66/1712 II, v. d. Untersuchungskommission taxierter Baustaat 1722; LASH 66/9296, Nr. 7.

1002 LASH 7/6826, Inventar v. 1709, pag. 633.

1003 RAK TyRtk C 84, Nr. 4 des Inventarkonvoluts unter Rosenberg.

1004 Die hier gemachten Angaben zur Balustrade beruhen auf LASH 7/6826, Inventar v. 1709, pag. 633. In späterer Zeit muss die Balustrade mindestens zweimal in veränderter Form erneuert worden sein, denn weder Rosenbergs Aussagen (LASH 66/9304, Nr. 108) noch die Bildquellen von Stelzner (Abb. 78) und Meyer (Abb. 79) stimmen damit überein.

1005 LASH 7/6826, Inventar v. 1709, pag. 630.

1006 1681 strich der Hofmaler Christian Müller vier neu aufgesetzte Hauben der Amalienburg, womit eigentlich nur die Dächer der vier Eckpavillons gemeint sein können, grün und die Knöpfe darauf weiß an, vgl. QuP 1377. Später, auch im Inventar von 1709, ist nur von Schieferdächern ohne irgendwelchen Farbanstrich die Rede.

1007 LASH 7/6826, Inventar v. 1709, pag. 630.

1008 Die beiden letzten Zitate stammen aus LASH 7/6826, Inventar v. 1709, pag. 629f. u. 634.

1009 QuP 1266, 1420; LASH 7/188, Baustaat 1708.

1010 QuP 1288.

1011 Im Möbelinventar v. 1695 (LASH 7/196) heißt es nur pauschal, die Wände seien mit „Grünem Goldt Leder Bezogen". Die genauere Beschreibung (Zitat) stammt aus LASH 7/6826, Inventar v. 1709, pag. 634.

1012 LASH 66/1712 III, Thomsens „Beantwortung" der Kommissionsuntersuchung v. 19.2.1726 u. Häussers u. Themsens Untersuchungsprotokoll v. Febr. 1728.

1013 LASH 7/167, vgl. Transskription in Anhang 2, Nr. 5.

1014 In der Literatur sind teilweise unrichtige Angaben zur Anzahl der Gemälde zu finden, z.B. bei Sach 1866, S. 20, der von 45 Bildern spricht, während Schmidt 1903, S. 53 nur acht und Oldekop 1906, S. VIII 92 nur vier Deckengemälde und vier Wandbilder nennt. Auch Köster 2017, S. 315, Anm. 1177 u. 1178 zitiert Sach mit 45 Gemälden, und behauptet plötzlich fälschlicherweise, dass dazu auch Bilder aus den vier Kabinetten der Amalienburg zählten.

1015 LASH 7/167, Vertrag mit Ovens mit Maßen der vier Gemälde: „36. fuß unten in die Lenge vnd Acht fus hoch […], das dieselben verendert vnd in dreÿ theilen separiret werden konnen". In RAK TyRtk C 84, Rosenbergs Anschlag v. 26.10.1768 werden auch nur die Maße der Bilder unter der Schrägung angegeben mit 12 Fuß Breite und 6 Fuß 9 Zoll Höhe. Merkwürdigerweise weichen die Quellen im Höhenmaß voneinander ab.

1016 LASH 7/167. Zu dieser Datierung kam auch Schmidt 1922, S. 44–46 u. S. 153–157 anhand der Rentekammerrechnungen, während er offenbar den Vertrag mit Ovens nicht kannte. Eine spätere Datierung der Gemälde um 1672/1673 vermuteten irrtümlich zuerst Jürgensen 1822, S. 161, dann um 1673/1674 Sach 1866, S. 17 und Schmidt 1903, S. 53.

1017 LASH 7/167; RAK TyRtk E 24 II, 1823; QuP 1307. Wie Ulrich Petersen zu der Annahme kam, dass die Gemälde „auff Kupffernen platen" gemalt waren, bleibt unklar und wird durch keine andere Quelle bestätigt, vgl. RAK, Håndskriftsamling, Gruppe I, U. Petersen, Vol. 17, Kap. 112, § 32. Lühning 2011, S. 93 beruft sich zwar auf Ulrich Petersen, spricht aber von Kieferbrettern, auf denen die Bilder gemalt worden seien, so dass es noch kurioser wird. In Ovens' Vertrag ist dagegen eindeutig nur von „Tücher" und „Rahmen" die Rede, was auch die späteren Erhaltungsmaßnahmen bestätigen, z. Bsp. 1748 (LASH 66/9304, Nr. 108, vgl. auch Kap. V 2.12). Damit wird also auch Kösters Annahme, die Gemälde der Wände und der Kuppel seien auf Holz gemalt (Köster 2017, S. 213), außer Kraft gesetzt.

1018 QuP 1598, 1600.

1019 Näheres dazu in Kap. V 2.12.

1020 Ab der zweiten Hälfte des 19. Jahrhunderts, als die Gemälde schon nicht mehr in situ waren, wurde in der Literatur behauptet, die Bilder seien „schon den folgenden Geschlechtern ein vollständiges Rätsel" gewesen, vgl. Sach 1866, S. 20; Sach 1875, S. 322; Schmidt 1903, S. 53; Philippsen 1928 I, S. 70.

1021 Köster 2017, S. 211–224.

1022 Sach 1866, S. 17.

1023 Jürgensen 1822, S. 161.

1024 Gottorf im Glanz des Barock 1997, (1), S. 591. Hier geht Drees wie auch Lühning 2011, S. 94 u. S. 116. Anm. 56 auf die Gerüchte ein, die sich seit Ende des 18. Jahrhunderts um den Inhalt und die Darstellungsweise der Gemälde in der Amalienburg rankten. Sie drehen sich im Wesentlichen um die angeblich schlechte Ehe des Herzogspaares. Dass das Gegenteil der Fall war und damit die Gerüchte einer Grundlage entbehren, konnte Melanie Greinert 2018, S. 163ff. nachweisen. Weil diese Nachrichten also keinen Wert für eine inhaltliche Rekonstruktion haben und auch die Bilder schon damals nicht mehr vollständig gedeutet werden konnten, wird hier nicht weiter darauf eingegangen. Auch erscheint es mit Köster 2017, S. 216 unwahrscheinlich, dass Darstellungen von für die Herzogin peinlichen Themen in der Amalienburg gezeigt worden sind.

1025 Köster 2017, S. 216f.

1026 Von Koch beschreibt vor allem die Kuppelbilder, die anderen Bereiche sind nicht ausdrücklich genannt, vgl. Transskription bei Köster 2017, S. 349.

1027 Köster 2017, S. 217–220.

1028 LASH 7/6826, Inventar v. 1709, pag. 634. Im Vertrag ist der Inhalt der Schrägungsbilder anders angegeben: „worauf insonderheit die Ordinancien vnd Handlungen guht vnd also sein sollen, das dieselben verendert vnd in dreÿ theilen separiret werden konnen" (LASH 7/167). Die Bilder an den Schrägungen waren also dafür vorgesehen, abmontiert und in anderer Anordnung wieder angebracht zu werden. Es ist aber nicht bekannt,

1029 Vgl. Köster 2017, S. 222.
1030 BQ: SAS, Koch III; SAS, Bd. M 6, S. 132–135, Tagebuch F. W. v. Koch, vgl. Transskription bei Köster 2017, S. 349. Schlee 1968, S. 14f. lehnt diese Deutung genau wie Lühning 2011, S. 117, Anm. 67 kategorisch ab, aber ohne Begründung.
1031 Vgl. Köster 2017, S. 214f.
1032 Köster 2017, S. 214f.
1033 LASH 7/6826, Inventar v. 1709, pag. 634f.; Festons werden in LASH 7/167 erwähnt.
1034 LASH 7/6826, Inventar v. 1709, pag. 635.
1035 Lühning 2011, S. 97, Abb. 13 verwechselt die Himmelsrichtungen.
1036 Jürgensen 1822, S. 161. Schmidt 1922 publizierte dem Sinn nach Beschreibungen der einzelnen Bilder, die August Sach in seinem Werk „Asmus Jacob Carstens Jugend- und Lehrjahre", S. 148f. nach einem verschollenen Schlossinventar von 1827 gegeben hatte. Die Ausführungen sind detaillierter als bei Jürgensen und sollen deshalb in der gleichen Reihenfolge wiedergegeben werden: 1. Feld: „Mars in griechischer Gewandung und kriegerischer Haltung, mit dem Helm auf dem Haupte, kehrt aus der Schlacht zurück. Die liebesglühende Venus mit dem Taubengespann kommt ihm entgegen" (Schmidt 1922, S. 154, Nr. 91); 2. Feld: „Mit Helm, Ägis und Lanze bewehrt, mit der Eule zur Seite, stand Minerva in ruhiger Haltung da" (Schmidt 1922, S. 156, Nr. 109); 3. Feld: „Als Jägerin, mit Bogen und Köcher ausgerüstet, das Haar rückwärts zusammengebunden, eilte Diana dahin" (Schmidt 1922, S. 155, Nr. 106). Das nun bei Jürgensen folgende vierte Feld mit dem Bildnis der Herzogin ist bei Schmidt nicht beschrieben. 5. Feld: „Gegen Osten thronte Juppiter mit wallendem Haare und Bart, Zepter und Donnerkeil in den Händen haltend, während der Mantel über seine linke Schulter herabwallte. Ihm zur Seite stand seine Gemahlin Juno, mit ernsten, strengen Zügen" (Schmidt 1922, S. 153, Nr. 87); 6. Feld: „Mit hochgegürtetem Sängergewande, das faltenreich herabfloß, angetan, mit der Rechten in die Phorminx greifend, war Apoll dargestellt, von den Musen umgeben" (Schmidt 1922, S. 156, Nr. 110); 7. Feld: „Gegen Süden stieg Phöbus, sein geflügeltes Viergespann lenkend, zum neuen Tage empor, während die Sterne, als Knaben aufgefaßt, vor ihm flohen und nur einer, der Morgenstern, sich umsehend, langsam daherschritt" (Schmidt 1922, S. 156, Nr. 111); 8. Feld: „Flora schwebte, von einem wenig verhüllenden Gewande umwallt, mit Blumen im Haar und in den Händen, strahlenden Antlitzes dahin, und mit sprossenden Blättern und Ähren bekränzt, auf dem Fruchtkorb die Erstlinge der verjüngten Natur tragend, kehrte Ceres mit einer Fackel aus der Unterwelt heim, um den Frühling zu bringen" (Schmidt 1922, S. 157, Nr. 112). Köster 2017, S. 315, Anm. 1178 ist diese ausführlichere Beschreibung der Kuppelgemälde scheinbar bekannt. Deshalb ist es unverständlich, dass sie sie nicht in ihrer Rekonstruktion verwendet und sogar Vergleichsbilder heranzieht (S. 222ff.), die andere Szenen darstellen.
1037 Diese Beziehung sieht auch Lühning 2011, S. 97.
1038 SAS, Bd. M 6, S. 132–135, Tagebuch F. W. v. Koch, zit. nach Schlee 1968, S. 14f. Köster 2017, S. 217 versteht die Szene nicht.
1039 Vgl. Lühning 2011, S. 97f.
1040 SAS, Bd. M 6, S. 132–135, Tagebuch F. W. v. Koch, zit. nach Schlee 1968, S. 14f.
1041 Köster 2017, S. 214 und Lühning 2011, S. 96. Er bezieht sich dabei auf die o.g. Beschreibung des Inventares v. 1709, wo es heißt, „wie denn auch in den andern fächern die hochFürst. Princen und Princeßinnen mit den Göttern vergesellschaftet sein" (pag. 635).
1042 SAS, Bd. M 6, S. 132–135, Tagebuch F. W. v. Koch, zit. nach Schlee 1968, S. 14f.
1043 Drees 1988 II, S. 103. Drees stellt das undatierte Blatt mit den Maßen 27,2 x 20,6 cm unter dem Titel „Götterversammlung auf Wolken" vor. Es befindet sich in der SSHL, Inv. Nr. 1988/955. Köster 2017, S. 216 u. 227 kann die Zeichnung auch nicht genau zuordnen.
1044 LASH 7/196, Möbelinventar v. 1695; LASH 7/197, Möbelinventar v. 1705, pag. 113v. u. Zusatz z. Möbelinventar v. 1705, pag. 123v.; RAK TyRtk C 84, Inv. v. 18.10.1738. Die Stühle wurden offenbar nach und nach angeschafft, denn die Quellen geben immer unterschiedliche Zahlen an. Zumindest die 16 Stühle, die 1671 angefertigt worden waren (QuP 1258), waren gedrechselt. Zur Traube vgl. QuP 1307 u. LASH 66/9310, Nr. 116.
1045 QuP 1266, 1420; LASH 7/188, Baustaat 1708.
1046 QuP 1289, 1293.
1047 LASH 7/6826, Inventar v. 1709, pag. 636.
1048 QuP 1599. Dabei wurden schon ganze Stücke der Leinwand herausgeschnitten und durch neue ersetzt. Zum Dauerproblem der Feuchtigkeit vgl. LASH 66/9351, Nr. 16.
1049 LASH 7/6826, Inventar v. 1709, pag. 636.
1050 LASH 7/6826, Inventar v. 1709, pag. 636.
1051 LASH 7/6826, Inventar v. 1709, pag. 638.
1052 QuP 1269, 1376; LASH 7/2374, Beilage Nr. 6 u. 21. Dass sowohl die Wand- als auch die Deckenbespannung aus Leinwand erneuert wurde, geht aus QuP 1377 hervor, wo von vier neu aufgesetzten Hauben berichtet wird. Lühning 2011, S. 119, Anm. 105 kennt diese Quellen nicht und meint deshalb, dass nur Johannes Müller in der Amalienburg gearbeitet habe.
1053 Die beiden letzten Zitate stammen aus LASH 7/6826, Inventar v. 1709, pag. 638. Die „Creutz=Bogen" erwähnt Rosenberg in RAK TyRtk C 84, Nr. 4 des Inventar-Konvoluts.
1054 LASH 7/6826, Inventar v. 1709, pag. 637f.
1055 LASH 7/196, pag. 133. Köster 2017, S. 231 behauptet mit Bezug auf diese Quelle, in der Amalienburg seien „Gemälde aus anderen Räumen" gelagert worden. Im Inventar ist davon nichts zu lesen.
1056 LASH 7/197, pag. 114 u. 124.
1057 LASH 7/196, Möbelinventar v. 1695; LASH 7/197, Möbelinventar v. 1705, pag. 114; RAK TyRtk C 84, Inventare v. 18.10.1738 u. 15.1.1750.
1058 Zit. nach Lühning 2011, S. 101 mit Übersetzung in Anm. 88, S. 118: „Ein zu Ehren der Gemahlin seiner Durchlaucht errichtetes & nach ihrem Namen Amalienburg benanntes, ganz reizendes, die Betrachter sowohl durch sein geschmackvolles Äußeres als auch durch seine liebliche Lage anziehendes Lustschloss: in welchem der nie genug zu lobende Fürst zur Einrichtung einer einzigartigen, verdunkelten Kammer [...], für die notwendige Ausrüstung an teleskopischen & mikroskopischen Gläsern, für die seltensten & die gewöhnliche Kunstfertigkeit übersteigenden Drechslerarbeiten [...] nicht unbeträchtlichen Aufwand betrieben hat." In seiner Rede anläßlich des Begräbnisses von Herzog Christian Albrecht 1695 erwähnte der Kieler Professor Johannes Burchard Majus ebenfalls die Camera obscura: „Nec memorabo, quos impenderit sumptus in cameram, quam vocant, obscuram, novo exemplo fabricandam, in apparatum vitrorum, minutissimas longeque remdas res, tamquam majores propriesque visui repraesentantium, in rarissimis & artem vulgarem superantes tornandi modos [...]." (zitiert nach Schillmeier 1989, S. 106f.).
1059 Lühning 2011, S. 101.
1060 QuP 1209 u. Lühning 2011, S. 101 u. Anm. 91 u. 92, S. 118.
1061 QuP 1420.
1062 Zur Baugeschichte vgl. die Kap. III 3.2. u. 3.3. und die Chronologie in Anhang 3, Nr. 7.
1063 LASH 66/1712 III, Vertrag mit Primon v. 7.10.1726; RAK TyRtk C 84, Inv. v. 18.10.1738. Ein einziges Mal nennt der Garteninspektor B. Kempe 1728 das Gebäude nach seiner Nutzung auch „Winter Gewächs Hauß", vgl. LASH 66/9265, Nr. 38.
1064 BQ: LASH, Orangerie I–III (Abb. 95–97). Diese allesamt unsignierten und undatierten Federzeichnungen liegen heute nicht mehr in ihrem archivalischen Entstehungszusammenhang, lassen sich aber entweder durch Aufschrift oder das Dargestellte selbst eindeutig der Planungsphase zum Neubau der Orangerie um 1690 zuordnen. Auf wen die Entwürfe für den Bau zurückgehen, wird in Kap. IV 1.12. diskutiert.
1065 BQ: LASH, Orangerie I.
1066 BQ: LASH, Orangerie II.
1067 BQ: LASH, Orangerie III.

1068 BQ: KBK, Weyandt. Das bisher unpublizierte Blatt ist signiert, aber nur durch die Aufschriften auf den Aloekästen zu datieren. Es ist offenbar derselbe Kupferstich, den Jürgensen 1822, S. 164, Anm. 36 schon erwähnt. Der auf dem Blatt angegebene Maßstab bezieht sich nur auf die im Vordergrund stehenden Aloen, nicht auf die Orangerie.

1069 BQ: LASH, Kempe u. BQ: RAK, Müller I.

1070 LASH 7/6826, Inventar v. 1709, pag. 639–650, vgl. den Wortlaut in Anhang 2, Nr. 13.

1071 LASH 7/4598; RAK TyRtk B 2, 1769, Nr. 8; LASH 66/9351, Nr. 16, Anschlag Nr. 4. Jürgensen 1822, S. 162 gab die Maße des Gebäudes 52 Jahre nach dessen Abbruch fälschlicherweise mit 300 x 50 Fuß (86 x 14 m) an. Behling/Paarmann 1981, S. 7, übernahmen diese Angaben.

1072 Die Raumtiefe ist auch in der Dachhöhe von 17 Fuß (4,88 m) ablesbar, vgl. LASH 66/9322, Nr. 151.

1073 LASH 66/9306, Nr. 92.

1074 LASH 66/9351, Nr. 16, Anschlag Nr. 4.

1075 QuP 1442, 1432 u. 1462.

1076 LASH 7/4598.

1077 LASH 7/6826, Inventar v. 1709, pag. 643 u. 645; LASH 7/4598; LASH 66/9351, Nr. 16, Anschlag Nr. 4; LASH 66/1712 III, pag. 50f.; LASH 24/158, Nr. 66.

1078 LASH 7/6826, Inventar v. 1709, pag. 647; LASH 66/9351, Nr. 16, Anschlag Nr. 4; vgl. auch die Grundrisse. Folgende Bezeichnungen für diesen Teil des Gebäudes finden sich in den Quellen: „4Cante" (LASH 7/4598); „großer Erckner" (LASH 7/6826, Inventar v. 1709); „Couppel" (LASH 66/1712 III, pag. 50f.); „Kuppel" (LASH 24/158, Nr. 66); „große Coppel" (RAK TyRtk B 2, 1740, Nr. 51); „Pavillon" (LASH 66/9328, Nr. 155). Das statt des westlichen Seitenportals und der darüber liegenden Gaube bei Weyandt (Abb. 99) dargestellte Aloëglashaus wird in dem Kap. III 4.28. behandelt.

1079 LASH 7/4598; LASH 7/6826, Inventar v. 1709, pag. 639. Weitere Informationen zu den Fenstern aus dem Inventar v. 1709, pag. 639–641, 644 u. 645 werden in diesem Absatz nicht gesondert nachgewiesen, nur die darüber hinausgehenden Quellen.

1080 Es werden merkwürdigerweise unterschiedliche Maße in den Quellen angegeben, und es ist bisher nicht gelungen, diesen Widerspruch zu klären. Bei diesen beiden Quellen handelt es sich um Bauanschläge. 1746 werden die Fensterzargen mit 102 x 42 Fuß (LASH 66/9298, Nr. 137), 1758 mit den Maßen 11 x 5 Fuß (LASH 66/9328, Nr. 168) angegeben.

1081 Mit den Maßen der Fensterflügel verhält es sich wie bei den Fensterzargen. 1739 werden die hochrechteckigen Fenster mit 5 Fuß x 2 Fuß 2 Zoll und die quadratischen Fenster mit 22 Fuß x 2 Fuß 2 Zoll angegeben (LASH 24/147, Nr. 35), dagegen lauten die Maße 1758 folgendermaßen: hochrechteckige Fenster 52 Fuß x 2 Fuß 2 Zoll und quadratische Fenster 22 Fuß x 2 Fuß 2 Zoll (LASH 66/9328, Nr. 168). Auch was die Fenster angeht, ist Weyandts Kupferstich nicht ganz genau (Abb. 99). Er zeigt bei den großen Fenstern nur ein Fensterkreuz und vier Fensterflügel, was nicht dem ausgeführten Bau entsprach.

1082 Die Flügel waren 4 Fuß hoch und 2 Fuß breit, vgl. LASH 66/9351, Nr. 16, Anschlag Nr. 4.

1083 1758 werden folgende Maße genannt: Die Zargen waren 10 x 5 Fuß, die hochrechteckigen Fensterflügel 52 Fuß x 2 Fuß 2 Zoll und die kleineren Fensterflügel 22 Fuß x 2 Fuß 2 Zoll breit, vgl. LASH 66/9328, Nr. 168.

1084 Die Maße dieser Fenster sind nicht bekannt.

1085 BQ: LASH, Kempe; LASH 24/159, Nr. 156. Das Inventar v. 1709 (LASH 7/6826), pag. 644 erwähnt nicht die Fenster in den Schmalseiten.

1086 LASH 7/6826, Inventar v. 1709, pag. 644 (Zitat). LASH 24/76, Nr. 24; LASH 66/9351, Nr. 16, Anschlag Nr. 4. In beiden Quellen wird als Maß 32 x 2 Fuß angegeben.

1087 LASH 66/9266, Nr. 16; LASH 24/147, Nr. 35 (Zitat).

1088 LASH 7/188, Baustaat 1706; LASH 66/1712 III, Thomsens „Beantwortung" v. 19.2.1726.

1089 LASH 7/4598; QuP 1461.

1090 LASH 7/6826, Inventar v. 1709, pag. 648; LASH 66/9351, Nr. 16, Anschlag Nr. 4; QuP 1509.

1091 Die Beschreibung orientiert sich hauptsächlich an LASH 7/6826, Inventar v. 1709, pag. 639f. und an Weyandts Kupferstich (Abb. 99). Alle anderen Quellen werden gesondert angegeben.

1092 RAK, Håndskriftsamling, Gruppe I, U. Petersen, Vol. 17, Kap. 112, § 35. Die Übersetzung gehört wohl nicht zur eigentlichen Inschrift, sondern stammt vermutlich von Petersen. Zu Weyandts Tätigkeit vgl. QuP 1500.

1093 LASH 66/9351, Nr. 16, Anschlag Nr. 4. LASH 7/6826, Inventar v. 1709, pag. 639 spricht hier von „Laub von Oliven Bletter".

1094 LASH 7/6826, Inventar v. 1709, pag. 639 erwähnt keine Kartusche, sondern nur einen „FronteSpice".

1095 LASH 66/9351, Nr. 16, Anschlag Nr. 4: Nach diesem nicht ausgeführten Bauanschlag sollten auch der Namenszug und die Lorbeerzweige mit echtem Gold neu versehen werden.

1096 LASH 7/6826, Inventar v. 1709, pag. 639f. Da für Weyandts Wiedergabe der Orangerie (Abb. 99) schon verschiedene Ungenauigkeiten nachgewiesen wurden, ist wohl eher der Version des Inventars zu folgen.

1097 QuP 1500; RAK, Håndskriftsamling, Gruppe I, U. Petersen, Vol. 17, Kap. 112, § 35.

1098 LASH 7/4600; LASH 7/6826, Inventar v. 1709, pag. 644.

1099 LASH 7/6826, Inventar v. 1709, pag. 643; LASH 66/1712 I, Baustaat 1716.

1100 LASH 66/9351, Nr. 16, Anschlag Nr. 4; LASH 7/6826, Inventar v. 1709, pag. 643f. u. pag. 645: „Daß Dach der beyden seiten ist mit einen Liegenden Stuel mit Brustriegeln, ohrbänder und 4 hangseülen verwahret".

1101 LASH 66/9322, Nr. 151.

1102 LASH 7/4598, hier werden auch nie die Dächer der Anbauten als separate Dachflächen genannt. Auch Baumeister Müller spricht 1755 von „an denen Haupt=Sparren befindliche Aufläuffer", vgl. LASH 66/9322, Nr. 151.

1103 LASH 7/6826, Inventar v. 1709, pag. 643. Es werden folgende Maße für dieses Kuppeldach angegeben: „Die oberste Koppel von 4 Seiten ist an jedem derselben oben an der Spitze 2 Fuß und unten 17 Fuß breit, die Höhe derselben aber 10 Fus", „die unterste Koppel ist oben 17 Fus unten 37 Fuß breit und 17 Fus hoch" (LASH 66/9328, Nr. 155). Für die Gaubendächer gibt es keine schriftlichen Belege, weshalb eine Orientierung an Weyandt (Abb. 99) erfolgt.

1104 LASH 7/4598. Zur Technik: Auf einen festen, geschlossenen Holzbretterstand oder auch Schalung (es wird immer von „bekleidung des Dachs" gesprochen, vgl. LASH 7/4598) wurden Schindeln aus Eichenholz, die in Gottorf oft aus dem Tiergarten oder Pöhler Gehege gewonnen wurden, aufgenagelt und geteert; vgl. dazu LASH 66/1712 III, Peuckers Bauprojekt für 1727/28, pag. 50 und Häussers und Themsens Untersuchungsprotokoll v. Febr. 1728; LASH 66/9279, Nr. 12; RAK TyRtk D 3.

1105 LASH 7/4598. Hier wird angegeben, dass am 7.9.1692 die Lattung der einen Dachseite erfolgte, die noch nicht gedeckt war, und dass an dieser Seite auch die „Aufläuffern über die Schupffen" angebracht wurden. Es ist also die Nordseite, wie es auch in allen folgenden Quellen immer gesagt wird: LASH 66/9306, Nr. 92; LASH 32/23, Baustaat 1716; LASH 7/6826, Inventar v. 1709, pag. 644; LASH 66/9322, Nr. 151; LASH 24/158, Nr. 66.

1106 LASH 7/4598; LASH 7/4602. Für die Bleirinnen: LASH 7/188, Baustaaten 1709/10. Die Holzrinnen wurden zur besseren Konservierung auch geteert (LASH 7/184).

1107 LASH 66/1712 III, pag. 50f.; LASH 66/9351, Nr. 16, Anschlag Nr. 4.

1108 LASH 7/6826, Inventar v. 1709, pag. 643. Bei Weyandt (Abb. 99) sind die beiden Gesimse gleich wiedergegeben.

1109 LASH 66/9282, Nr. 82, Bauprojekt B; LASH 7/6826, Inventar v. 1709, pag. 640; LASH 66/9310, Nr. 132, Bauanschlag B. Die Kästen waren „inwendig mit Werck gedichtet und mit Pech begoßen" und mit eisernen Eckbändern beschlagen. Folgende Maße werden angegeben: 42 Fuß (1,29 m) lang, 22 Fuß (0,71 m) breit und 12 Fuß (0,43 m) tief. Das Globushaus hatte ähnliche Fallrohre, vgl. Lühning 1997, S. 43f.

1110 In LASH 7/4600 werden „6 große Trumpen" erwähnt, die aus Kiefernholzdielen gearbeitet werden. Vielleicht waren an den Schmalseiten des Hauses doch Auffangbehälter?

1111 LASH 7/6826, Inventar v. 1709, pag. 644.
1112 Die meisten Angaben zur Farbfassung stammen aus LASH 7/6826, Inventar v. 1709, pag. 639–645. Zur Vergoldung des Portalschmuckes vgl. auch LASH 66/9351, Nr. 16, Anschlag Nr. 4.
1113 LASH 7/6826, Inventar. v. 1709, pag. 645.
1114 LASH 66/1712 III, pag. 50f.; LASH 7/184. Erst für 1740 lassen sich die Bänke mit „Waßer=Farbe grau" (LASH 24/158, Nr. 44) und für 1750 die Wasserkästen mit grauer Ölfarbe angestrichen (LASH 66/9310, Nr. 132, Bauanschlag B) nachweisen. Es ist aber anzunehmen, dass sie schon in der Erbauungszeit so gestaltet waren.
1115 Die Farbe des Hauptdach-Gesimses kann nur vermutet werden, da sie im Inventar nicht genannt wird. Es ist aber recht wahrscheinlich, dass es auch blau angestrichen war.
1116 LASH 7/6826, Inventar v. 1709, pag. 645–650. Alle aus dieser Quelle stammenden Angaben werden nicht extra nachgewiesen, nur die Informationen aus anderen Quellen.
1117 Gemeint ist damit wahrscheinlich die im Innenraum befindliche Türbekleidung in Form von Holzpilastern korinthischer Ordnung, wie sie z.B. in der Halle des Herrenhauses Damp noch zu finden sind. Auf runden Türflügeln direkt ist eine Ordnung nicht recht vorstellbar.
1118 LASH 66/9302, Nr. 22. Es handelte sich wohl um die zu dieser Zeit häufig aus Schweden, von Gotland und Öland, importierten Fliesen. QuP 1461 weist solche Fliesen u.a. für die Orangerie nach.
1119 LASH 7/6826, Inventar v. 1709, pag. 647. Die Beschreibung hier deutet darauf hin, dass der graue Anstrich zur Eingangshalle zeigte. Mit „bruststücken" sind wohl Porträtmedaillons gemeint.
1120 Nur für diese Wände ist die Farbigkeit im Inventar v. 1709 angegeben. Da es aber die erste Beschreibung von Wänden im Innern des Hauses ist, wird sie wohl nicht immer in dieser Ausführlichkeit wiederholt worden sein.
1121 Nach der Beschreibung in LASH 7/6826, Inventar v. 1709, pag. 649, ist es nicht ganz klar, wie weit die Wände unter der Galerie von dieser Dekoration bedeckt waren. Klar ist nur, dass sie nicht den gesamten Platz einnahm, denn es werden in diesem Raum unten auch marmorierte Wände genannt.
1122 LASH 7/4598 u. 4600.
1123 Diese Technik passt am besten auf die Beschreibung des Inventars. Nach Jahn 1983, S. 770 ist es eine Abart der Freskotechnik, bei der der frisch aufgetragene Freskoputz mit einer Kalkseife eingestrichen, dann mit Freskofarben, die ebenfalls Kalkseife enthalten, bemalt wird. Anschließend wird eine Glanzglättung durch Bügeln der noch frischen Malerei erreicht, die nach völligem Trocknen durch Polieren mit Wachspaste noch gesteigert wird.
1124 LASH 7/4600. „Zu der Runden außkleidung der 4 Canten des Neüen Pomerantzen Haußes wo die gibst Arbeit angekommen" wurden Kieferndielen verwendet; LASH 7/4602 (zweites Zitat).
1125 QuP 1541: Jacob de Georgio wird in dieser Kammerrechnung vom 12.2.1698 für 24 Tage Arbeit, Meister Thomas für 10 Tage und seine Handlanger für 24 Tage bezahlt. Jacob de Georgio ist zu diesem Zeitpunkt bereits tot, denn seine Erben nehmen das Geld in Empfang. Rinn 1997, S. 155 hat dagegen als Todesjahr 1699 angegeben, das also nicht stimmen kann.
1126 LASH 7/6826, Inventar v. 1709, pag. 646. Hier wird die eigentliche Kuppel bzw. Wölbung „4kant" genannt.
1127 QuP 1545 u.1556. Vgl. dazu auch Schmidt 1917, Bd. 2, S. 367f. Mahs erhielt für diese Arbeit 1699 die letzte Teilzahlung der insgesamt 80 Rthlr. Der Maler arbeitete – wie auch noch weiter zu sehen sein wird – in der Orangerie nicht handwerklich, wie Schmidt 1917, Bd. 2, S. 368, meinte, sondern künstlerisch.
1128 Möglicherweise war die Wölbung ebenfalls mit weißem Laubwerk auf blauem Grund stuckiert und bildete zur Mitte hin einen „plat fond" (QuP 1545), was eine flache Decke bedeutet, in dem sich die perspektivische Darstellung befand und dann wie ein Laternenaufsatz wirkte. Die Quellen geben darüber keine ganz befriedigende Auskunft.
1129 QuP 1545.
1130 Schmidt 1917, Bd. 2, S. 367. Er wurde 1699 dafür bezahlt. In einem nicht mehr erhaltenen Inventar von 1727 wurden zwei Reihen Gemälde in der Orangerie erwähnt, vgl. RAK TyRtk B 5, 1737, Nr. 90, Beilage III, die aber schon am 2.2.1737 nicht mehr auffindbar waren, vgl. RAK TyRtk C 89, Nr. 7. Der Inhalt der Bilder und deren Maler sind gänzlich unbekannt.
1131 LASH 7/197, pag. 114r; Schmidt 1916, Teil 1, S. 255f. Nur für die fensterlose Nordwand bot noch Platz für ein großes Bild. Es hing 1738 in zerrissenem Zustand noch an seinem Platz (RAK TyRtk C 84, Inv. v. 18.10.1738), 1750 war es „altershalber vergangen" (RAK TyRtk C 84, Inv. v. 15.1.1750) und 1769 auch der Rahmen heruntergefallen (LASH 66/9352, Nr. 106, Auszug a. d. Inv. v. 29.5.1769). Weyandt schuf auch den wohl nach diesem Gemälde angefertigten Kupferstich (BQ: KBK, Weyandt, vgl. Abb. 98). Nach dem Inventar v. 18.10.1738 (Quelle s.o.) hatte angeblich der Garteninspektor Bernhard Kempe das große Bild auf eigene Kosten malen lassen. Es ist aber ein Auftrag des Herzogshauses gewesen, vgl. wiederum Schmidt, s.o.
1132 Zur Farbe vgl. LASH 66/9282, Nr. 113; LASH 66/9328, Nr. 168 (hier auch Angaben zu den Fensterbrettern).
1133 Es ist nicht ganz eindeutig, ob die Fensterluken außen oder innen angebracht waren. Fensterläden innen kommen eher selten vor, sind in diesem Fall aber plausibel, da die innen erzeugte Wärme nicht erst durch die Kältezone der Fensterscheiben gehen, sondern schon vorher innen isoliert werden soll. Irritierend ist die Beschreibung der Läden in LASH 7/6826, Inventar v. 1709, pag. 642 im Zusammenhang mit dem Außenbau, während Weyandt (Abb. 99) keine Fensterluken außen darstellt. Dazu passt wiederum, dass 1746 „12 Stück inwendige auf beeden Seiten behubelte Lucken" aus Kieferbrettern neu gemacht werden sollten (LASH 66/9298, Nr. 137). Auch die Bemalung (s.u.) passt zu der der Innentüren. Fest steht, dass vor jedem Fenster ein zweiflügeliger Laden war, jeder Flügel in den Abmessungen 8 Fuß hoch und 2 Fuß 6 Zoll breit (LASH 66/9328, Nr. 168). Zur Bemalung vgl. LASH 7/6826, Inventar v. 1709, pag. 642.
1134 Wer diese Malereien ausführte, geht aus den Quellen nicht hervor.
1135 LASH 66/9276, Nr. 82.
1136 LASH 7/6826, Inventar v. 1709, pag. 647 gibt eine ungenaue Auskunft: „in dieser Scheerwand sind 2 fenster und 4 offene fenster". Es ist nicht klar, ob Fensteröffnungen oder Flügel gemeint sind und ob die Zahl nur für eine Seite der Tür oder für beide Seiten zusammen gilt. Es wird hier davon ausgegangen, dass der Schreiber das „an Jederseiten" vergessen hat, das er eine Seite später für die Scheidewände zur Halle hin verwendete.
1137 LASH 7/6826, Inventar v. 1709, pag. 647.
1138 LASH 66/9351, Nr. 16, Anschlag Nr. 4.
1139 LASH 7/4598.
1140 LASH 7/6826, Inventar v. 1709, pag. 647ff. Die Öfen in den Außenräumen scheinen auf Stangen, die in den Sälen auf Steinfüßen gestanden zu haben.
1141 LASH 66/9282, Nr. 113; LASH 66/9351, Nr. 16, Anschlag Nr. 4. Die Öfen sollen 1730/31 mit „Leim" (Lehm) verstrichen und geschwärzt (LASH 66/9266, Nr. 16) bzw. mit einer „Eisen Farbe" angestrichen werden (LASH 66/9267, Nr. 7a).
1142 Später gab es für jeden Ofen „dreÿ große Schirms von feuren Brettern" (RAK TyRtk C 84, Inv. v. 18.10.1738), die wohl die Wärme im Raum besser verteilen bzw. verhindern sollten, dass die nächststehenden Pflanzen zu direkt bestrahlt würden.
1143 LASH 7/6826, Inventar v. 1709, pag. 647f. RAK TyRtk C 84, Inv. v. 18.10.1738 berichtet dagegen über ganz umlaufende Bänke. Aus diesen beiden Quellen stammen auch die meisten in diesem Absatz noch folgenden Informationen zur Aufstellung der Gewächse, weshalb nur noch die darüber hinausgehenden Quellen- und Zitatnachweise erfolgen.
1144 LASH 7/197, pag. 114r; LASH 24/147, Nr. 21.
1145 LASH 7/6826, Inventar v. 1709, pag. 647 (1. Zitat); RAK TyRtk C 84, Inv. v. 18.10.1738 (2. Zitat).
1146 QuP 1469.

1147 QuP 1500: „44 Große Balgen, vorunter der große Aleuew in Stehet, vormahlen laßen weiß und blauw gemarmort" und „Noch Kleinner 156. balgen weiß und blauw vormahlet".

1148 Vgl. dazu außerdem LASH 24/158, Nr. 66.

1149 LASH 24/159, Nr. 156 (1. Zitat); LASH 66/9351, Nr. 16, Anschlag Nr. 4 (2. Zitat). Weitere Bezeichnungen in den Quellen sind noch: „Schupffen" (LASH 7/4598); „Neben seiten" (LASH 7/6826, Inventar v. 1709, pag. 644); „Holtz=Schauren" (LASH 24/158, Nr. 66); „Holtz=Stelle" (LASH 24/76, Nr. 24); „Holtz Stall" (LASH 66/9306, Nr. 92); „Abseite oder Holtz Remise" und „Holtz Schuppen oder Abseite" (LASH 66/9351, Nr. 16, Anschlag Nr. 4).

1150 LASH 7/4598; LASH 66/9351, Nr. 16, Anschlag Nr. 4 (Zitat).

1151 LASH 7/160; RAK TyRtk C 55; RAK TyRtk B 2, 1716, Nr. 8. Faden ist ein historisches Hohlmaß für gefälltes Holz, wobei 1 Faden schleswig-holsteinisches Deputatholz eingeteilt war in 6 x 6 x 6 Kubikfuß, umgerechnet 2,118 rm, vgl. Lorenzen-Schmidt 1990.

1152 QuP 1471, 1472, 1551, 1554.

1153 LASH 24/17, Nr. 2, Clasens Supplik v. 1735; RAK TyRtk B 2, 1737, Nr. 220; LASH 66/9276, Nr. 82.

1154 BQ: KBK, Dallin I; BQ: RAK, Müller I; BQ: KBK, Weyandt. Die Darstellung des Platzes auf BQ: LASH, Kempe von 1728 (Abb. 100) zeigt dagegen ein nicht ausgeführtes Projekt.

1155 LASH 7/6826, Inventar v. 1709, pag. 641.

1156 LASH 7/6826, Inventar v. 1709, pag. 640.

1157 QuP 1551, 1554; LASH 7/6826, Inventar v. 1709, pag. 650. Der Staketenzaun bestand aus Eichenpfählen und Kieferlatten (LASH 66/9276, Nr. 82). Die Anzahl der Fächer wird unterschiedlich angegeben: 70 (LASH 66/9276, Nr. 82), 72 (LASH 7/188, Baustaat 1710) und 74 (LASH 66/1712 III, Häussers u. Themsens Untersuchungsprotokoll v. Febr. 1728). Laut Inventar v. 1709 (s.o.) befanden sich zwei der Eingänge an der Ostseite und jeweils ein weiterer an der Süd- und Westseite. Dallin (Abb. 104) zeigt keine und Müller (Abb. 101) nur drei dieser Pforten.

1158 Auf BQ: LASH, Themsen I von 1728 ist dieser Bereich wie Rasen gezeichnet, vgl. Abb. 105.

1159 LASH 7/6826, Inventar v. 1709, pag. 650. Während Dallin (Abb. 104) nur acht Reihen zeigt, sind bei Müller die neun im Inventar von 1709 erwähnten Reihen richtig wiedergegeben (Abb. 101). 1728 wurden die Bohlen erneuert mit 1024 Fuß insgesamt, aber merkwürdigerweise nur in drei Reihen gelegt, vgl. LASH 66/1712 III, Häussers u. Themsens Untersuchungsprotokoll v. Febr. 1728.

1160 RAK Håndskriftsamling, Gruppe I, U. Petersen, Vol. 17, Kap. 112, pag. 866, § 36.

1161 LASH 7/6826, Inventar v. 1709, pag. 650.

1162 Der Alte Garten wurde zu dieser Zeit als Küchengarten genutzt und diente nicht mehr repräsentativen Zwecken.

1163 RAK TyRtk C 89, Nr. 6 Lit. B, vgl. die Transkription in Anhang 2, Nr. 11. Die im folgenden Text genannten Nummern beziehen sich auf diese Quelle, sodass die Pflanzen eindeutig identifiziert und in der Quelle gefunden werden können. Die Übersetzung in die heutige Nomenklatur befindet sich in Anhang 3, Nr. 9.

1164 Im Jahre 1710 verzeichnete die Sammlung der Orangeriegewächse im Neuen Werk nochmal einen nennenswerten Zuwachs, allerdings ohne Nennung von Details, der in den Gottorfer Quellen aber nicht fassbar ist. Es handelt sich um Kübelpflanzen aus dem Husumer Schlossgarten, vgl. de Cuveland 1994, S. 47.

1165 Christensen 1999, S. 219.

1166 Wimmer 1999, S. 14–19.

1167 Einzelne dieser Pflanzen wie z.B. die Passiflora incarnata L. gab es schon vorher im Alten Garten von Gottorf wie die Gouache im Gottorfer Codex dokumentiert (Abb. 103).

1168 QuP 1602; Siricius 1705, S. 38.

1169 Christensen 1999, S. 213 vergleicht den Gottorfer Pflanzenbestand z.B. mit dem des dänischen Königsschlosses Sophieamalienborg.

1170 QuP 685, 784, 840, 858, 884.

1171 Die Quellen werden hier zusammenfassend für den weiteren Text genannt: QuP 1406, 1441, 1500, 1504, 1509, 1554, 1572, 1586, 1611, 1613; RAK TyRtk C 89, Nr. 6, Lit. B; LASH 7/197, Möbelinv. v. 1705; BQ: KBK, Agave americana (Abb. 72); BQ: EL, Königshoven (Abb. 71); BQ: KBK, Weyandt (Abb. 98).

1172 Ahrendt 1999, S. 87.

1173 In LASH 7/197, Möbelinv. v. 1705, pag. 115 werden sogar 24 Porzellantöpfe genannt. Es ist anzunehmen, dass es sich hierbei nicht um echtes Porzellan, sondern um die in Holland, speziell in Delft, zu dieser Zeit in großen Mengen hergestellte Fayence nach ostasiatischen Porzellanvorbildern gehandelt hat. Dazu passt auch „die sehr dünne Randscherbe einer Fayenceschale mit feinem, blauem Blatt- und Blumenmuster", die 2004 im Neuwerkgarten gefunden wurde und nach der Datierung der Archäologen in diese Zeit gehört, vgl. Lau 2006, S. 29.

1174 Lau 2006, S. 28 und Abb. 19.

1175 RAK TyRtk B 5, Beilagen z. Res. v. 3.4.1737.

1176 Zu Weyandt und Krap vgl. QuP 1500 u. 1554. Christensen 1999, S. 52 erwähnt eine solche Nutzung von Pyramiden in der gleichen Zeit auch im Garten von Schloss Rosenborg in Kopenhagen.

1177 LASH 7/6826, Inventar v. 1709, pag. 616–625. Zum Stellenwert der verschiedenen Pflanzengefäße vgl. Ahrendt 1999 u. Grimm 1999.

1178 QuP 1561.

1179 LASH 7/4602.

1180 Zur ersten Bezeichnung vgl. LASH 7/4600; LASH 7/4602; QuP 1509, 1529, 1555. „Ringelhaus" wurde das Gebäude zuerst in LASH 7/197, Möbelinv. v. 1705 genannt. Ab 1709 (LASH 7/6826, Inventar v. 1709, pag. 653) auch manchmal „'Achtkant oder das Ringel hauß".

1181 RAK, Håndskriftsamling, Gruppe I, U. Petersen, Vol. 17, Kap. 112, § 38 erwähnt, dass hier „so wol junge Herren und Edeleute, als auch Hoffdamen und Amazoninnen" „sich mit dem Ringel:rennen nach aller bequemlichkeit exerciren und divertiren" konnten.

1182 QuP 1499, 1529, 1543, 1551, 1555 u. 1568.

1183 Die Lehnstühle aus dem Ringelhaus wurden ab 1705 in der Amalienburg verwahrt, vgl. LASH 7/197, Möbelinv. v. 1705; LASH 7/198, Möbelinv. v. 1708, während die Holzpferde im Baumagazin lagerten, vgl. LASH 7/184. Zur Reparatur vgl. LASH 7/188, Baustaat 1706.

1184 BQ: KBK, Dallin I (Abb. 14); BQ: KBK, Grundriss Gottorf 1713 (Abb. 16); BQ: LASH, Themsen I (Abb. 35); BQ: RAK, Müller I (Abb. 20 u. 79). Eine weitere Ansicht des Ringelhauses (Abb. 73) existiert auf dem Stich von der Blüte der Agave americana 1705 (BQ: KBK, Agave americana). Der darauf gezeigte quadratische, dreiachsige und eingeschossige Baukörper mit geschwungener Dachkontur in Form einer welschen Haube mit bekrönender, ebenfalls quadratischer Laterne ist aber für eine Rekonstruktion nicht nutzbar, da er eine Fantasiedarstellung zu sein scheint, indem er den schriftlichen und anderen Bildquellen in keiner Weise entspricht.

1185 LASH 7/6826, Inventar v. 1709, pag. 653–655, vgl. den Wortlaut in der Transskription in Anhang 2, Nr. 13. Alle Informationen dieses Kapitels, die hieraus stammen, werden nicht noch einmal nachgewiesen, lediglich Zitate oder Angaben aus anderen Quellen.

1186 LASH 7/6826, Inventar v. 1709, pag. 654. In den Bauakten sind auch „Lehden", „Murplatten" und Balken aus Eichenholz genannt, vgl. LASH 7/4602.

1187 LASH 7/6826, Inventar v. 1709, pag. 653. Mit „geländer" ist hier anscheinend der Handlauf auf der Brüstung gemeint.

1188 Das Inventar v. 1709, pag. 654, beschreibt das Dach als „fast wie ein Schiffers huht gestaltet". Nur in einer einzigen Quelle (LASH 7/4602) ist die Rede von Pfannen, aber gleichzeitig auch von Dachspäne, so dass von einem Versehen ausgegangen werden muss, denn alle anderen Quellen geben als Dachbelag Dachspäne an, z.B. QuP 1502 u. 1529.

1189 LASH 7/188, Baustaat 1708; LASH 66/1712 I, Baustaat 1720/21; LASH 32/23, Baustaat 1720/21.

1190 LASH 7/6826, Inventar v. 1709, pag. 654.

1191 QuP 1568; RAK, Håndskriftsamling, Gruppe I, U. Petersen, Vol. 17, Kap. 112, § 38 (1. Zitat); RAK TyRtk C 84, Inv. v. 1738 (2. Zitat).

1192 LASH 7/197, Möbelinv. v. 1705. Im Inventar v. 1709 sind sie aufgrund ihrer Auslagerung zu diesem Zeitpunkt nicht erwähnt.

1193 BQ: KBK, Grundriss Gottorf 1713. LASH 7/6826, Inventar v. 1709, pag. 650–653, woraus auch alle Zitate der folgenden Beschreibung stammen.
1194 Aufgrund der Bemalung der Pforte muss der Schlagbaum an der Tiergartenseite gewesen sein.
1195 Vgl. ausführliche Behandlung des Glashauses im folgenden Kapitel.
1196 Zu den Quellen vgl. Kap. III 3.3.
1197 Zum Glashaus von 1699 vgl. Paarmann 1986, S. 83–85 u. 97 und Christensen 1999, S. 202, 206 u. 235. Trotzdem wurden die Quellen neu gesichtet und ausgewertet, schon deshalb, weil den genannten Autoren die neu aufgefundene Bildquelle von Weyandt noch nicht bekannt war (BQ: KBK, Weyandt).
1198 Zur Baugeschichte vgl. QuP 1551–1555, 1560 u. 1567. Die Kosten lassen sich nur schätzen, weil einige angegebene Posten in den Rentekammer-Rechnungen unterschiedliche, nicht nur das Glashaus betreffende Arbeiten zusammenfassen.
1199 BQ: KBK, Weyandt; BQ: KBK, Dallin I; BQ: KBK, Grundriss Gottorf 1713; BQ: LASH, Themsen I; BQ: RAK, Müller I.
1200 LASH 7/6826, Inventar v. 1709, pag. 650–652. Nur Zitate und über diese Quelle hinausgehende Informationen in diesem Kapitel werden gesondert nachgewiesen.
1201 In den Quellen wird dieses Gebäude sowohl als „Glashaus" oder „Glaßhaus" (QuP 1551 u. 1552) als auch als „Treib=Hauß" (LASH 32/23, § 31; LASH 66/1712 II) bezeichnet.
1202 Zur Länge vgl. LASH 66/1712 III, Untersuchungsprotokoll v. Febr. 1728, fol. 496v. § 27.
1203 Die Ansichten bei Weyandt (Abb. 99) und Dallin (Abb. 104) geben einen falschen Eindruck. Der auf den Grundrissen (Abb. 16, 101 u. 105) eingezeichnete Durchgang zwischen Glashaus und Orangerie kann erst nach 1709 entstanden sein, denn das Inventar erwähnt ihn noch nicht.
1204 QuP 1551.
1205 Zum Plankwerk auf dem obersten Plateau und dessen Entstehung vgl. das vorige Kapitel.
1206 QuP 1552, 1553. Über die eigentliche Konstruktion gibt keine Quelle Auskunft.
1207 QuP 1554.
1208 LASH 32/23, Baustaat 1719, § 31; LASH 66/1712 II, Baustaat 1723 mit Kommentaren der Kommission v. 23.2.1724, fol. 42; LASH 66/1712 III, Thomsens „Beantwortung" v. 19.2.1726, Nr. 106, pag. 49.
1209 Der Schuppen, den LASH 7/6826, Inventar v. 1709, pag. 652 beschreibt, der aber 1713 nur schattenhaft angedeutet ist (Abb. 16), wurde 1728 als Unterbringung für Gartengeräte genutzt, wie aus den Legenden der relevanten Pläne hervorgeht, vgl. BQ: LASH, Themsen I („N: Ein klein Brettern Hauß vor des Gärtners Gerätschafft."; Abb. 105) und BQ: LASH, Kempe („l. Gerätschafftschauer"; Abb. 100).

1210 QuP 1560; LASH 7/188, Baustaaten 1709 u. 1710.
1211 Christensen 1999, S. 206 ist der Meinung, dass die Glashausfenster vor dem Aufbau im Frühjahr zunächst als Abdeckung der Mistbeete Verwendung fanden. Über diese Handhabung gibt es im Neuen Werk keine speziellen Belege, sie erscheint aber nicht abwegig.
1212 Christensen 1999, S. 206 u. 235.
1213 Major 1668, S. 5, der sie auch „grichische Aloe" nennt; Siricius 1705; Bis 1769 wird im Neuwerkgarten zumindest das spezielle Treibhaus für dieses Gewächs als „Aloe Hauß" tituliert, vgl. LASH 66/9352, Nr. 106. Zur Bezeichnung der Pflanze in früherer Zeit vgl. de Cuveland 1997 I, die sich intensiv mit den Gottorfer Aloeblüten und als einzige mit der von 1668 beschäftigt hat.
1214 Major 1668, S. 18. Heinrich Hesse teilte 1710 in seinem Buch „Teutscher Gärtner" mit, dass der Gärtner Clodius eine Agave americana zum Blühen brachte: „Dieses hat der berühmte gärtner Johann Claudius zu Gottorf wohl observiret, als welcher es auf gleiche weise practiciret, und die aloe auf viel jahr eher als sonsten zur blüthe gebracht hat" (zitiert nach de Cuveland 1997 I, S. 230). Von der Blüte einer Agave americana unter Clodius (gest. 1660) ist aber nichts bekannt.
1215 Major 1668, S. 10f. u. 19f.
1216 Major 1668. Zu Major vgl. Kümmel 1970 u. Kellenbenz 1985, S. 203 mit weiteren Literaturhinweisen. Es gibt nur noch eine andere Quelle: LASH 7/4582, Bau- u. Nagelrechnung 1668. Ein ursprünglich existierendes Gemälde der Aloeblüte von 1668 hat sich nicht erhalten, vgl. dazu im Kapitel zur Bedeutung der Gottorfer Aloeblüten. Nach Siricius 1705, S. 34 hatte Major auch einen Kupferstich angekündigt, aber letztlich nicht publiziert.
1217 Major 1668, S. 18 u. 22.
1218 Schlee in: Gottorfer Kultur 1965, S. 272. Unter den von Paarmann 1986 gründlich recherchierten und publizierten, einschlägigen Rentekammer-Rechnungen findet sich für 1697 keine Nachricht von einem Gemälde von Otto Krabbe.
1219 BQ: EL, Königshoven; BQ: KBK, Agave americana; BQ: LB, Agave americana; BQ: KBK, Weyandt.
1220 Siricius 1705 u. 1706; Waldschmidt 1705 u. 1706. Zur Person Waldschmidts vgl. Treichel 1982. Lebensdaten von Johannes Siricius unbekannt.
1221 Siricius 1705, S. 38f. und Gewächskästenaufschrift in BQ: KBK, Weyandt.
1222 Zur Person B. Kempes vgl. Anhang 1, Biographien.
1223 Paarmann 1986, S. 85–87. De Cuveland 1989, S. 53 lieferte noch eine Ergänzung. Zur Gottorfer Agavenblüte von 1705 vgl. auch de Cuveland 1997 I, S. 232f.
1224 BQ: KBK, Weyandt; LASH 7/6826, Inventar v. 1709, pag. 641f.; Die Ergänzungsquellen werden hier zusammengefasst: LASH 7/187, fol. 115–120; QuP 1601; Siricius 1705, S. 49. Im Grundriss ist dieses Aloehaus auch auf dem Plan von 1713 dokumentiert (Abb. 16).
1225 QuP 1601: aus den hier angegebenen Fenstermaßen lässt sich eine Seitenlänge von 8 Fuß (2,30 m) und eine Höhe von 27 Fuß (7,80 m) errechnen, wobei die Holzkonstruktion noch nicht mit einbezogen ist. Siricius 1705, S. 49 nennt eine Gesamthöhe von 36 Fuß (10,35 m).
1226 LASH 7/188; Siricius 1705, S. 49 und Siricius 1706, S. 24.
1227 QuP 571, 581, 792 u. 815. Wo Vak in seiner Gottorfer Zeit vor 1651 wohnte, ist nicht bekannt. Zu Vak vgl. Anhang 1, Biographien.
1228 QuP 909; LASH 7/187, fol. 131–135; LASH 7/188, Extrakt der Extraordern an Thomsen für 1705). Über Bauzeit und Beschaffenheit des ersten Backhauses sind keine Nachrichten vorhanden. 1689 gab es in diesem Gebäude, das auch „brauhaus" genannt wurde, neben dem Backofen auch einen auf Initiative des Gärtners Michael Gabriel Tatter eingemauerten Braukessel, den er bei seinem Weggang 1689 nach Kopenhagen mitnahm, vgl. Übergabeinventar v. 1689 in RAK TyRtk B 5, Beilagen z. Res. Nr. 90 v. 3.4.1737.
1229 Zu „Gärtnerhauße" vgl. QuP 792, 815 oder ähnliche Bezeichnungen in QuP 571, 909, 1244, 1270; LASH 7/188; RAK TyRtk B 5, Beilage zur Res. Nr. 90 v. 3.4.1737; LASH 7/196, Inv. v. 1695. Zur zweiten Bezeichnung vgl. LASH 7/197, Möbelinv. v. 1705; LASH 7/198, Möbelinv. v. 1708; LASH 7/6826, Inventar v. 1709; LASH 66/1712 I u. II; LASH 66/9282, Nr. 82.
1230 LASH 7/6826, Inventar v. 1709, pag. 657–668, vgl. Transskription in Anhang 2, Nr. 13. BQ: KBK, Dallin I; BQ: RAK, Gottorfer Residenz 2. H. 17. Jh.; RAK TyRtk C 84, Inventare des Garteninspektorhauses von 1731 u. 1770 (Nr. 5 des Inventarkonvoluts unter Rosenberg); BQ: LASH, Rosenberg V. In der folgenden Rekonstruktionsbeschreibung werden die Informationen aus diesen Quellen nicht mehr gesondert nachgewiesen.
1231 LASH 24/76, Nr. 24; LASH 66/9306, Nr. 92; QuP 571; LASH 7/2374, Beilage Nr. 13. Die Umrechnung der Maßangaben richtet sich nach dem Hamburger Fuß, der seit 1768 gesetzlicher Fuß in den Herzogtümern war und wonach 1 Fuß 0,28657 m entspricht, vgl. Lorenzen-Schmidt 1990, S. 24.
1232 Eine zusätzliche Fensteröffnung entstand 1723, vgl. LASH 66/1712 II, fol. 36–40. Die Entfernung der Hintertür ist nur im Vergleich der Inventare wirklich fassbar. Dieser Umbau fand vermutlich 1745 statt, vgl. LASH 24/76, Nr. 24, Müllers Anschlag v. 7.10.1744.
1233 LASH 66/9357, Nr. 17, Lit. A. 1723 wird erstmals ein Keller genannt, der älter sein muss, da seine abgesackten Balken gerichtet werden sollten. Diese Balken lagen aber nicht

ANMERKUNGEN ZU KAPITELN I–VI 305

1233 unter dem Stallgebäude, sondern unter der Wohnstube, dem südöstlichen Eckraum des Hauses, vgl. LASH 66/1712 II, fol. 36–40. Vielleicht handelte es sich auch um einen Teilkeller, der sich sowohl unter der Südseite des Wohnhauses, wo das Gelände abfällt, als auch unter dem Stallanbau erstreckte, möglicherweise sogar auch mit Zugang von außen. Die Angaben dazu im Inventar von 1731 sind nicht eindeutig.
1234 Darauf deutet die Beschreibung von 1731 hin.
1235 LASH 7/6826, Inventar v. 1709, pag. 664.
1236 In der Südkammer des Dachgeschosses lagen 1709 „bunte Alstersteine" (LASH 7/6826, Inventar v. 1709, pag. 665), womit wohl auch Alstracken gemeint sind.
1237 Übergabeinventar von 1689, vgl. RAK TyRtk B 5, Beilagen z. Res. Nr. 90 v. 3.4.1737.
1238 LASH 66/3531 II, Bericht des Hausvogts v. 19.3.1832.
1239 Vgl. Fagiolo 1997, S. 24. Das Architekturtraktat „De re aedificatoria" befand sich in der Gottorfer Bibliothek, vgl. Anhang 3, Nr. 13.
1240 Vgl. Abb. 23, die den Idealplan wiedergibt, den er in sein Reisetagebuch zeichnete.
1241 Schlee 1965, S. 49, der aus dem Tagebuch zitiert.
1242 Vgl. die Vogelperspektive der Gottorfer Schlossinsel von 1697, abgebildet bei Wiesinger 2015, Abb. 2.
1243 Vgl. die Zusammenfassung der Beiträge bei Wiesinger 2015, S. 146–148.
1244 Fagiolo 1997, S. 29f.
1245 Fagiolo 1997, S. 124. Leider wird hier diese Aussage nicht durch eine Abbildung untermauert, ist aber noch heute nachprüfbar. Zur Villa Lante vgl. außerdem Adorni 1993.
1246 Adorni 1993, S. 87.
1247 Uerscheln/Kalusok 2003, S. 53, 194 u. 232; Hansmann 1988, S. 29; Clifford 1966, S. 65.
1248 Abb. der Grundrisse bei Hansmann 1988, S. 34 (Villa Montalto) und Bazin 1990, S. 112 (Pratolino).
1249 Vgl. Anhang 3, Nr. 13, allerdings ist hier nur der erste Band verzeichnet.
1250 Vgl. Alewyn/Sälzle 1959, S. 59f.; Neubauer 1966, S. 75f.; Wimmer 1989, S. 459.
1251 Tessins Reisetagebuch, zit. bei Schlee 1965, S. 49.
1252 Dazu gehört als einer der ersten Olivier de Serres, vgl. Neubauer 1966, S. 76 und Wimmer 1989, S. 459, dessen 1603 erschienenes Buch „Theatre d'Agriculture" auch in der Gottorfer Bibliothek vorhanden war.
1253 Juliette Roding 2020, S. 283 vertritt die These, dass nicht nur das Globushaus, sondern die gesamte Terrassenanlage des Neuen Werkes persisch beeinflusst sei.
1254 Olearius 1656, S. 552 u. 561, der den Garten „Tzarbagh" nennt. Zwei gute Beispiele für steiler terrassierte Gärten mit einem unten gelegenen Teich zeigt Alemi 1995 mit dem Bagh-i Takht-i Qarace in Schiraz (S. 44) und dem Takht-i Qajar in Teheran (S. 45), die Olearius aber nicht bekannt waren.
1255 Der mögliche orientalische Einfluss auf die Gestaltung des Globushauses und der Wasserachse wird in den entsprechenden Kapiteln IV 1.5. u. 1.10. noch behandelt.
1256 Alemi 1995, S. 45.
1257 Olearius 1656, vor S. 553: Kupferstich von Isfahan, auf dem der Garten links außerhalb der Stadt dargestellt ist.
1258 Kiby 1990, S. 164 führt ohne Beleg „die Verbindung von Lust- und Tiergarten" als „Merkmal schon der frühen Renaissancegärten" auf orientalischen Einfluss zurück.
1259 Vgl. dazu in Kap. IV 1.10.
1260 Gothein 1926, Bd. 1, S. 157–168.
1261 Dieser Themenkomplex scheint noch nicht genügend erforscht zu sein.
1262 Selbst berühmte Terrassengärten wie der bei der Villa d'Este in Tivoli und Pratolino sind in ihrem Aufbau anders geartet, so dass sie als direkte Vorbilder in diesem Punkt nicht gedient haben können.
1263 Auf der Rückreise aus Frankreich hatte Christian Albrecht sogar auf dem Heidelberger Schloss logiert, vgl. Reisebeschreibung 1662, Bibliothek Gut Nehmten, S. 224–226. Friedrich III. reiste 1615 von Frankfurt über Worms und Speyer am Rhein entlang, aber genaue Informationen fehlen. Die Herzöge von Sachsen-Lauenburg standen mit den Gottorfern in dynastischer Verbindung. Eine Schwester Friedrichs III., Elisabeth Sophie, hatte 1621 Herzog August von Sachsen-Lauenburg geheiratet, sodass man davon ausgehen kann, dass der Gottorfer Herzog in Lauenburg gewesen ist. In einem an Friedrich III. gerichteten Brief vom 13.7.1659 erwähnt seine Nichte Anna Elisabeth einen Aufenthalt ihres Onkels in Schlackenwerth, was ein paar Jahre vorher gewesen sein muss (LASH 7/3508). Zu Schlackenwerth vgl. Hennebo/Hoffmann 1965, S. 90–92 u. Abb. 21, S. 97; zu Lauenburg vgl. Matthies/Schubert 1996, S. 397–400.
1264 Balsam 1996, S. 91 u. 93; Balsam 1999, S. 37. Sogar für den holländischen Garten Het Loo, der von einem Wassergraben umflossen war, ist eine Ummauerung der Einzelgärten belegt, vgl. Hansmann 1988, S. 206.
1265 Paarmann 1986, S. 94.
1266 Abb. bei Schubert 2006, S. 41.
1267 Im Gegensatz zum Neuen Werk war der Alte Garten z.T. auch von Gebäuden begrenzt, vgl. Paarmann 1986, S. 91ff.
1268 Vgl. Kalusok 2003, S. 57; vgl. Kap. III 4.16.
1269 Vgl. Kap. III 4.26. Auf Gottorf hatte es schon um die Mitte des 17. Jahrhunderts Perspektivmalereien gegeben, z.B. als Verlängerung der Hauptachse im Alten Garten und auch im Neuen Werk, vgl. Paarmann 1986, S.71; zum Neuen Werk vgl. Kap. III 4.1.
1270 Vgl. Kalusok 2003, S. 27; Gothein 1926, Bd. 1, S. 102.
1271 Ein Beispiel dafür ist eine von John Evelyn 1644 überlieferte illusionistische Wandmalerei in dem engen Stadtgarten des Hôtel Liancourt in Paris, die ihn viel größer erscheinen ließ, vgl. Clifford 1966, S. 230. Christian Albrecht selbst sah im Garten von Rueil an einer Mauer „ein schönes groß gemahltes perspectiv, abbildend eine große Römische Pforte, welches so natürlich gemahlet ist, daß man schweren sollte, man sehe dadurch die vogel in der Lufft fliehen" (Reisebeschreibung 1662, Bibliothek Gut Nehmten, S. 93).
1272 Auch zur Zeit Ludwigs XIV. wurde diese Methode angewandt, vgl. Saudan-Skira/Saudan 1998, S. 32 u. 41; Alewyn/Sälzle 1959, S. 51, 57f. u. 61f.; Neubauer 1966,S. 76.
1273 Darauf wies auch schon Paarmann 1986, S. 97 hin.
1274 Les Divertissements de Versailles 1676.
1275 Vgl. Clifford 1966, S. 31.
1276 Lund 1977, s. 260f. Als weitere Beispiele nennt er eine gemalte Landschaft mit Seeufer 1699 im Garten des Charlottenborg Palais und im Rosenborger Garten zwei Perspektiven als Verlängerung des Kanals.
1277 Hansmann 1988, S. 214 u. Abb. auf der Titelseite.
1278 Schulze 1995 II, S. 42 u. Schulze 1998, S. 78. Zu den Ergebnissen vgl. Kap. III 4.2. u. 4.3.
1279 Meyer 1994, S. 44.
1280 Schulze 1995 II, S. 51.
1281 Zum Herkulesbrunnen vgl. Larsson 1998, S. 8f.; zur Verbreitung vgl. grundlegend Kommer/Johanns 2000.
1282 LASH 7/59; QuP 2. Ein Stich des Brunnens befand sich auch in der „Topographia Sueviae" von Matthäus Merian, die 1643 erschien und auf Gottorf vorhanden war, vgl. Anhang 3, Nr. 13.
1283 Schulze 1995 II, S. 51. Vgl. Kap. III 4.3.
1284 Heilmeyer 2001, S. 19 u. 21.
1285 Commodus (reg. 180–192 n. Chr.) setzte sich als erster Kaiser durch eine Darstellung mit Löwenfell auf einer Münze mit Herkules gleich, vgl. Schulze 1995 II, S. 58, Anm. 41.
1286 Gothein 1926, I, S. 96.
1287 Großartige Beispiele dafür sind in Italien der Herkules-Saal im Palazzo Farnese in Caprarola (vgl. Fagiolo 1997, S. 14) und die „Sala di Ercole" in der Villa d'Este in Tivoli (vgl. Barisi 2004, S. 43f.), in Frankreich die Dekoration der Grande Galerie im Louvre von Nicolas Poussin (vgl. Krause 1994, S. 46) und das Paradegemach Fouquets in Vaux-le-Vicomte (vgl. Krause 1994, S. 48).
1288 In der Villa d'Este in Tivoli kam Herkules dreimal in der Hauptgartenachse vor, vgl. Fagiolo 1997, S. 14f., und auch auf Gottorf sind zwei Varianten im Alten Garten und drei für das Neue Werk belegt. Im Großen Garten in Dresden gab es sogar eine „Herkules-Allee" mit Darstellungen der Taten (frdl. Hinweis von Harald Blanke), vgl. Balsam 2015, S. 36f.
1289 Gröschel 1999, S. 12; Heilmeyer 2001, S. 21.
1290 Hansmann 1988, S. 51; Joannides 1977, S. 550. Weber 1985, S. 29, Anm. 40 u. Abb. 49.

1291 Vgl. Paarmann 1986, S. 76 u. 126 (Gottorf); Gärten und Höfe der Rubenszeit 2000, S. 351 (Rubens' Garten); Hansmann 1988, S. 73; Kalusok 2003, S. 72; Stemshorn 1999, S. 70 (Schwindt); v. Buttlar 1993, S. 12 u. Krause 1994, S. 48 (Vaux-le-Vicomte); Krause 1994, S. 60 (Sceaux); Hansmann 1988, S. 267–271 u. v. Buttlar 1993, S. 11–16 (Kassel Wilhelmshöhe). Für das weitere 18. Jahrhundert sind noch Herkulesstatuen in Weikersheim und Großsedlitz bekannt. Schulze 1995 II, S. 58, Anm. 40 weist auf eine Herkulesstatue auf Schloss Kolding in Dänemark hin. Es handelte sich aber nicht um eine Gartenskulptur. Sie bekrönte zusammen mit drei anderen Heroen die vier Ecken des Schlossturmes, vgl. Christian IV. and Europe 1988, S. 469 und Abb. Farbtafel IV.

1292 Barisi 2004, S. 12 u. 69ff.

1293 Cavalli-Björkman 2000, S. 49.

1294 Vgl. Weber 1985, S. 29, 37, 246 u. 258, leider ohne Abbildungen.

1295 Für das 18. Jahrhundert sind dann noch Skulpturen des kämpfenden Herkules im Weikersheimer Garten (1709–1725, vgl. Hansmann 1988, S. 266), im Ledebur-Garten in Prag (um 1730) und im schleswig-holsteinischen Traventhal (1740er Jahre, vgl. Kuhnigk 1996 II, S. 602) zu erwähnen.

1296 Vgl. Matthies/Schubert 1996, die sich auch auf das Bild beziehen und in den erreichbaren Quellen keine näheren Angaben fanden.

1297 Vgl. Kap. II 2.

1298 An dieser Stelle sei Margita M. Meyer vom LDSH Kiel sehr herzlich gedankt, die mich auf das Gemälde aufmerksam machte.

1299 Vgl. v. Buttlar 1993, S. 11–20.

1300 Ein paar wenige Angaben liefert Hanschke 1991, S. 185–187, die sich mit den Quellen zu Gartenanlagen der Landgrafen Wilhelm IV. und Moritz in Kassel sonst sehr ausführlich auseinandersetzt.

1301 Hanschke 1991, S. 187.

1302 Auch der Kampf mit dem Höllenhund Zerberus gehört dazu, ist aber leichter von den anderen Kampfszenen zu unterscheiden.

1303 Grant/Hazel 1986, S. 188f.

1304 Vgl. die Abbildungen bei Kommer 2000, S. 160f. was eine Verkürzung der eigentlichen Geschichte bedeutet, für die zwei Personen notwendig waren, wie es auch in dem weit verbreiteten Stich von Cornelis Cort (um 1565) wiedergegeben ist.

1305 www.wikiwand.com/de/Ladon_(Mythologie), Zugriff 27.09.2018.

1306 Aleotti 1647, S. 89.

1307 Weitere Beispiele sind ein Gemälde von Peter Paul Rubens im Museo del Prado in Madrid, abgebildet in Gärten und Höfe der Rubenszeit 2000, S. 351 und das Titelblatt des von Giovanni Battistat Ferrari 1646 publizierten Buches „Hesperides…", abgebildet bei Heilmeyer 2001, S. 20, Abb. 5, das sehr bekannt war, aber in der Gottorfer Bibliothek nicht nachweisbar ist.

1308 Böckler 1664/1968, Einleitung von Wagner-Rieger, S. 26.

1309 Weber 1985, S. 74 u. Abb. 108.

1310 Drache: Olearius 1663, S. 367; U. Petersen: „der geflügelte Drachen, Hydra Lernaea" in: RAK, Håndskriftsamling, Gruppe I, U. Petersens Samling, Vol. 17, Kap. 112, § 9; LASH 66/1712 III, fol. 273–279, Inv. des Fontänenwesens v. 19.8.1738; Thurah 1749, Bd. 2, S. 250, Anm. *; v. Schröder 1827, S. 321. Hydra: Lacombe-Vrigny 1706, in: Schulze 1995 I, S. 19, Anm. 6; Jürgensen 1822, S. 153. „Cerbero" in: LASH 7/6826, Inventar v. 1709, pag. 579.

1311 Olearius 1663, S. 367.

1312 Beispiele dafür sind in Frankreich Amboise, Blois und Anet, in Italien Villa di Castello bei Florenz, Villa d'Este in Tivoli und Villa Borghese in Rom.

1313 Vgl. Hansmann 1988, S. 43f. u. S. 52–56 (mit den Stichen von Du Cerceau). Auch im Garten des Neugebäudes bei Wien war um den oberen Ziergarten eine Galerie angelegt, vgl. Hansmann 1988, S. 81 u. hier Abb. 109, wie wir sie auch noch auf dem Titelblatt der „Architectura Recreationis" von Joseph Furttenbach finden, vgl. Quecke 1999, S. 31. Auch Weber-Karge 1989, S. 109 hält den Wandelgang für ein besonders in Frankreich übliches Gartenelement.

1314 In Frankreich: Gaillon, Abb. bei Hansmann 1988, S. 46. In Deutschland: Lusthaus von 1556 im Garten der Herzogin in Stuttgart (Weber-Karge 1989, S. 96), Garten des Laurentius Scholz in Breslau ab 1585 (Rohde 2000, S. 20). Dänemark: Im Garten von Schloss Rosenborg wurde 1619 ein achteckiges Lusthaus aus Fachwerk mit Fenstern zu jeder Seite gebaut (Christensen 1999, S. 270).

1315 Zum Beispiel im Münchner Hofgarten, vgl. Schönborn 1988, S. 30f. Ein achteckiges Lusthaus im Zentrum findet sich auch bei Furttenbach, vgl. Nehring 1993, S. 156 mit Abb. Umlaufende Laubengänge zeigt Furttenbach in seinem Entwurf des ersten Lustgartens in der „Architectura recreationis", Abb. in Furttenbach 1640/1988, S. 55.

1316 Gothein 1926, I, S. 98f., 110f., 122 u. 132ff. nennt als Beispiele den Garten Kaiser Domitians auf dem Palatin in Rom, die Villa Hadriana in Tivoli u.a.

1317 Vgl. Puppi 1993, S. 50f.; Abb. bei Hansmann 1988, S. 21.

1318 Vgl. Gothein 1926, I, S. 280 u. Abb. 195 u. 196.

1319 Fagiolo 1997, S. 17–19; Barisi 2004, S. 57f. u. 69–72 (Villa d'Este); Gothein 1926, I, S. 340ff. u. Abb. 257 (Villa Mondragone).

1320 Fagiolo 1997, S. 23f. u. 218.

1321 V. Buttlar 1993, S. 11f.

1322 Paulus 2003, S. 36. Zum Amphitheater in Kleve vgl. auch Diedenhofen 1979, S. 170 u. 176 und Paulus 2015, S. 66f. Eine frühere, aber noch rein theoretische Rezeption des Teatro-Motivs findet sich in Joseph Furttenbachs Vorschlag zu einer Grotte, den er in der „Architectura recreationis" 1640 publizierte, einer halbkreisförmigen Architektur, die mit einem flachen Dach und Balustrade begehbar ist und offenbar direkt auf die Anlage des Tivolibrunnens in der Villa d'Este zurückgeht, vgl. Stemshorn 1999, S. 22f.

1323 Büsten zieren u.a. auch das Theaterhalbrund der Villa Aldobrandini im oberen Bereich. Weiterhin findet sich diese Kombination auch im exedraförmigen Grabmal des Johann Moritz von Nassau-Siegen von 1678 in Bergendael bei Kleve, vgl. Stupperich 1995, S. 52f.

1324 Zu Zorgvliet vgl. Paulus 2015, S. 67 u. 69; zur Orangerie von Johann Arnold Nering im Berliner Lustgarten vgl. Hoiman 2003, S. 55. Weitere Beispiele dieser Art sind u.a. die Orangerien im Boseschen Garten in Leipzig (vgl. Balsam 2015, S. 37f. u. Rüdiger 2001, S. 136–142 u. Abb. 4; Paulus 2015, S. 61), und der erste Entwurf Augusts des Starken für den Dredsner Zwinger (Paulus 2015, S. 61). Vgl. die zu diesem Thema grundlegenden Beiträge von Paulus 2015 u. 2016.

1325 Lund 1977, S. 110, der den Garten von Søholt zeitgleich mit Gottorf ansetzt, während Stilling 2015, S. 411 ihn in die 1690er Jahre datiert.

1326 Josephson 1930, Bd. 2, Abb. 178 u. 186.

1327 Schlee 1962, S. 5. Diese Einschätzung übernahmen u.a. Hennebo/Hoffmann 1965, S. 94 und Koppelkamm 1987, S. 10 u. 31. Merkwürdigerweise erwähnen Weber-Karge 1989 und Kiby 1990 das Globushaus überhaupt nicht, obwohl Ulrike Weber-Karge die Gottorfer Amalienburg in ihre Untersuchung einbezieht.

1328 Lühning 1997, S. 29 u. 32f.; Lühning 2006, S. 50.

1329 RAK, Håndskriftsamling, Gruppe I, U. Petersen, Vol. 17, Kap. 112, pag. 856. Es bleibt unklar, ob sich Petersen beim Anblick des Globushauses auch an die Gottorfer Gesandtschaft erinnerte, von der er als passionierter Historiker sicher Kenntnis besaß. In diesem Zusammenhang erwähnt er sie jedenfalls nicht.

1330 Jürgensen 1822, S. 154: „[…] das im persischen Geschmack gebaute Lusthaus […]."

1331 Schlee 1965, S. 46; Schlee 1979, S. 26; Koppelkamm 1987, S. 31. Ebenfalls Roding 2020, S. 280, die allerdings bei der Zwiebelform der Turmhaube russischen Einfluss vermutet.

1332 Vgl. Heckmann 2000, S. 75.

1333 Olearius 1656, S. 494. Er berichtet nur von den „tausend Thüren", die das Haus gehabt haben soll.

1334 Vgl. Abb. in https://www.orientalarchitecture.com/sid/807/iran/kashan/bagh-e-fin-garden [4.11.2018]. Vgl. auch https://de.wikipedia.org/wiki/Fin-Garten und http://www.eslam.de/begriffe/f/fin-garten.htm [28.10.2018].

1335 Olearius 1656, S. 561f. u. Abb. nach S. 552, die allerdings so klein und wenig differen-

1336 ziert ist, dass sie zur weiteren Auswertung nicht herangezogen werden kann.
1336 Alemi 1995, S. 55 u. Abbildungsunterschrift S. 47 zum Balakhane des Bagh-i Hizar Jarib.
1337 Ein begehbares Flachdach weist ebensowenig der Ali Qapu-Palast in Isfahan auf, den Roding 2020, S. 280 als Vergleichsbeispiel für das Globushaus nennt. Er besitzt stattdessen einen markanten Altan mit einem auf Säulen ruhenden Flachdach, der mit dem Globushaus nichts gemein hat.
1338 Olearius 1654, S. 16 (Gebäude mit Pilastergliederung und Rundbogenöffnungen) u. 97.
1339 Vgl. Koppelkamm 1987, S. 11 u. S. 21, wo er den Garten als „architektonisches Ausnahmegebiet" bezeichnet.
1340 Kiby 1990, S. 159. Erst seit 1660 berichten Quellen davon, dass das Neugebäude an dem Ort errichtet wurde, an dem der türkische Sultan bei der ersten Belagerung Wiens sein prunkvolles Zeltlager aufgeschlagen hatte, nach dessen Vorbild das Neugebäude gebaut worden ist. Zu Kremsmünster vgl. Weber-Karge 1989, S. 101, Anm. 452 u. Abb. 101. Die Bezeichnung „Moschee" stammt nicht aus der Erbauungszeit.
1341 Kiby 1990, S. 168f. (Gaillon); Hein 2005, S. 12 mit Abb. (Frederiksborg); Weber-Karge 1989, S. 101 u. Abb. 100 und Schedler 1988, S. S. 41 u. Abb. 49 (München); Weber-Karge 1989, S. 107 u. Abb. 110 (Stettin); Matthies/Schubert 1996, S. 397 (Lauenburg); de Cuveland 1994, S. 45f. u. Abb. 5f. (Husum); Weber-Karge 1989, S. 107 u. Abb. 103f. (Berlin).
1342 Hans Vredeman de Vries in seinen Säulen- und Gartenbüchern, 1565–1578 (vgl. Weber-Karge 1989, S. 110) und Salomon de Caus in seinem „Grottenbuch" mit dem Titel „Von Gewaltsamen Bewegungen", Problema XI (vgl. Franke 2000, Abb. 2, S. 83f.).
1343 Furttenbach 1640/1988, S. 26 u. Titelblatt S. 28. Vgl. dazu Hennebo/Hoffmann 1965, S. 94; Weber-Karge 1989, S. 111f., die in der umlaufenden Belvedere-Galerie Parallelen zum Wiener Neugebäude sieht; Hansmann 2009, S. 287. Tatsächlich zeigt das dargestellte Gebäude eine typologische Ähnlichkeit mit dem Ali Qapu in Isfahan, dem Hauptgebäude des Königspalastes, das unten aus einem massiven Bau und oben aus einer auf Säulen ruhenden, offenen Loggia besteht, einem für persische Architektur typischen Kennzeichen namens talar, vgl. Alemi 1995, S. 53. Welche Kenntnisse Furttenbach von islamischen Gärten besaß und woher sie stammten, bleibt leider unklar. Auch in der „Architectura civilis" (1628), Tafel 13, stellte Furttenbach einen Grottenbau mit Aussichtsplattform vor (vgl. auch Weber-Karge 1989, S. 112). In der Gottorfer Bibliothek waren diese Werke nicht vorhanden.
1344 Weber-Karge 1989, S. 115. Nach Pevsner/Honour/Fleming 1992, S. 24 findet sich der Altan als vom Erdboden an unterbaute Dachterrasse besonders in Venedig.
1345 Kiby 1990, S. 164 sieht den orientalischen Einfluss z.B. in der Verbindung von Lust- und Tiergarten. Während bei Schloss Neugebäude der Einfluss durch die Auseinandersetzung mit den Türken klar auf der Hand liegt (S. 158–164), zeigt die Autorin den Rezeptionsweg für die Gestaltung der Maison Blanche in Gaillon leider nicht auf (S. 168). Man kann vielleicht Einfluss der maurischen Anlagen in Spanien vermuten.
1346 Du Cerceaus Stichwerk ist im Gottorfer Bibliothekskatalog von 1709 nur mit dem ersten Band gelistet (Gaillon befindet sich im zweiten Band), aber es ist anzunehmen, dass das Werk ursprünglich vollständig vorhanden gewesen ist, vgl. Anhang 3, Nr. 13.
1347 Roding 2020, S. 280.
1348 Olearius 1656, S. 553 u. 561 (Bagh-i Hizar Jarib). Vom Bagh-i Fin berichtet er nur vom Lusthaus, nicht von der Wasserführung, die es dort auch gab. Auch im Lusthaus des Gartens von Ardebil sah Olearius Wasserspiele (S. 453). Zu den unterirdischen Wasserkanälen in persischen Gärten und auch im Bagh-i Fin vgl. Wescoat 1995, S. 123.
1349 Weber-Karge 1989, S. 98ff. (Jungfernbastei Dresden, Neues Lusthaus Stuttgart), S. 100 (Hessem), S. 102 (Berliner Lustgarten), S. 103 (Altes Lusthaus Stuttgart) und S. 104 (Kassel, Fuldaaue).
1350 Zu Grotten im Neuwerkgarten vgl. Kap. III 3.2. und 3.4.
1351 Weber-Karge 1989, S. 94 u. 115 (allgemein), S. 104 (Kassel), S. 103f. u. 106 (Stuttgarter Lusthäuser), S. 97f. (Dresden).
1352 Weber-Karge 1989, S. 104. Teile des Gebäudes dienten auch als Arzneidestille, alchimistisches Laboratorium und Buchdruckerei. Zu den vielfältigen, intensiven Beziehungen zum Kasseler Hof vgl. Schlee 1991, S. 18f. Auch für das o.g. östliche Lusthaus in Lauenburg vermuten Matthies/Schubert 1996, S. 397 aufgrund der in alle Himmelsrichtungen zeigenden Altane die Nutzung als „astronomisch-alchemistisches >Laboratorium<" (Abb. 110).
1353 Vgl. Roding 2020, S. 281.
1354 Weber-Karge 1989, S. 94f.
1355 Vgl. Kap. III 4.19.
1356 Böckler 1664/1968, Einleitung von Renate Wagner-Rieger, S. 29. Zum Nachweis in der Gottorfer Bibliothek vgl. Anhang 3, Nr. 13.
1357 Woodbridge 1986, S. 123.
1358 Vgl. Sirén 1914, S. 153. Vgl. Zech 2010, S. 49, die auch auf diesen Zusammenhang hinweist.
1359 Reisebeschreibung 1662, Bibliothek Gut Nehmten, S. 73 (Saint-Cloud) u. 92 (Rueil). Die berühmteste Kaskade in Saint-Cloud von Jean Le Pautre ist erst nach 1662 entstanden und war 1665 noch nicht fertig, vgl. Weber 1985, S. 252 und Abb. 202.
1360 Vgl. Weber 1985, S. 64.
1361 Reisebeschreibung 1662, Bibliothek Gut Nehmten, S. 65, 73, 92, 138 u. 146.
1362 Reisebeschreibung 1662, Bibliothek Gut Nehmten, S. 242f.
1363 Höroldt 1989, S. 353–355.
1364 Reisebeschreibung 1662, Bibliothek Gut Nehmten, S. 242f.
1365 Vgl. Böckler 1664/1968, III/28 (Vasen); III/21, 27 u. 28 (Engelsfiguren); III 27, 28 u. 30 (Balustraden); III/30 (Triton); III/28 u. 30 (Bodenbeläge).
1366 Vgl. Kap. III 3.2.
1367 Die Zeichnungen befinden sich im Nationalmuseum Stockholm (z.B. von der Kaskade der Villa Aldobrandini in Frascati (THC 240)), die u.a. von Sirén 1914 und Weber 1985 ausgewertet wurden.
1368 Böckler 1664/1968, Einleitung von Wagner-Rieger, S. 29.
1369 Scheliga 1999, S. 22ff.; Böckler 1664/1968, Einleitung von Wagner-Rieger, S. 29; Hennebo/Hoffmann 1965, S. 109, 112f. u. 120.
1370 Christensen 1999, S. 282, 285 u. 289.
1371 Vgl. Kap. III 4.6. und 4.21.
1372 Schlee 1965, S. 58; Paarmann 1986, S. 377, Anm. 4.
1373 Reisebeschreibung 1662, Bibliothek Gut Nehmten, S. 139 u. 142.
1374 Vgl. Kalusok 2003, S. 80. Auch in Versailles ließ Ludwig XIV. überwiegend Kopien antiker Statuen aufstellen, die französische Künstler in der „Akademie de France" in Rom angefertigt hatten, vgl. Hansmann 1988, S. 105. Auch Nikodemus Tessin d.J. berichtet in seinem Reisetagebuch, das Ludwig XIV. Abgüsse von antiken Kunstwerken anfertigen ließ, vgl. Sirén 1914, S. 41.
1375 Vgl. Anhang 3, Nr. 13, z.B. „Antiquarum statuarum urbis Romae" von Giovanni Battista Cavalieri, einem italienischen Kupferstecher des 16. Jahrhunderts.
1376 Paarmann 1986, S. 130f.
1377 In Versailles gab es Figuren aus Bronze, Marmor und Bleiguss, vgl. Hansmann 1988, S. 103–105, 107–113 u. 123–125.
1378 Vgl. Scholten 2004, S. 87 u. 89.
1379 Florinus 1719, 3. Buch, S. 914.
1380 Vgl. Schlee, Kupferstecher im Umkreis des Gottorfer Hofes, in: Borzikowsky 1981, S. 7. Vgl. zur Gottorfer Bibliothek Anhang 3, Nr. 13. Hier gab es z.B. ein Werk von Johann Jacob Boissardi mit Porträts von Humanisten und Reformatoren, bekannte Bücher über die „uomini illustri" von drei Schriftstellern, von Plutarch über den Historiker Paolo Giovi aus Como, der dort ein Museum mit Bildnissen eingerichtet hatte, bis zu Galeazzo Gualdo Priorato, außerdem ein Werk von Hermann Kirchner über berühmte Regenten sowie Giorgio Vasaris Künstlerviten.
1381 Schlee 1965, S. 38. In der Bibliothek waren auch Werke über berühmte Geschlechter und Fürstenhäuser vorhanden, vgl. Anhang 3, Nr. 13, z.B. von Johann Baptist Pigma über die Geschichte des Hauses d'Este oder von Matthäus Merian über die Herstammung der Häuser Baden und Holstein.

1382 Vgl. Kap. III 4.6.
1383 Heckmann 2000, S. 23.
1384 Zwei andere Beispiele führen eher den Herrscherstatus in Form einer Ahnengalerie vor Augen: Nicht im Garten selbst, aber im Lusthaus auf der sogenannten Jungfernbastei der Dresdener Festung, dessen Bau 1589 begonnen und ab 1617 nach längerer Pause fortgesetzt wurden, befanden sich an den Wänden des unteren Saales 51 Säulen mit „Büsten sächsischer Fürsten bis zum regierenden Herrscher mit ihren Wappen", die Herzog Friedrich III. bekannt gewesen sein können, obwohl das Lusthaus nicht für Festlichkeiten benutzt wurde, weil es nie ganz fertig geworden war (Weber-Karge 1989, S. 97–99, Zitat S. 98). Beim zweiten Beispiel handelt es sich nicht um Büsten, sondern um eine Serie von großen, marmornen Kurfürstenstatuen, die der niederländische Bildhauer Bartholomäus Eggers um 1685/87 in den Berliner Lustgarten lieferte, vgl. Scholten 2004, S. 60.
1385 Christensen 1999, S. 132 und 138. Sie erwähnt hier ein Inventar von 1673, wo von 43 Gipsbüsten in Rosenborg die Rede ist. Es ist aber sehr unwahrscheinlich, dass Büsten aus diesem Material im Garten aufgestellt worden sind.
1386 Vgl. Heckmann 2000, S. 24.
1387 Vgl. Anhang 3, Nr. 13: „Caesar Augustus. Sive Historia Imperat: Caesarumque et Numismatibq restituta liber […], Brügge 1574. Außerdem war Diethelm Kellers „Künstliche und aigendtliche Bildnussen der rhömischen Keyseren" von 1558 vorhanden.
1388 Vgl. Kap. III 4.21.
1389 Heckmann 2000. S. 316. Später wurde für die Gottorfer Bibliothek sein Architekturtraktat „Theatrum architecturae civilis", das in Güstrow 1679 erschien, angeschafft. Über die Heirat von Christian Albrechts Schwester Magdalena Sibylla 1654 mit Dieussarts späterem Dienstherrn Gustav Adolf Herzog von Mecklenburg-Güstrow blieb auch eine gewisse Verbindung bestehen.
1390 Scholten 2004, S. 58f.
1391 Scholten 2004, S. 70–76.
1392 Scholten 2004, S. 57f.
1393 Schubert 2003, S. 66.
1394 Schubert 2003, S. 67 u. 70.
1395 Scholten 2004, S. 67.
1396 Scholten 2004, S. 70. 1689 wurde ein Liefervertrag zwischen Dronrijps Sohn Andries und dem Sekretär des schwedischen Königs geschlossen, vgl. S. 75.
1397 Vgl. Lund, 1977, S. 258. Es waren 40 Bleibüsten. Wen sie darstellten, wird nicht erwähnt.
1398 Scholten 2004, S. 86 weist darauf hin, dass weitere Forschungen nötig seien, um mehr über die Kunden der Bleigießer zu erfahren.
1399 Scholten 2004, S. 71.
1400 Vgl. zum Thema der Kaiserporträtgalerien Stupperich 1995. Das Vorkommen in Gärten wird hier nicht speziell behandelt, sondern ist nur eine unter vielen Präsentationsmöglichkeiten.
1401 Sirén 1914, S. 137, 152, 170 u. 172, wobei die Villa Poggio Imperiale bei Florenz, die Villa Farnese in Caprarola und die römischen Palazzi Barberini und Borghese genannt werden.
1402 Vgl. Gothein 1926, I, S. 255–258; Azzi Visentini 1993, S. 103 u. Abb. S. 104.
1403 Erasmus von Rotterdam, „Convivum religiosum. Das geistliche Gastmahl", zitiert nach Weber-Karge 1989, S. 109.
1404 Sirén 1914, S. 85; Reisebeschreibung 1662, Bibliothek Gut Nehmten, S. 50.
1405 16. Jahrhundert: Augsburg, Gartenhaus des Konsuls Gerbrod (Weber-Karge 1989, S. 93, Anm. 418) und München, seit 1560 errichtetes Lusthaus im Garten der Herzogin mit Brustbildern der 12 Caesaren an den Wänden des Hauptsaales (Weber-Karge 1989, S. 96).
1406 Vgl. Quecke 1999, S. 36.
1407 Stupperich 1995, S. 54f. Eine für den niederländischen Statthalter Frederik Henrik von Nassau von verschiedenen Künstlern, u.a. Rubens, gemalte Serie von Kaiserbildern kam später über verwandtschaftliche Beziehung nach Berlin.
1408 Stupperich 1995, S. 55. Interessanterweise wurde die Oranienburger Folge von 12 Kaiserbüsten aus Marmor etwas später durch Kaiserinnen ergänzt. Vgl. auch Presseerklärung der Stiftung Preußische Schlösser und Gärten Berlin-Brandenburg v. 5.8.2010.
1409 Stupperich 1995, S. 51. Zum Programm des mit fast 200 Bronzefiguren verschiedener Größe und Personen ausgestatteten Grabmal für Kaiser Maximilian I. in der Innsbrucker Hofkirche gehörten auch 34 Kaiserbüsten. Die Büsten für den Großen Kurfürsten und Johann Moritz von Nassau waren aus Sandstein oder Marmor gearbeitet, vgl. S. 54f.
1410 Vgl. die Quelle in Kap. III 4.21.
1411 Stupperich 1995, S. 50.
1412 Hierzu ausführlich Paulus 2004.
1413 Paulus 2004, S. 280.
1414 Vgl. Kap. III 4.21.
1415 RAK, Håndskriftsamling, Gruppe I, U. Petersen, Vol. 17, Kap. 112, § 32. Daneben findet sich nur noch im Inventar von 1709 (LASH 7/6826, pag. 631) die Kennzeichnung der Dächer „nach proportionirter Höhe der Itälienischen Manieren".
1416 Weber-Karge 1989, S. 103, 108 u. 117 (Zitat).
1417 Albrecht 1988, Abb. 20a (Kassel); Hansmann 1983, Abb. 51 (Neues Lusthaus Stuttgart).
1418 Diese Unterscheidung macht auch Albrecht 1991, S. 28.
1419 Vgl. die Rekonstruktion von Paarmann 1986, S. 13f.
1420 Zu diesem Typus gehört auch das Schloss Friederikenberg bei Zerbst in Sachsen-Anhalt in seiner zweiten Bauphase ab 1725 (vgl. Abb. in https://www.schloss-zerbst.de/html/sonstiges/friederikenberg.htm (22.11.2018)).
1421 Albrecht 1988, S. 72 u. 1991, S. 30.
1422 Albrecht 1988, S. 72.
1423 Weber-Karge 1989, S. 118; Albrecht 1988, S. 72.
1424 Vgl. Kap. II 3.
1425 Vgl. Anhang 3, Nr. 13. Die deutsche Ausgabe „Von der Architectur Fünff Bücher …" war 1609 in Basel erschienen. Die italienische Ausgabe ist nur mit dem kurzen Titel „Architettura" bezeichnet.
1426 Er war publiziert in dem Buch „Antiquae urbis splendor", Rom 1612–14, vgl. Anhang 3, Nr. 13.
1427 Obwohl es von Laurus dargestellt wird, ist dieses Lusthaus vermutlich nie gebaut worden, vgl. Hansmann 1988, S. 29.
1428 Reisebeschreibung 1662, Bibliothek Gut Nehmten, S. 20, 87, 93, 150f. u. 243.
1429 Vgl. Abb. 262 in Hubala 1984 (Maisons-Laffitte) und Abb. in http://www.paris-autrement.paris/chateau-de-vincennes-le-pavillon-du-roi/ (Vincennes).
1430 Diese Bücher waren alle in der Gottorfer Bibliothek vorhanden, vgl. Kap. II 4. und Anhang 3, Nr. 13.
1431 Pevsner/Honour/Fleming 1992, S. 66, 130, 397 u. 506. Hier wird diese Stilrichtung in den Niederlanden auch als „holländischer Palladianismus" bezeichnet. Loonstra 1985, S. 19 beschreibt den niederländischen Klassizismus als einen von griechisch-römischen und italienischen Vorbildern ausgehenden Stil, der sich durch eine zurückhaltend ausbalancierte Regelmäßigkeit auszeichnet.
1432 1662 besichtigte der Herzog seine Hauptwerke, das Mauritshuis in Den Haag (1633–35) und das Amsterdamer Rathaus (1642–48), das – so wird es im Tagebuch kommentiert – für „eins von den vornehmsten gebeüen der Welt gehalten wird" (Reisebeschreibung 1662, Bibliothek Gut Nehmten, S. 14). Jacob van Campen hatte das Rathaus in einem Buch publiziert mit dem Titel „Afbeelding van't Stadt Huys van Amsterdam", Amsterdam 1661, das auch im Gottorfer Bibliothekskatalog verzeichnet ist, vgl. Anhang 3, Nr. 13.
1433 Reisebeschreibung 1662, Bibliothek Gut Nehmten, S. 20f. Zum Huis ten Bosch vgl. Loonstra 1985, S. 19–27, der erläutert, dass dieser Typ von zentralem Saal auch „salle à l'italienne" genannt wurde aufgrund seiner offensichtlichen Rezeption der palladianischen Villen, speziell der Villa Rotonda bei Vicenza (S. 23).
1434 Schon Schmidt 1922, S. 45, Anm. 391 wies, ohne vom Reisetagebuch Herzog Christian Albrechts Kenntnis zu haben, auf dieses für ihn offenkundige Vorbild hin.
1435 Pevsner/Honour/Fleming 1992, S. 66, 474 u. 583. Lühning 2011, S. 89 sieht in den Dachformen der Amalienburg einerseits ei-

ne Vorwegnahme „der ›indianischen‹ oder ›orientalischen‹ Lusthäuser", andererseits wiederspricht er sich selbst, indem er das Inventar von 1709 mit den Dachproportionen nach italienischer Art zitiert (S. 114, Anm. 31). Da die Dächer keine geschweifte Form haben, ist diese Einschätzung nicht nachvollziehbar.

1436 Zu Gripenberg vgl. Albrecht 1988, S. 71 u. Albrecht 1991, S. 31. Auch das dänische Schloss Sophieamalienborg in Kopenhagen (1667–1683) bezieht sehr deutlich seine Form aus dem italienischen Villenbau, vgl. Pevsner/Honour/Fleming 1992, S. 583.

1437 Durch Verwandtschaft mit Gottorf verbunden, entstand 1703 unter Herzog Johann Georg von Sachsen-Weißenfels (reg. 1697–1712) das Schloss Klein-Friedenthal bei Freyburg (Sachsen-Anhalt, 1773 abgerissen), das in Grundriss und Ansicht noch Ähnlichkeiten mit der Amalienburg und den idealen Grundrissen Serlios aufweist, zwar symmetrisch, aber kein Zentralbau ist, vgl. Wille/Säckl 1993, S. 44, 47 und Abb. 1 u. 2 (freundlicher Hinweis von Harald Blanke). Beim Schloss Favorite in Ludwigsburg (1717–23 von D. G. Frisoni) sind dem schon durch Ecktürme bekrönten Kernbau wie bei der Amalienburg quadratische Eckpavillons eingestellt, vgl. Hesse 2012, S. 141 u. Abb. S. 142.

1438 Böckler 1664/1968, Einleitung von Wagner-Rieger, S. 21 u. 29. Den Wendepunkt verbindet sie mit der Ablehnung der Vorschläge Berninis, die er 1664 auf Einladung Ludwig XIV. für den Pariser Louvre gemacht hatte. Auch Dieter Hennebo (Hennebo/Hoffmann 1965) weist auf die immer noch aktuellen italienischen Einflüsse im deutschen Gebiet in der zweiten Hälfte des 17. Jahrhunderts hin, z.B. bei der Anlage des sogenannten Amphitheaters in Kleve (S. 109), beim Schlossgarten in Weimar (S. 118), dem „Italienischen Garten" und Großen Garten in Dresden (S. 121) und dem Osnabrücker Residenzschloss (S. 122).

1439 Scheliga, Musikwissenschaftlicher und kunsthistorischer Kommentar, in: Bressand 1694/1994, S. 25, 34, 37f., 58 u. 61. Auch die Tatsache, dass das Salzdahlumer Schloss in Fachwerk gebaut war und deshalb eine repräsentative steinsichtige Fassung erhalten musste (S. 32 u. 58), ist eine Parallele zur Gottorfer Amalienburg, vgl. weiter unten.

1440 Schlee 1979, S. 27.
1441 Lühning 2011, S. 89–92. Vgl. Anhang 3, Nr. 3.
1442 Vgl. Kap. III 4.22.
1443 Albrecht 1988, S. 71.
1444 Eltgen 1995, S. 26 weist eine Nachahmung der holländischen Backsteinarchitektur durch eine steinimitierende Farbfassung auch für die Nebengebäude des Bruchsaler Schlosses im 18. Jahrhundert nach.
1445 Vgl. die bei Loonstra 1985, S. 64 abgebildeten Gemälde.

1446 Eltgen 1995, S. 97. Der Autor stellt bei allen untersuchten Beispielen von farbig gefasster Architektur mit Steinimitation einen Zusammenhang mit dem Herrschaftsverständnis fest, was verschiedene Gründe haben kann, z.B. die „Aufnahme architektonischer Zeitströmungen aus dem Ausland durch Modebewusstsein" (S. 28).

1447 Reisebeschreibung 1662, Bibliothek Gut Nehmten, S. 21f.
1448 Loonstra 1985, S. 27–31 u. 124f. Das größte Gemälde „Der Triumph des Frederik Henrik" wurde von Jacob Jordaens 1652 fertiggestellt.
1449 Reisebeschreibung 1662, Bibliothek Gut Nehmten, S. 20f.: Das „Lusthaus im Busche […] darinnen zu besehen wehrt gewesen, der große Saal, welcher mit über die massen kostlichen Schildereÿen gezieret ist: Die materie von den Schildereÿen ist die Gebuhrt, Leben, victorien, Friedensstiftung und Todt des Prinzen von Oranien Friderich Henrich, dieses izigen Gros=Herr Vatter, alles mit Lebensgroßen Figuren. Dieser Saal gehet oben bis ans tach, alles Künstlich perspectivè gemahlt, und ist am obersten eine Gallerie gemacht, von welcher die Schildereÿen zum besten parvien [?] und oben wo sich der boden ovalsweise schließet, das contrefeÿ von der izigen Princesse Douvariere".

1450 Köster 2017, S. 179. Es ist umso unverständlicher, weil sie vor allem selbst die Unterschiede in Inhalt und Form betont, während die von ihr konstruierte Vergleichbarkeit sehr vage erscheint (S. 70 u. 206–208).
1451 Köster 2017, S. 70 u. 207.
1452 Freytag/Harms/Schilling 2001, S. 8–11; Höpel 2014, S. 10.
1453 Höpel 2014, S. 11 u. 13 (Nürnberg, Rathaus; Herrenhaus Roest); Bach-Nielsen 2014, S. 21 (Fjellebro auf Fünen/Dänemark); Freytag/Harms/Schilling 2001, S. 11 u. 17 (Rosenburg in Stans/Schweiz; Dresden, Kügelgenhaus; Herrenhaus Gaarz).
1454 Höpel 2014, S. 11. Vgl. Anhang 3, Nr. 13.
1455 Freytag/Harms/Schilling 2001, S. 27 (Münchner Residenz) und S. 17 (Herrenhaus Gaarz in Ostholstein (1693). Von den Räumen in der Amalienburg erhielt die Emblemforschung erst mit Lühnings Publikation von 2011, S. 99f. Kenntnis. Wegen der lebensgroßen Figuren nicht direkt mit den anderen vergleichbar ist die emblematische Wandgestaltung der Eingangshalle des Herrenhauses Roest, Kreis Schleswig-Flensburg (1641), vgl. Höpel 2014, S. 13.
1456 Dazu zuletzt grundlegend Freytag/Harms/Schilling 2001.
1457 Lühning 2011, S. 100 vermutet auch hier Jürgen Fuhrmann.
1458 Kielmansegg war eine Vertrauensperson, die der Herzog um Rat wegen seiner Heirat bat, aber auch seine Bildung machte ihn interessant für geistigen Austausch, vgl. Freytag/Harms/Schilling 2001, S. 12 u. S. 14.

1459 Vgl. Freytag/Harms/Schilling 2001, S. 21f. (L 113, Abb. S. 124, zeigt eine Armillarsphäre auf einem Tisch, darüber eine Landkarte der Ostseeküsten mit Schleswig; auf L 93, Abb. S. 114, ist die Amalienburg dargestellt; L 56, Abb. S. 95, zeigt den Südflügel von Schloss Gottorf).
1460 Reisebeschreibung 1662, Bibliothek Gut Nehmten, S. 136.
1461 Reisebeschreibung 1662, Bibliothek Gut Nehmten, S. 144.
1462 Höpel 2014, S. 11f. u. Höpel 2017, S. 220. Sie zeigt die Bezugnahme der Gottorfer Ballette auf aktuelle zeitgenössische Entwicklungen im Bereich der Emblematik auf.
1463 Freytag/Harms/Schilling 2001, S. 12, 14 (Zitat) u. 17.
1464 Eine ähnliche Vermutung äußerte schon Lühning 2011, S. 118, Anm. 85. In der Gottorfer Bibliothek lassen sich bislang sieben Emblembücher nachweisen, darunter auch das zweibändige „Recueil d'Emblemes diverses …" von Jean Baudoin, einmal eine Ausgabe Paris 1638 (wohl der erste Band) und dann Amsterdam 1639 (vermutlich der zweite Band), vgl. Anhang 3, Nr. 13.
1465 Zu den Details vgl. Kap. III 4.22.
1466 Vgl. zur Rekonstruktion Kap. III 4.25.
1467 Martz 2016, S. 18.
1468 Zum Karussell im Wilhelmsbad zuletzt grundlegend Ludwig, 2016; zum Ludwigsburger Bau vgl. Troll 2016, S. 80f. u. 85.
1469 Martz 2016, S. 24ff.
1470 Abbildungen des Ludwigsburger Karussells bei Troll 2016, S. 85, Abb. 17–19.
1471 Vgl. Kap. III 4.20. zur Rekonstruktion der Terrassenanlage.
1472 Zech 2010, S. 35 mit Abb. 9 und 10.
1473 Olearius 1656, S. 561, vgl. auch Kap. IV 1.5. zum Globushaus.
1474 Alemi 1995, S. 46.
1475 Gothein 1926 I, S. 157f. u. 164.
1476 Eine Ausnahme bildet vielleicht der Garten von Saint-Germain-en-Laye. Es ist nicht klar, ob hier von einer Wasserachse gesprochen werden kann (Abb. 108).
1477 Karkosch 2010, S. 180.
1478 In der Literatur werden einige wenige Beispiele von italienischen und französischen Renaissancegärten genannt, vgl. Gothein 1926 I, S. 251f., 272, 294 und Karkosch 2010, S. 180.
1479 Balsam 1999, S. 42.
1480 Karkosch 2010, S. 178 u. 182.
1481 Vgl. Drees 2003, S. 104f.
1482 Vgl. Furttenbach 1640/1988, Titelblatt S. 28.
1483 Vgl. Anhang 3, Nr. 12 u. 13.
1484 Letztlich gehen diese Muster auf italienische und französische Gärten und Traktate des 16. Jahrhunderts wie Serlio und dann in Deutschland Peschel zurück, die beide in der Gottorfer Bibliothek vorhanden waren. Bei Hohberg befinden sich die Parterreentwürfe im ersten Band der „Georgica curiosa", während auf Gottorf nur der zweite Band nachweisbar ist in der Ausgabe von 1687.

1485 Gerade die Beetmuster des Herrengartens wurden in Gartentraktaten rezipiert, wie u.a. bei Böckler, vgl. dazu Hansmann 2009, S. 156–160.
1486 Tschira 1939, S. 12 u. 16; Christensen 1999, S. 231; Gröschel 2011, S. 200.
1487 Paulus 2016, S. 102.
1488 Hamann 2003, S. 30.
1489 Zuletzt Siemon 2014, S. 181 mit Quellennachweis zu dieser Datierung.
1490 Paulus 2003, S. 38 und Tschira 1939, der die beiden abschlagbaren Bauten von de Caus abbildet, einen schmucklosen (Abb. 4) u. einen gemauerten, repräsentativen (Abb. 10).
1491 De Cuveland 1994, S. 41 nach Paarmann 1986, S. 115.
1492 Christensen 1999, S. 233 datiert den Bau auf 1659 und schreibt ihn der Klingenbergzeit zu. In irgendeiner Form muss hier ein Fehler vorliegen, weil Klingenberg das Gut erst 1664 erwarb. Entweder ist das Pomeranzenhaus 1659 entstanden, als das Kanzleigut noch König Friedrich III. gehörte, oder es ist erst nach 1664 zu datieren. Margita Meyer erwähnt in ihrem Beitrag „Hanerau" in: Buttlar/Meyer 1996, S. 288–292 kein Pomeranzenhaus.
1493 Christensen 1999, S. 233f. u. 283f.
1494 Paulus 2016, S. 102f, der die ersten Beispiele mit dem Prager Burggarten 1539 (mobile Gewächshaltung) und der Wiener Hofburg 1549 (abschlagbares Haus) nennt. Vgl. zu den späten abschlagbaren Pomeranzenhäusern Paulus 2003, S. 38 u. Hamann 2003, S. 38ff. und Hoiman 2003, S. 48, Anm. 5.
1495 Paarmann 1986, S. 117.
1496 Wimmer 2011, S. 42.
1497 QuP 685, 784, 840, 858, 884.
1498 Hesse 1706, S. 28f. Vgl. auch Paarmann 1986, S. 118 u. Christensen 1999, S. 204.
1499 Vgl. Kap. III 4.14. Hieraus geht auch hervor, dass das erste Pomeranzenhaus seit 1659 nicht mehr abgeschlagen, d.h. als festes Winterquartier genutzt wurde.
1500 Tschira 1939, S. 18; Paulus 2016, S. 102 u. 105.
1501 Paarmann 1986, S. 115. Nach ihm soll das Husumer Haus ein ähnlicher Typus gewesen sein.
1502 Hamann 2003, S. 35ff.; Biehn o.J. S. 16.
1503 Tschira 1939, S. 15f.; vgl. Anhang 3, Nr. 12. Später beschäftigten sich auch Salomon de Caus in seinem Stichwerk zum Hortus Palatinus (1620) und Joseph Furttenbach in seiner „Architectura recreationis" (1640) mit ästhetisch anspruchsvolleren Varianten eines abschlagbaren Pomeranzenhauses, vgl. dazu Merten 1996, S. 112. Beide Publikationen befanden sich aber nicht in der Gottorfer Bibliothek.
1504 Vgl. Hamann 2003, S. 31f.
1505 Zuletzt ausführlich Hamann 2003, S. 27–46.
1506 Hamann 2003, S. 37ff.
1507 Einzelheiten dazu in den Kapiteln III 4.10. u. 4.14.
1508 Vgl. Christensen 1999, S. 48 u. 234.
1509 Tschira 1939, S. 14. Gröschel 2011, S. 206 berichtet von zwei späteren Pomeranzenhäusern mit „Schiebdächern" in Ortenburg, Landkreis Passau, (1704) und im Garten des Prinzen Eugen am Rennweg in Wien (um 1715), aber ohne die Technik näher zu erläutern.
1510 Hesse 1706, S. 36.
1511 Waldschmidt 1705, S. 34. Hesse 1706, S. 40. Derselbe erwähnt auf S. 26 ein Pomeranzenhaus im Neuwerkgarten, aber ohne von der Rollkonstruktion zu sprechen.
1512 Christensen 1999, S. 283f. Allerdings wurde dieses Gebäude schon 1667 durch einen Umbau und Verlängerung unmittelbar mit dem Schloss verbunden.
1513 Vgl. den Beitrag „Lauenburg" von Jörg Matthies und Ingrid A. Schubert in Buttlar/Meyer 1996, S. 397–401. Hier wird eine Quelle von 1686 zitiert, die angibt, das Pomeranzenhaus sei in der Regierungszeit von Julius Franz gebaut worden (S. 400).
1514 Siricius 1705, S. 37f.
1515 Sach 1866, S. 17.
1516 Tschira 1939, S. 34; Hennebo/Hoffmann 1965, S. 93f.
1517 Tschira 1939, S. 34f.
1518 Paarmann 1986, S. 87. Schillmeier 1989, Bd. 2, S. 115 erwähnt als erste den exakten Baubeginn 1690.
1519 Schmidt 1917, S. 367; Schlepps 1945, Anhang, S. 4, Anm. 14; Schlee 1965, S. 53.
1520 Schillmeier 1989, Bd. 1, S. 53 u. Bd. 2, S. 115.
1521 Vgl. Kap. IV 1.11.
1522 Paulus 2015, S. 70ff; Bachmann/Seelig 1984, S. 13; Tschira 1939, S. 64; Paulus 2003, S. 47 meint, dass die 1749–1753 entstandene Eremitage in Bayreuth „fast als Ausklang der barocken Orangeriekultur in Mitteleuropa bezeichnet werden" kann.
1523 Paulus 2015, S. 72. Vgl. dazu Kap. IV 2.1.5.
1524 Bachmann/Seelig 1984, S. 13.
1525 Paulus 2004, S. 287.
1526 Zur Lage von Orangerien grundlegend Hoiman 2003 und Balsam 1996, hier S. 97; vgl. de Cuveland 1994, S. 38, die als Beispiel für die Traktate aus Heinrich Hesses „Teutscher Gärtner", Leipzig 1710, S. 16f. zitiert.
1527 Balsam 1996, S. 97.
1528 Balsam 1996, S. 89; Balsam 1999, S. 39; Hoiman 2003, S. 51.
1529 Balsam 1996, S. 96.
1530 Bei der Bewertung der Belvedere-Position sind sich die Autorinnen nicht einig: nach Balsam 1996, S. 94 ist sie selten, nach Hoiman 2003, S. 49 „fast ausnahmslos" anzutreffen.
1531 Giovanni Battista Ferrari: „Hesperides, sive, De Malorum aureorum cultura et usu". In der Gottorfer Bibliothek lässt sich dieses Buch nicht nachweisen, aber ein anderes dieses italienischen Botanikers: „De Florum Cultura…", Amsterdam 1646 (vgl. Anhang 3, Nr. 12). Abb. bei Saudan-Skira/Saudan 1998, S. 19 oder bei Tschira 1939, S. 12f. u. Abb. 3.
1532 Tschira 1939, S. 23f; Saudan-Skira/Saudan 1998, S. 32f.
1533 Tschira 1939, S. 25; Woodbridge 1986, S. 154, die beide leider nicht das Baudatum nennen.
1534 Reisebeschreibung 1662, Bibliothek Gut Nehmten. Hier berichtet er auf S. 91ff. von seinem Besuch in Rueil, erwähnt aber nicht die Orangerie, die aber schon existierte, vgl. Woodbridge 1986, S. 154. Offenbar faszinierten ihn die Wasserkünste mehr. Obwohl Christian Albrecht sehr viele Gärten besichtigte, berichtet er nur ganz oberflächlich von der Existenz der Winterhäuser in Maisons (Maisons-Laffitte; Grundrissform nicht bekannt) (S. 88) und Fontainebleau (zu dieser Zeit in den Schlossbau integrierte Orangerie) (S. 143).
1535 Tschira 1939, Anm. 38. Vgl. Anhang 3, Nr. 13.
1536 Saudan-Skira/Saudan 1998, S. 86.
1537 Reisebeschreibung 1662, Bibliothek Gut Nehmten, S. 13–16.
1538 Saudan-Skira/Saudan 1998, S. 20 bilden ein Detail des Winterhauses von Pieter de Wolff ab, beschriften es aber verkehrt als das Orangenhaus der Akademie in Leiden.
1539 Reisebeschreibung 1662, Bibliothek Gut Nehmten, S. 17.
1540 Schlee 1965, S. 50, 53 u. 63.
1541 Wiesinger 2015, S. 331, 338, 347f. u. 355.
1542 Schloss Wilhelmsburg, das Weimarer Stadtschloss, Wiederaufbau von 1650/51 bis 1664; Schloss Moritzburg in Zeitz, Neubau von 1657 bis 1667; Schloss Augustusburg in Weißenfels, Neubau 1660 bis 1690er Jahre, vgl. Wiesinger 2015, S. 331f.
1543 Wiesinger 2015, S. 350.
1544 Wiesinger 2015, S. 355 u. 465, Anm. 1663.
1545 Wiesinger 2015, S. 336: Zwischen 1689 und 1692 ist eine Verbindung zu dem bzw. Kenntnis von dem Kieler Bildhauer möglich über den Umweg des Dresdner Hofbildhauers George Heermann und dessen kurzzeitig bei Allers tätigen Neffen Zacharias Heermann.
1546 Reisebeschreibung 1662, Bibliothek Gut Nehmten, S. 68f. Er hatte ein Quartier in der Nähe des Louvre und beschreibt auch die Besichtigung eines Teils dieses Schlosses.
1547 Wiesinger 2015, S. 333f. berichtet auch über den etwas späteren Schlossneubau in Zerbst zwischen 1681 und 1692 unter dem Architekten Cornelis Ryckwaert. Sie erwähnt aber merkwürdigerweise nicht, dass diese Dreiflügelanlage ebenfalls einen risalitartig hervortretenden, dreiachsigen, pavillonartigen Turm an der Hofseite des Corps de logis besaß. Das Schloss wurde im Zweiten Weltkrieg schwer beschädigt und größtenteils abgetragen. Auch hierhin hatte Christian Albrecht direkte Familienbande durch die Heirat seiner Schwester Sophie Amalie 1649 mit dem Fürsten Johann von Anhalt in Zerbst.

Der Herzog besuchte seine Schwester auf seiner Rückreise aus Frankreich 1662, aber zu diesem Zeitpunkt stand noch das alte Schloss. Es scheint aber so, als wenn auch dieser Familienzweig von der verwandtschaftlichen Bautätigkeit in Weimar, Zeitz und Weißenfels nicht unbeeindruckt geblieben ist.

1548 Vgl. Anhang 3, Nr. 13; Böckler 1664/1968, Teil 4, Tafel 19 u. S. 10. Warum der Autor ausgerechnet das Weimarer Schloss auswählte, erklärt er leider nicht im dazugehörigen Text.
1549 In Carlsburg (Kreis Rendsburg-Eckernförde, gebaut zwischen 1720 u. 1727; Abb. in Rumohr 1979, S. 194) und Rantzau (Kreis Plön, Mittelbau mit Pavillonturm 1750 von Johann Christian Lewon, der auch auf Gottorf gearbeitet hat; vgl. Kunst-Topographie 1969, S. 604f. mit Abb.).
1550 Hoiman 2003, S. 51. Hier wirkt noch das Schema der abschlagbaren Pomeranzenhäuser mit dem nach Süden gelegenen Pflanzenraum und dahinter platzierten Schuppen mit Versorgungsfunktion nach.
1551 Balsam 1996, S. 97.
1552 Balsam 2015, S. 39.
1553 Hoiman 2003, S. 55; Paulus 2015, S. 66f. mit Abb. von Zorgvliet und Berlin; Saudan-Skira/Saudan 1998, S. 72; Abb. S. 75.
1554 Paulus 2003, S. 47 (Zitat); Abb. des zweiten Baus bei Paulus 2015, S. 68, Abb. 17.
1555 Balsam 1999, S. 35.
1556 Balsam 2015, S. 37 mit Abb.
1557 Hübner 2001, S. 44f.; Palm 2001, S. 9 (Abb. S. 8 u. 13); Wittig 2005, S. 257.
1558 Jagusch/Kramer 1995, S. 143ff. Die Datierung kann durch die Abbildung bei Volkamer nur auf vor 1714 festgelegt werden. Zum Vergleich: die Salzdahlumer Orangerie war ca. 63 m, die Gottorfer ca. 66 m lang.
1559 Paulus 2009, S. 200 u. 212;
1560 Palm 2001, S. 10.
1561 Mit vergoldeten Festons waren auch die Vasen der Dachzone geschmückt. Vgl. Hansmann 1983, S. 188; Uerscheln/Kalusok 2003, S. 101.
1562 „Afbeelding van't Stadt huys van Amsterdam" von Jacob van Campen und „Inweydinge vant Stadt hys t. Amsterdam Amsterd. 1655", vgl. Anhang 3, Nr. 13.
1563 Reisebeschreibung 1662, Bibliothek Gut Nehmten, S. 14 u. 19f.; zu Quellinus vgl. Albrecht 1997, S. 387ff.
1564 Schillmeier 1989, S. 171.
1565 Zu den Details vgl. Kap. III 4.23.
1566 Balsam 1996, S. 90 hält die Zweiansichtigkeit für ein generelles Charakteristikum von Orangeriebauten. Zumindest für die frühen Orangerien scheint es eine Rolle zu spielen, weil auf der Rückseite noch der Arbeitsbereich der Gärtner war, der vorne nicht sichtbar sein sollte.
1567 Reisebeschreibung 1662, Bibliothek Gut Nehmten, S. 68f., wo berichtet wird, dass er am 19. April den König im Louvre beim Tanzen des „Ballet Royal" sah. Dieses Ereignis wurde später in einem Buch publiziert, das im Tagebuch auch extra erwähnt wird. Am 23. April erlebte der Herzog einen königlichen Aufzug.
1568 Zum Trianon de Porcelaine vgl. Clifford 1966, S. 174; Hansmann 1988, S. 127; Lablaude 1995, S. 103f.; Grimm 1999, S. 92–101; Uerscheln/Kalusok 2003, 81f.; Hansmann 2009, S. 206f.; Schweizer 2013 I, S. 90. Weil das Trianon de Porcelaine als bewohntes Lusthaus mit einer im unmittelbaren Umfeld befindlichen Zitruspräsentation stand, sieht Paulus 2015, S. 72 es am Anfang der „Entwicklung der Bewohnbarkeit von Gartengebäuden", was auch auf Gottorf etwas mit dem Einfügen eines Festsaales zu tun hat. Dagegen übte die von Jules Hardouin-Mansart 1681–86 gebaute und in die Terrassenmauer eingelassene Orangerie keinen gestalterischen Einfluss auf die Gottorfer Orangerie aus.
1569 Vgl. Anhang 3, Nr. 13: „Relation de la feste de Versailles du 18 Juillet 1668 et Les Divertissements de versailles, donnes par le Roy en Vannée 1674 Pari 1676".
1570 Les Divertissements de Versailles 1676, S. 7–9. Zur Wirkung dieses Berichts schreibt Eleonor von Erdberg, zitiert von Hansmann 1983, S. 173: „Das Trianon de Porcelaine von Versailles hatte nach der Zeitschrift >Mercure galant< von 1674 bei allen Privatleuten den Wunsch erweckt, auch so etwas zu bauen. Fast alle großen Herren, denen Landsitze gehörten, haben sich etwas Ähnliches in ihren Parks errichten lassen."
1571 RAK TyRtk C 86, Inventar der Kunst- und Naturalienkammer v. 10.4.1743, pag. 26: „2. Kleine Vier eckigte Perspectiven, wovon eines das Schloß zu Versailles, l'allée des Fontaines d'Orées, die Cascades und den Trianon daselbst, das andere le Bassin d'apollon, la Fontain de la Pyramide, le bassin de Latone und le salon de la menagerie gar artig praesentiret."; auch Schlee erwähnt diese Gegenstände schon in: Gottorfer Kultur 1965, S. 321, und dazu noch einen ähnlichen Gegenstand im gleichen Jahr in der Möbelkammer: >1 Quadrat-Prospect von dem Schloß und Lustgarten zu Versailles, jeder der 4 Seiten mit einem Glase vor<.
1572 Hansmann 1983, S. 166. Befördert wurde diese Mode auch durch den hauptsächlich über Holland stattfindenden Import chinesischen Porzellans und die Produktpalette der im niederländischen Delft ansässigen Fayencemanufaktur.
1573 Hansmann 1983, S. 165 u. 174ff.; Hansmann 1988, S. 127; Schweizer 2013 I, S. 90.
1574 Sommer 2005, S. 7.
1575 Zur Pagodenburg vgl. Hansmann 1983, S. 176f.; zu den Schwetzinger Orangerien grundlegend Wertz 1999.
1576 QuP 1463.
1577 Vgl. Lund 1977, S. 258 mit Abb. des Grundrisses von Laurids de Thurah, der einen Mittelrisalit zeigt.
1578 Rinn 1999, S. 376.
1579 Rinn 1999, S. 38 u. 45.
1580 LASH 7/4600.
1581 LASH 7/4602.
1582 QuP 1541. Das ist die einzige Quelle, die Rinn offenbar bekannt war, noch nicht die Bau- und Nagelrechnungen (LASH 7/4600 u. 4602), die einen Einblick in den Ablauf der Arbeiten vermitteln.
1583 Vgl. Rinn 1999, S. 69, die schon auf diese auch von Harry Schmidt geäußerte Vermutung hinweist.
1584 Zu Carbonettis Arbeit vgl. Rinn 1999, S. 71 u. 375, zu Pelli vgl. S. 377. Pelli und Carbonetti sind beide in Aranno geboren.
1585 Vgl. Rinn 1999, S. 39f.
1586 QuP 1541.
1587 Rinn 1999, S. 40.
1588 Rinn 1999, S. 41 u. S. 327, Anm. 211.
1589 Rinn 1999, S. 40. Nur kleinere Beträge wurden auf einmal ausgezahlt.
1590 Rinn 1999, S. 38. Zur Beschreibung der Stuckatur in der Orangerie vgl. Kap. III 4.23.
1591 Rinn 1999, S. 375. Obwohl die Farbfassung der Stuckatur nicht zum Zuständigkeitsbereich der Stuckateure gehörte, wurden die Stuckatur-Entwürfe „polychrom gedacht", vgl. Rinn 1999, S. 302. Für die Stuckaturen im Mittelsaal der Gottorfer Orangerie bedeutet das, dass die Stuckateure nicht selbst die angedachte Farbkonzeption umsetzten, sondern ein Maler, vermutlich Ludwig Weyandt.
1592 Rinn 1999, S. 294 u. 299.
1593 Rinn 1999, Abb. 72, S. 228.
1594 Rinn 1999, S. 259f. u. 376.
1595 Rinn 1999, S. 260, 294f. u. Abb. des Gobelinzimmers in der Coburger Ehrenburg S. 204, Abb. 65.
1596 Mahs ist in keinem Künstlerlexikon außer in Weilbachs Kunstnerleksikon, Bd. 2, o.O., 1949, S. 330 verzeichnet, wo aber nichts über Herkunft und Verbleib steht. Rinn 1999, S. 46 u. S. 329, Anm. 258 fand heraus, dass er 1712 als Hofmaler in Mecklenburg bestallt war.
1597 Schmidt, 1917, Teil II, S. 368 meint, dass Mahs bis 1703 auf Gottorf gearbeitet hat, nennt aber keinen archivalischen Beleg dafür. Nur zwei Gemälde sind erhalten: Ein Ölbild, das das alte Herrenhaus Buckhagen bei Kappeln darstellt (Ellger 1952, Abb. 254), und das Pastorenbild de Baehr (gest. 1693) in der Kirche in Karby, Kreis Rendsburg-Eckernförde (Die Kunstdenkmäler des Kreises Eckernförde 1950, S. 205).
1598 Für die Eckkartuschengemälde in der Orangerie erhielt er insgesamt 80 und für den illusionistischen Plafond 200 Rthlr, vgl. Kap. III 4.23.; für die Arbeit im Audienzgemach des Herzogs im Südflügel erhielt er 223 Rthlr, vgl. Wiesinger 2015, S. 470, Anm. 1773 u. S. 245.

1599 Vgl. Wiesinger 2015, S. 216 u. S. 444, Anm. 1016.
1600 Rinn 1999, S. 132 erwähnt sie als Vorlage für Stuckateure. Pozzo (1642–1709) hatte 1680 in Rom in der Kirche San Ignazio ein Gewölbefresko geschaffen, dass Rinn als Paradebeispiel für solche Quadraturen mit Blick durch eine offene Säulenscheinarchitektur in den Himmel nennt (S. 132 u. S. 131, Abb. 36). Ein Beispiel für eine nach Pozzos Entwurfssammlung entstandene architektonisch-illusionistische Malerei in Deutschland befindet sich in der Bamberger St. Martin-Kirche in der Kuppel über der Vierung, ausgeführt 1716 von Giovanni Francesco Marchini, vgl. Deutsche Kunstdenkmäler 1977, S. 363 u. Abb. S. 60.
1601 Kirchhoff 1990, S. 14f. u. 43, Abb. S. 42; Balsam 1999, S. 38; Saudan-Skira/Saudan 1998, S. 40.
1602 Rinn 1999, S. 304 u. 314.
1603 Rinn 1999, S. 314.
1604 Rinn 1999, S. 47 u. 314.
1605 Rinn 1999, S. 43 u. 313f.
1606 Reisebeschreibung 1662, Bibliothek Gut Nehmten, z.B. S. 150f., wo das in italienischem Stil gebaute Nonnenkloster St. Marie in Moulins bewundert wird.
1607 Vgl. Paulus 2003, Abb. auf S. 30 (Mirabell); Saudan/Saudan-Skira 1998, Abb. S. 32 (Fontainebleau) und S. 33 (Chantilly).
1608 Paulus 2003, S. 39; Günther 2001, S. 55.
1609 Vgl. Fatsar 2014, S. 62, Abb. 1 (Stich v. Mauritz Lang nach einer Zeichnung von György Lippay ‚1663).
1610 Vgl. Kap. V 2.13. Ein recht spätes Beispiel für ein einfaches, rechteckigen Orangengarten ist Köthen, um 1720, vgl. Abb. 9 bei Karkosch 2010, S. 186.
1611 Palm 2001, S. 9 (Herrenhausen); Jagusch/Kramer 1995, S. 145 (Schwöbber).
1612 Vgl. Kap. III 4.20.
1613 Clifford 1966, S. 174; Hansmann 1988, S. 127; Grimm 1999, S. 94.
1614 Vgl. Kap. III 4.24.
1615 Grimm 1999, S. 94ff. u. 98; Gröschel 2001, S. 28f.; vgl. auch Uerscheln/Kalusok 2003, S. 205. Sogar beim Trianon de Porcelaine wurde Porzellan imitiert durch Malerei auf Kupferblechvasen, wie Lablaude 1995, S. 105, mit einer Abbildung beweist.
1616 Grimm 1999, S. 94.
1617 Grimm 1999, Abb. S. 96 u. 98 zeigt Beispiele aus Schloss Favorite bei Rastatt; vgl. auch Beispiele bei Gröschel 2001, S. 28.f.
1618 Vgl. Kap. III 4.26. u. 4.27.
1619 Wiesinger 2015, S. 182f.
1620 QuP 1541.
1621 Wiesinger 2015, S. 150.
1622 Schlee 1965, S. 49f. u. 53. Davor äußerten schon Josephson 1928, S. 39f., Josephson 1930, Bd. 2, S. 198 und Eimer 1961, S. 104 ähnliche Vermutungen, die sich später bei Behling/Paarmann 1981, S. 10 und Schillmeier 1989 I, S. 50f. u. 116 fortsetzen oder sogar als Tatsache in Bezug auf die Erweiterung des Neuwerkgartens 1692/93 und den Kaskadenbau dargestellt werden, vgl. Dehio 1971, S. 604; Dehio 1994, S. 813; Habich 1998, S. 79.
1623 Wiesinger 2015, S. 146–148.
1624 Auch Herzog Friedrich IV. entwarf in den drei Jahren zwischen seinem Regierungsantritt und der Bestallung Johann Heinrich Böhms eigenhändig ein Gebäude auf der Schlossinsel, das Tier- oder Bärenhaus in der nordwestlichen Bastion, das der italienische Maurer Martin Agazio ausführte, vgl. Wiesinger 2015, S. 182f., die auch die Quelle nennt. Auch für August den Starken von Sachsen ist eine persönliche Beteiligung an der Planung des Dresdner Zwinger-Gartens nachweisbar, vgl. Balsam 2015, S. 38.
1625 Da Kempes Herkunft unbekannt ist, bleibt offen, ob er die holländischen Pflanzenhäuser aus eigener Anschauung oder aus der Fachliteratur kannte. Leitende Gärtner wie er waren sehr gut ausgebildete Spezialisten, die – obwohl meistens nicht nachweisbar – wohl selbst Fachliteratur besaßen, die möglicherweise in der Bibliothek des Bauherrn gar nicht vorhanden war.
1626 Wiesinger 2015, S. 146; Keller 1984, S. 203.
1627 Rinn 1999, S. 61ff. stellt fest, dass sogar in Fällen, wo ein Architekt beteiligt war, der Auftraggeber selbst Ansprechpartner des Stuckateurs war und dass „das Bildungsniveau adeliger Auftraggeber […] nicht unterschätzt werden [sollte]" (S. 62). Josephson 1930, Bd. 2 legt auf den Seiten 198 bis 204 Tessins Tätigkeit als Gartenarchitekt in Schweden dar, die 1681 mit Veränderungen in Drottningholm begann, aber es wird deutlich, dass er vor 1690 noch keine Orangerie gebaut hatte, erst in den 1690er Jahren auf Karlberg und für den Garten Karl Pipers auf Kungsholmen sowie ab 1705 auf Ulriksdal.
1628 Hoiman 2003, S. 52 u. 53 (Zitat).
1629 Nach Rinn 1999, S. 316f. bestimmten die finanziellen Mittel und das Interesse des Bauherrn über „Qualität und Modernität der Ausstattung".
1630 Rinn 1999, S. 43.
1631 Hoiman 2003, S. 51.
1632 Paarmann 1986, S. 82f.
1633 Vgl. Kap. III 4.27.
1634 Vgl. Paarmann 1986, S. 84; Gröschel 1999, S. 49; Balsam 1999, S. 41.
1635 Gröschel 1999, S. 48.
1636 Paarmann 1986, S. 84; Balsam 1999, S. 41.
1637 Handke 1996, S. 19f.
1638 Jagusch/Kramer 1995, S. 145–147.
1639 Nordmann 2011, S. 133f. (hier Bestandsplan von 1830 abgebildet, der nur den Grundriss zeigt).
1640 Tschira 1939, S. 74f. Spätestens seit 1633 wurden im Alten Garten Melonen gezogen, vgl. Paarmann 1986, S. 120.
1641 Vgl. Anhang 3. Nr. 13.
1642 Tschira 1939, S. 74 betitelte es etwas irreführend als „Dänisches Mistbeet", was Søren Cock-Clausen 2001, S. 16f. korrigiert. Hesse 1706, S. 320f. drückt sich tatsächlich missverständlich aus, denn es handelt sich um ein Gebäude, kein Mistbeet im einfachen Sinne, wie er es in Dänemark und Schweden gesehen und selbst dem Generalmajor von Uffeln aus Höxter für den Garten des Klosters Corvey empfohlen hat.
1643 Vgl. Anhang 3, Nr. 12. Der vollständige Titel lautet: „Aland eller manheim, Atlantica sive Manheim", 4 Bände, Uppsala 1675–1698. Darin publizierte er einen Stich, der das Gebäude zeigt (vgl. Taflor 1938, Tab. 37, Fig. 138), und einen, der den botanischen Garten mit dem Gebäude darstellt (vgl. Taflor 1938, Tab. 33, Fig. 125).
1644 Stritzke 1996, S. 172.
1645 Stritzke 1996, S. 171.
1646 1698 hatte Herzog Friedrich IV. die schwedische Prinzessin Hedwig Sophie geheiratet. Vgl. Eimer 1961, S. 103, der mehrere Besuche des schwedischen Architekten Erik Dahlberg (1625–1703) ab 1688 in den Herzogtümern erwähnt. Auch Nikodemus Tessin d. J. (1654–1728) hielt sich verschiedentlich auf Gottorf auf, wobei seine Wirkung nicht spezifiziert werden kann, vgl. Wiesinger 2015, S. 146f. Weiterer persönlicher Austausch ist z.B. auch zwischen der Gottorfer Herzogin Maria Elisabeth und Maria Euphrosina, geb. Pfalzgräfin von Zweibrücken (1625–1687), Gemahlin von Magnus Gabriel De la Gardie, nachweisbar. Sie schrieb 1661 von Schloss Jacobsdal, wohin Rudbeck ein Jahr später ein Gewächshaus lieferte, nach Husum (LASH 7/99).
1647 Christensen 1999, S. 235.
1648 Hamann 2003, S. 34.
1649 Vgl. Kap. III 4.28.
1650 Hamann 2001, S. 54–57.
1651 Nordmann 2014, S. 164.
1652 Siricius 1705, S. 35. Nach Waldschmidt 1705, S. 23f. hatte sein Schwiegervater Johann Daniel Major nach der ersten Gottorfer Aloeblüte 1668 ein Modell entworfen von einem mit Brennspiegeln ausgestatteten Aloetreibhaus und ein Manuskript dazu verfasst, über das er auch mit dem Jesuiten und Mathematiker Theodor Moreto konferiert hatte. Es wurde aber offenbar nicht realisiert.
1653 Schon Paarmann 1986, S. 87 ordnet diesen Bau als „frühesten, für eine einzelne Pflanzenart errichteten, turmähnlichen Gewächshausbau in Deutschland" ein.
1654 Hamann 2001, S. 55.
1655 J.W. Weinmann, Phythanzota Iconographia Vol. 1, 1737, zit. in Ullrich 1993, S. 68f.
1656 Hamann 2001, S. 55f.
1657 Hamann 2001, S. 54f.
1658 Vgl. Kap. V 2.14.
1659 Lohmeier in Borzikoswki 1981, S. 59.
1660 Schneider II, Titel.
1661 Paravicini 2014, S. 15.

1662 Ragotzky/Wenzel 1990, S. 7 u. Wenzel 1990, S. 171ff.
1663 V. Rohr 1728, S. 2.
1664 Gruber/Mokre 2016, S. 168.
1665 Telesko 2016, S. 87.
1666 Wenzel 1990, S. 184.
1667 Gruber/Mokre 2016, S. 169.
1668 Telesko 2016, S. 87f. Er bezieht sich hier u.a. auf die Untersuchung von Louis Marin zum absolutistischen Porträt („Das Porträt des Königs", Berlin 2005), was sich aber auch auf andere Gebiete der bildenden Kunst übertragen lässt. „Marin verabschiedet somit die mimetische Funktion aus dem Bereich der Repräsentation: Die Aufgabe des Bildes kann eben nicht in einer Nachahmung des perfekten Königs bestehen, sondern dient dazu, eine vollkommene Vorstellung vom König zu produzieren." (S. 88).
1669 Volkamer, Continuatio der Nürnbergischen Hesperidum, Nürnberg 1714, Vor-Ansprache, o. S., zitiert nach Berger 2013, S. 13.
1670 Kap. IV 1.3.
1671 Zum Themenkreis Herkules und Hesperidenkult vgl. Gröschel 1999 und Heilmeyer 2001.
1672 Paarmann 1986, S. 76.
1673 Allerdings wurde sie mit der Verlegung des Pflanzenhauses in den Melonengarten in den 1660er Jahren etwas abgeschwächt, aber auch das Globushaus diente zur Überwinterung von Orangeriepflanzen.
1674 Paulus 2003, S. 50. Er erläutert diese Zusammenhänge anhand der Gaibacher Orangerie von 1687/88, nennt aber auch noch andere Beispiele, u.a. den Zwinger in Dresden, die Belvedere-Schlösser in Wien und Pommersfelden, die alle später als das Neue Werk entstanden sind.
1675 Fagiolo 1997, S. 15.
1676 Beispiele dafür nennen Wohlschläger 1989, S. 127 und Lindner 1989, S. 96. Schlee 1991, S. 16, der die Verbindung von Herkules und dem Globus auch ausdrücklich betont, weist auf die Blütezeit des deutschen Uhrenbaus mit Zentrum in Augsburg am Ende des 16. Jahrhunderts hin, wo entsprechende Werke entstanden mit einer Weltkugel, die auf Atlas oder Herkules ruht. Auch im auf Gottorf bekannten Verlagssignet der Offizin Blaeu in Amsterdam, das eine Armillarsphäre, eingerahmt von Chronos und Herkules zeigt, findet sich dieses Thema, vgl. Schmidt 1989 II, S. 57, Abb. 49.
1677 Paulus 2016 I, S. 112 u. 131ff. Den Ausgangspunkt dafür bilden dort die am Portal des Saalbaus gegenübergestellten Figuren von Herkules und dem Hirtengott Pan.
1678 Da Herzog Friedrich III. und Adam Olearius Mitglieder der Fruchtbringenden Gesellschaft waren, ist anzunehmen, dass auf Gottorf auch der 1644 gegründete Pegnesische Blumenorden, eine weitere Sprach- und Literaturgesellschaft der Barockzeit, bekannt war.
1679 Schlee 1991, S. 68 u. 76; Asmussen-Stratmann 2002, S. 79; Drees 2003, S. 91; Asmussen-Stratmann 2007 I, S. 21; Schneider 2014, S. 122–124.
1680 Vgl. Kap. II 4. u. Kap. III 4.4.–4.6. u. 4.11.
1681 Lecoq 1993, S. 65, 71f. u. Abb. S. 76.
1682 Lecoq 1993, S. 72. Das Motiv der natürlich und lebendig wirkenden Tiere tritt später im Labyrinth von Versailles an den ab 1672 gestalteten 39 Tierbrunnen noch einmal auf, vgl. Hansmann 1988, S. 108f.
1683 Vgl. Schlee 1991, S. 72.
1684 Vgl. Kap. III 4.8. u. 4.9.
1685 Schlee 1991, S.37f.; Schmidt 1989 I, S. 14; Schmidt 1989 II, S. 56.
1686 Lühning 1997, S. 118f.
1687 Schlee 1991, S. 16.
1688 Lühning 1997, S. 119ff.; Schlee 1991, S. 38; Olearius 1674, Vorrede.
1689 Lühning 1997, S. 119.
1690 Lühning 1997, S. 118; Schlee 1991, S. 66ff.
1691 Paulus 2003, S. 43 u. 44 (Zitate, die sich auf das Römische Theater im Garten von Schloss Hellbrunn in Salzburg (um 1615) beziehen. Vgl. Paulus 2015, S. 63–65.
1692 Fagiolo 1997, S. 18f. Er argumentiert am Beispiel mehrerer Exedren im Garten der Villa d'Este in Tivoli, die unter dem Eindruck der Ausgrabungen der benachbarten antiken Villa Hadriana entstand, wo es auch Thermen gab.
1693 Zu den Gelehrtengärten vgl. Quecke 1999, S. 87.
1694 Tongiorgi Tomasi 1993, S. 79; Zangheri 1993, S. 55 u. 63.
1695 Reisebeschreibung 1662, Bibliothek Gut Nehmten, S. 16–19.
1696 Welzel 2002, S. 40.
1697 Zangheri 1993 I, S. 55 (Zitat) u. Zangheri 1993 II, S. 95.
1698 Major 1668, S. 17, vgl. Anhang 2, Nr. 4. Es folgt eine Charakterisierung des Gartens von Pratolino. Aus welchem Buch Major seine Kenntnisse bezieht, teilt er auch mit.
1699 Welzel 2002, S. 40.
1700 Vgl. Kap. II 4.
1701 Weber-Karge 1989, S. 98 (Lusthaus auf der Jungfernbastei Dresden, ab 1589), S. 103 (Altes Lusthaus Stuttgart, 1553 gebaut, ab 1669 Funktion als Kunst- und Rüstkammer nachweisbar) und S. 106 (Neuer Bau Stuttgart, ab 1599, im obersten Geschoss Kunst- und Rüstkammer). Erst im Garten des niederländischen Schlosses Het Loo (ab 1685) finden Erd- und Himmelsglobus als Gartenplastik Verwendung, aber nicht in wissenschaftlichem Sinne, vgl. Hansmann 1988, S. 205f.
1702 Juliette Roding stellt in ihrem Aufsatz (2020, S. 282f.) die These auf, dass Herzog Friedrich III. durch die Gegenüberstellung von westlicher und östlicher (persischer) Kultur sich als neuer protestantischer Salomo inszenieren wollte. Die angeführten Belege, die sich zum Teil verstreut und abgelegen in den verschiedenen Bereichen und Sammlungen des Gottorfer Schlosses und des Neuen Werkes befanden, werden aber für die Zeitgenossen nicht unbedingt ein evidentes und nachvollziehbares Gesamtbild abgegeben haben, wodurch Rodings These nur eine mögliche Interpretation ist.
1703 Paulus 2003, S. 51.
1704 Weber-Woelk 1995, S. 6.
1705 Paulus 2004, S. 280.
1706 Vgl. Kap. III 4.22.
1707 Freytag/Harms/Schilling 2001, S. 11, 21 und 25–29.
1708 Freytag/Harms/Schilling 2001, S. 25 u. LB 6, S. 143.
1709 Lafrenz 2001, S. 33; Freytag/Harms/Schilling 2001, S. 25.
1710 Freytag/Harms/Schilling 2001, S. 25.
1711 Freytag/Harms/Schilling, 2001, S. 26.
1712 Reisebeschreibung 1662, Bibliothek Gut Nehmten, die die Besichtigung folgender Sammlungen dokumentiert: Die Raritäten- und Kunstkammer der Witwe von Reinst in Amsterdam (S. 15), die Sammlungen der Universität Leiden, darunter auch eine „Camera obscura" (S. 16–19), die zur Jesuitenkirche in Antwerpen gehörenden Sammlungen mit Bibliothek (S. 35), die Kunstkammer des Malers Jacob Jordaens in Antwerpen (S. 41), die Bibliothek des Jesuitenkollegs in Brüssel (S. 50), die astronomische Uhr in der Kirche von Cambrai (S. 54), die Schatzkammer der französischen Könige im Kloster St. Denis in Paris (S. 73–82), eine kostbare astronomische Maschine im Pariser Jesuitenkolleg in der Jacobstraße (S. 131), physikalische Experimente „bey den Fueillans in der straßen St: Honoré" in Paris (S. 132), in Lyon die Kunstkammer des Herrn „Serviel" mit vielen mathematisch-physikalischen Spielereien und Uhren (S. 155ff.). In Basel mehrere Sammlungen: Die „raritetkammer" des „berühmbten Medico Felice Platero", das Münster mit der Bibliothek des Erasmus von Rotterdam und dem „antiquarium" des Amersbach, die Bibliothek der Akademie und die Kunstkammer des Herrn Remigio Fechio (S. 211). In Köln besichtigt er schließlich noch die Schatzkammer des Domdechanten Graf von Fürstenberg (S. 244f.).
1713 Vgl. Paulus 2003, 2004, 2009, 2015 u. 2016.
1714 Paulus 2003, S. 46.
1715 Vgl. Balsam 2015, S. 39; Hamann 2011, S. 12; Paulus 2003, S. 45.
1716 Vgl. Gröschel 2001, S. 28.
1717 Paulus 2003, S. 46 u. 50.
1718 Paulus 2003, S. 50f.
1719 Paulus 2015, S. 75.
1720 Vgl. Hübner 2001, S. 46.
1721 Paulus 2009, S. 202.
1722 Auch bei der Fuldaer Orangerie gehörte eine Florastatue zur Außendekoration, vgl. Paulus 2003, S. 45.
1723 Kellenbenz 1985, S. 204. Die Hyperboreer waren nach der griechischen Sage ein Volk

1723 in Thrakien, bei dem sich der griechische Gott Apoll im Winter aufhielt.
1724 Vgl. Paulus 2009, S. 200 u. 212.
1725 Vgl. Hansmann 1983, S. 174; Hoppe 2003, S. 41.
1726 Grimm 1999, insgesamt u. Abb. S. 99.
1727 Vgl. Balsam 1996, S. 94.
1728 Paulus 2004, S. 287.
1729 Zu den Pflanzen und deren Stellenwert vgl. Kap. III 4.5. und 4.24. (17. Jahrhundert) und Kap. V 2.16. (1. Hälfte 18. Jahrhundert); besondere botanische Seltenheiten im Neuwerkgarten erwähnt auch Heinrich Hesse in seinem Buch „Teutscher Gärtner" von 1710, vgl. de Cuveland 1997 I, S. 229.
1730 Dazu grundlegend de Cuveland 1996 II; de Cuveland 1997 I; Hamann 2001.
1731 Vgl. die Dokumentation der bildlichen Darstellungen in Ullrich 1993. Zu den Gottorfer Aloeblüten vgl. Kap. III 4.28., Kap. V 2.14. und Abb. 71, 72, 98 u. 244.
1732 Major 1668, S. 10–13.
1733 Major 1668, S. 14f.
1734 Vgl. Paarmann 1986, S. 15 u. 45ff.
1735 Vgl. Wimmer 1989, S. 410; Hansmann 1988, S. 206, 227 u. 254 (Het Loo, Gaibach und Herrenhausen); Balsam 1996, S. 97 (Sanssouci); Norbert Clement in: Der Lustgarten des Johann Royer 1999, S. 61–82 (Hessen); Christensen 1999, S. 284 (Sophieamalienborg in Kopenhagen).
1736 Vgl. Kap. III 4.13. Von Herrenhausen ist auch ein Melonengarten als Sondergarten bekannt, der aber erst ein halbes Jahrhundert nach dem Gottorfer entstand, vgl. Hansmann 1988, S. 254.
1737 QuP 1519 u. 1530 (Mistbeete); QuP 450, 881, 890, 921, 934, 1627 (zu den Glasglocken).
1738 QuP 740.
1739 QuP 1011.
1740 QuP 573. Der Name des Gärtners wird nicht genannt, weshalb auch nicht klar ist, ob der Alte Garten oder das Neue Werk gemeint ist. Daraus, dass Heinrich Hesse 1706, S. 179 das Gurkeneinmachen ganz genau beschreibt, ist zu schließen, dass es zu den Pflichten des Gärtners gehörte.
1741 LASH 7/228, fol. 39v.ff., Bestallung Michael Gabriel Tatter v. 9. April 1661 (vgl. Transskription in Anhang 2, Nr. 3); LASH 400.5/223, pag. 98f., Bestallung Johannes Kempe v. 2. August 1689 (vgl. Transskription in Anhang 2, Nr. 10). Zu diesem Zeitpunkt waren die anderen Gärten in schlechtem Zustand und konnten den Hof nicht ausreichend versorgen. Zur Entwicklung der Terrassenanlage vgl. Kap. III 4.20.; LASH 7/229, fol. 321–323, Bestallung Bernhard Kempe v. 25. Oktober 1704 (vgl. Transskription in Anhang, 2, Nr. 12); RAK TyRtk C 89, Nr. 6, Beilage Lit. A, Vertrag mit B. Kempe 1709, § 8 (Zitat).
1742 Vgl. dazu Kap. III 4.16. und 4.20.
1743 Vgl. Kap. III 4.17. und Kap. III 4.20., Abb. 22 und Anhang 2, Nr. 7 u. 8.
1744 Vgl. Kap. III 4.10. und Kap. III 4.14.
1745 LASH 7/6826, Inv. v. 1709, pag. 626, vgl. Kap. III 4.20.
1746 LASH 7/240, Hofstaat 1704; LASH 7/342.
1747 LASH 7/6536. Es handelte sich um Äpfel und Birnen in verschiedenen Sorten, um Kornelkirschen, Feigen, Pflaumen und Weintrauben. Der Konditor Horn attestierte die Zettel immer und Kempe bewahrte sie zu seiner Sicherheit bei sich auf.
1748 Vgl. Schlee 1979, S. 27; Schlee 1991, S. 37 u. 66f. und de Cuveland 1989, S. 40.
1749 Berger 2013, S. 29ff.; Wimmer 1989, S. 413; Lohmeier, in: Borzikowsky 1981, S. 152.
1750 QuP 442 u. 542.
1751 QuP 873, 925 u. 948. Vielleicht wurde für eine festliche Gelegenheit 1656 auch das Zelt im Neuwerkgarten aufgestellt (QuP 848). Zu den Küchengebäuden und der Achtkant vgl. Kap. III 4.12.
1752 LASH 7/138, Relationen des Hofmeisters Jasper von Buchwald (Briefe v. 6.5. und 6.6.1678 sowie v. 4.6., 5.6., 19.6. und 26.6.1679).
1753 Landesbibliothek Coburg, Ms 33, Reisebeschreibung von 1656, fol. 106r.
1754 Vgl. Kap. III 3.2.
1755 QuP 1013, 1043 u. 1192.
1756 Zur Lage vgl. Kap. III 3.2.
1757 Vgl. Meyers Konversationslexikon 1879, Bd. 11, S. 103.
1758 QuP 1050 und 1051. Zu Funktion und Geschichte der Pilkentafel vgl. Historisches Taschenbuch 1850, S. 387. In Husum gab es laut de Cuveland 1994, S. 35 sogar schon 1602 eine Pilkentafel.
1759 Vgl. Kap. III 4.25.
1760 LASH 7/138, Relationen des Hofmeisters Jasper von Buchwald (Brief v. 6.5. 1678).
1761 Vgl. auch Schlee 1991, S. 67.
1762 So wissen wir von Prinz Johann Ernst von Sachsen-Gotha, dem 1656 während seiner Kavaliersreise der Neuwerkgarten von Olearius gezeigt wurde (Landesbibliothek Coburg, Sign. Ms 33, fol. 106r.). In der Anfangszeit hatte nur Olearius einen Schlüssel zum Garten, nach seinem Tod jeweils die Bibliothekare und der Kammerdiener und Bauinspektor Thomsen. Der Bettmeister Johan Köp erhielt unter Christian Albrecht auch einen Schlüssel, um die Lusthäuser zu reinigen. 1704 wird berichtet, dass er damit allen Fremden die Besichtigung der Lusthäuser ermöglichte (LASH 7/187, fol. 92-96). 1713 besichtigte Zar Peter der Große den Neuwerkgarten.
1763 Zum Beispiel Maskeraden 1675 (QuP 1329), ein Feuerwerk 1680 (QuP 1364). Vgl. auch Richter 1985, S. 240, 242 u. 301 und Höpel 1997, S. 237.
1764 Höpel 1997 u. Höpel 2017.
1765 Auch Höpel 1997, S. 239 kann nur Vermutungen dazu anstellen.
1766 QuP 471, 472, 488, 490 und 503.
1767 Höpel 1997, S. 241; Höpel 2017, S. 220 u. 224.
1768 RAK TKIA B 85 Briefe v. Hagedorn an Thomas Balthasar von Jessen nach Kopenhagen v. 12.4. u. 31.5.1693. Um diese Zeit erhielt der Fontänenmeister Unterstützung bei der Vorführung „bey Ihr Hoheiten Geburtstag" (QuP 1473).
1769 RAK TKIA B 85, Briefe v. Hagedorn nach Kopenhagen vom 13.4. und 10.7.1695.
1770 Richter 1985, S. 297; Schröder 1997, S. 296. Die Verwandtschaft umfasste mehrere Generationen: Die Mutter der Gottorfer Herzogin Friederike Amalie, die dänische Königin Sophie Amalie (1643–1670), war eine gebürtige Herzogin von Braunschweig-Calenberg, und Friederike Amalies älteste Tochter Sophie Amalie heiratete dann nach Wolfenbüttel (s.o.). Auch nach Dresden reichen diese kulturellen Verzahnungen, vgl. Schröder, a.a.O.
1771 LASH 7/188, Baustaaten 1705 u. 1706, Extract der Extraordern an C. A. Thomsen. Da Herzog Friedrich IV. sich bis zu seinem Tod 1702 nur sehr wenig auf Gottorf aufhielt, gab es in dieser Zeit vermutlich kaum Gelegenheiten einer Nutzung der neuen Orangerie und des Neuen Werkes überhaupt zu Feierlichkeiten.
1772 QuP 1614 gibt darüber noch genauer Auskunft: Der Hoftischler Mehlert Balcke baute eine Tafel für 42 Personen auf und ab, bekleidete die Wände – wohl des Mittelraumes – mit Latten, setzte in der Galerie oben acht kleine Pyramiden auf und fertigte ein „Postement zu ein Sinn Bildt" an. Es wurden außerdem 40 Wand- oder Standleuchter in den anderen Sälen platziert, blecherne Lampen aufgenagelt und ein großer Spiegel aufgehängt. Paarmann 1986, S. 361, Anm. 1 interpretiert diese Quelle fälschlich als den Geburtstag Hedwig Sophies, der Witwe Friedrichs IV., die aber am 26.6. geboren ist und sich außerdem in diesen Jahren meistens in Stockholm aufhielt. Die Feier fand auch nicht, wie Paarmann vermutete, in der „Friedrichsburg", sondern in der Orangerie statt (LASH 7/188, Baustaat 1706).
1773 Vgl. Balsam 1996, S. 97; Ricker 2013, S. 19ff.
1774 Vgl. Verzeichnis der gedruckten Quellen.
1775 Vgl. dazu allgemein Berger 2013, S. 13.
1776 Vgl. Kap. IV 2.2.
1777 Drees 2003, S. 104f.
1778 Interessant sind auch die Verbindungen zum Braunschweig-Wolfenbütteler Hof, die sich aber für die Gartenkunst bisher nicht verifizieren lassen, sondern vor allem über Musiker, die zwischen den Höfen von Gottorf, Braunschweig-Wolfenbüttel, Dresden und Kopenhagen wechselten, vgl. dazu Richter 1985, S. 277 und Schröder 1997, S. 296. Nach der 1695 vollzogenen Heirat der ältesten Tochter Herzog Christian Albrechts, Sophie Amalie, mit August Wilhelm, Herzog zu Braunschweig-Lüneburg und Erbprinz in Wolfenbüttel verstärkte sich diese Verbindung. So wurde der italienische Maler Gio-

vanni Battista Aprile 1704 von Gottorf nach Wolfenbüttel berufen und führte ab 1708 Deckenmalereien im dänischen Königsschloss Frederiksberg aus, vgl. Wiesinger 2015, S. 216 u. S. 444, Anm. 1016.
1779 Christensen 1999, S. 282f.
1780 Vgl. Kap. IV 1.7.
1781 In Sophieamalienborg wurden die Tannen 1666 und die Obstbäume 1667 gepflanzt, vgl. Christensen 1999, S. 283f., im Neuwerkgarten die Tannen erst 1674/75 (QuP 1323 u. 1331) und die Fruchtbäume erst 1680, vgl. Kap. III 4.20.
1782 Vgl. Cavalli-Björkman 2000, S. 48f.
1783 Roding 2020, S. 282. Das Rathaus entstand etwa gleichzeitig mit dem Globushaus und dem Gottorfer Globus (1648 Baubeginn, 1655 Einweihung, aber Fertigstellung des Gebäudes erst zehn Jahre später). Es bestand durch den Gottorfer Hofmaler Jürgen Ovens, der am Amsterdamer Rathaus mitarbeitete, eine direkte Verbindung dorthin. Allerdings lag in Amsterdam der Fokus auf der Repräsentation und nicht wie in Gottorf auf der Darstellung der Wissenschaft. Van Campen publizierte seine Entwürfe in dem Buch „Afbeelding van't Stadt Huys van Amsterdam", Amsterdam 1661, das wiederum für die Gottorfer Bibliothek nachgewiesen ist, vgl. Anhang 3, Nr. 13.
1784 Schlee 1962, S. 6; Schlee 1991, S. 33; Lühning 1997, S. 122.
1785 Vgl. Kap. IV 1.8. und 1.12.
1786 V. Buttlar 1993, S. 12 stellte diese Möglichkeit zur Diskussion.
1787 Vgl. Kap. IV 1.3.
1788 Lund 1977, S. 111, 118 u. 120.
1789 Dieser Ruf ist aus den Quellen ablesbar, z.B. LASH 66/9308, Nr. 53, einem Bericht des Baumeisters Müller vom 25.2.1750 zur Kaskadensanierung, wo es heißt: „Um dieses alles [...] und die an sich kostbahre und weitberühmte = dem Garten zur ungemeinen Zierde dienende Wercker der Fontaine [gemeint ist das Kaskadenhaus], in ihren vorigen [...] guten Stande zu bringen, [...]", sei es nötig, die vorgeschlagenen Reparaturen vorzunehmen.
1790 Vgl. z.B. RAK TyRtk C 84, Lit. B: Projekt v. Peucker v. 17.12.1726, § 3, woraus hervorgeht, dass der Garteninspektor und der Fontänenmeister noch keine königliche Bestallung bekommen hatten.
1791 1718 wurden von der Rentekammer Inventarien angemahnt (RAK TyRtk C 55), die aber wieder nicht angefertigt wurden, sodass das Kontrollinstrument fehlte.
1792 LASH 66/1712 III, Thomsens „Beantwortung" der Untersuchung durch die Kommission v. 19.2.1726, wo er sich rechtfertigt: „Da mir diese Bilder niemahlen in verwahrsam und Auffsicht gegeben, vielweniger derselben Unterhaltung accordiret", so könne ihm ja wohl die Wiederbeschaffung nicht aufgebürdet werden.

1793 RAK TyRtk C 89, Nr. 1.
1794 RAK TyRtk C 84, Lit. B, Projekt von Peucker v. 17.12.1726.
1795 Zu der Ursache äußert sich Peucker in einem Brief v. 15.2.1727 (RAK TyRtk C 89, Nr. 6), was Themsen später im Wesentlichen bestätigt (LASH 66/9265, Nr. 38, Lit. B). Vgl. dazu Genaueres in Anhang 1, Biographie Bernhard Kempe.
1796 RAK TyRtk C 84, Lit. B, Projekt von Peucker v. 17.12.1726; RAK TyRtk B 2, 1727, Nr. 3; RAK TyRtk C 89, Nr. 4, Lit. C, Vertrag zwischen Peucker und Kempe, aus dem ersichtlich ist, was tatsächlich gemacht werden sollte, aber Kempe weigerte sich, zu unterschreiben.
1797 Vgl. dazu Kap. V 2.16.
1798 RAK TyRtk B 2, 1728, Nr. 245; LASH 66/9263, Nr. 49.
1799 BQ: LASH, Kempe. Vgl. Genaueres zum Streit und zur Entstehung der Zeichnung in Kap. V 2.15. und zu B. Kempe in Anhang 1, Biographien.
1800 1735 berichtet Clasen noch über den unveränderten Zustand des Orangerieparterres, vgl. LASH 24/147, Nr. 2, Beilage. Vgl. zu Kempes Zeichnung auch Themsens Kommentar in LASH 66/9265, Nr. 38, Lit. B.
1801 RAK TyRtk B 2, 1729, Nr. 169, Lit. B. In einem Brief v. 15.2.1727 beschreibt auch Peucker die Verwahrlosung des Gartens unter Kempe, der seit 1714/15 auch kein Gartenpersonal mehr beschäftigte (RAK TyRtk C 89, Nr. 6).
1802 LASH 66/9265, Nr. 38, Lit. B, Brief v. Themsen v. 30.6.1729. Die Kritik äußerten der Generalmajor Scheel und der Obristleutnant Winding, denen Themsen den Platz gezeigt hatte.
1803 Zur personellen Situation auf Gottorf vgl. Anhang 3, Nr. 3, Liste der für den Neuwerkgarten zuständigen Baumeister und Bauinspektoren und Anhang 1, Listen der Gärtner und Fontänenmeister.
1804 Lönborg war 1732 als „Oberconducteur" im dänischen Militärdienst (vgl. Titelkartusche des Aquarells), 1746 hatte er den Rang eines „Ingenieur-Capitaine" (RAK TyRtk C 139).
1805 Lönborg malte zwei Fassungen des großformatigen Aquarells, die heute in Schloss Glücksburg (fotografische Reproduktion in BQ: LB, Lönborg I) und in Schleswig verwahrt werden (BQ: LASH, Lönborg II).
1806 RAK TyRtk C 89, Nr. 1; RAK TyRtk B 2, 1743, Nr. 267. Vgl. zur Situation unter Clasen und zur Person auch Anhang 1, Biographien.
1807 Paarmann 1986, S. 86.
1808 Vgl. zu den genannten Datierungen die Quellennachweise in den entsprechenden Kapiteln.
1809 Aufgrund des sehr umfangreichen und äußerst komplizierten Archivalienmaterials zu diesem Sachverhalt können hier nur die groben Inhalte und Ergebnisse wiedergegeben werden, die sich in folgenden Aktenbestän-

den finden: LASH 66/9277, Nr. 25; LASH 168/78 I; LASH 24/76, Lit. X; LASH 24/147, Nr. 3–5, 7, 13–17 u. 23; RAK TyRtk B 2, 1737, Nr. 90; RAK TyRtk B 2, 1738, Nr. 90; RAK TyRtk B 5, Beilagen zur Res. v. 3.4.1737, Nr. 90; RAK TyRtk C 89, Nr. 1, 3–7 u. 32; RAK TyRtk C 89 (Ikke anbragte bilag Nr. 1).
1810 Vgl. dazu Kap. V 2.16.
1811 RAK TyRtk C 89, Nr. 7, Lit. BB u. KK. Tatsächlich mussten Kempes Erben nur die Neuanlage zweier Parterres auf den Terrassen bezahlen. Vgl. Genaueres in Anhang 1, Biographie Bernhard Kempe.
1812 RAK TyRtk B 2, 1743, Nr. 267. Zur Entstehungsgeschichte des Inventars vgl. auch RAK TyRtk B 5, Beilage I zur Res. v. 3.4.1737, Nr. 90. Um Klarheit zu haben, wurde diese Praxis der Inventare bis 1769 beim Wechsel der Stelleninhaber beibehalten.
1813 LASH 66/9272, Nr. 39, Clasens Memorial vom 8.11.1735.
1814 LASH 24/147, Nr. 2, Supplik von Clasen v. 11.11.1735 mit Beilage; LASH 66/9272, Nr. 39; RAK TyRtk B 2, 1736, Lit. FF (a), Nr. 131. Die veranschlagte Summe wurde auf 275 Rthlr gedrückt, von denen 90 Rthlr von den Kempe-Erben bezahlt werden sollten.
1815 LASH 66/9272, Nr. 39, Lit. B. u. Clasens Memorial v. 8.11.1735.
1816 Vgl. dazu Genaueres in Anhang 1, Biographie J. A. Clasen.
1817 BQ: LASH, Freudenreich I. Vgl. dazu und zur Person Freudenreichs Anhang 1, Biographien.
1818 LASH 66/1712 III, fol. 258–263v.
1819 RAK TyRtk B 2, 1737, Nr. 202; LASH 66/9276, Nr. 77.
1820 Untersuchung am 25.6.1739 durch Garteninspektor Clasen und am 27.7.1739 durch Müller und Freudenreich (LASH 66/1712 III, fol. 176–198v.); Untersuchung 1741 durch v. Ötken (LASH 24/129.2).
1821 LASH 66/1712 III, fol. 221f.; LASH 24/129.2, Res. v. 2.7.1742, darin u.a. Nr. 3 (v. Ötkens Bericht v. 16.3.1741) u. Lit. C u. D.; LASH 24/147, Nr. 60. Als Sachverständiger nahm der Altonaer Steinhauer Gottfried Jacob Schatz an der Untersuchung teil.
1822 LASH 24/147, Nr. 60; LASH 66/1712 III. Insgesamt sind die häufig nicht auf Tatsachen, sondern auf Denunziationen begründeten Auseinandersetzungen um das Fontänenwesen und mit den Erben von Bernhard Kempe nur begrenzt interessant für die kunsthistorische Erforschung des Gartens.
1823 LASH 66/9295, Nr. 108.
1824 LASH 24/147, Nr. 70 (Zitat), 71 u. 107.
1825 RAK TyRtk B 2, 1755, Nr. 293; LASH 66/9322, Nr. 131.
1826 BQ: LASH, Müller VI in LASH 66/9322, Nr. 131, Müllers „Besichtigungs-Instrument" v. 11.9.1748, in dem die Buchstaben auf der Zeichnung erläutert werden, von der noch eine Vorzeichnung existiert: BQ: LASH Müller V.

1827 LASH 66/9308, Nr. 51; LASH 66/9310, Nr. 116. Vgl. dazu Kap. V 2.12. zur Amalienburg.
1828 Genaueres dazu vgl. vor allem im Kapitel V 2.10.
1829 BQ: LASH, Thurah I und LASH, Thurah II. Der dazugehörige Text thematisiert auch die Veränderungen der 1730er Jahre im Garten, vgl. Thurah 1749, Bd. 2, S. 252.
1830 RAK TyRtk C 84, Inv. v. 15.1.1750; RAK TyRtk B 2, 1754, Nr. 28.
1831 1754 Maurerarbeit am Fontänenwesen mit Lorenz Henningsen auf 10 Jahre (LASH 66/9320, Nr. 92), 1765 mit Christian Henning (LASH 66/2261, Nr. 200), 1805 und 1815 je auf 10 Jahre mit Gottfried Genthe (RAK TyRtk E 24 II; LASH 66/2264.1, Nr. 876).
1832 LASH 66/9345, Nr. 96.
1833 LASH 66/9352, Nr. 106, Inv. von 1769.
1834 LASH 66/9316, Nr. 139.
1835 LASH 66/2261, Nr. 137; LASH 66/9339, Nr. 160.
1836 LASH 66/9352, Nr. 106, Inv. v. 1769.
1837 LASH 66/9349, Nr. 76.
1838 Zu Plön und Traventhal vgl. Kuhnigk 1996 I u. II.
1839 Zu Caspar v. Saldern vgl. Hübner 1991, und Seebach 1974, S. 151-155. Schon Thietje 1989, S. 51f. stellte Vermutungen in diese Richtung an. Für ein größeres Interesse an der modernen und gerade fertig gewordenen Gartenanlage in Traventhal spricht auch, dass Christian VII. sich 1770 noch einmal länger dort aufhielt, während im Neuen Werk die Resolution umgesetzt wurde, vgl. Kuhnigk 1996 II, S. 607.
1840 BQ: HMDH, Projektplan Neuwerk unter Christian VII.
1841 Dass er aber für seine Auftraggeber auch in die Herzogtümer reiste, beweist eine 1771 von ihm angefertigte Zeichnung des Gartens von Wotersen im Herzogtum Lauenburg für den früheren dänischen Außenminister Hartwig Ernst von Bernstorff (1712-1772), vgl. v. Buttlar/Meyer 1996, S. 22 u. 644.
1842 Lund 1977, S. 134: „De to centrale trekanter får på dette forslag en meget delikat udformning med mønstre af helt moderne art." Er stellt hier auf S. 135, S. 138 u. 139 insgesamt drei von Jardin für Fredensborg gezeichnete Pläne vor, die alle diese Art Beetgestaltung aufweisen.
1843 Vgl. v. Buttlar 1996, S. 22.
1844 Vgl. dazu Kap. V 2.7.
1845 Vgl. Kap. V 2.7.
1846 Vgl. Kap. V 2.9.
1847 1773 und 1777 fanden Auktionen statt, bei denen auch ein altes Gebäudemodell versteigert wurde (LASH 66/1971).
1848 Es scheint eine neue Amtshierarchie eingeführt worden zu sein, die dann ab 1783 mit der Wiedereinstellung eines Fontänenmeisters folgendermaßen aussah: als Vorgesetzer des Fontänenmeisters fungierte der Garteninspektor als sogenannter Fontänenaufseher, der der Oberaufsicht des Baumeisters unterstand. Der wiederum musste mit dem Gottorfer Amtshaus als unterer Aufsichtsbehörde verhandeln und dann die Genehmigung der Kosten bei der Kopenhagener Rentekammer einholen, vgl. dazu Anhang 1, Biographie von Godske. 1807 schlägt Amtmann von Ahlefeldt das Forstamt als Aufsichtsbehörde über den Holzbestand im Neuwerk und das Gottorfer Amtshaus als Oberaufsicht über die Reinigung des Schlossgartens vor (RAK TyRtrk F 37 I, Brief v. 14.10.1807), was bis 1822 aber noch nicht erfolgt (LASH 66/2189, Bericht v.23./ 24.12.1822). 1823 vermutet Amtmann v. Staffeldt, dass der Garten wohl dem Oberhofmarschallamt als oberster Behörde unterstellt sei (RAK TyRtk F 37 I, Bericht v. 30.4.1823). Mit Hansens Bestallung zum Garteninspektor 1832 wird dem Amtshaus die direkte Oberaufsicht über den Garten übertragen, das aber der Rentekammer Rechenschaft ablegen muss. Die oberste Instanz für Entscheidungen, die den Garten betreffen, ist seitdem das Oberhofmarschallamt (LASH 168/78 II; RAK TyRtk B 31, Bestallung v. 18.7.1832; LASH 66/3531 II).
1849 RAK TyRtk F 37 I, Pro Memoria des Amtsverwalters Mörck v. 2.6.1779.
1850 Vgl. Genaueres in seiner Biografie, Anhang 1.
1851 RAK TyRtk F 37 I, v. Motz am 30.3.1800.
1852 LASH 66/3531 II, Gesuch Nagels v. 21.6.1809.
1853 LASH 66/7692, Bericht des Bauinspektors Kreiser v. 7.4.1810.
1854 LASH 168/78 II.
1855 RAK TyRtk F 37 I, Bericht v. 30.4.1823.
1856 RAK TyRtk B 3, 1818, Nr. 242.
1857 LASH 66/3531 II, Bericht des Amtshauses v. 21.12.1834. Vgl. Genaueres in seiner Biografie, Anhang 1.
1858 LASH 168/78 II, vgl. Anhang 2, Nr. 19, 20 u. 21 und in Kap. V 2.9. zur Kaskade.
1859 LASH 168/78 II, Res. v. 17.1.1835.
1860 LASH 168/78 II, Bericht und Vorschlag v. Juni 1841, transskribiert in Anhang 2, Nr. 21. Alle Zitate im folgenden Absatz stammen hieraus.
1861 v. Buttlar 1996, S. 45 u. 52.
1862 LASH 168/78 II, vgl. Transskription in Anhang 2, Nr. 22.
1863 LASH 168/78 II. In dieser Zeit setzt sich der Name Neuwerk als Synonym für die Kaskade am Garteneingang durch, vgl. auch die explizite Anmerkung in Jensen [1907], S. 28.
1864 LASH 66/576 I, Brief des Oberhofmarschalls an das Gottorfer Amtshaus v. 26.11.1847.
1865 Vgl. Biographie Godske, Anhang 1.
1866 So ist öfter von Arbeiten die Rede, die noch vor der Ankunft des Königs erledigt werden sollten (RAK TyRtk B 2, 1767 u. 1769, Nr. 31). In den Jahren 1805–1809 hielt sich das Kronprinzenpaar, nicht nur im Sommer, häufig auf Gottorf auf (LASH 168/77). Nach 1768 sind keine Nachrichten über die jährlichen Aufenthalte überliefert.
1867 Vgl. Kap. V 2.6.
1868 LASH 66/3531 II, Bericht des Hausvogts v. 16.4.1793; LASH 66/2189, Bericht des Bauinspektors v. 23.6.1827.
1869 Beispielhaft dafür: RAK TyRtk C 89, Nr. 3, Beilage B, Vertrag mit B. Kempe von 1709 bis 1717; RAK TyRtk B 2, Nr. 263, Anweisung an Clasen 1748. RAK TyRtk F 37 I, Pro Memoria v. 17.10.1807. 1734 wurde die königliche Familie samt Hofstaat auf Gottorf aus dem Garten versorgt, u.a. mit Artischocken und Spargel (RAK TyRtk C 89, Nr. 7 Lit. LL).
1870 LASH 66/3531 I (Garteninspektor Hansen 1840). Vgl. auch die Biographien besonders von Godske und Hansen, Anhang 1.
1871 LASH 66/576 I.
1872 LASH 66/1712 III, Thomsens „Beantwortung" v. 19.2.1726; RAK TyRtk C 89, Nr. 6, Peuckers Brief v. 15.2.1727; RAK TyRtk E 24 II, Kreisers Bericht v. 23.10.1822.
1873 LASH 24/129.1; LASH 24/159, Nr. 106.
1874 Rantzau 1916, S. 10. Ob die am 31.7.1790 auf Schloss Gottorf stattgefundene Hochzeit des dänischen Kronprinzen Friedrich mit Maria Sophia Friederike, der Tochter des Statthalters Carl von Hessen auch im Garten gefeiert wurde, ist nicht bekannt, vgl. Schmidt 1903, S. 63.
1875 LASH 168/78 II.
1876 RAK TyRtk E 24 IV, Bericht v. 19.9.1840.
1877 LASH 66/1712 III, fol. 146–149v.; LASH 66/9274, Nr. 44; LASH 24/220.1, Nr. 4 § 9; RAK TyRtk D 3; LASH 66/9410, Nr. 5; RAK TyRtk F 36; LASH 66/7693.
1878 LASH 24/147, Nr. 6.
1879 RAK TyRtk F 37 I (30.3.1800); LASH 66/3531 I, Nagels Supplik v. 24.9.1816; RAK TyRtk E 24 II, Bittschrift von J. J. Lymkilde v. 1.8.1823; RAK TyRtk E 24 III, 1831.
1880 RAK TyRtk F 37 I, Pro Memoria des Amtsverwalters Mörck v. 2.6.1779; LASH 66/7692, Nagels Schreiben v. 31.12.1810 u. 2.6.1817; LASH 66/3531 II; RAK TyRtk B 3, 1816, Nr. 133; RAK TyRtk B 3, 1819, Nr. 96 u. 1824, Nr. 83.
1881 LASH 66/9410, Nr. 5, Bericht des Hausvogts v. 31.12.1789. Nach Philippsen 1923 I, S. 71 war aber auch schon ab 1745 das Betreten des Gartens einigen höhergestellten Personen nach Anmeldung beim Garteninspektor vom Amtshaus erlaubt worden.
1882 Der erste Quellenbeleg berichtet 1790 davon, dass in der sogenannten Wildnis, wo musiziert wurde, die Bänke erneuert werden sollten, was bedeutet, dass die Konzerte dort nicht neu waren (LASH 32/19, pag. 56–60; LASH 66/1965, Nr. 35). Spätere Belege sind: RAK TyRtk E 24, II, Supplik v. 1.8.1823; LASH 168/78 II, Brief v. Hansen v. 24.5.1834; RAK TyRtk F 37 III, 1836. Vgl. dazu ausführlich Kellner 2009, S. 17, 33 u. 36–39.
1883 LASH 66/3531 II, Bericht v. 28.2.1816.

1884 RAK TyRtk F 37 I, 30.3.1800 (v. Motz) und 28.10.1807 (Amtmann v. Ahlefeldt); RAK TyRtk B 3, 1832, Nr. 102.
1885 RAK TyRtk F 37 I; LASH 66/7692.
1886 1809 waren das folgende Personen: der Amtmann und andere Amtsbediente, der Bauinspektor und der Fontänenmeister, der Etatsrat Suadicani, der Generalsuperintendent Adler, der Küchenmeister Reppel, der Bürgermeister, der Schlossverwalter, Propst Callisen und einige Konferenz- und Kanzleiräte (LASH 168/78 I).
1887 LASH 66/3531 II; LASH 66/7692; LASH 168/78 II; Kellner 2009, S. 38. Es scheint so, als ob die Gastwirtschaft mehrere Sommer betrieben wurde, vgl. RAK TyRtk E 24 II, Supplik v. 1.8.1823.
1888 RAK TyRtk E 24 II, Supplik v. 1.8.1823.
1889 Philippsen [1928], I, S. 71 ohne Beleg. Darin folgten ihm zahlreiche andere Autoren bis zu Kellner 2009, S. 37.
1890 RAK TyRtk F 37 III, 1836; RAK TyRtk F 36 u. LASH 168/78 II, Vertrag mit Fontänenmeister Kersten; LASH 32/37, pag. 463.
1891 Lorenzen 1875, S. 66f. Die Planungen begannen wohl schon 1851, aber die Überlassung an das Kriegsministerium erfolgte erst am 11.8.1852, vgl. RAK Ministeriet for Hertugdømmet Slesvig,1852, Nr. 267, Vorstellung v. 10.8.1852; LASH 32/37, pag. 448; LASH 168/73.
1892 BQ: KBK, Bondo I.
1893 BQ: KBK, Bondo II.
1894 BQ: KBK, Bondo III.
1895 LASH 168/73, Bericht v. 27. März 1856.
1896 Sach 1875, S. 322.
1897 BQ: KBK, Bondo IV.
1898 Zur Geschichte des Militärkrankenhauses, das heute unter der Adresse Paulihof 2 firmiert, vgl. Theen 2001, S. 100f. und zuletzt Winkler 2014, der auch die um 1895 dokumentierte gärtnerische Gestaltung der Umgebung zeigt (Plan S. 25).
1899 BQ: KBK, Neuwerk 1857.
1900 BQ: KBK, v. Sommer.
1901 LASH 309/34882 u. 23669. Die Pflege bestand im Wesentlichen in Mähen der Rasenflächen, Reinigen der Wege und Abwassergräben.
1902 LASH 309/34882 u. 4820, Mitteilung v. 8. Mai 1869. Kersten durfte auch jetzt noch weiterhin seinen Garten betreiben.
1903 LASH 309/23669.
1904 LASH 32/37, 1865; LASH 309/23669 u. 34882.
1905 LASH 309/23669 u. 23714.
1906 Vgl. Schnittger 1904, S. 77.
1907 LASH 309/23714, Sept. 1883; LASH 301/4849, 4.9.1888.
1908 LASH 309/23714, 24581, 34881 u. 34882; LASH 301/4849.
1909 LASH 309/14318, Inventar d. königl. Oberförsterei im Neuwerk v. 4.6.1872: westl. Mauer mit Nischen, östliche dicker ohne Nischen, Ostseite mit Pforte.
1910 Schmidt 1903, S. 45 und 82 (Zitat).
1911 Oldekop 1906, S. VIII 97, der die Terrassenzählung oben beginnt. Das zeigte auch schon Lorenzen auf seinem Stadtplan von 1871 (BQ: KBK, Lorenzen).
1912 LASH 309/34881, Nr. 4.
1913 BQ: LASH, Grundkarte 1952.
1914 Schmidt 1903, S. 82, Anm. 2 zitiert die Itzehoer Nachrichten vom Mai 1886, wo zum ersten Mal der Begriff „Denkmäler" auftaucht. Für 1886f. vgl. auch LASH 309/23714 und LASH 301/4849, für 1890 vgl. LASH 309/24581. Zu den Spolien vgl. Schulze 1995, S. 17; Neuer Führer 1908, S. 31; Schlee 1965, S. 57; Paarmann 1986, S. 380, Anm. 4.
1915 LASH 309/34882.
1916 Wie weit die Reste größtenteils mutwillig zerstörter Gartenskulpturen aus dem Neuen Werk verstreut waren, zeigt der Bericht von Zubek 1986, S. 317, der in diesem Jahr einen Hinweis darauf erhielt, dass sich in einer Kiesgrube südlich von Schleswig Teile des auf einem Delfin reitenden Tritons von der Kaskadenanlage befände, der daraufhin wieder restauriert und vor Ort aufgestellt werden konnte. Seit den 1950er Jahren wurden die Steinspolien systematisch wieder gesammelt.
1917 Wörner 1991 u. 1994, S. 219 f. Vgl. auch Schneider 2007, S. 44f.
1918 Vgl. Schulze 1995 u. 1998.
1919 Zum Befund passt genau die Arbeitsanweisung für Maurermeister Drechsler beim Abbruch 1737, der die Mauern bis auf das Fundament abtragen und die Fundamentsteine bis „2. Fuß untern Horizont" ausgraben sollte (LASH 66/9274, Nr. 13; RAK TyRtk B 2, 1737, Nr. 36).
1920 Vgl. Meyer 2001.
1921 Zur Restaurierungsgeschichte ab 1999 vgl. die Berichte von Schneider aus den Jahren 2001/2002, 2003/2004, 2004 und 2007 und Guratzsch 2001/2002, außerdem zur Bepflanzung Ringenberg 2006 und 2007 und zu den Stinzenpflanzen Garniel/Mierwald 2001.
1922 Prange 1974, S. 30.
1923 LASH 24/147, Nr. 66; LASH 24/153, Nr. 103.
1924 LASH 168/79 I, 24.5.1785; LASH 66/9397, Nr. 54; RAK TyRtk B 3, 1786, Nr. 122.
1925 RAK TyRtk B 3, 1799, Nr. 154 u. 1802, Nr. 202; RAK TyRtk B 3, 1804, Nr. 30; RAK TyRtk E 24, 1807 I; LASH 66/2264.2, Nr. 472 u. 473; RAK TyRtk B 3, 1807, Nr. 77; LASH 66/7692. Vgl. zum Bau des Erddammes auch die ausführliche Beschreibung der Vorgänge bei Prange 1974, S. 25–34.
1926 RAK TyRtk E 24 I.
1927 Vgl. Abb. 24 in Appuhn 1954, auf der die Allee aus jungen Bäumen besteht.
1928 LASH 66/1712 I, Protokoll der Besichtigung der Baumängel v. 27.7.1719.
1929 Es wurde mit Paul Jebens ein Vertrag zur Instandhaltung des Plankwerks von 1743–1753 geschlossen, und außerdem erfolgte jedes Jahr bis 1749 eine Neusetzung von 20 Fachen (RAK TyRtk B 2, 1742, Nr. 428; LASH 66/9286, Nr. 136; LASH 24/159, Nr. 126–128).
1930 LASH 66/9341, Nr. 72, Lit. B; LASH 66/2261, Nr. 161, 163, 164, 166.
1931 LASH 66/2262, Nr. 192, 197; RAK TyRtk B 3, 1811, Nr. 74; LASH 66/7692; LASH 66/2263, Nr. 620. Das Plankwerk wurde nun zum Schutz vor Verwitterung geteert.
1932 LASH 168/78 II, Bericht des Garteninspektors Hansen von 1841; fortlaufende Vorstellungen in RAK TyRtk B3: 1833, Nr. 112; 1836, Nr. 220; 1838, Nr. 162; 1839, Nr. 76; 1840, Nr. 120, 1841, Nr. 128. Auch jetzt wurde der neue Plankenzaun wieder geteert.
1933 LASH 66/1712 I, Baustaaten 1717–1722; LASH 32/23, Baustaaten 1717–1719. In den Quellen werden nur 28 Fache genannt, der Plan von Müller zeigt aber auf jeder Seite, das Tor eingerechnet, 28 Fache. Der Anstrich war in den dänischen Landesfarben gehalten: die dreieckigen Staketen rot, die Köpfe obendrauf und die Pfähle weiß. Wer die Bildhauerarbeit und Ornamente nach einem Modell (LASH 32/23, Baustaat 1717, § 24) ausführte, ist nicht bekannt.
1934 BQ: LASH, Müller III; LASH 66/9282, Nr. 82, Bauprojekt B, Nr. 20 vom 31.12.1739; LASH 24/158, Nr. 47.
1935 BQ: LASH, Rosenberg I; LASH 66/9341, Nr. 72, Lit. B.
1936 LASH 66/1973 II.
1937 LASH 66/9267, Nr. 7a. Das Tor hinter der Amalienburg wurde 1740 erneuert und gestrichen, vgl. LASH 24/158, Nr. 45, 48, 52; LASH 66/9282, Nr. 82.
1938 RAK TyRtk C 84, Inventar v. 18.10.1738; LASH 66/2189.
1939 Zu 1775 vgl. RAK TyRtk B 3, 1775, Nr. 1; LASH 66/9364, Nr. 3; LASH 66/2259, Nr. 65–68. Zu den Vorgängen von 1835/36 vgl. RAK TyRtk F 37 III; RAK TyRtk B 3, 1836, Nr. 220, RAK TyRtk E 24 IV, 1836).
1940 LASH 66/1712 III, fol. 273–279. Inv. des Fontänenwesens v. 19.8.1738; LASH 24/147, Nr. 30, 31, 33; RAK TyRtk B 2, 1739, Nr. 217; LASH 66/9280, Nr. 54; RAK TyRtk B 2, 1740, Nr. 137; LASH 66/9281, Nr. 46; LASH 24/158, Nr. 42.
1941 LASH 66/1712 III, fol. 176–198v., No. 11; fol. 202–207v., fol. 150–163 u. fol. 223–227.
1942 LASH 66/9304, Nr. 90.
1943 LASH 66/9339, Nr. 152 u. LASH 66/9345, Nr. 96. Im Fontäneninventar von 1766 werden die gestohlenen Dinge noch einmal benannt und erwähnt, dass sie neu gemacht werden müssten, was dann aber nicht mehr erfolgte (RAK TyRtk C 84).
1944 LASH 66/93087, Nr. 53.
1945 LASH 66/9320, Nr. 92; 1765 Vertrag mit Christian Henning (LASH 66/2261, Nr. 200). Danach fehlen Verträge bis 1805. Für dieses Jahr u. 1815 gab es Verträge mit Gottfried Genthe (RAK TyRtk E 24 II u. LASH 66/2264.1, Nr. 876).

1946 LASH 66/9328, Nr. 137; LASH 66/9345, Nr. 96.
1947 RAK TyRtk B 2, 1769, Nr. 8.
1948 Zu 1795: LASH 66/9415, Nr. 46; RAK TyRtk F 36, Vertrag mit Fontänenmeister Koch v. 5.8.1795. Zu 1797: LASH 66/1973 II, Verträge v. 25.8.1797.
1949 LASH 32/19, fol. 83f. Zustand des Fontänenwesens 30.1.1823; RAK TyRtk F 36, Verträge mit den Fontänenmeistern Jürgensen 1824 und Kersten 1845; LASH 168/78 II.
1950 V. Schröder 1827, S. 321. Vgl. auch Schulze 1995I, S. 15.
1951 LASH 168/78 II, Bericht v. Juni 1841.
1952 LASH 7/187, fol. 214–216. Vgl. dazu auch Kapitel III 4.4.
1953 LASH 66/1712 I; LASH 66/1712 III, Thomsens Beantwortung der von der Baukommission angestellten Untersuchung v. 19.2.1726.
1954 LASH 32/23.
1955 LASH 66/1712 III, Thomsens Beantwortung v. 19.2.1726 der von der Baukommission angestellten Untersuchung, Nr. 103, pag. 46f.
1956 LASH 66/9264, Nr. 12: Themsens Brief an die Rentekammer v. 5.1.1729; RAK TyRtk B 2, 1729, Nr. 169; LASH 66/9265, Nr. 38.
1957 RAK TyRtK C 89, Nr. 4.
1958 LASH 66/9265, Nr. 38, Lit. D: Themsens Plan v. 4.9.1728 (Legende der BQ: LASH, Themsen I).
1959 LASH 24/147, Nr. 2; LASH 66/9276, Nr. 82. Zu Clasen vgl. Anhang 1 Biographien. Paarmann 1996, S. 553 behauptete, dass die Statuen und Brunnen bis 1736/37 erhalten blieben, was aber in Kapitel III 4.6. durch die Quellen widerlegt wird. Die zerschlagenen Skulpturen wurden auch nicht, wie Paarmann 1986/87, S. 27 meinte, sofort hinter der Globusmauer abgestellt, sondern zunächst am Herkulesteich hinter Bäumen hingeworfen und erst bei Aufräumarbeiten 1745 an ihren späteren Fundort hinter die Globusmauer transportiert, vgl. LASH 66/9296, Nr. 7, Müllers Kostenanschlag vom 12.6.1745.
1960 RAK TyRtk B 2, 1737, Nr. 36; LASH 66/9274, Nr. 13. Das Kupfer des Daches sollte demnach auf einer Auktion versteigert und die anderen noch brauchbaren Materialien im Keller des Globushauses eingelagert werden. 1739 schlug Baumeister Müller vor, die Mauersteine für die Reparatur des „Clausenheimschen Hofes" im Lollfuß zu verwenden (LASH 24/153, Nr. 32). Zu den Streitigkeiten vgl. Anhang 1 Biographien Bernhard Kempe.
1961 RAK TyRtk C 84, Inventar v. 18.10.1738. Hier heißt es, dass die Anlage aus „zweÿen Parterren mit Franschen Laubwerck von Buchsbaum und Graß, roht und schwartz chattiret" besteht.
1962 BQ: LASH, Thurah I.
1963 Le Blond 1731/1986, S. 53 und Tab. 1 u. 7, Fig. 2.
1964 RAK TyRtk B 2, 1737, Nr. 181: „mit Kleÿ vorgeschlagen, auch die Charpirung mit Soden aufgesetzet." Es ist nicht klar, was mit „Charpirung" gemeint ist. Die Recherchen ergaben keine Ergebnisse. In LASH 66/9275, Nr. 67 A u. LASH 66/9276, Nr. 82 heißt es, dass die Mauern durch mit Soden besetzten Klei ersetzt wurden. „Klei" ist nach Schütze 1801, Bd. 2 Schlamm oder Marscherde.
1965 LASH 66/9319, Nr. 75, Lit. A; RAK TyRtk C 84, Inventar v. 15.1.1750. Möglicherweise stammte diese Hecke noch aus herzoglicher Zeit, für die eine normale Hainbuchenhecke an diesem Ort nachgewiesen ist. Eine Neupflanzung durch Clasen wird nirgends erwähnt. Vielleicht hat er die alte nur gestutzt und später durch Beschneidung aufgewertet. 1769 existierte diese Hecke in gestutztem Zustand immer noch, vgl. LASH 66/9352, Nr. 106, Auszug aus dem Inventar v. 29.5.1769 u. RAK TyRtk C 84, Nr. 4 des Inventarkonvoluts unter Rosenberg v. 31.7.1770.
1966 LASH 66/9298, Nr. 137. In dieser Quelle ist der Aufbau der Riolen genau erklärt: sie bestanden aus halbierten, ausgehöhlten Baumstämmen. Damit die Erde nicht hineinfiel, wurden sie mit „grober Heÿde" bedeckt und obendrauf ein zweites Holzteil, „Klaren" genannt, gelegt, das breiter war als der untere Teil, der „Rigole" hieß. Auf die Klaren wurde ebenfalls wieder Heide gelegt. 1765 wurden die kaputten hölzernen Riolen durch solche aus Mönchsdachpfannen ersetzt, vgl. LASH 66/9342, Nr. 35.
1967 RAK TyRtk C 84, Inventar v. 15.1.1750 zur Übergabe an den neuen Garteninspektor David Christopher Voss. Zu Clasen und Voss vgl. auch Anhang 1 Biographien.
1968 LASH 66/9339, Nr. 155; LASH 66/9352, Nr. 106, Auszug aus dem Inventar v. 29.5.1769; RAK TyRtk C 84, Nr. 4 d. Inventarkonvoluts unter Rosenberg v. 31.7.1770.
1969 RAK TyRtk B 2, 1741, Nr. 305; LASH 66/9284, Nr. 102; LASH 24/158, Nr. 82; LASH 66/9297, Nr. 70; LASH 24/159, Nr. 201; LASH 66/9306, Nr. 92; LASH 66/9310, Nr. 132; LASH 66/9319, Nr. 75; LASH 66/9322, Nr. 151.
1970 RAK TyRtk B 2, 1763, Nr. 414; BQ: LASH, Rosenberg II; LASH 66/9339, Nr. 155; LASH 66/9341, Nr. 72; LASH 66/9342, Nr. 35; LASH 66/9343, Nr. 132; LASH 66/9344, Nr. 47; LASH 66/2261, Nr. 219.
1971 RAK TyRtk C 84, Inventar v. 18.10.1738.
1972 LASH 66/9350, Nr. 158.
1973 LASH 66/1973 I.
1974 LASH 168/76.
1975 LASH 66/1966, Nr. 145; LASH 66/7692; LASH 66/9414, Nr. 73; RAK TyRtk B 3, 1799, Nr. 171; LASH 66/1973 II; LASH 66/1966, Nr. 160.
1976 LASH 66/2189; RAK TyRtk E 24 I; RAK TyRtk B 3, 1823, Nr. 121.
1977 LASH 168/78 II, Pro Memoria und Zustandsbericht v. Hansen v. 31.12.1832 (Anhang 2, Nr. 18) und Pro Memoria v. Hansen v. 26.4.1834; LASH 66/3531 II; RAK TyRtk B 3, 1833, Nr. 50; RAK TyRtk E 24 IV; RAK TyRtk B 3, 1835, Nr. 196.
1978 LASH 168/78 II.
1979 LASH 32/23, Baustaat 1718, § 17; LASH 66/1712 I, Baumängel 1719, zusammengestellt nach der Besichtigung des Fontänenmeisters am 27.7.1719. Als einzige kleine Baumaßnahme davor war 1718 die Feldsteintreppe unter dem Globushaus ausgebessert worden, vgl. LASH 32/23, Baustaat 1718, § 15; LASH 66/1712 I. Zur Geschichte des Globushauses nach 1713 vgl. auch Lühning 1997, S. 30ff.
1980 LASH 32/23, Baustaat 1720/21, § 61; LASH 66/1712 I.
1981 LASH 66/1712 II, Thomsens Baustaat v. 15.10.1722, fol. 17.
1982 LASH 66/1712 I u. II. LASH 66/1712 III, Thomsens „Beantwortung und Deduction" der von der Baukommission gemachten „observationes und Notaten" v. 19.2.1726.
1983 LASH 66/1712 III, fol. 106–145 u. fol. 432–522v. (Untersuchung, was vom Bauprojekt für 1727 u. 1728 im Jahr 1727 gemacht worden ist und was 1728 noch gemacht werden muss, zusammengestellt am 17.2.1728 v. Häusser und Themsen). Die Planung geschah ab Ende 1726 durch Peucker, die Ausführung ab 1728 dann durch Themsen, dokumentiert in LASH 66/9264, Nr. 12, Lit. A.
1984 LASH 66/9266, Nr. 16, Lit. C; LASH 66/9276, Nr. 82, Bauanschlag f. 1737; LASH 24/158, Nr. 1 u. 44; LASH 66/9282, Nr. 82, Bauprojekt B f. 1740; LASH 24/147, Nr. 50 u. 53; RAK TyRtk B 2, 1742, Nr. 478; LASH 66/9285, Nr. 165; LASH 24/159, Nr. 144–146 u. 149; LASH 66/9289, Nr. 127.
1985 LASH 66/9296, Nr. 7, Lit. A u. Kostenanschlag v. 12.6.1745. LASH 66/9297, Nr. 95; LASH 66/9299, Nr. 12.
1986 RAK TyRtk B 2, 1748, Nr. 60; LASH 66/9302, Nr. 22, Zitat aus Lit. A.
1987 RAK TyRtk B 2, 1748, Nr. 179; LASH 66/9304, Nr. 108. Mit dieser Aktion überschritt Clasen ein weiteres Mal seine Kompetenzen, indem er direkt mit dem König verhandelte und dadurch den eigentlich zuständigen Baumeister Müller überging. Die Verträge schloss er mit Mauermeister Lorentz Henning, dem Tischler Jochim Hinrich Hestorff und zwei Kontrakte mit dem Maler Friedrich Wilhelm Koes. Aus einer weiteren Quelle geht hervor, dass diese Arbeiten wegen angeblich schlechter Ausführung noch bis 1750 Streitigkeiten zwischen Clasen und den Handwerkern nach sich zogen, vgl. LASH 66/9310, Nr. 116.
1988 LASH 66/9310, Nr. 116 u. 132.
1989 LASH 66/9310, Nr. 132; LASH 66/9316, Nr. 122; LASH 66/9319, Nr. 75; 1755 werden sogar noch einmal einige der kaputten Sandsteindocken bei den Bänken im Eingangsbereich an der Nordseite nachgearbeitet, die aufwändig wieder wie die alten „mit Fratzen Gesichter und andern Zierrathen" versehen waren, vgl. LASH 66/9322, Nr. 151.

1990 LASH 66/9324, Nr. 103; LASH 66/9352, Nr. 106. Zwei große Porträts aus dem Obergeschoss waren sogar bis 1749 so verrottet, dass sie nicht mehr verkauft werden konnten.
1991 LASH 66/9339, Nr. 160. Diese Quelle scheint Lühning 1997, S. 31 u. 141 nicht zu kennen.
1992 RAK TyRtk B 2, 1768, Nr. 82; LASH 66/9349, Nr. 76.
1993 LASH 66/9350, Nr. 158. Vgl. dazu auch Kapitel V 2.4. zum Globusgarten. RAK TyRtk B 2, 1768, Nr. 168.
1994 RAK TyRtk B 2, 1768, Nr. 168; LASH 66/2261, Nr. 315.
1995 LASH 66/9352, Nr. 106. Zum Gemälde vgl. Kap. III 4.8.
1996 Im gartendenkmalpflegerischen Zusammenhang haben sich Wörner 1994, S. 219f. und auf ihn aufbauend Meyer 2001, S. 48f. mit der Geschichte der Königsallee auseinandergesetzt, die zwar nicht alle Quellen kennen, aber wertvolle denkmalpflegerische Gesichtspunkte beisteuern. Die Maße nennt schon Wörner 1994, S. 219: 128 Ruthen lang und 3 ½ Ruthen breit (LASH 66/3531 II), die er nach Hamburger Ruthen umrechnet. Der Name der Pforte taucht in den Inventaren von 1738 und 1750 auf (RAK TyRtk C 84).
1997 Thurah 1749, Bd. 2, S. 252. LASH 24/76, Untersuchungsberichte v. 18.8. u. 18.9.1734; LASH 66/9270, Nr. 49.
1998 BQ: RAK, Müller I.
1999 Die Anzahl der Linden wird von Clasen auf 200 beziffert (LASH 66/9270, Nr. 49, Lit. A), aber im Inventar von 1738 ist von 150 Bäumen in der Königsallee die Rede (RAK TyRtk C 84). Auch bei Müller sind ca. 150 Bäume in der Allee. Möglicherweise hat Clasen die 50 übrigen Bäume an anderer Stelle gepflanzt wie z.B. an der Südseite des Herkulesteiches, dem großen Querweg zur Königsallee oder dem an der Gartengrenze entlangführenden Nordweg (Abb. 20). Wörner 1994, S. 220 kommt auch auf 150 Bäume aufgrund des historischen Pflanzabstandes von 6 m.
2000 Im Unterschied dazu ist bei dem erst 1749 publizierten Stich von de Thurah (BQ: LASH, Thurah I) die Allee auch im Bereich des Herkulesteiches mit zwei Baumreihen dargestellt und hat nur eine kleine Lücke beim Globusgarten. Müller ist wegen der zeitlichen und örtlichen Nähe die verlässlichere Quelle. Zur gartenarchitektonischen Begründung der nur einen Baumreihe beim Herkulesteich vgl. Wörner 1994, S. 219.
2001 RAK TyRtk C 84, Inventare v. 1738 u. 1750. Über ihre Entstehung gibt es keine Nachrichten.
2002 RAK TyRtk C 84, Inventare v. 1738 u. 1750; LASH 66/9352, Nr. 106, Inventar v. 1769.
2003 LASH 168/78 I; LASH 66/9322, Nr. 131; BQ: LASH, Müller V u. VI.
2004 LASH 66/9308, Nr. 49; LASH 66/1973 II; RAK TyRtk B 3, 1795, Nr. 31. In diesem Bereich ist heute noch eine Eichenallee erhalten. Wörner 1994, S. 219 datiert sie auf 1830.
2005 LASH 168/78 II; LASH 66/9322, Nr. 131.
2006 Zitate aus LASH 66/9309, Nr. 71. Der Standort innerhalb der Allee bzw. wohin es versetzt wurde, ist auch hier nicht wirklich nachzuvollziehen.
2007 RAK TyRtk C 84, Inv. v. 1750; LASH 66/9309, Nr. 71; LASH 66/9352, Nr. 106, Inv. v. 1769.
2008 LASH 66/9339, Nr. 160; LASH 66/9352, Nr. 106.
2009 LASH 66/9352, Nr. 106.
2010 LASH 66/7692; LASH 168/78 II; RAK TyRtk B 3, 1816, Nr. 133; LASH 32/19, fol. 64f.
2011 LASH 66/3531 II.
2012 LASH 66/3531 II.
2013 LASH 168/78 II, Zustandsbericht und Verbesserungsvorschlag von Hansen v. 31.12.1832 (Zitat); LASH 168/78 II. Wolke, 1953, S. 193 berichtet schon von der Kappung wie auch Wörner 1994, S. 219, der aber ohne Beleg behauptet, die Allee sei nach 1830 wieder mit 150 Linden neu bepflanzt und wohl gleichzeitig auch mit Eichen bis zur Flensburger Straße verlängert worden, was weiter oben schon widerlegt wurde.
2014 Wolke 1962, S. 66.
2015 Vgl. Wörner 1994, S. 213 und Meyer 2001, S. 48. Letztere vermutet eine Nachpflanzung 1830, diesmal zweireihig neben dem Herkulesteich, der angeblich zu diesem Zeitpunkt im Osten schon zugeschüttet war, wie Meyer meint, wo sich noch zwei alte Bäume 1994 fanden. Hierzu und zu ihrer Angabe, dass im 19. oder 20. Jahrhundert jeder zweite Baum gefällt worden sei, sind keine Quellenbelege bekannt. Im Gegenteil scheint der Befund vor Ort an den letzten beiden verbliebenen Linden „durch ihren mehrstämmigen Aufbau oberhalb des Kappungshorizontes" für eine Kappung der 1830 belassenen Allee zu sprechen.
2016 RAK Håndskriftsamling, Gruppe I, U. Petersen, Vol. 17, Kap. 112, § 27. Petersen macht hier die unrichtige Angabe, dass der Baum erstmals unter König Christian V. mit Bänken und Tischen zum Aussichtsplatz eingerichtet worden sei. Die Bezeichnung „Königs-Baum" findet sich auch 1737 in LASH 24/147, Nr. 11. Laut v. Schröder 1827, S. 321, Anm. 179 war der Königsbaum der Lieblingsplatz König Christians V.
2017 LASH 32/19, pag. 56–60.
2018 V. Schröder 1827, S. 321, Anm. 179.
2019 LASH 66/9264, Nr. 12. In herzoglicher Zeit war es blau-weiß angestrichen. Welche Farben nun verwandt wurden, ist in der Quelle nicht angegeben. 1745 plante Müller einen rot-weißen Neuanstrich (dänische Landesfarben) von Geländern an verschiedenen Wegen, u.a. am Mittelgang der Terrassenanlage und dem Westweg, was aber nicht ausgeführt wurde (LASH 66/9296, Nr. 7).
2020 RAK TyRtk B 2, 1752, Nr. 293; LASH 66/9316, Nr. 139.
2021 LASH 168/78 II. Hier ist dokumentiert, dass der Weg zwischen Tiergarten und Neuwerk liegt. 1817 schüttete man noch den zum Neuwerk hin liegenden Graben zu.
2022 Behling/Paarmann 1981, Abb. 22 beziehen diesen Weg mit ein in das Gartengelände, was also nicht stimmen kann.
2023 LASH 66/3531 II.
2024 LASH 66/3531 II; LASH 168/78 I; RAK TyRtk B 3, 1795, Nr. 31; RAK TyRtk B 3, 1802, Nr. 186, Beilage u. Nr. 243; LASH 66/2262, Nr. 60; LASH 66/7692.
2025 Für 1813: RAK TyRtk B 3, 1813, Nr. 118; RAK TyRtk E 22; LASH 168/78 II; für 1817: RAK TyRtk B 3, 1817, Nr. 43.
2026 LASH 168/78 II; LASH 66/3531 II.
2027 LASH 24/147, Nr. 2; RAK TyRtk C 84, Inventare v. 1738 u. 1750. U. Petersen umschreibt den Labyrinthberg insgesamt auch als „den sogenanten Neuenberg, sonsten auch das Rondel tituliret […], so nach art der fortifikation […] auffgeführt ist", womit er noch einen anderen militärischen Begriff verwendet, vgl. RAK Håndskriftsamling, Gruppe I, Ulrich Petersen, Vol. 17, Kap. 112, § 41.
2028 LASH 24/147, Nr. 2.
2029 LASH 24/147, Nr. 2.
2030 RAK TyRtk C 84, Inv. v. 1738.
2031 RAK Håndskriftsamling, Gruppe I, U. Petersen, Vol. 9: „Den første bearbejdelse…", § 29 u. Vol. 17, Kap. 112, § 41.
2032 BQ: LASH, Thurah I; BQ: HMDH, Projektplan Neuwerk unter Christian VII.
2033 RAK TyRtk C 84, Inventare v. 1738 u. 1750. Die Sonnenuhr wurde 1750 als gestohlen gemeldet.
2034 LASH 66/9352, Nr. 106, Inv. v. 1769.
2035 LASH 168/78 II, Bericht von Hansen v. Juni 1841.
2036 LASH 24/147, Nr. 70 (Zitat), wo Baumeister Müller anmerkt, dass die Gestaltung zwar schön sei, aber Clasen ohne sein Vorwissen eigenmächtig agiert habe; LASH 168/78 II, wo nur von zwei Spaziergängen die Rede ist; RAK TyRtk C 84, Inv. v. 1750.
2037 LASH 9352, Nr. 106, Inv. von 1769.
2038 BQ: HMDH, Projektplan Neuwerk unter Christian VII.
2039 Vgl. Kuhnigk 1996 II, S. 608, Anm. 17 und Abb. 457.
2040 LASH 66/3531 II, Bericht des Hausvogts Jacobsen v. 16.4.1793.
2041 LASH 168/78 II, Bericht Hansens v. Juni 1841. In etwa dasselbe kam auch schon in seinem Bericht v. 31.12.1832 vor (LASH 168/78 II).
2042 LASH 66/9266, Nr. 16, Lit. C; RAK TyRtk B 2, 1730, Nr. 47, Lit. C (1730); LASH 66/9306, Nr. 92, Lit. A (1749); LASH 66/9335, Nr. 112; LASH 66/2261, Nr. 51 (1761); LASH 66/9398, Nr. 102 (1786); LASH 66/1973 II (1801); LASH 66/2262, Nr. 365; LASH 66/7692 (1805); RAK TyRtk E 24 I, Rechnungsbeilage Nr. 10, Meyers Bericht v. 28.1.1824; RAK TyRtk E 24 II, Meyers Anschlag v. 3.3.1824 (1824).

2043 RAK TyRtk C 89, Nr. 4, Beilage Lit. C. Eine Bestätigung findet sich in RAK
2044 Håndskriftsamling, Gruppe I, Ulrich Petersen, Vol. 17, Kap. 112, § 8. LASH 66/9297, Nr. 70; RAK TyRtk C 84, Inv. v. 1750.
2045 RAK TyRtk B 5, Beilage I zur Res. v. 3.4.1737 Nr. 90. RAK TyRtk C 84, Inv. v. 1750, wo große erwachsene Tannenbäume erwähnt sind.
2046 1786 schlug Garteninspektor Godske wegen Verunreinigung des Teiches die Zweige der noch stehenden 20 Tannen zum Teich hin ab (LASH 66/9398, Nr. 102). 1825 ist noch von 4 abgängigen Tannen die Rede (RAK TyRtk E 24 II).
2047 Vgl. Kap. V 2.9.
2048 RAK TyRtk E 24 I u. II (1824); RAK TyRtk F 37 I (1837); LASH 168/78 II (1864).
2049 Z.B. Thietje 1986, S. 101–111, was sich bei der Autorin auch noch bis 1991 fortsetzt.
2050 Diese Datierung beruht auf einer ungenauen Zeitangabe von Jürgensen 1822, S. 152f., die quellenmäßig nicht belegt ist und sich dann in der Literatur über Haupt Bd. 8 o.J., S. 358, z.B. bis Schillmeier 1989, Bd. 1, S. 55 weiter fortsetzt. Die Angabe, dass Lemcke 1757/58 auf Gottorf gearbeitet hat, kann schon deshalb nicht stimmen, weil zu diesem Zeitpunkt der Bildhauer und Fontänenmeister Johann Friedrich Freudenreich im Neuen Werk angestellt war, vgl. zu Freudenreich Anhang 1, Biographien.
2051 Wolke 1953.
2052 LASH 32/23, Baustaat 1717, § 26; LASH 66/1712 I, Baustaat 1717; LASH 66/9264, Nr. 12.
2053 RAK TyRtk C 84, Garteninventare v. 18.10.1738 u. 15.1.1750.
2054 QuP 1670. Ob die Darstellung 1713 mit den zwei Kompartimenten auf jeder Seite dem tatsächlichen Befund zu dieser Zeit entspricht, ist zweifelhaft, da das Inventar v. 18.10.1738 (RAK TyRtk C 84) von nur einer „Hegebüchen Buscage" auf jeder Seite der Kaskade spricht.
2055 LASH 24/76, Untersuchungsdokument des Gartens v. 18.9.1734; RAK TyRtk C 89, Nr. 4 (Müllers Schreiben v. 6.1.1735) u. Nr. 6 (Brief d. Markgrafen F. E. v. Brandenburg v. 22.2.1736), wo immer von einem „wüsten Platz" die Rede ist.
2056 LASH 24/147, Nr. 2 Clasens Renovierungsvorschlag v. 10.11.1735, worin er auf die Zeichnung eingeht, die aber heute der Akte nicht mehr beiliegt.
2057 RAK TyRtk C 84: 1738 waren auf jeder Seite elf Pyramiden gepflanzt, 1750 waren an der Westseite nur noch acht gesunde Taxus und dazwischen noch vier kleine Buchsbaumpyramiden gepflanzt, die alle unbeschnitten waren, aber an der Ostseite waren alle wegen der stehenden Nässe eingegangen.
2058 LASH 66/1712 III, fol. 258–263v.; LASH 24/129.2; BQ: LASH, Müller II. Zur Beschreibung dieses Zustandes vgl. Kapitel III 4.19.
2059 LASH 66/9276, Nr. 77, Lit. AA, A, B, D; LASH 24/147, Nr. 37 u. 147; LASH 66/1712 III, fol. 273–279: Inv. d. Fontänenwesens v. 19.8.1738, Transkription in Anhang 2, Nr. 17.
2060 LASH 24/147, Nr. 22; LASH 66/1712 III, fol. 273–279; RAK TyRtk C 84, Nr. 4 des Inventarkonvoluts unter Rosenberg v. 31.7.1770; LASH 32/19, fol. 77–82, Inv. d. Fontänenwesens v. 6.1.1780.
2061 BQ: LASH, Freudenreich II; LASH 66/1712 III, fol. 273–279, Inv. d. Fontänenwesens v. 19.8.1738; LASH 66/1712 III, fol. 176–198v., No. 14; RAK TyRtk C 84, Inv. d. Fontänenwesens v. 18.11.1766. Das alte Bassin maß 96 Fuß (27,6 m) rundherum.
2062 LASH 66/9278, Nr. 91b.
2063 Vgl. Anhang 1, Biographie von Freudenreich.
2064 LASH 66/9278, Nr. 53, Freudenreichs Memorial v. 6.3.1738 (1. Zitat), Lit. A u. Lit. B; LASH 66/1712 III, fol. 273–279, Inv. d. Fontänenwesens v. 19.8.1738; LASH 66/9308, Nr. 53; LASH 66/9328, Nr. 137, Lit. A (2. Zitat, das sich auf eine heruntergefallene Vase bezieht, die 1758 wieder in Eichenholz nachgearbeitet wurde); auch Jürgensen 1822, S. 152f. beschreibt noch die Skulpturen mit ihrer Position.
2065 LASH 66/1712 III, fol. 273–279, Inv. d. Fontänenwesens v. 19.8.1738; LASH 66/9278, Nr. 91b, Nr. 3.
2066 LASH 66/9308, Nr. 53.
2067 LASH 66/9322, Nr. 151. Warum hier nun wieder Gotländer Sandstein trotz der schlechten Haltbarkeit verwendet wurde, geht aus den Quellen nicht hervor. Vgl. dazu auch Rosenbergs Beurteilung des Materials in LASH 66/9351, Nr. 16, Rosenbergs Bericht v. 26.10.1768.
2068 LASH 66/9328, Nr. 137.
2069 LASH 66/9339, Nr. 152.
2070 RAK TyRtk B 2, 1765, Nr. 226; LASH 66/9342, Nr. 74.
2071 LASH 66/9349, Nr. 76; RAK TyRtk B 2, 1768, Nr. 82. Zur kgl. Resolution von 1768 vgl. Genaueres in Kapitel V 1. Thietje 1986 beschäftigt sich nur mit der Gottorfer Kaskadenrenovierung, wobei neben anderen Fehlern noch existierende Skulpturen fälschlicherweise der Kaskade zugeordnet werden (Abb. 2 u. 4). Thietje 1989 stellt die Arbeit an der Kaskade in den Zusammenhang von Mosers Oeuvre. Die Vorgeschichte der Kaskade unter Freudenreich ist ihr nicht bekannt.
2072 LASH 66/9351, Nr. 16, Rosenbergs Anschreiben v. 26.10.1768. Zu der Bekanntschaft von Rosenberg u. Moser vgl. Thietje 1986, S. 107f., wobei sie die o.g. Quelle nicht kennt, u. Thietje 1989, S. 49.
2073 RAK TyRtk B 2, 1769, Nr. 8.
2074 RAK TyRtk C 84. Thietje 1989, S. 52, Anm. 57 erwähnt, dass Rosenberg im Schreiben v. 25.4.1772 (LASH 66/9358, Nr. 66) angegeben hat, eine Zeichnung zur Kaskade eingesandt zu haben. Die Verfasserin hat das zwar nicht in der Quelle gelesen, aber tatsächlich scheint sich der Anschlag auf eine Zeichnung zu beziehen, weil immer auf Buchstaben hingewiesen wird, die sich wohl auf einer Zeichnung befunden haben, die aber nicht mehr existiert.
2075 RAK TyRtk B 2, 1772, Nr. 156; LASH 66/9358, Nr. 66, Rosenbergs Pro Memoria v. 25.4.1772. Hierin wird auch mitgeteilt, dass Mosers Vertrag m 3.7.1770 approbiert wurde. Für die Arbeiten an der Kaskade waren mit dem Bildhauer 820 Rthlr ausgehandelt worden, vgl. RAK TyRtk C 84, Anschreiben Rosenbergs v. 18.4.1770.
2076 RAK TyRtk C 84. Thietje 1989, S. 52 kennt diese Quelle und auch die Vorgeschichte der Hauptreparatur von 1737/38 nicht, weshalb ihre Ausführungen sehr vage bleiben bzw. sie Vermutungen anstellen muss.
2077 RAK TyRtk C 84, Rosenbergs Kostenanschlag v. 19.8.1769.
2078 LASH 66/9358, Nr. 66, Rosenbergs Pro Memoria v. 25.4. u. 10.6.1772.
2079 LASH 66/9358, Nr. 66; LASH 32/19, fol. 53–54, Anschlag zur Reparatur der Kaskade von Moser v. 3.7.1772, transskribiert bei Thietje 1986, S. 110f.
2080 LASH 66/9358, Nr. 66, Rosenbergs Pro Memoria u. Anschlag v. 29.7.1772; LASH 66/9362, Nr. 15, wonach im August und Oktober noch Zahlungen erfolgten. Die abschließende Genehmigung kam aber erst im Oktober.
2081 LASH 32/19, fol. 53–54, Mosers Anschlag v. 3.7.1772; LASH 66/9358, Nr. 66.
2082 LASH 66/9363, Nr. 69, Rosenbergs Bericht v. 19.6.1773. Thietje 1989, S. 55, behauptet fälschlicherweise, dass die zweite Renovierungsphase mit Moser als Unternehmer bis 1774 dauerte. Thietje auch 1991, S. 238. Mit der Res. v. 15.1.1774 wird lediglich die Abrechnung noch einmal bestätigt. Aus den o.g. Quellen geht auch hervor, dass Moser die Malerarbeit mit übernahm für insg. 820 Rthlr, aber nicht die Erdarbeiten, die nämlich Garteninspektor Dölner für 110 Rthlr ausführte.
2083 Thietje 1986, S. 106; Thietje 1989, S. 50 u. S. 54f.
2084 In der Literatur haben sich in Bezug auf Lemcke falsche Daten festgesetzt und für Verwirrung gesorgt. Jürgensen 1822, S. 152f. teilte etwas unpräzise aus dem Gedächtnis bei seiner Beschreibung der Kaskade und ihres Skulpturenschmuckes Folgendes mit: „Vor ungefähr 63 oder 64 Jahren waren alle diese, damals aus Holz verfertigten Figuren, verfault und wurden darauf von dem Bildhauer Lemcke aus Itzehoe aus Sandstein verfertigt." Die Jahresangabe lässt sich anhand der Quellen nicht verifizieren, mehr noch, sie hat sich als falsch erwiesen. Haupt Bd. 8 o.J., S. 358 rechnete Jürgensens als verlässlich angenommene Angabe nach und kam auf das Jahr 1759, was sich dann variantenreich in der weiteren Literatur fortsetzte.
2085 LASH 66/9358, Nr. 66, Rosenbergs Pro Memoria und Anschlag v. 29.7.1772.

2086 LASH 66/3531 III. Zur Bewerbung Lemckes 1779 vgl. auch Anhang 1, Biographien, Hinrich Friedrich Godske.
2087 LASH 66/3531 III, Bewerbung Lemckes v. 6.2.1779.
2088 Thietje 1989, S. 54f.
2089 Paarmann 1986/87, S. 22.
2090 Zu dieser Einschätzung kommen auch Thietje 1986, S. 106 u. Paarmann 1986/87, S. 23.
2091 Thietje 1989, S. 52.
2092 Thietje 1986, S. 106 u. Abb. 6; Thietje 1989, Abb. 8.
2093 Über den Verbleib der zwei heute nicht mehr vorhandenen Vasen ist nichts bekannt. Für die Vasen sind 1738 bei Freudenreich 4 Fuß Höhe (1,15 m) und 2½ Fuß Breite (0,72 m) angegeben (LASH 66/9278, Nr. 53, Lit. A). Mit Plinthe haben die jetzigen Vasen folgende Maße: Typ 1: 107 cm Höhe, ca. 62 cm Breite; Typ 2: 108 cm Höhe u. je nach Ansicht ca. 72 cm oder ca. 78 cm Breite; Typ 3: 115,5 cm Höhe u. ca. 54 cm Breite. Die Breite wurde immer an der breitesten Stelle gemessen. Da die Vasen ja sehr unterschiedlich gestaltet sind, kann man sagen, dass sie ungefähr den Maßen bei Freudenreich entsprechen. Rätselhaft bleibt, warum Rosenberg die vor der Renovierung vorhandenen Vasen mit 4½ Fuß (1,3 m) höher beschreibt (RAK TyRtk C 84, Rosenbergs Kostenanschlag v. 19.8.1769.
2094 Die Quellen zu diesem Vorgang werden hier nur einmal gesammelt genannt: LASH 32/19, pag. 55; RAK TyRtk B 3, 1774, Nr. 117; LASH 66/9363, Nr. 69; LASH 66/9367, Nr. 24. Den Diebstahl hatte der 17 Jahre alte Aegidius Hansen begangen, der zu dreijähriger Zuchthausstrafe und Ersetzung des Schadens verurteilt wurde.
2095 BQ: LASH, Rosenberg VII. Am 22.5.1773 erhielt Rosenberg von der Kopenhagener Baudirektion den Auftrag, eine Zeichnung zu machen, die er mit einem auf den 19.6.1773 datierten Schreiben nach Kopenhagen sandte. Die Zeichnung selbst ist allerding mit dem Datum vom 22.6.1772 bezeichnet, was demnach ein Schreibfehler sein muss.
2096 Auch im Inventar des Fontänenwesens v. 6.1.1780 wird dieser Bestand noch genannt, vgl. LASH 32/19, fol. 77–82.
2097 LASH 66/9363, Nr. 69, Rosenbergs Bericht v. 12.7.1774.
2098 LASH 32/19, fol. 77–82, Inv. d. Fontänenwesens v. 6.1.1780; LASH 66/9378, Nr. 132.
2099 LASH 66/2260, Nr. 74, Vertrag wegen Mauerarbeit im Neuwerk mit Mauermeister Henning v. 22.6.1785.
2100 LASH 66/1973 II, Verträge mit den Handwerkern v. 25.8.1797.
2101 RAK TyRtk E 24 II, Vertrag auf zehn Jahre mit Maurermeister Gottfried Genthe; Erneuerung dieses Vertrages bis 1825 in LASH 66/2264.1, Nr. 876; RAK TyRtk E 24 IV, Vertrag mit Maurermeister Jessen, merkwürdigerweise schon 1821 geschlossen. Die sorgfältige Ausführung bestätigt Meyer in seinem Bericht v. 2.6.1830 in RAK TyRtk E 24 IV, kgl. Res. v. 18.7.1838. 1827 wird dann noch ein Vertrag mit dem Schieferdecker Ahrens zur Unterhaltung der Dächer des Schlosses ausgehandelt, womit ihm auch die Pflege des Kaskadendaches übertragen wird (LASH 309/16170 II).
2102 LASH 32/19, fol. 83–84, Bericht Jessens v. 30.1.1823.
2103 RAK TyRtk E 24 IV, Meyers Bericht v. 2.6.1830.
2104 RAK TyRtk E 24 IV, Gutachten C.F. Hansens v. 30.10.1830.
2105 LASH 32/19, fol. 99 u. 119; RAK TyRtk E 24 IV, kgl. Res. v. 18.7.1838, Meyers Bericht v. 11.5.1833.
2106 LASH 32/19, fol. 103.
2107 LASH 168/78 II, Bericht des Garteninspektors Hansen v. 26.11.1832.
2108 LASH 32/19, fol. 99.
2109 RAK TyRtk E 24 IV, Meyers Bericht v. 11.5.1833. Im März betrafen beide Zeichnungen, A und B, die Grotte, was aber die oben genannte Theorie nicht widerlegt. Wenn Lit. B vom April einen Grundriss der ganzen Kaskade zeigte, so kann damit der von Hansen abgesegnete Entwurf gemeint sein, der dann die neue Grotte oberhalb der Kaskade ebenfalls im Grundriss zeigte, während Lit. A den Aufriss darstellte.
2110 LASH 32/19, fol. 99 u. 119.
2111 RAK TyRtk E 24 IV, kgl. Res. v. 18.7.1838, Bericht v. Meyer v. 11.5.1833; RAK TyRtk B 3, 1834, Nr. 18.
2112 RAK TyRtk E 24 IV, Hansens Gutachten v. 26.10.1833 (1. Zitat) u. 14.6.1834 (2. Zitat).
2113 RAK TyRtk E 24 IV, Meyers Bericht v. 11.5.1833 u. Hansens Gutachten v. 26.10.1833; RAK TyRtk B 3, 1834, Nr. 18; LASH 168/78 II, Pro Memoria u. Kostenanschlag v. E.F. Hansen v. 26.4.1834.
2114 RAK TyRtk B 3, 1834, Nr. 18, wo die Maße des alten und neuen Gebäudes angegeben werden. Zu Abweichungen gegenüber älteren Quellen vgl. Kap. III 4.19.
2115 LASH 32/37, Kostenanschlag v. Mauermeister Henning v. 18.10.1841 für 1842.
2116 RAK TyRtk E 24 IV, kgl. Res. v. 18.7.1838.
2117 RAK TyRtk F 37 I, 1840.
2118 BQ: LASH, Kaskade 19. Jh., worauf die Tiefe der Schale mit 3 Fuß (86 cm) angegeben ist, während die Tiefe des vorhandenen Muschelbeckens nur 74 cm beträgt. Die Breite der heute noch vorhandenen Schale stimmt mit 108 cm schon eher mit der Skizze überein, jedenfalls wenn man die auf der Zeichnung eingetragenen 3 Fuß 8 Zoll (105 cm) nimmt und nicht die wohl aus Versehen im darunter liegenden Text geschriebenen 4 Fuß 8 Zoll.
2119 Als englisches Beispiel mag hier der dreibogige grottenartige Kaskadenbau im Venustal in Rousham dienen, von William Kent um 1738 gezeichnet (abgebildet in v. Buttlar 1989, S. 45, Abb. 26). Zur Zerbster Grotte vgl. http://www.schloss-zerbst.de/html/ schlossgarten.htm#05 mit Abbildung [25.01.2018].
2120 Der Eutiner Wasserfall ist abgebildet in Thietje 1994, S. 191 (Foto von 1985) oder S. 161 (Gemälde v. Ludwig Philipp Strack, um 1800). Vgl. zur weiteren Beliebtheit die Ausführungen von Jörg Matthies zur „Rockery" genannten Felsenpartie im Gutspark Hohenstein (bei Eckernförde) in v. Buttlar/Meyer 1996, S. 316.
2121 Vgl. Zitat Hansens weiter oben.
2122 Wietek 1982, S. 55.
2123 LASH 32/19, pag. 118, Anschläge v. 2.5. u. 1.8.1833.
2124 RAK TyRtk E 24 IV, Meyers Bericht v. 1.8.1835. Leider gibt es keine Unterlagen mehr darüber, welche Gegenstände genau an wen verkauft wurden.
2125 Thietje 1986, S. 101ff u. Abb. 3 geht ohne weitere Überlegungen oder Beweise davon aus, dass diese „Statue eines Gnomen" – wie sie sie nennt – zur Kaskadenanlage im 18. Jahrhundert gehörte.
2126 Dehio 1994, S. 264. Die linke Figur stellt den Winter, die rechte den Sommer dar. Der ganz oben stehende Putto müsste demnach den Herbst zeigen, ist aber wegen der Entfernung schlecht zu erkennen. Die Figuren wurden kürzlich von der SSHL erworben.
2127 LASH 32/19, fol. 117; RAK TyRtk E 24 IV, Meyers Bericht v. 9.6.1838.
2128 RAK TyRtk B 3, 1838, Nr. 186.
2129 RAK TyRtk E 24 IV, Vertrag zwischen Meyer u. Holler v. 14.7.1834.
2130 LASH 32/19, fol. 116 u. 117; RAK TyRtk E 24 IV, kgl. Res. v. 18.7.1838; RAK TyRtk B 3, 1838, Nr. 186.
2131 RAK TyRtk F 37 I, 1839.
2132 RAK TyRtk F 37 III, Bericht v. Meyer für 1838.
2133 LASH 168/78 II, Pro Memoria u. Kostenanschlag v. E. F. Hansen v. 26.4.1834 (auch Zitat hieraus).
2134 BQ: LASH, E. F. Hansen A. Mit BQ: SSHL, Philippsen existiert eine undatierte Zeichnung, die in ihrer großen Übereinstimmung als Nachzeichnung von Hansens Zeichnung „A" zu werten ist, vermutlich von Heinrich Philippsen angefertigt, der sie in seinem Buch Philippsen 1923 I, Abb. 14 publizierte, allerdings ohne anzumerken, dass das Original von E. F. Hansen stammt, dem der Autor aber große Wertschätzung entgegenbrachte (S. 71).
2135 Philippsen 1923 I, S. 71.
2136 RAK TyRtk E 24 IV, Meyers Bericht u. Anschlag v. 26.3.1836; RAK TyRtk B 3, 1836, Nr. 220.
2137 Vgl. dazu Genaueres in Anhang 3, Nr. 5 zur Baugeschichte der Kaskade.
2138 LASH 7/187, fol. 285–296, Punkt 16.
2139 LASH 32/23, Baustaat 1717; LASH 66/1712 I, Baustaaten 1718, 1722, fol. 35 und 1723.
2140 RAK TyRtk C 89, Nr. 6, Peuckers Brief v. 15.2.1727.
2141 LASH 66/1712 III, pag. 56–58, Peuckers Bauanschlag f. 1727/28 v. 17.12.1726; LASH

2141 66/9265, Nr. 38, Lit. B, Themsens Bericht; RAK TyRtk C 89, Nr. 4, Vertrag zwischen Peucker u. Kempe v. 6.5.1727.
2142 RAK TyRtk C 89, Nr. 7; LASH 66/9264, Nr. 12.
2143 RAK Håndskriftsamling, Gruppe I, Ulrich Petersen, Vol. 17, Kap. 112, §§ 11, 24–26, 28–31, 33 u. 34, 37 u. 44; LASH 24/76, Lit. X, Untersuchungsbericht v. 18.8.1734.
2144 BQ: LASH, Themsen I, Legende. Die Buchstaben sind allerdings auf der zweiten Terrasse eingezeichnet, gelten aber wohl für alle Terrassenkompartimente.
2145 RAK Håndskriftsamling, Gruppe 1, Ulrich Petersen, Vol. 17, Kap. 112, pag. 865.
2146 RAK Håndskriftsamling, Gruppe 1, Ulrich Petersen, Vol. 9 „Dem første bearbejdelse …", § 20; RAK TyRtk C 89, Nr. 6 (1727); LASH 24/76, Lit. X.
2147 LASH 66/9265, Nr. 38, Lit. B, Themsens Bericht.
2148 RAK Håndskriftsamling, Gruppe 1, Ulrich Petersen, Vol. 17, Kap. 112, pag. 865.
2149 RAK Håndskriftsamling, Gruppe 1, Ulrich Petersen, Vol. 17, Kap. 112, pag. 867.
2150 RAK Håndskriftsamling, Gruppe 1, Ulrich Petersen, Vol. 17, Kap. 112, pag. 867.
2151 Legende auf BQ: LASH, Kempe; RAK Håndskriftsamling, Gruppe 1, Ulrich Petersen, Vol. 17, Kap. 112, pag. 867.
2152 LASH 24/76, Lit. X, Bericht v. 18.8.1734 u. Anschlag v. 18.9.1734; LASH 24/147, Nr. 1 u. 2.
2153 RAK TyRtk C 84, Inv. v. 18.10.1738. Alle nicht weiter gekennzeichneten Zitate im folgenden Absatz stammen aus dieser Quelle.
2154 RAK TyRtk C 84, Inv. v. 15.1.1750.
2155 Hansmann 2009, S. 17. Das Buch „Oeconomus prudens continuatus …" des Franziscus Philippus Florinus (1649–1699) erschien zuerst 1702, ist aber in der Gottorfer Bibliothek nicht verzeichnet, was nicht heißen muss, dass Clasen es nicht kannte.
2156 LASH 66/9296, Nr. 7.
2157 Szymczyk-Eggert 1989, S. 103.
2158 Vgl. Biographie von J.A. Clasen in Anhang 1.
2159 Le Blond 1731/1986, S. 53.
2160 RAK TyRtk C 84, Inv. v. 18.10.1738.
2161 Wie man sich diese Bepflanzung vorzustellen hat, wird erst in LASH 66/9352, Nr. 106, Inv. v. 29.5.1769 deutlich, wo die Böschungen als „mit Graß Soden, in Laub ausgeschnitten" beschrieben werden, was bedeutet, dass in die Grasfläche Rankenmuster geschnitten waren. Wie sich aber die Schattierung an der Böschung halten sollte, bleibt unklar.
2162 RAK TyRtk B 2, 1737, Nr. 181 (Zitat); LASH 66/9275, Nr. 67A. Es ist nicht möglich gewesen, diese verballhornten französischen Ausdrücke zu übersetzen. Le Blond 1731/ 1986, S. 167 spricht bei einer Terrassenanlage von „Scarpen oder Abhänge von Gras", was Böschungen meint. Tatsache ist, dass es seit dieser Zeit keine Treppen, sondern nur noch rampenartige Aufgänge an den Seiten gab. Zum ersten Mal wird der Ausdruck „Rampe" 1834 benutzt, als bei der Ausbesserung der Wege auch die „6. Auffahrts Rampen auf den drei untersten Parterren" genannt werden (LASH 66/3531 II).
2163 LASH 66/9278, Nr. 91b, Lit. B; LASH 66/9279, Nr. 40; LASH 66/9276, Nr. 77, Lit. A: An den Arbeiten waren auch der Maurermeister Drechsler und der Maler Sielentz beteiligt.
2164 LASH 66/9278, Nr. 53; LASH 66/1712 III, fol. 273–279, Inv. d. Fontänenwesens v. 19.8.1738. Wolke 1953, S. 189 und später darauf fußend Behling/Paarmann 1981, S. 14 behaupteten, die neuen Holzfrösche sollten vorher vorhandene Bleifrösche ersetzen. Es gab aber vorher nie Frösche in den Bassins auf den Terrassen, sondern die Idee ist 1738 neu und stammt von Freudenreich.
2165 LASH 32/19, pag. 23–34; LASH 24/147, Nr. 53, Müllers Bericht v. 22.1.1742.
2166 RAK TyRtk C 84, Inv. v. 15.1.1750.
2167 LASH 32/19, Müllers Untersuchungsbericht v. 1743; RAK TyRtk C 84, Inv. v. 15.1.1750; RAK TyRtk B 2, Nr. 263, worin eine leider nicht erhaltene Zeichnung von Clasen erwähnt wird, die die Planung zu der Pflanzung der Hecken aus dem Alten Garten wiedergab.
2168 RAK TyRtk B 2, 1752, Nr. 293; LASH 66/9316, Nr. 139; LASH 66/9352, Nr. 106, Inv. v. 29.5.1769. Unklar ist, welche Parterres Voss neu anlegte.
2169 RAK TyRtk B 2, 1758, Nr. 461; LASH 66/9328, Nr. 173.
2170 LASH 66/2261, NR. 137; LASH 66/9339, Nr. 160.
2171 LASH 66/9352, Nr. 106: Auszug aus dem Inv. v. 29.5.1769.
2172 Vgl. Buttlar/Meyer 1996, S. 159, Abb. 118. Margita M. Meyer datiert hier, S. 158, den Plan auf zwischen 1720 und 1740. Aufgrund der Rasenparterres könnte sogar noch später entstanden sein.
2173 LASH 66/9352, Nr. 106, Inv. v. 1769.
2174 LASH 66/9352, Nr. 106, Inv. v. 1769. Diese Quelle gilt für den ganzen Absatz samt den Zitaten.
2175 Hier werden die Monogramme „F5. und S.M." genannt, König Friedrich V. war aber in erster Ehe mit Louise von Mecklenburg und in zweiter Ehe mit Juliane Marie von Braunschweig-Wolfenbüttel verheiratet, so dass die Initialen nicht passen.
2176 LASH 66/9345, Nr. 96; LASH 66/9346, Nr. 39.
2177 LASH 66/9328, Nr. 137; LASH 66/9339, Nr. 152. Merkwürdigerweise behauptet Rosenberg 1768, dass die Bassins „mehr den 16 Jahren gäntzlich verfallen gewesen" sind (LASH 66/9351, Nr. 16, Bericht v. 26.10. 1768. Vielleicht ist aber auch gemeint, dass sie so lange nicht mehr funktionierten.
2178 RAK TyRtk B 2, 1769, Nr. 8; LASH 66/9351, Nr. 16; RAK TyRtk C 84, Rosenbergs Kostenanschlag v. 19.8.1769; LASH 66/9362, Nr. 15; LASH 32/19, fol. 77–82.
2179 RAK TyRtk B 2, 1769, Nr. 8.
2180 LASH 32/19, fol. 77–82. Es ist deshalb nicht verwunderlich, dass bei den archäologischen Grabungen am Anfang des 21. Jahrhunderts in diesem Bereich nur spärliche Erkenntnisse gewonnen werden konnten, vgl. Lau 2006.
2181 LASH 66/9362, Nr. 41; RAK TyRtk E 24 II, Vertrag mit Genthe 1805; LASH 66/2264.1, Nr. 876, Vertrag mit Genthe bis 1825.
2182 LASH 168/78 II, Zustandsbericht und Verbesserungsvorschlag von Hansen v. 31.12. 1832, vgl. auch die Transkription der Quellen in Anhang 2, Nr. 19; Philippsen, 1923 I, S. 71.
2183 LASH 66/3531 II.
2184 LASH 168/78 II, Bericht Hansens v. Juni 1841, vgl. Anhang 2, Nr. 21.
2185 LASH 32/19, pag. 204; LASH 32/37, pag. 467; RAK TyRtk E 24 IV; LASH 168/78 II. Das erklärt auch den unergiebigen archäologischen Befund an diesen Stellen, vgl. dazu Lau 2006, S. 26 u. 34.
2186 RAK TyRtk C 84, Inventare v. 1738 u. 1750; RAK TyRtk C 84, Kostenanschlag v. Rosenberg v. 19.8.1769 und Nr. 4 des Inventarkonvoluts unter Rosenberg 1770, vgl. auch Transkription Anhang 2, Nr. 18; LASH 24/158, Nr. 45 u. 47; LASH 66/9282, Nr. 82, Bauprojekt B für 1740 v. 31.12.1739; LASH 66/9319, Nr. 75, Müllers Anschlag v. 20.3.1754; LASH 66/9351, Nr. 16, Rosenbergs Anschlag Nr. 3 v. 26.10.1768; LASH 9352, Nr. 106, Inv. v. 29.5.1769.
2187 Von den 30 Bildwerken war eine große Bleistatue gestohlen worden, und vier große Holzstatuen befanden sich in unbrauchbarem Zustand, vgl. LASH 66/1712 III, Thomsens „Beantwortung" v. 19.2.1726. Keine Quelle bestätigt die Angaben von Wörner 1991, S. 25 und Schlüter 1992, S. 57, dass ein Großteil der Figuren, nicht nur die Kaiserbüsten, 1716 nach Kopenhagen transportiert worden sei.
2188 LASH 66/1712 III, fol. 135v., Bauanschlag v. Peucker für 1727/28 v. 17.12.1726, § 32 u. fol. 501v., Häussers u. Themsens Untersuchungsprotokoll v. Febr. 1728. Zur Durchführung 1728 vgl. LASH 66/9264, Nr. 12.
2189 Sechs kleine Skulpturen waren 1728 fertig, die großen Statuen wurden offenbar erst 1729 gearbeitet, vgl. LASH 66/9264, Nr. 12. Ein Bildhauer vor Ort muss den Auftrag bekommen haben, denn auf Gottorf wurde das Holz dafür eingekauft.
2190 RAK TyRtk C 89, Nr. 7, Lit. LL; RAK TyRtk C 84, Inv. v. 1738.
2191 Auch in der Synopse (Abb. 224), die unten genauer erläutert wird, sind die Standorte so angegeben, obwohl die Angaben in den Quellen zum Jahr 1740 ungenau sind, weil das Wort „Parterre" verwendet wird anstatt „Terrasse". Auf der ersten Terrasse trifft es zu, dass die Statuen in den Parterres stehen, aber ab der zweiten Terrasse sind die zehn neuen

2192 Erst in den Auflistungen der nachherzoglichen Zeit ab 1738 sind hier Bildwerke erwähnt, vgl. RAK TyRtk C 84, Inventar v. 1738, in dem auch noch einige in der Orangerie aufbewahrten Statuen- und Postament-Reste genannt sind.
2193 LASH 66/9282, Nr. 82, Bauprojekt B für 1740 v. 31.12.1739; LASH 24/158, Nr. 45 u. 47. In der Literatur ist diese Aufzählung erstmals von Wolke 1953. S. 189 zitiert worden.
2194 RAK TyRtk B 2, 1754, Nr. 131; LASH 66/9319, Nr. 7. Von den fehlenden Figuren wird eine im Inventar v. 1750 schon als kaputt gemeldet (RAK TyRtk C 84, Inv. v. 1750). Wahrscheinlich sind sie zu identifizieren mit den zwei großen, als abgängig und unbrauchbar bezeichneten Holzskulpturen, die 1756 aus dem Neuwerkgarten verkauft wurden (LASH 66/9324 Nr. 103; LASH 66/9352, Nr. 106). Außerdem wird hier auf der zweiten Böschung plötzlich statt Juno eine andere Figur genannt, bezeichnet als Leda mit dem Schwan. Da hier die Skulptur der Leda als renovierungsbedürftig geschildert wird, kann sie also nicht neu sein. Allerdings ist unklar, wo sie herkommt, oder ob es sich nur um ein Identifikationsproblem in den Quellen handelt, was wahrscheinlich ist, da in den Quellen zum Jahr 1769/70 oberhalb der zweiten Böschung wieder Juno erscheint, dafür statt des Ganymed oberhalb der vierten Böschung die Leda wieder auftaucht, vgl. Quellen in der Synopse. Da alle drei mythologischen Figuren große Vögel als Attribute haben (Ganymed den Adler, der auch 1754 genannt wird; Juno den Pfau; Leda den Schwan), kann es hier womöglich zu einer Verwechslung gekommen sein.
2195 LASH 66/9351, Nr. 16, Rosenbergs Anschlag Nr. 3 v. 26.10.1768; RAK TyRtk C 84, Kostenanschlag v. Rosenberg v.19.8.1769.
2196 Vgl. Kap. III 4.21. u. Abb. 76. Zur weiblichen Statue vgl. Paarmann 1986/87, S. 27.
2197 Drees 1986/87 II, S. 110f. Drees nimmt keine stilistische Datierung vor, sondern orientiert sich an den in der Literatur vor ihm genannten angeblichen Quellen, die diese Figuren mit Jacob Lemcke und Johann Georg Moser in Verbindung bringen. Diese Bezüge sind in Kap. V 2.9. widerlegt worden. Die Inventar-Nummern der beiden Skulpturen lauten: 1986/1667 u. 1668.
2198 Paarmann 1996, S. 552 berichtet nur, dass diese Figuren vor dem ehemaligen Müllerhaus, Haus Beeck, in Bollingstedt gestanden haben und 1986 von der SSHM zurückerworben wurden. Wie sie aber nach Bollingstedt gelangt sind, bleibt im Dunkeln.
2199 LASH 7/6826, p. 583.
2200 Drees 1986/87 II, S. 110. Vgl. auch Kap. III 4.19. und 4.21., wo diese Skulptur (Inv. Nr. 1986/1666) schon behandelt wurde.
2201 RAK TyRtk B 2, 1763, Nr. 319; LASH 66/9352, Nr. 106, Inv. v. 1769.
2202 In LASH 66/9304, Nr. 98, Lit. A von 1748 werden die Gegenstände aus dem Alten Garten benannt, die in den Neuwerkgarten überführt wurden. Von Löwen ist hier noch nicht die Rede, aber von „Garten-Zierrathen" aus Sandstein. Erst in RAK TyRtk C 84, Inv. v. 1750 werden die Löwen erwähnt.
2203 LASH 66/9352, Nr. 106.
2204 QuP 258 u. 259. Vgl. Paarmann 1986, S. 100, 102 u. 122.
2205 LASH 66/9304, Nr. 98, Lit. A; LASH 66/9310, Nr. 116. Bis 1765 übernahm Henningsen auch die Instandhaltung, vgl. LASH 66/9320, Nr. 92. Danach wurde mit Christian Henning ein Vertrag geschlossen, vgl. LASH 66/2261, Nr. 200.
2206 RAK TyRtk C 84, Inv. v. 1750. Bei der Grabung 2004 wurden auf der ersten Terrasse mehrere Paare von Ziegelsetzungen als Fundamente für die Hermenpfeiler und Schwibbögen gefunden, vgl. Lau 2006, S. 12f., S. 33, Tafel 2 u.3.
2207 RAK TyRtk E 24 II; LASH 66/2264.1, Nr. 876.
2208 RAK TyRtk E 24 III, wo mitgeteilt wird, dass diese Aktion vor 1831 erfolgt ist. Philippsen 1923 I, S. 71 meinte, dass diese Arbeit 1823 unter Garteninspektor Hansen geschah. Hansen war aber erst ab 1832 in diesem Amt.
2209 Schmidt 1903, S. 82.
2210 SSHL, Inv. Nr. 1959/1327 und 1959/1328. Dazu gehörte ein weiteres Sockelfragment mit der Inv. Nr. 1959/1329. Vgl. Gottorfer Kultur 1965, S. 48, Kat. Nr. 71 u. Paarmann 1986, S. 122ff.
2211 Vgl. Lau 2006, S. 30.
2212 Gottorfer Kultur 1965, S. 50, Kat. Nr. 75, Inv. Nr. 1959/1357; Schlee 1965, Abb. 61; Paarmann 1986, S. 127.
2213 Zum Frauenkopf vgl. Gottorfer Kultur 1965, S. 50, Kat. Nr. 75, Höhe ca. 40 cm, ohne Abb. und Inventarnummer. Zum Männerkopf vgl. Lau 2006, S. 14 (mit Abb. 14) u. 30, auch ohne Inventarnummer.
2214 RAK TyRtk C 89, Nr. 7, Lit. LL, Antwort der Kempen-Erben auf das Schreiben der Rentekammer v. 25.8.1736; RAK TyRtk C 84, Inventare v. 1738 u. 1750.
2215 RAK TyRtk C 84, Inv. v. 1750; LASH 66/9324, Nr. 103; LASH 66/9352, Nr. 106. Wolke 1953, S. 190 u. Behling/Paarmann 1981, S. 14 behaupten, dass alle fünf Bleigefäße schon 1734 unauffindbar gewesen seien. Diese Aussage geht möglicherweise auf eine der Quellen aus dem Streit nach dem Tod des Garteninspektors B. Kempe zurück, wo allerhand unrichtige Behauptungen aufgestellt werden.
2216 Philippsen 1923 I, S. 68.
2217 RAK TyRtk C 89, Ikke anbragte Bilag Nr. 2, undatiertes Inventar; RAK, Håndskriftsamling, Gruppe I, U. Petersen, Vol. 17, Kap. 112, § 29, vgl. auch Anhang 2, Nr. 14; RAK TyRtk C 84, Inventare v. 1738 u. 1750. Der Bienenstock und die Windharfe müssen wohl Anfang der 1730er Jahre aufgestellt worden sein, denn Braunschweig 2010, S. 18 zufolge hat Petersen die letzten Arbeiten an seiner Chronik 1734 vorgenommen.
2218 RAK TyRtk C 89, Ikke anbragte Bilag Nr. 2, undatiertes Inventar; RAK, Håndskriftsamling, Gruppe I, U. Petersen, Vol. 17, Kap. 112, § 31 (Zitate), vgl. auch Anhang 2, Nr. 14. Dazu zuletzt Kellner 2009, S. 28 u. Kellner 2012, S. 16f. Kellner und alle anderen Autoren, bei denen der Bienenstock und die Windharfe genannt werden, zählen die Terrassenstufen anders als U. Petersen und die Autorin, wodurch mögliche Irritationen entstehen. Der hier genannte Standort wird aber auch bestätigt durch Müller in LASH 66/9296, Nr. 7. 1738 wird der Standort „bei der Kegelbahn" angegeben, die aber auch auf der obersten Terrasse in der Nähe der Amalienburg lag (RAK TyRtk C 84, Inv. v. 1738).
2219 RAK TyRtk C 84, Inventare v. 1738 u. 1750; LASH 66/9296, Nr. 7; LASH 66/9352, Nr. 106.
2220 RAK TyRtk C 84, Inventare v. 1738 u. 1750; LASH 66/9324, Nr. 103; LASH 66/9352, Nr. 106.
2221 RAK TyRtk C 89, Ikke anbragte bilag Nr. 2.
2222 RAK TyRtk C 84 II, Beilage Lit. J.
2223 RAK TyRtk C 84, Inv. v. 1738. Oben sind nur die intakten Gegenstände, im Inventar dagegen noch einige kaputte aufgezählt. RAK TyRtk C 84, Inv. v. 1750; LASH 66/9324, Nr. 103; LASH 66/9352, Nr. 106.
2224 LASH 66/9343, Nr. 132.
2225 LASH 32/19, pag. 56–60 u. BQ: LAS, von Motz I u. II.
2226 LASH 66/2189.
2227 RAK TyRtk B 3, 1936, Nr. 220; RAK TyRtk C IV u. F 37 I; LASH 66/3324.4.; LASH 168/78 II.
2228 LASH 32/23, Baustaat 1717; LASH 66/1712 I, Baustaat 1717. Ob dabei die ursprüngliche Bemalung der Türen wieder angepasst wurde, ist fraglich.
2229 LASH 66/1712 I, Baustaat 1722.
2230 Zur Wiederherstellung der Gemälde gibt es nur grobe Angaben in LASH 66/1712 III, Häussers u. Themsens Untersuchungsprotokoll v. Febr. 1728. V. Kochs Tagebuch zitiert nach Schlee 1968, S. 14f.
2231 LASH 66/1712 III, Häussers und Themsens Untersuchungsprotokoll v. Febr. 1728.
2232 LASH 24/147, Nr. 19; LASH 66/9277, Nr. 39; RAK TyRtk B 2, 1738, Nr. 144.
2233 RAK TyRtk B 2, 1739, Nr. 207; LASH 66/9280, Nr. 59.
2234 LASH 24/129.1, Nr. 53.
2235 RAK TyRtk B 2, 1748, Nr. 60; LASH 66/9302, Nr. 22.
2236 LASH 66/9304, Nr. 108; LASH 66/9310, Nr. 116.

2237 LASH 66/9304, Nr. 108 (Zitate in den letzten beiden Sätzen).

2238 Es ist vorstellbar, dass hierbei die Gemälde zum Teil anders als vorher zusammengesetzt wurden, so dass es bei den späteren Betrachtern zu den bekannten Unklarheiten in der Interpretation geführt haben mag, vgl. Schlee 1968, S. 16.

2239 RAK TyRtk C 84, Inv. v. 1750. Leider war es nicht möglich herauszufinden, was damit genau gemeint ist und wie es aussah. Die Erde für die Terrassen nahm Clasen von der Allee auf der Westseite des Gartens, die sein Nachfolger Voss 1752 wieder instand setzte (LASH 66/9316, Nr. 139).

2240 LASH 66/9352, Nr. 106; LASH 66/9324, Nr. 103.

2241 LASH 66/9349, Nr. 76.

2242 RAK TyRtk C 84, Nr. 4 des Inventarkonvoluts unter Rosenberg; LASH 66/9359, Nr. 17; LASH 66/9366, Nr. 80; RAK TyRtk B 3, 1775, Nr. 111.

2243 RAK TyRtk C 84, Rosenbergs Anschlag v. 26.10.1768. Diese Quelle gilt auch für alle weiteren Maßnahmen in diesem zeitlichen Zusammenhang, soweit nicht anders angegeben.

2244 LASH 66/2260, Nr. 228.

2245 RAK TyRtk C 84, Nr. 4.

2246 LASH 66/9371, Nr. 18; Jürgensen 1822, S. 160.

2247 RAK TyRtk B 2, 1772, Nr. 67; LASH 66/9357, Nr. 32, Vertrag v. 11.6.1771. Zu Tischbein vgl. Thieme/Becker Bd. 33 1939, S. 209f. Er ist der Onkel und Lehrer des berühmten Goethe-Malers Johann Heinrich Wilhelm Tischbein, der ab 1808 in Eutin wirkte.

2248 LASH 66/2260, Nr. 226.

2249 RAK TyRtk B 3, 1788, Nr. 100; LASH 66/9403, Nr. 68; LASH 66/2260, Nr. 226, 228–231.

2250 RAK TyRtk E 24 I, 1820.

2251 RAK TyRtk E 24 II, 1822.

2252 LASH 66/3531 II; LASH 66/7692; LASH 168/78 II.

2253 RAK TyRtk E 24 II, 1823, teilweise zitiert von Paarmann 1984, S. 133, aber ohne Nachweis.

2254 RAK TyRtk B 3, 1823, Nr. 182: Reskript des Königs v. 30.8.1823.

2255 RAK TyRtk B 3, 1823, Nr. 182; RAK TyRtk E 24 II, 1823, Brief v. Meyer v. 15.10.1823 (Zitat); v. Schröder 1827, S. 317, Anm. 176.

2256 Sach 1875, S. 325 u. Sach 1881, S. 148, Anm. 1 u. S. 149, Anm. 1. Über die archivalischen Quellen ist eine Auktion 1853 nicht nachweisbar.

2257 Jürgensen 1822, S. 161.

2258 Drees 1988 II, S. 103. Eine Abbildung scheint Drees auch nicht vorgelegen zu haben. Vom Titel des Gemäldes zu schließen, hätte es gar nicht in das Programm der Kuppel gepasst, wo Minerva und Apoll mit den Musen zwei gegenüberliegende Bilder waren, vgl. Kap. III 4.22.

2259 RAK TyRtk E 24, 1823; LASH 32/19, fol. 90 u. 94); BQ: LASH, Meyer I (Skizze = Abb. 80); BQ: RAK, Meyer II (fertiger Plan mit Neugestaltungsidee = Abb. 79 Detail, Abb. 235 ganz). Die Bildquellen sind wegen ihres dokumentarischen Wertes für die Rekonstruktion in Kap. III 4.22. genauer behandelt worden.

2260 RAK TyRtk E 24 II, 1823; LASH 32/19, fol. 90.

2261 RAK TyRtk B 3, 1824, Nr. 150.

2262 RAK TyRtk E 24 II, 1825, Hansens Bericht v. 19.4.1825; BQ: RAK C.F. Hansen I u. II.

2263 RAK TyRtk E 24 II, 1826, Brief v. Meyer vom 7.1.1826.

2264 Nach Böttger/Waschinski 1952, S. 13f.: 1 Ale = 1 Hamburger Elle = 57,3 cm.

2265 Zu Hansens Beschäftigung mit dem Pantheon und den Auswirkungen auf seine eigenen Entwürfe vgl. die Beiträge von Volker Plagemann in Hedinger 2000, S. 21–30 und Schwarz 2003, S. 157–167. Zum Landhaus Gebauer vgl. den Aufsatz von Julia Berger in Schwarz 2003, S. 137–147. Eine Abbildung der Kopenhagener Schlosskirche findet sich in Hedinger 2000, S. 106.

2266 Vgl. Buttlar 1989, Umschlagrückseite (Chiswick) und Abb. 29 (Stourhead). Vgl. Berger in Schwarz 2003, S. 139.

2267 Vgl. die Abbildungen in Buttlar 1989, Farbtafel 22 (Wörlitz).

2268 Vgl. Hedinger 2000, S.182, Abb. 19.1.

2269 Vgl. die Abbildungen in Buttlar 1989, Farbtafel 4 (Stourhead) und S. 163, Abb. 106 (Weimar) und Buttlar/Meyer 1996, S. 468, Abb. 354.

2270 Vgl. Buttlar/Meyer 1996, S.657f. und Kehn 1992, Abb. 40 (= „Theorie der Gartenkunst", Bd. 1, S. 230).

2271 Vgl. Hedinger 2000, S. 56, Abb. 1.2, S. 61, Abb. 2.2. u. S. 67, Abb. 3.2.

2272 RAK TyRtk E 24 II, 1826.

2273 LASH 66/2189; RAK TyRtk E 24 II, 1826; RAK TyRtk B 3, 1826, Nr. 61; LASH 168/78 II. Das Material der Amalienburg wurde nach Philippsen 1928 II, S. 210f. größtenteils zum Bau eines Turmes für die Schleswiger Dreifaltigkeitskirche im Stadtteil Friedrichsberg verwendet.

2274 LASH 66/9352, Nr. 157; LASH 66/9353, Nr. 16; RAK TyRtk C 84, Nr. 4 des Inventarkonvoluts unter Rosenberg.

2275 LASH 7/1712 I, Nachtrag zum Baustaat 1717; LASH 32/23 und LASH 66/1712I, beides Nachträge zum Baustaat 1718, zu 1719 und Baustaaten 1720/21.

2276 Bezeichnend ist aber, dass im Inventar v. 1709, das sehr detailliert beschrieben, nur Schindel- und Ziegeldeckung genannt sind. Dagegen ist namentlich in den Verträgen mit den Schieferdeckern Cornelius Primon v. 7.10.1726 und Matthias Mörck v. 2.6.1736 die Rede davon, dass die Orangerie mit ihrem "Schiefer und Spohn Dach" in die Unterhaltung mit einbezogen sei (LASH 66/1712 III und LASH 32/23 für Primon; RAK TyRtk D 3, LASH 66/9407, Nr. 87 und LASH 168/934 für Mörck). 1739 werden bei der Legung des neuen Hauptgesimses 133 Fuß lang Spandach und 60 Fuß lang Schieferdach vom Schieferdecker aufgenommen und wieder hingelegt (LASH 24/153, Nr. 49). Gar nicht nachzuvollziehen ist der Baustaat von 1723, bei dem die Dacherker, die bis dahin mit „Pfandach" versehen waren, mit Schiefersteinen belegt wurden (LASH 66/1712 II). Es ist nämlich keine Reparaturmaßnahme bekannt, bei der die nachweislich ursprüngliche Schindeldeckung der Gauben in ein Pfannendach umgeändert worden wäre.

2277 RAK TyRtk B 5, Beilagen III u. IV z. Res. v. 3.4.1737, Nr. 90.

2278 LASH 66/1712 III, pag. 50f.

2279 LASH 66/1712 III, pag. 50f.

2280 LASH 66/1712 III; LASH 66/9264, Nr. 12.

2281 LASH 66/9266, Nr. 16.

2282 LASH 66/9267, Nr. 7a.

2283 LASH 66/9272, Nr. 17. Der Vertrag galt allen Öfen im Schloss Gottorf und seinen Pertinentien.

2284 RAK TyRtk B 2, Vorst. v. 9.2.1737; LASH 66/9276, Nr. 82.

2285 RAK TyRtk B 2, Vorst. v. 2.8.1738; LASH 66/9278, Nr. 62, hier auch Angaben zur Herstellung und Behandlung der Holzschindeln; RAK TyRtk B 2, Vorst. v. 17.1.1739; LASH 66/9279, Nr. 12; LASH 24/153, Nr. 49; LASH 24/147, Nr. 51; RAK TyRtk B 2, Vorst. v. 3.2.1740; LASH 66/9281, Nr. 20. Vgl. zu den Bedachungsarten auch die Bemerkungen vorher in diesem Kapitel.

2286 LASH 24/158, Nr. 44, 45 u. 52; LASH 66/9282, Nr. 82, Bauprojekt B.

2287 RAK TyRtk B 2, Vorst. v. 8.10. und 26.10.1740; LASH 66/9282, Nr. 108 u. 113; LASH 24/158, Nr. 66.

2288 RAK TyRtk B 2, Vorst. v. 7.3.1744; LASH 66/9290, Nr. 37; LASH 24/159, Nr. 156; LASH 24/76, Nr. 24.

2289 LASH 24/159, Nr. 201–203; LASH 66/9297, Nr. 70.

2290 RAK TyRtk B 2, Vorst. v. 22.10.1746; LASH 66/9298, Nr. 137.

2291 LASH 66/9302, Nr. 22.

2292 LASH 66/9306, Nr. 92.

2293 RAK TyRtk B 2, Vorst. v. 26.7.1749; LASH 66/9306. Nr. 92; LASH 66/9310, Nr. 132, Bauanschlag B; RAK TyRtk B 2, Vorst. v. 24.8.1753; LASH 66/9318, Nr. 129; RAK TyRtk B 2, Vorst. v. 28.8.1754, LASH 66/9320, Nr. 128.

2294 LASH 66/9322, Nr. 151; RAK TyRtk B 2, Vorst. v. 15.11.1758; LASH 66/9328, Nr. 155; RAK TyRtk B 2, Vorst. v. 2.12.1758; LASH 66/9328, Nr. 168. Der Anstrich der Fenster gestaltete sich nun schlichter: außen weiß und innen perlgrau, die Luken beidseitig grau.

2295 RAK TyRtk B 2, Vorst. v. 6.12. und 15.12. 1768; LASH 66/9350, Nr. 158.

2296 RAK TyRtk B 2, Vorst. v. 23.1.1769; LASH 66/9351, Nr. 16.

2297 LASH 66/9352, Nr. 157 u. 66/9353, Nr. 16.
2298 LASH 66/9353, Nr. 92.
2299 RAK TyRtk C 84, Inventar v. 31.7.1770 (Nr. 4 des Inventarkonvoluts unter Rosenberg); LASH 66/9353, Nr. 16. Winkler 2014, S. 23 behauptet, das Militärkrankenhaus sei unter teilweiser Nutzung der Fundamente der Orangerie erbaut worden.
2300 RAK Håndskriftsamling, Gruppe I, U. Petersen, Vol. 17, Kap. 112, pag. 866, § 36.
2301 Vgl. Hansmann 2009, S. 22 u. 35. Auch der um 1720 neuangelegte Orangeriegarten in Köthen (Sachsen-Anhalt) erhielt noch die Form der in Reihen aufgestellten Gewächse, vgl. Karkosch 2010, S. 186.
2302 Zu Göllersdorf vgl. Paulus 2003, S. 30; zu den Entwürfen für Gotha vgl. Hansmann 2009, S. 301 u. Abb. 439 und 440.
2303 LASH 66/1712 III, Häussers und Themsens Untersuchungsprotokoll v. Febr. 1728; LASH 66/9264, Nr. 12.
2304 LASH 24/147, Nr. 2, Clasens Supplik v. 1735. Darin stand, dass er die Bohlen entfernen und stattdessen Quadrate aus behauenen Feldsteinen legen wollte, worauf die Kübelpflanzen stehen sollten.
2305 RAK TyRtk C 84, Inventare v. 18.10.1738 u. 15.1.1750.
2306 Vgl. Kap. V 2.10.
2307 Vgl. Le Blond 1731/1986, wo in Kapitel VII acht Musterentwürfe zu finden sind, von denen aber keines Clasens Orangerieparterre ähnelt.
2308 Vgl. dazu Genaueres im Skulpturenkapitel V 2.11.
2309 RAK TyRtk B 2, 1737, Nr. 220; LASH 66/9276, Nr. 82; RAK TyRtk C 84, Inv. v. 1750 (Zitat); LASH 66/9352, Nr. 106.
2310 Vgl. dazu Kap. V 2.10. Die Standorte sind Vermutung aufgrund der Beschreibung in LASH 66/9316, Nr. 122 und einer symmetrischen, repräsentativen Anordnung.
2311 LASH 66/9316, Nr. 122; LASH 66/9352, Nr. 106, Auszug aus dem Inventar v. 29.5.1769.
2312 RAK TyRtk B 2, 1753, Nr. 222 (1. Zitat); LASH 66/9318, Nr. 16.
2313 Zur Medaille vgl. zuletzt Von Segeln, Degen und Kanonen 2015, S. 171.
2314 LASH 66/1712 I, Baustaaten 1717 u. 1718; LASH 32/23, Baustaat 1717 u. Baustaat 1718, § 20. Vgl. auch Paarmann 1986, S. 86f., der sich ansatzweise mit diesem Gebäude befasst.
2315 Nur Kempes teilweise projektierte Zeichnung des Orangeriareals von 1728 (Abb. 100) weicht davon leicht ab.
2316 LASH 66/9297, Nr. 70: Hier berechnete Müller, dass „das schadhafte Mauer Werck am Gewächs Hauße gegen dem Aloe=Haus abgeputzet werden" müsse. Außerdem sollte beim Abriss das Plankwerk hinter dem Aloehaus bearbeitet und geschlossen werden, weil eine Lücke entstanden war. Das bedeutet, dass der mit dem Aloehaus verbundene Geräteschuppen scheinbar auch mit abgerissen wurde.
2317 LASH 24/159, Nr. 108.
2318 LASH 66/9267, Nr. 7a, Bauprojekt Themsen 1731, § XIII, pag. 11; LASH 66/9296, Nr. 7; LASH 66/9297, Nr. 70; LASH 66/1712 III, Untersuchungsprotokoll v. Febr. 1728, worin erstmals von einem Anstrich zur Konservierung die Rede ist; LASH 24/159, Nr. 106.
2319 RAK Håndskriftsamling, Gruppe I, U. Petersen, Vol. 17, Kap. 112, § 36.
2320 Die Fensteranzahl wird in den Quellen nicht genannt, aber 1742 bei einer Reparatur die Größe der Fenster. Ein Fensterflügel bestand aus zwei Fenstern mit jeweils 42 Glasscheiben, vgl. die genauen Maße in LASH 24/159, Nr. 156.
2321 Bauinspektor Thomsen plante im Baustaat 1719, das Bretterdach mit Schiefer zu decken, was aber anscheinend nicht erfolgte, denn 1726 wurde der Schieferdecker verpflichtet, das „bretterne Dach" des Aloehauses zu unterhalten. 1736 wurde vertraglich die Pflege des Schindeldaches vereinbart, vgl. LASH 32/23, Baustaat 1719, §32; LASH 66/1712 III, Vertrag mit Primon v. 7.10.1726 und dasselbe in LASH 32/23; LASH 66/9407, Nr. 87, Vertrag mit Mörck v. 12.6.1736; LASH 66/9297, Nr. 70.
2322 LASH 24/159, Nr. 156.
2323 RAK, Håndskriftsamling, Gruppe I, U. Petersen, Vol. 9, § 24; RAK Håndskriftsamling, Gruppe I, U. Petersen, Vol. 17, Kap. 112, § 36.
2324 RAK TyRtk C 84, Inventar v. 18.10.1738.
2325 LASH 24/159, Nr. 106–109.
2326 LASH 66/9291, Nr. 115; LASH 24/159, Nr. 156; LASH 66/9296, Nr. 35a; RAK TyRtk B 2, Vorst. v. 15.1.1746; LASH 66/9296, Nr. 7.
2327 LASH 24/76, Lit. Y, Bericht v. 1.5.1745; BQ: LASH, Müller IV. Dieser Entwurf wird im folgenden Kapitel über die Glashäuser genauer behandelt.
2328 LASH 66/9296, Nr. 7; LASH 66/9297, Nr. 70. Paarmann 1986, S. 87 u. S. 362, Anm. 19 meint fälschlicherweise, dass das Aloeglashaus von 1717 erst 1750 abgerissen wurde, weil er offenbar keine Kenntnis von dem letzten Agavenhaus hat, das erst 1746 gebaut wurde.
2329 RAK TyRtk B 2, 1747, Nr. 141. Leider sind die in der Akte erwähnten Beilagen A und B, die vermutlich diese Informationen enthielten, nicht mehr erhalten. Zum Material des abgebrochenen Vorgängerbaus vgl. LASH 66/9297, Nr. 70.
2330 In Müllers Bericht vom 6.5.1750 spricht er von der „geschehenen Niederbrechung des kl: Aloe=Haußes", vgl. LASH 66/9309, Nr. 71.
2331 LASH 66/9309, Nr. 71.
2332 LASH 66/9310, Nr. 132.
2333 LASH 32/23, Zusatz z. Baustaat 1717 und § 61; LASH 66/1712 I, Baustaaten 1720/21 u. 1722.
2334 LASH 66/1712 II, Baustaat 1724.
2335 LASH 66/1712 III, Baustaat 1726 u. fol. 132v., Peuckers Bauanschlag für 1727/28, § 27; LASH 66/9265, Nr. 38.
2336 LASH 66/1712 III, Baustaat 1726; LASH 66/1712 III, fol. 132v., Peuckers Bauanschlag für 1727/28, § 27; LASH 66/1712 III, fol. 496v., Untersuchungsprotokoll v. Febr. 1728, § 27.
2337 BQ: LASH, Themsen II.
2338 RAK TyRtk B 2, 1728, Nr. 279; LASH 66/9263, Nr. 61.
2339 LASH 66/9263, Nr. 61, Themsens Ausführungen vom 13.11.1728.
2340 RAK TyRtk B 2, 1729, Nr. 104; LASH 66/9264, Nr. 12.
2341 BQ: LASH, Kempe.
2342 LASH 66/9265, Nr. 38, Lit. A u. B.
2343 LASH 66/9266, Nr. 16.
2344 RAK TyRtk B 2, 1730, Nr. 138; LASH 66/9266, Nr. 33.
2345 LASH 66/9264, Nr. 12, Themsens Bauprojekt für 1729, § IX. Dazu kommen noch folgende Quellen: LASH 66/9264, Nr. 12; RAK TyRtk D 3, Vertrag mit Mörck v. 2.6.1736, auch in LASH 168/934; LASH 66/9276, Nr. 82.
2346 LASH 66/9264, Nr. 12, Themsens Bauprojekt für 1729, § IX.
2347 Diese Maße gehen aus dem Anschlag von Müller zum Neubau 1756 hervor, vgl. LASH 66/9323, Nr. 37.
2348 Damit die unteren Fenster in der Anzahl mit den Dachfenstern zusammenpassten, müssen wohl noch alte Fenster verwendet worden sein, die dieselben Maße wie die 74 neuen hatten.
2349 LASH 66/9266, Nr. 35.
2350 BQ: LASH, Glashaus I u. II.
2351 Paarmann 1986, S. 89 u. S. 363, Anm. 27.
2352 RAK, Håndskriftsamling, Gruppe I, U. Petersen, Vol. 17, Kap. 112, § 37.
2353 LASH 66/9321, Nr. 93.
2354 Vgl. Kap. IV 1.13 sowie Abb. 99 und 101.
2355 Vgl. dazu auch das nächste Kapitel.
2356 Palm/Rettich 2011, S. 56ff.
2357 Wimmer 2001, S. 73.
2358 1727 wurde in Eutin ein „kleines Winterhaus für Ananas" errichtet, vgl. Thietje 2006, S. 37ff. Die ersten Gewächshäuser in Deutschland für diese Pflanze bestanden schon 1714 in Schwöbber, vgl. Jagusch/Kramer 1995, S. 146f.
2359 Die Gesamtlänge der verglasten Fronten des neuen Glashauses hat Paarmann 1986, S. 88 errechnet auf 397,5 Fuß (110 m) auf der Grundlage von BQ: LASH, Glashaus II.
2360 Tschira 1939, S. 76f.
2361 LASH 24/147, Nr. 53.
2362 LASH 66/9272, Nr. 14; LASH 66/9280, Nr. 70; RAK TyRtk B 2, 1739, Nr. 259.
2363 LASH 24/147, Nr. 53; RAK TyRtk B 2, 1742, Nr. 140, Lit. A; LASH 24/129.1, Nr. 53, Lit. B. Ob es tatsächlich dazu kam, geht aus den Quellen nicht hervor.
2364 LASH 24/147, Nr. 50.
2365 LASH 24/147, Nr. 53; LASH 24/129.1, Nr. 53, Lit. A.
2366 RAK TyRtk B 2, 1742, Nr. 140; LASH 24/129.1, Nr. 53, Lit. A; LASH 24/159, Nr. 106–109.

2367 RAK TyRtk B 2, 1746, Nr. 56, 235 u. 335; LASH 66/9298, Nr. 124; LASH 24/147, Nr. 73; LASH 66/9296, Nr. 35a; LASH 66/9297, Nr. 95; 1748 wurden einige Fensterrahmen ersetzt, vgl. LASH 66/9302, Nr. 22.

2368 LASH 66/9306, Nr. 92, Anschlag Lit. A v. Müller.

2369 LASH 66/9310, Nr. 132, Müllers Anschlag v. 19.8.1750, in dem der Ofen genau beschrieben wird: „ein eisen Beÿleger Ofen […] mit eisen Thüre und dito Rahm, unten mit 2 gedrechselte und schwartz angestrichene höltzerne Füße […]."

2370 RAK TyRtk B 2, 1754, Nr. 27; LASH 66/9319, Nr. 20, Lit. B.

2371 RAK TyRtk B 2, 1755, Nr. 210; LASH 66/9321, Nr. 93 (Zitat).

2372 RAK TyRtk B 2, 1756, Nr. 78; LASH 66/9323, Nr. 37; LASH 168/78 I. 1758 wurden noch weitere 396 Rthlr für Nebenarbeiten genehmigt, vgl. RAK TyRtk B 2, 1758, Nr. 118.

2373 LASH 66/9339, Nr. 160; LASH 66/2261, Nr. 138 u. 178; RAK TyRtk B 2, 1764, Nr. 346; LASH 66/9341, Nr. 101; LASH 66/9343, Nr. 132; LASH 66/9351, Nr. 16; RAK TyRtk B 2, 1769, Nr. 8.

2374 LASH 66/9352, Nr. 157: Die Anzeigen erschienen am 15. und 29.9.1769; LASH 168/78 I, Bericht des Baumeisters v. Motz v. 27.1.1797.

2375 LASH 66/9276, Nr. 82, Bauanschlag für 1737.

2376 LASH 66/9276, Nr. 82; LASH 66/9316, Nr. 122.

2377 LASH 66/9299, Nr. 12; LASH 66/9309, Nr. 71; LASH 66/9316, Nr. 122.

2378 BQ: LASH, Müller IV; LASH 24/76, Lit. Y.

2379 LASH 24/76, Lit. Y.

2380 Die hier angegebenen Maße sind der Zeichnung entnommen und weichen merkwürdigerweise etwas von den im Anschlag angegebenen Werten ab.

2381 Vgl. Tschira 1939, S. 80ff. u. Gröschel 1999, S. 50.

2382 Fülck 1720/1994, Tafel 53 u. 54, auch abgebildet bei Tschira 1939, S. 81.

2383 Vgl. Thietje 1994, S. 118f., die den Bezug zu Fülcks Entwurf des „Vertiefften" Glashauses nachweisen konnte.

2384 Tschira 1939, S. 80ff. Zu Bronnbach zuletzt Balsam 2001, S. 110f. und Junghans 2003. Vgl. auch Paulus 2016 I, S. 116, der ein solches Gewächshaus von 1753 im Bayreuther Hofgarten nennt.

2385 RAK TyRtk C 89, Nr. 5, Brief von Münch v. 29.1.1735 mit Beilagen Nr. 1–6.

2386 RAK TyRtk C 89 (Ikke anbragte Bilag Nr. 2). Dass die undatierte Liste von Peucker stammt, geht aus dem Zusammenhang einer anderen Quelle hervor: RAK TyRtk B 5, Beilagen z. Res. v. 3.4.1737, Nr. 90. Sie findet sich transskribiert in Anhang 2, Nr. 14.

2387 RAK TyRtk C 89 (Ikke anbragte bilag Nr. 1): Verzeichnis der Pflanzen, die Kempe auf eigene Kosten angeschafft hat, 1734; RAK TyRtk B 5, Beilagen zur Res. v. 3.4.1737, Nr. 90: Ein vom Titel her identisches Verzeichnis, von Clasen unterschrieben am 27.10. 1735, das Auskunft darüber gibt, welche Pflanzen 1695 oder 1727 im Garten vorhanden waren; RAK TyRtk B 5, Beilage Nr. 4 zur Res v. 3.4.1737, Nr. 90: „Liquidation", Vergleich der Pflanzenmengen zwischen 1727 und 1734; RAK TyRtk B 5, Beilage Lit. CC zur Res. v. 3.4.1737, Nr. 90: Eine undatierte, von Clasen unterschriebene Liste über 207 Pflanzen mit Anzahl der Exemplare, die nichts mehr taugen und an die Kempe-Erben ausgeliefert werden können; RAK TyRtk B 5, Beilage Nr. 5 zur Res. v. 3.4.1737, Nr. 90: Ein von Baumeister Müller abgefasstes Protokoll vom 2.10.1738 anlässlich der Übergabe der Sachen und Gewächse an die Erben; RAK TyRtk C 84, Inventar v. 18.10.1738.

2388 RAK TyRtk C 89, Nr. 7, Lit. BB, pag. 4 f. und pag. 14 (Zitat).

2389 Alle anderen Ausführungen beziehen sich ebenfalls auf die Liste in Anhang 3, Nr. 11 und RAK TYRtk C 89, Nr. 7, Lit. LL: Antwort der Kempe-Erben v. 25.8.1736 auf das Schreiben der Rentekammer.

2390 RAK TyRtk C 89, Nr. 7, Lit. LL, pag. 15 (zum Rosmarin), was etwas abweicht von den Zahlen in Liste 11, Anhang 3, wo von 35 Bäumen und 24 Stück plus 9 Stück Pyramiden Rosmarin mit bunten Blättern die Rede ist.

2391 Wimmer 1999 I, S. 16ff. und Wimmer 2001, S. 74–80, wo er in denselben Kategorien zum Teil andere Pflanzen nennt. Hier werden beide Aufzählungen zusammenfassend behandelt.

2392 1734 schätzten die Kempe-Erben 17 Ananaspflanzen mit einem Wert von 100 Rthlr ein. Vgl. Thietje 2006, S. 37ff.

2393 Tschira 1939, S. 76 nennt Otto von Münchhausen auf Schwöbber als ersten Ananaszüchter mit einem Sommer- und einem Winter-Ananashaus. Er bezieht sich dabei auf Volkamers zweiten Band der Nürnbergischen Hesperiden von 1714. Nach Palm/Rettich 2011, S. 58 war der Meininger Schlossgärtner Georg Ernst Tatter auch einer der wenigen Gärtner, die in den 1720er Jahren Ananas kultivierten. In Eutin sind Ananas erst seit 1727 nachweisbar, 1727 wurde in Eutin ein „kleines Winterhaus für Ananas" errichtet. 1755 gab es aber erst 12 Ananastöpfe in Eutin, vgl. Thietje 2006, S. 37ff.

2394 Palm/Rettich 2011, S. 54f. u. 58 (Zitat).

2395 Das sind vier große und zwei kleine Aloe Americana foliis eleganter striatis, zwei Aloe Americana viridi rigidissimo et foetido, Piet dicta Indigenis, Kiggelarii Hort. Beaum. und zwei Aloe Americana viridi rigidissimo et foetido foliis Pret [?] dicta, die Kempe zum Teil in seinem Wohnhaus untergebracht hatte. Zum Wertevergleich vgl. Thietje 2006, S. 68, Anm. 77.

2396 RAK TyRtk C 89 (Ikke anbragte Bilag Nr. 1), Verzeichnis der Pflanzen, die Kempe auf eigene Kosten angeschafft hat, 1734.

2397 RAK TyRtk C 84, Inv. vom 15.1.1750. Vgl. dazu auch in Kap. V 2.10. über die Terrassenanlage.

2398 RAK TyRtk C 89, Nr. 3, Beilage B. Clasen bot 1748 an, als er Mistbeetfenster aus dem Alten Garten übernahm, den königlichen Hofstaat mit Küchengewächsen zu versorgen (LASH 66/9304, Nr. 98).

2399 Die letzte Quelle zu Mistbeeten ist ein Gesuch des Garteninspektors Godske vom 24.7.1782 (LASH 66/3531 III).

2400 LASH 7/6536; QuP 1671; LASH 32/23, Baustaat 1718, § 21; RAK TyRtk C 89, Nr. 4 u. 6; LASH 32/19, pag. 23–34, Bericht von Müller über die Untersuchung im Neuwerkgarten; RAK TyRtk C 84, Inv. v. 1750.

2401 LASH 24/76 (Lit. V), Untersuchungsdokument v. 18.9.1734.

2402 RAK TyRtk B 2, 1756, Nr. 275; LASH 66/9324, Nr. 103; LASH 66/9352, Nr. 106, Beilage Nr. 1.

2403 Vgl. dazu in Kap. V 2.15.

2404 LASH 66/9352, Nr. 106, Inventar v. 29.5.1769 mit genauer Aufzählung der Pflanzen; LASH 66/9352, Nr. 106, Beilage 2, Kurzform des Inventars v. 19.7.1769; LASH 66/9352, Nr. 157; LASH 66/9353, Nr. 16.

2405 Flensburger Wochenblatt für Jedermann 7.12.1796 (freundlicher Hinweis von Thomas Messerschmidt).

2406 LASH 168/78 II.

2407 Vgl. dazu Kap. V 2.4.

2408 Vgl. Wimmer 2001, S. 83–86. Dabei ist anzumerken, dass solche Vergleiche aufgrund der begrenzten Quellenlage nur einen Richtwert markieren.

2409 LASH 66/1712 I, Baustaaten 1717 u. 1720/21; LASH 32/23, Baustaaten 1717 u. 1720/21.

2410 LASH 66/1712 III, pag. 52 (1727/28); LASH 66/9280, Nr. 70 (1739).

2411 LASH 24/147, Nr. 26; LASH 66/9289, Nr. 127; LASH 24/159, Nr. 144–146 u. 148.

2412 RAK TyRtk B 2, 1750, Nr. 297; LASH 66/9310, Nr. 132. Zu dieser Zeit wurde das Ringelhaus auch zum letzten Mal bildlich festgehalten bei Thurah (Abb. 217).

2413 Beilagen zu RAK TyRtk B 5, „No 838 [oder 878] Journ: Lit: E; die dazugehörige Resolution LASH 66/9339, Nr. 109 fehlt im Archiv; LASH 66/9352, Nr. 106: Auszug aus dem Inv. v. 29.5.1769, wo statt 25.7.1763 der 26.7.1763 angegeben ist. In der Literatur heißt es z.T. – wohl von Philippsen 1923 I, S. 70 ausgehend – fälschlicherweise, das Ringelhaus sei erst 1769 abgerissen worden, vgl. auch Behling/ Paarmann 1981, S. 14. Schlee 1979, S. 27 interpretiert auf der Gouache von Stelzner von 1818 (Abb. 78) ein links der Amalienburg aufgeschichtetes Holzgebilde als einen „Nachfolger" des ursprünglichen Karussells, was aber nicht möglich ist, weil es als Nachfolgebau nur den Eiskeller gab, den der Maler aber von seinem Standpunkt südwestlich der Amalienburg aus gar nicht sehen konnte.

2414 Zum Neubau: RAK TyRtk B 3, 1797, Nr. 50; LASH 66/9419, Nr. 26; LASH 168/78 I; LASH 66/1966, Nr. 49; RAK TyRtk E 33.

2415 Zu der Vorgeschichte vgl. Kap. V 2.20. zum Tiergarten. 1768 war der Standort definitiv auf der Grube des abgerissenen Ringelhauses, 1797 ist die Angabe des Standortes weniger genau: „auf dem Ringelberg" (RAK TyRtk B 3, 1797, Nr. 50 u. LASH 66/9419, Nr. 26). Auf der Karte von Henningsen von 1829 ist der Eiskeller dort eingezeichnet, wo vorher das Ringelhaus gestanden hat (Abb. 250).

2416 BQ: LASH, Rosenberg III v. 12. Oktober 1768 mit Erklärungen.

2417 LASH 66/2189, Bericht des Hausvogts Mahrt v. 28.5.1822.

2418 LASH 66/2264.2, Nr. 582; LASH 66/1973 I (1810); RAK TyRtk E 24 IV; RAK TyRtk B 3, 1833, Nr. 112; LASH 32/37 (1833).

2419 LASH 309/34882.

2420 Zu den Reparaturen von 1717–1720: LASH 66/1712 I, Baustaat 1717, 1718, Baumängel 1719 u. Thomsens Baustaat 1720/21; LASH 32/23, Zusatz z. Baustaat 1717, § 21, Ergänzungsbaustaat 1718, § 22 u. Baustaat 1720/21. Zu 1723: LASH 66/1712 II, fol. 36–40.

2421 LASH 66/1712 III. pag. 54, § 29; LASH 66/9264, Nr. 12. Auch 1723 wurden schon Reparaturen an den Innenräumen durchgeführt.

2422 LASH 66/9276, Nr. 82.

2423 BQ: LASH, Clasen. LASH 24/147, Nr. 24.

2424 LASH 66/9282, Nr. 82; LASH 24/158, Nr. 44, 45, 51 u. 52.

2425 LASH 24/76, Nr. 24, Müllers Anschlag v. 7.10.1744 (Die Entfernung der Küchenaußentür fand wohl in diesem Zuge statt); RAK TyRtk B 2, 1745, Nr. 100; LASH 66/9293, Nr. 41; LASH 24/159, Nr. 173 u. 174; LASH 24/147, Nr. 69; LASH 66/9294, Nr. 65.

2426 RAK TyRtk B 2, 1749, Nr. 181; LASH 66/9306, Nr. 92 (die Ausführung fand 1750 statt).

2427 LASH 66/2261, Nr. 102, 104, 106 u. 107; LASH 66/9337, Nr. 129.

2428 RAK TyRtk B 2, 1758, Nr. 13; LASH 66/9327, Nr. 11.

2429 LASH 32/19, fol. 45–51; LASH 66/9357, Nr. 17; RAK TyRtk B 2, 1772, Nr. 24. BQ: LASH, Rosenberg IV u. VI; BQ: LASH, Gärtnerhaus I u. II. Dölner hatte auch argumentiert, er habe seit dem Abbruch des Globushauses und der Orangerie keine Lagermöglichkeiten mehr für Mistbeetfenster, Kästen, Gartengeräte, Obst und Blumen, und Futter für seine Kühe und Materialpferde müsse er auf dem Hausboden aufbewahren, weil der Stall zu klein sei.

2430 Die Beschreibung beruht auf LASH 66/9357, Nr. 17; LASH 66/3531 II, Inv. d. Gärtnerhauses mit Nebengebäuden v. 28.7.1809; LASH 309/14318, Inv. v. 4.6.1872, wo die Maße mit 14,9 x 11,9 m angegeben sind und leicht abweichen von der Umrechnung des ab 1768 üblichen Hamburger Fuß, vgl. Lorenzen-Schmidt 1990, S. 24; BQ: LASH, Rosenberg IV, V u. VI; BQ: LASH, Gärtnerhaus I u. II.

2431 Das Haus steht heute noch und weist keine Rustikaelemente auf.

2432 LASH 66/9357, Nr. 17. Hier ist für die Außenmauer der Kelleretage von „gebahnten Feldsteinen" die Rede. Damit sind Granitquader gemeint, wie sie heute noch an diesem Haus als Fundamentsteine zu sehen sind, vgl. LASH 309/14318, Inv. v. 4.6.1872.

2433 In LASH 66/9357, Nr. 17 ist die Freitreppe von „gehauenen Feldsteinen" beschrieben, in LASH 66/3531 II heißt es dagegen „von Schwedischen Sandsteinen". LASH 309/14318, Inv. v. 4.6.1872 spricht von Granitstufen vor der Haustür.

2434 LASH 66/9357, Nr. 17; LASH 66/3531 II, Gebäude II im Inv. v. 1809.

2435 RAK TyRtk B 2, 1773, Nr. 93; LASH 66/9360, Nr. 68; LASH 66/2259, Nr. 11.

2436 RAK TyRtk B 3, 1809, Nr. 33. Die Reparatur kostete 234 Rthlr.

2437 LASH 66/3531 II, Inv. v. 1809.

2438 LASH 66/3531 II.

2439 LASH 66/3531 II, Inv. v. 1832.

2440 LASH 32/19, fol. 61–63; RAK TyRtk B 3, 1814, Nr. 144; LASH 66/2263, Nr. 779–781; LASH 66/7692.

2441 In diesem Zustand ist das „Gewächshaus" im Inv. v. 1832 dokumentiert, vgl. LASH 66/3531 II. Garteninspektor Hansen war bei seinem Dienstantritt sehr unzufrieden damit, weil nach Süden mehr Mauerwerk als Fenster vorhanden war und deshalb dieser Raum „höchstens zum Durchwintern von Gemüse, Obst und harten Topfpflanzen" zu gebrauchen sei, vgl. LASH 168/78 II.

2442 LASH 32/19. fol. 95, 96 u. 98; RAK TyRtk B 3, 1826, Nr. 88; RAK TyRtk E 24 II u. IV; RAK TyRtk B 3, 1827, Nr. 208; RAK TyRtk B 3, 1833, Nr. 16; LASH 168/78 II.

2443 LASH 168/78 II; LASH 66/3531 II. BQ: LASH, Meyer VI u. VII. Diese Quellenangabe gilt für den gesamten Vorgang um den Neubau von 1838, der im Folgenden geschildert wird.

2444 LASH 309/14318, Inventar der kgl. Oberförsterei im Neuwerk vom 4.6.1872; BQ: LASH, Oberförsterhaus.

2445 RAK TyRtk F 37 I.

2446 LASH 168/73.

2447 LASH 168/78 II; LASH 309/16170 II; LASH 32/37; LASH 309/4168.

2448 LASH 32/37; LASH 309/4173; LASH 309/14318, Inv. v. 4.6.1872.

2449 LASH 309/4821.

2450 Vgl. LASH 66/3531 II, Inv. v. 1832 mit LASH 309/14318, Inv. v. 4.6.1872.

2451 LASH 7/184, Baustaat 1705, Nr. 7; LASH 7/188, approbierter Baustaat 1705.

2452 LASH 66/1712 III, fol. 146v.

2453 RAK Håndskriftsamling, Gruppe I, U. Petersen, Vol. 17, Kap. 113, der auch Küche und Keller nennt.

2454 LASH 7/188 Baustaat 1711; LASH 32/23, Thomsens Baustaat 1720/21; LASH 66/1712 III, Thomsens „Beantwortung" v. 19.2.1726.

2455 RAK TyRtk B 2, 1750, Nr. 12; LASH 66/9308, Nr. 9. Vgl. zur weiteren Geschichte auch Prange 1970, S. 8–10 u. Radtke 2013, S. 430f.

2456 RAK TyRtk C 138, 1750, Nr. 10.

2457 RAK TyRtk B 2, 1750, Nr. 132; LASH 66/9308, Nr. 61; LASH 66/9310, Nr. 131.

2458 RAK TyRtk B 2, 1750, Nr. 12 u. 132. Vgl. Prange 1970, S. 9.

2459 RAK TyRtk B 2, 1760, Nr. 120, 374 u. 435; LASH 66/9333, Nr. 150.

2460 Durch die Legende zum Buchstaben „A. dem Gastwirt Jacobsen gehörig" lässt sich die Entstehung des undatierten Planes eingrenzen, vgl. LASH 66/9398, Nr. 111.

2461 RAK TyRtk B 3, 1777, Nr. 149.

2462 1750 Thomas Martensen (LASH 66/9310, Nr. 131); 1751 Hinrich Olfsen Bagge u. 1753 Niels Bartelsen (RAK TyRtk B 2, 1751, Nr. 319; LASH 66/9318, Nr. 151); 1756 Hegereiter Ulrich Adolph von Bergen (RAK TyRtk B 2, 1756, Nr. 104); 1786 Alexander Jacobsen (LASH 66/9398, Nr. 111); 1791 Gebhard August Alexander Grabau (LASH 66/9409, Nr. 51), 1794 Conrad Gottlieb Exter (LASH 66/9413, Nr. 33).

2463 LASH 66/7692. Vgl. Philippsen 1928, II, S. 115, Anm.** u. Prange 1970, S. 8. Leider wird der Name heute fälschlicherweise auch auf andere Gebäude in der Umgebung angewandt.

2464 LASH 24/158, Nr. 5; RAK TyRtk B 2, 1739, Nr. 157; LASH 66/9308, Nr. 33; RAK TyRtk B 2, 1758, Nr. 13 u. 288; LASH 66/9327, Nr. 11; RAK TyRtk C 84 I; LASH 66/9328, Nr. 113.

2465 BQ: LASH, Rosenberg III; RAK TyRtk B 2, Nr. 166; LASH 66/9350, Nr. 157. Rosenberg bemängelte beim alten Eiskeller auch, dass er keinen Abfluss unten in der Grube habe und die Untertanen deshalb das Wasser des geschmolzenen Eises mühsam herausschöpfen müssten.

2466 RAK TyRtk B 3, 1792, Nr. 124.

2467 LASH 66/9419, Nr. 26. Vgl. auch Kap. V 2.17. zum Eiskeller im Neuwerkgarten.

2468 RAK TyRtk B 3, 1800, Nr. 208.

2469 RAK TyRtk B 3, 1819, Nr. 96 (2. u. 3. Zitat); RAK TyRtk B 3, 1824, Nr. 83 (1. Zitat).

ANHÄNGE
UND WISSENSCHAFTLICHER APPARAT

Inhaltsverzeichnis

Anhang 1: Biographien der Gärtner und Fontänenmeister im Neuwerkgarten

Vorwort	330
Liste der Gärtner	330
Liste der Fontänenmeister und -aufseher	330
Index der Biographien	331
Biographien	332

Anhang 2: Quellenauszüge

Vorwort	360
Index	360
Quellentexte	362

Anhang 3: Listenübersichten

Index		422
Nr. 1	Die Herzöge von Schleswig-Holstein-Gottorf 1544-1721	423
Nr. 2	Die Statthalter der dänischen Könige in den Herzogtümern 1730-1846	423
Nr. 3	Auf Gottorf tätige Bauinspektoren und Baumeister, die mit dem Neuen Werk in Verbindung zu bringen sind	423
Nr. 4	Die Baugeschichte des Globushauses	424
Nr. 5	Die Baugeschichte der Kaskade	426
Nr. 6	Die Baugeschichte der Amalienburg	431
Nr. 7	Die Baugeschichte der Orangerie	433
Nr. 8	Die Baugeschichte des Gärtnerhauses	437
Nr. 9	Alphabetische Liste der originalen Pflanzennamen aus den Inventaren des 17. Jahrhunderts	440
Nr. 10	Alphabetische Liste der Pflanzen aus den Inventaren des 17. Jahrhunderts nach heute gültiger Nomenklatur	446
Nr. 11	Alphabetische Liste der originalen Pflanzennamen aus den Verzeichnissen der 1. Hälfte des 18. Jahrhunderts	448
Nr. 12	Gartenbau- und Pflanzenbücher in der Gottorfer Bibliothek	455
Nr. 13	Bücher der Gottorfer Bibliothek mit Relevanz für die Gebiete Architektur, Gartenkunst, Bildende Kunst, Topographie und Reiseliteratur	456
Nr. 14	Zeittafel zur Geschichte des Neuwerkgartens	459

Wissenschaftlicher Apparat

1. Quellenverzeichnis	470
I. Ungedruckte Schriftquellen	470
II. Bildquellen	476
III. Gedruckte Quellen	482
IV. Anhang zum Quellenverzeichnis: Quellennachweise der aus Paarmann 1986 zitierten Quellen	484
2. Literaturverzeichnis	506
3. Abkürzungen und Siglen	516
4. Personenregister	517
5. Ortsregister	524
6. Abbildungsnachweis	527

ANHANG 1
BIOGRAPHIEN DER GÄRTNER UND FONTÄNENMEISTER IM NEUWERKGARTEN

Vorwort

An den Anfang dieses biographischen Anhangs sind zwei Überblickslisten gestellt, eine für die Gärtner im Neuwerk und eine für die Fontänenmeister dortselbst. Der nachfolgende Teil der Biographien enthält sowohl Gärtner als auch Fontänenmeister und ist lediglich nach dem Alphabet der Namen sortiert. Zusätzlich zu den in den Listen verzeichneten Personen sind drei Gärtner bearbeitet, die nicht im Neuwerk selbst arbeiteten, sondern in der Funktion eines Oberaufsehers entweder über die Gottorfer Gärten (Klingmann und Lewon) oder über die königlichen Schlösser in den Herzogtümern (Schaumburg) tätig waren.

Liste der Gärtner im Gottorfer Neuwerkgarten

Zeitraum	Name und Funktion
1637–1655:	Johannes Clodius, Hof- und Oberlustgärtner
1643–1655:	Heinrich Vak, Gärtner
1655–1689:	Michael Gabriel Tatter, Garteninspektor
1689–1704:	Johannes Kempe, Garteninspektor
1704–1734:	Bernhard Kempe, Garteninspektor
1734–1749:	Johann Adam Clasen, Garteninspektor
1749–1768:	David Christopher Voss, Garteninspektor
1769–1779:	Hans Nicolai Dölner, Garteninspektor
1779–1807:	Hinrich Friedrich Godske, Garteninspektor, Fontänenaufseher und Schlossverwalter
1807–1808:	Friedrich Christoph Langenheim, Gärtner und Fontänenaufseher
1809–1831:	Wilhelm Nagel, Garteninspektor und Fontänenaufseher
1832–1845:	Ernst Friedrich Hansen, Garteninspektor und Fontänenaufseher
1846–1853(?):	Moritz Friedrich Christian Jess, Garteninspektor und Fontänenaufseher

Liste der Fontänenmeister und Fontänenaufseher im Gottorfer Neuwerkgarten

Zeitraum	Name und Funktion
1680–1690:	Hans Christoph Hamburger, Fontänenmeister
1690–1727:	Christian Albrecht Hamburger, Fontänenmeister
1727–1730:	Reinholt Junge, Fontänenmeister
1730–1733:	Hans Martin Junge, Fontänenmeister
1733–1737:	Christoph Kallau, Fontänenmeister
1737–1766:	Johann Friedrich Freudenreich, Fontänenmeister
1766–1779:	Hans Hinrich Kruse, Fontänenmeister
1779–1807:	Hinrich Friedrich Godske, Fontänenaufseher, Garteninspektor und Schlossverwalter
1783–1787:	Johann Leonhard Koch, Fontänenmeister
1787–1798:	Carl Ludwig Koch, Fontänenmeister
1807–1808:	Friedrich Christoph Langenheim, Gärtner und Fontänenaufseher
1799–1823:	Peter Christian Cunrau, Fontänenmeister
1810–1831:	Wilhelm Nagel, Fontänenaufseher und Garteninspektor
1823–1844:	Hans Jürgensen, Fontänenmeister
1832–1845:	Ernst Friedrich Hansen, Fontänenaufseher und Garteninspektor
1844–?:	H. A. Kersten, Fontänenmeister
1846–1853:	Moritz Friedrich Christian Jess, Fontänenaufseher und Gärtner

Index der Biographien

Clasen, Johann Adam ...332

Clodius, Johannes ...333

Cunrau, Peter Christian ...335

Dölner, Hans Nicolai ...335

Freudenreich, Johann Friedrich ...336

Godske, Hinrich Friedrich ...337

Hamburger, Christian Albrecht ...339

Hamburger, Hans Christoph ...340

Hansen, Ernst Friedrich ...341

Jess, Moritz Friedrich Christian ...342

Jürgensen, Hans ...342

Junge, Hans Martin ...343

Junge, Reinholt ...343

Kallau, Christoph ...343

Kempe, Bernhard ...344

Kempe, Johannes ...346

Kersten, H. A. ...346

Klingmann, Christian ...347

Koch, Carl Ludwig ...347

Koch, Johann Leonhard ...348

Kruse, Hans Hinrich ...348

Langenheim, Friedrich Christoph ...349

Lewon/Löwen, Johann Christian ...349

Nagel, Wilhelm ...350

Schaumburg, Christian ...351

Tatter, Michael Gabriel ...351

Vak, Heinrich ...353

Voss, David Christopher ...353

BIOGRAPHIEN

Johann Adam Clasen
Garteninspektor
Tätigkeit im Neuwerk: Juni 1734 – Oktober 1749

Der Name des Garteninspektors Clasen wird sehr unterschiedlich in den Quellen geschrieben: einmal unterschreibt er selbst mit „Johan: Adam Clahsen"[1] und ein andermal mit „JAClassen"[2]. Andere Quellentexte nennen ihn mit „Johann Adam Claussen", „Johann Adam Classen", „Clasen", „Claüsen" und „Claasen".[3]

Mit seiner Bestallung 1734 erhält Clasen sofort den Titel eines Garteninspektors. Merkwürdigerweise wird er aber erst 1737 im Königlichen Hofkalender so bezeichnet.[4]

Clasens Geburtsdatum (vermutlich um 1700) ist nicht bekannt, Heike Palm gibt lediglich an, dass er aus Schleswig-Holstein stammt.[5] Bis kurz vor Beginn seiner Gottorfer Tätigkeit ist Clasen im Garten des herzoglich württembergischen Schlosses Ludwigsburg tätig: Hier erhält er seine Ausbildung unter dem Hofgärtner Philipp Balthasar Wolff und wird zweimal zu Studienzwecken nach Paris geschickt. Ab 1729 arbeitet er in Ludwigsburg als Obergeselle unter Wolff und als Gartenentwerfer unter der Leitung des Architekten Donato Giuseppe Frisoni. Herzog Eberhard Ludwig von Württemberg genehmigt 1730 einen Entwurf Clasens für den Ludwigsburger Garten, der – zusammen mit Wolff unter der Oberleitung Frisonis – in den Folgejahren bis zum Tod des Herzogs teilweise umgesetzt wird. Den Forschungen von Elisabeth Szymczyk-Eggert zufolge, dokumentiert der Plan Clasens hohe zeichnerische und planerische Fähigkeiten auf der Höhe der Gartenkunst seiner Zeit.[6] 1733 bewirbt sich Clasen nach Schleswig-Holstein und wird in diesem Jahr auch in Ludwigsburg entlassen. Er selbst berichtet über sich, dass er einige Zeit beim Markgrafen von Brandenburg-Culmbach, wohl dem dänischen Statthalter in den Herzogtümern, gearbeitet hat[7], offenbar als Überbrückung bis zu seiner Bestallung auf Gottorf.

Außer dem o.g. Entwurf für Ludwigsburg scheinen keine Planzeichnungen von ihm überliefert zu sein, lediglich eine Skizze von 1738.[8]

Clasen unterhält 1736 Kontakt zu dem auf Schloss Rosenborg angestellten Gärtner Roggenkamp, mit dem er Erfahrungen austauscht.[9]

Von Clasens familiären Verhältnissen wissen wir, dass er verheiratet ist mit Benedicte Catharina Petersen, der Schwester zweier Hof- und Landgerichtsadvokaten. Es scheint eine Verbindung zu dem Schleswiger Stadtchronisten Ulrich Petersen zu bestehen, denn Philippsen gibt an, dass Clasen 1740, einige Jahre nach Petersens Tod, „sein Besitznachfolger an Grund und Boden" wird.[10] Demnach können seine Vermögensverhältnisse nicht allzu schlecht gewesen sein. Kurz vor seinem Tod berichtet er am 24. September 1749, dass seine Frau hochschwanger sei und sie außerdem fünf unmündige Kinder hätten. Die Witwe erhält nach Clasens Tod eine jährliche Pension von 100 Rthlr, die der neue Garteninspektor Voss von seinem Gehalt abzutreten hat und bis 1766 bezahlt.[11] In diesem Jahr scheint Clasens Witwe gestorben zu sein.

Nach dem Tod des Neuwerkgarteninspektors Bernhard Kempe bewerben sich 1734 insgesamt vier Personen um den freigewordenen Posten:[12] Erstens bemüht sich Johann Ludwig Kempe, der Bruder Bernhard Kempes, um die Stelle, und zweitens bewerben sich Johann Adam Clasen am 25.5.1734 und Nicolas Joensen Randerup aus Farve. Er hat im Schlossgarten Koldinghus seine Ausbildung erhalten und danach Reisen durch Deutschland und Frankreich gemacht, um die berühmtesten Gärten kennenzulernen. Viertens meldet sich noch ein Gärtner aus Kopenhagen.

Johann Adam Clasen wird am 22. Juli 1734 zum Garteninspektor des Neuwerks bestallt, tritt seinen Dienst aber schon Ende Juni an.[13] Sein Vertrag unterscheidet sich nicht von Bernhard Kempes Konfirmationsbestallung von 1732. Auch Clasen wird verpflichtet, den königlichen Hofstaat, wenn dieser auf Gottorf residiert, mit Gartenfrüchten zu versorgen. Die Gehaltslage bleibt ebenfalls die gleiche mit 1083 Rthlr 16 ß.[14]

Clasen tritt aus den Quellen zunächst als engagierter, aber insgesamt nicht gerade als angenehmer Zeitgenosse in Erscheinung, sondern als eigensinnig, rechthaberisch, unsachlich und streitsüchtig. Schon 1737 denunziert er den Fontänenmeister Freudenreich und ist für Beschimpfungen, Behinderungen und Handgreiflichkeiten gegenüber Personen bekannt, die im Garten Arbeiten erledigen sollen. Clasens Angriffe auf Freudenreich gehen so weit, dass er der Rentekammer vorschlägt, für ein geringeres Gehalt selbst den Posten des Fontänenmeisters zusätzlich zu übernehmen.[15]

Erst am 18.10.1738 erhält Clasen das Übergabeinventar des Neuwerkgartens, weil bis zu diesem Zeitpunkt die Auseinandersetzungen mit den Erben des Garteninspektors Bernhard Kempe andauern.[16] In der o.g. eigenhändigen Skizze vom 6.8.1738 dokumentiert Clasen einen von ihm neu angelegten kleinen Garten in der Nähe des Garteninspektorhauses beim Engelteich.

1740 wird Clasen einmal auf das Gut Drage gesandt, den Sitz des Statthalters, des Markgrafen von Brandenburg-Culmbach.[17] Was er dort zu tun hat, ist unbekannt.

Die Beschwerden über Clasens Verhalten setzen sich fort und gipfeln 1742 in einem Bericht des Baumeisters Müller an die Schleswig-Holsteinische Kammer, in dem er darlegt, dass Clasen den Garten sehr vernachlässigt und eine Untersuchung von Clasens Arbeit durch eine Kommission von erfahrenen Gärtnern vorschlägt.[18] Clasen begegnet den Beschuldigungen mit der Vorlage eines Attests über den gegenwärtigen Zustand der Orangeriegewächse im Vergleich zu 1734, als er den Neuwerkgarten übernahm. Die Gärtner Marcus Wolff und Johann Peter Beuck, die auch 1734 die Beurteilung vornahmen, stellen ihm darin ein gutes Zeugnis aus.[19] Müller erreicht aber dennoch, dass ihm am 3. August 1743 die Oberaufsicht über den Neuwerkgarten übertragen und dazu eine jährliche Untersuchung mit zwei Gärtnern unternommen wird, um die Kultivierung des Gartens und der Gewächse zu kontrollieren.[20] Im Herbst 1743 führt Müller eine Prüfung des Neuwerks mit den Gärtnern David Christopher Voss aus dem Alten Garten und Feldtmann aus dem Plöner Schlossgarten durch.[21]

Im Herbst 1745 reist Clasen für vier Wochen nach Kopenhagen. Den Zweck seiner Reise teilt er nicht mit.[22] Mit dem Regierungsantritt König Friedrichs V. erhält Clasen am 21. November 1746 eine Konfirmationsbestallung.[23] Die Auseinandersetzungen zwischen Clasen einerseits und Baumeister Müller und verschiedenen im Neuwerk tätigen Handwerkern andererseits dauern bis zu Clasens Tod an.[24]

Clasen ist nur verhältnismäßig kurze Zeit Garteninspektor im Neuwerk, denn er stirbt am 13. Oktober 1749, nachdem er seit eineinhalb Jahren schon krank und seit dem Frühjahr 1749 bettlägerig war.[25]

Gesellen und Lehrlinge zur Zeit Johann Adam Clasens im Neuwerk:
Am 12.3.1740 bewirbt sich Detleff Thörell um die Stelle des Gärtners im Alten Garten und berichtet über seinen Werdegang, dass er seit beinahe einem Jahr nun im Neuwerkgarten als Obergeselle gearbeitet habe. Vorher ist er als Geselle an verschiedenen Höfen tätig gewesen, u.a. am polnischen Königshof, in Wolfenbüttel und in königlich dänischen Diensten im Garten bei Amalienborg in Kopenhagen.[26]

1741 beschwert sich Baumeister Müller über Clasens Arbeit, wobei zur Sprache kommt, dass im Neuwerkgarten zwei Jahre lang nur ein Geselle, der bei Clasen gelernt hat, und mehrere „Jungens", d.h. Lehrlinge, arbeiten.[27] 1743 teilt Müller dann mit, dass der Garteninspektor außer einem Gesellen, der aber von Gärtnerei wenig Kenntnis hat, nur Tagelöhner beschäftigt. Der Geselle heißt Christian Hansen.[28]

Johannes Clodius
Hof- und Oberlustgärtner
Tätigkeit auf Gottorf: Juni 1625 – September 1660

Neben der eigenen Unterschrift mit „Johannes Clodius"[29] treten folgende Namensschreibweisen des Gottorfer Lustgärtners auf: Johan Cloth, Johan Clody, Johannes Klodius.

Clodius führt den Titel „Fürstl: Holst: Lustgartener"[30] und 1658 wird er als „dero bestalter Hoff= und Oberlust Gartener"[31] bezeichnet.

Über Herkunft, Ausbildung und Lebensweg des Gottorfer Hofgärtners Johannes Clodius sind wir durch seine erhaltene Epitaphinschrift gut unterrichtet. Michael Paarmann, der den lateinischen Originaltext abdruckt, hat sich intensiv mit dieser Gärtnerpersönlichkeit befasst.[32] Johannes Clodius ist Mitglied einer aus den Niederlanden eingewanderten großen Gartenkünstlerfamilie. Er wird 1584 in Wolmirstedt bei Magdeburg geboren, wo sein Vater Petrus Clodius, der sich noch „Kloth" nennt, wohl als Gärtner des Erzbischofs von Magdeburg arbeitete. Sein Großvater, der Gärtner Matthias Kloth aus Antwerpen, der seiner evangelischen Konfession wegen aus den Niederlanden emigriert war, bildete seine zwölf Söhne ebenfalls zu Gärtnern aus. Johannes' Vater Petrus ist wohl von 1610–1620 als Hofgärtner des Grafen Ernst von Holstein-Schaumburg angestellt und als Urheber des Großen Gartens der Bückeburger Residenz ab 1606 anzusehen. Durch ein Stipendium des Grafen gefördert, nimmt Johannes Clodius von Bückeburg aus seine facettenreiche Ausbildung auf, die ihn schließlich zu einem weitgereisten, erfahrenen und universell gebildeten Gartenkünstler werden lässt: Sie beginnt kurz nach 1600 mit einem zweijährigen Besuch der Helmstedter Universität, worauf sich eine mehrere Jahre dauernde Reise zu den bedeutendsten Gärten der Zeit in Deutschland, den Niederlanden, Frankreich, England und Spanien anschließt. In Italien arbeitet er insgesamt 14 Jahre in den römischen Orti Farnesiani auf dem Palatin und den Gärten der Familie Capponi in Florenz. Nach seiner Rückkehr 1620 ist er zunächst kurze Zeit in Bückeburg als Nachfolger seines Vaters in der Position eines Obergartenmeisters tätig, wechselt aber schon 1625 als 41jähriger nach Gottorf, wo er bei seiner Bestallung als italienischer Gärtner bezeichnet wird[33]. Nach dem Tod des Fürsten Ernst 1622 hatte der Bückeburger Garten besonders mit dem Verkauf der hochwertigen Pflanzensammlung an Bedeutung verloren und bot daher für Clodius kein interessantes Arbeitsfeld mehr. Dagegen stellt die Aussicht, für Herzog Friedrich III. auf Gottorf einen großen Garten völlig neu gestalten und die botanisch-wissenschaftlichen Interessen am Hof ausbauen zu können, einen Anreiz dar, seine herausragenden Fähigkeiten unter Beweis zu stellen.

Als Clodius 1625 nach Gottorf kommt, ist er bereits verheiratet und hat mehrere Kinder.[34] 1628 wird er als Schwiegersohn des im Dezember 1627 verstorbenen Kapellmeisters Tobias Hoffkunz genannt.[35] 1661 wird der Name seiner Witwe genannt: Agneta (Agnes).[36] 1629 und 1633 werden Clodius und seiner Frau erneut Kinder geboren.[37] Im Januar 1671 wird von der Rentekammer die Bestattung der Witwe im Schleswiger Dom bezahlt, die bis dahin immer noch restliche ausstehende Gehaltsforderungen stellte und jedes Jahr seit Clodius' Tod Geld erhält. Sogar an die Tochter Anna Maria werden von 1671 bis 1673 noch höhere Zahlungen geleistet, und 1676 beliefert sie die Hofküche mit Geflügel.[38] Auch 1682 erscheint sie noch namentlich in den Rechnungen, woraus Angelika Linnemayr schließt, dass Clodius' Witwe und Tochter noch lange nach seinem Tod für den Gottorfer Hof in Gartensachen tätig waren.[39]

Herzog Friedrich III. unterstützt die Ausbildung von Clodius' Söhnen: Ein Sohn, namentlich nicht genannt, wird 1650 nach Hamburg geschickt, um Material einzukaufen.[40] Wahrscheinlich ist es Friedrich, der 1651 vom Herzog 100 Rthlr „zu erkundigung verschiedener Wißennschafft in Cbymia (?, wohl Böhmen)" und für seine bevorstehende Reise noch einmal 50 Rthlr erhält.[41] 1652 sendet der Hofbibliothekar Adam Olearius 90 Rthlr an Friedrich Clodius nach Holland.[42] Ein Jahr später schon, 1653, wird Friedrich Clodius von Herzog Friedrich III. zum „Botanicus" ernannt und beauftragt, nach England zu reisen. Ihm wird eine Instruktion mitgegeben, nach der er botanische Literatur zusammentragen und lesen, auf seiner Reise alle interessanten Gärten aufsuchen, sich mit den dort kundigen und gelehrten Personen unterhalten und die Grundlage für künftige Kontakte legen soll. Daneben wird ihm aufgetragen, sowohl die pflanzlichen Raritäten in den Gärten und in der Natur mit allen ihren Besonderheiten gründlich zu erforschen als auch die „Structur der gärten" genau zu notieren. Zum Schluss soll er sich auch die Laboratorien berühmter Alchimisten („Chýmicos") ansehen und von allem genauestens Bericht erstatten.[43] Friedrich bleibt in England, heiratet eine Tochter des englischen Gelehrten Samuel Hartlib und wird selbst bekannt als Verfasser staatswissenschaftlicher Schriften.[44]

Einem anderen namentlich nicht genannten Sohn zahlt Friedrich III. 1655 einen Reisezuschuss. Er studiert dann in Helmstedt und erhält 1658 vom Herzog ein Geschenk über 30 Rthlr für seine Disputation.[45]

Ein dritter Sohn, Matthias, geboren um 1633 in Schleswig, arbeitet seit 1658 in den Diensten des Erzbischofs von Salzburg und heiratet im selben Jahr dort Sabina de Oling. Zunächst wird er zur Verschönerung der Gartenanlagen nach Prag geschickt, dann aber zum Hofgärtner ernannt am 2.1.1660 in Hellbrunn und ab 1671 auf Schloss Mirabell. Er stirbt am 23.10.1683 in Salzburg.[46]

1664 heiratet eine Tochter von Clodius, wozu die Witwe des Gärtners 8 Rthlr verehrt bekommt.[47]

Auch über die Verwandtschaft des Gottorfer Lustgärtners gibt es Nachrichten: Der Kieler Schlossgärtner von 1634 bis 1642, Matthias Clodius, dessen Witwe Abel 1648 mitteilt, dass sie nun über 22 Jahre im Kieler Garten gewesen sei, ist nach Michael Paarmann ein Vetter des Gottorfer Hofgärtners Johannes.[48] Einen anderen Verwandten sieht Paarmann in dem 1556 bestallten Torgauer Hofgärtner „Jhan Kloth von Andorff".[49]

Am 5. Februar 1625 erhält Johannes Clodius seine Bestallung als Gärtner Herzog Friedrichs III.[50]. Er wird darin keinem bestimmten Garten zugeordnet. Seine Pflichten bestehen neben „anordnen einrichten, cultiviren vndt bestellen" der Gärten auch in der Belieferung der Hofküche und -konditorei mit Gartenprodukten, wobei die überschüssigen Erträge auf herzogliche Rechnung verkauft werden sollen. Clodius bekommt dafür eine Besoldung von 150 Rthlr jährlich inclusive Kostgeld aus der Gottorfer Rentekammer. Diese Summe bezieht sich nur auf seine Person, nicht auf die Anschaffung von Geräten und Pflanzen für die Gärten. Zusätzlich erhält er freie Wohnung und Feuerung.[51]

Aus Bückeburg bringt Clodius im Juni 1625 neben seiner Familie und dem Hausrat auch drei Gesellen, zwei Mägde und Gartengewächse nach Gottorf mit[52] und zieht zunächst wohl in das in der südöstlichen Ecke des Westergartens belegene Gärtnerhaus ein. Am 9. Dezember 1631 zeigt Herzog Friedrich III. seine Zufriedenheit mit Clodius, indem er ihm und seinen Erben ein Haus schenkt, das vor dem Schloss Gottorf „zwischen Unserm Garten, Und Unsers Gewesenen Mullers Detleff Clauesen auffm Katerberge" gelegen und vom Herzog dem Koch Jacob Christian abgekauft worden ist.[53] Hier wohnt Clodius bis zu seinem Tod.

Dass Clodius in seiner Tätigkeit ziemlich selbständig arbeiten kann, wird dadurch bestätigt, dass er von sich aus Gartengeräte und Pflanzmaterial bestellt und Verträge mit Arbeitern abschließt.[54] Weil die Hofdienste der Untertanen abgeschafft werden und dafür Dienstgeld erhoben wird, stehen Clodius ab 1632 für die Gartenarbeit statt der Handdienste der Kätner 16 Tagelöhner als Arbeitskräfte zur Verfügung, die jeder für 12 ß täglich insgesamt 228 Tage im Jahr arbeiten, nämlich im Sommerhalbjahr vom 22. Februar (Petri) bis zum 20. November. Für ihre Entlohnung erhält Clodius aus der Amtskasse zusammen 912 Rthlr.[55] Ab Ende 1633 beschäftigt Clodius diese Tagelöhner im Zuge der Erweiterung des Alten Gartens sogar noch im Winter 75 Tage lang, vom 21. November bis zum 21. Februar, für den gleichen Tagessatz von 16 ß, alles zusammen 250 Rthlr.[56]

1632 erhält Clodius zusätzlich zu seinem Gehalt noch Kleidung, die von der Hofschneiderei angefertigt wird.[57] Für dieses Jahr erfahren wir auch zum ersten Mal von Pferden, die der Gärtner für seine Arbeit hält.[58] Ab 1635 bekommt Clodius eine höhere Besoldung von nun 200 Rthlr und außerdem Kleidung von der Hofschneiderei.[59]

1650 schickt Clodius auf Befehl des Herzogs zwei seiner Gesellen nach Schlesien „umb abholung etzlicher Sachen" und einen anderen ins Fürstentum Anhalt. Seinen Sohn schickt Clodius zum Einkauf von Materialien nach Hamburg.[60]

Olearius berichtet, daß Clodius am 30. Oktober 1658, im sogenannten „Polackenkrieg", mit seinem Haus den Plünderungen der polnischen und brandenburgischen Truppen zum Opfer fällt und sich mit seiner Familie nur eben zum nahegelegenen Schloss retten kann. Der Alte Garten wird ebenfalls geplündert. Auch die 40 Rthlr „Salvaguardgelder", die der Hofgärtner zum Schutz des Alten Gartens an die Gottorfer Besatzungsmacht bezahlt hatte und ein Jahr später erstattet bekommt, konnten das nicht verhindern.[61]

Clodius stirbt am 14. September 1660 und wird am 3. Oktober im Schleswiger Dom beigesetzt.[62] Danach führt seine Witwe Agneta die Gartengeschäfte mit Gesellen und Jungen weiter bis zum Antritt seines Nachfolgers im Alten Garten, Hans Georg Tatter, am 9. April 1661.[63]

In seiner 35jährigen Gottorfer Tätigkeit tritt Johannes Clodius als herausragender Gartenkünstler von weitreichender Ausstrahlung und bedeutendster Gottorfer Hofgärtner in Erscheinung. Er ist als Vorreiter für die Kultivierung kälteempfindlicher Pflanzen im nördlichen Europa anzusehen, der von den Zeitgenossen besonders in den 1650er Jahren für seine Resultate große Anerkennung und Bewunderung erntet. Christensen stellt ihn auf eine Stufe mit den Botanikern Otto Sperling, der zeitweilig im Garten des königlich dänischen Schloss Rosenborg tätig ist, und Johann Sigismund Elsholtz, der für den Kurfürsten von Brandenburg arbeitet.[64] Durch sein Wirken in gedanklicher Zusammenarbeit mit Herzog Friedrich III. und dem Bibliothekar Adam Olearius entwickelt sich die Gottorfer Residenz zu einem wichtigen Zentrum der Gartenkunst und Botanik im Norden und einer Anlaufstelle für wandernde Gärtnergesellen. Im Einzelnen sind seine Leistungen erstens die Anlage des Alten Gartens vor Gottorf, zweitens die Konzeption des Neuwerkgartens von Gottorf und die Durchführung der ersten Ausbaustufe. Die Errichtung eines massiven Gewächshauses im Jahr 1632 im damaligen Gottorfer Hauptlustgarten, dem Alten Garten, geht auf Clodius' Initiative zurück und ist als bahnbrechende Neuerung, nicht nur für Gottorf, sondern auf überregionaler Ebene, anzusehen, da es als erster Bau seiner Art in Deutschland und Dänemark gilt.[65] Damit verbunden sind die Einführung der mobilen Gewächshaltung und der Aufbau einer bedeutenden Pflanzensammlung auf Gottorf.[66] Ab 1633 beschäftigt sich Clodius auch mit dem Anbau von Melonen, einer hochgeschätzten Spezialität.[67]

Gesellen und Lehrlinge zur Zeit von Johannes Clodius auf Gottorf: Schon 1626 beschäftigt er vier Knechte oder Gesellen, die jeder mit jährlich 18 Rthlr aus der Rentekammer entlohnt werden, ab 1634 auch einen Jungen, d.h. Lehrling.[68] 1653 hat Clodius fünf Gesellen[69] und 1658/59 werden bei ihm 10 Gesellen verköstigt.[70]

Von den Personen, die unter Clodius in den Gottorfer Gärten gearbeitet haben, sind einige namentlich bekannt, z. B. Jacob Bothman. Adam Olearius hört während seiner Reise von 1635 bis 1639 über Russland nach Persien, als sie die Stadt Astrachan besuchen, dass hier der Weinanbau sehr floriere unter einem Weingärtner namens Jacob Bothman, der auf Gottorf zum „Hoff=vnd Lustgärtner" ausgebildet worden sei.[71] Da Clodius schon seit 1625 in Schleswig ist, hat Bothman wahrscheinlich bei ihm gelernt.

Michael Paarmann bezeichnet den Gartentheoretiker Heinrich Hesse (Lebensdaten unbekannt, 2. Hälfte 17. Jh.) als den bekanntesten Schüler von Clodius.[72] Hesse zitiert in seinen Schriften mehrfach Clodius, z.B. in der Diskussion um abschlagbare Pomeranzenhäuser und mobile Gewächshaltung[73], und verbreitet damit dessen Wissen unter den Zeitgenossen. Wann und wie lange Hesse genau auf Gottorf tätig ist, bleibt unklar. Nach Waldschmidt dient er aber auch noch nach Clodius' Tod auf Gottorf, dann unter Michael Gabriel Tatter im Neuwerk, wo er das große Ereignis des Blütenanfangs der Gottorfer Aloe von 1668 erlebt.[74]

Herzog Christian Albrecht berichtet 1663 in einem Empfehlungsschreiben für den aus Schweden stammenden und dorthin nun zurückkehrenden Erich Nielßsohn Kastenberg, dass er „in hiesigem unserem lustgarten" gelernt und danach viele Jahre in Adelsgärten gearbeitet hat.[75]

Peter Christian Cunrau
Fontänenmeister
Tätigkeit im Neuwerk: August 1799 – August 1823

Peter Christian Cunrau unterschreibt 1816 persönlich mit „Peter Conrau"[76], während er in den Quellen meist in der Schreibweise „Cunrau" genannt wird.

Über Geburtsdatum und Herkunft des Fontänenmeisters Cunrau gibt es keine Nachrichten. Baumeister von Motz bezeichnet Cunrau als „Drechsler und Piepenbohrer".[77]

Aus seinem familiären Umfeld ist lediglich bekannt, dass er einen Sohn namens Christian Friedrich hat.[78] Ein Bruder Cunraus, der im Schleswiger Stadtteil Friedrichsberg lebende Drechsler Gabriel Hinrich Cunrau, stellt für ihn bei Antritt seiner Fontänenmeisterstelle Kaution.[79]

Nach dem Tode seines Vorgängers, Carl Ludwig Koch, übernimmt Cunrau von Oktober 1798 bis Neujahr 1799 die Interimsunterhaltung des Gottorfer Fontänenwesens, weshalb der Baumeister Johann Hermann von Motz ihn bei der Wiederbesetzung der Stelle als Nachfolger vorschlägt. Neben ihm bewerben sich zwei andere Personen um den Posten: Der Schleswiger Bürger und Drechslermeister Georg Conrad Hille und Jürgen Jürgensen, ebenfalls aus Schleswig. Auch letzterer führt das Fontänenwesen übergangsweise in der Zeit vom 1.1.1799 bis August 1799 und arbeitet vorher zum Teil als Tagelöhner bei Koch.[80]

Mit der Resolution vom 9. August 1799 wird Peter Christian Cunrau als Fontänenmeister ernannt mit einem jährlichen Gehalt von 300 Rthlr, das später einem Gehalt von 480 Rbthlr entspricht. Am 28.8.1799 wird der Vertrag von ihm unterzeichnet.[81] Interessant ist besonders, dass Cunrau keinen Zeitvertrag mehr erhält wie seine beiden Vorgänger Koch, sondern auf Lebenszeit eingestellt wird. Nach 20 Jahren Pause kehrt die Rentekammer also zu der lange bewährten Institution eines Fontänenmeisters auf Lebenszeit zurück. Cunrau wird zu einer allmorgendlichen Kontrolle verpflichtet. Er ist wie seine Vorgänger dem Fontänenaufseher Godske, der gleichzeitig Garteninspektor und Schlossverwalter ist, unterstellt, dem er alle Schäden sofort melden und sie spätestens innerhalb zwei Tagen beheben muss. Andernfalls muss er erhebliche Strafgelder zahlen. Der Vertrag konzentriert sich auf die Hauptwasserleitung vom Neuwerk zum Schloss, während das ursprüngliche „Fontänenwesen", d.h. die Wasserkünste im Garten, nur noch eine untergeordnete Bedeutung haben. Fast alle weiteren Klauseln in Cunraus Kontrakt entsprechen im Wesentlichen den Verträgen seiner Vorgänger. Allerdings wird hier dem Fontänenmeister ausdrücklich erlaubt, selbst die Fontänen im Garten, aber nur auf höheren Befehl, vorzuführen. Hierüber gab es unter seinen Vorgängern Auseinandersetzungen mit dem Fontänenaufseher Goske.

1822 meldet Cunrau Konkurs an, aber sein Bruder, der für ihn Kaution gestellt hatte, ist bereits gestorben. Deshalb bringt Cunrau den neuen Bürgen Hans Jürgensen bei. Bis zu diesem Zeitpunkt ist Cunraus Tätigkeit zufriedenstellend und weitgehend ohne Unstimmigkeiten verlaufen, so dass der Schleswiger Bauinspektor Meyer ihm eine einwandfreie Wartung des Gottorfer Fontänen- und Wasserleitungswesens bescheinigt.[82] Wenig später, am 29. August 1823, stirbt Peter Christian Cunrau.[83]

Hans Nicolai Dölner
Garteninspektor
Tätigkeit im Neuwerk: Januar 1769 – Mai 1779

Der Name des Garteninspektors Hans Nicolai Dölner ist in den Quellen recht einheitlich zu finden, lediglich der Nachname wird manchmal „Döllner" geschrieben und „Nicolai" zu „Nikolaus" gewandelt.[84]

Bei seiner Einstellung auf Gottorf hat Dölner zunächst nur den Titel eines Gärtners und wird schließlich 1776 auf den Rang eines Garteninspektors befördert.[85]

Dölner teilt uns selbst über seine Herkunft mit, dass er „auf dem nahe beÿ der Königl. Residenz Kopenhagen belegenen sogenannten Blauenhof" geboren wurde, wobei er das Datum aber verschweigt.[86] Er stammt aus einer bis ins 20. Jahrhundert reichenden dänischen Gärtnerdynastie, deren Stammvater Jens Nicolai Dölner von König Frederik IV. etwa 1698 aus Sachsen ins Land gerufen wurde.[87] Im Königlichen Hofkalender erscheint Dölner seit 1761 als Schlossgärtner in Nykøbing auf Falster.[88] Vor seinem Wechsel nach Gottorf im Januar 1769 ist Dölner auf ein Wartegeld von 200 Rthlr jährlich gesetzt, weil der Nykøbinger Garten aufgegeben wird, er aber offenbar nicht entlassen werden sollte.[89]

Hans Nicolai Dölner ist verheiratet mit Catharina NN und hat mit ihr sieben Kinder, von denen das jüngste beim Tod des Vaters 1779 erst fünf Jahre alt ist.[90] Die Witwe bittet um eine Pension, die ihr mit 50 Rthlr jährlich aus der königlichen Kasse bewilligt wird.[91] 1831 bitten „Caroline Frederikke und Ane Kirstine" Dölner, zwei inzwischen in Fredensborg lebende Töchter des Neuwerk-Garteninspektors um ein jährliches Gratial.[92]

Der Gottorfer Garteninspektor Dölner hat einen Bruder namens Lorens Friedrich, der sich 1779 um die Nachfolge seines Bruders im Neuwerkgarten bewirbt. Zu diesem Zeitpunkt ist er in Assens als „Consumtions Inspecteur" tätig.[93]

Nach dem Tod des Garteninspektors David Christopher Voss 1768 bewirbt sich nur der Plöner Schlossgärtner August Wilhelm Mensch. Er berichtet, dass er seit 21 Jahren in Plön arbeite und sich von dem Posten im Neuwerk eine finanzielle Besserstellung erwarte.[94] Die Rentekammer schlägt dann aber Dölner vor, der den „Ruf eines geschickten Gärtners für sich hat".[95]

Mit der Resolution vom 17. Januar 1769 wird Hans Nicolai Dölner rückwirkend zum 1. Januar 1769 zum Garteninspektor im Neuwerk ernannt.[96] Die Vertragsbedingungen ändern sich nicht, selbst die Pensionszahlung von 100 Rthlr jährlich an die Witwe seines Vorgängers wird weitergereicht an Dölner. Er empfängt auch Gehalt in gleicher Höhe wie Voss. Bei der Übergabe des Neuwerkgartens an Dölner im Juli 1769 sind wieder die Gärtner der Schlösser Augustenburg und Glücksburg anwesend.[97]

Eine weitgreifende Veränderung der Gärtnertätigkeit im Neuwerk geschieht durch den Verkauf der Orangerie und der dazugehörigen Pflanzen im Jahr 1769. Aus diesem Grund erhält Dölner nur noch 8 Faden Deputatholz jährlich für seinen eigenen Haushalt statt 80 Faden vorher für die Beheizung der Orangerie.[98]

1774 hat Dölner die Möglichkeit, die Kleinhesterberger Koppel östlich des Neuwerks zu pachten, die schon Voss als Küchenland nutzte. Es wird ein Vertrag aufgesetzt mit einer jährlichen Pachtsumme von 50 Rthlr. Dölner selbst bewirtschaftet das Land schon seit seinem Dienstantritt, ebenfalls zum Anbau von Gemüse. Dafür zahlte er bisher eine Summe an den Pachtinhaber und Gevollmächtigten des Baumeisters Rosenberg und späteren Fontänenmeister, Johann Leonhard Koch.[99]

Auf seine eigene Bitte hin wird Dölner am 8. August 1776 mit einer neuen Bestallung zum Garteninspektor befördert.[100] Am 13. Mai 1779 stirbt Dölner nach kurzer Krankheit.[101]

Gesellen zur Zeit Hans Nicolai Dölners im Neuwerk:
Peter Lorenzen, der gebürtig von Alsen stammt, Gärtner gelernt hat und beruflich auf Reisen war, bewirbt sich 1779 als Dölners Nachfolger, nachdem er die letzten drei bis vier Jahre als Meistergeselle im Neuwerk gearbeitet hat.[102]

Etwa von Mitte 1774 bis Ende 1775 ist auch Christian August Schnittger als Gärtnergeselle im Neuwerk angestellt. Getauft am 24.10.1747 im Schleswiger Dom, erhält er seine Ausbildung im Garten des Schlosses Augustenburg auf der dänischen Insel Alsen, arbeitet danach fünf Jahre in Holland, ein Jahr in England und geht eineinhalb Jahre innerhalb Deutschlands auf Reisen, um die meisten höfischen Gärten anzusehen. Nach seiner Tätigkeit im Neuwerk engagiert ihn der Landgraf Carl von Hessen etwa Anfang 1776 als „Kunst=Gärtner auf Louisenlund", seiner Sommerresidenz, von wo aus er sich 1779 auf die Garteninspektorstelle im Neuwerk bewirbt.[103]

Als Dölner 1779 stirbt, arbeiten der Geselle Peter Lorenzen (s.o.) und zwei „gute erwachsene Lehrburschen" im Neuwerk.[104]

Johann Friedrich Freudenreich
Fontänenmeister
Tätigkeit im Neuwerk: Mai 1737 – Februar 1766

Freudenreich unterschreibt 1737 seinen Arbeitsvertrag mit „Johann Friederich Freudenreich".[105]

Sein Geburtsdatum und -ort sind unbekannt. Da er am 27. Februar 1766 im Alter von 67 Jahren stirbt, muss er zwischen dem 28.2.1698 und dem 27.2.1699 geboren sein. Über seinen beruflichen Werdegang berichtet Freudenreich anlässlich seiner Bewerbung auf Gottorf: Er ist von „seiner Profession ein Bild- und Stein-Hauer", der zuvor „zu Dresden in dem dasigen Königlichen Zwinger-Garten, zu Caßel auf dem Winter-Kasten, nachhero auch zu Hamburg in dem Overbeckischen Garten als Geselle beym Fontainen Wesen" angestellt war.[106]

Freudenreich wohnt zum Zeitpunkt seiner Bewerbung, 1736, mit seiner Frau im Schleswiger Stadtteil Lollfuß zur Miete.[107] Er ist verheiratet mit Susanna Elsebe NN, die er bei seinem Tod verschuldet und mit sieben Kindern hinterlässt, zwei Söhnen und fünf Töchtern. Der älteste Sohn, Johann Virgilius, ist am 5.3.1766 26 Jahre alt, also zwischen dem 5.3.1739 und dem 5.3.1740 geboren.[108]

Bei der Ausschreibung der Fontänenmeisterstelle 1737 melden sich drei Bewerber: Johann Friedrich Freudenreich, der Zimmermeister Philip Hinrich Phefs und Friedrich Feddersen. Phefs ist in Schleswig ansässig und betreut die Schleswiger Stadtwasserleitungen.[109] In Stralsund hat er zuvor Kenntnisse im Fontänenwesen erworben.[110] Feddersen wohnt im Schleswiger Stadtteil Friedrichsberg und hat einige Zeit in Amsterdam im Fontänenwesen gearbeitet.[111] Die beiden näher in Betracht gezogenen Kandidaten Phefs und Freudenreich müssen sich einem regelrechten Examen bei dem Gottorfer Baumeister Otto Johann Müller unterziehen, um ihre Kenntnisse unter Beweis zu stellen.[112]

Dazu gehört eine Zeichnung mit sowohl schriftlichen als auch mündliche Erläuterungen. Nur Freudenreich entspricht den Anforderungen, und der in Kopenhagen tätige Generalbaumeister von Häusser kommentiert das Ergebnis folgendermaßen: So „legte die von dem Bild= und Steinhauer Freudenreich entworffene [...] Zeichnung und darüber formirte Discours der Hydraulicae, nicht minder das von ihm beÿ dem Capitaine [Müller] ausgestandene Examen, eine Anzeige und Probe eines dem Werck gewachsenen und verständigen auch habilen Mannes, zu Tage, wie dann nicht weniger Freudenreich im mündlichen Discours den Fundamentellen Begriff seiner Wißenschaften, klärlich erwiesen [...]."[113]

In seiner zu diesem Anlass am 27.12.1736 angefertigten Zeichnung[114] stellt Freudenreich vier unterschiedliche technische Methoden vor, Fontänen anzulegen, wobei es ihm auf die Hydraulik ankommt, nicht auf die Dekoration der Fontänen. Trotzdem zeugt sein Entwurfsblatt in diffiziler, eleganter Ausführung auch von Kenntnissen in der Gartenkunst. Aus seinen Erläuterungen[115] geht hervor, welche Variationen er vorstellt: Oben links Nr. 1 zeigt eine unkomplizierte Fontänenbewässerung, bei der das Wasser oberhalb der Fontäne liegt und einfach nur herunter geleitet werden muss. Beispiel Nr. 2 rechts oben hat dagegen die Schwierigkeit, das Wasser erst über eine Anhöhe zu befördern, was mit Hilfe eines „Sÿphonem recurvum, oder krummen Heber" geschieht. Für das dritte Bassin links unten ist ein noch größerer Aufwand nötig, da zwischen dem natürlichen Wasservorkommen und dem für die Fontäne angelegten Sammelbecken ein Abgrund liegt. So wird hier das Wasser erhitzt und dadurch in das höher liegende Reservoir geleitet, bevor es zum Fontänenbecken fließen kann. In Nr. 4 rechts unten muss das Wasser aus der Tiefe mit einer „Höltzernen Pompe" in ein Vorratsbecken hochgepumpt werden, um dann zur Fontäne nach unten geleitet werden zu können.

Freudenreich ist der einzige Gottorfer Fontänenmeister, von dem Zeichnungen überliefert sind, und es ist davon auszugehen, dass er auch der einzige ist, der überhaupt welche angefertigt hat. Außer dem Blatt, das seiner Bewerbung diente, sind noch drei andere Zeichnungen von seiner Hand bekannt, die alle sowohl von zeichnerischer Ausbildung und Geschick als auch von seiner auch sonst bekannten Präzision des Arbeitens zeugen: 1739 stellte Freudenreich den Grundriss des Bassins vor der Kaskade, am Eingang des Neuwerks, dar und weiterhin eines der vorhandenen Eckpostamente im Herkulesteich mit einem Vorschlag zu dessen Erneuerung. Darüber hinaus zeichnete er 1738 auf zwei verloren gegangenen Blättern die von ihm geschnitzten Skulpturen an der Kaskade.[116]

Der Bauinspektor Otto Johann Müller empfiehlt Freudenreich als tüchtigen und geschickten Fontänenmeister nach Kopenhagen, der anbietet, die Stelle für 300 Rthlr anzutreten und zusätzlich ohne Entgelt Bildhauerarbeiten auszuführen, wenn ihm der nötige Bremer Sandstein geliefert werde.[117]

Mit der Resolution vom 1. Mai 1737 wird Johann Friedrich Freudenreich zum Gottorfer Fontänenmeister bestallt.[118] Er soll seinen mit 300 Rthlr dotierten Posten nach vollendeter gründlicher Sanierung des Fontänenwesens antreten und bei dieser Gelegenheit ein Inventar ausgehändigt bekommen. Die in der Bestallung und in seiner Instruktion[119] festgelegten Punkte entsprechen ziemlich genau dem Arbeitsvertrag seines Vorgängers Kallau, nur mit dem Unterschied, dass Freudenreich sich zusätzlich verpflichtet hat, bei der Neuanlegung und Reparatur von Fontänen die Steinhauerarbeit unentgeltlich zu verrichten. Wie seine Vorgänger, so darf auch Freudenreich nicht selbständig die Wasserkünste vorführen, sondern muss – außer bei Anwesenheit des Königs – erst Rücksprache mit seinem Vorgesetzten, dem Baumeister Müller, halten. Ebenso verhält es sich mit seiner Anwesenheitspflicht in der Stadt Schleswig. Freudenreich haftet mit Ehre und Besitz für die Einhaltung seines Arbeitsvertrages. Erst wenn Müller ein Attest über die Erfüllung seines Vertrages ausgestellt hat, wird sein Gehalt ausgezahlt.

Einen Monat nach seiner Bestallung, am 2. Juni, wird Freudenreich das Fontänenwesen übergeben, und gleichzeitig übernimmt er die Aufsicht.[120] Schon kurze Zeit nach seinem Dienstantritt bahnt sich – wie auch mit seinem Vorgänger Kallau – Ärger an. Da er fälschlicherweise, entgegen der vertraglichen Vereinbarung, schon während der Hauptreparatur des Fontänenwesens vom 1.5. bis zum 31.12.1737 Gehalt bekommen hat, stellt die Rentekammer die Zahlung vorerst ein, worauf sich Freudenreich beschwert, er könne so nicht weiterarbeiten.[121] Gleichzeitig fängt der streitbare Garteninspektor Clasen an, ihn zu denunzieren und schlägt sich selbst für den Posten des Fontänenmeisters mit 200 Rthlr Jahresgage vor.[122] Müller verteidigt aber Freudenreich, sodass dieser seine Extraarbeiten von der Rentekammer Ende 1738 bezahlt bekommt.[123] Das Verhältnis zwischen Garteninspektor und Fontänenmeister bleibt sehr gespannt, weil Clasen in Freudenreichs engagierter Arbeit Konkurrenz wittert und ihn durch Schikanen versucht, in seiner Tätigkeit zu behindern. Offenbar gezielter Vandalismus an Teilen des Fontänenwesens durch Dritte macht Freudenreich zusätzlich zu schaffen.[124]

Am 19. August 1738 wird ein Inventar des Fontänenwesens erstellt und Freudenreich ausgehändigt, was bedeutet, dass die Hauptreparatur bis zu diesem Zeitpunkt abgeschlossen ist und Freudenreich seinen Dienst ab diesem Datum normal versehen kann.[125] Trotzdem verhandelt Freudenreich 1739 immer noch um finanzielle Einzelheiten seines Arbeitsvertrages, weil darüber offenbar völlig unterschiedliche Vorstellungen bei ihm selbst einerseits und der Rentekammer als seinem Arbeitgeber andererseits herrschen. Müller bestätigt schließlich noch einmal die Gültigkeit des Arbeitsvertrages.[126]

Abgesehen von den anfänglichen Schwierigkeiten ist Freudenreichs Gottorfer Amtszeit geprägt von präziser, kenntnisreicher und künstlerisch zufriedenstellender Arbeit, einer fruchtbaren Zusammenarbeit mit dem Baumeister Müller und einer nur in herzoglicher Zeit dagewesenen Kontinuität von fast drei Jahrzehnten Tätigkeit. Am 21.11.1746 erhält Freudenreich eine Konfirmationsbestallung.[127] Müller betont 1750 gegenüber der Rentekammer, dass ihm nicht bekannt sei, dass Freudenreich jemals etwas in seinem Dienst versäumt hätte.[128]

Am 27. Februar 1766 verstirbt der noch amtierende Johann Friedrich Freudenreich im Alter von 67 nach 31 Dienstjahren.[129] Sein ältester Sohn, Johann Virgilius, der schon in den letzten zwei Lebensjahren seines kranken Vaters die Arbeit gemacht hat, übernimmt bis zur Einstellung eines neuen Fontänenmeisters die Amtsführung. Freudenreichs Witwe berichtet, ihr Sohn sei schon seit seiner Jugend mit der Arbeit des Fontänenmeisters vertraut und habe eine zweijährige Ausbildung bei dem „Stein= und Bild=Hauer Thiel in Flensburg absolviert. Johann Virgilius selbst bittet bei der Rentekammer darum, im Amt bleiben zu dürfen, aber die Arbeit durch andere ausführen zu lassen.[130]

Hinrich Friedrich Godske
Garteninspektor, Fontänenaufseher und Schlossverwalter
Tätigkeit im Neuwerk: Juli 1779 – August 1807

Schon Godske selbst unterschreibt nicht einheitlich mit „Henrich Friederich Godske", sondern auch mit „Gödske".[131] Daneben tauchen in den Quellen noch folgende Namensschreibweisen auf: „Henrich Friedrich Godske", „Hinrich Friedrich Godscke" und außerdem „Godsche", „Gottsche", „Götske" und „Gödscke".[132]

Bei seiner Bestallung 1779 führt Godske den Titel „Gärtner und Fontänenaufseher". 1790 wird er auch Gottorfer Schlossverwalter und 1801 zum Garteninspektor befördert.[133]

Geburtsdatum und Herkunft Godskes sind unbekannt. Er stammt wohl aus Dänemark, denn er schreibt seine Bewerbung 1779 und auch in einer Vorstellung von 1783 in dänischer Sprache. Von seiner Ausbildung berichtet Godske nur, dass er bei seinen Reisen nach Holland und England viel gelernt habe über Fontänen, Grotten und Springbrunnen und sich selbst die Anlegung und Pflege von Fontänen zutraue. Zum Zeitpunkt seiner Bewerbung arbeitet er als Gärtner am Königlichen Palais in Kopenhagen, wohl aber erst seit 1778, wo er neben seinem Jahresgehalt von 250 Rthlr noch 80 Rthlr von der Prinzessin Sophie Friederike bekommt und durch eigene Blumenverkäufe so viel dazu verdient, dass er insgesamt jährlich 700–800 Rthlr zur Verfügung hat.[134]

Godske heiratet zwei Mal. Die Namen seiner Frauen sind bisher unbekannt. Aus beiden Ehen gehen keine Kinder hervor. Seine zweite Frau stirbt am 31.5.1811.[135] Godske hat drei uneheliche Kinder.[136]

Da im Januar 1779 der Fontänenmeister Kruse und im Mai desselben Jahres Garteninspektor Dölner gestorben ist, sind nun beide Stellen neu zu besetzen. Vom einstigen Neuwerk ist inzwischen nur noch wenig übrig. Der Garten wird nur noch als „Spazier= und Küchen=Garten" genutzt, sodass an die Fähigkeiten des Gärtners nur geringe Ansprüche gestellt werden wie Pflege der Hecken, Alleebäume und Wege. Ebenso steht es mit dem Fontänenwesen, von dem nur noch wenig mehr als die Kaskade am Eingang des Neuwerks existiert. Die Bestrebungen der Kopenhagener Rentekammer, Geld einzusparen, geben schließlich den Ausschlag, beide Posten zu kombinieren, wobei dem Baumeister die Oberaufsicht und Verantwortung übergeben wird.[137]

Es bewerben sich insgesamt elf Personen als Neuwerkgarteninspektor:[138] Erstens Peter Lorenzen, der drei bis vier Jahre schon als Meistergeselle bei Dölner gearbeitet hat (vgl. auch unter Hans Nicolai Dölner). Zweitens Christian August Schnittger, Gärtner auf Louisenlund (vgl. auch unter Hans Nicolai Dölner). Drittens Johann Gottfried Potthoff, seit 32 Jahren Gärtner auf Schloss Glücksburg, der 1750 und 1769 bei den Übergaben des Neuwerkgartens an die Garteninspektoren Voss und Dölner anwesend ist. Bis 1783 ist er als Glücksburger Gärtner im Dänischen Hof- und Staatskalender verzeichnet.[139] Viertens Jacob Heinrich Brömmer oder Brämmer, Gärtner auf Schloss Friedrichsruh in Drage (vgl. auch unter David Christopher Voss). Fünftens Friedrich Gabriel Hertz (vgl. auch unter David Christopher Voss). Sechstens Hieronymus Hammer, der seit 1758 „Handels=Gärtner" in Kopenhagen ist. Er ist in Ulkebøl auf Alsen geboren, wird im Augustenburger Garten bis 1741 ausgebildet und legt von 1743 bis 1748 für den Grafen Danneskjold Samsø einen neuen Garten in Sollerød an, danach einen neuen Garten für den Geheimrat Lüxdorf in Naerum. Anschließend arbeitet er bei dem Generalmajor Thurah auf Holtegaard und legt noch andere neue Gärten an. Sein Sohn Poul Hammer arbeitet seit zwei Jahren als Gärtner in Holland. Siebtens Lorens Friedrich Dölner, ein Bruder Hans Nicolai Dölners (vgl. auch unter Hans Nicolai Dölner). Achtens Anton Ludwig Küster oder Kyhter aus Frederiksborg, der zuerst in königlichen Diensten steht, bevor er 12 Jahre als Gärtner beim Kaiser von Marokko arbeitet. Seit 1776 bezieht er eine Pension von 80 Rthlr pro Jahr vom dänischen König, bis er eine neue Stellung gefunden hat. Neuntens Hinrich Friedrich Godske, der ausdrücklich darum bittet, dass ihm neben der Gärtnerstelle auch der Fontänenmeisterdienst übertragen werde. Zehntens Andres Nissen, der aus Kirchenholz im Kirchspiel Ulsnis, Kreis Schleswig-Flensburg, stammt und in seiner Bewerbung schreibt: „ich bin in 20. Jahren, Gärtner auf dem Adlichen Guhte Lindau, welches dem Weyl: Hertzog zu Glücksburg zugehöret, in Diensten gewesen […]."[140] Elftens Der Kammerherr und Oberpostinspektor aus Schleswig, Adolph Friedrich von Warnstedt, der schon 34 Jahre im Forstdienst tätig ist.

Auf die Stelle des Fontänenmeisters bewerben sich Anfang 1779 sechs Kandidaten:[141] Erstens bewirbt sich Albrecht Petersen, der am 1.3.1741 in Thumby (Struxdorfharde), Kreis Schleswig-Flensburg, getauft wurde und zu diesem Zeitpunkt ein privilegiertes Haus in Schleswig besitzt. Er ist erst Lakai und dann Hofschreiber beim Kronprinzen und heiratet eine Gottorfer Wäscherin, dann gibt er seine Tätigkeit auf. Er verlangt als Gehalt 50 Rthlr weniger als Kruse bezogen hat. Zweitens bewirbt sich der Bürger Thomas Scharff, der schon als Tagelöhner bei Freudenreich und Kruse gearbeitet hat und für die Witwe Kruses während der Vakanzzeit die Aufsicht übernimmt. Drittens hat auch der Maurermeister Georg Christian Henning Interesse an dem Posten. Sein Vater hat über 30 Jahre die Mauerarbeiten bei der Unterhaltung des Fontänenwesens innegehabt und er selbst seit 16 Jahren. Außerdem arbeitet er als Tagelöhner seit 26 Jahren beim Fontänenwesen mit. Viertens bewirbt sich der inzwischen in Schleswig ansässige Bildhauer Jacob Lemcke, über den der Baumeister Rosenberg berichtet, er kenne ihn seit über 25 Jahren und könne ihn als Bildhauer empfehlen. Nach Rosenberg ist Lemcke nicht in den Herzogtümern geboren, hat sein Handwerk gründlich gelernt und ist in Plön bei dem Bildhauer Schuppius und in Eutin bei Johann Georg Moser angestellt gewesen. Rosenberg hat mit ihm schon in seiner Plöner Zeit zusammengearbeitet. In den Jahren 1771 und 1772 ist Lemcke maßgeblich an der Restaurierung der Kaskade im Neuwerk beteiligt.[142] Fünftens wird von der königlichen Baudirektion in Kopenhagen der „Rinnenleger" Hans Hansen Gebe (auch Jebe geschrieben) vorgeschlagen, dem der Hoffontänenmeister Becker ein Zeugnis ausgestellt hat. Sechstens bewirbt sich noch der Schleswiger Bürger und Drechsler Johann Gottfried Caspari.

Die Rentekammer entscheidet sich für Godske, der angibt, auch etwas vom Fontänenwesen zu verstehen. Am 22. Juli 1779 wird Godske zum Gärtner und Fontänenaufseher im Neuwerk bestallt[143], und zwar zu folgenden Konditionen: Er ist verpflichtet, die tägliche Aufsicht zu führen über die Fontänen und Wasserleitungen im Neuwerk, beim Schloss und Gottorfer Amtshaus, und bei der Entdeckung von Mängeln sofort dem Baumeister Bescheid zu sagen, der für die Behebung der Schäden zuständig und verantwortlich ist. Für seine Tätigkeit erhält Godske 400 Rthlr jährliches Gehalt, freie Wohnung im Gärtnerhaus, das er allerdings selbst instand halten muss[144], und freie Nutzung des Gartens und der vor dem Gärtnerhaus liegenden Graskoppel. Von dem Gehalt soll er den Garten unterhalten und für die Kosten der Arbeitsleute, Gartengeräte und Pferde aufkommen. Er erhält 8 Faden Deputatholz wie sein Vorgänger. Für die Witwenpensionen der früheren Neuwerksgärtner kommt in Zukunft die königliche Kasse auf. Das Gehalt des Gärtners wird mit Godskes Anstellung also von 1200 Rthlr um zwei Drittel auf 400 Rthlr gekürzt, im Garten ist aber auch im Vergleich zu der Zeit bis 1770 nur noch wenig Pflege nötig.

Godskes Desinteresse an der Anlage des Neuwerks zeigt sich im Laufe seiner Dienstjahre mit fataler Auswirkung. Der Grund dafür liegt möglicherweise in seiner Unzufriedenheit mit der Gehaltssituation, die er fortwährend bei jeder Gelegenheit zum Ausdruck bringt. Schon vor seinem Arbeitsbeginn in Gottorf gibt es Unstimmigkeiten: Godske ist nicht zufrieden mit seinem Gehalt und erreicht eine Kabinettsorder, nach der er schon bei seinem Arbeitsbeginn 200 Rthlr jährlich Zulage bekommt. Ihm wird außerdem die Stelle des Schlossverwalters mit einem Gehalt von 440 Rthlr in Aussicht gestellt, wobei die nun gewährte Zulage beim Antritt der neuen Stelle wegfallen soll.[145] Differenzen treten auch auf, weil Godske nur bereit ist, die Aufsicht über die Fontänen innerhalb des Neuwerkgartens auszuüben, nicht auf dem Schloss- oder Amtshofgelände. Baumeister von Motz stellt daraufhin einen Tagelöhner für jährlich 88 Rthlr ein, der den Rest der Arbeit erledigen soll. Die Rentekammer gewährt Godske am 6.12.1779 zwar eine Gehaltszulage, verlangt aber gleichzeitig eine ordentliche Ausübung seiner Pflichten und veranlasst die Entlassung des Tagelöhners.[146] Auch von Motz ist mit der neuen Regelung nicht zufrieden und wehrt sich dagegen.[147]

Am 6. Januar 1780 wird Godske das Fontänenwesen mit einem neu aufgestellten Inventar übergeben[148], aber schon zwei Jahre später ist das Projekt als gescheitert anzusehen, denn von Motz macht der Rentekammer klar, dass die Instandhaltung des Fontänenwesens erheblich kostspieliger geworden sei, seit es keinen eigentlichen Fontänenmeister mehr gäbe. Von Motz' Vorschlag für einen Fontänenmeister auf Zeit wird zugestimmt und eine Ausschreibung gemacht, bei der der langjährige Baugevollmächtigte Johann Leonhard Koch den Zuschlag erhält.[149] Trotzdem bleibt Godske Fontänenaufseher und damit Vorgesetzter des Fontänenmeisters. Ab 1801 bis zu seinem Tod wird Godske sogar als „Fontainenmeister" im Königlichen Dänischen Hof- und Staatskalender geführt.[150] Seit dieser Zeit wird in dieser Quelle keiner der nachfolgenden Fontänenmeister mehr namentlich genannt, nur noch die Fontänenaufseher.

Insgesamt erweist sich Godske aus den überlieferten Schriften als rechthaberisch und geldgierig. Das zeigt sich z.B. darin, dass er 1799 bei der Rentekammer zwei Quartalsgehälter des Fontänenmeisters für sich einfordert, obwohl er die Arbeit an Cunrau und Jürgensen vergeben hatte. Von Motz klärt die Rentekammer anschließend auf und diese weist Godskes Ansprüche ab.[151]

Am 23. Juni 1790 wird Godske auch zum Schlossverwalter bestallt.[152]

Eine zusätzliche Aufgabe erhält der Neuwerk-Gärtner 1791 mit der Übertragung der Aufsicht über den Baumbestand des sogenannten „Ringelbergs" nördlich des Gartens und der Fortsetzung der Königsallee außerhalb des Neuwerks bis zu den Hühnerhäusern.[153] Die Rentekammer verpflichtet Godske 1795 außerdem zu der Arbeit, den Gottorfer Süddamm mit neuen Bäumen zu bepflanzen, wofür er nur wenig Extralohn bekommt.[154]

Der Garteninspektor pachtet wie seine beiden Vorgänger auch die Kleinhesterberger Koppel.[155] Sein Desinteresse am Neuwerkgarten zeigt sich z.B. deutlich 1784 in einer Supplik an den König, in der er um die Erlaubnis bittet, im Garten eine Baumschule anlegen zu dürfen, worauf ihm eine Absage erteilt wird.[156] Da seine Gehaltssituation trotz des Schlossverwalterpostens weiterhin unbefriedigend ist, versucht Godske durch den Verkauf von Fruchtbäumen Geld zu machen. Dazu inseriert er am 7.12.1796 im „Flensburgschen Wochenblatt für Jedermann". Zum gleichen Zweck betreibt er bei der Amalienburg Gemüseanbau, und auf der Hälfte der vom ihm gepachteten Kleinhesterberger Koppel baut er Spargel an.[157]

Ab 1801 erhält Godske eine zusätzliche jährliche Vergütung von 100 Rthlr, weil er seit 1800 keine „Sklaven" mehr zur Gartenarbeit zugeteilt bekommt, dazu eine einmalige Gratifikation von 100 Rthlr.[158]

Bis zu seinem Tod am 8. August 1807 ist Godske auf Gottorf tätig. Seine Witwe wohnt noch bis Ende März 1808 im Garteninspektorhaus, überlässt aber dem Nachfolger Langenheim etwas Raum.[159]

Gärtner und andere Arbeitsleute zur Zeit Hinrich Friedrich Godskes im Neuwerk:

In Godskes Dienstjahren arbeitet 14 Jahre lang ein Gärtner namens Jürgen Wilhelm Conrad Matthiesen im Neuwerkgarten, der sich 1808 um die Nachfolge Langenheims bewirbt, wobei er Zeugnisse von verschiedenen, nicht namentlich genannten Gutsbesitzern, bei denen er wohl vorher gearbeitet hat, vorweist. Er arbeitet anscheinend auch noch unter Langenheim im Neuwerk.[160]

Godske berichtet 1789, dass er im Sommer 12 bis 14 und im Winter sechs bis acht Arbeitsleute im Garten beschäftigt, die er im Jahr mit insgesamt 650 Rthlr vergütet.[161] Ab 1790 setzt Godske sogenannte „Sclaven", die von der Festung Rendsburg nach Gottorf gebracht werden, auch für Gartenarbeit ein, insgesamt sechs Personen.[162]

Im Januar 1791 wird zum ersten Mal ein Gartenwächter für 60 Rthlr jährlich angestellt. Grund dafür ist sicher die zunehmende Häufung von Diebstählen im Laufe des 18. Jahrhunderts im Neuwerkgarten. Der vorher in Norwegen beim Artillerie-Stall-Etat beschäftigte „Aufpasser" heißt Hack Kampmann Bisgaard und ist schon im vorgerückten Alter. Seine Frau ist 1792 64 Jahre alt. Godske als sein Vorgesetzter legt in der Instruktion fest, dass der Wächter die ganze Nacht im Garten zu patrouillieren und jede Stunde in ein Horn zu blasen hat. Wie lange Bisgaard den Dienst im Neuwerk ausübt, ist unbekannt.[163]

Spätestens seit dem 1. Januar 1805 arbeitet ein neuer Gartenwächter auf Gottorf: Jürgen Pipgras, der eine jährliche Zulage von 20 Rthlr, also zusammen 80 Rthlr, bekommt. Pipgras arbeitet noch unter Nagel (vgl. auch unter Wilhelm Nagel) und wird am 29.12.1826 mit Pension entlassen.[164]

Christian Albrecht Hamburger
Fontänenmeister
Tätigkeit im Neuwerk: 1690 – April 1727

Unter seinen Vertrag von 1709 setzt der Fontänenmeister als Unterschrift „Christian Albrecht Hamburg".[165] Ansonsten zieht sich einheitlich durch die Quellen die Namensschreibweise „Christian Albrecht Hamburger".

Das Geburtsdatum Christian Albrecht Hamburgers ist unbekannt, und über seine Ausbildung wissen wir auch nichts, aber zumindest wird er bei seinem Vater Hans Christoph Hamburger Unterweisung erhalten haben.

1667 wird Christian Albrecht Hamburger, allerdings noch nicht namentlich, zum ersten Mal in den Quellen genannt, als er als Mitarbeiter seines Vaters an einem „Grottenwercke" und der neuen Kaskade im Neuwerk arbeitet.[166] Die Bestallung seines Vaters zum Fontänenmeister im Jahr 1680 erwähnt ausdrücklich, aber ohne Namen, ebenfalls den Sohn.[167] Sein Name tritt 1683 zum ersten Mal auf.[168] In dem Arbeitsvertrag, den Herzog Christian Albrecht mit ihnen am 17. Februar 1689 schließt, treten Vater und Sohn zum letzten Mal gemeinsam, und in diesem Fall offenbar annähernd gleichberechtigt in Erscheinung.[169] Allerdings wird nur der Vater als Fontänenmeister bezeichnet. Das gemeinsame jährliche Gehalt beträgt 433 Rthlr 16 ß, das Christian Albrecht Hamburger auch nach dem Tod seines Vaters weiter bezieht. Schon 1690 ändert sich die Situation, denn hier wird nur noch Christian Albrecht Hamburger alleinig als Fontänenmeister genannt.[170] 1696 reduziert sich seine Gage auf 312 Rthlr jährlich.[171] Im gleichen Jahr nimmt Hamburger einen großen Auftrag der Herzoginwitwe Friederike Amalie zur Legung einer Wasserleitung vom Schreventeich vor der Stadt Kiel zum Kieler Schloss für 1500 Rthlr an.[172] Gleichzeitig baut sich der Fontänenmeister ein Haus im Lollfuß und erhält 1697 vom Herzog rückwirkend für die beiden vorangegangenen Jahre eine Erlassung der Erdheuer über 5 Rthlr.[173]

Christian Albrecht Hamburger betätigt sich außer seiner Anstellung als Gottorfer Fontänenmeister auch unternehmerisch, wie schon der Kieler Auftrag zeigt. 1703 eröffnet er in seinem Wohnhaus im Lollfuß eine Brauerei.[174]

1705 beschwert sich Hamburger bei der Rentekammer, dass er für die 12 Tonnen Holzkohle, die er jährlich für seine Arbeit erhalten soll, nur ersatzweise Geld bekommen habe und bittet nun um Lieferung der Kohle, die ihm auch zugesagt wird.[175]

Die unsicheren politischen Verhältnisse des Gottorfer Staates nach dem Tode Herzog Friedrichs IV. 1702 bis zur endgültigen Übernahme durch die Dänen wirken sich auch auf den Neuwerkgarten aus. Das zeigt sich in einem Memorial des Fontänenmeisters Christian Albrecht Hamburger, welches am 29. Oktober 1707 bei der Rentekammer eingeht.[176] Hamburger schlägt hier vor, die gesamte Aufsicht über das Neuwerk selbst übernehmen zu wollen einschließlich des Gärtnerpostens. Der Grund dafür ist der schlechte Zustand des Gartens, der von einer schwedischen Gärtnerkommission zuvor untersucht worden war. Hamburger will den Garten binnen fünf Jahren wiederherstellen für ein Jahresgehalt von insgesamt 1200 Rthlr zuzüglich 500 Rthlr für Arbeiter im Garten. Nach diesen fünf Jahren solle an ihn nur noch das Jahresgehalt gezahlt werden. Die Rentekammer erteilt ihm eine Absage, von der Hamburger sich aber offenbar wenig beeindrucken lässt, denn ein Jahr später macht er erneut ein Angebot, die Gärtnerstelle mit zu übernehmen für ein Gesamtgehalt von 700 Rthlr jährlich.[177] Er wendet sich diesmal allerdings nicht an die Rentekammer, sondern reist persönlich zum Gottorfer Oberhofmarschall und Mitglied des Geheimen Regierungsconseils, Georg Heinrich von Schlitz genannt Görtz, nach Hamburg, aber ohne Erfolg.

Görtz schließt stattdessen sowohl mit dem Gärtner als auch mit dem Fontänenmeister einen neuen Vertrag[178]: Am 31.12.1708 verpflichtet sich Hamburger für die nächsten acht Jahre bis 1717 zur Unterhaltung des Gottorfer Fontänenwesens, wozu nun nicht nur die Wasserkünste und -leitungen im Neuwerk, sondern auch die Installationen auf der gesamten Residenz Gottorf und der Gebäude des Kanzleipräsidenten, des Superintendenten in Schleswig und des Vorwerkes in Hütten, etwa 20 Kilometer von Schleswig entfernt, gezählt werden. Als Gehalt werden ihm 412 Rthlr bezahlt, wobei er für die Arbeit, Fuhren und das Material aufkommt. Es geht hieraus hervor, dass Hamburger im Neuwerkgarten eine Arbeits- und Materialkammer zur Verfügung steht, die sich im Kellergeschoß des Globushauses befindet.[179]

1713 ist Hamburger außerdem zuständig für die Versorgung von Schwänen und Enten auf dem Herkulesteich, wofür er eine Summe von 6 Rthlr 36 ß ausbezahlt bekommt.[180]

Die erneute dänische Sequestration Gottorfs ab 1713 macht wiederum Gehaltsverhandlungen nötig. Schließlich soll Hamburger laut Reglement 400 Rthlr jährlich erhalten, also 12 Rthlr weniger als zu herzoglicher Zeit.[181] Da die Auszahlung seiner Besoldung 1713 und 1714 offenbar noch nicht regelmäßig erfolgt, weigert sich Hamburger 1714, dringend erforderliche Reparaturen an den Wasserleitungen auszuführen, bis ihm aus der Amtskasse Abschlagssummen auf sein Gehalt gezahlt werden.[182] Nach einigen Jahren hat sich die Gehaltssituation scheinbar wieder eingespielt, denn es gibt keine Klagen. 1719 wird Fontänenmeister Hamburger sogar gute Arbeit attestiert.[183]

Als der Gottorfer Anteil des Herzogtums Schleswig 1721 endgültig der dänischen Krone zufällt, wird der Garten des Schlosses Frederiksborg auf Seeland, eine der wichtigsten Residenzen des dänischen Königshauses, nach dem Vorbild des Gottorfer Neuwerks als Terrassenanlage neu gestaltet. Zu diesem Zweck wird dem langjährigen und erfahrenen Gottorfer Fontänenmeister Christian Albrecht Hamburger 1722 eine Reise dorthin anbefohlen, die er in Begleitung eines Gesellen antritt und für die ihm 100 Rthlr Reiseunkosten erstattet werden.[184]

Am 4. April 1727 stirbt Christian Albrecht Hamburger. Sein von ihm ausgebildeter Sohn Hartog Hamburger bewirbt sich erfolglos auf die vakante Stelle.[185]

Hans Christoph Hamburger
Fontänenmeister
Tätigkeit als Fontänenmeister im Neuwerk: 1680–1690

Für den Namen dieses Fontänenmeisters existieren folgende Namensschreibweisen in den Quellen: „Christoff Hambürger", „Hanns Christoff Hambürger", „Hannß Christoff Hambürger", „Hans Christoff Hamburger", „Hans Christoff Hambürger", „Hanß Christoff Hambürger", „Hanß Christoff Hambürger", „Hans Christoph Hamburger", „Hans Christoff Hamburger", „Hanß Christoff Hamburg", „Christoffer Hamburger".

Titel: Ab 1653 trägt er den Titel „Rüstmeister", 1677/78 wird er als „Waßerwercker", und 1680, im Jahr seiner Bestallung zum „Fontainenmeister", auch als „Brunmeister" tituliert.[186] Während der zweiten dänischen Besatzungsperiode Gottorfs von 1684–89 arbeitet Hamburger als „Königl. Fontain Meister".[187]

Lediglich über die Zeit seiner etwa 39jährigen Gottorfer Tätigkeit sind wir unterrichtet, während dagegen das Geburtsdatum, die Herkunft und Ausbildung dieses ersten Gottorfer Fontänenmeisters bisher unbekannt sind.

Hans Christoph Hamburger ist mit Anna NN, geboren wohl 1634[188], verheiratet. 1654 wird ihnen eine Tochter geboren.[189] Ansonsten wissen wir nur von dem Sohn Christian Albrecht, der 1690 Nachfolger des Vaters im Amt des Gottorfer Fontänenmeisters wird (vgl. unter Christian Albrecht Hamburger). Nach dem Tod ihres Mannes kämpft die Witwe Anna Hamburger von 1694 bis 1703 darum, das angeblich noch nicht erhaltene Restgehalt von 203 Rthlr 32 ß ihres verstorbenen Mannes aus den Jahren 1681–1683 zu bekommen. Die Rentekammer beschließt dann am 24. Juli 1699, dass diese Forderung mit 40 Rthlr ein für alle Male abgegolten sei. Ihrer weiteren Hartnäckigkeit verdankt die Witwe aber offenbar die Zuweisung eines jährlichen Gnadengeldes von 12 Rthlr ab 1703 auf Lebenszeit.[190] 1710 erhält sie nur 6 Rthlr und diese Zahlung ist anscheinend die letzte überhaupt.[191] Anna Hamburger scheint gestorben zu sein, denn ihr Name taucht in den Quellen nicht mehr auf.

Ab 1651 ist Hans Christoph Hamburger für den Gottorfer Hof tätig, wo er zunächst an einer „Kunströhre", wahrscheinlich im Neuwerkgarten, arbeitet.[192] 1653 wird er als Rüstmeister bestallt und erhält eine Jahresbesoldung von 40 Rthlr.[193] Für die Wasserkünste auf dem Neuwerk fertigt er 1656 vier Muscheln aus Kupfer für 200 Rthlr an.[194] Bei dieser Arbeit handelt es sich wohl um die vier Eckelemente im Herkulesteich, die also eine gewisse künstlerische Tätigkeit bescheinigt, die auch aus anderen Quellenbelegen hervorgeht, wenn er z.B. 1664 „für 2. gestohlene und hinwieder verfertigte Bilder ufm Newenwercke" oder auch „für eine figur unnd große Mußell" Bezahlung erhält.[195]

Ab 1661 liefert er jährlich verschiedene Gegenstände ins Neuwerk oder leistet dort Arbeit an den Wasserkünsten und Rohrleitungen. 1664 ist er auch beteiligt an dem Projekt, den großen Globus im Globushaus durch Wasserkraft beweglich zu machen. Dazu liefert er ein 252 Fuß langes Bleirohr.[196] Hamburger arbeitet ebenfalls an der Mitte der 1660er Jahre entstehenden Kaskade mit und legt im Neuwerk eine Wasserleitung.[197] 1664 liefert er auch dem Franzosen Michel Le Roy, der im Neuwerk auf der neuangelegten Terrassenfolge Wasserkünste einrichtet, „ein Waßerspiel".[198]

Seine Tätigkeit im Neuwerkgarten nimmt von Jahr zu Jahr mehr Raum ein. Von 1666 bis 1668 erhält Hans Christoph Hamburger 20 Rthlr jährliche Besoldung für „die Aufsicht und Wartung der Waßerwercke ufm Newenwercke"[199], ist aber noch als Rüstmeister bestallt. Als 1672 sein Haus in Schleswig niederbrennt, erhält er vom Herzog eine Beihilfe zum Wiederaufbau.[200] Zwischen 1669 und 1677 ist über seine Tätigkeit im Neuwerkgarten nichts überliefert.

Erst für die Jahre 1677 und 1678 wird Hans Christoph Hamburger als „Waßerwercker" mit 6 Rthlr monatlich entlohnt und 1680 als „Brunmeister" tituliert.[201] In diesem Jahr erhält er nun seine offizielle Bestallung als „Fontainenmeister" von Herzog Christian Albrecht.[202] Eingebunden in diesen Vertrag ist von vornherein sein Sohn Christian Albrecht Hamburger, der zunächst aber noch nicht namentlich in den Quellen auftritt. Es wird festgelegt, dass Hamburger mit seinem Sohn alle Arbeiten, die er bewältigen kann, zu leisten habe, alle anderen Arbeiten und ebenfalls alle Materialien sollen vom Herzog finanziell getragen werden. Als Gehalt werden ihm 120 Rthlr jährlich und monatlich 2 Rthlr 32 ß Kostgeld aus der Rentekammer zugesichert. Das Tätigkeitsfeld des neuen Fontänenmeisters ist in der Bestallung nicht genau definiert, es geht nämlich nicht daraus hervor, ob Hamburger nur für das Neuwerk oder für alle Gottorfer Gärten zuständig ist, wobei letzteres aber anzunehmen ist.

In der zweiten Periode der dänischen Sequestration Gottorfs von 1684–1689 arbeitet Hamburger als „Königl. Fontain Meister Christoffer Hamburger" weiter.[203] Von der sonst üblichen Stelle, der Gottorfer Rentekammer, erhält er demnach von 1685–1689 keine Besoldung, sondern stattdessen wohl aus Kopenhagen. Am 17.2.1689 schließt die Gottorfer Rentekammer im Auftrag Herzog Christian Albrechts einen neuen Vertrag mit dem Fontänenmeister Hans Christoph Hamburger und dessen Sohn, dieses Mal namentlich als Christian Albrecht Hamburger erwähnt.[204] Sie verpflichten sich darin, die Holzrohre („Pipen") selbst zu bohren, die Wasserleitungen und „Grottenwercke" instand zu halten bzw. neue „Grottenwercke" anzulegen und alle „ordinaire oder extraordinaire arbeit sowoll aufm Schlosse alß Newen wercke" zu machen. Von den anderen Gottorfer Gärten ist hier nicht mehr die Rede, wohl weil der Westergarten schon seit geraumer Zeit als Küchengarten dient und der Alte Garten während der zweiten dänischen Besetzung weitgehend verwüstet worden ist. Der Vertrag sieht vor, dass sie für alle Arbeitskosten (außer Zimmer- und Maurerarbeit) aufkommen, während das Material von der Rentekammer gestellt wird. Vater und Sohn Hamburger erhalten dafür eine halbjährlich ausgezahlte Besoldung von insgesamt 433 Rthlr 16 ß.

Ab 1690 ist nur noch der Sohn, Christian Albrecht Hamburger, genannt. Der Verbleib oder Todesdatum Hans Christoph Hamburgers sind unbekannt. Erst 1694 wird seine Witwe, Anna Hamburger, erwähnt, die immer noch ausstehende Gehaltszahlungen ihres Mannes nachfordert.[205]

Ernst Friedrich Hansen
Garteninspektor und Fontänenaufseher
Tätigkeit im Neuwerk: Juli 1832 – November 1845

Hansen wird als „Gärtner und Fontänenaufseher" bestallt. Teilweise wird er auch als „Garteninspektor" bezeichnet.[206]

Über sein Geburtsdatum, seine Herkunft und Ausbildung sind keine Nachrichten vorhanden. 1810 wird der Gärtner Hansen am königlichen Schullehrerseminar in Kiel als Lehrer für Botanik, Gartenbau, Obstbaumzucht und Landwirtschaft mit einem Gehalt von 200 Rthlr (320 Rbthlr) angestellt. Seit ihrer Gründung 1811 gehört er der Kommission für das Gärtnerexamen in den Herzogtümern an, genau wie sein Gottorfer Amtsvorgänger Wilhelm Nagel. Diesen Posten behält er auch in seiner Gottorfer Zeit bis mindestens 1839.[207]

Aus Hansens familiärem Umfeld ist nur ein Sohn Julius bekannt, der nach dem Tod des Vaters am 2. November 1845 bis zum 1. April 1846 die Garteninspektorstelle verwaltet.[208]

Nach dem Tod des Garteninspektors Nagel wird wieder einmal die Streichung der Gärtnerstelle im Neuwerk und eine Verpachtung des Gartens von Seiten des Gottorfer Amtshauses und der Hausvogtei zur Diskussion gestellt. Trotzdem bewerben sich 1832 insgesamt 18 Personen, von denen hier nur die in irgendeiner Weise interessanten angegeben werden:[209]

1) Der Schleswiger Etatsrat Jochims schlägt vor, den Neuwerkgarten „mit dem ehemals für die Unterhaltung der jetzt eingegangenen Düsternbrooker Baumschule bestimmt gewesenen Fonds zu einer Baumschule" einzurichten und ihm die Oberaufsicht zu übertragen.

2) Der Gärtner Joseph Simon Rose aus Vordingborg auf Seeland, der bei Mansa auf Frederiksborg gelernt und 1829 das Gärtnerexamen gemacht hat. Danach arbeitet er als Geselle in Frederiksberg unter Wolff und bei der Firma James Booth & Söhne in Flottbek bei Altona.

3) Der Gärtner Christian Heinrich Krohn aus Sülfeld bei Bad Oldesloe, der zehn Jahre den Ahrensburger Garten und zehneinhalb Jahre den Gutsgarten von Borstel geleitet hat.

4) Der Premierleutnant vom Schleswigschen Infanterieregiment, Johann Nicolaus von Suhr, der sich mit Botanik beschäftigt und für die Flora Danica Beiträge und Zeichnungen liefert.

5) Der Gärtner Friedrich Christian Petersen, der bei dem Grafen Danneskiold Samsoe in Gisselfeld arbeitet. Er hat bei seinem Vater und bei Gärtner Holbüll gelernt, die Ausbildung 1819 abgeschlossen, ist danach sechs Jahre bei dem Schlossgärtner Lindegaard beschäftigt und erhält schließlich ein zweijähriges Reisestipendium, währenddessen er u.a. bei dem preußischen Hofgärtner Sello arbeitet.

6) Der Gärtner Johann Heinrich Bech aus Kopenhagen, der bei seinem Vater und ebenfalls bei Lindegaard ausgebildet wurde bis zu seinem Examen im Jahre 1818. 1828/29 ist er in königlich-dänischen Diensten, wobei er zuerst die Aufsicht über den Garten des Prinzen Frederik Carl Christian und der Prinzessin Wilhelmina Maria innehat und 1829 einen Garten anlegt für Prinz Ferdinand und Prinzessin Caroline.

7) Der Gärtner Frederik Olsen aus Kopenhagen, der 1827 seine Gärtnerprüfung ablegt.

8) Der Gottorfer Hausvogt Johann Mahrt aus Schleswig schlägt vor, den Gärtnerposten mit seiner Anstellung zu verbinden.

9) Der Gärtner Heinrich Georg Thiesen, der seit seinem Examen 1812 bei dem Grafen Danneskiold Samsoe in Gisselfeld beschäftigt ist.

10) Der Ökonom Heinrich Langenheim aus Uelsby bei Schleswig, ein Sohn des Neuwerk-Gärtners Friedrich Christoph Langenheim (vgl. auch unter Friedrich Christoph Langenheim).

11) Ernst Friedrich Hansen.

12) Der Gärtner Carl Wilhelm Andreas Meyer aus Flensburg, der sich schon 1823 während Nagels Dienstzeit auf dessen Stelle bewirbt (vgl. unter Nagel).

13) Der Gärtner Hans Joachim Kruse aus Schleswig, der zwölf Jahre im Neuwerk unter Nagel gearbeitet hat (vgl. unter Nagel).

14) Der Sohn des Garteninspektors Nagel, der Gärtner Wilhelm Jacob Friedrich Nagel aus Schleswig (vgl. unter Wilhelm Nagel).

Am 18. Juli 1832 erhält Hansen seine Bestallung zum Gärtner und Fontänenaufseher auf Gottorf für ein Gehalt von 640 Rbthlr. Eine Veränderung und gleichzeitig Beschränkung in der Entscheidungsbefugnis des Neuwerk-Gärtners bedeutet die Tatsache, dass die Oberaufsicht für den Neuwerkgarten mit Hansens Bestallung dem Gottorfer Amtmann übertragen wird.[210] Wie schon sein Vorgänger Nagel, versucht sich auch Hansen vergeblich gegen die ihm auferlegten Steuern wie z.B. die Haussteuer zu wehren.[211] Schon 1832 wendet sich Hansen mit einem Zustandsbericht des Gartens und Verbesserungsvorschlägen an den Oberhofmarschall von Hauck in Kopenhagen. Er schreibt: „Der Zustand des Neuwerkgartens war, im Allgemeinen aufgefaßt, mehr der einer Wildniß, als eines Königlichen Gartens oder Parks."[212] Ab 1834 tritt eine neue Regelung in Kraft, nach der nicht mehr der Gartenwächter direkt vom Oberhofmarschallamt angestellt ist, sondern dem Garteninspektor das Gehalt ausgezahlt wird mit der Auflage, selbst für den Wächterdienst Sorge zu tragen.[213] 1835 pachtet Hansen zunächst für zwölf Jahre noch ein Stück Land dazu, gelegen zwischen der zum Garteninspektorat gehörenden und der ebenfalls gepachteten Kleinhesterberger Koppel.[214] Diese Landstücke sind offenbar die Basis für „die in größerem Umfang betriebene Baum= Pflanzen= und Blumenzucht und Erzielung von Sämereien verbunden mit dem in kaufmännischer Weise betriebenen Verkauf dieser Erzeugnisse". Demnach bezeichnet sich Hansen selbst als „Handelsgärtner".[215] Er stirbt am 2. November 1845.[216] In der folgenden Vakanzzeit verwaltet Hansens Sohn Julius den Garten (s.o.).

Hansen steht schon früh in einem guten Ruf: 1833 lobt der königlich dänische Oberbaudirektor Christian Frederik Hansen ihn gegenüber der Rentekammer, er sei „ein tüchtiger und kenntnißvoller Mann".[217] 1835 berichtet der Gottorfer Bauinspektor Meyer über ihn, dass er „für die Verschönerung des Neuwerk Gartens bereits mehrere nicht geringe Opfer gebracht" habe.[218] Hansen bemüht sich intensiv um die Wiederinstandsetzung des vernachlässigten Gartens, indem er Berichte über den Zustand des Neuwerks und Planmaterial anfertigt und einreicht.[219] Es gelingt ihm, den Garten wieder etwas herzurichten und den letzten noch vorhandenen Bau, die Kaskade am Eingang des Gartens, durch Restaurierung zu erhalten. Sein Verdienst ist es auch, dass der Neuwerkgarten ab 1834 der Öffentlichkeit zugänglich ist.[220] Als Fontänenaufseher tritt Hansen in den Quellen nicht weiter in Erscheinung. 1841 stellt er seine Planungen zur Umgestaltung des Neuen Werkes in einen Landschaftsgarten vor, die aber nicht zur Ausführung kommen.[221]

Gesellen und Arbeitsleute zur Zeit Hansens im Neuwerk:
1831/32 arbeitet ein Gärtnergehilfe namens F. Jess im Neuwerk, der während der Arbeitsunfähigkeit des Gartenwächters Würdig vorübergehend dessen Dienst für 1 Rthlr Courant wöchentlich übernimmt.[222]

Der schon unter Nagel arbeitende Gartenwächter Johann Würdig stirbt am 27.11.1832 (vgl. unter Wilhelm Nagel). Sein Nachfolger wird 1833/34 der Gärtnergehilfe Dohrn aus Schönhorst vom adeligen Gut Oppendorf bei Kiel.[223]

Moritz Friedrich Christian Jess
Garteninspektor und Fontänenaufseher
Tätigkeit im Neuwerk: April 1846 – 1853 (?)

Bei seinem Dienstantritt auf Gottorf wird Jess sowohl als „Gärtner und Fontäneninspektor" als auch mit „Garteninspektor und Fontänenaufseher" tituliert.[224]

Jess wird am 29. August 1800 geboren.[225] Wo er ausgebildet wird, ist unbekannt. Vor seiner Gottorfer Tätigkeit ist Jess Gärtner im adeligen Kloster Preetz in Holstein.[226]

Jess ist verheiratet mit Katharina Charlotte geb. Kiesel, die nach seinem Tod mit fünf Kindern zurückbleibt.[227]

Neben Jess bewirbt sich nur der Schleswiger Stadtgärtner Clasen auf die Stelle des Neuwerkgarteninspektors 1846. Er betreut den Garten auf der Gottorfer Schlossinsel, hat aber keine Ausbildung. Für die ausgeschriebene Stelle wird allerdings vorausgesetzt, dass der Bewerber Mitglied des Kieler Gärtnerexaminariats ist.[228]

Jess wird am 27. März 1846 zum Gärtner und Fontänenaufseher auf Gottorf ernannt und am 17. April 1846 bestallt.[229] Am 29. April 1846 erhält er seine Dienstanweisung[230], die bis auf wenige Ausnahmeregelungen die gleichen Arbeitsbedingungen wie bei seinen Vorgängern im Amt nennt. Auch er bekommt ein Gehalt von 640 Rbthlr jährlich, von dem alle Unterhaltung bestritten werden muss, dazu freie Wohnung und Nutzung der Graskoppel. Zusätzlich muss Jess – aber nur bei Bedarf – den 1830 angelegten Garten auf der Gottorfer Schlossinsel[231] pflegen, außerdem im Winter die Wohnzimmer der Statthalter-Gemahlin im Schloss mit Topfpflanzen versorgen. Wie schon bei Hansen ist auch für Jess die vorgesetzte Behörde das Oberhofmarschallamt in Kopenhagen, die wiederum die Oberaufsicht an den Gottorfer Amtmann und an Christian Schaumburg, den Garteninspektor über die Königlichen Gärten in den Herzogtümern, weitergibt. Jess tritt am 1. Mai 1846 seinen Dienst im Neuwerkgarten an, der ihm anhand eines Inventares übergeben wird.[232]

Die Verhältnisse im Neuwerkgarten werden um die Mitte des 19. Jahrhunderts immer undurchsichtiger. Im Dänischen Hof- und Staatskalender wird Jess bis 1853 als Gärtner und Fontänenaufseher genannt.[233] Ab 1854 wird Schloss Gottorf unter den königlichen Schlössern des Herzogtums Schleswig nicht mehr aufgeführt, und damit verliert sich auch die Spur des Neuwerk-Garteninspektors Jess. Möglicherweise wird er entlassen und kehrt nach Preetz zurück, wo er im Sterbebuch unter dem Datum des 18. Januar 1861 auftaucht.[234]

Jess ist der letzte Garteninspektor im Gottorfer Neuwerk, denn 1864 wird die Aufsicht über den Garten dem Schlossverwalter Kersten übertragen.[235]

Hans Jürgensen
Fontänenmeister
Tätigkeit im Neuwerk: September 1823 – Juni 1844

Jürgensen ist bei seiner Bewerbung 42 Jahre alt, also zwischen August 1780 und August 1781 geboren.[236] Er wird als Drechslermeister und „Pfeiffenbohrer" bezeichnet, was auf eine Ausbildung in diesem Bereich schließen lässt.[237]

Nach Cunraus Tod 1823 bewerben sich neben Hans Jürgensen mehrere Personen um die Fontänenmeisterstelle auf Gottorf:[238] Erstens meldet sich Cunraus Sohn Christian Friedrich, der kein gelernter Drechsler ist. Zweitens bewirbt sich der 42jährige Schleswiger „Stadtpfeiffenbohrer" Moritz Heinrich Lau und drittens sein Bruder, der 50 Jahre alte Kunstdrechsler Gottfried Daniel Lau aus Schleswig. Viertens hat der in Schleswig ansässige Bildhauer J. Schmädl Interesse an dem Posten. Er gibt an, nicht nur etwas von Bildhauerei, sondern auch von Mechanik zu verstehen. Bei der Fontänenmeisterstellung gehe es ihm vor allem um die Erhaltung der sehr verfallenen Kaskade im Neuwerk. Fünftens bewirbt sich noch der Schleswiger Drechslermeister Johann Gottlieb Paucker, der bei der Taubstummenanstalt arbeitet. Sechstens wird Wilhelm Jacob Nagel von seinem Vater, dem Garteninspektor und Fontänenaufseher Wilhelm Nagel, empfohlen, weil er das Gottorfer Wasserleitungssystem sehr genau kenne, dort schon oft geholfen und nach Cunraus Tod die Vertretung gemacht habe. Allerdings hat er nicht den Beruf des Drechslers gelernt (vgl. auch unter Wilhelm Nagel).

Da sich der Schwerpunkt des Gottorfer Fontänenwesens im Laufe der Zeit von der ehemals künstlerischen Wasserdekoration des Neuwerkgartens fast vollständig auf die Wasserversorgung des Schlosses Gottorf mit seinen Pertinenzen verlagert hat, legt die Rentekammer bei der Neubesetzung des Fontänenmeisterpostens Wert darauf, dass der neue Stelleninhaber ein gelernter Drechsler und Pfeifenbohrer ist.[239] Diese Veränderung wird auch sprachlich deutlich, wenn Jürgensen zwar noch als „Fontänenmeister" bezeichnet wird, aber einen Vertrag zur Unterhaltung der Wasserleitungen auf Schloss Gottorf erhält.[240]

Hans Jürgensen bekommt am 17.9.1823 die Stelle des Fontänenmeisters vorläufig übertragen, und vor dem 12.11.1823 erfolgt die Amtsübergabe.[241] Die offizielle Ernennung Jürgensens geschieht am 7. Januar 1824.[242] Sein schon vom 1.1.1824 gültiger Vertrag wird aber erst am 11. Februar 1824 unterzeichnet.[243] Jürgensen wird zu gleichen Bedingungen angestellt wie vor ihm Cunrau, ebenfalls mit 480 Rbthlr Gehalt, aber zusätzlich einjähriger Kündigungsfrist. Als Aufseher des Fontänenwesens wird Garteninspektor Nagel angewiesen, Jürgensens Pflichterfüllung zu überwachen.[244]

Im Frühjahr 1844 wird der Fontänenmeister schwer krank und stirbt Anfang Juni 1844. Bauinspektor Meyer überträgt der Witwe Jürgensen, die zwei Gesellen beschäftigt, übergangsweise die Arbeiten.[245]

Hans Martin Junge
Fontänenmeister
Tätigkeit im Neuwerk: April 1730–1733

Geburtsdatum, Herkunft und Ausbildung des Gottorfer Fontänenmeisters Hans Martin Junge liegen im Dunkeln.

Als sein Amtsvorgänger Reinholt Junge stirbt, führt dessen Witwe das Fontänenwesen weiter mit Hilfe des in Flensburg wohnenden Hans Martin Junge[246], der in einem Memorial vom 29.7.1733 mitteilt, er sei ein Bruder seines Amtsvorgängers und am 29.4.1730 nach dem Tode seines Bruders mit dessen Tätigkeit betraut worden.[247] Er bezeichnet sich hier selbst als „Königl. Fontainen=Meister zu Gottorff". Er erhält keine reguläre Bestallung, weil er „ad interim", also vorübergehend angestellt ist, bis zur Bestallung eines neuen Fontänenmeisters. Laut dem für das Gottorfer Bauwesen zuständigen Baumeister Claus Stallknecht erledigt Junge nicht persönlich die Arbeit, sondern lässt sie durch einen Dritten verrichten. Eine Kontroverse um angebliche Gehaltsausstände und geplante Sparmaßnahmen zwischen Junge und Stallknecht, der ihm Unfähigkeit und die Vernachlässigung des Gottorfer Fontänenwesens vorwirft, führt letztlich 1733 zur Entlassung Junges und Anstellung Kallaus als neuem Fontänenmeister.[248]

Reinholt Junge
Fontänenmeister
Tätigkeit im Neuwerk: 1727–1730

Der Vorname dieses Fontänenmeisters kommt in den Quellen in folgenden Schreibweisen vor: „Reinholdt" und „Reinholt".

Über das Geburtsdatum, die Herkunft und Ausbildung Reinholt Junges ist nichts bekannt. In seinem Gottorfer Arbeitsvertrag von 1728 wird er aber als „Kunst=Dreÿer und Brunnen=Meister" bezeichnet.[249]

Um die Position des Gottorfer Fontänenmeisters bewerben sich nach dem Tode Christian Albrecht Hamburgers im April 1727 zunächst zwei Personen:[250] Erstens sein Sohn Hartog Hamburger (vgl. unter Christian Albrecht Hamburger) und zweitens der ehemalige Gottorfer Fasanenmeister Christopher Vollmer, der angibt, der künftigen Aufgabe entsprechend ausgebildet zu sein und eine solche Tätigkeit in Celle 15 Jahre lang ausgeübt zu haben. Die Rentekammer nimmt keinen von beiden. Stattdessen wird Reinholt Junge vom Ingenieur-Kapitän Peucker, aber noch ohne Arbeitsvertrag, schon 1727 in Dienst genommen.[251] Peucker, der eine Reform des Bauwesens für die Residenz Gottorf ausgearbeitet hat, plädiert für eine geringere Bezahlung des künftigen Stelleninhabers, nämlich nur insgesamt 300 statt vorher 400 Rthlr, von denen 120 Rthlr in vier Quartalen als Gehalt und 180 Rthlr auf Anfrage und Attest hin für Material ausgezahlt werden. Die Rentekammer nimmt den Vorschlag an.[252]

Erst ein Jahr später, am 19. April 1728 wird der neue Fontänenmeister Reinholt Junge vertraglich von dem inzwischen für das Gottorfer Bauwesen zuständigen Ingenieur-Kapitän Jörgen Themsen verpflichtet.[253] Der Arbeitsbereich ist gegenüber Hamburgers Vertrag fast gleich geblieben, nur soll er statt des Hauses des Kanzleipräsidenten den Gottorfer Amtshof betreuen. Junge erhält die Möglichkeit, Soldaten der Garnison für die Instandhaltung der Drainagen heranzuziehen. Das Material wird vollständig von der Baukammer gestellt, während er das Handwerkszeug auf seine Kosten bereitzuhalten hat. Neu in diesem Kontrakt ist die Nutzungseinschränkung der Fontänen, die Junge nur zur Probe oder auf Befehl von königlichen Herrschaften springen lassen darf und nicht für jedermann, wie es seine Vorgänger taten. Wenn jemand von „Hoher Extraction" im Garten ist und die Wasserkünste in Funktion sehen will, muss Junge erst die Erlaubnis vom Baudirektor einholen.

Zur Wirksamkeit Reinholt Junges als Fontänenmeister im Neuwerkgarten gibt es keine Quellenaussagen, vermutlich, weil er schon 1730 verstirbt, entweder am 29. April 1730 oder davor.[254]

Christoph Kallau
Fontänenmeister
Tätigkeit im Neuwerk: Oktober 1733 – Mai 1737

Der Name des Gottorfer Fontänenmeisters Christoph Kallau findet sich in den Quellen in folgenden Schreibweisen: „Christoff Kallan", „Christopher Kallan", „Christopher Kallau", „Christopff Kallau", „Christoph Kallau". Er selbst setzt unter seine Bestallung die Unterschrift „Christoff Kallau".[255]

Am 23.3.1739 berichtet Kallau davon, dass er nun 66 Jahre alt ist.[256] Demnach ist er zwischen dem 23.3.1672 und dem 23.3.1673 geboren. Stallknecht berichtet, Kallau habe Erfahrung „in allerhand Arbeit von Bild= und Stein=Hauen, und was sonsten beÿ solchem Weesen erforderlich" ist.[257] Vor seiner Zeit als Gottorfer Fontänenmeister besitzt er ein Haus in Friedrichstadt, wo er auch arbeitet. In Schleswig kauft er sich dann ein altes Haus.[258]

Kallau wird am 25. Oktober 1733 als Fontänenmeister bestallt mit 300 Rthlr jährlichem Gehalt wie sein Vorgänger Hans Martin Junge.[259] Der Vertrag wird zwischen dem Baumeister Stallknecht und dem „Mechanicum" Kallau geschlossen. Das Arbeitsgebiet ist dasselbe wie in der Bestallung von Reinholt Junge, wobei auch hier wieder explizit gesagt wird, er habe nicht nur die Leitungen instand zu halten, sondern auch die „auf denen Fontainen zur Zierraht erfoderlichen Figuren und Bildergen und was sonsten zu diesem Werk gehörig oder an Bild= und Stein Hauer= oder dergl: Kunst Arbeit etwa erfoderl: seÿn möchte" zu reparieren, wobei die Handdienste auf seine Kosten gehen. Anders als bei seinem Vorgänger soll Kallau alles Material, Werkzeug und Fuhren selbst bezahlen, allerdings unter der Voraussetzung, dass zunächst das gesamte Fontänenwesen im Neuwerk einer sogenannten „Hauptreparatur" auf königliche Rechnung unterzogen wird, so dass danach nur noch geringe Instandhaltungskosten anfallen. Kallau verpflichtet sich, bei der grundlegenden Sanierung des Fontänenwesens unentgeltlich mitzuarbeiten. Auch Kallau hat keine Entscheidungsfreiheit, wann er die Wasserkünste vorführen will, sondern ist an die gleichen Bestimmungen wie sein Vorgänger gebunden. Als Novum kommt in diesem Vertrag dazu, dass der Fontänenmeister nicht ohne Erlaubnis und Rücksprache mit dem Baumeister aus der Stadt Schleswig reisen darf. Von Kallau wird erwartet, dass er die übernommene Aufgabe sorgfältig ausführt, wozu „Er sich beÿ seinen Ehren und Verpfändung aller seiner Beweg= und unbeweglichen Haabe und Güter" bereit erklärt, also eine Haftung übernimmt.

Kallau beginnt seine Arbeit zu Neujahr 1734.[260] Schon nach ganz kurzer Zeit kommt es zu harten Kontroversen und zu Schäden am Fontänenwesen:[261] 1734 missglückt eine Vorführung der Wasserkünste im Neuwerk in Anwesenheit des Königs, angeblich, weil ein bei Kallau arbeitender Knecht namens Claus Iversen einen Pfropfen in die Leitung vom Moorteich geschlagen hat, was letztlich dazu führt, dass das Wasser aus dem Teich gelassen werden muss und dabei am Teich und im Neuwerkgarten großen Schaden verursacht. Im Februar 1736 friert außerdem die die Schlossinsel versorgende Hauptwasserleitung ein, die vom Neuwerk aus durch den Norderdamm geht. Die Reparatur bewerkstelligt schließlich nicht Kallau, sondern Iversen, der dann auch anbietet, die Fontänenmeisterstelle für nur 200 Rthlr zu übernehmen und also als Konkurrent Kallaus auftritt. Danach entlässt Kallau Iversen. Kallau weigert sich nach dem Bericht des Gottorfer Baumeisters Otto Johann Müller, die kleinen Reparaturen zu machen, bevor die Hauptreparatur geschehen sei. Er bittet vergeblich darum, die Hauptreparatur endlich auszuführen, während Müller nach Kopenhagen berichtet, dass der Fontänenmeister seinen Vertrag in keinem Punkt einhalte, ständig Defekte aufträten und auch die Klagen des Garteninspektors sich häuften.

Der König registriert im Mai 1736 bei einer Besichtigung des Neuwerks die Mängel beim Fontänenwesen und verfügt die Entlassung Kallaus.[262] Die Auseinandersetzungen haben zur Folge, dass Christoph Kallau am 1. Mai 1737 entlassen und Johann Friedrich Freudenreich als Nachfolger bestallt wird.[263] Die gründliche Sanierung des Fontänenwesens, die Kallau bei seinem Dienstantritt versprochen worden und Bestandteil seines Vertrages war, wird erst in der Zeit seines Nachfolgers durchgeführt. Dieser Umstand trägt zweifelsohne neben eigenem Verschulden zu Kallaus Scheitern bei.

Obwohl schon entlassen, wendet sich Kallau noch jahrelang an die Rentekammer wegen der Bezahlung dreier von ihm ausgestellter Rechnungen. Seine Forderungen werden aber größtenteils abgewiesen bzw. ihm sogar noch Geld berechnet für Mängel an den Fontänen bei seiner Entlassung.[264] Am 21. April 1738 teilt Kallau in einem Schreiben an von Häusser mit, dass er Schleswig verlassen habe. Er scheint wohl nach Friedrichstadt zurückgegangen zu sein, denn 1739 nennt er sich ein letztes Mal in einem erfolglosen Memorial an den König „Bürger und Mahler in Fridrichstadt", wo er nun auch wieder Hauseigentümer ist.[265]

Bernhard Kempe
Garteninspektor
Tätigkeit im Neuwerk: 1701 (bestallt 1704) – Mai 1734

Der Name des Garteninspektors Bernhard Kempe erscheint in den Quellen in mehreren Varianten: „Bernhard Kempe", „Bernd Kempfe", „Bernhardt Kempf", „Bernhardt Kemp" und „Bernhard Kemp".[266]

Mit seiner Bestallung erhält er den Titel eines Garteninspektors des Neuwerks.[267]

Bernhard Kempe ist der älteste Sohn seines Vorgängers im Amt, Johannes Kempe und dessen Frau Dorothea August.[268] Über sein Geburtsdatum und seine Ausbildung ist nichts bekannt. Vermutlich erhielt er Unterweisung bei seinem Vater, vielleicht aber auch anderswo. Seine zeichnerischen Fähigkeiten lassen aber auf eine solide Ausbildung zum Kunstgärtner schließen.

Bernhard Kempe scheint nicht geheiratet zu haben, denn nach seinem Tod werden als Erben seine drei Geschwister Johann Ludwig, Dorothea Augusta und Agnes Maria und Geschwisterkinder genannt.[269] Johann Ludwig wird 1727 als „studiosus Theologiae" bezeichnet und hilft Bernhard seit 1714/15 bei der Pflege des Neuwerks. Er bewirbt sich im Mai 1734 nach dem Tod seines Bruders vergeblich um dessen Nachfolge.[270] Die Erben Bernhard Kempes streiten sich noch jahrelang mit dem Nachfolger Clasen um die Übergabe des Neuwerkgartens und ihnen angeblich noch zustehende Pflanzen. Es werden sogar zwei Untersuchungen mit externen Gutachtern durchgeführt, um Klarheit in die verworrene Angelegenheit zu bringen und die Auseinandersetzungen endlich zu beenden: Im August beurteilen Clasen, der Gärtner aus dem Alten Garten, Johann Christoph Krieger und ein Gärtner namens H. C. Freÿtag den Neuwerkgarten und 1737 Marx Wulff, Gärtner des Gottorfer Statthalters, des Markgrafen von Brandenburg-Culmbach, und Johann Peter Beuck, Gärtner des Barons von Königstein.[271] Aber erst 1738 kann der Garten anhand eines neuen Inventars an Johann Adam Clasen übergeben und damit der Streit beigelegt werden.[272]

Bernhard Kempe übernimmt schon 1701, zu Lebzeiten seines kranken Vaters, Johannes Kempe, den Garteninspektordienst im Neuwerk, offiziell aber erst am 28. September 1702.[273] Zu diesem Zeitpunkt arbeitet er zu denselben Bedingungen wie sein Vater für eine Gesamtsumme von 900 Rthlr zuzüglich 33 Rthlr 16 ß für Gartengerätschaften, 50 Rthlr und 12 Fuder Heu zur Unterhaltung der Gartenpferde. Alle Gartenerträge, sogar die Blumen, sind abzuliefern, mit Ausnahme dessen, was er zu seinem Eigenbedarf verbraucht.

Eine Bestallung erhält Bernhard Kempe aber erst kurz nach dem Tod seines Vaters am 25. Oktober 1704.[274] Die Arbeitsbedingungen bleiben gleich. Einige Tage später, am 2.11.1704, wird ein Arbeitsvertrag mit dem Gärtner aufgesetzt, in dem ihm der Besitz des Hauptschlüssels für den Neuwerkgarten zugesprochen wird, verbunden mit der Verpflichtung, alle Lusthäuser zu beaufsichtigen und sauber zu halten.[275] Ab 1706 wird Bernhard Kempe ein Gehalt von 1000 Rthlr bezahlt.[276]

Das Jahr 1709 bedeutet einen Einschnitt, weil zwischen Kempe und dem Oberhofmarschall und Mitglied des Geheimen Regierungsconseils, Georg Heinrich Freiherr von Schlitz genannt Görtz, ein neuer Arbeitsvertrag am 15. März 1709 geschlossen wird, der zum ersten Mal zeitlich auf acht Jahre, vom 1.1.1709 bis zum 1.1.1717, begrenzt ist.[277] Der Neuwerkgarten scheint – wohl aufgrund der politischen Wirren und der dadurch ermangelnden fürstlichen Aufsicht und Motivation des

Garteninspektors – ziemlich in Verfall geraten zu sein, denn Kempe wird zur Instandsetzung verwilderter Parterres, Bogengänge und Wege verpflichtet. Die Orangeriepflanzen und -kästen soll er von nun an auf eigene Kosten pflegen und die Gewächse ersetzen, die eingegangen sind. Um diesen Punkt überprüfbar zu machen, wird ein Inventar erstellt, das schon 1727 nicht mehr vorhanden ist.[278] In gleicher Weise ist die Erhaltung der Bogengänge, der Gartengerätschaften und der Treibhausfenster gehandhabt. Für Schäden, die seine Leute an den Fontänen und Treppen verursachen, muss Kempe haften. Er ist verpflichtet, auf seinen Mistbeeten so viel Gemüse und Früchte wie möglich anzubauen und nebst anderem Obst für die fürstliche Tafel zu liefern, aber über alles, was dort nicht benötigt wird, hat er freie Verfügung. Er hat die Aufgabe, zusammen mit dem Gärtner des Alten Gartens die Dornenhecken auf dem Wall der Schlossinsel zu schneiden. Neben freier Wohnung und Versorgung seiner Pferde werden dem Garteninspektor 900 Rthlr jährlich für sich und seine Leute zugesagt.

Bernhard Kempe übt das Amt des Garteninspektors im Neuwerk – ähnlich wie Michael Gabriel Tatter – unter schwierigen äußeren Umständen aus: Seit 1702 herrscht die Vormundschaftliche Regierung auf Gottorf und damit keine rechte Ordnung mehr, bis 1713 die Dänen wieder das Herzogtum Schleswig einnehmen und es 1721 dem Dänischen Staat einverleiben. Zu den Veränderungen in der Zeit der Gottorfer Vormundschaftlichen Regierung zählen der neue Zeitvertrag für Kempe von 1709 und die in den Jahren 1711–1712 eingeführte Oberaufsicht über die Gottorfer Gärten, personifiziert durch die Gärtner Klingmann und Lewon. Den Gärtnern im Neuwerk und Alten Garten wird zur Bezahlung des Kontrolleurs ein Teil ihres Gehaltes abgezogen (vgl. zu den beiden Aufseher-Gärtnern unter den entsprechenden Personen). Einerseits ist diese Maßnahme mit Sicherheit berechtigt gewesen, denn wir wissen von starken Vernachlässigungen im Neuwerkgarten, aber andererseits werden Bernhard Kempe und sein Kollege im Alten Garten, Peter Wulf, sie auch als ehrenrührig angesehen haben. Die dänische Besetzung bereitet dieser Idee vorerst ein Ende.

Nach dem königlich-dänischen Reglement erhält Kempe 1083 Rthlr 16 ß Gehalt, wovon er aber erst 1714 etwas ausgezahlt bekommt.[279] 1717/18 wird ihm versprochen, die als Kriegssteuer in den Jahren 1713–1715 bezahlte Gesamtsumme von 613 Rthlr 42 ß erstattet zu bekommen unter der Bedingung, vorher die fehlenden Orangeriegefäße anzuschaffen. Ob Kempe die Summe tatsächlich erhält, geht aus den Quellen nicht hervor.[280] Da der Neuwerkgarten unter Kempe weiterhin schlecht instandgehalten wird, bleibt die Vermutung, dass der Garteninspektor die Summe nicht erhalten hat und seine Arbeitsmoral dadurch gesunken ist. Später wird der Vertrag von 1709 mit einer Gültigkeit bis 1727 erwähnt.[281]

Als der Ingenieur-Kapitän Peucker das marode Bauwesen der Residenz Gottorf 1726/27 übernimmt, hören wir wieder von Kempes Wirken, allerdings meist in Form von Beschwerden. Peucker berichtet, dass Kempe den Garten habe verfallen lassen, dass er 1714 oder 1715 „mit einem Gärtner um eine gewiße Sache streitig geworden, und dieserwegen nach ihren Zunfft Gebräuchen also beschimpffet worden, daß Er von da an keinen Gesellen halten noch zünfftige Lehr=Jungens ausschreiben können".[282] Seit dieser Zeit habe Kempe den Garten nur mit Hilfe seines Bruders und fünf bis sechs Soldaten bewirtschaftet.[283] Kempe weigert sich nun, ein Inventar oder einen Kontrakt vorzuzeigen und will keine Oberaufsicht dulden. Es wird daraufhin die Erstellung eines neuen Pflanzeninventars resolviert. Gleichzeitig soll Kempe einen Eid leisten, dass er 1709 kein Inventar bekommen hat.[284] Um die Renovierung des Neuwerkgartens unter Dach und Fach zu bringen, setzt Peucker für Kempe am 6. Mai 1727 einen Vertrag dazu auf. Kempe unterschreibt nur die „Cladde", nicht aber das Original.[285]

Peucker und auch sein Nachfolger Themsen können sich mit ihren Vorstellungen zunächst nicht gegen Kempe durchsetzen. Erst 1732 bessert sich die Situation und Kempes Arbeitseinstellung.[286] In diesem Jahr, am 21.3.1732, erhält Kempe eine Königliche Konfirmationsbestallung. Neu hierin ist die Aufgabe des Garteninspektors, „von Franschen= und andern einländischen Bäumen, jederzeit gute Baum=Schuelen [zu] unterhalten".[287]

Am 22. Mai 1734 stirbt Bernhard Kempe.[288] Nach seinem Tod berichtet ein königlicher Beamter, „daß der Garten Inspector Kemp sich bey Führung seiner gantz schlechten Oeconomie des Gartens, bey dem Neuen Wercks Garten schwerlich conserviret haben würde, wann dem Gottseel: Könige [Friedrich IV.] nicht noch die Orangerie in die Augen geleuchtet hätte, und da durch das übrige nachgesehen seyn würde".[289]

Obwohl dieses Urteil kaum ein gutes Licht auf Kempe wirft, gibt es erwähnenswerte Leistungen, die ihn als fähigen Gärtner bestätigen:

Während seiner Dienstzeit, in den Jahren 1704 und 1705, blühen mehrere Agaven americana, was zuletzt 1668 im Gottorfer Neuwerk der Fall war. Dafür wird eigens ein Aloëglashaus an der Südseite der großen Orangerie errichtet.[290] Auch 1726 bringt Bernhard Kempe erneut zwei Agaven americana zur Blüte.[291] Überhaupt scheint die Sammlung der exotischen Pflanzen im Neuwerk sein ganzes Interesse in Anspruch zu nehmen, während andere Teile des Gartens unter seiner Leitung nur mangelhaft gepflegt werden oder restlos verwildern wie z.B. der Globusgarten.

1729/30 wird im Neuwerk ein neues Glashaus als Sommerstandort einiger Orangeriegewächse errichtet. Die verbesserte Beschaffenheit dieses Glashauses gegenüber dem alten geht auf Kempes eigene Erfindung zurück, wozu er ein Modell anfertigen lässt und es König Friedrich IV. bei dessen Besuch auf Gottorf vorführt. Dabei sind allerdings Kempes Verhandlungsmethoden Anlass zu schweren Auseinandersetzungen mit dem amtierenden Gottorfer Baumeister, Ingenieur-Kapitän Themsen.[292] Seine zeichnerischen Fähigkeiten stellt Kempe in einer Grundrisszeichnung des von ihm zum Teil neu gestalteten Areals vor der großen Orangerie in der Nordwestecke des Neuwerks als Anschauungsmaterial für den König unter Beweis.[293]

Gesellen zur Zeit Bernhard Kempes im Neuwerk:

Unter Bernhard Kempe arbeiten im Neuwerk u.a. „Johann Jens, Jacob Hansen und Kohlmorgen".[294] Welchen Status diese Personen innehaben, geht aus der Quelle nicht hervor, sondern nur, dass sie bei Bernhard Kempe in Arbeit stehen. An anderer Stelle werden sie als Tagelöhner bezeichnet.

Johannes Kempe
Garteninspektor
Tätigkeit im Neuwerk: Juni 1689 – Oktober 1704

Während der Garteninspektor selbst mit „Johannes Kempf" unterschreibt, tritt sein Name ansonsten in den verschiedensten Schreibweisen auf: „Kempffer", „Johann Kempen", „Johan Kempen", „Johan Kempe", „Johann Kempe", „Johan Kemp", „Johannes Kempe", „Johannes Kempfe", „Johann Kempffe".[295]

In seiner beruflichen Funktion wird er als „Gärtner unsers Neuenwercks", „Lustgärtner" und „Garten Inspecktor auf den Neuenwerck" tituliert.[296]

Über seine Geburt, Herkunft und Ausbildung sind keine Nachrichten vorhanden, lediglich über seine familiären Verhältnisse: Johannes Kempe heiratet Dorothea August.[297] Sie haben mindestens vier Kinder: 1701 wird sein ältester Sohn erwähnt[298], der Bernhard heißt und sein Nachfolger wird. Von einem zweiten Sohn, Johann Ludwig, wird berichtet, dass er ein „studiosus Theologiae" sei und Bernhard Kempe seit 1714/15 bei der Pflege des Neuwerks helfe. Er bewirbt sich nach seines Bruders Tod im Mai 1734 vergeblich um dessen Nachfolge.[299] Als Erben von Bernhard treten auch seine zwei Schwestern Dorothea Augusta und Agnes Maria auf, von denen wiederum mindestens eine verheiratet ist.[300]

Der Gottorfer Jägermeister von Voss berichtet nach der Beendigung der zweiten dänischen Besatzungszeit und der Rückkehr Herzog Christian Albrechts aus dem Hamburger Exil nach Gottorf am 15. Juli 1689 von seinem Vorschlag gegenüber Michael Gabriel Tatter, „daß der Gärtner Kempffer die Aufsicht auff dem Garten so wol als dem Gewechs Hause, mit und neben ihme, ad interim haben solte, nachdem ich besorget, daß wann ich den Gärtner Gabriel gänzlich cassirete, die Gesellen weggehen, und dem Garten also Schaden zu wachßen möchte [...]".[301] Später wird Johannes Kempe für seine Tätigkeit seit dem 1. Juni 1689 bezahlt.[302] Da Tatter nach Kopenhagen abwandert, erhält Kempe am 2. August 1689 seine Bestallung.[303] als dessen Nachfolger, allerdings ohne die Aufsicht auch über den Alten Garten innezuhaben. Da der Alte Garten durch die Sequestration stark gelitten hat, muss der sonst von dort aus gedeckte Bedarf der Schlossküche durch Lieferungen aus dem Neuwerk ausgeglichen werden. Deshalb wird Kempe in seiner Bestallung dazu verpflichtet, die untersten Parterres der Terrassenanlage zu einem „außtraglichen und nützlichen Küchen Garten" einzurichten. Als Gehalt werden ihm pro Jahr 200 Rthlr plus 48 Rthlr Kostgeld und 40 Rthlr Materialgeld gezahlt. Ihm stehen ein Meistergeselle, fünf Gesellen, sechs Jungen und ein Knecht als Arbeitskräfte zur Verfügung, für die er jährlich zusammen 600 Rthlr bekommt. Alles, was im Garten an Naturalien produziert wird, soll auf dem Schloss abgeliefert werden. Weiterhin erhält er für zwei Pferde 100 Rthlr und Versorgungsnaturalien und zusätzlich 50 Faden Brennholz zum Heizen des Pomeranzenhauses, dazu genau wie seine Vorgänger freie Wohnung und Weide. Wenn man – wie es im Hofstaat von 1690 geschieht – alle Naturalien auch in Rthlr umrechnet, stehen Johannes Kempe jährlich insgesamt 1103 Rthlr 40 ß zur Verfügung.[304]

Schon vier Monate nach seinem Amtsantritt werden Johannes Kempe die ihm anvertrauten Schlüssel der Lusthäuser wegen teilweiser Ruinierung des Inventars abgenommen und wieder dem Gottorfer Bettmeister gegeben, der von Herzog Christian Albrecht 4 Rthlr jährlich zur Reinhaltung der Lusthäuser erhält.[305]

1692 bekommt Johannes Kempe zusätzlich aus der Amtskasse Gelder von 290 Rthlr offenbar für die Neuanlegung der Parterres im Neuwerkgarten.[306]

Mit dem Regierungsantritt Herzog Friedrichs IV. werden wegen der hohen Kammerschulden viele fürstliche Bediente entlassen, u.a. auch die Gärtner an den herzoglichen Schlössern.[307] Auf der Hauptresidenz Gottorf bleiben die Gärtner Johannes Kempe und Peter Wulff in ihren Positionen, werden aber ab 1696 jeweils auf eine Zuwendung von 700 Rthlr jährlich heruntergesetzt.[308] Kempes Klagen 1697 bewirken wieder eine Erhöhung seines Geldes auf 900 Rthlr in den Jahren 1698 bis 1700, ab 1700 noch eine Zulage von 33 Rthlr 16 ß für Gartengeräte und ab 1703 noch dazu jährlich 50 Rthlr und 12 Fuder Heu zur selbständigen Haltung der Gartenpferde.[309]

Am 12. November 1701 wird dem abwesenden Herzog berichtet, dass Johannes Kempe schon einige Zeit sehr krank und bettlägerig sei. Kempe lässt deshalb anfragen, ob nicht sein ältester Sohn, der schon jetzt die Arbeit macht, den Dienst und nach seinem Tod auch die Stelle offiziell übernehmen darf.[310] Die Entscheidung Friedrichs IV. fällt offenbar positiv aus, denn Kempes Sohn Bernhard übernimmt ein knappes Jahr später, am 28. September 1702, mit höherer Genehmigung vorläufig den Dienst für seinen Vater und erhält 1704 seine Bestallung (vgl. Anhang 2, Nr. 12) als dessen Nachfolger.[311]

Johannes Kempe stirbt kurz vor dem 20. Oktober 1704.[312] Seine Witwe stellt noch 1705 und 1707 Forderungen an die Rentekammer, aber ihre Gesuche werden abgewiesen.[313]

Während der Amtszeit von Johannes Kempe werden die neue Orangerie auf der obersten Terrasse ab 1690 und das erste halbrunde Glashaus in der Nordwestecke des Neuwerks 1699 gebaut. Ob und inwieweit Kempe an der Idee und Errichtung dieser Bauten zur Unterbringung der wertvollen und seltenen Gottorfer Pflanzensammlung beteiligt ist, bleibt ungeklärt.

H. A. Kersten
Fontänenmeister
Tätigkeit im Neuwerk: August 1844 – ?

Über Geburtsdatum, Herkunft und Ausbildung des Gottorfer Fontänenmeisters H. A. Kersten, dessen Name in den Quellen auch manchmal „Kerstens" geschrieben wird, haben wir keine Kenntnis. Er scheint das Kupferschmiede-Handwerk gelernt zu haben, denn 1845 wird er als „Kupferschmiede Meister" bezeichnet.[314] 1844 ist Kersten bereits als „Sprützenmeister", d.h. Feuerlöschmeister, auf Gottorf angestellt.[315]

Schon vor dem Tod des Fontänenmeisters Jürgensen im Frühjahr 1844 bewirbt sich Kersten als dessen Nachfolger. Als Jürgensen gestorben ist, bewerben sich außerdem acht andere Personen auf die vakante Fontänenmeisterstelle:[316] Erstens der Schmied Conrau aus Krusendorf beim adeligen Gut Grönwohld, zweitens der Amtsdrechslermeister Lau aus Schleswig, drittens der Drechsler und Pfeifenbohrer Lau aus Schleswig, viertens der Waffenmeister und „characterisirte Sergeant beim 4ten Jägercorps in Schleswig" Schur, fünftens der Drechsler Bandholz aus Kappeln, sechstens der Amtsdrechslermeister Lüders aus Schleswig, siebtens der Amtsschlossermeister Lausen aus Schleswig und achtens jemand von der Carlshütte bei Rendsburg. Schließlich bewirbt sich noch – wie schon 21 Jahre früher – der älteste Sohn des ehemaligen

Garteninspektors Nagel, Wilhelm Jacob Friedrich, der angibt, ein „examinirter Gärtner und vieljähriger Gehülfe des verstorbenen Fontainenmeisters Jürgensen" zu sein.

H. A. Kersten erhält mit der Resolution vom 22. August 1844 seine Anstellung als neuer Gottorfer Fontänenmeister für 380 Rbthlr jährlich, also 100 Rbthlr weniger als sein Vorgänger Jürgensen, aber ansonsten zu gleichen Bedingungen.[317] Der am 10. März 1845 geschlossene Vertrag gilt rückwirkend ab 1. Oktober 1844.[318] Kerstens Vorgesetzter ist der Garteninspektor Hansen als Fontänenaufseher. Als Besonderheit und gleichzeitig Zugeständnis an die mittlerweile öffentliche Nutzung des verbliebenen Restes des Neuwerkgartens ist der Paragraph 9 seines Arbeitsvertrages zu werten, wo es heißt: „Die Fontainen aufzuziehen und springen zu lassen, geschieht bei einigermaßen guter und trockener Witterung regelmäßig zum wenigsten jeden Sonntag während des Sommer Halb=Jahres von Ostern bis Michaelis; dann ferner bei Allerhöchster Anwesenheit Sr Majestät des Königs und der Königlichen Familie, oder wenn Fürstliche Hohe, oder andern Standes und fremde Personen solches zu sehen verlangen möchten […].“

Die letzte Quellennotiz über Kerstens Tätigkeit als Fontänenmeister ist auf den 8. Mai 1847 datiert.[319] Wie lange er noch diese Stellung innehat, bleibt unbekannt.

Christian Klingmann
Oberaufseher über die Gärten der Gottorfer Residenz
Tätigkeit auf Gottorf: April – Oktober 1711

Der Gärtner Christian Klingmann, dessen Name in den Quellen auch abgewandelt als „Christian Klingeman" oder „Klingemann" erscheint[320], hat mit dem Gottorfer Neuwerk nur sehr wenig zu tun, denn er ist eigentlich im Husumer Schlossgarten tätig und übt lediglich ein halbes Jahr die Funktion eines Oberaufsehers über die Gärten der Gottorfer Residenz, das Neuwerk und den Alten Garten, aus.

Klingmanns Geburtsdatum und seine Herkunft sind unbekannt, ebenso fehlen Kenntnisse von seiner Ausbildung. Er wird am 27. Januar 1691 als Gärtner im Husumer Schlossgarten bestallt mit 68 Rthlr jährlicher Besoldung und 180 Rthlr Kostgeld pro Jahr für sich, einen Gesellen und zwei Jungen. Am gleichen Tag tritt er auch seinen Dienst an. Unter der Regierung Herzog Friedrichs IV. bleibt der Garten des Husumer Schlosses zwar in Klingmanns Hand, wird aber nicht mehr als Schlossgarten genutzt. Klingmann bekommt kein Gehalt, sondern nur Gartendienste, darf aber den Garten ohne Pachtzahlung bewirtschaften. 1709 verschlechtert sich abermals seine Situation in Husum, weshalb ihm schließlich der Gottorfer Posten zusätzlich angeboten wird. Klingmann ist der letzte fürstliche Schlossgärtner in Husum.[321]

Klingmann ist vermutlich zweimal verheiratet, zuerst mit Sophia Ernestina, mit der er drei Söhne hat, den 1693 geborenen Christian Albrecht, den 1695 geborenen Johan Friedrich und Johan Andres, 1698 geboren.[322] Bei Klingmanns Tod 1711 wird dagegen seine zweite Frau Anna Margaretha genannt.[323]

Der Hofstaat von 1711 sieht vor, dem Husumer Gärtner Klingmann in der Funktion eines Kontrolleurs, der die Oberaufsicht über das Neuwerk und den Alten Garten in Gottorf führt, ein jährliches Gehalt von 200 Rthlr zu zahlen neben seinem gewöhnlichen Geld für den Husumer Garten. Er wird am 1. April 1711 eingestellt, stirbt aber schon im Oktober desselben Jahres. Sein Kontrolleursgehalt soll finanziert werden durch Kürzungen der Gottorfer Gärtnerbezüge um je 100 Rthlr jährlich.[324]

Bis zu seinem überraschend schnellen Tod scheint sich Klingmann auf Gottorf sehr engagiert zu haben. Der Gottorfer Bauinspektor Christian Albrecht Thomsen reicht 1712 ein auf vier Jahre ausgelegtes Projekt zur Instandsetzung des Neuwerks bei Herzog Christian August ein und erwähnt dabei, daß Klingmann der Urheber dieses Planes sei[325], der zwar genehmigt wird, aber aufgrund der dänischen Besetzung ab 1713 nicht mehr zur Ausführung kommt.

Carl Ludwig Koch
Fontänenmeister
Tätigkeit im Neuwerk: Juni 1787 – Oktober 1798

In folgenden Varianten taucht der Name des Fontänenmeisters in den Quellen auf: „Johann Ludewig Carl Koch", „Johann Carl Ludewig Koch", „Johann Ludwig Karl Koch" und „Carl Ludwig Koch".

Er wird 1752 geboren als Sohn des Baugevollmächtigten Johann Leonhard Koch, der auch sein Vorgänger im Amt des Fontänenmeisters ist.[326] Ob und was er für eine Ausbildung absolviert, ist unbekannt.

Koch ist verheiratet mit Anna Catharina NN[327] und hat drei Kinder. Neben seiner Familie hat er noch seine Mutter und eine kranke Schwester zu versorgen.[328]

Carl Ludwig Koch tritt 1787 beim Tode seines Vaters[329] in dessen Vertrag zur Unterhaltung des Fontänenwesens ein, und zwar unverändert zu den Bedingungen, die im Kontrakt mit seinem Vater festgelegt worden sind.[330] 1792 werden ihm 50 Rthlr jährliche Gehaltszulage gewährt, da er so wenig Geld hat, dass er das Fontänenwesen kaum unterhalten kann, denn seiner Mutter muss er pro Jahr 40 Rthlr abgeben.[331] Baumeister von Motz berichtet der Rentekammer außerdem, dass der Garteninspektor und Fontänenaufseher Godske die Trinkgelder beim Vorführen der Fontänen einkassiert und Koch leer ausgeht im Gegensatz zu den früheren Fontänenmeistern.

Am 5. August 1795 wird mit Koch ein neuer Vertrag auf weitere 12 Jahre geschlossen, worin auch sein bisheriges Gehalt von 300 Rthlr jährlich festgehalten ist.[332] Bei dieser Gelegenheit lässt der Gottorfer Hausvogt Jacobsen verlauten, dass es in Kochs Dienstzeit aufgrund von Geldmangel und geringer Sachkenntnis zuerst viel Ärger gegeben habe, bis Koch schließlich die Gehaltszulage zugestanden worden sei. Mittlerweile sei er als zuverlässiger und kundiger Mann anzusehen. Im Vertrag wird weiterhin die Verpflichtung Kochs festgeschrieben, seine Mutter mit 30 Rthlr jährlich zu unterstützen.[333]

Ein paar Tage vor dem 19. Oktober 1798 stirbt Carl Ludwig Koch nach längerer Krankheit, während der schon sein Nachfolger Peter Christian Cunrau die Arbeit macht.[334] Noch im August 1800 gibt es Auseinandersetzungen zwischen dem Fontänenaufseher Godske und der Witwe Anna Catharina Koch wegen ausstehender Restgehälter ihres Mannes, die ihr letztlich ausbezahlt werden.[335]

Johann Leonhard Koch
Fontänenmeister
Tätigkeit im Neuwerk: Januar 1783 – Juni 1787

Der Name des Gottorfer Fontänenmeisters erscheint in den Quellen fast immer unverändert mit „Johann Leonhard Koch", nur einmal wird er „Kock" genannt.

Koch ist 1718/19 oder 1727 in Kopenhagen geboren.[336] Als Baugevollmächtigter und Bauschreiber des Baumeisters für das Herzogtum Schleswig ist er insgesamt 44 Jahre in öffentlichen Diensten und zweimal in dieser Zeit auch selbständig als Interimsbauverwalter tätig.[337]

Johann Leonhard Koch ist seit ca. 1749 verheiratet mit Elisabeth Brigitta Lemmeke (* 1726, gest. 1810). Er hat mehrere Kinder[338], darunter einen Sohn namens Johann Ludwig Carl (vgl. unter Carl Ludwig Koch)[339] und eine Tochter, die später krank ist und von ihrem Bruder versorgt wird.[340] Der Sohn folgt dem Vater im Amt des Fontänenmeisters mit der von der Rentekammer gestellten Bedingung, die Mutter mit 30 Rthlr jährlich zu unterstützen.[341]

1779 wird mit dem Dienstantritt des Garteninspektors Godske die Stelle eines Fontänenmeisters eingespart, da Godske auch als Fontänenaufseher fungiert (vgl. auch unter Hinrich Friedrich Godske). Da aber der Garteninspektor faktisch nur nominell die Funktion bekleidet und nicht bereit ist, die Aufgaben des früheren Fontänenmeisters in der Weise auszuüben, wie es erwartet wird und notwendig ist, erklärt Baumeister von Motz schon 1782 das Projekt für gescheitert und schlägt der Rentekammer vor, wieder einen Fontänenmeister, diesmal aber auf Zeit, anzustellen.

Bei der Ausschreibung zur Unterhaltung des Fontänenwesens bewerben sich neben Koch auch der „Stadtsröhren Bohrer" von Schleswig, Jürgen Hansen, für seinen Sohn Gottfried Friedrich Hansen[342] und der Schleswiger Bürger und Glaser Dübel. Hansen wird von Baumeister von Motz unterstützt.[343]

Koch bekommt schließlich die Stelle auf 12 Jahre für jährlich 250 Rthlr und tritt sie am 1. Januar 1783 an.[344] Er muss aber trotzdem Godske in der Position als Fontänenaufseher und damit als seinen Vorgesetzten akzeptieren. Koch führt offiziell nicht mehr den Titel eines Fontänenmeisters, sein Sohn als sein Nachfolger auch nicht, weil beide einen Zeitvertrag haben. Erst 1799 wird die Stelle des Fontänenmeisters wieder auf Lebenszeit besetzt mit Peter Christian Cunrau (vgl. auch dort), der – wie auch seine Nachfolger – den Titel wieder führt. Dennoch wird nach Godskes Zeit nie mehr ein Gottorfer Fontänenmeister im Dänischen Hof- und Staatskalender genannt, nur noch die Fontänenaufseher.

Der Vertrag mit Johann Leonhard Koch wird am 29. Dezember 1782 geschlossen.[345] Zum Arbeitsbereich gehört nun nicht mehr das Vorwerk Hütten, sondern nur noch die Residenz Gottorf. Bei seinem Antritt soll Koch „220. Fuß Röhrenholz" als Material für Reparaturen der Wasserleitung zum Schloss liefern und einlagern, die er nach Vertragsende wieder vergütet bekommt. Bei allen Reparaturen, die er vornimmt, ist er verpflichtet, dem Fontänenaufseher das Rohrleitungsmaterial vorzuzeigen. Widrigenfalls droht ihm eine Strafe von 10 Rthlr. Alle Arbeiten außer Bild- und Steinhauerarbeit soll Koch auf seine Kosten bewerkstelligen. Eine Erneuerung der Wasserkästen geschieht nötigenfalls auf königliche Kosten, während Koch die dazu erforderlichen Erd- und Pflasterarbeiten übernehmen soll. Der Fontänenmeister muss auch alle Teiche sauber halten. Nur der Fontänenaufseher erhält das Recht, die Wasserkünste vorzuführen nach Anweisung von Mitgliedern der königlichen Familie, anderen hohen Standespersonen oder des Baumeisters. Koch muss dem Fontänenaufseher melden, wenn er die Stadt verlässt. Kochs Sohn Johann Ludwig Carl fungiert als Bürge in diesem bis zum 1. Januar 1795 geltenden Vertrag seines Vaters. Der Fontänenmeister erhält im Schlosskeller einen Raum zur Verwahrung des Materials. Erst nach ausgestelltem Attest des Fontänenaufsehers wird Kochs Gehalt ausgezahlt.

Am 26. Juni 1787 stirbt Koch und wird am 1.7.1787 beerdigt.[346] Seine Witwe erhält weiterhin eine jährliche Summe vom Gehalt ihres Sohnes bis zu dessen Tod 1798, zuerst 40 und später 30 Rthlr. Danach bewilligt ihr die Rentekammer die Zahlung von 30 Rthlr auf Lebenszeit aus der königlichen Kasse.[347]

Hans Hinrich Kruse
Fontänenmeister
Tätigkeit im Neuwerk: September 1766 – Januar 1779

Als Nachname des Fontänenmeisters Hans Hinrich Kruse erscheint in den Quellen auch einmal „Kruss".

Kruses Geburtsdatum ist unbekannt. Er schreibt in seiner Bewerbung, die schon vor dem Tod seines Vorgängers Freudenreich auf den 1. März 1766 datiert ist, dass er von Jugend auf sich mit „Erfindung, Einrichtung und Verfertigung derer zu Waßer=Künsten nöthigen Wercke" beschäftigt und schon unter Freudenreich im Neuwerkgarten gearbeitet habe.[348] Der Baumeister Gottfried Rosenberg berichtet über Kruse am 28.5.1766, dass er Klempner in Schleswig gewesen sei, „und nachdem er einige Erbschaften an sich gezogen, dieses Metier niedergeleget, Dragonerburg, itzo Berlin genannt, zu Schleswig unterm Ober Gericht gehörig, gekauft, und sich dahin zu wohnen begeben hat, und den Holz Handel treibet".[349] Schon 1756 versucht er, anstelle Freudenreichs den Fontänenmeisterposten zu bekommen, indem er sich für ein geringeres Gehalt der Rentekammer empfiehlt.[350]

Kruse ist verheiratet mit Anna NN[351], der er bei seinem Tod viele Schulden hinterlässt.[352]

Auf die vakante Fontänenmeisterstelle bewerben sich 1766 nur zwei Personen: der älteste Sohn Freudenreichs, Johann Virgilius Freudenreich, und Hans Hinrich Kruse.[353]

Mit der Resolution vom 2. September 1766 wird Hans Hinrich Kruse zum Gottorfer Fontänenmeister ernannt[354], aber erst am 31. Januar 1667 wird der Vertrag zwischen Kruse und dem Baumeister Rosenberg geschlossen.[355] Danach bekommt Kruse ein jährliches Gehalt von 250 Rthlr. Die Definition dessen, was zum Arbeitsbereich Kruses gehört, geschieht anhand des neuen Inventars des Fontänenwesens, das Rosenberg am 18.11.1766 erstellt.[356] Zu diesem Zeitpunkt übergibt die Witwe Freudenreich das Amt an Kruse.[357] Für das Superintendentenhaus ist er nicht mehr zuständig. Weiterhin wird im Vertrag festgelegt, dass nur die Bildhauerarbeiten auf Kosten der königlichen Kasse vorgenommen werden, alles andere muss Kruse von seinem Gehalt bezahlen und noch die zum Fontänenwesen gehörenden Teiche reinigen, wozu seine Vorgänger nicht ausdrücklich verpflichtet gewesen sind. Nur auf Anweisung des Königs und des Baumeisters darf der Fontänenmeister die Wasserkünste springen lassen. Bei seiner Bestallung am

2.9.1766 werden noch zusätzlich zwei Punkte vereinbart, die der spätere Vertrag nicht erwähnt: Kruse verpflichtet sich „16. gute Bäume jährlich einzulegen" und eine Kaution von 300 Rthlr „dem Schuld- und Pfand-Protocollo auf seinen Nahmen einverleiben zu laßen".[358] Durch Trinkgelder, die Kruse durch das Springenlassen der Fontänen vor hohen Besuchern im Neuwerk kassiert, bessert er sein Jahresgehalt auf.[359]

Kruse stirbt am 27. Januar 1779, nachdem er also knapp 13 Jahre lang Fontänenmeister im Neuwerkgarten gewesen ist.[360] Seine Witwe Anna führt die Aufsicht noch bis zum 6. Januar 1780, als der neue Garteninspektor und Fontänenaufseher Godske seinen Dienst antritt.[361]

Friedrich Christoph Langenheim
Gärtner und Fontänenaufseher
Tätigkeit im Neuwerk: Dezember 1807 – Juli 1808

Der Nachname des Gottorfer Gärtners und Fontänenaufsehers Friedrich Christoph Langenheim wechselt in den Quellen zwischen den Varianten „Langeheim", „Langheim" und „Langenheim".[362]

Er ist der einzige im Neuwerk bestallte Gärtner seit Heinrich Vak, der nicht den Titel eines Garteninspektors trägt, sondern nur „Gärtner und Fontänenaufseher" genannt wird.[363]

Vom Geburtsdatum Langenheims gibt es bisher keine Kenntnis. Eine Gärtnerausbildung hat er sicher nicht absolviert, denn bevor Langenheim im Neuwerk bestallt wird, ist er auf Gottorf 42 Jahre, also seit 1765, in der Position eines Küchenmeisters tätig. Amtmann von Ahlefeld urteilt über Langenheim bei dessen Bewerbung, dass er, „ohne ein Kunst Gärtner zu seyn, sehr viele Kenntniße in der Gärtnereÿ besitzt".[364]

Es sind sieben Kinder Langenheims bekannt, der Name seiner Frau allerdings nicht. Bei seinem Tod 1808 sind drei der Kinder noch unmündig, das jüngste noch keine 12 Jahre alt. Der älteste Sohn studiert. Möglicherweise ist dieser Sohn der Ökonom Heinrich Langenheim aus Uelsby bei Schleswig, der sich 1832 als Nachfolger des Garteninspektors Nagel bewirbt.[365] Ein Sohn namens Carl August ist 1807/08 im Neuwerkgarten als Geselle beschäftigt und wird im April 1809 mündig, d.h. 21 Jahre alt und ist demnach im April 1788 geboren.[366]

Nach Godskes Tod 1807 bewerben sich drei Interessenten, die – wie die Rentekammer mitteilt – aber alle keine „Kunstkenntnisse" besitzen, auf die Stelle des Neuwerkgarteninspektors: Erstens der „Bürger und Kunstgärtner Joh. Wilh. Matthiessen" aus Schleswig und zweitens der „Kunst Gärtner Nagel aus Kiel", bei dem es sich wohl um Wilhelm Nagel, der später Langenheims Nachfolger wird, handelt. Drittens bewirbt sich der Küchenmeister Langenheim. Dem Gottorfer Amtmann von Ahlefeld wird die Entscheidung überlassen. Zuvor plädiert dieser jedoch dafür, den Neuwerkgarten als Königlichen Garten ganz aufzugeben und ihn zu verpachten.[367]

Langenheim wird vom Kronprinzen für den Posten des Gärtners und Fontänenaufsehers im Neuwerk empfohlen und mit der Resolution vom 4.12.1807 bestallt.[368] Der Niedergang des Neuwerks, der sich schon bei der Anstellung Godskes 1779 zeigt und während seiner Amtszeit noch verstärkt, tritt in dieser Resolution zu Tage, in der Langenheim für seine Arbeit 400 Rthlr Gehalt zugesagt werden, dazu freie Wohnung im Gärtnerhaus „und Nutzung der vor demselben belegenen Graskoppel so wie auch des Gartens".[369] Das bedeutet in Klartext, dass der Garten hauptsächlich wirtschaftlich als Ergänzung zum Gärtnergehalt genutzt wird. Unter Godske war der Sachverhalt nicht anders, diese Art von Nutzung aber noch nicht offiziell formuliert. Im Gegensatz dazu steht das altmodische Formular der Bestallungsurkunde, wo noch von „Lust- und Blumen-Stücken" die Rede ist, die in dieser Zeit im Neuwerk wohl kaum noch vorhanden sind, und von Deckung des Gemüsebedarfs der Hofküche bei Anwesenheit des Königs. Langenheim wird zur Instandhaltung des Gärtneranwesens verplichtet.[370]

Schon nach wenigen Monaten Tätigkeit im Neuwerkgarten diagnostiziert der bekannte Schleswiger Arzt Suadicani am 2. Juli 1808 bei Langenheim eine „hartnäckige Gelbsucht", durch die er nicht in der Lage ist, seine Amtspflichten zu erfüllen und an der er wenige Wochen danach, am 18. Juli 1808, stirbt.[371]

Gesellen und Arbeitsleute zur Zeit Langenheims im Neuwerk:
Ein Sohn Langenheims namens Carl August ist 1807/08 im Neuwerkgarten als Geselle beschäftigt.[372] Ob er schon vor der Bestallung seines Vaters als Gärtner und Fontänenaufseher im Neuwerk tätig ist und ob er nach dem Tod seines Vaters weiterhin dort arbeitet, ist nicht bekannt.

Außerdem scheint ein anderer Geselle unter Langenheim im Neuwerk zu arbeiten: Jürgen Wilhelm Conrad Matthiesen (vgl. unter Hinrich Friedrich Godske).

Johann Christian Lewon, genannt Löwen
Oberaufseher über die Gärten der Gottorfer Residenz
Tätigkeit auf Gottorf: 1712

Die Gottorfer Rentekammer nennt ihn immer „Löwen", während der Oberaufseher der Gottorfer Gärten selbst mit „JC Lewon" quittiert.[373]

Der nach Thietje vermutlich um 1690 im Raum Braunschweig/Wolfenbüttel geborene Lewon ist zur Zeit seiner Gottorfer Tätigkeit, 1712, hauptamtlicher Gärtner und Entwerfer der Gartenanlage beim Schleswiger Palais des Grafen Gerhard von Dernath, eines der Mitglieder der Vormundschaftlichen Regierung für den Gottorfer Herzog Carl Friedrich.[374]

Lewon ist verheiratet, der Name der Ehefrau aber unbekannt. Aus dieser Ehe geht eine Tochter namens Albertina Friderica (* 1719) hervor.[375]

Als der Husumer Gärtner Christian Klingmann stirbt, wird Lewon dessen Nachfolger als Oberaufseher der Gottorfer Gärten, aber nur mit einem Jahreslohn von 50 Rthlr, der den Gehältern der Gottorfer Gärtner anteilig abgezogen wird.[376] Über die Ausübung dieser Funktion ist nichts bekannt bis auf die Tatsache, dass er nur ein Jahr in diesem Amt bleibt, weil ab Februar 1713 die Residenz Gottorf erneut von den Dänen besetzt wird und das Amt eines Gartenoberaufsehers entfällt. Später wird diese Aufgabe vom Bauinspektor oder Baumeister wahrgenommen.

Ab 1716 ist Lewon an der Eutiner Residenz des Fürstbischofs zu Lübeck, Herzog Christian August von Schleswig-Holstein aus dem Hause Gottorf, einem Bruder des Gottorfer Herzogs Friedrichs IV., tätig und arbeitet sich bis zum Oberlandbaudirektor und Hofbaumeister empor. Das Hauptwerk dieses für Schleswig-Holstein bedeutenden Gartenarchitekten ist die Schaffung des Französischen Schlossgartens in Eutin, den er bis zu seinem Tod am 19. April 1760 verwaltet.[377]

Wilhelm Nagel
Garteninspektor und Fontänenaufseher
Tätigkeit im Neuwerk: Januar 1809 – November 1831

In seiner Gottorfer Bestallung 1809 wird Wilhelm Nagel als Gärtner und Fontänenaufseher, später aber auch als Garteninspektor bezeichnet.[378]

Bevor er im Neuwerk arbeitet, ist er in Brunswik bei Kiel (heute ein Stadtteil Kiels) tätig.[379]

Aus Nagels Ehe mit einer nicht namentlich bekannten Frau gehen sieben Kinder hervor[380], darunter mindestens eine Tochter. Von einer Tochter wissen wir, dass sie den seit 1820 im Neuwerk tätigen Gärtnergesellen Hans Joachim Kruse heiratet.[381] Der älteste Sohn heißt Wilhelm Jacob Friedrich. Zu seiner Person folgt hier ein kleiner Exkurs:

Wilhelm Jacob Friedrich ist eine Zeitlang bei der „Irrenanstalt" in Schleswig, später in Lübeck tätig. Er legt 1821 das Gärtnerexamen mit dem „zweiten Charakter" ab. Als sein Vater 1822 arbeitsunfähig wird, übernimmt er dessen Dienst im Neuwerk, während der Vater nominell Garteninspektor bleibt. 1823 empfiehlt ihn der Vater der Rentekammer als Nachfolger des Fontänenmeisters Cunrau. Nach dessen Tod hatte Wilhelm Jacob Friedrich die Vakanzvertretung übernommen und vorher schon oft geholfen.[382] Vergeblich bewirbt er sich 1831 auf die Stelle seines verstorbenen Vaters. Danach ist er arbeitslos. Zu diesem Zeitpunkt ist er auch verheiratet und hat Kinder.[383] 1844 bewirbt er sich erneut als Fontänenmeister, wird aber wieder nicht genommen.[384] In seiner Supplik teilt er einiges über seinen Werdegang mit, was aber in sich nicht ganz schlüssig und nicht übereinstimmend ist mit den Angaben aus anderen Quellen: Demnach macht er nach einer Lehrzeit bei seinem Vater 1822 Examen und ist 1831 nach dem Tod seines Vaters in Lübeck und Hannover tätig. Im Widerspruch dazu steht seine ebenfalls hier angegebene bis 1844 lückenlose Tätigkeit auf Gottorf: „Von dem Jahre 1816 bis 1823 habe ich als Gehülfe des Fontainenmeisters Conrau und von 1823 bis jetzt als Gehülfe des Fontainenmeisters Jürgensen die Unterhaltung und Instandsetzung der Wasserleitungen im Neuwerksgarten in Händen gehabt und am 29.6.1824 auf Verlangen des Oberhofmarschallamts ein Inventar darüber entworfen".[385]

Als Nachfolger Langenheims bewerben sich 1808 acht Personen auf die Stelle des Neuwerkgarteninspektors:[386] Erstens ein Sohn des Gärtners Langenheim, Carl August, der auch als Gärtnergeselle im Neuwerk arbeitet. Er wird sogar, obwohl er noch nicht mündig, d.h. 21 Jahre alt, ist, vom Gottorfer Amtmann v. Ahlefeld der Rentekammer empfohlen. Er hat seine Ausbildung in Kassel-Wilhelmshöhe mit einem guten Zeugnis abgeschlossen. Zweitens bewirbt sich der Gärtner Jürgen Wilhelm Conrad Matthiesen, der unter Godske im Neuwerk gearbeitet hat (vgl. auch unter Godske). Drittens meldet Wilhelm Nagel Interesse an. Viertens bewirbt sich Johann Christian Weber, Gärtner zu Hvedholm in der Grafschaft Brabesminde auf der dänischen Insel Fünen, der schon bei verschiedenen Gutsbesitzern gearbeitet hat. Fünftens empfiehlt sich Hans Christian Priess, Gärtner in Friedrichsdahl auf der dänischen Insel Lolland, der auch in mehreren Gutsgärten gearbeitet hat und außerdem ein Zeugnis seiner Tätigkeit in Louisenlund vorweist. Sechstens stellt sich der beim Grafen von Ahlefeld auf der dänischen Insel Langeland angestellte Gärtner Wagner zur Verfügung, der 13 Jahre auf dem Gut Tranekier gewesen ist. Siebtens bewirbt sich der Gärtnergeselle im Botanischen Garten in Kopenhagen, Carl Emilius Hansen aus Glücksburg, der in Frankreich, Holland, Wien und Dresden gearbeitet hat. Zum Schluss meldet sich noch Hans Detlef Nissen, der seit sechs Jahren als königlicher Gärtner „zu Soror" arbeitet.

Am 9. Januar 1809 wird Wilhelm Nagel als Nachfolger Langenheims zum Gärtner und Fontänenaufseher im Gottorfer Neuwerk bestallt.[387] Der Vertrag entspricht dem seines Vorgängers, nur mit dem Zusatz, dass Nagel die Baumschule im Neuwerkgarten fortsetzen soll und für die Erhaltung der Bäume auf dem Gottorfer Damm, auf dem Süderdamm und in der Allee zum Neuwerk Sorge zu tragen hat. Wie sein Vorgänger erhält auch er 400 Rthlr Bezahlung im Jahr, womit er für die Arbeitsleute und -materialien aufkommen muss. Das Gärtnerhaus darf er kostenlos bewohnen, muss es aber auch instand halten. Deputatholz erhält er nicht mehr.

Vom König wird Nagel in die am 25. Juli 1811 eingerichtete Gärtner-Examinationskommission für die Herzogtümer mit Sitz in Kiel berufen. Außer ihm sind in der Kommission der für den Botanischen Garten der Universität Kiel zuständige Prof. med. Friedrich Weber, der Kieler Garteninspektor Johann Trube, der Plöner Schlossverwalter Wilhelm Risler, der botanische Gärtner Peter Höhle aus Kiel und der Gärtner und Lehrer am Schullehrerseminar, Ernst Friedrich Hansen, der später Nagels Nachfolger im Neuwerkgarten wird, vertreten. Zu den zweimal im Jahr stattfindenden Prüfungen muss Nagel nach Kiel reisen.[388] Ebenfalls 1811 schließt die Kopenhagener Rentekammer mit Nagel einen Vertrag zur Unterhaltung des Plankwerks um den Neuwerkgarten, wofür er eine jährliche Summe von 33 Rthlr 16 ß bekommt.[389] Im Zuge der Napoleonischen Kriege hat auch Nagel 1814 unter der Einquartierung der Kosaken zu leiden, die das Garteninspektorat in demoliertem Zustand wieder verlassen.[390]

Seit dem Frühjahr 1822 leidet Nagel an einer schweren Darmkrankheit, von der er sich nicht wieder vollständig erholt, weshalb er auch im Herbst 1823 weiterhin arbeitsunfähig ist. Deshalb bittet er um seine Entlassung aus dem Dienst mit Pension und um die Ernennung seines Sohnes zum Garteninspektor. Die Rentekammer entspricht diesen Wünschen nicht, sondern entscheidet sich für die kostengünstigere Lösung: Nagel bleibt im Amt, der Dienst wird von seinem Sohn versehen, der aber kein eigenes Gehalt bekommt. 1824 versucht der Vater, eine Gehaltszulage zu bekommen, da er den Arzt und Apotheker nicht bezahlen kann.[391]

Angesichts dieser Situation erscheinen Bewerbungen auf die Stelle des Garteninspektors im Neuwerk makaber: 1823 empfiehlt sich der aus Wolfenbüttel gebürtige Gärtner Carl Wilhelm Andreas Meyer. Ausgebildet 1802–05 im „fürstlichen Grauenhofs=Garten" in Braunschweig, arbeitet er danach u.a. in Gravenstein, bevor er sich 1814 in Flensburg niederlässt und in verschiedenen angesehenen Bürgergärten der Stadt tätig ist bzw. dort eine Gärtnerei betreibt.[392] Ein paar Jahre später, 1829, bewirbt sich Johann Peter Höhle, seit 23 Jahren Leiter des botanischen Gartens der Universität Kiel.[393]

1828 wird Nagel auf eigenen Wunsch aus dem Pachtvertrag der Kleinhesterberger Koppel entlassen, da seine finanzielle Lage so schlecht und er außerdem nicht mehr in der Lage ist, sie ausreichend zu bewirtschaften.[394] Im Kataster der Stadt Schleswig von 1774 ist die Dienstwohnung des Gottorfer Garteninspektors als Freihaus mit der Nr. 255/7. Quartier eingetragen. Trotzdem muss Nagel verschiedene Steuern zahlen. Die Auseinandersetzungen darüber zwischen der Stadt und dem Amt Gottorf dauern von 1821 über seinen Tod am 12. November

1831 hinaus an.³⁹⁵ Während der Vakanz der Gärtnerstelle im Neuwerk wird dem Hausvogt Mahrt vom Gottorfer Amtshaus die Aufsicht über den Neuwerkgarten übertragen.³⁹⁶

Gesellen, Lehrlinge und andere Arbeitsleute zur Zeit Nagels im Neuwerk:

Im Neuwerkgarten werden unter Nagel Gärtner ausgebildet „in Verbindung mit dem Bau der Färbekräuter", wozu auch Raps zählt. 1809 bittet Nagel vergeblich um die Befreiung seiner sechs Lehrlinge vom Militärdienst.³⁹⁷

Hans Joachim Kruse arbeitet seit 1820 bei Nagel als Geselle und heiratet dessen Tochter.³⁹⁸

1821 und 1831 gibt Nagel an, dass er fünf bis sechs Tagelöhner im Garten beschäftigt habe.³⁹⁹

Das Gehalt des schon unter Godske (vgl. dort) angestellten Gartenwächters Jürgen Piepgras wird 1813 in 80 Rbthlr plus 48 Rbthlr persönlicher Zulage umgewandelt. 1825 bittet Piepgras wegen Altersschwäche um seine Entlassung. Schon seit Jahren tut er keinen Dienst mehr, bekommt aber trotzdem volles Gehalt, während Nagel die Wache von seinen Leuten machen läßt. Piepgras wird am 29.12.1826 mit einer jährlichen Pension von 100 Rthlr Silbermünze entlassen.⁴⁰⁰

Sein Nachfolger ist Johann Würdig, der 26 Jahre als Unteroffizier gedient hat und nun zum 1. Januar 1827 im Neuwerk angestellt wird. Er soll ein Gehalt von nur 80 Rbthlr bekommen, aber ohne Zulage, die sein Vorgänger hatte. Ab 1829 wird ihm auch eine Zulage von 40 Rbthlr gewährt. Schon seit Herbst 1831 krank, stirbt Würdig am 27. November 1832.⁴⁰¹

Christian Schaumburg
Garteninspektor für die königlichen Gärten in den Herzogtümern

Der 1788 in Kassel geborene und an der Wiener Kunstakademie ausgebildete Gärtner Christian Schaumburg ist von 1814 bis 1839 im Königreich Hannover tätig und steigt dort zum „führenden Landschaftsgärtner" auf.⁴⁰² 1839 wird er vom dänischen König Christian VIII. nach Holstein berufen und am 28. Juli 1841 zum Schlossverwalter und Garteninspektor in Plön bestellt.⁴⁰³ 1844 nennt ihn der Dänische Hof- und Staatskalender nur noch als Garteninspektor von Plön.⁴⁰⁴ Nach Arbeiten in den Schlossgärten von Kiel und Plön und weiteren Gutsgärten in Holstein kehrt Schaumburg 1847 als Hofgarteninspektor und Leiter des Georgengartens nach Hannover zurück.⁴⁰⁵

Schaumburg hat mit dem Gottorfer Neuwerkgarten nur wenig zu tun. 1846 wird er in der Dienstanweisung für den Neuwerkgarteninspektor Jess als einer der Vorgesetzten genannt in seiner Eigenschaft als Garteninspektor für die königlichen Gärten in den Herzogtümern.⁴⁰⁶ Schaumburg wird nur noch einmal in den Quellen zum Neuwerkgarten erwähnt: Am 2. Mai 1846 ist er mit dem Oberhofmarschall v. Levetzau auf Gottorf verabredet, um „hinsichtlich der Verschönerung Neuwerks und der Umgebungen die erforderlichen Abreden zu treffen".⁴⁰⁷ Da zu dieser Zeit im Neuwerkgarten nur noch die nötigste Pflege der überkommenen Reste durchgeführt wird, ist es unwahrscheinlich, dass aus der erwähnten Besprechung tatsächliche Konsequenzen erwachsen sind. Zumindest ist darüber nichts bekannt.

Michael Gabriel Tatter
Garteninspektor
Tätigkeit im Neuwerk: Februar 1655 – Juli 1689

Mit folgenden Namensschreibweisen taucht der Garteninspektor des Neuwerks in den Quellen auf: „Michell Tater", „Michell Gabriel Tarter", „Michael Gabriel Tartter", „Michel Gabriel Tatter", „Michael Gabriel Tatter", „Michaell Gabriel Tatter" und „Gabriel Tarter". Sein Vorname erscheint sogar einmal als „Siemon Gabriel Tatter".⁴⁰⁸ In der Gedenkschrift zu seiner Hochzeit wird er „Michael Gabriel Tatter" genannt⁴⁰⁹ und genauso unterschreibt er selbst im Jahr 1660.⁴¹⁰

Verschiedene Titel werden Tatter im Laufe seiner Gottorfer Tätigkeit beigegeben: „Gärtner auffm newen werck", „Lustgärtner, undt Inspectorn des Alten Gartens", „Garten Inspector" und „Gartner Meister".⁴¹¹ Als 1668 eine Agave americana im Neuwerk blüht, wird dieses Ereignis dem „Fleiß des Kunstberühmten/ verständigen und Sinn=reichen/ Ihrer Hoch Fürstl. Durchl. Lust=Gärtners/ Nahmens Michael Gabriel Tatter" zugeschrieben.⁴¹² Während der zweiten dänischen Besetzung Gottorfs wird er „Königl Lust Gärtner" genannt.⁴¹³

Über Geburtsdatum, Herkunft und Ausbildung Michael Gabriel Tatters ist nichts bekannt. 1651 ist Tatter als Gärtner im Kieler Schlossgarten bezeugt und wird anlässlich seiner Heirat als „kunstreich" bezeichnet.⁴¹⁴ Er ist wahrscheinlich der Nachfolger des vor 1648 gestorbenen Kieler Schlossgärtners Matthias Clodius.⁴¹⁵ Seebach gibt an, dass der Garten des Kieler Schlosses nach seiner Zerstörung im Dreißigjährigen Krieg in den Jahren 1649 bis 1655 von Michael Gabriel Tatter neu angelegt wird.⁴¹⁶ Am Anfang des Jahres 1655 wechselt er in den Gottorfer Neuwerkgarten.⁴¹⁷

Noch in Kiel heiratet Tatter 1651 Dorothea Remer (gest. 1679), Tochter des fürstlichen Trabanten Martin Remer.⁴¹⁸ Zu diesem Anlass erhält er von der Herzogin Maria Elisabeth 8 Rthlr.⁴¹⁹ Ein Jahr später, 1652, wird in Kiel der Sohn Georg Martin getauft, der ab 1637 an der Universität Helmstedt und ab 1678 an der Christiana Albertina in Kiel Medizin studiert und dort auch promoviert.⁴²⁰ Aus der Gottorfer Zeit wissen wir von insgesamt sechs Geburten: eine Totgeburt, dann ein Kind, dessen Geschlecht nicht benannt ist, und vier Töchter (NN, * 1660; Anna Dorothea, get. 24.4.1664; Catharina Margareta, * 1667 und Agneta Catharina, get. 16.3.1673).⁴²¹ 1667 stirbt eines seiner Kinder.⁴²² Insgesamt leben 1693 noch fünf Kinder aus Tatters erster Ehe, ein Sohn und vier Töchter.⁴²³ Tatter heiratet offenbar ein zweites Mal, denn 1693 stellt seine Witwe Catharina, geb. Krocken, Erbforderungen an die Gottorfer Rentekammer.⁴²⁴ Demnach besaß Tatter ein Haus im Schleswiger Stadtteil Friedrichsberg, vier Wohnungen bei den sogenannten Hühnerhäusern und zwei Kirchenstühle in der Michaeliskirche. Von den ihr vermeintlich zustehenden 4868 Rthlr 12 ß erhält Catharina Tatter schließlich vom Herzog im Jahr 1693 100 Rthlr.⁴²⁵ Von 1705 bis 1709 bezieht sie ein jährliches Gnadengeld von 50 Rthlr.⁴²⁶ Ein Bruder Tatters mit Namen Hans Georg ist seit dem 9.4.1661 Gärtner im Alten Garten von Gottorf.⁴²⁷

Seit dem 11. Februar 1655 ist Tatter Gärtner im Neuwerk und erhält schon von diesem Datum an, ohne bisher bestallt zu sein, wesentlich großzügigere Arbeitsbedingungen als sein Vorgänger Heinrich Vak, indem er gleich mit acht Gesellen arbeitet.⁴²⁸ Tatter bringt aus Kiel einen offenbar ziemlich umfangreichen Pflanzenbestand in den Neuwerkgarten mit.⁴²⁹ Am 11. August 1655 wird ihm dann offiziell anhand eines

Pflanzeninventares von Otto Jageteuffel die Pflege der im Neuwerk sowohl im Pomeranzenhaus als auch im Globusgarten vorhandenen Gewächse anvertraut.[430] Schon ein Jahr danach arbeitet Tatter mit zehn Gesellen und wird selbst mit 120 Rthlr jährlich besoldet.[431] Erstaunlich erscheint die Äußerung eines Besuchers des Neuwerkgartens 1658: „Auff diesen wohlangelegten Garten [Neuwerk] seind fast 40 Personen bestellet".[432] Neben Tatter selbst und seinen zehn Gesellen müssen demnach noch eine unbekannte Anzahl von ca. 25–30 Lehrlingen (sogenannten „Jungen") und Tagelöhnern dort gearbeitet haben.[433]

Tatter wird sicherlich 1655 offiziell bestallt, aber ein schriftliches Zeugnis davon ist nicht überliefert, lediglich eine Konfirmations-Bestallung vom 9. April 1661, die eine neue Situation in der Gottorfer Gartenkunst widerspiegelt.[434] Am selben Tag erhält auch sein Bruder, Hans Georg Tatter, eine Bestallung als Gärtner im Alten Garten und wird damit Nachfolger des am 14. September 1660 gestorbenen Johannes Clodius.[435] Mittlerweile, und besonders nach Clodius' Tod, haben sich die Interessen und die Bewertung bezüglich der verschiedenen Gottorfer Gärten etwas verlagert: Das geht z.B. aus Michael Gabriel Tatters Bestallung von 1661 hervor, in der er zum „Lustgärtner, undt Inspectorn des Alten Gartens" ernannt, gleichzeitig aber das Neue Werk als sein Arbeitsfeld genau definiert wird, insbesondere soll er die geplante Terrassenanlage (die „absetze") „einrichten, Cultiviren, undt bestellen". Als Inspektor des Alten Gartens ist er somit Vorgesetzter seines Bruders und auch leitender Gottorfer Gärtner. Während aus dem Alten Garten die Hofküche versorgt werden soll, wird Michael Gabriel Tatter nur verpflichtet, die Hofkonditorei zu beliefern. Mit seiner Bestallung wird eine neue Gehaltsregelung eingeführt: So bekommt Tatter 1000 Rthlr jährlich ausbezahlt, womit er selbst verantwortlich wirtschaften soll, indem er davon alle Arbeitskräfte entlohnen, verköstigen und sein eigenes Gehalt erübrigen muss. Zusätzlich erhält er 50 Faden Brennholz für das Pomeranzenhaus, freie Wohnung und unentgeltlich Gartenland bei seinem Haus. Ab 1667 erhält Tatter zusätzlich das Verpflegungsgeld („Hafergeld") für ein Pferd in Höhe von 41 Rthlr 42 ß, also eine Gesamtsumme von 1041 Rthlr 42 ß.[436] Außerdem bekommt er eine Zulage von 6 Rthlr jährlich für das Ab- und Aufdecken des Pomeranzenhauses.[437]

Tatter macht 1667 auf Einladung des Erzbischofs von Salzburg, Guidobald von Thun, eine Reise nach Regensburg und bringt von dort die geschenkten Pomeranzenbäume mit nach Gottorf.[438] Auch nach Salzburg gab es neben der korrespondierenden Ebene zwischen Herzog Christian Albrecht und dem Erzbischof ebenfalls eine gärtnerische Verbindung in Person des Matthias Clodius, eines Sohnes des Gottorfer Gärtners Johannes Clodius (vgl. dort), der beim Erzbischof von Salzburg angestellt war. 1670 verreist Tatter wieder, diesmal auf Anweisung des Herzogs nach Kopenhagen, um Gewächse zu überbringen.[439]

Für Tatter machen sich die schwierigen politischen Verhältnisse in den Kriegsjahren von 1675 bis 1679 vor allem in der nur sehr spärlich erfolgenden Auszahlung seines Gehaltes bemerkbar. Er teilt dem im Hamburger Exil befindlichen Herzog 1677 mit, dass er, um überhaupt den Garten unterhalten zu können, Kredite aufgenommen habe. Erst 1681 wird mit Tatter über die noch ausstehenden Gehaltszahlungen abgerechnet.[440] 1680 reist Tatter nach Hamburg. Der Zweck dieser Fahrt wird in der Quelle nicht angegeben.[441]

Bisher waren Verbleib und Todesdatum Michael Gabriel Tatters im Dunkeln.[442] Eine neu entdeckte Quelle im Kopenhagener Reichsarchiv gibt nun Aufschluss über die Todesumstände:[443] Während der zweiten Sequestration Gottorfs von 1684 bis 1689 gerät Tatter in noch größere Schwierigkeiten als bei der ersten. Vermutlich aus der Motivation heraus, dass keine Besoldung aus der Rentekammer erfolgt[444], tritt Tatter gleich 1684 in die Dienste des Besetzers, des dänischen Königs Christians V., von dem ihm eine geregelte Besoldung von jährlich 1127 Rthlr 42 ß, also mehr als zu herzoglichen Zeiten, zugesichert wird. Nach Beendigung der Besatzungszeit im Juli 1689 muss Tatter, „weil Er Königl Dienste angenommen nebst andern seine bedienung quitiren". Deshalb reist er nach Kopenhagen, um einerseits „seine hinterständige Gage" einzufordern und andererseits eine neue Anstellung zu suchen. Während des Kopenhagen-Aufenthalts wohnt er bei seinem Kollegen, „Friedrich Dreas Königl: Gärtner Auff Rosenburg", bei dem er schwer erkrankt und 1690 stirbt. Da kein Geld zur Bestattung vorhanden ist, muss Dreas sich eine Summe leihen, die er bis Ende 1694 immer noch nicht von der Rentekammer ersetzt bekommt, und zusätzlich in diesen fast fünf Jahren die Witwe Tatters und eine Tochter versorgen, die danach wohl nach Schleswig zurückkehren (s.o.). Da Tatter in Schleswig am 9. Mai 1690 beigesetzt wird, muss der Leichnam also von Kopenhagen dorthin überführt worden sein.[445]

Aus dem Tagebuch des schwedischen Architekten Nicodemus Tessin d.J. bezüglich seines Gottorfbesuches 1687 geht hervor, dass Michael Gabriel Tatter für die Erweiterung des Neuwerkgartens unter Herzog Christian Albrecht verantwortlich ist: Die Terrassenanlage in den 1660er Jahren, Mitte der 1670er Jahre die Anlegung der neuen Parterres auf den Terrassen und der Obstbaumplantage seitlich davon.[446] Für diese Bepflanzung der Hänge westlich und östlich der großen Terrassenanlage im Neuwerk mit Obstbäumen zeichnete vermutlich Michael Gabriel Tatter den Pflanzplan, der sich aus dem Jahr 1681 erhalten hat und genau Aufschluss gibt über Ort und Name der gepflanzten Obstgehölze.[447] Interessanterweise beschäftigte sich zur gleichen Zeit wie Tatter in Gottorf auch der im Stockholmer Kungsträdgården tätige und als Erneuerer der schwedischen Gartenkunst bekannte Königliche Gartenmeister Christian Horleman intensiv mit Beschaffung, Vertrieb und Anpflanzung von Fruchtbäumen, wozu er ein königliches Privileg beantragte.[448] Da Tatter ihn persönlich kannte (s.u.) und 1687 Tessin gegenüber seine Korrespondenz mit dem derzeitigen Gärtner der schwedischen Königinwitwe Hedwig Eleonora erwähnte, ist hier vielleicht eine Einflussmöglichkeit auf die Idee der Gottorfer Obstbaumpflanzung zu sehen.[449]

Unter Tatter wird im Neuwerkgarten das seit 1653 vorhandene abschlagbare Pomeranzenhaus ab- und an anderer Stelle wieder neu aufgebaut, wozu 1665 mit Tatter ein Vertrag über 1000 Rthlr abgeschlossen wird.[450] Interessant dabei ist besonders die offenbar von Tatter ins Spiel gebrachte Verbesserung der Technik des neuen Hauses, das nun ein Reetdach erhält, wodurch das Ab- und Aufschlagen des Daches vom Garteninspektor und seinen Leuten selbst und für nur etwa ein Zehntel der früheren Summe bewerkstelligt werden kann.[451] Nach wie vor werden während Tatters Zeit im Neuwerk – zumindest im Pomeranzenhaus – die exotischen Gewächse in die Erde gepflanzt im Gegensatz zur von Clodius eingeführten mobilen Gewächshaltung im Alten Garten.

Zu den Leistungen Tatters zählt auch, dass er es schafft, 1668 eine Agave americana im Neuwerkgarten zur Blüte zu bringen. Als die Blüte einsetzt, wird unter seiner Leitung das erste Aloë-Glashaus in Gottorf errichtet.[452] Olearius berichtet auch, dass Tatter als „ein fleissiger und erfahrner Meister/ so sich bemühet allerley rare und exotica herzu zu schaffen und zu pflantzen", die Pflanze Datura indica, eine Stechapfelart, fast jedes Jahr zur Reife bringt. Die Datura indica wird in Olearius' Buch über die Gottorfer Kunstkammer als eine besondere Pflanze abgebildet und besprochen.[453]

Gesellen/Lehrlinge während Michael Gabriel Tatters Zeit auf Gottorf:

Der Gartentheoretiker Heinrich Hesse (Lebensdaten unbekannt, 2. Hälfte 17. Jh.), der nach Michael Paarmann der bekannteste Schüler von Johannes Clodius ist, dient nach Waldschmidt aber auch noch nach Clodius' Tod 1660 als Geselle auf Gottorf, unter Michael Gabriel Tatter im Neuwerk, wo er die Blüte der Gottorfer Aloe 1668 erlebt und beschreibt.[454]

Nicodemus Tessin d.J. berichtet in seinem Tagebuch von der Mitteilung Tatters bei seinem Gottorfer Besuch 1687, daß „der alte Horlemann" bei ihm gelernt habe. Es ist wohl Christian Horleman (1633–87) gemeint, der 1666 nach Stockholm zur Königinwitwe Hedwig Eleonora berufen wird und dann dort als Königlicher Gartenmeister vor allem im Stockholmer Kungsträdgården arbeitet. Er ist der Vater des schwedischen Gartenarchitekten Johan Horleman (1662–1707).[455]

1670 kam der damals 17jährige Johann Timme (1653–1714) aus Scheggerott, heute Kreis Schleswig-Flensburg, bei Tatter im Neuen Werk in die Lehre. Nach vier Jahren verließ er Gottorf, um zu reisen. Von 1681 bis zu seinem Tod war er Hofgärtner des Grafen Anton Günther von Schwarzburg im thüringischen Arnstadt, wo auch er 1713 eine Agave americana zur Blüte brachte.[456]

Im Neuwerk arbeitet 1657 Thomas Boysen.[457] 1656 wird außerdem ein Gärtnergeselle namens Johan Jacobsen erwähnt,[458] wobei nicht klar ist, in welchem Gottorfer Garten er arbeitet.

Heinrich Vak
Gärtner
Tätigkeit im Neuwerk: Juni 1643 – Februar 1655

Der Name dieses Gottorfer Gärtners erscheint in den Quellen in folgenden Schreibweisen: „Heinrich Vaken", „Hinrich Vacke" und „Heinrich Vaek". Er unterschreibt selbst mit „Hinrich Vaek".[459]

Zuerst wird Vak als „Gärtener auff dem newen Wercke", ab 1651 als „Fürstl. Gärtner uffm Newenwercke" bezeichnet.[460]

Über sein Geburtsdatum, seine Herkunft und Ausbildung ist nichts bekannt. Seine eigene Namensschreibweise „Hinrich Vaek" deutet möglicherweise auf eine Herkunft aus Holland.

Über die familiären Verhältnisse Vaks wissen wir ebenfalls wenig. Er ist wohl verheiratet, der Name der Ehefrau aber unbekannt. 1649 wird ihm ein Kind geboren, dessen Geschlecht nicht genannt ist, und 1651 eine Tochter.[461]

Bald nach Beginn der Anlegung eines weiteren großen Gartens bei der Gottorfer Residenz, dem Neuen Werk ab 1637, wird für diesen Garten ein eigener Gärtner angestellt: Heinrich Vak. Seit dem 10. Juni 1643 ist er im Neuwerk tätig und wird mit 50 Rthlr jährlich für Besoldung und Kleidung entlohnt.[462] Er ist der erste Gärtner, der speziell für das Neuwerk angestellt wird, während Clodius mit seinem um das Vierfache höheren Gehalt als der leitende und gestaltende Gärtner anzusehen ist.

Vak werden im Gegensatz zu Clodius weder Gesellen noch Tagelöhner zugeteilt, was darauf hindeutet, dass das Neuwerk zunächst nicht selbständig, sondern vom Alten Garten unter Clodius organisiert ist. Das wird z.B. auch dadurch bestätigt, dass Clodius und nicht Vak 1648 und noch 1654 Pflanzenlieferungen für den Neuwerkgarten quittiert.[463]

Erst 1650 bezahlt Vak selbständig die explizit im Neuwerk arbeitenden Tagelöhner. Wie viele dort arbeiten und wie lange, wird in der Quelle nicht mitgeteilt.[464] Es scheint eine einmalige Aktion zu sein. Auch für die Anlegung neuer Gartenabschnitte oder -teile wird Vak extra bezahlt, z.B. als er 1651 einen neuen Weg hinter dem Neuwerk einrichtet oder 1652 Erde in das neue Pomeranzenhaus bringt.[465] 1646 wird Vak eine Fahrt nach Kiel bezahlt, der Zweck der Reise aber nicht angegeben.[466] 1651 lässt der Herzog für den Gärtner des Neuwerkgartens ein eigenes Wohnhaus bauen, für das Vak Geld vorschießt.[467] Er bekommt bei dem Wohnhaus auch unentgeltlich Gartenland für den eigenen Bedarf.[468] 1653 wird Vak speziell für das Neue Werk ein Geselle bewilligt, der genau wie die im Alten Garten für Arbeit und Kleidung 18 Rthlr jährlich erhält.[469]

Am 11. Februar 1655 wird Vak an den Kieler Schlossgarten versetzt und der bisher dort tätige Gärtner Michael Gabriel Tatter wechselt in den Neuwerkgarten nach Gottorf.[470] Bei seinem Abschied aus Gottorf wird ihm die hohe Summe von 575 Rthlr, die er zum Bau des neuen Gärtnerhauses vorgeschossen hatte, erstattet.[471]

In seiner Kieler Zeit kauft Vak ein Haus in der Brunswik, heute ein Stadtteil von Kiel, wo ihm der Ausschank fremden und einheimischen Bieres gestattet wird, und 1667 erhält er von Herzog Christian Albrecht noch ein in der Brunswik gelegenes und bisher zum Kieler Schlossgarten gehörendes Grundstück mit dem Namen „Zippelhoff", auf dem er bauen darf, als Geschenk. 1669 wird ihm allerdings verboten, dort einen Krug einzurichten und Wohnungen an Handwerker zu vermieten.[472]

Als Besonderheit ist anzusehen, dass in der Zeit, in der Vak im Neuwerk tätig ist, von 1651 bis 1653 das erste Pomeranzenhaus in diesem Garten erbaut wird und dieses Winterhaus im Gegensatz zu Clodius' Methode der mobilen Gewächshaltung im Alten Garten ein abschlagbares Pomeranzenhaus ist, in dem die Pflanzen nicht in Kübeln, sondern direkt in der Erde stehen.[473] Wessen Idee die Erbauung dieses Gebäudes letztlich ist, lässt sich nicht feststellen.

David Christopher Voss
Garteninspektor
Tätigkeit im Neuwerk: Dezember 1749 – November 1768

Während der Gottorfer Garteninspektor persönlich mit „David Christopher Voss"[474] unterschreibt und auch in anderer Quelle „David Christoph Voss"[475] genannt wird, werden ihm an anderen Stellen falsche Vornamen zugeordnet: So taucht er einmal als „Christian Voss"[476] auf und erscheint 1741 im Dänischen Hof- und Staatskalender als „Daniel Christopher Voß" und 1763–69 als „David Christian Voss".[477]

Ab 1740 ist Voss Gärtner im Alten Garten von Gottorf und 1746 wird er hier zum Garteninspektor befördert. Während seiner Tätigkeit im Neuwerk führt er spätestens ab 1751 auch den Titel eines Garteninspektors.[478]

Über Geburtsdatum, Herkunft und Ausbildung des David Christopher Voss ist fast nichts bekannt. Michael Paarmann vermutet, er habe mit seiner Bestallung am 23. April 1740 als Gärtner im Alten Garten vor Gottorf und Nachfolger von Johann Christoph Krieger seine erste feste Anstellung erhalten, denn aus seiner Bewerbung für diesen Posten geht leider kaum Information über seinen Werdegang hervor.[479] Wir erfahren lediglich, dass der König „seine Suppliquen und Garten-Riße allezeit Allergnädigst aufgenommen" habe, was möglicherweise bedeutet, dass er schon vor seiner Gottorfer Zeit in königlichen Diensten steht.[480] Wie seine späteren Gottorfer Pläne des Alten Gartens zeugt ein von ihm gezeichneter und signierter Plan aus dem Jahr 1735 mit dem Titel „Ihre Hochfürstliche Durchlauchtigkeiten von Ost-Friesland. Lustgarten zu Aurich" von einer umfassenden und soliden Ausbildung zum Kunstgärtner. Der Aurich-Plan weist aber auch auf eine zumindest zeitweilige Tätigkeit im ostfriesischen Raum hin. Vielleicht stammt Voss sogar aus dieser Gegend, was allerdings erst durch Forschungen belegt werden muss.[481]

Am 18. Juni 1740 findet die Übergabe des Alten Gartens an Voss statt[482], der dem Garten in einem vierjährigen Sanierungsprojekt zum letzten Mal vor seinem Verkauf 1748 Glanz verleiht. Auf einem ersten, undatierten Entwurfsplan zeigt Voss seine Absichten und auf einem weiteren Plan aus dem Jahr 1744 dokumentiert er stolz das Ergebnis des wieder hergerichteten Gartens.[483] Neben den Zeichnungen ist auch sein Siegelabdruck auf dem Inventar des Alten Gartens von 1744 überliefert: ein „nach rechts oben springender Fuchs in einem hochovalen Feld".[484]

Anlässlich des Regierungsantritts König Friedrichs V. erhält Voss am 7. Februar 1747 eine Konfirmationsbestallung, und ein Jahr später, am 29. März 1748, wird er zum Garteninspektor im Alten Garten befördert.[485] Als der Alte Garten 1748 veräußert wird, behält Voss sein Gehalt von jährlich 200 Rthlr, arbeitet aber auf Anweisung des Königs im Garten des dänischen Königsschlosses Fredensborg auf Seeland, während seine Familie weiterhin in Schleswig wohnt.[486]

David Christopher Voss heiratet zweimal.[487] Aus erster Ehe stammen zwei Kinder. Seine zweite Frau heiratet er erst 1767. Mit Hilfe ihrer Mitgift wird ein Teil seiner Schulden abgetragen.[488] Diese Frau lebt noch 1779 bei der Neubesetzung des Garteninspektorpostens und erhält ihre seit 1768 gewährte Witwenpension von 100 Rthlr pro Jahr weiter, aber nun nicht mehr vom amtierenden Garteninspektor, sondern aus der königlichen Kasse.[489]

Möglicherweise ist David Christopher Voss ein Verwandter – vielleicht ein Bruder – von Adolph Voss, der von 1753 bis 1769 Schlossverwalter und Gärtner in Jägersburg ist und anschließend bis 1779 die gleiche Position auf Schloss Fredensborg innehat.[490]

Zusammen mit Voss bewerben sich 1749 noch zwei andere Personen auf die Stelle des Neuwerkgarteninspektors:[491] Zum einen Severin Krieger, der 36jährige Sohn des dänischen Justizrates und Oberlandbaumeisters Johann Cornelius Krieger und Neffe des 1740 gestorbenen Johann Christoph Kriegers, der Gärtner im Alten Garten vor Gottorf war. Er ist acht Jahre auf Reisen gewesen und hat unter der Direktion seines Vaters zehn Jahre lang dem Garten von Schloss Rosenborg vorgestanden. Zum andern Johann Peter Beuck, der in den letzten zehn Jahren den „sogenante[n] Baumhof zu Schleswig" in Pacht gehabt hat. Er hat eine Gärtnerausbildung absolviert, Reisen gemacht und bei verschiedenen Herrschaften im Aus- und Inland gearbeitet. 1737 ist er beim Baron von Königstein angestellt und fungiert 1737, 1738 und 1742 als Gutachter im Neuwerkgarten.[492]

Der König resolviert zunächst mündlich, dass der Schlossverwalter und Gärtner zu Jägersburg, Johannes Wagner, die vakante Position im Neuwerkgarten antreten und David Christopher Voss seine Stelle in Jägersburg übernehmen soll. Wagner bittet aber darum, in Jägersburg bleiben zu dürfen, worauf sich der König für Voss als neuen Garteninspektor des Neuwerks entscheidet.[493]

Mit der Resolution vom 9. Dezember 1749 wird David Christopher Voss zum Garteninspektor im Neuwerk bestallt. Die Bestallung unterscheidet sich nur in einem Punkt von der seines Vorgängers Clasens[494]: Voss muss von seinem Gehalt 100 Rthlr jährlich als Pension an Clasens Witwe abtreten.[495] Zur offiziellen Übernahme des Gartens wird Voss am 15. Januar 1750 im Beisein des Augustenburger Gärtners Christian August Schnittger und des Glücksburger Gärtners Johann Gottfried Potthoff ein Inventar übergeben.[496] Mit der Auflösung des Gottorfer Tiergartens, der an den Neuwerkgarten grenzt, wird Anfang 1750 der dort liegende Eiskeller dem Garteninspektor als zusätzlicher Aufsichtsbereich unterstellt.[497] Voss pachtet privat seit dem 11. März 1766 die östlich am Neuwerkgarten gelegene und zum Gottorfer Vorwerk gehörende Kleinhesterberger Koppel für 50 Rthlr jährlich.[498] Am 22. Juli 1766 wird Voss eine Konfirmationsbestallung ausgestellt.[499] Etwa zwei Jahre später, am 20. November 1768, stirbt er. Bei der Übergabe des Neuwerkgartens an seinen Nachfolger Dölner im Juli 1769 wird Voss ordentliche Arbeit bescheinigt.[500] Seine Witwe übernimmt die Interimsverwaltung bis zum Dienstantritt Dölners, wofür sie auch bezahlt wird.[501]

Gesellen und Lehrlinge zur Zeit David Christopher Voss' im Neuwerk:

Namentlich ist kein Geselle, der bei Voss gearbeitet hat, bekannt, lediglich zwei Lehrlinge, über die wir näher unterrichtet sind: Erstens Jacob Heinrich Brömmer oder Brämmer, ein Däne, der vor 1765 im Neuwerk zum Gärtner ausgebildet wird und später auf Schloss Drage-Friedrichsruh 14 Jahre im Dienst der Markgräfin von Brandenburg-Culmbach, der Frau des dänischen Statthalters in den Herzogtümern, arbeitet und nach ihrem Tod im März 1779 beim Verkauf des Schlosses an den dänischen König übernommen wird. Im Mai 1779 bewirbt er sich als Nachfolger Dölners im Neuwerkgarten.[502]

Zweitens Friedrich Gabriel Hertz. Er wird auf Schloss Fredensborg auf Seeland geboren, während sein Vater dort 24 Jahre Schlossverwalter und Gärtner ist.[503] Er selbst erhält seine Gärtnerausbildung unter David Christopher Voss im Neuwerk, arbeitet danach auf Schloss Frederiksberg bei Kopenhagen und anschließend 14 Jahre im Ausland. 1779, als auch er sich auf die Stelle des Neuwerk-Garteninspektors bewirbt, ist er mit seiner Frau und sieben Kindern in Lübeck ansässig. Sein Bruder Claus Detlef Hertz ist seit 1776 Schlossverwalter und Gärtner auf Schloss Fredensborg.[504]

1768 beschäftigt Voss zwei Gesellen und drei Lehrlinge im Neuwerkgarten. Nach seinem Tod gehen zwei Lehrlinge, so dass bei der Witwe zu diesem Zeitpunkt noch zwei Gesellen, ein Lehrjunge und ein Knecht als feste Arbeitskräfte angestellt sind.[505]

ANMERKUNGEN ZU DEN BIOGRAPHIEN

1. RAK TyRtk C 89, Nr. 3.
2. RAK TyRtk C 84, Inventar des Neuwerkgartens v. 18.10.1738.
3. LASH 168/78 I; RAK TyRtk B 31, Bestallung Clasens; LASH 24/76, Lit. X; LASH 66/9310, Nr. 116.
4. RAK TyRtk B 31, Bestallung Clasens; Königlicher Hofkalender, 1735, o. Sp., wo er nur Gärtner genannt wird; 1737, o. Sp.
5. Palm 1998 I, S. 427 u. Szymczyk-Eggert 1989, S. 18f., 49 u. 101–106. Alle weiteren Angaben im Text zu Clasens Werdegang vor der Gottorfer Zeit beziehen sich ebenfalls auf diese Literaturangaben. Hier wird sein Name mit „Classen" angegeben.
6. Der undatierte Ludwigsburger Entwurf ist im 2. Weltkrieg verbrannt und nur noch fotografisch erhalten im Württembergischen Landesmuseum Stuttgart. Ausschnitte in leider schlechter Qualität zeigt Szymczyk-Eggert 1989, Abb. 22 u. 24. Vgl. dazu ihre Beurteilung S. 114.
7. LASH 66/9270, Nr. 21.
8. Vgl. BQ: LASH, Clasen.
9. RAK TyRtk B 5, 1737, Beilage zu Nr. 90.
10. Philippsen 1928, I, S. 183.
11. LASH 66/9307, Nr. 138; RAK TyRtk B 2, 1749, Nr. 280; LASH 66/9308, Nr. 51; RAK TyRtk B 2, 1768, Nr. 78.
12. LASH 66/9270, Nr. 21. Zu Clasens Bewerbung auch Palm 1998 I, S. 427.
13. RAK TyRtk B 31; Kopie in LASH 24/220.1, Nr. 1; RAK TyRtk B 5, 1737, Beilage zu Nr. 90.
14. RAK TyRtk B 2, 1744, Nr. 86.
15. LASH 24/76, Nr. 34; LASH 24/147, Nr. 12, 22, 34, 42; LASH 24/153, Nr. 32; LASH 66/1712 III, fol. 150–163 u. fol. 223–227.
16. RAK TyRtk C 84.
17. LASH 24/147, Nr. 43.
18. LASH 24/147, Nr. 53: „Nun aber ist nicht nur Stadts, sondern fast Landkündig, daß er sich üm die Conservation oftgemelter Glas-Häusern so wenig, als üm die Verbeßerung des Gartens Selbst, und denen dahin gehörigen Kostbahren Gewächsen, wenig oder nichts bekümmert, sondern er nimt vielmehr seine privat Sachen wahr, und damit er solche zu seinem Interesse ausführen möge, siehet er den Garten oftmahls mehr denn 4 à 5 Wochen mit dem Rücken an, läßet also seine Jungens, den Gesellen hat er auser einen, in langer Zeit aber keinen, mehr gehabt, in dem Garten schalten und walten, wie sie bestens können, als woraus denn leicht zu schließen, wie richtig und fleißig die Glaß-Häuser so wohl, als der Garten Selbst Conserviret und abgewartet werde." Müllers Beschwerde über Clasens mangelnde Gartenpflege geht noch wesentlich ausführlicher weiter.
19. LASH 24/147, Nr. 53.
20. LASH 24/76, Lit. V; LASH 168, 78 I; laut der Quelle LASH 32/19, fol. 23–34 ist Müller schon seit 1737 als oberster Direktor und Aufseher des Neuwerkgartens Clasens Vorgesetzter und dadurch berechtigt, seine Arbeit mit Hilfe von Fachleuten zu kontrollieren.
21. LASH 24/147, Nr. 54.
22. LASH 24/147, Nr. 72.
23. RAK TyRtk B 31.
24. Das letzte Beispiel ist in LASH 66/9310, Nr. 116 dokumentiert.
25. LASH 66/9307, Nr. 138; RAK TyRtk B 2, 1749, Nr. 245; LASH 66/9308, Nr. 51.
26. LASH 66/9281, Nr. 38; RAK TyRtk B 2, 1740, Nr. 107.
27. LASH 24/147, Nr. 53. Es ist hier wohl ein anderer Geselle als der o.g. Detleff Thörell gemeint, der aufgrund der schwierigen Zusammenarbeit mit Clasen vermutlich nicht lange in Gottorf geblieben ist, zumal er die Garteninspektorstelle im Alten Garten nicht bekommt.
28. LASH 32/19, fol. 23–34; LASH 24/147, Nr. 64.
29. QuP 311.
30. QuP 311.
31. LASH 7/4523, Beilagen zur Kornrechnung 1658–1660.
32. Paarmann 1986, Anlage 7, S. 324–326. Die weiteren Ausführungen zu seinem Lebensweg gehen im Wesentlichen auf Paarmann zurück: Paarmann 1986, S. 4, 20ff., 27f., 38f., 41f., 103–108; Paarmann in: v. Buttlar/Meyer 1996, S. 654.
33. QuP 27 u. 30.
34. QuP 30.
35. QuP 64; dieser Musiker wird in der einschlägigen Literatur bisher nicht erwähnt, vgl. die Aufsätze von Dorothea Schröder und Ulrich Althöfer in: Gottorf im Glanz des Barock 1997, S. 294f. und S. 300ff.; Es bleibt unklar, ob der Musiker im Zusammenhang mit Clodius nach Gottorf kommt oder Clodius in seiner Gottorfer Zeit vor 1628 ein zweites Mal heiratet. Nach Paarmann 1986, S. 107 (ohne Quellennachweis) ist Clodius' Frau Agneta die Tochter des Bückeburger Kapellmeisters Tobias Hoffkunz, der ebenfalls nach Gottorf kam.
36. QuP 990; QuP 1217 berichtet von „Annen Clodien" und eigenhändig unterschreibt sie hier mit „Anegnes Clody".
37. QuP 71 u. 184.
38. QuP 1263, 1287, 1295; Paarmann 1986, S. 371, Anm. 12; QuP 1347.
39. Linnemayr 1992, S. 108.
40. QuP 511.
41. QuP 535, 537.
42. QuP 602.
43. QuP 662; LASH 7/6537.
44. Paarmann 1986, S. 107 und Paarmann in: Buttlar/Meyer 1996, S. 654.
45. QuP 791 u. 935.
46. Zu Matthias Clodius (Clodi) vor allem Linnemayr 1992, S. 103 u. 109–113, außerdem Paarmann 1986, S. 107.
47. QuP 1033.
48. LASH 7/5808, Supplik v. 25.5.1648; Paarmann 1986, S. 368, Anm. 3.
49. Paarmann 1986, S. 368, Anm. 3. Nach Linnemayr 1992, S. 105 ist „Andorff" ein alter Name für Antwerpen.
50. LASH 7/227, vgl. Anhang 2, Nr. 1.
51. QuP 120.
52. QuP 30.
53. LASH 7/5951.
54. Z.B. QuP 70 u. 74.
55. QuP 173; in QuP 311 wird es nochmal genau erklärt.
56. QuP 219.
57. QuP 120.
58. QuP 149 u. 163.
59. QuP 249.
60. QuP 506, 507, 511.
61. QuP 955; Olearius 1663, S. 352f.
62. Paarmann 1986, S. 106.
63. QuP 962, 990.
64. Christensen 1999, S. 209 u. 276.
65. Paarmann 1986, S. 4; Paarmann in: v. Buttlar/Meyer 1996, S. 654.
66. QuP 150 u. 151.
67. QuP 215.
68. QuP 42; Andresen/Stephan 1928 II, S. 201, 225, 265.
69. QuP 655.
70. LASH 7/4521, Beilage Nr. 35.
71. Olearius 1656, S. 374.
72. Vgl. Paarmann 1986, S. 106.
73. Hesse 1706, S. 28.
74. Waldschmidt 1705, S. 24 u. 34.
75. LASH 7/187, fol. 1–2. Es ist nicht klar, welcher Gottorfer Garten gemeint ist. So ist es durchaus auch möglich, dass Kastenberg ab 1655 bei Tatter im Neuwerk und nicht bei Clodius im Alten Garten gelernt hat, obwohl letzteres aus zeitlicher Sicht wahrscheinlicher ist.
76. RAK TyRtk F 36.
77. RAK TyRtk F 36, 1798; LASH 66/7693.
78. RAK TyRtk F 36, 1822/23.
79. LASH 66/7693.
80. RAK TyRtk B 3, 1799, Nr. 137; RAK TyRtk F 36, 1798 u. 1799.
81. RAK TyRtk B 3, 1799, Nr. 137; RAK TyRtk B 3, 1824, Nr. 5; LASH 32/37; LASH 66/1966, Nr. 135; LASH 66/7693, approbiert am 28.9.1799.
82. RAK TyRtk F 36, 1822/23, Schreiben Meyers v. 25.2.1823.
83. RAK TyRtk F 36, 1823.
84. RAK TyRtk B 31, Bestallung v. 17.1.1769; LASH 66/9363, Nr. 79; RAK TyRtk C 138, 1769, Nr. 2.
85. RAK TyRtk C 138, 1769, Nr. 2; RAK TyRtk B 31; LASH 66/9367, Nr. 49; RAK TyRtk B 3, 1776, Nr. 117.
86. LASH 66/9367, Nr. 49.
87. Nach Tholle 1935, S. 171f. gehört der Gottorfer Garteninspektor Hans Nicolai Dölner zur dritten Generation, so dass der Stamm-

vater also sein Großvater ist. Der Dänische Hof- und Staatskalender weist verschiedene Gärtner dieses Namens in höheren Positionen der größten Schlossgärten auf, z.B. Carl Frederik Dölner (1702–65), der nacheinander auf dem Blauhof und dann in Nykøbing auf Falster, Jägersburg und Fredensborg tätig ist, vgl. Königlicher Hofkalender 1741, o. Sp.; 1752, Sp. 77; 1753, Sp. 84; 1766, Sp. 106. Er ist wohl der Vater von Hans Nicolai Dölner.

88 Königlicher Hofkalender 1761, Sp. 103.
89 RAK TyRtk C 138, 1769, Nr. 2.
90 LASH 66/3531 II.
91 LASH 66/3531 II; RAK TyRtk B 3, 1779, Nr. 120.
92 LASH 66/3531 III.
93 LASH 66/3531 II; RAK TyRtk B 3, 1779, Nr. 120.
94 RAK TyRtk B 2, 1768, Nr. 159; LASH 66/9351, Nr. 11.
95 RAK TyRtk B 2, 1768, Nr. 159.
96 RAK TyRtk C 138, 1769, Nr. 2; RAK TyRtk B 2, 1768, Nr. 159; LASH 66/9351, Nr. 11.
97 LASH 66/9352, Nr. 106; bezüglich der Namen vgl. unter David Christopher Voss.
98 RAK TyRtk B 2, 1769, Nr. 133; LASH 168, 78 I.
99 LASH 66/9363, Nr. 79.
100 RAK TyRtk B 31; LASH 66/9367, Nr. 49; RAK TyRtk B 3, 1776, Nr. 117.
101 LASH 66/3531 II.
102 LASH 66/3531 III; RAK TyRtk B 3, 1779, Nr. 120.
103 LASH 66/3531 III; RAK TyRtk B 3, 1779, Nr. 120. Möglicherweise ist er ein Verwandter des gleichnamigen Augustenburger Schlossgärtners, der 1749 und 1769 bei den Übergaben des Neuwerkgartens an die Garteninspektoren Voss und Dölner anwesend ist; vgl. dazu RAK TyRtk C 84; LASH 66/9308, Nr. 51; LASH 66/9352, Nr. 106.
104 LASH 66/3531 II.
105 LASH 32/19; LASH 24/220.1, Nr. 4: Vertrag vom 27.5.1737, approbiert am 6.7.1737, vgl. Anhang 2, Nr. 16.
106 RAK TyRtk B 2, 1737, Nr. 132.
107 LASH 66/9274, Nr. 44, Lit. C.
108 LASH 66/9345, Nr. 96.
109 LASH 66/9274, Nr. 44, Lit. A.
110 RAK TyRtk B 2, 1737, Nr. 132.
111 LASH 66/9274, Nr. 44, Lit. G.
112 LASH 66/9274, Nr. 44.
113 LASH 66/9274, Nr. 44.
114 BQ: LASH, Freudenreich I.
115 LASH 66/9274, Nr. 44, Lit. F.
116 BQ: LASH, Freudenreich II, III u. IV; LASH 66/9278, Nr. 53, Memorial v. 6.3.1738.
117 LASH 66/9274, Nr. 44.
118 LASH 66/9274, Nr. 44; RAK TyRtk C 138; RAK TyRtk B 31; LASH 24/220.1, Nr. 3.
119 LASH 32/19; LASH 24/220.1, Nr. 4: Vertrag vom 27.5.1737, approbiert am 6.7.1737, vgl. Anhang 2, Nr. 16.
120 LASH 66/9278, Nr. 91b, Lit. A.
121 LASH 66/9278, Nr. 66; RAK TyRtk B 2, 1738, Nr. 245.
122 LASH 24/147, Nr. 24, Brief v. Clasen v. 6.8.1738.
123 LASH 24/147, Nr. 24, Brief Müllers an Häusser v. 10.9.1738; RAK TyRtk B 2, 1738, Nr. 315.
124 LASH 66/9278, Nr. 91b, Memorial Freudenreichs v. 26.4.1738; LASH 66/9279, Nr. 40, Brief Freudenreichs an den Statthalter der Herzogtümer v. 18.4.1739.
125 RAK TyRtk C 84; LASH 66/1712 III, fol. 273–279, vgl. Anhang 2, Nr. 17.
126 LASH 24/76, Lit. T.
127 RAK TyRtk B 31.
128 LASH 66/9308, Nr. 53.
129 LASH 66/9345, Nr. 96.
130 LASH 66/9345, Nr. 96.
131 LASH 66/9388, Nr. 105; LASH 168/78 I.
132 Königlicher Hofkalender 1778, Sp. 117; RAK TyRtk B 3, 1779, Nr. 120; RAK TyRtk B 31, Bestallung v. 22.7.1779; LASH 168/78 I; LASH 66/9404, Nr. 25; LASH 66/9415, Nr. 46.
133 RAK TyRtk B 31, Bestallung v. 22.7.1779; LASH 66/9407, Nr. 66; Königlicher Hofkalender 1801, Sp. 43.
134 Königlicher Hofkalender 1778, Sp. 117; RAK TyRtk B 3, 1779, Nr. 120; LASH 66/3531 III, GodskesSchreiben v. 30.6. u. 6.8.1779; LASH 66/9388, Nr. 105.
135 LASH 66/7692, Bericht des Amtmanns v. 12.6.1811.
136 LASH 168/78 I.
137 RAK TyRtk B 3, 1779, Nr. 120; RAK TyRtk F 37 I, Pro Memoria des Amtsverwalters Mörck v. 2.6.1779; LASH 66/9383, Nr. 37.
138 LASH 66/3531 II u. III; RAK TyRtk B 3, 1779, Nr. 120.
139 RAK TyRtk C 84; LASH 66/9308, Nr. 51; LASH 66/9352, Nr. 106; Königlicher Hofkalender 1783, Sp. 132.
140 LASH 66/3531 III.
141 RAK TyRtk B 3, 1779, Nr. 120; LASH 66/3531 III.
142 Thietje 1988, S. 69, Anm. 69 u. Thietje 1989, S. 54., wo immer 1776 als Bewerbungsjahr genannt wird, was aber nur seine Bewerbung als Adjunkt, d.h. Amtsgehilfe, des Fontänenmeisters Hans Hinrich Kruse betrifft. Seine eigentliche Bewerbung als Nachfolger Kruses erfolgt erst nach dessen Tod 1779, vgl. LASH 66/3531III.
143 RAK TyRtk B 31; LASH 66/3531 III; RAK TyRtk B 3, 1779, Nr. 120.
144 RAK TyRtk F 37, 1807, 1. Packen.
145 LASH 66/3531 III, Gesuch v. 6.8.1779; RAK TyRtk B 3, 1779, Nr. 212 a+b.
146 RAK TyRtk B 3, 1779, Nr. 212 a+b.
147 LASH 66/9383, Nr. 37.
148 LASH 32/19; RAK TyRtk B 3, 1780, Nr. 218.
149 RAK TyRtk B 3, 1782, Nr. 62; LASH 66/9386, Nr. 143.
150 Königlicher Hofkalender 1801, Sp. 43.
151 RAK TyRtk F 36, 1799.
152 RAK TyRtk B 31; LASH 66/9407, Nr. 66; RAK TyRtk B 3, 1790, Nr. 110.
153 LASH 66/2189, Bericht des Hausvogts v. 16.12.1822.
154 RAK TyRtk B 3, 1795, Nr. 31.
155 LASH 66/9376, Nr. 21 u. 31.
156 LASH 66/9397, Nr. 54.
157 LASH 168/78 I; RAK TyRtk F 37, 1807/08, 1. Packen.
158 RAK TyRtk F 37, 1. Packen; RAK TyRtk B 3, 1801, Nr. 151.
159 RAK TyRtk F 37, 1807/08, 1. Packen; LASH 66/3531 III.
160 RAK TyRtk B 3, 1809, Nr. 10.
161 LASH 66/3531 III, Godskes Gesuch v. 6.9.1789.
162 LASH 168/73; LASH 66/3531 II, Schreiben v. 24.7.1794 an Baumeister von Motz.
163 RAK TyRtk B 3, 1791, Nr. 3; LASH 168/78 I.
164 LASH 168/78 I u. II; RAK TyRtk E 24 II; LASH 66/8416.
165 LASH 7/187, fol. 222–223v.
166 QuP 1153.
167 LASH 7/228, fol. 252, vgl. Anhang 2, Nr. 6.
168 QuP 1393.
169 LASH 7/187, fol. 55.
170 LASH 7/235, Hofstaat 1690.
171 QuP 1514.
172 LASH 7/5808, Vertrag vom 3.2.1696.
173 QuP 1536.
174 LASH 7/5939.
175 LASH 7/187, fol. 97.
176 LASH 7/187, fol. 214–216.
177 LASH 7/6536, Briefe vom 22.10., 29.10., 11.11.1708.
178 LASH 7/187, fol. 222–223v., approbiert am 23.2.1709.
179 Das geht aus dem Bestallungsvertrag mit Christoph Kallau von 1733 hervor in LASH 66/9274, Nr. 44.
180 QuP 1673.
181 RAK TyRtk H 4; RAK TyRtk C 65, 1. Packen.
182 RAK TyRtk H 3, Briefe v. 29.1., 23.7. u. 3.9.1714; RAK TyRtk C 55, Briefe v. 31.7. u. 8.9.1714.
183 LASH 66/1712 I, Besichtigung der Baumängel v. 27.7.11719.
184 RAK TyRtk C 146, Lit. Dd, Brief v. 4.8.1722 und Lit. Ee, Brief v. 8.12.1722.
185 LASH 66/9260, Res. Nr. 27 v. 10.5.1727; RAK TyRtk B 2, 1727, Nr. 140.
186 QuP 659, 709 u. 1346; LASH 7/228, fol. 252, vgl. Anhang 2, Nr. 6; QuP 1353.
187 RAK TyRtk B 122.
188 Am 28.2.1710 reicht die Witwe ein Memorial bei der Rentekammer ein, in dem sie an die Auszahlung desGnadengeldes erinnert und erwähnt, dass sie inzwischen 75 Jahre alt ist, also wahrscheinlich 1634 geborenwurde, vgl. LASH 7/187, fol. 241–244.
189 QuP 717.
190 QuP 1484; LASH 7/187, fol. 78–80.
191 QuP 1646.
192 QuP 534.
193 QuP 659 u. 709.
194 QuP 860.
195 QuP 1043.
196 QuP 1043.
197 QuP 1087.

198 QuP 1043.
199 QuP 1160 u. 1184.
200 QuP 1286.
201 QuP 1346 u. 1353.
202 LASH 7/228, fol. 252, vgl. Anhang 2, Nr. 6.
203 RAK TyRtk B 122.
204 LASH 7/187, fol. 55.
205 QuP 1484.
206 RAK TyRtk B 31, Bestallung v. 18.7.1832 u. Konfirmationsbestallung v. 29.3.1843.
207 RAK TKIA C 9, Hansen, Ernst Friedrich, Lehrer im Landwesen (Kieler Sem.) III 303; RAK TyRtk B 3, 1832, Nr. 102; Königlicher Hofkalender 1839, Sp. 382f.
208 LASH 168/78 II.
209 RAK TyRtk B 3, 1832, Nr. 102.
210 LASH 168/78 II; RAK TyRtk B 31, Bestallung v. 18.7.1832.
211 LASH 168/78 II.
212 LASH 168/78 II, Hansens Bericht v. 31.12.1832, vgl. Anhang 2, Nr. 19.
213 RAK TyRtk B 3, 1834, Nr. 173.
214 LASH 168/78 II, Vertrag v. 30.5.1835.
215 LASH 66/3531 I.
216 LASH 66/3531 I.
217 RAK TyRtk E 24, 4. Packen, Gutachten Hansens v. 26.10.1833.
218 RAK TyRtk E 24, 4. Packen.
219 LASH 168/78 II, vgl. Anhang 2, Nr. 19 u. 20.
220 Philippsen [1928] I, S. 71; Behling/Paarmann 1981, S. 14.
221 Vgl. Anhang 2, Nr. 21.
222 LASH 168/78 II; LASH 66/3531 II. Ob er etwas mit dem späteren Gottorfer Garteninspektor Moritz Friedrich Christian Jess zu tun hat, muss offenbleiben.
223 LASH 168/78 II.
224 RAK TyRtk B 31, Bestallung v. 17.4.1846; LASH 168/78 II, Dienstanweisung v. 29.4.1846, vgl. Anhang 2,Nr. 20.
225 Frdl. Mitteilung von Herrn Dr. Peter Hamann, Plön, aus dem Sterbebuch Preetz, Eintragung v. 18.1.1861.
226 RAK TyRtk B 3, 1846, Nr. 105; LASH 66/7701.
227 Ebenfalls frdl. Mitteilung von Herrn Dr. Peter Hamann, Plön, aus dem Sterbebuch Preetz, Eintragung v.18.1.1861.
228 LASH 168/78 II.
229 RAK TyRtk B 3, 1846, Nr. 105; RAK TyRtk B 31, 17.4.1846; LASH 66/7701.
230 LASH 168/78 II, vgl. Anhang 2, Nr. 22.
231 RAK TyRtk F 37, 1838, 3. Packen.
232 LASH 168/78 II.
233 Königlicher Hofkalender 1852, Sp. 355; 1853, Sp. 455.
234 Frdl. Mitteilung von Herrn Dr. Peter Hamann, Plön.
235 LASH 168/78 II.
236 RAK TyRtk F 36, 1823.
237 LASH 32/37.
238 RAK TyRtk F 36, 1823; LASH 32/19, fol. 76, 87 u. 88f.; LASH 66/7692; RAK TyRtk B 3, 1824, Nr. 5.
239 RAK TyRtk B 3, 1824, Nr. 5.
240 LASH 32/37.
241 LASH 32/19; LASH 32/19, fol. 76v. u. 89.
242 RAK TyRtk B 3, 1824 Nr. 5; RAK TyRtk F 36, 1824.
243 LASH 32/37; RAK TyRtk F 36, 1824; RAK TyRtk B 3, 1824, Nr. 5.
244 LASH 32/37.
245 RAK TyRtk F 36, 1844, Meyers Bericht vom 11.6.1844; RAK TyRtk B 3, 1844, Nr. 163.
246 LASH 32/23, Gottorfer Baustaat von Stallknecht für 1732.
247 LASH 66/9269, Nr. 57.
248 LASH 66/9269, Nr. 57; RAK TyRtk B 2, 1733, Nr. 191.
249 LASH 66/1712 III, fol. 146–149v.
250 RAK TyRtk B 2, 1727, Nr. 140.
251 LASH 66/1712 III, fol. 146–149v.
252 RAK TyRtk B 2, 1727, Nr. 140.
253 LASH 66/1712 III, fol. 146–149v., approbiert am 16.6.1728.
254 LASH 66/9269, Nr. 57.
255 LASH 66/9274, Nr. 44.
256 LASH 24/147, Nr. 25.
257 RAK TyRtk B 2, 1733, Nr. 191.
258 RAK TyRtk B 2, 1737, Nr. 132.
259 LASH 66/9274, Nr. 44.
260 LASH 24/147, Nr. 6.
261 LASH 24/147, Nr. 6; LASH 66/9274, Nr. 44.
262 LASH 66/9274, Nr. 44.
263 LASH 66/9274, Nr. 44.
264 LASH 66/9278, Nr. 56; RAK TyRtk B 2, 1738, Nr. 216.
265 LASH 66/9278, Nr. 56; LASH 24/147, Nr. 25.
266 RAK TyRtk C 89, Nr. 3; LASH 7/229, fol. 321–323; QuP 1592; QuP 1594; QuP 1637; QuP 1642.
267 LASH 7/229, fol. 321–323.
268 LASH 7/187, fol. 136–143; LASH 7/338, Bericht v. 12.11.1701.
269 RAK TyRtk B 5, 1737, Beilage zu Nr. 90; RAK TyRtk C 89, Nr. 5; LASH 24/147, Nr. 4.
270 RAK TyRtk C 89, Nr. 6, Peuckers Bericht v. 15.2.1727; LASH 66/9270, Nr. 21.
271 LASH 24/76 Lit. X, Untersuchungsbericht v. 18.8.1734; RAK TyRtk C 89, Nr. 7, Brief des Markgrafen v.2.2.1737.
272 RAK TyRtk B 2, 1743, Nr. 267.
273 LASH 7/338; RAK TyRtk C 89, Nr. 3.
274 LASH 7/229, fol. 321–323, vgl. Anhang 2, Nr. 12.
275 RAK TyRtk C 89, Nr. 6, Lit. C; LASH 7/187, fol. 92–96.
276 LASH 7/241, Hofstaat 1706; QuP 1605.
277 Der Originalvertrag, der am 21.3.1709 approbiert wird, liegt unter LASH 32/23, weitere drei Kopien befindensich in: LASH 7/187, fol. 224–227; RAK TyRtk C 89, Nr. 3 Beilage B und Nr. 6 Lit. A. Auch der Gärtner imAlten Garten, Peter Wulf, erhält einen derartigen Vertrag, vgl. LASH 7/187, fol. 228–231 u. Paarmann 1986,S. 111.
278 RAK TyRtk C 89, Nr. 3 Beilage B; LASH 66/9260, Nr. 17; RAK TyRtk B 2, 1727, Nr. 94.
279 RAK TyRtk H 4; RAK TyRtk C 65, 1. Packen.
280 RAK TyRtk C 55, Brief an Lüders v. 27.4.1717; RAK TyRtk, C 138, Vorstellungsextrakt v. 14.9.1718; RAKTyRtk B 2, 1718, Nr. 135; RAK TyRtk C 49, Konzept des Renteschreibers Franz Peters 1714–19.
281 RAK TyRtk C 89, Nr. 1.
282 RAK TyRtk C 89, Nr. 6, Peuckers Bericht v. 15.2.1727.
283 LASH 66/9265, Nr. 38.
284 LASH 66/9260, Nr. 17; RAK TyRtk B 2, 1727, Nr. 94.
285 RAK TyRtk C 89, Nr. 4.
286 RAK TyRtk C 89, Nr. 7.
287 RAK TyRtk C 89, Nr. 1 u. Nr. 3, Beilage A; RAK TyRtk B 31.
288 LASH 66/9270, Nr. 21.
289 RAK TyRtk C 89, Nr. 1, Menckes Brief v. 12.2.1735.
290 BQ: KBK, Weyandt.
291 RAK TyRtk C 89, Nr. 7, Lit. A.
292 LASH 66/1712 III; RAK TyRtk B 2, 1728, Nr. 279, 1729, Nr. 104 u. 1730, Nr. 138; LASH 66/9263, Nr. 61;LASH 66/9264, Nr. 12; LASH 66/9265, Nr. 38; LASH 66/9266, Nr. 16 u. 33.
293 BQ: LASH, Kempe.
294 RAK TyRtk B 5, 1737, Nr. 90 Beilage I.
295 QuP 1496; LASH 7/183; LASH 400.5/223, pag. 98f.; QuP 1522; LASH 7/235, Hofstaat 1690; QuP 1441;QuP 1447; QuP 1406; QuP 1512; QuP 1586.
296 LASH 400.5/223, pag. 98f.; LASH 7/187, fol. 53; QuP 1586; RAK TyRtk C 89, Nr. 3.
297 LASH 7/187, fol. 136–143.
298 LASH 7/338, Bericht v. 12.11.1701.
299 RAK TyRtk C 89, Nr. 6, Peukers Bericht v. 15.2.1727; LASH 66/9270, Nr. 21.
300 RAK TyRtk B 5, 1737, Beilage zu Nr. 90; RAK TyRtk C 89, Nr. 5; LASH 24/147, Nr. 4.
301 LASH 7/183.
302 LASH 7/187, fol. 53.
303 LASH 400.5/223, pag. 98f., vgl. Anhang 2, Nr. 10.
304 LASH 7/235, wobei 1 Faden Brennholz mit einem Rthlr gerechnet wird. Zum Vergleich erhält derKapellmeister Österreich für alle Musiker mit Kostgeld etc. pro Jahr 2103 Rthlr und 144 Rthlr 16 ß. Wenn man die Kosten des Alten Gartens von 950 Rthlr jährlich mit einbezieht, entstehen dem Gottorfer Hof für die Gärten (2053 Rthlr 40 ß) etwas weniger Unkosten als für die Musiker (2247 Rthlr 16 ß) bei einem Gesamtetat des Hofstaates von 43.472 Rthlr 2 ß.
305 RAK TyRtk C 89, Nr. 6, Lit. C; LASH 7/187, fol. 92–96.
306 QuP 1453.
307 RAK TKIA B 85, Bericht von Hagedorn nach Kopenhagen am 6.3.1695; LASH 7/210.
308 LASH 7/187, fol. 56, 89–91. Hiernach bekommen die Gottorfer Gärtner Kempe und Wulff 1695 gar kein Gehalt, während sie

309 QuP 1546; LASH 7/187, fol. 56, 64–67, 89–91, 142.
310 LASH 7/338.
311 RAK TyRtk C 89, Nr. 3; LASH 7/229, fol. 321–323.
312 LASH 7/187, fol. 92–96.
313 LASH 7/187, fol. 136–143, 217f.
314 RAK TyRtk F 36.
315 RAK TyRtk B 3, 1844, Nr. 163; LASH 66/576 I.
316 RAK TyRtk B 3, 1844, Nr. 163; RAK TyRtk F 36, 1844; zu Wilhelm Jacob Friedrich Nagel vgl. unter Wilhelm Nagel.
317 RAK TyRtk F 36, 1844; RAK TyRtk B 3, 1844, Nr. 163.
318 LASH 168/78 II; RAK TyRtk F 36, 1845.
319 LASH 66/576 I.
320 LASH 7/4786, fol. 5–7; QuP 1655.
321 Vgl. zu Klingmanns Husumer Tätigkeit LASH 400.5/223; LASH 7/4786, fol. 5–7; LASH 7/210; de Cuveland 1994, S. 58–60.
322 De Cuveland 1994, S. 58.
323 LASH 7/4789.
324 LASH 7/244; QuP 1653–1655.
325 LASH 7/187, fol. 285–293.
326 Frdl. Mitteilung von Herrn Dr. Georg Asmussen, Schleswig.
327 RAK TyRtk F 36, 1799.
328 LASH 66/9410, Nr. 5, Pro Memoria von Carl Ludwig Koch v. 28.8.1789.
329 RAK TyRtk B 3, 1795, Nr. 108.
330 Vgl. dazu unter Johann Leonhard Koch, Vertrag v. 29.12.1782 in LASH 66/9410, Nr. 5; da auch das ProMemoria von Carl Ludwig Koch v. 28.8.1789.
331 LASH 66/9410, Nr. 5; RAK TyRtk B 3, 1792, Nr. 11.
332 RAK TyRtk F 36; LASH 66/9415, Nr. 46, approbiert am 31.8.1795.
333 RAK TyRtk B 3, 1795, Nr. 108.
334 RAK TyRtk F 36, Pro Memoria von Motz v. 19.10.1798.
335 RAK TyRtk F 36, 1799.
336 Wichtige Ergänzungen zu seinen persönlichen und familiären Daten verdanke ich den freundlichen Mitteilungen von Herrn Dr. Georg Asmussen, Schleswig, der aufgrund der Angaben im Totenregister des Schleswiger Doms, 1787, Nr. 78, wo als Lebensalter 60 Jahre angegeben wird, auf das Jahr 1727 als Geburtsjahr schließen kann. Koch selbst gibt am 26.10.1776 an, er sei 57 Jahre alt, vgl. LASH 66/9374, Nr. 70 u. 71. Demnach muss er zwischen dem 27.10.1718 und dem 26.10.1719 geboren sein.
337 LASH 66/9415, Nr. 46. 1776 gibt Koch an, zunächst acht Jahre bei der „Zoll=Bude" in Tondern und danach 33 Jahre beim Schleswiger Baumeister als Gevollmächtigter gearbeitet zu haben, vgl. LASH 66/9367, Nr. 42. Demnach war er seit 1743 unter Baumeister O. J. Müller und ab 1762 unter G. Rosenberg tätig. Nach dessen Tod 1776 wird er Interimsbauverwalter bis zur Bestallung des Landbaumeisters N. S. Bauer am 22.5.1777, vgl. RAK TyRtk B 3, 1777, Nr. 77. Unter Bauer ist er weiter als Baugevollmächtigter beschäftigt und verwaltet noch einmal nach dessen Tod das Amt des Landbaumeisters in der Vakanzzeit bis zum Dienstantritt des Baumeisters v. Motz: Insgesamt 2 Jahre, genau vom 11.6.1776 bis zum 22.5.1777 und vom 25.8.1777 bis zum 1.7.1779, wofür er mit 1100 Rthlr bezahlt wird und noch ein Gratial in Höhe von 200 Rthlr erhält, vgl. LASH66/3531 III, Brief an Koch v. 10.7.1779; LASH 66/9374, Nr. 70 u. 71; RAK TyRtk B 3, 1779, Nr. 105. Während einer Dienstreise 1777 erleidet Koch einen Unfall, bei dem er sich einen Fuß verrenkt und Wunden am Kopf zuzieht, vgl. LASH 66/9374, Nr. 70 u. 71. Als Gevollmächtigter unter von Motz verdient Koch 170 Rthlr jährlich (RAK TyRtk B 3, 1782, Nr. 62).
338 In den Jahren 1750 und 1751 werden Kinder von Koch im Schleswiger Stadtteil Friedrichsberg getauft, ab 1752 weitere Taufen im Schleswiger Dom.
339 LASH 66/9386, Nr. 143; LASH 66/9415, Nr. 46.
340 LASH 66/9410, Nr. 5.
341 RAK TyRtk B 3, 1795, Nr. 108.
342 LASH 66/9386, Nr. 143.
343 RAK TyRtk B 3, 1782, Nr. 248.
344 LASH 66/9386, Nr. 143; RAK TyRtk B 3, 1782, Nr. 248.
345 LASH 66/9410, Nr. 5, approbiert am 18.1.1783.
346 RAK TyRtk B 3, 1795, Nr. 108; frdl. Mitteilung von Herrn Dr. Georg Asmussen, Schleswig.
347 RAK TyRtk B 3, 1799, Nr. 137.
348 LASH 66/9345, Nr. 96.
349 LASH 66/9345, Nr. 96, Lit. F.
350 LASH 66/9345, Nr. 96, Memorial der Witwe Freudenreich v. 3.6.1766.
351 RAK TyRtk B 3, 1779, Nr. 120; LASH 66/9378, Nr. 132.
352 LASH 66/9378, Nr. 132.
353 RAK TyRtk B 2, 1766, Nr. 180.
354 RAK TyRtk B 31; RAK TyRtk C 138, 1766, Nr. 33; LASH 66/9345, Nr. 96, Lit. F.
355 RAK TyRtk D 3, approbiert am 28.2.1767.
356 RAK TyRtk C 84.
357 LASH 66/9346, Nr. 39.
358 RAK TyRtk B 2, 1766, Nr. 180.
359 LASH 66/9410, Nr. 5.
360 RAK TyRtk B 3, 1779, Nr. 120; LASH 66/3531 III.
361 LASH 66/9378, Nr. 132; RAK TyRtk B 3, 1780, Nr. 218.
362 RAK TyRtk B 3, 1807, Nr. 220; RAK TyRtk F 37, 1807, 1. Packen; LASH 66/3531 II.
363 RAK TyRtk E 24, 1807, 2. Packen; RAK TyRtk F 37, 1807, 1. Packen.
364 RAK TyRtk E 24, 1807, 2. Packen; RAK TyRtK F 37, 1808, 1. Packen.
365 RAK TyRtk B 3, 1832, Nr. 102.
366 RAK TyRtk F 37, 1808, 1. Packen.
367 RAK TyRtk F 37, 1807/08, 1. Packen.
368 RAK TyRtk B 3, 1807, Nr. 220; RAK TyRtk E 24, 1807, 2. Packen; RAK TyRtk F 37, 1807/08, 1. Packen.
369 RAK TyRtk F 37, 1807/08, 1. Packen.
370 RAK TyRtk E 24, 1807, 2. Packen; RAK TyRtk F 37, 1807/08, 1. Packen.
371 RAK TyRtk F 37, 1808, 1. Packen.
372 RAK TyRtk F 37, 1808, 1. Packen.
373 QuP 1663 etc.; QuP 1665.
374 Thietje in: v. Buttlar/Meyer 1996, S. 664f.; QuP 1663.
375 Pietsch 1982, S. 157.
376 QuP 1663–1665.
377 Thietje 1996, S. 664f.
378 RAK TyRtk F 37, 1823, 1. Packen.
379 RAK TyRtk B 31, Bestallung v. 9.1.1809.
380 LASH 66/3531 II, Nagels Gesuch v. 4.5.1821.
381 RAK TyRtk B 3, 1832, Nr. 102.
382 RAK TyRtk F 36, 1823.
383 RAK TyRtk F 37, 1823, 1. Packen; LASH 66/3531 I u. II; LASH 168/78 II, Bericht der Rentekammer v. 3.12.1831; RAK TyRtk B 3, 1832, Nr. 102.
384 RAK TyRtk F 36, 1844.
385 RAK TyRtk F 36, 1844.
386 RAK TyRtk F 37, 1808, 1. Packen; RAK TyRtk B 3, 1809, Nr. 10; LASH 66/7692.
387 RAK TyRtk B 31; LASH 168/78 I; LASH 66/3531 II.
388 Königlicher Hofkalender 1810, Sp. 146; 1813, Sp. 347; LASH 66/7692, Nagels Gesuch v. 30.3.1812.
389 LASH 66/7692, Nagels Gesuch v. 30.3.1812.
390 LASH 66/3531 II.
391 LASH 66/2189, Bericht des Amtshauses v. 23./24.12.1822 u. Nagels Bericht v. 15.1.1823; LASH 66/3531 III, Gesuch von Nagel v. 16.7.1824; RAK TyRtk F 37, 1823, 1. Packen.
392 LASH 66/3531 II; RAK TyRtk B 3, 1832, Nr. 102.
393 LASH 66/3531 III.
394 RAK TyRtk B 3, 1827, Nr. 242.
395 LASH 168/78 II; LASH 66/3531 II.
396 LASH 168/78 II; LASH 66/3531 II.
397 RAK TKIA C 9, Nagel, Garteninspektor in Schleswig III 36.
398 RAK TyRtk B 3, 1832, Nr. 102.
399 LASH 66/3531 II, Nagels Gesuche v. 4.5.1821 u. 16.4.1831.
400 LASH 168/78 II, Nagels Gesuch v. 18.9.1826; LASH 66/8416; LASH 66/3531 II.
401 RAK TyRtk E 24 II; LASH 66/8416; RAK TyRtk B 3, 1829, Nr. 123; LASH 168/78 II; LASH 66/3531 II.
402 Clark in: v. Buttlar/Meyer 1996, S. 673.
403 RAK TyRtk B 31.
404 Königlicher Hofkalender 1841, Sp. 95.
405 Clark in: v. Buttlar/Meyer 1996, S. 673.
406 LASH 168/78 II, 29.4.1846.
407 LASH 168/78 II.
408 LASH 7/4523, Beilagen zur Kornrechnung 1658–1660.

409 Gedanken und Wünsche 1651; die Kenntnis dieser Schrift verdanke ich den freundlichen Hinweisen von Herrn Dr. Hamann, Plön und Frau Dr. Margita Meyer, Kiel.
410 QuP 944.
411 QuP 817; LASH 7/228, fol. 39v.ff.; LASH 7/187, fol. 41/42; QuP 1392.
412 Major 1668, S. 18, vgl. Anhang 2, Nr. 4.
413 RAK TyRtk B 132, 8. Packen.
414 QuP 547; vgl. auch Gedanken und Wünsche 1651.
415 LASH 7/5808, Supplik v. 25.5.1648.
416 Seebach 1985, S. 204. Alberts in: v. Buttlar/Meyer 1996, S. 345 dementiert weder diese Aussage noch bestätigt sie.
417 QuP 780 u. 782.
418 Gedanken und Wünsche, 1651: hier wird „am Tage Catharinae" angegeben. Daraus ergibt sich entweder der 24. März als Tag der heiligen Katharina von Schweden, der 29. April als Tag der heiligen Katharina von Siena oder der 25. November als Tag der heiligen Katharina von Alexandrien; letzterer ist am wahrscheinlichsten, da die Gedenkschrift mit den Versen beginnt: „Die liebe Sommer=Lust ist ferne weg gesetzt/ Der Blumen Zierd und Schmuck wil vns nicht so anlachen gleich wie zur Frühlings Zeit. Jetzt können wir nicht machen den Krantz/ von Tulipen/ der sonst das Hertz ergetzt." Im dritten Gedicht heißt es: „Der Sommer ist dahin/ der bunte Blumen=bringet" und „Saturnus Fest bricht an/ Der kalte Winter kömpt". Die „Hochzeitszeitung" wurde von mehreren Personen verfasst, von denen nur der Kantor Andreas Saurius mit vollem Namen genannt ist. Die Beisetzung am 7. Sept. 1679 ist verzeichnet im Kirchenbuch St. Michaelis Schleswig, 1679/Nr. 40. Den Hinweis darauf und auf weitere Kirchenbucheintragungen zur Familie Tatter in Schleswig und Kiel verdanke ich der freundlichen Zusammenarbeit mit Heike Palm und Hubert Rettich aus Hannover.
419 QuP 547.
420 Biernatzki, Personensammlung; Kirchenbuch Kiel 1652, Nr. 41: Taufdatum 25.11.1652.
421 QuP 838; Biernatzki, Personensammlung; Kirchenbuch St. Michaelis Schleswig, 1664/Nr. 37 u. 1673/Nr. 30.
422 Kirchenbuch St. Michaelis Schleswig, 1667/Nr. 52.
423 LASH 7/1987.
424 LASH 7/1987; sie hat einen Bruder namens Valentin Kroken.
425 QuP 1460.
426 QuP 1593; QuP 1632; LASH 7/242, Hofstaat 1709.
427 Paarmann 1986, S. 110.
428 QuP 782.
429 QuP 817.
430 LASH 7/187, fol. 17/18, vgl. Anhang 2, Nr. 2.
431 QuP 832 u. 879.
432 Opitz 1978, S. 93.
433 QuP 1007 erwähnt zum ersten Mal „Jungen" unter M. G.Tatter im Neuwerk.
434 LASH 7/228, fol. 39v.ff., vgl. Anhang 2, Nr. 3.
435 LASH 7/228, fol. 40v.f.; vgl. Paarmann 1986, S. 106 u. 110.
436 LASH 7/187, fol. 41/42.
437 QuP 1276; LASH 7/187, fol. 41/42.
438 LASH 7/1428 und QuP 1161.
439 QuP 1228.
440 LASH 7/187, fol. 3/4, 6, 7 u. 41/42.
441 QuP 1358.
442 Vgl. zuletzt Paarmann in: v. Buttlar/Meyer 1996, S. 674. Deshalb werden häufiger in der Literatur fälschlicherweise Bauvorhaben im Neuwerk vom Anfang der 1690er Jahre noch mit Tatter in Verbindung gebracht, z.B. Sach 1866, S. 17; Schmidt 1903, S. 54; und noch Kellenbenz 1985, S. 201; Seebach 1985, S. 207 und Wörner 1991, S. 20.
443 RAK TyRtk B 132, 8. Packen.
444 QuP 1395; die Rentekammer-Rechnungen von 1685–1689 weisen keine Besoldungen für Gärtner aus, vgl. Paarmann 1986, S. 281.
445 Kirchenbuch St. Michaelis Schleswig 1690.
446 QuP 1330; LASH 7/187, fol. 41/42; Sirén 1914, S. 66.
447 BQ: LASH, Pflanzplan, vgl. Anhang 2, Nr. 8.
448 SBL 1971–73, S. 592.
449 Leider sind die diesbezüglichen Recherchen im Juni 1995 im Stockholmer Reichsarchiv erfolglos geblieben.
450 QuP 1086. Es geht dabei genauso um das Vogelhaus, das an dieser Stelle aber irrelevant ist.
451 QuP 1110, 1241 u. 1276.
452 Major 1668, S. 18 u. 20.
453 Olearius 1666, Tafel 18; Olearius 1674, S. 22.
454 Paarmann 1986, S. 106; Waldschmidt 1705, S. 24 u. 34.
455 Sirén 1914, S. 66f; SBL, 1971–73, S. 591f.
456 Zur Nieden 2015, S. 233–239.
457 QuP 880.
458 QuP 855.
459 QuP 663.
460 QuP 513; QuP 581.
461 QuP 460; QuP 543.
462 QuP 414.
463 QuP 441 u. 722.
464 QuP 513.
465 QuP 564 u. 639.
466 QuP 425.
467 QuP 565, 571 u. 581. Wo Vak vorher wohnt, ist nicht bekannt.
468 LASH 7/228, fol. 39v.ff.
469 QuP 653.
470 QuP 780 u. 782. Seine Kieler Bestallung vom 24. Januar 1662 ist in LASH 7/228, fol. 45 erhalten.
471 QuP 792 u. 815.
472 LASH 7/5749 u. 7/5808.
473 QuP 639.
474 RAK TyRtk C 84, Inventar v. 15.1.1750.
475 RAK TyRtk C 138, 1740, Nr. 13.
476 RAK TyRtk C 138, 1740, Nr. 13.
477 Königlicher Hofkalender 1741, o. Sp.; 1763, Sp. 110; 1764, Sp. 108; 1765, Sp. 106; 1766, Sp. 106; 1767, Sp.110; 1768, Sp. 107; 1769, Sp. 108.
478 Königlicher Hofkalender 1741, o. Sp.; 1746, J verso; 1751, Sp. 76.
479 RAK TyRtk B 31; RAK TyRtk C 138, 1740, Nr. 13; Paarmann 1986, S. 113.
480 LASH 66/9281, Nr. 38; RAK TyRtk B 2, 1740, Nr. 107.
481 KBK, Fr. d. V.s Atlas, T 28, N 55/63, verzeichnet im Centralregistranten for Arkitekturtegninger im RAK: Es ist eine aquarellierte Federzeichnung mit den Maßen 42,5 x 78,4 cm.
482 LASH 24/220.2.
483 1. undatierter Plan: RAK 1. Afd., KTS-Rentekammersamlingen, Nr. 89. Es handelt sich um eine 121,7 x 58 cm große aquarellierte Federzeichnung, signiert von David Christopher Voss. 2. Plan: RAK TyRtk C 84. Es ist ebenfalls eine aquarellierte Federzeichnung mit den Maßen 59 x 44,5 cm, signiert von D. C. Voss.
484 RAK TyRtk, C 84; Paarmann 1986, S. 113.
485 RAK TyRtk B 31.
486 RAK TyRtk B 2, 1749, Nr. 245.
487 RAK TyRtk B 2, 1768, Nr. 78.
488 LASH 66/9351, Nr. 11.
489 RAK TyRtk B 3, 1779, Nr. 120.
490 Königlicher Hofkalender 1753, Sp. 84; 1769, Sp. 107f.; 1779, Sp. 120.
491 RAK TyRtk B 2, 1749, Nr. 245; LASH 66/9307, Nr. 138.
492 RAK TyRtk C 89, Nr. 7 Lit. MM; LASH 24/147, Nr. 53; LASH 24/76, Lit. V.
493 RAK TyRtk B 2, 1749, Nr. 280.
494 RAK TyRtk B 31; RAK TyRtk C 138, 1749, Nr. 65 u. 73.
495 LASH 66/9307, Nr. 138; RAK TyRtk B 2, 1749, Nr. 280.
496 RAK TyRtk C 84; LASH 66/9308, Nr. 51.
497 RAK TyRtk B 2, 1750, Nr. 12.
498 RAK TyRtk B 2, 1768, Nr. 159. Zur Lage vgl. BQ: RAK, Henningsen.
499 RAK TyRtk B 31.
500 LASH 66/9352, Nr. 106.
501 RAK TyRtk C 138, 1769, Nr. 72.
502 LASH 66/3531 III; RAK TyRtk B 3, 1779, Nr. 120.
503 Im Königlichen Hofkalender ist er allerdings nicht verzeichnet.
504 LASH 66/3531 III; RAK TyRtk B 3, 1779, Nr. 120; Königlicher Hofkalender 1776, Sp. 101, wo Hertz als Adjunkt genannt wird. Erst 1779 ist er alleiniger Inhaber der Stelle, vgl. Königlicher Hofkalender 1779, Sp.120.
505 LASH 66/9351, Nr. 11; RAK TyRtk C 138, 1769, Nr. 72.

ANHANG 2
QUELLENAUSZÜGE

Vorwort

In diesem Anhang 2 ist eine Auswahl von Quellen in chronologischer Reihenfolge zusammengestellt, die von besonderem Interesse für das Neue Werk von Schloss Gottorf sind und die Geschichte des Gartens in ihren verschiedenen Facetten über drei Jahrhunderte repräsentieren. Zum größten Teil sind sie zum ersten Mal publiziert.

Zur Edition sind folgende Anmerkungen zu machen: Bei der Transskription wurde die Schreibweise des Originals durchweg beibehalten. In den Fällen, wo das Original durch Beschädigung teilweise unleserlich ist oder wo Zweifel an der Lesart einzelner Wörter und Buchstaben bestehen, sind diese Umstände durch ein Fragezeichen in eckigen Klammern [?] gekennzeichnet. Auslassungen sind durch drei Punkte in eckigen Klammern [...] markiert. Hinweise und Zusätze der Bearbeiterin sind grundsätzlich in eckige Klammern [] gesetzt. Runde Klammern hingegen sind mit dem Original identisch. Zur philologischen Untersuchung sollte in jedem Fall das Original herangezogen werden. Diese Angaben gelten auch für alle Zitate aus den Quellen und der Literatur im vorderen Textteil der Arbeit.

Index

Nr. 1:
LASH 7/227:
    Bestellung für Johannes Clodius (Konzept)
    vom 5. Febr. 1625 362

Nr. 2:
LASH 7/187, fol. 17/18:
    Inventar der Orangeriepflanzen vom 11. August 1655
    anlässlich der Übergabe des Neuwerkgartens an den
    Gärtner Michael Gabriel Tatter 362

Nr. 3:
LASH 7/228, fol. 39v.ff.:
    Bestallung des Gärtners Michael Gabriel Tatter
    vom 9. April 1661 364

Nr. 4:
Major, 1668, S. 16–19:
    Beschreibung des Neuwerks 364

Nr. 5:
LASH 7/167:
    Vertrag mit Jürgen Ovens und Lieferung der
    Gemälde für die Amalienburg 1670/71 365

Nr. 6:
LASH 7/228, fol. 252:
    Bestallung von Hans Christoph Hamburger
    zum Fontänenmeister 1680 366

Nr. 7:
LASH 7/187, fol. 26:
    Liste der von Michael Gabriel Tatter in Hamburg
    eingekauften Obstgehölze vom 4. November 1680 366

Nr. 8
LASH 7/187, fol. 31–39:
    Pflanzplan für Obstgehölze auf der Terrassenanlage,
    ohne Datum und Signatur,
    1681 von Michael Gabriel Tatter 367
    vgl. auch BQ: LASH, Pflanzplan (Abb. 22)

Nr. 9:
LASH 7/187, fol. 27–29v.:
> Inventar der im Neuwerk befindlichen Pflanzen
> vom 14. Juni 1681 370

Nr. 10:
LASH 400.5/223, pag. 98f.:
> Bestallung für Johannes Kempe vom 2. August 1689 372

Nr. 11:
RAK, TyRtk C 89 (Nr. 6 Lit. B):
> Pflanzen-Inventar des Neuwerkgartens
> vom 9. März 1695 373

Nr. 12:
LASH 7/229, fol. 321–323:
> Bestallung des Garteninspektors Bernhard Kempe
> vom 25. Oktober 1704 374

Nr. 13:
LASH 7/6826, pag. 565–677:
> Inventar der Residenz Gottorf, 1709 von Hinrich Schwartz
> angefertigt, daraus: Index und Text zum Neuen Werk
> und Tiergarten 375

Nr. 14:
RAK TyRtk C 89 (Ikke anbragte bilag Nr. 1):
> Pflanzeninventar, wohl von Peucker am 15.8.1727 erstellt
> (Beleg dafür in RAK TyRtk B 5,
> Beilagen zur Res. v. 3.4.1737, Nr. 90) 392

Nr. 15:
RAK, Håndskriftsamling, Gruppe I, Ulrich Petersen, Vol. 16–17:
> „Der Durchlauchtigsten Herren Herzogen von Holstein-
> Gottorff Haupt- und Residenz-Stadt Schlesewig nach ihrer
> alten und neuen Situation, beschrieben und dargestellet von
> Ulrico Petersen", daraus: Vol. 17, Kapitel 112 über Neuwerk
> und Kapitel 113 über den Tiergarten 397

Nr. 16:
LASH 24/220.1, Nr. 4:
> Kopie des Vertrages mit Johann Friedrich Freudenreich
> vom 27. Mai 1737, approbiert am 6. Juli 1737 406

Nr. 17:
LASH 66/1712 III, fol. 273–279:
> Inventar des Fontänenwesens vom 19. August 1738,
> verfasst von Otto Johann Müller anlässlich der Übergabe
> an Johann Friedrich Freudenreich 408

Nr. 18:
RAK TyRtk C 84, Nr. 4 des Inventar-Konvoluts unter Rosenberg 1770:
> Inventar der Gebäude und Bauwerke im Neuwerk von
> Johann Gottfried Rosenberg vom 31. Juli 1770 412

Nr. 19:
LASH 168/78 II:
> Pro Memoria und Bericht über den Zustand des Neuwerk-
> gartens von Garteninspektor Ernst Friedrich Hansen
> an den Oberhofmarschall von Hauck in Kopenhagen
> vom 31. Dezember 1832 415

Nr. 20:
LASH 168/78 II:
> Pro Memoria und Kostenanschlag zu einer Umgestaltung
> des Geländes um die Kaskade, von dem Garteninspektor
> Ernst Friedrich Hansen am 26. April 1834 ausgearbeitet
> und weitergeleitet an den Oberhofmarschall von Hauck
> in Kopenhagen 417

Nr. 21:
LASH 168/78 II:
> Vorschläge zur Umwandlung des Neuen Werkes in einen
> landschaftlich gestalteten Garten von Garteninspektor
> Hansen, Juni 1841 (vorangestellt sind ein kurzer historischer
> Überblick und ein Zustandsbericht; der Text bezieht sich
> auf zwei nicht überlieferte Zeichnungen) 418

Nr. 22:
LASH 168/78 II:
> Dienstanweisung für den Garteninspektor M. F. C. Jess im
> Neuwerk vom 29. April 1846 421

Anhang 2, Nr. 1:

LASH 7/227:
Bestallung für Johannes Clodius (Konzept) vom 5. Febr. 1625

„Wir Friedrich. p. uhrkunden hiemit daß wir Johan Cloth Zue vnseren gartner bestelt vndt angenommen haben. Bestellen Ihn auch hiemitt nochmals derogestalt vndt also, daß er vnsere garten nach besten seinem wissen vndt vorstande anordnen einrichten, cultiviren vndt bestellen, vndt dabeÿ hochsten fleiß anwenden solle, damitt derselbe mitt allerhandt so woll einheimischen alß außlendischen gewechsen besetzett, sonsten auch also gebauwett vndt geziret werdden, daß wir darub lust vndt contantament empfinden, dan zue vnser hoffhaltungh vndt kuchen darauß die notturfft haben können. Wie er dan die anwachsenden baume vndt andere garten fruchte vndt krautere jederzeit fleissig uffheben, waß davon zue vnser Hoffhaltungh nicht bedurffigh sein wirtt, Zum Besten verkauffen, vndt vnß berechnen [?], vndt zu summa sich allerdinghs also bezeigen vndt verhalten soll vndt will, Wie eß einem getreuwen diener vndt gartner woll anstehett vndt seine daruber getahne Aidsleistungh erfurdertt

    Darentgegen vndt Zue Belohnungh solcher seinen muhe haben an Ihme Zue Jahrlichen Besoldungh eins vor alle an stadt kostgeldes lohns vndt waß dem anhengigh sein magh, Hundertt vndt funffzig Reichsdahl, welche Ihm Jahrlichs vndt alle jahr, wan andern unseren dieneren Ihre besoldungh empfangen, auß vnser rentekammer sollen gezahlet [?] werdden vorsprochen,

    Daneben wir auch demselben eine freie behausungh mitt notturfigen feurungh vorschaffen wollen. Uhrkund [?] Handtzeichens Cammersecrets
Gottorff 5. Februarii Anno 1625"

Anhang 2, Nr. 2:

LASH 7/187, fol. 17/18:
Inventar der Orangeriepflanzen vom 11. August 1655 anlässlich der Übergabe des Neuwerkgartens an den Gärtner Michael Gabriel Tatter

Anmerkung: Die Quelle ist hier im Original belassen worden, lediglich zur besseren Benutzbarkeit eine Nummerierung in eckigen Klammern hinzugefügt. Die Übertragung in die heute gültige Nomenklatur und deutsche Namen finden sich in zwei alphabetischen Gesamtlisten der drei Pflanzeninventare aus dem Neuwerk des 17. Jahrhunderts in Anhang 3, Nr. 9 und Nr. 10.

„Dem Gärtner Ufm Frl. [Fürstlichen] Newenwercke Michael Gabriel Tarter sein nachgesetzte sachen so woll im Pommerantzen Hauße, alls auch in der Lustgarten daselbsten befindtlich, den 11. Augusti Anno 1655 = uberandtwordtet worden;

im Pommerantzen Hause ist,
    An der Maur Nach dem westen
    [1] feigen beüme 2. stk.

Nach dem Norden der Maur
    [2] Climatus virginianum 1. stk.
    [3] Weinstöcke 7. stk.
    [4] Citronen 1. Baum.

    [5] nach dem Osten, Feigen beüme 4.stk.
    [6] zwischen dem oss [?] Citronen Baum 1 gr: stk.

in dem Andern Bette nach dem Norden
    [7] Pommerantzen 1. gr: stk. mit 2. weisse früchten,
    [8] Pommerantzen beume ohne früchte 6. stk.
    [9] Noch mit Kleinen früchten 1. stk.
    [10] Zwergel 1. stk.
    [11] Citronen Beume ohne früchte 1. stk.
    [... Original defekt] Baum 1 stk.
    [12] altera arboreßus 1. stk
    [13] Colocaßium 1. pfl.

in dem andern Bette Von westen,
    [14] Pommerantzen Beume sonder früchte 8. stk.
    [15] Citronen Beume 2. stk.
    [16] grose gefüllete ballaustium 1 stk.
    [17] Jasminum persicum 1. stk.
    [18] Mirtten 2. stk.
    [19] salimus Arborescens Major 1 stk.
    [20] sedum Arborescens Minor 1. stk.

im Dritten Bette,
    [21] Pommeranthen ohne früchte 6 stk.
    [22] Pommerantzen Beume mit Kl. früchte 1 stk.
    [23] Pommerantzen Beume wilder ahrt 1. stk.
    [24] Rosa de damasco 1. stk.
    [25] acacia americana 1. stk.
    [26] Solonum arborescens 1. stk.
    [27] Jasminum indicum 1. stk.
    [28] periclimum 1. stk.
    [29] Camelia tricocas 1. stk.
    [30] Pallaustium 1. stk.
    [31] Xiris 1. pfl.
    [32] filis firginiamus 1. pfl.
    [33] Accatius spinosus 1 pfl.
    [34] siciyicos Marante 1. stk.
    [35] altea Ciriaca 1. stk.
    [36] Laurus Tinus Major 1. stk.

im Vierdten Bette,
    [37] Wilde Pommerantzen Beüme 6 stk.
    [38] Alaternus 1. stk.
    [39] Cÿtisus Recto 1.
    [40] Vergüldt Rosmarien 2. stk.
    [41] Arbora Indea 1. stk.
    [42] Laurus Tinus Minor 1. stk.
    [43] Cipreßen 1. stk.
    [44] Laurus Cerasus 1. stk.
    [45] Nerion flora Rubrum 1. stk.

[46] Agnus Castus 1. stk.
[47] Laureola flora firidi 1. stk.
[48] verbascum saluae folio 1. stk.
[49] Laurus [defekt im Original]
[50] Jacobea Marina [bei Anzahl defekt im Original]
[51] acantus Italicus [bei Anzahl defekt im Original]
[52] Jasminum Catalonicum in 2. Eimern 2. stk.

ring Maur=
[53] Apricosen b: 6. stk.
[54] Pfersicken Beum, 19. stk.
[55] Meÿ Kirschen Beu: 1. stk.
[56] Weinrancken 75. stk.
[57] Kirschen beu: 62. stk.
[58] anagaris 2. stk.
[59] Sumagus 2. stk.
[60] Epimetium amricanum Rictex 1. stk.
[61] Rosa damascum 1. stk.
[62] Speri Theofrasti 1. stk.
[63] Rosae 20. stk.

Ledige Töpffe mit Ihr Frl. Drl. Waffen [Ihro Fürstliche Durchlaucht Wappen] 7. stk.

folgends im 1. stücke,
[64] Pisum grecorum 1. pfl.
[65] Geranicum
[66] hollandische Negelein, 3. sorten,
[67] Asfodolus flore luteo
[68] fiola Noctis
[69] Primalavere flore luto pleno,
[70] Peonia
[71] Auricula vrsi
[72] Malua Rosea flora caniolo albo,
[73] Calta pallutris,
[74] Eringium Planum
[75] fracinella flore Rubra
[76] gelb gefüllete violen 1. stk.
[77] flos Cicouli
[78] jris Lati folio,
[79] ein fache feder Negelein
[80] flos admirabilis,
[81] Lichnis Calcedonica
[82] Lichtnis Coronuria, flore simpl:
[83] ...alleriana [defekt im Original] greca, [s. Valeriana]
[84] ...atiola, [defekt im Original] [s. Gratiola]
[85] ...legia [defekt im Original] flora agentae, [s. Aquilegia]
[86] Asfodulus Liliaticus,
[87] ...rius [defekt im Original] Bulbosa [s. Jrius]
[88] ...ius [defekt im Original] persicus, [s. Jrius]
[89] ante cirrinum
[90] Bugolossa jtalica

im 2. stk. Bette,
[91] grisautimum virginianum
[92] gnofalium flore Albo pleno
[93] vallangium virginianum flore Cerubicum
[94] Ranunculus anglicus flore albo,
[95] Scaordio,
[96] gramen Plumarum
[97] Cama plitius austriaca,
[98] Calamintha Montana,
[99] Boraga Semper vierens,
[100] ceclimatis panonica,
[101] Martigon
[102] Malua Alceo,
[103] Cenbilicus,

im 3. Bette,
[104] Bellis Multifarae,
[105] petarnica,
[106] sinella perfinea flora simpl.
[107] sedum Burgoniacum,
[108] anthillic Leguminosa,
[109] aguillegia,
[110] Rodiae Radis,
[111] jrius agusti
[112] jrius Camae,

im 4. Bette,
[113] Cipreß 2. stk.
[114] geranium pectum,
[115] Herba Dorea,
[116] geranium foscum floro purpura,
[117] Ranunculus annmonae,
[118] viola matronalis,
[119] gencitanella,
[120] sedum vermiculatum
[121] Cartuser Negelein flor: Rub: plen:
[122] sanicula alpine,
[123] Campanola piramitanus,

in den Betten Beÿ dem Kl. Lusthause
[124] Telaspia peltutum,
[125] Napellu flora Cerubia,
[126] Confoluobus non Confoluobus,
[127] peruoliatus /.

Dieser gartens Beschreibung Uf Ih. Fürst: Durch [...defekt im Original] gnädigsten Befehl verrichtet worden, [...defekt im Original] Beschriebener maßen sich alßo verhalten.
Ew: Hoch f[...]
Unterthänigster [...]
gehorsamster
Diehner
Otto Jageteufel"

Anhang 2, Nr. 3:

LASH 7/228, fol. 39v.ff.:
Bestallung des Gärtners Michael Gabriel Tatter vom 9. April 1661

„Michel Gabriel Tatters
Gärtners, Bestallungh p
Wir, von Gottes gnaden, Christian Albrecht p Uhrkunden hiemit, daß wir Michel Gabriel Tatter zu Unserm Lustgärtner, undt Inspectorn des Alten Gartens, gestalt wir mit demselben auch deshalber contrahiret, bestellet undt angenommen haben, bestellen Ihn auch hiemit nochmals, dergestalt undt also, Daß Er Unser anordnung undt Befehl gemeeß, nach bestem seinem wißen, undt verstande, die Gärten undt absetze auf dem Newenwerck, zusambt allen, was dem an allen Hecken, Baumpflantzen, undt sonsten anhängig, einrichten, Cultiviren, undt bestellen, undt dabeÿ höchsten fleiß anwenden soll, damit solches alles mit allerhandt, so woll einheimischen, als aus Ländischen Gewächsen ferner von Zeiten zu Zeiten besetzet, sonsten auch also gebawet, undt gezieret, wie auch insonderheit das Pomerantzen=Hauß, mit denen sich darin befindenden gewächsen, also in acht genommen, undt woll unterhalten werde, daß wir darob Lust und Contentement empfinden, Dan auch für Unß zu Unsern Condituren undt Condit-Cammer, was an Baum undt anderen früchten verhanden, daraus haben mügen, undt in Summa sich allerdings also bezeigen, undt verhalten soll, und will, wie es einem getrewen Diener, undt Gärtner woll anstehet, undt Seine darüber gethane Eÿdes Leistung erfürdert, Darentgegen undt zu Belohnung solcher seiner Mühe haben wir Ihm zu Jährlicher Besoldung eines für alles, an stat Kostgeldes, Lohns, undt was dem anhängig sein mag, Eintausend Reichsthl: undt 50 Faden Brennholtz zu dem Pomerantzen Hause versprochen, undt zugesaget, welche 1000 Rh: Ihm Jährliches, undt alle Jahr wan andere Unsere diener ihre Besoldung empfangen, aus Unser RentCammer sollen entrichtet, undt 50. faden Brennholtz von Unserm Hauß Voigte geliefert werden, daneben wir auch demselben eine freÿe Behausung verschaffen wollen, dann auch in gnaden gegönnet undt eingewilliget, daß ihm von deme an Seiner wohnung verhandenen wüsten Lande, daßelbe so Hinrich Vacke hiebevor eingehabt, laut Unser darüber ertheilten concession zu seiner und der seinigen notturfft, undt unterhalt, auff lebenszeit, undt ferner nicht, ohne einige abgifft, undt entgeldt freÿ zu genießen, undt bestem seinem wißen nach zugebrauchen, eingereumet, und verstattet werde,
Uhrkundtlich p. Gottorff p d 9t April 1661."

Anhang 2, Nr. 4:

Major, 1668:
Beschreibung des Neuwerks

S. 16:
„Daß andere/ belaufft sich mehr zur Lust/ gelegen ausserhalb des Grabens/ gegen der Nord=Seite des Schlosses/ jedoch demselben angehengt vermittelst einer gleifals schönen Brücke und annehmlichen perspectivischen langen/ stets rein gehaltenen/ Ganges/ so auff beyden Seiten mit Ipern/ oder Ulmen=Bäumen gleicher grösse besetzet ist/ und schnurgleich hinführet in die ihme correspondirende/ neu=angelegte sehr=köstliche Cascate oder Wasser=stürzung/ außgezieret mit unterschiedenen reyhen gesetzter Muschel=förmiger Kessel/ gewundenen Drachen und Delphinen, wie auch zu öberst mit einem dazu gehörigen prächtigen Amphitheatralischen Portal von künstlichem Berg= und Grotten=werck/ und von Muscheln zusammen gesetztem Hoch=Fürstl. Holsteinischen Wappen. etc. Daselbst stehend ist man demnach im anfang des besagten andern Theiles

S. 17:
Hoch Fürstl: Gottorffischer Residenz, dz Neue Werck genennet/ so nichts anders ist/ als ein grosser district oder begrieff erhobenen lustig=grünen Landes; und hat denselbigen Nahmen bekommen/ weil es seiner vorhin=gehabten wildnüß nicht mehr gelassen/ sondern von zeit zu zeiten durch grosse kosten und müh dermassen bebauet/ das es nunmehr kein freier Platz und blosses Theatrum der Natur alleine/ sondern ein unaussprechliches wohnhauß der Natur/ Kunst/ und aller holdseeligsten Gratien zugleich/ meritirt, genennet zu werden; ja ein rechtschaffen Pratolin, und von Menschen=Händen wol=geordnetes Paradiß in Holstein. Pratolinum aber für sich selbst/ wie bekant sein kan/ ist nichts anders/ als ein ins viereck gebauter schöner Palast/ nahe bey Florenz, zu beliebiger Sommerlust der Großhertzogen von Toscana, mit bey gehörigen schönen lust Gärten/ alléen, portalen/ bindwercken/ gemählden/ pyramiden, globen/ statuen/ Fontainen/ cascaten/ und anderen künstlichen/ zum theil auch betrüglichen/ grotten und/ Spring=wercken/ Brunnen/ Fisch=reichen Hellern und Teichen/ allerhand Spiel=plätzen/ Thier=garten/ Vogel= und Pomrantzen=Häusern/ gehöltz und Labyrinthen/ und was dergleichen mehr zu ergötzung Hoch=Fürstlicher Sinnen ersinnet werden kan: wie solches Pratolin in einem absonderlichen Italiänischen Büchlein/ Anno 1587. zu Florentz gedruckt/ von Francisco de Vieri außführlich beschrieben wird/ und in den meisten stücken mit dem Gottorffischen Neuen Werck eine sehr grosse gleichheit hat. Welches Neue Werck aber in dem es benahmendlich wegen

S. 18:
etwas=bergichter beschaffenheit seines/ doch einen sehr schönen prospect gebenden/ Lagers/ in das ober und unterrevier sich theilet; so haben wir (den particuliren orth dero daselbst bald blühenden Americanischen Aloë endlich zuentdecken) unser gewächß in des obern/ als grössern/ reviers neu=angelegten/ und mit sinn=reich gemachtem Lorbeer= und granaten=gehäke/ und mit vielen raren aus=Ländischen Bäum- und Bluhmen geziehrten Pomranzen=Hauß zu finden/ Anno 1655. dahin gebracht/ aus dem gleichfals sehr berühmten Lust-Garten zu Husum der Durchleuchtigsten Fürstin und Frauen/ Frauen Maria Elisabeth/ gebohrnen aus dem Cur Fürstlichen Stamm/ und Hertzoginn zu Sachsen/ Gülich/ Cleve/ und Berg &c. Erb=Princessinn in Ober= und Nieder=Laußnitz/ Verwittibten Hertzoginn zu Schleßwig=Holstein/ Stormarn und der Ditmarsen/ Gräfin zu Oldenburg und Delmenhorst/ Ihrer Hoch Fürstl. Regirenden Durchl. Meines Gnädigsten Fürsten und Herrn/ Hertzwerthesten/ und GOtt gebe/ noch lange und Glücklich Lebenden Frau Mutter. Und ist also nachgehends diese Aloë, nach dem sie auf das Neue Werck transferirt, an einen winckel zu Norden und und Westen/ und also der Morgen und Mittags Sonne gantz kräfftigen strahlen entgegen gesetzt/ in einem dazu=erbauten vier Fuß

hohen/ und mit gutter neu=zubereiteter Erde gefüllten/ und von allen seiten mit=steinernen abzügen zuziehender Feuchtigkeit/ und unter diesen/ mit einem steinernen Rostwerck/ versehenen Hölltzernen Kasten/ durch den viel=Jährigen/ sorgfältigen/ grossen Fleiß des Kunstberühmten/ verständigen und Sinn=reichen/ Ihrer Hoch Fürstl. Durchl. Lust=Gärtners/ Nahmens Michael Gabriel Tatter/ bis anher erhalten

S. 19:
worden/ nebenst unterschiedenen andern kleineren/ doch an sich schon so groß=gewachsenen Aloën, das ich gar sicher traue/ das sonderlich eine von diesen/ innerhalb 8. oder 10. Jahren ohngefehr/ zugleichmässiger (GOtt gebe/ auch=Glücklicher!) blüthe/ als die itzige/ gelangen werde."

Anhang 2, Nr. 5:

LASH 7/167:
Vertrag mit Jürgen Ovens und Lieferung der Gemälde für die Amalienburg 1670/71

Vertrag mit Jürgen Ovens v. 2. Nov. 1670:

„Zuwißen, Das Zwischen dem Hochwürdigsten Durchlauchtigsten Fürsten vnd Herrn, Herrn Christian Albrechten, Erben zu Norwegen p Vnserm gnedigsten Fürsten und Herrn, vnd Herrn Jürgen Owens in Friederichstadt, nachfolgende Handlung resp. gnedigst vnd bestendig beliebet vnd geschlossen:

Es soll vnd wil gemelter Jürgen Ovens zu dem Newerbaweten te=Lusthause aufm Newenwercke Vier große Schildereien, Jedes stück 36. fuß unten in die Lenge vnd Acht fus hoch, worauf insonderheit die Ordinancien vnd Handlungen guht vnd also sein sollen, das dieselben verendert vnd in dreÿ theilen separiret werden konnen,

Der Kubell soll durch vnd mit Acht stücke, zwischen den Acht Ribben der Götter gesellschafft ordiniret vnd perfectiret werden,

welche vorbesagte Zwölff stücke Er zwischen dato vnd ausgehenden Meÿ des anstehenden 1671sten Jahres, mit Götlicher hulffe zuverfertigen vnd zuliefern versprochen,

Dabeÿ aber sich vorbehalten, aldieweil es ein großes werck vnd viele Zeit erfohdert, d. ihm seine disciputen daran zur handt gehen vnd helffen mögen,

Die ordonancien, Herausführung vnd entliche perfection aber von ihm selber alleinig verrichtet werden soll.

Die übrigen plätze betreffend, so von die Vier vntersten stücke bis an die Kubell gehen, sollen nurten [?] mit hangenden Vistonen vnd Kinderlein von ihme Jürgen Ovens inventiret, vnd ohn seinen Kosten von anderen verfertiget vnd ausgemachet werden,

Für obberührte Arbeith haben höchstged: I: Fürstl: Durchl: nach vergnugeter liefferung Zweÿtausend Rthlr: zuzahlen, crafft dieses. Fürstl. versprochen vnd noch daruber nach befindung eine Fl: gn: Discretion zugeben

Imgleichen die Tücher Rahmen vnd fuhren a part zuhalten vnd ihn zu contentiren,

vhrkundl: ist dieser Contract in duplo ausgefertigt, von höchstged: I:H: Durchl: mit dero vntergesigten [?] Fl: Handtzeichen vnd vorgetruektem Cammerdecret wolzogen,

Imgleichen auch von Jürgen Ovens vnterschrieben vnd verpitschafftet,

Geben auff dem fl: Residentzschloße Gottorff den 2ten Novemb: ao. 1670."

Konzeptschreiben betr. die Lieferung von Gemälden für die Amalienburg von Jürgen Ovens, ohne Datum:

„Folgens Ihro Hochfürstl: Durchl: Gnädigstes belieben haben Sÿ mit mir Verdungen

4 grosse stücke jeder zu 36 fuß vnten in die Lenge, hoch 8 fuß, worauf in sonderheit sollen geschildert werden, solche ordinancien die beÿ Verenderungh in dreÿen theilen können separiret werden, vnd edah gute ordinancien sein, der Kubel, sollen durch vnd mit 8. stücken, zwischen denen 8 Ribben der Göttergselschafft ordiniret vnd volfüret werden, weil nun diß werk ein so ghar grosses werk ist, vnd Jahre erfodern würde, alß ist belibt wurden: Das meine discipulen mihr darinnen anhandt gehen p: in etlich theilen, helffen, was die ordinancien, Heraußführungh, vnd entliche perfection, betrifft, soll ich alleinig Daran Verrichten x [hier ist folgendes eingefügt: „die übrigen Plätze betreffen so von die 4 ünterste stücke biß an die Cubel gehen, sollen unten mit hangenden Vistonen vnd Kindelein Von Ovens inventiret vnd ohne Seine beköstigung Von andern gemacht werden vnd da Gott mÿr gsundtheit wirt vleihen hoffentlich bei ausganck Maÿ diße benente 12 stücke zu liefern.], für dise arbeit haben Ihr hochfürstl: Durch: mir nach verfertigte arbeit Gnedigst versprochen 2000 Rthler. edoch Eine Gnädigste Discretion überall hochfl: Sich erklern wollen, die Tücher vnd Rahmen vnd Fuhr, stehet Ihr Hochfürstl: Durchl. auch,

Dieses ist meine unterthänigste enthalt, vermeine d: selbiges alles auch also in Ihro Hochfürstl: Durchl: Gedechtnis sich finden vnd accordiren wirt,"

Schreiben von Jürgen Ovens an Herzog Christian Albrecht anlässlich der Fertigstellung der Amalienburg-Gemälde vom 23. August 1671:

„Waß auf Ihro Hochfürstl: Durchl: meines Gnaedigsten Fürsten vnd Herren befehl, folgens dem Fürstl: contract, ich in allerunterthänigkeit auf Amalienburgh geliefert habe

Im selbigen contract Lauten die Hochfürstl: worte also, für obberürte arbeit haben Ihro Hochfl: Durchl: nach Vernügter lieferungh Zweÿtausent Rthlr zu zahlen Auff dieses Fürstl: versprechen, v. noch dahrüber nach befindungh Ein Fürstl: Discretion zugeben: wan dan nun Gnädigster Fürst v Herr, ich mirh in diese außführungh so betragen habe, das auch der augenschein es giebet, wÿ ich keine arbeith darinnen entnommen habe besondern, ein überfluß v allerunterteniqste treuwwilligkeit hab bewieß

Alß hoffe zu Ihro Hochfürstl: Durchl: angebohrne hohe Furstl: milte, Sÿ werden, alß alstett höglobichst geste, Ihro liberalität in diesem allergnädigst erblicken lassen, v: mit Gnädigster v hochfürstl: sorgfalt der Zahllungh, Ihren schwachen diener erfreudlichst Zu Hause lassen, v ich werde für solche Hochfürstl: gnade Zeit meines lebens allerunterthanigst Verbunden sein, Ihro Högstfürstliches lob mit Worth, und pencell, auch nach allen eusserst Menschlichen Vermügen zu rühmen v zu dancken haben,

was Ihro Hoheiten mein Gnädigste Princesse Ihro untergeschriebene Rechnungh gemäes, u Ihro Hochfürstl: weniges ohne obberürtes, ist, in allerunterthänigkeit einzubringen wissen, Der Allwaltender Gott schütze Ihro Hochfürstl: Durchl: bey langem langem Hochfürstl: wohlergehn. v ich bin Euw: Hochfürstl: Durchl: allerunterthänigster Diener J: Ovens.

d 23 Aug: 1671 vor Gottorff."

Anhang 2, Nr. 6:

LASH 7/228, fol. 252:
Bestallung von Hans Christoph Hamburger zum Fontänenmeister 1680

„Hans Christoff Hambürger Fontain=Meisters Bestallung.
Wir, von Gottes gnaden, Christian Albrecht p, Uhrkunden und bekennen hiemit gegen Männiglichen, daß Wir Unsern Lieben Getrewen, Hanß Christoff Hamburger für Unsern Fontain Meister gnädigst bestellet, und angenommen haben, bestellen und annehmen Ihn auch hiemit, und Crafft dieses derogestalt und also daß Uns er getrew, Held, und gewärtig, insonderheit aber schüldig seyn soll, Unsere Fontainen und Grotten, die Wir schon haben, oder künfftig anrichten lassen möchten, in guten Brauch Bahren stande zu erhalten, was daran zu beßern, und zu ändern, so viel er für sich und mit seinem Sohn bestreiten kan, daßelbe müglichsten fleißes und aller Trew zu verrichten, und in Summa an sich nichts ermangeln zu Laßen, was einen getrewen und fleißigen Fontain Meistern eignet, gebühret und woll anstehet, Die übrige arbeit aber, welche er und sein Sohn zu Bestretten, nach erweg= und Befindung nicht vermögen, darzu wollen Wir auff Unsere Costen Hülffe thun, wie auch durchgehends alle nötige Materialien anschaffen laßen. Darentgegen, und für solche seine Dienstleistung Haben Wir Ihm zu Jährlicher Besoldung 120 Rthl: 32 ß gnädigst versprochen, und zugesaget, welche Ihm jährlich aus Unser Fürstl: Rent Cammer, wie andern Unsern Dienern, gefolget werden sollen, Uhrkündlich p Geben p Gottorff p in Octavis Trium Regum A°: 1680:/."

Anhang 2, Nr. 7:

LASH 7/187, fol. 26:
Liste der von Michael Gabriel Tatter in Hamburg eingekauften Obstgehölze vom 4. November 1680

Anmerkungen zur Identifizierung der Obstsorten aus den Quellen in Anhang 2, Nr. 7 und Nr. 8:
Die Übertragung der in den Quellen angegebenen Obstsorten in die heute gültigen pomologischen Bezeichnungen nahm – soweit möglich – Werner Schuricht aus Jena vor. Probleme traten durch folgende Faktoren auf: 1) Die Quellenangaben sind z.T. nicht mehr vollständig lesbar. 2) Die Angaben sind unvollständig und weichen erheblich von der heute üblichen Schreibweise ab. 3) Die Namen waren mindestens bis 1761 international uneinheitlich und sind z.T. heute überhaupt nicht mehr bekannt.

Alle Zusätze in eckigen Klammern geben Informationen zur Namenermittlung. Zu Anfang weisen Buchstaben auf die Gattung hin (A = Apfel; B = Birne; K = Kirsche). Danach wird der Sortenname genannt, soweit bekannt. Heute national oder international noch existierende Sorten sind unterstrichen. Die Grundlage der Identifizierung bildet das Standardwerk: Mathieu, Carl: Nomenclator Pomologicus. Berlin 1889. Der angegebene Nachweis bezieht sich dagegen auf: Jahn/Lucas/Oberdieck: Illustriertes Handbuch der Obstkunde. Ravensburg/Stuttgart 1859–1875 (IHB). Nach der Abkürzung IHB zeigt die römische Zahl die Bd-Nr. und die arabische Zahl die Sorten-Nr. in diesem Band an, gefolgt von dem Erscheinungsjahr des Bandes. In wenigen Fällen sind ausländische Pomologen nach Mathieu zitiert. Dort, wo mit Hilfe der angegebenen Literatur nicht einmal die Gattung identifiziert werden konnte, hat die Verfasserin den Versuch gemacht, die Gattung aus der Systematik der Verteilung der Bäume auf dem Pflanzplan zu ermitteln. Der Gattungsangabe folgt in diesen Fällen der Hinweis (?, n. Pflanzsyst.).

„Ao 1680 d 4 Novembris In Hamb
Specification von folgende Beüme So Herr Michel Gabriel Tater vor Ihro Hochfürstl. Durchl. nach Gottorff bekommen hat Als folgende hohe Beüme
1. Pojor Boiet Bir [B]
1. Pergamot d'Schorche [B]
1. Gratiot [B; = Gratiole? = Sommer-Apothekerbirne IHB II, 22 (1860)]
1 Malvasier [B; = Sommer-Apothekerbirne IHB II, 22 (1860)]
1. Doinne [B; = Doyenne? = Dechantsbirne (Sammelname)]
1. Poynne [B; = Doyenne? = Dechantsbirne (Sammelname)]
1 Poier d'Espange [B; = Poier d'Espagne? = Sparbirne IHB II, 86 (1860)]
1 Lavaschame [?]
1 Nostre dames [B; = Notre Dame? = Franc Real IHB V, 325 (1866)]
1 Sanette [?]
1. Palancet Eribale [?]
1 Limariÿ [?]
1. Citron [B; = Rotback. Citronat-Birne IHB V, 371 (1866) oder Weiße Herbst-Butterbirne IHB II, 43 (1860)]
1. Poier d'taete [B; = Tête de chat? = Großer Katzenkopf IHB II, 251 (1860)]
1. Poier d'Roÿ [B; = Beurre du Roi = Graue Herbstbutterbirne IHB II, 38 (1860)]
1. Poier d'Italia [B]
1. Sergoela [?]
1. Janette d'Province [B; = Jeannette? = Jansemine LEROY 597 (1867/79, 6 Bde.)]
1. Roÿ d'Este [B; = Roi d'Eté?, es können 3 alte Sorten sein]
1. Flore d'gin [B; Fleur de Guigne? = Zartschalige Sommerbirne IHB V, 353 (1866)]
1. Blutbir [B; = Blutbirne: Sommer-Blutbirne IHB V, 359 (1866) oder Herbst-Blutbirne IHB V, 394 (1866)]
1. Ruyde [?] honig bir [?]
1. Sferck [?] bir [?]
1. Laßbir [?] [B; = Faßbirne? DOCHNAHL, 769 (1856)]

—

4 stück - - - - â 20 ß. - 30 Rthlr: -,-

1. Pom d'Augusty [A; = „Augustapfel"]
1. grande Campanier [?]
1. Pipina [A; = Pepping oder Pippin (Sammelname)]
1. Groß Schlot Epfel [A; = Großer Schlotterapfel = Prinzenapfel IHB I, 13 (1859)]
1. BrautEpfel [A]
1. Grose grünhart [?]
1. Schipper Epfel. [A]

—

7 stück - - - â 20 ß - 8 Rthlr. 12 ß
_____

Summa 38 Rthlr. 12 ß

1. Numperel [?] Kirsch hoch
1. Muscatel Kirsch
1. Mirabilan pflaumen gelb [Mirabellen]
1. Mirabilan Pflaumen grün [Mirabellen]
1. Persche parÿ [Pfirsich]
1. Persche Rospier [Pfirsich]

—

a 1 Rthlr ————————————-6 Rthlr.- , -

1. Braun Elbinger Wein [Rebe]
1. grose Roet welsche wein [Rebe]
1. Roete Riseler [Rebe = Roter Riesling]
1. Buphorn [?] [Rebe]
1. Siegelfarbe Traminer [Rebe]
1 lange Spansche [Rebe?]

—

a 2 Rthlr ————————————12 Rthlr. -
Matten dazu ————————-2 Rthlr
von voriger seiten beträget sich 38 Rthlr 12 ß
Summa 58 Rthlr. 12 ß
Johan Rudolff Meÿlandt"

Anhang 2, Nr. 8:

LASH 7/187, fol. 31–39:
Pflanzplan für Obstgehölze auf der Terrassenanlage, ohne Datum und Signatur, 1681 von Tatter, vgl. auch BQ: LASH, Pflanzplan

Die Anmerkungen zur Identifizierung der Obstsorten aus der Quelle Nr. 7 dieses Anhanges gelten auch für diese Quelle.

[fol. 31]
„Entwurff der Newen partern undt wie die Bäume so von Hamburgk geholet in ordnunge stehen Nach Ihrer Zahl.
Noch stehen in dem New eingenommenen theihle, auff 400 stück so ich selbst geschaffet undt zu gezogen welche der Augenschein auß-weisen wirdt.

[fol. 32]
Num:
1. Rambouillet [A; = Goldgelbe Sommer Renette IHB I, 120 (1859) oder Rambo DOWNING, 319 (1885)]
2 Große Klock Epffel [A]
3 Güllings [A; = Gulderlinge (Sammelname)]
4 borstorpfer [A; = Borsdorfer = Edelborsdorfer, älteste dt. Apfelsorte, IHB I, 136 (1859)]
5 Beure gris [B; = Graue Herbstbutterbirne IHB II, 38 (1860)]
6 Kleine Muschateller [B; = Kleine Muskateller IHB II, 1 (1860)]
7 Isembart. [B; = Isambert = Graue Herbstbutterbirne IHB II, 38 (1860)]
8 frue Zucker Birn [B]
9 Coulej soiff. [B; = Coule Soif = Runde Mundnetzbirne IHB II, 11 (1860)]
10 Robert Musque [B; = Roberts Muskateller IHB II, 177 (1860)]
11 pigeons [A; Taubenapfel (Sammelname)]
12 petit Muschat [B; = Kleine Muskateller IHB II, 1 (1860)]
13 Calvil d'Este [A; = Calvill d'Ete? = Roter Sommer Calvill IHB IV, 454 (1865) oder Weißer Sommer Calvill IHB IV, 359 (1865)]
14 luqueux au Valle [B, (?, n. Pflanzsyst.)]
15 Reinette platte [A; = Renette Plate = Zwiebelborsdorfer IHB I, 137 (1859) oder Champagner Renette IHB I, 47 (1859)]
16 ougenonette musque [B]
17 pondt appel [A; = Pfundapfel (Sammelname)]
18 Bergemotte d'hiver [B; = Winter Bergamotte (Sammelname)]
19 Calvil blanc. [A; = Weißer Winter Calvill IHB I, 1 (1859)]
20 Bergemotte d'outomne [B; = Rote Bergamotte IHB II, 37 (1860) oder Wildling von Motte IHB II, 51 (1860)]
Nu:
21 Corpendu Rug [A; = Cort Pendu Rouge = Königlicher Kurzstiel IHB I, 68 (1859)]
22 tresorier [B, (?, n. Pflanzsyst.)]
23 fenoviet [A, (?, n. Pflanzsyst.)]
24 portailr d'proti[…? Original defekt] [B, (?, n. Pflanzsyst.)]
25 Regieri [?] Birn [B]
26 Weiße Romische Kickers [A, (?, n. Pflanzsyst.)]
27 Huner [Heuer?] Birn [B; = Hunterbirne? = Jägerbirne IHB V, 509 (1866)]
28 Reinette d […Original defekt] [A; = Renette … (Sammelname)]
29 Reinette Ros[…Original defekt] [A; = Renette Rousse? (Sammelname)]
30 Praher Epfel [A; = Prager = Graue Französ. Renette IHB IV, 429 (1865) oder Engl. Spitalrenette IHB I, 62 (1859)]
31 Eck Epfel [A; = Gelber Eckapfel IHB I, 10 (1859) oder Roter Eckapfel IHB I, 11 (1859)]
32 folgens Kirschen [K; = Folger-Kirsche IHB VI, 52 (1870); „folgern" bedeutet nach und nach, nicht gleichzeitig reifend]
33 Runde Har[…Original defekt] [Honig?] [?, nicht eingezeichnet in Pflanzsyst.]
34 Printzen Apfel [A; = Prinzenapfel IHB I, 13 (1859)]
35 Roote Winter[…Original defekt] [B; = Rote Winter Bergamotte? = Trockener Martin IHB V, 511 (1866)]
36 Muscatel Kirschen [K]
[fol. 33]
Num:

1 Platte Rainetten [A; = Renette Plate = Zwiebelborsdorfer IHB I, 137 (1859) oder Champagner Renette IHB I, 47 (1859)]
2 peremens [A; = Peremenes? = Karmeliter Renette IHB I, 65 (1859)]
3 Rainette gries. [A; = Graue Renette (Sammelname)]
4 Hennegau. [A, (?, n. Pflanzsyst.)]
5 Honnig Birn [B; (Sammelname)]
6 Winter Bergemotten [B; Winter Bergamotte (Sammelname)]
7 Fürstliche taffelbirn. [B; = Grüne Tafelbirne IHB II, 90 (1860) oder Holländ. Butterbirne IHB V, 387 (1866) oder Römische Schmalzbirne IHB II, 16 (1860)]
8 Weiße Lüneborger Striepke [B, (?, n. Pflanzsyst.) = Streifling?]
9 Waßer Birn [B; Schweizer Wasserbirne IHB II, 216 (1860) oder Lange Grüne Herbstbirne IHB II, 44 (1860)
10 folger Kirschen [K; = Folger-Kirsche IHB VI, 52 (1870); „folgern" bedeutet nach und nach, nicht gleichzeitig reifend]
11 Schmaltz Apffel [A]
12 Braut Apffell [A]
13 Kandt Apffell [A; = event. Danziger Kantapfel IHB I, 25 (1859) oder Roter Herbst Calvill IHB I, 5 (1859)]
14 pundt Apffell [A; = Pfundapfel (Sammelname)]
15 Numperel Kirsch. [K; = Nonpareil??]
[fol. 34]
Num:
1 Francken Birn [B; = Frankenbirne IHB V, 282 (1866) oder Kleine Pfalzgräfin IHB V, 370 (1866)]
2 Winter Huder Birn, [B]
3 Keÿserinen Birn [B]
4 Pundt Birn [B; = Pfundbirne (Sammelname)]
5 poir d'florens [B]
6 [fehlt]
7 Bergemotte d'suÿse [B; = Bergamotte Suisse = Späte Schweizer Bergamotte IHB V, 292 (1866)]
8 Reinette blanc [A; = Renette Blanche = Edel-Renette IHB IV, 315 (1865) oder 2 andere Renetten]
9 Reinette Rosse [A; = Renette Rousse = Karmeliter Renette IHB I, 65 (1859) oder 2 andere Renetten]
10 Clair Vileong [B, (?, n. Pflanzsyst.)]
11 Reinette Rouge [A; = Rote Renette = Roter Stettiner IHB I, 261 (1859) oder Purpurroter Cousinot IHB IV, 383 (1865)]
12 Mouille bouche d'hiver [B; = Angelika von Bordeaux IHB V, 441 (1866) oder Winterdorn IHB II, 248 (1860)]
13 pomme d'liefre [A]
14 Espin d'hiver [B]
15 passepomme blanc ordinarÿ [A; = Passe-Pomme Blanche = Weißer Sommer-Strichapfel IHB I, 204 (1859)]
16 Cheredam musque [B; = Cheradame? = Chere a Dame? = Damenbirne IHB II, 7 (1860)]
17 Rambouillet [A; = Goldgelbe Sommer-Renette IHB I, 120 (1859) oder Rambo DOWNING, 319 (1885)]
18 Ambrette [B; = wahrscheinlich Winter-Ambrette IHB V, 319 (1866)]
19 pipinus d'Angouleuse [A; = Pepin d'Angleterre? = Engl. Gold-Pepping IHB IV, 404 (1865)]
20 Musque porable [B, (?, n. Pflanzsyst.)]
21 Reinette gris [A; = Graue Renette (Sammelname)]
22 poir d' La Champ. [B; = Doyenne d'Alençon? IHB V, 433 (1866)]
23 Cardinal [A; (Sammelname)]
24 Cadiliack [B; = Catillac = Großer Katzenkopf IHB II, 251 (1860)]
25 Weiße Römische Kickers [A, (?, n. Pflanzsyst.)]
26 Hüner Birn [B]
27 Kluster Epfel [A; = Kleiner Herren-Apfel IHB I, 171 (1859)]
28 Moulÿ bouche [A; = Mouille-Bouche (vgl. fol. 34 Nr. 12: ähnl. Sorte), kann eine von 3 Sorten sein]
29 Eck Epfell [A; = Gelber Eckapfel IHB I, 10 (1859) oder Roter Eckapfel IHB I, 11 (1859)]
30 Gülderlings [A; = Gulderlinge (Sammelname)]
31 platte grar [?] Reinetten [A; = Graue Renette (Sammelname)]
32 Fotger Kirschen [K; = Folger-Kirsche IHB VI, 52 (1870); „folgern" bedeutet nach und nach, nicht gleichzeitig reifend]
33 Große Meÿ Kirschen [K; = Rote Maikirsche IHB III, 51 (1861)]
34 Roote Lüneborger Striepke [B, (?, n. Pflanzsyst.); = Streifling?]
35 Paternoster [A; = Renette de Caux LEROY, 384 (1867/79, 6 Bde.) oder Vaterapfel ohne Kern IHB IV, 439 (1865) oder Große Kasseler Renette IHB I, 66 (1859)]
36 Rotau d'Bourgogne [B]
37 Mondiu [B; = Mondieu = Liebes-Birne IHB II, 110 (1860)]
[fol. 35]
Num:
1 Reinette Coleure [A; = Renette Colorée THOMAS 347 (1876)]
2 Reinette d'Este [A; = Renette d'Eté? = Goldgelbe Sommer-Renette IHB I, 120 (1859)]
3 pigeons [A; =Taubenäpfel (Sammelname)]
4 Adams Epffell [A; = Adamsapfel, können 5 versch. Sorten sein]
5 Waßer Winckel [A, (?, n. Pflanzsyst.)]
6 Schatzmeister Birn [B; = Schatzbirne? IHB V, 332 (1866)]
7 Klauel Birn [B]
8 Sommer Bergemotten [B; = Runde Mundnetzbirne IHB II, 11 (1860) oder Krafts Sommer-Bergamotte IHB V, 358 (1866)]
9 Rote Kaÿserinnen Birn [B]
10 Wein Birn [B]
11 Folger Kirschen [K; = Folger-Kirsche IHB VI, 52 (1870); „folgern" bedeutet nach und nach, nicht gleichzeitig reifend]
Num:
12 große Rote Kirschen [K]
13 Rote Lüneborger Striepke [B, (?, n. Pflanzsyst.); = Streifling?]
14 Große Schott [unleserlich?] Epffell [A; = Großer Schlotterapfel? = Prinzenapfel IHB I, 13 (1859)]
15 Große Grünhort [A, (?, n. Pflanzsyst.)]
16 Schipper Epffell [A]
17 Bergemotte longia [B]
18 Coulÿ Soiff. [B; = Coule Soif = Runde Mundnetzbirne IHB II, 11 (1860)]
[fol.36]
Num:
1 Beure blanche [B; = Beurre blanc = Runde Mundnetzbirne IHB II, 11 (1860) oder Weiße Herbstbutterbirne IHB II, 43 (1860)]
2 Augst Birn [B; „Augustbirne"]
3 Eÿß Birn [B; „Eisenbirne"?]

4 Quedt Birn [B]

5 Roÿ d'Este [B; = Roi d'Eté?, 2 alte Sorten könnten es sein]

6 Nostre Dames [B; = Notre Dame? = Franc Real IHB V, 325 (1866)]

7 Janette d'provinse [B; = Jeannette? = Jansemine LEROY 597 (1867/79, 6 Bde.)]

8 Bulancet Eribule [B]

9 Baß Bir [B]

10 poier d'taete [B; = Tête de chat? = Großer Katzenkopf IHB II, 251 (1860)]

11 Reinett d'ore [A; = Große Kasseler Renette IHB I, 66 (1859)]

12 duppelte Rietbirn [B; = Große Rietbirne IHB II, 114, (1860)]

13 Wullffken Epffel [A]

14 Sommer Bonchristien [B; = Sommer Bonchretien = Sommer-Apothekerbirne IHB II, 22 (1860)]

15 platte graue [?] Reinetten [A; = Renette (Sammelname)]

16 Klapper Epffell [A; = Schlotteräpfel (Sammelname)]

17 Zippel Epffell [A; = Zipollen-Apfel? = Zwiebelborsdorfer IHB I, 137 (1859)]

18 Rambour Ruge [A; = Roter Winter Rambour IHB VIII, 653 (1875)]

19 Mesir Jean gris [B; = Messire Jean Gris = Junker Hans IHB II, 238 (1860)]

20 passe Calvil blanc [A; = Weißer Winter Calvill IHB I, 1 (1859)]

21 Eck appel [A; = Gelber Eckapfel IHB I, 10 (1859) oder Roter Eckapfel IHB I, 11 (1859)]

22 Mouille bouche d'Este [B; = Mouille-Bouche d'Eté? = Runde Mundnetzbirne IHB II, 11 (1860) oder Sparbirne IHB II, 86 (1860)]

23 Reinette d'outomne [A; = „Herbstrenette"]

24 Voie aux [B; = Voie aux Prêtres? = Bergamotte Cadette IHB V, 295 (1866)]

No:

25 Winer Epfel [A]

26 gror Amiens [B, (?, n. Pflanzsyst.)]

27 Calvil Rouge [A; = Roter Herbstkalvill IHB I, 5 (1859) oder Roter Winterkalvill IHB I, 7 (1859)]

28 Mesir Jean blanc. [B; = Messire Jean Blanc = Junker Hans IHB II, 238 (1860)]

29 Reinette d'Este [A; = Renette d'Eté? = Goldgelbe Sommer-Renette IHB I, 120 (1859)]

30 petit blanquet [B; = Kleine Blankette IHB II, 82 (1860)]

31 Rossau d'hiver [A, (?, n. Pflanzsyst.)]

32 Cucrin noir [B, (?, n. Pflanzsyst.)]

33 Cirus [A, (?, n. Pflanzsyst.)]

34 Beure Rouge [B; (es können 4 alte Sorten sein)]

35 Rambour Vert. [A; = Gros Vert? LEROY, 203 (1867/79, 6 Bde.)]

36 brutte bonne [B]

37 Große Meÿ Kirschen [K; = Rote Maikirsche IHB III, 51 (1861)]

38 Roote Lüneborger Striepke [B, (?, n. Pflanzsyst.); = Streifling?]

39 pipina [A; = Pepping oder Pippin (Sammelname)]

40 Grande Campanier [A, (?, n. Pflanzsyst.)]

41 pomma d'August [A; „Augustapfel"]

42 gren Citron d'Cherms [A; = Citron des Carmes = Grüne (Sommer) Magdalene IHB II, 3 (1860)]

43 Mesir Jean d'ore [B; = Messire Jean Dore = Junker Hans IHB II, 238 (1860)]

44 Kluster Kirschen [K; = Cluster-Kirsche = Büschelkirsche = Bouquett-Amarelle IHB III, 106 (1861)]

45 Bergemotte longiu [B]

46 Mondiu [B; = Mondieu = Liebes-Birne IHB II, 110 (1860)]

[fol. 37]

Num:

1 Cirus [A, (?, n. Pflanzsyst.)]

2 Fürsten Epfell [A; Grüner Fürstenapfel IHB IV, 450 (1865)]

3 Kandt Epfell [A; event. Danziger Kantapfel IHB I, 25 (1859) oder Roter Herbst Calvill IHB I, 5 (1859)]

4 Hollandische Krieger [A, (?, n. Pflanzsyst.)]

5 Roßen Heger [A; = Schwedischer Rosenhäger IHB IV, 472 (1865) oder Danziger Kantapfel IHB I, 25 (1859)]

6 Pommrantzen Birn [B; = Pomeranzenbirne van Zabergau? LUCAS, 10 (1872)]

7 Chere dam musque [B; = Cheredame? = Chere a Dame? = Damenbirne IHB II, 7 (1860)?]

8 Claire Vileong [B, (?, n. Pflanzsyst.)]

9 Jßbautern [B, (?, n. Pflanzsyst.)]

10 Paltzgraffen Birn [B; = Pfalzgräfinbirne, es können 3 alte Sorten sein]

11 Große Roote Kirschen [K]

12 Roote Lüneborger Striepke [B, (?, n. Pflanzsyst.); = Streifling?]

13 Sommer Calvil [A]

14 Bourdong Musque [B; = Burdon Musqué = Wespenbirne IHB II, 85 (1860)]

15 Besidairÿ [B = Besidery = Besi d'Heri = Wildling von Hery IHB V, 423 (1866)]

16 früe Kirschen Von Watering [K]

17 Coulÿ soÿff [B; = Coule Soif = Runde Mundnetzbirne IHB II, 11 (1860)]

18 Ratau d'Bourgogne. [B]

[fol. 38]

Num:

1 duppelte Rietbirn [B; = Große Rietbirne IHB II, 114, (1860)]

2 Martin Seck [B; = Trockner Martin IHB V, 511 (1866)]

3 Virgouleuse [B; = Virgouleuse IHB II, 165 (1860)]

4 große Morell Kirschen [K; = Schattenmorelle? = Große Lange Lotkirsche IHB III, 99 (1861)]

5 Rotaux de Bourgogne [B]

6 Robine [B; = Roberts Muskatellerbirne IHB II, 177 (1860) oder Sommer-Robine IHB II, 10 (1860)]

7 Michaelis Birn [B]

8 Dirthes Birn [B]

9 Malvaesier [B; = Malvasier = Sommer-Apothekerbirne IHB II, 22 (1860)]

10 Sanette [B, (?, n. Pflanzsyst.)]

11 Bergemotte d'Schorche [B]

12 Blut Bir [B; = Blutbirne, entweder Sommer-Blutbirne IHB V, 359 (1866) oder Herbst-Blutbirne IHB V, 394 (1866)]

13 limareÿ [B, (?, n. Pflanzsyst.)]

14 Speck Bir [B; (Sammelname)]

15 poier d'Roÿ [B; = Beurre du Roi = Graue Herbstbutterbirne IHB II, 38 (1860)]

16 Runde Honnig Bir [B]

17 Flore d'gein [B; Fleur de Guigne? = Zartschalige Sommerbirne IHB V, 353 (1866)]
18 Boÿnne [B; = Doinne? = Doyenne = Dechantsbirne? (Sammelname)]
19 poier d'Italica [B]
20 Citron [B; = Rotback. Citronat-Birne IHB V, 371 (1866) oder Weiße Herbst-Butterbirne IHB II, 43 (1860)]
21 poier Boiet [B]
22 lavosaham [B, (?, n. Pflanzsyst.)]
23 poier d'Espange. [B; = Poier d'Espagne? = Sparbirne IHB II, 86 (1860)]
24 gratiol [B; = Gratiole = Sommer-Apothekerbirne IHB II, 22 (1860)]
25 Soinne [B; = Doinne? = Doyenne? = Dechantsbirne (Sammelname)]
26 Dickhudige Birn [B; = Dickschalige Birne]
27 Serguela [B, (?, n. Pflanzsyst.)]
28 Wulffken Epfel [A]
29 Sommer bonchristin [B; = Sommer Bon-Chretien = Sommerchristbirne = Sommer-Apotheker-birne IHB II, 22 (1860)]
30 pundt Epffel [A; = Pfundapfel (Sammelname)]
No.
31 Gros Rosant [B, (?, n. Pflanzsyst.)]
32 [fehlt]
33 Duble fleurs [B; = Fleur-Double = Gefülltblühende Birne DOCHNAHL, 849 (1856)]
34 [fehlt]
35 Reinette d Couleure [A; = Renette Colorée THOMAS, 347 (1876)]
36 poir d'princ [B; = Poir de Prince = Damenbirne IHB II, 7 (1860)]
37 [fehlt]
38 [fehlt]
39 Wasser Winckel [A, (?, n. Pflanzsyst.)]
40 Beure Rouge [B (Sammelname)]
41 Reinette Jaune [A; = Goldgelbe Renette (Sammelname)]
42 Bonchristin d'Este [B; = Bon-Chretien d'Eté? = Sommer-Apothekerbirne IHB II, 22 (1860)]
43 Reinette dore [A; = Goldrenette (Sammelname)]
44 Beure blanc [B; = Weiße Herbstbutterbirne IHB II, 43 (1860) oder Runde Mundnetzbirne, IHB II, 11 (1860)]
45 [fehlt]
46 Jsembart [B; = Isambert = Graue Herbstbutterbirne IHB II, 38 (1860)]
47 [fehlt]
48 [fehlt]
49 Reinette Rouge [A; (Sammelname)]
50 Reinette blanc [A; = Renette blanche = sehr wahrscheinlich Edel-Renette IHB IV, 315 (1865)]
51 Reinette Rosse [A; (Sammelname)]
52 Reinette platte [A; = Renette Plate = Zwiebelborsdorfer IHB I, 137 (1859) oder Champagner Renette IHB I, 47 (1859)]
53 Calvil blanc [A; = Weißer Winterkalvill IHB I, 1 (1859)]
54 Calvil d'Este [A; = Calvill d'Eté? = Roter Sommerkalvill IHB IV, 454 (1865) oder Weißer Sommerkalvill IHB IV, 359 (1865)]
55 passe Calvil blanc [A: = Weißer Winter Calvill IHB I, 1 (1859)
56 Corpendu Rouge [A; = Cort-Pendu Rouge = Königlicher Kurzstiel IHB I, 68 (1859)]
57 Bergemotte bougy [B; = Bergamotte von Bugi IHB V, 343 (1866)]
58. [fehlt]
[fol. 39]
Num:
1 Gelbe Reinetten [A; (Sammelname)]
2 Rote Krieger [A; = Roter Krieger = Roter Eiserapfel IHB IV, 438 (1865)]
3 Paternoster Sohns [A, (?, n. Pflanzsyst.)]
4 Delicamps Birn [B]
5 Kafeßolsche Birn [B]
6 Sack Pfeiffer Birn [B; = Sackpfeiferbirne BIEDENFELD, 19 (1854)]
7 Mondiu [B; = Mondieu = Liebes-Birne IHB II, 110 (1860)]
8 Roxatte d'hiver [B; = Rousselet d'Hiver = Trockener Martin IHB V, 511 (1866) oder Winter-Rousselet THOMAS, 299 (1876)]
9 Schwartzbürger Birn [B]
10 duppelte Riet Birn [B; = Große Rietbirne IHB II, 114, (1860)]
11 Orenge d'hiver [B; = Orange d'Hiver = Winter-Pomeranzenbirne DOCHNAHL, 55 (1856)]
12 Rouslet [?] d'hiver [B; = Rousselet d'Hiver = Trockener Martin IHB V, 511 (1866) oder Winter-Rousselet THOMAS, 299 (1876)]
13 groß Morell Kirschen [K; = Schattenmorelle? = Große Lange Lotkirsche IHB III, 99 (1861)]
14 Bergemotte d'Este [B; Bergamotte d'Eté?, dann 4 Sorten möglich]
15 Roÿal Roxette [B; Russelett Royal? THOMAS, 300 (1876)]
16 Dickhudige Birn [B; = Dickschalige Birne]"

Anhang 2, Nr. 9:

LASH 7/187, fol. 27–29v.:
Inventar der im Neuwerk befindlichen Pflanzen vom 14. Juni 1681

Anmerkung: Die Quelle ist hier im Original belassen worden, lediglich zur besseren Benutzbarkeit eine Nummerierung in eckigen Klammern hinzugefügt. Die Übertragung in die heute gültige Nomenklatur und deutsche Namen finden sich in zwei alphabetischen Gesamtlisten der drei Pflanzeninventare aus dem Neuwerk des 17. Jahrhunderts in Anhang 3, Nr. 9 und Nr. 10.

„Inventarium
Der im Newenwercke befindtlicher Frembden Baume, Blumen Gewechße vndt Gewechße und dergleichen
Beschrieben den 14 Junÿ 1681 In Beysein des Ambts Inspectoris Jochen Schmidß des Rentmeisters Jacob Maßawen des Cammerdieners Marx Thomsen vndt des Garten Inspectoris Gabriel Tattern

Im Pommerantzen Hauße finden sich,
In dem Westen Beht
   [1] 8. Pommerantzen Beume
   [2] 7 Citronen Baume
   [3] 1 groß vndt klein Mirten Baum 1 von der Großen Vnd 1. Von der kleinen Ahrt

[4] Die Norderseite des Heckenwercks seind Granaten Baume.
[5] Die Osterseit Laurus Cerasus
[6] Westerseit Laurustinus
[7] Suderseit Ordinaire Lorbeer

[8] Im selbigen Bette stehet noch Agnus Castus
[9] Schmilax Aspera
[10] Ein Baum Schesminum Persicum genandt
[11] 4 Gemeine Schesminen Baume
[12] 4 Stucke Jucca Gloriosa
[13] 1 Baum Alaternus
[14] 1 Baum Halinus Arborescens
[15] 1 Baum Laurus Cerasus
[16] 1 Stück Aureola Flori Viridi
[17] 2 Stuck Cotinus Plinii
[18] 2 Pflanthen Spatula Foetida
[19] 1 Pflantz Phelephium hispanicum
[20] 1 Baum Genista Spinosa
[21] 1 Stuck Alcea Arborescens
[22] 6 Aluae

Im Oster Bette
[23] 10 Stuck Pommerantzen Baume Groß und Kleine
[24] 8 Citronen Baume
[25] Uff der Noderseite Granaten Hecke.
[26] uf der Suderseite gemeine Lorberen
[27] uf der Westerseite Lorber Kirschen
Osterseite Nichts.

[28] 3 Balaustinum
[29] 1 Stuck Citicus Verus Maranthae
[30] 2 Stuck Laurus Tinus
[31] 4 Gemeine Jasminen
[32] 5 Juccae Gloriosae
[33] 1 Pflantz Mandragera
[34] 2 Stück Laureolae Flori Viridi
[35] Alcea Arborescens

Am Osterende Beim eintrit
[36] 1 Arbor Judae
[37] 1 Gaujacum Pataphinum
[38] 1 Lorbeer Baum
[39] 1 Fica morus
[40] 1 Aurifolium Foli aura
[41] 1 Alaternus
[42] 1 Lorbeer Kirsche
[43] 3 Kasten mit Jucca Gloriosa

Auff der Rabatta an der Noderseite
[44] 1 Pflantz Acanthus Spinosa
[45] 3 Stuck Alcera Arborescens
[46] 1 Pflantz Acanthus Mollis
[47] 5 Granaten Baume
[48] 1 Stuck Acacia Americana
[49] 2 Stuck Spina Coronae Christi

[50] 1 Stuck Genista Hispanica
[51] 1 Nirrian
[52] 2 Große Lorberbaume
[53] 1 Baum Gaujacum Pataphinum
[54] 1 Stuck Jujube
[55] 26 Stuck feigenbaume
[56] 4 Wilde Pommerantzen Baume
[57] 1 Kaste mit Spina Corona Christi

Die Hecke für der Rabatt
[58] Von Ruscus Laurus Alexandrina vndt hÿpoglossum

In dem Garten Beÿ dem Pommerantzen Hauße.
[59] An der Mauer undt den pfälen 21 weinstöcke
[60] An Citronen Baumen in Kasten und Töpfen.
[61] 57. Pommerantzen Baume
[62] 8 Citronen Baume
[63] 16 Stuck Jasminum Catilonicum
[64] 1 Stuck Apios Americana
[65] 1 Stuck Fraxinella
[66] 2 Stuck Phalangium Alabrogium
[67] 2 Stuck Rhus firginiana meriti folio
[68] 1 Stuck Jasminum Persicum
[69] 1 Stuck hÿpericum
[70] 1 Stuck thraga Canta
[71] 2 Stuck hepatica nobilis
[72] 2 Töpfe mit Sedum Cancrinitum
[73] 1 Topf mit Sedum prolifera
[74] 1 Mirten Baum von der kleinen Ahrt
[75] 3 Montrosen
[76] 2 Töpfe mit Jacobeum marinum

[77] 1 Cupressen Baum
[78] 2 Schmilax Aspera
[79] 1 Baum peripluca
[80] 2 Töpfe Absintheum Camphoratum
[81] 1 Topf Xÿris
[82] 2 Stuck Holmus arborescens
[83] 2 Töpfe Thelophium hispanicum
[84] 1 Stück Nirrium
[85] 2 Stück Mandragera
[86] 2 Stück Sitisos Italica
[87] 1 Topf gepleckte Salbeÿ
[88] 1 Stuck Jasminum Indicum
[89] 1 Stuck Sedum Arbulatum Arborescens
[90] 3 Stuck teucrinum
[91] 2 Stuck Ocimastrum ein Weiß vndt 1 Roht
[92] 1 Stuck Agri folium Aureum foli
[93] 2 Töpfe Braune Salbeÿ
[94] 2 Stuck Fica morus
[95] 1 Stuck amara dulcus
[96] 1 Stuck granium fuscum
[97] 1 Ficus Indica
[98] 1 Topf Pistologia
[99] 1 Topf Cortus Americana

[100] 1 Topf Genista hispanica
[101] 1 Stuck Agnus Castus
[102] 1 Topf Audiantum nigrum
[103] 1 Stuck Laureula
[104] 1 Topf Absintheum lavendulae folio
[105] 1 Topf granium noctissens
[106] 1 Topf hipericum Cicilianus minor
[107] 1 Topf Kale
[108] 1 Topf Aristho Logio runtundo folio
[109] 1 Topf millissa fuchci
[110] 1 Topf been marinum
[111] 1 Topf VerSilberte Sinorum
[112] 1 Topf weiße Salbeÿen
[113] 1 Topf Verbascum Sophia folium
[114] 1 Topf Siclamen
[115] 10 Töpfe mit hÿacintha tuberosa
[116] 5 Töpfe mit Lorbeeren
[117] 1 Topf mit Pinpernellrosen
[118] 3 Töpe mit Jasminum Lutium
[119] 2 Töpfe mit Jucca Gloriosa

In den Kleinen Garten Beÿm Lusthauße.
[120] 30 Stuck Alcea Arborescens
[121] 11 Lorbeer Kirsch Beumen
[122] 6 Gemeine Lorbeeren
[123] 4 Baume Laurustinus
[124] 24 Feigenbeume

[125] Die Mauer rundumb mit Wein, Apricosen, Kirschen vndt anderen fruchttragenden Baumen wolbekleidet, Die Blumen undt Töpfe hat zwar der Gärtner dem angeben nach vor sein Geld gekaufft, will sich deren doch auf geschehener Zuredung weil sie in Ser^{mi} diensten Zugezogen, begeben, wan ihm die Töpfe nur bezalet werden;
Waß sich sonst an Jungen vndt versetzbaren Beumen in den newen Paternen Befindet, davon gibt Beÿgehender Abriß in mehren Bericht. Die Geländer Lauben, Bogen=Gänge, Crotten, Statuen, Pyramieden Hecken und Bindewerck findet sich alles im guten stande
Und ob zwar in obgesetzten inventario nur 98 Pomerantzen vnd Citronen Beüme specificiret, so hatt der Garten Inspector Gabriel Tatter demnach zu mehrer Bezeugung seiner Unterthanigsten trewen Dienste Ihrer Hochfrstl. Dhl: auch alle seine Zuzucht an Pomerantzen vnd Citronen Beumen so Er bißhero für die seinige gehalten Abgetreten, vnd also die Zahl derselben von 98 biß 160 stucken erhöhet, ohne waß von denen newlich auß Franckreich gekommenen 64 stücken fortkommen vnd sich erholen wirdt. daß also ohn denselben sich anitzo wircklich vorfinden
[126] 95 stücke Pomerantzen Beüme großer Ahrt
[127] 40 stücke Citronen Beume
[128] 5 stücke Zwergel Pomerantzen vnd
[129] 20 Wilde Pomerantzen stämme."

Anhang 2, Nr. 10:

LASH 400.5/223, pag. 98f.: Bestallung für Johannes Kempe vom 2. August 1689

„Bestallung pro dem Gärtner auff dem Neuen werck Johann Kempen.
  Wir von Gottes gnaden Christian Albrecht p Thun und bekennen hiemit für unß gegenmänniglichen, daß wir unserm lieben getreuen Johann Kempen für unserm Gärtner unsers Neuenwercks gnädigst bestellet und angenommen haben, bestellen und annehmen ihn auch hiemit und Krafft dieses nochmahls derogestaldt und also, daß unß er getreu holdt und gewertig sein, unsern nutzen frommen und bestes allen fleißes suchen, schaden und nachtheil aber so viel an ihme keren und abwenden helffen, insonderheit aber schüldig und gehalten sein soll, unserer anordnung und befehl gemäß die Garten und absetze auff dem Neuenwerck zusambt allen waß deme an Hecken, Baumpflantzen und sonsten anhängig in specie aber die untersten Paternen zu einem außtraglichen und nützlichen Küchen Garten einrichten, cultiviren und bestellen, und dabey höchsten fleiß anwenden, damit solches alles mit allerhand so woll einheimischen alß außländischen gewächsen ferner von Zeit Zu Zeit besetzet, sonsten also gebauet und gezieret, wie auch insonderheit das Pommerantzen Hauß mit denen sich darinnen befindenden gewachsen, also in acht genommen und woll unterhalten werde, daß wir davon nebest den nutz und genuß, auch lust und Vergnügen empfinden, und in Summa sich also Verhalten und bezeigen, wie eß einem getreuen Diener und Gärtner woll anstehet und seine unß darauff geleistete Eydes Pflicht allerdings erfordert; darentgegen und für solche seine Dienstleistung, haben wir ihme Zu Jahrlicher besoldung 200 Rthlr wie auch Zu Monatlichen Kostgeldt 4 Rthlr, daß Jahr auff Zwölff Monaht gerechnet und überdem Jährl. 40 Rthlr Zu Herbeÿschaff= und unterhaltung Der Garten instrumenten, alß Beylen, Schnidemeßer, Axten, kleine und große behren [?], Hacken, Hammern, Borm [?], Forcken, Harcken, Haxen, Kellen, Schnüre, Körbe, Schup Karren, Scheren, Spaden, Schauffeln, eiserne stangen, Gieß Kannen, Waßerfaße, Dürchschlage, Groß und Kleine sagen, leitern, und sonsten Versprochen und Zugesaget Sechß Gesellen, unter denen allezeit ein Meister Gesell, sein, und nebenst der Gemeinen auffsicht auff den Gantzen Garten, und inspecie des Küchenwerck beobacht soll, wollen wir ihme auff Jeden Jährlich 60 Rthlr und also alle Jahr Zusammen 360 Rthlr, anneben auch auf 6 Jungens und einen Knecht Jährl. Zusammen 240 Rthlr auß unser Rent Cammer reichen laßen. waß an Baum und andern früchten, so woll im Lust alß Küchen Garten und Pommerantzen Hauße, durch Gottes segen und unverdroßenen fleiß müglichster maßen gebauet und Zugezogen werden Kan, auch sonst Von Blumen, Kreutern, und dergleichen darinnen wachsen wird, solches alles soll hinfür auff unserer gnädigsten Verordnung unß zu unserer Fürstl. Küche, Conditoreÿ und stalle abgefolget werden. Wobeÿ wir aber in gnaden Zu frieden sein wollen, daß waß er Zu seiner eigenen Haußhaltung benötigt sein wird, er solches davon nehmen und genießen möge, zum Wütten [?] wollen wir ihme alle Jahr 100 Rthlr und wegen mist und andern fuhren auf Zwo Pferde Jährl. 50 tonnen Habern, nebest so viel rauch futter alß denen Trompetern gegeben wird reichen, auch 50 faden Holtz Zum Pomerantzen Hauße durch unserm Haußvoigt liefern und anneben so lange er in unsern diensten die freye wohnung und weide, in der maßen wie sein

Antecessor Gabriell Tarter dieselbe gehabt, gnädigst gönnen und genießen laßen.
Urkundlündtlich p Hamburg den 2 Aug: A 1689."

Anhang 2, Nr. 11:

RAK, TyRtk C 89 (Nr. 6 Lit. B):
Pflanzen-Inventar des Neuwerkgartens vom 9. März 1695

Anmerkung: Die Quelle ist hier im Original belassen worden, lediglich zur besseren Benutzbarkeit eine Nummerierung in eckigen Klammern hinzugefügt. Die Übertragung in die heute gültige Nomenklatur und deutsche Namen finden sich in zwei alphabetischen Gesamtlisten der drei Pflanzeninventare aus dem Neuwerk des 17. Jahrhunderts in Anhang 3, Nr. 9 und Nr. 10.

„Copia   Lit: B.

Verzeugnüs.
Was sich auf dem Neuen=Werck in dem Neuen Pommerantzen Hauß an Gewächs befunden d: 9ten Martÿ Ao: 1695.

[1] 49 Pommerantzen Bäume und in bemahlte und beschlagene Kasten.
[2] 37. Kleine Pommerantzen Bäume in bemahlten Töpffen.
   7. Todte Pommerantzen Bäume in bemahlten Töpffen.
[3] 9. Mittelmäßige Pommerantzen Bäume in Kasten.
[4] 137. Außm Kirn gewachsene Pommerantzen Bäume in rohten steinern Töpffen.
[5] 6. bemahlte Töpffe mit Hyücca
[6] 5 bemahlte Töpffe mit Nerion.
[7] 6. Sotanum Bäume in zweÿ bemahlten Töpffen.
[8] 5. Kleine steinerne Töpffe mit Pistatien Bäumen.
[9] 19 große Lorier Bäume in große runde gemahlt und beschlagene Kasten.
[10] 17. Kleine Lorier Bäume in beschlagene Kasten.
[11] 68. Pommerantzen Bäume in runde beschlagene Kasten.
[12] 6. Laurus Cerasus in runde beschlagene Kasten.
[13] 1. Laurus tinus in runden beschlagenen Kasten.
[14] 3. Cupressen Bäume in runde bemahlte Kasten.
[15] 2. Kleine Cupressen in runden Kasten.
[16] 6. Granaten Bäume in runde Kasten;
[17] 4 Granaten Bäume in bemahlten Töpffen.
[18] 1. Joa Joacum Batafium[?] in einen grosen beschlagenen Kasten.
[19] 1. Alaternus in einen grosen beschlagenen Kasten.
[20] 1. Cotinus Plinii in grosen beschlagenen Kasten.
[21] 2. Cetmia Arabica in zweÿ grosen Kasten.
[22] 1. Schmilax aspira in einem grosen Kasten.
[23] 1. Spina Christi in einen runden Kasten.
[24] 1. Agnus Castus in einen kleinen runden Kasten.
[25] 1. Brust=Behr in einen runden Kasten.
[26] 1. Mÿrthen=Baum in einen grosen Kasten.
[27] 1. Mÿrthen=Baum in einen runden Kasten.
[28] 1. Feigen Baum in einen grosen Kasten.
[29] 14. Pommerantzen Bäume in schlechte feuerne Kasten.
[30] 1. Muschat Roße in einen feuern Kasten.
[31] 5. Ginista Hispanica in feuern Kasten.
[32] 2 Ginista in bemahlte Kasten.
[33] 4 Kleine Lohr behrn Bäume in alten Töpffen.
[34] 2. Jesminen in rund beschlagenen Kasten.
[35] 1. Arbor Judae in einen Topff.
[36] 4 Kleine Jesminen in gemahlten Töpffen.
   5 Bleÿerne Töpffe, welche auf die Paterne gehören.

[pag. 2]
[37] 3 Acaderach Aficenne in alte Töpffe.
[38] 1. Grün Cÿpress in einen bemahlten Topff.
[39] 1. Gnavallium Americanum in einen alten Topff.
[40] 2 Monath Roßen in Töpffe.
[41] 2 Dragakanta in einem blauen Topff.
[42] 1. Jacobaeum marinum in einen Topff.
[43] 20 Mÿrthen in alte feuerne Kasten.
   [eine Klammer von einschließlich Nr. 44 bis Nr. 47 weist darauf hin, daß diese Pflanzen sich „in bemahlten Töpffen" befinden]
[44] 4. Pimpenellen arborescens
[45] 2. Verula
[46] 2. Cistus
[47] 2. Claspi pirenne
   [eine Klammer von einschließlich Nr. 48 bis Nr. 49 weist darauf hin, daß diese Pflanzen sich „in Porcellenen Töpffen" befinden]
[48] 3. Oci Mastrum
[49] 4. Marum Verum
[50] 4. Jesminen in einen alten Kasten.
[51] 124 Pommerantzen Bäume in runde beschlagene Kasten.
[52] 14 Jesmin Cathalonicum in lange bemahlte Kasten.
[53] 10 Ginista in alte Kasten.
[54] 8. Cistus in alte Kasten.
   [eine Klammer von einschließlich Nr. 55 bis Nr. 73 weist darauf hin, daß diese Gewächse sich „in alten steinern Töpffen" befinden]
[55] 10. Cistus
[56] 2. Ginista spinosa
[57] 4. Sedum Arboressens
[58] 4 Sedum Triangulares
[59] 2. Eleonores
[60] 46. Cupres
[61] 4 Jesmim.
[62] 2. Thilaspi semper vires.
[63] 1. Siliqua
[64] 5 Barbara Jovis.
[65] 3. Marum Siriacum.
[66] 6. Stechas Arabica.
[67] 2. Marum verum.
[68] 1. Tripolum arboressens.
[69] 2 weise ginista
[70] 2. Serpillum.
[71] 2 Camelium Tricocoos

[72] 1. Citidus marante
[73] 2. Clematis
[74] 1. Alaternus in einen gemahlten Topff.
[75] 2 Kleine Pötte mit Bunten Buchs Baume
[76] 3 Lange bemahlte Kasten mit Ciclanen.
[77] 2. Linaria Africana in bemahlte Töpffe.

[pag 3]
[78] 4 Roßen in schlechten Töpffen.
[79] 1. Klein Laurier in einen alten Kasten.
[80] 1. Rohter Topff mit Jesminen
[81] 2 Kleine Pommerantzen Bäume in alten Kasten
[82] 4 alte Kasten mit Citinia Arabica.
[83] 1. große Alöe in einen großen viereckicht beschlagenen Kasten
[84] 7. Alöes in runden beschlagenen und bemahlten Kasten.
[85] 16 Alöes in alten Töpffen.
[86] 6. Alöes semper vivum in schlechte Töpfe.
[87] 4 Cedum arboressens foliis incanum in alten Töpffen.
[88] 4. Acatia Aegyptiaca in schlechten Töpffen.
[89] 8. Ficus Indicamus in Töpffen.
[90] 8. Töpffe mit Cana Indica.
[91] 3. Solenum spinosum in gemahlten Töpffen.
[92] 12. Flores passionales in rund gemahlten Kasten mit Piramiden
[93] 10. Flores passionales in Töpffen.
[94] 2. Flores passionales mit Kugeln in Töpffen.
[95] 2. Caracalla in alten Töpffen.
[96] 7. Porcellene Töpffe mit Palm Bäumen.
 3 ledige porcellene Töpffe.
 16. Ledige bemahlte Töpffe.
 6. große eÿserne Kacheloben.
 2. Waßer=Küben.

In dem alten Pommerantzen Haus hat sich folgendes Gewächs gefunden.

[97] 64 holländisch glassurte Töpffe mit Negelcken.
[98] 24 holländisch glassurte Töpffe Violen.
[99] 9 bemahlte Töpffe mit gelbe Violen.
[100] 24 bemahlte Töpffe mit Negelcken.
[101] 81.[?] gemeine rohte Töpffe mit Negelcken.
 20 Ledige bemahlte Töpffe.
 10 ledige holländisch glassurte Töpffe.

[pag. 4]
[eine Klammer von einschließlich Nr. 102 bis Nr. 118 weist darauf hin, daß diese Gewächse sich „in schlechten steinern Töpffen" befinden]
[102] 6 Kleine Granat Bäume
[103] 2. Halinius
[104] 1. Jacubaeum Marinum.
[105] 1. Semilex Levis
[106] 1. Iris Florentina
[107] 1. Teuqurium Fetum.
[108] 1. Hÿpoglossum.
[109] 1. Ginista humilis

[110] 1. Trifolium arborescens.
[111] 1. Climatis Italica.
[112] 2. Pimpinella.
[113] 1. Limonium Marinum.
[114] 1. Jesminum rutifolium
[115] 1. Medica marina
[116] 1. Timus Creticus
[117] 1. Jesmin.
[118] 2. Junge Laurier Bäume.

[eine Klammer von einschließlich Nr. 119 bis Nr. 125 weist darauf hin, daß diese Pflanzen sich „in steinern Töpfen" befinden]
[119] 1. Linaria Lucytanica
[120] 2. Cnicus perenne.
[121] 2 Hyacintha peruvianae.
[122] 1. grüne und eine graue Cypresse
[123] 1. alter Alaternus.
[124] 1. Cedum Arborescens minor.
[125] 2. gelbe Jesminen.
[126] 1. Pereclinium Erectum in einen alten Kasten.
[127] 5. alte Laurier in alte Kasten.
[128] 6. Arundines Hispanicae stryatum in Töpffen.
[129] 6. Hioccae gloriosae in Töpffen.
[130] 100 Kastens mit Rosemarie.
 7. ledige bemahlte Töpffe.
 4. alte zerfallene Kacheloben.
 1. Waßer=Küben.

Johannes Kempe
Gärtner auf das Neue=Werck."

Anhang 2, Nr. 12:

LASH 7/229, fol. 321–323:
Bestallung des Garteninspektors Bernhard Kempe vom 25. Oktober 1704

„Des Garten Inspectoris von dem Neüen Werk Bernhard Kempen Bestallung.
Wir von G.G.H.S. et CA tutorio noie: Carl Friedr. Thun kund und bekennen hiemit, daß, demnach Unsers respective Gemahls und Brudern Lbd. glorwürdigsten Andenckens Hertzog Friederich den 28. Febr. 1702. des gewesenen Garten Inspectoris von dem Neüenwerck zu Gottorff Joh: Kempen Sohn Bernhard Kempe Ihm albereits adjungiret, daß er nebst seinem vater diese function führen, auch zu gleich ihm die Expectance darbeÿ ertheilet, daß auf deßen güttlichen Abtritt, oder Sterbefall, er ihm Succediren, und mittelst einer gewöhnlichen bestallung ihm alles was besagter Johan Kempe genoßen, beÿgeleget werden soll, Wir nach absterben des Vaters ihn unsern lieben Getreüen Bernhard Kempe für Unsern Garten Inspectore des Neüen wercks zu Gottorff hinwieder gnädst. bestellet undt angenommen haben, bestellen und annehmen ihm auch hiemit undt Krafft hieses nochmahls derogestalt und also, daß Unß Er getreü hold und gewärtig seÿn, Unsern Nutzen frommen und bestes allen fleißes suchen, Schaden und Nachtheil aber

so viel an ihme kehren und abwenden helffen, insonderheit aber schuldig seÿn soll, Unserer verordnung undt befehl gemäes deren Garten und Absetze auf dem Neüenwerck zusambt allen was dehme an Hecken, Baumpflantzen, und sonsten anhängig bestellen, und dabeÿ höchsten fleiß anwenden sollen, daß das Pommerantzen Hauß mit denen sich darin befindenden gewächsen also inacht genommen und woll unterhalten werde, daß wir darob jederzeit ein gnädiges vergnügen empfinden, und in Summa sich also verhalten und bezeigen, wie es einen getreüen Diener und Garten Inspectori woll anstehet, und seine Unß darob gethane Eÿdes pflicht erfordert; darentgegen und für solche seine Dienstleistung, haben Wir ihme nebenst seinen Gesellen und Jungen zu Jährl. Besoldung undt Kostgelder, wie auch zu wüdung [???] und Reinhaltung der Garten Neün Hundert Rthlr: zu geleget, und zu herbeÿschaff= und Unterhaltung der nöthigen Garten Instrumenten 33 Rthlr. 16 ß wie auch 50 Rthlr und 12 fuder Heü zu Unterhaltung der Garten pferde, gleich dieses alles seinem Vater gnädigst accordiret und verschrieben, hingegen soll was an Baum und andern Früchten auch im Pommerantzen Hauße Durch Gottes Segen und unverdroßenen Fleiß möglichster maßen gebauet und zu gezogen werden kan, beÿ dem Garten verbleiben, auch was sonsten an Früchten, Blumen Kräutern und dergleichen darin wachsen wirdt, alles hinführo aufrichtig auf unserer gndst. verordnung uns zu unserer Fürstl. Conditoreÿ abgefolget werden, wobeÿ wir aber in Gnaden zu frieden seÿn wollen, daß was er zu seiner eigenen Haußhaltung benöthiget seÿn wirdt, nachdehm Er die Hoffhaltung versehen haben wirdt, davon nehmen und genießen möge, waß das zum Pommerantzen Hauße nöthige Holtz betrifft, soll selbiges nach dem Holtz Reglement durch unsern Haußvoigt geliefert, und daneben so lange er in unsern Diensten stehet, die freÿe wohnung und weÿde, wie sein Antecessor dieselbe gehabt, gnädigst gegönnet und gelaßen werden. Uhrkundl. etc: Geben auf dem Schloße Gottorff d 25. Octobr: Ao 1704. GHVG."

Anhang 2, Nr. 13:

LASH 7/6826, pag. 565–677:
Inventar der Residenz Gottorf, 1709 von Hinrich Schwartz angefertigt, daraus: Index und Text zum Neuwerk und Tiergarten

Titel auf dem Umschlag:
„Inventarium von Allen und Jeden auf der Hochfürstl. Residence und zwar innerhalb der Fortification sich befindenden gebäuden, und der darinnen sich befindenden Gemächer, item die davor belegene Brücken, und dem so genandten Langen Stall. Alten Garten, Neuenwerck, und Thiergarten"

Auszug aus dem lose eingelegten „Index oder register der Vorher beschrieben Gebäuden und deren Gemächer":

„Die (durchgestr.: Nordwerts) Zwischen der Hochfürstl. Residence
  und dem Neüenwerck sich befindende allée   565
Die grose einfahrtspforte vor dem Neuenwerck   566
Beschreibung der Situation dieses Gartens   571
Die erste theil desselben Gartens   572
Die in diesem theil sich befindenden Cascade und
  waßer Portal   572
Der so genandte Hercules Teich   579
Das in diesem untersten theil sich befindende Lusthauß   584
Der andere theil des gartens   588
Das in solchem theil sich befindende grose lusthauß   589
Die beschreibung des in diesem lusthause sich befindenden
  globum (verb.: Globi)   599
Beschreibung des an des Globi Zimmer angefügten Cabinets   609
und der darbey seyenden SchlaffKammer   609
Hieraus gehet man drch die thüre in der SüderWand in
  den großen LustSaal   610
Das oberste theil des Thurns   612
Laube von Ipeen und der darbey gesetzten Bildern,
  (durchgestr.: Cascaden, etc.)   613
Dritter Theil des Gartens   615
Das in diesem Theil befindenden Lust und blumen Stücken,
  Cascaden, pp
Das Vierdet Theil des gartens   618
Deßen Cascaden, Statuen   619, 620
Das 5te Theil dieses Gartens   621
der in demselben sich befindenden Statuen
Der 6te Theil (durchgestr.: mit Cascaden Statuen)   622
Das 7te Theil des Gartens mit dem feigen Garten,
  Cascaden, Statuen   626
Die Amalienburg deßen Situations Beschreibung   627
Süderseite Der Saal daselbst   627
Cabinetter   628
Haubt entrée   ibid.
Wester Oster und Nordseiten   631
Der Mittelste Große Saal   634
Neben Stuben oder Bastionen   635
Unten und Obersten Cabinettes   637
Das neue Pomerantzen Hauß   639
Der Platz vor diesem Hauße   650
Das Planckwerck Westerseite dieses Orangenhaußes   650
Das Planckwerck an der oster Seite   652
Die Achtkant oder das Ringel hauß, so Nordostwerts
  von Amalienburg stehet   653
Des Garten Inspectoris hauß   657
Die Reiche vor deßen hauße   667
Der Piepen Reich   667
Die Achtkant in dem SchierGarten   668
Deßen Keller und Küche   669
(eingefügt:) Des Trompeter Baars Hauß   670
Die Nordwester Wildhütten   675
Eißkuhle   ibid."

[pag.] 565:
„Bey dem Ende der hintersten Schloß brücken fängt eine Lange Allee von hohen Jpern Bäumen an, welche nach den Garten, daß Neue werck genandt, von Süd nach Norden sie gehet, beym anfang an der Oster Seiten gehet der weg nach dem Ziegelhoff ab, worunter durch 2 Sielen gehen, so daß waßer vom Neuen werck kommend in den Schloßgraben führen, selbige sind vormahlig von Holtz gewesen, itzo aber von dem H. Bauinspector mit Feldsteinen auffgeführet und bebrücket und mit eichen bohlen unterlegt Die gedachte Alee hat an der oster Seite 111 und an die wester 116 große Jpern, der Grund ist in diesen gang nicht außgebrücket, an Jederseite ist außwendig eine kleine Hecke beym Ende deroster seiten ist auch eine Siele so daß waßer ableitet, wie auch nach westen an den weg des Thiergartens 2 siele mit Holtz außge

[pag.] 566:
kleydet an der oster Seiten bey dem anfang ist ein Kasten von führen Brettern mit E:Hängen Schloß und Krummer Überfall versehen worin die waßer rohre gehen

Die große Einfahrts Pforte des Hochfürstl: Neuen wercks gartens ist gerade gegen vor herbemeldte Allee in das planck werck, womit die Süder seite des gartens befriediget ist, diese einfahrt ist auß und Inwendig mit Feldsteinen vorgebrücket, die Pforte hat 2 Flügel, von Fuhren mit Eisern Hängen und Hacke an Starcke Eiser Ständer versehen, und roth angemahlet, inwendig gehent vor diesen Flügeln ein Schlag baum her von Führen an einer Seite in Eisern Bänder beweglich an der anderseiten wird er mit einem Fall Schloß deßen Krummer überfall überdiesen Baum gehet auff und zugemacht
Gleich an der oster seite bey diesem

[pag.] 567:
Thor ist eine kleinere Thüre, außwendig mit E:Hangen und Hacke und in wendig mit eine dichte Schloß überfall soein Eisern Hacke hat nebst Eisern angriff, daß planckwerck an dieser Süderseite ist zu osten des Thors 24. und an der westerseite 82. fach und alsozu samen 106. Fach lang, zu Ende der westerseite ist eine kleine Thür mit E: Hängen und Schloß und ist in wendig lang her mit Hasel Stauden bepflantzt, an der Osterseite der Einfahrt gehet ein Spatzir gang hinauff Zubeiden seiten eintogt [?] Bäume und platte Hecken von Joh: und Stickel beere besetzt, zu Ende dieses ganges ist in das Planckwerck eine Thür mit E:Hängen und Schloß versehen, daß planck werck an der osterseite hat erstl: 38 Fach biß an die pforte von des garten Inspectoris Hauß, welche mit Eisern Hangen vhacken, ein schloß mit E:Drücker nebst überfall, von führen Holtz oben mit einen Knopff und Schnörgelich außgeschnitten ist

[pag.] 568:
Der Spatziergang welcher bey dieses planck werck hinauff gehet, ist an die westerseiten mit Jungen Hecken und oben platten Linden Bäumen besetzt, bey deren Ende Eine Laube steht welche 14. Kl: Eichene Ständer 3 Führen Bencke ümb einen Steinern Tiß und außen vor eine dicke Eichen Banck hat, ferner so sind noch in das oster planck werck 4 fach biß an die große Fahr pforte von des Garten Inspectoris Hauß, diese hat 2 Flügel Jeder mit 2 Eisern Hangen versehen und durch hin auß einen Flügel, in den andern Schißet ein Krampff durch, ümb ein Höltzern riegel einzustecken.

Hiernechst folget an der osterseite annoch 133. Fach Planck werck wobey ein Langer Spatzier gang hinauff gehet an theilsorts mit Dann Bäume Besetzet, daß also an der osterseite dieser Garten mit 175. Fach planck werck der Thür und pforte ungerechnet, befriediget ist und dieses ist also die Befriedigung

[pag.] 569:
An der rechten Hand oder Oster seite der Einfahrtspforte.
An der lincken S: seite nachwesten sind wie schon gedacht 82 fach planck werck und am ende eine kleine Thür, wobey zu observiren daß gleich bey dem anfang bey der Ein fahrtspforte ein Stück Land mit planckwerck von 12 Fach längst das süder planckwerck hin abge theilet, selbiges hat an der Norder seite auch 12 Fach planckwerck und dahinter gehet ein Bogen gang, und an der oster und wester Seite ist dieses stück 3 Fachbreit, und hat an beyden orten eine Thür mit Eisern Hängen und Schloß versehen, in dem Eck an der osterseite ist an einem Fach des Süderplanckwercks ein Schauer abgekleydet welches an den Seiten von Brettern und mit Einen Brettern obdach bedecket ist, der Bogen Gang ist von Frucht baumen, und gehet zwischen dem Suderplanckwerck und den Hercules teich nach westen hin, zu Ende dieses bogen gangs ist eine Thür

[pag.] 570:
in daß wester planckwerck nach einen kleinen garten welcher in den Thier garten hierin lieget

Die wester Seite dieses Gartens hat von Süd nach nord hinauff gehend erstl: 46 Fach Eichen planckwerck biß an eine Thüre nach den Thier garten welche mit E:Hängen Schloß und Hacken versehen ferner 42 Fach Eichen planckwerck biß an ein weißes oben mit blauen Kopfen angemahltes Staccet von 10 Fach lang, hierin ist eine Pforte, hinauß nach den Acht Kant in den Thiergarten, higehen [?], welche mit E Hängen Hacken und Schloß versehen. Der Spatziergang welcher bey dieses planckwerck hinauff gehet ist an die Osterseite mit Hohen Bußbaumen Hecken und mit Bäumen besetzet, gegen daß weiße Staccet aber ist ein Ebener platz, an deßen Süderseiten Eingroßer Schattiger Büchbaüm stehet welcher unten im Quadrat mit F: Brettern ümb geben mit Erde außgefüllet, und mit grünen rasen in Höhe einer

[pag.] 571:
Banck bedecket ist, von daß weiße Stacket an folgen ferner 57. Fach Führen planck werck, wobey ein Spatziergang hinauff gehet, deßen Osterseite, mit einer Hecke von Joh: Strauchen welche an ein Stacket wobey 3 Latten längst hingehen angebunden sein, diß Stacket hat Eichene Ständer und ist nebst den Latten weiß und blau angemahlet, die gantze Befriedigung der wester Seite hat also in Summa 155. Fach plancken, worunter 10 Fach Stacket sein biß an daß Schöne gebogne Planck werck so zur Orangerie gehörig,

Dieses ist so dann die Beschreibung von der Süder Oster und wester befriedigung des gartens, von der Norder seite wird hernach bey beschreibung der Orangerie folgen.

Waß die Situation dieses gartens betrifft, so liegt selbiger an der Norder Seite hinter der Hochfürst Residence Gottorff, von Süden nach Norden gegen den Berg hinan, und kan von Süden Nach Norden in 7 Theile der unter

[pag.] 572:

sten plein pied mit gerechnet, abgetheilet werden, die 6 öbersten theile haben absätze und liegen immer eins höher alß das ander und hierzu kan man durch an den absätzen angelegte Treppen hin auff gehen,

Die oster und wester Seite dieses Gartens gehen gleichfals von dem Mitteltheil zur Seite hinauff den Berg hinan, daß also daß Mitteltheil nicht so hoch alß die beÿden oster und westertheilen lieget.

1)
Daß erste und unterste Theil hat von osten nach westen 5. ab theilungen, davon eins oben beÿ garten inspectoris Hauß oben mit gewächsbetten und graß stücken und Obst baumen und dazwischen mit Hecken angelegt ist.

Daß ander Theil ist eine Schöne Cascade und waßer Portal gleich gegen der Einfahrtspforte über,
Erstlich ist auff der Ebenen Flächen

[pag.] 573:
eine 8 seitige Cascade [mit Bleistift durchgestrichen und drübergeschrieben: Fohntin] von gehauenen Stein welche auff den 8. Ecken oben ein kleines Postement hat. und in wendig mit Fliesen, auff daß Fundament belegt ist, in die Mitte steht hierin ein Postement oder pydestil mit Gesimbsen von gehauen Stein, worauff von Eisern Blech eine große und über dieser eine kleinere vergüldete Crone welche Öffnungen und Röhren von Bleÿ haben, die gröste hat 2 reÿhen rohre rund herüm in einer reÿhe 7 und in der andern 6 und die kleine Crone hat in die Mitten ein starckes Rohr von bleÿ, Rund herüm ümb das Pidestyl stehen 2 reÿhen 8 seitige Cylinder in Jeder Reÿhe 8 und also zusamen 16 Stück, worauff auff Jede Ein Frosch von bleÿ auff einer platen sitzet, sogrün angemahlet und 1 offnung und röhr in den Hals hat zu dem waßer Springen, auß den Cronen und deren Röhren kan solches auch nach belieben auß gelaßen werden, da dann daß Waßer an allen orten Perpendiculair und zimlich Hoch in die Hohe Springet,

[pag.] 574:
Hinter dieser Cascade [durchgestrichen und mit Bleistift drübergeschrieben: Fonten] lieget den berghinan ein Schönes Theatre [durchgestrichen und mit Bleistift drübergeschrieben: Cascade] von waßer Künsten dieses hat 9 aufftritte biß an das Portal so zu Ende stehet, die aufftritten sind vorne her mit gehauen Stein und dahinter mit Fliesen belegt, der oberste platz von diesem hat Zu Beÿden Seiten eine Gallerie von 14 außgehauene Pfeiler mit grund, boden und obergeländer alles von gehauen Stein, hiebeÿ stehet vorne ein Postement oder Pydestil von Corinthischer ordre, danechst folgt auff der Stuffen ein Steinern wand worauff oben eine Muschel vertical außgehauen in wendig aber daran sind 2 Schaalen wie Muscheln auß gehauen, eine große unten und eine etwas Kleinere oben, in die Kleinste stehet eine Röhre worauß daß waßer Springet und in die kleine Schaale wieder nieder fält, auß der kleinen Schaale fält solches in die große und auß dieser in eine halbe 8 seitige Kamer oder Reservoir so in wendig mit Fliesen belegt, worauß es dann unter

[pag.] 575:
der Erde weggehet, die gedachten Bleyröhren ent Springen hinter der Steinern wand auß der Erden, und gehen in die kleine Schaale, Es stehen an Jeder seite der aufftritte 7 solcher wände mit Schallen und zwischen Jeder ein Postement wie vorhero beschrieben.

In der Mitten dieser aufftritten gehet ein ander hoher waßer fall über 26 steinerne Treppen zwischen Grotten werck herunter, und theilet die Treppe in 2 theile, Gedachter waßer Fall hat zubeÿden seiten von allerhand art PerlMuscheln Austern, Schnecken und MeerMuscheln wie auch große Delphin in Steingehauen und Entspringt zu oberste auß einen großen Delphin, worauff ein Kind mit fliegenden Gürtel in ein gewunden Horn blasend sitzet, in dem Hals ist eine große Öffnung von Bleÿ, worauß das waßer sich außstürtzet und über die 26 vorn her runde Steinern Treppe zwischen den gedachten Grottesken wercke herunter laufft, die 4 Mittelsten Delphin haben sich einander ümb wunden, die 2

[pag.] 576:
untersten aber haben waßer röhren in dem Halß, welches nebst dem waßer so über den Treppen herunter kömbt in eine halbes 8seitiges Reservoir fält, und wird hernach unter der Erde abgeführt, auß dem ersten auff tritte und aldaherüm sind heimliche waßer Sprüngen wodurch die Hinauffgehende Zum Schertz können subtil naß gemacht werden.

Zu alleröberst von dieses werck, stehet ein hohes portal wovon die Vertieffungs seite gemauert und alles andre von gehauen Stein ist, solches hat an der Süderseiten 4 Schöne Corinthische Seulen mit Schafft gesimbs Pidestylen und Capital von gehauen Steinen, die Architrave Fries und Coronice ist gerade und auch von gehauen Stein, unten ist zwischen den Pÿdistÿlen eine Gallerie, und dahinter ein Reservoir zu das Springwaßer, in den wänden dieses portals sind 5 Nischen davon haben die 3 an der Norderwand große Statuen mit Delphin und allerhand Muschel werck gezieret, sovon Holtz, angemahlet

[pag.] 577:
sein mit grauer Farbe, die Nichen sind in Ihren vertieffungen hochblau, und oben haben sie von weißen gips werck Muschel Schallen, an den wänden herüm oben über den Statuen und an den seiten beÿ den pilastern herunter imgleichen an den Architrav zwischen den Capitälen der Säulen hangen allerhand Sorten Meerschnecken Perl Muscheln und Austern von Holtz außgehauen und grau angemahlet, die bohne ist angegipset und hat einen Crantz ümbher mit Oliven Blättern gezieret, der Fries ist mit Francoir Laubwerck besetzet und in die Mitte ist Zu Gott Ruhenden Hertzogs C.A: Nahme mit Laubwerck und oben über eine Crone, unten aber ein Laub Schild worinn das Jahrzahl 1693 stehet, zu Oberst auff diß Portal stehen 4 Postements und dazwischen eine Gallerie von 3mahl 4 pfeilern nebst Geländer, auff denen 2 äußersten Postements sitzen Knaben so eine waßer Spritze drücken worauß daß waßer Springen kan,

[pag.] 578:
und auff den 2 Mittelsten stehen Große außgehaune Schaalen und dar[?] waßer röhren von bleÿ, die Gallerie gehet auch an der oster v: wester Seite oben her, daß dach ist fast flach und mit Bleÿ bedecket, worauf und an der Norderwand außwendig die Bley röhren gehen, die Erde ümb das portal ist mit Feldsteinen des auß weichens halber besetzet, zu beÿden seiten dieses Theatri sind 2 Kasten von Führen Brettern mit E Hängen Hacken und Schloß versehen. worin die Schlüßeln zu den Fontain röhren, hinter vorgedachtes Portal liegt ein an allen 4 seiten mit Feld steinen außgesetzter waßerteich, darin sind an der süderseite 3 und an der wester 1 Kasten von Führen Brettern mit Eisern Hängen

und Krampen zu den röhren, und an der Westerseite ein holtzern Mönch [?] den Deich abzulaßen.

Daß dritte von dieses untersten von ost nach westen gehenden Stückes, ist ein Graßfeld mit bäumen besetzt an der Suder seiten ist hieselbst ein Stück

[pag.] 579:
mit planck werck bekleÿdet und vorhero schon beschrieben, auch fängt sich alhir der bogen gang von Ost nach westen gehends an, und von diesem gehet diß groß Stück biß an den Teich hinter der vorher beschriebenen Cascade liegend: bey der wester seite gehet ein Bogen gang auß den andern bogen gang an den Teich hin und auch ein weg welcher durch den garten sich nach dem Norderplanckwerck und im Thirgarten hin ein, wobeÿ an Jeder Seite ein Kasten mit EHängen und Krampen zu den waßer röhren,

Das Vierdte Theil des untersten Stücks begreifft den großen Teich in deßen Mitte der Hercules mit dem vielköpffigten Cerbero Streitend, in mächtiger größe, auff einem Postement von Maur steinen stehet, dieser Teich ist mit Feld Steinen ümbher außgesetzt in den 4 Ecken stehet ein postement mit einem Pfeiler welcher Zierathen von Muschel werck hat, worüber ein Becken mit einer Röhre wor

[pag.] 580:
auß das waßer Springen kan,
An der wester Seite dieses teichs ist auch ein Bogen gang, in der oster wester und Süderseite liegen waßer Siele unter der Erde davon die oster und wester in den teich die Süderte aber auß dem Teich führen, an der Süderseite ist auch ein Mönch das waßer auß den teich abzulaßen, Zum an dern

begreifft dieses theil auch den Kleinen Blumen garten welcher zwischen dem großen bemeldten Teich und Lust Hauß lieget, dieser garten hat an der oster und wester Seiten eine gerade Maur wie ein winckel hacken elche oben mit Ziegeln becket, die Eingangsthür in der oster Seite ist von gehauen Stein auff geführt mit Bogen und Bogen gesimbs und oben über ein Satyr Kopff nebst Hochfürst. Nahmen eingehauen, in wendig sind daran 2 flügel Thüren von durchbroch ner Arbeit, deren jedes mit 3 Eisernen Schwalben Hängen und E: Hacken und eins mit einem Schliß das anre mit einen vorschuß versehen, und das Maur dach Die Schwelle ist auch von gehauen

[pag.] 581:
Steine und die Thorflügeln grau angemahlet, an den Teich stehen alhier 2 Fach Stacket so weißroth und blau angemahlet und Langst den teich sich geht ein Hecke von Hagebüchen platt geschnitten, worin 20 rothe kleine Ständer mit platz, oben auff zu den blumen Töpffen zwar stehen aber nicht mehr gebraucht werden, daß Thor und Stacket ist an der wester seite dem vordern gleich nur daß alda keine Steinern schwelle,

Die andere Norder Maur gehet von daß Lust und Pomerantzen Hauß an beÿden seiten gebogen wie zweÿ Arme herauß und ist oben mit steinen alß mit ein geländer belegt und mit Schiefer nach inwendig etwas bedeckt,

Die Lust stücke an den beÿden geraden Oster und wester Enden sind vorne her mit einer Mauer sooben alß eine Banck mitgehauen Stein belegt eingefaßet, diese Maur gehet auch Längst den gebognen Mauren hin, in der gebognen Wand sind an einer Seite 9 and der andern aber 7 mit gehauen Stein besetzte licht löcher, wie auch zwey große beyd Lusthauß

[pag.] 582:
wodurcht das Licht unter der Brück die an der andern Seite dieser Maur gehet hin fält, an der gebognen wand stehen in diesem garten an Jeder Seiten 6 von Bleÿ gegoßene und vergüldete Brustbilder der Hochfürstl vorfahren auauff Steinern postement und Kragsteinen, daß Lust und Blumen Stück hieselbst vor der ge bognen Mauer hat 4 abtheilung mit Buschbaum besetzet worinn die 4 alter des Menschen in Stein wie auch in jedes ein Lang rund und Circul Rund Cascade [mit Bleistift durchgestrichen und drübergeschrieben: Fonten] stehen, daß erste Feldt, hat 3 Spielende Kinder eins mit Trauben eins mit ein Hund und das ander mit ein Delphin in ein becken auff 3 ineinander gewundene Delphin Stehen, der Hund und Delphin haben öffnungen zum waßer Springen, welches wohl in den Lang Runden Reservoir wird gefallen sein, auff deßen Rand aale Quappen fischottern etc liegen, auff die Runde Komme ihr Rand liegen Allerhand Meerwunder alß Meerpferd u Kalber, Seehunde, Remota ge=

[pag.] 583:
flügelte Lachßen und dergleichen, in der Mitten steht ein postement mit ein Rohr, beyde Kommen aber sind sehr verfallen.,

In das ander Feldt stehet ein Jüngling mit einer Laute und hinter Ihm ein Hund mit einem bleyern röhr, daß postement hat allerhand Musicalische und Martialische Instrumenta, vor Ihm auch solche 2 Reservoir wie im vorigen mit Seefischen und Meerwundern ge zieret sind im beßern stand alß vorige, werden aber nicht gebraucht, und sind in wendig bewachsen

In das dritte Feldt steht ein Mann seine Hand auff eines Löwen Kopff haltend, sein postement hat allerhand Krieges waffen und Rüstung, Die oval und Runde Commen sind denen vorhergehenden gleich.

In das vierdte Feldt stehet ein alte Philosophe gebildert, hat in der Hand ein Buch und darauff ein Todten Kopff, den Er mit fingern berühret und fleißig regardiret,

[pag.] 584:
Er tritt auff einen Globum und hat einen Schwan beÿ sich stehen, welcher aber halb verfallen, auff das postement stehen aller hand Bücher, globos und jnstrumenta Mathematica, die oval und runde Kommen, sind auff den ränden gleich den andern gezieret aber sehr verfallen, es ist schade daß diese Commen so verfallen seitemahl alles zimlich scharff darauff angedeutet daß auch ein Kind die Fischen Kennen solte

Gegen Süden nach den Teich stehet ein 8 seitiges Lusthaus solches hat eine Thür in der Vorderseite mit ein Steinern aufftritt mit E Hängen u Schloß versehen, die thür an der Süder seite ist zugemauret, die 6 Fenstern haben Eichne Sargen und Jedes unten 2 lange und oben 2 Quadrat fenstern so alle offen und mit Eisern Hängen u Hacken sein, daß dach ist mit Kupffer belegt und rundet sich oben in einem punct zusamen wo selbst ein runder Knopff und eine

[pag.] 585:
Pique Spitze, oben darauff stehet,
Inwendig ist die böhne gewölbet mit Haupt und Cron[?] Leisten und blau Grund mit weiß gips werck, darauff Ein Fenster, hat unten ein Sargholtz welches sehr verdorben

Wann man nun auß diesen garten an der oster Seite wieder herauß gehet, so ist an der Norder seite vorhergemeldter gebognen Maur eine Brücke welche zu beÿden seiten des Lusthauses her gehet auff diese Brücke kan man an der oster Seite ver mittelst einer Treppe von führen Holtz welche 9 Aufftritte und an derseiten eine Lehne hat hin auff Steigen, die Balcken dieser Brücke gehen an einer seite in die Mauer und mit der andern ruhen solche, auff 21 Joch von Holtz in Mannes Höhe, an der oster seite und hernach ruhen die Balcken auff der Erde somit Feldstein bekleÿdet ist, auff den Jochen ist ander Brücken seiten eine Lehne von 11 Eichnen Ständern und ein ge länder, darüberher, und ist blau

[pag.] 586:
und weÿß angemahlet, unter die ser Brücke ist eine Väme[?] mit Feldt steinen außgebrücket, worauff das waßer sich versamelt so auß der Erde dringet, und unter der Brücke her ablaufft, beÿ dem Lust hauß komt eine Schußvenne[?] von bleÿ herunter, und hat das fundament alda zimlich ruiniret, die Brücke an der wester Seite der gebognen Mauer hat keine Joche sondern ruhet auff der Erde und in die Mauer, Das fünfte Theil des untersten Stücks dieses gartens ist ein groß stück mit Frucht und wilden Bäumen u: Hecken besetzet, und liegt an der westerseite den berghinan.

Daß stück garten welches in den Thiergarten hinein gehet, hat an der süder seiten 26. fachplanckwerck, woran der Mist hinliegt, vor dieses ist nochein planckwerck gezogen von 18 Fach, wodurch 4 Durchgänge seÿn, davon haben 2 eine Lehne von Brettern, an den seiten beÿ der wester Ende lieget ein Mist bette in 2 fach getheilet von führen Bretter, worüber einige fenster so Eisern

[pag.] 587:
winckeln und ringe haben,
an der oster seite sind 15 Fach, und an der wester auch 15 Fach, planckwerck nebst eine Thür nach dem Thiergarten hinauß mit Eisern Hängen Hacken und Schloß, die Norder wandt hat an der wester Ende 6 Fach Niedrig planckwerck wovor ein Erd Beern berg liegt, vor den Erdbeer Berg liegt ein stück landt an Norder und osterseiten mit planckwerck bekleÿdet, an der westerseite ist davon eintheil weg

Die gänge sind hir mit Buschbaum besetzet in 4 Lander und jedes wieder in 6 Betten, an daß Norder planck werck sind 2 reÿhen Mistbetten von Mauer stein auffgemauret, und oben her mit Eichne balcken, auff der Mauer belegt, Eins hirvon hat 8 und das ander 12 Fenster mit Eisern Ecken und oben und unten mit ringen versehen, an diesen Mist betten ist im westertheil ein stück sonicht außgefüllet und Belegt, vorne vor diesen Mistbetten geht

[pag.] 588:
eine Bekleÿdung von Brettern die Erde auff zuhalten her, auch liegen alhir viele Lucken über den Fenstern zu decken, in einen Stapel auff ei nander, In das Norderhohe planckwerck sind 2 Thüren eins nach den Thiergarten hinauß welches mit E Hängen Hacken und Schloß versehen, die andere Thür gehet in ein Schauer welches hinter 4 fach planckwerck her ist abgekleÿdet, und mit führen balcken und Stendern daß taffelwerk an der wester norder und osterseite mit Maurstein u: Leinen auffge richtet, ist mit Ziegeln belegt.

An der oster Seite nach dem garten ist in diß schauer wieder eine Thür hinauß mit Eisern Hangen und Hacken und ein Schloß daran.
2)
Daß andere Theil dieses Gartens, liegt wie schon beÿm an fang erwehnet, weiter in die Höhe den Berg hinan, und kan füglich in daß oster, Mittel und westertheil

[pag.] 589:
beschrieben werden. Daß oster theil hat oben beÿ des garten jn=Spectoris Hauß ein Feldt von Hasel: und sonsten sind die andern Felder von groß Stücken mit allerhand Kleinen Fruchtbäumen besetzet, daß Mittel theil ist ein Lust stück und durch 2. Creutzgängen in 4 Felder so mit Hagebüchnen platten Hecken besetzet sein, getheilet, 2 von diesen Feldern nach Süden, haben längst der gebognen Mauer so vor hero beschrieben 2 gebognen seiten, diese zweÿ Felder sind mit aller hand Jungen raren Fruchtbäumen besetzet, in die Mitte dieser 2 felder liegt Ein Großes gemauertes Lust hauß von 2 Etagen den Kellerboden ungerechnet hoch, solches ist von der Norderseite mit der Hauptthüre erbauet, dieses gehet länglich von Nord nach Süden 6 fenster lang und ist in 3 Breite nur 3 fenstern lang von grund auff unten her ist an Jeder wand ein außgebautes stück mit einen Flachen dach worüm eine Gallerie

[pag.] 590:
von Höltzern pfeilern und geländer herüm gehet, daß Stück oder der flügel an der Süder seite ruhet auff 2 Corinthischen Seulen mit Schafft gesimbs und postementen und hat ein fenster nach Süden, ost, und westen

Die ander oster und wester seiten ruhen auff 4 gewölbt gemauerte Bögen und haben 2 fenster nach ost und westen, und jedes ein fenster in die Norder und Süder wandt,

Die an der Norder Seite ruhet auff 2 Starcke Dorische Seulen welche so wohl alß ihr Schafft gesimbs pidestÿl Architrav: Fries und Cornice, und bogen von gehauen stein sein, und diß angebaute Stück gehet alß ein Thurm gantz in die Höhe, die Architrav Fries und Cornice gehet auch an den 2 andern seiten herüm, worüber 2 fenstern mit Steinern Sargen stehen, über den Bogen sind allerhand Zieraten Delphin Köpff und Kugeln außgeh hauen, in daß wapenschild stehen der Hochfürstl: vorfahren nahme

[pag.] 591:
Die Cornice ist so hoch alß das öberste der Fenster Sargen, oben hierüber ist derthurn welcher in der oster Norder und westerseiten 2 fenster über einanderhat worin man durch eine windelstiege hinauff auff daß Dach welches platt ist und mit eine Gallerie ümbgeben, kommen kan, der thurm hat eine unten Bauchlicht und oben Zusamengehende Haube von Kupfer, hierüber sind 4 kleine gemauerte pfeiler und dar über eine kleine Haube und wind Zeiger, an den 4 Ecken der großen Hauben stehen große vergüldete Kugeln,

Wann man an die oster oder wester seite hin gehen will sind anbeÿden orten treppen von gehauen Feldsteinen, und wan man auff solcher hinunter tritt, kömbt man auff die Brücke welche an beÿden seiten, und auch üm die gebogne Maur gehet die Balcken ruhen so wohl in die Maur alß auch auf der Erde so mit feldsteinen besetzet, an der oster und wester seite des Haußes ist man alß dann unter die gemauerte bögen der neben seite, diese bögen sind mit Eisern

[pag.] 592:
stangen durch schoßen in den wanden ist an Jeder seite eine Thür zu den Kellerboden, an der oster seite ist erstl beÿ der Treppen ein Fenster mit Steiner sarg, welches 2 Schlag Fenstern hat, in wendig mit E: Hängen und Hacken davon ist das eine zim lich defect. Die Thür zu den Keller boden an dieserseite ist von Eichen mit E: Hängen u: Hacken und Schloß und hat eine kleine Treppe, stehet in Ein Steiner Sarg die 6 fenstern haben alle steinern Sargen und offne fenster, sind aber alle 6 Mangelhaft

In der südoster Ecken ist eine thür mit steinern pfosten unter und überschwelle, die Hölzern thüre ist aber weg, alhier gehet eine Treppe von 11 steinern gehauen tritten hiünter und Zübeÿden seiten ist eine Eisern Stange zum anhalten an die Mauer, unten zu Ende dieser treppe ist auch eine Thür gewesen, aber ist weg, allhier kömbt man unter die 2 Corinthische Seul bogen, die das Süderte angebauete Stück tragen. gehet man Zu erst an die westerseiten hinunter über der von Feldstein Treppe, so ist auch

[pag.] 593:
auch alda eine Thür Zum Keller Boden und die fenstern sind auch also wie vorherige verfallen, nur daß die Thüre in dem Südwester Eck nicht steinern sondern hölzern Sargen hat, sonsten ist Sie mit E:hängen und Hacken u Schloß versehen die Treppe ist auch alhier von Holtz, und ist gleich Viel obman an oster oder westerseite gehet, den Man kömt an beÿ den orte biß unter daß angebaute Stück an der Süder seite des Hauses, und man kan in den vorherbeschriebenen Blumen garten hinaußgehen, woselbst der Eingang Zübeyden seiten mit aller hand Zierathen von Statuen, Larven Köpffe, und Laubwerck von gehauen Stein außgezieret, oder man kan auch ein warts durch eine hohe pforte von Führen mit E: Hängen und Hacken versehen, worauff ein Garten in perspectiv gemahlet, in Zweÿ Plätzen hinein gehen, das eine an der wester seite ist vor die weÿden und Schnitz bäncke und andere gärtner geräthe, und hat in die westerseite einen

[pag.] 594:
niedrigen Durchgang, ümb Unter die Brücke zu kommen das ander an der oster seite hat auch ein solchen kleinen Durchgang zu, unter die Brücke an der oster seiten zukommen, und hierin ist daß Kamm Ratt welches den großen Globum vormahlig herüm getrieben hat, an der oster Mauer sitzet noch das Eisern Schütt welches auffgezogen worden wann das waßer auff daß Kamm Ratt hat fallen sollen, das Kamm Ratt, und sein lager stelle wie auch der Kasten worin d. kam rat gehet, sind gantz verfallen und fast Zu Erden geworden, maßen daß Holtz fast zu pulver ge=worden solches ist zwar von Eiche Jedoch nur schlecht erbauet worden, An der welle des Kamm Rattes ist eine triebe Stern ratt, oder Schraube ohne Ende gewesen, aber davon weg welches in daß Vertical annoch stehendes Stern ratt von Meßing eingegriffen hat, diß Meßing

[pag.] 595:
Stern Ratt sitzet auff einer dicken Eisern welle, an deßen wester Ende eine Eisern Schraube ohne Ende ist, wovon jedoch ein gang etwas auß-gesprungen, welche Schraube in ein Meßing Stern ratt Eingreiffet, daß Meßing stern ratt alhier sitzet auff eine dicke Eisern stange welche Schräg und etwa nach der Elevatio poli liegt und und hinauff in die bühne gehet alwo oben an dieser Stange mag eine Schraub ohn Ende oder ein Trieb gewesen, seÿn, welches in daß große Meßing ratt so in daß Fußgestell und Kasten unter den Globum ist, ein gegriffen hat, von der proportion dieser Räder schrauben und Triebe wie auch Ihrer vermögen und Kräfte ist nichts zu melden weilen wie erwehnet einige Stücke davon weg sein, wofern aber derzeit etwas davon beschrieben worden, kan davon alda nach ge sehen und solches hiebeÿ Conferiret werden, von den Globum selbst aber wird in Beschreibung des Inwendigen

[pag.] 596:
von diesem Lust Hause, mehr folgen
Wann man an der Norder seite in dieses Lusthauß eingehen will, so kömbt man durch den gedachten Bogen von Dorischer Ordre gegen eine Thür in der dicken Mauer, vor welcher 6 Steinern gehauen Treppen sein, Zu Beÿden seiten ist eine gemauerte Banck mit gehauen Stein überlegt, wohinter eine Gallerie von gehauen Stein, an beÿden seiten der thür sind pfeiler von gehauen Stein in die wand, hieran ist ein klein poste ment von gehauen Stein darauff stehen Keÿser oder Brust bilder von bleÿ gegoßen und weiß angemahlet.

Die Thüre ist von gefüllt arbeit außwendig mit einen Eisern Drücker und krausen E: anschläger, In:wendig aber mit ein Schloß und Drücker und 3 krausen E: Hängen und Hacken versehen, an der Lincken Hand ist auß wendig auch eine Thür mit einer Treppen vor welche 5 Steinern auff tritten und oben ein potest hat somit fliesen belegt ist, diese thür steht in außgehauen Steinern Sargen hat starcke Eisern

[pag.] 597:
Hacken ist auch hinten, oben und unten mit Eisen belegt und hat außwendig einen Eisern angriff, inwendig aber ein festes Schloß, durch diese thür kan man nach der Treppen gehen so oben hinauf führt,

Wann man in die Mittelthüre hineingehet so kömbt man in einen großen Saale in dieser Norder wand sind auch in wendig in der oster und wester Ecke thüren mit Eisern Hangen Hacken und angriff die schlößer aber sind weg, durch die thür an der westerseite geht man nur in einen kleinen Gang die an der osterseite aber gehet auß nach der Treppen und steht gerade inwendig gegen die an der linken Hand auß wendig beschriebene Thüre

Diese 3 thüren sind in wendig mit Tischler arbeit und Leisten gemacht und Braun angemahlet, in den Füllungen stehen garten Stücke allerhand pyramyden u:gebauden wie auch der Beeden Berühmbten Astronomen, Brahens et Copernici gemähldte, der Saal gehet auch in die angebaueten Neben seiten der

[pag.] 598:
oster Süder und wester Seiten hinein und könte fast ein Creutz formiren, wan nicht die Norder seite gerade wäre, die 2 fenster in der oster u: wester Maur in den Flügeln haben hölzern Sargen und 6 offne fenster, welche alle sampt Eisern Hängen Hacken angriffe winckeln und überfälle haben, in Beÿder flügeln Süder und Norder wand stehet auch ein fenster welches offne Fenster und Eisen werck daran wie vorige haben.

Es sind in der oster und wester wand des gebauwdes in jedes 2 fenster und in der Süder wandt 2 fenster und in daß Südert angebaute theill auch 3 fenster, und also 17 fenster zu samen, die daß Licht in diesen Saale geben, welche alle mit Eisenwerck wie vorerweh net versehen und Grün angemahlet seÿn, die Brustwehr unter den Fenstern ist mit Bleÿern platten besetzt darauff sind allerhand Spielende Kindlein mit aller hand Blumen und Mathematischen auch Astronomischen Instrumenten und Globus auff Fundamenten

[pag.] 599:
wie mit fliesen belegt angemahlt, und mit Gallerien woran Rosen gebunden zwischen unter theilen von Seulen gezieret. Lieblich ab Contre fait, die wande dieses Saales sind weÿß, der fuß Boden mit fliesen belegt und die Bohne weiß mit Kalckschneider arbeit.

In diesen Saal ist der überauß rare Kostbaare und Große Globus welchen II HH die in Gott ruhende H Hertzogen Friederich und Christ Albrecht verfertigen laßen und Ao 1664 zur perfection gekommen der Director ist gewesen der Seel M Adam Olarig Ascanius der Fabricator And: Busch von Limpurg und die Scriptores, Christ: und And: Rotgißer gebrüdere von Husum

Dieser Globus ist so vortrefflich groß daß auch über sein ümbkreiß ein Faden 400 Zoll muß lang sein wann Er herüm gehen soll maßen eine Distance zwischen 10 Graden auff den Ümb Kreiß über 10 ¾ Zoll hat, der Diameter ist über 10 ½ fuß dieser Globus praesentirt in wendig die Concavi tät des himmels und außwendig die theile der Erd Kugel

[pag.] 600:
man sagt daß er Sich vor diesem in 24 Stunden herüm gekehret habe, seine axis ruhet unten im polo Antarctico auff ein ge=stell von ein stück Mühl Stein, und oben endiget er sich in einer vergüldeten Kugel, welche in den Hals eines Drachen der an der bühne von Kalckschneider arbeit gemacht feste sitzet, die axis geht unten und oben durch den Meßingen großen Meridian circul, welcher ümb die Kugel geht und so groß ist, daß die Distance zwischen 10. Grad 11 Zoll lang ist, die Dickte dieses ringes ist über 4 ½ Zoll und die brei te über 6 Zoll, Der Globus ist auß 24 halbe E: Zirckul rin gen welche 2 Zoll breit und ¼ Zoll dick sein, und die dickte herauß kehren, auch oben und unten an der ax Speichen mit Starcke Eiserne Schrauben und oben darüber mit einen Splint an einem überband befestiget sein, über diesen Sphaeren ist die gantze Kugel außwendig mit Kupfern Dün geschlagen Blechen und hernach mit Leinwand über zogen daß Leinwand ist mit einen Braunen grund worin etwas rötliches

[pag.] 601:
vermenget geglättet, und hernach ist darüber ein schönes weiß gezogen, welches so glatt alß wanns geschliffen wäre, Der Primus Meridianus ist in der Insul Palma eine von den Canarien Insuln genommen und auff die Norderhelfte der Kugel Zwischen den Graden mit Roth Blau und weißen plätzen unterschieden, und hat von 10. zu 10 Graden, Parallen der Circulus aequatoris oder die Linea ist eben also mit far ben in den Graden unterschieden und hat auch von 10 zu 10 Grad parallen, Imgleichen sind beyde von 10 Zu 10 Minuten in den Graden abgetheilet, die Landschaften der Erd Kugel sind mit allerhand Farben unterschieden und wie auff den Charten illuminiret, in denen Ländern sind allerhand Thiere nach Landes art angedeutet, und auff dem großen ocean und ander Meeren sind auch die SeeCarten und aller hand flotten von Schiffen Insuln Meerwundern und Seefischen gemahlt, Die parallel Zirckeln und See Carten

[pag.] 602:
Linien sind schwartz und so fein alß in den gedruckten Landt Carten, Die Beeden Tropique und polar Zirckeln sind roth, und sonsten die gantze description auff der Kugel Lateinisch und kein fleiß daran er Sparet worden

In wendig ist diese Kugel mit führen Dünnen Brettern belegt und darüber mit Lein wand und farbe wie außwendig Bezogen und angemahlet, hat in die Mitte einen runden Tisch welcher an der axis so durch ihn hingehet nebst einer runden banck feste sitzet, und unten mit vielen eisern Sträben verwahrt ist, ümb die Banck ist ein Horizont bogen auff eine Gallerie mit höltzern gedrehte pfeilern von ein Breites Kupfer blech wovon ein Stück gegen der thüre weg ist, Es ist auch alhir in wendig ein ½ Meridian ring und auff dem Tisch ein Hemispharium worüm der Horizontbogen auff den tisch gestochen, alle Astra und Himmels Bilder sind in wendig an der Kugel illuminiret und die Sterne durch Meßinge kantig gefälte [?] Nägel Köpffe ange=

[pag.] 603:
deutet, alle Circuli Coelestes sind Accurat hierin verzeich net, und nicht minder fleiß alß außwendig daran verspahret worden; Daß man wann dieser Globus sich herüm drehet nicht allein alle Stern u: Planeten in Primo sondern auch vermittelst der 2 untersten kleinen räder in Secundo motu gehen sehen kan, Die große Meßings räder wie auch die an dere kleinen sind alle in wendig der Kugel in guten Stande, auß wendig aber unter der Kugel in daß kleine Schräge Kasten ist daß große Meßings Stern ratt zwar noch gut, allein das doppelte Trieb so darin faßet ist gesuncken und daß jenige Stern rat so zu öberst an die Eiserne schräg liegende und von unten herauff gehen de stange davon vorhero beschrieben ist nicht mehr alda verhanden, es kan aukch sein das an dieser schrä gen stange ein Schraub ohn ende ist, und daß ein Stern ratt versuncken da

[pag.] 604:
beÿ annoch liegt welches in den doppelten trib unten und das andere große stern ratt so noch alda liegt oben ein gegriffen, welches man ohne auffbrechen wozu keine permission zu geben nicht ersehen kan, die Thüre in diesen Globo kan auß ge nomen und ein gesetzt werden und hat oben ein schloß mit ein kleines Springschloß, vor außwendig stehet daß Hochfürstl: wapen darauff gemahlet, der Horizont bogen gehet außwendig ümb daß Haemispharium der Kugel her und ist sobreit das man beÿ der Kugel ümbher Spatziren kan, man kömt hin auff durch eine an dem Süder Theil angelehnte führen treppe mit 9 aufftritten und zu beÿden seiten eine Lehne, ist grün angemahlet, und hat oben 2 Eisern Hacken, der Horizont Zürckul ist von 10 Zu 10 und weiter in Gradus abgetheilet mit Eisen Eingelegt, der Meridian Zürckel ist von 10 Zu 10 und in einfache Gradus und hernach von 6 zu 6 Minuten

[pag.] 605:
Daß ist jeder Grad in 10 theile wieder abgetheilet, sonsten stehet der Meridianus nach dem Magneten Süd und Nord und nicht nachden Meridianum des Sonnen lauffs, der Horitzont bogen ist außwendig 12 Eckigt mit ein gehobelt gesimbsen [?] und ist von Schön Junges Eichen

Holtz so eine sehr liebliche naturell farbe gleich dem Birn baum holtz hat, unter diesen 12 Ecken stehen eins ümb das ander Bald Seulen von Corinthischer Ordre mit pidestyln unter, bald auß gehauene Jungfer und Männer bilder, welche biß auff den Leib zierlich außgehauen und sich hernach unten werts mit laubwerck verlieren, auff Ihren Pidestyln sind Engel und Larven Köpffen aber auff den pidestyln der Seulen nicht, wor auff ein gehobelt Zierath, der fuß boden unter den Globum erhebt sich 12 seitig Zugehend, oben in die Mitte mit einen Hügel, daß kleine Schräge Kästlein an der Süder seite worinnen die Meßing räder der Machine sind, ist roth gelb u: Schwartz angemahlt,

[pag.] 606:
Durch die Inwendig und außwendige thüren an der osterseiten in der Norder wandt dieses Zimmers, welche schon mit Ihrem Eisenwerk beschrieben, kömt man auff ein Potest mit Klein Al strach belegt, alhir ist nach dem westen eine Englische Gerade Treppe von 11 holtzern Tritten mit einen Eisern grün angemahlten angriff stange, an der seite daß fenster, alhier in der Norder wandt ist auß wendig mit einem Eisern gitter verwahret und hat ein steinern sarg ist mit Eisen werck und angemahlt wie die vorherbeschriebene Fenstern, oben über der Treppe ist ein Potest mit kl: Alstrach belegt, und gerade gegen der treppe eine Thür mit E Hängen Hacken und Schloß nach ein Zimmer welches 2 Fenstern der vorigen gleich hat, und mit Alstrach belegt ist, auff der rechten Hand fänget eine windel stiege an, diese hat in die Mitte eine Seule und an der seite eine krauß außgeschnittene Lehne und erstl.: 10 Aufftritten, alles von

[pag.] 607:
Eichen Holtz, hieselbst ist ein potest von Eichen Brettern in der oster wester norder wand ist ein halbes Schlag fenster in Steinern Sargen, welches 2 fenstern wie die andern beschriebenen unten haben, mit Eisenwerck den vorigen gleich hat, An der Süder seite ist eine thür nach ein Zimmer hinein von führen holtz, auß und in wendig grün und mit Laubwerck vermahlt, oben über und an den seiten mit Tischler arbeit gezieret Diese thüre hat Eisern Hängen und Hacken auß und in wendig eisern angriffe und ein Schloß mit Eisern Drückern, in der oster wand ist gleich bey dieser thür Zu, noch eben eine solche thür durch welche man in 2 Cabinetten an der oster Seiten gehen kan, und in die Süder wand ist eine wodurch man in den großen Saal an der Süderseite gehet.

In die Wester wand sind 3 und in die Norder Ein fenster hievon sind 2 mit steinern und 2 mit Eichnen Sargen, Sind allesampt mit E: Hangen Hacken, An

[pag.] 608:
griffen und vor wirbeln den an dern untersten gleich verwahret, und haben alle 4 offne fenster, die 2 in den Höltzern Sargen sind braun vermahlt und daß Eisenwerck vergüldet die andern 2 sind gleich wie die untersten grün angemahlet, in den Nordwester Eck ist ein heiml: gemach von führen Tischler arbeit abgekleydet, oben mit Carnis arbeit hat eine thür mit Eichern Hangen Hacken und Schloß und ist grün mit Laubwerck angemahlt

An der osterwand ist eine Bettstelle vor 2 Betten von tischler arbeit grün angemahlt mit Laubwerck hat 2. Schubladen unten mit rollen an Jedes Bettstelle sind 2 flügelthüren mit E Hängen, die schloßer daran sind weg, oben darüber sind 2 Schrancke jedes mit 2 gegitterte flügelthüren

An den wänden gehen auch riegen nachhöhe der obern thür gesimbsen herüm, der fuß boden ist mit fliesen belegt und die Böhne von kalck=Arbeit, wan man durch die erwehnte Thür der osterwand gehet

[pag.] 609:
so kömbt man in ein Kleines Cabinett welches nach Osten u: Norden ein fenster mit Steinern Sargen und Jedes von 4 offne fenstern hat so mit Eisen werck und grüner Farbe den vorigen gleich sein, bey der thür an der Norder wand ist ein Schrancke so 2 thüren mit E:Hangen und schlößer hat, von das öber ste ist das Schloß weg, und ist Grün mit Laubwerck angemahlet, der fußboden ist mit weiß und Blau fliesen belegt und die böhne von Kalck arbeit,

An der Süder wand ist eine verkleydung so unten einen runden Eisern ring hat,

Durch die thüre in der Süder wandt dieses Cabinets, kömt man in ein ander SchlaffCamer worin gerade gegen über eben eine solche thür in der Süder wand ist, sind alle mit E: Hangen Hacken schloß u: Drucker u: auß und inwendig angriffen auch grün mit Laubwerck angemahlt, auff das gesimbs üm den thüren sind die Leisten ver güldet, In der oster Maur sind alhir 2 fenster Jedes hat 4 Schlag

[pag.] 610:
fenster mit Eisen werck den andern gleich, daß Eisen werck ist aber alhir verguldet und daß holtz der fenster Braun ange mahlet, auff den thüren und gesimbs sind die Leisten auch ver guldet, der fußboden ist von Führen Brettern, die bohne von weißen Gips mit Blumen stücken,

Durch die Thüre in der Süder wand kömt man in den großen Lust Saale eben eine solche thür ist auch an der wester seite in dieser wand.

An der oster Süder und wester seite sind in Jeder Maur 3 fenster und also 9 Zusamen in diesen Saal, daß Mittelste von diesen dreyen kan wie eine thür auffgemacht werden maßen daß Brustwehr unter den fenstern von Holtz ist, und sind mit eisern Hängen u Hacken auch Eisern vorschußen versehen, und haben vorne her 2 auff tritten, man kan hierauß auff das flache Dach der Neben seiten welches mit Bret tern belegt und rund herüm eine

[pag.] 611:
Gallerie mit Höltzern Langen gehauenen pfeilern und oben darüber ein holtzern geländer so durch sträbe Eisen gehalten wird, Spatziren gehen,

Die Fenstern sind mit Eisen werck denen vorigen gleich, an der oster und wester Seite ist daß beschlag daran an 2 vergüldet, die Mittelste thür fen ster wie auch die fenster in das Süder theil sind nicht vergüldet und werden erst Neulich eingesetzt sein, unter den Brustwehren der feste stehenden fenstern stehen allerhand Schafft ge simbs von Seulen und Gänge mit Fliesen belegt und allerhand Blumen auff Bley platten, abgemahlet, die Beyden thüren sind grün mit ver güldet Laubwerck und Leisten, der Fußboden von führen Brettern und die Bohne von kalck arbeit worin oval und Quadrat Figuren mit großen und kleinen Contrefaiten von allerhand Bekandten und Frembden Vögeln, Fliegenden Kindlein mit Blumen Cräntzen, wie auch mit den Hochfürstl nahmen, das Kalck

[pag.] 612:
laubwerck ist mit Gold über guldet, einige von diesen Contefaiten sind verfallen und an deren Stelle von Gips Muschel werck gemacht worden.,

Es seÿ um daß man auß diesen Saal an der oster seite durch die 2 Cabineter oder an die wester seite durch das vorgemach wieder herauß gehet so kömt man wieder nach der in der Norder wand be findlichen Eingangsthüre und dar auß auff den Potest über den 10 Ersten Treppen so von der windel stiegen beschrieben worden,

Hieselbst gehet diese windel stiege hinauff mit 11 Tritten nach dem obersten theile des Thurmes, woselbst ein Potest von Brettern

die treppe hat auch eine Lucke mit E: Hängen u: wirbel die 3 fenster haben steinern Sargen und eins an der wester seite hat keine Hängen und kan abfallen, die böhne ist das Dach unter der thurm haube in die Mitte ist hierin eine Eiserne Kugel

[pag.] 613:
worin des Thurms stange ruhet, in der süder wandt ist eine Führen Thür in steinern pfosten unter und oberschwelle und darüber ein Klein stehend Fenster, durch diese thür kan man auff daß große Flache Dach so mit Führen Bretter belegt und Rundherüm eine Gallerie von Höltzern pfeilern Geländer und Ge simbs hat hinauß gehen, an die Maur platte ist Zum ablauff des regen waßers eine Breite renne von Kupffern platen, worin daß waßer sich samblet und in Bleÿ ren röhren so unten mit Holtz besetzet in den Ecken herunter läufft, und dieses wäre nun also von das Lust hauß Zu observiren

Wann man wieder herauß ge het, so ist an Jeder seiten eine Laube von Jpern im Quadrat ge pflantzet, wobeÿ 2 von Bleÿ ge=goßene Kaÿser Bilder, gerade ge gen der thür über sind 3 auff tritte von gehauen Feldsteinen womit auch die Erde längst hin ist außge setzet, und ferner nach Norden

[pag.] 614:
ist ein Ebener platz worauff ein röhr Kasten mit Stein besetzet und eine 16. Eckigte Cascade von ge hauen Stein lieget, welche in wendig mit fliesen belegt und in die Mitte ein Postement von gehauen Stein hat mit einer Runden röhren, wor aufß daß waßer überauß hoch und Zwar so hoch der Thurm gemauert perpendiculair mit großer Force in die Höhe Springet, Zu beÿden seiten liegen die vorher schon erwehnte 2 Norder felder des Luststückes, diese sind mit allerhand Diagonal und andern durch Schnitten in Zierl: Blumen Feldern gethey=let und mit F: Buschbaum außgesetzet, worin Sommerzeits schöne und raare Blumen floriren, ümb diesen Luststücken sind Spatzier gänge und mit platten Hecken von Buschbaum und Hagebüchen besetzet, In die Mitten in diesen Feldern stehen 2 Statuen von gehauen Stein mit eben solchen postementen, wovon eins die flora

[pag.] 615:
mit dem Cornu copia, in den Eußersten Hohen Hecken an der oster und wester Seite worinnen Eine Reÿhe Eichen Ständer Stehen daran die hecke an Latten so da beÿ hin gehen angebunden, stehen ein Ständer ümb das ander an Jederseiten 5 Kaÿser bilder von Bleÿ gegoßen und weiß angemahlet
3)
Hierauff folgt den berg hin an das Dritte Theil von die sen Garten, Solches hat an der osterseiten, einen wald von allerhand wilden Schattigten Baumen und Stauden, an der wester seite aber ist ein groß Stück mit Jungen Fruchtbäumen be=setzet, und die Steige haben hecken von Stickelbeeren, Zu öberst ist ein ebener platz und ein Büschbaum unten mit Brettern im 4 kant besetzet deßen schon beÿ beschreibung des planck wercks der westerseiten gedacht worden, Hie selbst kan man den Größesten theil des gantzen gartens übersehen,

[pag.] 616:
Zwischen diesen oster und wester theilen, liegt ein Lust und Blumen Stück wozu man in die Mitten durch eine Treppe von 14 gehauen Steinern Tritten von unten hinauff den absatz hinan gehen kan,

Auff dieser Treppen liegt in die Mitten eine kleine Cascade mit Buschschbaum ümbgeben, worauß daß waßer Continuirlich oben auß einen gegoßenen Bleÿern Delphin läufft, und zwischen Grotten werck welches aber mehrentheils verfallen über 4 Steinern Treppen in eine halbe 8 seitige Komme oder reservoir so in wendig mit fliesen belegt abfällt, die Steinern Treppe hat zu Beÿden seiten ein Feldt mit Busch baum ümbgeben, worin oben Kindlein von gegoßen Bleÿ stehen, und herausser gucken mitten auf der Treppen steht oben ein Kraut und Blumen Topff von Bleÿ gegoßen, und zu Beÿden seiten des Buschbaum Stücks steht eine Vackte[?] von Bleÿ gegoßne Statue auff ein pidestÿl von gehauen Stein weiß an gemahlet, der Gantze absatz ist unten her mit

[pag.] 617:
Einer Hecke von Buschbaumen und oben her mit einer von Hage=büchen so platt geschnitten seÿn, be=setzet, An der oster und wester Ende kan man auff durch treppen von großen feld steinen hinauff gehen, wobeÿ die Eußer ste seite eine Hecke mit Eichen Ständer darin gleich wie vorige an den Lust stücks seiten ist, woran 3 Kaÿser bilder stehen,

wann man durch eine dieser Treppen hinauff gekomen so sind alhir 2 Luststücke welche rund herüm mit Breite Spatziergänge derer hecke platt und von hagebüchen, und in wendig sind diese Lust stücke von einer und ander seiten mit aller hand artigen Spatzirgängen so mit Buschbaum außgesetzet, und schöne Blumen felder geben, gezieret, die eußersten hecken gehen an den Eichen Ständern fort, und haben an Jeder seiten 10. von Bleÿ ge=goßene und weiß angemahlte Kaÿser bilder, die Cascade so alhir in den Mittelgang liegt, ist von gehauen stein und hat 24 auß und eingehende Ecken oder Seiten 14 von diesen seiten

[pag.] 618:
seind vielländer alß die andern und in wendig ist solche gleich dem vorigen mit Fliesen belegt und hat in die Mitte ein postement oder Pydestÿl oben mit ein Fontain Röhre worauß daß waßer Springen kan, zu Beÿden seiten oder in den Luststücken mögen vormahlig Statuen gestanden haben, sind aber verfallen und liegen noch einige rudera davon übrig
4)
Das Vierdte theil dieses Gartens hat an der osterseiten allerhand wilde Schattigte Baume Dannen und Strauche, oben auff den Berg ist auch eine Laube angelegt.

An der westerseiten ist ein groß Stück mit allerhand Jungen bäumen und weiterhinauff an daß planck werck noch allerhand Schattigte wilde Baume und Stauden, man hat in die Mitten wieder ein Luststück, an deßen ab=satz sowohl in die Mitten ein Treppe von gehauen Stein alß auch an denen Enden eine Treppe von

[pag.] 619:
Feldsteinen wobeÿ die Hecke mit den Eichnen Ständern woran 2 Kaÿserbilder von Bleÿ und weiß angemahlet seÿn hinauff gehet,

der absatz ist mit Laub werck von Buschbaum gezieret, und unten her mit eine hecke von Buschbaum, oben aber mit eine von Hagebüchen besetzt, die Mittelste Treppe hat 14 aufftritte von gehauen stein und hat in die Mitte gleich dem vorigen eine Cascade mit treppen und Grotten werck, worin das waßer auß einen Seehund von bleÿ gegoßen und weiß angemahlet, laufft.

oben zu Beÿden seiten sind in den Buchsch baum hecken Kindlein von bleÿ so heraußgucken, wie auch mitten auff den öbersten tritt ein von Bleÿ gegoßner Blumen Topff, Zu Beÿden seiten des umbgebenen Stücks an den Buschbaum stehen oben Statuen in Lebensgröße auff pidestyln von gehauen Stein, der Jupiter an der Rechte hand ist von Holtz und heruntergewehet, steht itzo auff der Erden beÿ seinen pilaster und ist sehr verfallen, die

[pag.] 620:
ander an der Lincken Hand mit einer Schlangen den sie an der Brust setzet, mag Cleopatra sein sollen, ist von Bleÿ gegoßen, und stehet noch, Die Beÿden Lust stücke sind mit Spatziergängen ümbher und mit platten Hecken von hagebüchen wie auch mit allerhand zierlichen Blumen feldern, worin allenthalben klein und große Stäbe so weiß und blau vermahlet stecken, abgetheilt, an der Beÿden außersten Hecken mit den Eichnen Ständern sind 9 Kaÿser bilder, an Jederseiten in der Mitten dieser Lust stücken werden Statuen gewesen seÿn maßen in daß Stück so nach westen liegt, an noch eins auff Flacher Erde hin gestellet stehet. Die Cascade so zwischen diesen Beÿden Lust stücken auff den breiten platz gegen der Mittelsten Treppen lieget, hat 8 seiten davon die Helfften gerade und die Helfften eingebogen, ist in wendig denen vor erwehnten mit Fliesen,

[pag.] 621:
postementen von Stein und wäßer Springenden Röhren gleich
5)
Das Fünfte Theil dieses gartens hat gleich fals eben solche 15 Treppentritte mit ein Cascade in die Mitten, Kindlein in den Buschbaum zur Seiten oben ein Kraut Topff, auf den öbersten auff tritt die Statuen sind gantz groß und von Holtz, an der rechten steht die flora, Zur Lincken aber Hercules, und stehen auff Steinern postementen, die Absetze sind wir die vorigen, die Lust Stücke mit Spatziergängen und Hecken von Hagbüchen rund gerüm und mit Schön Laub werck von F: Buschbaum angelegt, in deren Mitte Statuen auff unter gelegten Steinern platen, wovon eins in daß osterte Stück herüm gefallen, an den euserste hecken sind an der oster seite 9. und an der wester 8. Kaÿserbilder von Bleÿ, und beÿ den Feldsteinern auf tritten sind an Jeder seite 3 solcher bilder, und sind alle weiß angemahlet,

Die Cascade so alhir in die Mitten liegt, hat 8 seiten und an 4 Ecken eine runde Bastion herauß gehend, ist mit fliesen belegt und hat auch

[pag.] 622:
ein Steinern postement und Fontain röhre in die Mitten, die Öster seite dieses theils hat einen anmuthigen Schattigen Grund und Thaal von allerhand wilde Baumen,

An der wester seite aber ist ein groß Stück mit Jungen Baumen und Hecken von Stickelbeeren besetzt, wohinter ein Stück mit wilden Bäumen somit einer hecken von wilden Stauden Ümpflantzet.
6)
Das Sechste theil hat an der osterseiten ein Tieffes und Schatti=ges thal mit wilden Baumen und Stauden, an der wester seite ein klein groß Stück, und hernach Continuiret längst das wester plantz werck daß Stück von wilden Bäumen so mit einer Hecken ümsetzet ist,

Zu dem Mittelsten Lust stück hin auff zugehen hat es gleiche bewandtnüß wie mit dem vorigen, die Treppen an den beÿden Enden haben Zur Seite 3 Kaÿserbilder an die Hecken Ständer, die Mittelste Treppe von gehauen Stein hat 13 aufftritte,

[pag.] 623:
Die Kleine Cascade welche mitten darauff liegt, hat Zu öberst einen Seehund von bleÿ gegoßene und weiß angemahlet, die Seiten wozwischen das waßer über die 4 Steinern Treppen hinunter läufft, haben allerhand Zierath von Meer und Perl Muscheln Schnecken und dergleichen, und ist alles noch in guten Stande, wie auch der unterste Reservoir, die Kindlein so allhir oben in den Buschbaum stehen in gleichen der Blumen Topff in der Mitte des öbersten aufftritts sind auch in guten Stande,

Die Beÿden Großen Statuen sind Venus und ein kleiner Cupido, Und Cupido mit seiner Rüstung gegen über, hieran ist aber der Bogen den Er in die Hand geführt verfallen, sind beÿde in Lebensgröße von Holtz und Stehen auff Steinern poste menten, und ist alles weiß angemahlt,

Die 2 Luststücken alhier sind mit Spatziergängen und Hecken von Hagebüchen ümb geben, die Felder aber sind nicht weiter abgetheilet, sondern mit allerhand jungen raren

[pag.] 624:
Frucht bäumen und andern schönen Sträuchen besetzet, Die Norder seite dieser Felder und Ihre Hecke gehen wie eine Harpffe gebogen, und an den äußersten Hecken sind 10 Kaÿserbilder gewesen,

An die oster seiten aber noch 9 ver handen, und daß Zehende ist weg,

Die Cascade welche Zwischen diesen Beÿden Lust stücken gegen die Treppe liegt, ist von gehauen Stein hat 16. gerade seiten und ist inwendig mit Fliesen und einem Postement mit einer Fontain röhren wie die vorigen versehen;
7)
Daß Siebende und Letzte Stück dieses gartens, hat einen Absatz an den Seiten beÿ der Treppen von gehauen stein, welche gerade von den andern überliegt, nur solang alß die Treppen sonsten mit Busch baum Zu beÿden seiten gehabt haben, weilen an der oster seiten Ein Tieffer Schattiger Thal biß dahin gehet, und an die wester

[pag.] 625:
Seite ist ein Feigen Garten, Anstatt des absatzes angelegt
Auff der Steinern Treppe Liegt auch eine kleine Cascade mit Busch baum ümbgeben, deren vorigen gleich, man kan allhir gerade gegen Süden die andere beschriebe nen Treppen einen Nach den andern liegen sehen, in den Beÿden kleinen Seiten des absatzes an dieser Treppe ist Laubwerck von Buschbaum und an den seiten gehet die Hecke mit den

Eichnen Ständern hinauff, und hat an Jeder seite 3 Kaÿser bilder, die Cascade so auff der Treppen liegt, imgleichen die kleinen Kindl: in den Buschbaum und der oberste Blumen Topff sind in guten Stande, die Beyden Großen Statuen aber so von Holtz auff Steinern postementen gestanden, sind herab gefallen und stehen beÿde Zusamen an die osterseiten auff der Erde, Der Platz hieroben hat keine Luststücken noch große Cascaden, sondern ist gantz eben, und ist ein vorplatz vor daß

[pag.] 626:
Schöne Lust hauß Amalien-burg genandt, Zu den Beÿden seiten dieses platzes, ist eine Hohe Hecke von Hagebüchen, welche mit runden Thürmern außgeschnitten, in diesen hecken stehen an der oster Seite 6 und an die westerseite 5. Kaÿserbilder von Bleÿ gegoßen und weiß angemahlet,

Außerhalb dieser hecke ist an der osterseite ein grünes Bastion von Erdbeeern besetzt, worauff oben ein garten und Bogen gänge von Haasel Stauden und Jungen Büchen Stauden angelegt wird, außerhalb gegen westen aber ist der große platz vor daß Neue Pomerantzenhauß, worauß Sommer Zeits die Raaren gewächse und Frembde Baume außgesetzt werden,

Gegen dem Norden dieses platzes welches wie erwehnt, Zübeÿden seiten die hohe hecke von Hagebüchen hat, liegt daß oben gedachte HochFürstl: Lusthauß Amalien burg welches von dem in Gott ruhenden, Hertzog Christ: Albrecht, Ihro Königl Hoheiten

[pag.] 627:
Dero HochFürstl: Gemahlin Zu Ehren auff führen laßen und nach Ihren Nahmen ist genennet worden, Dieses Lusthauß hat nun eine sehr artige Invention, wonach es erbauet, es liegt recht im Quadrat und hat in allen 4 seiten eine Thür, an Jedes Eck eine Stube und darüber an Jedes Eck ein Cabinet, und Praesentiret sich an allen seiten wie mit Bastionen an einer for=tification, und oben wie Thurmer auß welche man oben auß einen in den andern auff einen Gang so eine Gallerie von Holtz hat ümb das Mittelste theil rund üm das Dach Spatzieren gehen kan,

Das Mittelste Gebauwde ist ein großer Saal deßen Höhe gantz hinauff in das dach gehet

Dieser Saale Empfängt sein Licht von oben und auch an den seiten und ist gantz hell, maßen Er oben allen 12 große Fenstern der untersten ungerechnet hat, Die Entree an der Sü der seiten hat vornher eine Treppe

[pag.] 628:
von 8 Dicken Eichnen Balcken, davon sind die untersten solang alß von einer Bastion biß Zur andern, die obersten ver Jüngen sich so wohl von vorn alß von den seiten, wor auff man auch nach den Flanc seiten hinunter gehen kan, biß daß oben nur ein potest so breit alß die Thür nebst ihren Zierath ist, nach bleibet, Daß Lusthauß ist von Grund auff gemauret

Die kleinen Obern Cabinette sind mit führen Brettern der Leichtigkeit halber außgekleÿdet, die Haupt Entree an der Süderseite hat von gehauen Stein, Bogen und pfeiler auch zubeÿden seiten Pilaster von Ionischer Ordre welche auff Pidestÿln stehen, der Architrav das Fries, Cornice und Frontespice sind auch von gehauen Stein und mit grauer Stein Coleur angemahlet, Die Capitale der Ionischen Pilastern haben vorne Zwischen den Schnörgeln hangende FrüchteCräntze von Granat Apfel Pomerantzen und dergleichen, wie auch über das Mittel des bogens

[pag.] 629:
sind auch solche hangende Früchte außgehauen, welches alles nebst den Ecken der Pilastern Architrav, Fries und Cornice im gleichen Ihro Königl: Hoheiten der in Gott Ruhenden Hertzogin nahmen von Zugwerck mit Lorber Crän tzen, und darüber eine große auß gehauene Crone mit dem feinsten goldt, vergüldet ist, Die Dritte unterste Treppe Continuiret vor den Facen an der Süder seite herzugehen, daß Fundament ist so hoch der potest stehet, mit grauer Stein farbe ümzogen, Die Fenster stehen allenthalben in Eichnen Sargen und haben unten 2 lange und oben 2 kurtze offne Fenster mit Eisern Hängen Hacken und vorschlößern versehen,

Außwendig sind vor die untersten lange fenstern Schlag Lucken mit Eisern Hängen u Hacken versehen, welche durch eine Schraube so durch den Fenster pfost gehet zu gemacht werden, diese Lucken sind auß wen dig mit Niche inwendig gegen den Fenstern aber mit allerhand schönen garten Stücken, Spatziergängen und

[pag.] 630:
dergleichen angemahlet, an der Süder seite fehlen an Beÿden Bastionen die Schlag Lucken an den 2 Façe Fenstern, an der wester Seiten fehlt nicht allein die Lucke an das eine Norder Façe fenster, sondern auch daß unter Holtz des fensters ist gantz verfallen, und hat die Macht des verzehrenden Südwesten wieder hiesiges Landes sehr empfünden,

An der oster seite fehlen die Lucken auch an den Fenstern der Süderten Façe, Eüßerlich ist dieses gebäuwde nach dickte der Maur steine mit weißen Linien be zogen und die Maursteine nach der Längsten Diagonal Linie halb gelb und halb roth ange=mahlet, welches dann, da die fenstern, das gesimbs unter den dächern und die Gallerie grau er Stein Coleur sein, sehr wohl stehet,

Das Dach ist allenhalben mit Schiffern belegt, die untersten Neben stuben haben nur eine kurtze abdachung biß unter die Gallerie, auß dieser kurtzen abdachung

[pag.] 631:
ragen dan die obersten Cabinette hervor deren Fundament mit Bleÿ so Stein grau angemahlt belegt,

Ihr obdach wie auch des Mittelsten Saales obdach gehet von allen 4 seiten nach proportionirter Höhe der Itälinischen Manieren von däcker über den Mittelpunct so die Diagonal Linien machen zusamen, deren Ecken außwendig mit bleÿ verwahret sein, auff jede Spitze ist ein holtzern Postement und Kugel, ümb den Kugeln ist Ihro Königl Hoheiten Nahme mit Palm Zweigen und darüber eine Crone von Kupffer gemacht, und Starck vergüldet worden,

Die dreÿ andere, nemlich wester Oster und Norder Seiten dieses Gebäuwdes, haben keine auff tritten oder Treppen, sondern zwischen den Flancquen ist ein Ebener platz mit fliesen belegt und ein Höltzern aufftritt vorne her, weilen daß Erdreich an diesen seiten höher alß an der süderseiten befindet, und dieser Seiten thüren haben

[pag.] 632:
Bögen und gesimbs von gehauen Stein grau angemahlet, die ordnung der fenstern dieses Gebäuwdes ist wie folget,

QUELLENAUSZÜGE 385

An der Süder seite
In Iede Face	2 fenster
In Ieden Flanq	1 fenster
In der Cortin beÿ der thüren	2 fenster
Oben in daß Mittelste Pavillon	3 fenster
S:	8 fenster

An der westerseite
In Jede Face	1 fenster
In den Flanquen	keine
In der Cortin	2 „
und oben	3 „

An der Norderseite
In jede Face	2 fenster
Jede Flanq	1 „
In der Cortin	2 „
und oben	3 „

An der oster Seite ist es mit den Fenstern wie ander westerseite, nur daß alhir vor der Thüre Ein Thurm vor die windelstiege erbauet, worin man nach den obersten Cabinetten steigen kan,
Dieser thurm hat gegen osten 2

[pag.] 633:
fenster davon jedes 4 offne Fenster mit E: hangen Hacken und über fall hat, auß diesen thurm gehet auch unten eine thür nach den garten hinauß mit E: Hängen Hacken und Schloß versehen, man kan von außwendig auch auff die Gallerie durch diese thüre steigen, ohne in den großen Saal zukommen, in den Ecken so die Cor=tin und Flanquen machen, sind starcke Bleÿ röhren so daß regenwaßer von der Gallerie herunter führen die Galle rien haben Zubeÿden Enden an den Flanquen ruhe Ständer, und in die Mitte auch einen mit Laubwerck außgehauen welche das oberge=länder tragen, in den 2 raumen stehen noch in jedes 12 gantze und 2 halbe pfeiler die gleich fals mit tragen helffen, unten ruhet diese Gallerie auff die Mauer und hat unten Krag steine deren Ende mit rosen und andern blumen außgehauen, und stehet soweit vorn herauß daß Er an der süder seite daß Frontespice der Thüre Bedecket
Wann man nun durch eine

[pag.] 634:
Der thüren in dieses Lust=Gebauwde hinein gehet, so kömt man in den Mittelsten großen Saal, Die gedachte Thüren haben Jede 2 flügeln mit füllungen außgearbeitet nach Ionischer ordre, sind außwendig grau und mit Laubwerck angemahlt, haben Starcke EHängen und Hacken nebst zierliche Schlößer mit drückern und unten u: oben Eisern vorschüße,

Die Fenster Sargen und pfosten wie auch daß gesimbs so in wendig in höhe der äußerl: Gallerie her=üm gehet, sind mit Bleich weißen grund mit Gülden Blumen Trauben und Grün Laub gezieret, wie dann auch die wände mit Gold leder biß an das erwehnte gesimbs von solcher Coleur und gülden Trauben blumen u grün laub, überzogen, die Schräge unter der Gallerie ein wärts gehende obdachung ist mit den allerlieblichsten Contrefaiten der Spielenden Göttinnen, Kindern und Satyrn, und die wände zwischen den oberfenstern mit an=

[pag.] 635:
muhtigen Engeln und Kleine Cupidons welche Blumen Trauben, Obst, pfeiler und Bogen führen vortrefflich gezieret, Zwischen den Norder-Fenstern Führen diese Fliegende Kindlein jedes ein Stück des Königl Dähnischen und Ihro hoheiten Stam wapens,

gantz oben in das dach und verdeck dieses Saals deren 8 Crohn und Crantz Leisten verGuldet wird das portrait Ihrer Königl. hoheiten der in Gott ruhenden Hertzogin (Zusatz: F.A.) von Engeln und Göttinnen geführet, wie dann auch in den andern fächern die hochFürst. Princen und Princeßinnen mit den Göttern vergesellschafftet sein, daß daß werck sich selbsten am besten loben wird, der fußboden ist mit schönen fliesen belegt.

An Beyden Enden der Süder und Norder Cortinen sind thüren wodurch man in die Neben Stuben oder Bastionen gehet diese sind mit Eisern hängen hacken Schloß

[pag.] 636:
und Drückern versehen, diese sind gegen inwendig der Stuben mit Zierlichen füllungen und Leisten werck Schwartz und verguldet, in den füllungen sind allerhand Schöne garten Stücken, Portaln und Fontainen gemahlet die Fenster rahmen sind grau Marmoriret mit güldenen Strichen, unter der Bühne sind schöne Götter stücken und Engeln mit Blumen und andern Spielenden Sachen mit sehr feinen farben geschildert wiewohl einige davon sehr schadhafft geworden, An den wänden und Brustwehren der fenster ist es allenthalben auch mit Leinwandbezogen (sic) und Braun angemahlt worauff in 8kantigen rahmen allenthalben Divisen (verb: Devisen) mit frantzoischen Inscriptionen stehen welche dermaßen nach den Affecten gebildet sein daß solches mit großer Plaisir Zubetrachten

[pag.] 637:
Die windelsteige an der osterseiten hat bey der untersten thür nach dem garten eine abkleydung worin eine thür mit eisern hängen hacken und Schloß, und hat 31 Breite Eichene aufftritten die MittelSeule ist mit Schlängwerck zum anfaßen außgearbeitet und die wände allenhalben auff der Bekleydung von Brettern mit Laubwerck angemahlet, auff dieser Steingen kan man hinauff in die Gallerie und an daß dach rund um daß gebaude gehen, oben auff der Steigen ist ein rund liches Schieffer dach, oben mit einen vergüldeten Knopff auff Ihr außgangsthür zu öberst ist zwar mit Eisern hangen und hacken versehen auch grau angemahlet daß Schloß ist aber davon weg, die öbersten Cabinette sind noch alle in gutem Stande, und die fenstern mit Eisern hängen v: hacken und auff Drück Schlößer gleich wie die vorige unterste verwahret und grau Marmoriret angemählet, die wände sind mit zwey fenstern in den Facen

[pag.] 638:
in den Flanquen aber sind thüre mit E: hängen hacken Schlößer und drücker und grau angemahlt die eine thür in der Süder Flanc der wester Seiten ist aber unten sehr mangelhafft die wände in diesen Zimern sind

mit Leinen überzogen, und allenthalben mit Poetischen Stücken von allerhand Lustige angenehme Götter Jagdten und Satyr gemählden wie auch die gewölbte Bühnen deren haußtgesimbts mit verguldeten Leisten sind auch mit allerhand Frucht und Trauben führende Kindlein theils auch mit schönen Götter bildern außgezieret und mit allerhand Schönen Farben gemählet der Fußboden ist alß mit fliesen belegt außgemahlet worinnen in die Mitten ein theil des hochF: wapens, sonsten ist bey diesem Schönen Lustgebaüwde Zu observiren daß man Keine Balcken darinnen findet sondern daß daß Dach die obern Zimmern und sich selbsten Trägt.

[pag.] 639:
Hierauff folgt nun daß neue Pomerantzen Hauß welches in der Befriedigung der Norderseiten dieses Gartens Lieget und die vornehmbste seiten gegen süden hat in dieser Seiten sind 3 thüren nehmlich 2 zur seiten und die haupt Entrée in die Mitten unter dem großen Erckner, hat bogen und Pfeiler und 2 Pilastern an Jeder seiten mit Schafft gesimbsen und postementen von Corinthischer ordre nebst Architrav Fries Cornice und FronteSpice worin des hochseeligen hertzogs C:A: Nahme mit Laub von Oliven Bletter und vergüldeter Crone und oben darüber 3 Urnen oder Kraut Töpffen alles von gehauen Stein zur Rechten und Linken seiten dieses bogens sind 4 hohe doppelte Creutz fenster in Eichenen sargen und grau angemahlet worauff an Jeder seiten eine
    thür folget welche zwar von gehauen Stein aber Keinen bogen hat an Jeder

[pag.] 640:
seiten haben diese thüren Pilasters von Corinthischer ordre ohne Schafftgesimbs auff einen kleinen absatz von Mauersteinen, die Architrav Fries und Cornice sind auch von gehauen Stein mit halben oder gebrochnen Frontespicen worüber 3 Urnen oder Kraut Töpffe stehen, An Jeder seiten dieser Thüren sind wieder solche 4 hohe doppelte (eingefügt: 4/+?) Fenster daß also von einer ende biß zur andern 4 Fenster und darauff eine Thür eins ümb das andre sich befinden In der Mitten Zwischen den 4 Fenstern gehet ein Bleyern Rohr nerunter so das regen waßer von dem dach abführet welche unten mit Holtz ümbgeben und unten sich in den halben 4 achtseitigen E: Kasten welche außgepicht und mit eisern winckeln auff den Ecken beschlagen Endigen vorn an der Süderseiten gehet längst dieß gebaüwde eine Banck von Mauersteinen mit Brettern

[pag.] 641:
überlegt her vor der großen Entrée sind 2 breite und 1 schmaler aufftritt vorn mit holtz und hernach mit fliesen belegt und soweit diese heraußgehen ist die Erde so hoch alß der auftritt bey der thürschwelle und zu beyden seiten vorn her mit gehauen QuaderSteinen besetzet, woran auch an den Oster und Wester seiten 3 Treppen von gleicher art gelegt seyn, über den Beyden Seiten Thüren stehet auch ein kleiner Erckner in das Dach mit 2 Niedrigen Fenstern wovon Jedes 2 offene fenstern mit E: hängen v: hacken hat vor die Seiten Thür nach dem Westen ist von der Erden biß an den giebel des kleinen Erckners ein Glaß hauß von Führen Bretter vor die Aloén welche vor einigen Jahren florirt und hierinn gestanden haben dieses glaßhauß hat an oster Süder und wester seiten 2 fenster in die Breite und 3 mahl übereinander

[pag.] 642:
in die höhe zusamen 18 welche gleich denen Fenstern so auff den Mistbetten liegen mit eisern winckeln und oben und untern Eisern ringe haben daß obdach dieses glaßhauses ist von Führen brettern, und die fugen sind mit Latten Stücke überKleydet, die großen Fensern dieses gebauwdes haben unten lange und oben 2 quadrat fenstern übereinander und sind alle mit E hangen hacken und Krampffen und gaspen und an den wänden mit Eisern vorwirbeln äußerlich versehen, außwendig ist auff den SchlagLucken, deren 2 vor die untersten langen fenstern gehen und Eisern hängen hacken ringe und Klincken haben, Eine vertiefte Nitsche grau gemahlet und darinn ein Kraut Topff worauff von allerhand Art blumen und gewächsen abgeschildert oben und unten sind auch auff diesen Lucken allerhand Laubwerck gemahlet die wand ist allenthalben mit weißer Oelfarben und über den fenstern Muscheln von Blauer farbe, Zwischen

[pag.] 643:
den fenstern herunter hängt allerhand Blum und Fruchtwerck an ein andergeflochten gemahlet, wie auch ein solches alß wan es unter den Blauen Muscheln hingeworffen ist angemahlet welche Zierath die Giebeln der kleinen Erckner auch haben, deß großen Erckners 3 fenstern aber haben einen Blauen rahmen ümbher und oben über eine Leiste mit Bley Bedecket unter den fenstern gehet auch eine Leiste her, die wände des großen Erckners sind mit Bretter so weiß angemahlet bekleydet, das Hauptgesimbs des großen Erckners hat einen weit überhängenden Trauff so unten mit Kragstein gezieret und blau angemahlt sein das Dach des großen Erckners ist nach welscher Manier mit eine doppelte haube, und mit Schindeln belegt oben auff der Spitzen steht die flora mit dem Cornu copiae von Holtz außgehauen auff ein postement und und ist weiß angemahlet, daß Dach der langen seiten ist so hoch alß die Ständer des großen

[pag.] 644:
Erckners an der oster und wester seiten hat es auch solche Sparren alß an Süder und Norder seiten auff den Spitzen dieses Dachs an oster und wester seiten wie auch auff den Spitzen der Beyden Kleinen Erckner stehen Blumen öpffe Die vergüldte Cräntze haben und oben mit Blumen außgehauen sein von holtz und weiß angemahlt auff kleinen postementen, In der oster und wester wand hat dieses Gebäuwde ein Fenster mit 4 offene fenstern so Eisern hängen und hacken haben auch gehet ein Bleyern Rohr an dieser seiten herunter so unten mit holtz ümgeben den Regen abzuleiten An der Norderseiten gegen den Thiergarten hat dieses Gebäuwde in jede der Neben seiten 7 stehende fenstern und eine thür mit eisern hängen hacken und Schloß wie auch 3 gemauerte Schorsteinen auß dem Dach, daß Dach ist an dieser seiten mit rothen Ziegeln belegt ohne auff dem großen Erckner welcher wie auff der andern seiten mit Schindeln

[pag.] 645:
bedecket, und unter den großen Erkner ist eine gerade Mauer so nicht besetzet die 3 fenstern in den Ercker sind blau ümher und die Mauer weiß angemahlet, wie auff der andern seiten, An der oster seiten Bey diesem Erckner ist eine windelsteige mit brettern bekleydet und außwendig weiß angemahlet mit grauen Quad: Stücken in den Ecken Die Thüre hier hinein hat Eisern hängen Schloß und überfall die windel-

steige hat eine E:Seul und 15 aufftritten hernach folget eine gerade treppe mit 10 auftritten Daß Dach der beyden seiten ist mit einen Liegenden Stuel mit Brustriegeln, ohrbänder und 4 hangseülen verwahret nach dem großen Erckner ist zu beyden seiten nach der Gallerie eine thür mit E: hängen Schloß und Klinck die Gallerie ist von gedreheten pfeilern so nebst dem Geländer blau angestrichen und weiß Marmorirt, die wände hier oben herüm sind von weißem gips

[pag.] 646:
und Blau gemarmelt daran sind umher 12 Columnen mit Corinthischen weißen Capitäln und ohne Schafftgesimbs mit roth gelb und Braun in Fresco gemarmelt über den Capitäln folgt der Architrav weiß die fries braun roth und grau gemarmelt und über dieses das Haubt gesimbs ist weiß in den 4 Ecken sind oben die 4 Zeiten des Jahrs in ein Schildt in Fresco gemahlt in den Ecken sind 4 Kinder daß ander ist mit weiß Laubwerck und der Grund blau üm den 4kant ist ein Crantz von Lorbeer Bletter mit leisten, und in den 4kant ein Stück von Seulen à la Fresco, perspectivisch gemahlet

Inwendig dieser Gebauwde ist unten eine Scheerwand an der wester seiten gezogen bey den 2 außersten fenstern in der süder wand in diesem Scheerwand ist eine Thür mit 2 flügeln so Eisern hangen hacken Angriff und Klinck haben sind

[pag.] 647:
sind (sic) außwendig mit Laub und bruststücken Inwendig aber grau angemahlt, in dieser Scheerwand sind 2 fenster und 4 offene fenster mit Eisern hängen hacken und winckeln versehen, die beyden doppelten Creutzfenster in der Süder wie auch das fenster in der wester wand sind mit Eisenwerck wohl versehen und davon vorher schon bemeldet worden, alhie steht ein Eisern ofen vorne auff Eisern Stangen an der Norder und wester wandt ist eine gemauerte Banck mit führen bretter belegt und sonsten herüm allerhand riegen wie auch ein groß Schavott worauff viele Aloen stehen mit rund in runden und 4Eckten Kasten die dehle ist mit fliesen belegt und die Bohne von gibs mit Zirckel bögen und einen gesims ümher

Der ander (verb.: die andere) Scheerwand ist zwischen das erste und ander Fenster von der Haupt Entree gezogen hierin ist gleichfals eine thüre mit 2 flügeln so Eisern hängen v: hacken

[pag.] 648:
Klincken v: oben vorschüße haben und dem vorigen gleich angemahlt in der Scheerwandt sind an Jederseiten 3 stehende und 3 andere fenster welche Können auff und Nieder geschoben werden und haben 2 Eiserne angriffe die 2 Eiserne ofen stehen auff 2 steinern Füßen die gemauerte Banck ist alhie wie in das vorige theil wodurch eine thür nach dem Camin mit E hängen hacken v: Schloß und in dieses theil stehen 16 reyhen Bäncke worauff die raaren gewächsen stehen die Böhne und die dehle sind wie im vorigen wie auch die wände gemarmelt, die Seiten Thüre wovor

außwendig das hohe Glaßhauß Stehet hat Starcke Eiserne hangen und hacken auch unten und oben einen vorschuß,

anitzo folget die Haupt Entree diese große thüre hat 2 flügel von Corinthischer ordre Jede hat 3 Starcke Eiserne Band hängen und hacken, eine von diesen flügeln hat von oben nach unten einen von aller

[pag.] 649:
hand Blumen außgehauenen Crantz welcher wann die thüren Zugemacht sein in die Mitten auff einen Blauen pfeiler herunterhangt und weiß angemahlt und verguldet ist Daß Schloß hat auß und Inwendig einen Eisernen Drücker die Dehle ist mit fliesen belegt und die wande geMarmelt die Böhne und Gallerie sein Schon beschrieben unter der Gallerie ist die wand blauw und hierauff hängen Frucht und Blumen Cräntze von hochergaben weißen gips Arbeit an Engel Köpffen, die Scheer wandt auff der rechten hand ist der vorigen an der Lincken hand gleich mit thüre aufschiebenden und stehenden fenstern und inwendigen 2 ofen vnd Bäncken an der Norderwand ist die Scheerwand fenster und thür an der oster Seiten des Scheerwandts an der wester seiten deren vorher Meldung geschehen und also eine seite der andern gleich nur daß der ofen auf steinern 2 füßen alhie stehet

[pag.] 650:
Sonsten sind beyde Seiten egal erbauet und eingetheilt worden Außwendig gegen Süden ist ein großer platz vor dieß Gebauwde worauff 9 lange reyhen Eichen bohlen auff gehauen Stein liegen worauff die Raaren gewächsen in Ihren Kasten hinaufgesetzet werden dieser platz ist mit ein Stackete so weiß und blau angemahlt ümher anfastet welches in der osterseiten 2 in der Süderseiten 1 und in die wester seiten auch ein thür so auß 2 flügeln besteht hat welche mit Eisern hängen v hacken nebst Schloßern versehen, an der oster Seiten steht ein Röhr worauß das Waßer auß ein Meßing rohr in einen runden Brunnen laufft

An der Westerseiten dieses orangen haußes ist das gebogene planckwerck mit Pfeiler und bogen gemauer angemahlt in den pfeilern sind Nitschen und darin Blumen Töpffe weiß und Blau mit Allerhand grüne Gewächsen in und in den luchten der Bogen, allerhandt

[pag.] 651:
wälder und Buschwerck und oben an den Seiten Brustbilder schön gemahlet bey dem Anfang ist eine thüre mit E: hängen hacken und schloß und Krampfe hierauß kan man nach der Küche in den thiergarten gehen weiter hievon ist eine große fahr pforte worauff eben solche bogen gemahlt und ein Springende Fontain gemacht diese Pforte hat 2 flügeln mit Starcken Eisern hängen hacken an Starcke Eichen Ständer welche mit führen bretter so roth angemahlt bekleydet sein, versehen und hat ein Starckes Schloß und 2 doppelt gebogene überfallen so über den vorgelegten baum gehen auff der andern seiten dieser pforten ist ein glaß hauß welches an eine gebogne wand von Taffelwerck wovon das Zimmerwerck nur führen und an der osterseiten schon mit 4 sträbe pfähle in dem thiergarten gestützt ist, gegen dergarten Seite ist diese wandt gleich wie das vorige planckwerck mit Bogen stücken angemahlet und hat daß Glaßhauß vorneher

[pag.] 652:
von 36 fenstern lang und 2 fenstern zu beyden Enden breit welche alle mit 3 Eisern hängen und hacken versehen und mit E: winckeln v: ringen beschlagen sein oben ist dieß glaß hauß auch mit 36 fenstern bedeckt so Eisern winckeln v: ringe haben. An die wester seiten des Pomerantzen hauses ist ein Stück planckwerck von 5fach mit Brettern abgekleydet und mit einen dach von führen balcken v: Brettern deren fugen mit latten stücken übernagelt versehen in den Süderwand ist ein fenster mit

E: hangen hacken und winckeln wie auch eine thür mit Eisern hängen hacken und Schloß hievor liegen 2 Mistbetten davon ist eins mit 8 fenstern so mit gehorig Eisen beschlag bedecket, und das ander Mistbett ist etwas verfallen

Das planckwerck an der osterseite des Orangenhaußes ist dem andern gleich, gebogen, und auch also angemahlet daß thor oder die Fahrpforte ist alhier auch wie die Fahrpforte an der wester

[pag.] 653:
Seiten und derselben an Mahl und Eisenwerck gleich auff den platz vor dieses planckwerck und zwischen Amalien burg liegt auch ein Röhr-Kasten von Brettern mit Eisen hängen wie dem auch ein graß Stück welches den Nahmen [?] hochf Dhl. des Jungen Hertzogs Carl Friedrichs so von 2 Löwen gehalten wird, praesentiret

Die Achtkant oder das Ringel hauß welches Nordwerts von Amalienburg stehet hat auff jedes Eck eine Ionische Seule von Holtz mit Schafftgesimbs und postementen welche daß dachtragen (verb.: getrennt) zwischen den Seülen ist es unten so hoch die postementen gehen mit Brettern Zugekleydet und oben ein geländer darüber her an der westerseiten ist solche bekleydung beweglich und kan alß 2 Flügeln auffgehen und sind jede mit Eisernen hängen und hacken so mit einen Eisern Stick und ein Splint vor durch die postementen befestiget sein, versehen daß eine hat ein Eisern vorschuß

[pag.] 654:
und daß andere ein Niederschuß der Fußboden ist an die Mittelseule fest und kan herüm gedrehet werden maßen in dem Centro unter der Mittelseulen eine welle stehet welche oben durch die 4seitige Mittelseule und unten in die Erde in einen Ruheplatz hinunter reichet an dieser welle sind unten in der Erden ruhe und Sträbe balcken welche die Balckens des Beweglichen Brettern Bodens tragen, wie auch lange führen gerade stangen woran einige leute fassen und den boden also herüm schieben konnen die Erde ist hierunten rundherüm mit Feldsteinen außgesetzet und das gebauwde ruhet hierin auff ein holtzern gerüst, daß dachist fast wie ein Schiffers huht gestaltet und ist mit Schindeln belegt gegen Norden ist darin ein Erckner mit eine Lucke so Eisern hängen und ein Krampff hat die Seulen wie auch die Verkleydung unten dazwischen die Mittelseule und die

[pag.] 655:
Böhne sind weiß angemahlet und mit Blauen Kanten die beyden Flügelthüren unten in der Erden wozu der eingang an der oster seiten sind von ungehobelten führen Brettern und haben Eisern hängen und ein Schloß Hiernechst sind an der Norderseiten von weit nach osten hinunter 25fach planckwerck zu befriedigung des gartens biß an ein hohes thor welches gegen den weg stehet wovon oben meldung geschehen daß er sich in dem ersten untersten theil des gartens zwischen dem 3ten Stück und dem grossen Hercules teich anfange und durch den garten hingehe durch dieses thor kan man in den Thiergarten gehen Und hat 2 flügeln auch oben eine verdeckung von Holtz die 2 flügeln sind mit Eisern hängen hacken und Schloß versehen oben ist auch ein vorschuß mit einer Stangen und hat in die Mitten auch ein hacken von diesem thor weiter nach osten sind noch

[pag.] 656:
34fach planckwerck daß also diese 59fach planckwerck und die Orangerie nebst gebognen und angemahlten plancken die gantze Befriedigung der Norderseiten des gartens begreiffen.

Wann man von dieser Norderseitigen Befriedigung an der osterseiten des Langen Spatziergang, worin einige Bäncke von Führen bey den Dannen bäumen stehen fortgehet, kömbt man nach des Garten Inspectoris hauß hin, geht man aber von vorgedachtes thor dem Mittelweg durch den garten hin so sind an der lincken Seiten 3 hohe höltzern Mönchen und 4 Sielen unter der Erden durch biß nach den Hercules deich wodurch sich das waßer in diesen teich löset.
Und dieses ist also waß in den hochfürstl. Garten zu bemercken,

[pag.] 657:
Des garten inspectoris hauß lieget an daß planckwerck womit die osterseiten dieses hochfürstl. gartens befriedigt worden und ist in die länge von Süd nach Norden von Zimmer und Taffelwerck erbauet und mit planckwerck umgeben, An der Osterseiten des hauses gehet ein Stall biß an daß planckwerck herauß, daßhauß hat an Süder und Norderseiten einen giebel, die Eingangsthür in das hauß ist an der osterseiten wobey an der rechten hand 3 Fenster luchten mit Lucken so E: hangen v hacken haben, und weiter hin ist eine fahr pfort zu ein wagen schauer in das hauß welcher Eisern hängen und hacken und ein Klinck hat, in dem Dach sind 2 Erckner mit fenstern, an der Süderseiten des stalles hat diß hauß auch eine Fenster Luchte und ein Erckner an der Süderseiten sind 2 Fenster luchten unten, davon hat das eine 2 Lucken mit E: hängen und hacken und oben in den giebel sind auch 2 E: Luchten davon das unterholz gantz verfallen in der Spitzen des giebels ist eine führen Lucke mit E: hangen v hacken an der seiten des Stalles ist auch eine Fensterluchte zu eine Cammer

[pag.] 658:
an die wester seiten ist eine Thüre und 5 fenster Luchten, davon haben 2 Ihre häng lucken mit E: hängen und hacke und die andern 3 haben Schlaglucken Jede mit 2 Starcken E: hangen und hacken wozu 5 Eiserne vorwirbeln in das dach ist ein Erckner mit fenstern und unten her mit bley belegt, die Norderseiten und giebel ist mit Bretter Bekleydet worinn an der seiten eine Lucke mit E: hangen daß dach ist mit Ziegeln beleget und mit Kalck unterstrichen imgleichen gehen 2 gemauerte Schorsteinen auß dem dache

Längst dem Stall biß nach die hauß thüre an der oster seiten und untern den fenstern her gehet eine Schmale Stein brücke und vor gedachte thür lieget eine Reyhe fliesen, der hoff hat an der osterseiten eine Befriedigung von 7fach Stackel werck wovor eine Banck stehet in dieses Stacket so biß an dem Stall gehet ist eine fahr pforte von Stacketen mit E: hängen v hacken Eisern Krampf und Klinck, und gegen die Hauß thüre ein Stacketen thüre

[pag.] 659:
mit E: hängen hacken Klink und Angriff der Stall ist hierauff an der süderseiten des Stacket mit seiner breite worinn eine hohe fahrpforte mit Eisern hängen hacken und Krampf in die wand (verb.: wände) sind 2 fenstern gewesen so anitzo vergangen und zugenagelt sein in dem Stallgiebel ist eine Lucke mit E: hängen und Überfall von dem stall nach süden folgen noch an dieser Osterseiten 6fach planckwerck worinn eine

thür nach dem Holtzhoff mit Eisern hangen hacken und überfall An der süder seiten sind 13 (12?) fach planckwerck und eine thüre so Eisern hängen v hacken Klincke angriff und 2 Überfallen hat, bey dem Ende des planckwercks stehet ein heiml. Gemach von Zimmerwerck, und mit Brettern bekleydet mit Ziegeln überlegt, worin eine thüre mit E hängen Klincke und überfall, von das Süder planckwerck biß an das hauß ist der holtzhoff noch mit 2fach planckwerck abgekleydet worinn eine thüre mit E: hängen und überfall, die westerseiten ist durch des gartens planckwerck befriediget der platz ist Längst das hauß her und von die haußthür nach des gartens pforte mit feldstein bebrücket

[pag.] 660:
in die Norderseitige Befriedigung ist das backhauß von Taffelwerck erbauet und da der ofen stehet auffgemauert hat eine thür mit E: hängen hacken angriff Klincke und Schloß, vor dieser thür ist ein E: (f:?) treppe von 4 tritten angelehnet in der Süderwand ist eine luchte von 2 stehend und ein offen fenster und in der osterseiten ein Lucht mit 2 offene fenster 16 so E: hängen v hacken & überfall haben in das dach somit Ziegeln belegt ist ein Erckner mit eine Lucke so E: hangen v hacken und ein holtzern wirbelhat die dehle ist mit Mauersteinen belegt und auß dem Dach ist ein Schorstein außgemauret

anderseiten des Backofens ist in den Eck eine thür mit E: hangen hacken und hangschloß vor und an der andern seiten des backhauses sind noch 9fach planckwerck biß an das Stacket der osterseiten außwendig an diß planckwerck sind von Eichne ständer Thür pfosten auffgerichtet und unten aus ein Stegels darin wor über die Leute treten wann sie über daß Feldt gehen wollen

[pag.] 661:
Wann man inwendig in das hauß durch die thüre an der oster seiten hinein gehet, so kömt man auff eine Dehle, diese gedachte thür ist in unter und oberthe il beyde mit starcken E: hängen und hacken das unterste mit einen Klinck und das öberste mit ein Schloß, auffdrücker und runden angriff versehen die dehle ist mit Maursteinen belegt an der Lincken Hand ist die Treppe nach den Boden und eine thür nach der wohnstuben, an der rechten hand eine thür nach dem Saal und in die westerwand eine thür nach dem gang welcher nach der Küchen und hinter thüre gehet sind alle drey mit rahmen von Bretter bekleydet und grau angemahlet und haben E: Schwalben hängen und hacken Schlößer und dreyhe Schlößer in die westerwand ist auch auß der Küchen ein kleines Stehendes fenster auff der dehlen bey der thüre ist eine Fenster Lucht von 6 stehenden und 2 offen fenstern so E: hangen hacken und überfallen haben, die wohnstube hat in wendig in der osterwand eine Fenster lucht von 6 stehenden und 2 offe

[pag.] 662:
ne fenster an der Süder seiten eine Lucht von 8 stehende und 2 offene fenstern mit E: hängen hacken und überfallen und auffhacken versehen an die westerwand stehet ein ofen auff Mauersteinen füßen und oben darauff ein töpfern ofen bey dem ofen zu ist eine Eisern plate in die maur wovor eine gemauerte banck mit fliesen belegt, die Dehle ist mit kleinen Ahlstrachen belegt und die Böhne grau angemahlet in die osterwand gehet eine thür mit E:hängen und Schloß nach eine Cammer an dem Stall worin eine Fenster lucht mit 8 stehend und 2 offene fenstern so Eiserne hängen hacken und überfall haben, die Cammerdehle ist mit Mauerstein belegt, in die westerwand ist eine grau angemahlte mit E: hängen und drehe-Schloß versehene Thür nach eine Cammer worin an die rechte hand der eisern ofen durch die wand gehet und hat hier eine Eisern thür mit ein Klinck und Windthürlein der herd vornher ist mit fliesen belegt

[pag.] 663:
in dieser Cammer ist in der Süder und wester wand eine fenster lucht von 4 offene fenstern mit E: hängen hacken und überfallen die böhne ist grau an gemählet und die dehle mit Mauersteinen belegt, auß diese Cammer gehet man durch eben eine solche wie vorher beschriebene thüre nach der Küchen worin ein Fensterlucht von 4 stehend und 2 Lange offene Fenstern mit Eisern hangen hacken und überfallen, der Herdt ist mit einer Eisernen plate belegt auß der Küchen gehet die eine thür nach der Speise Cammer so E: hängen hacken Klincke angriff und Schloß hat in den wester Seiten der Speise Cammer sind 4 stehende Fenster und ist mit Mauersteinen belegt, Die andre thür auß der Küchen gehet auß biß nach die Hinter dehle und hat Eiserne hängen hacken angriff Klincke und Überfälle auff der Hinter Dehlen ist in die westerwand ein Fenster Lucht von 7 stehend und ein offen fenster mit E: hangen hacken und überfall und die thür so alhie ist hat eisern hängen und hacken ein Schloß Klinck und Eisern angriff, vorhero ist gedacht worden daß auff der ersten Eingangsdehlen

[pag.] 664:
eine Thür in den Saal gehe, dieser Saal hat in den oster seiten 2 fenster luchten Jede lucht hat 6 stehende und 2 offene fenstern mit E: hängen hacken und überfallen, in daß Camin ist der herd vorne mit gehauen Stein und hinten mit fliesen belegt die bohne ist mit blumen angemahlt und die dehle mit Mauersteinen belegt in die wester seiten dieses Saals sind 2 thüren denen vorigen mit farbe Eisenwerck und drehe Schlößern gleich nach 2 Schlaff Cammern in Jeder Cammer ist eine Fenster Lucht mit 4 offen fenstern so Eiserne hängen hacken und überfallen haben die böhne ist grau und die Dehlen mit führen Brettern belegt, bey der Eingangsthüren ist die Treppe wie oben gedacht welche erstlich 6 auftritten und eine alte thüre hat wovon ein hänge weg, hernach sind 10 auftritten von führen mit ein höltzern Angriff an einer seiten biß auff den boden, woselbst die dehle mit kleinen Alstrach belegt, in den Erckner ist ein stehend und ein offen fenster mit E: hängen und hacken

[pag.] 665:
an der rechten handt ist die thüre zum Korn boden mit E: hängen und Schloß, der erckner hierinnen hat ein Stehend und ein offen fenster mit E: hangen hacken und überfall An der Lincken hand ist eine thür mit E: hängen Klinckschloß und angriff nach eine Camer an der Süderseiten woselbst 2 Fenster Luchten jede mit 5 stehenden und 1 offen fenster so E: hängen und hacken hat das unterholtz dieser fenster ist sehr verdorben der fußboden ist mit bunten Alstersteinen beleget

Es ist auch eine thür in die westerwand dieses obersten dehles mit E: hangen hacken und Schloß nach eine Cammer worinn in den Erckner 2 stehend und 2 offen fenster mit Eisern hängen v: hacken und die dehle ist mit kl. Alstrach belegt an der Süderseiten geht eine treppe hinauff nach dem öbersten boden von 10 auftritten, auff diesem oberstenboden ist ein RauchCamer abgekleydet, wofür eine thür mit E: hangen und Schloß, daß dach ist mit Kalck unterStrichen nach der oster seiten gehet über den Stallboden eine thür mit Eisern hängen

[pag.] 666:
und hölzern Klinck woselbst eine Camer abgekleydet der erckner hat 1 stehend und 1 offen fenster mit E: hängen und hacken, Wann man wieder aus der Eingangs thüre des hauses gehet so ist an der rechten hand die Stallthüre welche noch eine thüre auff jeder seiten hat die Erste dieser 3 thüren hat Eiserne hängen und Schloß und geht in einen Cammer worin die Leute schlaffen hieselbst ist ein Topfern ofen mit ein Eisern röhr welches auß der wand hervorgehet diese wand hat auch 2 stehende fenstern und die dehle ist mit Mauersteinen belegt, an der andern seite des stallthür ist eine thür mit E: hängen v: hacken und holtzern Angriff nach eine führen treppe von 11 auftritten nach dem heuwboden, die Stallthüre hat Eisern hängen hacken überfall und Krampff in wendig sind 4 raumen mit brettern Zwischen biß an den Ruheständern abgetheilet wovon 2 vor Kühe und 2 vor Pferde sein die rauffe der pferde ist oben mit höltzern hacken befestigt und ruhet auff Eichnen ständern ist

[pag.] 667:
unten halb in die höhe mit brettern zu das streu, verkleydet, die pferde stehen auff Eichnen bohlen, und daß übrige ist mit Feldtsteinen
    außgebrücket

Vorne nach Osten vor des Garten Inspectoris hauß liegen 2 Deiche worin der Fontain Meister eine Komme oder langes Kasten zu den rohren stehen hat worauff eine Lucke mit E: hängen Kramp und hängeschloß vor Zu diesem Kasten ist ein Baum von dem Lande über daß waßer hingelegt, auff der Erden nicht weit hievon ist noch ein ander Kasten von f: Bretter mit Eisern hangen vndt überfall zu die fontain röhren Der piepen Deich liegt hirvon etwas weiter nach osten hierin hat der Fontain Meister ein Kasten von Brettern mit Eisernen hängen und ein überfall der deich ist am oster Süder undwesterseiten mit Feldsteinen Besetzet und hat einen Lebendigen Zaum ümbher worüber ein steigels gehet, des garten inspectoris fahr weg gehet hin auff nach der straßen des heister

[pag.] 668:
berges und hat bey des holtzförstern hauß ein Steigels und ein höltzern hecke welche an Eichne staudern oben mit ein ring versehen und unten mit einen ende auff holtz ruhet an der Ende der andern seiten hat es ein Eisern überfall und Krampf wobey es wann es auff und zu soll mit einem hängschloß Kan eröffnet und Zugemacht werden

Die 8Kant in den Hochfürstl. Thiergarten lieget an Westerseiten des Neuenwercks und hat an der oster und westerseiten über den graben welches ümbher gehet eine rohe holtzern Brücke welche an der wester seiten fast verfallen und an den oster seiten sind die Gallinen an den seiten auch verfallen, in wendig gehet eine Banck von Erden so auß dem graben geworffen ümbher welche inwendig rundherum mit Quaderfeldsteinen besetzet ist auff der Banck unten gehet eine Gallerie so roth angemahlet, wobey auch rund herum Junge büchen gepflantzet sein mitten auff den Platz dieses 8Kantes ist auch ein 8Kantiges kleiner hügel welcher mit gehauen Stein ümb her beleget an jedem Eck sind auch Junge Büchen, an der Norderseiten ist

[pag.] 669:
ein Keller mit Brettern abgekleydet und mit Ziegel belegt so sehr verfallen vorne sind die Bretter roth angemahlt, darin eine thür mit E: hängen daß Schloß ist davon weg, in der thür ist eine Klappe mit E: hängen und 1 hacken und unten ist eine Eiserne stang noch daran

Die Küche lieget hievon etwas weiter Nordwerts hin und ist 5fach lang, und mit Führen Bretter bekleydet, Inwendig auff den großen Dehl ist keine Böhne, in der Süderwandt ist ein und in der Norder zwey Lücken mit E: hangen, an der osterseiten Sind höltzern rahmen worin wohl vorzeiten mögen fenster gewesen sein, von die beyden großen Lücken so davon gehörig davor ist die eine gantz verfallen die an dere hat Eisern hängen Die Thür ist in der oster seiten und hat Eisern hängen und ein Schloß in den herd sind zu beyden Seiten 2 Back Camern mit Brettern abgekleydet und mit ein Böhne belegt vor Jede Camer ist eine Thüre mit E hängen und Schloß und an den seiten ümbher sind höltzern Bäncke welche Bäncke auch dan außwendig an den

[pag.] 670:
Seiten ümbher gehen bey dem Südwester Eck geht ein Schauer herauß wofür eine thür mit E: hängen daß Schloß ist davon weg, An die Norder seiten ist eine Brücke über daß waßer und gegen oster ist vor diß waßer ein bollwerck geschlagen wobey ein Kasten mit E: hängen und Deckeln von gemeldte Brücke weiter nach Norden gehet ein damm so zu beyden Seiten Bollwercke hat und weiter nach des Trompeters Hauß ist ein deich wofür gegen diesen Damm ein Bollwerck geschlagen ist daß hauß worinnen der Trompeter Baarß wohnet ist von Zimer und Taffelwerck 6fach lang, von Ost nach Westen erbauet und mit reith dach überdecket an die wester seiten ist hieran ein Stall Schauer von Brettern und an die Norder Seiten ein Keller und darüber ein klein Camer auffgemauret, die Süderseiten hat die gewöhnliche Eingangsthür und (hinzugefügt: 5) Fenster Luchten wofür auch soviel Lucken mit E: hängen hacken Klincke und Schrauben, an der Osterseiten ist eine Lucht mit ein Schlaglucke und auß der Küchen ein kleines fenster mit ein Luck vör so Eisern hängen v hacken hat, an der Norder

[pag.] 671:
seiten sind auch solche auß der Küchen gehende fenster mit 1 Lucken so E: hangen v hacken hat, hieselbst ist auch eine thür und in daß Keller Schauer gleich fals in die oster seiten ein solch fenster mit Lucke, unten in der Norderseiten sind 3 öffnungen nach den Keller wofür ein Eisern Netz, daß hauß hat 2 gemauerte Schorsteinen auß dem dach, wann man an der Süderseiten in daßhauß gehet so ist vor der thür ein Breiter aufftritt mit f: holtz umgeben und mit Mauersteinen belegt, die Haußthür ist von Eichen und in unter und obertheil geteilet welche jede 2 E: hängen und hacken die unter ein Klinck und die Obere ein Schloßhat, die Fenster Luchte an dersüderseiten auff der dehlen hat 3 stehend und 3 offen Fenster mit E hängen hacken überfallen und gaspen auch 2 Schraubstüke versehen die thür an der oster seiten so nach der kleinen Stuben gehet hat E hängen Klinck und angriff nebst ein Klein vorschuß, wan man in die Stubekömt so ist in der Süder wand eine Fenster lucht mit 3 stehend und 3 offen fenstern Die Lucht in der osterwand aber hat

[pag.] 672:
nur 2 stehend und 2 offen fenster mit Eisenwerck und Schrauben dem andern gedachter maßen gleich der töpfern ofen stehet auff einen gemauerten fuß und hat eine Eiserne thür und Eisern röhr worin ein E vorschuß bey den ofen Zu ist in die wand gegen den herdt eine große Eiserne plate ein gemauret und hierbey nach der Küchen hinauß eine thür mit Eisern hangen hacken Klink angriff und vorschuß die 2 fenster luchten in der Küchen haben jedes 2 kleine offene fenstern mit E hängen

und hacken auß der Küchen geht nach der dehlen oder von der dehlen geht nach der Küchen eine thür /wie man will/ so Eisern hangen hacken Angriff und Klinke hat der Herd und Camin in der Küchen sind in gutem Stande, die thüre in der Norderwand ist auch in 2 theil und mit Eisen werck der andern an der Süderseiten gleich versehen

Auff der dehlen in die westerwand ist eine thür nach eine größere Stube mit Eisern hangen hacken Schloß und auffdrücker ver

[pag.] 673:
sehen, diese Stube hat 2 Fenster luchten jede mit 2 stehenden und 2 offen fenstern welche mit E hangen hacken überfallen hangen und Schrauben wie die auff der dehlen beschrieben versehen die Fenster Luchten sind gleiche alt mit denen vorher gemeldten und in gutem stande, der töpffern ofen hat ein fuß von Mauersteinen Eine Eisern thüre und ein Eisern röhr worin ein vorschuß, die dehlen sind allenthalben mit Mauerstein belegt und die böhne braun angemahlt mit neuen leisten auff den fugen der Brettern, ohne über den Keller, worzu man durch eine thüre mit E: hangen hacken und Schloß welche in der Norderwand dieser Stuben gehet kömt, woselbst der fußboden mit Brettern belegt vorn beym eintritt ist über der Kellertreppen so einige niedertritte hat eine Lucke mit E: hängen hacken und überfall und unter das dach ist es mit bretter bekleydet daß fenster über den Keller hat ein stehend und ein offen fenster mit E: hängen hacken und übrfallen Die Treppe nach der Böhne ist

[pag.] 674:
auff der dehlen und von führen mit 14 geraden aufftritten angelehnet oben auff der böhne ist das rieth dach an verschiedenen orten Leck und in Beyden Giebeln ist ein offen fenster mit E: hängen und hacken,

An der wester seiten ist wie gedacht ein Stall angebauet und mit brettern bekleydet, die thür hat Eisern hängen und ein hacken an den Stall ist ein raum zu 2 Pferde die Krippe hat oben höltzernhacken und steht auff ständer an der seiten ist 1 raum und gegen über sind 2 raume, in diesen können 4 Kühe stehen, daß backhauß ist von Zimerwerck mit Brettern bekleydet und mit Ziegeln bedeckt und hat keine böhne die thüre hat 2 Eisern hängen und ein höltzern wirbel an einer seiten ist ein klein Gänsestall angebauet darin eine thür mit Eisern hängen, daß torff schauer ist mit rieth dach bedeckt und die wände von Busch gezäunet ümb diße Gebäude geht ein Zaum herum worin bey dem wohnhause

[pag.] 675:
2 hacken mit Eisern rincken und überfallen gehörig versehen der garten ist mit einen Zaum ümbgeben und hat 3 thüren mit E: hängen und überfallen so der Einwohner davor machen laßen.

Die 2 norderste wild hütten haben 3 doppelte Rauffen jede mit ein haber Krippe vorn her sind mit Rieth Dach, und mit ein Zaun ümher welcher, an einer seiten offen ist, in dem einen ist eine Cammer zu den Zahmen bock abgekleydet worin eine thür mit Eisern hängen, das Sparrwerck ist in gutem stande, der Heu Jalm hat lange (eingefügt: f:) hohe Ständer und oben in den 4 Ecken ein Eisern Stange worauff die Seiten balcken ruhen, daß Spanwerck und Dach ist in gutem Stande, dieser Heu Jalm hat auch einen Zaun umbher worin 2 hecken welche Eisern hängen und 1 überfall haben, die andern 2 hinterste wild hütten sind Neu reparirt und wie die vorige, die EißKuhl ist mit ein rund oben Zugespitzt riet Dach von der Erden auff umgeben in der Kuhlen ist es an der wand ümbher mit riet bekleydet, die thüre ist

[pag.] 676:
an der Norderseiten von führen und hat Eisern hängen und eine Eisern Stange mit ein Kramp befestiget vorn her welcher über ein Kamp gehet und mit ein holtzern pflock vorgesteckt wird

daß Thor bey dem hünerhause hat 2 führen flügeln welche an hohe Eichne Ständer so oben einen Queer balcken haben, Jede mit 2 Eiserne hängen an hacken die an einen Splint sitzen so durch die stender geht und mit ein klein Splint vorgeschlagen sein, in die Mitten an diesen flügeln ist ein vorsiegel, ein Schloß und überfall mit ein hangschloß vor, oben ist ein Langer Eiserner vorschuß und unten ein überhacken, die kleyne thüre hiebey zu hat Eiserne hängen v hacken und ein Schloß bey der NordOster Eck des Gartens ist außwendig in des thiergartens planckwerck eine thür nach dem Hesterberg hinauß mit E: hängen Schloß und Crampe nicht weit hievon liegt ein Teich worin ein langer höltzern Mönch zum ablauff stehet,

[pag.] 677:
An der Süderseiten des thiergartens ist auch bey dem Schloßgraben eine thür mit E: hängen hacken und Schloß versehen, imgleichen eine große Pforte mit 2 flügeln welche Starcke Eiserne hängen v hacken Schloß und vorschüße haben, Der thiergarten ist rund ümbher mit planckwerck ümbgeben, [...]."

Anhang 2, Nr. 14:

RAK TyRtk C 89 (Ikke anbragte Bilag Nr. 2):
Pflanzeninventar, wohl von Peucker am 15.8.1727 erstellt (Beleg dafür in RAK TyRtk B 5, Beilagen zur Res. v. 3.4.1737, Nr. 90)

„No. 2.

Neuerrichtetes Garten Inventarium

No:			
1.	10.		Ananas aculeata angustifolio
	6.		Ananas folio lato rubente.
	1.		Ananas folio angusto non serrato, oder sine spinis.
2.	21.		Echinomelocactus minor lactescens. 15. Große und 6. Kleine.
3.	8.		Töpffe voll Aloe Guineensis radice geniculata, foliis è viridi et atro undulatim variegatis.
4.	9.		Junge Aloe Africana caulescens.
5.	7.		Töpffe mit der Herba viva spuria seu francica.
6.	6.		Töpffe gelbe mit roth picottirten Tuberose.
7.	1.		Große und ein Topff mit Junge Jasminum Arabicum folio rotundo maximo flore albo odoratissimo pleno, seu duplicato.
8.	3.		Nerion, flore albo.
9.	13.		Nerion flore rubro.
10.	4.		Nerion Indicum angustifolium floribus odoratis simplicibus.

11.	9.	Nerion Indicum latifolium flore rubro, et aliquando variegato odorato pleno.
12.	1.	Große, und 10. Junge Aloe vera vulgaris sive Hispanica, vulgo Sempervivum marinum.
13.	5.	gantz große und 10. Kleinere Aloe Africana caulescens foliis glaucis caulem amplectentibus.
14.	3.	Ficus Indica seu opuntia major, folio spinis longissimis et validissimis armato.
	26.	Ficus Indica seu opuntia maxima, folio spinoso, latissimo et longissimo.
	10.	Ficus Indica seu opuntia maxima folio spinoso longissimo et angusto.
15.	18.	Große und Kleine Ficus Curassavica minima
16.	8.	Euphorbium seu Tithymalus caule tuberoso minor.
17.	3.	Aloe caulescens Africana foliis glaucis crassioribus et brevioribus, caulem amplectentibus in margine et dorso versus apicem spinus albicantibus praeditis, flore rubro.
No: 18.	1.	Tithymalus aiZoides Africanus simplici squamato caule
19.	8.	Aloe Africana folio rotundo, oblonge, flore Asphodeli.
20.	11.	Cereus triangularis et quadrangularis articulosus et spinosus ramis compressis.
21.	8.	Cereus serpens Americanus, flore admirandae pulchritudinis, et odoris fragrantia noctu, dum expansus est, alios omnes superante.
22.	7.	Cotyledon Africana fructescens, flore coccineo umbellato seu Sedum eruciatum.
23.	7.	Euphorbium Cerei effigie caulibus crassioribus spinis validioribus armatum.
24.	3.	Apocynum humile AiZoides siliquis erectis Africanum monstrosum seu Fritillaria crassa cristata.
25.	4.	Aselepias Africana aiZoides flore pulchre fimbriato. seu Fritillaria crassa major.
26.	5.	Fritillaria crassa Promontorÿ Bonae Spei. seu Apocynum humile AiZoides siliquis erectis Africanum.
27.	7.	Euphorbium seu Tithymalus aiZoides fruticosus canariensis Aphyllus quadrangularis et quinque angularis, spinis geminis aduncis atronitentibus armatus.
28.	3.	Aloe Africana non spinosa flore rubro, foliis crassioribus et verrucis ab utraq parte albicantibus notatis.
29.	3.	Aloe Africana folio in summitate triangulari margaritis rarioribus obsita.
30.	4.	Ant-Euphorbium.
31.	10.	Aloe Africana erecta rotunda, folio parvo et in acumen[ß] rigidissimum exeunte
32.	11.	Aloe Africana humilis non spinosa angustiori folio plana crasso, margaritifera.
33.	7.	Sedum portulaceum seu Portulacea folio, viridi splendente.
34.	3.	Aloe Africana caulescens, foliis glaucis, brevioribus, caulem amplectentibus, foliorum parte interna et externa non nihil spinosa.
No: 35.	7.	Aloe Africana non spinosa, folio plano, dilute virescente minutissimisq maculis ab utraq parte albicantibus donato.
36.	3.	Aloe Africana humilis flore rubro, folio plano, obscure viridi, non spinosa, maculis ab utraq parte albicantibus notato.
37.	8.	Aloe Africana caulescens, foliis glaucis, caulem amplectentibus et dorso integro spinoso.
38.	3.	Aloe Succotrina angustifolia spinosa flore purpureo.
39.	1.	große, 3. Junge Aloe vulgari similis, foliis angustioribus et magis glaucis, floribus rubris et paucioribus.
40.	10.	Aloe Africana caulescens, foliis spinosis, maculis ab utraq parte albicantibus notatis, flore rubro, à multis tricolor dicta.
41.	8.	Aloe Africana humilis arachnoidea.
42.	8.	Aloe Africana brevissimo, crassissimoq folio, flore subviridi.
43.	3.	Aloe Africana humilis, foliis ex albo et viridi variegatis.
44.	3.	Aloe Africana margaritifera minima.
45.	2.	Aloe Africana margaritifera major.
46.	1.	Aloe Africana folio quasi triangulari, obscure viridi et verrucis albicantibus notata.
47.	3.	Sedum majus arborescens folio ex albo et viridi pulcherrime variegatum.
48.	6.	Tithymalus aiZoides arborescens spinosus, caudice angulari et rotundo, Nerii folio.
49.	1.	14. Fuß hohes und 22. Kleinere Cereus Peruvianus spinosus hexagonus maximus.
50.	7.	Cereus Peruvianus erectus spinis fuscis.
51.	8.	Aloe Americana muricata folio mucronato.
52.	26.	Americanische bundte Aloen.
53.	4.	Cotyledon oder Sedum Africanum frutescens in canum folio orbiculato maximo flore luteo, seu incarnato.
54.	4.	Palma dactilifera major vulgaris.
55.	6.	Frutex Indiae Orientalis Lavendulae foliis.
56.	2.	7. und 3. 3. fuß hochstämmige Acacia Aegyptiaca flore luteo odorato.
No: 57.	1.	großer und 6. kleine Amaranthus Ligrosus perennis Siculus Bocconis.
58.	16.	Viburnum Americanum Bäume.
59.	6.	Oliven Bäume in 3. Sorten.
60.	4.	Jasminum Azoricum, trifoliatum flore albo odoratissimo.
61.	1.	Genista Africana flore albo.
62.	1.	Myrtus Zeylanica odoratissima, baccis niveis monococcis.
63.	6.	Jasminum Africanum Ilicis folio flore solitario ex foliorum alis proveniente albo.
64.	4.	Jasminum Indicum flavum odoratissimum.
65.	2.	Acetosa arborescens subrotundo folio ex Insulis fortunatis.
66.	1.	Colutea Scorpioides Cretica odorata Prosper Alpini.
67.	3.	Apocynum erectum fruticosum folio subrotundo glauco, flore ex albo pallescente. vulgo Blumbago.

	68.	1. Althaea Africana Grossulariae folio, flore rubro.
	69.	1. Arbutus vera fructifera folio serrato.
	70.	2. Scammonia Monspeliaca, flore parvo.
	71.	2. Sedum frutescens, folio Tamarisci.
	72.	1. Solanum Pomiferum frutescens Africanum spinosum, nigricans Borraginis flore, foliis profunde laciniatis.
	73.	3. Solanum Pomiferum Indicum spinosum Borraginis flore, fructu croceo.
	74.	1. Lotus Africana latifolia, Guajacum Patavinum vulgo
	75.	4. Althaea Ricini folio Ketmiae flore.
	76.	1. Chrysanthemum virginianum, arborescens, folio splendente crasso.
	77.	5. Ficoides Africana, folio Tereti procumbens, flore purpureo.
	78.	2. Ficoides Africana minor erecta, folio triangulari glauco.
	79.	4. Ficoides Africana humilis Teretifolia, foliis in summitate stellatis.
	80.	1. Ficoides Africana Portulacae folio splendente, flore pallido.
	81.	1. Sedum Angurfeoisense.
	82.	1. Ficoides Africana erecta teretifolia cristallinis micis conspersa, caule piloso, flore intus laetissime purpurante, extur argenteo ritore splendente.
No:	83.	1. Ficoides Africana erecta teretifolia, non nihil glauca, summitatibus foliorum spinosis, spinulis in stellam dispositis.
	84.	1. Ficoides seu Ficus Africana foliis teretibus, crystallinisq miculis ad spersis.
	85.	1. Junger Laurus Americana.
	86.	1. Colutea Africana vesicaria, Vesiculis compressis flore Atropurpureo.
	87.	7. Colutea Aethiopica vesicaria, flore phoeniceo Barbae Jovis folio.
	88.	17. Sedum majus arborescens.
	89.	4. Geranium Africanum arborescens, Alchimillae hirsuto folio, floribus rubicundis.
	90.	6. Geranium Africanum arborescens Alchimillae hirsuto folio ex albo et viridi pulchre variegato.
	91.	1. Geranium Africanum, arborescens, folio Malvae pingui, flore coccineo.
	92.	1. Geranium Africanum Vitis folio, Melissae odore.
	93.	2. Hegirilla Canariensis.
	94.	11. Cereus Peruvianus spinosus medius.
	95.	2. Große, 2. Kleine Aloe Americana ex Vera Cruce foliis latioribus et Glaucis.
	96.	2. Aloe Americana viridi rigidissimo et foetido, Piet diata Indigenis, Kiggelarii Hort. Beaum.
	97.	1. Canna Indica latifolia humilior, flore saturate rubente.
	98.	2. Canna Indica latifolia variegata maxima flore rutilo.
	99.	2. Canna Indica latifolia maxima flore rutilo.
	100.	4. Canna Indica latifolia humilior flore rubro.
	101.	3. Colocasia oder Arum Aegyptiacum, caule purpureo.
	102.	3. Colocasia sive Arum maximum Aegyptiacum caule viridante.
	103.	6. Cyclamen.
	104.	3. Apocynum Americanum foliis Androsaemi majoris, flore Lilii Convallium suave rubentibus.
	105.	1. Hyacinthus Peruvianus flore albo.
	106.	1. Hyacinthus Peruvianus flore coeruleo.
No:	107.	2. Bermudiana Iridis folio.
	108.	2. Chelidonium Anglicum.
	109.	1. Elychrysum Africanum frutescens incanum Gnaphalii folio, flore aureo.
	110.	3. Geranium Americanum, noctu olens, radice tuberosa, triste Cornuti.
	111.	4. Marum Mastichen redolens.
	112.	4. Lilio-Narcissus Jacobaeus latifolius Indicus, rubro flore.
	113.	6. Hyacinthus Africana, tuberosa radice, flore coeruleo umbellato inodora.
	114.	1. Narcissus Zeylanicus flore albo hexagono, odorato.
	115.	1. Cistus Africana humilis foliis incisis flore luteo.
	116.	3. Stoechas Arabica purpurea Camphorata.
	117.	6. Ficus Indica humilis minima, folio subrotundo.
	118.	2. Senna Orientalis hexaphylla perennis.
	119.	3. Thlaspidium montanum sempervirens flore luteo.
	120.	2. Senecio Africana frutescens folio serrato, flore luteo.
	121.	4. Thlaspi fruticosum Lencoÿ[?] folio semper virens ac florens.
	122.	1. Elichrysum Africanum.
	123.	2. Acetosella seu Oxys bulbosa Aethiopica minor folio cordato
	124.	8. Genista Hispanica flore luteo.
	125.	1. Geranium Africanum Coriandri folio floribus incarnatis.
	126.	2. Geranium Africanum Alchimillae hirsuto folio, floribus albidis.
	127.	1. Geranium Africanum, uvae crispae folio, floribus exiguis rubellis.
	128.	2. Veronica Americana spicata tri et quadrifolio flore albo.
	129.	3. Colutea Scorpioides seu Coronilla flore flavo.
	130.	2. Limonium maritimum majus.
	131.	2. Thlaspi montanum sempervirens minus flore albo umbellato.
No:	132.	3. Jabobaea marina sive Cineraria.
	133.	6. Ruta Africana maxima.
	134.	2. Acetosella seu Oxys bulbosa Africana, rotundifolia caulibus et floribus purpureis amplis.
	135.	2. Sedum Cancrinum.
	136.	2. Sedum montanum flore purpureo.
	137.	2. Geranium Pictum sive Anglicum.
	138.	2. Asphodelus seu Phalangium folio fistuloso flore albo striato.
	139.	2. Iris agria, vel Spatula foetida, plerisq Xiris[?].

140.	2.	Hypericum seu Androsaemum Aleppicum sive Constantinopolitanum.
141.	1.	Asclepias flore nigro.
142.	1.	Große 1. Kleine Jasminum luteum Penistae facia.
143.	2.	Lavendula dissecto seu multifido folio flore coeruleo.
144.	2.	Lavendula multifido folio flore albo.
145.	1.	Ferula Galbanifera Myrrhidis folio.
146.	2.	Kali.
147.	4.	Geranium Africanum foliis inferioribus Asari, superioribus Staphydisagriae maculatis, splendentibus et acetosa sapore.
148.	1.	Tithymalus characias Amygdaloides foliis eleganter variegatis.
149.	1.	Aster Jacobaeae folio, seu Jacobaea Africana frutescens flore amplo purpureo elegantissimo Senecionis folio.
150.	1.	Rhabarbarum Angurscoihense.
151.	1.	Alsine marine.
152.	1.	Paliurus vulgo Spina Christi.
153.	2.	Bistorta Alpina minima sobolifera.
154.	8.	Chamaelaea Tricoccos.
155.	3.	Geranium Africanum noctu olens tuberosum et nodosum Aquilegiae foliis.
No: 156.	6.	Geranium Africanum arborescens, Ibisci folio rotundo, Carlinae odore.
157.	6.	Clematis hederacea Indica Jasmini foliis oder Gelseminum Indicum flore phoeniceo.
158.	4.	Hedera arborea foliis ex albo variegatis.
159.	1.	Salvia perelegans tricolor argentea Belgarum.
160.	12.	Adhatoda Zeylanensium major.
161.	3.	Hedera Clematis Attraginis singulari folio splendente Virginianum sempervirens.
162.	6.	Alaternoides Africana Lauri serrato folio.
163.	2.	Althaea arborea, montis Olbiae, Gallo provinciae.
164.	4.	Agnus castus, Vitex foliis angustioribus Cannabis modo dispositis, floribus purpureis.
165.	1.	Cistus Ledon foliis Populi nigrae major, seu Populnea fronde.
166.	4.	Cistus Ladanifera sive Ledon Monspeliacum, angusto folio, nigricans.
167.	4.	Cistus Ladanifera Hispanica, flore albo macula purpurea nigricante.
168.	8.	Buxus, foliis ex pallido striatis et pictis.
169.	4.	Cistus mas flore albo.
170.	4.	Lentiscus Massiliensis flore rubro parvo, sive Mastix arbor.
171.	10.	Junge Alaternus.
172.	1.	Ruscus Myrtifolius, aculeatus Tourneforti.
173.	1.	Absinthium arborescens folio et caule toto albo.
174.	2.	Cedronella Canariensis, viscosa, foliis plerumq ex eodem pediculo ternis.
175.	2.	Aristolochia rotunda, flore ex purpurea nigro.
176.	2.	Aristolochia Pistolochia dicta.
177.	1.	Solanum fruticosum bacciferum, Strychnodendros seu Amomum Plinii.
178.	6.	Barba Jovis pulchre lucens.
179.	2.	Staphilodendron Virginianum.
No: 180.	8.	Elychryso Affinis Africana arborescens, floribus purpuro-violaceis, foliis Salviae, odore Rosmarini.
181.	2.	Smilax Aspera fructa rubente.
182.	5.	Rhamnus spinis oblongis cortice albo Monspeliensis, flore atro purpureo.
183.	2.	Cedrus.
184.	2.	Atriplex maritima angustifolia procumbens, seu Halimus angustifolius procumbens.
185.	3.	Jujubae[?] seu ZiZyphus rutila Clus.
186.	1.	Teucrium.
187.	4.	Laureola sempervirens, flore luteolo.
188.	5.	Chamaecerasus, seu Periclymenum.
189.	3.	Alaternus, seu Phylica aurea, sive foliis ex luteo variegatis.
190.	4.	Martagon Virginianum.
191.	2.	Lilium Martagon Canadense maculatum.
192.	2.	Apios Americana minor.
193.	2.	Hyacinthus Poetarum.
194.	2.	Hyacinthus Aethiopicus flore obsoleto.
195.	2.	Cortusa Americana spicata flore purpureo.
196.	4.	Pulmonaria Gallorum.
197.	5.	Lilium album purpureo variegatum.
198.	2.	Lilium album folio ex albo et viridi pulchre variegatum.
199.	1.	Rapa St. Anthonÿ.
200.	1.	Verbascum Salviae folio.
201.	1.	Virga aurea Limonii folio, panicula uno versu disposita.
202.	5.	Helleborus niger flore albo.
203.	18.	Pinus Sativa.
204.	1.	Atriplex latifolia seu Halimus fruticosus latifolius.
205.	1.	Jasminum Persicum seu Syringa Persica foliis laciniatis.
206.	1.	Libanotis.
207.	2.	Hypericum seu Androsaemum maximum quasi frutescens bacciferum. Siciliana, aliis Ciciliana vel Androsaemum.
208.	2.	Melissa Fuchsii flore albo, labro purpureo.
209.	2.	Iris alba Florentina.
210.	10.	Jasminum vulgatius, flore albo.
211.	8.	Jasminum humilis Hispanicum, magno flore, externe rubente.
No: 212.	1.	Acanthus aculeatus.
213.	2.	Jasminum luteum vulgo dictum bacciferum, trifolium fruticans quiburdam Polemonium flore luteo.
214.	2.	Elichrysum seu Stoechas citrina angustifolia.
215.	2.	Abrotanum foemina foliis teretibus. Chamaecyparissus, Santolina.
216.	2.	Abrotanum foemina foliis minus incanis.
217.	2.	Abrotanum foemina flore majore foliis villosis et incanis.
218.	2.	Abrotanum foemina viride.
219.	4.	Sanicula Cortusa Matthioli flore purpureo.

No.	Anz.	Bezeichnung
220.	4.	Flos Cardinalis flore coccineo.
221.	4.	Marum spurium sive Pseudomarum Riv. Marum Syriacum vulgo sed falso dictum.
222.	4.	Ranunculus Thalictri folio, Asphodeli radice.
223.	2.	Flos cuculi, flore multiplicato purpureo.
224.	2.	Flos cuculi flore albo pleno.
225.	2.	Lychnis viscosa flore albo pleno.
226.	1.	Lychnis viscosa flore purpureo pleno.
227.	1.	Ocymastrum flore albo pleno.
228.	1.	Lychnis superba.
229.	2.	Primula Alpina folio oblongo, flore purpureo.
230.	1.	Campanula major lactescens Lobelu seu Pyramidalis.
231.	2.	Lysimachia sempervirens spicata, Ephemerum dicta, Blattariae flore. Ephemeron Matthioli.
232.	1.	Hepatica nobilis minor flore coeruleo pleno.
233.	1.	Hepatica nobilis flore albo simplici.
234.	2.	Caryophyllus Carthusianorum flore rubro pleno.
235.	1.	Antirrhinum angustifolium, ad Limbum ex candido striatum, flore rubro.
236.	1.	Colutea seu Polygala Valentina Clusü.
237.	3.	Cytisus Canariensis.
238.	1.	Laurus Americana.
239.	1.	Solanum Pomiferum frutescens, Indicum spinosum, nigricans Borraginis flore, foliis profunde laciniatis.
240.	1.	Alaternus seu Polylica argentea, seu foliis ex albo variegatis.
241.	3.	Clematis, Cucumis, Flos Passionis dictus, pentaphyllus flore coeruleo.
No: 242.	1.	Alaternus Celastrus dicta, folio ex aureo maculato.
243.	3.	AZadaracheni arbor, Fraxini folio, flore coeruleo.
244.	1.	Filix Indica Polypodü facie Mentz[?] icon.
245.	4.	Siliqua edulis sive Ceratonia.
246.	3.	Cistus Ladanifera sive Ledon Monspeliacum, angusti folio, nigricans.
247.	1.	Suber perpetuo virens.
248.	2.	Astragalus perennis spicatus Americanus scandens caulibus, radice tuberosa donatus. Apios Americana Cornuti.
249.	1.	Siliqua sylvestris rotundifolia, Indaica arbor.
250.	1.	Mespilus Aronia sive Neapolitana Apii folio laciniato, Italis[?] Pomi LaZaroli.
251.	10.	Malus punica, Granata vulgo.
252.	2.	Melianthus Africanus oder Pimpinella spicata maxima Africana foetida, flore purpureo.
253.	2.	Melianthus Africanus minor foetidus.
254.	3.	Alaternus latifolia, Celastrus dicta.
255.	2.	Buxus major, foliis per Limbum aureis.
256.	2.	Cistus Verbasci folio, flore purpureo.
257.	8.	Laurus Alexandrina sive Hippoglossum, fructu folio insidente[?].
258.	8.	Laurus Alexandrina ramosa, fructu è summitate caulium prodeunte.
259.	8.	Arundo Indica variegata, seu Laconica Theophrasti.
260.	34.	Althaea arborescens glabra, Ketmia Syrorum dicta.
261.	4.	Aquifolium sive Agrifolium foliis ex albo variegatis.
262.	2.	Aquifolium sive Agrifolium foliis ex luteo variegatis.
263.	4.	Mespilus Apii folio sylvestris spinoso sive Oxyacantha vulgaris et spinus albus flore pleno.
264.	6.	Periclymenum Virginianum.
265.	1.	Pereclymenum Virginianum folio variegato.
266.	4.	Pereclymenum perfoliatum Virginianum semper virens et florens.
267.	2.	Hedera Americana Convolvuli folio.
268.	10.	Apocynum sive Periploca scandens, folio longo, flore purpurante.
269.	4.	Cotinus. Coccigria sive Cotinus coriaria.

[hier fängt der Schreiber wieder bei Nr. 250 an auf einer neuen Seite]

No.	Anz.	Bezeichnung
No: 250.	2.	Rubus Americanus.
251.	112.	Kleine und große Americanische Aloen.
252.	70.	Yucca Gloriosa.
253.	340.	Kleine und große, hoch und niedrigstämmige wohlgezogene Orange Bäume, in 100. Sorten.
254.	40.	Orange stämme.
255.	20.	Töpffe mit Jungen Stämmen.
256.	40.	Kleine und große Myrten Bäume in Sorten.
257.	30.	Cupressus Italica.
258.	1.	Lotus Africana latifolia, Guajacum Patavinum vulgo.
259.	1.	Alaternus seu Phylica elatior.
260.	170.	große und Kleine, hoch und niedrigstämmige wohlgezogene Laurier Bäume in Sorten.
261.	30.	Lauro Cerasus oder Cerasus folio Laurino, partim foliis viridibus, partim foliis variegatis.
262.	10.	Laurus Tinus sive Sylvestris, Cornu foeminae foliis venosis, lucidis glabris.
263.	3.	Laurus Tinus, Cornu foeminae foliis subhirsutis, major.
264.	12.	Laurus Tinus, Cornu foeminae foliis subhirsutis, minor.
265.	44.	Feigen Bäume in 4. Sorten.
266.	100.	Flos admirabilis Peruvianus.
267.	28.	Rosmarinus hortensis coronarius.
268.	5.	Rosmarinus striatus aureus seu pictus.
269.	2.	Rosmarinus hortensis, angustiori folio argenteus.
270.	33.	Negelcken Töpffe.
271.	6.	Gelbe Violen.
272.	3.	Gülden Lacken.
273.	1.	Bundte Chairi.
274.	170.	Auricula Töpffe. -
275.	112.	Taxus Pyramiden.
276.	15.	Juniper Pyramiden.
277.	19.	Buxus Pyramiden.
278.	2.	Buxus Kugeln.
279.	140.	Tannen.
280.	2.	Arbor Vitae Kugeln.

[letzte Seite des Inventars, ohne Nummerierung, nur Anzahl angegeben, wahrscheinlich weil es sich nicht um Pflanzen, sondern um anderes mobiles Inventar des Gartens handelt.]

12.	Vergüldete Bleyerne Brustbilder.
8.	Alte bleyerne Brustbilder.
32.	Mißtbett Fenster.
40.	Große Gläserne Klocken. 29
1.	Aufsatz mit Gläsern Klocken Spiel.
1.	Gläsern Junen[?] Hauß.
17.	von feiner Tischler Arbeit frey stehende Bäncken.
8.	Steinerne Tische.
3.	fein ausgearbeitete höltzerne Tische.
4.	Sonnen Uhren.
39.	fein außgearbeitete Posumenter von dichten Holtz.
7.	Durchgebrochene Posumenter.
15.	Steinerne Posumenter.
1.	holtzerne Statue.
30.	Blau und weiß glasürte Garten Töpffe.
16.	noch andere glasürte Töpffe.
1.	Waßer Küben.
4.	Waßer Eÿmer.
2.	Waßer Drachten mit Eisernen Ketten.
1.	Gewächs Wagen mit drey dazugehörenden bahlen.
35.	Niedrige Posumenter Stellagen bäncke, bücke, bretter."

Kommentar:
Das Inventar ist offenbar einmal später nachgeprüft worden, wobei bei den vorhandenen Pflanzen und Dingen ein Kreuz zwischen die Nummer und die Anzahl gemalt wurde. Folgende Nummern hatten ein Kreuz: 1–11, 13, 14 (außer den 26 Ficus), 15–50, 52–60, 62–68, 70–80, 82–85, 88–95, 97, 98, 101, 103–114, 116, 118–120, 123, 128, 129, 134, 137, 140, 146–149, 155, 161, 164, 165, 167–171, 179–181, 183, 189, 203, 205, 219, 220, 222, 225, 226, 228, 230, 232, 233, 236–240, 242, 246, 252, 253, 255, 261, 262, 267, dann wieder ab der neuen Zählung: 253, 260, 267–272, 274–279, dann sind auf der letzten Seite die 12 vergoldeten bleiernen Brustbilder, 1 Aufsatz mit gläsernem Glockenspiel und 1 gläsernes Bienen Haus angekreuzt.

Anhang 2, Nr. 15:

RAK, Håndskriftsamling, Gruppe I, Ulrich Petersen, Vol. 16–17: „Der Durchlauchtigsten Herren Herzogen von Holstein-Gottorff Haupt- und Residenz-Stadt Schlesewig nach ihrer alten und neuen Situation, beschrieben und dargestellet von Ulrico Petersen", daraus: Vol. 17, Kapitel 112 über Neuwerkgarten und Kapitel 113 über den Tiergarten

[pag. 852]

Cap. CXII.

Von dem Hoch=fürstl. Gottorffischen Lustgarten,
das neue werck genant,
und
von dem vormaligen großen Globo.

§.1. Wann wir nunmehro das prächtige Lusthauß Gottorff quitiren, und hinten aus der Norderpforten durch den Schloßwall unsern weg weiter forsezen, praesentiret sich zu erst eine schöne lange Brücke über dem Burggraben, Welche Herz. Friederich der III. Hochseel. Andenckens, nach diesem neuen Kostbaren Garten, zur commodité des näheren Weges anlegen, und zu beÿden Seiten mit eißern Lehnen oder Geländer wol verwahren laßen.

§.2. Nechst dieser Brücken folgt in gerader Linie Zwischen den Pöhler=wiesen der Pöhler=dam, eine in paralel mit Ipen und Ulmenbäumen zierlich bepflanzete Allèe oder Spazier=gang, so auff einen Musqueten=Schuß nach diesem neuen werck (unserm vorgesezten Lustgarten) den Eingang darstellet, von dem wir zu Anfange rühmen können:

Porticus à Ducibus nostris haec condita Cimbris,
 Arboribus laetis consita et umbriferis
Ramorum foliis soles ac impedit imbres,
 Laetificat corpus, cor, animumq levat.
Ornat et introitum hunc, portus et reddit amoenas,
 Spondet et horti hujus caetera pulcra fore.

§.3. Vorhero aber und überhaupt von der Situation dieses recht Fürstlichen Gartens einige worte zu führen, so hat die sonderbare Gelegenheit des natürl. Lagers, oder Berghinan=steigendes Gelend dieser Gegend zu dem erfolgten Garten Bauw die invention an die Hand gegeben, da dieser District, als ein Theil des alten zu dem Dorffe Gottorff vormals gehörigen Pöhler=Holzes gegen Norden almählich berg hinan steiget und also sich der Mittags Sonnen gerade entgegen stellet, dadurch diesem Orte der vortheil und die Commodité an frischer Lufft, guter wärme, lustig= und liebreichen Prospect und Augenweide an dieser ohne das erfreulichen Gegend, dem Schloße Gottorff nach dem Garten eine schöne Außicht, dem Garten nach dem Schloße einen schönen Anblick, zu beÿden Seiten auch eine bequeme Höhe, und dann in dem Mittelplaz des Gartens ein angenehmes Thal zu allerhand Lustfelder und Parterres darreichet. Diesem allem kommen die dazu angewante Kosten, Arbeit und Kunst zu voller Hülffe beÿ, dadurch die

[pag. 853]
vormals natürl. Wildnüß in ein ganz neues werck, die erste Vieh=weide in ein ansehnliches, mehr als ersinnliches Theatrum und lebendige Schaubühne, Die wilden Eich= und Büchbäume in lauter Fruchtbare, ja gar in Citron= und Pomeranzen Bäume, Die wilde waßerquellen in schöne Fontainen verwandelt, und aller Busch und Brock, Dorn und Distel in lebendige zierliche Hecken, galanten Cabinetten, angenehmen grünen Pyramiden und andere lieb= und lustige Zierathen verkehret und verändert worden, daß es würcklich und in der That ein besonder und wundersames neues werck zu tituliren.

§.4. Diese vielfältige Metamorphosis und verwandelung der Wildnüß in zierliche Bildnüße machet mit Recht aus unserm Garten opus perpetuo novum, ein immerwährendes neues werck, das täglich mit neuen ansehnlichen kostbaren Gebäuden, Groß und kleinen Lusthäußern, Orangerien, schönen Statuen, zierl. Pyramiden, Springenden Fontainen, Geraden Allèen, mit allerhand compartiments von schönen an Früchten und blumen, waren Kräuter und gewächsen florirenden Parterres, vielfältigen offenen und bedeckten Cabinetten, Sommerlauben, commoden Steigen und Treppen, und andern Lust=Stücken und Zierathen mehr und mehr verendert[?] und verbeßert wird: So daß man an diesem Garten ohne Passion sagen darff, daß er unter allen Nordischen und Niedersächsischen Gärten billig die Oberstelle verdienet und behauptet, Wie der klare Augeschein und bald erfolgender Beweiß mit offenbaren Zeugen darthun und verificiren [durchgestrichen: wird.] kan.

§.5. So bald unß nun die große an dieser Allée mit einem zierlichen durchsichtigen Staquet=werck eingerichtete Garten=pforte eröffnet wird, finden Wir im ersten Eingang eine schöne gerade längst der breite des Gartens in einer Paralel-linie hinlauffende und von hohen zierlichen Hecken und allerhand bäumen bepflanzete binnern Allée, Welche an beÿden Enden ihren Cours continuiret, doch Oost und westwerts in einem geraden winckel berghinansteiget, zur rechten Hand des Garten=Inspectoris wonhauß vorbeÿ gehet, und zur Lincken an der westseite des Kleÿganges an des Thiergartens ordinaire Befriedigung in gleich geraden Linie bequemlich auffführet und deßen Umbkreÿß lustig und anmuthig machet, daneben eine proportionirliche Breite darstellet, daß Carossen und wagen einander bequemlich ausweichen können

§.6. Die übrigen binnerne Quartiren folgends zu besehen, so praesentiret sich in dem ersten Lustigen Anblick des Eingangs ein schöner vier=Eckigter plaz, [durchgestrichen: so] in der Mitte einen acht=Eckigten Bassin oder Fontaine darstellend, so in dem Centro aus einer schön=verguldeten Crone, und aus XVI. neben herumbstehenden grünen Fröschen angenehme Waßer strahlen von sich giebt.

[pag. 854]
§.7. Hiernechst offeriret sich eine ansehnliche und von nahe und weiten hellscheinbare[?], prunckende Cascade oder Spielender Waßerfall, Welcher sowol wegen seiner erhabenen Situation, alß auch Kunst und Zierath denen curieusen Augen gleich zu Anfang von diesem Garten ein besonderes Vergnügen erweckt. Sein Aufftritt und höhe ist von doppelten Stuffen mit doppelten Seemuscheln, so vor[?] aquaria und waßerbeken dienen, auch mit zierlichen Pedestallen (etwan curieuse Gefäße, Kraut-töpffe und andere Zierathen darauff zu setzen) untermenget.

Zwischen diesen Stuffen und den großen Cascaden findet sich längst den Treppen ein ander waßer=Spiel, von XXVI. nacheinander nieder-Werts läuffenden kleinen Cascaden, so auch an beÿden seÿten mit poppen, Waßersprützenden Balainen, Delphinen, gewundenen Drachen und andern Zierathen eingefaßet und geschmücket sind. Das oberste vier=Ekigte Gebäude Wie ein amphitheatralisches Portal, praesentiret an seiner offenen Seÿte IV. Säulen, mit dreÿ-fach Gitterwerck unten und oben. Inwendig stellen sich dar dreÿ große männliche Statüen, zwischen fünff aquariis oder Muscheln, so auch dieses Waßer=Spiel vermehren. Oben auff dem Altan dieses Gebäudes stehen auch einige Poppen und Muscheln, welche gleichfalß von oben mit Waßer=bogen niederspielen, so daß, wann dieses Kunstwaßer nach seinem vollen Spiel alle Strahlen von sich sprützet, es ein so herrliches Spectacle vorstellet, daß es auch halb Todte Leute Wieder zu erfrischen capable ist. Der alhin beÿgefügte Name C.A. bedeutet den Herrn Hz. Christian Albrecht, als Stiffter dieses werckes, mit der Jahrzahl 1693. welcher nach langem Disturbio die alte verfallene Cascade Wieder erunwert[?] und verbeßert, daß er nun[?] heisen[?] mag:

   Hic Fons illustris primo splendere decorat,
      Hoc opus esse novum, perpetuoq novum.
   Dumq salit nitidis fons formosissimus undis,
      Aspectu primo caetera amoena probat.

§.8. hinter vorgedachtem Portal ist ein kurzer doch zierlicher Gang, zu beÿden Zeiten mit hohen Hecken versehen, hinter welchen ein länglichter vier-Eckigter Fischteich, von groß u.[?] festen Steinen wol auffgeführt, zu finden, so das Waßer zu diesen vielfältigen Cascaden und andern Röhren darreichet. An der Oostseÿte dieses gelobten Werckes, liegt ein natürlich=Wildes hölzgen, von allerhand bäumen erwachsen, so im Sommer kühlen und anmuthigen Schatten geben. Auff der andern Seite aber gen westen finden sich unterschiedliche schöne, lustige von Hag=büchen, Castanien= Tax=bäumen und hohen Hecken wol ausgezierte Irrgänge, so wegen ihrer kurgen[?] Etendüe und kleinen Begriffs desto leichter durchzufinden und ohne sonderbare Müdigkeit und verdruß soviel mehr plaisir geben.

[pag. 855]
§.9. Weiter gen westen in dieser untersten Allée, stellet sich dar in einem ziemblich großen vierEckten Teich, auff einem rothen Pedestal, der große Hercules, XVIII. Fueß hoch, aus einem Stein gehauen, mit der Zackigten Keule auff der Schulter, Das Gesicht gegen Norden, nach der Fridrichsburg kehrend. Der geflugelte Drache, Hydra Lernaea liegt unterseinen füßen, seine sieben Köpffe in die höhe streckend, so alle beÿm freÿen waßer:lauff zierlich von sich Sprützen. Dieser Herculis Teich ist viel größer, als die vorigen, beÿ der Cascade, gerade vierEckigt, mit großen platten Feldsteinen eingefaßet, und [durchgestrichen: springet] praesentiret in jeder Ecke eine kleine springende Fontaine, so mit der Hydra zu gleich waßer geben.

Übrigens Werden auff diesem Teiche ein paar Schwäne gehalten, so denselben von allerhand Amphibiis, insecten und andern Unreinlichkeiten befreÿen, zu gleich auch diesen Teich mit ausziren helffen.

   Herculis heic virtus tot monstra orientia vincens,
      Augeri monstrat tristia fata malis.
   At virtus constans immota mente quieta,
      Tandem dura mali qualibet superat.

§.10. Zwischen dem Herculis=Teich und der Fridrichsburg liegt ein kleines acht=Eckigts rund=erhabenes, doch halb=zerfallenes Lusthauß, in einer kleinen irregulieren halb-runden, und mit zweÿen Flügeln gegen diesen Teich extendirten Mauer umbgeben, an der runden Seite aber mit der Fridrichsburg, so alda hineintritt, befestiget: in welchem noch im vorigen Seculu die besten und rarsten blumen verwahret und à petulanti manu conserviret worden. Man hält sonsten diesen kleinen umbgemauerten Raum oder compendiensen[?] Garten vor das erste Lust-Stück, welches von denen alhie zuerst residirend Herren Oldenb. Linie an dem Fueß dieser bald auffsteigenden gegend zu einem Gärtlein bequem gefunden, und zu mehrer sicherheit mit gedachter Mauer und dem Herculis-Teiche befriediget worden, biß in Folge der Zeit von den Succedirenden Herren diese Nachbarschafft mehr und mehr erweitert, und endlich in diese heutige Etendüe, größe und weite, am meisten aber von Hz. Christian Albrecht, hochseel. Andenckens vergrößert und zu dem heutigen Lüstre[?] befodert worden. Heutiger Zeit ist dieser kleiner bemauerter Garten, ganz verwildert, verlaßen u. vergeßen, auch bereits seiner Thüren verlustig geworden.

> Haec domus exigua, et solido circumdata muro,
> Hujus prima horti causa et origo fuit.
> Deinde Ducum sutio Spaciosior auctus adauctus,[?]
> à minimo in praesens nobile crevit opus.

[pag. 856]
§.11. Nächst diesem vermauerten Garten folgt immediate die so genante Fridrichsburg, gelegen ungefehr mitten im hiesigen neuen werck, auff der mittelsten höhe, in trivio oder am Creuz=wege, so von Oosten gen westen mitten Durch den Garten, und von dieser Fridrichsburg ferner Nordwerts berghinan nach Amalienburg gehet, von Hz. Friderich, Hz. Christian- Albrechten Herrn Vater, beÿderseits hochlöblicher Gedächtnüß, erbauet, daß deßen Name[durchgestrichen:n] mit seiner Durchl. Gemahlin, Maria Elisabeth, aus dem Churfürstl. Sächsischen Hauße herstammend, an der Süd= und Norderthüre in 2. einzelen Buchstaben, doch ohne Jahrzahl. sich annoch vor augen stellet. Dieses zierliche Hauß von dreÿen Stockwercken nach Orientalischer Fac[frz.c mit Haken]on mit einem platten Tache erbauet, an allen 4 Seiten mit einem hervor stehenden Giebel, inwendig mit großen und mittelmäßigen logements versehen: Wird dahero von einigen Arcella oder kleines Schloß tituliret, so dennoch vor ein artiges und volkommenes Palais passiren kan.

Im Untersten, wenn man die große Norder:thüre ein paar treppen auffgehet, ist zu erst der große Saal, darinnen vormals der rare, künstl und kostbare Globus seine residenz hatte. Unter diesem Mittelstocke sind noch die alten Cammern, in welchen die räder und Machinen, so den globum umbdreheten, ihn in den Gang und Circulation brachten, und durch Hülffe des treibenden waßers regierten, zu sehen. Weiter unter, so breit dieses Hauß ist, nach dem Herculis=Teich zu, ist alles Keller hol und giebt im warmen Sommer eine angenehme Kühlung, und zu beÿden Seiten dieses Kellers findet man eine bequeme Treppe, so unß den Weg nach der Mittel=höhe darreichet. In dem Oberstock dieser Burg ward in alten Zeiten eine Camera obscura gehalten, darinnen man allerhand anmuthige Perspectiven und Historische Bilder mit geschliffenen Gläsern praesentiret hat. Das platte Tach dieser orientalischen Bühne ist oben mit starcken Kupffer beleget und versichert und ferner mit Brettern abermal bedeckt, das ganze Gebäude dadurch wieder den Regen zu schüzen. Die vier platte Seiten sind mit zierlichen Balustres oder Lehnen umbgeben, von dannen man über den ganzen Garten einen überaus lieblichen und volkommen: lustigen Prospect hat. Zu beÿden Seiten Oost u. west an dieser Fridrichsburg finden sich zwischen hohen lebendigen Bäumen und Hecken zween vier=Eckigte Schattenreiche Sommerlauben, welche Beÿde wegen ihres besondern= kühlend= und erfrischenden Lagers zur Commoditè der ermüdeten Spazier=gänger mit bequemen Tisch und bäncken garniret und versehen sind. Aus diesen hohen bäumen läst sich schließen, daß alhie Pöhler Holz seinen anfang gemacht.

Herz. Friderich des III. glorwürdigstes Andencken beÿ diesem Pallast, mögen folgende Verse erhalten:

> Pulcras has aedes Fridericus Tertius, Heros Magnanimus, magno struxerat ingenio.
> Et Terram heic coelumq globo conjunxerat uno, Quem[?] (dolor) hoc aevo Russia magna tenet.

[pag. 857]
§.12. beÿ diesem anmuthigen Hauße wollen wir noch das wolmeretirte Gedächtnüß der vormaligen verwunderungs=würdigen raren und großen Welt und Himmels=Kugel (insgemein der Gottorffische Globus genant) wiederholen, damit mit deßen entfernenten Abreise auch nicht zugleich sein alter Ruhm in ewige vergeßenheit gestellet und gar Begraben werde.

Der offt gelobte Herzog Friderich, ein gelahrter und in Mathesi wolstudirter Herr, hatte einige Jahre vor seinem Ende (Er starb aber zu Tönningen d. 10. Aug. Ann. 1659.) durch Anordnung und disposition des damals berühmten Mathematici H. Adami Olearÿ, wolmeritirten Secretarÿ der Muscow. und Persianischen Reÿse, und hochgelahrten Bibliothecarÿ zu Gottorff in vorgedachtem gebäude anlegen laßen, einen großen globum, der zugleich die Erde und den Himmel vorstellete von feinem polierten und doppelt zusammen gefügten Kupffer ausgearbeitet, im diametro XI. Werckschuh enthaltend, welcher verkehrter maßen an seiner Convexitè oder eußerlichen Ründe den Abriß der ganzen Welt, so weit selbige dazumal nach ihren 4. Theilen bekant war, mit allen behörigen Linien, in specie mit einem starcken aus schönen polierten Messing auff 34 Fueß weit umbringenden Æquatore, mit behörigen gradibus, specialen Eintheilungen und allem andern Nothwendigkeiten darstellete. Zu mehrer der Herrn Spectatoren commoditet war von dem Fuesboden dieses Saals nach der höhe des globi eine schöne gallerie von Treppen zierlich auffgeführet, daß man darauff herumb gehen und wann der globus still stunde, alles desto genauer betrachten mögte. Maßen man dann an dieser eußerlichen Seite des globi gleichsam in einem Augenblick die ganze volkommene welt alt und neue mit ihren Abtheilungen vor augen haben konte.

§.13. Die innerliche Seÿte und concavitet dieser Kugel praesentiret inwendig den ganzen himmels=lauff, an Sonn, Mond, Planeten, allen himlischen Zeichen und übrigen Gestirn, groß und klein, unter welchen die größesten und fürnehmsten von feinem Silber gemacht, die kleinere aber zur distinction verguldet und in ihrer natürl. disposition und Ordnung, Weite und Breite durch die vier Theile des Himmels in gehörigen gradibus und circulis coelestibus rangiret und gestellet waren.

§.14. an dieser ungemeinen ruhmwürdigen Machine verspürete man ein verkehrtes, doch vollkommenes werck, da das oberste zu unterst, und das unterste zu oberst gekehret und verändert war. Denn da sonsten der natürl Himmel mit seinem Firmament die Erdkugel in seinem Schoße heget, geht dieses

[pag. 858]
Kunst-Stück Wieder die Natur, in dem diese Welt-Kugel dem Himmel u. deßen bestirntes Firmament binnen in sich schließet, als wann nach verkehrter Art der Kern die Nuß, habe und die innerlichen Theile des Corpers die haut umbgeben wolten. Es scheinet aber, daß die Sphaera oder der Himmels=lauff zur Sicherheit der vielen Sternen silbernen einwerts gekehret und der Kreÿß der welt auswerts gestellet worden, weil die meisten Spectatores beßer in diesem irdischen Theatro, als in dem entfernten Gewölbe der unzehlbaren Sternen=Schaur bewandert sind.

§.15. An diesem Globo aber ist absonderlich zu notiren, daß dieses werck keine Axin oder Wellbaum von Norden gen Süden durch die Beÿden Himmels Angeln oder Polos gehend, in sich habe, wie man in andern Globis siehet, daran sie beweget werden. Stat derer stelte es in matrice, in seinem holen Cörper ein kleines Amphitheatrum, dar, als einen runden Tisch und Bäncke, darinnen [darüber geschrieben: umb] Zehn personen bequemen plaz und Siz hatten, wo zu man in den globum durch eine kleine, doch commode Thüre gelangen konte. Wann aber das ganze werck eußerlich beweget und in seinem lauff herumb geführet ward, Wurden dennoch die am vorgedachten Tische sitzende personen keines weges beweget, noch umbgedrehet, ob gleich die ganze Sphaera umb dieselbe herumb erreget und beweget ward. Wie kan aber ein Mühlenradt umbgedrehet werden, daß auch nicht die Axiculi mit dem ganzen Cörper zu gleich beweget werden?

Dieses ist eben das nachdencklichste Kunst-Stück, welches nebst der ungemeinen größe diesen Globum beÿ der Gelährten welt zu einem Wunderwerck machet, Daß da die ganze Machine in ihrer völligen circumference zu unterst und oberst beweget und umbgedrehet wird, Dennoch Tisch und Bäncke mit ihren Gästen in der Mitten unbewegt blieben. Solcher Maßen kunte man an diesem Tische den ganzen Umkreÿß des Himmels nicht allein mit den Augen, sondern gar mit Hand und Fueß berühren, dazu man weder Eliae feurigen wagen, noch des Icari zerbrechliche Flügel, Phae[e mit Punkten drauf]tontis halß brechende pferde und wagen, noch auch des altvater Jacobs durch die wolcken reichende Leiter verlangen dürffen.

§.16. vorerwehnte Bewegung oder Circulation des ganzen globi, geschahe durch eine besondere waßerleitung, so durch kostbare dazu gemachte bleÿerne Röhren zur Seite aus dem sogenanten Cascaden=Teich dorthin geleitet ward, und zu erst ein großes holzernes Radt zu treiben vorfand, durch welches ferner die übrigen cohoerirende theils aus feinem Meßing, theils aus Metal Künstlich verfertigte Hülffsräder und Machinen den Globum in seine ordentl. Bewegung brachten, Wie die Circulation erfoderte. Sonsten hatte man auch ohne

[pag. 859]
Waßer=trieb eine nähern[?] Invention, daß ein einziger Mann capable war, den globum Durch Hülffe einer Trochlea Archimedaea mit einer Hand bequemlich ümbzudrehen.

§.17. Nunmehro waren auch der Ictorum[?] unmögliche contracten auffgehoben, si coelum digito attigeris, wenn du den Himmel mit dem Finger erreichen wirst. so alhie mit der Hand leicht berühret, ja gar beweget werden könte. Sicher war man auch alhie vor Jupiters Bliz und Donner, vor Apollinis und Dianae Schuß, womit die Himmels=Stürmer, die Cyclopes vormals in ihrer Gigantomachia von Eroberung des Himmels abgehalten wurden. Alhie stellete sich alles Gestirn zu gebothe, ließ sich durch bewegung der Kugel leicht an sich ziehen und ohne wiederstand erobern. Es kan auch Terentius an dieser Erfindung von seiner vergeblichen Furchsamkeit erlediget werden, wann er im Scherz oder Ernst ausruffet: Quid, si nunc Coelum ruat![?] Wie wann nun der Himmel einfiel! in dem er beÿ diesem leicht zu bewegenden Himmel sich seiner künstlichen befestigung desto mehr versichern, und ohne schweren Einfall noch Erdrückung mitten in diesem Himmel sich mit einem kühlen Trunck laben und erquicken mögen. Dem großen Könige Alexandro wäre auch vielleicht geholffen, da er schon zu seiner Zeit bejammert, daß in diesem natürl. Wesen nur eine einzige Welt verhanden, dabeÿ wünschende, daß noch ein ander Erdboden oder Welt=gebäude gefunden werden mögte, in welchem er den Lauff seiner Victorisirenden waffen bekant machen könte da er doch den einen Theil davon, Asiam nemlich, noch nicht völlig bezwungen hatte. Gewiß mögte dieser großer Conquerant und überwinder unsern Globum mit augen erblicket habe, hätte er nicht allein eine neue Welt, sondern auch gar einen andern Himmel daran gefunden, welche beÿde Sinnreiche Inventiones, wo nicht über seine Armée, doch über seinen Verstand die völlige Victorie und gänzliche veränderung [verän ist durchgestrichen und verwunschrieben] würden erhalten haben. Und was vor ein frembdes Gesicht würde Atlas, als welcher von den Pöeten unter der Last des Himmels gleichsam krumb und gebückt vorgestellet wird (humeros oneratus olympo) nicht machen, wann ihm dieser globus durch ein ungefährliches Glück vor Augen gestellet würde? Zum wenigsten fünde er Ursache sich zu freuen, daß er nunmehro eine Himmels=Kugel gefunden, in derer Concavität er seine matte Schulter ruhen laßen, sicher darinnen wohnen, und Herz, Sinn und Glieder vor alle erlittene Last hinwiederumb erquicken könne.

§.18. Noch dürffe man vermuthen, daß Vulcanus (der Jupiters und Junonis Sohn, der Göttin Veneris Gemahl) so aller künstlichen Schmiede=Arbeit Praeses und Obermeister tituliret wird, sich mit seinen altgesellen und Lehrlingen, ja die Cyclopes und Riesen der Insul Lemnos, Vulcani Zunfft genoßen und Handlanger sich vor dieses ganz neu umbgeschmiedetes modell einer Erd und Himmels=Kugel [durchgestrichen: sich] entsetzen,

[pag. 860]
und freÿ bekennen würden, daß ihnen leichter seÿ, dem Jupiter grobe Donner=Keule und dem Gotte Marti und Saturno Helme, Spiese und waffen zu schmieden, als die ganze Weite welt mit dem gestirnten Himmel in eine solche zierliche Figure so künstlich und so vollkommen zusammen zu fügen. Solten auch nicht etwa die Sinnreichen Mathematici und Astrologi, Ptolomaeus, Vitruvius, Euclides, Calvisius, Tycho Brahe, Copernicus und andere mehr über diese neue Invention sonderbare gedancken faßen, ja sich mit ihren alten einfältigen Vorstellungen gar verkriechen, wann sie erblicken würden, daß an dieser Arbeit Himmel und Erde mit einander vereiniget und ihre alte abgegangene Mode

durch diese neue Geschicklichkeit großen Theils erleuchtet und verbeßert worden. Selbst Daedalus von Athen mit aller seiner Kunst u. gelährten Erfindungen muß bey diesem wercke sich hinter der Thüre stellen und bekennen, daß dieses Stück seinen Meister lobet und erhebet, und ihn zu einem neuen Schüler machet, der etwan vorhin sein Cörper durch fabuleuse Flügel himmelan geschwungen; alhie aber Himmel und Erde in einem Saal und einem einzigen Globo stehend mit Händen und Füßen begriffen, betreten, auch mit leichter Mühe von oben biß unten drehen und wenden kan.

§.19. Wir wollen in dieser Reihe mit nehmen den König in Persien, Sapor, der zu seiner Zeit einen etwas großen Globum aus glaß zubereiten laßen, in deßen Raum ein einziger Mensch sitzen und die darin bezeichnete Sterne sehen und betrachten könen. Wir rühmen hierin des K. Saporis erste Curiositè, welche Gardan. de Subbilit. lib. 3. schon besonders admiriret hat, kan aber von unserm Gottorffischen Globo in einem Mundbißen verzehret werden. Diesem kan folgen Archimedes Syracusano, der als ein irdischer Gott nach Mechanischer Art und Kunst, auch eine Himmels=Kugel von Glaß gemacht hatte, daran die ordinaire und extraordinaire Bewegungen der himlischen Kreÿse exprimiret und vorgestellet waren, worüber Claudianus in seinen Epigramm. unter Jupiters person in folgenden Versen lächelt:

Jupiter in parvo cum cerneret aethera vitro
   Risit et ad superos talia dicta dedit:
Huccine mortalis progressa potentia curae?
   Jam meus in fragili luditur orbe labor.

Ob nun zwar vorgelobter Claudianus eod. Epigr. weiter anbringet, daß sie hier auff Erden die Sterne nur nach Menschlicher vernunfft regiren, wann er saget:

Iamq suum volvens audax industria mundum
   gaudet, et humana sidera mente regit.

Dennoch hat unser Gottorffischer vor Archimedes globum soviel voraus, als ein Riese von einem Zwerg unterschieden ist, angesehen der Gottorff: globus in der That ein Werck oder Machine ist, so über alles gehet, was war, curieux oder künstlich kan genennet werden, ja ein fast verwegenes Meister=Stück, ein wunder Menschlicher Entreprise, eine allen Gelährten erstaunend=scheinende Invention, dergleichen Wegen seiner überschreitenden größe bißdato in dieser polirten Kunst und studierliebenden weiten welt, auch beÿ den allergrößesten Potentaten niemals gesehen, noch auch zu imitiren oder nach zu machen unternommen worden: Dahero auch billig selbiger Globus unter die wunder der welt mit zu rechnen.

[pag. 861]
§.20. Nunmehro aber heist es beÿ unß: ubi sunt gaudia, wo ist nun dieses Freuden=Werck zu finden? in Russia vel Moscovia, beÿ den Russischen Musen. denn als Ann. 1712 der damalige Kaÿser von groß=Reußen[?] Petrus der Erste (nach der am Ende vorigen 11ten Jahres zwischen Dännemk und Sweden beÿ Gadebusch in Meckelnburg gehaltenen hefftigen Bataille) sich mit den Königl Dänschen Troupen conjungirte, umb die von Altena beÿ Hamburg durch das Land Dittmarschen in Eÿderstedt (unsere Nachbarschafft) bereits unvermuthlich eingeschlichenen Sweden auffzusuchen, Er sich auch anhero in Sleswig einstellete, fügte es die Fatalitè dahin, daß der Kaÿser beÿ besichtigung dieses hochfürstl. Gartens an diesem globo so viel Kunst, Arbeit und verwunderung ersahe, daß Er so gleich resolvirte, selbigen nach Moscow überbring zu laßen, weil der damalige wirth und Administrator, Hz Christian-August, Land und Residence auff einige vermeinte Zeit quitiret hatte. Diese Zarische Gedancken wurden denn nach ihrer ersten verfaßung bald Bewerckstelliget, und anno 1713. an der wester seÿte dieser Fridrichsburg, Weil die ordinäre Thüre zu klein war, die wand eingerißen, der globus heraus geschlept, udn auff einer dazu gemachten Schleuffe[?] nach dem Gottorffer Damm und so weiter zu Schiffe gebracht im Monat Septembr. selbigen Jahres.

§.21. Beÿ solcher Fatalen Gelegenheit nahm der schöne Globus in solcher turbulenten Zeit aus seinem Geburts Ort und Stammhauß einen auch turbulenten abschied, reisete durch die ganze länge der oost-See nach Rusland ums[?] alda einen neuen Himmel und Erde anzurichten, falß ihn nicht der Rost-Staub, Koth und diebische Hände die vergänglichkeit bereits angedeutet. Die einfältigen Leute, so nicht eben das wort Globum, vor die Weltkugel zu vertauschen wusten, verdreheten selbiges nach hiesiger sprache in das wort globen und klagten, daß die Rußen den Globen (glauben) aus diesen Lande mit genommen. Doch kan man sagen, daß Rußland sich mit einem neuen Himmel und Erde aus Sleswig vermehret und verbeßert. Endlich und zulezt Wurden Ihre Königl. Hoheiten, der Herr Herzog Carl-Friederich in diesem noch währenden Disturbio gegen dem verlust dieses globi Ann. 172 [hier Lücke gelassen] im Monat [hier Lücke gelassen] mit aller höchst gedachten Kaÿsers ältesten Princessin Tochter, Ihrer Kaÿserlichen Hoheit Anna Petrowna in Petersburg wol recompensiret und befriediget: Wie wol diese lezte Sphaera in dem ersten Kindelbette mit dem jungen Herzoge Carl-Peter-Ulrich von Holstein, per viam lacteam auch ihren baldigen Abschied nahm, und jure talionis sich von dem Tode leider! wieder rauben laßen, auch ihre geheiligte Geberin (sine restitutione Globi Gottorpiensis) nach Moscow Wieder zurück senden muste.

[pag. 862]
§.22. Was haben wir dann von dem Kostbaren, raren und admirablen globo übrig behalten? Nichts als die INscription, so er alhie an seinem Cörper geführet, und noch von Curieusen Leuten abgeschrieben und unß voritzo freundlich mitgetheilet worden, also lautend:

   IN honorem Dei
   Coeli Terraeque Architecti,
   Admirandu hoc opus,
   Naturae Macrocosmi aemulum
   Serenissimus et Celsissimus Princeps
   ac Dominus,
   Dominus FRIDERICUS
   Heres Regni Norvegiae, Dux Slesvigii,
   Holsatiae, Stormariae et Dithmarsiae,
   Comes
   In Oldenburg et Delmenhorst,
   Ex singulari in Studia Mathematica,
   Quorum peritissimus erat,
   Amore adornare voluit,
   Quo simul
   Æternum Famae Suae non intermoriturae
   Monumentum posuit.
   Coeptum AN. 1654. et bello Danico-Svecico

Interruptum perficere curavit
Serenissimi Filius Christian-Albertus,
ANNO 1664.
Directore A: Oleario Ascanio.
Fabricatore And. Busch Limpurgensi,
Scriptoribus Christiano et Andrea
Rothgisseris, fratribus Husumensibus.

[pag. 863]
§.23. Wir wollen unsers Verlohrnen globi denckwürdiges Gedächtnüß in folgenden Zeilen continuiren, und damit zu frieden seÿn, daß wir sein süßes Andencken als noch im halben Traum unser Gemüth ergetzen mögen.

Admirare igitur molem, meditare bis artem,
    Augustum quisquis conspicis hunce globum.
Est opus excellens, est magni Principis ingens
    Machina, quam quondam dux Fridericus avus
Struxit, et hac augens septem Miracula Mundi,
    Sese admirandum praebuit arte sua.
Hic descripta simul cernis Terramq Polumq,
    Hic copulata vides Ingenium et Studium.
Ordine mutato convexior exhibet orbem
    Interior sistit concava Sphaera Polum.
Üsegov[? russ. Buchstaben] hic cernis, spectas hic p...[? russ. Buchstaben] altrum
    Supra stat tellus, inferiusq Polus.
Ars suspensa Polo est, unq haec volvitur axi,
    Summum quam merito prodigium vocites:
Cum Coelo et terra, dum machina tota rotatur,
    Centri puncta suo cardine fixa manent.
Mirandum certe est, omnis dum Sphaera movetur
    Mensa immota manet sedibus aucta decem.
En dubitas, opus hoc terrane Polone peractu?
    Factum sitne hominis, vel magis arte Dei?
Quid Vulcane putas? Schola vel tua tota fabrorum?
    Artem tanti operis reddere nulla valet.
Atlantis scapulae, num vos[?] gestare valetis
    Hoc opus eximium consimiliq carens?

Daedalus et Pallas, coetus totusq Deorum
    Ingenio Artifici laudibus atq cedunt.
Addere nec poterit quicquam doctrina Sophorum
    Solerti studio, quo nitet hicce globus.
Vincitur Euclides, Siculus stupet ipse Magister,
    Archytas summus Vitruviusq stupent.
Auctor pro meritis fertur mihi Magnus Apollo,
    Artis qui punctum totius omne tulit.
Fama, age, et autoris pe terras, ferq per auras,
    Fridrici Magni nomina magna Ducis.
Advena plebs operis tanti studiosa vivendi,
    Admirare simul Principis ingenium.
Dux admirandus formans Solumq Polumq,
    Qui studuit solo, qui studuitq Polo.
Hujus et artificis nomen famamq perennem
    Ipse globus servat, servat et ipse Polus.
Ast ubi nunc globus hic? jam Russia possidet illum
    Quem Petrus Magnus Martis adeptus ope.
Quid mirum, Russus coeloq poloq carens tunc,
    Nunc Coelo duplici rite beatus erit.
Felix, qui coelum coelo conduplicat ipsum,
    Hunc nec terra levis, nec gravis ulla premet.
Nosq globo hoc orbi, spherae confidimus illi,
    Reddere quam spondet Regia magna Dei.

[pag. 864]
§.24. Unsern bereits berührten Garten auff unverrückter Stelle wieder zu betreten und der Reihe nach vorzunehmen, so finden wir auff dem Vorderplaz vor dieser Friedrichs=Burg (des abgereiseten Globi vormaliger Residenz) eine XVI. eckigte Fontaine, mit guten polirten steinen ausgelegt und hat zu beÿden Seiten eine schöne Parterre, davon eine jede mit einer galanten Statue gezieret, und mit einer schönen Hag=büchen Hecke umbgeben. Diesen artigen plaz nehmen wir vor die Mittel höhe dieses Gartens, weilen auch der Quergang, von Oosten gen Westen seine Linie oder Lauff (trivium) hie vorbeÿ nimbt, eben an der alhie anfangenden Höhe, so unß nunmehro Berg hinan führet, und auff Fünff nach einander wol proportionirte oder fast gleichscheinende Articulos montium, oder absatze hinaufflocket, als zu einem Durch die Natur und künstliche Gemüther erhobenen Theatro und Schowbühne, so nun mehro in diesem Norderteil, Wegen der unvergleichlichen Situation und anhangender Anmuthigkeit vererwiget, auch wol so lange die welt stehet, seines gleichen nicht erleben wird. Die nun also von diesem Mittelplaz Nordwerts berghinan lauffende, nun mehro wol gebahnete 5. Hügel sind mehren Theils von gleicher höhe, u. haben durchgehends an beÿden Enden zu Oost und west zwo von gehauenen Feldsteinen commode Treppen, und in der Mitte eine doppelte Treppe von Polirten Steinen.

§.25. Der erste Absatz hat in der Mitten XIII. galante steinerne Stufen, und zwischen selbigen eine Cascade von 4. auffeinander folgenden Muscheln, (zu Lat. aquaria genant) so mit ausgehauenen Wallfischen gezieret sind. Nach überstiegener ersten Treppe praesentiret sich unsern Augen alhie ein so schön gepuzter Berg, als wie der Apollo mit seinen Musen den 2. geflügelten Parnassum befunden, in dem wir alhie fünff hinter einander erhabene vertices oder absäze wol garniret und gezieret vor Augen haben, so Musen und Nymphen, Könige und Fürsten, Götter und Göttinnen herbergen und divertiren können: Ja was der Parnaß mit seinem eußerlichen unlieb. Ansehn, rauhen Gestalt und erschreckender gähstoziger[?] Situation seinen Spectatoren an Furcht und Schrecken verursachet, solches finden wir alhie an schönen Zierathen, Statuen, Fontainen, Cascaden, Zierlichen Blumen Feldern, an ERd und Baumfrüchten liebreich herlich und erfreulich, und alles, als in einem irdischen, frölichen, grünenden, lustig und Lachenden Paradieß und Schauplaz zu unserer Belustigung, zu unserer Erquickung dargestellet, da dann auch, gleichwie der Bruun[?] Castalius im Parnasso sein verborgenes waßer unter der Erden führet, auch diese Gegend gleicher Gestalt mit vielen Waßer=röhren, springenden Fontainen und Cascade versehen ist.

§.26. Hiebeÿ praesentiret unser erster Articulus od Absaz an dem Queersteige außerhalb der Hecke 2. galante Statuen, in der Mitten eine artige Fontaine

[pag. 865]
und zu beÿden Seiten 2. Blumen Felder in zierlichen Hecken wol verwahret, davon das zu lincken hand oder gen westen in der Mitte ein zierlich gekröhntes Bette hat mit I.K. Maÿtt Friderici IV. und dero Gemahlin Namen und Wapen, von allerhand Bunten Steinen angeleget, so die itziger Zeit hohe Conservatores dieses Gartens anzeiget.

§.27. Dieser Gegend zum Westen in dem so genanten Kleygang oder Umbkreÿß auff der ersten Höhe, stehet ein feiner gerader und wolgewachsener Büken=Baum, so zur Seite einen Eichenbaum zum Nachbaren hat, doch nicht von gleich gutem Ansehen: Dahero der Büchen=Baum von I.K. Maÿtt Christiano V. schon in dem vorigen vieljährigen disturbio den Vorzug gewonnen, in dem dieselbe so wol an deßen angenehmen Situation und zierlichen gewächß, als auch darstellenden lieblichen Prospect ein besonderes vergnügen gefunden, den Baum mit Tisch und Bäncken accommodiren und diese Gegend mit einer angenehmen Ebene ausziren laßen, Dahero er noch heutiges Tages der Königs Baum genant wird.

    Eja age, Fage[?] virens, patulis sub frondibus umbram
        Rede tuis gratam Regibus et Ducibus.
    Gratam redde tuo sub lato tegmine pacem,
        Nomine sic justo Regia Fagus eris.

§.28. An dem zweiten Absaz finden wir XIV. doppelte Stufen mit 4. Cascaden zweÿen Statuen, in der Mitte mit einer schönen Fontaine und zu beÿden Seiten mit einer Blumen Hecke wol gezieret.

§.29. Der Dritte Absaz hat XV. Stufen und einen Tritt mehr vor seinen Mittel=plaz; Ist sonst den vorigen in allen gleich. Doch praesentiret er noch an der weserseÿte eine artige Curiosité, nemblich einen gläsern Bienenstock, von breiten Scheiben in Bleÿ verbunden, und wie ein kleiner en mignature erbaweter Thurn gestaltet, darinnen zwar die Bienen im ersten Jahr ihr wachß und Honig gut und wol eingetragen, aber auch im ersten winter aus Mangel einer guten Decke gestorben, weil Kälte und Frost gar leicht Durch das Glaß penetriren, auch beÿ Naßem Wetter die Feuchtigkeit gar leicht durchschwizet, so den Zarten Bienen nicht eben zu statten kombt. Oben auff diesem gläßern Bienenkorb stehet zum Zierath eine kleine Krohne, so den kurzlebenden Bienen nachsinget:

    Finis coronat opus.

§.30. An dem vierten Absaz finden sich nur 13 Treppen, mit einer Cascade so von einem waßer Hunde bewäßert wird. Der Rest führet gleiche Zierathen, Wie die vorigen.

[pag. 866]
§.31. Der Fünffte und lezte Articulus dieser Fünff zierlichen Hügel, hat gleichfalß nur XIII. stuffen, mit behöriger Cascade und Statüen. An Stat der alhie in der Mitte fehlenden Fontaine stellet man sonsten andere Zierathen hin, unter welchen eine zierliche von dünnen hölzernen Stangen Durchsichtige Pyramide auff einen dreÿfachen Pedestal gesezt, und mit XL kleinen gläsern Glocken (ein Brabands=quartier[?] lang) behangen, daran der wind die mit mittelmäßigen Federn besteckte Knebel bewegt und eine von XL. differenten Stimmen sanfft klingende Musique erreget. Auff beÿden Seiten dieses plazes stehen allerhand in richtigen Ordnung gesezte höhe und niedrige frembde gewächse, so in zierlichen Holz= und steinernen Gefäßen diesem plaze seine Anmuthigkeit geben.

§.32. Dieses bißhero erstiegene Theatrum quincuplex, wird mit der angenehmen Burg beschloßen, Welche Hz. Christian-Albrecht, glorwürdigsten Angedenckens seiner Gemahlin, Ihrer Hoheiten Friderica-Amalia (Ihrer K. Maÿtt Friderici III. Fr. Tochter und K. Christiani V. Fr. Schwester) aus sonderbarer Liebe und Hochachtung Ann. 1670 erbauet, und es Amalienburg nennen laßen, Welcher hochwerther Name beÿ hiesiger Welt, wegen Ihrer hohen Tugenden und ungemeiner Gottseeligkeit (ohne unsern Garten=Hauß) zu ewiger Gedächtnüß und unvergängl. Ruhm ersterben wird. Diese Amalienburg lieget sieben Treppen höher, als ihr vorderplaz, hatte auch leichtlich den Sechsten Absaz geben können wann sie biß an den Thiergarten wäre verrücket worden. Das Gebäude ist à l'Italiano [durchgestrichen: vier] in einer viereckigten Figur angelegt, 2. Stockwerck hoch, mit 4. hervor stehenden Eckzimmern und dreÿen Haußthüren, davon die vierte von der Treppe nach den Obersten Zimmern eingenommen. An dem Eingang dieser dreÿen Thüren hat man einen großen Saal, der die Binnern Weite und Breite begreifft, auch ohne [darüber noch ergänzend geschrieben: durch das] Oberstockwerck in die höhe gehet, ansehnlich hoch, wolgezieret und von unserm vormaligen berühmten Mahler Hn. Owens auff Kupffernen platen zierlich und künstlich ausgeschildert. In denen hervorstehenden vier Ecken sind oben und unten vier mittelmäßige Logements, so den rest, doch nach aller Commodité wolaptirtes Hauß darstellen. Oben außerhalb dem dache, ist es von einer Ecke zum andern mit einer zierlichen Gallerie versehen, auff welcher nach dem Süden sich ein wunderschöner Prospect und galante Außicht darstellet, so wegen ihrer Höhe alle andern in dieser Gegend angeführte veüen und lustige Augenweide übergehet.p.

    Entibi quadra domus, quae parva ast tota venusta
        Amaliae:Burgi nobile nomen habet.
    Christjanus Dux Albertus, generosus is Heros,
        In decus uxoris condidit arte nova.
    Haec domus includens Charites omnesq lepores,
        Amaliae ob laudes audit amata domus.

[pag. 867]
§.33. An der Oostseite dieser Amalienburg, Wo die ausgebawete Treppe, Wie oben gedacht, die vierte Thüre in der Regularité dieses Lusthaußes occupiret und besezet, findet man auch allerhand Statüen, schöne höhe Hecken, unterschiedliche an einander hangende lustige Cabinetten mit Pyramiden von Bux= und Taxbäumen ausgezieret, davon einige oben offen, einige von Laub zugedecket, auch mit Tisch und Bäncken accommidiret, so alle wegen ihrer ungemein=lieblich= und Angenehmlichkeit höchstens zu rühmen wißen.

§.34. Nordwerts hinter dieser Amalienburg ist auch noch ein zierlicher plaz mit einer angenehmen lebendigen Hecke besezt, in form eines Amphitheatri, so auch mit allerhand angenehmen Blumen und Gewächsen in Töpff= und Kasten in zierlicher Ordnung embelliret und ausgeschmüket ist. Dieser hinterplaz stoset an den Thiergarten, und ist gegen demselben mit einer Durchsichtigen Befriedigung von Palisaden verwahret, mit der artigen Invention, daß wann die Süder und Norderthüre an dieser Amalienburg eröffnet werden, man sich von diesem Fünfften Absaz durch die zwo Hauß-Thüren über erstgedachten hinterplaz durch das durchsichtige Staquet=werck nach dem Thiergarten hinein, und dann gen Süden nach dem Schloße Gottorff und deßen anliegenden lustigen Gegend mit einen höchst=angenehmen lieblichen Prospect ergezen und erlustigen kan.

beÿlage F [ist ein Zeichen ähnlich wie ein großes F, die Beilage ist hineingelegt, wird aber von mir vor §.35. hier zitiert:]

beÿlage nach §.34.F so weit haben wir in diesem auffsteigenden berge gelegenheit gefunden, diesen Strich zu nennen cellem[?] hortulorum[?] Der vielleicht zu dieser Zeit, so wol, als der in der Gegend Montis Exquilini vormalige Garten [eingefügt: berg], zu Rom an lust und anmuthigkeit prangend, dem Hauße Gottorff gleiches, auch wol ein mehres vergnügen mittheilen kan.

§.35. Von dieser Amalienburg müßen wir unß auff einige wenige Schritt lincks umb nach dem westen verfügen und die ansehnl. Orangerie besichtigen. Dieses à la moderne langes breit und hohes Hauß, von I. Hochf. Durchl. Hz. Christian-Albrecht gleichfals erbauet, hat 3. Haußthüren, ziemblich weit und groß nach denen departements eingtheilet. Oben unter der Mittel=thür lieset man diese Inscription:

Cum forte in cana frigus tegit arva pruina,
Frondibus hic intus vernat amœna domus. Wil so viel sagen:
Wenn der Winter Wald und Feld mit dem Schnee und Reiff begrauet,
Wird in diesem Frühlings Zelt lauter Sommer:Grün geschauet.

Die beÿden andern Thüren zeigen die Jahrzahl dieses Gebäudes an: Anno 1692. Inwendig hat es verschiedene Zimmer, mit großen eisernen Ofen doppelt versehen, damit im Winter die raren Orientalischen gewächse an der kälte keinen Schaden nehmen.p.

Tumiranda Domus, florens semperq virescens,
   Das fructus varios, aurea poma simul.
Ut te nec frigus tangit, nec saeva procella,

[pag. 868]

Flore sed illaeso semper amoena vires:
Sic et flore hilari Gottorpia floreat ipsa,
Floreat haec omni tempore laeta domus.

§.36. vor diesem Pomeranzen Hauße gen Süden ist ein feiner großer mit einem zierlichen Geländer umbgebener plaz, darin des Sommers die frembden gewächse in großer Anzahl (so alhie zu specificiren ein großes Register und vielen Raum erforden würden) nach ihrer größe in einer schönen Ordnung hingestellet werden, daß es den Zuschauern ein sonderbares vergnügen gibt. In der Mitten diese plazes stehet auff einem künstlich inventirten Pedestal eine zierliche Sonnen=Uhr, praesentirend den globum terrestrem mit seinem Æquatore und Circulis polaribus, an welcher den ganzen Tag über beÿ hellem wetter (an allen 4. Seiten) die Stunden richtig angewiesen werden, gemacht von dem berühmten Ingenieur H. Stahlmann An 1720. An dem Wester=Ende dieses Haußes ist ein hohes schmales Treib=Hauß, von lauter gläßern Fenstern auffgeführet, darinnen man zu zeiten, wenn die Alöen noch nicht ihr benöthigtes Alter erreichet, sie durch Antrieb eines dazu moderirten Feuers weil ehe zur blüthe und vollem Flor befodern kan, als daß man nach dem eigentl Trieb ihrer von sich selbst anmeldenden Natur offters 40. 50 und mehr Jahre abwarten, bißweilen auch wol gar vor alle tägliche pflege und Wartung vor ihrem noch anfangenden Flor durch einen unverhofften Todt vorhero abwandern muß. Darinnen aber unser itziger Garten Inspector Herr [Lücke gelassen] Kempe [Sehr interessant für die Datierung des Textes!] zum öfftern seine sonderliche Addresse und gute Qualitè der welt dargestelt, daß er die Gottorff. Alöen, ehe sich die Natur mit ihrem freÿen Antrieb meldet, zu ihrem vollen Flor bringen kan.

§.37. In dieser Nachbarschafft praesentiren sich auch in ihrem neuen Pomp und pracht die beÿden von I.K. Maÿtt Friderico III. [an den Rand geschrieben: forte[?] Frid. IV.] jüngsthin à la Moderne zierlich erbawete Glaßhäuser, bestehend aus lauter gläßern Fenstern, nach der Südwester Seÿte. Darinnen dem Sommer über die Citron= und Pomeranzen Bäume, auch andere Durch die Sonnenhize zu conservirende oder zur Blüthe und Frucht zubringende gewächse, gesezt und erhalten werden. Eine in diesem kalten Norden vor dergleichen ausländische Bäume und Früchte höchstnöthige Beÿhülffe, ohne welche kein Garten einige Raritäten conserviren kan. Diese Glaßhäußer praesentiren sich nach ihrem lebendigen Augenschein weit beßer, als unsere Feder Sie beschreiben kan. Neben über an eben diesem plaz finden sich in dem hohen Busche allerhand zierliche Gänge, unter welchen noch ein besonderer Kegel=plaz zu finden, der auff eine artige zierliche manier aus Vier Ecken unter dem grünem busch das Schoßmahl nach dem Ziel dargiebet.

[pag. 869]

§.38. Weil beÿ diesen neuen Glaß=Häußern der so genante Kleÿgang oder westerfahrweg sich an dem Quadrat=Craÿß des Gartens alhie endiget, und zu deßen continuation kein ander Passage zu finden, als daß man über dem vorderplaz der großen Orangerie hinter Amalienburg nach dem Ringel Hauß den Umbkreÿß nach Oosten ferner zu suchen; alß wollen wir so viel weiter Rechts=umb zurücke gehen, dawir dann hinter gedachten Amalienburg vor unß finden, daß so genante Ringelhauß, ziemlich spacieux und weit, durch [Lücke gelassen] Ecken in eine runde Figur gebracht, also man auff zweÿen (halb vollgewachsenen Pferden) das Ringelrennen exerciren, und so wol junge Herren und Edeleute, als auch Hoffdamen und Amazoninnen zu diesem edelen Exercitio anführen und divertiren kan. Es wird aber alhie untem im Keller der Lasttragende Cylindre von dazu bestelten Leuten umbgedrehet und zugleich der ganz hölzerne Fueßboden mit den beÿden darauff befestigten Pferden, Wie man es verlanget, langsam oder geschwind beweget, daß man auff solche weise sich mit dem Ringel:rennen nach aller bequemlichkeit excerciren und divertiren kan.

§.39. Hiesiger Gegend, als beÿ Amalienburg und diesem Ringel-hause höret die Höhe dieser vorbeschriebenen Quartiers, von dem Palais Fridrichsburg, biß an Amalienburg mit den [eingefügt: fünff] absäzen oder Articulen auff: Dagegen stellet sich ein lustiges Thal Wieder ein, von seinem Natürlichen Boscage der Haßel-gang genant, so an dieser Nordseite dem Garten [durchgestrichen: quer nach Süden] auch an dem Thiergarten den dritten umbkreÿß mit einem vollen Fahrweg darreichet

In der Tieffe dieses Thals, ist ein Fahrweg mit einer verschloßenen Pforte (die Waßerpforte genant) angeleget, dadurch die hohe Herrschafft nach belieben fast mitten durch dieses neuewerck und den nechstliegenden Thiergarten von und nach der Norder=Seite des Schloßes Gottorff incognito aus und einfahren können. Wann man nun zwar nach voriger angenehmer Gartenlust und artigen Zierathen eine besondere Veränderung spüret, da nemlich zu beÿden Seiten dieses Thals die Proclivia oder der Abhang [nochmal geschrieben und wieder durchgestrichen: oder der Abhang] dieser höhen mit natürl. Wilden Busch und Bäumen bewachsen sind, und einem Thal im walde ähnlich sehen; demnach geben diese plözliche Veränderungen und Changement de Theatre mit ihrer Regularitè und wolvolführter guten Ordnung und dabeÿ fernern regulirten Zierathen dem Herzen und

[pag. 870]
Augen eine gleichliebliche continuation der vorigen angenehmlichkeiten, weil auch an dieser Norder=Seite nichts unterlaßen ist, das mit annuthiger Zierath und natürlicher Lieblichkeit diesen einsamen Umbkreÿß angenehm und beliebt machen möge.

§.40. Von der Waßerpforte gehet dieser Haßel-gang almählich berghinan und führet unß Rechtsümb auff die Ooster=Höhe längst dem Ooster=Planck-Werck in eine abermalige von hohen wilden Bäumen sehr kühlige und mit Dannen Bäumen ausgezierte Allée, Wie zuvor gedacht, der Dannengang genant, biß an des H. Garten Inspectoris Behaußung, in welcher Allée nur eine Laube, mit Tisch und Bäncken wol versehen, darinnen, als in einer Embuscade und entlegenen, doch frölichen Einsamkeit, man gleichsam à la derobée mit guten Freunden sich entreteniren, und in aller Stille dem Seel. Nicotio ein Rauch=opfer cum salute plurima anzünden kan, Weil diese Allée in etwas entlegen, und also zum Spaziergang wenig gebraucht, noch besuchet Wird, doch wegen ihrer Höhe, dicke und reichen Schatten unter diesem Baumgezelt alle lieblichkeit und Erfrischung anbietet.

§.41. Auff dieser Ooster=Höhe oberhalb dem Mittelwege unweit des Garten=Haußes, der Gegend des alten Irrgartens haben wir noch zu besehen den so genanten Neuenberg, sonsten auch das Rondel tituliret, an einer Ecke dieser Höhe belegen, so nach art der Fortification, doch nur mit grünen Soden, nach seinem kurzen Begriff zierlich besezt und auffgeführet ist, auch mit galanten Tisch und Bäncken providiret, besonders wegen des lustigen und anmuthigen Prospects, so dieser Neueberg einzig und allein an dieser Seÿte über diesen Garten und nach dem Südwesten in lauter frölichen Blicken fürstellet.

§.42. Zwischen dieser Ooster und wester=Höhe in dem niedrigen Grunde hinter der großen Cascade finden sich einige bereits angeführte Fischteiche, so der großen Cascade, dem Herculi, und vorzeiten der Circulation des großen Globi das waßer gereichet, und ferner unterschiedliche Parterren, so alle wol bepflanzet und bebauet sind, also daß der ganze garten theils mit Lust-Stücken, theils mit fruchtbringenden Feldern ausgezieret, auch mit natürlichen doch zierlichen Busch und Bäumen angerichtet, von welchen allen die lebendige Praesentation und der natürliche Anblick mehr verwunderung geben wird, als meine Feder wolverdientes Rühmen davon machen kan, in dem das Werck

[pag. 871]
sich selber lobet und noch jährlich verneuert. Maßen dann I.K. Maÿtt von Dännemk nach oberwehntem Anno 1712 erfolgtem Disturbio, Zeit währender Possession dieses Sleswigschen Fürstenthumbs diesem schon angefangenen Garten, besonders mit aller behörigen Melioration jährlich versehen und verbeßern laßen.

§.43. Der Rest dieses Gartens an der oostseÿte, von des H. Garteninspectoris Behausung [durchgestrichen: berg hinunter] biß an die Gottorffer Wiesen und der ersten Allée beÿ der großen Cascade führt unß ferner in etwas berghinunter, biß wir mit aller erwünscheten Lust und Vergnügen den Rückweg nach Gottorff wieder vor unß sehen.

§.44. Zum Beschluß unsers vorbelobten Gartens stellet unß in Rußland das Königreich Casan an dem Fluß Wolga den alda genanten Jungfer=Berg Diwizagora, als einen großen und lustigen Berg dar, auff welchem der Russen vorgeben nach, vor diesem ein Zwerg und eine Riesen-Jungffer gewohnet haben sollen. Dieser Berg aber hat unterschiedliche absäze, als Bäncke über einander von rothen, gelben, und blauen Sandsteinen, die als Mauern anzusehen, dabeÿ aber die trina[?] dimensio oder nöthige Mase ihrer figure und distance nicht notiret ist, nur daß auff demselben gleich als nach der Ordnung hingepflanzete Dannen=Bäume stehen sollen. Olear. Pers. Reisebeschr. p. 356. was nun dort in Persien [drübergeschrieben: Casan] Die freÿwillige Natur an unterschiedenen bunten Absäzen, gleichsam als an einem Amphitheatro, Banck über Banck vorstellet, solches hat auch alhie an dem Gottorffischen Garten die wunder reiche mutter Hertha in dieser ihrer Wohnstete an dem natürl. Sandhügel in beßeren Absäzen dargestellet, so hernach durch Menschen Hände, Fleiß und Kunst, fontainen und Statüen, bunten Blumen und ander Zierathen in solche artige lustige und liebliche Ordnung rangiret worden, daß man selbige wegen ihrer sonderbaren anmuthigkeit nicht Jungffern=Berg, sondern aller Musen, Gratien, und Nymphen Freudenberg, ja gar großer Herren und Fürsten vergnügliche Lust= und Ruhestete mit vollem Rechte nennen möge p.

[pag. 872]
En tibi laurigero Parnassus Apolline dignus,
    En tibi mons laetus, Dis Deabusq sacer.
En tibi floricomus, tibi gratus et hortus amoenus,
    Horto qui culto cultior Alcinoi.
Flora tuis zephyris hortum hunc tutare benignis.
    Illi Flora fave fructibus atq rosis.
Hertha tuas telluris opes horto adjice[?] nostro,
    Hertha fave, ut crebro pulcrior ille siet.
Floreat hicce novus, semper novus emicet hortus,
    Perstet opus viridans, perpetuoq novum.

Hier steht Parnaß, ein neuer Berg, Apollens Werther Sitz,
Der Götter Lust= und Freudens=ort, der Götter höhe Spitz,
Hier steht ein bunter Garten voll, von allen Lustbarkeiten,
Den auch Alcinous mit Fleiß nicht besser kan bereiten,
Auff Flora, blumenreiche Nymph, mit deinem Sommerschein,
Und laß mit aller [drübergeschrieben: lauter] Blum und Frucht der Ort gesegnet seÿn.

Auff Hertha, und eröffne ihm den frohen Schooß der Erden,
Daß dieser Garten für und für mög schön und schöner werden,
So grüne, blühe und florir der Garten stets, als neu,
und das dis schöne neue werck stets neu verneuert seÿ.p.

[pag. 876]

Cap. CXIII.

Von dem Neuen Thiergarten.

Nach dem wir unß in dem Neuen=werck satsam umbgesehen, und an deßen theils künstliche, theils Natürliche Disposition, Structure, Pomp und Pracht nach Vergnügen erlustiget, wollen wir auch an dem Thiergarten und deßen natürliche Anmuthigkeit unsere Ergezlichkeit zum Uberfluß suchen, und sätigen

Dieser lustige Thier=Garten umbschließet an der Norderseite unsern vorgeschriebenen Lustgarten, das Neue Werck und ist eigentlich ein Stück des alten Pöhler=Holzes, so mit dem vormals dicken und verwilderten unwegsamen Walde von der Sleÿ an, als von Kropperbusch, durch Hütten=Harde, Swansen, Eckeförde, Dänischen Wolde, den Kieler=düstern Broock, Borßholm und weiter längst der Trave nach Lübeck gegangen, welchen Adam. Bremens de Situ Dan. in princ. nennet profundissimum saltum Paganorum Isarnho (et Xonica Slavica Isernlo, ferrea quasi silva) qui à stagno incipit Danorum, quod Slia dicitur, et pertingit usq ad civitatem Slavorum, quae dicitur Liubicen et flumen Travennam. Scholia antiq. Adamo Brem. adjecta p. 139. no. 74. edit. Maderi. Es ist aber nunmehr dieser ungeheuer Wald so zerhauen und durchlöchert, auch von dem angrendenden Adel und Uradel dergestalt besuchet, daß anizo mehr freÿes Land an Acker und wiesen, als noch Holzung davon verhanden. [nachträgl. hier dazugeschrieben: Conf. Helmoldi Slavia. Lib. I. Cap. 12 / All. Cranz. Dan. Lib. I. C. I.]

Unser davon herrührendes Theil, Pöhler Holz, scheinet seinen Namen herzuführen à paludibus von den vielen Sümpffen, wäßern und Morasten, so sich in diesem Walde häuffig finden und hat mit andern feuchten Örtern gleiche Namens Verwandschaft, da sich finden auff der Insul Alsen Poelsand, alt und neu= Poehl an der Kekenißer Seÿte, Wester Poel beÿ Norburg, Poelse unter Westen See Kirche im Ambte Rensbürg, Pöelß unter Zarpen=Kirche nach Eutyn gehörig, Poelß ein Lübsch dorff unter Oldeslo Kirche, Pölhorn unter Jevensteder Kirche, und wie wir sagen, ein Pool waßer. it. das umb floßene Ländlein Pöhl beÿ der Wismar. Also hat Käyser Henrich der Vogelstellers Gemahlin Melchildis oder [zwei weitere Namensversuche durchgestrichen] Mechilda ein Kloster Praemonstratenser=Ordens in Palude seu Polde oder Poilde, quod sic dicitur quod in palude fundabatur, an einem Ort, von seiner sumpffichten und wäßerichten Situation, Pölde genant, erbauet. Theod. Engelhus. de Imperatorib. è domo Brunsvic. oriundis. edit. Maderi. p. 26. et Compilatio Xronolog. incerti Auctoris à Madero edita. p. 124. ad ann. 936.

Damit wir aber nicht in paludibus des Pöhler=Holzes stecken bleiben, sondern Wieder nach dem Thiergarten schentern, so hat selbiger nach seinem Umb=

[pag. 877]

Kreiß zu rechnen etwan 3/4 Meil weges in der ründe, und ist mit einem höhen Planckwerk von Hz. Christian Albrecht befestiget, da er nur vorhin mit ein wenig auffgeworffener Erde und geflochtenem Zaun umb geben war.

Inwendig findet man viele Allèen und Spaziergänge theils mit Händen angeleget, theils nach Anleitung der natürlichen Gelegenheit in den dicken Wald hineingehauen, nach ihrer Länge und geraden Linie überaus lustig, kühle und schattenreich. Die beÿgefügten Lust=Häußer, [eingefügt: als] der vormalige auff 8 pfeilern ruhende so genante Acht Kant mit seiner Maill:bahn, Sommenlauben, Küch und Keller, Eÿßgrube, Fischteiche Waßer=leitung und kühlenden Lüellen[?], geben dem Menschlichen Gemüthe so viel Ergezung und Anmutigkeit, als man von den lustigsten wäldern vermuthen kan.

Die große Menge der Rehe und Hirsche von allerhand farben, als Schneeweiße, tyger, schecken, braune und fast dunckelschwarze praesentiren sich überall ohne einige Flucht und Furcht, daß man sie nicht mehr unter Wilde Thiere rechnen darff. von wem aber dieser Neue Thiergarten gegen den alten Wildhoff verändert und verleget sein möge, stellen wir dahin.

beÿ dieser Fürstl. Lustbarkeit haben dennoch die gnädiste Herrschafft dem Wildmeister in diesem Thiergarten die Freÿheit ertheilet, daß er alhie, als an dem zur ergezlichen Spazier:fahrt nechstliegenden Orte, Wirtschafft halten möge, durch welche commoditè viele Einwohner sich zum Spaziergang bewegen und mit einer kalten Küche accommodiren laßen.

Dem alhie noch in gutem Stande erhaltenen Eÿßkeller kombt folgendes Epigramma zu [ziemlich viel verbessert darin, deshalb hier die von Petersen verbesserte Fassung ohne die Korrekturen].

Æstus dum nimius, dum Sirius ignifer ardet,
   Heic intus glaciem reddit opaca opecus.
Mitigat ardorem, recreat linguamq sitimq,
   Laetificat totum frigiditate virum.
Escas et varias, pariter carnesq ferinas
   Tempore feruenti à vermibus ipsa tegit.
Se quoq, lumbrici nimio te ardore molestent,
   Frigore perleni[?] mox moderatur eos.

Anhang 2, Nr. 16:

LASH 24/220.1, Nr. 4:
Kopie des Vertrages mit Johann Friedrich Freudenreich vom 27. Mai 1737, approbiert am 6. Juli 1737

„Zu wißen seÿ hiemit, daß biß auff Ihro Königl Maÿtt: allergnädigste Approbation, zwischen mir dem Ingenieur Capitaine und Bau Meister Müller an einem, so dann dem von Ihro Königl Maÿtt. bereits allergnadigst bestalten Fontain Meister, wie auch Stein= und Bildhauer, Johann Friederich Freudenreich, am andern Theil, wegen jährlicher Repair- und Unterhaltung aller und jeder, so wohl in dem hinter dem Schloß Gottorff belegenen Neüen Wercks Garten, als auch auf dem Schloße selbst und in denen darunter sortirenden Gebäuden, nichts minder auf dem Huttener Vorwerck, auch derer sonsten befindlichen Herrschafftl: Waßer Künste und Leitungen des gantzen Fontain Wesens nachfolgender Contract stipuliret und vollzogen worden als

1

Verbindet sich gedachter Fontain Meister Kräfftigstermaßen, das gesambte Königl. Gottorffische Fontain Wesen cum Dependentiis, mithin die im Neüen Wercks Garten befindliche sambtliche Waßer Künste, Spring=Brunnen und Leitungen an der Cascade Parterres und Basseins, imgleichen nach dem Schloße, denen Ställen, Baraquen und Küchen, nichts weniger nach dem vor Gottorff belegenen Ambt= und in der Stadt Schleswig liegenden Superintendenten Hofe, auff dem Huttener Vorwerck, oder wo und an welchen Ohrte sie sonsten liegen mögen, imgleichen die in der über der Erde situirte Waßer=Kasten und Cummen, nichts weniger die gleichfalls unter der Erde belegene Abfälle und Waasen ferner die Grotten Muscheln und überhaubt alle pertinentz=Stücke des Herrschafftlichen Gottorffischen Fontain Wesens /: wenn an selbigen die bevorstehende Haubt Reparation vollendet und Ihm selbige sub Inventario zur künfftigen gleichmäßigen wiederablieferung übertragen worden :/ beÿdes zur Winters als Sommers=Zeit sorgfältigst in Acht zu nehmen und in recht gutem, auch resp^{ve} gangbahren und nützlichen Stande jederzeit zu unterhalten, die dabeÿ exsistirenden Reparationes zu rechter Zeit zu beschaffen, und alle desfalls, es seÿ an denen Zierahten oder sonsten, erfoderliche Kunst= und andere Arbeit, sie habe Nahmen wie sie wolle, zunebst denen behueffigen Hand= und Spann Diensten auff seine Kosten zu besorgen, wie Ihm dann

2

Auch ferner oblieget, alle und jede desfalls nöhtige Materialien und Gerähtschafft, nicht das geringste ausbenommen, ex propriis anzuschaffen, nichts weniger wann Ihm zuvor, nach Künfftiger zurückgelegten Haubt Reparation, an dem sämbtlichen Fontain Wesen, so wohl die externa, als interna untadelhafft überliefert worden, an statt derer zerbrochenen und untauglich gewordenen Piepen Bäume, neüe einzulegen und zu bohren, imgleichen die Löhdung derer bleÿernen Röhren, oder Auffsätze, Gießung derer auff denen Fontainen zu Zierahten erforderliche Figuren Bilder und Waasen, imgleichen was sonsten zu diesem Wercke gehörig, oder an Bild und Stein Hauer auch anderer dergleichen Kunst=Arbeit etwa erforderlich seÿn möchte, treü und zuverläßig zu beschaffen. Die vor Zeiten in dem, zwischen dem so genandten Globus=Hauße und Hercules Teiche belegenen Kleinen Lust Garten angelegt gewesene Fontaine, von welcher aber anitzo nichts mehr verhanden, imgleichen die Achtkant im Tiehr Garten, welche gleichfalls gantz verwüstet, wird nicht hierunter verstanden, jedoch wann selbige etwa von neuen wieder im Stande gebracht werden solten Er hierbeÿ ein gleiches zu praestiren, sich obligiret

3

Ist der Fontain-Meister auch schuldig und gehalten, alle und jede zum Fontain Wesen benöhtigte Materialien, als Bleÿ, Kupfer, Löhde, Zinn Meßing Hähngens, Piepen Bäume, Jocken [?], Boßen [?] Rincken [?], Tallig, Wachs, Hartz Terpentin, Baumohlin, Leinen, Cappel=Garn, Hanff, Werck, Nagels, Pech Tehr Eisern und Meßingen Drath, Kalck, Feld und Mauer=Steine, en fin alles, was zu einer tüchtigen Conservation des gantzen Fontain Wesens erforderlich seÿn möchte, ex propriis anzuschaffen. Gestalt Er dann auch

4

Nach beschehener Haubt Reparation auff die Verbeßerung und Auffnahme dieses Fontain=Wesens bestens bedacht zu seÿn sich obligiret, und falls mit der Zeit in ein oder andern Stücken zum beßern Flor auff sein Guhtfinden und darüber erfolgte Königl: Allergnädigste Approbation eine haubtsächliche Veränderung getroffen würde, oder wohl gar etwas neues anzulegen nöhtig seÿn dürffte, Er seiner gethanen Verpflichtungen zu folge beÿ solcher Verbeßerung oder neuen Anlage die Steinhauer Arbeit sonder Erstattung zu verrichten schuldig ist.

5

Ist er auch verbunden, nicht allein das Fontain Wesen und sämbtliche Waßer-Leitungen überhaubt in einen solchen untadelhafften Stande zu unterhalten, damit beÿ etwa exsistirender Reparation das schadhaffte durch seine Vigilence und unermüdeten Fleÿß so fort wieder gebeßert werden sondern auch auff die Verbeßerung solcher gestalt bedacht zu seÿn, sich anheischig machet, damit das sämbtliche Fontain-Wesen durch künstliche Inventiones in einem Florisanten und vollenkommenen guten Stand gebracht werden möge

6

Muß derselbe auch alle zum Fontain Wesen gehörige Waßer Kastens und Cummens, sie liegen in oder über der Erde, an Brettern Bohlen, Nagels Schlößern und Hängen, in einem zuverläßigen und beständig guten Stande unterhalten, auch selbige auff erfordernden Fall und wann es nöhtig, zur Conservation des Holtzes allemahl mit Theer und denen zur Dichtung erforderlichen Materialien versehen

7

Lieget ihm auch ob, alle unter der Erde liegende Abfälle und Waasen so zu dem Fontain Wesen gehören, sie mögen entweder von Waasen gemacht oder von Holtz, Feld oder Mauer Steinen auffgesetzet seÿn, auff seine Kosten in einem guten und durablen Stande zu unterhalten. Wie Er denn auch

8

Jedes Jahr vor Anfang des Winters und denen hereinbrechenden Frost Wettern, alle und jede Fontainen, Muscheln, Bassins, Grotten=Werck Hercules, alle bleÿerne Röhren, Mecklers und was dem anhängig mit gnugsahmer Heÿde und denen darzu gemachten Deckeln solchergestalt bewahret, daß der Frost so wenig denen Steinen, als bleÿern Röhren, einigen Schaden causiren und zufügen kan, nichts weniger beÿ Anfang jeden Früh=Jahrs die Heÿde wiederumb weg und an die Seite bringen laßen muß.

9

Soll Ihm nicht erlaubet seÿn, die Fontainen außer derer Königl. hohen Herrschafften Allerhöchsten Anwesenheit und Gegenwarth im Neüen Wercks Garten, oder daß selbige auff meine Ordre in was für Stande solche sich befinden, probiret werden, springen zu laßen, es wäre dann, daß Dhl Marggraffen Hochfürstl Durchl oder sonsten Fürstl und Hohe Standes Personen respective Gnädigstes und gnädiges Gefallen tragen möchten, die Fontain Wercker springen zu sehen, so soll jedennoch der Fontain Meister schuldig und gehalten seÿn, ein solches mir dem Ingenieur Capitain, als p:t: Bau Meister, so gleich zu melden

10

Ist dem Fontain Meister auch nicht vergönnet, ohne meine des Ingenieur Capitains und Bau Meisters vorher erhaltene Erlaubniß aus der Stadt Schleswig zu verreÿsen, sondern, wenn etwa erhebliche Ursachen seÿn solten soll Er es vorhero an mich melden, und meinem Consens darüber suchen damit beÿ etwa zu entstehender unverhofften Feuers Gefahr, welche Gott in Gnaden abwenden wolle, oder wann es sonsten an Waßer an ein oder andern Ohrte fehlen solte, und wenn seiner bedürfftig wäre, Er so gleich zur Hand seÿn könne

11

Verbindet sich derselbe beÿ dieser Function überhaubt also zu bezeigen wie einem fleißigen und treüen Fontain Meister gebühret auch der Arbeit mit aller Sorgfalt vorzustehen, damit so wenig beÿ dem Fontain Wesen an sich einige Versäumnis, es bestehe selbige worinnen sie wolle verspüret werde, als wenig es in gnugsahmen guten und frischen Waßer manquiren möge, wofür Er so wohl, als wann durch sein Versehen oder seiner in der Arbeit stehenden Leute Negligence und Boßheit etwas verwahrloset und sonsten nicht gebührend handthieret würde, für allen Schaden, auff sich existirenden Fall responsable seÿn soll, auch deshalb dem Befinden nach, angesehen wird. Zu welchem allen, und daß dem Contracte von Ihm in allen Stücken prompte gelebet werde, gedachter Fontain Meister beÿ seiner Ehre und Verpfandung aller seiner beweg und unbeweglichen Haabe und Güther sich anheischig machet. Wohingegen

12

und für solche Arbeit, Auffsicht und Anschaffung aller Materialien, wie auch Abhaltung derer Fuhren und Hand Dienste offt mentionirter Fontain Meister Johann Friederich Freudenreich, die in Ihro Königl Maÿtt: Civil Cammer Reglement seinen Antecessori in officio beÿgelegte 300 Rthlr schreibe Dreÿ Hundert Rthlr courant jährlich in vier Terminen, und also quartaliter 75 Rthlr auff meine des Ingenieur Capitains und Bau Meisters Requisition und Attest, daß dem Contract ein Gnügen geschehen bis und so lange an des Contrahenten Pflicht nichts zu tadeln oder Hohen Ohrts darunter keine Veränderung beliebet werden mochte ausbezahlet werden. Wie Ihm dann auch

13

Die im Neüen Werck unterm Globus Hauße befindliche Cammer nichts weniger ein von denen unter dem Schloße Gottorff vorhandenen Kellern zum Gebrauch und sicherer Verwahrung derer zum Fontain Wesen erforderlichen Materialien, item Instrumentalien und Gerätschaffts eingeräumet werden soll

14

Hat Er sich auch aller alten Materialien so mit neüen wiederumb ersetzet werden, es bestehen selbige auch worinnen sie wollen, zu seiner freÿen Disposition zu erfreuen, dahingegen lieget dem Fontain Meister letztens und

15

Der von Ihro Königl. Maÿtt Ihm allergnädigst gereicheten Bestallung nach, auch ob, daß im Fall Er wahrend seiner Function entweder selbst, oder durch seine Leüte in Erfahrung bringen solte, daß dem Königl= Hohen Interesse durch ein oder dem andern an denen Fontain Werckern, Waßer Leitungen, oder sonsten durch petulence ein Schaden zugefüget werden möchte offt mentionirter Fontain Meister Johann Friederich Freudenreich schuldig und gehalten seÿn soll dergleichen Schaden ausübende Gemühter, ohne Ansehen der Persohn beÿ mir dem Ingenieur Capitain und p:t: Bau Meister fideliter anzumelden, damit solche Leüte, anderen zum Exempel zu gebührender Straffe gezogen werden mögen. Damit nun

16

Obiges alles demselben, jedoch in so weit Er dem Contracte nicht entgegen handelt, unverbrüchlich gehalten werden soll, so wird Abseiten Ihro Königl Maÿtt biß auf allergnädigste Approbation Ihm ein solches hiemit versichert. Uhrkundlich ist dieser Contract mit beÿderseits contrahirenden Theilen Subscription versehen und in duplo ausgefertiget worden, wovon auch jedem ein Exemplar extra diret wird. So geschehen resp^{ve} zu Oldenburg d 22ten und Schleswig d 27 Maii Ao 1737
LS OJMüller
Johann Friederich Freudenreich

Vorherstehender Abseiten des Königl Ingenieur Capitain und Bau Meister Müllers mit dem Fontain Meister Johann Friederich Freudenreich wegen unterhaltung des Gottorffischen Fontain Wesens errichteter Contract wird Krafft dieses und im Nahmen Ihro Königl Maÿt: vermöge Deroselben allergnädigsten Resolution vom 1 Maÿ h a in allen Puncten und Clausuln hiemit approbiret, und wolle dhl Cantzeleÿ Raht und Ambtsverwalter Hahn die darnach jährlich versprochene 300 Rthlr gegen gehöriger Requisition, Attest und quitung stipulirtermaßen bezahlten, gestalt, wann beÿ Ausgang eines jeden Jahres vorgedachten Herrn Ingenieur Capitains und Bau Meisters Attest daß dem Contract ein Gnügen geleistet, und des Fontain Meisters Quitung, daß die accordirte Gelder an Ihm völlig ausbezahlet worden, an uns eingesand werden wegen der ausbezahlten Gelder, die förmliche Assignation da gedachter Fontain Meister für besagte Dreÿ hundert Rthlr im Reglement angeführet worden, auf die Rensburgische Casse expediret werden soll. Auff der Königl Rente Cammer zu Copenhagen d 6 Julÿ A 1737"

Anhang 2, Nr. 17:

LASH 66/1712 III, fol. 273–279:
Inventar des Fontänenwesens vom 19. August 1738, verfasst von Otto Johann Müller anlässlich der Übergabe an Johann Friedrich Freudenreich

„Inventarium
Über die, im Königl: Gottorffischen Neuen=Wercks=Garten befindliche, und zum Fontain-Wesen daselbst, gehörige Sachen, so dem Fontain-Meister und Steinhauer, Johann Friederich Freudenreich, heute dato, den 19 August 1738. in Beÿseÿn des p:t: Haus=Vogts Meÿer, nachdem die sämmtliche Arbeit an denen externis, vigore Contractum, von mir dem Ingenieur-Capitaine und Bau=Meister aufgenommen, überliefert worden, als:

I. Die große Cascade, mit allem dazugehörigen bleÿern Röhren und Meßingen Hähngens, nicht allein an der Cascade selbst, sondern auch denen beeden Seiten der grosen Cascade befindlichen

14. großen und 14. kleinen, aus gottländischen Sand=Steinen gehauenen Muscheln, so, wie selbige gegenwärtig fest gemacht und verlöhdet, hiezu gehören nun an bleÿern Röhren, als:

a:) Hinter der großen Cascade, eine Haupt=Röhre aus Bleÿ, so das Waßer durch die 5. bleÿrn Löfzen in die in der Cascade befindliche 5. steinerne Muscheln leitet, à 26. Fuß lang, woran 16. eiserne neue Klammers, oder Krampen.

b.) 5. Löfzen=Röhren, so aus der Haupt=Röhre das Waßer durch die bleÿerne Löfzen führen, jede à 3½ Fuß lang, woran 5. eiserne Krampen.

c.) 5 bleÿerne neue Löfzen, oder breite Röhren, wovon zweÿ aufgeschraubet und dreÿe nur eingestecket werden.

d.) in der Haupt=Röhre ein Meßingen großes Hahncken, à 8. Zoll hoch, oben 5. und unten 4. Zoll dick.

e.) Noch hinter der Cascade eine bleÿerne Röhre, à 3½ Fuß lang, so das stürtzende Waßer in die bleÿerne große Cumme der Cascade führet, woran 2. eiserne neue Krampen.

f.) Eine bleÿerne Lange Röhre, so hinter der Cascade das Waßer nach denen beeden Engeln und beeden Muscheln auf die Cascade führet, woran 4. kleine aufstehende Röhren durch die beeden Kinder und Muscheln sich befinden, in allen 61. Fuß lang, benebst 4. neu eisern Krampen und einem Meßingen Haancken à 4. Zoll hoch, oben 3. und unten 2½ Zoll dick.

g.) Noch eine Lange Röhre an der vorherstehenden, benebst zweÿ kleinen Röhren aus denen Muscheln, durch welche das Waßer aus gedachten beeden Muscheln von der Cascade abgeführet wird, zusammen 32. Fuß lang.

h.) Vier kleine neue Aufsätze, davon zweÿ auf die beeden Engels und zweÿ auf die beeden Muscheln geschraubet werden können.

II. Hinter der Cascade, allwo die großen bleÿern Röhren Seit= und Aufwerts gehen, befindet sich eine neue Mauer, von Mauer=Steinen aufgemauert à 16 Fuß lang, 20 Fuß hoch, oben mit einem von feuern Brettern gelegten Dach, welches betheeret, und auf beÿden Seiten eine Thüre, so mit Hängen, Haacken und Schlößern versehen worden, umb die bleÿerne Röhren pro futuro vor diebischen Händen zu conserviren.

III. In der Cascade, eine große mit Bleÿ ausgefütterte Cumme à 11½ Fuß lang, 3½ Fuß breit, und 2. Fuß hoch, aus dieser Cumme gehet unter der Erde eine bleÿerne Röhre à 16. Fuß lang, welche das Waßer durch den oben an der großen Lust=Waßer=Welle sitzenden Tritonem führet.

- 3. große Statuen von Holtz, wovon zweÿ Stück den Apollo und die mitlere den Tritonem vorstellet.

- 5. große Muscheln, davon 4. aus Gottländischen Steinen, die obere Helffte der 5ten aber mit Bleÿ ausgefüttert, vom Holtz, und die untere Helffte gleichfals aus Gottländischen Stein bestehet.

- 2. Satÿr=Gesichter, aus Bremer Sand=Stein gehauen, so in denen Nischen auf beÿden Seiten der Cascade sich befinden.

IV. An denen beeden Seiten der Cascade befinden sich in allen 14. große und 14. kleine Muscheln aus Gottländischen Sand=Stein, mit denen darunter befindlichen 14. großen Krag=Steinen, so unter denen großen Muscheln liegen, wovon 3 Stück von Bremer Sand=Steinen neu gemacht, die übrigen aber von Gottländischen Sand=Stein ausgebeßert worden.

- Noch 14. kleine Krag=Steine, so sich unter denen kleinen Muscheln befinden.

- Hinter jeder Seite derer 7. Muscheln befindet sich eine lange bleÿerne Röhre, so in der Erde lieget, und das Waßer nach selbigen führet, so 53. Fuß lang, woran 7. bleÿerne Röhren angelöhdet, so das Waßer nach denen Muscheln hinauf führen, wovon 4. Röhren, jede à 6 fuß lang, und 3. Röhren, jede von 5. Fuß, welche 7 Stück auf jeder Seite derer Muscheln, gantz neu gemacht worden, und in einem kleinen Pfeiler mit Oel=Farbe, grau angestrichen, zur Sicherheit eingemauert sich befinden.

- An jeder von vorher specificirten langen Röhren unten am Ende, 1. klein Meßingen Hahncken, wodurch das Waßer aus selbigen abgeleitet wird.

- Auf denen beeden Seiten derer steinern Muscheln, befinden sich 14. neue Aufsätze, so aufgeschraubet werden können.

- 16. große Postamente von Gottländischen Sand=Steinen, worauf die von dem Fontain-Meister neu verfertigte 8 kleine Statuen und 8 Waasen zu stehen kommen.

- 8. kleine Statuen, oder Kinder, aus Eichen-Holtz, jede mit 3. eisern Zapfen, in Bleÿ vergoßen, versehen und befestiget, wie auch mit Oel=Farbe weiß angestrichen.

- 8. Waasen aus Eichen-Holtz, jede mit 5. eisern Zapfen, in Bleÿ vergoßen, versehen und befestiget, wie auch mit Oel=Farbe weiß angestrichen.

V. Vor der Cascade, an der untersten Treppe befindet sich eine lange bleÿerne Röhre, welche das Waßer nach denen Vexier-Röhren treibet, à 41. Fuß lang, woran 18. kleine Vexier-Röhren gelöhdet, jede à 10. Zoll lang.

- Noch an den großen Röhren, zweÿ kleine Röhren, so durch die beede an der Waßer=Welle liegende große Delphins gehen, jede à 5. Fuß lang, worauf 2. Aufsätze, jeder mit zweÿ Strahlen, so aufgeschraubet werden können.

- In dem Cascaden=Teiche, 5. große Kastens, vom Eichen-Holtz, jeder mit 1. paar Hängen und Schloß versehen, worunter in dem einen Kasten 3. Meßingen Fontillien mit kupfern Stielen und 1. alten dito, mit einem eisern Stiel.

VI. Hinter denen Muscheln auf beÿden Seiten der Cascade, und zwar oben, neben der Cascade.

- 2. Kastens von Eichen-Holtz, jeder mit 1. paar Hängen und Schloß versehen, in jedem solcher Kastens 1. Meßingen Hähncken, à 6. Zoll hoch, und oben 5. Zoll dick, wobeÿ in jedem Kasten ein eisern Schliesel à zweÿ Fuß lang.

- Unten beÿ der Cascade hinter denen Muscheln, und zwar an der Seite gegen Osten,
Ein Kasten vom Eichen-Holtz mit ein paar Hängen und Schloß versehen, worinnen Ein neu Meßingen Hahncken, à 10. Zoll hoch, 6 Zoll oben dick.

- Ein dito altes, à 7. Zoll hoch, 5. Zoll oben dick, an die Röhren, so das Waßer nach dem grosen Bassein führen.

- Ein dito, à 7. Zoll hoch, 4. Zoll oben dick, an die Röhre, so das Waßer nach denen Vexier-Röhren führet.

- zwey eiserne Schließels, davon der eine 3½ fuß, der andere aber 2. Fuß lang.
- Unten bey der Cascade, hinter denen Muscheln, und zwar an der Seite gegen Westen,
  Ein Eichen-Kasten mit 1. paar Hängen und Schloß versehen, worinnen ein neu Meßingen Hahncken à 10. Zoll hoch, 6. Zoll oben dick, an die Röhre, so das Waßer nach dem großen Bassin vor der Cascade führet, wobey ein eisern Schließel à 3½ Fuß lang.

VII. Das große Bassin vor der Cascade à 92 Fuß in der Rundung, ist von Bremer Sand=Steinen so wohl am Fuß, als an der Bordure gantz neu verfertiget, worauf 8. alte Platten auf denen Acht Ecken von Gottl: Sand=Steinen, mit acht eisern neuen Zapfen befestiget worden, auf welchem Platten dann Vier kleine Kinder und Vier Waasen, vom Eichen-Holtz ausgehauen, stehen, und mit weiser Oel=Farbe angestrichen sich befinden, auch jedes Kind und Waase mit einem eisern in Bley vergoßenen Zapfen sich befestiget, befindet.
- In der Mitten des Bassins, ein von Gottländischen Sand=Steinen ausgeführtes Postament, wodurch drey bleyerne Röhren gehen, wovon die eine 14. Fuß lang, und die andere beyde dabey gerade aufstehende 5 Fuß lang, an jeder vom letzteren ein klein Meßingen Hahncken, so durch die Röhren gehet.
- Auf diese drey bleyerne Röhren, und zwar auf jede, ein neues Aufsatz=Röhr, so aufgeschraubet werden kan.
- Auf das große Postament zum Aufsatz, eine grose Kupferne vergoldete Crone, mit einer langen bleyern Röhre, so in der Mitten durchgehet, benebst einem kupfern Aufsatz, in Form einer Sonne, mit einem Meßingen Creutz, so gleichfals vergoldet und abgenommen werden kan.
- Noch zu diesem Postament, zwey von dem Fontain-Meister verfertigte doppelte Kinder, aus Eichen Holtz, mit weiser Oel=Farbe angestrichen.
- 16. von Gottländischen Sand=Stein aufstehende Postamente, à 10. Zoll hoch, worauf
- 16. vom Bley getriebene und grün angemahlte Frösche stehen, durch die kleinen Postamenter aber bleyerne Röhren von diverser Länge gehen, so sich in der Erde, das gantze Bassin hindurch, befinden.
- Auf vorherstehende 16. Röhren
  16. neue bleyerne Aufsätze, so aufgeschraubet werden und durch der Frösche Mund gehen.

VIII. Der Hercules-Teich, welcher mit Feld=Steinen umbher ausgesetzet, in deßen Mitten die große Statue, der Hercules, eine Keule vom Holtz in der Hand haltend, stehet, welcher mit einem 9. köpfichten Drachen umbgeben ist, woran befindlich:
- Eine bleyerne große Haupt=Röhre von 15. Fuß, mit 9. neuen bleyern Röhren à 5. Fuß lang, so durch die Drachen=Köpfe gehen, worauf 9. neue Aufsätze, so aufgeschraubet werden können.
- 4. kleine Bassins, jedes mit einer bleyern aufstehenden Röhre von 6. Fuß lang, versehen, auf jedem ein neu bleyern Aufsatz, so aufgeschraubet werden kan.
- An solchen 4. Bassins befinden sich von Bley mit Muscheln und Schneken ausgearbeitete Verzierungen à 3. Fuß hoch, wie auch auf jedem Bassin eine Muschel.
- Auf dem Hercules-Teiche ein neu Both von feuern Bohlen à 14. Fuß lang, 3 Fuß im Boden breit und 2½ Fuß tieff.
- Vor dem Hercules-Teiche, gegen Osten und zwar nahe am Wege, bey der Bouscage.
- Ein Eichen Kasten in der Erde, mit einem Schloß und denen dazu behörigen Hängen versehen, worinnen
- Ein Meßingen Hähncken à 8. Zoll hoch, 5. Zoll oben dick, wobey ein eisern Schließel à 3½ Fuß lang.

IX. Das erste Bassin von der Amalienburg, zwischen denen Parterres ist 70. Fuß in der Rundung.
- In der Mitten des Bassins, ein Postament, wodurch eine bleyerne aufstehende Röhre gehet, à 2. Fuß lang, woran
- Ein klein Meßingen Hähncken, wozu
- Ein neu Aufsatz=Röhr vom Bley, so aufgeschraubet werden kan.
- Auf dem Postamente, ein von dem Fontain-Meister verfertigter großer Frosch, aus Eichen Holtz bestehend, welcher mit zwey in Bley vergoßenen eisern Zapfen befestiget, und mit differenten Couleuren, nach dem Leben, angestrichen.
- Zwischen denen Treppen ein Grotten=Werck, worauff unten Zwey Delphins von Gottländischen Sand=Stein oben ein bleyern Fisch mit einer bleyern Röhre, worinnen ein Meßingen Hähncken.
- Unter dem Grotten=Werck, ein klein Bassin, worinnen das Waßer aus dem Fische, seinen Ablauf hat.

X. Das andere Bassin von der Amalienburg, so 74. Fuß in der Rundung, woran der Fuß von Bremer Sand=Steinen gantz neu gemacht, und die Bordure mit Bremer Sand=Stein repariret worden.
- In der Mitten des Bassins ein Postament, wodurch eine bleyerne aufstehende Röhre, à 3. Fuß lang, mit einem Meßingen Hahncken gehet, wozu
- Ein neu Aufsatz=Röhr vom Bley, so aufgeschraubet werden kan.
- Auf dem Postamente, ein von dem Fontain-Meister verfertigter großer Frosch, aus Eichen-Holtz bestehend, welcher mit 2. in Bley vergoßenen eisern Zapfen befestiget, und mit differenten Couleuren, nach dem Leben, angestrichen.
- Zwischen denen Treppen ein Grotten=Werck, worauf unten 2. Delphins vom Gottländischen Sand=Steinen, oben ein bleyern Hund, benebst einer bleyern Röhre und kleinen Hähncken.
- Unter dem Grotten=Werck, ein klein Bassin, worin das Waßer aus dem Hunde seinen Ablauff hat.

XI. Das dritte Bassin von 80. Fuß in der Rundung.
- In der Mitten des Bassins ein Postament, wodurch eine bleyerne aufstehende Röhre à 3½ fuß lang, mit einem Meßingen Hähncken gehet, wozu:
- Eine neue Aufsatz=Röhre, vom Bley, so aufgeschraubet werden kan.
- Auf dem Postament, ein von dem Fontain-Meister verfertigter großer Frosch, aus Eichen-Holtz bestehend, welcher mit zwey in Bley vergoßenen eisern Zapfen befestiget und mit differenten Couleuren nach dem Leben, angestrichen.

- Zwischen denen Treppen, ein Grotten=Werck, worauf unten 2. Delphins, von Gottländischen Sand=Steinen, oben ein bleyern Fisch, wodurch das Waßer läufft.
- Unter dem Grotten=Werck, ein klein Bassin, worin das Waßer aus dem Fische seinen Ablauff hat.

XII. Das vierte Bassin von der Amalienburg, von 86. Fuß in der Rundung.
- In der Mitten des Bassins, ein Postament, wodurch eine bleyerne aufstehende Röhre, à 4 fuß lang, mit einem Meßingen Hähncken gehet, wozu:
- Ein neues Aufsatz=Röhr, vom Bley, so aufgeschraubet werden kan.
- Auf dem Postamente, ein von dem Fontain-Meister verfertigter großer Frosch, aus Eichen-Holtz bestehend, welcher mit zwey in Bley vergoßenen eisern Zapfen befestiget und mit differenten Couleuren, nach dem Leben, angestrichen.
- Zwischen denen Treppen, ein Grotten=Werck, worauf unten zwo neue Delphins von Bremer Sand=Stein, oben ein bleyern Fisch, wodurch das Waßer läufft.
- Unter dem Grotten=Werck ein klein Bassin, worin das Waßer aus dem Fische seinen Ablauff hat.

XIII. Das fünffte Bassin von Amalienburg, oder vor dem Globus-Hause, so 74. Fuß in der Rundung.
- In der Mitten des Bassins, ein Postament, wodurch eine bleyerne aufstehende Röhre à 4. Fußl: mit einem Meßingen Hähncken gehet, wozu:
- Ein neues Aufsatz=Röhr vom Bley, so aufgeschraubet werden kan.
- Auf dem Postament, ein von dem Fontain-Meister verfertigter großer Frosch, aus Eichen Holtz bestehend, welcher mit zwey in Bley vergoßenen eisern Zapfen befestiget, und mit differenten Couleuren, nach dem Leben, angestrichen.
- Zwischen denen Treppen ein Grotten=Werck, worauff unten 2. neue Delphins, von Bremer Sand=Steinen, oben ein bleyern Fisch, wodurch das Waßer läufft.
- Unter dem Grotten=Werck, ein klein Bassin, worein das Waßer aus dem Fische seinen Ablauff hat.
- Bey diesem 5ten Bassin, ein aufgemauerter Kasten, oben mit einem Crantz von Bremer Sand=Steine, worauf ein Deckel vom Eichen-Brettern, worein das Waßer aus denen 5. Bassins und 5. Parterres, seinen Ablauff hat.
- In vorherstehenden 5. großen und 5. kleinen Bassins, befindet sich in einem jeden eine bleyerne Abfall=Röhre,

XIV. Vor der Amalienburg, beym Orangerie=Platze, ein Kasten vom Eichen Holtz, mit ein paar eisern Hängen, und Schloß versehen, worinnen ein Meßingen Hähncken vom 8. Zoll hoch, 4½ Zoll dick, nebst einem eisern Schließel, à 3½ fuß lang.
- Auf dem Orangerie-Platze, ein Meckler, mit einem Meßingen Hahncken à 10. Zoll lang.
- Im Mohr=Teiche, Ein Eichen Kasten, mit 1. paar eisern Hängen und Schloß.
- In dem Engel=Teiche. Ein Eichen=Kasten mit 1 paar eisern Hängen und Schloß.
- Bey diesem Engel=Teiche, ein Kasten vom Eichen Holtz, mit ein paar eisern Hängen und Schloß, worinnen ein Meßingen Hahncken à 7. Zoll hoch, 4½ Zoll oben dick. Ein neu eisern Schließel à 4 fußl:
- Im Wein=Teiche. Ein Kasten vom Eichen-Holtz, mit 1. paar eisern Hängen und Schloß.

XV. In denen beeden Material-Cammern unterm Globus-Hause im Neuen-Wercks=Garten, befinden sich folgende Materialien.
- Ein eisern Schraub=Schließel, zu denen 5. Bassins, zwischen denen Parterres.
- Ein dito zu dem großen Bassin vor der Cascade, womit die beeden Hähnckens aufgeschraubet werden, so im Postament sich befinden.
- Ein dito zu dem großen Hähncken hinter der Cascade gehörend, wodurch das Waßer zu denen 5. bleyern Löfzen geführet wird.
- Eine klein eisern Schraube, die Boßen damit zusammen zu schrauben.
- Drey neue Meßingen Hähnckens, mit Scheibe, so vor diesen gebrauchet worden, nun aber in Behalt liegen.
- Ein alt Hähncken, sonder Scheibe,
- Vier neu eisern Bänder, à Stück 24 Pfund, welche um die Platten bey der Cascade, geleget werden sollen, welche aber darumb noch nicht angebracht sich befinden, weil der p:t. Fontain-Meister die Platten aus seinen Mitteln gelegentlich gantz von neuen verfertigen will, und so dann diese 4. eisern Bänder um sothane Platten erst geleget werden sollen.
- Eine große bleyern Forme, oder Modell; die bleyern Boßen darein zu giesen.
- Ein dito, so etwas kleiner.
- Zwey alte blechern Endten.
- Vierzehn große Deckels, vom feuern Holtz, über die großen Muscheln vor der Cascade, grau angestrichen.
- Vierzehn dito, etwas kleiner, grau angestrichen.
- Zwey Schrag=Stellen vom Eichen-Holtz die Piepen=Bäume darauff zu bohren.

XVI. Auf dem Schloße Gottorff, und zwar, auf dem innersten Schloß=Platze.
- Ein bleyern Röhr, so das Waßer durch den Löwen führet.
- zwey neu Eichen Kastens in der Erde, jeder mit einem Schloß, und 1. paar eisern Hängen, in jedem Kasten ein Meßingen Hähncken, jedes à 7. Zoll hoch, 4. Zoll dick. Zu diesen beeden Kasten ein eisern großer Schließel à 6. Fuß lang.
- In der Königl: Küche, Ein Meckler, worinnen ein Meßingen Hähncken, welches mit einer eisern Kette befestiget.
- In der andern Küche, Eine bleyern aufstehende Röhre über der Erde, von 3. Fuß lang, so das Waßer nach der steinern Cumme führet.
- In dem Wein=Keller. Eine bleyerne Röhre, durch die Wand, mit einem kleinen Meßingen Hähncken.
- Im Kalck=Keller. Ein Meckler, woran ein Knie vom Bley, à 3. fuß lang, wodurch das Waßer, auf den innersten Schloß=Platz, nach den Löwen geführet wird.
- Im Roll=Keller, ein Langer Meckler,

- Im Schlachter=Keller. Ein Meckler,
- Vor dem alten Maarstall. Ein Meckler, benebst einer alten steinern Waßer=Cumme.
- Vor dem neuen Maarstall Eine neu Eichen große Cumme, mit einem Deckel darüber, benebst zweÿ eisernen Hängen, einen Überfall, und Vorhang=Schloß, item neue Mecklers, jeder oben mit einem Überfall und Vorhang=Schloß.
- Beÿ denen Baraquen, Ein alter Meckler.
- Auf dem Amt=Hofe vor Gottorff, und zwar
- In der Küche. Ein neu Eichen-Waßer=Kasten, benebst einem alten Meckler.
- Hinter dem sogenannten Görtzischen Hause.
- In der großen Waßer=Cumme, welche meistentheils veraltet, und vom Eichen Holtz gemacht,
- Ein neu feuern kleiner Waßer=Kasten, mit 1. paar eisern Hängen und Vorhang=Schloß.

Schleswig, d: 19ten August Anno 1738. JOMüller.
Daß das Königl: Gottorffische Fontain-Wesen im Neuen=Wercks=Garten, benebst denen sämmtlichen Waßerleitungen, nach dem Schloße Gottorff, und was darunter sortirt, in solchem Stande, wie es in dem vorherstehenden Inventario beschrieben, heute dato, von dem Herrn Ingenieur-Capitaine und Bau=Meister Müller, in Beÿseÿn des p:t. H: Haus=Vogt Meÿers, an mich abgeliefert worden; Solches attestire hiemit. Datum, ut supra.
Johann Friederich Freudenreich"

Anhang 2, Nr. 18:

RAK TyRtk C 84, Nr. 4 des Inventar-Konvoluts unter Rosenberg 1770:
Inventar der Gebäude und Bauwerke im Neuwerk von Johann Gottfried Rosenberg vom 31. Juli 1770

Anmerkung: Die im Original rechts vom Text stehenden Anmerkungen werden hier in Klammern unter den Text gesetzt, auf den sie sich beziehen.

„Inventarium
Von denen im Königl: Neuen Wercks Garten hieselbst befindlichen Gebäuden und Wercker, wie auch Eÿs Keller im Thier=Garten, als:
1. das Amalienburger Hauß
2. die Cascade
3. „ steinerne Tische und Bäncke
4. „ Sielen und Riolen
5. „ steinerne Statuen und dito Termen und Bogen
6. „ dito Treppen,
7. „ Ring Mauern und Vorsetzungen
8. „ Mistbett Rahmen, mit dazu gehörige Fenstern
9. „ kleine Staquet Thüren und Pforten im Garten
10. „ Planckwercker mit denen darinn befindlichen Pforten und Thüren, und endlich
11. der Eÿs Keller

1. Das Amalienburger Garten Hauß
ist überall von Brand=Mauer, auswendig an den Seiten mit Ölfarbe roht, an den Ecken mit gelben Quadern angestrichen, 36 fus □ im Lichten gros, mit einem Pavillon, und 4 Eck= oder Seiten=Cabinetter à 17 fus □ im Lichten, 2 Etagen hoch erbauet, und mit Schiefersteine eingedecket.
(Anmerckungen
Nach denen, der Reparature dieses Garten Haußes wegen, unterm 24ten April a.c. approbirten Contracten.)
Auswendig daran befinden sich:
a, 4 Seiten Altanen zwischen den obersten Cabinettern, vorne mit einem Brust=Gelend und ausgeschweiften Docken unten mit Kupffer, und oben darüber mit Bretter rauh belegt, an jeder Seite mit 2 bleÿerne Röhren und höltzerne Trommen, vermittelst Holfasten befestiget.
(diese Altanen werden mit neuen Lehden, Oberstücke und Pfeilern, desgleichen mit 82 neue= und 50 stk. alte Docken versehen, auch die Trommen oder Leit=Röhren neu gemacht, und mit Holfasten befestiget.)
b, eine Bretterne Bekleidung zwischen den obersten Fenster Luchten des Saals, an allen 4 Seiten und Ecken mit Bleÿ bedeckt, unten mit einen schregen Ablauf so mit Schiefersteine gedeckt, oben unterm Dache mit einen Gesiems, rund um, von Holtz.
(hievon wird nur die Süder= und Wester Seite mit neue Bretter bekleidet, und 2 Ecken daran mit Bleÿ bedecket.)
c, eine dito Bekleidung an allen Seiten der 4 obersten Cabinetter, unten rund um und an den Ecken mit Bleÿ bedeckt oben unterm Dache mit höltzerne Gesiemser.
(an 2 dieser Cabinetter nach Süden und Westen werden 6 Seiten neu bekleidet, die Bekleidung hingegen an den beÿden übrigen Cabinettern gegen Nordost und Nordwest, beÿ dem schregen Ablauf der Schiefersteine nur reparirt, auch alle Ecken der 4 Cabinetter mit Bleÿ versehen.)
d, eine Kugel mit Crone, oben über das Dach, in der mitten des Pavillons, von Kupffer.
e, eine dito oben über jedes Cabinett.
f, ein Treppen Gehäuß an der Oster Seite rund um mit Bretter bekleidet, und mit Schiefersteine gedeckt.
(die Bekleidung wird, wie unten zu sehen, neu.)
g, an Thüren vor dem untersten Saal, als:
eine Thüre von feuern Bretter mit 2 Flügeln nach Süden, mit einer Sarge woran auswendig an beÿden Seiten Pilasters, oben Architrav, Fries und Haupt=Gesiems, wie auch Fronton [= vielleicht Frontispitz oder Dreiecksgiebel ?] mit des Weÿl: Hertzogs C.A. Nahme im Zug, oben mit einer Crone, alles von Sandsteine, befindlich.
- eine dito an der Wester Seite mit steinern Sarge, von auswendigen Zierrahten fast eben so, jedoch ohne Fronton, statt desselben aber ein Schild von Sandsteine mit der Jahr Zahl 1670.
- eine dito an der Norder Seite mit steinern Sarge, ohne Pilasters, jedoch mit Architrav, Fries und Haupt=Gesiems.
(diese 3 Thüren werden mit Charnier Hängen und doppelte Kasten Schlösser, zug Schlösser und Meßing Griffe neu gemacht.)
- alle 3 Thüren vorne zum Auftritt jede mit einen Treppen Stein.
- Der Saal inwendig, ist mit Schwedischen Fliesen belegt. (diese Fliesen werden verkauft, und Bretter an deren Stelle wieder hingelegt.)

- Die Wände mit alte goldlederne Tapeten (anstatt der Tapeten, wird Panehlwerck angebracht.)
- Die übrigen Wände sind so wohl an den Seiten des schregen Ablaufs, als oben darüber an den Wänden und in der gantzen Koppel mit allerhand kostbahre Gemählde bekleidet. (diese Gemählde heruntergenommen, auf neu Leinewand geklebt, und mit Mahlereÿ ausgebeßert, auch 12 stk: neue Rahmen dazu gemacht.)
- unten im Saal sind an einer jeden Seite 2 Fenster Luchten, folglich an allen 4 Seiten 8 Fenster Luchten à 4 ordinaire Rahmen mit Beschlag. (werden mit Engl: Rahmen neu gemacht.)
- oben an einer jeden auswendig mit Bretter bekleideten Seite 3, also in allen 12 dito Luchten à 4 ordinaire Rahmen mit Beschlag. (von diesen Luchten werden 3 stk. nach Westen neu, die übrigen 9 stk: nur augebeßert, und mit neue ordin. Rahmen und 3 Fenster Bäncke, auswendig mit Bleÿ bedeckt, versehen, auch alle alte Fenster Scheiben der 12 Luchten in neu Bleÿ gelegt.)

Die 4 untersten Cabinetten
- sind alle mit solchen Fliesen belegt, wie im Saal befindlich. (diese Fliesen werden gleichfals verkauft, und Bretter an deren Stelle, wieder hingelegt.)
- Die Wände und Decken mit alt bemahltes Leinewand bezogen. (die Wände werden mit Panehl, und die Decken mit neu bemahltes Leinewand bezogen.)
- in jeden Cabinett 4 Fenster Luchten à 4 ordinaire Rahmen mit Beschlag (diese Luchten werden mit Engl: Rahmen neu gemacht.)
- 4 einfache Thüren vor diese Cabinetter mit Schlößer und Beschlag. (werden mit Charnier Hängen und Kasten Schlößer, mit Meßing Griffe neu gemacht.)

vom Saal ab, nach den Altanen und obersten Cabinettern:
- eine Thüre mit 2 Flügeln in der Mauer Oster Seite vor der Windel Treppe, egal mit obigen sub lit: g, angeführten 3 Saalthüren und Beschlag (wird mit den übrigen 3 Saal Thüren egal gemacht.)
- eine ordinaire Thüre unter dieser Treppe mit Hängen ohne Schloß (hievon wird nur das Beschlag reparirt.)
- eine dito Thüre nach den Garten mit Schloß und Hängen.
- Die Windel Treppe ist wie oben sub lit: f. angeführt, auswendig an dem Gehäuße mit Bretter bekleidet, inwendig mit Stuffen von eichen Bohlen oder Plancken, mit Bretter unterkleidet, an der Oster Seite mit 2 Fenster Luchten à 4 Rahmen versehen. (die auswendige Bekleidung wird neu und ein Theil der Unterkleidung auf etwa 10 fuslang reparirt, auch in den Fenster Luchten 4 neue Rahmen mit altem Beschlag gemacht.)
- oben vor dieser Treppe, eine ordin: Thüre mit Schloß und Beschlag (wird neu gemacht, und mit dem alten Beschlag versehen.)
- außerhalb dieser Thüre befinden sich die vorher unter den auswendigen Theilen sub lit: a beschriebenen Altanen und damit combinirte 4 obersten Cabinetter.
- jedes Cabinett hat 2 Thüren, 4 Fenster Luchten einen brettern Fußboden und einen höltzern Kasten mit Deckel. Es sind also in allen 4 Cabinettern verhanden:
    - 8 Thüren mit eisen Drücker und Hängen (die Thüren werden neu gemacht, 7 davon mit alten, und ein mit neuen Beschlag.)
    - 16 fenster Luchten à 4 ordinaire Rahmen mit Beschlag (hievon werden 8 Luchten nach Süden und Westen neu, die übrige 8 stk: hingegen nur mit neue Fenster Bäncke ausgebeßert, zu alle 16 Luchten neue ordin: Rahmen gemacht, und die alten Fenstern in neu Bleÿ gelegt.)
    - 4 bretterne Fuß Boden
    - 4 höltzerne Kasten mit Deckeln (beÿde Theile werden in allen 4 Cabinettern reparirt.)
    - die wände sind mit alt bemahltes Leinewand bezogen, und
    - die Decken von Bretter mit Creutz=Bogen [vielleicht Kreuzrippengewölbe in illusionistischer Malerei ?] bemahlt.

2. Die Cascade

liegt mit der Fronte nach Süden, ist 20 fus hoch, 16 fuslang, und 10 fus breit, hinten und an den Seiten von Brand Mauer aufgeführt, inwendig unter dem Boden gegipset, und oben darüber mit Bleÿ platt gedeckt.
An dem Vortheil befindet sich:
1. unten an jeder Seite eine Balustrade von 13 fuslang, 3¼ fus hoch mit ausgeschweiften Docken
2. unter dem Gesiemse 2 freÿstehende = und 2 an den Ecken befindliche Säulen mit Postamenter, Capitäler, Architrav, Fries und Haupt Gesiems, wie auch Schild mit des Hertzogs C.A. Nahme und Jahr Zahl 1693.
3. oben darüber und an beÿden Seiten eine Balustrade mit ausgeschweiften Docken 2 Engeln, und 2 Muscheln auf Postamenter
4. inwendig 5 Nichen mit 5 Muscheln und 5 Kragsteine, 3 Statüen und 2 Satÿr=Gesichter, oben über die 3 mittelsten Nichen, und an der Oster Seite, auch hinter den beÿden Eck=Säulen, mit Festons von Muscheln, Schnecken und dergleichen Bildhauer Arbeit.
5. unten eine bleÿerne Kumme, und Brüstungs Gelend auswendig davor von ausgeschweiften Docken, 3¼ fus hoch.
- alles von Sandsteine bis auf die höltzerne Statüen und Festons, bleÿern Kumme, Nichen und Wände.
- Hinter dieser Cascade ist ein schmaler Anbau von Brand Mauer 16 fuslang, 3¾ fus breit, zur Bedeckung und Sicherheit der grosen bleÿern Röhren, mit Bretter überlegt, an der Oster Seite mit einer Thüre, Schloß und Beschlag.
- Mitten vor sothaner Cascade befindet sich die grose Welle mit ihren Delphinen, Muscheln und Schnecken, an beÿden Seiten derselben die Wände mit ihren kleinen Bassins und Gesiemser, Muscheln, Postamenter, Statüen und Waasen, alles von Sandsteine.
- Zwischen diesen Wänden und der Welle liegen Treppen von Schwedischen Fliesen mit Rahmen Stücke davor, von Sandsteine.
- Wegen der Fontaine Röhren und übrigen zu dieser Cascade und den Bassins gehörigen Theilen, beziehe mich auf das dieserhalben unterm 18 Nov. 1766 verfertigte, von dem Fontaine Meister Kruss unterschriebene Inventarium.

3. steinerne Tische und Bäncke

Nach Maasgebung des dem Garten Inspector Dölner unterm 3 Junÿ 1769 überlieferten Inventarii, als:
- 2 steinerne 4 eckigte Tische mit höltzern Füße in der Wildniß.
- 1 dito beÿm Wohn=Hauße mit Bäncke.
- 1 dito mit Bäncke zwischen den Hecken beÿ Amalienburg
- 2 dito Tisch=Blätter, ohne Füße, wovon das eine Blatt entzweÿ.
- 1 dito Tisch mit höltzern Fuß und Bäncke auf der Schantze.
- 12 bretterne Bäncke überall im Garten
- eine bretterne Bekleidung um den sogenannten Königs Baum, am Anberge Wester Seite als ersten Parterres.

4. Sielen und Riolen
- ein Siel mit Mönch Pfahl an der Süder Seite des Hercules Teiches
- ein dito mit Mönch Pfahl an der Wester Seite des Cascaden Teiches
- ein dito an der Norder Seite zwischen den beyden in= und außerhalb des Neuen Werck Gartens liegenden Teichen mit einem vor den Teich im Thier=Garten befindlichen Mönch Pfahl.
- die zum theil verfallene Riolen, so auf den Platz vor der Cascade, in und bey der grosen Allée, im Globus=Garten, an der Wester Seite der untersten Parterres, und Buscage beym vormahligen Globus Haußse, auch sonsten hin und wieder unter der Erde liegen, sind theils von runden ellern Bäumen mit Überlagen von büchen Klufft Holtz, und theils von Feld= und Mauersteine auch Mönch Dachpfannen gelegt, die Anzahl der Ruhten aber, weil viele Riolen über quer liegen, nicht zu determiniren.

5. steinerne Statüen und dito Termen und Bogen

nach Anleitung ged: Inventarii vom 3 Junii 1769

Vor den Tannen Gang, oben beym Orangen Platz:
- eine steinerne Statue, welche den Apollum mit dem Hunde und allerhand Instrumenten vorstellet, mit dem Postament 11 fus hoch.
- 2 paar Termen mit Bogen von Sandsteine auf dem Orangen Platz, à 10 fus hoch

Im 1ten Parterre vom vormahligen Globus Haußse ab:
- 2 steinerne Statüen, wovon die eine die Venus mit dem Kinde, und die andere den Frühling vorstellet, mit dem Postament 11 fus hoch.

In der Buscage bey ged: Globus Haußse
- 6 paar Termen mit Bogen von Sandsteine à 10 fus hoch.
- 2 steinerne Statüen, wovon die eine den Herbst, und die andere den Sommer vorstellet.

In dem Hercules Teich:
- des Hercules Statue mit den 9 köpffigen Drachen von Sandsteine, mit einer höltzern Keule, auf ein gemauertes Postament.

6. die steinerne Treppen

Vor jeden Parterre liegen 2 steinerne Treppen, mit Buchs Baum Hecken an den Seiten, zwischen beyden Treppen eines jeden Parterres ein Grotten Werck von Sandsteine, mit dazu gehörigen Welle, Delphinen, Muscheln und Schneken, unten davor mit einer steinern Vorsetzung.
Es sind also vor alle 5 Parterres,
10 Treppen und 5 Grottenwercke verhanden.

7. die Ring=Mauern und Vorsetzungen

Der Globus Garten ist an der Süder Seite, wo der Hercules Teich liegt, mit einer Hecke, an den übrigen 3 Seiten aber mit Ring=Mauern befriediget, welche oben über mit rohte Dachpfannen in Kalck bedeckt sind.

In den Nichen dieser Mauern befinden sich:
- 12 stk: bleyerne Brust=Bilder auf Kragsteine los gesetzt.

Vor dem Anberge hinter den Mauern gegen Norden und Westen befindet sich:
- eine Vorsetzung von Feldsteine aufgeführt.
- eine dito an den Seiten des Hercules Teiches
- eine dito an den Seiten des Cascaden Teiches
- eine dito an den Seiten des Wein Teiches auf der Koppel.
- eine dito an beyden Seiten des Grabens Wester Seite der mittelsten Allée, von der Mauer des Globus Haußses ab, nach Norden hin, 18 Ruhten lang, 4 fus hoch.
- eine Vorsetzung von gehauenen oder gebahnten Feldsteinen auf den Platz vor der Entrée des vormahligen Globus Haußses, 52 fuslang, mit Tritte daran von dito Steine.
- eine dito von selbiger Art auf dem Platze vor dem vormahligen Orangerie Haußse, Süder Seite, 112 Fuslang.
- eine Lage dito Steine an beyden Enden dieser Vorsetzung, Oster= und Wester Seite à 14 fuslang.
- eine dito an beyden Seiten der in der mitten liegenden Treppe à 14 fusl:
- 3 Lagen Treppensteine dazwischen, jede Lage resp. 13 und 15 fuslang, mit ein theil alte zerbrochene Fliesen

8. Die Mistbett Rahmen und dazu gehörige Fenstern.

Davon hat der Garten Inspecteur Dölner bey der Überlieferung des Gartens, vermöge Inventarii empfangen:
- 21 stk: alte und neue Mistbett Rahmen mit 69 stk: dazu gehörige Fenstern

Bey dem Verkauf der beyden Glaß Häußser:
- 144 stk: Fenstern gros und klein, theils zum Gebrauch der Mist Betten, und theils zur Reparation der schlechtesten Fenstern.

9. an kleine Staquet Thüren und Pforten inwendig im Garten

Auf dem vormahligen Orangen Platz, und neben daran, Süder Seite:
- 6 Staquet Thüren à 2 Flügeln mit Schlößer und Beschlag.

vor dem Globus Garten, in der grosen Allée, wo die Ring=Mauer stehet:
- eine Pforte von feuern Bretter mit 2 Flügeln, Schloß und Beschlag, mit einer in den Ring Mauer befindlichen Sandsteinern Sarge, oben mit Architrav, Fries und Haupt Gesiems, auch Schild mit den Nahmen FE.

An der Norder Seite dieses Gartens, in der Ring=Mauer, wo das vormahlige Globus=Hauß gestanden:
- eine Thüre mit Schloß und Beschlag, so noch gemacht werden soll.

An der Süder Seite ermelten Gartens, Wester Ende
- eine Staquet Pforte mit 2 Flügeln, 2 paar eisen Hängen, Hasp und Krampen

10. Die Planckwercker mit denen darinn befindlichen Pforten und Thüren, als:

An der Oster Seite des Gartens, vom Wohn=Haußse ab, nach Norden:
- 156 Fach alte Planckwercker à 7 fus weit, mit einer doppelten Pforte und Staquet=Thüre, beyde mit Schlößer und Beschlag.

An der Norder Seite von Osten nach Westen.
- 28 Fach neue Planckwercker à 10 fus weit mit Thüre, Schloß und Hängen.
- 1 alte Staquet Pforte vor der Allée mit 2 Flügeln und Schlag=Baum davor, nebst Schloß und Beschlag

Von dieser Pforte ab, nach Westen
- 20 Fach neue Planckwercker à 10 fus weit

Daneben um die Ringel Kuhle:
- 14 Fach alte Planckwercker à 7 fus weit.

Daselbst hinter Amalienburg, wo die halbe Rundung ist:
- 17 Fach neue Planckwercker à 10 fus weit mit einer Thüre, Schloß und Hängen.

Hinter dem vormahligen Orangerie Hauße:
- 26 Fach neue Planckwercker à 10 fus weit

Neben daran, wo das Norder Glaß Hauß gestanden:
- 25 Fach alte Planckwercker à 7 fus weit

An der Wester Seite daselbst:
- 3 Fach neue Planckwercker à 10 fus weit
- eine alte Staquet Pforte mit 2 Flügeln nebst Schlag Baum davor, mit Schloß und Beschlag.

An beyden Seiten dieser Pforte:
- 4 Fach alte Planckwercker à 7 fus weit mit Thüren, Schloß und Hängen.
- 2 Fach neue Planckwercker neben daran à 10 fus weit.

Um den kleinen Garten daselbst, auswendig:
- 27 Fach alte Planckwercker à 7 fus weit, mit einer Thüre, Schloß und Hängen.

inwendig vor diesen Garten, an der Wester Seite der Allée
- 12 Fach alte Planckwercker à 7 fus weit

Daneben in selbiger Linie, von Norden nach Süden:
- 38 Fach neue Planckwercker à 10 fus weit

von da, weiter nach Süden hin:
- 118 Fach alte Planckwercker à 7 fus weit, mit einer Thüre, Schloß und Hängen auch einer doppelten Pforte mit Hängen ohne Schloß.

an der Süder Seite, von Westen nach Osten:
- 4 Fach neue Planckwercker à 10 fus weit
- 29 Fach dito à 10 fus weit, nur mit alte ziemlich gute eichen Bretter.
- 20 Fach dito, gantz neu, à 10 fus weit.
- 17 Fach dito à 10 fus weit
- 4 Fach mit neue Staqueten
- eine Staquet Pforte mit 2 Flügeln, und eine Neben Thüre von Bretter, woran Schlößer und Beschlag.
- 20 Fach neue Planckwercker à 10 fus weit

An der Oster Seite, von Süden nach Norden:
- 45 Fach alte Planckwercker à 7 fus weit

um den kleinen Garten beym Wohn=Hauße
an der Oster Seite:
- 6 Fach neue Planckwercker à 10 fus weit mit Thüre, Hängen und Überfall.

an der Süder Seite:
- 13½ Fach alte Planckwercker à 7 fus weit

an der Wester Seite:
- 8 Fach alte Planckwercker à 7 fus weit
- Neben daran ein Espalier mit Treillage von 8 Fach à 8 fus weit

an der Norder Seite
- 4 Fach mit alte Staqueten und ein dito Thüre mit Hängen und Klinck, in allen 25 fusl:

Um den Hof=Platz gedachten Wohn Haußes:
- 10 Fach alte Planckwercker nach Norden, resp: 9 und 10 fus weit.
- 4 Fach mit alte Staqueten nach Osten, resp: 7 und 9 fus weit
- eine doppelte Fahr Pforte von Bretter mit Schloß und Hängen
- eine Staquet Thüre daneben mit Klinck und Hängen.
- das kleine spatium zwischen dieser Thüre und den Stall ist mit Staqueten besetzt.

NB: die neuen Fächer Planckwercker von 10 fus weit, sind alle unten mit Stein Wälle versehen.

11. Der Eÿs=Keller
liegt im Thier Garten, ist unten mit einen hölzern Röst, an den Seiten ohne Besetzung, oben um die Peripherie mit einen Stein Wall auswendig davor mit Erde, das Dach mit Reht gedeckt, unten vor den Eingang mit 2 Thüren und Beschlag, die eine ohne, und die andere mit Schloß.

Schleswig den 31ten Julii 1770.   G:Rosenberg."

Anhang 2, Nr. 19:

LASH 168/78 II:
Pro Memoria und Bericht über den Zustand des Neuwerkgartens von Garteninspektor Ernst Friedrich Hansen an den Oberhofmarschall von Hauck in Kopenhagen vom 31. Dezember 1832

„Pro Memoria!
Eu. Excellenz erlaube ich mir, anliegenden Bericht über den gegenwärtigen Zustand des Neuwerkgartens, so wie über den mit demselben nothwendig vorzunehmenden Veränderungen und bessern Einrichtungen, zu überreichen.

In der Hoffnung Eu. Excellenz werden demselben Deren näheren Beachtung nicht versagen; versichere ich Eu. Excellenz, im Fall mir Allerhöchst eine Unterstützung zum Behuf des Neuwerkgartens bewilligt werden sollte, daß solche auf das gewissenhafteste für den bezeichneten Zweck verwendet werden soll.

Der so schmeichelhaften Hoffnung, mit der Wiederherstellung des Neuwerkgartens, durch eine Allerhöchste Unterstützung beauftragt und befähigt zu werden, darf ich um so zuversichtlicher Raum geben, als es bekannt ist, daß Eu. Excellenz stets ein besonderes Interesse für demselben gezeigt haben.

Laut einem hierselbst vorgefundenen Schreiben von Eu. Excellenz v. 22. Oct. 1825 an meinen Vorweser, wird demselben die Zusicherung gegeben, daß ihm von der Königl. Rentekammer nächstens die nöthigen Fruchtbäume für den Globusgarten ausgeliefert werden würden. Von diesen Bäumen ist jedoch, falls deren Auslieferung Statt gefunden, keine Spur vorhanden.

Schließlich erlauben Eu. Excellenz noch die Bemerkung: wie es sehr wünschenswerth sey, wenn zunächst und recht bald über die ad 4, 8 und 11 des Berichts gemachten Vorschläge, risolvirt werden könnte, indem nur nach geschehener Abräumung mit dem reolen, womit ich gegenwärtig beschäftigt bin, weiter fortgefahren werden kann.
Neuwerkgarten den 31. Decb 1832.   Eu. Excellenz
ganz gehorsamster
EFHansen"

„Bericht
über den Zustand des Königl. Neuwerkgartens, in welchem derselbe den 15. August d.J. mir überliefert worden.

Der Zustand des Neuwerkgartens war, im Allgemeinen aufgefaßt, mehr der einer Wildniß, als eines Königlichen Gartens oder Parks.

Die Wege sind seit 1831 nicht, und damals auch nur sehr unvollständig gereinigt, daher mit Gras ganz überzogen; an vielen Stellen ist aller Sand ganz abgespült und der pure Lehm liegt zu Tage. Viele Wege sind sogar in den letzten 3 bis 4 Jahren augenscheinlich gar nicht reingemacht.

Die Hecken von Laubholz sind seit einem Jahr nicht beschnitten, viele seit 2 und mehr Jahren nicht. Die Buxbaumhecken sind seit vielen Jahren freÿ aufgewachsen und gänzlich verwildert.

Die bedeckten, wie die offenen Wasserzüge, sind größtentheils alle verstopft und zugewachsen, wodurch das Wasser in dem Boden überall sich verbreitet, an vielen Stellen stagnirt, und so einen großen Theil des besten Gartenlandes in Sümpfe verwandelt hat.

Alles früher zur Gartenkultur benutzte Land liegt seit Jahren wüste, und ist theils mit einer mehrjährigen Rasendecke überzogen, theils vom jungen Aufschlag der Waldbäume oder den Wurzelausläufern von Ziller= und Silber=Pappeln in Besitz genommen. Auch keine Handbreit Land findet sich die, ohne vorher reolt zu werden, benutzt werden könnte.

Obstbäume sind nur wenige, alte, verkrüppelte und mit Moos überzogene Exemplare vorhanden; blos an der Südwestseite des Herkulesteichs befinden sich ca 19 Apfelbäume die in einer etwas besseren Verfaßung sind; jedoch nur ordinaires Wirthschaftsobst.

Von feinen Obstsorten und Spalierbäume, als: Pfirschen, Aprikosen, Wein p ist keine Spur vorhanden. Selbst die gewöhnlichen Obststräucher, als: Stachelbeeren und Johannisbeeren fehlen.
Baumschule, Mistbeete, Spargel und Erdbeeren, nicht vorhanden.
Von Blumen und Blumistereÿ, keine Spur.

Die Südfronte des sogenannten Gewächshauses besteht größten Theils aus Mauerwerk, statt aus Glas. Die Länge derselben beträgt nur 21 fuß, und ist in verschiedenen Zwischenräumen nur mit 4 eingemauerten Fenstern, jedes 2/4 fuß breit, versehen, so daß überhaupt nur 9 fuß Glas, aber 12 fuß Mauerwerk die Fronte bilden. Folglich ist es höchstes zum Durchwintern von Gemüse, Obst und harten Topfpflanzen, brauchbar, indem nur durchs Einschlagen der Glasscheiben kann Luft gegeben werden.

Die Befriedigung, aus Plankwerk bestehend, ist bis auf die gegen Südwest liegende Fronte, so wie die Fontaine, auf dem Punct des Zusammenfallens.

Soll demnach der Neuwerkgarten seiner Bestimmung gemäß kultivirt und wieder hergestellt werden, so daß nöthigenfalls eine Königliche Hofhaltung auf dem Gottorfer Schloße mit dem nothwendigen Gemüse und Baumfrüchte versehen werden kann; so muß

ad 1.) zunächst die Befriedigung im wehrhaften Stand gesetzt werden, denn namentlich die Ostseite ist so sehr verfallen, daß im Sommer das daran weidende Vieh nicht mehr zurück gehalten wird.

ad 2.) sind die Wege wieder gründlich zu reinigen, und mehrere derselben, nachdem sie von der Grasdecke befreÿet, mit Sand zu befahren.

ad 3.) Muß der Globusgarten durch Auffangen und Ableiten des Wassers troken gelegt; die Mauer in demselben ausgebessert und mit Lattenwerk versehen und mit Spalierbäumen besetzt werden; wenn dieselbe nicht ganz nutzlos dastehen, und die noch erst neuerlich auf die Herstellung derselben verwendeten, bedeutenden Kosten, so wie die der jährlichen Unterhaltung ganz zwecklos angewandt sein sollen.

ad 4.) Daß oberhalb demselben liegende Parterre, der sogenannte Irrgarten, in früherer Zeit wohl der hauptsächlichste Obstgarten, muß entwässert, von den alten verwilderten Laubholzhecken und halb abgestorbenen Lindenbäume, gereinigt;

ad 5.) die übrigen bis zur weiland Amalienburg hinauf belegenen Parterre, müssen von dem eingenißteten Aufschlag der Waldbäume und Sträucher gereinigt, und so wie der Globus= und Irrgarten reolt werden.

ad 6.) Es muß eine Baumschule von Obstbäumen sowohl wie von In= und Ausländischen Holzarten angelegt, die nothwendigen Mutterbäume nebst Saamen und Pflanzen zur Vermehrung angeschaft werden, um daraus demnächst Lustgebüsche, Baumgruppen und Alleen anzupflanzen und zu ergänzen.

ad 7.) Die durch zu scharfes Kappen verstümmelte große Lindenallee muß weggeschaft und durch neue Bäume ersetzt werden.

ad 8.) Eine sich keilförmig an der Ostseite der Parterre zwischen derselben und der großen Lindenallee, von Norden nach Süden sich einschiebende Waldung von meistens beilreifen Eichen, Buchen und Silberpappeln, muß abgetrieben werden, weil selbige die Parterre zu sehr überschatten und durch den Tropfenfall Schaden, und hier dadurch ein junger Aufwuchs gebildet werden kann, der sehr zweckmäßig und nothwendig ist, indem diese Waldstrecke unten zu kahl und durchsichtig, sich mitten im Garten übel ausnimmt, keinen Schutz, wohl aber sehr nachtheilig wirkenden Schatten giebt.

ad 9.) Die an der Westseite auf den Amalienburger=Plaz befindlichen Schnörkelleÿen von alten Laubholz=Hecken, müssen weggeschaft und daselbst Partien oder eine Baumschule von fremden und einheimischen Holzarten angelegt werden.

ad 10.) Die Parterre und Terrassen an der Nordwest=Seite des Irrgartens sind gänzlich verwildert und von Waldbäumen, größten theils Weißbuchen, eingenommen; diese Parterre verdienen ihrer vorzüglichen Lage wegen, abgräumt und der Gartenkultur wieder gegeben zu werden.

ad 11.) Auf den Parterren vom Globusgarten aufwerts bis zur Amalienburg, befinden sich ca 18 sehr alte, von unten auf kahle Tannen, die zum Theil am Gipfel abzusterben beginnen, auch diese, sowie mehrere daselbst befindliche alte, längst nicht mehr in Zucht und Ordnung gehaltene Taxbäume müßten jedenfalls weggeschaft werden, da die Parterre nur dann erst reolt und mit Erfolg kultivirt werden können.

ad 12.) Die unten auf jedem Parterre befindlichen, seit vielen Jahren freÿ aufgewachsenen Buxbaum=Hecken, verdienen ihrer Größe, ihres Alters und ihrer eigenthümlichen Schönheit wegen, wieder in gehöriger Höhe abgenommen und unter der Scheere gehalten zu werden.

ad 13.) Der Herkulesteich muß zum stehenden Wasserbasin wiederhergestellt, oder entwässert und in einen schönen Rasen verad 14.) Alles Land ist entkräftet und muß in den ersten Jahren, nachdem es reolt ist, stark gedüngt werden, folglich hierzu, ausser den Dünger zu Mistbeeten, <u>viel</u> Dünger angeschaft werden.

ad 15.) Eine Walze von Stein oder Eisen, zum Befestigen und Ebnen der Wege, ist durchaus nothwendig, aber nicht vorhanden.

Es fehlt demnach an <u>Allem</u> was zum Gartenwesen durchaus nothwendig ist; und es liegt klar am Tage, daß die Umwandlung einer solchen Wildniß in einen Königlichen Garten gewöhnliche Kräfte übersteigt. Gerne und willig werde ich alles aufbieten und mit der größten Sorgfalt und Thätigkeit dahin streben, die mir gewordene Aufgabe zu lösen; jedoch alle Mängel zu heben, oder die vollkommene Instandesetzung des Neuwerkgartens zu bewerkstelligen, und die mir Allerhöchst zur Pflicht gemachten Unterhaltung der Baumschulen, Mistbeete pp nachzukommen; kann wie aus obiger Darstellung ersichtlich, nur mittelst Bewilligung einer Allerhöchsten Unterstützung, ausgeführt werden; indem von allem Nichts vorhanden ist, sondern erst neu geschaffen werden muß.

Neuwerkgarten den 31 st Decb. 1832.
EFHansen".

Anhang 2, Nr. 20:

LASH 168/78 II:
Pro Memoria und Kostenanschlag zu einer Umgestaltung des Geländes um die Kaskade, von dem Garteninspektor Ernst Friedrich Hansen am 26. April 1834 ausgearbeitet und weitergeleitet an den Oberhofmarschall von Hauck in Kopenhagen

Anmerkung: Es gehören zwei Zeichnungen dazu, die unter der Bezeichnung LASH, E.F. Hansen A und LASH, E.F. Hansen B im Quellenverzeichnis näher beschrieben sind.

„Gehorsamstes Pro Memoria!
In Folge des Wiederaufbaues und der Herstellung der Cascade und Fontaine im Neuwerk, wird es nothwendig mit den nächsten Umgebungen derselben einer Veränderung vorzunehmen, um diese mit jenen in eine zweckmäßige Uebereinstimmung zu bringen.

Deshalb erlaube ich mir folgende Veränderung unmaßgeblich in Vorschlag zu bringen, und zu dem Ende eine Zeichnung, <u>Anl. A.</u> welche den gegenwärtigen Zustand andeutet, und <u>Anl. B.</u> in welcher die beantragte Veränderung bezeichnet ist; so wie <u>Anl. C.</u> einen Kostenanschlag über die Ausführung des Plans, anzuschließen.

In der Anl. A. ist die gegenwärtige Beschaffenheit dieser Partie dargestellt. Von der Einfahrt I bis zum Wasserbehälter, den blauen Teich oder Heller, II erhebt diese sich zu einer sanften ca. 20 fuß hohen Anhöhe, welche mit Haseln= Ellern= und Weidengebüsch und sonstigem wilden Gestüppe überstreut ist. Diesem sind hie und da Bäume, größtentheils Pappeln, untermischt und nehmen die größeren hauptsächlich den Vordergrund ein, wodurch die so nicht bedeutende Anhöhe, scheinbar noch niedriger wird. Der Rasen besteht aus groben Rietgräsern und Binsen mit Moos überzogen; und die östliche, größere Hälfte ist durch Grundquellen versumpft. Auf dem höchsten Punct der Partie, zwischen der Cascade und dem Wasserbehälter ist ein alter mit Rietgras und Moos bedeckter Weg, der an dem östlichen Ende ebenfalls naß und sumpfigt ist, und an dessen Seite längs dem Wasserbehälter sich große Baumstubben befinden. Rechts und links neben den Haupteingang I befinden sich in einer alten durch Lücken unterbrochenen Hainbuchenhecke, große, starke Roßkastanien, die recht wohl, so wie die einzelnen Roßkastanien a a a und die aus Ellern bestehende Baumgruppe b. beibehalten werden können; die alte Hecke hingegen muß weggeschaft und an deren Statt Ziersträucher und Gebüsche zur Deckung gegen die Planke gepflantzt werden.

In der Anl. B. sind die vorzunehmenden Veränderungen und neuen Anpflanzungen ausführlich angedeutet; und in der Anl. C. die Kosten berechnet."

<u>Anlage C: Kostenanschlag</u>
„C. Anschlag
Der Kosten welche erforderlich sind zur Veränderung der Umgebung der Cascade und Fontaine im Neuwerk.

1., Den Platz zu Roden und von Gestrüpp zu reinigen - - 20 Rthlr
2., 75 Ruthen Faschienen=Gräben zu öffnen, den Busch zu hauen und herbeizuschaffen, die Faschienen zu legen pp á Ruthe 12 ß - - 18 Rthlr 36 ß /: die Rüstung [?] der Faschienen ist durch punctirte Linien im Plan B. bemerkt.:/
3., 84 Ruthen neue Wege den Rasen auszuheben, die Anhöhe da wo die Wege selbige bewähren, zu dosiren; die Wege zu Planiren und mit Kies und Sand zu belegen pp Ruthe 8 ß - - 14 Rthlr
4., Planiren des Rasens, denselben zur Vertilgung von Moos und Binsen mit Erde zu befahren und mit Grassaamen zu besäen - - 18 Rthlr
5., Zur Anpflanzung der Allee hinter dem Pavillon 32 Stück Roßkastanien oder Platanen, /: Platanus occidentalis :/ letztere sind für den Preiß der Roßkastanien zu haben, bilden eine herrliche dichte Laubmasse, worauf es hier vorzüglich ankömmt, und verdienen daher den Vorzug; á 24 ß - - 16 Rthlr
6., 100 Arten der schönstblühendsten Ziersträucher und Holzarten - 12 Rthlr
/: da es im Neuwerk, außer Syringen und Cytisus [Ginsterart], gänzlich an Ziersträucher mangelt; so kann obiges Sortiment zugleich zur Vermehrung und Anzucht dienen, und so für die Zukunft diesem Bedürfniß abgeholfen werden :/
7., 4 stk hochstämmige Blutbuchen, zur Bildung einer dunkeln Laubmasse an beiden Seiten neben dem Pavillon à 1 Rthlr - - 4 Rthlr
8., Transportkosten der Bäume und Sträucher von Flottbeck circa - 8 Rthlr
9., 32 stk Föhren Latten zu Baumpfähle à 6 ß - - 4 Rthlr
10., Das Pflanzen der Bäume und Sträucher, Anfahren der Erde zu den Blumenklumps pp - - 10 Rthlr

================================
124 Rthlr 36 ß Court.
================================
oder 199 Rbthl 57 3/5 bß

An Sand zur Belegung der Wege werden circa 150 Fuder à 20 Kubikfuß erforderlich sein.
Königl. Neuwerksgarten den 26st April 1834.

Durch diese projectirte Veränderung würde die Cascade nebst der Fontaine mit der sie umgebenden Partie einen beÿm Haupteingang freundlichen Anblick gewähren; und wenn der Plan genehmigt werden dürfte ein wesentlicher Schritt zur Verschönerung des Neuwerks sein. Ich glaube die Versicherung geben zu dürfen: daß der Plan einfach und dem Ganzen vollkommen angemessen ist; und berufe mich deshalb auf das Urtheil des Herrn Conferenzrath und Oberbaudirectors Hansen, dem ich im Sommer 1833 diese Umgestaltung der Partie im wesentlichen mitzutheilen die Ehre hatte, und welcher dieselbe seinen Beifall gab und vollkommen zweckmäßig fand.

Zugleich nehme ich Veranlassung gehorsamst zu berichten, daß im Herbst 1833 mit Urbarmachung des Globusgartens der Anfang gemacht und bereits nachstehende Arbeiten ausgeführt sind, welche folgende Kosten erfordert haben; als:

1., Den Globusgarten von den alten Bäumstämmen, Hecken und wildes Gebüsch zu reinigen, Steine und Schutt aufzuräumen und wegzuschaffen 27 Rthlr 43 ß
2., 144 Ruthen Faschienen innerhalb des Globusgartens auszugraben, mit Faschienen auszufüllen, den Busch hierzu zu hauen und herbeizufahren, die Faschienen zu decken, und die Gräben wieder zu ebenen, à Ruthe 16 ß - - 48 Rthlr
   10 Ruthen dergleichen Faschienen zu legen ausserhalb des Globusgarten hinter der halbrunden Felsenmauer, um die aus der Anhöhe hervorbrechenden Quellen, deren Wasser durch die Mauer drang, abzufangen; à Ruthe 16 ß - - 3 Rthlr 16 ß
3., Am Eingang des Globusgartens, rechts eine Fläche von 20 □ Ruthen, welche bereits in völliger Kultur ist, zu reinigen und reolen, à Ruthe 10 ß - - 4 Rthlr 8 ß
   So weit die Mauer dieses Stückland umfaßt, ist selbige diesen Frühling reparirt und mit Spalier bekleidet. An diese Spalierwand sind bereits 28 junge Pfirschen= und Aprikosen=Bäume, theils als Staudbäume [?], theils um selbige in der Folge an den übrigen Theil der Mauer zu vertheilen, angepflanzt.
4., Zur Abführung des Wassers aus dem Globusgarten, sind im Herkulesteich 100 Ruthten 3 und 4füßige Abzugsgräben geöffnet a Ruthe 6 ß - - 12 Rthlr 24 ß

---
95 Rthlr 43 ß Court
---
oder 153 Rbthl 46 3/5 bß

Zur Beendigung und völligen Instandsetzung des Globusgartens ist nun noch übrig, und wird circa kosten:

1., Die Südseite des Globusgartens gegen den Herkulesteich zu dosiren und mit einem 5füßigen Hauptgraben zu versehen, womit bereits der Anfang gemacht ist, 24 Ruthen à 24 ß - - 12 Rthlr
2., den Globusgarten zu planiren, die alten Wassergräben welche durch die Faschienen nun troken gelegt sind, anzufüllen 130 Ruthen à 8 ß - - 21 Rthlr 32 ß
3., 122 □ Ruthen zu reolen à 10 ß - - 25 Rthlr 20 ß
4., Die Dosirung längs der Südseite mit guter Erde aufzufüllen, zu ebnen und mit einer Hecke zu bepflanzen 24 Ruthen à Ruthe 12 ß - - 6 Rthlr

---
65 Rthlr 4 ß Court.
---
oder 104 Rbthl 12 4/5 bß

In Betracht der obigen bereits verwendeten, und der noch ferner für die letztgenannten Arbeiten zu verwendenden Summe; so wie daß ich ausserdem seit den Herbst 1832 reichlich 130 Rthlr Court oder 208 Rbthl für Meliorationsarbeiten im Neuwerk, deren Ausführung ich nachzuweisen im Stande bin, verwendet habe, läßt mich hoffen daß Eu. Excellenz, hierauf Rücksicht nehmend, die Gewogenheit haben möchten auf die Erlassung des mir bewilligten Vorschußes von 320 Rbthl, als erweislich zur Verbesserung des Neuwerks verwendet, anzutragen, oder doch die Rückzahlung bis den 1st Julj 1837 auszusetzen.

Laut dem Schreiben Eu. Excellenz vom 13. Nov. 1833 soll ich vom Ende des 2. Quartals 1834 an mit der Rückzahlung wieder beginnen. Wenn ich nicht hoffen dürfte, daß durch Eu. Excellenz Verwenden, mir diese Verpflichtung erlassen wird; so würde ich in die unausweichbare Nothwendigkeit versetzt, alle angefangenen Verbesserungsarbeiten einzustellen, indem mir dann die Mittel fehlen würden, meine Arbeiter zu bezahlen.

König. Neuwerksgarten den 26st April 1834.   EFHansen"

Anhang 2, Nr. 21:

LASH 168/78 II:
Vorschläge zur Umwandlung des Neuen Werkes in einen landschaftlich gestalteten Garten von Garteninspektor Hansen, Juni 1841 (vorangestellt sind ein kurzer historischer Überblick und ein Zustandsbericht; der Text bezieht sich auf zwei nicht überlieferte Zeichnungen)

„Vorschläge zur Umarbeitung und Verschönerung des Königlichen Neuwerkgartens bei Gottorff, nebst Zeichnung S. Zeich: I & II.

Kurze historische Uebersicht des Gartens

Der Gottorffer Schloßgarten, das sogenannte Neuwerk, ward 1640 und in den folgenden Jahren von dem Herzog Friederich, in dem damaligen französisch=holländischem Geschmack angelegt.

Derselbe erstreckt sich von Süden nach Norden längst einer circa 80 Fuß hohen, über dem Spiegel der Schleÿ sanft ansteigenden Anhöhe, in der Länge von 116 Ruthen und in der Breite, unten 64 und oben 82 Ruthen, und hat demnach einen Flächeninhalt von circa: 24 Steuertonnen.

Die Geschichte des Gartens läßt sich füglich in drei Perioden abtheilen:

Die erste Periode umfaßt den Zeitraum von 1640–1713, wo in den letztern Jahren der berühmte Gottorffer Globus nach Petersburg kam, als die Glanzperiode des Gartens.

Von 1713–1832 als die zweite Periode, worin nach und nach alles verfiel. So wurde z.B: 1770 das Gebäude in welchem früher der Globus aufgestellt war, abgebrochen und verkauft; auch in demselben Jahre die zwölf bleiernen Büsten der Schleswiger Herzöge aus dem sogenannten Globusgarten A. Zeichnung I weggenommen. Ein gleiches Schicksal hatte ein Orangerie=Haus von 300 Fuß Länge und zwei Gewächshäuser jedes 140 Fuß lang. Und 1826 wurde die Amalienburg, auf dem Platze 5. Zeich: I, ein kleines Sommer=Palais, das werthvolle Gemälde enthalten haben soll, zum Abbrechen verkauft, dadurch von allen Gebäuden, mit Ausnahme des außerhalb des Gartens befindlichen Gärtnerwohnung, entblößt, immer mehr vernachläßigt und unbeachtet gelassen, so das sich der Garten bis 1832 gänzlich zu einer Wildniß gestaltete.

Von 1832 bis gegenwärtig, als die dritte Periode, ist der Garten etwas wieder in Aufnahme gekommen. Die ganz verfallene Befriedigung ist durch ein neues Plankwerk zum größten Theil wieder hergestellt; die Cascade B, so wie die Fontaine C Zeich. I. in Stand gesetzt, erstere auch mit einem offenen Pavillon neu überbaut.

Die Terrassen 1–4 Zeich: I, mit neu gelegten Treppen von Sandstein versehn; die alten 6–8 Fuß hohen, alle Aussicht versperrenden Hecken, weggeräumt, die mit Rasen überzogenen Wege wieder gereinigt und gangbar gemacht, die Parterre 1–4 Zeich: I nebst den Dosirungen [Böschungen oder auch Anberge] von allem wilden Gestrüpp gereinigt und reolt, zum Gemüsebau sowie größtentheils zur Obstbaumzucht verwendet; auch den obern nördlichen Theil des Gartens D - - D Zeich: I von Gestrüpp gereinigt, in Rasenflächen verwandelt, neue Wege durchgeführt und mit neuen Anpflanzungen versehen.

Ein altes, zum Betrieb des Gartens, nothwendiges Nebengebäude, wurde 1838 neu aufgeführt, und mit demselben ein Gewächshaus von 42 Fuß lang, jedoch auf eigene Kosten des Gärtners, verbunden.

Das Innere des Gartens und dessen natürliche Beschaffenheit. Zeich: I.

Der eigentliche Garten oder die Hauptanlage besteht nur aus dem von A-D D. aufsteigenden Thal. Der unterste Theil desselben E. war früher ein Teich oder Wasserbehälter, in dessen Mitte sich noch die Ruinen eines 18 Fuß hohen, aus Sandstein gefertigten Hercules im Kampf mit der Lernaeischen Schlange, auf einem gemauerten Piedestall, befindet. 1832 war dieser Theil ein Sumpf, durch Ableitung des stagnirenden, demselben überausreichlich zufließenden Quellwassers, seitdem, in eine Wiese verwandelt.

Die Flächen A & F. sind ebenfalls durch viele Grundquellen sehr sumpfig; auch noch auf den beiden höher liegenden Theilen 1 & 2 an der westlich aufsteigenden Seite, finden sich in dem thonigt=mergeligten Boden viele Quellen. Von da an 3-4-5 wird der Boden trocken und sandigt, doch größtentheils mit einem Untergrund von nicht tiefstehendem Thonmergel, theilweise statt letzterem aber auch eisenhaltigen, sogenannten Aln oder Ortstein. Die seitwerts gegen Osten und Westen liegenden Theile G, H, H und W. bestehen aus natürlicher Waldung auf meistens Sandboden, größtentheils Eichen und Buchen, von denen die Mehrzahl längst beilreif ist, und sich im Zustand der Abnahme befindet; das Unterholz ist größtentheils abgestorben oder verkrüppelt, und werden diese waldigten Theile mit jedem Jahre unten kahler und durchsichtiger.

J. ist eine Anhöhe deren Seiten in rechtwinkelige Terrassen geformt, theils noch mit verwilderten alten Hecken, theils mit verkrüppelten alten Bäumen einer ehemaligen Obst=Plantage besetzt sind.

K. ein Wasserbehälter, der blos durch sehr ergiebige Grundquellen gefüllt erhalten wird, und zur Speisung

Der Cascade B und Fontaine C dient. Die Umgebung von K, B, C ist stellenweise naß und sumpfig.

In dem höher gelegenen Theil des Gartens, besonders nach der Nord und Nordwest=Seite sind viele Standpuncte mit den reizendsten Fernsichten, wovon jedoch gegenwärtig nach der Südost=Seite, viele durch die vorliegende hohe Waldung verdeckt werden.

Auf dem Platze L stand früher das Gebäude mit dem Globus; auf 5 die Amalienburg und in der Richtung M-P die Gewächshäuser und Orangerie. S. ist ein Eiskeller.

Umgebung des Gartens.

Gegen Süden das Schloß Gottorff mit den Pöler Wiesen, durch welche eine Kastanien=Allee vom Schloß nach dem Garten führt.

Gegen Westen der Thiergarten und das Pöler Gehege, beide zum größten Theil Buchenwaldung, nur durch einen Fahrweg von dem Garten getrennt.

Gegen Norden den sogenannten Ringelberg, besteht aus dem Rest einer ehemaligen Eichenwaldung, auf einem schmalen, 7–16 Ruthen breiten, Streifen Landes mit noch einzelnen beilreifen Bäumen; früher zum Schutz des Gartens bestimmt. Hinter diesem Ringelberg, auf einer zu einem Privat=Besitz gehörenden Koppel, befindet sich ein zum Garten gehöriger Teich, dessen Wasser ehemals zur Speisung der auf den Terrassen verhandenen Fontainen diente.

Gegen Osten wird der Garten von Ackerland begränzt; und südöstlich befindet sich bei M der Haupteingang vom Hesterberg her, so wie die Gärtnerwohnung, und das demselben zur Viehweide angewiesene Holzland.

Unterhaltung des Gartens

Die gewöhnliche Bearbeitung und Erhaltung des Gartens, wird von dem Gärtner beschafft. Derselbe genießt ausser Wohnung und Benutzung des culturfähigen Landes, so wie der Gräßung, ein jährliches Fixum von 640 Rbthlr. nebst einer Zulage von 80 Rbthlr., wofür er einen Gartenwächter halten muß, und verpflichtet ist den Garten in Ordnung zu halten, so wie zu verbessern und zu verschönern; auch das sämtliche Inventar und Gartengeräthe, Mistbeete nebst allem Zubehör, so wie die Gebäude und deren Reparaturen zu unterhalten und zu beschaffen, ferner die sämtlichen Abgaben so wohl an die herrschaftliche Casse, als an die Commüne zu entrichten.

Vorschläge zur Umarbeitung und Verschönerung des Neuwerkgartens
S. Zeich: II.

Wenn auch der Neuwerksgarten durch Hinzuziehung des Thiergartens, Pöler=Gehege und der Pöler Wiesen, in einen wirklichen, des Gottorffer Schloß größtentheils umschließende „Park" umgewandelt werden könnte; so kann derselbe mit Rücksicht auf seinen jetzigen Flächeninhalt doch nicht auf den Namen eines Parks Anspruch machen; sondern gehört, richtiger bezeichnet in die Classe der sogenannten pleasure-grounds, welches auch bei Entwurf der vorliegenden Zeichnung II berücksichtigt wurde.

Um das Neuwerk nach dem beigefügten Plan Zeich. II einzurichten, muß dasselbe von dem Rest der natürlichen Waldung, mit Ausnahme verschiedener schöner Baumgruppen, so wie einzelner schöner Bäume, die auf entsprechenden Plätzen, in Verbindung mit der neuen Anlage, viel Effect hervorbringen, gereinigt werden.

Außer der nöthigen Bearbeitung und Reinigung des Bodens zur Aufnahme der Anpflanzungen und Anlage des Rasens, werden die geradlinigten und rechtwinkligten Terrassen, durch Abtragen und Planiren, in sanftgerundete zum Theil wellenförmige Hügel und Abhänge verwandelt.

Die Fläche A Zeich: I ist von einer 6-7 Fuß hohen Mauer eingeschlossen, deren halbzirkelförmiger Theil aus rohen, mit unter großen Feldsteinen; die beiden Flügel aber von Backsteinen aufgeführt sind. Letztere werden abgebrochen; die Feldsteine aber zu einer Felsenparthie N. verwendet, die sich dem Wasserspiegel anschließt, und sich als ein vom Bergwasser herabgeführtes Gerölle darstellt.

Die Wiese E. Zeich: I wird 3 Fuß, der Platz A Zeich: I 5 Fuß tief ausgegraben, und dadurch in einen Wasserbehälter von irregulärer Form verwandelt und die in der Mitte befindliche Ruine des Hercules zu einer passend bepflanzten Insel gebildet, und mit der ausgegrabenen Erde erhöht und vergrößert. Der Grund dieser ganzen Fläche enthält so viele und starke Quellen, daß selbige den Behälter in 4–5 Tagen vollkommen mit Wasser füllen; außerdem hat derselbe noch Zufluß aus dem Behälter K. so wie durch den kleinen Bach o .. o. Das Wasser dieses Bachs kömmt aus dem eben oben erwähnten, nördlich hinter dem Ringelberg belegenen Teich. Dieser Bach kann ohne Schwierigkeit und ohne Anwendung von Röhren, zu tage in den Behälter K. geleitet werden; wodurch der Vortheil erwächst; daß die große Röhre der Fontaine täglich springen kann, was gegenwärtig wegen Mangel an Wasser nur zur Zeit 3–4 Stunden geschehen darf, indem aus dem Behälter K eine Wasserleitung nach dem Schloße Gottorff führt, (was beiläufig bemerkt nicht nöthig wäre, da außerdem eine andre Wasserleitung hinreichend Wasser liefert,) und dadurch das für die Fontaine bestimmte Wasser absorbirt. Und noch vollständiger würde durch das Reinigen und Ausmoddern des mehrerwähnten außerhalb des Neuwerks belegenen Teichs, dieser Zweck erreicht werden.

Die Lindenallee Q Q Zeich: I kann nicht beibehalten werden, theils weil selbige sich nicht passend mit den neuen Anpflanzungen verbinden läßt, theils weil die Mehrzahl der Bäume wegen des nassen Bodens schlecht sind, und endlich die bessern an beiden Enden befindlichen Stämme, auch sehr bald von oben herab hohl und abständig werden, in Folge das an denselben 1830 ausgeführten zu scharfen und tiefen Kappens.

Längs der Einfriedigungs=Planke wird zur Deckung derselben, und zum Schutz der innern Pflanzungen, eine 1–3 Ruthen breite Anpflanzung gemacht, wovon zunächst an der Planke ein Streifen 16–18 Fuß breit mit Weißdorn, Schleedorn, Akazien und wilden Rosen bepflanzt wird; der dann in Zukunft dicht verwachsen, undurchdringlich geworden die höchst kostspielige Brettereinfassung unnöthig machen wird. Durch Vorpflanzung von theils Nadel= theils Laubholz, wird dieser Schutzstreifen, verstärkt, verdeckt und verschönert.

Die Wege sind in sanften Biegungen so gegeführt [Fehler in der Quelle], daß man ohne Beschwerde, und weite Umwege, zu den höchsten, so wie zu allen interressanten Punkten und schöne Fernsichten und Durchblicke gewährende Sitzplätze des Gartens gelangt.

Von der Höhe R hat man den Ueberblick über das ganze, sanft abfallende Thal mit seinen Baumgruppen, Gebüschen und Rasenplätzen, bis auf den ganz unten liegenden Wasserspiegel T, und darüber weg das Schloß Gottorff mit dessen Umgebungen, wo hinter demselben die fernen Anhöhen mit einem Theil des alten Danewerks den Horizont begränzen. Weßhalb jener Punkt R auch als die passendste Stelle für eine etwa aufzuführende Villa oder Pavillon, auf der Zeichnung II bemerkt ist.

In der Gesichtslinie von Südost bis Südwest befinden sich die schönsten Landschaftsprospecte über die Stadt und Schleÿ nach den jenseitigen Dörfern Fahrdorf, Haddebÿe, Bustorf, wo dann in der Entfernung von 2–2½ Meilen, die Hüttner Berge am Horizont, mit dem Schloß Gottorff im Vordergrund, das recht hübsche Panorama schließen. Alle Sitzplätze sind mit Rücksicht auf diese Ansichten gewählt und bezeichnet.

Eine Detaillirung der Anpflanzungen und Guppirungen, würde hier zwecklos seÿn. Nur daß mag noch bemerkt werden, daß allen Parthien, Gruppen und einzelnen Bäumen, außer der gefälligen und natürlichen Form, geeignete Plätze angwiesen [Fehler in der Quelle] sind um den gehörigen Effect von Licht und Schatten zu geben, ohne dabei die Aussichten und Durchblicke unbeachtet zu lassen; und alle diese wichtigern Punkte bei Entwerfung des Plans stets ins Auge gefaßt worden.

Zu den Anpflanzungen werden am zweckmäßigsten, ausser einigen der schönblühenden harten amerikanischen Holzarten und Sträucher, einheimische Holzarten vorzugsweise benutzt.

Die zu fällenden oder auszurodenden Bäume, meistens Eichen und Buchen, haben, nicht hoch taxirt einen Werth von: 5 bis 6000 Rbthlr.

Ein specificirter Kostenanschlag, der bei der Ausführung genau zutrifft, läßt sich deshalb nicht gut entwerfen; weil der vielen Grundquellen wegen, sich bei der Arbeit manches Hinderniß zeigen wird, daß sich im Voraus nicht bestimmen läßt, an manchen Stellen auch Spuren vom Vorhandensein, großer Steine sich zeigen; und endlich die meisten Arbeiten mindestfordernd oder im Accord gemacht werden können; die Arbeitspreise dann zum Theil von der größern oder geringern Concurrenz abhängig sind.

Als ziemlich annähernd projectirt dürften die Kosten sich wie nachstehend,
ergeben;
als:
für Ausroden, Reinigen, Planiren pp des Bodens - - circa 1050 Rthlr
für das Abstechen, planiren, pp der Wege - - circa 325 Rthlr
für Gravier zum Belegen der Wege incl. des Fuhrlons - - circa 375 Rthlr
für Material zur Anpflanzung incl. der Transportkosten - - circa 1000 Rthlr
für Grassaamen - - circa 90 Rthlr
für Arbeitslohn für das Auspflanzen der Gehölze pp - - circa 150 Rthlr
für Ausgraben und Herstellen des Wasser=Basins - - circa 750 Rthlr
für nicht vorherzuberechnende Ausgaben 260 Rthlr

Summa 4200 Rthlr Court.

oder in Rchsbnk 6400 Rbthlr.

Königlicher Neuwerks=Garten
im Junius 1841.   EFHansen"

Anhang 2, Nr. 22:

LASH 168/78 II:
Dienstanweisung für den Garteninspektor M. F. C. Jess im Neuwerk vom 29. April 1846

„Instruction wornach der Garteninspector und Fontaine-Aufseher in Neuwerk M.F.C. Jess, sich zu richten und verhalten hat.

1.

Der Garteninspector und Fontaineaufseher steht in diesen Eigenschaften allein unter dem Königlichen Oberhofmarschallamte und deßen zur Zeit für die Oberaufsicht des Königlichen Schloßgartens nebst Zubehör Allerhöchst Committirten Kammerherrn Amtmann von Scheel und hat in allen Angelegenheiten die den Schloßgarten nebst Zubehör betreffen, alle Aufträge, Verfügungen und Befehle unweigerlich zu befolgen, die ihm von seiner vorgesetzten Behörde ertheilt werden.

2.

Dem Garteninspector und Fontaineaufseher Jess wird unter Oberaufsicht des Kammerherrn Amtmann von Scheel die Leitung und Aufsicht über den Königlichen Neuwerksgarten in seiner ganzen Ausdehnung, nebst allen darin vorhandenen oder ferner aufzuführenden Gebäuden cum pertinentiis übertragen; Selbiger verwaltet diese Grundstücke nach bester Einsicht und unter eigner Verantwortlichkeit.

3.

Der Garteninspector soll die in dem Schloßgarten befindlichen Absätze, Wege und Gänge, imgleichen Lust und Blumenstücke, Hecken und Bäume nicht nur in gutem Stande unterhalten, sondern auch die Wege und Gänge durch fleißige Reinigung, das Ubrige aber durch gehörige gute Pflege, Dünger und Bearbeitung möglichster maßen verbessern. Überdem hat derselbe die Baumschule zu unterhalten und zu erneuern, auch die Mistbeete in gutem Stande zu halten, damit wenn die Königlichen Herrschaften auf Gottorff zugegen sind es an guten eßbaaren Gemüsen niemals ermangeln möge.

4.

Falls es verlangt werden sollte, hat der Garteninspector auch den Garten auf der Forteresse Gottorff zu besorgen und rein zu halten, so wie es ihm auch zu Pflicht gemacht wird:

5.

Daß die beiden Wohnzimmer der Gemahlin des Statthalters Prinzen von Schleswig-Holstein-Sonderburg-Augustenburg, während Ihres Winteraufenthalts in Gottorff, mit Topfgewächsen versehen werden.

6.

Ferner soll derselbe verpflichtet sein, auf die Fontainen und Wasserleitungen in Neuwerk wie auch beim Schloße und Amthause zu Gottorff die tägliche Aufsicht zu führen und sobald an einer oder anderen Stelle ein Fehler oder Mangel entdeckt wird, solches sogleich dem Amtshause und Bauinspectorate in Schleswig anzuzeigen; imgleichen die Baumschule im Neuwerksgarten fortzusetzen und für die Erhaltung der Bäume auf dem großen und kleinen Damm und der Allee nach dem Neuwerksgarten zu sorgen.

7.

Es wird dem Garteninspector zur Pflicht gemacht, die Befriedigung zwischen seiner Bedienungskoppel und der sogenannten kleinen Ziegelhofskoppel einseitig zu unterhalten und die Befriedigung zwischen der Bedienungskoppel und der Pöhler Wiese halbschiedlich [umschichtig] mit den Pächtern der angrenzenden Parzellen zu übernehmen und im Stand zu halten.

8.

Zur Unterhaltung des Gartens und der benöthigten Pferde, so wie zu Tagelöhnern, für Geräthschafte ist das dem Garteninspector allergnädigst zugestandene Gehalt von 640 Rbthl jährlich, so wie auch die freie Wohnung im Gartenhause, die ungehinderte Nutzung der vor dem Hause belegenen Graskoppel, wie auch was seine Vorweser bisher aus dem Garten rechtmäßig genossen, hauptsächlich als eine Vergütung anzusehen.

9.

Übrigens hat derselbe nicht nur die Brandassecuranzgelder selbst abzuhalten, sondern auch die Gebäude auf eigene Kosten in Übereinstimmung mit den bestehenden Verfügungen in baulichem Stande zu erhalten und nach dem aufgenommenen Inventario wiederum abzuliefern.

10.

Da der Garteninspector Schaumburg in dieser Eigenschaft insoweit es die Anlagen betrifft, die Oberaufsicht über Neuwerk, so wie über die übrigen Königlichen Gärten in den Herzogthümern führt, dürfen keine Hauptveränderungen ohne sein Mitwissen vorgenommen und ausgeführt werden.

11.

Wenn der Garteninspector in eigenen Angelegenheiten eine Reise beabsichtigt, so hat er dazu für einige Tage den Urlaub bei dem Committirten des Oberhofmarschallamts zu erbitten, dauert die Abwesenheit jedoch länger, so ist der Urlaub durch diese zunächst vorgesetzte Behörde bei dem Oberhofmarschallamte schriftlich nachzusuchen. In der Abwesenheit hat der Garteninspector einen sicheren Mann zu constituiren, welcher alle seine Obliegenheiten übernehmen muß.

12.

Der Garteninspector ist schuldig im Schloßgarten c pertinentiis in jedem einzelnen Falle diejenigen polizeilichen Functionen zu übernehmen, welche ihm der Oberbeamte (das Gottorffer Amtshaus) überträgt und jede Polizeiwidrigkeit zu hemmen, wie auch dem Oberbeamten anzuzeigen.

13.

Übrigens hat der Garteninspector und Fontaineaufseher Jess sich nach den Befehlen, welche ihm von dem Oberhofmarschall oder dem Oberbeamten mitgetheilt werden, wenn sie auch nicht ausdrücklich in dieser Instruction benannt sein sollten, unweigerlich zu richten.

Königliches Oberhofmarschallamt zu Copenhagen den 29st April 1846

JGvLevetzau"

ANHANG 3
LISTENÜBERSICHT

Index

Nr. 1:
Die Herzöge von Schleswig-Holstein-Gottorf 1544–1721 423

Nr. 2:
Die Statthalter der dänischen Könige in den
Herzogtümern 1730–1846 423

Nr. 3:
Auf Gottorf tätige Bauinspektoren und Baumeister, die mit
dem Neuen Werk in Verbindung zu bringen sind 423

Nr. 4:
Die Baugeschichte des Globushauses 424

Nr. 5:
Die Baugeschichte der Kaskade 426

Nr. 6:
Die Baugeschichte der Amalienburg 431

Nr. 7:
Die Baugeschichte der Orangerie 433

Nr. 8:
Die Baugeschichte des Gärtnerhauses 437

Nr. 9:
Alphabetische Liste der originalen Pflanzennamen aus
den Inventaren des 17. Jahrhunderts 440

Nr. 10:
Alphabetische Liste der Pflanzen aus den Inventaren des
17. Jahrhunderts nach heute gültiger Nomenklatur 446

Nr. 11:
Alphabetische Liste der originalen Pflanzennamen aus den
Verzeichnissen der 1. Hälfte des 18. Jahrhunderts 448

Nr. 12:
Gartenbau- und Pflanzenbücher in der
Gottorfer Bibliothek 455

Nr. 13:
Bücher der Gottorfer Bibliothek mit Relevanz für
die Gebiete Architektur, Gartenkunst, Bildende Kunst,
Topographie und Reiseliteratur 456

Nr. 14:
Zeittafel zur Geschichte des Neuwerkgartens 459

Anhang 3, Nr. 1:

Die Herzöge von Schleswig-Holstein-Gottorf 1544–1721

Name	geboren	gestorben	Regierungszeit
Adolf	25.1.1526	1.10.1586	1544–1586
Friedrich II.	21.4.1568	15.6.1587	1586–1587
Philipp	10.8.1570	18.10.1590	1587–1590
Johann Adolf	27.2.1575	31.3.1616	1590–1616
Friedrich III.	22.12.1597	10.8.1659	1616–1659
Christian Albrecht	3.2.1641	27.12.1694	1659–1694
Friedrich IV.	18.10.1671	19.7.1702	1694–1702
Carl Friedrich	30.4.1700	18.6.1739	1702–1721, Vormundschafts-Regierung 1702–1718, in Holstein noch bis 1739.

1721 ist die Herrschaft in Gottorf beendet. Danach sind die Herzöge nur noch Herzöge von Holstein.

Anhang 3, Nr. 2:

Die Statthalter der dänischen Könige in den Herzogtümern 1730–1846
(aus: Skierka, 1991, S. 39 u. Kellner, 2009, S. 17)

1713–1722: Carl Graf von Ahlefeldt (gest. 1722)

1730–1762: Friedrich Ernst Markgraf von Brandenburg-Culmbach (1703–1762)

1762–1768: Friedrich Ludwig Freiherr von Dehn (1697–1771)

1768–1836: Carl Landgraf von Hessen-Kassel (1744–1836)

1836–1842: Friedrich Landgraf von Hessen-Kassel, Sohn des Vorgängers (1771–1845)

1842–1846: Friedrich Emil August Prinz von Noer (Schleswig-Holstein-Sonderburg-Augustenburg) (1800–1865)

Anhang 3, Nr. 3:

Auf Gottorf tätige Bauinspektoren und Baumeister, die mit dem Neuen Werk in Verbindung zu bringen sind

1632–1652: Johannes Hecklauer (1596–1654), Kammerdiener, Organist, Amtsinspektor des Amtes Gottorf und Bauinspektor auf Gottorf

1652–1659: Otto Jageteuffel (1610 – um 1667), Kammerdiener, Hofmaler und Bauinspektor auf Gottorf

1661–1674: Johannes Müller (gest. 1674), Hofmaler und Bauinspektor auf Gottorf

1664–1666: Michel Le Roy (Lebensdaten unbekannt), als Architekt und Ingenieur auf Gottorf tätig

1674–1680: Nils Eosander (gest. 1698), Baumeister für die Fürstentümer Schleswig und Holstein

1680–1689: Marcus Thomsen (gest. 1689), Kammerdiener und Bauinspektor auf Gottorf

1690–1726: Christian Albrecht Thomsen (gest. 1726), Kammerdiener und Bauinspektor auf Gottorf, auch Bauunternehmer

1698, 1720: Domenico Pelli (1657–1729), Baumeister und Bauunternehmer, 1695–1698 Umbau des Kieler Schlosses für Herzogin Friederike Amalie, ab 1697 königlich dänischer Militärarchitekt, am Bau des Südflügels von Schloss Gottorf beteiligt als Unternehmer; später als Mitglied einer Untersuchungskommission auf Gottorf tätig

1706–1713?: Nicolaus Wilhelm Fischer (Lebensdaten unbekannt), Landbaumeister in den Herzogtümern Schleswig und Holstein

1709–1713?: Hinrich Schwartz, wohl identisch mit Johann Heinrich Schwartz (gest. 1727), hochfürstlicher Baumeister auf Gottorf

1713–1734: Claus Stallknecht (gest. 1734), Baumeister in den Herzogtümern Schleswig und Holstein und in den Grafschaften Oldenburg und Delmenhorst, auch Königlicher Baumeister genannt

1726–1727: Johann Hinrich Peucker (gest. Ende 1727/Anfang 1728), Direktor des Gottorfer Bauwesens und Oberaufseher des Gottorfer Garten- und Fontänenwesens

1728–1731: Jörgen Themsen (Lebensdaten unbekannt), Direktor des Gottorfer Bauwesens

1731–1734?: Karl Christian Hemsen (Lebensdaten unbekannt), Direktor des Gottorfer Bauwesens

1734–1762: Otto Johann Müller (1692–1762), Baumeister in den Herzogtümern Schleswig und Holstein und den Grafschaften Oldenburg und Delmenhorst, Oberaufseher über den Neuwerkgarten

1762–1776: Johann Gottfried Rosenberg (1709–1776), Baumeister in den Herzogtümern Schleswig u. Holstein, in der Herrschaft Pinneberg und der Grafschaft Rantzau

1777: Nicolaus Sigismund Bauer (gest. 1777), Landbaumeister in den Herzogtümern Schleswig und Holstein

1777–1779: Johann Leonhard Koch (1718/19 oder 1727–1787), eigentlich Baugevollmächtigter, in dieser Zeit als Interimsbaumeister tätig

1779–1804: Johann Hermann von Motz (1743–1829), Landbaumeister für die Herzogtümer Schleswig und Holstein, ab 1782 nur noch für Schleswig

1804–1823: Lorenz Christian Kreiser (1771/72–1823), Bauinspektor für das Herzogtum Schleswig

1820–1827: Wilhelm Friedrich Meyer (1799–1866), Baukonducteur im Herzogtum Schleswig, ab 1823 als Interimsbauinspektor

1827–1866: Wilhelm Friedrich Meyer (1799–1866), Bauinspektor für das Herzogtum Schleswig, einige Jahre auch als Vertretung für den Bauinspektor im Herzogtum Holstein

1866–1870: Johann Friedrich Holm

Anhang 3, Nr. 4:

Die Baugeschichte des Globushauses

1649: Herbst bis April 1650: Baubeginn des Globushauses. Untergehörige liefern Kanthölzer und Bretter (QuP 426, 487–489, 491–494). Kommentar: Warum Lühning, 1997, S. 15 u. 125 nur die Rechnungsbelege seit 1650 einbeziehen und nicht die m.E. dazugehörenden von 1649, verwundert, denn in keiner der o.g. Holzlieferungen, auch nicht in den ersten von 1650, die Lühning zitiert, ist das Globushaus genannt. Danckwerth/Mejer, Bd. 1, 1652, S. 110f. datieren den Baubeginn erst auf 1651.

1650: Untergehörige liefern wieder Kanthölzer und Bretter (QuP 518, 519, 524, 527, 528).

1651: Kleinschmied Nickel Willemsen arbeitet für die hohe Summe von 434 Rthlr 2 ß im Neuwerk, u.a. am Globushaus, wo er z.B. „18. große Eisern Kiekfenster" und Arbeiten am Turm wie Fahne und Blume und Beschlagen von 30 Fensterrahmen und einigen Türen innen macht, und am Globus. Der Kalkschneider arbeitet im Globushaus (QuP 565). Glaser Friedrich Zimmermann verglast die Fenster (QuP 567). Der Steinhauer Cornelius van Mander fertigt für das Lusthaus und das Pomeranzenhaus ein großes Portal, Fensterluchten und einen Schornstein (QuP 568). Untergehörige liefern Kanthölzer und Bretter (QuP 605).

1652: Der herzogliche Faktor in Hamburg, Johan Danckwerth liefert Baumaterial wie Kupfer, Rollblei etc. (QuP 605). Die Tischler Johan Polack u. Peter Kroegmann u.a. arbeiten im Globushaus (QuP 607). Anstreichen der Windeisen (QuP 611). Kalkschneider/Stuckateur Meister Philipp Weller beendet seine Arbeit im Saal, Vorgemach und Schlafkammer für 140 Rthlr (QuP 622). Steinhauer Melchior Rüßler setzt die gehauenen Steine für die Galerie (Balustrade) auf (QuP 626). Schnitzer Steffen Koeß arbeitet an der Wendeltreppe (QuP 629). Detlef Jeß u.a.: Sägen von Bogenholz (QuP 646).

1653: Kalkschneidermeister Philipp Weller fertigt die Stuckaturen in den 4 obersten Gemächern (QuP 678). Tischler Caspar Eibe und Berenndt Kroegmann: jeweils Einkauf von Holz für 100 Rthlr für das Globushaus und Auftrag zur Verarbeitung (QuP 686, 687). Es geht um die neuen Ausluchten (vgl. QuP 749, 795, 820). Johannes Müller arbeitet für 120 Rthlr im Globushaus (QuP 692). Arbeitsleute verlegen Fliesen (QuP 702). Ein Tischlergeselle und Jürgen Ovens hängen große Porträts und Rahmen dazu auf (LASH 7/4571, Fasz. 2).

1654: Carsten Greuing sägt Eichenholz zu Kanthölzern für die „newen ausluffte" (QuP 719). Maurer legen zwei Feldsteinfundamente, brechen Mauern aus, legen dort wieder Balken und mauern sie ein, „an der hintersten seiten des großen Hauses gebrochen" und eine große Fensterlucht wird aufgerichtet, Balken eingemauert, Wände werden verputzt und geweißt (QuP 727). Zimmerleute hauen Balken zu und verarbeiten sie u.a. an der großen Fensterlucht (QuP 728). Anlieferung von „Seulen Und stein" aus Bremen (QuP 731).
Tischler Caspar Eibe arbeitet an den neuen Ausluchten (QuP 749); Restzahlung 1655 (QuP 820). Der Töpfer Melchior Polltehr nimmt den Ofen auf dem Saal im Globushaus herunter (QuP 760).

1655: Tischler Berenndt Kroegmann arbeitet an den neuen Ausluchten (QuP 795). Bildhauer Nikolaus Heim bekommt 60 Rthlr für 6 „unten am großen Lusthause […] gefertigter Tarmes" (QuP 803). Kalkschneider Hartwig Singelmann arbeitet für 70 Rthlr im Globushaus (QuP 814).

1657: Johan Remsen von Büren aus Friedrichstadt; Bezahlung von 52 Rthlr für die Lieferung einer Wendeltreppe für das Globushaus (QuP 888). Kommentar: diese Quelle wird bei Lühning, 1997 (hier Q 128) zwar genannt, aber nicht verarbeitet, vgl. S. 47–49, wo nur die Wendeltreppe von Steffen Koes erwähnt wird (QuP 629), obwohl hier von einem „gefertigten geheuße" gesprochen wird.
Große Mengen von Feldsteinen werden ins Neue Werk geliefert (QuP 895). Steinhauer Jacob Heldt fertigt 8 „Pilaren" aus schwedischen Steinen an (QuP 904). Maurermeister Claus Rethmeyer legt eine „dehle" im Globushaus (QuP 905). Claus Borcksen aus Schleswig liefert Zinnplatten (QuP 912). Kommentar: diese Quelle fehlt bei Lühning.

1658: Bei der Besichtigung am 16.10.1658 durch einen unbekannten Polen präsentiert sich das Globushaus als „ein treffliches Palatium mit schönen Räumen, Gemachern und weitem Prospect, auch gemahleten und außgehawenen Kunststücken geziehret." (Opitz, 1978, S. 93).

1662: Im September fertigt und montiert Hans Christoph Hamburger 8 „bleyern Drachen" im Neuen Werk (QuP 1002). Kommentar: Diese Quelle fehlt bei Lühning, 1997, auch nicht als Wasserspeier eingezeichnet.

1663: Johan Danckwerth liefert Magdeburger Dielen für das Globushaus (QuP 1023). Tischler Johan Carloff verlegt Böden im Globushaus und kleinen Lusthaus (QuP 1018). Kalkschneider Zacharias Moritz macht Ausbesserungen am Globushaus (QuP 1019). Säger Detleff Hennings fertigt Latten und Pfähle für die Galerie auf der Globusmauer (QuP 1040).

1668: Von April bis August arbeiten Maurer, Zimmerleute und Tischler am Globushaus, u.a. an den Fensterluchten, wohl Reparaturen (QuP 1172, 1174). Im August macht der Kalkschneider Martin Schuster Reparaturen an den Ausluchten (QuP 1175). Der Ziegler Johan Rolufs liefert 300 Alstracken (QuP 1177). Erklärung zu den vorhergenannten Posten: Es wurde eine „Holtzerne Außluchte" herunter gebrochen und eine aus Stein neu aufgebaut. In den Fensterluchten war Blei verwendet worden (LASH 7/4582). Kommentar: bei Lühning, 1997, kommt diese Quelle nicht vor.

1670: Lieferung von Holz „zu der newen gewächß-Cammer unterm großen Lusthauße" (QuP 1248). Lieferung von Lötzinn „zur Camera obscura zum Newenwerck großen Lusthauße" (QuP 1249). Der Steinhauer Jürgen Schröder arbeitet am Globushaus (QuP 1234).

1680: Das Globushaus bekommt einen neuen Außenanstrich durch den Hofmaler Christian Müller (QuP 1369). Kleinschmied Bartold Severin arbeitet unter dem Globushaus (QuP 1368).

1682: Anfertigung von 4 neuen Fensterrahmen mit Kleinschmiedearbeit (nach Lühning, 1997, S. 130, Q 155 ergänzt).

1690: Bildhauer Theodor Allers setzt Pfeiler „auff dem Lust Hausse im Neyenwerck" auf (QuP 1412).

1691: Dreher Jacob Schmidt liefert 80 Pfeiler „zum Althan" (QuP 1426). Kommentar: nicht bei Lühning, 1997. „Wasen" werden unter dem Globushaus gelegt (QuP 1443).

1693: Tischler Hans Steffens „streich und legung des bodens über das alte Lusthauß" (QuP 1468). Maurermeister Johan Ebelin weißt innen das Globushaus (QuP 1478).

1696: Herzog Christian Albrecht hat bei dem Maler Claus Tamsen drei Gemälde mit Herkulesthematik als Porträts gekauft, die im Globushaus aufgehängt wurden, s. Inventare 1695 u. 1705 (QuP 1521).

1705: Zustand des Globushauses ist relativ verkommen: In den Fenstern fehlen Scheiben (Rauten), die Steinbalustrade ist teils schon weg, teils abgestützt (LASH 7/197, Zusatz zum Möbelinventar v. 1705). Ein Altan ist leck (LASH 7/188, Baustaat 1705).

1706: Abnahme der alten Steinbalustrade. Es werden daraus 44 Ofenfüße für das Schloss hergestellt. Hoftischler Balck liefert 179 neue Pfeiler aus Eichenholz für die Galerie des obersten Altans u. 21 breite Pfeiler, dazu Ober- und Untergesims aus Eichenholz. Montage der Gesimse und Pfeiler. Der Maler Otto Krap streicht die Pfeiler mit grauer Ölfarbe (QuP 1610, 1619, 1618, 1612). Ein Altan wird neu geteert und mit „Hammerschlag" bestreut (QuP 1617). Maurermeister Martin Agazio legt zwei aus gehauenen Feldsteinen bestehende Treppen unter dem Globushaus neu (QuP 1615).
Einsetzung von 4 neuen Fensterluchten aus Holz, Reparierung der 7 übrigen (LASH 7/188, Baustaat 1706). Änderung der Räume im Keller, Abtrennung der Gerätekammer des Fontänenmeisters, die nun von außen zugänglich gemacht werden soll (LASH 7/188, Baustaat 1706).

1707: Reparatur der Wendeltreppe zum obersten Altan (LASH 7/188, Baustaat 1707). Hoftischler Balck repariert bzw. ersetzt Holzpfeiler der Balustraden auf den drei unteren Altanen, die dann von Otto Krap grau angestrichen werden (QuP 1626; LASH 7/188, Baustaat 1707).

1708: Gipser Bernhardt Sorrot repariert die Stuckaturen im Globushaus (QuP 1634).

1713: Bauschäden außen und innen, durch Abtransport des Globus durch die „Moscowiter" entstanden: An der Westseite ist die Außenmauer beschädigt worden, innen in der Globusetage der Fußboden mit Brettern und Fliesen und die Stuckdecke und Wände, in der Festsaaletage müssen Mauer- und Stuckwerk und Fenster wieder instandgesetzt werden. (LASH 400.5/140, Relation von Brockdorffs aus Gottorf v. 6.2.1713; LASH 400.5/234, sub. 29; LASH 32/23, Baustaat 1718, §17 und Baustaat 1720/21, § 61; LASH 66/1712 I, u.a. Baumängel 1719, zusammengestellt nach der Besichtigung des Fontänenmeisters am 27.7.1719).

1718: Ausbesserung der Feldsteintreppe unter dem Globushaus (LASH 32/23, Baustaat 1718, § 15; LASH 66/1712 I).

1719: Taxation der Bauschäden am Globushaus, aber noch keine Reparatur (vgl. Quellen für das Jahr 1713).

1720: Beseitigung der Schäden von der Entfernung des Globus: Fußboden gut und Stuckdecke notdürftig repariert im Globussaal (LASH 32/23, Baustaat 1720/21, § 61; LASH 66/1712 I).

1722:	Reparatur des südlichen Altans, der Kupferabdeckung auf dem obersten Dach und der Fallrohre aus Blei (LASH 66/1712 I, II).
1724:	Reparatur der „Brücke unter dem alten Lust=Hause" mit Brettern (LASH 66/1712 II).
1728:	Umfassende Außen- und Innenreparatur des „sehr verfallenen" Globushauses (LASH 66/1712 III, fol. 106–145, Planung schon von Peucker, Ausführung dann unter Themsen, dokumentiert in LASH 66/9264, Nr. 12).
1737:	Kleine Reparaturen (LASH 66/9276, Nr. 82).
1739:	Reparatur des Daches (LASH 24/158, Nr. 1).
1740:	Neulegung der Treppe vor der kleinen Nordtür neben dem Hauptportal (LASH 24/158, Nr. 44; LASH 66/9282, Nr. 82).
1742:	Maurermeister Lorenz Henningsen, Fontänenmeister Freudenreich und der Maler Schröter führen verschiedene Reparaturen aus (RAK TyRtk B 2, 1742, Nr. 478; LASH 66/9285, Nr. 165).
1743:	Tischler Johann Junge, Schlosser H. C. Neukrantz, Maler Ehstedt und der Glaser Koes machen verschiedene kleine Reparaturen, v.a. Ausbesserungen an Fenstern (LASH 24/159, Nr. 144–146 u. 149; LASH 66/9289, Nr. 127).
1746:	Glaser Johann Heinrich Ohrtmann repariert die durch Sturm 1745 beschädigten Fenster (LASH 66/9297, Nr. 95).
1747:	Reparatur der Fenster (LASH 66/9299, Nr. 12).
1748–49:	Maurermeister Lorenz Henning, Tischler Jochim Hinrich Hestorff und der Maler Friedrich Wilhelm Koes setzen das Globushaus nach dem etwas reduzierten Kostenvoranschlag von Müller instand. Hier wird die Aufgabe des Gebäudes zum ersten Mal zur Disposition gestellt (RAK TyRtk B 2, 1748, Nr. 60 u. 179; LASH 66/9302, Nr. 22; LASH 66/9304, Nr. 108; LASH 66/9319, Nr. 116).
1750:	Kleine Reparaturen (LASH 66/9310, Nr. 132).
1752:	Verschiedene kleine Reparaturen (LASH 66/9316, Nr. 122).
1754:	Verschiedene kleine Reparaturen (LASH 66/9319, Nr. 75).
1755:	Reparatur an der westlichen Brüstung am Turmportal (LASH 66/9322, Nr. 151).
1756:	Inventar des Globushauses wird größtenteils auf einer Versteigerung veräußert (LASH 66/9324, Nr. 103; LASH 66/9352, Nr. 106).
1763:	Reparatur des durch ein Unwetter an den Fenstern entstandenen Schadens (LASH 66/9339, Nr. 160).
1768:	3. Juni: Resolution des Königs zum Abriss u.a. des Globushauses (RAK TyRtk, B 2, 1768, Nr. 82; LASH 66/9349, Nr. 76). Das Globushaus wird bei der Lizitation am 24.11.1768 an den Schleswiger Glaser Dubel für 1565 Rthlr zum Abbruch verkauft (LASH 66/9350, Nr. 158, Rosenbergs Anschlag v. 8.10.1768; RAK TyRtk B 2, 1768, Nr. 168). Abbruch des Globushauses bis auf die Fundamente. Das in der halbrunden Mauer des Globusgartens entstandene Loch schließt der Käufer mit einer Tür (4 Fuß breit und 7 Fuß hoch), die oben drüber mit Dachpfannen bedeckt wird (LASH 66/9350, Nr. 158, Verkaufskonditionen v. 16.11.1768).
1769:	Nach der „Cammer Ordre" vom 24. Januar werden die letzten Ausstattungsstücke des Globushauses, die 1756 nicht veräußert worden waren, verkauft (LASH 66/9352, Nr. 106, Auszug aus dem Inventar v. 29.5.1769).

Anhang 3, Nr. 5:

Die Baugeschichte der Kaskade

1664:	Bau einer Kaskade erstmals erwähnt (QuP 1068). Der Bau wird 1667 vollendet. Le Roy hat die Bauleitung inne (QuP 1092, 1093, 1094, 1097, 1098, 1124). Beteiligte Personen: „Jürgen Hinrichsen et consortes" (QuP 1068), Hans Christoph Hamburger (QuP 1087), Christian Albrecht Hamburger (QuP 1153), der Rotgießer Johann Müller aus Husum (QuP 1090) mit Lieferung von Messinghähnen, Maurer Claus Rethmeyer (QuP 1092), der Schleswiger Müller Jacob Kallßen (QuP 1093) mit Verlegung der Piepenbäume, Steinhauer Paul Taurnicht (QuP 1094, 1097), Tischler u. Bildschnitzer Claus Eybe (QuP 1097), der Steinbrücker Johann Wacker (QuP 1097), Tischler Peter Lueß mit seinen Gehilfen (QuP 1097, 1101), der Kleinschmied Bartholt Severin (QuP 1098, 1124), Maler Johan Müller (QuP 1099, 1127), Untertanen der Struxdorfharde (QuP 1142) mit Transport von Feldsteinen, zwei Dachdecker (QuP 1152).
1668:	Erste Beschreibung der vollendeten neuen Kaskade am Eingang des Gartens (Major, 1668, S. 16): Hier auch eindeutige Standortidentifizierung möglich. Auch Tessin bestätigt in seiner Beschreibung des Neuwerks von 1687 die Existenz der Kaskade an dieser Stelle (Sirén, 1914, S. 66). Errichtung der beiden Laubengänge an der Kaskade unter Beteiligung des Bildhauers Peter Lueß und des Hofmalers Johannes Müller (QuP 1166, 1171, 1173).
1671:	Erste Pflege- oder Instandhaltungsmaßnahme: „dichten und pechen" der „Casquaden, Rönnen, Kumen" durch einen Schiffer (QuP 1274).

1674: Pflege der Kaskade: sie wird geteert (QuP 1322).

1675: Kaskade wird mit Tarras besetzt (QuP 1337). Renovierung der Kaskade durch den Hofmaler Christian Müller (QuP 1359).

1677–79: Reparatur der Kaskade und Kumme (QuP 1348). Wahrscheinlich gehört hierzu der aus der Lage im Konvolut auf ca. 1680 datierte Extrakt aus den Rentekammerrechnungen, wonach für die Kaskade 61 Eichen und 23 Buchen gehauen und geliefert wurden (LASH 7/187, fol. 20).

1681: Mauerleute reparieren die Kaskadenschalen, Verlegung von neuen Piepenbäumen (LASH 7/2374, Beilage Nr. 14 u. 20).

1682: Christian Müller streicht „die eine vontein" bei der Kaskade ganz mit Steinfarbe über (QuP 1385).

1690: Die alten Holzsiele, die das Wasser von der Kaskade ableiten, sind verrottet und werden durch neue aus Buchenholz ersetzt (QuP 1403). Lieferung von weißen Fliesen, die Allers aus Kiel liefert (QuP 1410), von 155 Stück grauen gotländischen Steinen aus Kiel (QuP 1414), und von gehauenen Steinen (Treppensteinen und Postamenten) zur Kaskade (QuP 1415). Vom 1. bis zum 27. September wird die Kaskade abgebrochen und der Platz planiert (QuP 1418).

1691: Nun ist zum ersten Mal von der „newen Cascade" die Rede (QuP 1428). Materiallieferungen (Blei: QuP 1428; Piepenbäume u. Fliesen: QuP 1429; Steingruß: QuP 1431). Theodor Allers arbeitet nachweislich an der Kaskade (QuP 1429) und lässt in Kiel bearbeitete graue gotländische Steine nach Gottorf bringen, insg. 46 Stück, wobei von Steinen, die unter kleine und große Muscheln kommen und von Kracksteinen die Rede ist (QuP 1439). Es scheint keine vollständige Ersetzung der alten Steine zu geben, sondern anhand der ungleichmäßigen Anzahl von Steinen lässt sich auf eine Teilerneuerung schließen, bei der die noch brauchbaren alten Steine wiederverwendet werden. Aufsetzung vor Ort durch Maurer Johann Ebelin (QuP 1445).

1692: Theodor Allers arbeitet weiter an der Kaskade und fertigt Holzskulpturen (wofür genau?) an (QuP 1450, 1461).

1693: Röhren bei der Kaskade werden gelötet (QuP 1464). Weitere Lieferung von gehauenen Steinen zur Kaskade (QuP 1472, 1474). Neulegung des Kaskadenfundamentes (QuP 1475, 1477). Die Kaskade wird von Mauerleuten neu aufgesetzt und gemauert (QuP 1478). Mit der Setzung der gehauenen Steine wird bei der Kaskade begonnen (QuP 1479).

1694: Hofmaler Ludwig Weyandts Arbeit für die Kaskade (QuP 1500, Bezahlung erst Februar 1695): Vergoldung zweier großer Kupferkronen, die „auff die Große Vonteyn Stehen"; dann werden „3 Bilder und die Vestonnen von Bildthawer arbeit Licht grauw" angestrichen (QuP 1500, Bezahlung erst Februar 1695). Allers fertigt Muschelzierrat aus Holz für das Innere des Kaskadenhäuschens an (QuP 1501, Bezahlung erst 1695).

1695: Kauf und Transport einer Steinkumme und gehauener Treppensteine (QuP 1506). Belegung der Kumme mit Blei und Deckung des Kaskadendaches darüber auch mit Blei (QuP 1511). Allers verpflichtet sich, den noch fehlenden Rest der Kaskade zu liefern (LASH 7/5807).

1699: Fertigstellung der Fontäne vor der Kaskade (QuP 1557), Allers liefert noch Stücke von gehauenen Steinen dazu (QuP 1568, Abrechnung erst 1700).

1702/03: Der Hofmaler Galli fasst die Fontäne und die Kaskade neu unter Aufsicht von Hofmaler Weyandt (QuP 1585).

1706: Reparatur der Kaskade (QuP 1610). Die Stuckdecke der Kaskade ist abgefallen (LASH 7/188, Baustaat 1707).

1708: Der Stuckateur Bernhardt Sorrot repariert die Stuckdecke in dem Kaskadenhäuschen (QuP 1634). Otto Krap streicht das Fontänenbassin vor der Kaskade grau, die Frösche aber in „Spans grün" an (QuP 1635; LASH 7/188, Baustaat 1708).

1709: Das große Inventar von Schwartz liefert eine genaue Beschreibung des Zustandes der Kaskade nach dem Umbau durch Allers in den 1690er Jahren (LASH 7/6826, Inv. v. 1709, pag. 572–578).

1710: Neuaufsetzung des Feldsteinwalls hinter der Kaskade (LASH 7/188, Baustaat 1710).

1712: Neugestaltung der Seitenbereiche an der Kaskade, zumindest teilweise, nach dem Projekt von Thomsen/Klingmann (LASH 7/187, fol. 286–293), Ausführung nur zu kontrollieren im Vergleich von BQ: KBK, Dallin I und BQ: KBK, Grundriss Gottorf 1713.

1717: Alle Teile aus Bremer Sandstein an der Kaskade werden repariert und mit Ölfarbe konserviert (LASH 32/23, Baustaat 1717, § 26; LASH 66/1712 I, Baustaat 1717).

1728: Die „Gips Arbeit" im Innern wird neu gemacht und am Dach eine neue Bretterschalung unter dem Blei gebaut (LASH 66/9264, Nr. 12).

1732: Inventar des Fontänenwesens wird aufgestellt am 29.4.1732 (RAK TyRtk C 84).

1734: Der Platz auf der rechten Seite der Kaskade liegt „wüst" mit lauter wilden Bäumen bestanden und soll neu angelegt werden. Clasen rodet die Bäume und setzt eine neue Einfassung aus Hagebuchenhecke (LASH 24/76, Untersuchungsdokument v. 18.9.1734; LASH 24/147, Nr. 2).

1735: Clasen hat einen Renovierungsvorschlag für das rechts von der Kaskade liegende Stück Land gemacht und dafür eine Zeichnung eingereicht. Er nennt das Stück „Boscage" (LASH 24/147, Nr. 2).

1736: 31.10.: Müller macht einen Anschlag zur Hauptreparatur des Fontänenwesens mit der Kaskade als wichtigstem Teil, weil der Zustand des Steinmaterials durch Witterungsschäden sehr schlecht ist. Deshalb werden die Ausbesserungen mit Bremer Sandstein gemacht (LASH 66/1712 III, fol. 258–263v.; LASH 24/129.2, vgl. dazu sein gleichzeitiger Bestandsplan: BQ: LASH, Müller II).

1737: Hauptreparatur des Fontänenwesens bis Sommer 1738. Beteiligte Handwerker: die Maler Hans Ulrich Sielentz und Johann Caspar Ehstedt, Mauermeister Christian Drechsler, Schieferdecker Matthias Mörck, Fontänenmeister/Bildhauer Johann Friedrich Freudenreich, Tischler Peter Eÿben, Rotgießer Christian Albrecht Schröder (LASH 66/9276, Nr. 77, Lit. AA, A, B, D; LASH 24/147, Nr. 37 u. 147). Martin Agazius setzt hinter der Kaskade eine kleine Mauer aus Mauersteinen auf zum Schutz der Bleirohre vor Diebstahl (LASH 24/147, Nr. 22). Bei der Hauptreparatur werden fast alle Wasserleitungen, Abwasserkanäle und Fundamente der Kaskade erneuert, außerdem wird der sehr verwitterte gotländische Sandstein z.T. gegen Bremer Sandstein ausgetauscht (z.B. wird das Bassin auf dem Vorplatz neu gemacht), die Kaskade aber selbst nicht verändert bis auf die 1738 von Freudenreich völlig neu angefertigten Skulpturen, vgl. unter 1738 (LASH 66/1712 III, fol. 273–279, Inventar des Fontänenwesens v. 19.8.1738; LASH 24/129.2). Durch Vandalismus werden Teile der Kaskade beschädigt (eine Skulptur im Kaskadenhaus, eine große Muschel, die große Kumme, Triton) (LASH 66/9278, Nr. 91b).

1738: 19.8.: Aufstellung eines Inventars des Fontänenwesens anlässlich der Übergabe an den neuen Fontänenmeister Johann Friedrich Freudenreich. Die Hauptreparatur des Fontänenwesens ist damit als beendet erklärt worden (LASH 66/1712 III, fol. 273–279). Teilweise Neugestaltung der Kaskade: Freudenreich fertigt acht kleine Kinderskulpturen und acht Vasen für die Postamente an den mit Muscheln ausgestatteten Seiten des Treppenaufganges an, dazu außerdem vier Vasen und vier Putti für den Rand des achteckigen Bassins auf dem Kaskadenvorplatz und für das Postament in der Mitte eine Gruppe aus zwei Kindern. Maler Ehstedt streicht die Skulpturen mit weißer Ölfarbe an (LASH 66/9278, Nr. 53; LASH 66/1712 III, fol. 273–279, Inv. des Fontänenwesens v. 19.8.1738).

1739: 27.7.: Untersuchung der bei der Hauptreparatur des Fontänenwesens verwandten Bremer Sandsteine durch Müller und Freudenreich (LASH 66/1712 III, fol. 176–198v.). Es gab wegen der Hauptreparatur jahrelange Unstimmigkeiten, weil Freudenreich durch den Garteninspektor Clasen denunziert wurde. Freudenreichs Arbeit wird deshalb auch von Clasen am 25.6.1739 untersucht (LASH 66/1712 III, fol. 176–198v.).

1740: Neuanfertigung der vergoldeten Kupferkrone in dem Bassin vor der Kaskade (LASH 66/9282, Nr. 80, war sie gestohlen worden?).

1741: Kleine durch Frost entstandene Mauer- und Gipsreparaturen an der Kaskade werden ausgeführt von Mauermeister Henningsen aus Schleswig (RAK TyRtk B 2, 1742, Nr. 306).

1742: Nochmalige Untersuchung der Arbeit Freudenreichs bei der Hauptreparatur, diesmal durch v. Ötken. Die Streitigkeiten beruhen auf der Tatsache, dass die Arbeiten an der Kaskade umfangreicher ausfielen als zunächst angenommen (LASH 24/129.2).

1748: Reparatur der Kaskade: Maurer- und Malerarbeit (LASH 66/9302, Nr. 22).

1750: Instandsetzung der Kaskade: größte Maßnahme dabei ist der Abriss und Neubau der herabgestürzten Decke und des Daches im Kaskadenhaus (LASH 66/9308, Nr. 53).

1755: Reparatur der Kaskade: Die Wassertreppe in der Mitte wird hochgenommen und neu aufgesetzt. Dabei werden alle Teile aus neuem Gotländer Sandstein von Freudenreich wie die alten angefertigt, sowohl Stufen der Wassertreppe als auch die mit Muscheln und Delphinen verzierten Seitenteile (LASH 66/9322, Nr. 151).

1758: Wiederum Reparatur der Kaskade an Mauer- und Bildhauerarbeit: Teile der Seitenwände des Kaskadenvorbaus werden ersetzt mit von Freudenreich neu gemachten Stücken aus Gotländer Sandstein, außerdem ist eine der acht Vasen kaputt gegangen und wird von Freudenreich wieder neu gemacht (LASH 66/9328, Nr. 137).

1763: Rosenbergs Anschlag für die Bildhauer-Reparaturen an der Kaskade wird ausgeführt. Durch Vandalismus, Diebstahl und Witterung sind Schäden aufgetreten. Zwei Kinderfiguren auf dem Bassin und eine Vase auf den Seitenwänden des Treppenvorbaus müssen völlig neu nach altem Muster angefertigt werden (LASH 66/9339, Nr. 152).

1765: Reparatur von zwei zur Kaskadenanlage gehörigen hölzernen Wasserleitungen (Piepenbäume) durch Freudenreich: erstens die Leitung zum Bassin vor der Kaskade, zweitens die vom Engelteich zu den Wassersprüngen auf dem Kaskadendach (RAK TyRtk B 2, 1765, Nr. 226; LASH 66/9342, Nr. 74).

1766: Anfertigung eines Inventars des Fontänenwesens am 18.11. (RAK TyRtk C 84).

1768: Mit der königlichen Resolution vom 3.6. wird der Abbruch von Globushaus, Orangerie und Glashäusern und die gründliche Instandsetzung von Amalienburg und Kaskade beschlossen (LASH 66/9349, Nr. 76). Rosenberg schlägt Moser

	für die an der Kaskade nötigen Bildhauerarbeiten vor (LASH 66/9351, Nr. 16).
1770:	31.7.: Aufstellung neuer Inventare für das Neuwerk unter Rosenberg (RAK TyRtk C 84). Vertrag mit J. G. Moser zur Reparatur der Kaskade (LASH 66/9358, Nr. 66; RAK TyRtk B 2, 1772, Nr. 156).
1771:	Moser beginnt mit der Anfertigung der Bildhauerarbeiten zur Kaskadenreparatur (LASH 66/9358, Nr. 66; LASH 66/9362, Nr. 15).
1772:	3.7.: Anschlag des Eutiner Hofbildhauers Johann Georg Moser zur Reparatur der Kaskade (LASH 32/19, fol. 53–54). Die Ausführung der Kaskadenreparatur übernimmt als Entrepreneur Moser, der die Bildhauerarbeiten an der Kaskade Jacob Lemcke überträgt (das sagt auch Jürgensen, 1822, S. 152f., der mitteilt, dass alle Figuren an den seitlichen Muscheltreppen in Sandstein neu gemacht wurden). Maurermeister Henning übernimmt die Mauerarbeiten und das Aufsetzen der Skulpturenteile. Moser ersetzt die verwitterten und beschädigten Sandsteineteile durch Bremer Sandstein, es findet keine richtige Neugestaltung im Bereich des Kaskadenhauses und -treppenvorbaues statt, sondern neue Teile werden in der Art der alten angefertigt, z.B. die Muschelseitenwände, der Skulpturenschmuck hier und an der mittleren Wassertreppe. Nach Rosenbergs Äußerungen hat es aber den Anschein, dass Moser nicht restauratorisch, sondern mit einer gewissen künstlerischen Freiheit und teilweise stilistischer Neugestaltung arbeitet: Moser hat „an dieser verfertigten Arbeit nicht nur Fleiß und Kunst erwiesen, sondern auch sothane Arbeit in solchen prächtigen Ansehen und Stande gesetzt [...], daß Kenner derselben solche nirgends schöner gesehen zu haben versichern, und sich nicht genug darüber wundern können, auch ihn daher das wohlverdiente Lob eines rechtschaffenen Künstlers beÿlegen müßen" (LASH 66/9358, Nr. 66; RAK TyRtk B 2, 1772, Nr. 156; LASH 66/9362, Nr. 15; LASH 66/3531 III, Bewerbung des Bildhauers Jacob Lemcke v. 6.2.1779 auf die Fontänenmeisterstelle im Neuwerk).
1774:	Die durch Diebstahl des Bleis 1772 stark geschädigte große Kumme im Kaskadenhaus wird durch eine neue Kumme aus Bornholmer Sandstein ersetzt, die der Kopenhagener „Hof= Steinhauer" Fischer nach einer von Rosenberg 1772 angefertigten Zeichnung (BQ: LASH, Rosenberg VII) mit leicht veränderten Maßen und ohne Bleiausfütterung macht und durch den Bildhauergesellen Joseph Niedersee aus Kopenhagen am 28.5.1774 aufsetzen lässt (LASH 32/19, fol. 55; RAK TyRtk B 3, 1774, Nr. 117; LASH 66/9363, Nr. 69; LASH 66/9367, Nr. 24).
1780:	Aufstellung eines Fontäneninventars am 6.1.1780 anlässlich des Dienstantritts von Godske. Demnach fehlen im Bassin vor der Kaskade die „doppelte Kinder" aus Eichenholz auf dem mittleren Postament bei der Krone und außerdem vier Bleifrösche (LASH 32/19, fol. 77–82, Inventar des Fontänenwesens v. 6.1.1780). Die Skulptur wird nicht mehr ergänzt, aber die Frösche noch im selben Jahr durch Johann Hinrich Brodersen (LASH 66/9378, Nr. 132).
1797:	Kaskadeninstandsetzung: Die Decke im Kaskadenhaus wird durch den Schleswiger Zimmermeister Paul F. G. Gertz erneuert mit Balken und Schalung. Außerdem baut er alle Wasserkästen der Kaskade neu. Mauermeister Schmidt aus Schleswig fertigt die neue Gipsdecke und das Gesims an. Durch Bildhauer Schmädl aus Schleswig findet die Ausbesserung aller Steinarbeit und Ergänzung einer 7 Fuß hohen Figur im Häuschen, außerdem die Neuanfertigung von acht Vasen à 2½ Fuß Höhe aus Holz bei dem großen Bassin auf dem Vorplatz statt. M. F. v. Bergen übernimmt die Malerarbeiten (LASH 66/1973 II, Verträge mit den Handwerkern v. 25.8.1797).
1805:	Mit Mauermeister Genthe aus Schleswig wird ein bis 1815 gültiger Vertrag u.a. zur Instandhaltung der Kaskade geschlossen (RAK TyRtk E 24 II).
1815:	Erneuerung des Vertrags mit Mauermeister Gottfried Genthe zur Instandhaltung der Kaskade bis 1825 (LASH 66/2264.1, Nr. 876).
1816:	Der Fontänenmeister Peter Cunrau erneuert die Wasserleitung vom Engelteich zur Kaskade (RAK TyRtk F 36; RAK TyRtk B 3, 1818, Nr. 11).
1821:	Vertrag mit Mauermeister Jessen zur Instandhaltung der Kaskade auf 10 Jahre (RAK TyRtk E 24 IV).
1822:	Beschreibung der Kaskade von Jürgensen, 1822, S. 152f.
1823:	Kaskade befindet sich in sehr schlechtem Zustand, die Mauern des Hauses sind vom Einsturz bedroht, die Vasen und Figuren auf dem Bassin vor der Kaskade nicht vorhanden (LASH 32/19, fol. 83–84, Bericht des Amtsmauermeisters Jessen v. 30.1.1823).
1827:	Vertrag mit dem Schieferdecker Ahrens zur Unterhaltung der Schieferdächer auf Schloss Gottorf, womit ihm auch die Pflege des Kaskadendaches übertragen wird (LASH 309/16170 II).
1830:	Der dänische Oberbaudirektor C. F. Hansen schlägt den Verkauf des Kaskadenhäuschens auf Abbruch und die Errichtung einer Grotte stattdessen vor. Abstützung des vom Einsturz bedrohten Gebäudes (RAK TyRtk E 24 IV).
1831:	Der Amtsmauermeister Jessen reicht einen Anschlag zur Reparatur der Kaskade ein mit der Gesamtsumme von 1419 Rthlr (LASH 32/19, fol. 103).

1832: Oberbaudirektor C. F. Hansen besucht am 21.11. das Neuwerk. In diesem Jahr wird der größte Teil des Bleidaches und noch andere Bleiröhren von der Kaskade gestohlen, der Rest des Bleis vom Dach abgenommen und verwahrt (LASH 168/78 II, Bericht von Hansen v. 26.11.1832).

1833: März: Bauinspektor Meyer reicht einen Bau- und Kostenanschlag zur Errichtung einer Grotte statt der Kaskade im Neuwerk ein mit genau der gleichen Summe von 1419 Rthlr oder 2270 Rbthlr wie 1831 Jessen (LASH 32/19, fol. 99 u. 119; BQ: LASH, Meyer III). Die Grotte wird nicht ausgeführt (RAK TyRtk B 3, 1834, Nr. 18). Gleichzeitig entwirft Meyer selbständig ein neues Kaskadengebäude, das 1834 mit geringen Veränderungen gebaut wird (RAK TyRtk E 24 IV, Meyers Bericht v. 11.5.1833; BQ: LASH, Meyer IV). Meyer erstellt auch einen Entwurf für das neue Fontänenbecken nach Hansens Vorschlag (BQ: LASH, Meyer V).

1834: Umbau der Kaskade nach Meyers Vorschlag (RAK TyRtk B 3, 1834, Nr. 18; BQ: LASH, Meyer IV). Bestellung der Eisenguss-Fontänenkumme in der Rendsburger Carlshütte nach dem Entwurf C. F. Hansens und den Modellen des Kopenhagener Professors Hetsch (LASH 32/19, fol. 116 u. 117). Garteninspektor E. F. Hansen reicht einen Entwurf und Kostenanschlag zur Umgestaltung des Geländes um die Kaskade mit zwei Zeichnungen ein (LASH 168/78 II; BQ: LASH, E. F. Hansen A u. LASH, E.F.Hansen B).

1835: 13. März: Versteigerung der übrigen alten Sandsteingegenstände wie Statuen, Postamente und Vasen aus dem Gottorfer Fontänenwesen (RAK TyRtk E 24 IV, Königliche Res. v. 18.7.1838).

1836: Anschaffung von 8 Gartenbänken für den Platz bei dem Bassin und im Kaskadenhäuschen (RAK TyRtk E 24 IV, 1836; RAK TyRtk B 3, 1836, Nr. 220).

1838: Lieferung und Aufstellung der Eisenkunstguss-Fontänenkumme aus der Carlshütte (RAK TyRtk E 24 IV).

1839: Erste Reparatur der umgebauten Kaskadenanlage (RAK TyRtk F 37 I, 1839).

1840: Ausbesserung und Anstrich des Verputzes am Kaskadenhaus (RAK TyRtk F 37 I, 1840).

1842: Neuaufsetzung des großen Bassins vor der Kaskade (LASH 32/37).

1846: Neuvergoldung der Verzierungen am Piedestal der Fontänenkumme (LASH 32/37).

1847: Renovierung des Kaskadenhauses und der -treppen (RAK TyRtk B 3, 1847, Nr. 82).

1850: Das Bassin vor der Kaskade wird vom Militär unsachgemäß als Pferdetränke benutzt (LASH 168/78 II). Ausbesserungen der Kaskade durch Mauermeister Henning (LASH 32/37, fol. 416v.).

1852: Reparatur der Wasserkästen bei der Kaskade (RAK, Ministeriet for Hertugdømmet Slesvig, 1852, Vorst. Nr. 105).

1880: Die Kaskadenanlage wird weiterhin unterhalten (LASH 309/23714).

1881: Seit diesem Jahr ist das Neue Werk nicht mehr als Garten existent, sondern nach Nutzung aufgeteilt: a) für das Militär und b) ein Teil des Gartens mit der Kaskade wird noch als solcher unterhalten (LASH 301/4849).

1883: Bei der Sedanfeier funktionierte nach einem Bericht der Schleswiger Nachrichten die Fontäne bei der Kaskade im Neuwerk nicht. Beschluss einer Reparatur. Es wurden schon erste Verhandlungen mit der Stadt Schleswig geführt wegen der Übernahme des Kaskadengeländes (LASH 301/4849; LASH 309/23714).

1884: Instandsetzung der Kaskade (LASH 309/23714).

1886: Intensivere Verhandlungen zur Übernahme der Kaskadenanlage durch die Stadt Schleswig scheitern. Die Stadt plädiert aber für die Erhaltung der Anlage „ihres hohen Kunstwerthes wegen" (LASH 309/23714).

1887: Das Gelände des ehemaligen Neuwerkgartens heißt nun „Gehege Neuwerk" und gehört zur Oberförsterei Schleswig. Forstmeister Wesener setzt sich für die Erhaltung der Kaskadenanlage ein. Das Bewusstsein für die historische Bedeutung der „Springbrunnenanlage" als letztem Überrest der fürstlichen Gartenkunst steigt (LASH 301/4849). Bitte des Verschönerungsvereins bei der kgl. Regierung um die Erlaubnis der Benutzung des Kaskadengeländes (LASH 309/34882).

1888: 17.1.: Übernahme der Kaskadenanlage inklusive ihrer Unterhaltung durch das Ministerium für Landwirtschaft, Domänen und Forsten. Die Kaskade bedarf einer Instandsetzung, drei Steinvasen sind umgestürzt (LASH 309/23714).

1890: Es wird von „öffentlichem und historischem Interesse" an der Kaskadenanlage gesprochen. Befürwortung der Erhaltung aus Staatsmitteln (LASH 301/4849). Einstufung der Kaskadenanlage als Denkmal (LASH 309/24581). Bereitschaft der Stadt Schleswig zur Beteiligung an den Instandsetzungs- und jährlichen Unterhaltungskosten der Kaskade (LASH 309/24581).

1891: Instandsetzung der Kaskade (LASH 309/24581). Die Stadt übernimmt die Verantwortung für das Springen des Wassers, der ehemalige Neuwerkgarten gehört aber noch komplett dem Preußischen Staat (Forstfiskus) (LASH 309/34882).

1903: Zustand: Rondell mit Steinvasen umgibt das Bassin. Im Kaskadenhäuschen Ruhebank vorhanden, insgesamt sehr schlechter Zustand (Schmidt, 1903, S. 81f.).

1925: Provinzialkonservator Dr. Sauermann fordert den Regierungspräsidenten auf, die Kaskade sachgemäß instand setzen zu lassen (LASH 309/34882).

1926: Instandsetzung der Kaskade unter Beteiligung der Denkmalpflege (LASH 309/34882).

1927: Fortsetzung der Reparaturen an der Kaskade durch den Bildhauer Borgwardt, der auch die Sandsteinvasen restauriert (LASH 309/34882).

1935: Die Stadt Schleswig kauft für 1000 Reichsmark ein Gelände von 0,77 ha des ehemaligen Neuwerkgartens (ein Teil der Parzelle 27, Kartenblatt 39 der Gemarkung SL) mit der Kaskade (LASH 309/34881).

Anhang 3, Nr. 6:

Die Baugeschichte der Amalienburg

1668/69: Bezahlung von Ingenieur Novack und Zimmermeister Friedrich Tamsen für ein Modell eines Lusthauses im Neuwerk (LASH 7/4582; QuP 1196).

1670: Baubeginn Amalienburg. Lieferung von großen Feldsteinen für das Fundament und Eichenkanthölzern (QuP 1254 u. 1255). 2. November: Vertrag mit Jürgen Ovens zur Anfertigung von 12 Gemälden für den Kuppelsaal für 2000 Rthlr (LASH 7/167).

1671: Hofmaler Johann Müller verziert die oberen vier Kabinette für insg. 240 Rthlr (QuP 1269). 23.8.: Lieferung der Gemälde von Jürgen Ovens (LASH 7/167; QuP 1272). Der Kleinschmied Bartel Severin arbeitet an der Amalienburg für insg. 324 Rthlr 45 ß (QuP 1302, 1307). Anfertigung von 16 „gewundenen Stülen zum Newenwercks Lusthause" von dem Drechsler Niclas Rüter (QuP 1258). Olearius liefert 271 Pfund Kupfer „zu dem Hause aufm Newenwercke" (QuP 1265). Steinhauer Jürgen Schröder kantet und verlegt Fliesen im Neuwerk (QuP 1266). Kalkschneider Jürgen Plett arbeitet an der Decke im „großen Newenwerks Lusthause" (QuP 1271). Kommentar zu QuP 1258, 1265, 1266 u. 1271: Die Zuordnung ist nicht eindeutig, weil die Amalienburg nicht explizit genannt wird, aber wahrscheinlich, weil sie sich im Bau befindet.

1672: Einkauf von Goldleder bei Johan Lammers in Osnabrück für 510 Rthlr (QuP 1288). Der Maler Jürgen Fuhrmann arbeitet seit 1671 in den unteren vier Kabinetten und insg. an Fensterlaibungen und Türen für insg. 320 Rthlr (QuP 1289, 1293).

Der Hofmaler Christian Müller arbeitet seit 1671 in der Amalienburg für insg. 268 Rthlr (QuP 1298).

1673: Anfertigung von 12 Bänken (QuP 1300).

1680: Außenanstrich durch Christian Müller (QuP 1369).

1681: Neugestaltung von vier Kabinetten durch Christian Müller für insg. 160 Rthlr (QuP 1376). Neuanstrich der Galerien und Anstrich der Holzteile am Außenbau durch Christian Müller, der nach der Neuaufsetzung der Hauben diese wieder anstreicht (QuP 1377; LASH 7/2374, Beilage 27).

1690: Albrecht von Geldern verlegt Fliesen in der Amalienburg (QuP 1420).

1699: Anfertigung einer Holztreppe „vor Amalienburg" durch den Zimmermann Hans Schletter (QuP 1555).

1705: Erneuerung und Ausbesserung einiger Stücke der bemalten Leinwand-Wandbespannung in den vier unteren Kabinetten durch den Maler Elias Galli unter Aufsicht des Hofmalers L. Weyandt (QuP 1599). Gleichzeitig macht der Maler Otto Krap einen neuen Außenanstrich des Obergeschosses mit den Galerien und eine Restaurierung der Gemälde von Jürgen Ovens (QuP 1598, 1600). Dachreparatur (LASH 7/188, Baustaat 1705).

1706: Neuanstrich der Fensterläden durch Otto Krap (QuP 1618). Außenanstrich der unteren Etage und der seitlichen Holztreppe. Die Leinwandmalereien der vier unteren Kabinette sind durch Salpeter in ganz schlechtem Zustand, werden aber nicht instand gesetzt (LASH 7/188, Baustaat 1706).

1710: Reparatur der Türen in den oberen Kabinetten und Ergänzung der fehlenden Fensterläden im Untergeschoss (LASH 7/188, Baustaat 188).

1717: Dachreparatur, Neuanfertigung der acht Türen der oberen Kabinette (LASH 32/23, Baustaat 1717; LASH 66/1712 I, Baustaat 1717).

1722: Größere Dach- und Fensterreparatur, Galerie erhält neuen Bretterboden, Ausbesserung der Mauern im Untergeschoss und kompletter Neuanstrich in rot-weiß (LASH 66/1712 I, Baustaat 1722).

1727/28: Restaurierung der Malereien und der Goldledertapeten (LASH 66/1712 III, Häussers u. Themsens Untersuchungsprotokoll v. Febr. 1728).

1738: Diebstahl von fünf Fallrohren der Amalienburg, Ersetzung der ursprünglichen aus Metall durch Fallrohre aus Holz (LASH 24/147, Nr. 19; LASH 66/9277, Nr. 39; RAK TyRtk B 2, 1738, Nr. 144).

1739: Reparatur der Holzkuppel im Mittelraum und der Wendeltreppe, beide drohten einzustürzen (RAK TyRtk B 2, 1739, Nr. 207; LASH 66/9280, Nr. 59).

1742: Nutzung der Amalienburg als Werkstatt für die Glaser bei der Reparatur der Glashausfenster (LASH 24/129.1, Nr. 53).

1743: Reparatur am Mauerwerk im Erdgeschoss und an den Fenstern (LASH 66/9289, Nr. 127).

1746: Reparatur der Galerie und der Fensterscheiben (LASH 66/9297, Nr. 70 u. 95).

1748: Garteninspektor Clasen übernimmt als Unternehmer eine gründliche Instandsetzung der Amalienburg: Reparatur der Außenmauer, der Kuppel, der Fenster, der Galerie, der Bretterbekleidung des Obergeschosses, der Goldledertapeten. Außenanstrich und Reparatur der Malereien im Saal und den vier unteren Kabinetten durch den Maler Friedrich Wilhelm Koes (LASH 66/9304, Nr. 108; LASH 66/9310, Nr. 116). Statt der alten Treppen vor drei Eingängen der Amalienburg hat Clasen Terrassen mit „4 charpirten Appareilles" angelegt (RAK TyRtk C 84, Inv. v. 15.1.1750).

55: Ausbesserung der Außenmauern (LASH 66/9322, Nr. 151).

1756: Verkauf der noch brauchbaren Reste des Mobiliars der Amalienburg (LASH 66/9352, Nr. 106; LASH 66/9324, Nr. 103).

1763: Reparatur der Fenster (LASH 66/9339, Nr. 160).

1768: Mit der Resolution vom 3.6.1768 wird beschlossen, dass die Amalienburg nicht abgerissen, sondern gründlich instand gesetzt wird (LASH 66/9349, Nr. 76). Planung der Grundinstandsetzung durch Rosenberg: neue Fenster und Neuverglasung unten in Kitt, sonst noch in Blei, neue Schwellen vor den Außentüren und vier neue Außentüren, Ersetzung des Fliesenfußbodens im Saal und den unteren Kabinetten durch Kieferbretterboden, neue Außenbekleidung des Treppenturmes und neue Fenster darin, neue Türen zu den oberen Kabinetten, Restaurierung der Deckengemälde im Saal und den unteren Kabinetten, Außenanstrich, statt der Goldledertapete im Saal und der Leinwandtapeten in den unteren Kabinetten Anbringung von Paneel, das gestrichen wird (RAK TyRtk C 84, Rosenbergs Anschlag v. 26.10.1768).

1770: Instandsetzung der Amalienburg begonnen (RAK TyRtk C 84, Nr. 4 des Inventar-Konvoluts unter Rosenberg; LASH 66/9359, Nr. 17).

1771: Restaurierung der Gemälde im Saal und den unteren Kabinetten durch den Kunstmaler Johann Jacob Tischbein aus Hamburg (RAK TyRtk B 2, 1772, Nr. 67; LASH 66/9357, Nr. 32, Vertrag v. 11.6.1771).

1775: Instandsetzung der Amalienburg abgeschlossen (LASH 66/9366, Nr. 80; RAK TyRtk B 3, 1775, Nr. 111).

1777/78: Diebstahl von Blei. Reparatur der dadurch entstandenen und anderer Mängel, z.B. an der Bretterverkleidung des Obergeschosses und den Paneelen der unteren Südkabinette (LASH 168/934; LASH 66/9371, Nr. 18).

1781: Reparatur von Fensterscheiben (LASH 66/3531 III).

1788: Reparatur der Kupferrinnen (RAK TyRtk B 3, 1788, Nr. 100; LASH 66/9403, Nr. 68). Instandsetzung und Kalkanstrich der Außenmauern (LASH 66/2260, Nr. 226). Anfertigung von zwei neuen Türen im OG, kleine Reparatur der Galerie, Treppe, Fenster und Holzfallrohre (LASH 66/2260, Nr. 228–231). Reinigung der Gemälde im Saal und komplett neuer Außenanstrich samt Fenstern und Türen (LASH 66/2260, Nr. 231).

wohl vor 1820: Der Gastwirt Morell betreibt eine Gastwirtschaft in der Amalienburg (RAK TyRtk E 24 II, 1823).

1820: Reparatur von Fensterscheiben (RAK TyRtk E 24 I, 1820).

1822: Bauinspektor Kreisers Urteil: die Amalienburg ist so verfallen, dass eine normale Reparatur ausgeschlossen ist. Vorschlag des Abrisses (RAK TyRtk E 24 II, 1822).

1823: Amalienburg dem Einsturz nahe. 30.8.: Befehl des Königs, die in der Amalienburg vorhandenen Gemälde sofort abzunehmen und nach einer Reparatur in die Kunstkammer zu bringen (RAK TyRtk B 3, 1823, Nr. 182). Okt.: Abnahme der Gemälde von Ovens und Aufbewahrung im „alten Rittersaal" von Schloss Gottorf, wo sie den Winter über bleiben und im Frühjahr nach Kopenhagen transportiert werden sollen (RAK TyRtk E 24 II, 1823).
Meyer fertigt Grund- u. Aufriss der Amalienburg an, dazu einen ersten Vorschlag für einen teilweisen Abriss und Instandsetzung des Gebäudes (RAK TyRtk E 24 II, 1823; LASH 32/19, fol. 90 u. 94).

1824: 20.7.: Befehl des Königs, dass die Amalienburg dem Kammerdiener M. M. Eichel auf Lebenszeit als Wohnhaus überlassen werde. Dazu scheint es nicht gekommen zu sein, weil das Gebäude wohl zu verfallen war, es sind auch keine weiteren Nachrichten davon vorhanden (RAK TyRtk E 24 III, 1824).

1825: C. F. Hansen, dänischer Oberbaudirektor, besichtigt die Amalienburg und reicht zwei Entwürfe für den Neubau eines Pavillons anstelle der Amalienburg ein, die seines Erachtens nicht mehr instand gesetzt werden kann (BQ: RAK, C. F. Hansen I u. II; RAK TyRtk E 24 II, 1825).

1826: Bekanntgabe des Verkaufs auf Abbruch der Amalienburg im „Schleswiger Wochenblatt" (LASH 66/2189). Meyer reicht zwei Kostenvoranschläge für die beiden Entwürfe von Hansen bei der Rentekammer ein. Am 26.4. findet die erste Lizitation zum Verkauf der Amalienburg statt. Mit der kgl. Res. v. 18.5. erfolgt die Anweisung, dass die Amalienburg zum Abbruch verkauft und kein neuer Pavillon gebaut, sondern stattdessen der ehemalige Standort schön bepflanzt werden soll. Bei der zweiten Versteigerung erhält Mauermeister Jacobsen aus Schleswig den Zuschlag für 320 Rthlr, und sein Kontrakt wird am 5.8. approbiert. Beim folgenden Abbruch werden auch die Fundamente ausgegraben, die dort gefundenen alten, gemauerten Wasserleitungen aber liegen gelassen und der Platz planiert (RAK TyRtk E 24 II, 1826; RAK TyRtk B 3, 1826, Nr. 61; LASH 168/78 II).

1827: Letzte Materialien der Amalienburg werden Anfang Juni entfernt (LASH 168/78 II). Das Material wurde größtenteils zum Bau eines Turmes für die Dreifaltigkeitskirche im Schleswiger Stadtteil Friedrichsberg verwendet (Philippsen, 1928 II, S. 210f.).

1853: 1.11.: Die Gemälde von Ovens für die Amalienburg u.a. werden in öffentlicher Auktion verkauft (Sach, 1875, S. 325).

Anhang 3, Nr. 7:

Die Baugeschichte der Orangerie

1690: 30.9.–1.10.: Mindestens 54 Personen planieren den Platz, auf dem die Orangerie gebaut werden soll (QuP 1420). 26.11.–6.12.1690 u. 29.12.1690–10.1.1691: Mindestens 51 Personen transportieren die Erde ab in den Tiergarten (QuP 1420). Abrechnung über Fracht von Dachpfannen und Holz für das neue Pomeranzenhaus (QuP 1420).

1691: 12.1.–1.2., 3.2.–14.2. und April, Mai und Juni: 95 bzw. 99 Personen transportieren weiter Erde ab (QuP 1436). 29.6.–11.7.: Einrammung von Pfählen, „legung der Anckern", Anfertigung einiger Siele für das Fundament durch den Zimmermann Hans Schletter (QuP 1442). 20.7.–12.8.: Arbeiten am Fundament (QuP 1443). 11.8.: Holzrechnungen zum Bau der Orangerie (QuP 1435).
14.8.: Eggert Albers liefert „Reepschläger Wahren" „zu legung des fundaments" (QuP 1462). Sept.: Vier Untertanen fahren je 1 Tag Steingruß für das Fundament (QuP 1432).

1692: Jürgen Lorentz aus Hestoft liefert 32 Eichenpfähle (QuP 1449). Seit Jan.: Zimmerung der Holzkonstruktion des neuen Pomeranzenhauses auf dem Schlossplatz (LASH 7/4598). 26.1.–31.12.: Vom Friedrichsberger Ziegelhof werden insg. 4038 Stück verschieden lange Dielen aus Föhrenholz geliefert. Tischler Hanß Steffens wird bezahlt für „Bekleidung" des Pomeranzenhauses „nebenst die 4 Cante, unter die Dach Rönen, imgleichen machung der luken", ein Zimmermeister für „legung der dobbelten bodens" im Pomeranzenhaus und in der „4 Canten" (LASH 7/4598). Febr.: Der Maler Ludwig Weyandt hat ein „Model von das Neuwe Pomerantzen Hauß weiß und blauw" angemalt (QuP 1463). März, Juli und August: Lieferung von insg. 190.882 Mauersteinen verschiedener Herkunft. Mauermeister Johann Ebelien mauert das Gebäude hoch (LASH 7/4598). Apr.–4.10.: Aus der Gottorfer Baukammer und v.a. aus Sonderburg erfolgen Lieferungen von 5 Tonnen Segeberger und 2605 Tonnen Gotländischen Kalkes. Mauermeister Johann Ebelien verarbeitet den Kalk in diesem Jahr (LASH 7/4598). Apr.–18.10.: Von verschiedenen Personen und Orten, u.a. dem Friedrichsberger Ziegelhof wird Bauholz („Feüern Zimmer") geliefert. Zimmermeister Hanß Schletter verarbeitet dieses Material zu „balken spahren kl. ständern, auf leüffern und band holtz" (LASH 7/4598). Verschiedene Leute aus Angeln und aus dem Tiergarten liefern 100.000 Stück Dachspäne aus Eichenholz. Schieferdeckermeister Jürgen deckt das Dach nach Westen, Süden und Osten mit Dachspänen, ebenso die „Ärckenern" und die „4 Canten" (LASH 7/4598). 16.8.: Zimmerleute richten das Pomeranzenhaus und schlagen die Anker an (LASH 7/4598). 23.8.: Zimmerleute verschalen das Dach (LASH 7/4598). Ende Aug. bis Ende Sept.: Deckung des Daches mit Holzspänen und nach Norden mit Schiefer (LASH 7/4598). 9.6.–7.8. und am 2.11.: Lobdantz liefert insg. 230 Pfund Blei in Klumpen, die der Bildhauer Theodor Allers (am 2.11.1692) bei der Setzung der drei „Steinern Portal thüren" zum Eingießen der Zapfen verbraucht (LASH 7/4598). Theodor Allers wird das ganze Jahr 1692 mit drei Gesellen und drei Jungen bezahlt für Arbeit an der Orangerie, der Kaskade und den Fontänen. Er wird auch für das Material bezahlt, worunter „von Gottlandt und Öelandt Angebrachte Graue Steine und Fliesen" sind (QuP 1461). 26.7.–13.9.: Vom Friedrichsberger Ziegelhof und aus dem Vorrat der Gottorfer Baukammer werden insg. 1050 Latten geliefert. Verwendung des Materials „Zu lattung [...] an der einen seite nach dem Thiergarten der Mauer M:" und für „Stelgen" (LASH 7/4598). 5.9.: Zimmerleute arbeiten an der Legung des „Öbersten bodens", der „aufschlagung der Anckern und aufnagel. der Aufläuffern über die Schupffen", Nagelverbrauch „zu die bogens auf der 4Canten" (Turm) (LASH 7/4598). 15.9.: Zimmerleute arbeiten an der Legung des „Untersten bodens und setzen Türen und Fenster ein (LASH 7/4598). Ende Sept.: Beschlagung der 18 Fensterrahmen, „Außwendige Bekleidung der 4 Canten" (LASH 7/4598). Okt.: Arbeit an den Fensterrahmen, auch an den Fenstern des Turmes (LASH 7/4598). 5.10.: Der dän. Gesandte, Hans Statius Hagedorn, berichtet aus Schleswig an den Obersekretär Thomas Balthasar von Jessen: Der Herzog ist auf Jagd, „indessen wird das neüerbaute Pomeranzen Hauß auf Amalienburg, welches 8000 Rthlr: zubauen kostet, zur perfection kommen" (RAK TKIA B 85). 10.10.: Lobdantz liefert 579 Pfund Rollblei; Entnahme von 1272 Pfund Rollblei für das neue Pomeranzenhaus aus dem Vorrat der Baukammer; der Kannengießer Matthias Kohlmann liefert 30 Pfund Zinn; dieses Material verarbeitet der Schieferdeckermeister Jürgen am Dach für die Abkleidung des Firstes, Anschlagung der Dachrinnen und Anbringung der Fallrohre (LASH 7/4598). 2.11.: Durch einen Zimmermann werden der „Umbgang in der 4 Canten" (Galerie) und die Böden gebaut; Theodor Allers setzt Teile der Sandsteinportale auf (LASH 7/4598). 16.11.: Ein Zimmermann baut den „Unterste boden in der 4 Canten" (LASH 7/4598). 17.11.: Es wird an „inwendigster bekleidung der 4 Canten" gearbeitet und „Zu nagel die gr: thüre in die 4 Cante", der Schieferdecker deckt die Vierkante, Nagelarbeit „Zu die thüren Oben in der 4 Cante" und „zu unterkleidung der bodens in der 4=Canten" (LASH 7/4598). Dez. 1692–8.4.1693: Mauermeister Johan Ebeling bekommt Arbeitslohn „bey legung der gehauenen feltsteinen unter die bohlen worauf die balgen in der Orangerie zu stehen kommen" (QuP 1469). 10.12.: Schlosser bringen die Klinken an den zwei kleinen Türen und an den Luken an. Tischler arbeiten an den Betten und Türen in den Schuppen (LASH 7/4598). Aus dem Harz werden sechs eiserne Öfen geliefert. Ein einheimischer Töpfer beschafft und setzt die „steinern Kacheln" (LASH 7/4598).

1693: 18.1.: Einsetzen von „2 fenster lucken in die schupffen" (LASH 7/4600). 9.2.: Zimmerleute arbeiten „zu den Umbgang in der 4 Canten" (LASH 7/4600). 8.3.–15.4.: 9 Tagelöhner transportieren gehauene Feldsteine vor die Orangerie. Außerdem werden mit dem Schiff eine Ladung Kalk, „große gehauene Bilder" und gotländische Steine geliefert (QuP 1471). 13.3.: Arbeit an der Treppe „nach der 4 Canten", Zimmerleute stellen Böcke für die Gipser in der Vierkante auf, wo diese mit der Arbeit beginnen (LASH 7/4600). Lieferung und Verbrauch von Eichen-Zimmerholz verschiedener Längen und Breiten: „Zu pffeilern in die 4 Cante [...] mit den Modellen u: was zerbrochen ist" (vgl. auch Arbeit am 26.5.1694), „Zu Postumenter auf beiden Enden und auf die 2 Ärckener [...] auch zu der 4 Canten", „zu unterlagen zu dem Gangk in der 4Canten" (LASH 7/4600). 8.3.: Der Friedrichsberger Ziegelhof liefert 8 Föhrenbalken und 200 Latten für Gerüste für die „Gibßers, Mahlers und Tischlers" (LASH 7/4600). 25.3.–27.10.: Der Friedrichsberger Ziegelhof liefert Bretter, Bohlen u. Dielen: „Zu der Runden außkleidung der 4 Canten [...] wo die gibst Arbeit angekommen"; Tischler; „zu die Platten in der 4 Canten" (LASH 7/4600). 5.7. u. 7.7.: Lieferung von Dielen zur Aufstellung der Pflanzen im Haus (LASH 7/4600). 7.7.: Es werden Dielen verbraucht „zu die liesten unter die gibst Arbeit" und „Zu die 6 großen Trumpen vor das Pom: Hauß und zu die brettern in die fenstern, wie auch zu die luchten daselbst" (LASH 7/4600). Die „Trumpen" kommen „von dem Dach" (QuP 1550). April: Tischler und Gipser arbeiten an der Vierkante (LASH 7/4600). 19.4.–13.5.: Zehn Tagelöhner transportieren Erde vor der Orangerie (QuP 1472). 21.4.: Bekleidung der Haube über der Treppe bei der Vierkante (LASH 7/4600). Mai: Gipser arbeiten in der Vierkante (LASH 7/4600). 26.5.: „zu enderung der Thüren in der 4 Canten" und zum Bau von Gerüsten für die Maler in der Vierkante werden Nägel verbraucht (LASH 7/4600). Juni: Gipser arbeiten „beÿ die Andere Grosen Gemächern"; Zimmerleute fertigen eine Bekleidung der Vierkante unten und oben, das Gesims des ganzen Hauses und der Vierkante wird untergenagelt, Abkleidung einer Kammer für die Maler „beÿ anstreichung das Pom: Hauß", Nagelverbrauch „zu die Platten in der 4 Canten", Festnagelung „der Platten wo die Kraut topffe oben das Pom: Hauß' stehen sollen" und der „Platten oben auf die 4 Canten" (LASH 7/4600). Der Hofmaler Ludwig Weyandt malt „12 Große balgen, mit Landschafften weiß und blauw" an (QuP 1500). Sommer: Mauerleute haben 3 Tonnen Segeberger, 441 Tonnen Gotländer Kalk und 13 Tonnen „Haar", die Gipser 122 Tonnen Gips, 24 Tonnen Segeberger Kalk, 16 Tonnen ungelöschten Kalk und 50 Tonnen Gotländer Kalk verbraucht (LASH 7/4600). Juli: Anstreichung des Hauses; die „Rönnen" der Vierkante werden gelegt; Tischler arbeiten an der „Gallerie in der 4 Canten" (LASH 7/4600). 1.7.: Der Flensburger Ziegelhof liefert 7000 Mauersteine (LASH 7/4600). 24.7.: Th. Allers setzt die Steinportale mit Hilfe von Gerüsten auf und befestigt sie mit 81 Pfund Blei (LASH 7/4600). August: Ausfütterung der Fensterluchten, Arbeit an den Bänken und Riegen im Haus, Arbeit an den Stuckaturen (LASH 7/4600). Sept. u. Okt.: Vorbereitungen für die Aufstellung von Gewächsen im Haus, Aufstellung von „Neuen Eichen Kummen" vor dem Haus und Anfertigung eines großen Rahmens „zu das schildereÿ so in die 4 Cante soll" (LASH 7/4600). 23.12.: Holzsäger Hanß Jacobs stellt Dachspäne aus Eichenholz her (QuP 1502).

1694: Anlieferung von gehauenen Steinen, Fliesen, Farben u. Ölen (QuP 1485). 1.1.–31.12.: Theodor Allers bekommt seine mit Gesellen und Jungen in Kiel ausgeführte Arbeit für das Neuwerk, u.a. an der Orangerie für das ganze Jahr bezahlt (QuP 1501). Ludwig Weyandt bemalt 44 große und 156 kleine Balken in weiß-blauer Marmorierung, 40 Gartentöpfe bemalt er auch weiß-blau und fertigt Inschriften über Türen (QuP 1500). „Italiensche Gibscher" verbrauchen ungebrannten Gips aus Husum (LASH 7/4602). Mai: Tischler verarbeiten Dielen zu Gewächsbänken im Haus (LASH 7/4602). 26.5.: Stuckateure verbrauchen Nägel zur Reparatur ihrer Arbeit im Pomeranzenhaus (LASH 7/4602). Es werden Leisten an die Türen genagelt (LASH 7/4602). Mai/Juni: der Schloss-Schieferdecker verarbeitet „zu außschlagung der Rönnen und zu den Fristen" Rollblei (LASH 7/4602). Juni: Der Schieferdecker verbraucht „zu den Rönnen" 8 Ellen „Lein" (LASH 7/4602). Aug.: Der Tischler verarbeitet Dielen zu Gewächsbänken in der Orangerie und zum „Rahm umb das schildereÿ so in die 4= Cante [...] soll" (LASH 7/4602). Tischler Hans Steffens fertigt eine große Tür mit Paneel „vor die 4 Cante" (LASH 7/4602; QuP 1509). Glaser Bartholdt Steffens ist an der Orangerie tätig (QuP 1510).

1695: 9.8.: Th. Allers verpflichtet sich in einer Gnadenverschreibung durch Herzog Friedrich IV., die notwendigen Steinhauerarbeiten am Neuwerk noch zu machen, ohne Termin, u.a. die Treppen vor dem Pomeranzenhaus (LASH 7/5808). 8.–10.9.: Mauerleute arbeiten „bey unterstreichung undt einsteckung der pfannen" auf der Orangerie (QuP 1508).

1698: 12.2.: „Giebs Meister Jacob de Georgio" hat 24 Tage, „Meister Thomas, deßen Helffer" 10 Tage und Handlanger haben 24 Tage an der Orangerie gearbeitet und erhalten nun Bezahlung (QuP 1541 = RR von 1698; die Abrechnung ist von Pelli unterschrieben am 12.2.1696 oder 98?). 19.2.: Mit dem Hofmaler Balthasar Mahs aus Schleswig ist ein Vertrag geschlossen worden, im Mittelbau „den plat fond, bemelten Gemachs en fresco, Nach dem von Sereniss. approbirten Riß [...] zu verfertigen" (QuP 1545).

1699: Reparatur der Treppen vor der Orangerie (QuP 1551). 20.9.: Balthasar Mahs hat „in der Neuen Orangerie 4 ablongs-ronde felder untern Boden in fresco gemahlet [und erhält nun] à feld vor unkosten und arbeit 20 rthal" (QuP 1556).

1705: Hofmaler Otto Krabbe hat die Vierkante „wieder übergemahlet weiß und blau (QuP 1600). Reparatur des Pfannendaches (LASH 7/184 u. 188, Baustaaten 1705).

1706: Reparaturen: An der Nordseite der Vierkant wird, „alwo das Dach sich anschließet, anstatt der daran befindlichen Kalckleiste, mit ein stück Blei" ausgebessert; die „Höltzernen Dach Rinnen" werden dort, wo sie „geborsten" sind mit Blei versehen; Neumauerung der „kleinen niedrig gemaurten Bäncke vor dem Pomerantzen Hause"; eigentlich sollte die Südseite der Orangerie außer der Vierkant einen neuen Ölfarbenanstrich bekommen, weil sie „gäntzlich von der Ehmahlig empfangenen Farbe entblößet" ist, aber die Maßnahme wird 1706 und 1707 ausgesetzt (LASH 7/188, Baustaaten 1706 und 1707).

1709: Reparaturen: Teerung der Dachrinnen, Ausbesserung der Öfen und Fenster (LASH 7/188, Baustaat 1709).

1710: Reparatur des Pfannendaches, der Schornsteine, des Spandaches, der Wasserrinnen aus Blei und der Öfen (LASH 7/188, Baustaat 1710).

1711: Reparatur des Span- und des Pfannendaches und aller Eisenöfen (LASH 7/188, Baustaat 1711).

1712: Portal mit Ölfarbe angestrichen (LASH 7/184).

1716: Reparatur des Span- und Pfannendaches; Ausstreichung der 6 Öfen mit Harz; das Postament der Floraskulptur auf dem Dach ist mit Blei belegt worden (LASH 32/23 u. LASH 66/1712 I, beides Baustaat 1716).

1717: 5. u. 6.4.: Sturm. Danach Reparatur des Daches (LASH 7/1712 I, Nachtrag zum Baustaat 1717).

1718: 16.3.: Sturm beschädigt das Dach der Orangerie, es erfolgt aber offenbar noch keine Reparatur (LASH 32/23 u. LASH 66/1712 I, beides Nachtrag zum Baustaat 1718).

1719: 27.7.: Zur Liste der Baumängel im Neuwerk gehören auch das Dach, die Schornsteine und „die innere Mauer und Diehlen" der Orangerie. Ausführung nicht gesichert (LASH 66/1712 I).

1720/21: 5.11. u. 31.12.1720 Sturmschäden: Schornsteine werden neu aufgemauert, die Dächer ausgebessert und 11 neue mit Beschlag und Glas versehene Fensterrahmen gemacht (LASH 32/23 und LASH 66/1712 I, beides Baustaat 1720/21).

1722: 15.10.: Die Dachrinnen werden geteert, das Spandach und die Fensterbeschläge repariert (LASH 66/1712 I, Baustaat 1722).

1723: Die beiden Gauben werden mit Schiefer neu eingedeckt; Anfertigung von 18 neuen „Fenster=Rahmen" und Reparatur der alten Beschläge (LASH 66/1712 II, Baustaat 1723).

1724: Dachrinnen geteert und gedichtet (LASH 66/1712 II, Baustaat 1724).

1726: 7.10.: Dem Schieferdecker Cornelius Primon wird in seinem Vertrag zur Unterhaltung aller Dächer des Schlosses Gottorf c.p. auch die Pflege des Orangeriedaches anvertraut (LASH 66/1712 III und LASH 32/23). 17.12.: Peucker entwirft ein Bauprojekt für die Jahre 1727/28. Darin benennt er folgende Arbeiten an der Orangerie, die für insg. 556 Rthlr 37 ß instand gesetzt werden sollen: 1) Ausfütterung der im Holzgesims befindlichen Regenrinne mit Blei; 2) Reparatur und Teerung des Spandaches; 3) Reparatur des Pfannendaches; 4) Neuaufmauerung der Bänke vor der Orangerie. Die Mauersteine sollen aus dem Globusgarten genommen und die Bänke mit 16 Bohlen bedeckt werden. Vier neue „Waßer Kummen" zum Auffangen des Regenwassers sollen von Bauinspektor Thomsens Sachen genommen, geteert und gedichtet werden; 5) 49 „Fenster" sollen neu verglast werden (in Blei), auch 8 größere. Dann zwei neue „Fenster Lucken" gemacht und sämtliche Beschläge an Fenstern und Luken und die Haupttür repariert werden; 6) Instandsetzung der Innenausstattung wie Stuckdecken und marmorierte Wände; 7) Reparatur der äußeren Mauern und des Holzgesimses; 8) Neue Farbfassung für die Außenmauern, die Holzverkleidung der Vierkant und Gauben und für die Portale mit Vergoldung zu machen, außerdem die Außentüren, alle Fenster und Fensterläden mit Ölfarbe anzustreichen.

1728: Febr. 1728: Generalbaumeister Häusser und Bauinspektor Themsen haben ein Untersuchungsprotokoll angefertigt, um zu klären, was von Peuckers Bauprojekt für 1727/28 schon gemacht worden ist, und was noch aussteht: Für die Orangerie sind bisher nur 12 Rthlr verbaut worden. Es ist also fast nichts geschehen (LASH 66/1712 III).

1729: Reparatur des Pfannendaches und sämtlicher Fenster. Alles andere des Bauprojekts für 1727/28 soll noch gemacht werden und zusätzlich die Reparatur der Eisenöfen (LASH 66/9264, Nr. 12).

1730: Planung: Der Außenanstrich ist noch für ein Jahr ausgesetzt. Reparatur einer Gipsdecke, der Fensterscheiben, Dächer und Öfen (LASH 66/9266, Nr. 16; Ausführung nicht gesichert, aber anzunehmen).

1731: Planung: Reparatur des Pfannendaches mit 24 Balken und 150 Dachpfannen, des Spandaches, der Fenster und Öfen (LASH 66/9267, Nr. 7a; Ausführung nicht gesichert, aber anzunehmen).

1736: 18.2.: Der Vertrag des Töpfers Gabriel Gottlieb Fentzken wird approbiert. Er soll die Öfen auf Schloss Gottorf, u.a. auch in der Orangerie, unterhalten (LASH 66/9272, Nr. 17).

1737: 9.2.: Reparatur an den Fenstern (RAK TyRtk B 2, 1737, Nr. 45). 6.8.: Nach dem Bauanschlag von Müller werden Reparaturen an Fenstern außen und innen durchgeführt (LASH 66/9276, Nr. 82).

1738: 12.7.–1.9.: Instandsetzung der „hin= und wieder zu reparirenden Fenster=Bäncken und Chatosen" (LASH 24/147, Nr. 21 u. LASH 66/9278, Nr. 61).

1739: Res. v. 5.2.: Maurermeister Martin Agazius bringt ein neues Hauptgesims mit eingearbeiteter Regenrinne aus Holz an (LASH 66/9282, Nr. 108 u. LASH 24/158, Nr. 1). Der Schieferdecker Mörck muss dazu das Spandach auf ganzer Länge (133 Fuß) 8–9 Fuß hoch und das Schieferdach 60 Fuß lang 6 Fuß hoch abbrechen und neu legen (RAK TyRtk B 2, 1738, Nr. 237 u. LASH 66/9278, Nr. 62; RAK TyRtk B 2, 1739, Nr. 13; LASH 66/9279, Nr. 12; LASH 24/153, Nr. 49). Diese Maßnahme dauert von der Planung und ersten Res. v. 1.9.1738 bis zur Fertigstellung bis Sommer 1741 (LASH 24/153, Nr. 49 u. LASH 24/147, Nr. 51).

1740: Res. v. 3.2.: Schieferdecker Mörck repariert das Spandach auf der Vierkant (RAK TyRtk B 2, 1740, Nr. 51 u. LASH 66/9281, Nr. 20). 31.7. u. Res. v. 6.9.: Maurermeister Lorenz Henningsen, Tischler Thomas Martensen und Maler Sielens reparieren die Stuckdecke in der Vierkant, wo eines der vier Eckbilder abgefallen ist. Die anderen drei Bilder sollen auch abgeschlagen und die Stellen alle „gerade eingeputzet" werden, ebenso wird der dortige Architrav aus Stuck mit Vorarbeiten des Tischlers repariert. Vor dem Haus werden die 16 Bänke instand gesetzt und mit „Waßer=Farbe" grau angestrichen, von dem Tischler die Bohlen in Ordnung gebracht und mit Leisten versehen. Die ganze Südwand außen wird repariert und die „gehauenen Feldsteine" vor dem Haus wieder gerade gelegt. Der Tischler fertigt vier neue Regentonnen an, die der Maler mit Ölfarbe anstreicht. Reparatur und Neuanfertigung von „Hohl=Fasten" für die Regentonnen (LASH 24/158, Nr. 44, 45 u. 52; LASH 66/9282, Nr. 82, Bauprojekt B). 3.10. – Res. v. 6.12.: Gartendinspektor Clasen lässt die Fenster notdürftig für den Winter reparieren mit Tischler-, Kleinschmied-, Glaser- und Malerarbeit. Es werden wenige Fensterrahmen neu gemacht und angestrichen: Rahmen außen weiß, innen „Perl=Grau", Beschläge und Windeisen „orangen-gelb". Glaserarbeiten an der gesamten unteren Südfront (RAK TyRtk B 2, 1740, Nr. 351 u. LASH 66/9282, Nr. 113). Res. v. 15.11.: Maurermeister Martin Agazius arbeitet an der Lattung und Neudeckung des Pfannendaches (RAK TyRtk B 2, 1740, Nr. 333; LASH 66/9282, Nr. 108). Weitere Arbeiten: Erneuerung der „Schott=Rinnen" und des Pfannendaches der Treppe, Reparatur der Schornsteine, Instandsetzung der Gaubenwände mit Mauersteinen (LASH 24/158, Nr. 66).

1742: Res. v. 20.3.: Ausführung kleiner Reparaturen ohne nähere Angaben (RAK TyRtk B 2, 1742, Nr. 91).

1743: 26.10.: Maurer Hennings und Glaser Koes führen eine Reparatur des Pfannendaches und Glaserarbeit aus (LASH 66/9289, Nr. 127; LASH 24/159, Nr. 148 u. 149).

1744: Res. v. 7.4.1744: Thomas Hildebrandt aus Schuby liefert Dachspäne, und Schieferdecker Mörck repariert das Spandach (RAK TyRtk B 2, 1744, Nr. 105 u. LASH 66/9290, Nr. 37). Zwischen 20.6. u. 30.7.1744: Maurermeister Lorentz Henningsen mauert 12 der 16 Fensterluchten am Holzschuppen hinter der Orangerie zu. Die Fensterzargen bleiben in situ (LASH 24/159, Nr. 156). 7.10.: Arbeit an den beiden Holzschuppen: Es werden vier Fenster zugenagelt und gleichzeitig die Scheiben repariert und Windeisen angebracht. Außerdem Reparatur der Stuckdecken in der Vierkant und im östlichen großen Saal (LASH 24/76, Nr. 24; Ausführung nicht gesichert, aber wahrscheinlich).

1745: Johann Heinrich Ohrtmann führte die durch Sturmschäden entstandene Glaserarbeit aus (LASH 66/9297, Nr. 95).

1746: 10.3.–16.5.: Maurermeister Lorentz Henningsen repariert das Pfannendach und die Schornsteine. Die sechs Öfen werden auseinandergenommen und von einem Schmied umgesetzt. Zimmermeister P. H. Pehfs: Die Dachgauben sollen „1½ Fuß am Fronton höher gemacht werden". Dazu werden am Dachstuhl Veränderungen vorgenommen. Schieferdecker Mörck übernimmt Wiedereindeckung der Gauben mit Schiefer und dazugehörige Arbeiten (LASH 24/159, Nr. 201–203 u. LASH 66/9297, Nr. 70). Res. v. 31.10.: Maurermeister Lorenz Hennings erneuert die Pflanzen-Stellagen in den äußersten Zimmern am Osten und Westen und isoliert die drei Außentüren durch Anbringung von Leisten. Außerdem wird der mittlere Saal (Vierkante) mit 2 Öfen als Winterstandort für die großen Lorbeerbäume eingerichtet. Dazu müssen zwei Schornsteine gebaut werden. Außerdem werden für sechs Fenster Läden aus Föhrenbrettern neu gebaut (RAK TyRtk B 2, 1746, Nr. 363 u. LASH 66/9298, Nr. 137).

1748: Res. v. 5.3.: Die 16 gemauerten Bänke vor der Orangerie werden abgebrochen, die Mauern über den Fensterluchten links und rechts der Mitteltür ausgebessert, innen in den beiden großen Sälen die Stuckdecke repariert, der Fußboden mit 50 Fliesen ausgeflickt und das Pfannendach instand gesetzt (LASH 66/9302, Nr. 22).

1749: Res. v. 18.8.: Schieferdecker Matthias Mörck arbeitet etwa ein Viertel des Spandaches der Südseite in ein Schieferdach um, und zwar der ganze Ostwalm und weiter an der Südseite bis zur östlichen Gaube. Maurermeister Lorenz Henningsen repariert das Pfannendaches und die Schornsteine. Die neuen Schornsteine bekommen eine gemauerte Haube. Er dichtet auch die Ostmauer des westlichen Holzstalles ab; innen in der Vierkant schlägt er den Rest der heruntergefallenen Stuckdecke ab und ersetzt sie durch einen „glatten Gipsern Boden", wobei das alte Stuckgesims noch heil ist und bleibt (RAK TyRtk B 2, 1749, Nr. 181 u. LASH 66/9306, Nr. 92). Glaser Ohrtmann macht Reparaturen; Tischler Johann Junge stellt eine neue Fensterluke her und bessert andere aus (LASH 66/9309, Nr. 71).

1750: Res. v. 5.10.: Erneuerung der vier Regenauffangbehälter vor der Orangerie. Immer wieder Ausbesserungen des neuen Schieferdaches, weil die „nordischen" (norwegischen) Schiefersteine nicht haltbar sind (LASH 66/9310, Nr. 132, Bauanschlag B).

1753: Res. v. 3.9.: Anschaffung von 60.000 haltbaren holländischen Schiefersteinen für die Orangerie (RAK TyRtk B 2, 1753, Nr. 222 u. LASH 66/9318, Nr. 129).

1754: Res. v. 16.9.: Vertrag mit der Witwe des Schieferdeckers Mörck über die Reparatur am Schieferdach mit den holländischen Schieferplatten (RAK TyRtk B 2, 1754, Nr. 240 u. LASH 66/9320, Nr. 128).

1755: Res. v. 19.11.: Grundreparatur des Pfannendaches mit Erneuerung der Lattung u. „Aufläuffer" aus Föhrenholz. Neuaufmauerung der sechs Schornsteine außerhalb des Daches und Reparatur der Südmauer des Hauses (LASH 66/9322, Nr. 151).

1756: Res. v. 13.9.: Versteigerung u.a. der letzten 20 kleinen weißen Postamente aus der Orangerie (LASH 66/9324, Nr. 103).

1758: Res. v. 25.11.: Witwe des Schieferdeckers Mörck erhält den Auftrag zur Neudeckung des Pavillons mit Schiefer und Rollblei und zur Anbringung einer Rinne aus Rollblei über der Eingangstür (RAK TyRtk B 2, 1758, Nr. 416 u. LASH 66/9328, Nr. 155). Res. v. 12.12.: Tischler Benetter, Schmied Vogeler, Glaser Ohrtmann und Maler Ehstedt arbeiten an der Anfertigung neuer „Fenster=Luchten" mit je sechs „Schlag=Rahmen" für die gesamte Südfront der Orangerie mit Ausnahme der Gauben, außerdem werden 16 zweiflügelige „Lucken" für die untere Fensterfront neu angefertigt. Die alten Fenster- und Lukenbeschläge werden wieder verwendet, alle Fenster neu in Blei gelegt, die Windeisen weiß, die Fensterzargen und -flügel außen weiß und innen perlgrau, die Läden auf beiden Seiten grau angestrichen. Auch die Gaubenfenster bekommen einen neuen Anstrich (RAK TyRtk B 2, 1758, Nr. 445 u. LASH 66/9328, Nr. 168).

1762: 21.8.–12.10.: Maurermeister Lorenz Henning repariert das Pfannendach und die sechs Schornsteine (LASH 66/2261, Nr. 106 und LASH 66/9337, Nr. 129).

1768: Beginn der Verhandlungen und Überlegungen zu Aufgabe und Verkauf der Orangerie und der Pflanzensammlung (RAK TyRtk B 2, 1768, Nr. 159 u. 168; LASH 66/9350, Nr. 158).

1769: Res. v. 31.1.: Beschluss zum Verkauf des Hauses und der Orangeriepflanzen (RAK TyRtk B 2, 1769, Nr. 8 u. LASH 66/9351, Nr. 16). 9.10.: Versteigerung des Hauses auf Abbruch, der Pflanzen und Öfen. Der Glaser Joachim Wilhelm Dubel ist der Käufer (LASH 66/9352, Nr. 157 und LASH 66/9353, Nr. 16).

1770: 26.5.: Schieferdecker Primon deckt die Schiefersteine der Orangerie ab und transportiert sie zum Schloss (LASH 66/9353, Nr. 92). Vor dem 31.7.: Abbruch des Hauses und Setzung eines neuen Plankwerks von 26 Fach mit Steinwall hinter dem ehemaligen Gebäude (LASH 66/9353, Nr. 16 u. RAK TyRtk C 84, Nr. 4 des Inventarkonvoluts von Rosenberg v. 31.7.1770).

Anhang 3, Nr. 8:

Die Baugeschichte des Gärtnerhauses

1651: Bau eines Hauses und Stalles für den Gärtner des Neuwerkgartens, Heinrich Vak, der Geld dafür vorschießt (QuP 571, 581; zu Vak s. Anhang 1, Biographien).

1655: In diesem Jahr tauschen Vak und Tatter aus Kiel die Stellen. Vak bekommt die Summe von 575 Rthlr, die er in den Neubau investiert (vorgeschossen) hatte, erstattet (QuP 792, 815).

1657: Bau eines Stalles (QuP 909). Damit ist wohl der rechtwinklige Anbau gemeint.

1689: Übergabeinventar des Gärtnerhauses, als Tatter nach der Sequestration Gottorf verlassen muss, weil er in Dienst des dänischen Königs getreten ist (RAK TyRtk B 5, Beilagen z. Res. Nr. 90 v. 3.4.1737).

1705: Bau eines neuen Backhauses beim Gärtnerhaus. Innenrenovierung des Gärtnerhauses, z.B. Türen u. Decken. Neue Pforte vor dem Wagenhaus (LASH 7/188, Extrakt der Extraordern an Thomsen für 1705; LASH 7/187, fol. 133v.).

1717: April: Sturmschaden am Garteninspektorhaus. Nur notdürftige Reparatur, insgesamt in schlechtem Zustand (LASH

	66/1712 I, Baustaat 1717; LASH 32/23, Zusatz z. Baustaat 1717, § 21).
1718:	März: starker Sturmschaden am Wohnhaus durch umgefallenen Baum, alle Nebengebäudedächer durchlöchert. Wieder nur notdürftige Reparatur (LASH 32/23, Ergänzungsbaustaat f. 1718, § 22; LASH 66/1712 I).
1719:	Abtritthäuschen ist völlig verfallen. In der Stube soll eine neue Fensteröffnung gesetzt werden (LASH 66/1712 I, Baumängel 1719).
1720:	Nov./Dez.: Neue Sturmschäden an den Dächern. Reparatur aller Dächer und des Backofens, der einen neuen Herd bekommt (LASH 66/1712 I, Thomsens Baustaat 1720/21; LASH 32/23, Baustaat 1720/21).
1723:	Große Reparatur des Wohnhauses: Neuaufmauerung der südlichen Giebelwand mit fünf neuen Fensteröffnungen (unten drei, oben zwei), Ost- und Westwand im Fachwerk repariert (Lehden ausgetauscht), Decke der Wohnstube teilweise neu verlegt, abgesackte Kellerbalken unter der Wohnstube gerichtet, neuen Mauersteinfußboden in der Kammer über der Wohnstube gelegt, Dachreparatur (nicht grundlegend) und Bau eines neuen Abtritts (LASH 66/1712 II, fol. 36–40).
1728:	Neue Holzdecke im Saal gelegt, 24 Fach neues Plankwerk gesetzt um das Garteninspektorhaus (LASH 66/1712 III, pag. 54, § 29; LASH 66/9264, Nr. 12).
1737:	Neubekleidung eines Giebels (welcher?) und roter Anstrich. Neusetzung und roter Anstrich von 8 Fach Staketenzaun (LASH 66/9276, Nr. 82).
1740/41:	Große Reparatur: Neumauerung des Herdes, der Wand am Herd und des Schornsteins in der Küche bis zum Dach; Instandsetzung der Dachgauben; Sanierung der Fachwerkwände des Wohnhauses, des Stalls und der Wagenremise, Ausbesserung der Fenster im Wohn- u. Backhaus, neue Türen bei der Gesellenkammer, beim Pferdestall und dem Wagenschuppen. Der rote Anstrich des Giebels, der Dachgaubenfenster und der Wagenremisentür wird fortgesetzt (LASH 66/9282, Nr. 82; LASH 24/158, Nr. 44, 45, 51 u. 52).
1745:	Große Reparatur: Reparatur des Daches; Veränderung im Bereich Küche/Diele: hier wird je eine neue Fensteröffnung gemauert; Fundamenterneuerung Südwand des Wohnhauses; Veränderung in der „Gesellenkammer" (nicht klar, wo das Zimmer im Haus liegt): zwei Fensteröffnungen werden zugemauert, eine neue eingesetzt; die Wohnstube bekommt einen neuen Windofen; Abbruch und Neuaufmauerung des Schornsteins mit Herd und Rauchfang (sollte eigentlich schon 1740/41 gemacht sein, s.o.); grundlegende Reparatur des Backhauses an Dach, Wänden, Fundament, Neulegung des Mauersteinfußbodens, Abriss und Neuaufbau des Backofens „mit dem Gehäuse" aus Feld- und Mauersteinen und Pfannendach; Neubau des Abtritts; neue Haustür zweiflügelig genauso wie die alte (wo, welche?) (LASH 24/76, Nr. 24, Müllers Anschlag v. 7.10.1744; RAK TyRtk B2, 1745, Nr. 100; LASH 66/9293, Nr. 41; LASH 24/159, Nr. 173 u. 174; LASH 24/147, Nr. 69; LASH 66/9294, Nr. 65). Einziehung einer Stuckdecke in der Wohnstube und Kaminsetzung in der Gesellenstube durch Mauermeister Lorenz Henningsen (LASH 66/9313, Nr. 107).
1750:	Große Reparatur, Planung 1749, Ausführung Frühjahr 1750: Ausbesserung der Feldsteinmauern im Keller; Abriss u. Neuaufmauerung des nördlichen Schornsteins beim Saal, dabei Kaminabriss, stattdessen Aufsetzung eines eisernen Ofens mit zwei Etagen; grundlegende Dachreparatur über Wohnhaus und Wagenremise; neue, grau angestrichene Holzdecken in Wohnstube, Küche, Eingangsdiele, kleiner Stube am Saal (Nr. 9) und Gesellenstube (wohl Nr. 4 OG); Erneuerung der Fußböden mit Fichtenholzdielen in der kleinen Stube OG (wohl Nr. 5), Wohnstube, Gesellenstube (wohl Nr. 4 OG); neue Treppe zum obersten Boden (RAK TyRtk B 2, 1749, Nr. 181; LASH 66/9306, Nr. 92).
1756/57:	Wiederverwendung des alten Plankwerks von der Eisgrube im Tiergarten als Ersatz für den verfallenen Staketenzaun des beim Garteninspektorhaus liegenden kleinen Gartens (LASH 66/9327, Nr. 11; RAK TyRtk B 2, 1758, Nr. 13).
1762:	Größere Reparatur: Pfannendach und Fachwerkwände am Wohn- und Backhaus; Abriss und Neuaufbau des Backhaus-Schornsteins; drei neue Fenster und eine neue Tür, eine neue Staketentür und Reparatur des Plankwerks u.a. (LASH 66/2261, Nr. 102, 104, 106 u. 107; LASH 66/9337, Nr. 129).
1765:	Ausbesserung der westlichen Fachwerkwand; Reparatur der Bretterverkleidung am Südgiebel; ein neuer Fußboden, mehrere neue Fenster u.a. (LASH 66/9343, Nr. 132).
1771:	Planung eines Neubaus des Gärtnerhauses: 19.4.: Nach Rosenbergs Urteil ist das Gärtnerhaus nicht mehr bewohnbar, weil die Wände „ausgewichen" sind und das Dach einsturzgefährdet ist (LASH 66/9357, Nr. 17). 19.4.: Rosenbergs Bericht mit Kostenüberschlag und Zeichnungen (BQ: LASH, Rosenberg IV = Plan B) zum Bau eines neuen, massiven Gärtnerhauses und eines Nebengebäudes (Remise oder Scheune, dazu Plan D = BQ: LASH, Rosenberg VI) aus Fachwerk für 2475 Rthlr 9 ß (LASH 32/19, fol. 45; LASH 66/9357, Nr. 17). Ergebnis: zu teuer, deshalb 19.6.: Neuer Anschlag von Rosenberg für eine grundlegende, fast neubauwertige Reparatur des alten Gärtnerhauses über 1281 Rthlr 40 ß, die aber nicht ausgeführt wird (LASH 32/19, fol. 46–51; LASH 66/9357, Nr. 17). 12.10.: Neuer, günstigerer Anschlag von Rosenberg (veränderte Fassung vom 19.4.: Zeichnungen BQ: LASH, Gärtnerhaus I u. II) zum Neubau des Gärtnerhauses für 2064 Rthlr 47 ß.

1772: Res. v. 26.2.: Durchführung des Neubaus nach Rosenbergs Anschlag vom 12.10.1771. Bei der vorhergehenden Lizitation v. 30.1. ist die Gesamtsumme auf 1680 gedrückt worden (RAK TyRtk B 2, 1772, Nr. 24; LASH 66/9357, Nr. 17).

1773: Teils Um- und teils Neupflasterung des Hofplatzes mit Feldsteinen (RAK TyRtk B 2, 1773, Nr. 93; LASH 66/9360, Nr. 68; LASH 66/2259, Nr. 11).

1809: Reparatur für 234 Rthlr (RAK TyRtk B 3, 1809, Nr. 33).

1814: Reparatur des Gärtnerhauses mit Nebengebäuden wegen Schäden durch die Einquartierung feindlicher Truppen im Winter 1813/14 (LASH 32/19, fol. 61–63; RAK TyRtk B3, 1814, Nr. 144; LASH 66/2263, Nr. 779–781; LASH 66/7692). Hier wird zum ersten Mal ein „Treibhaus" genannt, das sich im alten Pferdestall, d.h. dem Rest des Ostanbaus von 1657 befindet (LASH 66/2263).

1824/25: Sturmschäden (LASH 32/19, fol. 95).

1826: Große Reparatur des Wohnhauses (LASH 32/19, fol. 96; RAK TyRtk B 3, 1826, Nr. 88; RAK TyRtk E 24 II).

1827: Reparatur der Scheune des Garteninspektors (RAK TyRtk B 3, 1827, Nr. 208; LASH 32/19, fol. 98; RAK TyRtk E 24 II).

1833: Instandsetzung des Gärtnerwohnhauses und Stalls anlässlich des Dienstantritts von Hansen. Das alte Backhaus, genutzt als Gesellenwohnung, ist sehr verfallen, aber es wird nicht mitgeteilt, was damit geschieht. Anbringung von Spalierbäumen am Stall (RAK TyRtk E 24 IV; RAK TyRtk B 3, 1833, Nr. 16; LASH 168/78 II).

1834: Umpflasterung eines Teiles des Hofplatzes, und zwar die Überfahrt zum Neuwerkgarten (LASH 32/37; RAK TyRtk E 24 IV; RAK TyRtk B 3, 1834, Nr. 169). Einsturz der Westwand des alten Backhauses, in dem immer noch Leute schlafen. Die Mauer wird notdürftig wiederhergestellt (LASH 168/78 II; RAK TyRtk F 37 III; LASH 66/3531 II).

1837: April: Meyers Entwurfszeichnung für ein neues Nebengebäude beim Gärtnerhaus als Wohnung für Gesellen und Burschen, für einen Knecht und als Gewächshaus mit Kostenvoranschlag vom 10.5. über 2285 Rbth. Dafür sollte das alte Backhaus, das kleiner war, abgebrochen werden. Hansens Bericht: Das alte Backhaus ist nun völlig baufällig und unbewohnbar, der alte Pferdestall ist ebenfalls sehr baufällig (LASH, Meyer VI; LASH 66/3531 II; RAK TyRtk B 3, 1838, Nr. 185; LASH 168/78 II).

1838: Januar: Neuer Entwurf von Meyer zu einem neuen Nebengebäude beim Gärtnerhaus als Gesellenwohnung. Dazu auch neuer Bauanschlag von Meyer vom 9.1. über 1031 Rbth. Das Gebäude soll etwa gleichgroß wie das alte Backhaus sein, das dann abgerissen wird. Res. v. 18.7.: Das Angebot von Garteninspektor Hansen wird resolviert: für die Summe von 1030 Rbth und mit dem Material des alten Backhauses will er ein Gewächshaus in Verbindung mit dem neu zu bauenden Gebäude ohne weitere Ansprüche auf Vergütung oder spätere Auslösung errichten. 23.8.: Vertrag mit Hansen zum Bau eines neuen Nebengebäudes beim Gärtnerhaus mit Gewächshaus. Dieser Vertrag entspricht Meyers Anschlag vom 9.1.1838, nur dass noch ein undefiniertes Gewächshaus in Verbindung damit gebaut werden soll (BQ: LASH, Meyer VII; LASH 66/3531 II; RAK TyRtk B 3, 1838, Nr. 185; LASH 168/78 II).

1839: Reparatur der Scheune (RAK TyRtk F 37 I).

1842: Reparatur der Fenster am Gewächshaus (LASH 32/37).

1845: Reparatur des Gärtnerhauses: Zwei neue Holzfußböden und eine neue Haustür (LASH 66/3324.1; LASH 66/3531 I; RAK TyRtk B 3, 1845, Nr. 76).

1847: Wieder Verlegung neuer Holzfußböden im Gärtnerhaus (RAK TyRtk B 3, 1847, Nr. 82).

1864: Nutzung des Garteninspektorhauses als „Arsenalwache", nicht mehr als Gärtnerwohnung (LASH 168/78 II). 23.12.: Anzeige in den „Schleswiger Nachrichten" zur Vermietung der Garteninspektorwohnung (LASH 309/16170 II).

1865: Reparatur des Garteninspektorhauses an Türen und Fenstern (LASH 32/37). Vermietung an Militärpersonen bis Ostern 1868 (LASH 309/4168).

1868: 10.7.: Bei einer Auktion wird Inventar des Garteninspektorhauses verkauft (LASH 309/23847).

1869: Bis zu diesem Jahr Nutzung des hölzernen Schuppens (Scheune) durch den Schlossverwalter Kersten zur Unterbringung der Gartengeräte und Bänke. Ab 1869 ist er auch vermietet (LASH 309/4173). Instandsetzung des Nebengebäudes von 1838 und des Hauptgebäudes von 1772 (LASH 309/4821).

1870/71: Instandsetzung des Haupt- und Nebengebäudes. Das ehemalige Garteninspektoranwesen ist 1870 schon vorgesehen als Wohnsitz der zu vereinigenden Oberförstereien Gottorf I u. II. Am 6.3. wird die ehemalige Garteninspektordienstwohnung dem Oberförster der Oberförsterei Schleswig als Dienstwohnung angewiesen, der am 1. Okt. 1871 einzieht. Das Haupthaus ist bis Ende September noch vermietet (LASH 309/4821 u. 4168).

Anhang 3, Nr. 9:

Alphabetische Liste der originalen Pflanzennamen aus den Inventaren des 17. Jahrhunderts

Anmerkung:
Die drei Inventare sind in Anhang 2 transskribiert (Inventar von 1655 = Anhang 2, Nr. 2; Inventar von 1681 = Anhang 2, Nr. 9; Inventar von 1695 = Anhang 2, Nr. 11). Soweit feststellbar, wurde eine Übertragung der Pflanzennamen in gültige botanische Nomenklatur vorgenommen von Heinz-Dieter Krausch und Clemens Alexander Wimmer. Jürgen Uwe Asmussen ergänzte größtenteils die Autoren und setzte die deutschen Namen und das Vorkommen der Pflanzen in Eichstätt oder bei Royer hinzu.

Aufbau:
Die Quelle, in der die Pflanze vorkommt, ist als Datum in Klammern hinter die Originalbezeichnung gesetzt (1655, Nr.; 1681, Nr.; 1695, Nr.). Die Namen werden, sofern stark verformt, zunächst in der damals korrekten Schreibweise angegeben. In den eckigen Klammern folgt dann der heute gültige botanische Name, dann der deutsche in Anführungsstrichen und gegebenenfalls der Nachweis im Hortus Eystettensis als „Eichstätt" mit nachfolgender Seitenzahl oder im fürstlich-braunschweigischen Garten Hessen des Gärtners Royer als „R" mit Nummer der Pflanze in Royers Liste. Siehe dazu im Literaturverzeichnis unter „Eichstätt, 1999" und „Royer, 1999".

Absintheum Camphoratum (1681, Nr. 80) [nach Krausch/Wimmer: Artemisia absinthium, nach Asmussen: Artemisia camphoratum Villars, „Kampfer Beifuß", R 549]

Absintheum lavendulae folio (1681, Nr. 104) [nach Krausch/Wimmer: Artemisia caerulescens L., Beifußart, blaue Blütenblätter]

Acatia Aegyptiaca (1695, Nr. 88) [nach Krausch/Wimmer: Acacia farnesiana, nach Asmussen: Acacia senegal L., R 1142]

acacia americana (1655, Nr. 25; 1681, Nr. 48) [nach Krausch/Wimmer: Acacia farnesiana (L.) Willd. (? evt. Robinia pseudoacacia L., hoher Baum mit duftenden weißen Blütentrauben]

Acaderach Aficenne (1695, Nr. 37) [nach Krausch/Wimmer: Melia azedarach L., „Chinesischer Holunder" oder „Zedrachbaum", Eichstätt 136 I]

acantus Italicus (1655, Nr. 51) [s. Acanthus Mollis]

Acanthus Mollis (1681, Nr. 46) [nach Krausch/Wimmer: Acanthus mollis L., „Echter Bärenklau"]

Acanthus Spinosa (1681, Nr. 44) [nach Krausch/Wimmer: Acanthus spinosus L., R 553]

Accatius spinosus (1655, Nr. 33) [Acanthus spinosus = s. Acanthus Spinosa]

Agnus Castus (1655, Nr. 46; 1681, Nr. 8, 101; 1695, Nr. 24) [nach Krausch/Wimmer: Vitex agnus-castus L., „Mönchspfeffer", blüht violett und duftet]

Agri folium Aureum foli (1681, Nr. 92) [nach Krausch/Wimmer: Ilex aquifolium L., „Stechpalme"]

aguillegia (1655, Nr. 109) [nach Krausch/Wimmer: Aquilegia vulgaris L., „Akelei", blüht dunkelviolett]

Alaternus (1655, Nr. 38; 1681, Nr. 13, 41; 1695, Nr. 19, 74, 123) [nach Krausch/Wimmer: Rhamnus alaternus L., „Kreuzdorn", auch „Faulbaum" genannt, immergrüner Strauch]

Alcea Arborescens (1681, Nr. 21, 35, 120) [nach Krausch/Wimmer: Hibiscus syriacus L. oder Hibiscus syriacus albus L., „Syrischer Roseneibisch", Eichstätt 144 I u. 145 I, R 1144: „Alcea syriacus arborescens flore purpurea"]

Alcera Arborescens (1681, Nr. 45) [s. Alcea Arborescens]

...alleriana greca (1655, Nr. 83) [Valeriana graeca = nach Krausch/Wimmer: Polemonium caeruleum L., „Himmelsleiter" oder „Jacobsleiter", Eichstätt 260 II u. III, R 1118 u. 1119]

Alöe (1695, Nr. 83–85) [nach Krausch/Wimmer: Aloe vulgaris L., „Agave"]

Alöe semper vivum (1695, Nr. 86) [nach Asmussen: Aloe vera L., Eichstätt 355 u. 356 oder Agave americana L., „Agave"]

altea Ciriaca (1655, Nr. 35) [s. Alcea Arborescens]

altera arboreßus (1655, Nr. 12) [s. Alcea Arborescens]

Aluae (1681, Nr. 22) [nach Krausch/Wimmer: Aloe vulgaris L., „Agave"]

amara dulcus (1681, Nr. 95) [nach Krausch/Wimmer: Solanum dulcamara L., „Bittersüßer Nachtschatten", Eichstätt 180 II u. III]

anagaris (1655, Nr. 58) [nach Asmussen: Laburnum anagyroides L., „Goldregen", Eichstätt 7 I]

ante cirrinum (1655, Nr. 89) [nach Krausch/Wimmer: Antirrhinum majus L., „Löwenmaul", Eichstätt 157 I–III]

anthillic Leguminosa (1655, Nr. 108) [nach Krausch/Wimmer: Anthyllis vulneraria L., „Wundklee", gelb und rot]

Apios Americana (1681, Nr. 64) [nach Krausch/Wimmer: Glycinia apios L., „Glyzinie", kommt aus Amerika, blüht dunkelblau bis weiß]

Apricosen (1655, Nr. 53; 1681, Nr. 125) [nach Asmussen: Prunus armeniaca L., „Aprikose"]

...legia flora agentae (1655, Nr. 85) [nach Krausch/Wimmer: Aquilegia vulgaris 'Alba' L., „Akelei", silberblütig, also weiß]

Arbor Judae (1681, Nr. 36; 1695, Nr. 35) [nach Krausch/Wimmer: Cercis siliquastrum L., „Gemeiner Judasbaum", Blüten in purpurrosa Trauben, Eichstätt 3 I]

Arbora Indea (1655, Nr. 41) [s. Acaderach Aficenne]

Aristho Logio runtundo folio (1681, Nr. 108) [nach Krausch/Wimmer: Aristolochia sipho L., „Osterluzei" oder „Tabakspfeifenkraut", Kletterpflanze, die wegen der großen Blätter oft an Lauben gepflanzt wird]

Arundines Hispanicae stryatum (1695, Nr. 128) [nach Krausch/Wimmer: Phalaris arundinacea L., „Rohrartiges Glanzkraut"]

Asfodolus flore luteo (1655, Nr. 67) [nach Krausch/Wimmer: Hemerocallis lilio-asphodulus L., „Gelbe Taglilie", Eichstätt 130 III]

Asfodulus Liliaticus (1655, Nr. 86) [s. Asfodulus flore luteo]

...atiola (1655, Nr. 84) [nach Krausch/Wimmer: Gratiola officinalis L., „Gnadengotteskraut", giftig, weiß und rötlich blühend]

Audiantum nigrum (1681, Nr. 102) [nach Krausch/Wimmer: Asplenium adianthum-nigrum L., „Streifenfarn"]

Aureola Flori Viridi (1681, Nr. 16) [Laureola flore viridi = nach Krausch/Wimmer: Daphne laureola L., „Gelber Seidelbast"]

Auricula vrsi (1655, Nr. 71) [nach Krausch/Wimmer: Primula auricula L., „Aurikel", gelb mit dicken Blättern, Eichstätt 16 I–III]

Aurifolium Foli aura (1681, Nr. 40) [Aquifolium folio aurea = nach Krausch/Wimmer: Ilex aquifolium L. 'Aureum', „Stechpalme"]

Balaustinum (1681, Nr. 28) [Balaustium = nach Krausch/Wimmer: Punica granatum L., „Granatapfel", blüht orangerot, Eichstätt 141 I, 142 I u. 143 II]

ballaustium, grose gefüllete (1655, Nr. 16) [nach Krausch/Wimmer: Punica granatum L. 'Plenum', „Granatapfel"]

Barbara Jovis (1695, Nr. 64) [nach Krausch/Wimmer: Anthyllis barba-jovis L., „Wundklee", R 573 u. 574]

been marinum (1681, Nr. 110) [nach Krausch/Wimmer: Cuculus behen L., nach Asmussen auch: Cuculus baccifer L., „Hühnerbiss"]

Bellis Multifarae (1655, Nr. 104) [nach Krausch/Wimmer: Bellis perennis 'Plenum' L., „Gefülltes Gänseblümchen", Eichstätt 112 I]

Boraga Semper vierens (1655, Nr. 99) [nach Krausch/Wimmer: Pentaglossis sempervirens, nach Asmussen: Borrago officinalis L., „Boretsch" oder „Gurkenkraut", blüht dunkelblau und zieht Insekten, besonders Bienen an, Eichstätt 107 III u. V, R 623a: „Borrago semper virens"]

Brust=Behr (1695, Nr. 25) [s. Jujube]

Buchs Baume, Bunt (1695, Nr. 75) [nach Asmussen: Buxus sempervirens arborescens L., „Buchsbaum"]

Bugolossa jtalica (1655, Nr. 90) [nach Krausch/Wimmer: Anchusa azurea Mill., nach Asmussen: Anchusa italica Retzius, „Italienische Ochsenzunge" mit prächtig blauen Blüten, Eichstätt 242 u. 243: „Anchusa azurea"]

Calamintha Montana (1655, Nr. 98) [nach Krausch/Wimmer: Calamintha grandifolia L., „Quendel", „Minze" oder „Großblütige rote Bergminze", Eichstätt 132 I]

Calta pallutris (1655, Nr. 73) [nach Krausch/Wimmer: Caltha palustris L., „Sumpfdotterblume", Eichstätt 113 I u. 364 II, R 634]

Cama plitius austriaca (1655, Nr. 97) [nach Krausch/Wimmer: Dracocephalum moldavica L., „Österreichischer Drachenkopf", Eichstätt 114 III]

Camelia tricocas (1655, Nr. 29) [Chamaelea tricoccos = nach Krausch/Wimmer: Cneorum tricoccum L., „Kamelie", rosa blühende und stark duftende Orangeriepflanze]

Camelium Tricoccos (1695, Nr. 71) [s. Camelia tricocas]

Campanola piramitanus (1655, Nr. 123) [nach Krausch/Wimmer: Campanula pyramidalis L., „Glockenblume", Eichstätt 155 I]

Cana Indica (1695, Nr. 90) [nach Krausch/Wimmer: Canna indica L., „Indisches Blumenrohr", rot oder gelb, Eichstätt 332 u. 333]

Caracalla (1695, Nr. 95) [nach Krausch/Wimmer: Phaseolus L. caracalla, einjährige Zierbohne]

Cartuser Negelein flor: Rub: plen: (1655, Nr. 121) [nach Krausch/Wimmer: Dianthus barbatus, nach Asmussen: Dianthus cartusianorum L., „Kartäusernelke" oder „Klusternelke", zweijährig in vielen Farben]

ceclimatis panonica (1655, Nr. 100) [Clematis pannonica = nach Krausch/Wimmer: Clematis integrifolia L., „Waldrebe", typische, winterharte Kletterpflanze, Eichstätt 300 I, R 703: „Clematis caerulea erecta pannonica"]

Cedum Arborescens minor (1695, Nr. 124) [s. Cedum arboressens foliis incanum]

Cedum arboressens foliis incanum (1695, Nr. 87) [Sedum arborescens = nach Krausch/Wimmer: Aeonium arboreum L., „Baumartiger Kanarischer Hauswurz", Orangeriepflanze, Eichstätt 352 I]

Cenbilicus (1655, Nr. 103) [nach Krausch/Wimmer: Umbilicum rupestris L., Staude, R 1139 u. 1140]

Cetmia Arabica (1695, Nr. 21) [nach Krausch/Wimmer: Hibiscus syriacus L., Syrien wurde pauschal zu Arabien gerechnet, s. Alcea arborescens]

Ciclanen (1695, Nr. 76) [nach Krausch/Wimmer: Cyclamen L., „Alpenveilchen", Sorte nicht bekannt, Eichstätt verzeichnet 3 Sorten: 347 u. 348, R 362]

Cipreß (1655, Nr. 113 im 4. Blumenbeet des Globusgartens) [weil es zwischen anderen Stauden steht, wo ein Baum nicht hineinpasst, ist es wohl: nach Krausch/Wimmer: Santolina chamaecyparissos L., „Zypressenkraut", Eichstätt 311 III]

Cipreßen (1655, Nr. 43) [s. Cupressenbaum u. Cypress, grüne; hier nicht genau identifizierbare Zypresse]

Cistus (1695, Nr. 46, 54, 55) [nach Asmussen: Herianthemum L., Familie Cistaceae, „Sonnenröschen", R 784 u. 790, Eichstätt 282 II]

Citidus marante (1695, Nr. 72) [s. Citisus Verus Maranthae]

Citinia Arabica (1695, Nr. 82) [s. Cetmia Arabica]

Citisus Verus Maranthae (1681, Nr. 29) [Cytisus maranthae = nach Krausch/Wimmer: Medicago arborea L., „Riesenginster", südamerikanische Pflanze, im mittleren Europa seit dem 16. Jh. im Garten als Zierpflanze kultiviert, als Zauberpflanze „Beschreikraut" auch genannt, Eichstätt 12 III, R 1188 u. 1190]

Citronen Baum (1655, Nr. 4, 6, 11, 15; 1681, Nr. 2, 24, 60, 62, 127) [nach Krausch: Citrus limon (L.) Burm., nach Asmussen: Citrus medica L., „Zitronat-Zitrone", Eichstätt 140 II]

Claspi pirenne (1695, Nr. 47) [Thlaspi perenne = nach Asmussen: Thlaspi arvense L., „Hellerkraut" oder „Judenschilling", bei R: „Thlaspi pannonicum]

Clematis (1695, Nr. 73) [nach Asmussen: Clematis L., „Waldrebe", Sorte nicht angegeben]

Climatis Italica (1695, Nr. 111) [nach Krausch/Wimmer: Clematis viticella L., „Italienische Waldrebe", Eichstätt 303 II u. III, R 704–706]

Climatus virginianum (1655, Nr. 2) [Clematis virginiana = nach Krausch/Wimmer: Campsis radicans (L.) Seem., „Trompetenblume", Kletterpflanze aus Nordamerika, ähnlich wie Clematis]

Cnicus perenne (1695, Nr. 120) [nach Krausch/Wimmer: Carthamus arborescens L., nach Asmussen: Cnicus benedictus L., „Benediktinerdistel", Heilpflanze, als Essenz „Carduus benedictus", 281 II]

Colocaßium (1655, Nr. 13) [nach Krausch: Colocasia esculenta (L.) Schott „Antiquorum", „Ägyptischer Aron", Knollengewächs, Eichstätt 346 I, R 349]

Confoluobus non Confoluobus (1655, Nr. 126) [nach Krausch/Wimmer: Convolvulus tricolor L., „Zaunwinde", blau]

Cortus Americana (1681, Nr. 99) [nach Krausch/Wimmer: Heuchera americana L., „Purpurglöckchen"]

Cotinus Plinii (1681, Nr. 17; 1695, Nr. 20) [nach Krausch/Wimmer: Rhus cotinus L. coggygria Scop., „Perückenstrauch", Eichstätt 143 III, R 1324]

Cupressen Baum (1681, Nr. 77; 1695, Nr. 14, 15, 60) [nach Asmussen: Chamaecyparis cupressus sempervirens L., „Scheinzypresse", R 1187]

Cÿpress, Grün (1695, Nr. 38, 122) [nach Asmussen: Cupressus sempervirens L., „Grüne Zypresse" oder „Echte italienische Zypresse", Eichstätt 137 I]

Cypresse, grau (1695, Nr. 122) [s. Cupressen Baum]

Cÿtisus Recto (1655, Nr. 39) [nach Krausch/Wimmer: Cytisus supinus (bedeutet: hinten übergeneigt), nach Asmussen: Cytisus scoparius L., „Besenginster", aufrecht wachsend, Eichstätt 11 III]

Dragakanta (1695, Nr. 41) [nach Krausch/Wimmer: Astragalus tragacantha L., Tragakantstrauch, R 1361]

Eleonores (1695, Nr. 59) [nach Krausch/Wimmer: Leonurus cardiaca L., „Echtes Herzgespann"]

Epimetium amricanum Rictex (1655, Nr. 60) [nach Krausch/Wimmer: Rhus radicans, nach Asmussen: Epimedium alpinum L., „Sockenblume", ob eine Sorte aus Amerika, bleibt offen, R 743]

Eringium Planum (1655, Nr. 74) [nach Krausch/Wimmer: Eryngium planum L., „Blaudistel" oder „Mannstreu", Eichstätt 283 I, R 749]

Feigenbäume (1655, Nr. 1, 5; 1681, Nr. 55, 124; 1695, Nr. 28) [s. Fica morus]

Fica morus (1681, Nr. 39, 94) [nach Krausch/Wimmer: Ficus carica L., „Feigenbaum", Orangeriepflanze]

Ficus Indica (1681, Nr. 97) [nach Krausch/Wimmer: Opuntia ficus-indica L., „Feigenkaktus" mit vielen Stacheln, Orangeriegewächs, Eichstätt 359 u. 360, R 1281]

Ficus Indicamus (1695, Nr. 89) [s. Ficus Indica]

filis firginiamus (1655, Nr. 32) [nach Krausch/Wimmer: Polypodium vulgare L., „Tüpfelfarn" oder „Engelsüß", früher von der Wurzel her Arzneipflanze, hier wohl eine Sorte aus Nordamerika]

fiola Noctis (1655, Nr. 68) [Viola noctis = nach Krausch/Wimmer: Hesperis matronalis L., „Nachtviolen", blau oder weiß, stark duftend, Eichstätt 119 II u. III, R 808]

Flores passionales (1695, Nr. 92–94) [nach Krausch/Wimmer: Passiflora incarnata L., „Passionsblume", Orangeriepflanze]

flos admirabilis (1655, Nr. 80) [nach Krausch/Wimmer: Mirabilis jalapa L., „Wunderblume", Gartenpflanze, die Feuchtigkeit benötigt und in verschiedenen Farben auf einer Pflanze blüht und die Kelche erst zur Nacht öffnet, Eichstätt 335 I]

flos Cicouli (1655, Nr. 77) [nach Krausch/Wimmer: Lychnis flos-cuculi L., „Kuckuckslichtnelke", Eichstätt 256 II]

fracinella flore Rubra (1655, Nr. 75) [nach Krausch/Wimmer: Dictamnus albus L., „Dictam", stark riechende Gewürzpflanze, blüht rötlich, selten weiß, Eichstätt 130 I]

Fraxinella (1681, Nr. 65) [s. fracinella flore Rubra]

Gaujacum Pataphinum (1681, Nr. 37, 53) [nach Krausch/Wimmer: Guajacum patavinum, nach Asmussen: Diospyros lotus L., „Dattelpflaume" oder „Lotuspflaume"]

gencitanella (1655, Nr. 119) [nach Krausch/Wimmer: Gentiana verna L., „Frühlings-Enzian", Eichstätt 113 III]

Genista Hispanica (1681, Nr. 50, 100) [nach Krausch/Wimmer: Spartium junceum, nach Asmussen: Genista hispanica L., „Spanischer Ginster", goldgelb, R 1194]

Genista Spinosa (1681, Nr. 20) [nach Krausch/Wimmer: Ulex europaeus L., „Stechginster"]

Geranicum (1655, Nr. 65) [nach Asmussen: Geranium pyrenaicum L., „Storchschnabel", violett, noch als Stinzenpflanze im Neuwerkgarten vorhanden]

Geranium foscum floro purpura (1655, Nr. 116) [nach Krausch/Wimmer: Geranium phaeum L., nach Asmussen: Geranium sanguineum L., „Roter Storchschnabel", nördlichstes natürliches Vorkommen am „Hohen Meissner", Eichstätt 30 I, R 778]

geranium pectum (1655, Nr. 114) [nach Krausch/Wimmer: Geranium phaeum L., „Brauner Storchschnabel", heute noch als Stinzenpflanze im Neuwerk vorhanden, Eichstätt 24 II]

Ginista (1695, Nr. 32, 53) [Ginsterart, nach Asmussen eventuell: Genista tinctoria L. „Färber-Ginster", ca. 1 Meter hoher Strauch, Eichstätt 91 III]

Ginista, weiße (1695, Nr. 69) [nicht identifiziert]

Ginista Hispanica (1695, Nr. 31) [s. Genista Hispanica]

Ginista humilis (1695, Nr. 109) [nach Asmussen: Genista pilosa L., niedriger („humilis") „Ginster" mit 10–30 cm Höhe]

Ginista Spinosa (1695, Nr. 56) [s. Genista Spinosa]

Gnavallium Americanum (1695, Nr. 39) [nach Krausch/Wimmer: Anaphalis margaritacea, „Papierblume" oder „Silberimmortelle", Eichstätt 212 I, nach Asmussen: Gnaphallium luteo-album L., „Ruhrkraut", R 782]

gnofalium flore Albo pleno (1655, Nr. 92) [s. Gnavallium Americanum]

gramen Plumarum (1655, Nr. 96) [nach Krausch/Wimmer: Stipa plumata L., „Pfriemengras"]

Granaten Baume (1681, Nr. 4, 25, 47; 1695, Nr. 16, 17, 102) [s. Balaustinum]

granium fuscum (1681, Nr. 96) [s. Geranium foscum floro purpura]

granium noctissens (1681, Nr. 105) [Geranium noctu olens = nach Krausch/Wimmer: Pelargonium triste L., nach Asmussen: Pelargonium odoratissimum L., „Pelargonie", duftend]

grisautimum virginianum (1655, Nr. 91) [Chrysanthemum virginianum = nach Krausch/Wimmer: Heliopsis L. heliantoides, „Chrysantheme", hohe gelbe Staude aus Nordamerika]

Halinius (1695, Nr. 103) [s. Halinus Arborescens]

Halinus Arborescens (1681, Nr. 14) [nach Krausch/Wimmer: Atriplex halimus L., nach Asmussen auch möglich: Halinodendron halodendron L., „Salzstrauch", R 1210]

hepatica nobilis (1681, Nr. 71) [nach Krausch/Wimmer: Anemone hepatica L. oder Hepatica nobilis, „Leberblümchen", Eichstätt 34 I u. II, 35 IV u. V]

Herba Dorea (1655, Nr. 115) [nach Krausch/Wimmer: Senecio doria L., „Kreuzkraut" oder „Greiskraut", Eichstätt 138 II]

Hioccae gloriosae (1695, Nr. 129) [nach Krausch/Wimmer: Yucca gloriosa L., „Palmlilie"]

hipericum Cicilianus minor (1681, Nr. 106) [nach Krausch/Wimmer: Hypersicum hircinum L., „Hartheu", Eichstätt 247 II]

Holmus arborescens (1681, Nr. 82) [s. Halinus Arborescens]

Hyacintha peruviana (1695, Nr. 121) [nach Krausch/Wimmer: Scilla peruviana L., „Peru-Blaustern", Eichstätt 41 I]

hÿacintha tuberosa (1681, Nr. 115) [nach Krausch/Wimmer: Polyanthus tuberosus, nach Asmussen: Hyacinthus orientalis L., „Wald-Hyazinthe", hier rosa blühend, Eichstätt 44 II, R 400]

hÿpericum (1681, Nr. 69) [nach Krausch/Wimmer: Hypericum calycinum L., „Johanniskraut" oder „Rose von Sharon", blüht leuchtend gelb]

Hÿpoglossum (1695, Nr. 108) [nach Krausch/Wimmer: Ruscus hypoglossum L., „Stechender Mäusedorn", Eichstätt 2 I]

Hyücca (1695, Nr. 5) [s. Hioccae gloriosae]

Iris Florentina (1695, Nr. 106) [nach Krausch/Wimmer: Iris florentina L., „Florentiner-Iris", Eichstätt 120 III]

Jacobea Marina (1655, Nr. 50) [nach Krausch/Wimmer: Othonna maritima, nach Asmussen: Senecio cineraria marina DC., „Aschblume", Eichstätt 212 II, R 834]

Jacobeum marinum (1681, Nr. 76; 1695, Nr. 42, 104) [s. Jacobea Marina]

Jasminen, Gemeine (1681, Nr. 31) [nicht genau identifizierbar]

Jasminum Catalonicum (1655, Nr. 52; 1681, Nr. 63: „Jasminum Catilonicum") [nach Krausch/Wimmer: Jasminum grandiflorum L., „Spanischer Jasmin", Eichstätt 147 I]

Jasminum indicum (1655, Nr. 27; 1681, Nr. 88) [nach Krausch/Wimmer: Jasminum odoratissimum, nach Asmussen: Philadelphus coronarius L., „Wilder Jasmin" oder „Pfeifenstrauch", stark duftend, Eichstätt 275 II]

Jasminum Lutium (1681, Nr. 118) [nach Krausch/Wimmer: Jasminum humile L., nach Asmussen auch: Jasminum officinalis L., „Echter Jasmin", seit 1548 bekannt, natürliches Vorkommen von Südeuropa über Persien bis China, oft verwildert, Eichstätt 275, R 1212]

Jasminum persicum (1655, Nr. 17; 1681, Nr. 68) [nach Krausch u. Asmussen: Syringa persica L., „Flieder"]

Jesminen (1695, Nr. 34, 36, 50, 61, 80, 117) [nicht genau identifizierbar]

Jesminen, gelbe (1695, Nr. 125) [nicht genau identifizierbar]

Jesmin Cathalonicum (1695, Nr. 52) [s. Jasminum Catalonicum]

Jesminum rutifolium (1695, Nr. 114) [nach Asmussen: Philadelphus coronarius L., „Falscher Jasmin" oder „Wilder Jasmin", hier „rutifolium" genannt, d.h. rötlich im Blatt, gemeint sind die zweijährigen Schösslinge, die rotbraun sind und etwas abblättern]

Joa Joacum Batafium (1695, Nr. 18) [s. Gaujacum Pataphinum]

jris Lati folio (1655, Nr. 78) [nach Krausch/Wimmer: Iris germanica L., „Schwertlilie", Eichstätt 121, R 425]

jrius agusti (1655, Nr. 111) [nach Krausch/Wimmer: Iris sibirica L., „Schwertlilie", blau bis violett, Eichstätt 119 I u. 185 III, R 426 u. 427]

jrius Camae (1655, Nr. 112) [nach Krausch/Wimmer: Iris pumilum L., „Zwergiris", Eichstätt 117–118, R 416]

Jucca Gloriosa (1681, Nr. 12, 32, 43, 119) [s. Hioccae gloriosae]

Jujube (1681, Nr. 54) [nach Krausch/Wimmer: Zizyphus jujuba Mill., Rhamnus zizyphus L., „Faulbaum" oder „Kreuzdorn", blüht weiß]

Kirschen (1681, Nr. 125) [nicht genau identifizierbare Kirschen]

Kirschen Beu: (1655, Nr. 57) [nicht genau identifizierbare Kirschen]

Kale (1681, Nr. 107) [nach Krausch/Wimmer: Salsola soda L., nach Asmussen: Salsola kali L., „Salzkraut"]

Laureola flora firidi (1655, Nr. 47; 1681, Nr. 34: „Laureolae Flori Viridi") [nach Krausch/Wimmer: Daphne laureola L., „Gelber Seidelbast"]

Laureula (1681, Nr. 103) [s. Laureola flora firidi]

Laurier (1695, Nr. 79, 118, 127) [s. Lorbeer Baum]

Laurus Cerasus (1655, Nr. 44; 1681, Nr. 5, 15; 1695, Nr. 12) [nach Krausch/Wimmer: Prunus laurocerasus L., „Lorbeerkirsche"]

Laurustinus (1681, Nr. 6, 30, 123; 1695, Nr. 13) [nach Krausch/Wimmer: Viburnum tinus L., „Immergrüner Schneeball"]

Laurus Tinus Major (1655, Nr. 36) [s. Laurustinus]

Laurus Tinus Minor (1655, Nr. 42) [s. Laurustinus]

Lichnis Calcedonica (1655, Nr. 81) [nach Krausch/Wimmer: Lychnis chalcedonica L., „Lichtnelke" oder „Brennende Liebe", Eichstätt 254, R 872–875]

Lichtnis Coronuria, flore simpl: (1655, Nr. 82) [nach Krausch/Wimmer: Lychnis coronaria L., „Lichtnelke", lange Rispen und blaugrüne Blätter, Eichstätt 251 u. 252, R 876–879]

Limonium Marinum (1695, Nr. 113) [nach Krausch/Wimmer: Limonium humile, nach Asmussen: Limonium vulgare Mill., Gewürzkraut, R 862]

Linaria Africana (1695, Nr. 77) [nach Asmussen: Linaria vulgaris L., „Leinkraut" oder „Frauenflachs". Was hier gemeint ist, kann nicht sicher bestimmt werden. Die häufigen Hybriden sind eine Kreuzung von Linaria vulgaris und marokkanischem Leinkraut]

Linaria Lucytanica (1695, Nr. 119) [nicht identifizierbar]

Lohr behrn Bäume (1695, Nr. 33) [s. Lorbeer Baum]

Lorbeer Baum (1681, Nr. 38, 52, 116) [nach Krausch/Wimmer: Laurus nobilis L., „Lorbeer", Eichstätt 6 II, R 1215]

Lorbeer, Ordinaire (1681, Nr. 7) [s. Lorbeer Baum]

Lorberen, gemeine (1681, Nr. 26, 122) [s. Lorbeer Baum]

Lorber Kirschen (1681, Nr. 27, 42, 121) [s. Laurus Cerasus]

Lorier Bäume (1695, Nr. 9, 10) [s. Lorbeer Baum]

Malua Alceo (1655, Nr. 102) [nach Krausch/Wimmer: Malva alcea L., „Malve" oder „Stockrose", Eichstätt 219 II]

Malua Rosea flora caniolo albo (1655, Nr. 72) [nach Krausch/Wimmer: Althea rosea 'Albo-Plena', „Malve", rosa oder weiß, R 888]

Mandragena (1681, Nr. 33, 85) [nach Krausch/Wimmer: Mandragora officinarum L., „Alraune", Eichstätt 126 I: „autumnale", aus dem Mittelmeerraum]

Martigon (1655, Nr. 101) [nach Krausch/Wimmer: Lilium martagon L., „Türkenbundlilie", heute noch als Stinzenpflanze im Neuwerk vorhanden, Eichstätt 181–188, R 439–440]

Marum Siriacum (1695, Nr. 65) [nach Krausch/Wimmer: Origanum syriacum L., „Echter Staudenmajoran", im Mittelmeerraum kultivierte Pflanze]

Marum Verum (1695, Nr. 49, 67) [nach Krausch/Wimmer: Teucrium marum L., „Gamander", aus dem Mittelmeerraum, R 895]

Medica marina (1695, Nr. 115) [nach Krausch/Wimmer: Medicago marina L., „Luzerne", R 899]

Meÿ Kirschen Beu: (1655, Nr. 55) [nach Asmussen: Prunus avium L., „Vogelkirsche" oder „Süßkirsche"]

millissa fuchci (1681, Nr. 109) [nach Krausch/Wimmer: Melittis melissophyllum L., „Bienensaug" oder „Immenblatt", Eichstätt 100 III, R 901]

Mirten oder Mirtten (1655, Nr. 18; 1681, Nr. 3, 74) [nach Asmussen: Myrtus communis L., „Myrte"]

Monath Roßen (1695, Nr. 40) [s. Montrosen]

Montrosen (1681, Nr. 75) [Monatsrosen = nach Krausch/Wimmer: Rosa damascena L. semperflorens, „Monatsrosen", mehrmals jährlich blühend]

Muschat Roße (1695, Nr. 30) [nach Krausch/Wimmer: Rosa moschata (Herrm.), wird im Mittelmeerraum über Afganistan bis Indien zur Gewinnung von Blütenöl u. Rosenwasser angebaut, viel in Georgien angebaut]

Mÿrthen (1695, Nr. 43) [s. Mirten]

Mÿrthen=Baum (1695, Nr. 26, 27) [s. Mirten]

Napellum flora Cerubia (1655, Nr. 125) [nach Krausch/Wimmer: Aconitum napellus L., „Eisenhut", heute noch als Stinzenpflanze im Neuwerk vorhanden, Eichstätt 160 III, R 557]

Negelcken (1695, Nr. 97, 100, 101) [= Nelken, nicht genau identifizierbar]

Negelein, ein fache feder (1655, Nr. 79) [nach Krausch/Wimmer: Dianthus plumarius L., „Federnelken", Eichstätt 109ff., R 654–656]

Negelein, holländische (1655, Nr. 66) [nach Krausch/Wimmer: Dianthus caryophyllos L., „Holländische Nelken", Eichstätt 317 I, R 649]

Nerion (1695, Nr. 6, 7) [nach Krausch/Wimmer: Nerium oleander L., „Oleander", Giftpflanze, Eichstätt 138 I]

Nerion flora Rubrum (1655, Nr. 45) [s. Nerion]

Nirrian und Nirrium (1681, Nr. 51, 84) [s. Nerion]

Ocimastrum (1681, Nr. 91: „Ocimastrum ein Weiß vndt 1 Roht"; 1695, Nr. 48) [nach Krausch/Wimmer: Thymus mastichina L., „Thymian" oder „Mastix-Thymian", aus Argentinien, Eichstätt 311 II]

Pallaustium (1655, Nr. 30) [s. Balaustinum]

Palmbäume (1695, Nr. 96) [nicht genau identifizierbare Palmen, vermutlich Chamaerops oder Phoenix („Dattelpalme")]

Peonia (1655, Nr. 70) [nach Krausch/Wimmer: Paeonia officinalis L., „Päonie" oder „Bauernrose", dunkelrot, Eichstätt 100–102, 108, R 493]

Pereclinium Erectum (1695, Nr. 126) [nach Krausch/Wimmer: Lonicera erecta L., nach Asmussen: Lonicera xylosteum L., „Gemeine Heckenkirsche", einheimischer, aufrechtwachsender Baum, Eichstätt 9 I]

pericliminum (1655, Nr. 28) [nach Krausch/Wimmer: Lonicera alpigena L., „Geißblatt", Eichstätt 129 III, R 1285]

peripluca (1681, Nr. 79) [nach Krausch/Wimmer: Periploca graeca L., nach Asmussen: Periploca indica L., Familie der Seidenpflanzen (Asclepiadaceae)]

peruoliatus (1655, Nr. 127) [nach Krausch/Wimmer: Lonicera caprifolium L., „Echter Jelängerjelieber", stark duftend, Eichstätt 129]

petarnica (1655, Nr. 105) [nach Krausch/Wimmer: Achillea ptarmica L., „Sumpfgarbe", Eichstätt 288 III]

Pfersicken Beum (1655, Nr. 54) [nach Asmussen: Prunus persica L., „Pfirsichbaum"]

Phalangium Alabrogium (1681, Nr. 66) [nach Krausch/Wimmer: Paradisea liliastrum L., „Trichterlilie", Eichstätt 131 I]

Phelephium hispanicum (1681, Nr. 19) [nach Krausch/Wimmer: Sedum telephium ssp. maximum, nach Asmussen: Sedum hispanicum L., „Fetthenne"]

Pimpenellen arboressens (1695, Nr. 44) [nach Krausch/Wimmer: Rosa spinosissima L. = Rosa pimpinellifolia L., „Pimpinell-Rose", blüht gefüllt rosa, Eichstätt 98 III, R 1341]

Pinpernellrosen (1681, Nr. 117) [s. Pimpenellen arboressens]

Pimpinella (1695, Nr. 112) [s. Pimpenellen arboressens]

Pistatien Bäume (1695, Nr. 8) [nach Krausch/Wimmer: Pistacia vera L., „Echter Pistazienbaum", uralte Kulturpflanze seit 4000 Jahren]

Pistologia (1681, Nr. 98) [nach Krausch/Wimmer: Aristolochia pistolochia, nach Asmussen: Aristolochia clematitis L., „Osterluzei" oder „Wolfskraut", Eichstätt 194 II, R 582]

Pisum grecorum (1655, Nr. 64) [nach Krausch/Wimmer: Lathyrus sativus L., „Platterbse" oder „Wicke", als Staude perennierend, Eichstätt 298 VI]

Pomeranzenbäume (1655, Nr. 7–9, 14, 21, 22; 1681, Nr. 1, 23, 61, 126; 1695, Nr. 1–4, 11, 29, 51, 81) [nach Asmussen: Citrus aurantium L., „Pomeranzenbaum", Eichstätt 140 I]

Pomeranzenbäume, wild (1655, Nr. 23, 37; 1681, Nr. 56, 129) [Sind die sog. „Unterlagen" oder „Wildlinge", auf die die echten Pomeranzen gepfropft werden können]

Primalavere flore luto pleno (1655, Nr. 69) [nach Krausch/Wimmer: Primula vulgaris 'Plenum', nach Asmussen: Primula elatior plena L., „Gelbe Primel", im England des 16. Jhs. als Salatpflanze kultiviert, Eichstätt 128 II, R 974]

Ranunculus anglicus flore albo (1655, Nr. 94) [nach Krausch/Wimmer: Ranunculus aconitifolius L. fl. pleno, „Eisenblättriger Hahnenfuß", Eichstätt 26 I, R 994]

Ranunculus annmonae (1655, Nr. 117) [nach Krausch/Wimmer: Ranunculus asiaticus, nach Asmussen: Anemone ranunculoides L., „Gelbe Anemone" oder „Gelbes Buschwindröschen", Eichstätt 17 II]

Rhus firginiana meriti folio (1681, Nr. 67) [nach Krausch/Wimmer: Rhus typhina L., „Sumach" oder „Essigbaum", färbt sich im Herbst scharlachrot, 1629 aus dem östl. Nordamerika eingeführt, deshalb „firginiana"]

...rius Bulbosa (1655, Nr. 87) [nach Krausch/Wimmer: Iris xiphium L., „Zwiebeliris", Eichstätt 185–202, R 404–409]

...rius persicus (1655, Nr. 88) [nach Krausch/Wimmer: Iris persica L., „Zwiebeliris"]

Rodiae Radis (1655, Nr. 110) [nach Krausch/Wimmer: Sedum rhodiola rosea L., „Rosenwurz" oder „Rosa Fetthenne"]

Rosa damascum (1655, Nr. 61) [nach Krausch/Wimmer: Rosa damascena L., „Damaskus-Rose", Alter und Herkunft unbekannt, blüht einmal im Jahr hellrot oder rosa gefüllt und duftend]

Rosa de damasco (1655, Nr. 24) [s. Rosa damascum]

Rosae (1655, Nr. 63) [nicht genau identifizierbare Rosen]

Rosemarie (1695, Nr. 130) [nach Krausch/Wimmer: Rosmarinus officinalis L., „Rosmarin", schon im Altertum bekannte Gewürzpflanze, blüht im August blau-rosa, Eichstätt 284 III]

Rosmarin, vergüldt (1655, Nr. 40) [Nicht identifizierbare Rosmarin-Sorte]

Roßen (1695, Nr. 78) [nicht genau identifizierbare Rosen]

Ruscus Laurus Alexandrina (1681, Nr. 58) [nach Krausch/Wimmer: Ruscus hypophyllum L., nach Asmussen: Ruscus aculeatus L., „Stechender Mäusedorn", verbreitet von Südfrankreich über den Orient bis Persien, immergrüner kleiner Busch mit roten Früchten, Eichstätt 2 I]

Ruscus Laurus hÿpoglossum (1681, Nr. 58) [nach Krausch/Wimmer: Ruscus hypoglossum L., s. auch Ruscus Laurus Alexandrina]

Salbeÿ, Braune (1681, Nr. 93) [nach Krausch/Wimmer: Salvia officinalis L., nach Asmussen: Salvia glutinosa L., „Klebriger Salbei", braunrot punktierte Blüten, Eichstätt 241]

Salbeÿ, gepleckte (1681, Nr. 87) [nach Krausch/Wimmer: Salvia officinalis L. 'Variegata', nach Asmussen: s. Salbeÿ, Braune]

Salbeÿen, weiße (1681, Nr. 112) [nach Krausch/Wimmer: Salvia officinalis 'Alba', nach Asmussen: Salvia aethiopis L., „Ungarischer Salbei" oder „Möhrensalbei", Eichstätt 240 I]

salimus Arborescens Major (1655, Nr. 19) [s. Halinus Arborescens]

sanicula alpine (1655, Nr. 122) [nach Krausch/Wimmer: Primula auricula L., „Aurikel", „Primel", natürliches Vorkommen in den Alpen, Eichstätt 16 I–III]

Scaordio (1655, Nr. 95) [nach Krausch/Wimmer: Teucrium scordium L., „Lauchgamander", Eichstätt 125 II]

Schesminen Baume (1681, Nr. 11) [nach Krausch/Wimmer: Jasminum officinalis L., „Echter Jasmin", Eichstätt 275 I, R 1212]

Schesminum Persicum (1681, Nr. 10) [s. Jasminum persicum]

Schmilax Aspera (1681, Nr. 9, 78; 1695, Nr. 22: „Schmilax aspira") [nach Krausch/Wimmer: Smilax aspera L., „Stechwinde"]

sedum Arborescens Minor (1655, Nr. 20) [s. Cedum arboressens foliis incanum etc. = Sedum]

Sedum Arboressens (1695, Nr. 57) [s. Cedum arboressens foliis incanum etc. = Sedum]]

Sedum Arbulatum Arborescens (1681, Nr. 89) [s. Cedum arboressens foliis incanum etc. = Sedum]

sedum Burgoniacum (1655, Nr. 107) [nach Krausch/Wimmer: Sedum rupestre-reflexum L., „Fetthenne", auch „Tripmadam" genannt, hat Blätter mit Stachelspitzen]

Sedum Cancrinitum (1681, Nr. 72) [nach Krausch/Wimmer: Sempervivum canariense, s. auch Cedum arboressens foliis incanum etc. = Sedum]

Sedum prolifera (1681, Nr. 73) [nach Krausch/Wimmer: Sempervivum tectorum L., „Echter Hauswurz", von alters her auf dem First der Reetdächer gepflanzt gegen Feuer und Blitz, Eichstätt 298 I]

Sedum Triangulares (1695, Nr. 58) [nach Krausch/Wimmer: Mesembryanthemum deltoides L., nach Asmussen: Mesembryanthemum crystalinum L., „Eiskraut" oder „Kristallkraut", die Blätter stehen im Dreieck und sehen aus wie gefroren, in Mitteleuropa und im Mittelmeerraum als Kochgemüse kultiviert]

sedum vermiculatum (1655, Nr. 120) [nach Krausch/Wimmer: Sedum acre oder Sedum sexangulare, nach Asmussen: Sedum album L., „Weißer Mauerpfeffer", R 1054]

Semilex Levis (1695, Nr. 105) [nach Krausch/Wimmer: Smilax laurifolia L., „Stechwinde"]

Serpillum (1695, Nr. 70) [nach Krausch/Wimmer: Thymus serpyllum L., „Zitronen-Thymian", von Spanien bis Österreich in den Gärten als Gewürz- und Duftpflanze kultiviert]

siciyicos Marante (1655, Nr. 34) [s. Citisus Verus Maranthae]

Siclamen (1681, Nr. 114) [s. Ciclanen]

Siliqua (1695, Nr. 63) [nach Krausch/Wimmer: Ceratonia siliqua L., Johannisbrotbaum, aus dem östlichen Mittelmeerraum und Arabien]

sinella perfinea flora simpl. (1655, Nr. 106) [nach Krausch/Wimmer: Nigella damascena L., „Jungfer im Grünen", auch „Schwarzkümmel" genannt, Eichstätt 174 II u. III]

Sitisos Italica (1681, Nr. 86) [nach Krausch/Wimmer: Cytisus hirsutus, nach Asmussen: Cytisus sessilifolius L., „Italienischer Goldregen", Eichstätt 10 II]

Solenum spinosum (1695, Nr. 91) [Solanum-Art = Nachtschattengewächs mit Stacheln, worauf „spinosum" hindeutet]

Solonum arborescens (1655, Nr. 26) [nach Krausch/Wimmer: Solanum erianthum D. Don, „Korallenstrauch", Eichstätt 148 I]

Spatula Foetida (1681, Nr. 18) [nach Krausch/Wimmer: Iris foetidissima L., „Stinkende Schwertlilie", Eichstätt 124 I]

Speri Theofrasti (1655, Nr. 62) [Spirea Theophrasti = nach Krausch/Wimmer: Spiraea salicifolia L., „Weidenblättrige Spirea", blüht rosa, verwildert schnell; Theophrastos ist ein griechischer Philosoph und Schüler des Platon, R 1724]

Spina Christi (1695, Nr. 23) [s. Spina Coronae Christi]

Spina Coronae Christi (1681, Nr. 49, 57) [nach Krausch/Wimmer: Paliurus spina-christi L., „Christus-Dorn", Eichstätt 354 I]

Stechas Arabica (1695, Nr. 66) [nach Krausch/Wimmer: Lavandula stoechas L., „Lavendel", auch „welscher Lavendel" oder „arabischer Lavendel" genannt, in England im Mittelalter als Duftpflanze, um 1600 in deutschen Gärten (Lausitz), Eichstätt 310 II u. III]

Sumagus (1655, Nr. 59) [Sumach = nach Krausch/Wimmer: Rhus coriaria L., nach Asmussen: s. Cotinus Plinii]

Telaspia peltutum (1655, Nr. 124) [nach Krausch/Wimmer: Iberis umbellatum L., „Doldige Schleifenblume", Eichstätt 236 II u. III]

teucrinum (1681, Nr. 90) [nach Krausch/Wimmer: Teucrium flaveum L., nach Asmussen: Teucrium marum L., auch Teucrium chamaedrys marum L., „Katzengamander", blüht rötlich, selten weiß, im 16. u. 17. Jh. auch in Deutschland als Heilpflanze kultiviert, Eichstätt 125 III]

Teuqurium Fetum (1695, Nr. 107) [Teucrium boeticum = nach Krausch/Wimmer: Teucrium fruticans L., „Gamander"]

Thelophium hispanicum (1681, Nr. 83) [nach Krausch/Wimmer: Sedum telephium L., „Große Fetthenne"]

Thilaspi semper vires (1695, Nr. 62) [nach Krausch/Wimmer: Iberis sempervirens L., „Immergrüne Schleifenblume"]

thraga Canta (1681, Nr. 70) [s. Dragakanta]

Timus Creticus (1695, Nr. 116) [nach Krausch/Wimmer: Satureja thymbra L., nach Asmussen: Satureja hortensis L., „Bohnenkraut", stammt aus dem östl. Mittelmeerraum, daher „Creticus", enthält dem Thymian ähnliches Öl, Eichstätt 286 II, R 1100]

Trifolium arborescens (1695, Nr. 110) [nach Krausch/Wimmer: Plumbago europaea L., Grasnelkengewächs, dreiblättrig]

Tripolum arboressens (1695, Nr. 68) [s. Trifolium arborescens]

vallangium virginianum flore Cerubicum (1655, Nr. 93) [Phalangium virginianum = nach Krausch/Wimmer: Tradescantia andersonii, „Dreimasterblume"]

Verbascum saluae folio (1655, Nr. 48) [nach Krausch/Wimmer: Phlomis fruticosa, nach Asmussen möglicherweise: Verbascum thapsus L., „Große Königskerze" oder Verbascum blattaria L., „Schabenkraut", Eichstätt 265 u. 266]

Verbascum Sophia folium (1681, Nr. 113) [s. Verbascum saluae folio]

VerSilberte Sinorum (1681, Nr. 111) [nach Asmussen möglicherweise: Lunaria annua L., „Silberblatt" oder „Judassilberling", sehr dekorative Pflanze mit violetten Blüten, Eichstätt 21 II, R 871]

Verula (1695, Nr. 45) [nach Asmussen ist wohl „Berula" gemeint: = Berula angustifolia Koch, „Berle", ein Doldenblütler im Flachmoor, vgl. Schellenberg, 1925, S. 233]

viola matronalis (1655, Nr. 118) [s. fiola Noctis]

Violen (1695, Nr. 98) [nach Asmussen wahrscheinlich: Viola odorata L., „Duftendes Veilchen"]

Violen, gelb (1655, Nr. 76: „gelb gefüllete Violen"; 1695, Nr. 99) [nach Krausch/Wimmer: Cheiranthus cheiri L., „Goldlack", Eichstätt 168 u. 169, R 687–692]

Weinrancken (1655, Nr. 56) [nach Asmussen: Parthenocissus quinquefolia L., „Wilder Wein", Kletterpflanze ohne Früchte]

Weinstöcke (1655, Nr. 3; 1681, Nr. 59, 125) [nach Asmussen: Vitis vinifera L., R 1364]

Xiris (1655, Nr. 31) [nach Krausch/Wimmer: Iris indica L., „Schwertlilien"-Sorte]

Xÿris (1681, Nr. 81) [Iris-Sorte, „Schwertlilie", Sorte nicht bestimmbar]

Zwergel (1655, Nr. 10; 1681, Nr. 128: „Zwergel Pomerantzen") [nach Krausch: Citrus aurantium L. „Nana"]

Anhang 3, Nr. 10:

Alphabetische Liste der Pflanzen aus den Inventaren des 17. Jahrhunderts nach heute gültiger Nomenklatur

Erklärung:
Diese Liste dient der Übersicht der Pflanzen, die es nach den drei Inventaren im Neuwerk des 17. Jahrhunderts gegeben hat. Da in dieser Liste alle Identifizierungen verzeichnet sind, auch diejenigen, die nicht sicher oder bei denen zwei unterschiedliche Möglichkeiten vorhanden sind, bleibt die Konsultation der alphabetischen Liste der Originalbezeichnungen in jedem Fall notwendig. Die Quelle, in der die Pflanze vorkommt, ist als Datum in Klammern gesetzt, z.B. (1655, Nr. 34). Auf die Angabe der Originalbezeichnung wurde verzichtet. Sie ist anhand der Quellenangabe auffindbar im Anhang 2, wo die drei Inventare transskribiert sind (Inventar von 1655 = Anhang 2, Nr. 2; Inventar von 1681 = Anhang 2, Nr. 9; Inventar von 1695 = Anhang 2, Nr. 11).

Acacia farnesiana (1655, Nr. 25 (?); 1681, Nr. 48 (?); 1695, Nr. 88)
Acacia senegal L. (1695, Nr. 88)
Acanthus mollis L. (1655, Nr. 51; 1681, Nr. 46)
Acanthus spinosus L. (1655, Nr. 33; 1681, Nr. 44)
Achillea ptarmica L. (1655, Nr. 105)
Aconitum napellus L. (1655, Nr. 125)
Aeonium arboreum L. (1655, Nr. 20; 1681, Nr. 72, 89; 1695, Nr. 57, 87, 124)
Agave americana (1695, Nr. 86)
Aloe vera L. (1695, Nr. 86)
Aloe vulgaris L. (1681, Nr. 22; 1695, Nr. 83–85)
Althea rosea 'Albo-Plena' (1655, Nr. 72)
Anaphalis margaritacea (1655, Nr. 92; 1695, Nr. 39)
Anemone hepatica L. (1681, Nr. 71)
Anemone ranunculoides L. (1655, Nr. 117)
Anchusa azurea Mill. (1655, Nr. 90)
Anchusa italica Retzius (1655, Nr. 90)
Anthyllis barba-jovis L. (1695, Nr. 64)
Anthyllis vulneraria L. (1655, Nr. 108)
Antirrhinum majus L. (1655, Nr. 89)
Aquilegia vulgaris L. (1655, Nr. 109)
Aquilegia vulgaris 'Alba' L. (1655, Nr. 85)
Aristolochia clematitis L. (1681, Nr. 98)
Aristolochia pistolochia (1681, Nr. 98)
Aristolochia sipho L. (1681, Nr. 108)
Artemisia absinthium (1681, Nr. 80)
Artemisia caerulescens L. (1681, Nr. 104)
Artemisia camphoratum Villars (1681, Nr. 80)
Asplenium adianthum-nigrum L. (1681, Nr. 102)
Astragalus tragacantha L. (1681, Nr. 70; 1695, Nr. 41)
Atriplex halimus L. (1655, Nr. 19; 1681, Nr. 14, 82; 1695, Nr. 103)
Bellis perennis 'Plenum' L. (1655, Nr. 104)
Berula angustifolia Koch (1695, Nr. 45)
Borrago officinalis L. (1655, Nr. 99)
Buxus sempervirens arborescens L. (1695, Nr. 75)
Calamintha grandifolia L. (1655, Nr. 98)
Caltha palustris L. (1655, Nr. 73)
Campanula pyramidalis L. (1655, Nr. 123)
Campsis radicans (L.) Seem. (1655, Nr. 2)
Canna indica L. (1695, Nr. 90)
Carthamus arborescens L. (1695, Nr. 120)
Ceratonia siliqua L. (1695, Nr. 63)
Cercis siliquastrum L. (1681, Nr. 36; 1695, Nr. 35)
Chamaecyparis cupressus sempervirens L. (1681, Nr. 77; 1695, Nr. 14, 15, 60, 122)
Cheiranthus cheiri L. (1655, Nr. 76; 1695, Nr. 99)
Citrus aurantium L. (1655, Nr. 7–9, 14, 21, 22; 1681, Nr. 1, 23, 61, 126; 1695, Nr. 1–4, 11, 29, 51, 81)
Citrus aurantium L. „Nana" (1655, Nr. 10; 1681, Nr. 128)
Citrus medica L. ? (1655, Nr. 4, 6, 11, 15; 1681, Nr. 2, 24, 60, 62, 127)
Citrus limon (L.) Burm. ? (1655, Nr. 4, 6, 11, 15; 1681, Nr. 2, 24, 60, 62, 127)
Clematis L. (1695, Nr. 73)
Clematis integrifolia L. (1655, Nr. 100)
Clematis viticella L. (1695, Nr. 111)
Cneorum tricoccum L. (1655, Nr. 29; 1695, Nr. 71)
Cnicus benedictus L. (1695, Nr. 120)
Colocasia esculenta (L.) Schott „Antiquorum" (1655, Nr. 13)
Convolvulus tricolor L. (1655, Nr. 126)
Cuculus baccifer L. (1681, Nr. 110)
Cuculus behen L. (1681, Nr. 110)
Cupressus sempervirens L. (1695, Nr. 38, 122)
Cyclamen L. (1681, Nr. 114; 1695, Nr. 76)
Cytisus hirsutus (1681, Nr. 86)
Cytisus scoparius L. (1655, Nr. 39)
Cytisus sessilifolius L. (1681, Nr. 86)
Cytisus supinus (1655, Nr. 39)
Daphne laureola L. (1655, Nr. 47; 1681, Nr. 16, 34, 103)
Dianthus barbatus (1655, Nr. 121)
Dianthus cartusianorum L. (1655, Nr. 121)
Dianthus caryophyllos L. (1655, Nr. 66)
Dianthus plumarius L. (1655, Nr. 79)
Dictamnus albus L. (1655, Nr. 75; 1681, Nr. 65)
Diospyros lotus L. (1681, Nr. 37, 53; 1695, Nr. 18)
Dracocephalum moldavica L. (1655, Nr. 97)
Epimedium alpinum L. (1655, Nr. 60)
Eryngium planum L. (1655, Nr. 74)
Ficus carica L. (1655, Nr. 1, 5; 1681, Nr. 39, 55, 94, 124; 1695, Nr. 28)
Genista hispanica L. (1681, Nr. 50, 100; 1695, Nr. 31)
Genista pilosa L. (1695, Nr. 109)
Genista tinctoria L. (1695, Nr. 32, 53)
Gentiana verna L. (1655, Nr. 119)
Geranium phaeum L. (1655, Nr. 114, 116; 1681, Nr. 96)
Geranium pyrenaicum L. (1655, Nr. 65)
Geranium sanguineum L. (1655, Nr. 116; 1681, Nr. 96)
Glycinia apios L. (1681, Nr. 64)
Gnaphallium luteo-album L. (1655, Nr. 92; 1695, Nr. 39)
Gratiola officinalis L. (1655, Nr. 84)
Guajacum patavinum (1681, Nr. 37, 53; 1695, Nr. 18)
Halinodendron halodendron L. (1655, Nr. 19; 1681, 14, 82; 1695, Nr. 103)
Heliopsis L. heliantoides (1655, Nr. 91)

Hemerocallis lilio-asphodulus L. (1655, Nr. 67, 86)
Hepatica nobilis (1681, Nr. 71)
Herianthemum L. (1695, Nr. 46, 54, 55)
Hesperis matrionalis (1655, Nr. 68, 118)
Heuchera americana L. (1681, Nr. 99)
Hibiscus syriacus L. (1655, Nr. 12, 35; 1681, Nr. 21, 35, 45, 120; 1695, Nr. 21, 82)
Hibiscus syriacus albus L. (1655, Nr. 12; 1681, Nr. 21, 35, 45, 120)
Hyacinthus orientalis L. (1681, Nr. 115)
Hypericum calycinum L. (1681, Nr. 69)
Hypersicum hircinum L. (1681, Nr. 106)
Iberis sempervirens L. (1695, Nr. 62)
Iberis umbellatum L. (1655, Nr. 124)
Ilex aquifolium L. 'Aureum' (1681, Nr. 40)
Ilex aquifolium L. (1681, Nr. 92)
Iris florentina L. (1695, Nr. 106)
Iris foetidissima L. (1681, Nr. 18)
Iris germanica L. (1655, Nr. 78)
Iris indica L. (1655, Nr. 31; 1681, Nr. 81)
Iris persica L. (1655, Nr. 88)
Iris pumilum L. (1655, Nr. 112)
Iris sibirica L. (1655, Nr. 111)
Iris xiphium L. (1655, Nr. 87)
Jasminum grandiflorum L. (1655, Nr. 52; 1681, Nr. 63; 1695, Nr. 52)
Jasminum humile L. (1681, Nr. 118)
Jasminum odoratissimum (1655, Nr. 27; 1681, Nr. 88)
Jasminum officinalis L. (1681, Nr. 11, 118)
Laburnum anagyroides L. (1655, Nr. 58)
Lathyrus sativus L. (1655, Nr. 64)
Laurus nobilis L. (1681, Nr. 7, 26, 38, 52, 116, 122; 1695, Nr. 9, 10, 33, 79, 118, 127)
Lavandula stoechas L. (1695, Nr. 66)
Leonurus cardiaca L. (1695, Nr. 59)
Lilium martagon L. (1655, Nr. 101)
Limonium humile (1695, Nr. 113)
Limonium vulgare Mill. (1695, Nr. 113)
Linaria vulgaris L. (1695, Nr. 77)
Lonicera alpigena L. (1655, Nr. 28)
Lonicera caprifolium L. (1655, Nr. 127)
Lonicera erecta L. (1695, Nr. 126)
Lonicera xylosteum L. (1695, Nr. 126)
Lunaria annua L. (1681, Nr. 111)
Lychnis chalcedonica L. (1655, Nr. 81)
Lychnis coronaria L. (1655, Nr. 82)
Lychnis flos-cuculi L. (1655, Nr. 77)
Malva alcea L. (1655, Nr. 102)
Mandragora officinarum L. (1681, Nr. 33, 85)
Medicago arborea L. (1655, Nr. 34; 1681, Nr. 29; 1695, Nr. 72)
Medicago marina L. (1695, Nr. 115)
Melia azedarach L. (1655, Nr. 41; 1695, Nr. 35)
Melittis melissophyllum L. (1681, Nr. 109)
Mesembryanthemum crystalinum L. (1695, Nr. 58)
Mesembryanthemum deltoides L. (1695, Nr. 58)
Mirabilis jalapa L. (1655, Nr. 80)
Myrtus communis L. (1655, Nr. 18; 1681, Nr. 3, 74; 1695, Nr. 26, 27, 43)
Nerium oleander L. (1655, Nr. 45; 1681, Nr. 51, 84; 1695, Nr. 6, 7)
Nigella damascena L. (1655, Nr. 106)
Opuntia ficus-indica L. (1681, Nr. 97; 1695, Nr. 89)
Origanum syriacum L. (1695, Nr. 65)
Othonna maritima (1655, Nr. 50; 1681, Nr. 76; 1695, Nr. 42, 104)
Paeonia officinalis L. (1655, Nr. 70)
Paliurus spina-christi L. (1681, Nr. 49, 57; 1695, Nr. 23)
Paradisea liliastrum L. (1681, Nr. 66)
Parthenocissus quinquefolia L. (1655, Nr. 56)
Passiflora incarnata L. (1695, Nr. 92–94)
Pelargonium odoratissimum L. (1681, Nr. 105)
Pelargonium triste L. (1681, Nr. 105)
Pentaglossis sempervirens (1655, Nr. 99)
Periploca graeca L. (1681, Nr. 79)
Phalaris arundinacea L. (1695, Nr. 128)
Phaseolus L. caracalla (1695, Nr. 95)
Philadelphus coronarius L. (1655, Nr. 27; 1681, Nr. 88; 1695, Nr. 114)
Phlomis fruticosa (1655, Nr. 48; 1681, Nr. 113)
Pistacia vera L. (1695, Nr. 8)
Plumbago europaea L. (1695, Nr. 68, 110)
Polemonium caeruleum L. (1655, Nr. 83)
Polyanthus tuberosus (1681, Nr. 115)
Polypodium vulgare L. (1655, Nr. 32)
Primula auricula L. (1655, Nr. 71, 122)
Primula elatior plena L. (1655, Nr. 69)
Primula vulgaris 'Plenum' (1655, Nr. 69)
Prunus armeniaca L. (1655, Nr. 53; 1681, Nr. 125)
Prunus avium L. (1655, Nr. 55)
Prunus laurocerasus L. (1655, Nr. 44; 1681, Nr. 5, 15, 27, 42, 121; 1695, Nr. 12)
Prunus persica L. (1655, Nr. 54)
Punica granatum L. (1655, Nr. 30; 1681, Nr. 4, 25, 28, 47; 1695, Nr. 16, 17, 102)
Punica granatum L. 'Plenum' (1655, Nr. 16)
Ranunculus aconitifolius L. fl. pleno (1655, Nr. 94)
Ranunculus asiaticus (1655, Nr. 117)
Rhamnus alaternus L. (1655, Nr. 38; 1681, Nr. 13, 41; 1695, Nr. 19, 74, 123)
Rhamnus zizyphus L. (1681, Nr. 54; 1695, Nr. 25)
Rhodiola rosea** (Rudiae Radis, 1655)
Rhus coriaria L. (1655, Nr. 59)
Rhus cotinus L. coggygria Scop. (1655, Nr. 59; 1681, Nr. 17; 1695, Nr. 20)
Rhus radicans (1655, Nr. 60)
Rhus typhina L. (1681, Nr. 67)
Robinia pseudoacacia L. ? (1655, Nr. 25; 1681, Nr. 48)
Rosa damascena L. (1655, Nr. 24, 61)
Rosa damascena L. semperflorens (1681, Nr. 75; 1695, Nr. 40)
Rosa moschata (Herrm.) (1695, Nr. 30)
Rosa spinosissima L. (1681, Nr. 117; 1695, Nr. 44, 112)
Rosmarinus officinalis L. (1695, Nr. 130)
Ruscus aculeatus L. (1681, Nr. 58)
Ruscus hypoglossum L. (1681, Nr. 58; 1695, Nr. 108)
Ruscus hypophyllum L. (1681, Nr. 58)
Salsola kali L. (1681, Nr. 107)

Salsola soda L. (1681, Nr. 107)
Salvia aethiopis L. (1681, Nr. 112)
Salvia glutinosa L. (1681, Nr. 87, 93)
Salvia officinalis L. (1681, Nr. 93)
Salvia officinalis 'Alba' (1681, Nr. 112)
Salvia officinalis L. 'Variegata' (1681, Nr. 87)
Santolina chamaecyparissos L. (1655, Nr. 113)
Satureja hortensis L. (1695, Nr. 116)
Satureja thymbra L. (1695, Nr. 116)
Scilla peruviana L. (1695, Nr. 121)
Sedum acre (1655, Nr. 120)
Sedum album L. (1655, Nr. 120)
Sedum hispanicum L. (1681, Nr. 19)
Sedum rhodiola rosea L. (1655, Nr. 110)
Sedum rupestre-reflexum L. (1655, Nr. 107)
Sedum sexangulare (1655, Nr. 120)
Sedum telephium L. (1681, Nr. 83)
Sedum telephium ssp. maximum (1681, Nr. 19)
Sempervivum canariense (1681, Nr. 72)
Sempervivum tectorum L. (1681, Nr. 73)
Senecio cineraria marina DC. (1655, Nr. 50; 1681, Nr. 76; 1695, Nr. 42, 104)
Senecio doria L. (1655, Nr. 115)
Smilax aspera L. (1681, Nr. 9, 78; 1695, Nr. 22)
Smilax laurifolia L. (1695, Nr. 105)
Solanum dulcamara L. (1681, Nr. 95)
Solanum erianthum D. Don (1655, Nr. 26)
Spartium junceum (1681, Nr. 50, 100; 1695, Nr. 31)
Spiraea salicifolia L. (1655, Nr. 62)
Stipa plumata L. (1655, Nr. 96)
Syringa persica L. (1655, Nr. 17; 1681, Nr. 10, 68)
Syringa x laciniata Mill. (1681, Nr. 10, 68)
Teucrium chamaedrys marum L. (1681, Nr. 90)
Teucrium flaveum L. (1681, Nr. 90)
Teucrium fruticans L. (1695, Nr. 107)
Teucrium marum L. (1681, Nr. 90; 1695, Nr. 49, 67)
Teucrium scordium L. (1655, Nr. 95)
Thlaspi arvense L. (1695, Nr. 47)
Thymus mastichina L. (1681, Nr. 91; 1695, Nr. 48)
Thymus serpyllum L. (1695, Nr. 70)
Tradescantia andersonii (1655, Nr. 93)
Ulex europaeus L. (1681, Nr. 20; 1695, Nr. 56)
Umbilicum rupestris L. (1655, Nr. 103)
Verbascum blattaria L. (1655, Nr. 48; 1681, Nr. 113)
Verbascum thapsus L. (1655, Nr. 48; 1681, Nr. 113)
Viburnum tinus L. (1655, Nr. 36, 42; 1681, Nr. 6, 30, 123; 1695, Nr. 13)
Viola odorata L. (1695, Nr. 98)
Vitex agnus-castus L. (1655, Nr. 46; 1681, Nr. 8, 101; 1695, Nr. 24)
Vitis vinifera L. (1655, Nr. 3; 1681, Nr. 59, 125)
Yucca gloriosa L. (1681, Nr. 12, 32, 43, 119; 1695, Nr. 5, 129)
Zizyphus jujuba Mill. (1681, Nr. 54; 1695, Nr. 25)

Anhang 3, Nr. 11:

Alphabetische Liste der originalen Pflanzennamen aus den Verzeichnissen der 1. Hälfte des 18. Jahrhunderts

Folgende Quellen sind in diese Liste eingearbeitet:
Quelle 1 (Q1): RAK TyRtk C 89 (Ikke anbragte bilag Nr. 2): „Neuerrichtetes Garten Inventarium". Es handelt sich bei dieser Quelle wahrscheinlich um das von Peucker am 15.8.1727 angefertigte Pflanzeninventar (Beleg dafür in RAK TyRtk B 5, Beilagen zur Res. v. 3.4.1737, Nr. 90) (Transskription in Anhang 2, Nr. 14). Diese Quelle bildet die Grundlage der vorliegenden Liste, weil sie am ausführlichsten ist. In dieser Liste geht die Zählung nach der Nr. 269 wieder mit Nr. 250 weiter. Um Verwechslungen zu umgehen, sind die Nummern, die ein zweites Mal verwendet werden, mit einem a gekennzeichnet, z.B. Nr. 250a.
Quelle 2 (Q2): RAK TyRtk B 5, Beilage zur Res. v. 3.4.1737, Nr. 90: „Unmaßgebliches Verzeigniß derjenigen Sachen, so auf des seel. Garten Inspectoris eigene Kosten angeschaffet worden", von Clasen bearbeitet und am 27.10.1735 unterschrieben. Hierin zeigt Clasen auf, welche Pflanzen nach den Inventaren von 1727 und 1695 schon vorhanden waren.
Quelle 3 (Q3): RAK TyRtk B 5, Beilage Nr. 4 zur Res. v. 3.4.1737, Nr. 90: „Liquidation Nach der von der Königl. Schleßwig=Holsteinischen Cammer sub dato Gottorff d 25ten Maÿ 1737. ergangenen Resolution, mit denen Kempischen Erben, über die von Ihnen gemachte Praetension, wegen allerhand Gewächse und Sachen, in dem hiesigen Königl. Neuen=Wercks Garten", von Clasen aufgestellt am 1.10.1738. Es ist eine Tabelle mit mehreren Spalten, in denen u.a. die Anzahl der Pflanzen nach dem Inventar von 1727 und einem Verzeichnis von 1734 genannt werden.
Quelle 4 (Q4): RAK TyRtk C 89 (Ikke anbragte Bilag Nr. 1): „No. 1. Unmaßgebliche Verzeichnis, der jenigen Sachen, so auf des seel. Garten Inspectoris Kempens eigene Kosten angeschaffet worden." Diese 1734 entstandene Liste ähnelt im Aufbau Q1. Es fehlen aber einige Pflanzen. Interessant ist aber, dass hier auch der Wert der Pflanze in Reichstalern angegeben ist, was allerdings nicht in die vorliegende Liste einfließt.

Ein paar Einträge stammen aus anderen Quellen, deren Nachweis jeweils vor Ort zu finden ist.

Aufbau:
Zuerst wird der originale Pflanzenname genannt, dann folgen in runden Klammern die Quellenangabe (z.B. Q1), wenn vorhanden mit Nummer, das Jahr, in dem die Pflanze auf Gottorf nachgewiesen ist (nicht immer identisch mit dem Entstehungsjahr der Quelle), und die Anzahl (A:). Außerdem wird hier der erste Nachweis im Neuwerkgarten (ENG) vermerkt, z.B. ENG 1695, wobei die Daten für das 17. Jahrhundert vor allem aus den Listen 10 und 11 in Anhang 3 stammen.

Dahinter stehen in eckigen Klammern zum Teil Erklärungen wie heute gültige Namen und Vorkommen.

Abrotanum foemina foliis majore foliis villosis et incanis (Q1, Nr. 217, 1727, A: 2; ENG 1727) [Gartenzypresse]
Abrotanum foemina foliis minus incanis (Q1, Nr. 216, 1727, A: 2; ENG 1727)

Abrotanum foemina foliis teretibus Chamaecyparissus, Santolina (Q1, Nr. 215, 1727, A: 2; ENG wohl 1655) [Santolina chamaecyparissos L. = Zypressenkraut]

Abrotanum foemina viride (Q1, Nr. 218, 1727, A: 2; ENG 1727)

Absinthium arborescens folio et caule toto albo (Q1, Nr. 173, 1727, A: 1; ENG 1727)

Acacia Aegyptiaca flore luteo odorato (Q1, Nr. 56, 1727, A: 2 sieben Fuß hochstämmige, 3 niedrigere; ENG 1695) [Acacia farnesiana]

Acanthus aculeatus (Q1, Nr. 212, 1727, A: 1; ENG 1727)

Acetosa arborescens subrotundo folio ex Insulis fortunatis (Q1, Nr. 65, 1727, A: 2; ENG 1727)

Acetosella seu Oxys bulbosa Aethiopica minor folio cordato (Q1, Nr. 123, 1727, A: 2; ENG 1727) [Acetosella ist Waldsauerklee, aber hier eine Sorte aus Afrika]

Acetosella seu Oxys bulbosa Africana rotundifolia caulibus et floribus purpureis amplis (Q1, Nr. 134, 1727, A: 2; ENG 1727)

Adams-Apfel (RAK TyRtk C 84, Inv. v. 1738) [Citrus medica „Pomo d'Adami" = Adamsapfel]

Adhadota Zeylanensium major (Q1, Nr. 160, 1727, A: 12; ENG 1727) [Justicia adhadota = Indisches Lungenkraut, aus dem Himalaya und Nordindien]

Agnus Castus, Vitex foliis angustioribus Cannibis modo dispositis, floribus purpureis (Q1, Nr. 164, 1727, A: 4 hochstämmiger; ENG 1655)

Alaternoides Africana Lauri serrato folio (Q1, Nr. 162, 1727, A: 6; ENG 1727)

Alaternus (Q1, Nr. 171, 1727, A: 10; Q2, 1727; ENG 1655) [Rhamnus alaternus L. = Kreuzdorn oder Faulbaum]

Alaternus Celastrus dicta, folio ex aureo maculato (Q1, Nr. 242, 1727, A: 1; Q2, 1695; ENG 1695) [Celastrus = Baumwürger, Kletterwindenstrauch]

Alaternus latifolia, Celastrus dicta (Q1, Nr. 254, 1727, A: 3; ENG 1695?)

Alaternus seu Phylica, aurea sive foliis ex luteo variegatis (Q1, Nr. 189, 1727, A: 3; Q2, 1695; ENG 1655) [früher auch holländischer Alaternus genannt]

Alaternus seu Phylica elatior (Q1, Nr. 259a, 1727, A: 1; ENG 1695?)

Alaternus seu Polylica [Phylica] argentea, seu foliis ex albo variegatis (Q1, Nr. 240, 1727, A: 1; Q2, 1695; ENG 1695) [wohl Phillyrea = Silberpappel = Populus alba oder nach Wimmer, 1999 I, S. 17: Phillyrea angustifolia L. u. Ph. latifolia L. = Steinlinde]

Aloe Africana brevissimo crassissimoque folio flore subviridi (Q1, Nr. 42, 1727, A: 8; ENG 1727)

Aloe Africana caulescens (Q1, Nr. 4, 1727, A: 9; ENG 1727)

Aloe Africana caulescens foliis glaucis brevioribus caulem amplectentibus foliorum parte interna et externa non nihil spinosa (Q1, Nr. 34, 1727, A: 3; ENG 1727)

Aloe Africana caulescens foliis glaucis crassioribus et brevioribus caulem amplectentibus in margine et dorso versus apicem spinis albicantibus praeditis flore rubro (Q1, Nr. 17, 1727, A: 3; ENG 1727)

Aloe Africana caulescens foliis glaucis caulem amplectentibus (Q1, Nr. 13, 1727, A: 15; ENG 1727)

Aloe Africana caulescens foliis glaucis caulem amplectentibus et dorso integro spinoso (Q1, Nr. 37, 1727, A: 8; ENG 1727)

Aloe Africana caulescens foliis spinosis maculis ab utraqua parte albicantibus notatis flore rubro alios multis tricolor dicta (Q1, Nr. 40, 1727, A: 10; ENG 1727)

Aloe Africana erecta rotunda folio parvo et in acumen rigidissimum exeunte (Q1, Nr. 31, 1727, A: 10; ENG 1727)

Aloe Africana folio in summitate triangulari margaritis rarioribus obsita (Q1, Nr. 29, 1727, A: 3; ENG 1727)

Aloe Africana folio quasi triangulari obscure viridi et verrucis albicantibus notato (Q1, Nr. 46, 1727, A: 1; ENG 1727)

Aloe Africana folio rotundo oblongo, flore Asphodeli (Q1, Nr. 19, 1727, A: 8; ENG 1727)

Aloe Africana humilis arachnoidea folio parvo flosculis ablicantibus (Q1, Nr. 41, 1727, A: 8; ENG 1727)

Aloe Africana humilis flore rubro folio plano obscure viridi non spinosa maculis ab utraq parte albicantibus notata (Q1, Nr. 36, 1727, A: 3; ENG 1727)

Aloe Africana humilis foliis ex albo et viridi variegatis (Q1, Nr. 43, 1727, A: 3; ENG 1727)

Aloe Africana humilis non spinosa angustiori folio plano crasso margaritifero (Q1, Nr. 32, 1727, A: 11; ENG 1727)

Aloe Africana margaritifera major (Q1, Nr. 45, 1727, A: 2; ENG 1727)

Aloe Africana margaritifera minima (Q1, Nr. 44, 1727, A: 3; ENG 1727)

Aloe Africana non spinosa flore rubro foliis crassioribus et verrucis ab utraq parte albicantibus notatis (Q1, Nr. 28, 1727, A: 3; ENG 1727)

Aloe Africana non spinosa folio plano dilute virescente minutissimisqu maculis ab utraq parte albicantibus donato (Q1, Nr. 35, 1727, A: 7; ENG 1727)

Aloe, Americanische (Q1, Nr. 251a, 1727, A: 112; ENG?)

Aloe Americana, bundte (Q1, Nr. 52, 1727, A: 26; Q2, 1727, A: 1, ist nach Kopenhagen zum Gärtner Roggenkamp gekommen; ENG 1727)

Aloe Americana ex vera Cruce foliis latioribus et glaucis (Q1, Nr. 95, 1727, A: 2; Q4, Nr. 95, 1734, A: 2 im Wohnhaus im Wert von 100 Rthlr; ENG 1727)

Aloe Americana foliis eleganter striatis (Q4, o. Nr., 1734, A: 4 große u. 2 kleine im Wohnhaus; ENG 1734)

Aloe Americana muricata fol. mucronato (Q1, Nr. 51, 1727, A: 8; Q2, 1725; ENG 1725) [Agave americana L.]

Aloe Americana muricata folio mucronata variegato (Q4, Nr. 52, 1734, A: 20; Q2, 1725; ENG 1725) [Agave americana L.]

Aloe Americana viridi rigidissimo et foetido foliis Pret[?] dicta (Q4, o. Nr., 1734, A: 2 im Wohnhaus; ENG 1734)

Aloe Americana viridi rigidissimo et foetido, Piet dicta Indigenis, Kiggelarii Hort. Beaum. (Q1, Nr. 96, 1727, A: 2; ENG 1727)

Aloe Guineensis radice geniculata, foliis et viridi et Aro undulatim variegatis (Q1, Nr. 3, 1727, A: 8; ENG 1727)

Aloe Succotrina angustifolia spinosa flore purpureo (Q1, Nr. 38, 1727, A: 3; ENG 1727)

Aloe vera vulgaris sive Hispanica, vulgo Sempervivum marinum (Q1, Nr. 12, 1727, A: 1 große und 10 junge; ENG 1695)

Aloe vulgare similis foliis angustioribus et magis glaucis floribus rubris et paucioribus (Q1, Nr. 39, 1727, A: 4; ENG 1695)

Alsine marine (Q1, Nr. 151, A: 1; ENG 1727)

Althea (Q3, 1727, A: 1, 1734, A: 5; ENG?)

Althaea Africana Grossularia folio flore rubro (Q1, Nr. 68, 1727, A: 1; ENG 1727) [oder Alcea Vesicaria africana, auch Ketmia africana = ist eine der seltenen Pflanzen bei Caspar Commelin in Amsterdam 1701]

Althaea arborea, montis Olbiae, Gallo provinciae (Q1, Nr. 163, 1727, A: 2; ENG 1727)

Althaea arborescens glabra, Ketmia Syrorum dicta (Q1, Nr. 260, 1727, A: 34; ENG 1727)

Althaea Ricini folio, Ketmiae flore (Q1, Nr. 75, 1727, A: 4; ENG 1727)

Amaranth (Q3, 1727, A: 5, 1734, A: 7; ENG 1727)

Amaranthus Lignosus perennis Siculus Bocconis (Q1, Nr. 57, 1727, A: 7; ENG 1727) [Amaranth = Fuchsschwanz]

Anagyris foetida (Q4, 1734, Hecken; Q2, 1695; 1655/1695; ENG 1655) [Laburnum anagyroides = Goldregen]

Ananas (QuP 1602, 1705, A: 2; Q3, 1727, A: 25; Q4, Nr. 1, 1734, A: 17; ENG 1705)

Ananas aculeata angustifolio (Q1, Nr. 1, 1727, A: 10; ENG 1727)

Ananas folio angusto non serrato, oder sine spinis (Q1, Nr. 1, 1727, A: 1; ENG 1727)

Ananas folio lato rubente (Q1, Nr. 1, 1727, A: 6; ENG 1727)

Ant-Euphorbium (Q1, Nr. 30, 1727, A: 4; ENG 1727) [Wolfsmilch-Art]

Antirrhinum angustifolium, ad Limbum ex candido striatum flore rubro (Q1, Nr. 235, 1727, A: 1; ENG 1655) [Antirrhinum = Löwenmaul]

Apios Americana minor (Q1, Nr. 192, 1727, A: 2; ENG 1681) [= Glyziniensorte]

Apocynum Americanum foliis Androsami majoris, flore Lilii convallium suave rubentibus (Q1, Nr. 104, 1727, A: 3; ENG 1727)

Apocynum sive Periploca scandens, folio longo, flore purpurante (Q1, Nr. 268, 1727, A: 10; ENG 1727) [wohl Apocynum cannabinum L. = Amerikanischer Hanf oder Hanfartiger Hundswürger]

Apocynum erectum fruticosum folio subrotundo glauco flore ex albo pallescente vulgo Blumbago [Plumbago] (Q1, Nr. 67, 1727, A: 3; Q3, 1727, A: 3 unter dem Namen Blombago; ENG 1727)

Apocynum humile Aizoides siliquis erectis Africanum monstrosum seu Fritillaria crassa cristata (Q1, Nr. 24, 1727, A: 3; ENG 1727) [Fritillaria crassifolia = Dickblättrige Schachblume, Vorkommen in Türkei, N-Irak u. SW-Iran, wächst in Höhen v. 1500–3500 m]

Aquifolium sive Agrifolium foliis et luteo variegatis (Q1, Nr. 262, 1727, A: 2; Q2, 1695; ENG 1681) [Ilex aquifolium L. = Stechpalme]

Aquifolium sive Agrifolium foliis ex albo variegatis (Q1, Nr. 261, 1727, A: 4; ENG 1681) [Ilex aquifolium L. = Stechpalme]

Aratica (RAK TyRtk C 89, Nr. 7, Lit. MM, 1727, A: 3; ENG 1727)

Arbor Vitae Kugeln (Q1, Nr. 280, 1727, A: 2, ENG 1727) [Thuja = Lebensbaum]

Arbutus vera fructifera folio serrato (Q1, Nr. 69, 1727, A: 1; Q2, 1727 mit dem Namen Arbutus arbor; ENG 1727) [= Erdbeerbaum, Herkunft Amerika]

Aristolochia Pistolochia dicta (Q1, Nr. 176, 1727, A: 2; ENG 1681)

Aristolochia rotunda, flore ex purpurea nigro (Q1, Nr. 175, 1727, A: 2; ENG 1681)

Artischocken, englische (RAK TyRtk C 89, Nr. 7, Lit. LL, pag. 33, im Kompartiment auf der ersten Terrasse; GEN vor 1734)

Arundo Indica variegata, seu Laconica Theophrasti (Q1, Nr. 259, 1727, A: 8; ENG 1727) [Arundo donax L. = Pfahlrohr]

Asclepias Africana aizoides flore pulchre fimbriato seu Fritillaria crassa major (Q1, Nr. 25, 1727, A: 4; ENG 1727)

Asclepias flore nigro (Q1, Nr. 141, 1727, A: 1; ENG 1727)

Asparges, kostbare italienische (RAK TyRtk C 89, Nr. 7, Lit. LL, pag. 33, im Kompartiment auf der ersten Terrasse; GEN vor 1734)

Asphodelus seu Phalangium folio fistuloso flore albo striato (Q1, Nr. 138, 1727, A: 2; ENG 1727)

Aster Jacobaea folio, seu Jacobaea Africana frutescens flore amplo purpureo elegantissimo Senecionis folio (Q1, Nr. 149, 1727, A: 1; ENG 1727)

Astragalus perennis spicatus Americanus scandens caulibus, radice tuberosa donatus – Apios Americana Cornuti (Q1, Nr. 248, 1727, A: 2 Pyramiden; ENG 1681) [Erdbirne, sieht ähnlich aus wie Glyzinie]

Atriplex latifolia seu Halimus fructicosus latifoliis (Q1, Nr. 204, 1727, A: 1; ENG 1727)

Atriplex maritima angustifolia procumbens seu Halimus angustifolius procumbens (Q1, Nr. 184, 1727, A: 2; ENG 1681) [Atriplex halimus = Strauch-Melde]

Auriculn (Q1, Nr. 274, 1727, A: 170 in Töpfen; Q3, 1727, A: 351 in Töpfen; ENG 1655)

Auricula Borraginis flore ex folio (Q4, Nr. 238, 1734, A: 1; Q2, 1695; ENG 1695)

Azadaracheni arbor, Fraxini folio, flore coeruleo (Q1, Nr. 243, 1727, A: 3; ENG 1695) [Melia azedarach L. = Zedrachbaum oder Chinesischer Holunder]

Barba Jovis pulchre lucens (Q1, Nr. 178, 1727, A: 6; ENG 1695)

Baumwollen Bäume (Q3, 1727, A: 4; ENG 1727) [Gossypium herbaceum L.]

Bermudiana Iridis folio (Q1, Nr. 107, 1727, A: 2; ENG 1727) [Sisyrinchium bermudiana (Iris-Familie) = blaublütiges Gras]

Bistorta Alpina minima sobolifera (Q1, Nr. 153, 1727, A: 2; ENG 1727)

Blombago (Q3, 1727, A: 3, 1734, A: 3; ENG 1727), vgl. Apocynum erectum …

Büchen, weiß u Rothe (Q4, 1734, Hecken; Q2, 1695; ENG?)

Buxus foliis ex pallido striatis et pictis (Q1, Nr. 168, 1727, A: 8; Q4, 1734, A: 6 Kugeln in versch. Größen in Kästen und Töpfen; Q2, 1695; ENG 1695)

Buxus major, foliis per Limbus aureis (Q1, Nr. 255, 1727, A: 2; Q4, Nr. 259, 1734, A: 2 Kugeln; Q2, 1695; ENG 1695)

Buxus, kleine (Q4, 1734, Hecken; ENG?)

Buxus Pyramiden und Kugeln (Q1, Nr. 277 u. 278, 1727, A: 19 Pyramiden u. 2 Kugeln; Q2, 1695; ENG 1695)

Camelium (Q3, 1727, A: 2; ENG 1655, vgl. Chamaelaea Tricoccos)

Campanula major lactescens Lobelii seu Pyramidalis (Q1, Nr. 230, 1727, A: 1; Q2, 1695; ENG 1655) [Campanula pyramidalis L. = Glockenblume]

Canna Indica latifolia humilior, flore rubro (Q1, Nr. 100, 1727, A: 4; ENG wohl 1695)

Canna Indica latifolia humilior, flore saturate rubente (Q1, Nr. 97, 1727, A: 1; ENG 1727)

Canna Indica latifolia maxima flore rutilo (Q1, Nr. 99, 1727, A: 2; ENG 1727)

Canna Indica latifolia variegata maxima, flore rutilo (Q1, Nr. 98, 1727, A: 2; ENG 1727)

Carocolla (Q3, 1727, A: 7; ENG 1695) [wohl Caracalla gemeint, Phaseolus L. caracalla = Zierbohne]

Caryophyllus Carthusianorum flore rubro pleno (Q1, Nr. 234, 1727, A: 2; ENG 1655) [Dianthus carthusianorum = Karthäusernelke, Mitteleuropa]

Cedronella Canariensis viscosa foliis plerumque ex eodem pediculo ternis (Q1, Nr. 174, 1727, A: 2; ENG 1727) [Cedronella canariensis = Balsamstrauch oder Kanarischer Zitronenstrauch]

Cedrus (Q1, Nr. 183, 1727, A: 2; Q4, Nr. 183, 1734, A: 1 große, 1 kleine Pyramide; ENG 1727) [Zeder, Mittelmeerraum]

Cereus peruvianus erectus Spinis Fascis (Q1, Nr. 50, 1727, A: 7; ENG 1727) [Peruanischer Stangenkaktus]

Cereus peruvianus spinosus hexagonus maximus (Q1, Nr. 49, 1727, A: 23; Q4, Nr. 49, 1734, A: 1 14 Fuß hoher, 20 kleinere; ENG 1727) [Peruanischer Stangenkaktus]

Cereus peruvianus spinosus medius (Q1, Nr. 94, 1727, A: 11; ENG 1727) [Peruanischer Stangenkaktus]

Cereus serpens Americanus flore admirandae pulchritudinis et odoris fragrantia noctu dum ex pansus est alios omnes superante (Q1, Nr. 21, 1727, A: 8; ENG 1727) [Kaktus]

Cereus triangularis et quadrangularis articulosus et spinosus ramis compressis (Q1, Nr. 20, 1727, A: 11; ENG 1727) [Cereus triangularis = Kaktus]

Cetmia (Q3, 1727, A: 1; ENG 1695)

Chairi, bundte (Q1, Nr. 273, 1727, A: 1; ENG 1727) [Cheiranthus-Sorte?]

Chamaecerasus, seu Periclymenum (Q1, Nr. 188, 1727, A: 5; ENG 1655)

Chamaelaea Tricoccos (Q1, Nr. 154, 1727, A: 8; ENG 1655)

Chelidonium Anglicum (Q1, Nr. 108, 1727, A: 2; ENG 1727) [Chelidonium majus = Schöllkraut]

Chrisantinum (Q3, 1727, A: 3; ENG 1727)

Chrysanthemum virginianum arborescens folio splendente crasso (Q1, Nr. 76, 1727, A: 1; ENG 1727) [vielleicht Chrysogonum virginianum =Goldkörbchen, aus Nordamerika]

Cistus (Q3, 1727, A: 1; ENG 1695)

Cistus Africana humilis foliis incisis flore luteo (Q1, Nr. 115, 1727, A: 1; ENG 1727)

Cistus Ladanifera Hispanica flore albo macula purpurea nigricante (Q1, Nr. 167, 1727, A: 4; ENG 1727) [Zistrose]

Cistus Ladanifera sive Ledon Monspeliacum, angustofolio, nigricans (Q1, Nr. 166 u. 246, 1727, A: 7; ENG 1727)

Cistus Ledon foliis populi nigra major, seu populnea frondi (Q1, Nr. 165, 1727, A: 1; ENG 1727) [Zistrose]

Cistus mas flore albo (Q1, Nr. 169, 1727, A: 4; ENG 1727)

Cistus Verbasci folio, flore purpureo (Q1, Nr. 256, 1727, A: 2; ENG 1727)

Citronen Bäume (RAK TyRtk C 84, Inv. v. 1738) [Malus citria, Citrus lemon]

Claspi (Q3, 1727, A: 3, 1734, A: 3; ENG 1695) [Thlaspi perenne, Thlaspi arvense L. = Hellerkraut oder Judenschilling]

Clematis Cucumis, Flos Passionis dictus, pentaphyllus flore coeruleo (Q1, Nr. 241, 1727, A: 3; ENG 1727) [= blaue Passionsblume]

Clematis hederacea Indica Jasmini foliis oder Gelsminum Indicum flore phoeniceo (Q1, Nr. 157, 1727, A: 6; ENG 1727)

Coffe=Bäume (LASH 24/76, Lit. X, Müllers Bericht v. 12.12.1743, vorhanden vor 1743, dann nicht mehr; ENG zwischen 1738 u. 1743)

Colocasia sive Arum Aegyptiacum caule purpureo (Q1, Nr. 101, 1727, A: 3; ENG 1655)

Colocasia sive Arum maximaAegyptiacum caule viridante (Q1, Nr. 102, 1727, A: 3; ENG 1727)

Colutea Aethiopica vesicaria, flore phoeniceo Barbae Jovis folio (Q1, Nr. 87, 1727, A: 7; ENG 1727)

Colutea Africana vesicaria, Vesiculis compressis flore Atropurpureo (Q1, Nr. 86, 1727, A: 1; ENG 1727)

Colutea scorpioides Cretica odorata Prosper Alpini (Q1, Nr. 66, 1727, A: 1; ENG 1727) [vielleicht Coronilla emerus L. =Kronwicke, vgl. Wimmer, 1999 I, S. 16]

Colutea scorpioides seu Coronilla flore flavo (Q1, Nr. 129, 1727, A: 3; ENG 1727) [Coronilla scorpioides (L.) = gelbe Kronwicke]

Colutea seu Polygale valentina Clusii (Q1, Nr. 236, 1727, A: 1; ENG 1727) [Polygale valentina = Coronilla valentina L. = Melotenpeltsche]

Cortusa (Q3, 1727, A: 3; ENG 1681)

Cortusa Americana spicata flore purpureo (Q1, Nr. 195, 1727, A: 2; ENG 1681) [Heuchera Americana L. = Purpurglöckchen]

Cotinus Coccigria sive Cotinus coriaria (Q1, Nr. 269, 1727, A: 4; ENG 1681)

Cotyledon oder Sedum Africanum frutescens in canum folio orbiculato maximo flore luteo seu incarnato (Q1, Nr. 53, 1727, A: 4; ENG 1727)

Cotyledon Africana frutescens flore coccineo umbellato seu Sedum cruciatum (Q1, Nr. 22, 1727, A: 7; ENG 1727) [Sedum cruciatum = kreuzförmiges Sedum (Dickblattgewächs)]

Cupressus Italica (Q1, Nr. 257a, 1727, A: 30; ENG 1695) [Cupressus sempervirens L. = Grüne Zypresse oder Echte italienische Zypresse]

Curcuma (Q3, 1727, A: 3; ENG 1727) [Curcuma L. = Kurkuma oder Indische Gelbwurz, stammt aus S-Asien und SO-Asien]

Cyclamen (Q1, Nr. 103, 1727, A: 6; ENG 1695)

Cytisus Canariensis (Q1, Nr. 237, 1727, A: 3; ENG 1727) [Genista hispanica = Spartium junceum = Cytisus canariensis L. = spanischer oder kanarischer Ginster]

Echinomelocactus minor lactescens (Q1, Nr. 2, 1727, A: 15 große u. 6 kleine; ENG 1727) [Echino Melokaktus]

Elychryso Affinis Africana arborescens floribus purpureo violaceis, foliis Salviae, odore Rosmarini (Q1, Nr. 180, 1727, A: 8; ENG 1727) [Helichrysum-Sorte = Strohblume, Kap-Pflanze]

Elychrysum Africanum (Q1, Nr. 122, 1727, A: 1; ENG 1727)

Elychrysum Africana frutescens in canum, Gnaphalii folio, flore aureo (Q1, Nr. 109, 1727, A: 1; ENG 1727) [Helichrysum = Strohblume, Kap-Pflanze]

Elychrysum seu Stoechas citrina angustifolia (Q1, Nr. 214, 1727, A: 2; ENG 1727) [Lavandula angustifolia = Echter Lavendel, aus N-Spanien und Italien]

Euphorbia seu Tithymalus aizoides fruticosa canariensis Aphyllus quadrangularis et quinque angularis spinis geminis aduncis atronitentibus armatus (Q1, Nr. 27, 1727, A: 7; ENG 1727)

Euphorbium seu Tithymalus cauletuberoso minor (Q1, Nr. 16, 1727, A: 8; ENG 1727) [Tithymalus tuberosus Germanicus oder Tithymalus dulcis, Euphorbium = Wolfsmilch]

Euphorbium Cerei effigie caulibus crassioribus spines validioribus armatum (Q1, Nr. 23, 1727, A: 7; ENG 1727) [Wolfsmilchsorte]

Feigenbäume in vier Sorten (Q1, Nr. 265a, 1727, A: 44; ENG 1655) [Ficus carica L. = Feigenbaum]

Ferula Galbanifera Myrrhidis folio (Q1, Nr. 145, 1727, A: 1; ENG 1727)

Ficoides (Q3, 1727, A: 1, 1734, A: 12; ENG 1727)

Ficoides Africana erecta teretifolia cristallinis micis conspersa, caule piloso, flore intus laetissime purpurante extur argenteo ritore splendente (Q1, Nr. 82, 1727, A: 1; ENG 1727)

Ficoides Africana erecta teretifolia non nihil clauca, summitatibus foliorum spinosis spinulis in stellam dispositis (Q1, Nr. 83, 1727, A: 1; ENG 1727)

Ficoides Africana folio tereti procumbens, flor purpureo (Q1, Nr. 77, 1727, A: 5; ENG 1727)

Ficoides Africana humilis teretifolia foliis in summitate stellatis (Q1, Nr. 79, 1727, A: 4; ENG 1727)

Ficoides Africana minor erecta folio triangulari glauco (Q1, Nr. 78, 1727, A: 2; ENG 1727)

Ficoides Africana Portulaca folio splendente flore pallido (Q1, Nr. 80, 1727, A: 1; ENG 1727)

Ficoides seu Ficus Africana foliis teretibus crystallinisque miculis adspersis (Q1, Nr. 84, 1727, A: 1; ENG 1727)

Ficus Curassavica minima (Q1, Nr. 15, 1727, A: 18; Q2, 1695; ENG 1695)

Ficus Indica humilis minima, folio subrotundo (Q1, Nr. 117, 1727, A: 6; ENG ?)

Ficus indica seu opuntia major folio spinis longissimis et valdissimis armato (Q1, Nr. 14, 1727, A: 3; Q2, 1695; ENG 1695) [Opuntia ficus indica L. = Feigenkaktus]

Ficus indica seu opuntia maxima folio spinoso longissimo et angusto (Q1, Nr. 14, 1727, A: 10; Q2, 1695; ENG 1681)

Ficus indica seu opuntia maxima folio spinoso, latissimo et longissimo (Q1, Nr. 14, 1727, A: 26; Q2, 1695; ENG 1681)

Filix Indica Polypodii facie Mentz[?] icon (Q1, Nr. 244, 1727, A: 1; ENG 1727)

Flos admirabilis Peruvianus (Q1, Nr. 266a, 1727, A: 100; ENG 1655) [Mirabilis jalapa L. = Wunderblume, stammt aus Südamerika]

Flos Cuculi flore albo pleno (Q1, Nr. 224, 1727, A: 2; Q2, 1695; ENG 1655)

Flos Cuculi oder Lychnis seu laryophyllus pratensis flore laciniato multiplicato purpureo (Q1, Nr. 223, 1727, A: 2; Q2, 1695; ENG 1695) [Lychnis flos-cuculi L. = Kuckucks-Lichtnelke]

Flos Passionis, gelb (Q3, 1727, A: 2; ENG 1727)

Flos Passionis, weiß (Q3, 1727, A: 1; ENG 1695) [Passiflora incarnata L. = Passionsblume]

Flos Passionis, blau vgl. Clematis Cucumis

Fritillaria in drei Sorten (Q3, 1727, A: 5, 1734, A: 10; ENG 1727)

Fritillaria crassa Promontorii Bonae spei seu Apocynum humile Aizoides siliquis erectis Africanum (Q1, Nr. 26, 1727, A: 5; ENG 1727)

Frutex Indiae Orientalis Lavandulae foliis (Q1, Nr. 55, 1727, A: 6; ENG 1727)

Genista Africana flore albo (Q1, Nr. 61, 1727, A: 1; ENG 1727)

Genista, gelb (Q3, 1727, A: 1; ENG 1681)

Genista Hispanica flore luteo (Q1, Nr. 124, 1727, A: 8; ENG 1681)

Genista, weiß (Q3, 1727, A: 2, 1734, A: 1; ENG 1727)

Geranium Africanum Alchimillae hirsuto folio, floribus albidis (Q1, Nr. 126, 1727, A: 2; ENG 1727)

Geranium Africanum arborescens Alchimilla hirsuto folio, ex albo et viridi pulchre variegato (Q1, Nr. 90, 1727, A: 6; ENG 1727)

Geranium Africanum arborescens Alchimilla hirsuto folio, floribus rubicundis (Q1, Nr. 89, 1727, A: 4; ENG 1727)

Geranium Africanum arborescens, folio malva pingui flore coccineo (Q1, Nr. 91, 1727, A: 1; ENG 1727)

Geranium Africanum arborescens, Ibisci folio rotundo, Carlinae odore (Q1, Nr. 156, 1727, A: 6; ENG 1727)

Geranium Africanum Coriandri folio floribus incarnatis (Q1, Nr. 125, 1727, A: 1; ENG 1727)

Geranium Africanum foliis inferioribus Asari, superioribus Staphydisagriae, maculatis splendentibus et acetosa sapore (Q1, Nr. 147, 1727, A: 4; ENG 1727)

Geranium Africanum noctu olens radice tuberosa triste Cornuti (Q1, Nr. 110, 1727, A: 3; ENG 1727)

Geranium Africanum noctu olens tuberosum et nodosum Aquilegia foliis (Q1, Nr. 155, 1727, A: 3; ENG 1727)

Geranium Africanum uvae crispae folio, floribus exiguis rubellis (Q1, Nr. 127, 1727, A: 1; ENG 1727)

Geranium Africanum, vitis folio melissae odore (Q1, Nr. 92, 1727, A: 1; ENG 1727)

Geranium Pictum sive Anglicum (Q1, Nr. 137, 1727, A: 2; ENG 1727)

Gülden Lacken (Q1, Nr. 272, 1727, A: 3; ENG 1655) vgl. Violen, gelb [Cheiranthus cheiri L. = Goldlack]

Hedera arborea foliis ex albo variegatis (Q1, Nr. 158, 1727, A: 4; ENG 1727)

Hedera Americana Convolvuli folio (Q1, Nr. 267, 1727, A: 2; ENG 1727)

Hedera Clematis Attraginis singulari folio Splendente virginianum sempervirens (Q1, Nr. 161, 1727, A: 3; ENG 1655)

Hegirilla Canariensis (Q1, Nr. 93, 1727, A: 2; ENG 1727)

Helleborus (Q3, 1727, A: 1; ENG 1727) [Helleborus L. = Nieswurz oder Christrose]

Helleborus niger flore albo (Q1, Nr. 202, 1727, A: 5; ENG 1727)

Hepatica nobilis flore albo simplici (Q1, Nr. 233, 1727, A: 1; Q2, 1695; ENG 1681) [Leberblümchen]

Hepatica nobilis minor flore coeruleo pleno (Q1, Nr. 232, 1727, A: 1; Q2, 1695; ENG 1695)

Herba viva spuria seu francica (Q1, Nr. 5, 1727, A: 7; ENG 1727)

Hyacinthus Aethiopicus flore obsoleto (Q1, Nr. 194, 1727, A: 2; ENG 1727)

Hyacinthus Africana, tuberosa radice, flore coeruleo umbellato inodora (Q1, Nr. 113, 1727, A: 6 in Töpfen; ENG 1727)

Hyacinthus Peruvianus flore albo (Q1, Nr. 105, 1727, A: 1; ENG 1727) [Scilla peruviana L., weiß]

Hyacinthus Peruvianus flore coeruleo (Q1, Nr. 106, 1727, A: 1; ENG 1695) [Scilla peruviana L., blau]

Hyacinthus Poetarum (Q1, Nr. 193, 1727, A: 2; ENG 1727)

Hypericum arborescens (Q4, 1734, Hecken; Q2, 1695; ENG 1681) [eventuell Cratoxylum arborescens oder Hypericum calycinum L. = Johannisbeerkraut]

Hypericum seu Androsaemum Aleppicum sive Constantinopolitanum (Q1, Nr. 140, 1727, A: 2; ENG 1727)

Hypericum seu Androsamum maximum, quasi frutescens bacciferum, Siciliana aliis Ciciliana vel Androsamum (Q1, Nr. 207, 1727, A: 2; ENG 1727)

Iris agria, vel Spatula foetida, plerisq Xiris[?] (Q1, Nr. 139, 1727, A: 2; ENG 1681)

Iris alba Florentina (Q1, Nr. 209, 1727, A: 2; ENG 1695)

Jacobaea marina sive Cineraria (Q1, Nr. 132, 1727, A: 3; ENG 1655)

Jasminum Africanum Ilicis folio flore solitario ex foliorum alis proveniente albo (Q1, Nr. 63, 1727, A: 6; ENG 1727)

Jasminum Arabicum folium rotunde maximo, flore albo odoratissimo pleno seu duplicato (Q1, Nr. 7, 1727, A: 2; Q4, Nr. 7, 1734, A: 1; Q2, 1695; ENG 1695)

Jasminum Azoricum trifoliatum flore albo odoratissimo (Q1, Nr. 60, 1727, A: 4; ENG 1727) [Jasminum azoricum = Azoren-Jasmin]

Jasminum humilis Hispanicum, magno flore, externe rubente (Q1, Nr. 211, 1727, A: 8; ENG 1727)

Jasminum Indicum flavum odoratissimum (Q1, Nr. 64, 1727, A: 4; ENG 1655)

Jasminum luteum Penistae facia (Q1, Nr. 142, 1727, A: 2; ENG 1681?)

Jasminum luteum vulgo dictum bacciferum, trifolium fruticans quiburdam Polemonium flore luteo (Q1, Nr. 213, 1727, A: 2; ENG 1681?)

Jasminum Persicum seu Syringa Persica foliis laciniatis (Q1, Nr. 205, 1727, A: 1; ENG 1655) [Syringa persica L. = Flieder]

Jasminum vulgatius, flore albo (Q1, Nr. 210, 1727, A: 10; ENG 1681)

Jucca (Q3, 1727, A: 28; ENG 1681; vgl. Yucca gloriosa) [Yucca gloriosa L. = Yuccapalme]

Jujubae seu Zizyphus rutila Clus (Q1, Nr. 185, 1727, A: 3; ENG 1681)

Juniper Pyramiden (Q1, Nr. 276, 1727, A: 15; Q2, 1695; ENG 1695) [Wacholder]

Kali (Q1, Nr. 146, 1727, A: 2; ENG 1681) [Salsoda soda L. = Salzkraut, verbreitet in Asien und im Mittelmeerraum]

Lambertsche Nüße (Q4, 1734, Hecken; Q2, 1695; ENG 1695)

Laureola sempervirens, flore luteolo (Q1, Nr. 187, 1727, A: 4; ENG 1655)

Laurier Bäume in Sorten (Q1, Nr. 260a, 1727, A: 170 große u. kleine, hoch- und niedrigstämmige; Q4, 40 junge mit 7 bis 8 Fuß hohen Stämmen in Kasten; Q2, 1695; ENG 1681) [Laurus nobilis L. = Lorbeer]

Laurus Alexandrina ramosa, fructu è summitate caulium prodeunte (Q1, Nr. 258, 1727, A: 8; ENG 1727) [Sorte von Ruscus hypoglossum L. = Stechender Mäusedorn]

Laurus Alexandrina sive Hippoglossum, fructu folio insidente (Q1, Nr. 257, 1727, A: 8; ENG 1727) [Sorte von Ruscus hypoglossum L. = Stechender Mäusedorn]

Laurus Americana (Q1, Nr. 238, 1727, A: 1; Q4, Nr. 241, 1734, A: 1 zehn Fuß hochstämmiger; Q2, 1727, Kommentar: ist schon 16 Jahre im Garten gewesen; ENG 1711) [wohl Sassafras albidum = Nelkenzimtbaum, Nordamerika]

Laurus Americana (Q1, Nr. 85, 1727, A: 1; Q4, Nr. 85, 1734, A: 1 mit dem Zusatz: so genandter Teutscher Caneel Baum; Q2, 1727, Kommentar: ist im Neuen Werk gezogen worden; ENG 1727) [vielleicht Cinnamomum verum = Ceylon Zimtbaum?, vgl. Wimmer, 1999 I, S. 16]

Laurus Cerasus oder Cerasus folio Laurino, partim foliis viridibus, partim foliis variegatis (Q1, Nr. 261, 1727, A: 30; Q2, 1695; ENG 1655) [Prunus laurocerasus L. = Lorbeerkirsche]

Laurus folio variegato (Q2, 1727, A: 2; ENG 1727)

Laurus Imperatoria (Q2, 1727, A: 2; ENG 1727)

Laurus sylvestris sive Tinus Corni Foemina foliis venosis, lucidis glabris (Q1, Nr. 262, 1727, A: 10; ENG 1727) [Sorte von Viburnum tinus L. = Immergrüner Schneeball]

Laurus sylvestris sive Tinus, Cornu Foemina foliis subhirsutis minor baccis coeruleis (Q1, Nr. 288, 1734, A: 6; Q2, 1695 mit dem Namenszusatz: sylvestris Lusitanica; ENG 1655) [Sorte von Viburnum tinus L. = Immergrüner Schneeball]

Laurustinus, Cornu foeminae foliis subhirsutis, minor (Q1, Nr. 264a, 1727, A: 12; ENG?)

Laurustinus sive sylvestris, Cornu Foemina foliis subhirsutis major (Q1, Nr. 263a, 1727, A: 3; Q2, 1727, mit dem Namenszusatz: sylvestris Lusitanica; ENG 1655) [Sorte von Viburnum tinus L. = Immergrüner Schneeball]

Lavendula dissecto seu mulitfido folio flore coeruleo (Q1, Nr. 143, 1727, A: 2; ENG 1727)

Lavendula multifido folio flore albo (Q1, Nr. 144, 1727, A: 2; ENG 1727)

Lentiscus Massiliensis flore rubro parvo, sive Mastix arbor (Q1, Nr. 170, 1727, A: 4; ENG 1727) [Pistacia lentiscus L. = Mastixstrauch, Vorkommen auf den Kanaren]

Libanotis (Q1, Nr. 206, 1727, A: 1; ENG 1727) [Seseli libanotis = Heilwurz]

Ligustrum (Q1, 1734, Hecken; Q2, 1695; ENG 1695)

Lilium album folio ex albo et viridi pulchre variegatum (Q1, Nr. 198, 1727, A: 2 in Töpfen; ENG 1727)

Lilium album purpureo variegatum (Q1, Nr. 197, 1727, A: 5 in Töpfen; ENG 1727)

Lilio Narcissus Jacobaeus latifoliis Judicus, monanthose rubro flore (Q1, Nr. 112, 1727, A: 4 in Töpfen; ENG 1727) [vielleicht Amaryllis?, auf jeden Fall Kap-Pflanze]

Lilium Martagon Canadense maculatum (Q1, Nr. 191, 1727, A: 2 in Töpfen; ENG 1727)

Limon dulcis (RAK TyRtk C 84, Inv. v. 1738) [Citrus limetta = Süße Limette]

Limonium maritimum majus (Q1, Nr. 130, 1727, A: 2; ENG 1695)

Lotus Africana latifolia Guajacum Patavinum vulgo (Q1, Nr. 74 u. 258a, 1727, A: 2; ENG 1727)

Lychnis Chalcedonica flore rubro pleno (Q4, Nr. 221, 1734, A: 1; ENG 1655) [Lychnis chalcedonia L. = Lichtnelke oder Brennende Liebe]

Lychnis Coronaria flore rubro pleno (Q4, Nr. 222, 1734, A: 1; ENG 1655) [Lychnis coronaria L. = Lichtnelke]

Lychnis superba (Q1, Nr. 228, 1727, A: 1; Q2, 1695; ENG 1695)

Lychnis viscosa flore albo pleno (Q1, Nr. 225, 1727, A: 2; Q2, 1695; ENG 1695)

Lychnis viscosa flore purpureo pleno (Q1, Nr. 226, 1727, A: 1; Q2, 1695; ENG 1695) [wohl Lychnis viscaria = Gewöhnliche Pechnelke, in Europa einheimisch]

Lysimachia sempervirens spicata, Ephemerum dicta, Blattaria flore Ephemerum Matthioli (Q1, Nr. 231, 1727, A: 2; ENG 1727) [wohl Lysimachia ephemerum = weißblühender spanischer Felberich, heimisch in SW-Europa]

Malva Africana (Q3, 1727, A: 2; ENG 1727)

Malus punica, Granata vulgo (Q1, Nr. 251, 1727, A: 10; ENG 1681)

Martagon virginianum (Q1, Nr. 190, 1727, A: 4 in Töpfen; ENG 1727)

Marum Mastichen redolens (Q1, Nr. 111, 1727, A: 4 in Töpfen; ENG 1727) [vielleicht Thymian?]

Marum Spurium sive Pseudo Marum Rio: Marum Syriacum vel Creticum vulgo sed falso dictum, Marum verum, Majorana Syriaca vel Cretica (Q1, Nr. 221, 1727, A: 4, unter etwas anderem Namen; Q4, Nr. 223, 1734, A: 4; Q2, 1695; ENG 1695) [Origanum syriacum L. = Echter Staudenmajoran]

Maul Birrn Bäume (Q4, 1734; Q2, 1695; ENG 1695) [Morus = Maulbeerbaum, entweder aus Asien schwarz und weiß oder aus Amerika rot]

Melianthus Africanus oder Pimpinella spicata maxima Africana foetida, flore purpureo (Q1, Nr. 252, 1727, A: 2; ENG 1727) [Melianthus major = Honigstrauch]

Melianthus Africanus minor foetidus (Q1, Nr. 253, 1727, A: 2; ENG 1727)

Melissa Fuchsii flore albo, labro purpureo (Q1, Nr. 208, 1727, A: 2; Q2, 1695; ENG 1681) [Melittis melissophyllum L. = Bienensauf]

Mespilus Apii folio sylvestris spinoso sive Oxyacantha vulgaris et spinus albus flore pleno (Q1, Nr. 263, 1727, A: 4; ENG 1727)

Mespilus Aronia sive Neapolitana Apii folio laciniato, Italis[?] Pomi Lazaroli (Q1, Nr. 250, 1727, A: 1; ENG 1727) [Aronia = Apfelbeere, stammt aus dem östlichen Nordamerika]

Myrten Bäume in Sorten (Q1, Nr. 256, 1727, A: 40; Q2, 1695; ENG 1695) [Myrthus communis L. = Myrte]

Myrtus Zeylanica odoratissima baccis niveis monococcis (Q1, Nr. 62, 1727, A: 1; ENG 1727) [Myrtus zeylanicus]

Narcissus Jacobaeus flore rubro (RAK TyRtk B 5, Beilagen z. Res. v. 3.4.1737, Nr. 90, Nr. 7, 1736; GEN 1736)

Narcissus Zeylanicus flore albo hexagona odorato (Q1, Nr. 114, 1727, A: 1 im Topf; ENG 1727)

Nelken (Q1, Nr. 270, 1727, A: 33 in Töpfen; Q3, 1727, A: 53 in Töpfen, 1734, A: 33 in Töpfen; ENG 1655)

Nerion flore albo (Q1, Nr. 8, 1727, A: 3; Q2, 1695; ENG 1695) [Oleander]

Nerion flore rubro (Q1, Nr. 9, 1727, A: 13; Q2, 1695; ENG 1655) [Oleander]

Nerion Indicum angustifolium floribus odoratis simplicibus (Q1, Nr. 10, 1727, A: 4; Q2, 1695; ENG 1695)

Nerion Indicum latifolium, flore rubro et alquando variegato odorato pleno (Q1, Nr. 11, 1727, A: 9; Q2, 1695; ENG 1695)

Nüße, gepfropfte (Q4, 1734; Q2, 1695; ENG 1695)

Obstbäume, französische (RAK TyRtk C 89, Nr. 7, Lit. LL, pag. 36, in den Terrassenkompartimenten; GEN?)

Ocymastrum flore albo pleno (Q1, Nr. 227, 1727, A: 1; Q2, 1695; ENG 1681)

Ocymastrum flore rubro pleno (Q4, Nr. 229, 1734, A: 1; ENG 1681)

Oliven Bäume in drei Sorten (Q1, Nr. 59, 1727, A: 6; ENG 1727) [Olea europea]

Orangen-Bäume in 100 Sorten (Q1, Nr. 253a, 1727, A: 340 kleine u. große, hoch- und niedrigstämmige, dazu unter Nr. 254 Orangenstämme, A: 40, und unter Nr. 255 Töpfe mit jungen Stämmen, A: 20; Q2, 1695; ENG?)

Orangen-Bäume, oculierte (Q3, 1727 A: 393, 1734 A: 340; ENG?)

Orangen-Bäume, wilde (Q3, 1727, A: 75, 1734, A: 60; ENG?)

Paliurus vulgo Spina Christi (Q1, Nr. 152, 1727, A: 1; ENG 1681)

Palma dactilifera major vulgaris (Q1, Nr. 54, 1727, A: 4; Q4, Nr. 54, 1734, A: 8; ENG 1695) [Palma dactylifera oder Phoenix dactylifera = Echte Dattelpalme]

Pereclymenum perfoliatum Virginianum sempervirens et florens (Q1, Nr. 266, 1727, A: 4; ENG 1727)

Pereclymenum virginianum folio variegato (Q1, Nr. 265, 1727, A: 1; ENG 1727) [Lonicera sempervirens = Trumpet honeysuckle]

Periclymenum virginianum (Q1, Nr. 264, 1727, A: 6; ENG 1727)

Pfersig, gefüllte (Q3, 1727, A: 1; ENG 1655)

Pinus sativa (Q1, Nr. 203, 1727, A: 18; Q2, 1695; ENG 1695) [Kiefer]

Piper Hispanicus (Q3, 1727, A: 1; ENG 1727)

Pomme de Sina (RAK TyRtk C 84, Inv. v. 1738) [Malus sinensis, Citrus sinensis L. = Apfelsine]

Pommerancen (RAK TyRtk C 84, Inv. v. 1738) [Malus aurantia, Citrus aurantium = Pomeranze, Bitterorange]

Pompelmose (RAK TyRtk C 84, Inv. v. 1738) [Pampelmo, Citrus grandis = Pampelmuse]

Pomum Ethiopicum (Q3, 1727, A: 1; ENG 1727) [wohl Citrus medica L. „Pomo d'Adamo"]

Primula Alpina folio oblongo flore purpureo (Q1, Nr. 229, 1727, A: 2; ENG 1727) [Primula auricula L. = Aurikel, aber hier rot]

Pulmonaria Gallorum (Q1, Nr. 196, 1727, A: 4 in Töpfen; ENG 1727) [Lungenkraut-Art]

Quitten (Q4, 1734, Hecken; Q2, 1695; ENG 1695)

Ranunculus Thalictri folio Asphodeli radice (Q1, Nr. 222, 1727, A: 4; ENG 1727) [wohl Isopyrum thalictroides = Wiesenrauten-Muschelblümchen, einheimisch in Europa]

Rapa St. Anthonii (Q1, Nr. 199, 1727, A: 1; ENG 1727) [vielleicht Brassica rapa = Rübsen (Raps)]

Rapunculus seu Rapuntium virginianum seu Americanum coccineo flore majore, Flos cardinalis Barbarini vulgo dictum (Q4, Nr. 220, 1734, A: 4; Q1, Nr. 220, 1727, A: 4 unter dem Namen Flos Cardinalis flore coccineo; ENG 1727)

Rhabarbarum Angurscoihense (Q1, Nr. 150, 1727, A: 1; ENG 1727)

Rhamnus spinis oblongis cortice albo Monspeliensis flore atropurpureo (Q1, Nr. 182, 1727, A: 5; ENG 1727)

Rosmarinus (Q3, 1727, A: 105, 1734, A: 35; ENG 1655)

Rosmarinus hortensis, angustiori folio argenteus (Q1, Nr. 268a, 1727, A: 2; ENG 1727)

Rosmarinus hortensis coronarius (Q1, Nr. 267a, 1727, A: 28; ENG?)

Rosmarinus mit bunten Blättern (Q3, 1727, A: 24, als Pyramiden 9 Stück, 1734, A: 7; ENG 1727)

Rosmarinus striatus aureus seu pictus (Q1, Nr. 269a, 1727, A: 5; ENG 1727)

Rubus Americanus (Q1, Nr. 250a, 1727, A: 2; ENG 1727) [Rubus spectabilis = Prachthimbeere, Westküste Nordamerikas, Gottorfer Stinzenpflanze]

Ruscus Myrtifolius, aculeatus Tourneforti (Q1, Nr. 172, 1727, A: 1; ENG 1681)

Ruta Africana maxima (Q1, Nr. 133, 1727, A: 6; ENG 1727) [Weinraute, Orangeriepflanze]

Salvia perelegans tricolor argentea Belgarum (Q1, Nr. 159, 1727, A: 1; ENG 1727)

Sanicula Cortusa Matthioli flore purpureo (Q1, Nr. 219, 1727, A: 4; ENG 1727)

Scammonia Monspeliaca flore parvo (Q1, Nr. 70, 1727, A: 2; ENG 1727) [Cynanchum acutum = Scammonie von Montpellier]

Sedum Angurfeoisense (Q1, Nr. 81, 1727, A: 1; ENG 1727)

Sedum arborescens (Q3, 1727, A: 2, 1734, A: 2; ENG 1695)

Sedum cancrinum (Q1, Nr. 135, 1727, A: 2; ENG 1681)

Sedum cruciatum (Q3, 1734, A: 7; ENG 1727), vgl. Cotyledon Africana frutescens …

Sedum frutescens folio Tamarisci (Q1, Nr. 71, 1727, A: 2; ENG 1727)

Sedum majus arborescens (Q1, Nr. 88, 1727, A: 17; ENG 1695)

Sedum majus arborescens folio ex albo et viridi pulcherrime variegatum (Q1, Nr. 47, 1727, A: 3; ENG 1695) [Aeonium arboreum L.]

Sedum mit bunten Blättern (Q3, 1727, A: 2, 1734, A: 2; ENG 1727)

Sedum montanum flore purpureo (Q1, Nr. 136, 1727, A: 2; ENG 1727)

Sedum portulaceum seu Portulaca folio viridi splendente (Q1, Nr. 33, 1727, A: 7; ENG 1727)

Senecio Africana frutescens folio serrato flore luteo (Q1, Nr. 120, 1727, A: 2; ENG 1727) [Senecio inaequidens]

Senna orientalis hexaphylla perennis (Q1, Nr. 118, 1727, A: 2; ENG 1727) [Colutea orientalis = Blasenstrauch, kommt aus Asien und Nordafrika]

Siliqua edulis sive Ceratonia (Q1, Nr. 245, 1727, A: 4; ENG 1695) [Ceratonium siliqua L. = Johannisbrotbaum]

Siliqua sylvestris rotundifolia, Indaica arbor (Q1, Nr. 249, 1727, A: 1; ENG 1727)

Smilax aspera fructu rubente (Q1, Nr. 181, 1727, A: 2; ENG 1681) [Smilax aspera L. = Raue Stechwinde, kommt vom Mittelmeerraum über Afrika und Asien bis nach China vor]

Solanum fruticosum bacciferum, Strychnodendros seu Amomum Plinii (Q1, Nr. 177, 1727, A: 1; ENG 1727)

Solanum Pomiferum frutescens Africanum spinosi nigricans Borraginis flore foliis profunde laciniatis (Q1, Nr. 72 u. mit geringer Abweichung im Namen Nr. 239, 1727, A: 1; ENG 1727) [Solanum-Art, vielleicht Solanum nigrum = Schwarzer Nachtschatten]

Solanum Pomiferum Indicum spinosum Borraginis flore, fructu croceo (Q1, Nr. 73, 1727, A: 3; ENG 1727)

Sommer-Gewächse, allerhand in Töpfen (Q3, 1727, A: 46; ENG?)

Staphilodendron virginianum (Q1, Nr. 179, 1727, A: 2; ENG 1727)

Stoechas Arabica purpurea Camphorata (Q1, Nr. 116, 1727, A: 3; ENG 1695) [Lavandula stoechas L. =) Lavendel, auch arabischer Lavendel genannt]

Suber perpetuo virens (Q1, Nr. 247, 1727, A: 1; ENG 1727) [nach Clusius Gurkenbaum]

Syringa (Q4, 1734, Hecken; Q2, 1695, mit dem Zusatz blau; ENG 1655)

Tannen (Q1, Nr. 279, 1727, A: 140; Q2, 1695; ENG 1695)

Thlaspi fruticosum Lencoii folio sempervirens ac florens (Q1, Nr. 121, 1727, A: 4; ENG 1695)

Thlaspidium montanum sempervirens flore luteo (Q1, Nr. 119, 1727, A: 3; ENG 1695) [Iberis sempervirens L. = Schleifenblume]

Thlaspi montanum sempervirens minus flore albo umbellato (Q1, Nr. 131, 1727, A: 2; ENG 1695)

Taxus Hecken (Q3, 1727, A: 250 Stück als Hecke, 1734, A: ebenso; ENG 1727)

Taxus Pyramiden (Q1, Nr. 275, 1727, A: 112; Q2, 1695; ENG 1695)

Teucrium (Q1, Nr. 186, 1727, A: 1; ENG 1681)

Tithymalus aizoides Africanus simplici squamato caule (Q1, Nr. 18, 1727, A: 1; ENG 1727)

Tithymalus aizoides arborescens spinosus caudice angulari et rotundo Nerii folio (Q1, Nr. 48, 1727, A: 6; ENG 1727)

Tithymalus characias Amygdaloides foliis eleganter variegatis (Q1, Nr. 148, 1727, A: 1; ENG 1727) [Euphorbia amygdaloides = Mandelblättrige Wolfsmilch]

Trifolium arborescens (Q4, 1734, Hecken; Q2, 1695; ENG 1695) [Plumbago europaea L. = Europäische Bleiwurz, halbhoher Strauch]

Tuberose gelb und Roth picottirt (Q1, Nr. 6, 1727, A: 6; Q2, 1695; ENG 1695) [Tuberosen]

Verbascum Salviae folio (Q1, Nr. 200, 1727, A: 1; ENG 1655)

Veronica Americana spicata tri- et quadri folio flore albo (Q1, Nr. 128, 1727, A: 2; ENG 1727) [Veronica americana oder canadensis = Ehrenpreissorte aus Nordamerika]

Viburnum Americanum Bäume (Q1, Nr. 58, 1727, A: 16; ENG 1727) [Amerikanischer wohlriechender kleiner Mehlbaum]

Violen, gelb (Q1, Nr. 271, 1727, A: 6; ENG 1655), vgl. Gülden Lacken [Cheiranthus cheiri L. = Goldlack]

Virga aurea Limonii folio, panicula uno versu disposita (Q1, Nr. 201, 1727, A: 1; ENG 1727) [Solidago virgaurea = Goldrute]

Wein Ranken (Q4, 1734; Q2, 1695; ENG 1655)

Yucca gloriosa (Q1, Nr. 252a, 1727, A: 70; ENG 1681)

Anhang 3, Nr. 12:

Gartenbau- und Pflanzenbücher in der Gottorfer Bibliothek

Vorbemerkung:

Die folgende Liste ist zusammengestellt aus den Katalogen der Gottorfer Bibliothek von Johann Pechlin von 1709, von denen einer in der Eutiner Landesbibliothek (EL) und der andere in der Landesbibliothek Oldenburg (LBO) verwahrt wird. Die Bücher sind nach dem Originaleintrag im Katalog, der meist mit dem Autor beginnt, alphabetisch geordnet. In eckigen Klammern dahinter sind Katalog und Seite bzw. Standort angegeben.

„Agostino Gallo le vinti Giornate della agricoltura" 1596 [LBO, S. 131]

„Amanty/: Bartholm:/ Flores Augusti 1556" [EL, sub Planeta [zweimal nach links offener Halbmond]]

„Bauhini Πƒνα Theatri Botanici Basel 1623" [LBO, S. 92]

„Becher/: Joh: Joach:/ Thier Kreuter und Berg buch sambt der Salemnischen Schuhl Ulm 1663" [LBO, S. 91]

„Beringÿ/: Vil:/ Florg' Danicg othiniae 1698" [LBO, S. 143]

„Boym/: Michael:/ Flora Sinensis Wien 1656" [EL, sub Planeta [zweimal Zeichen für weiblich]]

„Brunfels Kräuter Buch" [LBO, S. 91]

„Caroli Stephani et Libhalti 7. Bücher Von Feldbau […] Strasburg 1579" [EL, Appendix]

„Clusÿ/: Carol:/ Atrebatis Historia plantarum Antwerp: 1601" [LBO, S. 90]

„Clusÿ/: Carol:/ Atrebates Exoticorum Libb. X Antwerp: 1605" [LBO, S. 92]

„Coleri/: Joh:/ oeconomia Ruralis et Domestica Maintz 1645." [LBO, S. 123]

„Crescentius/: Petr:/ de Agricultura Basel 1538" [LBO, S. 94]

„Crugneri/: Michael:/ Chymischer garten Bau Nürnberg 1653" [LBO, S. 96]

„Dodonaei/: Rombert:/ Stirpium Historiae Antwerp 1583" [LBO, S. 90]

„Durantii/: Castor:/ Hortulus Sanitatis p Uffenbachium Verteutscht Fcfurt 1609" [LBO, S. 92]

„Elsholtz/: Joh: Sigism:/ Gartenbau Cöln 1666" [LBO, S. 93]

„Europeischer Florus 4 te Continuation Fcfurt 1661" [LBO, S. 151]

„Evelyn/. John./ Sylva S. von der fortpflanzung der bäume Anglice 1670" [LBO, S. 124]

„Ferrarÿ/: Joh: Babtist:/ Flora S. de Florum cultura Amsteld: 1646" [LBO, S. 93]

„Florilegium Renovatum et acutum dz ist [...?] blumen büchl Mathaeum Merian Fcfurt 1641" [LBO, S. 124]

„Francisci/: Erasmi:/ Ost und West Indischer wie auch Sincischer lustgarten Nürnberg 1668" [LBO, S. 153]

„Fuchsen/: Leonhard/ Kreuter Buch Basel 1543" [LBO, S. 90]

„Gemahlte Kräuterbücher Vol: 4." [EL, sub Planeta [nach links offener Halbmond]]

„Gesneri/: Conrad:/ Catalogus plantarum Figuri 1542" [LBO, S. 94]

„Van der Gröen/: Joh:/ Nederlandsen Hovenier Amsteld. 1669" [LBO, S. 122]

„Von der Gröen/: Joh:/ Jardinier Hollandois od der Nied landische gartner 1669" [LBO, S. 23]

„Grunlingÿ/ Philipp:/ Florilegium Hippocrateo-Galeno-Chymicum Lipsiae 1645" [LBO, S. 95]

„Helmont/: Joh: Baptis:/ ortus Medicinae similae [...?] Amsterd: 1648" [LBO, S. 94]

„Herbarium vivum" [LBO, S. 90]

„Von Hochberg von Adlichen Land und Feldleben vol: 2 Nürnberg 1687" [LBO, S. 123]

„Horstii/ Gregor:/ Herbarium Horstianum Marpurg 1630" [EL, sub Planeta [nach links offener Halbmond]]

„Hortorum Viridariorumq formae et figurae p Vredm Antwerp 1583" [EL, sub Planeta [nach links offener Halbmond]]

„Hortus Eichstettensis p Beslerum Eichstadt 1613" [EL, sub Planeta [zweimal nach links offener Halbmond]]

„Hortus Indicus Malabaricus adornatus p Henricum von der Rheede von Drakenstein p vol: XII Amsterd: 1678 od 1703" [LBO, S. 123]

„Kreuter Buch von alten Kreuter Fcfurt 1523" [LBO, S. 91]

„le tardinier [wohl jardinier] francois Paris 1651" [EL, sub Planeta [Zeichen für weiblich]]

„Lobel/: Math:/ in Rondeletium officinam animadversiones London 1605" [LBO, S. 91]

„Matthioli/: Petr: Andr:/ de Plantis epitome p Joach: Cammerarius et Francis: calceolarum Fcfurt 1586" [LBO, S. 92]

„Meffret [?] hortulus Reginae." [EL, sub Planeta [Zeichen für weiblich + auf dem Rücken liegender Halbkreis obendrauf]]

„Mizaldi/: Anton:/ Historia Hortensium Coloniae 1577." [LBO, S. 97]

„Pankovÿ/: Thom:/ Herbarium portatile Berlin 1654" [LBO, S. 96]

„Pauli/: Simon:/ quadripartitum Botanicum additis dosibus purgantium Argento [?] 1667" [LBO, S. 92]

„Peschely/: Joh:/ Garten Ordnung Eißleben 1597" [EL, sub Planeta [zweimal Zeichen für weiblich]]

„Plinÿ Secundi Naturalis Historia vol: 3 p Joh: Fridr: Gronovium Lugd: Bat: 1669" [LBO, S. 123]

„Plinÿ Secundi Historia teutsch p. Joh. Heyden Fcfurt 1571" [LBO, S. 124]

„Renealmi/: Pauli/ Specimen historiae Plantarum Paris 1611" [LBO, S. 92]

„Rivini/: Aug: quirin:/ Introductio in rem Herbariam generalis Lipsiae 1690" [LBO, S. 90]

„Rivini/: Aug: quirin:/ ordo Plant: q Sunt Flore irregularite trapetap [?] Lipsiae 1691" [LBO, S. 90]

„Olai Rudbecks Atlantica. S. Manheom [?] vol. III T. 1 Upsala 1679", „Tom: II 1689", „Tom: III 1698" [LBO, S. 143]

„de Serres Theatre d'Agriculture Paris 1603" [EL, sub Planeta [Zeichen für weiblich]]

„Taberna montani/: Joh: Theodor:/ Volkomml: Kreuter Buch Fcfurt 1613" [LBO, S. 90]

„Giovanni Tatti della agricoltura". Venetia 1560 [LBO, S. 131]

„Trogi/: Hieronym:/ Krauter Buch p Melch: Sebitzium Strasburg 1630" [LBO, S. 90]

„Vom Feldbau Strasburg 1598" [EL, sub Planeta [zweimal Zeichen für weiblich]]

Anhang 3, Nr. 13:

Bücher der Gottorfer Bibliothek mit Relevanz für die Gebiete Architektur, Gartenkunst, Bildende Kunst, Topographie und Reiseliteratur

Vorbemerkung:

Die folgende Liste ist zusammengestellt aus den Katalogen der Gottorfer Bibliothek von Johann Pechlin von 1709, von denen einer in der Eutiner Landesbibliothek (EL) und der andere in der Landesbibliothek Oldenburg (LBO) verwahrt wird. Die Bücher sind nach dem in Anführungszeichen gesetzten Originaleintrag im Katalog, der meist mit dem Autor beginnt, alphabetisch geordnet. In eckigen Klammern dahinter sind Katalog und Seite bzw. Standort angegeben.

„Abrege des antiquites de la ville de Paris". 1664 [LBO, S. 133]

„Aesopi fabulen in Kupfer" [EL, sub Planeta [Zeichen: nach links offener Halbmond]]

„Alberti/: Baptist:/ de re aedificatoria Argentoral 1541" [LBO, S. 117]

„Ammon/: Jost:/ Kunstbüchlein Fcfurt 1599" [EL, sub Planeta [2 Mal Zeichen für Merkur]]

„Antiquae urbis Romae Splendor p Laurum" [EL, sub Planeta [Zeichen: nach links offener Halbmond]]

„Antiquarum statuarum urbis Romae Icones" [EL, sub Planeta [Zeichen: nach links offener Halbmond]]

„Baldini/ Baccio/ dalla vita de Cosmo Medici Fiorenze 1578" [EL, sub Planeta [Zeichen für weiblich]]

Baudoin: „Recueil d'Emblemes diverses p Baudoin Paris 1638" [EL, sub Planeta [Zeichen für Merkur]]

„Bauhini/: Joh:/ Historia novi Fontis Balnicis [?] Bollensis m ducatu Würtenbergico Montisbelg. 1598" [LBO, S. 95]

„Baum/ Joh: Wilhelm:/ Iconographia Aug: Vind: 1683" [EL, sub Planeta [Zeichen: nach links offener Halbmond]]

„Beschreibung der Stadt und Vestung Dresden" [EL, sub Planeta [2 Mal Zeichen: Kreis mit Punkt innen]]

„Bezae/ Theod:/ Icones virorum Illustrium Genevae 1570" [EL, sub Planeta [Zeichen: Kreis mit Punkt innen]]

„von Bircken/: Sigismund:/ Brandenburgischer Ulyses Bareuth 1669" [LBO, S. 154]

„Bocler/: Georg Andr:/ Schola militaris moderna Fcfurt 1665" [LBO, S. 121]

„Böckler/: Georg: Andr:/ Nützl: Hauß und Feldtschuhl 1678" [LBO, S. 122]

„Bocklers/: Georg: Andr:/ Lustreiche Bau und Waßerkunst Nürnberg 1664" [LBO, S. 113]

„Bockler/: Joh: Andr:/ Compendium Architecturae civilis Fcfurt 1648" [LBO, S. 117; wurde 1653 eingebunden, s. QuP 756]

„Boissardi/: Joh: Jacob:/ Bibliotheca Calcographicae Sculptore Theodoro de Bry Francof. 1651" [LBO, S. 85]

„Boudoin/ Jean/ Recueil d' Emblemes Amsterdam 1639 [EL, sub Planeta [Zeichen für Merkur]]

„Boxhornÿ/: Marc: Zuer:/ Theatrum Hollandiae et [?] descriptio Amsterd: 1632" [LBO, S. 154]

„Brauns/: Georg:/ Beschreibung und Contrafactur der vornehmsten Städte der welt 5. tom. Coln 1582" [LBO, S. 79]

„Bruin/: Georg:/ Civitates orbis terrarum v. 2 Colon Agrip 1577" [LBO, S. 79]

„Brunnen/: Luc:/ Praxis Perspectivae Leipzig 1615" [LBO, S. 113]

„Van Campen/: Jacob:/ Afbeelding van't Stadt huys van Amsterdam" [LBO, S. 79]

„Carve/: Thomae:/ Itinerarium Roiliers 1641" [EL, sub Planeta [2 Mal Zeichen für Merkur]]

„Dieterlin/: Wendel:/ Architectura von austheilung, Symmetri et proportion von 5 Saulen Nürnberg 1598" [LBO, S. 114]

„Dieussart/ Carl: Philip/ Theatrum architecturae Civilis Gustrau 1679" [LBO, S. 114]

„Dögens/: Math:/ Heutige ubl: Krigsbaukunst Amsterd: 1648" [LBO, S. 113]

Du Cerceau, Jacques Androuet: 1. Band der „plus excellent batiments …" Paris 1607 [LBO, S. 114]

„Emblemata politica" [EL, sub Planeta [Zeichen: nach links offener Halbmond]]

„Fabricÿ/: Georg:/ Saxonia illustrata Lipsiae 1607" [LBO, S. 139]

„Flud/ Robertus/ utriusque Cosmi, metaphysica, Physica utq Technica Historia vol: 2 Oppenheim 1617" [LBO, S. 124]

Francisci: „Erasmi Francisci Hohe Trauer Saal […] Nürnberg 1669" [El, Appendix]

Francisci, Erasmus: „Ehre deß Hertzogthumbs Crain p Erasmum Francisci vol IV Laybach 1689" [LBO, S. 138]

„Francisc./: Erasm:/ Schaubühne mancherleÿ Curiositäten 3ter Theil Nürnberg 1673" [LBO, S. 150]

„Franzini/: Dominico:/ Roma antiqua et moderna Italice Roma 1653" [LBO, S. 122]

„Furtenbach/: Joseph:/ Architectura unesalis von Kriegsstätt und Waßergebeuden vol. 1 Ulm 1635" [LBO, S. 113]

„Furtenbachs Kupfer S: Architecturae unesalis v. 2" [LBO, S. 113]

„Furtenbach/: Joseph:/ Architectura navalis Ulm 1629" [LBO, S. 113]

„Furtenbach/: Joseph:/ Buchsenmeister Schuhl Augsburg 1643" [LBO, S. 114]

Furtenbach, J.: Büchsenmeisterkunst etc. 1627 [LBO, S. 115]

„Furtenbachs/: Joseph:/ Mechanische Reißbock Augspurg 1644" [LBO, S. 117]

„Galeazzo Gualdo Priorata Siena d'huomini illustri", Venetia 1659 [LBO, S. 129]

„Garzonis/: Joh:/ Historia de vita et rebus gestis viperti Marchionis Lusatiae et Friderici M: Landgraviae Thuringiae 1580" [LBO, S. 144]

„Geschlechter der Stadt Augspurg Augp. V. 1613" [EL, sub Planeta [2 Mal Zeichen für Merkur]]

„Giovio/ Paolo/ Elogi d'huomini illustri Venetia 1560" [EL, sub Planeta [Zeichen für weiblich]]

„Goldmanni/: Nicol:/ Elementa Architecturae militaris 3 Lugd: Bat: 1643" [LBO, S. 121]

„Goltzÿ/: Hubert:/ Caesar Augustus. S. Historiae Imperat: Caesarumq et Numismatibq restituta liber […] Brugis Fland. 1577 [?]" [LBO, S. 82]

„Gotfredi/: Joh: Ludov:/ Neue Archontologia Cosmica Verteutsch p Math: Merianum Fcfurt 1638" [LBO, S. 153]

„Grassem/: Joh: Jac:/ Von Italiänische Frantzosche und Englische Schatzkammer vol: II. Basul 1620" [LBO, S. 149]

„Heintzneri Itinerarium Germaniae Galliae Noribergae 1629" [EL, sub Planeta [Zeichen für Männlich]]

„Hentzerÿ Itinerarium Noriberg 1679" [EL, sub Planeta [2 Mal Zeichen für Merkur]]

„Herculis Saxoniae prognoseon Practicum Fcfurt 1610" [LBO, S. 90]

„Hesi/: Wilhelm:/ Emblemata S. Antwerp. 1636" [EL, sub Planeta [2 Mal Zeichen für weiblich]]

„Horaty Emblemata" [EL, sub Planeta [Zeichen: nach links offener Halbmond]]

„Hungarische Städte und Castelen Abbildungen" [EL, sub Planeta [Zeichen: nach links offener Halbmond]]

„Inweydinge vant Stadt hys t. Amsterdam Amsterd. 1655" [EL, sub Planeta [2 Mal Zeichen für weiblich]]

„Jansz Blaeu: Wilhelm:/ Seespiegel von d Seefarth und Schiffart Amsterd: 1623" [LBO, S. 153]

„Jonstonii/: Joh:/ Polyhistor V. Z. Breslau 1660" [[EL, sub Planeta [Zeichen für Männlich]]

„Jonstonii/: Joh:/ Polyhistor continuatus Breslau 1660" [[EL, sub Planeta [Zeichen für Männlich]]

„Kellers/: Methelm:/ Bildniß der römischen Kaÿser Zürich 1558" [LBO, S. 86]

„Kippingii/: Henr:/ Antiquitates Romanae" Bremd[?] 1664 [LBO, S. 87]

„Kircheri/: Henr:/ Superioris avi Heroum curricula Marpurgi 1610" [EL, sub Planeta [Zeichen für Männlich]]

„Klepihn Emblemata varia" [EL, sub Planeta [Zeichen: nach links offener Halbmond]]

„les vies des hommes illustres de Plutarque. V. 2. Paris 1604" [EL, sub Planeta [Zeichen für Merkur]]

„les voyages de Mr. de Hayes en Dannemarc Paris 1664" [EL, sub Planeta [Zeichen für weiblich]]

„Mander/: Carol:/ Schilder Boek Amsterdam 1618" [EL, sub Planeta [Zeichen: Kreis mit Punkt innen]]

„Marolois/: Sam:/ Geometrie, perspective et Architecture Hagae" [LBO, S. 114]

„Mayeri/: Wolfgang:/ Historia des großen Englischen Wunder wercks" [EL, sub Planeta [Zeichen für Männlich]]

„Memorie del Museo de Lodovico Moscardo Padoua 1656" [EL, sub Planeta [Zeichen für weiblich]]

„Merrians/: Matth:/ Herstammung bey der Hochfürstl. Haußse Baaden u. Holstein." Frankfurt/M. 1672 [LBO, S. 80]

Merian, Matthäus: „Theatrum Europaeum […] Fcfurt a.M. 1635:1702" [LBO, S. 141; der 6. Teil wurde 1653 eingebunden, s. QuP 756]

Merian, Matthäus: Topographien folgender geographischer Bereiche: „Westphalia" von 1646, „Galliae", „Germani Inferioris", „Circuli Burgundici", „Helvetia et Valesiae", „Austriae" und „Bavarie" [LBO, S. 80]

„Nassauischer Loorber Krantz [?] Leyden 1610" [LBO, S. 144]

„Neu Grotesken buch" [EL, sub Planeta [Zeichen: nach links offener Halb-mond]]

„Neumayer/: Joh: Wilhelm:/ Reiß beschreibung Joh: Ernsten Hertzog zu Sachsen, durch Franckreich, Engelland. Niederlandt Leipzig 1620" [LBO, S. 154]

„Olearÿ/: Adam:/ Reÿse beschreibung belgice Amsterd: 1651" [EL, sub Planeta [Zeichen für Männlich]]

„ornamenta Raphaelis de Sanctis figurae" [EL, sub Planeta [Zeichen: nach links offener Halbmond]]

„Oudenhovens/: Jac/ Beschreibung von Züeydt Hollandt Dordrecht 1654" [LBO, S. 154]

Ovid, Metamorphosen. Französische Ausgabe von 1619 [LBO, S. 129]

„Ovidii Metamorphosis in Kupfer" [EL, sub Planeta [Zeichen: nach links offener Halbmond]]

„Palladio/: Andr/ 4 libri della 'architettura venetiis 1601" [LBO, S. 113]

„Petra Sancta/: Sylvest:/ de Symbolis Heroicis Antwerp: 1634" [EL, sub Planeta [Zeichen: Kreis mit Punkt innen]]

„Pflaumen/: Joh: Henr:/ Mercurius italicus Lugd: Bat: 1628" [EL, sub Planeta [Zeichen für Männlich]]

„Pignor/: Joh: Baptist:/ Historische Berschreibung des Fürstl: Hauß Est: Maintz 1580" [LBO, S. 141]

„Reiherr/: Samuel:/ Mathesis Mosariae [?] Kilonÿ 1679" [LBO, S. 115]

„Relation de la feste de Versailles du 18 Juillet 1668 et Les Divertissemens de versailles, donnes par le Roy en Vanneé 1674 Pari 1676" [LBO, S. 79]

„Relation/: Von den erbäwml[?] Zustandt der Stadt Augspurg Augspurg 1630" [EL, sub Planeta [2 Mal Zeichen für Merkur]]

„Renati/ Joseph/ Sculpturae illustres" [EL, sub Planeta [Zeichen: nach links offener Halbmond]]

„Rembotens [?]/: Math:/ Architectura privata Augsburg 1641" [LBO, S. 113]

„Reusneri/: Nicol:/ Italia Argentorat 1595" [LBO, S. 154]

„Ripa/: Caesar:/ Iconologia Amsterd: 1644" [EL, sub Planeta [2 Mal Zeichen für Merkur]]

„Ripa/ Cesare/ Iconologia Venetia 1645" [EL, sub Planeta [Zeichen für weiblich]]

„Roma anticha et moderna Roma 1668" [EL, sub Planeta [Zeichen für weiblich]]

Rosbach: „Conrad Rosbach Paradies Gärtlein Fcfurt ad M: 1588" [EL, Appendix]

Rubeis: „Joh: Jac de Rubeis Polydori Caravagiensis Insignia Monocramata" [EL, sub Planeta [Zeichen: nach links offener Halbmond]]

Rubeis: „Galeriae Farnesianae p Joh: de Rubeis Romae" [EL, sub Planeta [Zeichen: nach links offener Halbmond]]

Rubeis: „Villa Pamphilia p. Joh: de Rubeis Romae" [EL, sub Planeta [Zeichen: nach links offener Halbmond]]

„Ruscelli/: Hieronym./ Kriegs und Archeleÿ Kunst Fcfurt 1623" [LBO, S. 113]

„Sandrat auff Stockau/: Joach:/ Der teutschen Academie 2ter theil von Bau, bild und Mahlereÿ Kunst Tom: II: III: vol. 3 Leipzig 1679" [LBO, S. 114]

„Sardi/: Petr:/ Corona Imperiale dela Architectura venetia 1618" [LBO, S. 114]

„Scamozzi/: Vincent:/ idea della Architettura universale 1640" [LBO, S. 114]

„Schildknecht/: Wendelin:/ Harmonia in fortalitatis construendis, defendendis, et [...?] teutsch Stettin 1652" [LBO, S. 113]

„Schirmers/ David/ beschreibung der begräbniß Capelle der Churfürsten zu Sachsen Freiberg 1619" [EL, sub Planeta [Zeichen: Kreis mit Punkt innen]]

„Schotti/ Casp:/ Anatomia Physico-Hydrostatica Fontium ac Fluminum Herbipoli 1663" [LBO, S. 121]

„Schotti/: Francis:/ Itinerarum Nobilium Italiae Regionum, urbium e Vincentiae 1601" [LBO, S. 154]

„Schraderi/: Laurent:/ Monumenta Italiae", Helmstedt 1592 [LBO, S. 82]

„Schwenters Geometria practica p Georg: Andr: Bocl. Nürnberg 1667" [LBO, S. 117]

„Serlii/: Sebast:/ Architettura Venetiis 1663" [LBO, S. 114]

„Serlÿ/ Sebast:/ Von der Architectur teutsch Basilcae 1609" [LBO, S. 114]

„Spectaculorum Philippi Hisp. Regis Icones" [EL, sub Planeta [Zeichen: nach links offener Halbmond]]

„Sprengeri/: Joh: Theodor:/ Nova Roma ex facie An: 1660 Fcfurt 1660" [LBO, S. 152]

„Sturmi/: Joh: Christoph:/ Unvergleichl: Archimedis Kunstbücher Nürnberg 1670" [LBO, S. 114]

„Theatrum urbium Belgii Amsterd: 1635" [EL, sub Planeta [Zeichen: nach links offener Halbmond]]

„della valle/ Pietro/ viaggi V. 4 Venetia 1664" [EL, sub Planeta [Zeichen für weiblich]]

„Varia Sculpturae Italicae" [EL, sub Planeta [Zeichen: nach links offener Halbmond]]

Vasari, Giorgio: Le vite de più eccellenti Pittori, Scultori et Architetti, Bologna 1647 [LBO, S. 131]

„van Venne/: Adrian:/ Sinbilder van de dewen[?] Rotterd: 1632" [EL, sub Planeta [2 Mal Zeichen für weiblich]]

„Vignala/: J: B:/ Regel von der Architectur Amsterd: 1640" [LBO, S. 121]

„Vingboons/: Philip:/ Afbeelsels der vornämsten geboven Amsterd 1648" [LBO, S. 114]

„Vitruvio teutsch p. Gualtherum et Rivium 1548" [LBO. S. 118]

„Vitruvius de Architectura Lugduni 1552" [EL, sub Planeta [2 Mal Zeichen für weiblich]]

„Vitruvÿ Pollionis de Architectura libb: X Amsteld: 1649" [LBO, S. 118]

„Werlichÿ/: Engelbert:/ Chronica der Reichstadt Augspurg Fcfurt ad M: 1595" [LBO, S. 139]

„Zeiler Reise nach Italien" [LBO, S. 81]

„Zeileri/: Martin:/ Beschreibung der Niederlandischen Provincien Ulm 1659" [LBO, S. 150]

„Zeileri/: Martin:/ Regnorum Sveciae, Gothiae, Magniq ducaty Finlandiae descriptio Amsteld: 1656" [LBO, S. 151]

„Zeileri/: Mar:/ Itinerarium Italiae Fcfurt 1640" [LBO, S. 153]

Zeiller, Martin: Topographien, wohl meist aus den 1650er Jahren zu folgenden geographischen Bereichen: „Galliae", Anhang zu Bayern, „Sveviae" und Anhang dazu, „Hassiae et Alsatiae", „Saxoniae Superioris Thoringia", Braunschweig und Lüneburg, Brandenburg und Pommern, „Saxoniae Inferioris", „Palatinatq Rheni", „Franconiae", „Bohemiae", „Westphaliae", „Anhang zu Schwaben, Maÿntz Trier Cöln Pffaltz et Maÿ 1654" und „Anhang zu Bayern Heßen Francken Osterreich" von 1656 [LBO, S. 80f.]

„Zesens/: Philipp:/ Beschreibung der Stadt Amsterdam Amsterd 1664" [LBO, S. 154]

„Zonea/ Vitter/ nuovo theatro di Machini et aedifici" [EL, sub Planeta [Zeichen: nach links offener Halbmond]]

Anhang 3, Nr. 14:

Zeittafel zur Geschichte der Gottorfer Neuwerkgartens

1544	Regierungsantritt Herzog Adolfs
1584	Erste Darstellung des ältesten Gottorfer Gartens, des Westergartens, von Braun/Hogenberg
1586	Tod Herzog Adolfs; Regierungsantritt Herzog Friedrichs II.
1587	Tod Herzog Friedrichs II.; Nachfolger ist Herzog Philipp VIII.
1590	Tod Herzog Philipps VIII.; Herzog Johann Adolf übernimmt die Regierung
1597	Um- oder Neubau des Lusthauses im Westergarten; 22.12. Geburt Herzog Friedrichs III. auf Gottorf
1606	Gründung der Gottorfer Bibliothek
1608	Einführung der Primogenitur für das Herzogshaus Schleswig-Holstein-Gottorf
1615	Mitte Mai Beginn der Kavalierstour der Gottorfer Prinzen Friedrich und Adolf durch Deutschland und Frankreich
1616	31.3. Tod Herzog Johann Adolfs; Rückreise der Prinzen von Frankreich über Belgien und die Niederlande nach Gottorf; Herzog Friedrich III. tritt die Regierung an
1619	Gründung der Stadt Friedrichstadt an der Eider
1623	Beginn der Anlage des Alten Gartens
1624	Der niederländische Gärtner Peter Mulier ist auf Gottorf mit der Anlage des Alten Gartens beschäftigt
1625	5.2. Bestallung des Hof- und Oberlustgärtners Johannes Clodius; Peter Mulier verlässt Gottorf im April
1627	Der Dreißigjährige Krieg wütet in den Herzogtümern Schleswig und Holstein unter den Feldzügen von Wallenstein und Tilly; Gottorf wird von Wallenstein besetzt
1629	Belagerung Gottorfs durch Christian IV. von Dänemark im April; 12.5. Friede von Lübeck; Abzug der dänischen Truppen von Gottorf
1630	21.2. bis 5.3. Hochzeit Herzog Friedrichs III. mit der sächsischen Kurfürstentochter Maria Elisabeth in Dresden; weiterer Ausbau des Alten Gartens
1631	9.12. Herzog Friedrich III. schenkt J. Clodius ein Haus vor Gottorf
1632	Bau eines ersten festen, schmucklosen und heizbaren Winterhauses im Alten Garten; Lieferung von Skulpturen für den Alten Garten von dem Hamburger Bildhauer Maximilian Steffens; Bestallung von Johannes Hecklauer als Bauinspektor und Kammerdiener
1633	6.11. Aufbruch der ersten Gottorfer Gesandtschaft von Hamburg nach Moskau; Adam Olearius als Sekretär beteiligt
1634	11.10. Große Sturmflut, bei der die Nordseeinsel Strand untergeht; der Bildhauer Zacharias Hübener fertigt plastischen Schmuck für den Alten Garten an (bis 1635)
1635	Rückkehr der ersten Moskauer Gesandtschaft; 22.10. Aussendung der Gesandtschaft nach Persien
1636	Zacharias Hübener arbeitet zwei große Sandsteinbrunnen mit den Hauptfiguren Aktaeon und Herkules für den Alten Garten (bis 1637)
1637	Alter Garten weitgehend fertiggestellt; Westergarten wird nun als Küchengarten genutzt; der Name „Neues Werk" zum ersten Mal erwähnt; Bau der Norderbrücke und des Dammes zum Neuwerk; Beginn der Arbeiten im Neuwerk mit Einfriedung des Geländes
1638	Auftrag Herzog Friedrichs III. an Johannes Mejer zu einer kartographischen Erfassung der Herzogtümer
1639	1.8. Rückkunft der Gottorfer Gesandtschaft aus Persien; 8.8. offizieller Einzug auf Gottorf
1640	Der Hofmaler Otto Jageteuffel malt das achteckige Lusthaus im Globusgarten des Neuen Werkes aus
1641	3.2. Geburt Herzog Christian Albrechts auf Gottorf; erste erhaltene bildliche Darstellung des Neuwerks von dem Kartographen Johannes Mejer
1643	Kriegsgeschehen in den Herzogtümern Schleswig und Holstein unter dem schwedischen General Torstenson; 10.6. Arbeitsbeginn des Gärtners Heinrich Vak im Neuwerkgarten unter der Leitung von Clodius
1645	Im August Friede von Brömsebro; Herzogtümer Schleswig und Holstein in wirtschaftlich zerrüttetem Zustand

1647	Erste Auflage der Persischen Reisebeschreibung von Adam Olearius erscheint
1648	Beendigung des Dreißigjährigen Krieges durch den Westfälischen Frieden
1649	Baubeginn des Globushauses. Der Hamburger Blumenmaler Hans Simon Holtzbecker beginnt mit der Darstellung von Pflanzen aus Gottorfer Gärten, die später zum „Gottorfer Codex" zusammengebunden werden (bis 1659); Adam Olearius wird als Bibliothekar bestallt; 19.9. Hochzeit der Tochter Friedrichs III., Sophie Augusta, auf Gottorf
1650	24.11. Hochzeit der Tochter Friedrichs III., Maria Elisabeth, auf Gottorf
1651	Gründung der Gottorfer Kunstkammer; Hans Christoph Hamburger arbeitet an einer „Kunströhre"; Anlegung eines neuen Weges hinter dem Neuwerk durch H. Vak; Bau eines Gärtnerhauses beim Neuwerk; Baubeginn eines ersten abschlagbaren Pomeranzenhauses im Neuwerk
1652	Der Hofmaler Otto Jageteuffel tritt die Nachfolge Hecklauers als Bauinspektor und Kammerdiener an und leitet den Bau des Globushauses; Erscheinen der „Newen Landesbeschreibung" von Danckwerth und Mejer; darin erste, aber nicht namentliche Erwähnung der Herkuleswasserkunst im Neuwerk; Anlegung des Herkulesteiches; Baubeginn des Vogelhauses; Anbringung einer Illusionsmalerei (Perspectiv) im Neuwerk
1653	Entsendung des Botanikers Friedrich Clodius zu einer Studienreise nach England; Hans Christoph Hamburger wird als Rüstmeister bestallt
1654	Neubau des Gottorfer Jägerhofes; dadurch Verkleinerung des Westergartens; Andreas Bösch beginnt die Arbeit an der „Sphaera Copernicana"; Bau des Küchengebäudes und der Achtkant im Tiergarten; 2.8. Tod des ältesten Sohnes von Friedrich III., Friedrich, auf seiner Kavalierstour in Paris; im August Brautwerbung aus Schweden um die Tochter Friedrichs III., Hedwig Eleonora; 25.9. Einzug des schwedischen Grafen Oxenstierna auf Gottorf, um die Braut abzuholen; 24.10. Hochzeit von Hedwig Eleonora mit dem schwedischen König Karl X. Gustav in Stockholm; 28.11. Hochzeit der Tochter Friedrichs III., Magdalena Sybille, auf Gottorf
1655	Ernennung Herzog Christian Albrechts zum Bischof von Lübeck (Eutin); 11.2. Versetzung des Neuwerkgärtners H. Vak nach Kiel und gleichzeitig Arbeitsbeginn des Kieler Gärtners Michael Gabriel Tatter im Neuwerk; 11.8. Erstellung eines Pflanzeninventars des Neuwerkgartens anlässlich der Übergabe des Gartens an M. G. Tatter; 9.11. Tod des zweiten Sohnes von Friedrich III., Johann Georg, auf seiner Kavalierstour bei Neapel
1656	Zweite Auflage von Olearius' Reisebeschreibung; H. C. Hamburger fertigt vier Muscheln aus Kupfer für das Neue Werk an
1657	Beginn des Dänisch-Schwedischen Krieges („Polackenkrieg")
1658	Im Februar Frieden von Roskilde; im Mai Kopenhagener Vergleich mit dem Ergebnis der Aufhebung der Lehensverbindung zwischen dem Herzogtum Schleswig und der dänischen Krone und damit Erreichung der absoluten Souveränität Herzog Friedrichs III.; 8.7. Herzog Christian Albrecht bricht in Begleitung seiner Schwester Hedwig Eleonora zu einer Reise nach Pommern auf; 14.9. Rückzug des Gottorfer Herzogs samt Hofstaat in die Festung Tönning; im September Ankunft der feindlichen Truppen unter dem Kurfürsten von Brandenburg und dem polnischen General Czarniecki auf Gottorf; 30.10. Plünderung Schleswigs, u.a. Alter Garten und die Häuser von Clodius und Olearius, und Belagerung Gottorfs; 16.11. Einzug der fremden Truppen auf Schloss Gottorf
1659	10.8. Tod Herzog Friedrichs III. in Tönning; 20.8. der Kurfürst von Brandenburg besichtigt Schloss Gottorf und den Neuwerkgarten; 4.9. Herzog Christian Albrecht übernimmt die Regierung; 5.9. Abmarsch der fremden Truppen aus den Herzogtümern
1660	27.5. Friede von Kopenhagen zwischen Dänemark und Schweden; der Gottorfer Staat erhält seine Souveränität zurück; 14.9. Tod des Gärtners Johannes Clodius; 16.9. Johannes Müller wird von Herzog Christian Albrecht als Hofmaler bestätigt und zugleich als Nachfolger von Jageteuffel zum Bauinspektor ernannt
1661	Ende Januar Beisetzung Herzog Friedrichs III. im Schleswiger Dom; 3.2. Huldigung Herzog Christian Albrechts in Schleswig; Ausgestaltung der Gottorfer Fürstengruft im Schleswiger Dom durch den Amsterdamer Bildhauer Artus Quellinus d.Ä. (bis 1663); 9.4. Bestallung des Gärtners Hans Georg Tatter im Alten Garten und gleichzeitig Konfirmationsbestallung für M. G. Tatter als Garteninspektor im Neuwerk und Kontrollinstanz für den Alten Garten; Verlagerung des Tiergartengeländes in das Pöhler Gehege (bis 1664); Anlegung einer Reitbahn im/beim Neuwerk; H. C. Hamburger arbeitet ab diesem Jahr kontinuierlich an Wasserkünsten und Rohrleitungen im Neuwerk; Erneuerung der Norderbrücke
1662	17.2. Herzog Christian Albrecht unternimmt eine Reise durch die Niederlande, Frankreich, die Schweiz und Deutschland
1663	Jürgen Ovens kehrt aus den Niederlanden nach Schleswig-Holstein zurück und arbeitet erneut als Hofmaler am Gottorfer Hof; Olearius publiziert sein Buch „Kurtzer Begriff einer Holsteinischen Chronic […]"; Anlegung einer Maillebahn im Tiergarten oder Neuwerk; Anfertigung mehrerer neuer Pforten für das Neuwerk; um Tiergarten und Neuwerk wird ein Graben geworfen

1664	Im Februar Ankunft des Franzosen Michel Le Roy auf Gottorf, der sich bis 1666 mit dem Bau von Brunnen, Wasserkünsten, Wasserleitungen, der Kaskade und Fontänen beschäftigt; H. C. Hamburger fertigt für den Neuwerkgarten mehrere Figuren an und ist an den Arbeiten zur Wasserkraft-Maschinerie des Globus beteiligt; Norderbrücke erhält schmiedeeisernes Geländer; Entfernung des Plankwerks an der ehemaligen Nordgrenze des Neuwerks
1665	Vertrag mit M. G. Tatter über Abbruch des ersten und Bau des zweiten abschlagbaren Pomeranzenhauses im Neuwerk; 5.10. Gründung der Christian-Albrechts-Universität in Kiel
1666	Erste Auflage von Olearius' „Gottorffischer Kunst=Cammer" wird gedruckt; Übertragung des Lübecker Bischofsamtes von Herzog Christian Albrecht auf seinen Bruder August Friedrich; Reise Herzog Christian Albrechts nach Wien und Venedig (bis Ostern 1667); Einzäunung des Melonengartens
1667	Christian Albrecht Hamburger arbeitet an einem „Grottenwerck" und der neuen Kaskade im Neuwerk; Erweiterung des Tiergartens nach Westen; 24.10. Hochzeit Herzog Christian Albrechts mit Friederike Amalie, Tochter König Friedrichs III. von Dänemark, in Glückstadt; Gottorfer Kontakte zum Erzbischof von Salzburg, Guidobald von Thun, und Reise M. G. Tatters nach Regensburg
1668	Reise des Herzogspaares auf die dänische Insel Seeland; im Neuwerk beginnt eine Agave americana zu blühen; Bau des ersten Aloëglashauses im Neuwerk; zur Aloëblüte Publikation des Kieler Professors Johann Daniel Major; der spätere Gartentheoretiker Heinrich Hesse arbeitet unter Tatter auf Gottorf
1669	Anlegung des ersten botanischen Gartens der Universität Kiel innerhalb des Kieler Schlossgartengeländes; Umfriedung eines Fasanenhofes beim Melonengarten am Neuwerk
1670	Vertrag mit dem Hofmaler Jürgen Ovens zur Lieferung eines Gemäldezyklus für die Amalienburg im Neuwerkgarten; Anlegung eines neuen, mit Weiden bepflanzten Weges und Zufahrt zum Tiergarten südlich des Neuen Werkes; erster Nachweis einer Eiskuhle im Tiergarten
1671	22.2. Tod des Bibliothekars Adam Olearius; 18.10. Geburt Herzog Friedrichs IV. auf Gottorf; Setzung des Plankwerks hinter der Amalienburg
1674	23.2. Bestallung von Nils Eosander als Nachfolger Müllers zum Baumeister für die Herzogtümer Schleswig und Holstein; damit ist er zuständig für alle fürstlichen Schlösser und Gebäude; Olearius' Buch über die Gottorfer Kunstkammer kommt in zweiter Auflage heraus
1675	Besetzung Gottorfs durch Christian V. von Dänemark; Anlegung mehrerer neuer Teiche im Tiergarten, wohl u.a. auch des Eisteiches nördlich des Neuwerkgartens; Anfertigung einer Fahrpforte nördlich der Amalienburg
1676	Erstes Exil Herzog Christian Albrechts in Hamburg
1677	Reduzierung der Instandhaltung des Neuen Werkes auf das Minimum
1679	2.9. Friede von Fontainebleau; Herzog Christian Albrecht erhält seine Souveränität zurück; Beendigung des ersten Exils
1680	1.1. Rückkehr Herzog Christian Albrechts nach Gottorf; wohl seit diesem Jahr bis 1689 ist Marcus Thomsen als Nachfolger von Eosander (?) als Kammerdiener und Bauinspektor tätig; Bestallung von Hans Christoph Hamburger als Fontänenmeister, zusammen mit seinem Sohn Christian Albrecht; Liste der von M. G. Tatter in Hamburg gekauften Obstgehölze; Aufstellung eines Pflanzplanes für Obstgehölze auf der Terrassenanlage wohl von M. G. Tatter
1681	14.6. Aufstellung eines neuen Inventars der Pflanzen im Neuwerk
1682	Im Juni erneute Flucht Herzog Christian Albrechts nach Hamburg
1684	30.5. Rendsburger Okkupationspatent; Beginn der zweiten dänischen Sequestrierung des Herzogtums Schleswig; 24.6. Tod der Herzogin Maria Elisabeth; 8.7. Einzug König Christians V. in Schleswig; der Fontänenmeister Hans Christoph Hamburger und der Gärtner Michael Gabriel Tatter arbeiten als königliche Bedienstete weiter
1687	Der schwedische Architekt Nikodemus Tessin d. J. besucht den Neuwerkgarten und anschließend Herzog Christian Albrecht im Hamburger Exil
1689	17.2. Schließung eines neuen Arbeitsvertrages zwischen Herzog Christian Albrecht und Hans Christoph und Christian Albrecht Hamburger als Fontänenmeister; 20.6. Altonaer Vergleich; Wiedereinsetzung Herzog Christian Albrechts in alle seine Rechte und Anerkennung der Souveränität; Beendigung des zweiten Exils; Schloss Gottorf, der Wester- und Alte Garten verwahrlost, Neuwerk in ordentlichem Zustand; Nutzung des Alten Gartens von nun an hauptsächlich als Küchengarten; im Juli Entlassung des Garteninspektors M. G. Tatter; Reise Tatters nach Kopenhagen; 2.8. Bestallung von Johannes Kempe als Garteninspektor im Neuwerk; Nutzung der unteren Parterres der Terrassenanlage im Neuwerk als Küchengarten; 30.10. Einzug des Herzogspaares in Schleswig
1690	C. A. Hamburger ist nun als Nachfolger seines Vaters allein Fontänenmeister; 24.5. Christian Albrecht Thomsen wird

zum Bauinspektor und Nachfolger seines Vaters bestallt; Nikodemus Tessin d. J. arbeitet mehrere Wochen im August in Gottorf und Tönning; 30.9. Baubeginn der Orangerie mit Planierungsarbeiten und Setzung des westlichen Plankwerkbogens; Generalreparatur des Plankwerks bis 1692; Tod des Gärtners M. G. Tatter in Kopenhagen

1691   Arbeiten am Fundament der Orangerie; Neuanlage der als Küchenland genutzten Parterres auf den Terrassen (bis 1693)

1692   Der Hofmaler Ludwig Weyandt bemalt ein Modell der neuen Orangerie; 16.8. Richtung des Dachstuhles der Orangerie; der Bildhauer Theodor Allers arbeitet an den Portalen der Orangerie, an der Kaskade und den Fontänen; weitgehende äußere Fertigstellung der Orangerie; Aufsetzung von sechs Öfen im Innern der Orangerie

1693   Zimmerleute, Maler und Stuckateure arbeiten im Innern der Orangerie; der Hofmaler Ludwig Weyandt bemalt große Balken in der Orangerie mit Landschaften; der Bildhauer Theodor Allers setzt die Portale der Orangerie auf; Vorbereitungen zur Überwinterung der Pflanzen in der neuen Orangerie

1694   Der Hofmaler Ludwig Weyandt bemalt Balken, Gartentöpfe und gestaltet die Inschriften über den Portalen der Orangerie; italienische Stuckateure arbeiten in der Orangerie; weitere Vervollständigungsarbeiten an dem neuen Gebäude; Setzung des Plankwerksbogens hinter dem Ringelhaus; 27.12. Tod Herzog Christian Albrechts; Regierungsantritt Herzog Friedrichs IV.

1695   9.3. Erstellung eines Pflanzeninventars des Neuwerkgartens; 9.8. der Bildhauer Theodor Allers erhält eine Gnadenverschreibung durch Herzog Friedrich IV. und verpflichtet sich, alle noch ausstehenden Arbeiten im Neuwerk zu vollenden

1697   Baubeginn am neuen Südflügel des Schlosses

1698   24.1. Bestallung Johann Heinrich Böhmes auf Gottorf als Landesbaumeister (bis 1701); Abrechnung mit den italienischen Stuckateuren (Jacob de Giorgio, Meister Thomas) für ihre Arbeit in der Orangerie; 19.2. Vertrag mit dem Hofmaler Balthasar Mahs für die Ausgestaltung der inneren Kuppel im Pavillon der Orangerie; 2.6. Hochzeit Herzog Friedrichs IV. mit Hedwig Sophie, Tochter des schwedischen Königs Karls XI., in Schweden; Anlegung und Bepflanzung der heutigen Windallee mit Ebereschen

1699   14.4. Einzug des Herzogpaares auf Gottorf; Bezahlung des Hofmalers Balthasar Mahs für vier vollendete, ovale Deckenbilder im Pavillon der Orangerie; Anstreichung des Glashauses und Bemalung der gebogenen Plankwerke mit Scheinarchitekturen durch Otto Krabbe

1700   19.3. Beginn des Nordischen Krieges für Holstein und Schleswig; 30.4. Geburt Herzog Carl Friedrichs; 23.4. Einnahme der Residenz Gottorf durch die Dänen, anschließend erfolglose Belagerung der Festung Tönning; 18.8. Friede von Traventhal; 26.8. Abzug der dänischen Truppen aus Gottorf

1702   Plankwerk in schlechtem Zustand, teilweise umgefallen; einige Kaiserbüsten gestohlen; 19.7. Tod Herzog Friedrichs IV.; für den minderjährigen Herzog Carl Friedrich wird eine vormundschaftliche Regierung auf Gottorf eingesetzt; 28.9. der später bestallte Bernhard Kempe übernimmt die Amtsgeschäfte seines Vaters, des kranken Garteninspektors J. Kempe

1703   Fertigstellung des Südflügels

1704   Im August Blüte einer 60 Jahre alten Agave americana im Neuwerk; im Oktober Tod des Garteninspektors J. Kempe; 25.10. Bestallung von Bernhard Kempe zum Garteninspektor im Neuwerk

1705   Juni erneute Blüte der Agave americana, die 1704 niedrig geblüht hat; Errichtung eines eigenen Aloeglashauses speziell für diese Pflanze an der Südseite der Orangerie; Ende Juli Blüte einer weiteren 21 Jahre alten Agave americana im Neuwerk; Dokumentation dieser Ereignisse in Gemälden und Kupferstichen (Ludwig Weyandt und I. D. Königshoven) und in wissenschaftlichen Abhandlungen (Siricius und Waldschmidt); Reparatur an der Orangerie; Neuzimmerung der Norderbrücke

1706   28.9. Bestallung von Nicolaus Wilhelm Fischer als Landesbaumeister, der auch für Gottorf zuständig ist; Reparaturen an der Orangerie; Neue Farbfassung der Orangerie geplant, aber nicht durchgeführt (?)

1707   Rudolph Matthias Dallin fertigt einen großen Plan der Residenz Gottorf an; Schenkung des Geländes des Westergartens an Gerhard Graf von Dernath; Untersuchung des Neuwerks durch eine schwedische Gärtnerkommission; 29.10. Memorial des Fontänenmeisters C. A. Hamburger über Zustand und Wiederherstellung des Neuwerkgartens

1708   31.12. Vertrag zwischen dem Gottorfer Oberhofmarschall Görtz und C. A. Thomsen als Entrepreneur zur Unterhaltung und Reparatur der Residenz Gottorf vom 1.1.1709–1717; 31.12. Vertrag zwischen Görtz und C. A. Hamburger als Fontänenmeister von 1709–1717

1709   6.2. Bestallung von Hinrich Schwartz als Fürstlicher Baumeister; im Frühjahr fertigt er das große Inventar der Residenz Gottorf an; 15.3. Vertrag zwischen Görtz und B. Kempe als Garteninspektor von 1709–1717; Anfertigung eines Garteninventars; Kempe wird darin zur Instandsetzung des verwilderten Gartens verpflichtet; Erstellung von Katalogen zur Gottorfer Bibliothek durch Pechlin; Reparaturen an der Orangerie

1710	Vertrag mit Christian Albrecht Thomsen zum Bau einer Fasanerie nach dem Entwurf des Ingenieur-Capitains Ketel Clasen; Reparaturen an der Orangerie
1711	1.4. der Husumer Schlossgärtner Christian Klingmann übernimmt die Oberaufsicht über die Gottorfer Gärten Neuwerk und Alter Garten; Ausarbeitung eines auf vier Jahre angelegten, aber nicht ausgeführten Projektes zur Instandsetzung des Neuwerkgartens von Klingmann; im Oktober Tod von C. Klingmann; Reparaturen an der Orangerie; Zerstörung der Parterres und Skulpturen im Globusgarten bei den Arbeitsmaßnahmen unter Bauinspektor Thomsen
1712	Als Nachfolger Klingmanns übt Johann Christian Lewon die Funktion eines Oberaufsehers der Gottorfer Gärten aus; Reparaturen an der Orangerie
1713	Besetzung des Herzogtums Schleswig und der Residenz Gottorf durch die dänische Krone; Vermutliche Entlassung der beiden Baumeister Fischer und Schwartz; stattdessen Bestallung von Claus Stallknecht zum Baumeister in den Herzogtümern Schleswig und Holstein und den Grafschaften Oldenburg und Delmenhorst (21.5. u. 19.11.); Oberaufsicht der Gärten durch Lewon entfällt; Abtransport des Globus nach St. Petersburg; Blüte einer amerikanischen Aloe im Neuwerk; Abtransport einer großen Anzahl von vermutlich Zitruspflanzen zum Schloss Frederiksberg bei Kopenhagen
1716	24.8. Schließung eines neuen Vertrages auf Lebenszeit mit Christian Albrecht Thomsen zur Unterhaltung der Residenz Gottorf
1717	Amalienburg: Neuanfertigung der Türen in den oberen Kabinetten und Dachreparatur; Neubau des durch Sturm zerstörten Aloeglashauses in etwas größerer Form (bis 1718); Reparatur des Ringelhauses (bis 1721)
1717–1720	Stürme in den Jahren 1717, 1718 und 1720 verursachen wiederholt Schäden im Neuwerk, vor allem an der Orangerie, den Glashäusern und dem Garteninspektorat; repräsentative Umgestaltung des Haupteinganges mit Staketenzaun; Teile der obersten Terrasse werden durch Kempe verschönert
1720	Eine Kommission, der auch der Baumeister Claus Stallknecht und der Architekt und Unternehmer Domenico Pelli angehören, prüft die Vertragseinhaltung von Christian Albrecht Thomsen; endlich Schließung und notdürftige Reparatur des Globushauses nach dem Abtransport des Globus
1720er Jahre	Einsturz des Westportals und der niedrigen Rabattmauer im Globusgarten
1721	Der Gottorfer Anteil des Herzogtums Schleswig fällt endgültig der dänischen Krone zu; Schloss Gottorf hat nun den Status eines Nebenresidenzschlosses
1722	C. A. Hamburger reist nach Frederiksborg, um den Bau der dortigen Wasserspiele zu beaufsichtigen; Amalienburg: Dach- und Fensterreparatur, Erneuerung des Galeriebodens und Veränderung der äußeren Farbigkeit
1723	Große Reparatur des Garteninspektorwohnhauses und Neusetzung des Plankwerks um das gesamte Grundstück
1724	Abstützung des baufälligen Glashauses
1725	Eine Kommission, der auch der Baumeister Claus Stallknecht und der Ingenieur-Capitain Johann Hinrich Peucker angehören, prüft erneut die Arbeit C. A. Thomsens; Neubau der Norderbrücke
1726	B. Kempe bringt erneut zwei Agaven americana im Neuwerk zur Blüte; 6.8. Ingenieur-Capitain Johann Hinrich Peucker übernimmt die Direktion des Gottorfer Bauwesens; im November wird ihm die Oberaufsicht über das Gottorfer Garten- und Fontänenwesen übertragen; Beginn der Planungen zu einem neuen Glashaus; 17.12. Peuckers Entwurf eines Bauprojekts zur grundlegenden Sanierung der Residenz für die Jahre 1727/28
1727	4.4. Tod des Fontänenmeisters C. A. Hamburger; 15.8. Erstellung eines Inventars der Pflanzen im Neuwerk durch Peucker; Vertrag zwischen Peucker und B. Kempe zur Neuanlegung des Globusgartens, der aber nicht ausgeführt wird; Amalienburg: Restaurierung der Goldledertapeten und der Malereien in den Kabinetten; Reparatur des Ringelhauses
1728	3.1. J. H. Peucker vor kurzem gestorben; 15.1. für Jörgen Themsen als Nachfolger Peuckers (bis 1731) wird ein Pass zur Reise nach Gottorf ausgestellt; der königlich dänische Generalbaumeister Häusser und Bauinspektor Themsen erstellen im Februar ein Untersuchungsprotokoll in Bezug auf die Durchführung des Peuckerschen Bauprojektes mit dem Ergebnis, dass bisher wenig geschehen ist; 19.4. Bestallung des Fontänenmeisters Reinholt Junge; 4.9. Themsen reicht Veränderungsvorschläge des Projekts von Peucker zusammen mit einem Teilgrundriss des Gartens ein, die dann genehmigt werden; im Laufe des Jahres weitgehende Instandsetzungen an Globushaus, Amalienburg, Garteninspektorhaus und Orangerie, die aber 1729 noch fortgesetzt werden müssen; Vertrag mit B. Kempe zur Renovierung der Terrassen, wovon nur die seitlichen Feldsteintreppen neu gelegt werden und ein Kompartiment eine neue Buchsbepflanzung erhält; 1728/29 Erneuerung der Skulpturenausstattung auf den Terrassen; um den Orangerieplatz wird ein neuer Staketenzaun gesetzt

1729	Fortsetzung der Instandsetzungsarbeiten im Garten unter Themsen; Abriss des Glashauses und Beginn des zweiflügeligen Neubaus (bis 1730); im Herbst Sturmschäden
um 1730	Erste Erwähnung eines gläsernen Bienenstockes und eines Windglockenspiels (Äolsharfe) auf den Terrassen
1730	Instandsetzungen immer noch nicht abgeschlossen, es wird weiter daran gearbeitet; Tod des Fontänenmeisters Reinholt Junge; 29.4. vorübergehende Anstellung des Fontänenmeisters Hans Martin Junge
1731	Weitere Reparaturen im Neuwerk nach Themsens Bauprojekt an Orangerie, Aloehaus und Amalienburg; der alte Melonengarten wird aufgegeben; Baukonduktuer Karl Christian Hemsen kommt als Nachfolger Themsens nach Gottorf; Neusetzung des Plankwerks bei den neuen Glashäusern in veränderter Form
1732	Vogelperspektive der Residenz Gottorf von Hans Christoph Lönborg; allmähliche Überführung der Gottorfer Bibliothek nach Kopenhagen
1733	Entlassung des Fontänenmeisters H. M. Junge; 25.10. Bestallung des Fontänenmeisters Christoph Kallau
1734	22.5. Tod des Garteninspektors B. Kempe; 22.7. Bestallung Johann Adam Clasens zum Garteninspektor im Neuwerk; 10.9. Bestallung des Ingenieur-Capitains Otto Johann Müller als Baumeister in den Herzogtümern und den Grafschaften als Nachfolger von Stallknecht; Verzeichnis der Pflanzen, die Garteninspektor Kempe auf eigene Kosten angeschafft hat
bis 1735	Manuskript einer Beschreibung der Stadt Schleswig von Ulrich Petersen
1735	Clasen legt die Königsallee mit Linden und Hecken neu an
1736	8.5. O. J. Müller wird mit der Oberaufsicht über den Neuwerkgarten betraut; Neuanlage des Globusgartens, des Orangenplatzes und der Parterres auf der zweiten, vierten und fünften Terrasse durch Clasen; Sturmschäden an den Glashäusern
1737	1.5. Entlassung des Fontänenmeisters C. Kallau und gleichzeitig Bestallung des Bildhauers Johann Friedrich Freudenreich zum neuen Fontänenmeister; 27.5. Dienstvertrag mit J. F. Freudenreich; 20.7. nochmalige Übertragung der Oberaufsicht über den Neuwerkgarten und andere herrschaftliche Gärten im Lande an O. J. Müller; nach dem Bauanschlag von Müller werden größere Reparaturen an den Fenstern der Orangerie gemacht; Clasen legt das östlich der Kaskade gelegene Boskett, vier Boskets auf der ersten Terrasse, zwei Parterres auf der dritten Terrasse, die Böschungen, die Abhänge seitlich der Terrassenanlage und die sogenannte Schanze neu an; Clasen ersetzt die seitlichen Feldsteintreppen der Terrassenanlage durch Grasrampen und pflanzt statt des Staketenzaunes eine figurierte Hainbuchenhecke um den Orangenplatz; Neuanlage eines kleinen Küchengartens auf der Pferdekoppel südlich des Garteninspektoranwesens durch Clasen; Abriss des kleinen Lusthauses im Globusgarten; Beginn der Hauptreparatur des Fontänenwesens unter Freudenreich; damit verbunden auch grundlegende Reparatur der Kaskade am Garteneingang mit neu errichtetem Anbau, neu aufgesetztem Bassin auf dem Vorplatz und Ergänzung von 25 von Freudenreich neu angefertigten Holzskulpturen und zwei Satyrköpfen aus Sandstein
1738	Freudenreich fertigt für die Terrassenbassins je einen Frosch aus Eichenholz an; Reparaturen an der Orangerie; durch Vandalismus Zerstörung einiger Teile der renovierten Kaskade; 19.8. Erstellung eines Inventars des Fontänenwesens im Neuwerk anlässlich der Beendigung der Hauptreparatur; 18.10. Anfertigung eines Inventars des Neuwerks anlässlich der Übergabe des Gartens an Garteninspektor Clasen
1739	Größere Reparaturen innen und außen an der Orangerie (bis 1741); Erneuerung des verkleinerten Staketenzaunes am Haupteingang; Reinigung des Herkulesteiches mit Ablassung des Wassers; Grundinstandsetzung aller Bildwerke; an der einsturzgefährdeten Amalienburg werden Kuppel und Wendeltreppe repariert; Sturmschäden an den Glashäusern; Renovierung des Ringelhaus-Inventares
1740	Die meisten der 60 Feigenbäume auf dem Feigenberg verfrieren; Freudenreich fertigt zwei Vasen für das Haupttor an; Erneuerung der Staketenpforte bei der Amalienburg; eines der vier Deckengemälde im mittleren Orangeriepavillon fällt ab und die drei anderen werden zusätzlich abgeschlagen; dazu Außenreparatur der Orangerie mit Neudeckung des Pfannendaches; Wohnhaus, Stall und Wagenremise des Garteninspektorats werden repariert; 23.4. Bestallung des Gärtners David Christopher Voss im Alten Garten; Zeichnung eines Grundrisses von Voss und Wiederherstellung des Alten Gartens bis 1744
1742	Beginn der ersten systematischen Plankwerkserneuerung bis 1750; Nutzung der Amalienburg als Werkstatt; Renovierung des Aloeglashauses; Grundinstandsetzung des einsturzgefährdeten zweiflügeligen Glashauses
1743	26.7. bzw. 3.8. O. J. Müller wird als Oberaufseher des Neuwerkgartens und Kontrollinstanz für den Garteninspektor J. A. Clasen bestätigt; im Herbst Untersuchung zum Zustand des Neuwerks; die Parterres auf den Terrassen sind in so schlechtem Zustand, dass sie neu angelegt werden müssten; kleinere Reparaturen an der Orangerie; umfassende Instandsetzung des Ringelhauses; Abtransport der Gottorfer Kunstkammer nach Kopenhagen beginnt

1744	Reparaturen an der Orangerie, u.a. die Stuckdecken; 12 der 16 Fensteröffnungen der Orangerieanbauten werden zugemauert; Plan des Alten Gartens in wiederhergerichtetem Zustand von dem Gärtner D. C. Voss
1745	Sturmschäden machen Glaserarbeiten an der Orangerie und den Glashäusern erforderlich; Abriss des Aloeglashauses wegen Baufälligkeit; Müllers Vorschlag für ein neues Glashaus wird abgelehnt; Instandsetzung des Norderdammes und Nachpflanzung von 30 im letzten Winter verfrorenen Ulmen; Clasen legt auf eigene Kosten Wege und Kabinette in der sog. Wildnis östlich der Königsallee an; Resolution für die Herzogtümer, nur die nötigsten Reparaturen an Gebäuden durchzuführen
1746	Größere Baumaßnahme an der Orangerie, dabei Veränderung der Dachgaubenhöhe, Neumauerung zweier Schornsteine im mittleren Saal, der ebenfalls als Winterstandort für Pflanzen mit zwei Öfen ausgestattet wird; eine amerikanische Agave gelangt zur Blüte; deshalb provisorischer Bau eines Aloeglashauses; Verlegung neuer Drainagerohre im Globusgarten und dadurch größtenteils Verwüstung, aber es erfolgt keine Instandsetzung; Veränderungen im Innern des Garteninspektorwohnhauses und grundlegende Renovierung des Backhauses mit Neubau des Backofenanbaus
1748	Instandsetzung der Orangerie, u.a. Stuckdecken der seitlichen Säle und endgültiger Abbruch der gemauerten Bänke vor dem Gebäude; Grundinstandsetzung der Amalienburg, dabei wieder veränderte Farbgebung außen; Überarbeitung der Malereien in den unteren Kabinetten und im Saal durch Maler Koes und der Goldledertapeten durch Sattler Hestorf; Clasen legt statt der Treppen vor den Eingängen der Amalienburg Böschungen mit „charpirten Appareilles" an; die Erde dazu entnimmt er dem westlichen Fahrweg, der dadurch unpassierbar wird; 10.4. Überflutungsschaden in Königs- und Schlossallee durch Ablassen des Lütgenteiches; Clasen errichtet auf eigene Kosten eine „Ehrenpforte" am nördlichen Ende der Königsallee zum Empfang des Königs; Ersetzung der Hainbuchenhecke um den Orangenplatz durch eine Ilexhecke; Verkauf des Alten Gartens und Übernahme einiger Bildwerke und Hecken in das Neue Werk; Neulegung der Drainage (Reolen) im Globusgarten; Reparatur des Globushauses
1749	Im Mittelsaal der Orangerie wird die ursprüngliche Stuckatur abgeschlagen und stattdessen eine glatte Gipsdecke eingezogen; teilweise Ersetzung des Schindeldaches an der Orangerie durch Schiefer; 13.10. Tod des Gartensinspektors Clasen; 9.12. Bestallung von David Christopher Voss zum Garteninspektor im Neuwerk; Voss legt in seiner Amtszeit (1749–68) auch den westlichen Bereich der Wildnis mit Wegen an; Bepflanzung der nördlichen Verlängerung der Königsallee in den Tiergarten mit 166 Eichen; Reparatur der Fundamente des einsturzgefährdeten, zweiflügeligen Glashauses
1750	15.1. Erstellung eines Garteninventars anlässlich der Dienstübergabe des Neuwerkgartens an D. C. Voss; letzte Erwähnung der sechs noch übrig gebliebenen Kaiserbüsten; die zwei südlichen Parterres der ersten Terrasse werden als Küchenland genutzt; die Herkulesskulptur erhält eine neue Holzkeule; der Globussaal ist nicht mehr betretbar; Versetzung der Ehrenpforte vom Nord- an das Südende der Königsallee (Zerstörung vor 1769 durch Brand); Reparatur von Decke und Dach des Kaskadenhauses; Koes bessert erneut die Gemälde in den unteren Kabinetten der Amalienburg aus; Abriss des provisorischen Aloeglashauses; Abstützung des Ringelhauses mit Strebehölzern; große Instandsetzung an Wohnhaus und Remise des Garteninspektorats; Niederlegung des Tiergartens
1751	Neubau der Norderbrücke
1752	Wiederinstandsetzung des westlichen Fahrweges mit Neupflanzung einer Hainbuchenhecke an der Westseite; Voss legt bis mindestens 1758 die Terrassenbeete neu an; Abriegelung des Orangenplatzes durch Staketenzauntüren
1754	Grundlegende Reparatur des Schieferdaches der Orangerie; Instandsetzung der Gartenplastik
1755	Grundreparatur des Pfannendaches der Orangerie; die Wassertreppe mit Skulpturenschmuck am Garteneingang wird durch Freudenreich in Gotländer Sandstein nachgearbeitet und ersetzt; durch den Aprilsturm angerichtete Schäden am zweiflügeligen Glashaus werden notdürftig repariert
1756	Abriss und Neubau des zweiflügeligen Glashauses in gleicher Form und leicht veränderter Konstruktion nach Müllers Entwurf; Orangerie und Globushaus dienen den Handwerkern als Werkstatt; Versteigerung von Inventar des Neuwerkgartens, u.a. zwei Holzstatuen von den Terrassen (Apoll und Mars); Versteigerung von 433 Orangeriepflanzen; der kleine Garten nordöstlich des Garteninspektoranwesens erhält eine neue Einfriedung
1758	Reparatur der Orangerie mit Grundsanierung der Südfenster und Neudeckung des Pavillons; Freudenreich ersetzt die Seitenwände der Wassertreppe am Garteneingang mit den großen Muscheln in Gotländer Sandstein
1760	25.8. Ernennung des Plönischen Baudirektors Johann Gottfried Rosenberg zum adjungierten Baumeister der Herzogtümer und Grafschaften unter O. J. Müller; erneute Einfriedung des ehemaligen Tiergartengeländes
1762	1.5. Tod des Baumeisters O. J. Müller; J. G. Rosenberg wird sein Nachfolger (bis 1776); Reparatur von Pfannendach und Schornsteinen der Orangerie; letzte größere Instandsetzung des Garteninspektorwohnhauses

1763	Im Januar Diebstahl zweier Muschelaufsätze der Herkulesteich-Eckfontänen und sämtlicher Bleirohre der Herkuleswasserkunst; Reste der Eckfontänen werden in der Materialkammer gelagert, woraus noch einmal drei Postamente gestohlen werden; die Eckfontänen werden nicht wieder instand- und aufgesetzt; spätestens seit diesem Jahr wird der Globusgarten als Küchenland genutzt; Ringmauer des Globusgartens wird neu aufgesetzt in veränderter Form und Wiederaufstellung der Büsten der herzoglichen Vorfahren; Voss pflanzt Spalierobst an die neue Mauer; auch Neuaufsetzung der Feldsteinstützmauer; Wasserschaden an Parterres und Böschungen, die nach und nach wieder instand gesetzt werden; Wasserschaden auch auf den Gartenwegen, dabei Ersetzung von 12 umgerissenen Bäumen in der Königsallee; Sturmschaden am zweiflügeligen Glashaus mit Reparatur; Freudenreich fertigt zwei neue Holzskulpturen für das Bassin auf dem Kaskadenvorplatz als Ersatz für zwei durch Vandalismus zerstörte an; 25.7. Ringelhaus wird auf Abbruch verkauft
1764	Neugestaltung des Haupteingangs in vereinfachter Form; Beginn der zweiten systematischen Plankwerkserneuerung bis 1780 mit zusätzlicher Setzung eines Steinwalles; Neuanstrich des zweiflügeligen Glashauses
1765	Reparatur der zwei Wasserleitungen zur Versorgung der Kaskade; Voss gestaltet die Parterres auf der fünften Terrasse neu mit Herrschermonogrammen; Neuanfertigung von 26 Gartenbänken und den inneren Stellagen des zweiflügeligen Glashauses
1766	27.2. Tod des Fontänenmeisters J. F. Freudenreich; 13.5. Verkauf von zwei großen Bleistatuen von der obersten Terrasse; 2.9. Ernennung Hans Hinrich Kruses zum Fontänenmeister; 18.11. Erstellung eines Inventars des Gottorfer Fontänenwesens durch Rosenberg
1767	Voss gestaltet die Parterres auf der zweiten Terrasse neu mit Königsmonogrammen
1768	3.6. Königliche Resolution: Globushaus und Orangerie sollen abgerissen, die Pflanzen verkauft und die übrigen Gebäude im Garten instand gesetzt werden; Beginn der Verhandlungen und Überlegungen zum Verkauf der Orangerie; 20.11. Tod des Garteninspektors Voss
1769	17.1. Bestallung von Hans Nicolai Dölner zum Gärtner im Neuwerk; 24.1. Order der Rentekammer zum Verkauf einiger Gegenstände aus dem Globushaus; im Frühjahr Abriss des Globushauses; Schließung der Lücke in der Ringmauer u.a. mit einem Durchgang; 31.1. Beschluss zur Versteigerung der Orangerie und der dazugehörigen Pflanzen; im Juli Erstellung eines Inventars anlässlich der Dienstübernahme von Dölner; 9.10. Glaser Joachim Wilhelm Dubel kauft das Orangeriegebäude auf Abbruch; letzte Erwähnung der Holzskulpturen auf den Terrassen, die Rosenberg als irreparabel bezeichnet; Verkauf der Orangeriepflanzen
1770	Zwischen 26.5. und 31.7. Abbruch der Orangerie und Setzung eines neuen Plankwerks am ehemaligen Standort; Abriss des zweiflügeligen Glashauses; Rückbau der Kaskaden und Bassins auf den Terrassen; Grundinstandsetzung der Amalienburg (bis 1775), dabei Ersetzung der Goldleder- und Leinwandtapeten im Saal und den Eckkabinetten unten durch Holzpaneele; 31.7. Erstellung eines Inventar-Konvolutes zum Neuwerkgarten von Rosenberg; Umfunktionierung des alten Backhauses zur Gesellenwohnung; Errichtung einer Walk-, Stampf- und Lohmühle westlich des Neuwerkgartens im ehemaligen Tiergarten
1771	Erster Teil der Kaskadenrenovierung unter Johann Georg Moser; Diebstahl von großen Mengen Blei aus der Kaskade; im Juni Restaurierung des Gemäldezyklus von Ovens und der Deckengemälde in den unteren Kabinetten der Amalienburg durch Johann Jacob Tischbein
1772	Sommer: Zweiter Teil der Kaskadenrenovierung unter Moser (bis Juli 1773); Diebstahl von großen Mengen Blei aus der Kaskade und von einer der Herzogsbüsten aus dem Globusgarten; daraufhin Einlagerung der restlichen elf Plastiken im Schlosskeller; Planung und Bau eines neuen Gärtnerhauses und einer Wagenremise von Rosenbergs
1773	Auktion von Inventar aus dem Neuwerkgarten
1774	28.5. Aufsetzung eines neuen, vom Kopenhagener Bildhauer Fischer angefertigten Wasserbeckens in der Kaskade; Instandsetzung der Mitteltreppen auf den Terrassen
1775	Ersetzung der Fahrpforten an der Westseite durch Plankwerk
1776	8.8. Dölner wird zum Garteninspektor befördert; Tod des Baumeisters Rosenberg
1777	22.5. Bestallung von Nicolaus Sigismund Bauer zum Landbaumeister in den Herzogtümern Schleswig und Holstein als Nachfolger Rosenbergs; Bauer stirbt am 25.8.; die interimistische Verwaltung des Postens übernimmt der Baugevollmächtigte Johann Leonhard Koch; Auktion von Inventar aus dem Neuwerkgarten
1779	27.1. Tod des Fontänenmeisters H. H. Kruse; 13.5. Tod des Garteninspektors H. N. Dölner; 1.7. Johann Hermann von Motz wird zum Landbaumeister und Nachfolger Bauers bestallt; 22.7. Bestallung von Hinrich Friedrich Godske zum Gärtner und Fontänenaufseher im Neuwerk
1780	6.1. Inventar des Fontänenwesens wird erstellt anlässlich der Dienstübergabe an H. F. Godske; Ersetzung von vier Bleifröschen in dem Bassin vor der Kaskade durch Johann Hinrich Brodersen
1783	1.1. Einstellung von Johann Leonhard Koch als Fontänenmeister auf 12 Jahre

1785	Ausrodung der Ulmen auf dem Norderdamm	1805	1.1. Einstellung des Gartenwächters Jürgen Piepgras; Christian Friedrich Hansen wird als Landbaumeister für beide Herzogtümer der Nachfolger von Motz und Vorgesetzter von Kreiser
1786	Erhöhung des Norderdammes und Neupflanzung von 120 Kastanien		
1787	26.6. Tod des Fontänenmeisters J. L. Koch; sein Sohn Carl Ludwig übernimmt seinen Vertrag	1807	Durchstich des neuen Norderdammstückes für den Bau einer kleinen Holzbrücke und Bepflanzung des neuen Dammes mit Kastanien; 8.8. Tod des Garteninspektors, Fontänenaufsehers und Schlossverwalters H. F. Godske; 4.12. Bestallung von Friedrich Christoph Langenheim zum Gärtner und Fontänenaufseher im Neuwerk
1788	Außenreparatur der Amalienburg mit rötlichem Kalkanstrich; innen Reinigung der Gemälde durch Glaser Dubel		
1790	23.6. H. F. Godske wird zusätzlich zum Schlossverwalter bestallt; Erneuerung der Bank um den Königsbaum; Reparatur von Gartenmobiliar und Neuanfertigung von 17 Bänken		
		1808	18.7. Tod des Gärtners F. C. Langenheim; 30.4. Rentekammer ordnet die Einschmelzung der elf herzoglichen Bleibüsten aus dem Globusgarten an, die im Schlosskeller lagern
1791	Im Januar zum ersten Mal Einstellung eines Gartenwächters, H. K. Bisgaard, für den Neuwerkgarten; der Ringelberg und die Verlängerung der Königsallee zu den Hühnerhäusern werden unter die Aufsicht des Garteninspektors gestellt		
		1809	9.1. Bestallung von Wilhelm Nagel als Garteninspektor und Fontänenaufseher im Neuwerk; Reparatur des Gärtnerwohnhauses
1792/93	Nachpflanzung der Verlängerung der Königsallee nach Norden mit 57 Eichen	1810	Eiskeller erhält ein neues Reetdach; Nachpflanzung der vertrockneten Kastanien auf dem Norderdamm; Instandsetzung des Kleiberges westlich des Neuwerks
1794	Reparatur der z.T. eingestürzten Ringmauer im Globusgarten		
		1811	Garteninspektor Nagel übernimmt die jährliche Instandhaltung des Plankwerks auf Lebenszeit
1795	5.8. Schließung eines neuen Vertrages auf weitere 12 Jahre mit dem Fontänenmeister C. L. Koch; Trockenlegung des Herkulesteiches, anscheinend bis zur Restaurierung am Ende des 20. Jahrhunderts; allmähliche Verwahrlosung dieses Gartenteils bis 1845		
		1813/14	Während der Napoleonischen Kriege Einquartierung von Kosaken im Garteninspektorat; anschließend Instandsetzung aller Gebäude nötig
		1816	Instandsetzung der Königsallee (nur der Weg); Pflasterung des sogenannten Kleiweges an der Westseite des Neuwerkgartens zum Paulihof; Nutzung der Amalienburg als Gastwirtschaft für einen Sommer
1797	Erneuerung der Staketenpforte am Haupteingang; Bildhauer Schmädl fertigt zwei Vasen dafür an; Instandsetzung der Herkulesskulptur durch Schmädl; Kaskadenrenovierung mit Bildhauerarbeiten von Schmädl; Neubau eines Eiskellers auf dem Platz des früheren Ringelhauses		
		1817	12.4. Wasserschaden in der Königsallee
		1822	Bau einer Ersatzmauer aus gespaltenen Feldsteinen im Globusgarten auf dem Fundament der alten Blendmauer; Bepflanzung der heutigen Windallee mit Erlen; Reparatur und Neuanfertigung von Gartenbänken
1798	Im Oktober Tod des Fontänenmeisters C. L. Koch		
1799	9.8. Ernennung von Peter Christian Cunrau zum Fontänenmeister; Anlegung eines Erddammes anstelle der Norderbrücke (bis 1802); umfassende Drainage-Erneuerung im Globusgarten durch Godske; Instandsetzung der Globusmauer		
		1823	25.1. Tod des Bauinspektors Kreiser; Verwaltung des Postens übernimmt der Baukondukteur Wilhelm Friedrich Meyer; 29.8. Tod des Fontänenmeisters P. C. Cunrau; 30.8. Königlicher Befehl, die Gemälde aus der einsturzgefährdeten Amalienburg abzunehmen; im Oktober Abnahme der Gemälde und Transport zum „alten Rittersaal"; Wiederaufsetzung der wieder umgefallenen neuen Mauer im Globusgarten; Pflasterung des Norderdammes mit Ziegelsteinen; es existieren nur noch zwei Seiten der Feldsteineinfassung des Herkulesteiches; der Sockel des Herkules kann nicht mehr repariert werden; Kaskade vom Einsturz bedroht
1802	Beginn der Sanierung der Gartenwege durch Godske; Erhöhung des Norderdammes und Bau einer kleinen Holzbrücke zum Damm		
1803	Beginn der dritten Plankwerkserneuerung bis 1811		
1804	19.12. Pensionierung des Baumeisters J. H. v. Motz und Einstellung von Lorenz Christian Kreiser als Bauinspektor für das Herzogtum Schleswig		

1824	7.1. Ernennung von Hans Jürgensen zum Gottorfer Fontänenmeister
1825	Neubepflanzung des Weges zur Stampfmühle südlich des Neuwerks als Pappelallee
1826	Reparatur von Sturmschäden am Gärtnerwohnhaus; 29.12. Pensionierung des Gartenwächters J. Piepgras; Abriss der Amalienburg
1827	1.1. Anstellung des Gartenwächters Johann Würdig; 11.4. Bestallung von Wilhelm Friedrich Meyer zum Schleswiger Bauinspektor und Nachfolger Kreisers; kurz vor 1827 Königsbaum entfernt; Reparatur der Wagenremise (Scheune) des Garteninspektorats
1829/30	Im Winter wird die Kaskade mit Bauholz abgestützt, um den Einsturz zu verhindern
1830	Kappung und dadurch Zerstörung der Linden in der Königsallee durch den Garteninspektor Nagel; Schäden im Garten durch den Sturm v. 3./4. April; Anlegung eines Gartens auf der Gottorfer Schlossinsel
vor 1831	Entfernung der letzten Bildwerke und Sandsteinbögen aus dem Garten
1831	Im Mai reicht Amtsmauermeister Jessen einen Kostenanschlag zur Renovierung der Kaskade ein; 12.11. Tod des Garteninspektors W. Nagel
1832	Restliches Blei an Rohren und Dachabdeckung der Kaskade wird gestohlen; 18.7. Bestallung von Ernst Friedrich Hansen zum Gärtner und Fontänenaufseher im Neuwerk; der Gottorfer Amtmann führt nun die Oberaufsicht über den Garten; Beginn der vierten und letzten Erneuerung des Plankwerks bis 1841; letzte Instandsetzung des Globusgartens durch Hansen bis 1835 beginnt; Hansen startet mit der Säuberung der verwilderten Terrassenbeete; 21.11. Ortsbesichtigung des dänischen Oberbaudirektors Christian Frederik Hansen; 27.11. Tod des Gartenwächters J. Würdig; 31.12. Pro Memoria des Garteninspektors E. F. Hansen mit Zustandsbericht des Neuwerks; Instandsetzung des Gärtnerwohnhauses und alten Stalles (bis 1833)
1833	Verschiedene Entwürfe von W. F. Meyer zur Umgestaltung der Kaskade im Neuwerk; der Eiskeller erhält einen neuen Dachstuhl samt Eindeckung; Einstellung des Gartenwächters Dohrn
1834	Der Neuwerkgarten ist nun der Öffentlichkeit zugänglich; Umbau der Kaskade durch Meyer; 26.4. Pro Memoria des Garteninspektors E. F. Hansen zur Umgestaltung des Geländes um die Kaskade, von der nur wenig umgesetzt wurde
1835	Begradigung des Plankwerks an der Nordseite im Bereich des ehemaligen Ringelhauses bis 1836; im März Versteigerung der beim Kaskadenumbau erübrigten Sandsteinmaterialien; Ersetzung der alten zweiläufigen Treppen an den Terrassenböschungen durch je eine Mitteltreppe durch Bildhauer Schmädl
1836	Aufstellung von acht neuen Gartenbänken auf dem Kaskadenvorplatz
1837	April: Planungen und anschließend Bau eines neuen Wohnhauses für das Gartenpersonal und damit verbundenem Gewächshaus (Ende 1838 abgeschlossen)
1838	Aufsetzung der in der Carlshütte angefertigten Brunnenschale nach Entwürfen C. F. Hansens
1840	Reparatur und Neuanfertigung einiger Gartenbänke
1841	Unausgeführte Vorschläge des Garteninspektors Hansen zur Umwandlung des Neuen Werkes in einen landschaftlich gestalteten Garten, darin letzte Erwähnung der Ruine des Herkules
1842	Schleifung der Wälle und Bastionen der Schlossinsel
1844	Im Juni stirbt der Fontänenmeister H. Jürgensen; 1.10. Anstellung von H. A. Kersten als Fontänenmeister
1845	2.11. Tod des Garteninspektors E. F. Hansen
1846	17.4. Bestallung von Moritz Friedrich Christian Jess zum Gärtner und Fontänenaufseher auf Gottorf; 29.4. Dienstanweisung für Jess; Ortstermin von Oberhofmarschall v. Levetzau und Christian Schaumburg als Garteninspektor der königlichen Gärten in den Herzogtümern im Neuwerkgarten zwecks „Verschönerung Neuwerks und der Umgebungen"
1847	Letzte Erwähnung von H. A. Kersten in der Tätigkeit eines Fontänenmeisters auf Gottorf
1851–55	Einrichtung des Schlosses als Kaserne. Militärische Umnutzung auch des Gartens
1853	Letzte Erwähnung von M. F. C. Jess und überhaupt eines Gärtners im Neuwerkgarten
1854/56	Baukonducteur Bondo aus Kopenhagen fertigt Zeichnungen an für ein Militärkrankenhaus und einen Pferdekrankenstall, die bis 1856 auf dem Gelände des Neuwerkgartens ausgeführt wurden
1857	Am Weg zur Stampfmühle wird die nördliche Reihe von Pappeln gerodet und die südliche gekappt
bis 1864	Nutzung des ehem. Gärtnerhauses als „Arsenalwache"

1865–68	Vermietung des ehem. Gärtnerhauses an Militärbedienstete
1866	17.1. Tod des Bauinspektors Meyer; Nachfolger ist der Bauinspektor Johann Friedrich Holm (bis 1870)
1868	Letzte Erwähnung des Eiskellers im Neuen Werk
1871	Okt.: Das ehem. Garteninspektoranwesen wird dem Schleswiger Oberförster als Dienstsitz übergeben und in dieser Funktion bis zum Verkauf am Anfang des 21. Jahrhunderts genutzt
1886	Bewusstsein für den Denkmalwert der Kaskade setzt ein
1887	Auf dem Gartengelände und in der Umgebung werden Reste alter Gartenskulpturen gefunden
1926–27	Restaurierung der Kaskade und Sandsteinvasen unter Beteiligung des Bildhauers Borgwardt
ca. 1930er–1940er Jahre	Neupflanzung des Norderdammes mit Kastanien
nach 1945	Umnutzung der Terrassen durch Aufforstung, Bebauung und als Sportplatz
1959	Fund zweier Hermenpfeiler auf dem Gelände des Neuwerkgartens
1970	Abbau der gusseisernen Brunnenschale am Garteneingang
1984	Gutachten des Landesbauamtes mit Vorschlägen zu Sanierungsarbeiten im Neuwerk
1984–1987	Denkmalpflegerische Instandsetzungsarbeiten der Kaskade und ihres Vorplatzes mit dem Blauen Teich
1985	Eintrag des Neuen Werkes ins Denkmalbuch
1986	Pläne des Landesamtes für Denkmalpflege zur Wiederherstellung der Grundstrukturen des Neuen Werkes scheitern am Widerstand der Natur- und Umweltverbände
1987	Gartenarchäologische Grabung an den Terrassenböschungen, dem ehemaligen Standort des Globushauses und im Globusgarten; dabei Fund mehrerer großer Skulpturenfragmente
1991	Gutachten zum Bestand und zur möglichen Wiederherstellung historischer Strukturen der Schlossinsel und des Neuwerks von Rose und Gustav Wörner, Wuppertal
1994	Freilegung und Ausbaggerung des Herkulesteiches durch die Stadt Schleswig; Fund der meisten Bestandteile der alten Herkulesskulptur im Teich; Sichtbarmachung des Globusgartens mit seiner Mauer
1997	Am 13.7. Einweihung der in Form eines Abgusses wiederaufgestellten Herkules-Figurengruppe im Neuwerkgarten nach dreijähriger Rekonstruktionsarbeit; Archäologische Grabung im Globusgarten und seine vorläufige Wiederherstellung
1999	Gründung der Stiftung Schleswig-Holsteinische Landesmuseen und Planung der Wiederherstellung des ehemaligen Neuwerkgartens nach dem historischen Plan von Dallin
2000	Neupflanzung der Königsallee mit 150 Kaiserlinden, gespendet von Günther Fielmann. Bereitstellung von Geldern der Hermann-Reemtsma-Stiftung und der ZEIT-Stiftung zur Finanzierung der Wiederherstellung von Terrassengarten, Globushaus und Globus
2001	Archäologische Ergrabung am Standort des ehemaligen Globushauses; Beauftragung des Gartenarchitekten Jörgen Ringenberg von der Firma EGL in Hamburg mit den Vorarbeiten für die Wiederherstellung des Gartens; Finanzielle Unterstützung durch die Deutsche Bundesstiftung Umwelt
2002	Kartierung der Stinzenpflanzen auf dem Gartengelände durch Ulrich Mierwald; Auftrag an die Firma Jochen Sörensen zum Nachbau des Gottorfer Globus; die Stiftung Schleswig-Holsteinische Landesmuseen kauft das Gelände des Neuen Werkes vom Land zurück; im Herbst Entfernung der Bewaldung auf den Terrassen und archäologische Grabung dortselbst
2003–2005	Bau des neuen Globushauses im Neuwerkgarten durch das Berliner Architektenbüro Hilmer, Sattler und Albrecht und Nachbau des Gottorfer Globus mit Einweihung im Mai 2005
2004	Archäologische Grabung auf den Terrassen: Erkenntnisse über das Wasserleitungssystem, die Kaskaden- und Treppenanlagen und Funde von Skulpturenresten; Wiederherstellung des Globusgartens und der ersten Terrasse; Bepflanzung des Globusgartens in rot und weiß zu Ehren des Besuches der Dänischen Königin Margarethe II.
2005–2006	Wiederherstellung der Terrassenstufen, Beetstrukturen und Wegen im Parterrebereich und der Seitentreppen
Nov. 2006	Beginn der dritten Wiederherstellungsphase mit der Bepflanzung der Parterrezone nach dem Dallin-Plan und dem Neubau der Wasserachse.
26.8.2007	Einweihung des in Teilen wiederhergestellten Gartens

WISSENSCHAFTLICHER APPARAT
1. QUELLENVERZEICHNIS

I. Ungedruckte Schriftquellen

Vorbemerkung:
Bei den Serienakten im Schleswig-Holsteinischen Landesarchiv in Schleswig und im Reichsarchiv in Kopenhagen wurden archivalische Nachrichten nicht nur zum Gottorfer Neuwerkgarten, sondern auch zum Alten Garten, der Fasanerie und zum Tiergarten der Residenz Gottorf berücksichtigt.

Schleswig-Holsteinisches Landesarchiv, Schleswig (LASH):

LASH, Abt. 7:

Nr. 58:	Peregrination der Prinzen Friedrich und Adolf nach Frankreich 1615–1616
Nr. 59:	Peregrination des Prinzen Adolf nach Italien 1619–1620
Nr. 70:	Prinz Hans: Peregrination nach Frankreich und Italien; Schreiben an den Erzbischof Johann Friedrich und an Herzog Adolf 1627–1632
Nr. 75:	Heirat zwischen Herzog Friedrich III. und der Prinzessin Maria Elisabeth von Sachsen – Konv. I 1626
Nr. 99:	Sonstige Korrespondenzen Maria Elisabeths 1659–1683
Nr. 121:	Heirat zwischen dem König Karl X. Gustav von Schweden und der Prinzessin Hedwig Eleonore 1654–1655
Nr. 125:	Heirat zwischen dem Markgrafen Friedrich VII. von Baden-Durlach und der Prinzessin Augusta Maria 1670–1671
Nr. 137:	Ausgabenverzeichnis für die Reise des Herzogspaares nach Kopenhagen 1668
Nr. 138:	Relationen des Hofmeisters und Landrats Jasper von Buchwald 1675–1680
Nr. 145:	Erbschaftsregelung nach der Herzoginwitwe Friederike Amalie – Konv. I (1649–) 1704–1708
Nr. 160:	Der fürstliche Hof allgemein 1583–1712
Nr. 165:	Bibliothekare, insbesondere der Hofmathematiker, -bibliothekar und -antiquar Adam Olearius 1627–1712
Nr. 167:	Maler und Bildhauer, sonstige Künstler (16. Jh.–) 1630–1709
Nr. 183:	Zustand der Residenz nach der dänischen Besetzung 1689
Nr. 184:	Schloss Gottorf – Bausachen: Hauptgebäude und Allgemeines 1672–1712
Nr. 187:	Alter Garten, Neuwerk, Tiergarten 1655–1714
Nr. 188:	Gottorfische Bau-Staaten 1705–1711
Nr. 196:	Inventar aller Mobilien des Schlosses 1695
Nr. 197:	Desgleichen 1705 (–1708)
Nr. 198:	Desgleichen 1708
Nr. 203:	Bibliothek 1627–1711
Nr. 210:	Allgemeine Beamten- und Besoldungssachen 1598–1712
Nr. 220:	Archiv- (und Registratur-)sachen 1646–1713
Nr. 227:	Bestallungen (Konzepte, gebunden) (1609–1615) 1616–1628
Nr. 228:	Bestallungen (Kopialbuch) (1657–) 1659–1680
Nr. 229:	Bestallungen (Kopialbuch) (1659–) 1680–1712
Nr. 235:	Besoldungs-, Deputat- und Kostgeldverzeichnis der Beamten am Hof und in den Zentralbehörden („Hofstaat") 1690 (–1691)
Nr. 236:	Desgleichen 1691
Nr. 239:	Hofstaat (Konzept mit Notaten, sowie Abschrift) und Landstaat 1703 (–1704)
Nr. 240:	Hof- und Landstaaten 1704–1705
Nr. 241:	Hofstaat 1706
Nr. 242:	Hofstaat und Landstaat 1709
Nr. 243:	Hofstaat (mit Abschrift) 1710
Nr. 244:	Hofstaat (Projekt, genehmigter Staat, wirklich gezahlte Besoldung) und Landstaat 1711
Nr. 245:	Hofstaat 1712
Nr. 327:	Berichte Friedrich von Günderoths an Herzog Christian Albrecht von Gottorf nach Hamburg und von Hamburg nach Gottorf nebst zwei Reskripten des Herzogs von 1676 März 11–16. 1676–1680
Nr. 338:	Relationen der Geheimen Räte an den abwesenden Herzog Friedrich IV. 1701 Aug. 1 – 1702 Apr. 10
Nr. 342:	Kopialbuch der Herzogin Hedwig Sophie 1703–1705
Nr. 1068:	Flensburger Neutralitätsvertrag zwischen Brandenburg und Gottorf (Ausfertigung) 1658
Nr. 1428:	Sonstige deutsche Reichsstände 1573–1709
Nr. 1507:	Verschiedene Beziehungen zu Schweden 1652–1656
Nr. 1518:	Verschiedene Beziehungen zu Schweden 1671–1675
Nr. 1987:	Verschiedene Justizsachen 1692–1699
Nr. 2290:	Kammerrechnung 1640
Nr. 2347:	Kammerrechnung 1671
Nr. 2374:	Beilagen zur Kammerrechnung von 1681
Nr. 3508:	Der Zweite Nordische Krieg – Konv. VII 1659 Jan.–Dez. (–1660 Jan.)
Nr. 4254:	Bausachen des Amtes Gottorf 1705–1712
Nr. 4265:	Deputatholzregister für den Gottorfer Hof aus den Hüttener Wäldern 1655
Nr. 4266:	Holz- und Torfdeputatordnung 1675
Nr. 4323:	Fuhr- und Dienstsachen in den Ämtern Gottorf und Hütten – generalia et varia ca. 1588–1712
Nr. 4521:	Beilagen zur Kornrechnung 1658–1659
Nr. 4523:	Beilagen zur Kornrechnung 1658–1660

Nr. 4570:	Bau- und Nagelrechnung 1652
Nr. 4571:	Bau- und Nagelrechnung 1653
Nr. 4580:	Bau- und Nagelrechnung 1666
Nr. 4582:	Bau- und Nagelrechnung 1668
Nr. 4583:	Bau- und Nagelrechnung 1669
Nr. 4598:	Baurechnung und Nagelrechnung von dem Gebäude des Neuen Pomerantzenhauses im Neuwerk 1692
Nr. 4600:	Baurechnung und Nagelrechnung von dem Gebäude des Neuen Pomerantzenhauses im Neuwerk 1693
Nr. 4602:	Baurechnung und Nagelrechnung von den Gebäuden des Pomerantzen- und des Rönnhauses im Neuwerk 1694
Nr. 4624:	Inventare der im Amte Gottorf vorhandenen Brücken, Schleusen, Siele, Plank- und Rickwerke 1707
Nr. 4786:	Schloss vor Husum – vol. I 1672–1706 (–1707)
Nr. 4789:	Schloss vor Husum – vol. IV (1708–) 1709–1712
Nr. 5749:	Gravamina der Stadt Kiel (1259–) 1572–1695
Nr. 5785:	Stadt Kiel: Maler 1639–1709
Nr. 5807:	Stadt Kiel: Landesherrliches Haus „Bischofspforte" in der Dänischen Straße 1643–1711
Nr. 5808:	Schloss zu Kiel 1563–1710
Nr. 5922:	Maurer 1676–1705
Nr. 5937:	Kunstmaler 1642–1712
Nr. 5939:	Brauerei, fremde Biere, Bier- und Weinausschank 1623–1707
Nr. 5951:	Häuser und Grundstücke vor Gottorf und im Friedrichsberg 1602–1712
Nr. 6504:	Familie Ovens 1626–1712
Nr. 6536:	Briefe des Kammerjunkers und Schlosshauptmanns von Gottorf Eberhard Helwig Franz Persius von Löhnsdorff (Lonsdorff) an Goertz 1707 März–1709 Dez.
Nr. 6537:	Bibliothek, Kunst- und Naturalienkammer 1651–1653
Nr. 6798:	Quittungen Herzog Friedrichs III. über die aus der pinnebergischen Erbschaft vom König empfangenen Gelder 1641–1642
Nr. 6826:	Inventar des Schlosses Gottorf nebst Nebengebäuden, Brücken, sog. langer Stall, Alter Garten, Neuwerk und Tiergarten (ohne Mobilien) o.J. (ca. 1713)

LASH, Abt. 24:

Nr. 76:	Instandsetzung der herrschaftlichen Gebäude zu Gottorf 1739–1746
Nr. 129.1:	Königl. Resolutionen 1742
Nr. 147:	Abgetane Bau-, Fontäne- und Gartensachen, Neuwerksgarten vor Gottorf. Situationsriss (Engelteich), 1738. (1689) 1735–1746
Nr. 153:	Abgetane Bausachen, Schloss Gottorf, sowie die inner- und außerhalb der Fortresse belegenen Gebäude, Mühlen usw. 1735–1746
Nr. 158:	Approbierte Baukontrakte, Amt und Schloss Gottorf, nebst den inner- und außerhalb der Fortresse belegenen Gebäuden, Mühlen, Brücken, Sielen, Schleusen und Neuwerksgarten, Nr. 1–100, 1738–1741
Nr. 159:	Desgl., Nr. 101–207, 1741–1746
Nr. 220.1:	Bestallungen. 1734–1737 (1743)
Nr. 220.2:	Abgetane Bausachen, Alter Garten vor Gottorf 1740

LASH, Abt. 32:

Nr. 19:	Bauten im Neuwerk in Gottorf (Fontänenwesen) 1737–1826
Nr. 23:	Schloss Gottorf 1704–1740
Nr. 37:	Arbeiten an den Schlössern Augustenburg, Gottorf, Glücksburg 1748–1864

LASH, Abt. 66, Sachakten:

Nr. 576:	Bausachen, Herzogtum Schleswig (1790) 1809–1848 (1850)
Nr. 1712:	Schloss Gottorf (mit Nebengebäuden), Baustaaten, mit Berechnung der wirklich verwandten Baukosten (1716–1728) und weitere Bausachen bis 1743, 1716–43
Nr. 1965:	Approbierte Baukontrakte [1 Sl] (Nr. 1–278) 1788–1795
Nr. 1966:	Desgl. (Nr. 1–370) 1796–1802
Nr. 1970:	Inventare des Schlosses Gottorf 1763–1784
Nr. 1971:	Inventare des Schlosses Gottorf. 1763–1782
Nr. 1973:	Unterhaltung und Instandsetzung des Schlosses Gottorf und dessen Nebengebäude, der Reitbahn u.a.m. 1792–1814
Nr. 2121:	Bausachen, Generalia, Herzogtümer Schleswig und Holstein [1 Sl] 1774–1825
Nr. 2189:	Bausachen, Amt Gottorf 1820–1829
Nr. 2241.2:	Landbaumeister im Herzogtum Schleswig. 1800–1807
Nr. 2259:	Approbierte Baukontrakte [1 Sl]. 1772–1781
Nr. 2260:	Desgl. 1781–1788
Nr. 2261:	Desgl. 1759–1769
Nr. 2262:	Desgl. (Nr. 1–384) 1802–1805
Nr. 2263:	Desgl. (Nr. 385–453; 607–800) 1806–1815
Nr. 2264.1:	Desgl. (Nr. 801–906) 1815–1818
Nr. 2264.2:	Desgl. 1806–1810
Nr. 3323.1:	Bauberichte 1842
Nr. 3323.3:	Desgl. 1844
Nr. 3324.1:	Desgl. 1845
Nr. 3324.2:	Desgl. 1846
Nr. 3324.4:	Bauberichte 1836–1840
Nr. 3531:	Schlossverwalter- und Garteninspektorbedienung, Schloss Gottorf (1776) 1779–1846
Nr. 4753:	Bauinspektor und Baukondukteur (1731. 1766) 1797–1844
Nr. 5813:	Bauinspektor für das Herzogtum Schleswig 1808–1848
Nr. 7692:	Gottorfer Neuwerksgarten 1799–1823
Nr. 7693:	Das dem vormals Gottorf-Hüttener Amtmanns-Dienstgewese zu Friedrichsberg zustehende Realservitut der Wasserleitung über den Langelandschen, jetzt Mohnschen Hof (1799.1822) 1832–1831
Nr. 7701:	Garteninspektor-Bedienung, Schloss Gottorf 1846
Nr. 8410:	Bauinspektor zu Schleswig: Auslandsreise des Bauinspektors Meyer in Schleswig zur Ausbildung seiner architektonischen Kenntnisse 1828
Nr. 8416:	Geschäftsführung einzelner Beamter 1827–1831

LASH, Abt. 66, Serienakten:

Nr. 9253–9423	Resolutionen des 1. Schleswigschen Kontors (1720–1841):
Nr. 9253:	Jahr 1721, Nr. 143, 176, 178
Nr. 9254:	Jahr 1722, Nr. 196, 198, 201

Nr. 9255:	Jahr 1723, Nr. 22, 25, 42
Nr. 9257:	Jahr 1724, Nr. 5, 46, 71
Nr. 9258:	Jahr 1725, Nr. 7, 11, 16, 17, 24, 27, 28, 44
Nr. 9259:	Jahr 1726, Nr. 33, 45, 47, 62
Nr. 9260:	Jahr 1727, Nr. 2, 17, 27, 30
Nr. 9262:	Jahr 1728, Nr. 9
Nr. 9263:	Desgl., Nr. 49, 61
Nr. 9264:	Jahr 1729, Nr. 5, 12
Nr. 9265:	Desgl., Nr. 35, 38
Nr. 9266:	Jahr 1730, Nr. 16, 33, 35
Nr. 9267:	Jahr 1731, Nr. 7a, 16a
Nr. 9268:	Jahr 1732, Nr. 36, 47, 62
Nr. 9269:	Jahr 1733, Nr. 50, 57
Nr. 9270:	Jahr 1734, Nr. 21, 35, 49
Nr. 9271:	Jahr 1735, Nr. 3, 16, 43, 63
Nr. 9272:	Jahr 1736, Nr. 14, 17, 39
Nr. 9273:	Desgl., Nr. 58, 61, 76
Nr. 9274:	Jahr 1737, Nr. 13, 32, 44
Nr. 9275:	Desgl., Nr. 67a
Nr. 9276:	Desgl., Nr. 77, 82, 86
Nr. 9277:	Jahr 1738, Nr. 25, 39
Nr. 9278:	Desgl., Nr. 53, 56, 61, 62, 66, 77, 81, 91b, 93, 99
Nr. 9279:	Jahr 1739, Nr. 12, 13, 24, 34, 35, 40, 45
Nr. 9280:	Desgl., Nr. 50, 54, 59, 70, 83, 105
Nr. 9281:	Jahr 1740, Nr. 10, 19, 20, 38, 46, 54, 63, 68
Nr. 9282:	Desgl., Nr. 80, 82, 95, 105, 108, 113, 125
Nr. 9283:	Jahr 1741, Nr. 30, 38, 59
Nr. 9284:	Desgl., Nr. 102
Nr. 9285:	Jahr 1742, Nr. 102
Nr. 9286:	Desgl., Nr. 136, 161, 165, 177
Nr. 9287:	Jahr 1743, Nr. 11
Nr. 9288:	Desgl., Nr. 56, 64, 73
Nr. 9289:	Desgl., Nr. 91, 118, 122, 127, 132, 148, 151
Nr. 9290:	Jahr 1744, Nr. 37
Nr. 9291:	Desgl., Nr. 62, 73, 108, 115, 118
Nr. 9292:	Desgl., Nr. 151
Nr. 9293:	Jahr 1745, Nr. 13, 41, 47
Nr. 9294:	Desgl., Nr. 65, 84, 98
Nr. 9295:	Desgl., Nr. 122
Nr. 9296:	Jahr 1746, Nr. 3, 4, 7, 29, 35a, 36
Nr. 9297:	Desgl., Nr. 62, 70, 95, 107
Nr. 9298:	Desgl., Nr. 124, 137
Nr. 9299:	Jahr 1747, Nr. 12, 31
Nr. 9300:	Desgl., Nr. 74, 80, 100
Nr. 9301:	Desgl., Nr. 117, 125
Nr. 9302:	Jahr 1748, Nr. 5, 21, 22
Nr. 9303:	Desgl., Nr. 59
Nr. 9304:	Desgl., Nr. 90, 98, 108, 125
Nr. 9306:	Desgl., Nr. 63, 92
Nr. 9307:	Desgl., Nr. 115, 138
Nr. 9308:	Jahr 1750, Nr. 9, 33, 49, 51, 52, 53, 61
Nr. 9309:	Desgl., Nr. 71
Nr. 9310:	Desgl., Nr. 116, 131, 132, 167
Nr. 9311:	Jahr 1751, Nr. 16, 17, 18
Nr. 9313:	Desgl., Nr. 107, 163
Nr. 9314:	Jahr 1752, Nr. 7, 9, 38, 55
Nr. 9316:	Desgl., Nr. 122, 139, 147
Nr. 9317:	Jahr 1753, Nr. 7
Nr. 9318:	Desgl., Nr. 99, 100, 129, 151
Nr. 9319:	Jahr 1754, Nr. 19, 20, 29, 75
Nr. 9320:	Desgl., Nr. 92, 128, 160
Nr. 9321:	Jahr 1755, Nr. 19, 93
Nr. 9322:	Desgl., Nr. 131, 151
Nr. 9323:	Jahr 1756, Nr. 37, 39, 50, 53, 62
Nr. 9324:	Desgl., Nr. 103, 120
Nr. 9325:	Jahr 1757, Nr. 38
Nr. 9327:	Jahr 1758, Nr. 11, 48, 56, 82
Nr. 9328:	Desgl., Nr. 113, 137, 155, 168, 173
Nr. 9329:	Jahr 1759, Nr. 62
Nr. 9330:	Desgl., Nr. 68
Nr. 9331:	Jahr 1760, Nr. 45, 61
Nr. 9333:	Desgl., Nr. 150, 166, 193
Nr. 9334:	Jahr 1761, Nr. 18, 20, 39
Nr. 9335:	Desgl., Nr. 107, 108, 112, 129, 142
Nr. 9337:	Desgl., Nr. 48, 69, 82, 129
Nr. 9338:	Jahr 1763, Nr. 33, 39
Nr. 9339:	Desgl., Nr. 87, 109, 135, 152, 155, 160, 171, 177
Nr. 3941:	Jahr 1764, Nr. 72, 96, 101
Nr. 9342:	Jahr 1765, Nr. 35, 73, 74, 89
Nr. 9343:	Desgl., Nr. 123, 132
Nr. 9344:	Jahr 1766, Nr. 28, 38, 47
Nr. 9345:	Desgl., Nr. 96
Nr. 9346:	Jahr 1767, Nr. 28, 39, 41
Nr. 9347:	Desgl., Nr. 73, 94
Nr. 9349:	Jahr 1768, Nr. 39, 48, 59, 73, 76, 79
Nr. 9350:	Desgl., Nr. 105, 156, 157, 158
Nr. 9351:	Jahr 1769, Nr. 11, 16, 45
Nr. 9352:	Desgl., Nr. 106, 147, 157
Nr. 9353:	Jahr 1770, Nr. 2, 16, 74, 92
Nr. 9355:	Jahr 1771, Nr. 26, 48
Nr. 9357:	Jahr 1772, Nr. 17, 31, 32
Nr. 9358:	Desgl., Nr. 66
Nr. 9359:	Jahr 1773, Nr. 2, 17, 33
Nr. 9360:	Desgl., Nr. 68
Nr. 9362:	Jahr 1774, Nr. 15, 41
Nr. 9363:	Desgl., Nr. 69, 79
Nr. 9364:	Jahr 1775, Nr. 2, 3, 20
Nr. 9366:	Desgl., Nr. 80
Nr. 9367:	Jahr 1776, Nr. 21, 24, 26, 42, 49
Nr. 9369:	Jahr 1777, Nr. 36
Nr. 9371:	Jahr 1778, Nr. 18
Nr. 9372:	Desgl., Nr. 59
Nr. 9373:	Jahr 1779, Nr. 42, 51
Nr. 9374:	Desgl., Nr. 70, 71, 83
Nr. 9376:	Jahr 1780, Nr. 5, 32
Nr. 9377:	Desgl., Nr. 63, 70
Nr. 9378:	Desgl., Nr. 132
Nr. 9381:	Jahr 1781, Nr. 110
Nr. 9283:	Jahr 1782, Nr. 37, 49
Nr. 9386:	Desgl., Nr. 143

Nr. 9388:	Jahr 1783, Nr. 105
Nr. 9391:	Jahr 1784, Nr. 34
Nr. 9396:	Jahr 1786, Nr. 36
Nr. 9397:	Desgl., Nr. 54
Nr. 9398:	Desgl., Nr. 102, 111
Nr. 9400:	Jahr 1787, Nr. 59
Nr. 9402:	Jahr 1788, Nr. 44
Nr. 9403:	Desgl., Nr. 68
Nr. 9404:	Jahr 1789, Nr. 25
Nr. 9407:	Jahr 1790, Nr. 66, 71, 87
Nr. 9408:	Jahr 1791, Nr. 3, 44
Nr. 9409:	Desgl., Nr. 51
Nr. 9410:	Jahr 1792, Nr. 5, 46
Nr. 9412:	Jahr 1793, Nr. 37
Nr. 9413:	Jahr 1794, Nr. 33
Nr. 9414:	Desgl., Nr. 73, 86
Nr. 9415:	Jahr 1795, Nr. 46
Nr. 9416:	Desgl., Nr. 64
Nr. 9418:	Jahr 1796, Nr. 91
Nr. 9419:	Jahr 1797, Nr. 26, 53
Nr. 9421:	Jahr 1798, Nr. 52

LASH, Abt. 168:

Nr. 73:	Schloss Gottorf, Nebengebäude und Zubehör; Burggraben 1728–1865
Nr. 76:	Betr. Kunstgegenstände auf Schloss Gottorf 1808–1851
Nr. 77:	Betr. den Aufenthalt fürstl. Personen auf Schloss Gottorf 1805–1828
Nr. 78:	Betr. den Alten= und Neuwerksgarten, sowie den Kleiberg; Fontänenwesen 1727–1865
Nr. 79:	Dämme, Wege und Brücken bei Gottorp 1692–1864
Nr. 934:	Schloss Gottorf nebst Zubehör; Gottorfer Dämme und Wege; Kleiberg; Herrenstall 1734–1857

AR Gottorf 1641
AR Gottorf 1642

LASH, Abt. 260:

Nr. 83:	Zwei Briefe betreffend die von dem König Christian V. von Dänemark seiner Schwester, der Prinzessin Friederike Amalia, gestattete Wohnung auf dem Schlosse zu Husum 1684
Nr. 91:	Gottorfische Rechnung des Bischofs Christian August 1709–1710

LASH, Abt. 301:

Nr. 3159:	Schloss Gottorf 1917–1921
Nr. 4849:	Schlösser und andere Staatsgebäude 1875–1934

LASH, Abt. 309:

Nr. 3402:	Landsteuer für den Neuwerk-Garten beim Schlosse Gottorp und die Fischerkate zu Niss 1865/71
Nr. 3406:	Abgaben für das vorm. Gottorf-Hüttener Amtshaus, das Schloss Gottorf pp. 1879
Nr. 4168:	Die Verpachtung der Garteninspektor-Dienstwohnung in Neuwerk 1865
Nr. 4173:	Die Vermietung des Nebengebäudes der Garten-Inspektor-Dienstwohnung 1867/69
Nr. 4820:	Bauten am Schlosse Gottorf 1869
Nr. 4821:	Bauten an der Garten-Inspektor-Dienstwohnung und der dazu gehörigen Nebengebäude in Neuwerk 1869
Nr. 14318:	Oberförsterei Schleswig: Gebäude-Inventarien Bd. 1 1868–1922
Nr. 16170:	Schloss Gottorf 1864/68
Nr. 23669:	Schloss Gottorf 1875–1879
Nr. 23714:	Gottorfer Schlossgarten (Neuwerkgarten) 1879–1888
Nr. 23847:	Bausachen Schloss Gottorf 1864–1876
Nr. 24581:	Altertümer, u.a. Kaskade in Neuwerk 1870–1891
Nr. 34881:	a) Schleswig, Verkauf der Springbrunnenanlage Neuwerk an die Stadt Schleswig 1935–1936; b) Oberförsterei Schleswig, intus: Karten 1883–1919; c) Verpachtung eines Grundstücks wegen Erweiterung des Garnisonslazaretts in Schleswig 1937–1943
Nr. 34882:	Schleswig. Unterhaltung des Schlosses Gottorf und des Neuwerks, sowie Übergang der Zuständigkeit von der Domänenverwaltung an die Forstverwaltung 1867–1929

LASH, Abt. 400.5:

Nr. 140:	Akten zur Geschichte des Jahres 1713, namentlich Berichte von gottorfischen Gesandten. Abschrift 18. Jh.
Nr. 143:	Einkünfte und Ausgaben des gottorfischen Staates 1641
Nr. 223:	Gottorfisches Bestallungsbuch, 1680–1702
Nr. 234:	Reskript Christian Augusts an den Garteninspektor N. Kempe wegen Auslieferung des Globus an den russischen Leutnant Trawin 1713 (sub 29)

Landesbibliothek Oldenburg, Oldenburg:

„Catalogus bibliothecae Gottorpiensis" von Johann Pechlin, 1709

Eutiner Landesbibliothek, Eutin:

„Catalogus Bibliothecae Gottorpiensis" von Johann Pechlin, 1709

Bibliothek Gut Nehmten, Kreis Plön:

„Reisebeschreibung des Herzogs Christian Albrecht von Schleswig-Holstein-Gottorff über die, von ihm Anno 1662 durch die Niederlande, Frankreich, einen Theil der Schweiz und Teutschland zurückgelegte Reise."

Landesbibliothek Coburg, Coburg:

Signatur: Ms 33: Rumpel, Georg: Reisen des Prinzen Johann Ernst von Sachsen-Gotha, beschrieben von seinem Kammerdiener, 31. August 1654–31. Oktober 1657 (fol. 97v. – 107v. betrifft den Aufenthalt auf Gottorf)

Rigsarkivet, Kopenhagen (RAK):

RAK, Tyske Rentekammer (TyRtk), Serienakten:
B 2: „Vorstellungen" 1713–1773:
    Jahr 1714, Vorst. v. 7.5.1714, Nr. 12
    Jahr 1715, Nr. 51
    Jahr 1716, Nr. 80
    Jahr 1717, Nr. 47
    Jahr 1718, Nr. 135
    Jahr 1720, Nr. 255, 385
    Jahr 1722, Nr. 51, 52, 82, 407
    Jahr 1723, Nr. 76
    Jahr 1724, Nr. 41, 228, 333
    Jahr 1725, Nr. 50, 67
    Jahr 1727, Nr. 3, 31, 50, 94, 118, 135, 140
    Jahr 1728, Nr. 245, 279
    Jahr 1729, Nr. 104, 169
    Jahr 1730, Nr. 47, 138
    Jahr 1731, Nr. 18
    Jahr 1733, Nr. 191
    Jahr 1736, Nr. 131
    Jahr 1737, Nr. 31, 36, 45, 90, 132, 181, 202, 220, 235
    Jahr 1738, Nr. 90, 144, 213, 216, 237, 238, 245, 269, 287, 315, 325
    Jahr 1739, Nr. 13, 142, 153, 157, 161, 207, 217, 259, 302
    Jahr 1740, Nr. 27, 51, 107, 137, 174, 179, 184, 229, 316, 333, 351, 387
    Jahr 1741, Nr. 175, 305
    Jahr 1742, Nr. 91, 116, 140, 172, 214, 306, 428, 478, 496
    Jahr 1743, Nr. 198, 267, 340, 353, 382, 461
    Jahr 1744, Nr. 86, 105, 162, 193, 278, 297, 429
    Jahr 1745, Nr. 20, 100, 114, 116, 232, 424, 425, 432
    Jahr 1746, Nr. 56, 57, 146, 196, 235, 284, 335, 363
    Jahr 1747, Nr. 17, 79, 141, 187, 214, 282, 299
    Jahr 1748, Nr. 5, 60, 179, 247, 263, 308
    Jahr 1749, Nr. 105, 181, 222, 245, 280
    Jahr 1750, Nr. 12, 81, 116, 118, 120, 124, 132, 157, 273, 297, 376
    Jahr 1751, Nr. 25, 27, 221, 319
    Jahr 1752, Nr. 3, 28, 105, 248, 293, 301
    Jahr 1753, Nr. 9, 222
    Jahr 1754, Nr. 27, 28, 131, 155, 240, 308
    Jahr 1755, Nr. 38, 210, 293, 346
    Jahr 1756, Nr. 78, 81, 104, 115, 147, 275, 320
    Jahr 1757, Nr. 54
    Jahr 1758, Nr. 13, 118, 138, 199, 288, 356, 416, 445, 461
    Jahr 1759, Nr. 153, 164
    Jahr 1760, Nr. 120, 156, 330, 374, 398, 435
    Jahr 1761, Nr. 26, 39, 71, 205, 251, 252, 265, 326, 353
    Jahr 1762, Nr. 122, 186, 222, 306
    Jahr 1763, Nr. 84, 107, 240, 319, 357, 413, 414, 451, 471, 482
    Jahr 1764, Nr. 247b, 334, 346, 465
    Jahr 1765, Nr. 108, 226, 227, 270, 364, 387
    Jahr 1766, Nr. 48, 67, 96, 180
    Jahr 1767, Nr. 35, 49, 50, 84, 106
    Jahr 1768, Nr. 45, 50, 78, 82, 159, 166, 167, 168
    Jahr 1769, Nr. 8, 31, 133, 155, 163
    Jahr 1770, Nr. 59
    Jahr 1771, Nr. 72, 97
    Jahr 1772, Nr. 24, 67, 156, 210
    Jahr 1773, Nr. 16, 31, 93

B 3: „Vorstellungen" 1773–1848:
    Jahr 1774, Nr. 8, 61, 117, 171
    Jahr 1775, Nr. 1, 37, 111
    Jahr 1776, Nr. 43, 58, 63, 99, 117
    Jahr 1777, Nr. 51, 77, 149
    Jahr 1778, Nr. 28, 81
    Jahr 1779, Nr. 76, 91, 105, 120, 212a, 212b
    Jahr 1780, Nr. 59, 109, 120, 218
    Jahr 1781, Nr. 169
    Jahr 1782, Nr. 62, 70, 248
    Jahr 1783, Nr. 131
    Jahr 1784, Nr. 86, 251
    Jahr 1785, Nr. 94, 113
    Jahr 1786, Nr. 65, 122, 235
    Jahr 1787, Nr. 99
    Jahr 1788, Nr. 53, 100
    Jahr 1789, Nr. 56
    Jahr 1790, Nr. 83, 110, 133
    Jahr 1791, Nr. 3, 93
    Jahr 1792, Nr. 11, 86, 124
    Jahr 1793, Nr. 78
    Jahr 1794, Nr. 118, 142
    Jahr 1795, Nr. 31, 108, 132
    Jahr 1796, Nr. 121
    Jahr 1797, Nr. 50, 121, 138
    Jahr 1798, Nr. 99
    Jahr 1799, Nr. 120, 137, 154, 166, 171
    Jahr 1800, Nr. 128, 208
    Jahr 1801, Nr. 142, 151
    Jahr 1802, Nr. 90, 186, 202, 235, 243
    Jahr 1803, Nr. 56, 89, 168
    Jahr 1804, Nr. 30, 190, 305
    Jahr 1805, Nr. 22, 37, 45, 83, 202, 216
    Jahr 1806, Nr. 163, 191
    Jahr 1807, Nr. 77, 78, 134, 220
    Jahr 1808, Nr. 16
    Jahr 1809, Nr. 10, 33
    Jahr 1810, Nr. 19, 69, 71, 108, 126
    Jahr 1811, Nr. 28, 74, 137
    Jahr 1812, Nr. 34
    Jahr 1813, Nr. 41, 64, 108, 118
    Jahr 1814, Nr. 72, 144
    Jahr 1816, Nr. 70, 133
    Jahr 1817, Nr. 43, 56, 73
    Jahr 1818, Nr. 11, 106, 120, 242
    Jahr 1819, Nr. 96, 181
    Jahr 1820, Nr. 112, 114, 179
    Jahr 1821, Nr. 139, 284
    Jahr 1822, Nr. 75
    Jahr 1823, Nr. 121, 129, 135, 182, 188
    Jahr 1824, Nr. 5, 44, 83, 108, 150, 172, 234
    Jahr 1825, Nr. 75, 142, 195

Jahr 1826, Nr. 61, 88, 94, 170, 218
Jahr 1827, Nr. 71, 107, 151, 208, 242
Jahr 1828, Nr. 22, 61, 102, 180, 216
Jahr 1829, Nr. 41, 123, 222
Jahr 1830, Nr. 31, 112, 184
Jahr 1831, Nr. 70, 125, 226
Jahr 1832, Nr. 44, 102, 193
Jahr 1833, Nr. 16, 50, 112
Jahr 1834, Nr. 18, 74, 169, 173
Jahr 1835, Nr. 196, 262
Jahr 1836, Nr. 91, 220
Jahr 1837, Nr. 45, 133
Jahr 1838, Nr. 64, 162, 185, 186
Jahr 1839, Nr. 76, 151, 189
Jahr 1840, Nr. 71, 120
Jahr 1841, Nr. 67, 128, 241
Jahr 1842, Nr. 39, 121, 266, 280
Jahr 1843, Nr. 163
Jahr 1844, Nr. 1, 120, 163
Jahr 1845, Nr. 19, 76, 159, 177
Jahr 1846, Nr. 68, 105, 168
Jahr 1847, Nr. 82, 114

B 5: 1703–1772. Bilag til Forestillings Protokol (1703–12 „Resolutions Protocoll", 1713–72 „Vorstellungen"):
Jahr 1737, Nr. 90

B 22: 1700 (1694)–1848. „Expeditions Protocoll":
Jahre 1728, 1731, 1734, 1745

B 31: 1720–1848. „Bestallings Protocoll"

C 138: 1692–1771. Kgl. Ordrer og Resolutioner

C 139: 1692–1818. Register til de kgl. Resolutioner

C 146: 1680–1768. Brev Protokol til den Tyske Assignations- og Toldkontor

C 150: 1740 12/9–1762 29/1. Journal over indkomne Sager

RAK, Tyske Rentekammer (TyRtk), Sachakten:

B 122: 1684–89, 1713–37. Indkomne Breve fra Gottorp og Hütten Amter

B 132: 1680–1718. Indkomne Breve fra forskellige Brevskrivere

C 48: 1713 18/1–16 28/12. Relations- og Resolutionsprotokol

C 49: 1714–19. Rentekriver Frants Peters' Koncepter til Forestillinger og Relationer

C 55: 1714–26. Korrespondance Protokol. Brevbøger over udgåaende Rentekammerbreve

C 58: 1705–1709, 1712. Extrakter fra hertugelig-gottorpske Protokoller over indkomne og udgåaende Breve vedr. Slesvig

C 65: Diverse Sager fra Rentekriver Frants Peters

C 84: 1726–58, 1770. Akter vedr. Inventar paa Gottorp Slot

C 86: 1743. Inventar over Kunst- og Naturaliekammeret paa Gottorp

C 88: 1758. Inventar over Kunst- og Naturaliekammeret paa Gottorp

C 89: 1727–37. Akter ang. Overleveringen af Haven (samt ældre (Neuenwerck) ved Gottorp Slot, efter Afskrifter). Gartner Bernhard Kempes Død

C 188b: 1683–1728. Diverse Afregninger

D 3: 1771 med ældre Bilag. Journalsager vedr. Restauration af Gottorp Slot

E 22: 1781ff., 1807, 1814. Akter vedr. Statens Ejendomme i Hertugdømmerne

E 24: 1815–40. Akter vedr. Gottorp Slot

E 33: 1783, 1790–1810. Sager vedr. Byggefonden for Hertugdømmerne

F 36: 1795–1846. Akter vedr. Gottorp Slot (Vandledninger og Fontænemesterembede)

F 37: 1841–48. Akter vedr. Gottorp Slot

H 3: 1713–14. „Schleswigsches Commissions Protocoll"

H 4: 1714. Akter verdr. Embedsreglement for de tidligere gottorpske Dele af Hertugdømmerne
Lokale Embedsarkiver under Rentekammerets Afdeling vedr. Hertugdømmerne, o. Nr.:1767. Designation over Arkiver for Landsbygmesteren i Hertugdømmerne

RAK, Tyske Kancelli Indenrigske Afdeling (TKIA):

B 85: 1692–96. Relationer fra Sekretær Hans Statius Hagedorn i Slesvig

B 166: 1735–36. Breve til Arkivsekretær Eskel Lohmann med flere Sager ang. Erhvervelsen af Ulrik Petersens Samlinger

C 9: 1772–1850. „Vorstellungen". [Die Angaben in dieser Arbeit beziehen sich auf das dazugehörige Namens- und Ortsregister]

RAK, Regeringskancelliet i Glückstadt (RKG):

Ministeriet for Hertugdømmet Slesvig, Vorstellungsprotokolle 1851–1863 (1864–65)

RAK, Håndskriftsamling (HS), Gruppe I, Ulrich Petersens Samling:

Vol. 9: „Den første bearbejdelse af byen Slesvigs beskrivelse, første del"

Vol. 16–17: Manuskript til beskrivelse af Slesvig by: „Der Durchlauchtigsten Herren Herzogen von Holstein-Gottorff Haupt- und Residenz-Stadt Schlesewig nach ihrer alten und neuen Situation, beschrieben und dargestellt von Ulrico Petersen"

RAK, Håndskriftsamling (HS), Gruppe XIV:

Hofetaten: Systematisk fortegnelse over hofetater 1660–1772, samlet af arkivar H. C. Roede

Riksarkivet, Stockholm:

Eriksberg Arkiv, Nikodemus Tessin d. y:s samling: 1 bt Resedagbok 1687

II. Bildquellen

Vorbemerkung:
Die für den Neuwerkgarten relevanten Bildquellen (abgekürzt: BQ) sind hier mit ihren Inventarisationsdaten verzeichnet und vorne mit einem Kürzel zu ihrer unkomplizierten Identifizierung im Text versehen. Unter „Sign." ist der Fundort in Form der Archiv-Signatur bzw. der Inventar-Nummer angegeben. Die Bildquellen sind zunächst unter den Institutionen, in denen sie sich befinden, und darin in chronologischer Reihenfolge geordnet. Die Kürzel (z.B. LASH, Joh. Meyer I) nehmen im ersten Teil Bezug auf die Institution (z.B. LASH) und dann auf den Urheber der Bildquelle oder auf das Dargestellte (z.B. Joh. Mejer I oder Orangerie II). Mit den römischen Zahlen und anderen Zusätzen ist institutsübergreifend eine chronologische Ordnung der Werke desselben Künstlers oder eines Sachgebietes vorgenommen worden.

Landesarchiv Schleswig-Holstein, Schleswig (LASH):

LASH, Joh. Mejer I:
Sign.: 402 A 20 Nr. 9; Motiv: Die innere Schlei mit Schleswig und dem Halbkreiswall von Haithabu (Karte aus dem Schleiatlas); Zeichner: Johannes Mejer; Bez.: „Die 1. Particular Charte, begreifft Die Geometrische delineation I.FG. Residentz Schloß Gottorff, Cratzenberg, Lollfuß vnnd d Statt Sleßwieg. [...]"; Datum: 1641; Technik: lavierte Federzeichnung; Maße: 68,6 x 64,5 cm; Maßeinheit: Ruten

LASH, Bauprojekt:
Sign.: 402 A 20 Nr. 1; Motiv: Entwurf für den Neubau eines Schlosses, eines Lusthauses oder einer Orangerie; Zeichner: nicht signiert; Bez.: keine; Datum: 1679 (datiert); Technik: aquarellierte Federzeichnung; Maße: 44 x 62,1 cm; Maßeinheit: Maßstabsleiste ohne Einheitsangabe vorhanden

LASH, Pflanzplan:
Sign.: 7/187, fol. 31–39; Motiv: Pflanzplan für die Böschungen und Parterres auf den Terrassen des Neuwerkgartens; Zeichner: nicht signiert, wohl von Michael Gabriel Tatter; Bez.: „Entwurff der Newen partern undt wie die Bäume So von Hamburgk geholet in ordnunge stehen Nach Ihrer Zahl. Noch stehen in dem New einge [...?] theile, auff 400 stück so ich selbst geschaffet undt zu gezogen welche der Augenschein außweisen wirdt" u. Legende der Pflanzen; Datum: undatiert, 1681 (LASH 7/187, fol. 27–29v.); Technik: Federskizze; Maße: insg. 9 Blätter (mit Titelblatt), je Blatt 32,6 x 19,9 cm, die zusammengelegt werden können zu einer großen Skizze über alle Terrassenstufen; Maßeinheit: nicht angegeben

LASH, Orangerie I:
Sign.: 32/19, fol. 112; Motiv: Orangerie im Neuwerkgarten (Grundriss); Zeichner: nicht signiert; Bez.: „Der grundtriß Deß Pomerantzen Haußes [...]"; Datum: undatiert, vermutlich Ende 17. Jh.; Technik: Federzeichnung; Maße: 23,3 x 35,3 cm; Maßeinheit: nicht angegeben

LASH, Orangerie II:
Sign.: 32/19, fol. 110; Motiv: Orangerie im Neuwerkgarten (Ansicht und Grundriss); Zeichner: nicht signiert; Bez.: keine; Datum: undatiert, vermutlich Ende 17. Jh.; Technik: farbig lavierte Federzeichnung; Maße: 31 x 41,2 cm; Maßeinheit: Fuß

LASH, Orangerie III:
Sign.: 32/19, fol. 113; Motiv: Orangerie im Neuwerkgarten (Grundriss); Zeichner: nicht signiert; Bez.: keine; Datum: undatiert, vermutlich Ende 17. Jh.; Technik: Federzeichnung; Maße: 17,5 x 52,5 cm; Maßeinheit: Fuß

LASH, Glashaus I:
Sign.: 32/19, fol. 111; Motiv: Skizze zum Neubau des Glashauses in der Nordwestecke des Neuwerkgartens; Zeichner: unsigniert; Bez.: keine; Datum: undatiert, um 1727; Technik: farbig lavierte Federzeichnung, auch Bleistift; Maße: 29 x 48,7 cm; Maßeinheit: Fuß

LASH, Glashaus II:
Sign.: 32/19, fol. 114; Motiv: Skizze zum Neubau des Glashauses in der Nordwestecke des Neuwerkgartens; Zeichner: nicht signiert; Bez.: keine; Datum: undatiert, um 1727; Technik: Bleistiftzeichnung, mit Feder beschriftet; Maße: 28,8 x 48 cm; Maßeinheit: nicht angegeben

LASH, Kempe:
Sign.: 66/9265, Nr. 38; Motiv: Orangeriareal auf der obersten Terrasse des Neuwerkgartens; Zeichner: Bernhard Kempe (signiert); Bez.: Legende; Datum: 1728; Technik: aquarellierte Federzeichnung; Maße: 23,8 x 36,1 cm; Maßeinheit: nicht angegeben

LASH, Themsen I:
Sign.: 66/9265, Nr. 38; Motiv: Teilgrundriss des Neuwerkgartens; Zeichner: JThemsen (signiert); Bez.: „Grundt Riss Von ein Theill der Königlichen Gottorffischen Neüen Wercks Garten. [...]"; Datum: 4. Sept. 1728; Technik: farbig lavierte Federzeichnung mit Einstichlöchern; Maße: 38,9 x 30,4 cm; Maßeinheit: Schritt

LASH, Themsen II:
Sign.: 66/9263, Nr. 61; Motiv: Entwurf für einen Glashausneubau im Neuwerkgarten (Lageplan, Grundriss u. Ansicht); Zeichner: Themsen (signiert); Bez.: „Abris. Von Eines Neuzuerbauendes Glaß=Haußes in den Königlichen Gottorffischen Neuen=Wercks=Garten, an Statt das alte gantz Verfallene Halbrunde Glaß=Hauß; Welche Veränderung der Garten Inspecteür Kempe inventiret, und in eine kleine Modelle hat verfertigen lassen; Von mir aber aufgemäßen, und Hier in dießen Abrieß: Allerunterthänigst vorgestellet. [...]"; Datum: 13. Nov. 1728; Technik: farbig lavierte Federzeichnung; Maße: 42 x 33,8 cm; Maßeinheit: Fuß

LASH, Lönborg II:
Sign.: 402 B II Nr. 247; Motiv: Vogelschau der Residenz Gottorf; Zeichner: Hans Christoph Lönborg; Bez.: „Plan von Gottorf und Schleswig"; Datum: 1732; Technik: Aquarell; Maße: 55,5 x 158 cm; Maßeinheit: nicht angegeben

LASH, Müller II:
Sign.: 66/9276, Nr. 77; Motiv: Kaskade im Neuwerkgarten (Grund- u. Aufriss); Zeichner: O J Müller (signiert); Bez.: „Grund und Auf=Ris von der Cascade und Bassein im hiesigen Konigl: Neüen=Wercks Garten [...]"; Datum: 31. Okt. 1736; Technik: rot u. grau lavierte Federzeichnung; Maße: 53 x 41,1 cm; Maßeinheit: Ellen (?)

LASH, Freudenreich I:
Sign.: 66/9274, Nr. 44; Motiv: Beispiele zur Anlegung von Fontänen; Zeichner: nicht signiert, Johann Friedrich Freudenreich (vgl. beiliegende Erklärung Freudenreichs); Bez.: keine; Datum: undatiert, 27. Dez. 1736 (vgl. beiliegende Erklärung Freudenreichs); Technik: rot u. grau lavierte Federzeichnung; Maße: 33 x 50 cm; Maßeinheit: nicht angegeben

LASH, Clasen:
Sign.: 24/147, Nr. 24; Motiv: Neu angelegter, kleiner Garten des Garteninspektors Clasen bei seinem Wohnhaus; Zeichner: nicht signiert, Clasen (vgl. dazugehöriger Schriftwechsel); Bez.: „Der kleine Gartten

21 fuß breit 70 fuß Lang" u. ergänzende Erläuterungen; Datum: undatiert, 6. Aug. 1738 (vgl. dazugehöriger Schriftwechsel); Technik: farbig lavierte Federzeichnung; Maße: 18,6 x 30,5 cm; Maßeinheit: Fuß

LASH, Freudenreich II:
Sign.: 66/1712 III, fol. 209; Motiv: Bassin vor der Kaskade, am Eingang des Neuwerkgartens (Grundriss); Zeichner: JFFreudenreich (signiert); Bez.: „Abzeichnung des vor der Cascade beÿm Entree im Königl: Neuen Wercks Garten liegenden grossen Basseins 92 fus in die Runde haltend, wie selbige anitzo beschaffen. [...]."; Datum: 26. Aug. 1739; Technik: farbig lavierte Federzeichnung; Maße: 26,3 x 36,2 cm; Maßeinheit: Fuß; Anmerkung: Die gleiche Zeichnung, nur ohne Signatur und Datierung, befindet sich in LASH 32/19, fol. 106, auf einem Blatt zusammen mit der Zeichnung eines Bassins, vgl. LASH, Freudenreich IV

LASH, Freudenreich III:
Sign.: 66/1712 III, fol. 208; Motiv: Fontänenbecken in einer Ecke im Herkulesteich des Neuwerkgartens (Bestand u. Entwurf); Zeichner: JFFreudenreich (signiert); Bez.: „N: 1 Abzeichnung von einem im Hercules Teich stehenden Eck Postaments, und zwar wie er gegenwärtig beschaffen. [...]" und „No 2 Die Beschaffenheit des Postements wann selbige dem gemachten Anschlag nach von Bremer Sand Steine gemacht worden [...]"; Datum: 26. Aug. 1739; Technik: farbig lavierte Federzeichnung; Maße: 27,7 x 36,7 cm; Maßeinheit: Fuß; Anmerkung: Die gleiche Zeichnung, nur ohne Signatur und Datierung, befindet sich in LASH 32/19, fol. 106, auf einem Blatt zusammen mit der Zeichnung eines Bassins, vgl. LASH, Freudenreich IV

LASH, Freudenreich IV:
Sign.: 32/19, fol. 106; Motiv: Postamente im Herkulesteich (Lit. A) und Bassin vor der Kaskade (Lit. B) im Neuwerkgarten; Zeichner: nicht signiert, Johann Friedrich Freudenreich (vgl. LASH, Freudenreich II u. Freudenreich III); Bez.: „Lit: A.", „Lit: B" u. Legenden dazu; Datum: undatiert, 1739 (vgl. LASH, Freudenreich II u. Freudenreich III); Technik: farbig lavierte Federzeichnung; Maße: 37,8 x 28,3 cm; Maßeinheit: Fuß

LASH, Herkulesteich:
Sign.: 32/19, fol. 105; Motiv: Fontänenbecken in den Ecken des Herkulesteiches im Neuwerkgarten; Zeichner: nicht signiert, vielleicht Johann Friedrich Freudenreich; Bez.: keine; Datum: undatiert, 1. Hälfte 18. Jh.; Technik: aquarellierte Federzeichnung; Maße: 20,2 x 31 cm; Maßeinheit: Fuß

LASH, Müller III:
Sign.: 66/9282, Nr. 82; Motiv: Entwurf für zwei Vasen an einer Eingangspforte im Neuwerkgarten; Zeichner: unsigniert, Otto Johann Müller (laut Begleitschreiben); Bez.: keine; Datum: undatiert, 31. Dez. 1739 (laut Begleitschreiben); Technik: farbig lavierte Federzeichnung; Maße: 17,7 x 25,6 cm; Maßeinheit: nicht angegeben

LASH, Ötken:
Sign.: 24/129.2, Nr. 76; Motiv: Entwurf für ein Bassin vor der Amalienburg im Neuwerkgarten; Zeichner: CEDÖtken (signiert); Bez.: keine; Datum: 16. März 1741 (vgl. dazugehörigen Bericht Ötkens); Technik: farbig lavierte Federzeichnung; Maße: 28,8 x 45,7 cm; Maßeinheit: R.

LASH, Müller IV:
Sign.: 24/76 (Lit. Y); Motiv: Entwurf für ein neues Glashaus im Neuwerkgarten (Querschnitt, Ansicht und Aufriss, Grundriss); Zeichner: J.O. Müller (signiert); Bez.: „Dessein Von einem Treib= und Glaß=Hause, welches anstadt des alten und in Stenderwerck verrotteten Aloe Hauses, in dem Königl: Neüen=Wercks=Garten hinter Gottorff, neü zu erbauen, die Nohtwendigkeit erfordert."; Datum: undatiert, 1. Mai 1745 (laut beiliegendem Anschlag); Technik: farbig lavierte Federzeichnung; Maße: 36,3 x 25,2 cm; Maßeinheit: Fuß

LASH, Müller V:
Sign.: 32/19, fol. 109; Motiv: Teiche im Tier- und Neuwerkgarten und ihre Verbindung (Querschnitt); Zeichner: O J M: (signiert), Otto Johann Müller; Bez.: „Idée= und Profil=Ris zu Erleüterung des Besichtigungs Instrumenti über die den 10ten April h:a: geschehene gewaltsahme überschwemmung in den Königl hinter Gottorff belegenen Neüen wercks Garten [...]"; Datum: 1748; Technik: aquarellierte Federzeichnung; Maße: 12 x 40 cm; Maßeinheit: nicht angegeben; Anmerkung: Die vorliegende Zeichnung ist eine Vorarbeit zu dem an die Rentekammer eingesandten Exemplar (LASH, Müller VI)

LASH, Müller VI:
Sign.: 66/9322, Nr. 131; Motiv: Teiche im Tier- und Neuwerkgarten und ihre Verbindung (Querschnitt); Zeichner: JOMüller (signiert); Bez.: „Idée= und Profil=Ris zu Erleüterung des Besichtigungs Instrumenti, über die den 10ten Aprill h:a: geschehene gewaltsahme Überschwemmung in den Konigl: hinter Gottorff belegenen Neüen Wercks=Garten. [...]"; Datum: 11. Sept. 1748; Technik: aquarellierte Federzeichnung; Maße: 13 x 49,7 cm; Maßeinheit: nicht angegeben

LASH, Thurah I:
Sign.: G 489 (Bibliothek); Motiv: Grundriss des Gottorfer Schlosses und Neuwerks (Blatt ist eingebunden in das Buch von Thurah, 1749, Tab. 139, s. unter Gedruckte Quellen); Zeichner/Stecher: nicht angegeben; Bez.: „General Grundriß af Gottorp=Slott og have. [...]."; Datum: undatiert, um 1748; Technik: Kupferstich; Maße: 56,2 x 40,8 cm; Maßeinheit: Holsteinische Fuß

LASH, Thurah II:
Sign.: G 489 (Bibliothek); Motiv: Ansicht des Gottorfer Schlosses von Süden mit Blick auf den Neuwerkgarten (Blatt ist eingebunden in das Buch von Thurah, 1749, Tab. 147, s. unter Gedruckte Quellen); Zeichner/ Stecher: nicht angegeben; Bez.: „Prospect af det Kongl: Slott Gottorp. [...]."; Datum: undatiert, um 1748; Technik: Kupferstich; Maße: 36,7 x 48,2 cm; Maßeinheit: nicht angegeben

LASH, Rosenberg I:
Sign.: 66/9341, Nr. 72; Motiv: Südliche Einfahrtspforte des Neuwerkgartens mit Staketenzaun und Plankwerk; Zeichner: GRosenberg (signiert); Bez.: „Grund= und Stand=Riß der Stacket Pforte, vor der Entrée in den Königl Neuen Wercks Garten gegen Süden mit der Neben Thüre und 20 Fach Planckwerck, welche nach Osten mit einen Steinwall neu zu sezen. [...]."; Datum: 8. Okt. 1763; Technik: grau lavierte Federzeichnung; Maße: 24,1 x 38 cm; Maßeinheit: Fuß

LASH, Rosenberg II:
Sign.: 66/9339, Nr. 155; Motiv: Grundriss der Globusmauer mit Globushaus im Neuwerkgarten, Aufriss der Globusmauer; Zeichner: GRosenberg (signiert); Bez.: „Grund und Aufriß von der Mauer in den neuen Werck um den Globus Garten. [...]."; Datum: 1763; Technik: grau lavierte Federzeichnung; Maße: 37 x 48,7 cm; Maßeinheit: Fuß

LASH, Rosenberg III:
Sign.: 66/9350, Nr. 105; Motiv: Entwurf zu einem Eiskeller im Neuwerk anstelle des abgebrochenen Ringelhauses; Zeichner: GRosenberg (signiert); Bez.: „Abris von einem neuen Eiß=Keller Welcher vor den alten Abgängigen im Thier Garten, in den Königl: Neuen Wercks-Garten,

auf die Stelle, wo das abgebrochene Ringel Hauß gestanden hat, kan angeleget werden. [...]."; Datum: 12. Okt. 1768; Technik: grau lavierte Federzeichnung; Maße: 37,2 x 50,9 cm; Maßeinheit: Fuß

LASH, Rosenberg IV:
Sign.: 66/9357, Nr. 17; Motiv: (Plan B) Entwurf zu einem neuen Gärtnerhaus im Neuwerkgarten (Ansichten, Grundrisse u. Querschnitt); Zeichner: GRosenberg (signiert); Bez.: „B" „Abris von ein neues Gärtener=Hauss im Neuenwerck hinter den Schlosse Gottorf [...]"; Datum: 19. Apr. 1771; Technik: grau lavierte Federzeichnung; Maße: 37,2 x 53,5 cm; Maßeinheit: Fuß

LASH, Rosenberg V:
Sign.: 66/9357, Nr. 17; Motiv: (Plan C) Situationsgrundriss des alten Gärtnerhauses im Neuwerkgarten; Zeichner: GRosenberg (signiert); Bez.: „C" „Abriss von der Gärtener Wohnung, in den Neuenwercks Garten hinter den Schlosse Gottorff, wie es anitzo befindlich [...]"; Datum: 19. Apr. 1771; Technik: grau lavierte Federzeichnung; Maße: ca. 23,5 x 34,5 cm (Blatt ungleichmäßig geschnitten); Maßeinheit: Fuß

LASH, Rosenberg VI:
Sign.: 66/9357, Nr. 17; Motiv: (Plan D) Situationsgrundriss des neu zu bauenden Gärtnerhauses im Neuwerkgarten; Zeichner: GRosenberg (signiert); Bez.: „Abris von der Gärtener Wohnung in den Neuenwercks Garten, hinter den Schlosse Gottorff, wor nach das Wohn=Hauss von Brandmauer neu zu bauen [...]"; Datum: 19. Apr. 1771; Technik: grau lavierte Federzeichnung; Maße: ca. 24 x 33 cm (Blatt ungleichmäßig geschnitten); Maßeinheit: Fuß

LASH, Gärtnerhaus I:
Sign.: 66/9357, Nr. 17; Motiv: Gärtnerhaus im Neuwerk (Erdgeschoss-Grundriss); Zeichner: nicht signiert, Königliche Baukommission in Kopenhagen (vgl. Beilagen der Res.); Bez.: „No 1" „Erste Etagen"; Datum: undatiert, Juli 1771 (vgl. Beilagen der Res.); Technik: Federzeichnung; Maße: 18 x 24,5 cm; Maßeinheit: Fuß

LASH, Gärtnerhaus II:
Sign.: 66/9357, Nr. 17; Motiv: Gärtnerhaus im Neuwerk (Keller-Grundriss); Zeichner: nicht signiert, Königliche Baukommission in Kopenhagen (vgl. Beilagen der Res.); Bez.: „No 2" „Keller Etagen"; Datum: undatiert, Juli 1771 (vgl. Beilagen der Res.); Technik: Federzeichnung; Maße: 18,1 x 27,3 cm; Maßeinheit: nicht angegeben

LASH, Rosenberg VII:
Sign.: 66/9363, Nr. 69; Motiv: Details der Kaskade im Neuwerkgarten (u.a. Grundriss, Querschnitt und Teilansicht); Zeichner: GRosenberg (signiert); Bez.: „Abriß von den Portal zu der Cascade, in den Königl neuen Wercks Garten, hieselbst ein neuer Waßer Kum von Sand Steine anzu bring gen. [...]"; Datum: 20. Jun. 1772; Technik: Federzeichnung; Maße: 24 x 39 cm; Maßeinheit: Fuß und Zoll

LASH, von Motz I:
Sign.: 32/19, fol. 57; Motiv: Zwei Gartenbanktypen im Grundriss; Zeichner: unsigniert, laut beiliegendem Anschlag von Motz; Bez.: keine; Datum: undatiert, 31. März 1790 (laut beiliegendem Anschlag); Technik: Federzeichnung; Maße: 33,9 x 30 cm; Maßeinheit: Hamburger Fuß

LASH, von Motz II:
Sign.: 32/19, fol. 58; Motiv: Gartenbank (Grundriss u. Ansicht); Zeichner: unsigniert, laut beiliegendem Anschlag von Motz; Bez.: keine; Datum: undatiert, 31. März 1790 (laut beiliegendem Anschlag); Technik: lavierte Federzeichnung; Maße: 23,7 x 28,6 cm; Maßeinheit: Fuß

LASH, Staffeldt:
Sign.: 66/7692; Motiv: Skizze der Teiche im Tiergarten und ihrer Verbindung zum Neuwerkgarten; Zeichner: nicht signiert, Amtmann Schack Staffeldt (vgl. dazugehörigen Bericht); Bez.: „Anlage D." u. Legende; Datum: undatiert, 27. Juni 1818 (vgl. dazugehörigen Bericht); Technik: Federzeichnung; Maße: 16,8 x 18,6 cm; Maßeinheit: nicht angegeben

LASH, Meyer I:
Sign.: 402 B X Nr. 67; Motiv: Skizze zum Aufmaß der Amalienburg im Neuwerkgarten (Ansicht Südseite, Grundrisse Erdgeschoss und Obergeschoss); Zeichner: nicht signiert, Wilhelm Friedrich Meyer (vgl. Beilagen in LASH 32/19, fol. 90–94); Bez.: keine; Datum: undatiert, 1823 (vgl. Beilagen in LASH 32/19, fol. 90–94); Technik: Federzeichnung, teilweise grau laviert; Maße: 49,3 x 68,6 cm; Maßeinheit: Fuß

LASH, Kaskade 19. Jh.:
Sign.: 32/19, fol. 102; Motiv: Skizze einer Wasserschale (Draufsicht); Zeichner: nicht signiert; Bez.: „Von der Seite ist der Wasser Komme in lichten 4 fuß 8 Zoll breit geweßen, und 3 fuß hoch [...]"; Datum: undatiert, wohl 1. Hälfte 19. Jh.; Technik: Federzeichnung; Maße: 22 x 21,7 cm; Maßeinheit: nicht angegeben

LASH, Meyer III:
Sign.: 32/19, fol. 108; Motiv: Entwurf für eine Grottenarchitektur im Neuwerkgarten; Zeichner: Meyer (signiert); Bez.: „Litr. A."; Datum: Apr. 1833; Technik: grau lavierte Federzeichnung; Maße: 25,5 x 33,5 cm; Maßeinheit: Fuß

LASH, Meyer IV:
Sign.: 32/19, fol. 107; Motiv: Entwurf für ein Kaskadengebäude im Neuwerkgarten (Grundriss und Ansicht); Zeichner: Meyer (signiert); Bez.: „Litr. D."; Datum: Apr. 1833; Technik: farbig lavierte Federzeichnung und Bleistift; Maße: 40 x 30 cm; Maßeinheit: Fuß

LASH, Meyer V:
Sign.: 32/19, fol. 115; Motiv: Entwurf für eine Wasserschale im Bassin vor der Kaskade im Neuwerkgarten (Grundriss und Ansicht); Zeichner: Meyer (signiert); Bez.: „Litr. C."; Datum: Apr. 1833; Technik: blau lavierte Federzeichnung; Maße: 32,2 x 20,3 cm; Maßeinheit: Fuß

LASH, E. F. Hansen A:
Sign.: 168/78 II; Motiv: Kaskadenbereich im Neuwerkgarten, Zustand 1834; Zeichner: nicht signiert, Ernst Friedrich Hansen (geht aus dem beiliegenden Anschlag hervor); Bez.: „A."; Datum: undatiert, 26. Apr. 1834 (geht aus dem beiliegenden Anschlag hervor); Technik: lavierte Bleistiftzeichnung, mit Feder beschriftet; Maße: 26,8 x 33,9 cm; Maßeinheit: nicht angegeben

LASH, E. F. Hansen B:
Sign.: 168/78 II; Motiv: Kaskadenbereich im Neuwerkgarten, projektierte Veränderung; Zeichner: nicht signiert, Ernst Friedrich Hansen (geht aus dem beiliegenden Anschlag hervor); Bez.: „B."; Datum: undatiert, 26. Apr. 1834 (geht aus dem beiliegenden Anschlag hervor); Technik: lavierte Bleistiftzeichnung, mit Feder beschriftet; Maße: 26,9 x 34,1 cm; Maßeinheit: Ruthen

LASH, Meyer VI:
Sign.: 66/3531 II; Motiv: Entwurf zu einem Nebengebäude mit Gewächshaus beim Garteninspektorat im Neuwerk; Zeichner: Meyer (signiert); Bez.: „Grund- Auf- und Durchschnitts-Risse eines bey der Dienst=Stelle des Neuwerker Garten-Inspectors event. neu zu erbau-

enden Hauses zur Wohnung für Gärtner=Gesellen und Bursche, für einen Knecht, so wie zu Gewächse u Sämereyen m.m."; Datum: Apr. 1837; Technik: z.T. farbig lavierte Federzeichnung; Maße: 46,6 x 56,8 cm; Maßeinheit: Fuß

LASH, Meyer VII:
Sign.: 66/3531 II; Motiv: Entwurf für ein Nebengebäude des Garteninspektorats als Wohnung für Gesellen etc.; Zeichner: Meyer (signiert); Bez.: „Zeichnung von einem event. neuen Gebaeude zur Wohnung für Gartner=Gesellen und Bursche m.m im Neuwerks Garten bei Gottorf."; Datum: Jan. 1838; Technik: farbig lavierte Federzeichnung; Maße: 39,7 x 29,6 cm; Maßeinheit: Fuß

LASH, Oberförsterhaus:
Sign.: 309/14318; Motiv: Oberförsterdienstwohnung im Neuwerkgarten (Grundrisse der Gebäude, Lageplan und Globusgarten); Zeichner: nicht signiert; Bez.: „Oberförster=Dienstwohnung im Neuwerk bei Schleswig."; Datum: undatiert; das Doppelblatt ist eingebunden in ein Inventar vom 4. Jun. 1872; Technik: Federzeichnung; Maße: 34,5 x 43 cm; Maßeinheit: Meter; Maßstäbe: Grundrisse links 1:200, Lageplan oben rechts 1:300, Globusgarten unten rechts 1:1000

LASH, Schleswig Reichswehrzeit:
Sign.: 402 A 53 Nr. 189, Blatt 3 (Vorderseite); Motiv: Stadtplan von Schleswig; Zeichner/Drucker: unbekannt; Bez.: „Schleswig. Stadtplan."; Datum: undatiert, Reichswehrzeit (zwischen 1920 u. 1934); Technik: Farbdruck; Maße: 26,2 x 35,2 cm; Maßeinheit: Meter; Maßstab: 1:10000

LASH, Grundkarte 1952:
Sign: 402 A 53 Nr. 190; Motiv: Deutsche Grundkarte 34 42 Schleswig-Gottorf; Drucker: Landesvermessungsamt Schleswig-Holstein; Datum: 1952; Maßeinheit: 1:5000

Schleswig-Holsteinische Landesbibliothek, Kiel (LB):

LB, Joh. Mejer III:
Sign.: Landesgeschichtliche Sammlung, Schleswig 121; Motiv: Grundriss der Stadt Schleswig, aus: Danckwerth, Newe Landesbeschreibung ..., 1652; Zeichner/Stecher: Johannes Mejer; Bez.: „Grundtriß der stadt Sleßwieg. Anno 1649."; Datum: 1649; Technik: kolorierter Kupferstich; Maße: 25 x 32 cm; Maßeinheit: Ruten

LB, Zeiller:
Sign.: Landesgeschichtliche Sammlung, Schleswig 126; Motiv: Grundriss der Stadt Schleswig, aus: Zeiller, 1655 (s. Klose/Martius, 1962, S. 112); Zeichner/Stecher: unsigniert; Bez.: „Ichnographia urbis Slesvici Anno 1655."; Datum: 1655; Technik: Kupferstich; Maße: 13 x 26 cm; Maßeinheit: nicht angegeben

LB, Agave americana:
Sign.: Landesgeschichtliche Sammlung, Gottorf 46 (LH-52-1972: Eigentum des Vereins Historische Landeshalle e.V.); Motiv: Blühende Agave americana im Neuwerkgarten; Zeichner/Stecher: D. Lemküs fe. (signiert); Bez.: „die zu Gottorp im Schloss-garten Ao 1705. im Sept. blühende Grosse AMERICANISCHE ALOE.", „pag. 33."; Datum: undatiert, wohl 1705; Technik: Kupferstich; Maße: 29,25 x 17,5 cm; Maßeinheit: nicht angegeben; Anmerkung: Abgesehen von der Beschriftung genau spiegelbildliche Version des Blattes KBK, Agave americana

LB, Lönborg I:
Sign.: Landesgeschichtliche Sammlung, Gottorf 19 u. 21; Motiv: Vogelschau der Residenz Gottorf, fotografische Reproduktion nach dem Original in der herzoglichen Sammlung Schloss Glücksburg; Zeichner: Hans Christoph Lönborg Ober Conducteur (signiert); Bez.: „Perspectivische Vorstellung von dem Königlichen Schloss Gottorff sambt Dessen vornehmste Situation"; Datum: 1732; Technik: Aquarell; Maße: 56 x 169 cm; Maßeinheit: nicht angegeben

LB, Fritzsch:
Sign.: Landesgeschichtliche Sammlung, Gottorf 9; Motiv: Doppelblatt, links Porträt Herzog Friedrichs IV. mit Vogelschau der Gottorfer Schlossinsel, rechts Neuwerkgarten aus der Vogelperspektive (Blatt ursprünglich aus dem Buch: Westphalen, Ernestus Joachimus: Monumenta inedita Rerum Germanicarum praecipue Cimbricarum, et Megapolensium [...], Tom. 1–4, Lipsiae 1739–1745, Bd. 3, S. 326); Stecher: „Fritzsch Graveur de la Cour de S.A.J. Msgr. le Duc regn. de Slesvig Holst. (signiert); Bez. des rechten Bildes: „Hortus Gottorpiae adjacens vulgo Neuwerk a. 1712"; Datum: 1743 (datiert); Technik: Kupferstich; Maße: 37,5 x 46,5 cm; Maßeinheit: nicht angegeben

LB, Mertens I:
Sign.: Landesgeschichtliche Sammlung, Schleswig 48; Motiv: Blick von der Windallee auf das Gärtnerhaus im Neuwerkgarten (= eines der 14 Randleistenbilder um eine größere Darstellung von Schleswig und Umgebung; Zeichner/Stecher: L[udwig] Mertens gez. u. gest. (signiert); Bez.: „Neuwerk II"; Datum: undatiert, um 1850; Technik: Aquatinta-Radierung; Maße: 27,7 x 35,7 cm (Gesamtmaße des Originalblattes); Maßeinheit: nicht angegeben

LB, Mertens II:
Sign.: Landesgeschichtliche Sammlung, Schleswig 48; Motiv: Kaskade im Neuwerkgarten (= eines der 14 Randleistenbilder um eine größere Darstellung von Schleswig und Umgebung; Zeichner/Stecher: L[udwig] Mertens gez. u. gest. (signiert); Bez.: „Neuwerk I"; Datum: undatiert, um 1850; Technik: Aquatinta-Radierung; Maße: 27,7 x 35,7 cm (Gesamtmaße des Originalblattes); Maßeinheit: nicht angegeben

LB, Schleswig 1863:
Sign.: Landesgeschichtliche Sammlung, Schleswig 119; Motiv: Stadtplan von Schleswig; Zeichner/Lithograph: opmält af Chr. Engelhardt, Em. Bærentzen & Co. lith. Inst. (signiert); Bez.: „Slesvig 1863."; Datum: 1863; Technik: Lithographie; Maße: 48 x 61 cm; Maßeinheit: Alen

LB, Neuwerk Kaiserzeit:
Sign.: Landesgeschichtliche Sammlung, Schleswig 162; Motiv: Kaskade im Neuwerk und Gärtnerhaus; Fotograf/Drucker: J. Vahlendick, Schleswig/Joh. Ibbeken, Schleswig; Bez.: „Schleswig, Neuwerk."; Datum: undatiert, Kaiserzeit; Technik: Fotografie, gedruckt auf eine Postkarte; Maße: 9,3 x 14,5 cm; Maßeinheit: nicht angegeben

Stiftung Schleswig-Holsteinische Landesmuseen, Schloss Gottorf, Schleswig (SSHL):

SSHL, Ovens II:
Sign.: 1988/1260; Motiv: Porträt Herzog Friedrich III. von Schleswig-Holstein-Gottorf vor dem Gottorfer Neuwerkgarten; Künstler: Zuschreibung an Jürgen Ovens; Bez.: unbezeichnet; Datum: zwischen 1655 u. 1657; Technik: Öl auf Kupfer; Maße: 17 x 16 cm

SSHL, Philippsen:
Sign.: Graphische Sammlung, 1956/79; Motiv: Kaskadenbereich im Neuwerkgarten vor der Umgestaltung 1834 (Nachzeichnung von LASH, E. F. Hansen A); Zeichner: nicht signiert, vermutlich Heinrich Philippsen;

Bez.: „Der Kaskaden=Platz im Neuwerk vor seiner Umgestaltung im Jahre 1834."; Datum: undatiert, vermutlich um 1920; Technik: Zeichnung; Maße: 27,2 x 24,3 cm; Maßeinheit: nicht angegeben

SSHL, Stadtplan Korf:
Sign.: Graphische Sammlung, 1959/1280; Motiv: Stadtplan von Schleswig; Zeichner: Ing. Büro Ewald Korf, Pelkum, Kreis Unna; Bez.: keine; Datum: ca. 1950/1960; Maßstab: 1:10000

Gemeinschaftsarchiv Kreis Schleswig-Flensburg und Stadt Schleswig (SAS):

SAS, Koch I:
Sign.: Tagebuch v. Koch M 1, S. 31; Motiv: Ansicht des Neuwerkgartens; Zeichner: Friedrich Wilhelm von Koch; Bez.: keine; Datum: März 1765; Technik: Bleistiftzeichnung; Maße: 4,1 x 6,4 cm; Maßeinheit: nicht angegeben

SAS, Koch II:
Sign.: Tagebuch v. Koch, Abt. 2/101, M4, S. 93; Motiv: Gelände beim Tiergarten mit Plankwerk; Zeichner: Friedrich Wilhelm von Koch; Bez.: keine; Datum: 24. Juli 1769; Technik: Tusche; Maße: 5,5 x 9,4 cm; Maßeinheit: nicht angegeben

SAS, Koch III:
Sign.: Tagebuch v. Koch, Abt. 2/101, M6, S. 132; Motiv: Detailnachzeichnung aus dem Inneren der Amalienburg im Neuwerkgarten; Zeichner: Friedrich Wilhelm von Koch; Bez.: keine (Erklärungen dazu im Tagebuch); Datum: 17. Juni 1772; Technik: aquarellierte Federzeichnung; Maße: 6,5 x 6,5 cm; Maßeinheit: nicht angegeben

Stadtmuseum, Schleswig (SMS):

SMS, Schmidt (Dallin V):
Sign.: K. pe. 20; Motiv: Plan der Gottorfer Residenz in Vogelperspektive, wohl Kopie nach Dallin I; Zeichner: copiert und gezeichnet von A. v. Schmidt (signiert); Bez.: „Das Hochfürstl: Residenz Schloss Gottorff wie es im Jahre 1707 gewesen und durch den Conductor Mathias Dallin vermessen und aufgetragen worden."; Datum: 2. Hälfte 18. od. 1. Hälfte 19. Jh.; Technik: aquarellierte Federzeichnung; Maße: 86,7 x 58,7 cm; Maßeinheit: Ruthen

Kunsthalle Bremen – Der Kunstverein in Bremen, Kupferstichkabinett (KHB):

KHB, Ovens I:
Sign.: 1696; Motiv: Herzog Friedrich III. von Schleswig-Holstein-Gottorf vor dem Gottorfer Neuwerkgarten; Zeichner: Jürgen Ovens; Bez.: unbezeichnet; Datum: 1650er Jahre; Technik: Rötelzeichnung; Maße: 17,3 x 13 cm

Archiv Stiftung Schloss Eutin (ASSE):

ASSE, Dallin III:
Sign.: Katalog-Nr. 1709; Motiv: Plan der Gottorfer Residenz in Vogelperspektive, wohl Kopie nach Dallin I; Zeichner: J. E. Randahl; Bez.: „Das Hochfürstliche Residentz Schloss: GOTTORP und die daran liegende Gärten und Gegend wie es sich im Jahr 1707 befunden […]."; Datum: 1730; Technik: aquarellierte Federzeichnung; Maße: 106 x 74 cm; Maßeinheit: nicht angegeben

Eutiner Landesbibliothek, Eutin (EL):

EL, Königshoven:
Sign.: Rd 7(1); Motiv: Blühende Agaven americanae im Neuwerkgarten (Blatt ist eingebunden in das Buch von Siricius, 1705 (s.u. Gedruckte Quellen); Zeichner/Stecher: I. D. Königshoven fecit. (signiert) nach einer Vorlage von Otto Krap (vgl. Siricius, 1706, S. 11); Bez.: Blatt selbst nicht bezeichnet, Legende vgl. Siricius, 1705, S. 64; Datum: 1705; Technik: Kupferstich; Maße: 46 x 36 cm; Maßeinheit: Fuß

Landesbibliothek Mecklenburg-Vorpommern Günther Uecker, Schwerin (LMV):

LMV, Kaskade:
Sign: Slg. 03 Plan 219; Motiv: Eine der fünf Kaskaden der Mittelachse im Gottorfer Neuwerkgarten; Zeichner: unsigniert, unbekannt; Bez.: keine; Datum: undatiert, 2. Hälfte 17. Jahrhundert; Technik: Graphit, Feder in Braun, grau laviert auf Papier; Maße: 40,1 x 29,9 cm; Literatur: Mecklenburgischer Planschatz 2020, S. 372f.

Museumsberg, Flensburg (MBF):

MBF, Feddersen:
Sign.: 16238; Motiv: Trümmer der einstigen Herkulesfigur; Künstler: Hans Peter Feddersen d.J. (signiert); Bez.: keine; Datum: 1869; Technik: Öl auf Papier, auf Hartfaserplatte aufgezogen; Maße: 37 x 61,5 cm

Museum für Kunst und Gewerbe, Hamburg (MKGH):

MKGH, Stelzner:
Sign.: ohne Inv.-Nr.; Motiv: Amalienburg im Neuwerkgarten; Zeichner: Carl Ferdinand Stelzner (signiert); Bez.: „Amalienburg hinter Gottorff."; Datum: Jan. 1818; Technik: Gouache; Maße: 43,7 x 54,5 cm; Maßeinheit: nicht angegeben

Ludwigsburg, Herrenhaus bei Eckernförde:

Ludwigsburg, Amalienburg:
Fundort: Eines der Gemälde der „Bunten Kammer" im Herrenhaus; Motiv: Amalienburg mit Marstall im Neuwerkgarten; Künstler: unbekannt; Datum: 1673; Technik: Öl auf Holz; Maße: nicht angegeben

Hendes Majestæt Dronningens Håndbibliotek, Kopenhagen (HMDH):

HMDH, Projektplan Neuwerk unter Christian VII.:
Sign.: G.K., Mappe 9, Nr. 23; Motiv: Grundriss des Gottorfer Neuwerkgartens für ein Umgestaltungsprojekt; Zeichner: unsigniert; Bez.: keine; Datum: undatiert, zwischen 1766 u. 1772; Technik: aquarellierte Federzeichnung; Maße: 103,2 x 67,5 cm; Maßeinheit: nicht angegeben

Det Kongelige Bibliotek, Kopenhagen (KBK):

KBK, Joh. Mejer II:
Sign.: Håndskriftsamling, Gl. kgl. Saml. 714 fol., pag. 8f.; Motiv: Schleswig u. Umgebung; Zeichner: Johanne Meiero Mathematico (signiert); Bez.: „Geometrische Beschreibung der Stadt Slesweig, Gottorp, Lolfues, & Cratzenbarg [...]."; Datum: 1641; Technik: lavierte Federzeichnung; Maße: 31,2 x 40 cm; Maßeinheit: Ruthen

KBK, Ansicht Gottorf I:
Sign.: Billedsamling, Hertugdømmerne, Gottorf, 8E1.; Motiv: Ansicht von Schloss Gottorf und Neuwerkgarten von Südwesten; Zeichner/Stecher: unbekannt; Bez.: keine; Datum: nach 1672; Technik: Kupferstich; Maße: 6,5 x 12,3 cm; Maßeinheit: nicht angegeben

KBK, Agave americana:
Sign.: Billedsamling, M.P. (Müllers Pinakothek), fol. 2E, Bd. 22, Pl. 51; Motiv: Blühende Agave americana im Neuwerkgarten; Zeichner/Stecher: nicht signiert; Bez.: „Die zu Gottorff im Schloss=garten Anno 1705. im Sept: blühende grosse AMERICANISCHE ALOE"; Datum: undatiert, wohl 1705; Technik: Kupferstich; Maße: 30 x 15 cm; Maßeinheit: nicht angegeben; Anmerkung: Abgesehen von der Beschriftung genau spiegelbildliche Version des Blattes LB, Agave americana

KBK, Weyandt:
Sign.: Billedsamling, M.P. (Müllers Pinakothek) fol. 2E+, Bd. 20, Pl. 42b Gottorp; Motiv: Aloë-Blüte im Neuwerkgarten vor der Orangerie; Zeichner: L. Weyandt delin. (signiert); Bez.: Lateinischer Titel und deutsche Beschreibung der zwei Aloën; Datum: undatiert, 1705/06; Technik: Kupferstich; Maße: 84,5 x 55,7 cm; Maßeinheit: Fuß

KBK, Dallin I:
Sign.: Kortsamling, Kortbordet, Ing. korps. Afl. XVI, 5, 10; Motiv: Plan der Gottorfer Residenz in Vogelperspektive; Zeichner: Matthias Dallin (signiert); Bez.: „Das Hochfürstl: Residentz Schloss Gottorp, und die daran liegende Gärten, und legent [...]."; Datum: 1707; Technik: farbig lavierte Federzeichnung; Maße: 102,5 x 61,5 cm; Maßeinheit: Ruthen

KBK, Grundriss Gottorf 1713:
Sign.: Kortsamling, Ing. Korps. Afl. XVI, 5, 2 (1911, Nr. 419); Motiv: Grundriss der Gottorfer Residenz; Zeichner: unbekannt, unten rechts bezeichnet mit „i.D.p."[?]; Bez.: „Grund=Riß von den Schloße Gottorff Sammt umliegender Cituation [...]."; Datum: 12. Aug. 1713; Technik: farbig lavierte Federzeichnung; Maße: 87,8 x 54,3 cm; Maßeinheit: Seeländische Ellen

KBK, Bondo I:
Sign.: Billedsamling, Ing. Korps. Afl. XVI, 5, Gottorp Kaserne 1853; Motiv: Militärkrankenhaus im Neuwerkgarten (Rückansicht und Grundrisse); Zeichner: Bondo Bygn. Cond. (signiert); Bez.: „Skizze"; Datum: März 1854; Technik: Federzeichnung; Maße: 53,6 x 77,7 cm; Maßeinheit: „Fod a.M."

KBK, Bondo II:
Sign.: Billedsamling, Ing. Korps. Afl. XVI, 5, Gottorp Kaserne 1853; Motiv: Militärkrankenhaus im Neuwerkgarten (Fassadenansichten und Schnitte); Zeichner: Bondo Bygn. Cond. (signiert); Bez.: „Et sygehuus til Gottorp. Bl. I"; Datum: März 1854; Technik: Federzeichnung; Maße: 56,8 x 82,9 cm; Maßeinheit: „Fod a.M."

KBK, Bondo III:
Sign.: Billedsamling, Ing. Korps. Afl. XVI, 5, Gottorp Kaserne 1853; Motiv: Militärkrankenhaus im Neuwerkgarten (Etagengrundrisse); Zeichner: Bondo Bygn. Cond. (signiert); Bez.: „Et sygehuus til Gottorp. Bl. II"; Datum: Aug. 1856; Technik: Federzeichnung; Maße: 59,3 x 86,7 cm; Maßeinheit: „Fod a.M."

KBK, Bondo IV:
Sign.: Billedsamling, Ing. Korps. Afl. XVI, 5, 19; Motiv: Stall für kranke Pferde im Neuwerkgarten (Ansichten, Schnitte, Grundrisse); Zeichner: Bondo Bygn. Cond. (signiert); Bez.: „Sygestald til Gottorp."; Datum: Jan. 1854; Technik: Federzeichnung; Maße: 56 x 83,3 cm; Maßeinheit: Fuß

KBK, Neuwerk 1857:
Sign.: Kortsamling, Ing. Korps. Afl. XVI. 5, 13 (1911, Nr. 429); Motiv: Plan des Neuwerks in der dänischen Kasernenzeit; Zeichner: nicht signiert; Bez.: „Anlæget Nyværk ved Gottorp Caserne."; Datum: 1857; Technik: farbig lavierte Federzeichnung; Maße: 34,5 x 41,5 cm; Maßeinheit: Alen

KBK, v. Sommer:
Sign.: Kortsamling, Ing. Korps. Afl. XVI., 5, 20 (1911, Nr. 430); Motiv: Schloss Gottorf und Neuwerkgarten in der dänischen Kasernenzeit; Zeichner: opmaalt og tegnet af Wilh. v. Sommer, Premier-Lieut., kongl. Landmaaler (signiert); Bez.: „Kopi-Kaart over Gottorp Slot Kaserne [...]."; Datum: Mai 1862; Technik: lavierte Federzeichnung; Maße: 94,6 x 63,3 cm; Maßeinheit: Alen

KBK, Lorenzen:
Sign.: Kortsamling, Mappe: Slesvig by og omeyn, Nr. 1955-698-2; Motiv: Stadtplan von Schleswig; Zeichner/Lithograph: gezeichnet von P. Lorenzen. [...]. Stich und Druck des geogr. lith. Inst. v. Jul. Straube, Berlin. (signiert); Bez.: „Plan der Stadt Schleswig Anno 1871 theils neu aufgenommen theils nach älteren revidirten Karten bearbeitet und gezeichnet von P. Lorenzen. [...]"; Datum: 1871; Technik: Lithographie; Maße: 68 x 93,7 cm; Maßeinheit: Hamburger Ruthen und Meter; Maßstab: 1:6000

Nationalmuseet, Kopenhagen (NMK):

NMK, 1. Gottorfer Kaskade:
Sign.: Antikvarisk-topografisk Arkiv (2. Afd.), Mappe: Slesvig, Gottorp Slot; Motiv: Kaskade im Neuwerkgarten; Zeichner: nicht signiert; Bez.: keine; Datum: 1669 (moderner Zusatz mit Bleistift: 1665); Technik: Federzeichnung, ergänzt mit hellblauer Wachskreide oder Pastell; Maße: 66,6 x 49,9 cm; Maßeinheit: nicht angegeben

NMK, Eegberg:
Sign.: Antikvarisk-topografisk Arkiv (2. Afd.), Inv.-Nr. 411-1946; Motiv: Ansicht von Schloss Gottorf mit Neuwerkgarten von Südwesten; Maler: H. H. Eegberg (auf der Rückseite signiert); Bez.: keine; Datum: 1747 (auf der Rückseite); Technik: Öl auf Leinwand; Maße: 38,5 x 51,5 cm; Maßeinheit: nicht angegeben

Rigsarkivet, Kopenhagen (RAK):

RAK, Gottorfer Residenz 2. Hälfte 17. Jh.:
Sign.: 1. Afd. Kort- og Tegningsamlinger, Krigsmin. Afl., Mappe 22, Nr. 10; Motiv: Plan der Gottorfer Residenz; Zeichner: nicht signiert; Bez.: „Grundriess vom Fürstl: Residenz Schloss GOTTORF"; Datum: undatiert, zwischen 1654 u. 1697; Technik: farbig lavierte Federzeichnung; Maße: 45 x 58 cm; Maßeinheit: Ruten

RAK, Dallin II:
Sign.: Kortsamling, B.E.2.–f.2.; Motiv: Plan der Gottorfer Residenz in Vogelperspektive; Zeichner: Mattias Dallin (signiert); Bez.: „Das Hochfürstl: Residenz Schloss Gottorff und die daran Liegenden Gärten und Gegend […]."; Datum: 1707; Technik: farbig lavierte Federzeichnung; Maße: 102,5 x 61,5 cm; Maßeinheit: nicht angegeben

RAK, Müller I:
Sign.: 1. Afd. Kort- og Tegningsamlinger, Krigsmin. Afl., Mappe 22, Nr. 7; Motiv: Grundriss des Neuwerkgartens; Zeichner: O. J. Müller (signiert); Bez.: „Grund=Riß des Hochfürstl: Gottorffischen Lust=Gartens, sonsten genandt das Neüe Werck […]"; Datum: undatiert, nach dem 10. Sept. 1734; Technik: aquarellierte Federzeichnung; Maße: 69 x 49 cm; Maßeinheit: Fuß

RAK, v. Schröder:
Sign.: Forsvaretsarkiver (3. Afd.), KTR (Kort- og Tegningregistreringen), geografiske Kort, B.E.2-f.6.; Motiv: Stadtplan von Schleswig; Zeichner/Stecher: Gezeichnet und aufgenommen von Johannes von Schröder. Gestochen von Jäck in Berlin (signiert); Bez.: „Schleswig im Jahre 1823 […]."; Datum: 1823; Technik: Stahlstich; Maße: 68,7 x 53,6 cm; Maßeinheit: Hamburger Ellen

RAK, Meyer II:
Sign.: TyRtk, E 24 (1823, 2. Packen); Motiv: Amalienburg im Neuwerkgarten (Auf- u. Grundriss) und Entwurfszeichnung für einen Neubau; Zeichner: Meyer (signiert); Bez.: „Grund- und Auf-Riss des in dem Gottorffer Neuwerks Garten belegenen Pavillons Amalienburg."; Datum: Nov. 1823; Technik: grau lavierte Federzeichnung; Maße: 37,2 x 44,5 cm; Maßeinheit: holst. Fuß

RAK, C. F. Hansen I:
Sign.: TyRtk, E 24 (1825, 2. Packen); Motiv: Entwurf Nr. 1 für einen Gartenpavillon anstelle der Amalienburg im Neuwerkgarten; Zeichner: nicht signiert, Christian Friedrich Hansen (vgl. beiliegende Schriftstücke); Bez.: „NE 1"; Datum: undatiert, 1825 (vgl. beiliegende Schriftstücke); Technik: farbig lavierte Federzeichnung; Maße: 26,3 x 42,7 cm; Maßeinheit: Alen

RAK, C. F. Hansen II:
Sign.: TyRtk, E 24 (1825, 2. Packen); Motiv: Entwurf Nr. 2 für einen Gartenpavillon anstelle der Amalienburg im Neuwerkgarten; Zeichner: nicht signiert, Christian Friedrich Hansen (vgl. beiliegende Schriftstücke); Bez.: „NE 2"; Datum: undatiert, 1825 (vgl. beiliegende Schriftstücke); Technik: farbig lavierte Federzeichnung; Maße: 42,6 x 26,1 cm; Maßeinheit: Alen

RAK, Henningsen:
Sign.: 1. Afd. Kort- og Tegningsamlinger, Rentekammersamlingen Nr. 87; Motiv: Karte der herrschaftlichen Ländereien um Schloss Gottorf; Zeichner: P. Henningsen (signiert); Bez.: „Charte über die beÿ der Stadt Schleswig belegenen Herrschaftlichen Ländereÿen […]"; Datum: 1829; Technik: farbig lavierte Federzeichnung; Maße: 67,3 x 49 cm; Maßeinheit: Hamburger Ruten

RAK, Schleswig 1879:
Sign.: Forsvaretsarkiver (3. Afd.), KTR (Kort- og Tegningregistreringen), geografiske Kort, B.E.1.-f.7.; Motiv: Blatt der Preußischen Landesaufnahme mit Schleswig und nördlicher Umgebung; Zeichner/Lithograph: Preußische Landesaufnahme; Bez.: keine; Datum: 1879; Technik: Lithographie; Maße: 46,5 x 45,5 cm; Maßstab: 1:25000

Krigsarkivet, Stockholm (KAS):

KAS, Dallin IV:
Sign.: Stads- och fästningsplaner, Tyskland, Gottorp, Nr. 4; Motiv: Plan der Gottorfer Residenz in Vogelperspektive, wohl Kopie nach Dallin I; Zeichner: unsigniert, vermutlich Jacob Erhard Randahl (s. Eimer, 1960, S. 112); Bez.: „Das Hochfürstliche Residentz Schloss: GOTTORP und die daran liegende Gärten und Gegend wie es sich im Jahr 1707 befunden […]."; Datum: 1. Hälfte 18. Jh.; Technik: aquarellierte Federzeichnung; Maße: 102,5 x 61,4 cm; Maßeinheit: nicht angegeben

Nationalmuseum, Stockholm (NMS):

NMS, Tessin II:
Sign.: THC 7642; Motiv: Idealsicht des Gottorfer Neuwerkgartens; Zeichner: Nikodemus Tessin d.J. oder Carl Hårleman; Bez.: keine; Datum: wohl kurz nach 1687; Technik: Federzeichnung mit Einstichlöchern, wohl Kopie nach Tessin I; Maße: 17,1 x 11 cm; Maßeinheit: nicht angegeben

Riksarkivet, Stockholm (RAS):

RAS, Tessin I:
Sign.: Ericsbergs arkivet, Tessinsamlingen, Nicodemus Tessin d. y: s samling, vol 2, resedagbok 1687; Motiv: Ritning över trädgården på Gottorp; Zeichner: Nikodemus Tessin d.J.; Bez.: keine; Datum: 1687; Technik: Federzeichnung; Maße: 17,1 x 11 cm; Maßeinheit: nicht angegeben

III. Gedruckte Quellen

Ambrosius 1803:
Ambrosius, E.: Chronologisches Verzeichnis der Verordnungen und Verfügungen. 6. Heft, Schleswig 1803.

Andersen/Iversen 1669:
Andersen, Jürgen/Iversen, Volquard: Orientalische Reise-Beschreibungen, in der Bearbeitung von Adam Olearius, hrsg. und mit einem Nachwort von Dieter Lohmeier. Schleswig 1669, Nachdruck Tübingen 1980. (Deutsche Neudrucke: Reihe Barock, Bd. 27).

Arpe 1774:
Arpe, Peter Friedrich: Geschichte des Herzoglich Schleswig-Holstein-Gottorpischen Hofes. 4. Aufl., Frankfurt/Leipzig 1774.

Auszug Reisebeschreibung 1821:
Auszug aus einer Reisebeschreibung des Herzogs Christian Albrecht. In: Staatsbürgerliches Magazin 1/1821, S. 612–622.

Biernatzki 1889:
Biernatzki, Johannes: Übersicht der Meister. In: Haupt, Richard: Die Bau- und Kunstdenkmäler der Provinz Schleswig-Holstein. Bd. 3, Kiel 1889.

Biernatzki Personensammlung:
Handschriftliche Sammlung von Daten zu schleswig-holsteinischen Künstlern, die sich im Landesamt für Denkmalpflege Schleswig-Holstein in Kiel befindet.

Büsching 1752:
Büsching, Anton Friedrich: Kurzgefaßte Staats-Beschreibung der Herzogthümer Holstein und Schleswig. Hamburg 1752.

Danckwerth/Mejer 1652, Bd. 1 und 1963, Bd. 2:
Danckwerth, Caspar/Mejer, Johannes: Newe Landesbeschreibung der zweÿ Hertzogthümer Schleswich vnd Holstein. o.O. (Husum) 1652. Bd. 1 Text (Ausgabe von 1652). Bd. 2 Karten (Nachdruck Hamburg 1963).

Dreesen 1894:
Dreesen, Wilhelm: Die Stadt Schleswig und die Schlei. Schleswig 1894.

Flensburgsches Wochenblatt:
Flensburgsches Wochenblatt für Jedermann vom 7.12.1796.

Gedancken und Wünsche 1651:
Frohe Gedanken und Wünsche Auff die Eheliche Vollziehung Des angestelleten Hochzeitlichen Ehren Tags Des Ehrenvesten / Vorachtbaren / und Kunstreichen Herrn Michael Gabriel Tatters [...]. Schleßwig 1651.

Heldvaderum 1603:
Heldvaderum, Nicolaus: Kurtze und einfaltige Beschreibung der Alten und weitberümbten Stadt Schlesswig, in Cimbrischen Chersoneso belegen [...]. o.O. 1603.

Hertzogthümer Schleßwig=Hollstein 1703:
Der Herzogthümer Schleßwig=Hollstein/ Imgleichen Der herumliegenden Nordischen Länder Geschichte. 5 Teile, Franckfurt 1703.

Hesse 1705:
Hesse, Heinrich: Neue Unterweisung zu dem Blumen=Bau/ worinnen Deutlich und kürzlich gelehret wird/ wie die Blumen/ sonderlich die Anemonen/ Nelcken und Tulpen zu zeugen/ pflantzen und zu warten [...]. Leipzig 1705.

Hesse 1706:
Hesse, Heinrich: Neue Garten=Lust: Das ist: Gründliche Vorstellung/ Wie ein Lust= Küchen= und Baum=Garten unter unserm Teutschen Climate füglich anzurichten; [...]. Leipzig 1706.

Jürgensen 1822:
Jürgensen, Johann Christian: Nicolaus Helduader's Chronik der Stadt Schleswig, vom Jahre 1603 bis zum Jahre 1822 fortgeführt und mit Anmerkungen und Ergänzungen begleitet [...]. Schleswig 1822.

Königlicher Hofkalender:
Königlicher Dänischer Hof- und Staatskalender. Jahrgänge 1734–1865.

Major 1668:
Major, Johann Daniel: Americanische/ und bey dem Hoch Fürstl. Schloß Gottorff im Monat August und September 1668 blühenden ALOE, Dero Liebhabern zu gefallen kürzlich beschrieben von [...]. Schleswig 1668.

Major 1674–75:
Major, Johann Daniel: Vorstellung etlicher Kunst- und Naturalien-Kammern [...]. 4 Bde., Kiel 1674–75.

Olearius 1647:
Olearius, Adam: Offt begehrte Beschreibung der newen orientalischen Reise/ So durch Gelegenheit einer Holsteinischen Legation an den König in Persien geschehen. Schleswig 1647.

Olearius 1654:
Olearius, Adam (Übersetzer): Persianischer Rosenthal, von Schich Saadi. Schleswig 1654.

Olearius 1656:
Olearius, Adam: Vermehrte Newe Beschreibung Der Muscowitischen und Persischen Reyse So durch gelegenheit einer Holsteinischen Gesandtschaft an den Russischen Zaar und König in Persien geschehen. Schleswig 1656

Olearius 1656/1971:
Olearius, Adam: Vermehrte Newe Beschreibung Der Muscowitischen vnd Persischen Reyse. Schleswig 1656. Nachdruck, hrsg. und mit einem Nachwort versehen von Dieter Lohmeier, Tübingen 1971. (Deutsche Neudrucke: Reihe Barock, Bd. 21).

Olearius 1663:
Olearius, Adam: Kurtzer Begriff einer Holsteinischen Chronic [...]. Schleswig 1663.

Olearius 1666 u. 1674:
Olearius, Adam: Gottorffische Kunst=Cammer/ Worinnen allerhand ungemeine Sachen/ So theils die Natur/ theils künstliche Hände hervorgebracht und bereitet. Vor diesem Aus allen vier Theilen der Welt zusammen getragen. Schleswig 1666 u. 2. Aufl., Schleswig 1674.

Opitz 1978:
Opitz, Eckardt: Stefan Czarniecki und die „politische Furie" in Schleswig-Holstein und Jütland, 1658–1659. Ein Kriegstagebuch aus dem Schwedisch-Polnischen Krieg. In: Militärgeschichtliche Mitteilungen 24/Jg. 2/1978, S. 77–124.

Pasche 1843:
Pasche, G. (Übersetzer): Reisen durch die Herzogtümer Holstein und Schleswig im Jahre 1702. Aus dem Französischen übersetzt. In: Falck, Nikolaus (Hrsg.): Staatsbürgerliches Magazin 3. Folge/2. Jg./1843, S. 317–355.

QUP:
Paarmann, Michael: Gottorfer Gartenkunst. Der Alte Garten. Phil.Diss. Kiel 1986.

Rantzau 1916:
Rantzau, A. L. Gräfin zu: Am dänischen Hofe auf Schloß Gottorf, 1754. Aus den Aufzeichnungen des Grafen Gregers Christian von Haxthausen auf Thienhausen, aus dem Französischen übersetzt v. A. L. Gräfin zu Rantzau. In: QuFGSH 4/1916, S. 1–15.

Schmidt 1916 u. 1917:
Schmidt, Harry: Gottorfer Künstler. Aus urkundlichen Quellen im Reichsarchiv zu Kopenhagen. Teil 1. In: QuFGSH 4/1916, S. 179–321. Teil 2, In: QuFGSH 5/1917, S. 235–389.

Schmidt 1957:
Schmidt, Harry: Das älteste Verzeichnis der Gottorfer Bibliothek aus dem Jahre 1590. In: NE 25/1957, S. 19–55.

Schnittger 1904:
Schnittger, C. N.: Erinnerungen eines alten Schleswigers. Neu hrsg., mit Anmerkungen versehen und durch einen Anhang ergänzt von Heinrich August Christian Philippsen. Schleswig 1904.

v. Schröder 1827:
Schröder, Johannes von: Geschichte und Beschreibung der Stadt Schleswig. Schleswig 1827.

Siricius 1705:
Siricius, Johannes: Historische/ Physische und Medicinische Beschreibung Derer im Hoch-Fürstlichen Gottorpischen Prächtigen Garten/ Das Neue=Werk genant/ Dreyen sehr Rar Blühenden ALOEN [...]. Schleswig 1705.

Siricius 1706:
Siricius, Johannes: Kurtze Beantwortung Derer von Dr. W. V. W. Prof. Med. sehr ungereimten/ nichtswürdigen und injuriuesen Imputationen/

wider seine heraus gegebene Beschreibung derer im Hochfl. Gottorp-schen Garten verwichenes Jahr 1705. Blühenden Aloen [...]. o.O. 1706.

Thurah 1749:
Thurah, Laurids de: Den Danske Vitruvius Indeholder Grundtegninger, Opstalter, og Giennemsnitter af de merkværdigste Bygninger i Kongeriget Dannemark, samt de Kongel. Tydske Provintzer [...]. Bd. 2, Kopenhagen 1749.

Waldschmidt 1705:
Waldschmidt, Wilhelm Huldreich: Kurtze und Gründliche Beschreibung Derer ALOEN insgemein/ Insonderheit aber derer Americanischen/ Durch Veranlassung zweyer in den Hoch=Fürstlichen Lust=Garten zu Gottorff bald blühenden Americanischen Aloen [...]. Kiel 1705.

Waldschmidt 1706:
Waldschmidt, Wilhelm Huldreich: Americanischer zu Gottorff blühender ALOEN Fernere Beschreibung/ Worinnen [...] Einige wieder die schon vorher herausgegebene Beschreibung [...] gemachte Einwürffe eines guten Freundes/ bescheidentlich wiederleget werden [...]. Kiel 1706.

IV. Anhang zum Quellenverzeichnis

Quellennachweise der aus Paarmann 1986 zitierten Quellen

Überblicksliste der Quellennachweise der von Paarmann 1986 publizierten Quellenbestände (in dieser Arbeit zitiert mit der Abkürzung QuP und der Nummer) zu den Gottorfer Gärten in den Gottorfer Rentekammer- und Amtsrechnungen der Jahre 1620–1712 im Landesarchiv Schleswig-Holstein (LASH). Die Rentekammer-Rechnungen sind abgekürzt mit RR, die Amtsrechnungen mit AR, Beilagen zu den Rechnungen mit B.

QuP Nr.	LASH Signatur	Nähere Angaben
1	7/2254, RR 1620	(unter) Besoldungß Außgabe, fol. 29r., No. 101
2	dito	(unter) Gemeine Außgabe Anno 1620, fol. 57r., No. 274 (März)
3	dito	(unter) Gemeine Außgabe Anno 1620, fol. 63r., No. 101 (Apr.)
4	7/2255, RR 1621	(unter) Besoldungß Außgabe, fol. 29v., No. 107
5	dito	(unter) Gemeine Außgabe Anno 1621, fol. 79v., No. 379 (Nov.)
6	7/2256, RR 1622	(unter) Besoldungß Außgabe, fol. 30r., No. 120
7	dito	(unter) Gemeine Außgabe Anno 1622, fol. 80r., No. 383 (Sept.)
8	7/2257, RR 1623	(unter) Besoldungß Außgabe, fol. 29v., No. 141
9	dito	(unter) Gemeine Außgabe Anno 1623, fol. 55v., No. 284 (Apr.)
10	168, AR 1623	(unter) Gemeine teglige Außgabe, No. 26
11	dito	(unter) Außgabe zur Küchen Notturff, No.
12	dito	(unter) Außgabe zur Hoffhaltungs Notturfft, No. 120, 121, 124, 126
13	dito	(unter) Außgabe für Handwerker und Arbeitsleute, No. 228
14	7/2259, RR 1624	(unter) Besoldungß Außgabe, fol. 30r., No. 146
15	dito	(unter) Gemeine Außgabe Anno 1624, fol. 49r., No. 233
16	dito	dito, fol. 58r., No. 299 (Apr.)
17	dito	dito, fol. 61v., No. 322 (Mai)
18	dito	dito, fol. 66, No. 359 (Juni)
19	dito	dito, fol. 71v., No. 397 (15. Aug.)
20	dito	dito, fol. 77, No. 429 (Okt.)
21	dito	dito, fol. 79v., No. 430 (Okt.)
22	dito	dito, fol. 79v., No. 445 (Okt.)
23	dito	dito, fol. 82v., No. ?
24	7/2261, RR 1625	(unter) Besoldüngß Außgabe, fol. 43v., No. 139
25	dito	dito, fol. 44r., No. 140
26	dito	dito, fol. 44r., No. 141
27	dito	(unter) Gemeine Außgabe Anno 1625, fol. 71r., No. 318 (Feb.)
28	dito	dito, fol. 75v., No. 359 (Apr.)
29	dito	dito, fol. 76v., (ohne Nr., Apr.)
30	dito	dito, fol. 80v., No. 401 (Juni)
31	dito	dito, fol. 89r., (ohne Nr., 4. Okt.)
32	dito	dito, fol. 92r., No. 493 (18. Nov.)
33	168, AR 1625	(unter) Ausgabe zur Hoffhaltungs Notturffte, No. 123
34	dito	dito, No. 151
35	dito	dito, No. 153
36	dito	(unter) Ausgaben waß den Handwerckern und Arbeitts Leutten bezahlett, No. 183
37	dito	dito, No. 195
38	dito	dito, No. 229
39	7/2263, RR 1626	(unter) Besoldungß Außgabe, fol. 48r., No. 126
40	7/2264, RR 1626 B	B zu No. 126
41	7/2263, RR 1626	(unter) Besoldungß Außgabe, fol. 48r., No. 127
42	dito	dito, fol. 48r., No. 128
43	dito	(unter) Gemeine Außgabe Anno 1625, fol. 75r., No. 279 (24. März)
44	dito	dito, fol. 78v., No. 306 (Mai)
45	168, AR 1626	(unter) Ausgabe zur Küchen Notturfft, No. 89
46	dito	(unter) Außgabe waß den Handwarckern ... bezahlett, No. 181
47	dito	dito, No. 199
48	dito	dito, No. 205
49	dito	dito, No. 208

50	dito	dito, No. 217	88	dito	dito, No. 525 (Juli)
51	dito	dito, No. 224	89	dito	dito, fol. 104v., No. 555 (Aug.)
52	dito	dito, No. 225	90	dito	dito, fol. 107v., No. 584 (28. Sept.)
53	dito	dito, No. 234	91	168, AR 1630	(unter) Gemeine tegliche Außgaben, No. 66
54	7/2265, RR 1627	(unter) Besoldungß Außgabe, fol. 44r., No. 121	92	dito	dito, No. 77
55	dito	dito, fol. 44r., No. 122	93	dito	dito, No. 136
56	dito	(unter) Bezahlung der Handtwarcker, fol. 56v., No. 206 (11. Juni)	94	dito	(unter) Außgabe zur Hoffhaltungs Nottdurfftt, No. 142
57	dito	(unter) Gemeine Außgabe Anno 1627, fol. 75r., No. 351 (9. Juni)	95	dito	dito, No. 154 u. B
			96	dito	dito, No. 155 u. B
58	168, AR 1627	B No. 115	97	dito	dito, No. 158 u. B
59	dito	B No. 140	98	dito	dito, No. 165 u. B
60	dito	B No. 141	99	dito	(unter) Außgaben waß den Handtwarckerenn … bezahlet, No. 197
61	dito	B No. 142			
62	dito	B No. 188	100	dito	dito, No. 204
63	7/2266, RR 1628	(unter) Besoldungß Außgabe, fol. 20v., No. 45	101	dito	dito, No. 205
			102	dito	dito, No. 210
64	dito	dito, fol. 21r., No. 51	103	dito	dito, No. 225
65	dito	dito, fol. 25v, No. 95	104	dito	dito, No. 228
66	dito	(unter) Gemeine Außgabe Anno 1628, fol. 48r., No. 227 (10. Mai)	105	dito	dito, No. 231
			106	dito	dito, No. 232
67	dito	dito, fol. 49v., No. 240 (Apr.)	107	dito	dito, No. 233
68	7/2268, RR 1629	(unter) Besoldungß Außgabe, fol. 34r., No. 115	108	dito	dito, No. 234
			109	dito	dito, No. 239
69	dito	dito, fol. 37v., No. 127	110	dito	dito, No. 240
70	dito	(unter) Gemeine Außgabe Anno 1629, fol. 64v., No. 323 (13. Jan.)	111	dito	dito, No. 241
			112	dito	dito, No. 242
71	dito	dito, fol. 76v., No. 440 (23. Aug.)	113	dito	dito, No. 285
72	168, AR 1629	(unter) Außgabe was den Handtwakern … bezahlet, No. 149	114	dito	dito, No. 296
			115	7/2272, RR 1631	(unter) Besoldungs Außgabe, fol. 44r., No. 121
73	dito	dito, No. 151 u. B zu Nr. 151			
74	dito	dito, No. 182 u. B zu Nr. 182	116	dito	dito, fol. 44r., No. 122
75	7/2270, RR 1630	(unter) … Besoldungen, So Ihnen von negstabgewichenen Zweyen Jahren, nemblich de Annis 1628. & 1629. hinterstellig, und auff F. G. … einwilligung … zu anfange dieses 1630 Jahreß Umbschalgß Ihnen gereichet … worden, fol. 53v., No. 199	117	dito	(unter) Gemeine Außgabe Anno 1631, fol. 73r., No. 248
			118	dito	dito, fol. 80r., No. 297 (Feb.)
			119	dito	dito, fol., No. 356 (28. Apr.)
			120	7/2274, RR 1632	(unter) Besoldungs Außgabe, fol. 49v., No. 160
			121	dito	dito, fol. 49v., No. 161
76	dito	dito, fol. 53v., No. 200	122	dito	(unter) Gemeine Außgabe Anno 1632, fol., No. 514 (Sep.)
77	dito	(unter) Besoldungß Außgabe, fol. 61v., No. 260	123	dito	dito, fol., No. 595 (11. Dez.)
			124	dito	dito, fol., No. 607 (14. Dez.)
78	dito	dito, fol. 61v., No. 261	125	dito	(unter) Außgabe Wegen F. G. Hertzoginnen Maria Elisabeth, fol. 124v., No. 657 (13. Sept.)
79	dito	(unter) Bezahlung der Handtwerckere, fol. 76r., No. 355 (3. Juli)			
80	dito	dito, fol. 77r., No. 365			
81	dito	dito, fol. 77v., No. 369 (13. Nov.)	126	168, AR 1632	(unter) Gemeine tägliche Außgabenn, No. 32
82	dito	(unter) Gemeine Außgabe Anno 1630, fol. 88r., No. 431 (Jan.)			
			127	dito	dito, No. 36 u. B
83	dito	dito, fol. 93r., No. 470 (21. Apr.)	128	dito	dito, No. 42
84	dito	dito, fol. 93v., No. 474 (Apr.)	129	dito	dito, No. 45 u. B Nr. 45
85	dito	dito, fol. 94r., No. 477 (Apr.)	130	dito	dito, No. 72
86	dito	dito, fol. 95v., No. 487 (Mai)	131	dito	dito, No. 73
87	dito	dito, fol. 97v., No. 503 (Mai)	132	dito	dito, No. 97 u. B Nr. 45 v. 4. Jan. 1633

133	dito	(unter) Außgabe zu der Hoffhaltungß Notturfftt, No. 163	176	dito	(unter) Bezahlung der Handwercker, fol. 65v., No. 263 (19. Juni)
134	dito	dito, No. 181 u. B Nr. 181	177	dito	(unter) Gemeine Außgabe Ao. 1633, fol. 81v., No. 353 (9. Feb.)
135	dito	dito, No. 191 u. B Nr. 191			
136	dito	dito, No. 201	178	dito	dito, fol. 85r., No. 381 (28. März)
137	dito	dito, No. 202 u. B Nr. 202 v. 20. Apr. 1633	179	dito	dito, fol. 90v., No. 420 (8. Mai)
			180	dito	dito, fol. 93v., No. 446 (20. Mai)
138	dito	dito, No. 203	181	dito	dito, fol. 94r., No. 449 (Mai)
139	dito	dito, No. 215	182	dito	dito, fol. 95r., No. 458 (Juni)
140	dito	(unter) Außgabe waß den Handtwerckern ... bezalett, No. 220	183	dito	dito, fol. 97v., No. 480 (Juni)
			184	dito	(unter) Außgabe Wegen F. G. Hertzoginnen Maria Elisabeth, fol. 116r., No. 605
141	dito	dito, No. 221			
142	dito	dito, No. 226 u. B Nr. 226			
143	dito	dito, No. 234 u. B Nr. 234	185	168, AR 1633	(unter) Außgabe für allerhandt Bawmaterialien, No. 116
144	dito	dito, No. 244 u. B Nr. 244			
145	dito	dito, No. 249 u. B Nr. 249	186	dito	dito, No. 117
146	dito	dito, No. 250 u. B Nr. 250	187	dito	dito, No. 124
147	dito	dito, No. 276 u. B Nr. 276	188	dito	dito, No. 131
148	dito	dito, No. 292 u. B Nr. 292	189	dito	dito, No. 132
149	dito	dito, No. 299 u. B v. 4. Mai 1633	190	dito	dito, No. 133
150	dito	dito, No. 301 u. B Nr. 301	191	dito	dito, No. 135
151	dito	dito, No. 312 u. B Nr. 312	192	dito	dito
152	dito	dito, No. 329, 330 u. B Nr. 329	193	dito	(unter) Außgaben waß den Handtwerckern ... bezahledtt, No. 151 u. B Nr. 151
153	dito	dito, No. 331 u. B Nr. 331			
154	dito	dito, No. 332 u. B Nr. 332			
155	dito	dito, No. 333 u. B Nr. 333	194	dito	dito, No. 154 (B)
156	dito	dito, No. 334 u. B Nr. 334	195	dito	dito, No. 166
157	dito	dito, No. 335 u. B Nr. 335	196	dito	dito, No. 193
158	dito	dito, No. 336 u. B Nr. 336	197	dito	(unter) Außgabe zu behueff des Lustgartenß, No. 242
159	dito	dito, No. 337			
160	dito	dito, No. 338	198	dito	dito, No. 243
161	dito	dito, No. 339	199	dito	dito, No. 244
162	dito	dito, No. 348 u. B Nr. 339	200	dito	dito, No. 245
163	dito	(unter) Außgabe für Pferde undt Wagenn, No. 368 u. B Nr. 368	201	dito	dito, No. 246
			202	dito	dito, No. 247
164	dito	(unter) Außgabe für Postfuhrenn, No. 440	203	dito	dito, No. 248
			204	dito	dito, No. 249
165	dito	(unter) Außgabe an fuhr: undtt Arbeitslohn zu allerhandt täglicher notturfftt., No. 523	205	dito	dito, No. 250
			206	dito	dito, No. 251
			207	dito	dito, No. 252
166	dito	dito, No. 526	208	dito	dito, No. 253
167	dito	dito, No. 551 u. B Nr. 551	209	dito	dito, No. 254
168	dito	dito, No. 554 u. B Nr. 554	210	dito	dito, No. 255
169	dito	dito, No. 558	211	dito	dito, No. 256
170	dito	dito, No. 565 (28. Dez.)	212	dito	dito, No. 257
171	dito	dito, No. 575 (3. März 1633)	213	dito	dito, No. 258
172	dito	dito, No. 591 (Ende Apr./Anf. Mai 1633)	214	dito	dito, No. 259–61
			215	dito	dito, No. 262
173	dito	(unter) Außgabe waß dem Gartener zu belohnung der Tagelöhnere entrichtett worden., No. 593 u. B Nr. 593	216	dito	dito, No. 263
			217	dito	dito
			218	dito	(unter) Außgabe waß dem Gartener zu belohnung der Taglöhnere entrichtet wordenn., No. 547
174	7/2276, RR 1633	(unter) Besoldungs Außgabe, No. 179 (fol. 50r.)			
			219	dito	dito, No. 548
175	dito	dito, No. 180	220	7/2278, RR 1634	(unter) Besoldungß Außgabe, fol.

		46v., No. 171	264	dito	dito, No. 216
221	dito	dito, fol. 46v., No. 172	265	dito	dito, No. 217–219
222	dito	(unter) Gemeine Außgabe Ao 1634, fol. 74r., No. 326	266	dito	dito, No. 220
			267	dito	dito, No. 221
223	dito	dito, fol. 82v., No. 400	268	dito	dito
224	dito	dito, fol. 88r., No. 441 (30. Mai)	269	dito	(unter) Außgabe für Postfuhren, No. 362 (Ende März/Anfang Apr.)
225	dito	dito, fol. 99r., No. 522 (20. Aug.)			
226	dito	dito, fol. 103v., No. 562	270	dito	(unter) Außgabe Fuhr: unndtt Arbeitßlohn zue allerhandt Täglicher Notturfft, No. 449 (1. Nov.)
227	168, AR 1634	(unter) Außgabe zu behueff des Lustgartenß, No. 211			
228	dito	dito, No. 212	271	dito	dito, No. 459
229	dito	dito, No. 213	272	dito	(unter) Außgabe waß dem Gartener zue belohnung der Taglohnere entrichtet worden, No. 488
230	dito	dito, No. 214			
231	dito	dito, No. 215			
232	dito	dito, No. 216–218	273	dito	dito, No. 489
233	dito	dito, No. 219	274	7/2282, RR 1636	(unter) Besoldunß Außgabe, fol. 49r., No. 203
234	dito	dito, No. 220–224			
235	dito	dito, No. 225	275	dito	dito, fol. 49r., No. 204
236	dito	dito, No. 226	276	dito	(unter) Bezahlung der Gastgebere und Wirthe, fol. 70v., No. 317
237	dito	dito, No. 227			
238	dito	dito, No. 228	277	dito	dito, fol. 70v., No. 318, (9. Aug.)
239	dito	dito, No. 229	278	dito	(unter) Gemeine Außgabe Anno 1636, fol. 72v., No. 325 (Jan.)
240	dito	dito			
241	dito	(unter) Außgabe für Postführenn, No. 325	279	dito	dito, fol. 76v., No. 365 (Feb.)
			280	7/2284, RR 1637	(unter) Besoldungß Außgabe, fol. 49v., No. 214
242	dito	dito, No. 333 (26. Jul.)			
243	dito	dito, No. 407 (12. Apr.)	281	dito	dito, fol. 49v., No. 215
244	dito	(unter) Außgabe Fuhr: undtt Arbeitßlohn zu allerhandt Täglicher notturfft, No. 542 (9. März)	282	dito	(unter) Bezahlung der Handtwercker, fol. 66v., No. 325 (3. Dez.)
			283	dito	dito, fol. 66v., No. 326
245	dito	dito, No. 545 (20. März)	284	dito	(unter) Gemeine Außgabe Anno 1637, fol. 74v., No. 381
246	dito	dito, No. 551 (10. Apr.)			
247	dito	(unter) Außgabe waß dem Gartener zu belohnung der Tagelöhnere entrichtett worden, No. 559	285	dito	dito, fol. 78r., No. 404 (Feb.)
			286	dito	dito, fol. 87v., No. 477 (Mai)
			287	168, AR 1637	Beilagen zu den Ausgaben, No. 458
248	dito	dito, No. 560	288	dito	dito, No. 459 (4./5. Okt.)
249	7/2280, RR 1635	(unter) Besoldungß Außgabe, fol. 40r, No. 206	289	dito	dito, No. 467 (17. Dez.)
			290	dito	dito, No. 468
250	dito	dito, fol. 40r., No. 207	291	dito	dito, No. 477 (16. Jan. 1638)
251	dito	(unter) Gemeine Außgabe Anno 1635, fol. 76r., No. 450 u. dazugehörige B in LASH 7/2281	292	dito	dito, No. 478
			293	dito	dito, No. 479 (16. Apr. 1638)
			294	dito	dito, No. 480 (4. Dez. 1637)
252	168, AR 1635	(unter) Außgabe zu behueff des Lustgartenß, No. 198	295	dito	dito, No. 481 (15. Jan. 1638)
			296	dito	dito, No. 485 (16. Jan. 1638)
253	dito	dito, No. 199	297	dito	dito, No. 491
254	dito	dito, No. 200	298	dito	dito, No. 492
255	dito	dito, No. 201	299	7/2286, RR 1638	(unter) Besoldungß Außgabe, fol. 47r., No. 234
256	dito	dito, No. 202			
257	dito	dito, No. 203	300	dito	dito, fol. 47r., No. 235
258	dito	dito, No. 204	301	dito	(unter) Gemeine Außgabe Anno 1638, fol. 70v., No. 383 (Jan.)
259	dito	dito, No. 205			
260	dito	dito, No. 206	302	dito	dito, fol. 76r., No. 420
261	dito	dito, No. 207–213	303	dito	dito, fol. 77r., No. 425 (9. März)
262	dito	dito, No. 214	304	dito	dito, fol. 77r., No. 426 (12. März)
263	dito	dito, No. 215	305	dito	dito, fol. 118v., No. 809 (20. Nov.)

306	168, AR 1638	Beilagen zu den Ausgaben, No. 471	346	dito	dito, No. 194
307	dito	dito, No. 480	347	dito	dito, No. 195–203
308	dito	dito, No. 481 (26. Sept. 1638)	348	dito	dito, No. 204
309	dito	dito, No. 492 (30. Dez. 1638)	349	dito	dito, No. 205–211
310	dito	dito, No. 500	350	dito	dito
311	dito	dito, No. 503	351	dito	(unter) Außgabe waß der Gartener zu ablohnung der Taglöhnere entrichtet worden, No. 513
312	dito	dito, No. 504			
313	7/2288, RR 1639	(unter) Besoldungß Außgabe, fol., No. 278	352	dito	dito, No. 514
314	dito	dito, fol., No. 279	353	7/2292, RR 1641	(unter) Besoldungß Außgabe, fol. 53v., o. Nr.
315	dito	(unter) Gemeine Außgabe Anno 1639, fol., No. 491 (16. Apr.)	354	dito	dito, fol. 53v., o. Nr.
316	dito	dito, fol., No. 713	355	dito	(unter) Gemeine Außgabe Anno 1641, fol. 81v., o. Nr. (17. Feb.)
317	dito	dito, fol., No. 908	356	dito	dito, fol. 90v., o. Nr. (Apr.)
318	168, AR 1639	(unter) Außgabe waß den Handtwerckern undtt Arbeitsleuten bezahlet, No. 134	357	dito	dito, fol. 110v., o. Nr. (7. Nov.)
			358	168, AR 1641	(unter) Außgabe zu behueff deß Lusttgartens, No. 219
319	dito	(unter) Außgabe zu behueff deß Lust-Gartenß, No. 186–189	359	dito	dito, No. 220–237
320	dito	dito, No. 190	360	dito	dito, No. 238
321	dito	dito, No. 191 u. 192	361	dito	dito, No. 239
322	dito	dito, No. 193	362	dito	dito, No. 240 u. 241
323	dito	dito, No. 194–199	363	dito	dito, No. 242
324	dito	dito, No. 200	364	dito	dito, No. 243–248
325	dito	dito, No. 201 u. 202	365	dito	dito
326	dito	dito, No. 203	366	dito	(unter) Außgabe was dem Gartner zu ablohnung der Taghlöhnere entrichtet wordenn, No. 597
327	dito	dito, No. 204–206			
328	dito	dito, No. 207			
329	dito	dito, No. 208–214	367	dito	dito, No. 598
330	dito	dito, No. 215–217	368	7/2293, RR 1642	(unter) Besoldungs Außgabe, fol. 52r., o. Nr.
331	dito	dito, No. 218–224			
332	dito	dito	369	dito	dito, fol. 52r.
333	dito	(unter) Außgabe waß dem Gartner zu ablohnungh der Taglöhnere entrichtet worden, No. 505	370	dito	(unter) Gemeine Außgabe Anno 1642, fol. 81r., o. Nr. (17. Feb.)
			371	dito	dito, fol. 108v., o. Nr. (Okt.)
334	dito	dito, No. 505	372	168, AR 1642	(unter) Außgabe zu behueff des Lustgartenß, No. 200 u. 201
335	7/2290, RR 1640	(unter) Besoldungß Außgabe, fol. 48v., No. 278	373	dito	dito, No. 202
336	dito	dito, fol. 48v., No. 279	374	dito	dito, No. 203–207
337	dito	(unter) Gemeine Außgabe Anno 1640, fol. 96v., No. 680 (27. Aug.)	375	dito	dito, No. 208
			376	dito	dito, No. 209–228
338	dito	dito, fol. 97v., No. 691	377	dito	dito
339	dito	dito, fol. 100r., No. 720 (7. Okt.)	378	dito	(unter) Außgabe was dem Gartner zur ablohnung der Taghlöhnere entrichtet worden, No. 603
340	dito	(unter) Was F. Gd. Mein gnediger Fürst und Herr Durch dero Bediente auß der Fürstl. RentCammer abfürdern laßen und inn dero Gemach zu sich genommen., fol. 112r., No. 862 (15. Feb.)			
			379	dito	dito, No. 604
			380	7/2295, RR 1643	(unter) Besoldungs Außgabe, fol. 51r., o. Nr.
			381	dito	dito, fol. 51r., o. Nr.
341	168, AR 1640	(unter) Außgabe zu behueff deß Lustgartenß, No. 188	382	dito	(unter) Gemeine Außgabe Anno 1643, fol. 78v., o. Nr. (Feb.)
342	dito	dito, No. 189	383	dito	dito, fol. 90v., o. Nr. (27. Mai)
343	dito	dito, No. 190 u. 191	384	168, AR 1643	(unter) Außgabe zue behueff des Lustgartenß, No. 185–188
344	dito	dito, No. 192			
345	dito	dito, No. 193	385	dito	dito, No. 189

386	dito	dito, No. 190
387	dito	dito, No. 191–202
388	dito	dito, No. 103 (soll heißen: 203)
389	dito	dito, No. 104 (soll heißen: 204)
390	dito	dito, No. 205
391	dito	dito, No. 206–209
392	dito	dito
393	dito	(unter) Außgabe für Postfuhren, No. 338 (10. July)
394	dito	(unter) Außgabe was dem Gartner zur ablohnung der Taglöhnere entrichtet worden, No. 481
395	dito	dito, No. 482
396	7/2296, RR 1644	(unter) Besoldungs Außgabe, fol. 38r., o. Nr.
397	dito	(unter) Gemeine Außgabe Anno 1644, fol. 62r., o. Nr. (8. Apr.)
398	dito	dito, fol. 69v., o. Nr. (July)
399	dito	dito, fol. 94r.
400	168, AR 1644	(unter) Außgabe zu behueff deß Lustgartens, No. 166–185
401	dito	dito
402	dito	(unter) Außgabe waß dem Gärdtner zu ablohnung der Taglöhnere im Garten entrichtet worden, No. 284
403	dito	dito, No. 285
404	7/2297, RR 1645	(unter) Besoldungs Außgabe, fol. 38v., o. Nr.
405	dito	dito, fol. 38v., o. Nr.
406	dito	(unter) Gemeine Außgabe Anno 1645, fol. 72v., o. Nr. (Okt.)
407	168, AR 1645	(unter) Außgaben zu behueff deß Lustgarthens, No. 145–158
408	dito	dito, No. 159
409	dito	dito, No. 160–163
410	dito	dito
411	dito	(unter) Gemeine Tägliche Außgabenn, No. 219
412	dito	(unter) Außgabe waß dem Gärdtner zu ablohnung der Taglöhnere im Garthen entrichtet worden, No. 312
413	dito	dito, No. 313
414	7/2299, RR 1646	(unter) Besoldungs Außgabe, fol. 44r., o. Nr.
415	dito	(unter) Gemeine Außgabe Anno 1646, fol. 66r., o. Nr. (Mai)
416	dito	dito, fol. 67v., o. Nr. (Juni)
417	dito	dito, fol. 68v., o. Nr. (Juni)
418	dito	dito, fol. 73v., o. Nr. (3. Okt.)
419	dito	dito, fol. 77r., o. Nr. (30. Sept.)
420	dito	dito, fol. 78v., o. Nr. (Dez.)
421	dito	(unter) Außgabe wegen fortificirung der Stadt Tönningen, fol. 88r., o. Nr. (18. Feb.)
422	168, AR 1646	(unter) Außgaben, waß den Handtwergkerenn unnd Arbeitß Leuten bezahlet, No. 160
423	dito	(unter) Außgaben zu behueff deß Lustgartenß, No. 201–218
424	dito	dito
425	dito	(unter) Außgaben für Postfuhren, No. 296
426	dito	(unter) ?, No. 392
427	dito	(unter) Außgaben waß dem Gardtner zu ablohnung der Taglöhnere im Garten entrichtet worden, No. 475
428	dito	dito, No. 476
429	7/2301, RR 1647	(unter) Besoldungs Außgabe, fol. 50r., o. Nr.
430	dito	dito, fol. 51r., o. Nr.
431	dito	dito, fol. 51r., o. Nr.
432	dito	dito, fol. 59v., o. Nr.
433	dito	dito, fol. 60v., o. Nr.
434	dito	dito, fol. 62r., o. Nr.
435	168, AR 1647	(unter) Außgabe zue behueff deß Lustgartenß, No. 179–187
436	dito	(unter) Außgaben waß dem Gardtner zu ablohung der Taglöhnere im Garten entrichtet worden, No. 376
437	dito	dito, No. 337 (soll heißen: 377)
438	7/2303, RR 1648	(unter) Besoldungs Außgabe, fol. 58v., o. Nr.
439	dito	dito, fol. 58v., o. Nr.
440	dito	dito, fol. 65v., o. Nr.
441	dito	(unter) Gemeine Ausgabe Ao. 1648, fol. 74v., o. Nr. (Jan.)
442	dito	dito, fol. 85r., o. Nr. (26. Mai)
443	dito	dito, fol. 85r., o. Nr. (Mai)
444	dito	dito, fol. 89v., o. Nr. (Aug.)
445	dito	dito, fol. 92r., o. Nr. (Sept.)
446	dito	dito, fol. 93v., o. Nr. (Okt.)
447	dito	dito, fol. 94r., o. Nr. (Nov.)
448	dito	dito, fol. 98v., o. Nr. (Dez.)
449	dito	dito
450	168, AR 1648	(unter) Außgabe zu behueff deß Lustgarthens u. B, No. 197–216
451	dito	dito, No. 217
452	dito	dito, No. 218–221
453	dito	dito
454	dito	(unter) Außgabe was dem Gärdtnere zu belohnung der Taglöhnere im Gardten entrichtet worden, No. 453
455	dito	dito, No. 454
456	7/2304, RR 1649	(unter) Besoldungs Außgabe, fol. 50v.
457	dito	dito, fol. 50v.
458	dito	dito, fol. 55v.
459	dito	(unter) Gemeine Außgabe Anno 1649, fol. 64v. (Jan.)

460	dito	dito, fol. 67r. (Jan.)	505	dito	dito, fol. 62r. (Feb.) u. B in LASH 7/2307, fol. 246 u. 247, fol. 285 u. 286
461	dito	dito, fol. 75r. (Mai)			
462	dito	dito, fol. 79r. (6. Juli)	506	dito	dito, fol. 63r. (März)
463	dito	dito, fol. 79v. (Juli)	507	dito	dito, fol. 64v. (März)
464	dito	dito, fol. 80r. (21. Juli)	508	dito	dito, fol. 65r. (März)
465	dito	dito, fol. 80v. (Juli)	509	dito	dito, fol. 65v.
466	dito	dito, fol. 81v. (3. Aug.)	510	dito	dito, fol. 66r.
467	dito	dito, fol. 82r. (Aug.)	511	dito	dito, fol. 66v. (19. Apr.)
468	dito	dito, fol. 82r. (Aug.)	512	dito	dito, fol. 72v.
469	dito	dito, fol. 82v. (Aug.)	513	dito	(unter) Außgabe Wegen allerhandt zu dem Gottorfischen Baw Wesen bezahlter Materialien unnd dabey verrichteter Arbeit, fol. 93v.
470	dito	dito, fol. 84v. (Sept.)			
471	dito	dito, fol. 86r. (Sept.)			
472	dito	dito, fol. 87r. (Sept.)			
473	dito	dito, fol. 91r. (Nov.)	514	dito	dito, fol. 93v.
474	dito	dito, fol. 92r. (Dez.)	515	dito	dito, fol. 93v.
475	dito	dito	516	168, AR 1650	(unter) Außgabe, waß den Handtwerckern ... bezahlet, No. 190 u. B
476	168, AR 1649	(unter) Außgabe waß den Handtwerckern Unnd Arbeitsleuthen bezahlet, No. 203			
			517	dito	dito, No. 209 u. B
			518	dito	dito, No. 210 u. B
477	dito	(unter) Außgabe zu behueff des Lustgardtens, No. 226–243	519	dito	dito, No. 211
			520	dito	(unter) Außgabe zu behueff des Lustgartenß, No. 218–241
478	dito	dito, No. 244			
479	dito	dito, No. 245	521	dito	dito, No. 242 (11. Juli)
480	dito	dito, No. 246	522	dito	dito, No. 243–245
481	dito	dito, No. 247 u. 248	523	dito	dito
482	dito	dito, No. 249	524	dito	(unter) Gemeine Tägliche Außgaben, Zehrungs Costen ..., No. 357
483	dito	dito, No. 250			
484	dito	dito, No. 251 u. 252	525	dito	(unter) Außgabe für Postfuhren, No. 393 (26. Juni) u. B
485	dito	dito			
486	dito	(unter) Außgabe Fuhr: unnd arbeitslohn zu allerhandt täglichen notturft, No. 426 (19. Juni)	526	dito	(unter) Außgabe Fuhr- undt Arbeits-Lohn zu allerhandt täglicher notturfft, No. 499 (27. Sept.)
487	dito	dito, No. 455 (6. Okt.)	527	dito	dito, No. 519 u. B
488	dito	dito, No. 461 (22. Okt.)	528	dito	dito, No. 544 (27. März 1651) u. B
489	dito	dito, No. 463 (17. Nov.)	529	dito	dito, No. 552 (23. Apr.)
490	dito	dito, No. 464	530	dito	(unter) Außgabe waß dem Gardtner zu ablohnung der Taglöhnere im Garten entrichtet worden, No. 567
491	dito	dito, No. 467 (29. Nov.)			
492	dito	dito, No. 493 (25. Apr. 1650)			
493	dito	dito, No. 495 (25. Apr. 1650)	531	dito	dito, No. 568
494	dito	dito, No. 501 u. 502	532	7/2308, RR 1651	(unter) Besoldungß Außgabe, fol. 43v.
495	dito	(unter) Außgabe waß dem Gardtner zu ablohnung der Taglohnere im Garten entrichtet worden, No. 284			
			533	dito	dito, fol. 54r.
			534	dito	(unter) Gemeine Außgabe Ao. 1651, fol. 73r. (28. Feb.)
496	dito	dito, No. 285			
497	7/2306, RR 1650	(unter) Besoldungs Außgabe, fol. 31r.	535	dito	dito, fol. 75r. (März)
498	dito	dito, fol. 36v.	536	dito	dito, fol. 76v. (März/Apr.)
499	dito	dito, fol. 43r.	537	dito	dito, fol. 79r.
500	dito	dito, fol. 43r.	538	dito	dito, fol. 79r.
501	dito	dito, fol. 44v.	539	dito	dito, fol. 80v. (Mai/Juni) u. fol. 82r.
502	dito	(unter) Bezahlung der Handtwercker, fol. 49v.	540	dito	dito, fol. 82r. (Juni/Juli)
			541	dito	dito, fol. 83v. (Juli)
503	dito	dito, fol. 52r.	542	dito	dito, fol. 84v. (Aug.)
504	dito	(unter) Gemeine Außgabe Anno 1650, fol. 57r. (3. Jan.)	543	dito	dito, fol. 85r. u. B in LASH 7/2309, fol. 286

544	dito	dito, fol. 86v. (Sept.)
545	dito	dito, fol. 94v. (Dez.)
546	dito	dito, fol. 95r.
547	dito	(unter) Außgabe wegen I. F. Durchl. Hertzoginnen Maria Elisabeth ..., fol. 100v.
548	dito	(unter) Außgabe Wegenn allerhandt zu dem Gottorfischenn Bawwesenn bezahlter Materialien unnd dabey verrichteter Arbeit ..., fol. 107r.
549	dito	dito, fol. 107r.
550	dito	dito, fol. 107v., 110v. u. 112r.
551	dito	dito, fol. 107v., 109r. u. 110v.
552	dito	dito, fol. 110r., 110v., 111v. u. 112r.
553	dito	dito, fol. 108r., 109v., 110r., 111v., 112r., 113r., 114v u. 116r.
554	dito	dito, fol. 110v. u. 114r.
555	dito	dito, fol. 107v. u. 111v.
556	dito	dito, fol. 110r.
557	dito	dito, fol. 110r. u. B in LASH 7/2309
558	dito	dito, fol. 111v.
559	dito	dito, fol. 113r.
560	dito	dito, fol. 113v.
561	dito	dito, fol. 113v.
562	dito	dito, fol. 113v.
563	dito	dito, fol. 114r. u. 115v.
564	dito	dito, fol. 116v.
565	dito	dito, fol. 117r. u. B in LASH 7/2309, fol. 189r., 189v., 190r., 190v., 191r., 191v., 192v., 193r., 194r., 194v., 195v.
566	dito	dito, fol. 117v.
567	dito	dito, fol. 117v. u. B in LASH 7/2309, fol. 222r.
568	dito	dito, fol. 118r u. B in LASH 7/2309, fol. 229
569	dito	dito, fol. 118r.
570	dito	dito, fol. 118v.
571	7/2309, B RR 1651	B fol. 204 u. 205
572	dito	B o. Bezeichnung
573	168, AR 1651	(unter) Außgabe zu behueff des Lustgartenß, No. 184
574	dito	dito, No. 185
575	dito	dito, No. 192
576	dito	dito, No. 196
577	dito	dito, No. 203
578	dito	dito, No. 204
579	dito	dito, No. 209
580	dito	dito
581	dito	(unter) Gemeine Tägliche Außgaben, Zehrungß Costen unnd anderm, No. 376
582	dito	(unter) Außgabe für Jagtfuhren, No. 443
583	dito	(unter) Außgabe Fuhr: und Arbeitslohn zu allerhand Täglicher Notturfft, No. 468
584	dito	dito, Nr. 474, 479, 485, 505, 507
585	dito	dito, No. 509
586	dito	dito, No. 525
587	dito	dito, No. 527
588	dito	dito, No. 538
589	dito	dito, No. 548
590	dito	dito, No. 549
591	dito	dito, No. 552
592	dito	(unter) Außgabe waß dem Gartner zu ablohnung der Taglöhnere im Garthen entrichtet worden, No. 554
593	dito	dito, No. 555
594	7/2310, RR 1652	(unter) Besoldungs Außgabe, fol. 42r.
595	dito	dito, fol. 44v.
596	dito	dito, fol. 50v.
597	dito	(unter) Handtwercker Bezahlung, fol. 55.
598	dito	dito, fol. 58v.
599	dito	dito, fol. 58v.
600	dito	dito, fol. 59r.
601	dito	(unter) Gemeine Außgaben Anno 1652, fol. 73v. (Apr.)
602	dito	dito, fol. 82v. (22. Juli)
603	dito	dito, fol. 88r. (Okt.)
604	dito	dito, fol. 91v. (16. Dez.)
605	dito	(unter) Außgabe Wegen allerhandt zu dem Gottorfischen Bawwesen bezahlter Materialien, unndt dabey verrichteter Arbeit, fol. 105v.
606	dito	dito, fol. 105v., 106v., 109r., 112r., 114r., 115r., 117v., 118v., 120r.
607	dito	dito, fol. 105v.
608	dito	dito, fol. 105v.
609	dito	dito, fol. 105v.
610	dito	dito, fol. 106r.
611	dito	dito, fol. 106r.
612	dito	dito, fol. 106v.
613	dito	dito, fol. 107r., 116v., 121v.
614	dito	dito, fol. 107v.
615	dito	dito, fol. 108v.
616	dito	dito, fol. 108v.
617	dito	dito, fol. 110r.
618	dito	dito, fol. 110v., 112r., 113r., 114r., 114v., 115r., 117v., 118r.
619	dito	dito, fol. 111r.
620	dito	dito, fol. 111r.
621	dito	dito, fol. 111r.
622	dito	dito, fol. 111v.
623	dito	dito, fol. 111v.
624	dito	dito, fol. 112v., 114v., 119r., 122v.
625	dito	dito, fol. 113r.
626	dito	dito, fol. 114r.
627	dito	dito, fol. 114v.
628	dito	dito, fol. 115v.
629	dito	dito, fol. 115v.

630	dito	dito, fol. 115v.		674	dito	dito, fol. 120r.
631	dito	dito, fol. 116r.		675	dito	dito, fol. 120r. u. B in LASH 7/2313, fol. 429
632	dito	dito, fol. 116v.		676	dito	dito, fol. 120r.
633	dito	dito, fol. 118r.		677	dito	dito, fol. 120v. (16. Mai)
634	dito	dito, fol. 118v.		678	dito	dito, fol. 120v. u. B in LASH 7/2313, fol. 505
635	dito	dito, fol. 118v.		679	dito	dito, fol. 120v. (20. Mai)
636	dito	dito, fol. 119r. (14. Nov.), 119v.		680	dito	dito, fol. 121r.
637	dito	dito, fol. 119v. (6. Dez.)		681	dito	dito, fol. 122r. (23. Mai) u. B in LASH 7/2313, fol. 469
638	dito	dito, fol. 120r.		682	dito	dito, fol. 122v. u. B in LASH 7/2313, fol. 43
639	dito	dito, fol. 120v.		683	dito	dito, fol. 123r.
640	dito	dito, fol. 121r. (30. Dez.)		684	dito	dito, fol. 123v., 126r.
641	dito	dito, fol. 121r.		685	dito	dito, fol. 126r., 128r.
642	dito	dito, fol. 121v.		686	dito	dito, fol. 127v. (28. Okt.)
643	dito	dito, fol. 122v.		687	dito	dito, fol. 127v.
644	dito	dito, fol. 122v.		688	dito	dito, fol. 127v. (29. Okt.), fol. 130v.
645	168, AR 1652	Beilagen zur Einnahme u. Ausgabe, No. 174 (22. Okt.)		689	dito	dito, fol. 128r., (29. Okt.)
646	dito	dito, No. 181 (19. Juni)		690	dito	dito, fol. 128r., 130r.
647	dito	dito, No. 183		691	dito	dito, fol. 130v.
648	dito	dito, No. 438		692	dito	dito, fol. 131r.
649	dito	dito, No. 490		693	dito	dito, fol. 131v.
650	dito	dito, No. 501		694	dito	dito, fol. 133r.
651	dito	dito, No. 512 u. 513		695	dito	dito, fol. 133r.
652	7/2312, RR 1653	(unter) Besoldungs Außgabe, fol. 51v.		696	dito	dito, fol. 133r.
653	dito	dito, fol. 51v.		697	dito	dito, fol. 133v. (31. Dez.)
654	dito	dito, fol. 52r.		698	7/2313, B RR 1653	Beilage zur Ausgabe, fol. 4v., 5r., 8r.
655	dito	dito, fol. 62v.		699	dito	dito, fol. 30v.
656	dito	(unter) Bezahlung der Handtwercker, fol. 68r.		700	dito	dito, fol. 45r.
657	dito	dito, fol. 68v.		701	dito	dito, fol. 58r.
658	dito	dito, fol. 68v.		702	dito	dito, fol. 60
659	dito	dito, fol. 69v.		703	dito	dito, fol. 62r., 64r.
660	dito	dito, fol. 70r., 70v., 71r., 72r., 72v.		704	dito	dito, fol. 66r.
661	dito	(unter) Gemeine Außgaben Ao 1653, fol. 79v. (Jan.)		705	dito	dito, fol. 68r., 70r.
662	dito	dito, fol. 87r. (Mai)		706	7/2314, RR 1654	(unter) Ausgabe an Besoldung, fol. 53v.
663	dito	dito, 87v. (6. Mai) u. B in LASH 7/2313, fol. 125		707	dito	dito, fol. 56r.
664	dito	dito, fol. 107v. (Dez.)		708	dito	dito, fol. 63r. u. B in LASH 7/2315, fol. 438
665	dito	dito, fol. 108r. (Dez.)		709	dito	dito, fol. 68v.
666	dito	(unter) Außgabe zu dem Gottorfischenn BawWesen gehörig, fol. 116v. (5. Jan.), fol. 117v., 118v., 119v., 122r., 126v., 127v., 128v., 130r. u. B in LASH 7/2313, fol. 40		710	dito	(unter) Bezahlung der Handtwercker, fol. 72r.
667	dito	dito, fol. 116v., 117v., 118v., 119v., 122v., 123v., 124v., 130r.		711	dito	dito, fol. 74r.
				712	dito	(unter) Gemeine Ausgaben Anno 1654, fol. 82v. (Jan./Feb.)
668	dito	dito, fol. 117v.		713	dito	dito, fol. 90r. (Mai)
669	dito	dito, fol. 118r.		714	dito	dito, fol. 91v. (Juni)
670	dito	dito, fol. 118r.		715	dito	dito, fol. 91v. (1. Juni)
671	dito	dito, fol. 119r. (4. Apr.)		716	dito	dito, fol. 102r. (Okt.)
672	dito	dito, fol. 119r.		717	dito	(unter) Außgabe wegen I. F. Durchl. Hertzoginnen Maria Elisabeth ..., fol. 111r. u. B in LASH 7/2315, fol. 238 (8. Apr. 1654)
673	dito	dito, fol. 119r. (5. Apr.), fol. 122v. (31. Mai), fol. 126r., 131v.				

718	dito	(unter) Außgabe zu dem Gottorffischen Bawwesen gehörig, fol. 117r. (8. Feb.) u. B in LASH 7/2315, fol. 771r.	757	dito	fol. 240
			758	dito	fol. 756r.
			759	dito	fol. 757
719	dito	dito, fol. 117r. u. B in LASH 7/2315, fol. 308r. (16. Jan. 1654)	760	dito	fol. 964r.
			761	168, AR 1654	(unter) Außgabe zue Behueff deß Lustgartens, No. 153
720	dito	dito, fol. 117r., 117v., 119r., 120r., 123r., 124r., 124v.	762	dito	dito, No. 154
721	dito	dito, fol. 117r., 125r.	763	dito	dito, No. 160
722	dito	dito, fol. 117v. u. B in LASH 7/2315, fol. 762r. (31. Dez. 1653)	764	dito	dito, No. 173
			765	dito	dito
723	dito	dito, fol. 118r. u. B in LASH 7/2315, fol. 718r.	766	dito	(unter) Außgabe zu behueff der Meyerhoeffe, Schäffereyen Mühlen, No. 212
724	dito	dito, fol. 118v. (22. Apr.) u. B in LASH 7/2315, fol. 233	767	dito	dito, No. 225
725	dito	dito, fol. 118v., 126r.	768	dito	(unter) Gemeine Tägliche Ausgabe, Zehrungs Costen, No. 295
726	dito	dito, fol. 119r.			
727	dito	dito, fol. 117r., 119v., 118r. (18. Apr.) mit B in LASH 7/2315, fol. 715r.; fol. 120v. mit B in LASH 7/2315, fol. 721r.; fol. 123v., fol. 124r. mit B in LASH 7/2315, fol. 704r.	769	dito	dito, No. 296
			770	dito	dito, No. 297
			771	dito	dito, No. 300
			772	dito	dito, No. 307
			773	dito	dito, No. 323
728	dito	dito, fol. 118r. mit B in LASH 7/2315, fol. 713r.; fol. 120v. mit B in LASH 7/2315, fol. 724r.; fol. 124v. mit B in LASH 7/2315, fol. 702r.	774	dito	(unter) Außgabe Fuhr: undt arbeitslohn zu allerhandt Teglicher Notturfft., No. 479
			775	dito	dito, No. 568
			776	dito	(unter) Außgabe (was dem Gärtner zur Ablohnung der Tagelöhner entrichtet worden), No. 587 u. 588
729	dito	dito, fol. 119v.			
730	dito	dito, fol. 120r. mit B in LASH 7/2315, fol. 101r.; fol. 125r. (7. Nov.), fol. 126r., 126v.			
			777	dito	B Nr. 395 u. 397
731	dito	dito, fol. 120v. mit B in LASH 7/2315, fol. 498 u. 499	778	dito	B Nr. 414
			779	7/2316, RR 1655	(unter) Besoldungs Außgabe, fol. 52v.
732	dito	dito, fol. 121v.	780	dito	dito, fol. 57v.
733	dito	dito, fol. 122r. (Aug.)	781	dito	dito, fol. 65v.
734	dito	dito, fol. 122r.	782	dito	dito, fol. 67r.
735	dito	dito, fol. 122v.	783	dito	(unter) Bezahlung der Handtwercker, fol. 70r.
736	dito	dito, fol. 122v.			
737	dito	dito, fol. 123r.	784	dito	dito, fol. 74r.
738	dito	dito, fol. 123v.	785	dito	(unter) Bezahlung der Gastgeber, fol. 75r.
739	dito	dito, fol. 124r.			
740	dito	dito, fol. 124r.	786	dito	(unter) Gemeine Außgabenn ao. 1655, fol. 82v. (Feb.)
741	dito	dito, fol. 125r.			
742	dito	dito, fol. 125r.	787	dito	dito, fol. 82v. (Feb.)
743	dito	dito, fol. 125v.	788	dito	dito, fol. 84r.
744	dito	dito, fol. 126v.	789	dito	dito, fol. 90v. (Mai)
745	dito	dito, fol. 127v.	790	dito	dito, fol. 93r. (Juni)
746	dito	dito, fol. 127a r.	791	dito	dito, fol. 94r.
747	dito	dito, fol. 127a r.	792	dito	(unter) Ausgabe zu dem Gottorfischen Bawwesen gehörig., fol. 114r. (9. Feb.)
748	dito	dito, fol. 127a v.			
749	dito	dito, fol. 127a v.			
750	dito	dito, fol. 127a v.	793	dito	dito, fol. 114r.
751	dito	dito, fol. 127a v.	794	dito	dito, fol. 114r., 115r., 115v., 117r., 118v., 119r., 120r., 120v., 121v., 122v.
752	dito	dito			
753	7/2315, B RR 1654	fol. 102r.	795	dito	dito, fol. 114v.
754/755	dito	fol. 229r.	796	dito	dito, fol. 114v.
756	dito	fol. 483–488	797	dito	dito, fol. 114v.

798	dito	dito, fol. 115r. u. 122r.	849	dito	(Bauwesen im Juni), fol. 71r.
799	dito	dito, fol. 115v.	850	dito	dito, fol. 71r.
800	dito	dito, fol. 11 ?	851	dito	(Gemeine Ausgabe im Juli), fol. 74r.
801	dito	dito, fol. 115v.	852	dito	dito, fol. 75r.
802	dito	dito, fol. 116r.	853	dito	dito, fol. 75r.
803	dito	dito, fol. 116r.	854	dito	(Bauwesen im Aug.), fol. 82r., 92v., 98v., 105v.
804	dito	dito, fol. 116v., 119r., 121r.			
805	dito	dito, fol. 116v.	855	dito	(Gemeine Ausgabe im Okt.), fol. 89v.
806	dito	dito, fol. 116v.	856	dito	dito, fol. 91v.
807	dito	dito, fol. 116v.	857	dito	(Bauwesen im Okt.), fol. 92v., 97v.
808	dito	dito, fol. 117r.	858	dito	dito, fol. 93r.
809	dito	dito, fol. 117v.	859	dito	dito, fol. 93r.
810	dito	dito, fol. 118r.	860	dito	(Gemeine Ausgabe im Nov.), fol. 96r.
811	dito	dito, fol. 118r.	861	dito	(Bauwesen im Nov.), fol. 98v.
812	dito	dito, fol. 118r.	862	dito	dito, fol. 98v.
813	dito	dito, fol. 118r.	863	dito	(Bauwesen im Dez.), fol. 105v.
814	dito	dito, fol. 118r.	864	dito	dito, fol. 106r.
815	dito	dito, fol. 118v.	865	168, AR 1656	(unter) Außgabe zur Hoffhaltungs Notturfft, No. 94
816	dito	dito, fol. 118v.			
817	dito	dito, fol. 120v.	866	dito	dito, No. 111
818	dito	dito, fol. 120v.	867	dito	(unter) Außgabe waß den Handtwerckern … bezahlet, No. 119 u. B Nr. 119
819	dito	dito, fol. 121r.			
820	dito	dito, fol. 121r.	868	dito	(unter) Außgabe zu Behuff des Lustgartens, No. 148
821	dito	dito, fol. 121r.			
822	dito	dito, fol. 122r.	869	dito	dito, No. 158
823	dito	dito, fol. 122v.	870	dito	dito, No. 159
824	dito	dito, fol. 122v.	871	dito	dito
825	dito	dito, fol. 123r.	872	dito	dito
826	dito	dito, fol. 123v.	873	dito	(unter) Außgabe Fuhr: und Arbeitslohn zu allerhand täglicher Notturfft, No. 484 u. 486
827	dito	dito, fol. 123v.			
828	dito	dito, fol. 123v.			
829	dito	dito, fol. 124v.	874	dito	dito, No. 494
830	7/2318, RR 1656	(unter) Ausgabe an Besoldungen im Januario, fol. 28r.	875	dito	dito, No. 538
			876	dito	(unter) Außgabe (was dem Gärtner zur Ablohnung der Tagelöhner entrichtet worden), No. 544 u. 545
831	dito	(unter) Gemeine Ausgabe., fol. 34r. (Jan.)			
832	dito	(Besoldungen im Feb.), fol. 38v.	877	7/2320, RR 1657	(unter) Bezahlung für Bücher, fol. 54r.
833	dito	(Bauwesen im Feb.), fol. 45r.	878	dito	(unter) Besoldungs Außgabe, fol. 59v. No. 390
834	dito	dito, fol. 45v.			
835	dito	dito, fol. 45v., 52v., 60r., 65v., 71r., 76v., 82v., 92v., 97v., 105v.	879	dito	dito, fol. 59v., No. 391
			880	dito	(unter) Gemeine Außgaben Anno 1657, fol. 77v., No. 579 (Jan.)
836	dito	dito, fol. 46r.			
837	dito	(Gemeine Ausgabe im März), fol. 51r.	881	dito	fol. 85r., No. 675 (Mai)
838	dito	(Ausgabe für Maria Elisabeth im März), fol. 52v.	882	dito	(unter) Außgabe zu dem Gottorfischen Bawwesen, fol. 101r., No. 848
839	dito	(Bauwesen im März), fol. 52v. u. 93r.	883	dito	dito, fol. 101r., No. 849
840	dito	dito, fol. 52v. u. 97v.	884	dito	dito, fol. 101r., No. 850
841	dito	dito, fol. 53r. u. 92v.	885	dito	dito, fol. 101v., No. 853 u. 895
842	dito	dito, fol. 53r. u. 76v.	886	dito	dito, fol. 101v., No. 855
843	dito	(Bauwesen im Apr.), fol. 60r.	887	dito	dito, fol. 101v., No. 856, 879, 894, 907, 918, 928
844	dito	(Gemeine Ausgabe im Mai), fol. 65r.			
845	dito	(Bauwesen im Mai), fol. 65v.	888	dito	dito, fol. 101v., No. 857
846	dito	dito, fol. 65v.	889	dito	dito, fol. 101v., No. 860
847	dito	dito, fol. 66r.	890	dito	dito, fol. 102r., No. 867
848	dito	(Gemeine Ausgabe im Juni), fol. 70r.	891	dito	dito, fol. 102r., No. 869

892	dito	dito, fol. 102v., No. 873
893	dito	dito, fol. 102v., No. 874
894	dito	dito, fol. 102v., No. 875
895	dito	dito, fol. 103v., No. 886, 897 u. fol. 105v., No. 924
896	dito	dito, fol. 103v., No. 889
897	dito	dito, fol. 103v., No. 896
898	dito	dito, fol. 103v., No. 901
899	dito	dito, fol. 103v., No. 902
900	dito	dito, fol. 104v., No. 904
901	dito	dito, fol. 104v., No. 908 u. 929
902	dito	dito, fol. 104v., No. 909
903	dito	dito, fol. 105v., No. 925
904	dito	dito, fol. 105v., No. 926; fol. 107r., No. 948; fol. 108v., No. 976
905	dito	dito, fol. 106r., No. 933
906	dito	dito, fol. 106v., No. 937
907	dito	dito, fol. 106v., No. 939
908	dito	dito, fol. 107r., No. 949
909	dito	dito, fol. 107v., No. 950
910	dito	dito, fol. 107v., No. 955
911	dito	dito, fol. 107v., No. 957
912	dito	dito, fol. 108r., No. 962
913	dito	dito, fol. 108v., No. 966
914	dito	dito, fol. 108v., No. 967
915	dito	dito, fol. 108v., No. 969
916	dito	dito, fol. 109r., No. 974
917	dito	dito, fol. 109r., No. 975
918	168, AR 1657	(unter) Außgabe zur Küchen Nortturfft, No. 56
919	dito	dito, No. 78
920	dito	dito, No. 96
921	dito	(unter) Außgabe zu Behueff deß Fürstl. Lustgartens, No. 155
922	dito	dito
923	dito	(unter) Gemeine Tägliche Außgaben, No. 270
924	dito	dito, No. 271
925	dito	(unter) Außgabe Fuhr unndt Arbeits Lohn zu allerhandt taglicher Notturfft, No. 361 u. 372
926	dito	dito, No. 416
927	dito	(unter) Außgabe (was dem Gärtner zur Ablohnung der Tagelöhner entrichtet worden), No. 468 u. 469
928	7/2322, RR 1658	(unter) Besoldungs Ausgabe, fol. 38r., No. 256
929	dito	dito, fol. 41v., No. 315
930	dito	dito, fol. 46v., No. 404
931	dito	(unter) Bezahlung der Handtwercker, fol. 51r., No. 447 (13. Aug.)
932	dito	dito, fol. 51r., No. 453 (6. Sept.)
933	dito	(unter) Gemeine Ausgabe Anno 1658, fol. 59r., No. 550
934	dito	dito, fol. 59v., No. 563 (Juni)
935	dito	dito, fol. 61v., No. 588 (Juli)
936	dito	dito, fol. 62v., No. 598
937	dito	(unter) Ausgabe zum Gottorfischen Bawwesen, fol. 73r., No. 701
938	dito	dito, fol. 74r., No. 715
939	dito	dito, fol. 74r., No. 716
940	dito	dito, fol. 74r., No. 718
941	dito	dito, fol. 74v., No. 722
942	dito	dito, fol. 75r., No. 731
943	168, AR 1658–60	(unter) Außgabe zur Hoffhaltungs Notturfft, No. 86
944	dito	dito, No. 139 u. B No. 139
945	dito	(unter) Außgabe zu behueff des Fürstl. Lustgartens, No. 143
946	dito	dito
947	dito	(unter) Gemeine Tägliche Außgaben, No. 242
948	dito	(unter) Außgabe Fuhr: undt Arbeitslohn …, No. 407, 408 u. 410 u. B No. 410
949	dito	dito, No. 472 u. B No. 472
950	dito	(unter) Außgabe Was dem Gärtner zu Ablohnung der Tagelöhner im Garten entrichtet worden, No. 507
951	dito	(unter) Außgabe fuhr: undt Arbeitslohn zu behueff der Fischerey, B No. 386 u. 388
952	dito	dito, B No. 399
953	7/2324, RR 1659	(unter) Besoldungs Außgaben, fol. 28r., No. 151
954	dito	(unter) Bezahlung der Handtwercker, fol. 29v., No. 162 (4. Feb.)
955	dito	(unter) Gemeine Außgaben Anno 1659, fol. 37v., No. 231
956	dito	dito, fol. 43v., No. 310 (Okt.)
957	dito	(unter) Außgabe wegen des Gottorfischen Baw Wesens, fol. 52r., No. 383
958	dito	dito, fol. 52r., No. 385
959	dito	dito, fol. 52r., No. 387 (15. Juli)
960	dito	dito, fol. 52v., No. 391 u. 392
961	7/2326, RR 1660	(unter) Besoldungs Außgabe, fol. 20v., No. 39
962	dito	dito, fol. 22v., No. 67; fol. 23r., No. 73; fol. 24r., No. 84
963	dito	(unter) Gemeine Ausgabe zu Tonning …, fol. 28v., No. 125 (Jan.); fol. 28v., No. 190
964	dito	(unter) Außgabe zu dem Gottorfischen Bawwesen, fol. 49r., No. 346
965	dito	dito, fol. 49r., No. 348
966	dito	dito, fol. 49r., No. 350
967	dito	dito, fol. 49v., No. 352
968	dito	dito, fol. 50r., No. 358 (20. Dez.)

969	dito	dito, fol. 50r., No. 362 u. 363
970	7/2327, RR 1661	(unter) Besoldungs Außgabe, fol. 52r., No. 356; fol. 52v., No. 366
971	dito	(unter) Bezahlung der Handtwercker, fol. 56v., No. 412
972	dito	(unter) Außgaben zu dem Gottorfischen BawWesen, fol. 85v., No. 766
973	dito	dito, fol. 86r., No. 774
974	dito	dito, fol. 86r., No. 785 (8. Juni)
975	dito	dito, fol. 86v., No. 785
976	dito	dito, fol. 87r., No. 789 (12. Aug.)
977	dito	dito, fol. 87v., No. 797
978	dito	dito, fol. 87v., No. 802
979	dito	dito, fol. 88r., No. 805
980	dito	dito, fol. 89r., No. 820
981	dito	dito, fol. 89v., No. 832
982	dito	dito, fol. 89v., No. 833
983	168, AR 1661	(unter) Außgabe zu Behueff Deß Lustgartens, No. 108
984	dito	dito, No. 113
985	dito	dito
986	dito	(unter) Gemeine Tägliche Außgaben …, No. 217
987	dito	((unter) Außgabe Fuhr= undt Arbeidts Lohn …, No. 323
988	dito	dito, No. 345
989	dito	dito, No. 390
990	dito	(unter) Außgabe Waß dem Gärtner zu ablohnungh der Taglöhner im Garten entrichtet worden, No. 398
991	dito	dito, No. 399
992	7/2329, RR 1662	(unter) Bezahlung für Bücher, fol. 48r., No. 292
993	dito	(unter) Besoldungs Außgabe, fol. 49v., No. 308
994	dito	dito, fol. 53r., No. 366
995	dito	dito, fol. 53v., No. 367; fol. 61v., No. 495
996	dito	dito, fol. 61r., No. 489, fol. 61v., No. 496
997	dito	(unter) Handtwercker Bezahlung, fol. 69v., No. 595 (23. Dez.)
998	dito	(unter) Gemeine Außgabe … Anno 1662, fol. 78v., No. 700
999	dito	dito, fol. 81r., No. 735
1000	dito	(unter) Außgabe zum Gottorfischen Bawwesen, fol. 91r., No. 833
1001	dito	dito, fol. 92r., No. 845 (6. Apr.); fol. 99r., No. 971
1002	dito	dito, fol. 95r., No. 905 (27. Sept.); fol. 98r., No. 952
1003	dito	dito, fol. 99r., No. 968
1004	168, AR 1662	(unter) Außgabe zu Behueff Des Lustgartenß., No. 103
1005	dito	dito
1006	dito	(unter) Außgabe Waß dem Gärtner zu Ablohnung Der Taglöhner im garten entrichtet worden., No. 373
1007	7/2331, RR 1663	(unter Besoldungsausgaben), fol. 60v. (Apr.)
1008	dito	dito, fol. 100r. (Dez.)
1009	dito	(unter) Gemeine Ausgabe …, fol. 45r. (Jan.)
1010	dito	dito, fol. 57v. (März)
1011	dito	dito, fol. 65v. (Mai)
1012	dito	(unter) Handtwercker Bezahlung, fol. 56v.
1013	dito	dito, fol. 92v. (7. Nov.)
1014	dito	(unter) Außgabe zum Gottorfischen Bawwesen …, fol. 47v., (28. Jan.)
1015	dito	dito, fol. 62r. (6. Apr.)
1016	dito	dito, fol. 65v. (Mai), fol. 72r. (Juni), fol. 81v. (Aug.)
1017	dito	dito, fol. 72r. (Juni)
1018	dito	dito, fol. 72v. (26. Juni)
1019	dito	dito, fol. 76v. (7. Juli)
1020	dito	dito, fol. 77r. (Juli), 105r. (Dez.)
1021	dito	dito, fol. 81v. (Aug.)
1022	dito	dito, fol. 91r. (Okt.)
1023	dito	dito, fol. 105v. (Dez.)
1024	168, AR 1663	(unter) Außgabe zu Behueff deß Fürstl. Lustgartenß., No. 124
1025	dito	dito, No. 125, 131, 145 u. 146
1026	dito	dito, No. 140
1027	dito	dito
1028	dito	(unter) Gemeine Tägliche Außgaben …, No. 226, 227, 247–252
1029	dito	(unter) Außgabe Fuhr undt Arbeitß Lohn zu allerhandt Täglicher Notturfft, No. 336
1030	dito	(unter) Außgabe waß dem Gärtner zu Ablohnung der Tage Lohner im Garden entrichtet worden., No. 396
1031	7/2333, RR 1664	(unter Besoldungsausgaben), fol. 48v. (Feb.), fol. 77r. (Juli)
1032	dito	(unter) Gemeine Ausgabe …, fol 59r. (1. Apr.)
1033	dito	dito, fol. 89r. (25. Okt.)
1034	dito	(unter) Handtwercker Bezahlung …, fol. 77v. (Juli), fol. 87v. (Sept.) u. fol. 90r. (Okt.)
1035	dito	(unter) Außgabe zum Gottorffischen Bawwesen …, fol. 51v.
1036	dito	dito, fol. 55v. (März)
1037	dito	dito, fol. 56r. (März)
1038	dito	dito, fol. 56r. (März)
1039	dito	dito, fol. 60v. (2. Apr.), fol. 61r., 75r., 75r. (30. Juni), fol. 80r. (Juli), 84v. (Aug.)
1040	dito	dito, fol. 60v. (9. Apr.)

1041	dito	dito, fol. 60v. (Apr.)
1042	dito	dito, fol. 61r.
1043	dito	dito, fol. 61v. (30. Apr.), fol. 61v., 80r. (Juli), fol. 90r. (Okt.)
1044	dito	dito, fol. 67v.
1045	dito	dito, fol. 68r. (Mai)
1046	dito	dito, fol. 68r. (Mai), 74v. (Juni)
1047	dito	dito, fol. 74v. (Juni), fol. 79v. (Juli), fol. 80v. (Juli), fol. 87r. (Aug.)
1048	dito	dito, fol. 74v. (Juni), fol. 75r. (29. Juni), fol. 80v. (Juli)
1049	dito	dito, fol. 74v. (13. Juni)
1050	dito	dito, fol. 74v. (16. Juni)
1051	dito	dito, fol. 80r. (Juni)
1052	dito	dito, fol. 80r. (Juni)
1053	dito	dito, fol. 83v. (1. Aug.)
1054	dito	dito, fol. 84r. (Aug.)
1055	dito	dito, fol. 84r. (Aug.)
1056	dito	dito, fol. 84r. (Aug.), fol. 87r. (3. Sept.)
1057	dito	dito, fol. 84v. (Aug.)
1058	dito	dito, fol. 84v. (25. Aug.)
1059	dito	dito, fol. 89v. (Okt.)
1060	dito	dito, fol. 93r. (Nov.)
1061	dito	dito, fol. 99r. (Dez.)
1062	dito	dito, fol. 99v. (Dez.)
1063	168, AR 1664	(unter) Außgabe zu behueff deß Fürstl. Lustgartens., No. 82
1064	dito	(unter) Außgabe waß den Handtwerckern und Arbeitsleuten bezahlet, No. 100
1065	dito	dito, No. 110
1066	dito	dito, No. 127
1067	dito	dito, No. 131
1068	dito	dito, No. 141
1069	dito	(unter) Ausgabe Post und andere Fuhren, No. 2, 4, 27, 42
1070	7/2335, RR 1665	(unter Besoldungsausgaben), fol. 46r. (Jan.)
1071	dito	dito, fol. 52r. (Feb.), fol. 64v. (März), fol. 79v. (Juni), fol. 110v. (Dez.)
1072	dito	dito, fol. 57r. (Feb.)
1073	dito	(unter) Außgabe wegen der Gottorfischen Hoffhaltung …, fol. 52r. (Jan.)
1074	dito	(unter) Gemeine Außgabe …, fol. 102v. (Okt.)
1075	dito	dito, fol. 107v. (24. Nov.)
1076	dito	dito, fol. 80v. (Juni)
1077	dito	(unter) Handtwercker Außgabe …, fol. 75r. (Mai)
1078	dito	dito, fol. 80r. (Juni)
1079	dito	dito, fol. 91v. (Aug.), fol. 92r.
1080	dito	dito, fol. 97r. (Sept.)
1081	dito	dito, fol. 106v. (30. Nov.)
1082	dito	(unter) Außgabe zum Gottorfischen Bawwesen, fol. 63r. (Feb.), fol. 82v. (Juni), fol. 83r. (Juni)
1083	dito	dito, fol. 72v. (29. Apr.)
1084	dito	dito, fol. 75r. (Mai), fol. 77v.
1085	dito	dito, fol. 77r. (27. Mai), fol. 77r.
1086	dito	dito, fol. 77v. (Mai), fol. 82v. (23. Juni), fol. 90r. (Aug.), fol. 95r. (Aug.), fol. 99v. (Sept.), fol. 104r. (Okt.), fol. 108r. (20. Nov.)
1087	dito	dito, fol. 83r. (Juni), fol. 89v. (Juli), fol. 115r. (Dez.)
1088	dito	dito, fol. 88v. (Juli)
1089	dito	dito, fol. 88v. (Juli)
1090	dito	dito, fol. 88v. (Juli), fol. 93v. (Aug.)
1091	dito	dito, fol. 88v. (Juli), fol. 94r. (Aug.), fol. 98v. (Sept.)
1092	dito	dito, fol. 89r. (Juli), fol. 94r. (Aug.), fol. 98v. (Sept.)
1093	dito	dito, fol. 94v. (Aug.)
1094	dito	dito, fol. 94v. (Aug.)
1095	dito	dito, fol. 98v. (Sept.)
1096	dito	dito, fol. 99r. (Sept.), fol. 99v., fol. 104v. (Okt.), fol. 114r. (9. Dez.)
1097	dito	dito, fol. 99v. (Sept.), fol. 99v., 100r., 104v.
1098	dito	dito, fol. 100v. (Sept.), fol. 105r. (Okt.)
1099	dito	dito, fol. 108r. (Nov.)
1100	dito	dito, fol. 108v. (30. Nov.)
1101	dito	dito, fol. 114v. (Dez.)
1102	dito	dito, fol. 115r. (Dez.)
1103	168, AR 1665	(unter) Außgabe, was den Handwerckern und Arbeits Leuten bezahlt, No. 73
1104	dito	dito, No. 77
1105	dito	(unter) Außgabe was dem Gärtner zue ablohnung der Taglöhner im garten, entrichtet worden., No. 117 u. B Nr. 117
1106	dito	(unter) Außgabe Fuhr: und Arbeits=Lohn …, No. 242, 243, 249–251
1107	dito	dito, No. 255
1108	dito	dito, No. 256
1109	dito	dito, No. 257
1110	dito	dito, No. 259
1111	dito	(unter) Außgabe zue Behueff des Fürstlichen Lustgartens., No. 260
1112	dito	dito, No. 261, 262 u. 263 mit B No. 262 (19.12.1665) u. 263
1113	dito	dito
1114	7/2337, RR 1666	(unter Besoldungsausgaben), fol. 54r. (Feb.)
1115	dito	dito, fol. 74v. (29. Mai)
1116	dito	dito, fol. 80v. (Juli)
1117	dito	(unter) Gemeine Außgabe …, fol. 60v. (Feb./ März) u. B
1118	dito	dito, fol. 61v.
1119	dito	dito, fol. 67v. (2. Apr.)

1120	dito	(unter) Handtwercker Außgabe ..., fol. 58r. (7. März)		1159	7/2341, RR 1668	(unter) Besoldungs Außgabe ..., fol. 61r., 69v., 83v., 101v.
1121	dito	dito, fol. 87v. (Aug.)		1160	dito	dito, fol. 83v. (29. Juli)
1122	dito	(unter) Außgabe zum Gottorfischen Bawwesen, fol. 63v. (Feb./(März)		1161	dito	(unter) Gemeine Außgabe ..., fol. 54v. (Jan.)
1123	dito	dito, fol. 64r. (Feb./(März)		1162	dito	dito, fol. 96v. (Sept.–Nov.)
1124	dito	dito, fol. 64v. (Feb./(März)		1163	dito	dito, fol. 96r. (Aug.)
1125	dito	dito, fol. 69v. (3. Apr.), 69v. (10. Apr.), 70r., 75v. (Mai)		1164	dito	(unter) Handtwercker Außgabe ..., fol. 92v. (1. Okt.)
1126	dito	dito, fol. 75v. (Mai)		1165	dito	(unter) Außgabe zum Gottorfischen Bawwesen ..., fol. 65r. (Feb.)
1127	dito	dito, fol. 75v. (11. Mai)				
1128	dito	dito, fol. 75v. (Mai) u. 75v.		1166	dito	dito, fol. 65r. (Febr.), fol. 79r. (März)
1129	dito	dito, fol. 76r. (Mai)		1167	dito	dito, fol. 65r. (Feb.)
1130	dito	dito, fol. 79r. (14. Juni)		1168	dito	dito, fol. 79v. (März–Juni)
1131	dito	dito, fol. 79r. (30. Juni) u. B		1169	dito	dito, fol. 79v.
1132	dito	dito, fol. 82v. (13. Juli)		1170	dito	dito, fol. 79v.
1133	dito	dito, fol. 83r. (23. Juli)		1171	dito	dito, fol. 79v.
1134	dito	dito, fol. 83v.		1172	dito	dito, fol. 80v.
1135	dito	dito, fol. 83v. (26. Juli)		1173	dito	dito, fol. 81r. (16. Juni), 81v. (Ende Juni)
1136	dito	dito, fol. 94r. (3. Sept.)				
1137	168, AR 1666	(unter) Außgabe was dem Gärtner zue ablohnung der TagLöhner im Garten, entrichtet worden., No. 114		1174	dito	dito, fol. 88v. (Juli/Aug.)
				1175	dito	dito, fol. 89v. (Ende Aug.)
				1176	dito	dito, fol. 106v.
1138	dito	(unter) Gemeine Tägliche Außgaben, No. 144		1177	dito	dito, fol. 107v.
				1178	168, AR 1668	(unter) Außgabe zue behueff deß Fürstl. Vorwercks, Schäffereyen, unnd Meyerhöffe, No. 120 mit B Nr. 120; No. 132, 133
1139	dito	dito, No. 146				
1140	dito	(unter) Außgabe Fuhr- und arbeitslohn, zue allerhant täglicher Notturfft, No. 264				
				1179	dito	dito, No. 135 mit B Nr. 135
1141	dito	dito, No. 265		1180	dito	dito, No. 136 mit B Nr. 136
1142	dito	dito, No. 268		1181	dito	(unter) Gemeine tägliche Außgabe ..., No. 217
1143	7/2339, RR 1667	(unter) Besoldungs Außgabe, fol. 47r. (Jan.), fol. 59r. (Mai), fol. 70v. (Juli)				
				1182	dito	(unter) Außgabe Fuhr- und Arbeitslohn ..., No. 332
1144	dito	(unter) Handtwercker Außgabe ..., fol. 60r. (15. Mai), fol. 87r. (Sept.)				
				1183	dito	(unter) Außgabe waß dem Gärtner im Alten Fürstl. Lustgarten ... entrichtet., No. 383
1145	dito	dito, fol. 87r. (Sept.)				
1146	dito	(unter) Außgabe zum Gottorfischen Bawwesen ..., fol. 63r. (Mai)		1184	7/2343, RR 1669	(unter Besoldungsausgaben), fol. 58r. (Feb.)
1147	dito	dito, fol. 64r. (Mai)		1185	dito	dito, fol. 81r. (Juni–Sept.)
1148	dito	dito, fol. 79r. (Aug.)		1186	dito	dito, fol. 98r. (Okt.–Dez.)
1149	dito	dito, fol. 79v. (Aug.)		1187	dito	(unter) Fernere Gemeine Außgabe ..., fol. 73r. (März–Mai)
1150	dito	dito, fol. 80r. (22. Aug.)				
1151	dito	dito, fol. 98r. (18. Okt.)		1188	dito	dito, fol. 85v. (4. Juni)
1152	dito	dito, fol. 99v. (18. Nov.)		1189	dito	dito, fol. 88v. u. 89v.
1153	dito	dito, fol. 99v. (6. Dez.)		1190	dito	dito, fol. 102r. (Okt.–Dez.)
1154	168, AR 1667	(unter) Gemeine Tägliche Außgaben ..., No. 198		1191	dito	(unter) Fernere Handwercker Bezahlung ..., fol. 98v. (5. Okt.)
1155	dito	dito, No. 202		1192	dito	dito, fol. 99r.
1156	dito	(unter) Fuhr= und arbeitslohn zue allerhandt täglicher notturfft., No. 331 u. B Nr. 331		1193	dito	(unter Ausgaben für die Prinzessin Friderica Amalia), fol. 106v.
				1194	dito	(unter) Außgabe zum Gottorffischen Bawwesen ..., fol. 55v. (Jan.)
1157	dito	dito, No. 335 u. B Nr. 335				
1158	dito	(unter) Außgabe was dem Gartner ... entrichtet worden, No. 367, 368		1195	dito	dito, fol. 55v. (Jan.)

1196	dito	dito, fol. 62r. (3. Feb.)
1197	dito	dito, fol. 62r.
1198	dito	dito, fol. 63r.
1199	dito	dito, fol. 76r. (März–Mai)
1200	dito	dito, fol. 76v.
1201	dito	dito, fol. 76v.
1202	dito	dito, fol. 76v.
1203	dito	dito, fol. 77v.
1204	dito	dito, fol. 92v. (Juni–Sept.)
1205	dito	dito, fol. 92v.
1206	dito	dito, fol. 94v. (31. Juli)
1207	dito	dito, fol. 108v. (Okt.–Dez.)
1208	dito	dito, fol. 110r. (20. Nov.)
1209	dito	dito, fol. 111r.
1210	dito	dito, fol. 111v.
1211	7/2344, B RR 1669	B No. 2
1212	168, AR 1669	(unter) Außgabe was den Handtwerckern und Arbeitsleuten bezahlt, No. 139 u. B (10.–27. Okt) u. 177
1213	dito	dito, No. 143 u. 148
1214	dito	dito, No. 145
1215	dito	dito, No. 163, 165, 166
1216	dito	dito, No. 159–161, No. 191 u. B Nr. 159
1217	dito	(unter) Gemeine Tägliche Außgaben …, No. 222 u. B No. 222
1218	dito	dito, No. 293
1219	dito	dito, No. 293a
1220	dito	(unter) Außgabe Fuhr= unnd Arbeitslohn …, No. 367 u. B No. 367
1221	dito	dito, No. 368 u. B No. 368
1222	dito	dito, No. 371
1223	dito	(unter) Außgabe, was dem Gartnern im alten Fürstl. Lustgarten an Seine Jahrlichen besoldung entrichtet., No. 438 u. B No. 438
1224	7/2345, RR 1670	(unter Besoldungsausgaben), fol. 78v. (Feb.–Mai), fol. 104v. (31. Juli) u. fol. 126r. (31. Dez.)
1225	dito	(unter) Fernere Handtwercker Bezahlung …, fol. 106v. (Juni–Sept.) u. fol. 120r. (16. Sept.)
1226	dito	dito, fol. 127r. (3. Nov.)
1227	dito	(unter) Fernere Gemeine Außgabe …, fol. 89v. (28. Mai)
1228	dito	dito, fol. 131v. (29. Nov.)
1229	dito	dito, fol. 132v. (Okt.–Dez.), fol. 133r.
1230	dito	(unter) Außgabe wegen der Gottorffischen Hoffhaltung …, fol. 138r. (11. Okt.)
1231	dito	(unter) Außgabe zum Gottorffischen Bawwesen …, fol. 70v. (Jan.) u. B in LASH 7/2346, fol. 113
1232	dito	dito, fol. 70v. (21. Jan.) u. B in LASH 7/2346, fol. 138–141
1233	dito	dito, fol. 71v.
1234	dito	dito, fol. 94r., fol. 94r. (12. März), fol. 96r. (Mai), fol. 116v., 118r. (8. Juli) u. fol. 118v.
1235	dito	dito, fol. 117r. (Juni–Sept.), fol. 118r. (8. Juli)
1236	dito	dito, fol. 95r.
1237	dito	dito, fol. 95v.
1238	dito	dito, fol. 95v.
1239	dito	dito, fol. 96r. (19. Mai)
1240	dito	dito, fol. 117v.
1241	dito	dito, fol. 117v. (8. Juli)
1242	dito	dito, fol. 118v. (6. Aug.)
1243	dito	dito, fol. 139r. (2. Okt.) u. fol. 139r.
1244	dito	dito, fol. 139r.
1245	dito	dito, fol. 140r. (31. Okt.)
1246	dito	dito, fol. 140r.
1247	dito	dito, u.a. fol. 142v.
1248	7/2346, B RR 1670	B fol. 30
1249	dito	B fol. 118
1250	168, AR 1670	(unter) Außgabe was den Handwerckern und arbeits Leuten bezahlet., No. 157
1251	dito	(unter) Gemeine tägliche außgaben …, No. 222
1252	dito	dito, No. 276, 121, 216 u. B No. 276
1253	dito	(unter) Außgabe Fuhr= und arbeits Lohn …, No. 365 u. B No. 365
1254	dito	dito, No. 372, 275, 355, 371, 381 u. 387
1255	dito	dito, No. 396 u. B No. 396
1256	dito	(unter) Außgabe waß dem Gardner im alten Fürstl. Lustgarten … entrichtet., No. 403 u. B
1257	7/2347, RR 1671	(unter Besoldungsausgaben), fol. 73v. (8. Mai), fol. 77v. (31. Juli) u. fol. 106r., (Okt.)
1258	dito	(unter) Bezahlung der Handtwerker …, fol. 107v. (14. Aug.)
1259	dito	dito, fol. 108r. u. 108v.
1260	dito	(unter) Fernere Gemeine Außgabe …, fol. 83v. (22. Apr.)
1261	dito	dito, fol. 112r. (17. Aug.)
1262	dito	dito, fol. 130v. (15. Dez.)
1263	dito	(unter) Außgabe wegen der Gottorffischen Hoffhaltung, fol. 66v. (25. Jan.) u. fol. 122r. (Aug.–Nov.)
1264	dito	(unter) Außgabe wegen des Gottorffischen Bawwesens …, fol. 67v. (Jan.)
1265	dito	dito, fol. 68r.
1266	dito	dito, fol. 95v. (10. März)
1267	dito	dito, fol. 98v. (31. Mai)
1268	dito	dito, fol. 100r.
1269	dito	dito, fol. 101r. (30. Juli)
1270	dito	dito, fol. 122v. (15. Aug.)
1271	dito	dito, fol. 124r.

1272	dito	dito, fol. 124v.
1273	dito	dito, fol. 125r. (15. Okt.)
1274	dito	dito, fol. 133v. (9. Dez.)
1275	dito	dito, fol. 133v.
1276	dito	dito, fol. 134r. (30. Dez.)
1277	168, AR 1671	(unter) Außgabe Fuhr: und Arbeits Lohn …, No. 392
1278	dito	dito, No. 398
1279	dito	dito, No. 446
1280	dito	dito, No. 448 u. B
1281	dito	(unter) Außgabe was dem Fürstl. Gartnern im Alten Fürstl. Lustgarten … entrichtet., No. 451
1282	7/2349, RR 1672	(unter Besoldungsausgaben), fol. 58r. (31. Jan.), fol. 70r. (Feb.–Juli) u. fol. 100r. (Aug.–Dez.)
1283	dito	(unter) Bezahlung der Handtwerker …, fol. 102v. (6. Aug.)
1284	dito	(unter) Fernere Gemeine Außgabe …, fol. 81v. (Feb.–Juli)
1285	dito	dito, fol. 83r.
1286	dito	dito, fol. 84v. u. 88r.
1287	dito	(unter) Außgabe wegen der Gottorffischen Hoffhaltung …, fol. 64r. (6. Jan.) u. fol. 113v. (28. Sept.) mit B
1288	dito	(unter) Außgabe wegen des Gottorffischen Bawwesens …, fol. 95v. (26. Mai)
1289	dito	dito, fol. 98r. (25. Juli)
1290	dito	dito, fol. 98r. (30. Juli)
1291	dito	dito, fol. 115v.
1292	dito	dito, fol. 115v. (Okt.)
1293	dito	dito, fol. 117r. (Dez.)
1294	7/2351, RR 1673	(unter Besoldungsausgaben, fol. 59v. u. 71v. (Mai)
1295	dito	(unter) Außgabe wegen der Gottorffischen Hoffhaltung …, fol. 91r. (Feb.–Juni)
1296	dito	(unter) Außgabe wegen den Gottorffischen Bawwesen …, fol. 66v. (Jan.)
1297	dito	dito, fol. 92v.
1298	dito	dito, fol. 93v.
1299	dito	dito, fol. 94r. (31. Mai)
1300	dito	dito, fol. 95r. (16. Juni)
1301	dito	dito, fol. 111r. (28. Dez.)
1302	dito	dito, fol. 111v. u. Beilagen
1303	7/2352, B RR 1673	B No. 150 u. 152
1304	dito	B No. 153
1305	dito	B No. 154
1306	dito	B No. 157
1307	dito	B No. 179
1308	168, AR 1673	Beilagen zur Einnahme und Ausgabe, No. 243 u. 244
1309	dito	dito, No. 399 u. 400
1310	7/2353, RR 1674	(unter) Fernere Gemeine Außgabe …, No. 340 (Jan.) u. B in LASH 7/2352, RR 1673, No. 340
1311	dito	dito, No. 354
1312	dito	dito, No. 391 (27. Jan.)
1313	dito	dito, No. 613 (23. Juni)
1314	dito	dito, No. 621 (Juli)
1315	dito	dito, No. 807 (Aug.–Dez.)
1316	dito	(unter) Außgabe wegen des Gottorffischen Bawwesens …, No. 705 (Feb.–Juli)
1317	dito	dito, No. 706
1318	dito	dito, No. 871 (Aug.–Dez.)
1319	dito	dito, No. 873
1320	dito	dito, No. 883
1321	dito	dito, No. 887 (8. Nov.)
1322	dito	dito, No. 890
1323	dito	dito, No. 896 (24. Dez.)
1324	dito	dito, No. 992
1325	168, AR 1674	Beilagen zur Einnahme u. Ausgabe, No. 343 u. 344
1326	7/2355, RR 1675	(unter Besoldungsausgaben), fol. 109r. (Aug.–Dez.)
1327	dito	(unter) Fernere Gemeine Außgabe …, fol. 89r. (Feb.–Juli)
1328	dito	dito, fol. 89v. (26. Apr.) u. fol. 97v.
1329	dito	dito, fol. 90v.
1330	dito	(unter) Außgabe wegen des Gottorffischen Bawwesens …, fol. 67r. (Jan.) u. 102r. (17. Mai)
1331	dito	dito, fol. 100v. (Feb.–Juli)
1332	dito	dito, fol. 101v.
1333	dito	dito, fol. 102r. (14. Mai)
1334	168, AR 1675	Ausgabe für Messingdraht von Aug. 1674 bis Juni 1675, (Grotte, Vogelhaus)
1335	dito	Ausgabe für Schwedische Bretter, (Sept. 1674 u. Mai 1675)
1336	dito	Ausgabe für Nordische Bretter, (31. Mai 1675)
1337	dito	Ausgabe für Tarras, (Mai 1675)
1338	dito	B No. 215
1339	dito	B No. 318 u. 319
1340	7/2357, RR 1676	(unter) Besoldungs Außgabe, fol. 110v.
1341	dito	(unter) Außgabe Wegen allerhant zu dem Gottorfischen Bawwesen bezahlter materialien und dabey verrichteter Arbeit Ao 1676., fol. 158v.
1342	dito	dito, fol. 162v., No. 573 u. B in LASH 7/2358, No. 573
1343	168, AR 1676	(unter) Ausgabe was dem Fürstl. Gärtnern im alten Fürstl. Lustgardten … entrichtet., No. 229 u. 230

1344	7/2361, RR 1677–79	(unter) Besoldungs Außgabe, fol. 55, No. 93; fol. 62, No. 150; fol. 52, No. 151; fol. 69, No. 190; fol. 75. No. 224
1345	dito	dito, fol. 60, No. 134 u. 135; fol. 69, No. 191; fol. 78, No. 248
1346	dito	dito, fol. 62, No. 147 u. 148
1347	dito	(unter) Fernere Küchen und Hoffhaltungs Ausgaben, fol. 104, No. 406 (1676)
1348	dito	(unter) Außgabe wegen des Gottorffischen Bawwesens, fol. 117, No. 498 u. fol. 119, No. 510 (12. Dez.)
1349	168, AR 1679	Beilagen zur Einnahme und Ausgabe, No. 81
1350	dito	dito, No. 84 u. 86
1351	dito	dito, No. 141
1352	7/2363, RR 1680	(unter) Besoldungs Außgabe, fol. 82, No. 162; fol. 94, No. 231 u. fol. 99, No. 262
1353	dito	dito, fol. 83, No. 169; fol. 90, No. 201 u. fol. 93, No. 220
1354	dito	dito, fol. 84, No. 177 mit B
1355	dito	dito, fol. 102, No. 279 mit B No. 279
1356	dito	(unter) Bezahlung der Handtwercker, fol. 106 No. 289 (6. Feb.) mit B No. 289
1357	dito	dito, fol. 111, No. 320 (28. Okt.) mit B No. 320
1358	dito	(unter) Fernere Gemeine Außgabe …, fol. 156, No. 558 (26. Oktober)
1359	dito	(unter) Außgabe wegen des Gottorffischen Bauwesens, fol. 195, No. 763 (9. Juli) u. fol. 197, No. 776
1360	dito	dito, fol. 198, No. 778 (30. Juli) u. No. 783; fol. 200, No. 794; fol. 201, No. 797, 801 u. 816; fol. 204, No. 831
1361	dito	dito, fol. 199, No. 790
1362	dito	dito, fol. 202, No. 807
1363	dito	dito, fol. 206, No. 831
1364	7/2364–2366, B RR	B No. 292
1365	dito	B No. 773
1366	dito	B No. 793
1367	dito	B No. 795 u. 804
1368	dito	B No. 808
1369	dito	B No. 833
1370	dito	B No. 834 (Unterb. 1, 13. Juni 1674)
1371	168, AR 1680	Beilagen zur Einnahme u. Ausgabe, No. 84
1372	7/2368, RR 1681	(unter) Außgabe Geld auf Fürstl: Bauwesen behueff des Neüenwerks an Besoldungen und Materialien (Lit. KK), No. 1 (22. Feb. 1681)
1373	dito	dito, No. 2 (21. Mai) u. B in LASH 7/2369–2374
1374	dito	dito, No. 17 u. B No. 17 in LASH 7/2369–2374
1375	dito	dito, No. 18 (4. Juli 1681) u. 19
1376	dito	dito, No. 21 u. B No. 21 in LASH 7/2369–2374
1377	dito	dito, No. 27 u. B No. 27 in LASH 7/2369–2374
1378	7/2369–2374, B RR	B No. 14
1379	dito	B No. 20
1380	7/2375, RR 1682	(unter) Besoldungs Außgabe auff die Fürstl: Garten. (Lit. O), fol. 120
1381	dito	dito, fol. 120
1382	dito	dito, fol. 120
1383	dito	(unter) Außgabe An Ordinair und Extraordinairen Kostgeldt, fol. 131
1384	dito	(unter) Außgabe Geldt zum Fürstlichen Bauwesen an Allerhand Handwerker (Lit. JJ), No. 30 u. B. Nr. 30 u. 44 in LASH 7/2377 u. 2379
1385	dito	dito, No. 42 u. B. Nr. 42 in LASH 7/2377 u. 2379
1386	dito	dito, No. 60 u. B. Nr. 60 u. 99 (Unterb. 3) in LASH 7/2377 u. 2379
1387	dito	dito, No. 62 u. B. Nr. 62 in LASH 7/2377 u. 2379
1388	7/2377, 2379, B RR	B Nr. 65
1389	7/2375, RR 1682	(unter) Außgabe Geldt zum Fürstlichen Bauwesen an Allerhand Handwerker (Lit. JJ), No. 66 u. B. Nr. 66 in LASH 7/2377 u. 2379
1390	168, AR 1862	(unter) Außgabe Was dem Frl. Gärtner im alten Garten … entrichtet worden., No. 262 u. 263
1391	7/2380, RR 1683	(unter) Besoldungs Außgabe auf die Fürstliche Garten (Lit. M), No. 101
1392	dito	dito, No. 102
1393	dito	(unter) Außgabe an Kostgeld (Lit. N), fol. 120
1394	168, AR 1683	Beilagen zur Einnahme und Ausgabe, No. 6
1395	7/2385, RR 1684	(unter) Besoldungs Außgabe … (Lit. N), fol. 109
1396	7/2389, RR 1685	(unter) Außgabe behuef Des Fürstlichen Bauwesens (Lit. HH), No. 1 u. B. Nr. 1 in LASH 7/2390–2392
1397	dito	dito, No. 17
1398	7/2402–04, RR 1689	(unter) Außgabe behuef Des Fürstlichen Bauwesens (Lit. HH), B No. 39
1399	7/2405–07, RR 1690	(unter Besoldungsausgaben Lit. O), B No. 33
1400	dito	dito, B No. 35
1401	dito	dito, B No. 34
1402	dito	(unter) Außgabe behuef Des Fürstlichen Bauwesens (Lit. KK), B No. 1, 3 (März); 5 u. 7 (26. Juli)
1403	dito	dito, B No. 12 u. 13
1404	dito	dito, B No. 15

1405	dito	dito, B No. 16	1452	dito	dito, No. 59 u. 60
1406	dito	dito, B No. 66	1453	168, AR 1692	(unter) Außgabe der Hochfürstl. Rentecammer als bahr gelieferte Gelder zu berechnen, No. 40, 47, 48, 50 u. 52
1407	dito	dito, B No. ?			
1408	dito	dito, B No. 86			
1409	dito	dito, B No. 87 u. 88			
1410	dito	dito, B No. 94 u. 95	1454	dito	dito, No. 11 u. 19
1411	dito	dito, B No. 108	1455	dito	dito, No. 28 u. 36
1412	dito	dito, B No. 109	1456	dito	dito, No. 42
1413	dito	dito, B No. 113–115	1457	dito	dito, No. 54
1414	dito	dito, B No. 120	1458	7/2412, RR 1693	
1415	dito	dito, B No. 126 u. 140		7/2413–2415, B RR	(unter) Außgabe an Besoldung (Lit. o), No. 38 u. B No. 38
1416	dito	dito, B No. 142, 143, 146 u. 166			
1417	dito	dito, B No. 169	1459	dito	dito, No. 65 u. 66; B No. 65
1418	dito	dito, B No. 174	1460	dito	(unter)Außgabe an Alter Besoldung (Lit. P), No. 31
1419	dito	dito, B No. 178			
1420	168, AR 1690	Beilagen zur Einnahme u. Ausgabe, Unterb. zu einer fehlenden B, No. 1, 2 u. 4–9	1461	dito	(unter) Außgabe zu behueff Des Fürstl. Bauwesens (Lit. KK), No. 1 u. B No. 1
1421	7/2408, RR 1691	(unter Besoldungsausgabe; Lit. O), No. 25 u. 26 (31. Dez.)	1462	dito	dito, No. 2 u. B No. 2
			1463	dito	dito, No. 4 u. B No. 4
1422	dito	dito, No. 34 u. 35	1464	dito	dito, No. 5 u. B No. 5
1423	dito	dito, No. 36 u. 37	1465	dito	dito, No. 10
1424	dito	(unter) Außgabe behueff Des Fürstl. Bawwesens (Lit. KK), No. 19	1466	dito	dito, No. 18 u. B No. 18
			1467	dito	dito, No. 21 u. B No. 21
1425	dito	dito, No. 21, 23, 35 u. 45	1468	dito	dito, No. 26 u. B No. 26 (1690)
1426	dito	dito, No. 52	1469	dito	dito, No. 44 u. 45 u. B No. 44 u. 45
1427	dito	dito, No. 86	1470	dito	dito, No. 46 u. B No. 46
1428	dito	dito, No. 100	1471	dito	dito, No. 48 u. B No. 48
1429	dito	dito, No. 104–106	1472	dito	dito, No. 49 u. B No. 49
1430	168, AR 1691	(Beilagen mit Monatszetteln über Fuhren und Handdienste der Unterthanen), (Monat Mai)	1473	dito	dito, No. 54 u. B No. 54
			1474	dito	dito, No. 55 u. B No. 55
			1475	dito	dito, No. 57 u. B No. 57
1431	dito	dito, (Monat Aug.)	1476	dito	dito, No. 60 u. B No. 60 (31. Juli–19. Aug. 1693)
1432	dito	dito, (Monat Sept.)			
1433	dito	dito, (Monat Okt.)	1477	dito	dito, No. 64 u. B No. 64
1434	dito	(Unterbeilagen), No. 1	1478	dito	dito, No. 66 u. B No. 66
1435	dito	dito, No. 2	1479	dito	dito, No. 68 u. B No. 68
1436	dito	dito, No. 3, 5, 10, 16–18	1480	7/2416, RR 1694	(unter) Außgabe an Besoldung (Lit. O), No. 48
1437	dito	dito, No. 4, 6, 8 u. 9			
1438	dito	dito, No. 7	1481	dito	dito, No. 49
1439	dito	dito, No. 11 u. 22	1482	dito	dito, No. 50 u. B No. 50 in LASH 7/2417
1440	dito	dito, No. 8 u. 12			
1441	dito	dito, No. 14 u. 21	1483	dito	dito, No. 172 u. B No. 172 in LASH 7/2417
1442	dito	dito, No. 19			
1443	dito	dito, No. 23	1484	dito	(unter) Außgabe an Alter Besoldung (Lit. P), No. 43
1444	dito	dito, No. 27			
1445	dito	dito, No. 33	1485	dito	(unter) Außgabe behueff Brief Porto undt Botten Lohn (Lit. HH), No. 6, 7, 19 u. 36
1446	dito	dito, No. 36			
1447	7/2410, RR 1692	(unter Besoldungsausgaben; Lit. O), No. 38 u. 39			
			1486	dito	(unter) Außgabe behueff Des Fürstl: Bauwesens (Lit. KK), No. 1 (Ao. 1693)
1448	dito	(unter) Außgabe behueff Des Fürstl. Bawwesens (Lit. KK), No. 22			
			1487	dito	dito, No. 33–38, No. 49, 57, 78, 81, 96, 109 u. 110
1449	dito	dito, No. 33			
1450	dito	dito, No. 48			
1451	dito	dito, No. 58	1488	dito	dito, No. 44, 45, 47, 58, 68, 80 u. 84

1489	dito	dito, No. 61, 71, 73, 89–91	1529	dito	dito, No. 98, 109 u. 111 u. B No. 98 u. 109
1490	dito	dito, No. 46 u. 59			
1491	dito	dito, No. 63	1530	dito	dito, No. 100
1492	dito	dito, No. 64	1531	dito	dito, No. 116 m. B
1493	dito	dito, No. 114	1532	dito	(unter) Außgabe an Allerhandt Gemengte Sachen (Lit. LL), No. 3 u. B No. 3
1494	dito	(unter) Außgabe behueff Allerhandt Gemengte Sachen (Lit. LL), No. 1			
1495	dito	dito, No. 25 u. 41	1533	dito	dito, No. 7
1496	7/2419, RR 1695		1534	dito	dito, No. 22
	7/2420 u. 2423, B	(unter) Außgabe an Besoldung (Lit. o), No. 81 u. B No. 81	1535	dito	dito, No. 41 m. B
			1536	168, AR 1697	(unter) Was Ihro HochFürstl. Durchl. dhero Unvermögsahmen Unterthanen Gnädigst Remittirt., fol. 49, No. 189 u. B No. 189
1497	dito	dito, No. 82			
1498	dito	dito, No. 83			
1499	dito	(unter) Außgabe behuef Des Fürstl. Bauwesens (Lit. KK), No. 6 u. B No. 6	1537	7/2432, RR 1698	
				7/2435 u. 2436, B	(unter) Außgabe an Besoldungh der Hauß und Hoffbediente (Lit. O), No. 13
1500	dito	dito, No. 16 u. B No. 16			
1501	dito	dito, No. 20 u. B No. 20	1538	dito	dito, No. 14
1502	dito	dito, No. 23 u. 24 u. B No. 23 u. 24	1539	dito	dito, No. 15
1503	dito	dito, No. 32 u. B No. 32	1540	dito	(unter) Außgabe behuef Fürstl. Bauwesens (Lit. KK), No. 39 u. B No. 39
1504	dito	dito, No. 33 u. B No. 33			
1505	dito	dito, No. 49 u. B No. 49	1541	dito	dito, No. 284 u. B No. 284
1506	dito	dito, No. 54	1542	dito	dito, No. 328
1507	dito	dito, No. 59 u. B No. 59	1543	dito	dito, No. 402 u. 447 u. B No. 402 u. 447
1508	dito	dito, No. 61 u. B No. 61	1544	dito	dito, No. 407
1509	dito	dito, No. 68 u. B No. 68	1545	dito	dito, No. 118 u. B No. 118 (19.2.1698)
1510	dito	dito, No. 69 m. B	1546	7/2437, RR 1699	
1511	dito	dito, No. 71 m. B		7/2441, B	(unter) Außgabe Geldt an Besoldungh (Lit. O), No. 19
1512	7/2424, RR 1696				
	7/2427, B RR	(unter) Außgabe an Besoldungh (Lit. O), No. 27	1547	dito	dito, No. 20
			1548	dito	dito, No. 21
1513	dito	dito, No. 28	1549	dito	(unter) Außgabe an Alter Besoldung (Lit. P), No. 7
1514	dito	dito, No. 29			
1515	dito	(unter) Außgabe an Alter Besoldungh (Lit. P), No. 10 u. 11	1550	dito	(unter) Außgabe behueff Fürstl. Bauwesens (Lit. KK), No. 11 u. B No. 11
1516	dito	(unter) Außgabe behueff Des Fürstl. Bauwesens (Lit. KK), No. 33 u. B No. 33	1551	dito	dito, No. 29, 34, 48, 116, 117 u. B No. 29, 48
1517	dito	dito, No. 95, 105, 108, 109 u. 127 u. B No. 95 u. 105	1552	dito	dito, No. 57, 106, 145
			1553	dito	dito, No. 205 u. B No. 205
1518	dito	dito, No. 88, 90, 106 u. B No. 88	1554	dito	dito, No. 207 u. B No. 207 (Unterb. 3)
1519	dito	dito, No. 118 u. B No. 118	1555	dito	dito, No. 158, 160 u. 180 u. B No. 158 u. 160
1520	dito	(unter) Außgabe behueff Allerhandt Gemengte Sachen (Lit. LL), No. 6			
			1556	dito	dito, No. 143, 282 u. B No. 143 u. 282
1521	dito	dito, No. 21 u. B No. 21	1557	dito	dito, No. 216–218 m. B
1522	7/2428, RR 1697		1558	dito	dito, No. 228, 229 u. 290 u. B No. 228 u. 229
	7/2429 u. 2431, B	(unter) Außgabe an Besoldungh, der Hauß und Hoffbediente (Lit. O), No. 11 u. B No. 10			
			1559	dito	dito, No. 284 u. B No. 284
			1560	dito	dito, No. 328 u. B No. 328
1523	dito	dito, No. 12 u. B No. 12	1561	dito	(unter) Ausgabe an allgemeine Gemengte Sachen, No. 22 u. B No. 22
1524	dito	dito, No. 13			
1525	dito	(unter) Außgabe behueff Des Fürstl. Bauwesens (Lit. KK), No. 1 u. B No. 1	1562	dito	dito, No. 26
			1563	dito	dito, No. 31 u. B No. 31
1526	dito	dito, No. 3 u. B No. 3	1564	7/2443, RR 1700	(unter) Außgabe an Besoldung der Haus undt Hoffbediehnte. (Lit. O), No. 14
1527	dito	dito, No. 12			
1528	dito	dito, No. 60, 63, 69			

1565	dito	dito, No. 15	1597	dito	(unter) Noch Besoldung außer dem Reglement ... (Num. 7), No. 37
1566	dito	dito, No. 16			
1567	dito	(unter) Außgabe behueff Fürstl. Bauwesens (Lit. KK), No. 74	1598	dito	(unter) Außgabe behuef Hochfürstl: Bauwesens (Num. 20), No. 79 (17. Apr.) u. B No. 79 (3. Juni 1705)
1568	dito	dito, No. 75 u. B No. 75 in LASH 7/2444 u. 2445	1599	dito	dito, No. 98 (19. Sept.) u. B No. 98 (1704)
1569	7/2446, RR 1701	(unter) Außgabe an Besoldung der Haus und Hoeffbediente (Lit. O), No. 18	1600	dito	dito, No. 169 u. B No. 169 (Unterb. Mahler Rechnung von Neüenwerck A. 1705)
1570	dito	dito, No. 19			
1571	dito	dito, No. 20			
1572	dito	(unter) Außgabe an Allerhandt Gemengte Sachen (Lit. LL), No. 31 u. 33	1601	dito	dito, No. 95 u. B No. 84 (Anno 1705); No. 147 u. B. No. 147 (Unterb. Neuwerk)
1573	dito	dito, No. 32 u. 34			
1574	168, AR 1701	(unter) Gemeine Tägliche Ausgaben, No. 30	1602	dito	(unter) Außgabe Allerhand Gemengte Sachen (Num. 21), No. 38 (1. Aug.) u. B No. 38
1575	7/2449, RR 1701/02	(unter) Ausgabe an Besoldung ... (Lit. M), No. 33			
1576	dito	dito, No. 34	1603	dito	dito, No. 49
1577	dito	dito, No. 35	1604	168, AR 1705	(unter) Außgabe zur Hoffhaltungs nothdurfft ..., Nro. 308 et 309
1578	dito	(unter) Ausgabe zum Fürstl. Bauwesen (Lit. EE), No. 148	1605	7/2471, RR 1706 7/2473 u. 2476, B	(unter) Ausgabe an Besoldung de 1706 ... (Num. 9), No. 22–24
1579	168, AR 1702	(unter) Gemeine Tägliche Ausgaben, No. 24 u. 25	1606	dito	dito, No. 25
1580	7/2455, RR 1702/03 7/2459, B	(unter) Außgabe an besoldung de anno 1703 ... (Lit. H), No. 21	1607	dito	dito, No. 26
			1608	dito	(unter Gnadengelder), No. 172
			1609	dito	dito, No. 177
1581	dito	dito, No. 22	1610	dito	(unter) Ausgabe behueff Hochfürstl. Bauwesen (Num. 20), No. 24 u. B No. 24
1582	dito	dito, No. 23			
1583	dito	(unter) Ausgabe behuff Hochfürstl. Bauwesens (Lit. Z), No. 35 u. B No. 35			
			1611	dito	dito, No. 25 (19. Mai) u. B No. 25
1584	dito	dito, No. 51 u. B No. 51	1612	dito	dito, No. 38 u. B No. 38
1585	dito	dito, No. 150 u. B No. 150	1613	dito	dito, No. 39 u. 49
1586	dito	(unter) Außgabe an Gemengten Sachen de anno 1703 (Lit. AA), No. 68 u. B No. 68	1614	dito	dito, No. 50 u. B No. 50 (Unterb. Hoftischler Mehlert Balcke ...)
			1615	dito	dito, No. 58 u. B No. 58 (Unterb. Maurermeister M. Agatio ...)
1587	168, AR 1703	(unter) Was Ihro Hochfürstl. Durchl. ... dhero Unvermögsahmen Unterthanen aus Gnaden remittiret., No. 220	1616	dito	dito, No. 67 u. B No. 67
			1617	dito	dito, No. 77 u. B No. 77 (Unterb. Tagelöhnerarbeit ...)
1588	7/2460, RR 1704	(unter) Außgabe an Besoldung de 1704 (Num. 6), o. Nr.	1618	dito	dito, No. 79 u. B No. 79; No. 110 (3. Jan. 1707) u. Unterb.
1589	dito	dito, o. Nr.	1619	dito	dito, No. 93
1590	dito	dito, o. Nr.	1620	7/2478, RR 1707 7/2480 u. 2482, B	(unter) Ausgabe an Besoldung de 1707 (Num. 8), No. 29–31
1591	dito	(unter) Ausgabe behueff Hochfürstl. Bauwesens (Num. 18), No. 5 u. B No. 5			
1592	dito	dito, No. 103 u. B No. 103	1621	dito	dito, No. 32
1593	7/2465, RR 1705 7/2466 u. 67, B 7/2469 u. 70, B	(unter) Ausgabe An Fürstl. Verehr= und Begnadigung ... (Num. 5), No. 1 (14. Feb.)	1622	dito	dito, No. 33
			1623	dito	(Gnadengelder), No. 191 u. 197
			1624	dito	(unter) Ausgabe behueff Hochfürstl: Bauwesen (Num. 19), No. 24 u. B No. 24 (Unterbeilagen)
1594	dito	(unter) Außgabe an Besoldung de anno 1705 (Num. 6), No. 24			
1595	dito	dito, No. 25	1625	dito	dito, No. 45 u. B No. 45 (Unterb. Tagelöhnerarbeit)
1596	dito	dito, No. 26	1626	dito	dito, No. 52 (19. Nov.) mit B No. 52; No. 68

1627	dito	(unter) Ausgabe an Gemengte Sachen (Num. 20), No. 18 (31. Mai) u. B No. 18
1628	dito	dito, No. 57 u. B No. 57
1629	7/2483, RR 1708 7/2487 u. 2488, B	(unter) Ausgabe an Besoldung de 1708 (Num. 8), No. 29–31
1630	dito	dito, No. 32
1631	dito	dito, No. 33
1632	dito	(Gnadengelder), No. 192 u. 197
1633	dito	(unter) Ausgabe behuef Hochfürstl: Bauwesen (Num. 19), No. 21 u. B No. 21 (Unterb. Maurermeister Martino Agatio …)
1634	dito	dito, No. 28 u. B No. 28
1635	dito	dito, No. 69 u. B No. 69
1636	dito	(unter) Ausgabe an Allerhandt Gemengte Sachen (Num. 20), No. 23 m. B; No. 40 u. B No. 40
1637	7/2489, RR 1709	(unter) Ausgabe an Besoldung de 1709. (Num. 8), No. 16
1638	dito	dito, No. 17 u. B No. 17 in LASH 7/2491 u. 2493
1639	dito	dito, No. 18
1640	dito	(Gnadengeld), No. 168
1641	dito	(unter) Außgabe an Gemengte Sachen (Num. 20), No. 34 (16. Nov.)
1642	7/2494, RR 1710 7/2496–2498, B	(unter) Ausgabe an Besoldung de 1710 (Num. 9), No. 16
1643	dito	dito, No. 17
1644	dito	dito, No. 19
1645	dito	dito, No. 22
1646	dito	(Gnadengelder), No. 166
1647	dito	(unter) Ausgabe an Reyse= und Verschikungs-Kosten binnen Landes (Num. 10), No. 93 (19. Feb.) u. B No. 93 (21. Sept. 1710)
1648	dito	(unter) Ausgabe behuef Hochfürstl. Bauwesen (Num. 17), No. 7
1649	dito	dito, No. 13 (Jan. 1711) u. B No. 13
1650	dito	dito, No. 14 u. B No. 14
1651	dito	(unter) Ausgabe allerhandt Gemengte Sachen (Num. 18), No. 34 (3. Juli) u. B No. 34
1652	dito	dito, No. 68 u. B No. 68
1653	7/2499, RR 1711	(unter) Ausgabe an besoldung de 1711., No. 14
1654	dito	dito, No. 15
1655	dito	dito, No. 16 u. 17
1656	dito	dito, No. 18
1657	dito	dito, No. 22
1658	dito	(unter) Ausgabe behueff Hochfürstl. Bauwesen, No. 13
1659	dito	(unter) Ausgabe An Allerhand Gemengte Sachen, No. 33 et 34.
1660	dito	dito, No. 67, 69, 82 u. 97
1661	dito	dito, No. 118 u. 119
1662	dito	dito, No. 128
1663	7/2501, RR 1712 7/2503/2505/2506, B	(unter) Außgabe An Besoldung de 1712 (Num. 7), No. 12, 13 u. B No. 12
1664	dito	dito, No. 14
1665	dito	dito, No. 15 u. B No. 15
1666	dito	dito, No. 16
1667	dito	(unter) Außgabe An Reyse= und Verschikungs=Kosten binnen Landes (Num. 8), No. 7 (4. März) u. B No. 7
1668	dito	(unter) Außgabe an Allerhand gemengte Sachen (Num. 18), No. 1 (23. Jan. 1712) u. B No. 1
1669	dito	dito, No. 29 (30. Apr.)
1670	dito	dito, No. 92 (17. Nov.) u. B No. 92
1671	dito	dito, No. 95 (10. Dez.), 97 u. B No. 95 u. 97
1672	dito	dito, No. 100, 101 (13. Dez.) u. B No. 100/101
1673	dito	dito, NO. 136 (17. Jan. 1713) u. B No. 136

2. LITERATURVERZEICHNIS

Adam 1978:
Adam, Wolfgang: Der Fürst des Wintergartens. Zur Despotismusdebatte und Gartentheorie im 18. Jahrhundert. In: Park und Garten im 18. Jahrhundert. Heidelberg 1978, S. 70–77.

Adamiak 1975:
Adamiak, Josef: Schlösser und Gärten in Mecklenburg. Leipzig 1975.

Adorni 1993:
Adorni, Bruno: Die Villa Lante in Bagnaia: Geschichte und Bedeutung. In: Mosser/Teyssot 1993, S. 87–91.

Ahlers 1996:
Ahlers, Jens: Gründung und Anfänge der Hollerschen Carlshütte. In: Landgraf Carl von Hessen 1996, S. 130–143.

Ahrendt 1999:
Ahrendt, Dorothee: Historische Orangerie- und Pflanzgefäße. In: Der Süden im Norden 1999, S. 84–91.

Alberts 1996:
Alberts, Birgit: Kiel: Schlossgarten. In: v. Buttlar/Meyer 1996, S. 345–355.

Albrecht 1988:
Albrecht, Uwe: Das ehemalige Schloß zu Tönning und der ideale Schloßbau der Renaissance in Skandinavien. In: Austausch und Verbindungen in der Kunstgeschichte des Ostseeraums. Kiel 1988. (Homburger Gespräche, Bd. 9), S. 61–101.

Albrecht 1991:
Albrecht, Uwe: Die Herzogsschlösser Gottorf und Tönning. Neue Aspekte zur Architektur der Renaissance in Schleswig-Holstein. In: Beiträge zur Renaissance zwischen 1520 und 1570. Marburg 1991. (Materialien zur Kunst- und Kulturgeschichte in Nord- und Westdeutschland, Bd. 2), S. 9–35.

Albrecht 1997:
Albrecht, Uwe: Die Gottorfer und der Schleswiger Dom. In: Gottorf im Glanz des Barock 1997, Bd. 1, S. 383–391.

Alemi 1995:
Alemi, Mahvash: Der persische Garten: Typen und Modelle. In: Petrolucci, Attilio (Hrsg.): Der islamische Garten. Architektur, Natur, Landschaft. Stuttgart 1995, S. 39–62.

Aleotti 1647:
Aleotti, Giovanni Battista: Gli artificiosi e curiosi moti spiritali di Herone. Tradotti da m. Gio. Battista Aleotti d'Argenta. Bologna 1647.

Alewyn/Sälzle 1959:
Alewyn, R./Sälzle, K: Das große Welttheater. Die Epoche der höfischen Feste in Dokument und Deutung. Hamburg 1959. (Rowohlts Deutsche Enzyklopädie, Bd. 92).

Alex/Kühn 1988:
Alex, Reinhard/Kühn, Peter: Schlösser und Gärten um Wörlitz, Leipzig 1988.

Andresen/Stephan 1928 (1) u. 1928 (2):
Andresen, Ludwig/Stephan, Walter: Beiträge zur Geschichte der Gottorfer Hof- und Staatsverwaltung von 1544–1659. 2 Bde., Kiel 1928. (QuFGSH 14–15).

Appuhn 1954:
Appuhn, Horst: Romantisches Schleswig. Flensburg/Hamburg 1954.

Arbeitskreis 1989:
Arbeitskreis Historische Gärten im DGGL: Stellungnahme zu den denkmalpflegerischen Maßnahmen im Park von Schloss Gottorf (Schleswig). In: DG 1/1989, S. 174.

Asmussen-Stratmann 1997:
Asmussen-Stratmann, Karen: Die Gottorfer Gärten. In: Gottorf im Glanz des Barock 1997, Bd. 1, S. 223–228.

Asmussen-Stratmann 2002:
Asmussen-Stratmann, Karen: Das Neue Werk von Gottorf. Ein norddeutscher Garten des 17. Jahrhunderts. In: DG 1/2002, S. 73–80.

Asmussen-Stratmann 2004:
Asmussen-Stratmann, Karen: Der Neuwerk-Garten von Schloss Gottorf. In: Schleswig-Holstein 1+2/2004 (Schleswig Spezial), S. 26–27.

Asmussen-Stratmann 2007 I:
Asmussen-Stratmann, Karen: Die Bedeutung des Gottorfer Barockgartens im europäischen Zusammenhang. In: Guratzsch 2007, S. 12–25.

Asmussen-Stratmann 2007 II:
Asmussen-Stratmann, Karen: Zur Geschichte des Gartens. In: Guratzsch 2007, S. 26–41.

Asmussen-Stratmann 2009:
Asmussen-Stratmann, Karen: Barocke Gartenkunst auf Gottorf. Geschichte und Bedeutung des Neuwerkgartens. In: Hering, Rainer (Hrsg.): Die Ordnung der Natur. Vorträge zu historischen Gärten und Parks in Schleswig-Holstein. Hamburg 2009. (Veröffentlichungen des Landesarchivs Schleswig-Holstein, 96), S. 13–35.

Asmussen-Stratmann 2014:
Asmussen-Stratmann, Karen: „Per aspera ad astra" – Die Vollendung des Neuwerkgartens unter Herzog Christian Albrecht von Schleswig-Holstein-Gottorf. In: Der Gottorfer Codex 2014, S. 128–139.

Asmussen-Stratmann 2017:
Asmussen-Stratmann, Karen: Überlegungen zum Stellenwert von Botanik bei Adam Olearius und zu seinem Beitrag zu Gottorfer Codex und herzoglicher Gartenkunst. In: Adam Olearius. Neugier als Methode, hrsg. v. Kirsten Baumann u.a. Petersberg 2017, S. 200–204.

Asmussen-Stratmann 2020:
Asmussen-Stratmann, Karen: Relationen zu den Niederlanden in der Gottorfer Gartenkunst. In: Wissenstransfer und Kulturimport in der Frühen Neuzeit. Die Niederlande und Schleswig-Holstein, hrsg. von Kirsten Baumann u.a. Petersberg 2020, S. 287–297.

Auge 2016:
Auge, Oliver: Christian Albrecht. Herzog – Stifter – Mensch. Kiel/Hamburg 2016.

Azzi Visentini 1993:
Azzi Visentini, Margherita: Villa Brenzone in Punto San Vigilio: ein Garten des Humanismus. In: Mosser/Teyssot 1993, S. 102–104.

Bach-Nielsen 2014:
Bach-Nielsen, Carsten: Emblems in Danish Architecture. A Survey. In: Höpel, Ingrid (Hrsg.): Architektur als Ort für Embleme. Beiträge zu einer Tagung am Kunsthistorischen Institut der CAU Kiel am 26.1.2013. Mundus Symbolicus II. Kiel 2014, S. 16–27.

Bachmann/Seelig 1984:
Bachmann, Erich/Seelig, Lorenz: Eremitage zu Bayreuth. Amtlicher Führer. München 1984.

Bachmann/Seelig 1985:
Felsengarten Sanspareil – Burg Zwernitz. Amtlicher Führer. 5. Aufl. München 1985.

Balsam 1996:
Balsam, Simone: Die Stellung der Orangerien in den Gärten und deren Einfluß der Stellung auf ihre Architektur. In: Arbeitskreis Orangerien, Tagungsbericht 2, Potsdam 1996, S. 87–101.

Balsam 1999:
Balsam, Simone: „… man unterschiedliche solche Pommerantzen-Häuser in Teutschland findet …". In: Der Süden im Norden 1999, S. 30–45.

Balsam 2001:
Balsam, Simone: Orangerien in Baden. In: Allerley Sorten Orangerie. Dresden 2001. (Schriftenreihe des Arbeitskreises Orangerien in Deutschland e.V., Bd. 3), S. 108–119.

Balsam 2015:
Balsam, Simone: „L'Orangerie Royale de Dresden" – Garten der Hesperiden. In: Orangeriekultur in Sachsen. Tradition der Pflanzenkultivierung. Berlin 2015. (Schriftenreihe des Arbeitskreises Orangerien in Deutschland e.V., Bd. 12), S. 34–46.

Barisi 2004:
Barisi, Isabelle (Hrsg.): Die Villa d'Este. Rom 2004.

Bartholomeyczik/Wendt 1999:
Bartholomeyczik, Gesa/Wendt, Antje: Stele – Torso – Gefäß. Projekte des Sommers 1998. Kunststiftung Landesbank Schleswig-Holstein. Cismar 1999.

Bazin 1990:
Bazin, Germaine: Du Mont's Geschichte der Gartenbaukunst. Köln 1990.

Begegnung mit dem Fremden 2009:
Begegnung mit dem Fremden. Frühe Orientbilder im 17.–19. Jahrhundert. Eine Gemeinschaftsausstellung des Arbeitskreises selbständiger Kultur-Institute e.V. – AsKI. Ausstellungskatalog Düsseldorf 2009, Stendal 2009/2010, Schleswig 2010 und Halle/Saale 2010/2011. Bonn 2009.

Behling/Paarmann 1981:
Behling, Holger/Paarmann, Michael: Schloss Gottorf. Glanz und Elend des Fürstengartens. Kiel 1981. (Baudenkmale in Gefahr, hrsg. v. Landesamt für Denkmalpflege Schleswig-Holstein, Bd. 5).

Behling 1986:
Behling, Holger: Theodor Allers. In: Allgemeines Künstlerlexikon. Die Bildenden Künstler aller Zeiten und Völker, Bd. 2, Leipzig 1986, S. 229.

Berger 2013:
Berger, Eva: Menschen und Gärten im Barock: das Leben und Treiben in Lustgärten vornehmlich in der kaiserlichen Haupt- und Residenzstadt Wien. Worms 2013.

Berger-Fix/Merten 1981:
Berger-Fix, Andrea/Merten, Klaus (Bearb.): Die Gärten der Herzöge von Württemberg im 18. Jahrhundert. Ausstellungskatalog Ludwigsburg, Worms 1981.

Beuchert 1997:
Beuchert, Marianne: Gärten am Reiseweg. Von Irland bis Portugal. Frankfurt am Main/Leipzig 1997.

Bibliographie Ernst Schlee 1980:
Bibliographie Ernst Schlee, hrsg. vom Schleswig-Holsteinischen Landesmuseum zum 5.1.1980. Schleswig 1980.

Biehn o.J.:
Biehn, Heinz: Die Karlsaue in Kassel. Amtlicher Führer der Verwaltung der Staatlichen Schlösser und Gärten. Kassel o.J.

Blank o.J.:
Blank, Charlotte: Gottorf im Spiegel der Hofinventare des 16. und 17. Jahrhunderts. o.J. (Manuskript im Schleswig-Holsteinischen Landesmuseum, Schloss Gottorf, Schleswig).

Blondel 1737:
Blondel, Jacques-François: De la distribution des maisons de plaisance. Paris 1737–1738.

Böckler 1664:
Böckler, Georg Andreas: Architectura curiosa nova. Nürnberg 1664.

Böckler 1678:
Böckler, Georg Andreas: Nützliche Hauß- und Feld-Schule. Nürnberg 1678.

Böckler 1968:
Böckler, Georg Andreas: Architectura curiosa nova. Nachdruck der Ausgabe Nürnberg 1664 mit einer Einleitung von Renate Wagner-Rieger. Graz 1968.

Bøggild Andersen 1934 (1):
Bøggild Andersen, C. O.: Carl Frederik, 1700–39, Hertug af Slesvig-Holsten-Gottorp. In: DBL 4/1934, S. 511–514.

Bøggild Andersen 1934 (2):
Bøggild Andersen, C. O.: Christian Albrecht, 1641–94, Hertug af Slesvig-Holsten-Gottorp. In: DBL 5/1934, S. 163–167.

Bøggild Andersen 1935 (1):
Bøggild Andersen, C. O.: Frederik (Friedrich) III., 1597–1659, Hertug af Slesvig-Holsten-Gottorp. In: DBL 7/1935, S. 285–290.

Bøggild Andersen 1935 (2):
Bøggild Andersen, C. O.: Frederikke Amalie, 1649–1704, Hertuginde af Gottorp. In: DBL 7/1935, S. 324f.

Bøggild Andersen 1935 (3):
Bøggild Andersen, C. O.: Frederik (Friedrich) IV., 1671–1702, Hertug af Slesvig-Holsten-Gottorp. In: DBL 7/1935, S. 290–293.

Bøggild Andersen 1936:
Bøggild Andersen, C. O.: Hedvig (Hedwig) Sophie, 1681–1708, Hertuginde af Slesvig-Holsten-Gottorp. In: DBL 9/1936, S. 508.

Bøggild Andersen 1938:
Bøggild Andersen, C. O.: Marie Elisabeth, 1610–84, Hertuginde af Slesvig-Holsten-Gottorp. In: DBL 15/1938, S. 329f.

Böttger/Waschinski 1952:
Böttger, F./Waschinski, E.: Alte schleswig-holsteinische Maße und Gewichte. Neumünster 1952. (Bücher der Heimat, Bd. 4).

Böttiger 1884:
Böttiger, John: Bronsarbeten af Adrian de Fries i Sverige, särskild å Drottningholm. En konsthistorisk undersökning. Stockholm 1884.

Bogsch 1970:
Bogsch, Walter: Pelli, Domenico. In: SHBL, Bd. 1, Neumünster 1970, S. 218–220.

Borzikowsky 1981:
Borzikowsky, Holger (Hrsg.): Von allerhand Figuren und Abbildungen. Kupferstecher im Umkreis des Gottorfer Hofes. Ausstellungskatalog Husum 1981.

Bracklow 1847:
Bracklow, T.: Schloss Gottorf und dessen Umgebung. Hamburg 1847.

Braunschweig 2010:
Braunschweig, Hans: Weltmann, Privatgelehrter, Stadtchronist – Der Schleswiger Ulrich Petersen (1656–1735). In: BSSt, 55/2010, S. 9–26.

Bressand 1694/1994:
Bressand, Friedrich Christian: Salzthalischer Mäyen= Schluß oder Beschreibung der auf den höchsterfreulichen Geburts-Tag der Durchleuchtigsten Fürstin und Frauen Elisabetha Juliana, Hertzogin zu Braunschweig und Lüneburg, gebohrner Hertzogin zu Schleswig und Holstein, etc. etc. in Salzthal angestellter Lustbarkeiten, im Jahr 1694. Faksimile mit Einführung und Kommentaren, hrsg. von Thomas Scheliga, Berlin 1994.

Büchmann o.J.:
Büchmann: Geflügelte Worte. Verb. Neuausgabe, Weinheim o.J., S. 243.

Buttgereit 1997:
Buttgereit, Franz-Dietrich: Kindheit und Jugend Herzog Friedrichs III., dargestellt nach zeitgenössischen Quellen und Dokumenten. In: Gottorf im Glanz des Barock 1997, Bd. 1, S. 69–82.

v. Buttlar 1982:
v. Buttlar, Adrian: Der englische Landsitz 1715–1760. Symbol eines liberalen Weltentwurfs. Mittenwald 1982.

v. Buttlar 1989:
v. Buttlar, Adrian: Der Landschaftsgarten. Gartenkunst des Klassizismus und der Romantik. Köln 1989.

v. Buttlar 1993:
v. Buttlar, Adrian: Vom Carlsberg zur Wilhelmshöhe. Kunstgeschichtliche Anmerkungen zur Entwicklung des Kasseler Bergparks. In: Der Schloßpark Wilhelmshöhe in Ansichten der Romantik. Ausstellungskatalog Kassel 1993, S. 11–20.

v. Buttlar 1996:
v. Buttlar, Adrian: Historische Gärten in Schleswig-Holstein. Funktion – Gestalt – Entwicklung. In: v. Buttlar/Meyer 1996, S. 11–59.

v. Buttlar/Meyer 1996:
v. Buttlar, Adrian/Meyer, Margita Marion (Hrsg.): Historische Gärten in Schleswig-Holstein. Heide 1996.

Caus 1620:
Caus, Salomon de: Hortus Palatinus. A Friderico Rege Boemiae Electore Palatino Heidelbergae Exstructus. Frankfurt a.M. 1620.

Cavalli-Björkman 1988:
Cavalli-Björkman, Görel: Mythologische Themen am Hofe des Kaisers. In: Prag um 1600 1988, S. 61–68.

Cavalli-Björkman 2000:
Cavalli-Björkman, Görel: Der Raub der Prager Skulpturen des Adriaen de Vries durch die Schweden. In: Kommer 2000, S. 46–51.

Christensen 1999:
Christensen, Annie: Haverne – dengang. o.O. 1999.

Christian IV and Europe 1988:
Christian IV and Europe. The 19th Art Exhibition of the Council of Europe. Ausstellungskatalog Dänemark 1988.

Christiansen 1973:
Christiansen, Theo: Schleswig 1836–1945: eine Stadt und ihre Bürger in 110 Jahren des Wandels aller Lebensbedingungen, hrsg. von der Gesellschaft für Schleswiger Stadtgeschichte. Schleswig 1973.

Clifford 1966:
Clifford, Derek: Geschichte der Gartenkunst, hrsg. von Heinz Biehn. München 1966.

Cock-Clausen 1999:
Cock-Clausen, Søren: Drivhuset i 1700-tallet. Frederiksberg 1999.

Cock-Clausen 2001:
Cock-Clausen, Søren: Mistbænk for konger og en generalmajor. In: Meddelelser fra havebrugshistorisk selskab, Nr. 31/2001, S. 14–18.

Commelin 1676:
Commelin, Jan: Nederlantze Hesperides. Amsterdam 1676.

Conermann 1985:
Conermann, Klaus (Hrsg.): Fruchtbringende Gesellschaft: Der Fruchtbringenden Gesellschaft geöffneter Erzschrein. Das Köthener Gesellschaftsbuch Fürst Ludwigs I. von Anhalt-Köthen 1617–1650. 3 Bde., Weinheim 1985.

de Cuveland 1989:
de Cuveland, Helga: Der Gottorfer Codex von Hans Simon Holtzbecker. Worms 1989. (Grüne Reihe: Quellen und Forschungen zur Gartenkunst, Bd. 14).

de Cuveland 1994:
de Cuveland, Helga: Der Husumer Schlossgarten. Geschichte und Entwicklung vom Renaissancegarten bis zum Stadtpark. In: Beiträge zur Husumer Stadtgeschichte 5/1994, S. 27–66.

de Cuveland 1996 I:
de Cuveland, Helga: Schleswig: Der Gottorfer Codex und die Pflanzen der Gottorfer Gärten. In: v. Buttlar/Meyer 1996, S. 559–562.

de Cuveland 1996 II:
de Cuveland, Helga: Ein Wundergewächs aus großer Herren Gärten. Die Bedeutung der Aloe im 16. bis 18. Jahrhundert. In: Klodt, Olaf (Hrsg.): Festschrift für Fritz Jacobs zum 60. Geburtstag. Münster 1996, S. 39–50.

de Cuveland 1997 I:
de Cuveland, Helga: Die Gottorfer hundertjährige Aloë oder die Kunst, eine Agave Americana zur Blüte zu bringen. In: Gottorf im Glanz des Barock 1997, Bd. 1, S. 229–234.

de Cuveland 1997 II:
de Cuveland, Helga: Der Gottorfer Codex und die Pflanzen der Gottorfer Gärten. In: Gottorf im Glanz des Barock 1997, Bd. 1, S. 374–375.

de Cuveland 2003:
de Cuveland, Helga: Hans Simon Holtzbecker, sein Werk in seiner Zeit. In: Roth 2003 I, S. 115–127.

de Cuveland 2014:
de Cuveland, Helga: Ein unvergänglicher Garten. Herzog Friedrich III. und die Bedeutung des Gottorfer Codex in der botanischen Buchmalerei. In: Der Gottorfer Codex 2014, S. 140–157.

Dahlberg 1924:
Dahlberg, Erik: Suecia antiqua et hodierna. 1739. Nachdruck Stockholm 1924.

Danske Kortsamlinger 1989:
Danske Kortsamlinger. En guide, redigeret af Marie Louise Brandt, Jørgen Nybo Rasmussen og Lizzi Schwenger, udgivet af Dansk Kartografisk Selskab og Det Kongelige Bibliotek. København 1989.

DBI 1998:
Deutscher Biographischer Index (DBI). 2. kumulierte u. erweiterte Aufl., München 1998.

Von Degen, Segeln und Kanonen 2015:
Von Degen, Segeln und Kanonen. Der Untergang der Prinzessin Hedvig Sofia. Ausstellungskatalog Stiftung Schleswig-Holsteinische Landesmuseen, Schloss Gottorf, Schleswig 2015.

Degn/Muuß 1966:
Degn, Christian/Muuß, Uwe: Topographischer Atlas Schleswig-Holstein. Hrsg. vom Landesvermessungsamt Schleswig-Holstein. 3. erweiterte und überarbeitete Aufl., Neumünster 1966.

Dehio 1971:
Dehio, Georg: Handbuch der Deutschen Kunstdenkmäler: Hamburg, Schleswig-Holstein. Bearb. von Johannes Habich. Berlin/München 1971.

Dehio 1994:
Dehio, Georg: Handbuch der Deutschen Kunstdenkmäler: Hamburg, Schleswig-Holstein. Neubearb. von Johannes Habich, Christoph Timm und Lutz Wilde. 2. stark erweiterte und veränderte Aufl., Berlin/München 1994.

Deutsche Kunstdenkmäler 1977:
Deutsche Kunstdenkmäler. Ein Bildhandbuch. Bayern nördlich der Donau. Hrsg. von Reinhardt Hootz. 3. neubearbeitete Aufl., München 1977.

Diedenhofen 1979:
Diedenhofen, Wilhelm: Die Klever Gärten des Johann Moritz. In: Soweit der Erdkreis reicht. Johann Moritz von Nassau-Siegen 1604–1679. Ausstellungskatalog Kleve 1979, S. 165–188.

Dörfer 1829:
Dörfer, Johann Friedrich August: Topographie des Herzogthums Schleswig in alphabetischer Ordnung. Ein Repertorium zu der von Gollowinschen Karte dieses Her-

Drees 1986/87 I:
Drees, Jan: Jürgen Ovens, „Allegorie auf die Erbfolge des Gottorfer Herzogshauses", 1646 und „Die Auffindung des Mose", um 1650. In: JSHL 1/1986/87, S. 99–102.

Drees 1986/87 II:
Drees, Jan: Unbekannter Bildhauer des 17. Jhts. „Apoll". Jacob Lembcke oder Johann Georg Moser (1713–1780). „Flora und Bacchus". In: JSHL 1/1986/87, S. 110f.

Drees 1988 I:
Drees, Jan: Jürgen Ovens, Herzog Friedrich III. von Schleswig-Holstein-Gottorf (1597–1659) vor dem Gottorfer Neuwerk-Garten. In: JSHL, 2/1988/89, S. 101.

Drees 1988 II:
Drees, Jan: Jürgen Ovens, „Überreichung des Hosenbandordens an Herzog Adolf von Schleswig-Holstein-Gottorf durch Königin Elisabeth I. von England im Jahr 1568", o.J. und „Götterversammlung auf Wolken", o.J. In: JSHL 2/1988/89, S. 103.

Drees 1997 I:
Drees, Jan: Die „Gottorfische Kunst-Kammer". Anmerkungen zu ihrer Geschichte nach historischen Textzeugnissen. In: Gottorf im Glanz des Barock 1997, Bd. 2, S. 11–28.

Drees 1997 II:
Drees, Jan: Jürgen Ovens (1623–1678) als höfischer Maler. Beobachtungen zur Porträt- und Historienmalerei am Gottorfer Hof. In: Gottorf im Glanz des Barock 1997, Bd. 1, S. 245–260.

Drees 2003:
Drees, Jan: „Virtutis gloria merces". Herzog Friedrich III. von Schleswig-Holstein-Gottorf (1597–1659) und sein Streben nach Ruhm und Anerkennung durch die Förderung der Wissenschaften und Künste. In: Roth 2003 I, S. 89–114.

Dreier 1989:
Dreier, Franz Adrian: Ein Blick in die Kunst- und Wunderkammern der Spätrenaissance und des Barock. In: Die Welt in Händen. Globus und Karte als Modell von Erde und Raum. Ausstellungskatalog der Staatsbibliothek Preußischer Kulturbesitz Berlin 1989, S. 63–67.

Dtv-Atlas 1980:
Dtv-Atlas zur Weltgeschichte. 2 Bde., 16. Aufl. München 1980.

Dünnhaupt 1985:
Dünnhaupt, Gerhard: Francisci (eigentlich: Finx), Erasmus. In: SHBL, Bd. 7, Neumünster 1985, S. 68f.

Echt 1993:
Echt, Martin: Die Krummendieks von der Bekau. Neumünster 1993.

Eichstätt 1999:
Der Garten von Eichstätt. Das Pflanzenbuch von Basilius Besler. Mit einer Einführung von Klaus Walter Littger und botanischen Erläuterungen von Werner Dressendörfer. Köln 1999.

Eimer 1961:
Eimer, Gerhard: Schwedische Offiziere als Baumeister in Schleswig-Holstein. In: NE 30/1961, S. 103–133.

Ellger 1952:
Ellger, Dietrich: Die Kunstdenkmäler des Landkreises Flensburg. München 1952. (Die Kunstdenkmäler des Landes Schleswig-Holstein, Bd. 6).

Ellger 1966:
Ellger, Dietrich: Die Kunstdenkmäler der Stadt Schleswig, Bd. 2: Der Dom und der ehemalige Dombezirk. München/Berlin 1966. (Die Kunstdenkmäler des Landes Schleswig-Holstein, Bd. 10).

Ellger 1974:
Ellger, Dietrich: Schleswig-Holstein. Mit Fotografien von Otto Vollert. 3. Aufl. München/Berlin 1974. (Deutsche Lande, Deutsche Kunst).

Elßholtz 1684:
Elßholtz, Johann Sigismund: Vom Garten-Baw. Berlin, Leipzig, Cölln 1684.

Eltgen 1995:
Eltgen, Ulrich: Steinimitation in Putz und Farbe in Deutschland. Phil. Diss., Bonn 1995.

Europäische Stammtafeln 1980:
Europäische Stammtafeln. Stammtafeln zur Geschichte der europäischen Staaten. Neue Folge, hrsg. von Detlev Schwennicke. Bd. I: Die deutschen Staaten. Marburg 1980, Tafel 93: Die Herzöge von Holstein-Gottorp.

Fagiolo 1997:
Fagiolo, Marcello: Römische Villen und Gärten in Latium. München 1997.

Fatsar 2014:
Fatsar, Kristóf: Hungarian Orangeries until the Turn of the 19th Century. In: Orangeriekultur in Österreich, Ungarn und Tschechien. Berlin 2014. (Schriftenreihe des Arbeitskreises Orangerien in Deutschland e.V., Bd. 10), S. 60–81.

Fiedler 1996:
Fiedler, Christa: Herrenhaus und Park von Louisenlund. In: Landgraf Carl von Hessen, 1996, S. 147–160.

Fischer/Kaiser/Zimmermann 1939:
Fischer, P./Kaiser, Hans/Zimmermann, Walther: Der Apothekerpraktikant. 2. verbesserte Aufl., Stuttgart 1939.

Florinus 1719:
Franz Philipp Florinus: Oeconomus Prudens Et Legalis Continvatvs oder Grosser Herren Stands Und Adelicher Haus-Vatter. Nürnberg, Frankfurt, Leipzig 1719.

Franke 2000:
Franke, Birgit: „… zu Lust und Zierde der Palläst und Gärten" – Salomon de Caus und die Grottenkunst. In: Gärten und Höfe der Rubenszeit 2000, S. 83–105.

Freytag/Jantzen/Michels 1997:
Freytag, Hartmut/Jantzen, Ulrike/Michels, Kornelia: Über die Embleme der „Bunten Kammer" im Herrenhaus Ludwigsburg bei Eckernförde. Zum Selbstverständnis ihres Auftraggebers Friedrich Christian von Kielmansegg. In: NE 66/1997, S. 79–93.

Freytag/Harms/Schilling 2001:
Freytag, Hartmut/Harms, Wolfgang/Schilling, Michael: Gesprächskultur des Barock. Die Embleme der Bunten Kammer im Herrenhaus Ludwigsburg bei Eckernförde. Kiel 2001.

Führer durch Schleswig 1897:
Führer durch Schleswig und nächste Umgebung. Mit sieben Bildern und einem Plane der Stadt. Schleswig 1897.

Fülck 1720/1994:
Fülck, Johann David: Neue Garten Lust oder Völliges Ornament so bey Anlegung Neuer Lust= und Blumen= als auch Küch= und Baum Gärten höchst nötig und dienlich. Augsburg 1720. Neuausgabe mit einem Nachwort von Uta Hasekamp, Worms 1994. (Grüne Reihe – Quellen und Forschungen zur Gartenkunst, Bd. 16).

Fuglsang 1931:
Fuglsang, Fritz: Schleswig. Berlin 1931. (Deutsche Lande, Deutsche Kunst).

Furttenbach 1628:
Furttenbach, Joseph: Architectura civilis. Augsburg 1628.

Furttenbach 1640/1988:
Furttenbach, Joseph: Architectura recreationis. Augsburg 1640, Nachdruck hrsg. u. mit einem Nachwort von Detlef Karg. Berlin 1988.

Gärten und Höfe der Rubenszeit 2000:
Gärten und Höfe der Rubenszeit im Spiegel der Malerfamilie Brueghel und der Künstler um Peter Paul Rubens, hrsg. von Ursula Härting. Ausstellungskatalog Hamm und Mainz 2000.

Gärten und Höfe der Rubenszeit 2002:
Gärten und Höfe der Rubenszeit. Internationales Symposium im Gustav-Lübcke-Museum der Stadt Hamm vom 12.01.–14.01.2001. Hrsg. von Ursula Härting und Ellen Schwinzer. Sonderdruck aus DG 1/2002.

Garniel/Mierwald 2001:
Garniel, Annick/Mierwald, Ulrich: Stinzenpflanzen des Gottorfer Neuwerkgarten in Schleswig – Stille Zeugen der vergangenen Gartenpracht. In: DMSH 8/2001, S. 49–54.

Gebhard 1980:
Gebhard, Torsten: Kachelöfen. Mittelpunkt häuslichen Lebens. Entwicklung, Form, Technik. München 1980.

George 1923:
George, E.: Die wirtschaftlichen und kulturellen Beziehungen der Westküste Schleswig-Holsteins zu den Niederlanden. In: NE 1/1923, S. 220–289.

Giesenhagen 1914:
Giesenhagen, K.: Dr. Jul. Hoffmanns's Alpenflora für Alpenwanderer und Pflanzenfreunde. 2. Aufl., Stuttgart 1914.

Göttsch 1983:
Göttsch, Silke: Möglichkeiten der Erfassung und Auswertung von Amtsrechnungen. In: Kieler Blätter zur Volkskunde 15/1983, S. 163–172.

Gothein 1926:
Gothein, Marie Luise: Geschichte der Gartenkunst. 2 Bde., Jena 1926.

Der Gottorfer Codex 2014:
Der Gottorfer Codex. Blütenpracht und Weltanschauung, hrsg. von Kirsten Baumann. Ausstellungskatalog Schleswig 2014.

Gottorf im Glanz des Barock 1997:
Gottorf im Glanz des Barock. Kunst und Kultur am Schleswiger Hof 1544–1713. Hrsg. Von Heinz Spielmann und Jan Drees. 4 Bde., Ausstellungskatalog Schleswig 1997.

Gottorfer Kultur 1965:
Gottorfer Kultur im Jahrhundert der Universitätsgründung. Hrsg. von Ernst Schlee. Ausstellungskatalog Kiel 1965.

Grant/Hazel 1986:
Grant, Michael/Hazel, John: Lexikon der antiken Mythen und Gestalten. 4. Aufl., München 1986.

Greinert 2014:
Greinert, Melanie: „Auff dem Hoch-Fürstlichen Beylager". Ablauf, Inszenierung und dynastische Bedeutung Gottorfer Vermählungen im 17. Jahrhundert am kursächsischen, dänischen und schwedischen Hof. In: ZSHG, 139/2014, S. 49–76.

Greinert 2018:
Greinert, Melanie: Zwischen Unterordnung und Selbstbehauptung. Handlungsspielräume Gottorfer Fürstinnen (1564–1721). Kiel/Hamburg 2018.

Grimm 1999:
Grimm, Ulrike: „Unterschiedner Garten und Gewächs Scherben". In: Der Süden im Norden 1999, S. 92–101.

v. d. Groen 1669:
Groen, Jan van der: Le jardinier hollandois = Der Niederländische Gärtner. Amsterdam 1669.

Gröschel 1999:
Gröschel, Claudia: Die goldenen Äpfel. In: Der Süden im Norden 1999, S. 6–13.

Gröschel 2001:
Gröschel, Claudia: Großer Herren Vergnügen. Orangeriepflanzen in Kunst und Kunsthandwerk. In: Wo die Zitronen blühen 2001, S. 28–33.

Gröschel 2011:
Gröschel, Claudia: Orangerie- und Gartenkultur im Ortenburger Hofgarten. In: Nürnbergische Hersperiden und Orangeriekultur in Franken. Petersberg 2011. (Orangeriekultur. Schriftenreihe des Arbeitskreises Orangerien in Deutschland e.V., Bd. 7), S. 199–213.

Gruber/Mokre 2016 I:
Gruber, Gernot/Mokre, Monika (Hrsg.): Repräsentation(en). Interdisziplinäre Annäherungen an einen umstrittenen Begriff. Wien 2016.

Gruber/Mokre 2016 II:
Gruber, Gernot/Mokre, Monika: Schlussfolgerungen und Ausblick: Leistungen, Medien und Funktionen von Repräsentation. In: Gruber/Mokre 2016 I, S. 167–169.

Grünfeld 1882:
Grünfeld, D.: Episoden aus der Geschichte der Stadt Schleswig, nach dem bekannten Werke von Dr. Sach ... Schleswig 1882.

Gudewill 1956:
Gudewill, K.: Gottorf. In: Die Musik in Geschichte und Gegenwart 5, Kassel/Basel 1956, Sp. 564–572.

Günther 2001:
Günther, Harri: Anmerkungen zum Orangerie-Parterre. In: Allerley Sorten Orangerie. Dresden 2001. (Schriftenreihe des Arbeitskreises Orangerien in Deutschland e.V., Bd. 3), S. 54–60.

Guratzsch 2001/02:
Guratzsch, Herwig: Zur Restitution des Gottorfer Barockgartens. In: JSHL VIII 2001/02, S. 45–59.

Guratzsch 2006 I:
Guratzsch, Herwig (Hrsg.): Der neue Gottorfer Globus. 2. veränderte Aufl., Potsdam 2006.

Guratzsch 2006 II:
Guratzsch, Herwig (Hrsg.): Archäologische Erforschung des Gottorfer Barockgartens. Schleswig 2006.

Guratzsch 2007:
Guratzsch, Herwig (Hrsg.): Der Gottorfer Barockgarten. Mit Beiträgen von Karen Asmussen-Stratmann, Jörgen Ringenberg und Ulrich Schneider. Schleswig 2007.

Habich 1980:
Habich, Johannes: Schloss Gottorf. Spurensicherung. Kiel 1980. (Baudenkmale in Gefahr, hrsg. vom Landesamt für Denkmalpflege Schleswig-Holstein, Bd. 3).

Habich u.a. 1998:
Habich, Johannes/Lafrenz, Deert/Schulze, Heiko K. L./Wilde, Lutz: Schlösser und Gutsanlagen in Schleswig-Holstein. Kunst- und kulturgeschichtliche Streifzüge. Hamburg 1998.

Hacht 2016:
Hacht, Eike von: „… im Newen Gartten, uff I.F.G. Selbsteigenen befehl gemacht". Der Zimmermeister Hans Löke (um 1600–1660) im Dienst Herzog Friedrichs III. von Gottorf. In: Natur- und Landeskunde. Zeitschrift für Schleswig-Holstein, Hamburg und Mecklenburg, 123. Jg./2016, S. 65–77.

Halsema-Kubes 1979:
Halsema-Kubes, Willy: Die von Artus Quellinus und Bartholomäus Eggers für Johann Moritz geschaffenen Skulpturen. In: Soweit der Erdkreis reicht. Johann Moritz von Nassau-Siegen 1604–1679. Ausstellungskatalog Kleve 1979, S. 213–232.

Hamann 2001:
Hamann, Heinrich: „Aloe-Thürme" – Tempel für eine Pflanze. In: Wo die Zitronen blühen 2001, S. 54–57.

Hamann 2003:
Hamann, Heinrich: Die Entwicklung des abschlagbaren Pomeranzenhauses in Deutschland. In: Landwehr 2003, S. 27–46.

Hamann 2011:
Hamann, Heinrich: Johann Christoph Volkamers „Nürnbergische Hesperides". In: Nürnbergische Hesperiden und Orangeriekultur in Franken. Petersberg 2011. (Orangeriekultur. Schriftenreihe des Arbeitskreises Orangerien in Deutschland e.V., Bd. 7), S. 8–33.

Handke 1996:
Handke, Manfred: Die Geschichte des Weilburger Schlossgartens von den Anfängen bis zur Gegenwart unter besonderer Berücksichtigung der Orangerien und Gewächshäuser. In: Arbeitskreis Orangerien, Tagungsbericht 2, Potsdam 1996, S. 7–30.

Hanschke 1991:
Hanschke, Ulrike: Die Gartenanlagen der Landgrafen Wilhelm IV. und Moritz in Kassel im Spiegel handschriftlicher Quellen. In: DG 2/1991, S. 175–188.

Hansmann 1983:
Hansmann, Wilfried: Baukunst des Barock. Form, Funktion, Sinngehalt. 2. Aufl., Köln 1983.

Hansmann 1988:
Hansmann, Wilfried: Gartenkunst der Renaissance und des Barock. 2., durchgesehene Aufl., Köln 1988.

Hansmann 2009:
Hansmann, Wilfried: Das Gartenparterre. Gestaltung und Sinngehalt nach Ansichten, Plänen und Schriften aus sechs Jahrhunderten. Worms 2009. (Grüne Reihe: Quellen und Forschungen zur Gartenkunst, Bd. 28).

Harms/Freytag 1975:
Harms, Wolfgang/Freytag, Hartmut (Hrsg): Außerliterarische Wirkungen barocker Emblembücher. Emblematik in Ludwigsburg, Gaartz und Pommersfelden. München 1975.

Harris 1982:
Harris, Tegwyn: Pareys Mittelmeerführer. Pflanzen- und Tierwelt der Mittelmeer-Region. Übersetzt und bearb. von Joachim Haupt. Hamburg/ Berlin 1982.

Haupt 1889:
Haupt, Richard: Die Bau- und Kunstdenkmäler der Provinz Schleswig-Holstein. Bd. 3, Kiel 1889.

Haupt o.J.:
Haupt, Richard: Die Baudenkmäler der Provinz Schleswig-Holstein. Bd. 8, o.O. u. J.

Heckmann 2000:
Heckmann, Hermann: Baumeister des Barock und Rokoko in Mecklenburg, Schleswig-Holstein, Lübeck, Hamburg. Berlin 2000.

Hector 1977:
Hector, Kurt: Findbuch des Bestandes Abt. 7 Herzöge von Schleswig-Holstein-Gottorf 1544–1713. Bd. 1 und 2, Schleswig 1977. (VLASH, Bde. 4 und 5).

Hector/v. Hoyningen 1983:
Hector, Kurt / v. Hoyningen gen. Huene, Heinrich Frhr.: Findbuch des Bestandes Abt. 7 Herzöge von Schleswig-Holstein-Gottorf 1544–1713. Bd. 3, Schleswig 1983. (VLASH, Bd. 11).

Hedinger 2000:
Hedinger, Bärbel (Hrsg.): C. F. Hansen in Hamburg, Altona und den Elbvororten. Ein dänischer Architekt des Klassizismus. München/Berlin 2000. Ausstellungskatalog Hamburg 2000.

Heilmeyer 2001:
Heilmeyer, Marina: Die Geschichte des Mythos von den Goldenen Äpfeln. In: Wo die Zitronen blühen 2001, S. 16–27.

Hein 2005:
Hein, Jørgen: Den skjulte musik. In: Skalk 2/2005, S. 12–17.

Hennebo/Hoffmann 1965:
Hennebo, Dieter/Hoffmann, Alfred: Der architektonische Garten. Renaissance und Barock. Hamburg 1965. (Geschichte der Deutschen Gartenkunst, Bd. 2).

von Hennigs 1985:
von Hennigs, Burkhard: Der Jersbeker Garten im Spiegel von Stichen und Zeichnungen aus dem 18. Jahrhundert. Ein Beitrag zur Geschichte des Jersbeker Barockgartens. Neumünster 1985. (Stormarner Hefte, Bd. 11).

Henningsen 2008:
Henningsen, Lars N.: Die Herzöge von Gottorf. In: Rasmussen u.a. 2008, S. 142–185.

Herakles 1976:
Herakles. Artikel in: Lexikon der Kunst, Bd. 2, Leipzig 1976, S. 262.

Herakles 1975:
Herakles. Artikel in: Der kleine Pauly, Bd. 2, München 1975, Sp. 1049–1052.

Hercules 1975:
Hercules. Artikel in: Der kleine Pauly, Bd. 2, München 1975, Sp. 1054–1057.

Hesse 2012:
Hesse, Michael: Handbuch der neuzeitlichen Architektur. Darmstadt 2012.

Hirschfeld 1929:
Hirschfeld, Peter: Schleswig-Holsteinische Schlösser und Herrensitze im 16. und 17. Jahrhundert. Kiel 1929.

Hirschfeld 1939:
Hirschfeld, Peter: Die „Schatzmeister=Rechnungen" des Ahrensburger Schlossarchivs als kulturgeschichtliche Quelle. In: NE 15/1939, S. 372–424.

Hirschfeld 1964:
Hirschfeld, Peter: Herrenhäuser und Schlösser in Schleswig-Holstein. 3. verbesserte Aufl., München 1964.

Hirschfeld 1985:
Hirschfeld, Peter: Rudolph Matthias Dallins Briefe an seinen Bauherrn Christian Rantzau auf Rastorf. Das Arbeitsjahr eines ländlichen Barockbaumeisters in Schleswig-Holstein. In: NE 54/1985, S. 67–89.

Historische Gärten in Hessen 1989:
Historische Gärten in Hessen. Staatliche Gärten und Parkanlagen. Hrsg. von der Verwaltung der Staatlichen Schlösser und Gärten in Hessen. Bad Homburg v.d. Höhe 1989.

Historisches Taschenbuch 1850:
Historisches Taschenbuch, hrsg. von Friedrich Raumer, 3. Folge, 2. Jahrgang, Leipzig 1850.

Höpel 1997:
Höpel, Ingrid: Gottorfer Feste – Anlässe zur Repräsentation. In: Gottorf im Glanz des Barock 1997, Bd. 1, S. 237–243.

Höpel 2014:
Höpel, Ingrid: Einleitung. Architektur als Ort für Embleme – Begriffe, Beispiele, Forschungsaufgaben. In: Höpel, Ingrid (Hrsg.): Architektur als Ort für Embleme. Beiträge zu einer Tagung am Kunsthistorischen Institut der CAU Kiel am 26.1.2013. Mundus Symbolicus II. Kiel 2014, S. 9–15.

Höpel 2017:
Höpel, Ingrid: Adam Olearius und die Gottorfer Feste und Festballette. In: Adam Olearius. Neugier als Methode, hrsg. v. Kirsten Baumann u.a. Petersberg 2017, S. 216–225.

Höroldt 1989:
Höroldt, Dietrich (Hrsg.): Bonn als kurkölnische Haupt- und Residenzstadt 1597–1794. Bonn 1989 (Geschichte der Stadt Bonn in vier Bänden, hrsg. von Dietrich Höroldt und Manfred van Rey, Bd. 3).

Hofer 1987:
Hofer, Sigrid: Studien zur Stuckausstattung im frühen 18. Jahrhundert. Modi und ihre Funktion in der Herrschaftsarchitektur am Beispiel Ottobeuren. München/Berlin, 1987. (Kunstwissenschaftliche Studien, Bd. 56)

Hohberg 1716:
Hohberg, Wolf Helmhardt von: Georgica curiosa. Nürnberg 1715–1716.

Hoiman 2003:
Hoiman, Sibylle: Die Natur ins Haus holen. Zur Architektur von Orangerien und Gewächshäusern im 18. und 19. Jahrhundert. In: Landwehr 2003, S. 47–70.

von Holst 1975:
von Holst, Niels: Peter der Große und der Gottorfer Globus. In: NE 44/1975, S. 120–126.

Hoppe 2003:
Hoppe, Stephan: Was ist Barock? Architektur und Städtebau Europas 1580–1770. Darmstadt 2003.

Hubala 1984:
Hubala, Erich: Die Kunst des 17. Jahrhunderts. Frankfurt a.M./Wien/Berlin 1984. (Propyläen Kunstgeschichte, Bd. 9).

Hübner 1991:
Hübner, Eckart: Saldern, Caspar von. In: SHBL, Bd. 9, Neumünster 1991, S. 329–334.

Hübner 2001:
Hübner, Wolfram; Das Galeriegebäude in Herrenhausen oder die Orangerie als Ort der Tugend. In: Allerley Sorten Orangerie. Dresden 2001. (Schriftenreihe des Arbeitskreises Orangerien in Deutschland e.V., Bd. 3), S. 44–53.

Hunzinger 1997:
Hunzinger, Silke: Schloss Plön. Residenz – Adeliges Armenhaus – Erziehungsanstalt. Eutin 1997.

Jaeger 1974:
Jaeger, Rudolf: Johann Hinrich Böhme. In: SHBL, Bd. 3, Neumünster 1974, S. 42.

Jagusch/Kramer 1995:
Jagusch, Gitta/Kramer, Corinna: Die Orangerien und Gewächshäuser zu Schwöbber sowie Otto von Münchhausens Gartentheorie. In: Orangerien und Gewächshäuser in Niedersachsen. Ihre Entwicklung und gartenkünstlerische Bedeutung. Thematisches Seminar im WS 1994/95 und SS 1995, Institut für Grünplanung und Gartenarchitektur der Universität Hannover, Manuskript 1995, S. 137–160.

Jahn 1983:
Jahn, Johannes: Wörterbuch der Kunst. 10. durchgesehene und erweiterte Aufl., Stuttgart 1983. (Kröners Taschenausgabe, Bd. 165).

Jahnecke 1999:
Jahnecke, Hjördis: Die Breitenburg und ihre Gärten im Wandel der Jahrhunderte. Kiel 1999. (Bau + Kunst. Schleswig-Holsteinische Schriften zur Kunstgeschichte, Bd. 2).

Jantzen 1970:
Jantzen, Friedrich: Gewürzkräuter in unserem Garten. Hannover 1970.

Jensen [1907]:
Jensen, Christian: Schleswig und Umgebung. Ein Führer nebst Plan der Stadt und des Gehölzes. Schleswig o.J. [1907].

Jensen [1909]:
Jensen, Christian: Schleswig und Umgebung. Ein Führer nebst Plan der Stadt und des Gehölzes. 3. Aufl., Schleswig o.J. [1909].

Jenß 1970:
Jenß, Uwe: Olearius, Adam. In: SHBL, Bd. 1, Neumünster 1970, S. 211–213.

Joannides 1977:
Joannides, Paul: Michelangelo's Lost Hercules. In: The Burlington Magazine Vol. 119, Nr. 893 (Aug. 1977), S. 550–555.

Johnsson 1986/87:
Johnsson, Ulf G.: Die Porträtsammlung auf Schloss Gripsholm und ihr Bezug zum Gottorfer Herzogshaus. In: JSHL 1/1986/87, S. 15–18.

Josephson 1924:
Josephson, Ragnar: Tessin i Danmark. Stockholm 1924.

Josephson 1928:
Josephson, Ragnar: Tessin in Deutschland. In: Baltische Studien 30/1928, S. 28–52.

Josephson 1930:
Josephson, Ragnar: Nicodemus Tessin d.Y. 2 Bde., Stockholm 1930/31.

Junghans 2003:
Junghans, Martina: Die Orangerie im Kloster Bronnbach. In: Landwehr 2003, S. 11–26.

Kahlfuss 1969:
Kahlfuss, H. J.: Landesaufnahme und Flurvermessung in den Herzogtümern Schleswig-Holstein und Lauenburg vor 1864. Neumünster 1969.

Kalusok 2003:
Kalusok, Michaela: Schnellkurs Gartenkunst. Köln 2003.

Kamphausen 1973:
Kamphausen, Alfred: Schleswig-Holstein als Kunstlandschaft. Neumünster 1973.

Karkosch 2010:
Karkosch, Michael: Der Fruchtbringende Lustgarten und die anhaltische Orangeriekultur. In: DG 2/2010, S. 177–206.

Karpeev 2001/02:
Karpeev, Engel P.: Das Schicksal des Gottorfer Globus 1713–2002. In: JSHL VIII 2001/02, S. 10–43.

Kellenbenz 1941:
Kellenbenz, Hermann: Die Schicksale des Gottorfer Schlosses in der Zeit der dänisch-gottorfischen Auseinandersetzungen (1658–1720). In: ZSHG 69/1941, S. 63–93.

Kellenbenz 1957:
Kellenbenz, Hermann: Christian Albrecht, Herzog von Schleswig-Holstein-Gottorf, Bischof von Lübeck (1641–1694). In: NDB, Bd. 3, Berlin 1957, S. 236f.

Kellenbenz 1961 (1):
Kellenbenz, Hermann: Friedrich III., Herzog von Schleswig-Holstein-Gottorf. In: NDB, Bd. 5, Berlin 1961, S. 583f.

Kellenbenz 1961 (2):
Kellenbenz, Hermann: Friedrich IV., Herzog von Schleswig-Holstein-Gottorf. In: NDB, Bd. 5, Berlin 1961, S. 584f.

Kellenbenz 1985:
Kellenbenz, Hermann: Schleswig in der Gottorfer Zeit, 1544–1711. Hrsg. von der Gesellschaft für Schleswiger Stadtgeschichte. Schleswig 1985.

Keller 1984:
Keller, Harald: Die Kunst des 18. Jahrhunderts. Frankfurt a.M./Wien/Berlin 1984. (Propyläen Kunstgeschichte, Bd. 10).

Kellner 2009:
Kellner, Cornelius: Musikgeschichte der Stadt Schleswig im 18. und 19. Jahrhundert, hrsg. von der Gesellschaft für Schleswiger Stadtgeschichte. Husum 2009.

Kellner 2012:
Kellner, Cornelius: Der Gottorfer Neuwerkgarten: Entstehung, Verfall und neue Entdeckungen sowie Ideen zu Rekonstruktionen. In: BSSt 57/2012, S. 11–20.

Kiby 1990:
Kiby, Ulrika: Die Exotismen des Kurfürsten Max Emanuel in Nymphenburg. Eine kunst- und kulturgeschichtliche Studie zum Phänomen von Chinoiserie und Orientalismus in Bayern und Europa. Hildesheim u.a. 1990.

Kirchhoff 1990:
Kirchhoff, Werner: Das Residenzschloss zu Fulda. 3. Aufl., Fulda 1990.

Klatt 1970:
Klatt, Helgo: Philippsen, Heinrich August Christian. In: SHBL, Bd. 1, Plöningen 1970, S. 222f.

Klose/Martius 1962:
Klose, Olaf/Martius, Lilli: Ortsansichten und Stadtpläne der Herzogtümer Schleswig, Holstein und Lauenburg. 2 Bde., Neumünster 1962. (Studien zur schleswig-holsteinischen Kunstgeschichte, Bd. 7/8).

König 1966:
König, Dietrich: Parks und Gärten in Schleswig-Holstein. Heide i.H. 1966.

Köster 2017:
Köster, Constanze: Jürgen Ovens (1623–1678). Maler in Schleswig-Holstein und Amsterdam. Petersberg 2017.

Kommer 2000:
Kommer, Björn (Hrsg.): Adriaen de Vries 1556–1626. Augsburgs Glanz – Europas Ruhm. Ausstellungskatalog Augsburg, Heidelberg 2000.

Kommer/Johanns 2000:
Kommer, Björn R./ Johanns, Markus: Die Augsburger Brunnen des Adriaen de Vries in Zeichnung und Druckgraphik des 17. und 18. Jahrhunderts. In: Kommer 2000, S. 133–146.

Konerding/Singelmann/Kloos 1979:
Konerding, Volker/Singelmann, Adolf/Kloos, Werner: Das Herrenhaus Steinhorst und die Sammlung Schwarzkopf. Neumünster 1979. (Schriftenreihe der Stiftung Herzogtum Lauenburg, Bd. 2).

Koppelkamm 1987:
Koppelkamm, Stefan: Der imaginäre Orient: exotische Bauten des achtzehnten und neunzehnten Jahrhunderts in Europa. Berlin 1987.

Korth 1985:
Korth, Dietrich: Pechlin, Johann Nicolaus. In: SHBL, Bd. 7, Neumünster 1985, S. 164–166.

Krausch 1999:
Krausch, Heinz-Dieter: Zierpflanzen im Garten von Hessen. In: Der Lustgarten des Johann Royer 1999, S. 45–59.

Krausch 2003:
Krausch, Heinz-Dieter: Die Gottorfer Pflanzeninventare von 1655 und 1681. In: Roth 2003 I, S. 269–282.

Krausch 2007:
Krausch, Heinz-Dieter: „Kaiserkron und Päonien rot…". Von der Entdeckung und Einführung unserer Gartenblumen. München 2007.

Krause 1994:
Krause, Katharina: >Li varii Genii de' fiori e de' frutti della terra<. Poussins Hermen und andere Skulpturen in französischen Gärten des 17. Jahrhunderts. In: DG 1/1994, S. 42–67.

Kroman 1959:
Kroman, Erik: De Sønderjyske Fyrstearkiver. København 1959. (Vejledende Arkivregistraturer X, udgivet af Rigsarkivet).

Krüssmann 1965:
Krüssmann, Gerd: Die Laubgehölze. Eine Dendrologie für die Praxis. 3. völlig neubearb. Aufl., Berlin/Hamburg 1965.

Krüssmann 1972:
Krüssmann, Gerd: Handbuch der Nadelgehölze. Berlin/Hamburg 1972.

Kühn 2006 I:
Kühn, Hans Joachim: Archäologische Untersuchung der Fundamentreste des Globushauses. In: Guratzsch, 2006 II, S. 74–81.

Kühn 2006 II:
Kühn, Hans Joachim: Archäologische Ausgrabungen im Herkules-Teich. In: Guratzsch 2006 II, S. 82–83.

Kümmel 1970:
Kümmel, Hermann: Major, Johann Daniel. In: SHBL, Bd. 1, Neumünster 1970, S. 195–198.

Kuhl 2013:
Kuhl, Uta: Die herzogliche Residenz Schloss Gottorf als kultureller Kristallisationspunkt. Zur Gottorfer Kultur von 1544–1713. In: BSSt 58/2013, S. 55–80.

Kuhlmann 1971:
Kuhlmann, Erich: Heimen, Claus. In: SHBL, Bd. 2, Neumünster 1971, S. 173f.

Kuhnigk 1996 I:
Kuhnigk, Silke: Plön. In: v. Buttlar/Meyer 1996, S. 472–484.

Kuhnigk 1996 II:
Kuhnigk, Silke: Traventhal. In: v. Buttlar/Meyer 1996, S. 601–608.

Die Kunstdenkmäler der Stadt Schleswig Bd. 3 1985:
Die Kunstdenkmäler der Stadt Schleswig, Bd. 3: Kirchen, Klöster, Hospitäler, bearb. von Deert Lafrenz, mit Beiträgen von V. Darius, D. Ellger und C. Radtke. München/Berlin 1985. (Die Kunstdenkmäler des Landes Schleswig-Holstein, Bd. 11).

Die Kunstdenkmäler des Landkreises Schleswig 1957:
Die Kunstdenkmäler des Landkreises Schleswig ohne die Stadt Schleswig, bearb. von D. Ellger u. Wolfgang Teuchert. München/Berlin 1957. (Die Kunstdenkmäler des Landes Schleswig-Holstein, Bd. 8).

Die Kunstdenkmäler des Kreises Eckernförde 1950:
Die Kunstdenkmäler des Kreises Eckernförde, bearb. von G. Oberdieck, L. Rohling u.a. München/Berlin 1950. (Die Kunstdenkmäler des Landes Schleswig-Holstein, Bd. 5).

Kunst-Topographie 1969:
Kunst-Topographie Schleswig-Holstein. Neumünster 1969. (Die Kunstdenkmäler des Landes Schleswig-Holstein).

Lablaude 1995:
Lablaude, Pierre-André: Die Gärten von Versailles. Worms 1995.

Lafrenz 1995:
Lafrenz, Deert: Gartenkultur in Schleswig-Holstein. In: Thode, Joachim: Historische Gärten in Schleswig-Holstein. Fotografien. Heide i.H. 1995, S. 5–17.

Landgraf Carl von Hessen 1996:
Landgraf Carl von Hessen 1744–1836. Statthalter in den Herzogtümern Schleswig und Holstein. Ausstellungskatalog Landesarchiv Schleswig-Holstein, Schleswig 1996. (VLASH, Bd. 47).

Landwehr 2003:
Landwehr, Jürgen (Hrsg.): Natur hinter Glas – Zur Kulturgeschichte von Orangerien und Gewächshäusern. St. Ingbert 2003. (Kulturlandschaft – Landschaftskultur, Bd. 1).

Larsson 1988:
Larsson, Lars Olof: Bildhauerkunst und Plastik am Hofe Rudolfs II. In: Prag um 1600 1988, S. 127–176.

Larsson 1998:
Larsson, Lars Olof: Adrian de Vries in Schaumburg. Die Werke für Ernst zu Holstein-Schaumburg 1613–1621. Ostfildern-Ruit 1998.

Lau 2005/06:
Lau, Nina: Neues zum Gottorfer Fürstengarten – Die Ergebnisse der Ausgrabungen im Jahre 2004 auf dem Gelände des Neuwerkgartens von Schloss Gottorf. In: JSHL X/2005/06, S. 24–31.

Lau 2006:
Lau, Nina: Die Ausgrabungen auf dem Gelände des barocken Neuwerk-Gartens von Schloss Gottorf. In: Guratzsch 2006 II, S. 9–73.

Le Blond 1731/1986:
Le Blond, Alexandre: Die Gärtnerey sowohl in ihrer Theorie oder Betrachtung als Praxi od. Übung … Und aus dem Frantzösischen ins Teutsche übersetzt durch Frantz Antoni Danreitter. Neudruck der Ausgabe Augsburg 1731, hrsg. und mit einem Nachwort von Harri Günther. Leipzig 1986.

Les Divertissements de Versailles 1676:
Les Divertissements de Versailles donnez par le Roy a toute sa cour au retour de la conqueste de la franche-comté en l'année M.DC.LXXIV. Paris 1676.

Lindner 1989:
Lindner, Klaus: Instrumentenbauer und Kartenmacher in Süddeutschland und Tirol. In: Die Welt in Händen. Globus und Karte als Modell von Erde und Raum. Ausstellungskatalog Berlin 1989, S. 95–112.

Linnemayr 1992:
Linnemayr, Angelika: Zur Geschichte der Familie Clodi. In: Jahrbuch des Oberösterreichischen Musealvereins, Bd. 137/1992, S. 103–155.

Lohmeier 1976 (1):
Lohmeier, Dieter: Danckwerth, Caspar. In: SHBL, Bd. 4, Neumünster 1976, S. 54–56.

Lohmeier 1976 (2):
Lohmeier, Dieter: Mejer, Johannes. In: SHBL, Bd. 4, Neumünster 1976, S. 147–150.

Lohmeier 1997 I:
Lohmeier, Dieter: Die Gottorfer Bibliothek. In: Gottorf im Glanz des Barock 1997, Bd. 1, S. 325–347.

Lohmeier 1997 II:
Lohmeier, Dieter: Kleiner Staat ganz groß. Schleswig-Holstein-Gottorf. Heide 1997.

Lohmeier 2006 I:
Lohmeier, Dieter: Christian Albrecht. In: SHBL, Bd. 12, Neumünster 2006, S. 71–79.

Lohmeier 2006 II:
Lohmeier, Dieter: Friederike Amalie. In: SHBL, Bd. 12, Neumünster 2006, S. 106–108.

Lohmeier 2008:
Lohmeier, Dieter: Die Fürstbischöfe von Lübeck aus dem Hause Gottorf. In: Rasmussen u.a. 2008, S. 186–207.

Loonstra 1985:
Loonstra, Marten: Het Koninklijk Paleis Huis ten Bosch historisch gezien. Amsterdam 1985.

Loose 2003:
Loose, Hans-Dieter: Barthold Moller (1605–1667) – ein Hamburger Politiker im Umgang mit Fürsten und Bürgern. In: Roth 2003 I, S. 75–88.

Lorenzen 1875:
Lorenzen, Christian Claus: Historisk-topografiske Meddelelser om Gottorp Slot. Ålborg 1875.

Lorenzen-Schmidt 1990:
Lorenzen-Schmidt, Klaus-Joachim: Kleines Lexikon alter schleswig-holsteinischer Gewichte, Maße und Währungseinheiten. Nach Vorarbeiten von Franz Böttger und Emil Waschinski neu bearb. und erweitert von K.-J. Lorenzen-Schmidt. Hrsg. vom Arbeitskreis für Wirtschafts- und Sozialgeschichte Schleswig-Holsteins. Neumünster 1990.

Ludewig 1975:
Ludewig, Christine: Der Auftraggeber der Ludwigsburger Embleme und die kulturgeschichtlichen Voraussetzungen in Schleswig-Holstein. In: Harms/Freytag 1975, S. 103–117.

Ludwig 2016:
Ludwig, Thomas: Das Karussell im Wilhelmsbad in Hanau. In: DG 1/2016, S. 57–74.

Lühning 1991:
Lühning, Felix: Das ganze Universum auf einen Blick. Die Gottorfer „Sphaera Copernicana" von Andreas Bösch. In: NE 60/1991, S. 17–59.

Lühning 1996:
Lühning, Felix: Schleswig: Das Globushaus im Neuwerk-Garten. In: v. Buttlar/Meyer 1996, S. 546–551.

Lühning 1997:
Lühning, Felix: Der Gottorfer Globus und das Globushaus im „Newen Werck". Schleswig 1997. (Gottorf im Glanz des Barock. Ausstellungskatalog Schleswig 1997, Bd. 4).

Lühning 2006:
Lühning, Felix: Archivalisches Puzzlespiel oder: Wie rekonstruiert man ein Globushaus. In: BSSt 51/2006, S. 47–61.

Lühning 2011:
Lühning, Felix: Architektur im barocken Niemandsland: die Gottorfer Amalienburg. In: NE 80/2011, S. 81–120.

Lund o.J.:
Lund, Hakon: Generalregistrant over danske arkitekturtegninger. Manuskript u.a. im Reichsarchiv Kopenhagen. o.J.

Lund 1963:
Lund, Hakon: Danske Haver i det syttende og attende Århundrede. København 1963.

Lund 1977:
Lund, Hakon: De kongelige Lysthaver. København 1977.

Lund 1982:
Lund, Hakon: C. F. Hansen als Landbaumeister. In: Wietek 1982, S. 11–24.

Der Lustgarten des Johann Royer 1999:
Der Lustgarten des Johann Royer. Beiträge einer Gedenktagung für den fürstlich-braunschweigischen Hofgärtner in Hessen, hrsg. vom Botanischen Arbeitskreis Nordharz e.V. durch Peter Hanelt und Egon Högel. Magdeburg 1999.

Mansfeld 1986:
Mansfeld, Rudolf: Verzeichnis landwirtschaftlicher und gärtnerischer Kulturpflanzen (ohne Zierpflanzen), hrsg. von Jürgen Schultze-Motel. 4 Bde., 2. neubearb. und wesentlich erweiterte Aufl., Berlin/Heidelberg/New York/Tokio 1986.

Martz 2016:
Martz, Jochen: Spiele im Garten – von den Anfängen bis um 1800. In: DG 1/2016, S. 3–32.

Matthies/Schubert 1996.
Matthies, Jörg/Schubert, Ingrid: Lauenburg. In: v. Buttlar/Meyer 1996, S. 397–401.

Matzner 1963:
Matzner, Emil: Das Steingartenbuch. 4. Aufl., Berlin 1963.

Mecklenburgischer Planschatz 2020:
Der Mecklenburgische Planschatz: Architekturzeichnungen des 18. Jahrhunderts aus der ehemaligen Plansammlung der Herzöge von Mecklenburg-Schwerin, hrsg. von Sigrid Puntigam. Dresden 2020.

Mensing:
Mensing, Otto: Schleswig-holsteinisches Wörterbuch. 5 Bde., Neumünster 1927–35.

Merckens 1982:
Merckens, Wolfgang: Die Kataloge der Gottorfer Hofbibliothek und die Sammlung von Wowern. In: ZSHG 107/1982, S. 53–65.

Merten 1996:
Merten, Klaus: Orangerien im Herzogtum Württemberg. In: Arbeitskreis Orangerien, Tagungsbericht 2, Potsdam 1996, S. 111–122.

Messerschmidt 1996:
Messerschmidt, Thomas: Schleswig: Gärten der Gottorfer Residenz. In: v. Buttlar/Meyer 1996, S. 533–545.

Meyer 1994:
Meyer, Margita M.: Gottorf und Eutin: Zwei Residenzgärten in Schleswig-Holstein. Geschichte und gartendenkmalpflegerische Aspekte ihrer Erhaltung. In: DMSH 1/1994, S. 41–48.

Meyer 2001:
Meyer, Margita M.: Die Königsallee im Gottorfer Neuwerkgarten in Schleswig. In: DMSH 8/2001, S. 46–48.

Meyers Konversationslexikon 1879:
Meyers Konversationslexikon, 3. gänzlich umgearbeitete Auflage, Leipzig 1879.

Mierwald 2002:
Mierwald, Ulrich: Kartierung der Vorkommen von Stinzenpflanzen im Neuwerk-Garten von Schloss Gottorf. Kiel 2002 (Manuskript).

Mosser/Teyssot 1993:
Mosser, Monique/Teyssot, Georges (Hrsg.): Die Gartenkunst des Abendlandes. Von der Renaissance bis zur Gegenwart. Stuttgart 1993.

von Münchhausen 1999:
von Münchhausen, Anna: Diener der Orangerien. In: Die Zeit, Nr. 8 vom 18.2.1999.

Nathan 2008:
Nathan, Carola: 24 Kreuzer „für 12 mal umzufahren". Das Karussell in Hanau-Wilhelmsbad wird restauriert. In: Monumente. Magazin für Denkmalkultur in Deutschland 5/6-2008, S. 38–39.

Nehring 1985:
Nehring, Dorothee: Die Hesperidengärten in Nürnbergs Stadtteil St. Johannis. Nürnberg 1985.

Nehring 1993:
Nehring, Dorothee: Die Gartenentwürfe Joseph Furttenbachs d. Ä. In: Mosser/Teyssot 1993, S. 156–158.

Nemec/Kratochvil 1992:
Nemec, Petr/Kratochvíl, Jaroslav: Harenberg City Guide Prag. Dortmund 1992, S. 446.

Neubauer 1966:
Neubauer, Erika: Lustgärten des Barock. Salzburg 1966.

Neuer Führer 1908:
Neuer Führer durch Schleswig und Umgebung. Schleswig 1908.

Neuer Führer 1913:
Neuer Führer durch Schleswig und Umgebung. 4. vermehrte und umgearb. Aufl., Schleswig 1913.

Neumann 2019:
Neumann, Jens Martin: Der Amalienbau des Kieler Schlosses. Zur Rhetorik des barocken Witwensitzes. In: Auge, Oliver/Steensen, Thomas et al. (Hrsg.): Fürstliche Witwen und Witwensitze in Schleswig-Holstein. Husum 2019. (Quellen und Forschungen zur Geschichte Schleswig-Holsteins, Bd. 127), S. 67–81.

zur Nieden 2015:
zur Nieden, Birthe: Johann Timme (1653–1714) aus Scheggerott – Die Aloe ist hin… Ein Hofgärtner in Arnstadt. In: Jahrbuch des Heimatvereins der Landschaft Angeln, 79/2015, S. 233–239.

Nissen 1984:
Nissen, Gerda: Alte Rosen. 2. Aufl., Heide in Holstein 1984.

Nordmann 2011:
Nordmann, Norbert: Orangerien und Gewächshäuser in Mittelfranken. In: Nürnbergische Hesperiden und Orangeriekultur in Franken. Petersberg 2011. (Orangeriekultur. Schriftenreihe des Arbeitskreises Orangerien in Deutschland e.V., Bd. 7), S. 129–139.

Nordmann 2014:
Nordmann, Norbert: Zur Geschichte der Zitrus und ihrer Überwinterung in der Münchner Residenz. In: Orangeriekultur in Österreich, Ungarn und Tschechien. Berlin 2014. (Orangeriekultur. Schriftenreihe des Arbeitskreises Orangerien in Deutschland e.V., Bd. 10), S. 154–169.

Oestmann 1999:
Oestmann, Günther: Ein unbekannter Brief des Adam Olearius über den Bau des Gottorfer Globus. In: NE 68/1999, S. 39–43.

Oldekop 1906:
Oldekop, Henning: Topographie des Herzogtums Schleswig. Kiel 1906, Neudruck Kiel 1975.

Ovid 1974:
Ovidius Naso, Publius: Metamorphosen, hrsg. von H. Färber und M. Faltner. 6. Aufl., München 1974. (Tusculum-Bücherei).

Paarmann 1984:
Paarmann, Michael: C. F. Hansen: Entwürfe zu einem Pavillon im Gottorfer Lustgarten. In: Kunstsplitter: Beiträge zur nordeuropäischen Kunstgeschichte. Husum 1984, S. 130–143.

Paarmann 1986:
Paarmann, Michael: Gottorfer Gartenkunst. Der Alte Garten. Phil. Diss. Kiel 1986.

Paarmann 1986/87:
Paarmann, Michael: Denkmalpflege im Gottorfer Neuwerk-Garten. Ein Zwischenbericht. In: JSHL 1/1986/87, S. 19–28.

Paarmann 1996:
Paarmann, Michael: Schleswig: Die Skulpturenausstattung des Neuwerk-Gartens. In: v. Buttlar/Meyer 1996, S. 552–555.

Palm 1998 I:
Palm, Heike: Classen, Johann Adam. In: Saur: Allgemeines Künstler-Lexikon. Bd. 19, München/Leipzig 1998, S. 427.

Palm 1998 II:
Palm, Heike: Clodius, dt. Gartenkünstler-Fam. In: Saur: Allgemeines Künstler-Lexikon. Bd. 19, München/Leipzig 1998, S. 580.

Palm 2001:
Palm, Heike: Die Orangerie des Großen Gartens in Hannover-Herrenhausen. In: Allerley Sorten Orangerie. Dresden 2001. (Schriftenreihe des Arbeitskreises Orangerien in Deutschland e.V., Bd. 3), S. 8–25.

Palm/Rettich 2011:
Palm, Heike/Rettich, Hubert: Georg Ernst Tatters Exemplar von Volkamers „Nürnbergischen Hesperides". In: Nürnbergische Hersperiden und Orangeriekultur in Franken. Petersberg 2011. (Orangeriekultur. Schriftenreihe des Arbeitskreises Orangerien in Deutschland e.V., Bd. 7), S. 46–85.

Panofsky 1978:
Panofsky, Erwin: Sinn und Deutung in der bildenden Kunst (Meaning in the Visual Arts). Köln 1978. (DuMont-Taschenbücher, Bd. 33).

Paravicini 2014:
Paravicini, Werner: Krieg der Zeichen? Funktion, Medien, Formen bürgerlicher und höfischer Repräsentation in Residenzstädten des Alten Reichs. Einführung und Zusammenfassung. In: In der Residenzstadt: Funktionen, Medien, Formen bürgerlicher und höfischer Repräsentation, hrsg. von Jan Hirschbiegel und Werner Paravicini. Ostfildern 2014 (Residenzenforschung. Neue Folge: Stadt und Hof, Bd. 1), S. 11–34.

Paulus 2003:
Paulus, Helmut-Eberhard: Die Orangerie von Schloss Schönborn in Göllersdorf und ihre ikonologische Deutung. In: DG 1/2003, S. 28–52.

Paulus 2004:
Paulus, Helmut-Eberhard: Die Orangerie von Schloss Schwarzburg. Garten und Kaisersaalgebäude im Dienst fürstlicher Repräsentation. In: DG 2/2004, S. 276–290.

Paulus 2009:
Paulus, Helmut-Eberhard: Tempel und Garten der Flora – Die Orangerie in Erlangen. In: DG 2/2009, S. 198–212.

Paulus 2015:
Paulus, Helmut-Eberhard: Teatro – Cavea – Orangerie. Das Motto „Hoc opus, hic labor est" zeichnet den Weg vom olympischen Helden Herkules zur Frucht der Unsterblichkeit. In: Orangeriekultur in Sachsen. Tradition der Pflanzenkultivierung. Berlin 2015. (Orangeriekultur. Schriftenreihe des Arbeitskreises Orangerien in Deutschland e.V., Bd. 12), S. 53–79.

Paulus 2016:
Paulus, Helmut-Eberhard: Orangeriekultur im Fürstentum Bayreuth. Über „Arcadia" und „Hesperien" zu den Gärten der Weisheit. In: Orangeriekultur in Oberfranken. Die Fürstentümer Bamberg und Bayreuth. Berlin 2016. (Orangeriekultur. Schriftenreihe des Arbeitskreises Orangerien in Deutschland e.V., Bd. 13), S. 97–155.

Peschel 1597:
Peschel, Johann: Garten Ordnung. Neudruck der Ausgabe Leipzig 1597, hrsg. und erläutert von Clemens Alexander Wimmer. Nördlingen 2000.

Petersen 1953:
Petersen, Ernst: Der Gottorfer Riesenglobus und sein Schicksal. In: Schleswig-Holstein, Monatshefte für Heimat und Volkstum 2/1953, S. 53f.

Pevsner/Honour/Fleming 1992:
Pevsner, Nicolaus/Honour, Hugh/Fleming, John: Lexikon der Weltarchitektur. 3. aktualisierte und erweiterte Aufl., München 1992.

Philippsen [1928]:
Philippsen, Heinrich: Alt-Schleswig. 3 Teile, Schleswig o.J. [1928].

Pietsch 1979:
Pietsch, Ulrich: Dallin, Rudolph Matthias. In: SHBL, Bd. 5, Neumünster 1979, S. 74f.

Pietsch 1982:
Pietsch, Ulrich: Lewon (Löwen), Johann Christian. In: SHBL, Bd. 6, Neumünster 1982, S. 157f.

Piltz 1991:
Piltz, Georg: Reise-Lexikon Kunst. Thüringen. Leipzig/Jena/Berlin 1991.

Pohl/Mahnke 2007:
Der wiedererstandene Neuwerkgarten und sein Gärtner. Gespräch zwischen Reimer Pohl und Ralf Mahnke. In: BSSt 52/2007, S. 59–62.

Polley 1983:
Polley, Rainer: Gottorfische Verwaltungserfahrung auf dem Wege zum Absolutismus. Mit einer Beilage: Dr. Andreas Cramers „Politisches Bedenken" von 1660. In: ZSHG 108/1983, S. 101–139.

Prag um 1600 1988:
Prag um 1600. Kunst und Kultur am Hofe Rudolfs II. Ausstellungskatalog Kulturstiftung Ruhr Essen, Villa Hügel, Freren 1988.

Prange 2006:
Prange, Carsten: Hamburg als Zentrum des Gartenhandels im 17. und 18. Jahrhundert. In: Horbas, Claudia (Hrsg.): Die unaufhörliche Gartenlust. Hamburgs Gartenkultur vom Barock bis ins 20. Jahrhundert. Aussst. Kat. Hamburg 2006, S. 80–89.

Prange 1969:
Prange, Ruth: Die Pertinenzen von Schloss Gottorf (1). Herrenstall und Alter Garten. In: BSSt 14/1969, S. 29–44.

Prange 1970:
Prange, Ruth: Die Pertinenzen von Schloss Gottorf (2). Der Jägerhof. Das Waschhaus. Der Ziegelhof. Der Tiergarten. Die Fasanerie. In: BSSt 15/1970, S. 3–12.

Prange 1968:
Prange, Wolfgang: Geschäftsgang und Registratur der Rentekammer zu Kopenhagen 1720–1799. In: ZSHG 93/1968, S. 181–203.

Prange 1974:
Prange, Wolfgang: Schloss Gottorfs Brücken und Dämme. In: BSSt 19/1974, S. 25–35.

Prange 1975:
Prange, Wolfgang: Findbuch des Bestandes Abt. 400.5 Von der Universitätsbibliothek Kiel übernommene Handschriften. Schleswig 1975. (VLASH, Bd. 2).

Prange 1988:
Prange, Wolfgang: Die Tiergärten Herzog Johanns des Jüngeren. In: ZSHG 113/1988, S. 75–91.

Prange/Wenn 1993:
Prange, Wolfgang/Wenn, Konrad: Findbuch des Bestandes Abt. 66 Rentekammer zu Kopenhagen mit Abt. 24, 67, 152 und 199 Schleswig-Holsteinische Kammer auf Gottorf, General-Landwesens-Kollegium, Steuerkommissionen für die klösterlichen und adligen Distrikte. 3 Bde., Schleswig 1993. (VLASH, Bde. 31–33).

Puppe 2002:
Puppe, Roland: Zur Geschichte der Orangerie-Garten-Kultur am Sächsischen Hof. In: Orangerien – Von fürstlichem Vermögen und gärtnerischer Kunst. Dresden 2002. (Schriftenreihe des Arbeitskreises Orangerien in Deutschland e.V., Bd. 4), S. 6–28.

Puppi 1993:
Puppi, Lionello: Kunst und Natur: Der italienische Garten des 16. Jahrhunderts. In: Mosser/ Teyssot 1993, S. 43–54.

Quecke 1999:
Quecke, Ursula: Die Gartenentwürfe Joseph Furttenbachs. In: Stemshorn 1999, S. 30–51.

Radtke 2013:
Radtke, Christian: Lordship and hunting in Schleswig – A sketch. In: Hunting in northern Europe until 1500 AD, hrsg. von Oliver Grimm und Ulrich Schmölcke. Neumünster 2013. (Schriften des Archäologischen Landesmuseums, Ergänzungsreihe, Bd. 7), S. 419–438.

Ragotzky/Wenzel 1990:
Ragotzky, Hedda/ Wenzel, Horst (Hrsg.): Höfische Repräsentation. Das Zeremoniell und die Zeichen. Tübingen 1990.

Rasmussen u.a. 2008:
Rasmussen, Carsten Porskrog, u.a. (Hrsg.): Die Fürsten des Landes. Herzöge und Grafen von Schleswig, Holstein und Lauenburg. Neumünster 2008.

Rathke 1982:
Rathke, Christian: Herrenhäuser und Gartentempel in Schleswig-Holstein. In: Wietek 1982, S. 40–44.

Ratjen 1858–66:
Ratjen, Henning: Verzeichnis der Handschriften der Kieler Universitätsbibliothek, welche die Herzogthümer Schleswig und Holstein betreffen. 3 Bde., Kiel 1858–1866.

Rave 1951:
Rave, Paul Ortwin: Gärten der Barockzeit. Von der Pracht und Lust des Gartenlebens. Stuttgart 1951.

Rettich 2001:
Rettich, Hubert: Pflege und Unterhaltung der Orangerie des Königlichen Großen Gartens in Hannover Herrenhausen im 18. u. 19. Jahrhundert. In: Allerley Sorten Orangerie. Dresden 2001. (Schriftenreihe des Arbeitskreises Orangerien in Deutschland e.V., Bd. 3), S. 26–43.

Richter 1985:
Richter, Winfried: Die Gottorfer Hofmusik. Studie zur Musikkultur eines absolutistischen Hofstaates im 17. Jahrhundert. Phil. Diss. Kiel 1985 (Manuskript).

Ricker 2013:
Ricker, Julia: Erdbeeren im März. Die Wiedergeburt historischer Küchengärten. In: Monumente 5/2013, S. 16–23.

Riedel/Packschies/Müller 1989:
Riedel, Wolfgang/Packschies, Michael/Müller, Claus: Kleiner Umweltführer der Stadt Schleswig. Schleswig 1989.

Ringenberg 2006:
Ringenberg, Jörgen: Zur Bepflanzung des Globusgartens von Schloss Gottorf. In: DMSH 13/2006, S. 49–56.

Rinn 1997:
Rinn, Barbara: Gottorfer Stuckaturen – Zeugen barocker Prachtentfaltung. In: Gottorf im Glanz des Barock 1997, Bd. 1, S. 152–156.

Rinn 1999:
Rinn, Barbara: Italienische Stuckateure zwischen Elbe und Ostsee. Kiel 1999. (Bau + Kunst. Schleswig-Holsteinische Schriften zur Kunstgeschichte, Bd. 1).

Roding 2020:
Roding, Juliette: Persia in Gottorf – Towards a new Interpretation of Friedrich III's Pleasure House and Gardens. In: Wissenstransfer und Kulturimport in der Frühen Neuzeit. Die Niederlande und Schleswig-Holstein, hrsg. von Kirsten Baumann u.a. Petersberg 2020, S. 277–285.

Rohde 2000:
Rohde, Michael: Gestaltungstendenzen der europäischen Gartenkunst im 16. und 17. Jahrhundert. In: Gärten und Höfe der Rubenszeit 2000, S. 13–24.

v. Rohr 1728:
v. Rohr, Julius Bernhard: Ceremonial-Wissenschafft der großen Herren. Berlin 1728. Neudruck der Ausgabe von 1733, hrsg. von Monika Schlechte. Leipzig 1990.

v. Rosen 1983:
v. Rosen, Wilhelm: Rigsarkivet og Hjælpemidlerne til dets benyttelse. Teil 1, Bd. 1 und 2, Kopenhagen 1983.

Roth 2003 I:
Roth, Dietrich (Hrsg.): Die Blumenbücher des Hans Simon Holtzbecker und Hamburgs Lustgärten. Hans Simon Holtzbecker, Hamburger Blumenmaler des 17. Jahrhunderts: Botanische, garten- und kunsthistorische Aspekte. Ergebnisse einer Tagung am 27. und 28. Oktober 2000 und Katalog einer Ausstellung vom 26. Oktober bis 23. Dezember 2000 in der Staats- und Universitätsbibliothek Hamburg. Hamburg 2003. (Abhandlungen des Naturwissenschaftlichen Vereins in Hamburg (NF) 36).

Roth 2003 II:
Roth, Dietrich: Die Florilegien des Hans Simon Holtzbecker und ihre Pflanzenwelt. In: Roth 2003 I, S. 175–199.

Royer 1999:
Der Lustgarten des Johann Royer. Beiträge einer Gedenktagung für den fürstlich-braunschweigischen Hofgärtner in Hessen. Hrsg. vom Botanischen Arbeitskreis Nordharz e.V. durch Peter Hanelt und Egon Högel. Magdeburg 1999.

Rudloff 1957:
Rudloff, Diether: Die Porträtsammlung des Eutiner Schlosses. In: NE 25/1957, S. 164–193.

Rüdiger 2001:
Rüdiger, Birthe: Die Boseschen Gärten in Leipzig in schriftlichen Quellen und zeitgenössischen Darstellungen. Eine Würdigung zum 300. Todestag von Georg und Caspar Bose. In: DG 1/2001, S. 130–156.

Rumohr 1968 u. 1979:
Rumohr, Henning von: Schlösser und Herrenhäuser im Herzogtum Schleswig. Frankfurt a.M. 1968 und 2. veränderte Aufl., Frankfurt a.M. 1979.

Rumohr 1989:
Rumohr, Henning von: Schlösser und Herrenhäuser in Ostholstein. 3. überarbeitete Aufl., Würzburg 1989.

Sach 1866:
Sach, August: Neuere Geschichte des Schloszes Gottorp. Schleswig 1866.

Sach 1875:
Sach, August: Geschichte der Stadt Schleswig nach urkundlichen Quellen. Schleswig 1875.

Sach 1881:
Sach, August: Asmus Jacob Carstens' Jugend- und Lehrjahre. Nach urkundlichen Quellen. Halle an der Saale 1881.

Saudan-Skira/Saudan 1998:
Saudan-Skira, Sylvia/Saudan, Michel: Orangerien. Paläste aus Glas vom 17. bis zum 19. Jahrhundert. Köln 1998.

SBL 1971–73:
Svenskt Biografiskt Lexikon, Bd. 19, Stockholm 1971–73, S. 591f.

Scharff 1982:
Scharff, Alexander: Schleswig-Holsteinische Geschichte. Ein Überblick. Neuausgabe von Manfred Jessen-Klingenberg. Freiburg/Würzburg 1982. (Geschichte der deutschen Länder. Territorien-Ploetz: Sonderausgaben).

Schedler 1988:
Schedler, Uta: Forum fürstlicher Repräsentation – Skulptur und Malerei im Hofgarten. In: v. Buttlar, Adrian/Bierler-Rolly, Traudl (Hrsg.): Der Münchner Hofgarten. Beiträge zur Spurensicherung. München 1988, S. 38–49.

Scheffler 1937:
Scheffler, Wolfgang: Theodor Allers, ein Meister des Akanthusbarocks. In: NE 13/1937, S. 339–368.

Scheliga 1999:
Scheliga, Thomas: Der Fürstlich Braunschweigische Lustgarten zu Hessen. Ein manieristischer Garten Norddeutschlands im europäischen Kontext. In: Der Lustgarten des Johann Royer 1999, S. 17–34.

Schellenberg 1925:
Schellenberg, Gustav: Die Schleswig-Holsteinischen Moore. In: NE 4/1925, S. 225–258.

Schiller/Lübben 1875–1881:
Schiller, Karl/Lübben, August: Mittelniederdeutsches Wörterbuch. 5 Bde., Bremen 1875–1881.

Schillmeier 1989:
Schillmeier, Ulrike: Theodor Allers. Ein Barockbildhauer in Schleswig-Holstein-Gottorf von 1684–1704. Phil. Diss. Kiel 1989.

Schlee 1952:
Schlee, Ernst: Die Herkunft des Kugelhauses und der Gottorfer Globus. In: NE 20/1952, S. 72–89.

Schlee 1962:
Schlee, Ernst: Gottorfer Globus. In: „Ars viva 62", hrsg. vom Kulturkreis im Bundesverband der Deutschen Industrie. Köln 1962, S. 2–13.

Schlee 1965:
Schlee, Ernst: Das Schloss Gottorf in Schleswig. Flensburg 1965. (Kunst in Schleswig-Holstein, Bd. 15).

Schlee 1968:
Schlee, Ernst: Schleswiger Ansichten. In: BSSt 13/1968, S. 7–18.

Schlee 1978:
Schlee, Ernst: Der Gottorfer Riesenglobus. In: Der Globusfreund 25–27/1978, S. 195–202.

Schlee 1979:
Schlee, Ernst: Die Stadt Schleswig in alten Ansichten. 2. veränderte Aufl., Schleswig 1979.

Schlee 1982:
Schlee, Ernst: August John. Ein Künstler in Gottorfer Diensten. In: NE 51/1982, S. 77–125.

Schlee 1991:
Schlee, Ernst: Der Gottorfer Globus Herzog Friedrichs III. Heide 1991. (Kleine Schleswig-Holstein-Bücher, Bd. 41).

Schlepps 1945:
Schlepps, Irmgard: Stuckornamentik und Raumgestaltung in Schleswig-Holstein vom Ausgang des 16. Jahrhunderts bis ca. 1815. Phil. Diss. Kiel 1945 (Manuskript).

Schlepps 1954:
Schlepps, Irmgard: Der Hirschsaal und die Stuckaturen in Schloß Gottorp. In: NE 22/1954, S. 60–75.

Schlüter 1992:
Schlüter, Karlheinz: Der Gottorfer Fürstengarten: Geschichte – Anfänge der Stadtsanierung. In: BSSt 37/1992, S. 42–64.

Schlüter-Göttsche 1976:
Schlüter-Göttsche, Gertrud: Jürgen Ovens. In: SHBL, Bd. 4, Neumünster 1976, S. 177–180.

Schlüter-Göttsche 1978 I:
Schlüter-Göttsche, Gertrud: Jürgen Ovens, ein schleswig-holsteinischer Barockmaler. Heide 1978. (Kleine Schleswig-Holstein-Bücher).

Schlüter-Göttsche 1978 II:
Schlüter-Göttsche, Gertrud: Miszellen zum künstlerischen Schaffen von Jürgen Ovens in Schleswig-Holstein während seiner letzten Lebensjahre. In: BSSt 23/1978, S. 87–104.

Schmeil 1911:
Schmeil, Otto: Leitfaden der Botanik. 49. Aufl., Leipzig 1911.

Schmeil/Fitschen 1929:
Schmeil, Otto/Fitschen, Jost: Flora von Deutschland. 40. Aufl., Leipzig 1929.

Schmidt 1916:
Schmidt, Harry: Gottorfer Künstler. Aus urkundlichen Quellen im Reichsarchiv zu Kopenhagen. 1. Teil. In: QuFGSH 4/1916, S. 181–321.

Schmidt 1917:
Schmidt, Harry: Gottorfer Künstler. Aus urkundlichen Quellen im Reichsarchiv zu Kopenhagen. 2. Teil. In: QuFGSH 5/1917, S. 237–393.

Schmidt 1922:
Schmidt, Harry: Jürgen Ovens. Sein Leben und seine Werke. Ein Beitrag zur Geschichte der niederländischen Malerei im XVII. Jahrhundert. Kiel 1922.

Schmidt 1903:
Schmidt, Robert: Schloß Gottorp, ein nordischer Fürstensitz. Ein Beitrag zur Kunstgeschichte Schleswig-Holsteins. 2. vermehrte Ausg., Heidelberg 1903.

Schmidt 1989 I:
Schmidt, Rudolf: Modelle von Erde und Raum. In: Die Welt in Händen. Globus und Karte als Modell von Erde und Raum. Ausstellungskatalog Berlin 1989, S. 9–14.

Schmidt 1989 II:
Schmidt, Rudolf: Globen im Goldenen Zeitalter der Niederlande. In: Die Welt in Händen. Globus und Karte als Modell von Erde und Raum. Ausstellungskatalog Berlin 1989, S. 51–62.

Schneider 1983:
Schneider, Ilse: Stadtgeographie von Schleswig. Würzburg 1934. Reprint Schleswig 1983.

Schneider 2001/02:
Schneider, Ulrich: Arbeitsbericht der Abteilung „Garten und Globus". In: JSHL VIII/2001/02, S. 264–266.

Schneider 2003/04:
Schneider, Ulrich: Arbeitsbericht der Abteilungen „Globushaus und Gottorfer Globus" und „Barockgarten". In: JSHL IX/2003/04, S. 173–175.

Schneider 2004:
Schneider, Ulrich: Das Neue Werk – die Wiederherstellung des Gottorfer Fürstengartens. In: BSSt 49/2004, S. 49–62.

Schneider 2005/06:
Schneider, Ulrich: Das Neue Werk – Die Wiederherstellung des barocken Gartens von Schloss Gottorf. In: JSHL X/2005/06, S. 32–46.

Schneider 2006 I:
Schneider, Ulrich: Das neue Globushaus im Barockgarten von Schloss Gottorf. In: DMSH 13/2006, S. 57–63.

Schneider 2006 II:
Schneider, Ulrich: Der erste Barockgarten nördlich der Alpen – Zur Geschichte und Neuanlage. In: Guratzsch 2006 I, S. 66–73.

Schneider 2007 I:
Das Neue Werk – Die Wiederherstellung des Barockgartens von Schloss Gottorf. In: Guratzsch 2007, S. 42–57.

Schneider 2007 II:
Schneider, Ulrich: Die Vollendung des Neuwerkgartens? – Ein Zwischenbericht. In: BSSt 52/2007, S. 53–58.

Schneider 2009:
Schneider, Ulrich: Die Verwirklichung literarischer Utopie. Zur Genese des Gottorfer Globus. In: Der Globusfreund. Wissenschaftliche Zeitschrift für Globenkunde, 55/56, Wien 2009, S. 85–92.

Schneider 2014:
Schneider, Ulrich: Gartenkunst im Dienste wissenschaftlichen Interesses. In: Der Gottorfer Codex 2014, S. 116–127.

Schönborn 1988:
Schönborn, Adelheid Gräfin: Die Glanzzeit der Gärten und ihre Rekonstruktion nach dem Kriege. In: v. Buttlar, Adrian/Bierler–Rolly, Traudl (Hrsg.): Der Münchner Hofgarten. Beiträge zur Spurensicherung. München 1988.

Scholten 2004:
Scholten, Frits: The Larson family of statuary founders: seventeenth-century reproductive sculpture for gardens and painter' studios. In: Simiolus. Netherlands Quarterly for the History of Art, 2004, S. 54–89.

v. Schopf 1988:
v. Schopf, Regine: Barockgärten in Westfalen. Worms 1988. (Grüne Reihe. Quellen und Forschungen zur Gartenkunst, Bd. 10).

Schröder 1997:
Schröder, Dorothea: „Sehr angenehm und ergötzlich". Das Musikleben am Gottorfer Hof. In: Gottorf im Glanz des Barock 1997, Bd. I, S. 293–297.

Schubert 2003:
Schubert, Ingrid A.: Von Bürgern und Botanikern, Geistlichen und Gärtnern. Die Entwicklung früher Hamburger Lustgartenkultur zwischen Späthumanismus und Frühbarock. In: Roth 2003 I, S. 15–73.

Schubert 2006:
>Was pflanzet diese Stadt für wunderschöne Garten!< Von früher Hamburger Gartenkultur. In: Horbas, Claudia (Hrsg.): Die unaufhörliche Gartenlust. Hamburgs Gartenkultur vom Barock bis ins 20. Jahrhundert. Ausst. Kat. Hamburg 2006, S. 40–67.

Schütze 1800–1806:
Schütze, Johann Friedrich: Holsteinisches Idiotikon, ein Beitrag zur Volkssittengeschichte… 4 Bde., Hamburg 1800–1806.

Schulze 1995 I:
Schulze, Heiko K. L.: Der Gottorfer Herkules. In: DMSH 2/1995, S. 12–20.

Schulze 1995 II:
Schulze, Heiko K. L.: Herkules im Kampf mit der Lernäischen Hydra – Die Wiederentdeckung der barocken Figurengruppe im Gottorfer Fürstengarten. In: BSSt 40/1995, S. 42–58.

Schulze 1996:
Schulze, Heiko K. L.: Schleswig: Der Gottorfer Herkules im Neuwerk-Garten. In: v. Buttlar/Meyer 1996, S. 556–558.

Schulze 1997:
Schulze, Heiko K. L.: Der Gottorfer Herkules im Kampf mit der Lernäischen Hydra – Entstehung, Geschichte und Deutung. In: Gottorf im Glanz des Barock 1997, Bd. 1, S. 211–221.

Schulze 1998:
Schulze, Heiko K. L.: Gottorfer Herkules in Schleswig wieder aufgestellt. In: DMSH 5/1998, S. 78–79.

Schwarz 2003:
Schwarz, Ulrich (Hrsg.): Christian Frederik Hansen und die Architektur um 1800. München/Berlin 2003.

v. Schweinitz 1992:
v. Schweinitz, Anna Franziska: Kromsdorf, ein Garten des 17. Jahrhunderts in Thüringen. In: DG 2/1992, S. 275–288.

v. Schweinitz 1999:
v. Schweinitz, Anna Franziska: Die landesherrlichen Gärten in Schaumburg-Lippe von 1647 bis 1918. Worms 1999. (Grüne Reihe. Quellen und Forschungen zur Gartenkunst, Bd. 20).

Schweizer 2013 I:
Schweizer, Stefan: André Le Nôtre und die Erfindung der französischen Gartenkunst. Berlin 2013.

Schweizer 2013 II:
Schweizer, Stefan: Die Erfindung der Gartenkunst. Gattungsautonomie – Diskursgeschichte – Kunstwerkanspruch. Berlin, München 2013.

Seebach 1974:
Seebach, Carl-Heinrich: Schierensee. Geschichte eines Gutes in Holstein. Neumünster 1974.

Seebach 1985:
Seebach, Carl-Heinrich: 800 Jahre Burgen, Schlösser und Herrenhäuser in Schleswig-Holstein. Neumünster 1985.

Seestern-Pauly 1970:
Seestern-Pauly, Werner: Schröder, Johannes von. In: SHBL, Bd. 1, Neumünster 1970, S. 242–244.

Serlio 1584:
Serlio, Sebastiano: Tutte l'opere d'architettura, Buch 1–7, Venedig 1584.

Serlio 1584/1978:
Serlio, Sebastiano: I sette libri dell'architettura. Venedig 1584, Nachdruck Bologna 1978.

Siebmacher 1909:
J. Siebmacher's grosses und allgemeines Wappenbuch. Bd. I, 1, Teil II: Wappen der deutschen Souveraine und Lande. Neue Folge, bearb. von Gustav A. Seyler. Nürnberg 1909.

Siren 1914:
Sirén, Osvald: Nicodemus Tessin d. y's studieresor. Stockholm 1914.

Skierka 1991:
Skierka, Joachim: Schleswig in der Statthalterzeit 1711–1836. Mit einem Beitrag von Ernst Erichsen. Hrsg. von der Gesellschaft für Schleswiger Stadtgeschichte. Husum 1991.

Skovgaard 1946:
Skovgaard, Johanne: Tyske Kancelli I. indtil 1770 Tyske Kancellis indenrigske Afdeling, 1770–1806 Tyske, 1806–16 Slesvig-Holstenske, 1816–49 Slesvig-Holsten-Lauenborgske Kancelli og de dermed beslægtede Institutioner. København 1946 (Vejledende Arkivregistraturer VII, udgivet af Rigsarkivet).

Sommer 2005:
Sommer, Dagmar: Schloss Weilburg. Zeitreise in die höfische Welt. In: SehensWerte. Schlösser und Gärten in Hessen. Besuchermagazin 1/2005, S. 6–7.

Stemshorn 1999:
Stemshorn, Max (Hrsg.): Der Kunst-Garten. Gartenentwürfe von Joseph Furttenbach (1591–1667). Ausstellungskatalog Ulm 1999.

Stephan 1924:
Stephan, Walter: Zur Baugeschichte von Schloss Gottorp, zwei nicht zur Ausführung gekommene Entwürfe. In: ZSHG 54/1924, S. 465–468.

Stilling 2015:
Stilling, Niels Peter: Danmarks Herregårde. Sjælland, Møn og Lolland-Falster. O.O. 2015 (Gyldendal Verlag).

Stilling 2018:
Stilling, Niels Peter: Danmarks Herregårde. Jylland. O.O. 2018 (Gyldendal Verlag).

Strack 1994:
Strack, Thomas: Exotische Erfahrung und Intersubjektivität: Reiseberichte im 17. u. 18. Jahrhundert. Genregeschichtliche Untersuchung zu Adam Olearius – Hans Egede – Georg Forster. Paderborn 1994. (Kasseler Studien zur deutschsprachigen Literaturgeschichte, Bd. 2).

Stritzke 1996:
Stritzke, Klaus: Orangerien in Schweden. In: Arbeitskreis Orangerien, Tagungsbericht 2, Potsdam 1996, S. 171–177.

Stupperich 1995:
Stupperich, Reinhard: Die zwölf Caesaren des Sueton. Zur Verwendung von Kaiserporträt-Galerien in der Neuzeit. In: Mannheimer Historische Forschungen 6, Mannheim 1995, S. 39–58.

Der Süden im Norden 1999:
Der Süden im Norden. Orangerien – ein fürstliches Vergnügen, hrsg. von der Oberfinanzdirektion Karlsruhe, Staatliche Schlösser und Gärten und dem Arbeitskreis Orangerien in Deutschland e.V., Regensburg 1999.

Szymczyk-Eggert 1989:
Szymczyk-Eggert, Elisabeth: Der Ludwigsburger Schlossgarten. Diss. Stuttgart 1989.

Taflor 1938:
Taflor till Olaus Rudbecks Atlantica. Facsimileupplaga Uppsala/Stockholm 1938.

Telesko 2016:
Telesko, Werner: Kunstgeschichte und Repräsentation – Zur Terminologie und Forschungsgeschichte. In: Gruber/Mokre 2016 I, S. 87–89.

Theen 2001:
Theen, Heinz-Detlef: Von besonderer Bedeutung für Schleswig-Holstein. Neue Objekte unter Denkmalschutz. In: DMSH 2001, S. 92–102.

Thelle 1983:
Thelle, Mette: Der Hirschsaal in Schloss Gottorp. Vorlagen und Vorbilder. In: NE 52/1983, S. 31–52.

Thiele 1994:
Thiele, Andreas: Erzählende genealogische Stammtafeln zur europäischen Geschichte. Bd. II, Teilbd. 2: Europäische Kaiser-, Königs- und Fürstenhäuser II, Nord-, Ost- und Südeuropa. Frankfurt a. M. 1994.

Thieme/Becker:
Thieme, Ulrich/Becker, F.: Allgemeines Lexikon der bildenden Künstler von der Antike bis zur Gegenwart. 37 Bde., Leipzig 1907–1950 u. Nachdruck der Ausgabe Leipzig 1935/36, München 1992.

Thietje 1986:
Thietje, Gisela: Reparatur der Kaskadenanlage im Gottorfer Neuwerk im Jahr 1772. In: BSSt 31/1986, S. 101–111.

Thietje 1988 u. 1989:
Thietje, Gisela: Der Bildhauer Johann Georg Moser (1713–1780), ein Vertreter des Rokoko und des Zopfstils in Schleswig-Holstein. Teil 1. In: NE 57/1988, S. 23–72. Teil 2. In: NE 58/1989, S. 33–78.

Thietje 1991:
Thietje, Gisela: Moser, Johann Georg, geb. 1713/14. In: SHBL, Bd. 9, Neumünster 1991, S. 236–238.

Thietje 1994:
Thietje, Gisela: Der Eutiner Schlossgarten. Gestalt, Geschichte und Bedeutung im Wandel der Jahrhunderte. Neumünster 1994. (Studien zur Schleswig-Holsteinischen Kunstgeschichte, Bd. 17).

Thietje 2006:
Thietje, Gisela: 300 Jahre Orangerie- und Gewächshauskultur in der Eutiner Residenz, Potsdam 2006 (Schriftenreihe des Arbeitskreises Orangerien in Deutschland e.V., Bd. 5).

Thimm 1992:
Thimm, Günther: Gärten und Parks in Thüringen. Marburg 1992.

Tholle 1935:
Tholle, Johannes: Døllner, Sophus Magnus. In: DBL, Bd. 6, Kopenhagen 1935, S. 171f.

Treichel 1982:
Treichel, Fritz: Waldschmidt, Wilhelm Huldreich. In: SHBL, Bd. 6, Neumünster 1982, S. 293–295.

Troll 2016:
Troll, Hartmut: Historischer Spielplatz im Schlosspark Ludwigsburg. Geschichte, Bedeutung, Rekonstruktion. In: DG 1/2016, S. 75–90.

Tschira 1939:
Tschira, Arnold: Orangerien und Gewächshäuser. Ihre geschichtliche Entwicklung in Deutschland. Berlin 1939. (Kunstwissenschaftliche Studien, Bd. 24).

Uerscheln/Kalusok 2003:
Uerscheln, Gabriele/Kalusok, Michaela: Kleines Wörterbuch der europäischen Gartenkunst. Durchgesehene Ausg., Stuttgart 2003.

Ullrich 1993:
Ullrich, Bernd: Agaven. Illustrationen blühender Exemplare bis 1800. Frankfurt am Main 1993 (Palmengarten, Sonderheft 21).

Unverhau 1985:
Unverhau, Dagmar: Die Schleiatlanten von Johannes Mejer. In: NE 54/1985, S. 29–66.

Volkamer 1714:
Volkamer, Johann Christoph: Continuation der Nürnbergischen Hesperidum. Nürnberg 1714.

Wawrik 1989:
Wawrik, Franz: Santi e Profani – Matthäus Greuter, Vincenzo Coronelli, Giovanni Maria Cassini. In: Die Welt in Händen. Globus und Karte als Modell von Erde und Raum. Ausstellungskatalog Berlin 1989, S. 83–94.

Weber 1985:
Weber, Gerold: Brunnen und Wasserkünste in Frankreich im Zeitalter von Ludwig XIV. Worms 1985.

Weber-Karge 1989:
Weber-Karge, Ulrike: „… einem irdischen Paradeiß zu vergleichen …". Das Neue Lusthaus in Stuttgart: Unter-

suchungen zu einer Bauaufgabe der deutschen Renaissance. Sigmaringen 1989.

Weber-Woelk 1995:
Weber-Woelk, Ursula: „Flora la belle Rommaine". Studien zur Ikonographie der Göttin Flora im 17. Jahrhundert. Diss. Köln 1995.

Weilbachs Kunstnerleksikon 1949:
Weilbachs Kunstnerleksikon, udgivet af den komité med støtte af Carlsbergfondet. o.O. 1949.

Weldt 1985:
Weldt, Dietrich: Schleswig in Luftbildern. Leer 1985.

Welzel 2002:
Welzel, Barbara: Gärten als höfische Sammlungen. Pracht – Präsentation – Wissenschaft – Kunst. In: DG 2002/1, S. 35–41.

Wendt 2000:
Wendt, Antje: Schloss Gottorf. Regensburg 2000. (Burgen, Schlösser und Wehrbauten in Mitteleuropa, Bd. 5).

Wenzel 1990:
Wenzel, Horst: Repräsentation und schöner Schein am Hof und in der höfischen Literatur. In: Ragotzky/Wenzel 1990, S. 171–208.

Wertz 1999:
Wertz, Hubert Wolfgang: Die Schwetzinger Orangerien. In: Der Süden im Norden 1999, S. 58–73.

Wescoat 1995:
Wescoat, James L.: Das Wasser in den islamischen Gärten: Religion, Repräsentation und Realität. In: Petrolucci, Attilio (Hrsg.): Der islamische Garten. Architektur, Natur, Landschaft. Stuttgart 1995, S. 109–126.

Wiesinger 2015:
Wiesinger, Anja Silke: Schloss Gottorf in Schleswig – Der Südflügel. Studien zur barocken Neugestaltung einer norddeutschen Residenz um 1700. Kiel 2015. (Bau + Kunst. Schleswig-Holsteinische Schriften zur Kunstgeschichte, Bd. 23).

Wietek 1982:
Wietek, Gerhard: C. F. Hansen 1756–1845 und seine Bauten in Schleswig-Holstein. Neumünster 1982. (Kunst in Schleswig-Holstein, Bd. 23).

Wilke 1995:
Wilke, Rolf: Allegorischer Sinngehalt von Orangeriegebäuden und ikonographische Aussagekraft am Beispiel von Schloss Weikersheim und der Kasseler Karlsaue. In: Orangerien und Gewächshäuser in Niedersachsen. Ihre Entwicklung und gartenkünstlerische Bedeutung. Thematisches Seminar im WS 1994/95 und SS 1995, Institut für Grünplanung und Gartenarchitektur der Universität Hannover, Manuskript 1995, S. 85–96.

Wille/Säckl 1993:
Wille, Kerstin/Säckl, Joachim: Garten und Palais Klein-Friedenthal bei Freyburg. Wiederentdeckung eines barocken Kleinods. In: Burgen und Schlösser in Sachsen-Anhalt. Mitteilungen der Landesgruppe Sachsen-Anhalt der Deutschen Burgenvereinigung e.V. 2/1993, S. 44–57.

Willms 2005:
Willms, Uta: Zar Peter der Große, der Zimmermann Christoffer de Hio und der Gottorfer Globus. Neumünster 2005.

Wimmer 1989:
Wimmer, Clemens Alexander: Geschichte der Gartentheorie. Darmstadt 1989.

Wimmer 1999 I:
Wimmer, Clemens Alexander: Die Pflanzenbestände der Orangerien. In: Der Süden im Norden 1999, S. 14–19.

Wimmer 1999 II:
Wimmer, Clemens Alexander: Die Bedeutung von Johann Royers Buch im Gartenschrifttum der Zeit. In: Der Lustgarten des Johann Royer 1999, S. 35–43.

Wimmer 2001:
Wimmer, Clemens Alexander: >Von denen Lust- und Blumen-Bäumen<. Das Kübelpflanzsortiment in Renaissance und Barock. In: Allerley Sorten Orangerie. Dresden 2001. (Schriftenreihe des Arbeitskreises Orangerien in Deutschland e.V., Bd. 3), S. 72–87.

Wimmer 2011:
Wimmer, Clemens Alexander: Funktion und Bedeutung von Volkamers Zitrusbuch. In: Nürnbergische Hesperiden und Orangeriekultur in Franken. Petersberg 2011. (Orangeriekultur. Schriftenreihe des Arbeitskreises Orangerien in Deutschland e.V., Bd. 7), S. 34–45.

Winkler 2014:
Winkler, Rainer: Das Paulihof-Areal: Geschichte, Gestaltung, Funktionen. In: BSSt 59/2014, S. 23–38.

Winkler 2015:
Winkler, Rainer: Schleswiger Stadtansichten in alten Darstellungen aus dem Besitz des Schleswiger Stadtmuseums. Teil 1: Stadtpläne und Panoramen. In: BSSt 60/2015, S. 129–144.

Witt 1982:
Witt, Reimer: Die Anfänge der Kartographie Schleswig-Holsteins 1475–1652. Heide/Holstein 1982.

Witt 1996:
Witt, Reimer: Carl von Hessen als Statthalter. In: Landgraf Carl von Hessen, 1996, S. 78–89.

Wittig 2005:
Wittig, Holger: Das fürstliche Lustschloß Salzdahlum. Bd. 1, München 2005.

Wo die Zitronen blühen 2001:
Wo die Zitronen blühen. Orangerie, historische Arbeitsgeräte, Kunst und Kunsthandwerk. Hrsg. von der Generaldirektion der Stiftung Preußische Schlösser und Gärten Berlin-Brandenburg. Ausstellungskatalog Potsdam 2001.

Wörner 1991:
Wörner, Rose und Gustav: Erläuterungen zum gartendenkmalpflegerischen Gutachten Schloss Gottorf in Schleswig. Fürstengarten und Schlossinsel. Im Auftrag des Finanzministeriums des Landes Schleswig-Holstein. Manuskript 1991.

Wörner 1994:
Wörner, Rose und Gustav: Der „Fürstengarten" am Schloss Gottorf in Schleswig. Möglichkeiten zu seiner Wiederherstellung. In: Schmidt, Erika/Hansmann, Wilfried/Gamer, Jörg (Hrsg.): Garten-Kunst-Geschichte. Festschrift für Dieter Hennebo zum 70. Geburtstag. Worms 1994, S. 212–225.

Wohlschläger 1989:
Wohlschläger, Heide: Globen aus Urgroßmutters Zeit. In: Die Welt in Händen. Globus und Karte als Modell von Erde und Raum. Ausstellungskatalog Berlin 1989, S. 121–130.

Wolke 1953:
Wolke, Willi: Der Neuwerkgarten. In: Kunst in Schleswig-Holstein 3/1953, S. 188–193.

Wolke 1962:
Wolke, Willi: Das Werden und Vergehen des Neuwerkgartens. In: BSSt 7/1962, S. 55–66.

Wollin 1927:
Wollin, N. G.: Drottningholm lustträdgård och park. Stockholm 1927.

Woodbridge 1986:
Woodbridge, Kenneth: Princely gardens: the origins and development of the French formal style. London 1986.

Zangheri 1993 I:
Zangheri, Luigi: Naturalia und Kuriosa in den Gärten des 16. Jahrhunderts. In: Mosser/Teyssot 1993, S. 55–63.

Zangheri 1993 II:
Zangheri, Luigi: Die Gärten des Buontalenti: zwischen Technik und Theater. In: Mosser/Teyssot 1993, S. 92–95.

Zech 2010:
Zech, Heike Juliane: Kaskaden in der deutschen Gartenkunst des 18. Jahrhunderts: vom architektonischen Brunnen zum naturimitierenden Wasserfall. Münster u.a. 2010.

Zedler:
Zedler, Joh. Heinrich: Grosses vollständiges Universal-Lexicon Aller Wissenschaften und Künste... Halle/Leipzig 1732–1754, Reprint Graz 1961–64.

Zögner 1989:
Zögner, Gudrun K.: Die Pariser Akademie und die Messung der Erdgestalt. In: Die Welt in Händen. Globus und Karte als Modell von Erde und Raum. Ausstellungskatalog Berlin 1989, S. 73–82.

Zubek 1976:
Zubek, Paul: Innentreppen des Barock in Schleswig (1). Die ehemalige Haupttreppe von Schloss Gottorf. In: BSSt 21/1976, S. 35–60.

Zubek 1986/87:
Zubek, Paul: Bauarbeiten, Magazin-Einrichtung, Arbeiten im Fürstengarten. In: JSHL 1/1986/87, S. 314–318.

Zubek 1990:
Zubek, Paul: Otto Jageteuffel. Ein Gottorfer Hofkünstler des 17. Jahrhunderts. In: NE 59/1990, S. 27–50.

3. ABKÜRZUNGEN UND SIGLEN

Abt.:	Abteilung	Ing. Korps.:	Ingenieur Korpset	RAS:	Riksarkivet, Stockholm
Afd.:	Afdeling	insg.:	insgesamt	Rbthlr:	Reichsbankthaler
Afl.:	Aflevering	Inv.:	Inventar	Res.:	Resolution
ang.:	angående	Jh.:	Jahrhundert	RKG:	Regeringskancelliet i Glückstadt
AR:	Amtsrechnung	JSHL:	Jahrbuch des Schleswig-Holsteinischen Landesmuseums Schloss Gottorf, Neue Folge	rm:	Raummeter
ASSE:	Archiv der Stiftung Schloss Eutin			RR:	Rentekammerrechnung
Aufl.:	Auflage			Rthlr:	Reichsthaler
Ausg.:	Ausgabe	Kap.	Kapitel	SAS:	Stadtarchiv, Schleswig (im Gemeinschaftsarchiv des Kreises Schleswig-Flensburg u. der Stadt Schleswig, Schleswig)
B:	Beilage	KAS:	Krigsarkivet, Stockholm		
bearb.:	bearbeitet	KBK:	Königliche Bibliothek, Kopenhagen		
betr.:	betrifft				
Bez.:	Bezeichnung	kgl.:	königlich/kongelig		
BSSt:	Beiträge zur Schleswiger Stadtgeschichte	KHB:	Kunsthalle, Bremen	SBL:	Svenskt Biografiskt Lexikon
		Krigsmin.:	Krigsministeriet	SHBL:	Schleswig-Holsteinisches Biographisches Lexikon bzw. Biographisches Lexikon für Schleswig-Holstein und Lübeck
BQ:	Bildquelle/Bildquellen	LASH:	Landesarchiv Schleswig-Holstein, Schleswig		
c.p.:	cum pertinentiis				
DBI:	Deutscher Biographischer Index	LB:	Schleswig-Holsteinische Landesbibliothek, Kiel		
DBL:	Dansk Biografisk Leksikon	LBO:	Landesbibliothek Oldenburg/Niedersachsen	Sign.:	Signatur
desgl.:	desgleichen			SMS:	Stadtmuseum, Schleswig
DG:	Die Gartenkunst, Worms	LMV:	Landesbibliothek Mecklenburg-Vorpommern Günther Uecker, Schwerin	s.o.:	siehe oben
DMSH:	Denk Mal! Schleswig-Holstein. Zeitschrift für Denkmalpflege in Schleswig-Holstein			SSHL:	Stiftung Schleswig-Holsteinische Landesmuseen, Schloss Gottorf, Schleswig
		MBF:	Museumsberg Flensburg		
		MKGH:	Museum für Kunst und Gewerbe, Hamburg	s.u.:	siehe unten
EL:	Eutiner Landesbibliothek, Eutin			ß:	Schilling
		NDB:	Neue Deutsche Biographie	TKIA:	Tyske Kancelli Indenrigske Afdeling
fol.:	folio	NE:	Nordelbingen		
fürstl.:	fürstlich	NF:	Neue Folge	TyRtk:	Tyske Rentekammer
gest.:	gestorben	NMK:	Nationalmuseet, Kopenhagen	u.a.:	unter anderem
HAUM:	Herzog-Anton-Ulrich-Museum			v.:	von
		NMS:	Nationalmuseum, Stockholm	v.a.:	vor allem
HAUMBK:	Herzog Anton-Ulrich-Museum, Braunschweig, Kupferstichkabinett			vedr.:	vedrørende
		o.g.:	oben genannt	verb.:	verbesserte
		o.J.:	ohne Jahr	vgl.:	vergleiche
HHKK:	Hamburger Kunsthalle, Kupferstichkabinett	o.O.:	ohne Ort	VLASH:	Veröffentlichungen des Landesarchivs Schleswig-Holstein
		pag.:	Seite		
HMDH:	Hendes Majestæt Dronningens Håndbibliotek, Kongernes Samling, Kopenhagen	QuFGSH:	Quellen und Forschungen zur Geschichte Schleswig-Holsteins		
				Vorst.:	Vorstellung
		QuP:	Quelle, zitiert nach dem Quellenanhang von Paarmann, 1986, S. 145–312.	ZSHG:	Zeitschrift der Gesellschaft für Schleswig-Holsteinische Geschichte
Hrsg.:	Herausgeber, herausgegeben				
				z.T.:	zum Teil
HS:	Håndskriftsamling	RAK:	Reicharchiv, Kopenhagen		

4. PERSONENREGISTER

In das Personenregister wurden alle Personen aus dem Fließtext, den Fußnoten, den Bildunterschriften und den Anhängen aufgenommen.

Erklärung: Seitenzahlen sind in normaler Schrift, Anmerkungen kursiv, Anmerkungen aus Anhang 1 kursiv und in Klammern, Abbildungsnummern fett gedruckt; Personen, die mit Schloss Gottorf zu tun haben (Künstler, Handwerker, Beamte, Lieferanten) sind mit einem * gekennzeichnet.

Abbas I., Schah von Persien 140
Adler, Superintendent *1886*
Agazius (Agazio), Martin, Maurermeister* 198, 218, 253, 425, 428, 436; *1624*
Ahlefeld
    Carl Graf von, Statthalter des dän. Königs* 423
    Graf von 350
    von, Gottorfer Amtmann* 349f.; *1848, 1884*
Ahrens, Schieferdecker* 429; *2101*
Albers, Eggert, Lieferant* 433
Alberti, Leon Battista 27, 129, 182
Albrecht, Uwe 152
Alemi, Mahwash 132, 140, 159
Aleotti, Giovanni Battista 137; **116**
Alexander der Große, mazedonischer König 134, 400
Allers, Theodor, Hofbildhauer* 14, 47f., 87, 92, 99f., 114, 123, 127, 164, 168–170, 218, 425, 427, 433f., 462; *372, 383, 868, 968, 971, 993, 1545*
Althöfer, Ulrich *(35)*
Ambrosius, Maurer* 18
Anckelmann, Caspar 133
Andreßen, Andreas, Gärtner 26
Anhalt-Köthen, Ludwig, Fürst von 160
Anhalt-Zerbst, Johann Fürst von 24; *73, 659, 1547*
Aprile, Giovanni Battista, italienischer Maler* 174
Archimedes von Syracus 401
Asmussen
    Georg *(326, 336, 346)*
    Jürgen Uwe 440–445; *541, 549*
Asmussen-Stratmann, Karen **102**
Axen, Augustus von* *91*

Baarß, Trompeter* *391*
Baehr, de, Pastor in Karby (Kreis Rendsburg-Eckernförde) *1597*
Bagge, Hinrich Olfsen *2462*
Balck (Balcke), Mehlert, Hoftischler* 425; *1772*
Balsam, Simone 160, 165, 177
Baltzer Berns, Albert 148
Bandholz, Drechsler* 346

Bartelsen, Niels *2462*
Baudoin, Jean *1464*
Bauer, Nicolaus Sigismund, Landbaumeister* 424, 466; *(337)*
Baur, Georg Friedrich 252
Bayer, Johann 75
Bayern, Maximilian Heinrich von, Kurfürst von Köln 24
Bayreuth, Georg Wilhelm, Markgraf von 184
Bech, Johann Heinrich, Gärtner aus Kopenhagen 341
Berg, Peter 244
Bergen, von
    M. F. von, Maler* 429
    Ulrich Adolph von, Hegereiter* *2462*
Becker, Hoffontänenmeister 338
Behling, Holger 209
Bella, Stefano della **130**
Benneter, Tischler* 437
Bernini *1438*
Bernstorff, Hartwig Ernst von *1841*
Besler 27
Beuck, Johann Peter, Gärtner des Barons von Königstein 262, 332, 344, 354
Bisgaard, Hack Kampmann, Gartenwächter* 339, 467
Blaeu, Willem Janszoon 73
Blanke, Harald *1288, 1437*
Blondel, Jacques-François, Gartentheoretiker 202, 239; **183, 222f.**
Bocholdt, Marten von, Pflanzenhändler* 20, 29, 34; *177*
Böckler, Georg Andreas 137, 144–146, 155, 162, 168, 178; *1485, 1548;* **117f., 131–133, 151, 162, 169**
Böhm (Böhme), Johann Heinrich, Landbaumeister* 48, 143, 168, 175, 462; *419, 1624*
Bösch, Andreas, Büchsenmacher und Mechaniker* 21, 35f., 38, 65, 71, 73, 381, 402, 460; *638*
Boissardi, Johann Jacob *1380*
Bondo, Baukonducteur* 468; **184f., 187f.**
Booth, James, Handelsgärtner in Flottbek* 341
Borckman, Caspar, Pflanzenhändler* 92
Borcksen, Claus* 424
Borgwardt, Bildhauer* 209, 431, 469
Bothman, Jacob, Gärtner in Astrachan* 334
Boysen, Thomas, Gärtner im Neuwerk* 353
Brahe, Tycho 71, 400
Brahn, Hans Heinrich, Schlossverwalter* 263
Brandenburg
    Friedrich Wilhelm, Kurfürst von (Großer Kurfürst) 150f., 181; *1409*
    Kurfürst von 36, 191, 334, 460; *141*

Brandenburg-Culmbach
    Markgräfin von, Ehefrau des Markgrafen Friedrich Ernst 354
    Friedrich Ernst, Markgraf von, Statthalter des dänischen Königs 332, 344, 407, 423; *2055; (271)*
    Sophie Magdalene, Markgräfin von, Gemahlin König Christians VI. von Dänemark 234
Brandes-Druba, Bernd 13
Braun, Georg 17, 459; **2**
Braunschweig, Hans 35
Braunschweig-Lüneburg, August Wilhelm, Herzog von, Erbprinz in Wolfenbüttel 190; *1778*
Braunschweig-Wolfenbüttel
    Anton Ulrich, Herzog von 155, 181
    August, Herzog von 181
    Juliane Marie, Herzogin von, 2. Gemahlin König Friedrichs V. von Dänemark 237; *2175*
    Rudolf August, Herzog von 181
Brenzone, Agostino 150
Brockdorff, von* 425; *461, 601*
Brodersen, Johann Hinrich* 222, 429, 466
Broekeloehr, Heinrich, Steinhauer* 34
Brömmer (Brämmer), Jacob Heinrich, Gärtnerlehrling im Neuwerk* 337, 354
Brüggemann, Otto, Hamburger Kaufmann* 21
Bruyn, Kaufmann* 219
Buchwald, Jasper von, Hofmeister* *1752, 1760*
Bundsen, Axel, Architekt 252; **242**
Buontalenti, Bernardo 185
Burchardt, Tobias, Hoftischler* 63
Busch, Cordt, Steinhauer* 105; *992*
Buttlar, Adrian von 14, 139

Cadart, Marin, Fontänenmeister *859*
Caesar, Julius 100, 134, 151; *961*
Callisen, Propst *1886*
Calvisius 400
Campen, Jacob van 23, 153, 156, 170, 192; *1432, 1562, 1789*
Cancrin, Franz Ludwig 158; **146**
Carbonetti, Dominico 172–174; *1584;* **165**
Carloff, Johan, Tischler* 425
Carstens, Lorenz, Messinggießer* 73
Caspari, Johann Gottfried, Drechsler* 338
Caus, Salomon de 24, 162f.; *136, 1342, 1490, 1503;* **156**
Cavalieri, Giovanni Battista, ital. Kupferstecher *1375*
Christensen, Annie 14, 25, 75, 80, 121, 124f., 179, 334; *287*
Christian, Jacob, Koch* 334

Clasen
    Johann Adam, Garteninspektor* 196–199, 202, 204, 210, 212–218, 232, 234–237, 239f., 244, 248f., 253–255, 261, 263, 266, 274, 330–333, 337, 344, 354, 427f., 432, 436, 448, 464f.; *150, 800, 839, 1153, 1806, 1813–1816, 1820, 1869, 1959, 1965, 1967, 1999, 2036, 2056, 2155, 2158, 2167, 2239, 2304, 2307, 2387, 2398, 2423; (3–5, 8, 12, 18, 20, 27, 122,);* **218, 226, 251**
    Ketel, Ingenieur-Capitain* 463
    Schleswiger Stadtgärtner 342
Clauesen, Detleff, Müller* 334
Clodius
    Abel, Ehefrau des Kieler Gärtners Matthias Clodius* 333
    Agneta (Agnes), Ehefrau von Johannes Clodius* 333f.; *(35f.)*
    Anna Maria, Tochter von Johannes Clodius* 333
    Friedrich, Sohn von Johannes, Botaniker* 22, 333, 460; *78*
    Johannes, Hof- und Oberlustgärtner* 19–22, 28–30, 33–36, 38, 62, 78, 129–132, 138f., 159, 163, 181f., 184, 330f., 333f., 352f., 360, 362, 459f.; *44, 57, 78, 177, 189, 199, 719, 1214; (35, 75)*
    Matthias, Schlossgärtner in Kiel 333, 351
    Matthias, Sohn von Johannes Clodius, Gärtner in Salzburg 333, 352; *(46)*
    Petrus, Vater von Johannes Clodius, Gärtner in Bückeburg 333
Clusius, Carolus 166, 455
Commelin
    Caspar 449
    Jan 166, 174; **159, 161**
Commodus, röm. Kaiser 147; *1285*
Coning, Jacob Jacobsen 171; **164**
Conrau, Schmied* 346
Coronelli, Vincenzo 192
Cort, Cornelis *1304*
Coußer, Johann Sigismund 188
Cunrau
    Friedrich Christian, Bruder von Peter Christian Cunrau* 335, 342
    Gabriel Hinrich, Drechsler* 335
    Peter Christian, Fontänenmeister* 205, 330f., 335, 338, 342f., 347f., 350, 429, 467
Cuveland, Helga de 14, 21f., 27, 61
Czarniecki, Stefan, Feldherr 36, 460

Daedalus von Athen 401
Dänemark
    Caroline, Prinzessin von 341
    Caroline Mathilde, Gemahlin von König Christian VII. von 199, 201
    Christian, Erbprinz von 30
    Christian IV., König von 20, 142, 459

Christian V., König von 22, 25f., 186, 192, 352, 403, 461; *275, 2016*
Christian VI., König von 205, 214, 234
Christian VII., König von 13, 199, 201, 205, 214, 237, 274; *20, 518, 1839f., 2032, 2038;* **179, 221**
Christian VIII., König von 204f., 351
Ferdinand, Prinz von 341
Frederik Carl Christian, Prinz von 341
Friedrich, Kronprinz und späterer König Friedrich VI. von *1874*
Friedrich III., König von 25, 403, 461; *124, 141, 941, 1492*
Friedrich IV., König von 179, 193, 232, 247, 255, 258, 335, 345, 403f.; **244**
Friedrich V., König von 199, 205, 214, 237, 332, 354; *2175*
Margarethe II., Königin von 469
Sophie Amalie, Königin von, Herzogin von Braunschweig-Calenberg 87, 164; *124, 1770*
Sophie Friederike, Prinzessin von 337
Wilhelmina Maria, Prinzessin von 337
Dahlberg, Erik, Architekt *1646;* **142f.**
Dallin, Rudolph Matthias* 12, 19, 32, 40, 50, 52, 58, 60–62, 66f., 77–79, 81–83, 91, 94f., 98, 120, 123f., 160, 162, 209, 212, 215, 232, 427, 462, 469; *16, 45, 181, 278, 304, 473, 476, 509, 518, 579, 581, 603, 749f., 753, 758, 762–764, 770, 780f., 816, 829, 912, 916f., 934, 1154, 1157, 1159, 1184, 1199, 1203, 1230;* **5, 14, 28, 73f., 104**
Dalwigk, Johann Berndt von, Hofmeister* 19
Danckwerth
  Caspar* 12, 21, 32, 55f., 75, 191, 424, 460; *173, 200, 208, 222, 244, 483, 505, 511, 588, 696, 822;* **1**
  Johann, herzogl. Faktor in Hamburg* 36, 424f.
Danneskjold-Samsø, Graf von 337, 341
Dehio, Christoffer, Zimmermann und „Globusmeister" 74
Dehn, Friedrich Ludwig, Freiherr von, Statthalter des dän. Königs* 423
De la Gardie, Magnus Gabriel Graf 178; *1646*
Delfs, Claus, Besitzer der Schleswiger Stampfmühle 272
Dernath, Gerhard Graf von 19, 50, 349, 462; *444*
Dézallier d'Argenville, Antoine 213, 234, 236
Dietrich, Hannß, Vogelsteller* 77
Dietterlin, Wendel 27
Dieussart
  Charles Philippe, Bildhauer und Baumeister* 36, 64, 127, 147f.; *1389*
  François 147
Dölner
  Ane Kirstine, Tochter von Hans Nikolai Dölner* 335
  Carl Frederik, Schlossgärtner in Dänemark *(87)*
  Caroline Frederikke, Tochter von Hans Nikolai Dölner* 335
  Catharina, Ehefrau von Hans Nikolai Dölner* 335
  Hans Nicolai, Garteninspektor* 202f., 237, 240, 266, 330f., 335–337, 354, 413f., 466; *2082, 2429; (87, 103)*
  Jens Nikolai, Gärtner aus Sachsen 335

Lorens Friedrich, Bruder von Hans Nikolai Dölner* 335, 338
Dohrn, Gartenwächter im Neuwerk* 342, 468
Domitian, röm. Kaiser *1316*
Dreas, Friedrich, Schlossgärtner auf Rosenborg 352
Drechsler, Christian, Maurermeister* 212, 218, 428; *1919, 2163*
Drees, Jan 27, 107f., 111, 244, 250; *645, 1024*
Dronrijp
  Andries *1396*
  Barent 149
Dubel (Dübel)
  Glaser* 249, 348, 426, 467
  Joachim Wilhelm, Glasermeister* 214, 254, 437, 466
Du Cerceau, Jacques Androuet 27, 30, 131, 142; *161, 1313, 1346;* **123**
Dupuis, Herr* 205

Ebelin (Ebelien, Ebeling), Johann (Johan), Maurermeister* 47, 425, 427, 433f.
Eckhusen, J. Landmesser 42, 272; **18**
Eggers, Bartholomäus, Bildhauer 151; *1384*
Ehstedt, Johann Caspar, Maler* 218, 237, 426, 428, 437
Eibe (Eybe)
  Caspar, Tischler* 40, 78, 190, 424; *959*
  Claus, Tischler, Holzbildhauer* 38, 42, 87, 426
  Peter, Tischler* 218, 428
Eichel, M. M., Kammerdiener* 250, 432
Elsholtz, Johann Sigismund 27, 148, 162, 334; **134, 154**
Emanuel, Tierwärter* 42; *770*
Eosander
  Nils, Ingenieur und Baumeister* 44, 155, 175, 423, 461; *344f.*
  Johann Friedrich, gen. Göthe, Architekt *344*
Erasmus von Rotterdam 150; *1403, 1712*
Erdberg, Eleonor von *1570*
Erdmannsdorff, Friedrich Wilhelm von, Architekt 252; **241**
Erzbischof
  von Magdeburg 333
  von Salzburg 333
Euclid 400
Evelyn, John *1271*
Eymar, Jean, Kaufmann in Schleswig* 262
Exter, Conrad Gottlieb *2462*

Fabricius, Jacob, Oberhofprediger* 19
Fagiolo, Marcello 130, 185
Falda, Giovanni Battista **119**
Fechio, Remigio *1712*
Feddersen
  Friedrich* 336
  Hans Peter, Maler 212; **193**
Feldtmann, Schlossgärtner in Plön 332
Félibien, André 170
Fentzken, Gabriel Gottfried, Töpfer* 253, 436
Ferdinand III., Kaiser 21
Ferrari, Giovanni Battista 27, 163, 165, 183; *1307, 1531*
Fielmann, Günther 209, 469
Fischer
  Nicolaus Wilhelm, Landbaumeister* 51, 73, 423, 462f.; *459f., 526, 568*

Steinhauer am dänischen Hof* 222, 429, 466
Florinus, Franziscus Philippus 147, 234, 1379; *2155*
Foertsch, Johann Philipp* 26
Fontana
  Domenico 144; **133**
  Giovanni 138
Fouquet, Nicolas 24; *1287*
Francine 135
Francini, Alessandro **108**
Frankreich
  Franz I., König von 134
  Ludwig XIV., König von 24, 157, 170, 176, 182, 188, 192f.; *1272, 1374, 1438*
Freudenreich
  Johann Friedrich, Fontänenmeister, Bildhauer* 55f., 91, 198f., 211, 217–220, 222, 226, 228, 237, 242, 266, 274, 330ff., 336–338, 344, 348, 361, 406, 408, 412, 426, 428, 464–466; *458, 493, 497, 515, 870, 880, 917, 928, 1817, 1820, 2050, 2061, 2063f., 2071, 2093, 2164; (114, 116, 124);* **29, 176, 196, 205**
  Johann Virgilius, Sohn von Johann Friedrich Freudenreich* 336f., 348
  Susanna Elsebe, Ehefrau von Johann Friedrich Freudenreich* 336, 348; *(350)*
Freÿtag, H. C., Gärtner 344
Freytag, Hartmut 157, 186
Friedlein, Johann **7**
Frisoni, Donato Giuseppe, Architekt 332; *1437*
Fritzsch, Christian *473, 518, 829, 934;* **15**
Fülck, Johann David 262; *2382f.*
Fürstenberg, Graf von, Domdechant in Köln *1712*
Fuhrmann, Jürgen, Maler 42, 111, 127, 156, 431; *1457*
Furttenbach, Joseph 27, 138, 142, 150, 161; *1313, 1315, 1322, 1343, 1503*

Galli, Elias, Hofmaler* 48f., 111, 427, 431; *414*
Garniel, Annick 15
Gebauer, Anton Friedrich 251; **238**
Gebe (Jebe), Hans Hansen, Rinnenleger* 338
Geldern, Albrecht von* 64, 431
Genthe, Gottfried, Maurermeister* 240, 244, 429; *974, 1831, 1945, 2101, 2181*
Georgio, Jacob de, italienischer Stuckateur* 48, 118, 164, 172–174, 435, 462; *1125*
Gerbrod, Konsul *1405*
Gertz, Paul F. G., Zimmermeister* 222, 429
Gessner, Conrad 27
Giovi, Paolo *1380*
Glantz, Johann Georg, Tierwärter* 198, 272
Glücksburg, Herzog zu 338
Godske, Hinrich Friedrich, Garteninspektor, Fontänenaufseher, Schlossverwalter 203, 210, 213, 216, 264, 330f., 335, 337–339, 347–351, 429, 466f.; *1848, 1865, 1869, 2046, 2086, 2399; (161)*
Goldtbergh, Bartolt, Müller* 73
Goldmann, Nikolaus 27
Goltzius, Hubert 148, 151
Gonzaga, Scipione 151
Gothein, Marie-Luise 132, 159

Grabau, Gebhard August Alexander *2462*
Greinert, Melanie 110, *1024*
Greuing, Carsten, Säger* 424
Grimm, Ulrike 175, 188
Groen, Jan van der 27, 162; **149f., 153**
Gröschel, Claudia 175
Gruber, Gernot 183
Gruttschreiber, von, Jägermeister* 272
Gude, Marquard, Bibliothekar* 26; *342, 955*
Gudewerth, Hans d. J., Bildschnitzer* 40; *297*
Gudewill, K. 21
Günther, Kaspar 151
Gunst, Pieter van **8**
Guratzsch, Herwig 15, 209
Gutsche, Jonas 148
Gutwein, J. B. **243**
Gyldenløve, Ulrich Christian von, Generalmajor 179

Habich, Johannes 33
Habrecht, Isaac* 19
Häusser, von, dänischer Generalbaumeister* 336, 344, 431, 435, 463; *764, 993, 1012, 1104, 1157, 1159, 1983, 2188, 2230f., 2303; (123)*
Hagedorn, Hans Statius, dän. Gesandter am Gottorfer Hof* 47f., 190, 433; *121, 403, 1768f.; (307)*
Hagen, H., Schleswiger Bürger 262
Hahn, Kanzleirat und Amtsverwalter* 408
Hainhofer, Philipp, Gelehrter und Kunstagent 134
Hamann
  Heinrich 179
  Peter *(225, 227, 234, 409)*
Hamburger
  Anna, Ehefrau von Hans Christoph Hamburger* 340f.; *(188)*
  Christian Albrecht, Fontänenmeister* 40, 50, 94, 330f., 339–341, 343, 366, 426, 461–463; *305, 449, 934*
  Hans Christoph, Rüstmeister und Fontänenmeister* 35f., 38, 40, 44, 46, 56, 73, 100, 127, 149, 330f., 339–341, 360, 366, 425f., 460f.; *213, 294, 297, 485, 965*
  Hartog, Sohn des Christian Albrecht Hamburger* 340, 343
Hammer
  Hieronymus, Handelsgärtner in Kopenhagen 337
  Poul, Sohn des Hieronymus Hammer, Gärtner 338
Hannover, Caroline Mathilde von, Gemahlin König Christians VII. von Dänemark 237
Hansen
  Aegidius* *2094*
  Carl Emilius, Gärtnergeselle 350
  Christian, Gärtnergeselle im Neuwerkgarten* 333
  Christian Frederik, Architekt und dänischer Oberbaudirektor* 14, 223, 225–227, 229, 231, 249–252, 274, 342, 418, 429f., 432, 467f.; *2104, 2109, 2112f., 2121, 2262, 2265;* **236–238, 240**
  Ernst Friedrich, Garteninspektor und Fontänenaufseher* 14, 203–205, 212f., 215–217, 231, 240, 264, 269f., 274, 330f., 341f., 347, 350, 361, 415,

417f., 420, 430, 439, 468; *166, 831, 1848, 1869, 1882, 1932, 1977, 2013, 2035, 2041, 2107, 2113, 2133f., 2182, 2184, 2208, 2441; (207, 212, 217);* **214f.**
  Gottfried Friedrich, Sohn von Jürgen Hansen 348
  Jacob, Gärtner im Neuwerk* 345
  Jürgen, Schleswiger „Stadtsröhren Bohrer" 348
  Julius, Sohn von Ernst Friedrich* 341f.
  Peter, Tischler* 73
Hansmann, Wilfried 234
Hardouin-Mansart, Jules *1568*
Harms, Wolfgang 157, 186
Hartlib, Samuel 333
Hase, Caspar* 99, 148
Haß, Matthias, Blechschläger* 34–36, 76
Hauck, von, dänischer Hofmarschall* 341, 361, 415, 417
Haxthausen, Graf von* 205
Hecklauer
  Andreas, Fischmeister* 87
  Johannes, Bauinspektor* 32, 34f., 423, 459f.; *177, 185, 466*
Heermann
  George, sächsischer Hofbildhauer *1545*
  Zacharias, Bildhauer *1545*
Heidtman, Peter, Händler aus Glückstadt* 100; *968*
Heim (Heimen), Nikolaus (Niclas), Bildhauer* 36, 424
Heinrich I. (Heinrich der Vogler), König des Ostfrankenreichs 406
Heldt, Jacob, Steinhauer* 424
Hemsen, Karl Christian, Bauinspektor* 196, 423, 464
Henne, Joachim, Bildhauer* 40, 99f.
Hennebo, Dieter 164
Henning
  Christian, Maurermeister* *1831, 1945, 2205*
  Georg Christian, Maurermeister* 338
  Lorenz (Lorentz), Maurermeister* 248, 426, 437; *1987*
  Maurermeister* 219, 429f.; *2099, 2115*
Hennings
  Detleff, Säger* 425
  Egidius, herzoglicher Faktor* 99, 148
  Lorenz, Maurermeister* 257, 436
  Maurer* 436
Henningsen
  Lorenz (Lorentz), Maurermeister* 211, 244, 426, 436–438; *1831, 2205*
  Maurermeister* 428
  P. 215, 266, *2415; (498);* **250**
Hensberg, H. von **9**
Heron von Alexandrien 137; **116**
Hertz
  Claus Detlef, Bruder von Friedrich Gabriel Hertz, dänischer Gärtner 354; *(504)*
  Friedrich Gabriel, Gärtnerlehrling im Neuwerk* 337, 354
Hesse, Heinrich, Gartentheoretiker* 22, 163f., 178, 191, 334, 353, 461; *80, 136, 1214, 1510f., 1526, 1642, 1729, 1740; (73);* **170**
Hessen-Darmstadt, Ludwig VI. Landgraf von 24; *73, 659*
Hessen-Kassel
  Carl, Landgraf von 192

Carl, Landgraf von, Statthalter des dän. Königs* 205, 216, 336, 423
Friedrich, Landgraf von, Statthalter des dän. Königs* 423
Louise, Gemahlin des Statthalters Carls von Hessen* 205
Marie Sophie Friederike von, Gemahlin König Friedrichs VI. von Dänemark *1874*
Moritz, Landgraf von 19, 135; *1300*
Wilhelm IV., Landgraf von 142; *1300*
Hestorf (Hestorff)
  Berend, Sattler* 248, 465
  Jochim Hinrich, Tischler* 426; *1987*
  Tischler* 248
Hetsch, Professor an der Kopenhagener Akademie* 229, 430
Hildebrandt
  Johann Lucas von 134
  Thomas, Lieferant* 436
Hille, Georg Conrad, Drechslermeister* 335
Hilmer, Sattler und Albrecht, Architekturbüro 469
Hinrichsen, Jürgen* 426
Hirschfeld, Christian Cay Lorenz, Gartentheoretiker 252
Höhle, Johann Peter, Leiter des Botanischen Gartens in Kiel 350
Höpel, Ingrid 190
Hoffkunz, Tobias, Bückeburger Kapellmeister* 333; *(35)*
Hogenberg, Franz 17, 459; **2**
Hohberg, Wolf Helmhardt von 27, 162; *1484;* **152**
Hoimann, Sibylle 165, 169, 176
Holbüll, dänischer Gärtner 341
Holler, Hartwig, Besitzer der Rendsburger Carlshütte* 228f.
Holm, Johann Friedrich, Bauinspektor* 424, 469
Holstein-Schaumburg, Ernst, Graf von 333
Holtzbecker, Hans Simon, Blumenmaler* 15, 21, 34, 61, 460; *65;* **103**
Hooghe, Romeyn de **136**
Horleman (Hårleman)
  Christian, königlich schwedischer Gartenmeister 352f.
  Johann, schwedischer Gartenkünstler, Sohn von Christian Horleman 353; *360*
Horn, Konditor *1747*
Hoyningen gen. Huene, Heinrich Freiherr von *847*
Hübener, Zacharias, Bildhauer* 30, 63, 127, 242, 244, 459; *508, 562, 564*
Huygens, Constantijn 156

Isselburg, Peter 156
Iversen, Claus, Knecht beim Fontänenwesen* 344

Jacobs, Hanß, Holzsäger* 434
Jacobsen
  Alexander *2462*
  Gastwirt* 42; *315, 2460*
  Gottorfer Hausvogt* 273, 347; *810, 2040*
  Johan, Gärtnergeselle auf Gottorf* 353
  Maurermeister* 252f., 433
Jageteuffel, Otto, Hofmaler und Bauinspektor* 34–36, 38, 60f., 64f., 127, 352, 363, 423, 459f.; *195, 505, 575*

Jagusch, Gitta 177
Janßen, Aedrian, Gärtner 34
Jardin, Nicholas-Henri, Architekt und Gartenentwerfer 201f.; *1842;* **179f., 182**
Jarvis, Hamburger Familie 252
Jebens, Paul* *1929*
Jens, Johann, Gärtner im Neuwerk* 345
Jeß, Detlef, Säger* 424
Jess
  F., Gärtnergehilfe im Neuwerk* 342
  Katharina Charlotte, geb. Kiesel, Ehefrau von M. F. C. Jess* 342
  Moritz Friedrich Christian, Gartenspektor und Fontänenaufseher* 204, 270, 330f., 342, 351, 361, 421, 468; *(222)*
Jessen
  Maurermeister und Amtsmaurermeister* 222f., 225, 429f., 468; *870, 2101f.*
  Thomas Balthasar von* 433; *121, 403, 1768*
Jochims, Etatsrat 341
John, August, Medailleur, Kupferstecher, Bildhauer* 99f.; *958*
Jordaens, Jacob 23; *1448, 1712*
Joseph I., Kaiser 151
Jürgen, Schieferdeckermeister* 433
Jürgensen
  Hans, Fontänenmeister* 330f., 335, 338, 342f., 346f., 350, 468; *1949*
  Johann Christian, Chronist* 14, 55, 91, 95, 102, 107, 109, 140, 220, 250, 429; *22, 56, 168, 170, 336, 486, 535, 572, 607, 632, 752, 760, 810, 870, 888, 927, 982, 1016, 1023, 1036, 1068, 1071, 1310, 1330, 2246*
  Jürgen 335
Junge
  Hans Martin, Fontänenmeister* 330f., 343, 464; *756?*
  Johann, Tischler* 426, 437
  Reinholt, Fontänenmeister* 330f., 343, 463f.

Kämpfer, E. **121**
Kaiser von Marokko 338
Kallau, Christoph, Fontänenmeister* 205, 330f., 337, 343f., 464; *(179)*
Kalßen (Kallßen), Jacob, Müller* 38, 426
Karkosch, Michael 160
Karl IV., Kaiser 24
Karl VI., Kaiser 151
Kastenberg, Erich Nielßsohn, Gärtnerlehrling im Neuen Werk* 334; *(75)*
Katharina von Alexandrien, Heilige *(418)*
Katharina von Schweden, Heilige *(418)*
Katharina von Siena, Heilige *(418)*
Keller, Diethelm *1387*
Kellner
  Cornelius 246; **233**
  U. **233**
Kempe
  Agnes Maria, Schwester von Bernhard Kempe* 344, 346
  Bernhard, Garteninspektor* 49, 51, 113, 120, 125f., 179, 189, 195–197, 212, 217, 232, 234, 254f., 258–264, 274, 330ff., 344–346, 361, 374, 404, 448, 462–464; *454, 476, 937, 1063, 1069, 1085, 1131, 1154, 1209, 1222, 1741, 1747, 1795f., 1799–1801, 1811, 1814, 1822, 1869, 1960, 2141, 2151,*

2214f., 2315, 2341, 2387, 2389, 2392, 2395f.; (293); **100**
  Dorothea, geb. August, Ehefrau von Johannes Kempe* 344, 346
  Dorothea Augusta, Schwester von Bernhard Kempe* 344, 346
  Johann Ludwig, Bruder von Bernhard Kempe* 332, 344, 346
  Johannes, Garteninspektor* 46f., 49, 61, 92, 98, 166, 176, 179, 189, 232, 330f., 344, 346, 361, 372, 374, 461f.; *370, 404, 1625, 1741; (308)*
Kent, William *2119*
Kersten, H. A., Fontänenmeister, Schlossverwalter* 208, 330f., 342, 346f., 439, 468; *1890, 1902, 1949*
Kiby, Ulrika 142
Kielman von Kielmansegg
  Friedrich Christian, Freiherr* 156f.; *1458*
  Johann Adolf, Freiherr Gottorfer Hofkanzler* 21, 23f., 156; *121*
Kirchner, Hermann *1380*
Kirkerup, Andreas, dänischer Hofarchitekt 227; **208**
Klefeker, Johann, Pflanzenhändler* 49, 92
Kleiner, Salomon 254; **243**
Kleopatra 147
Klingenberg
  Paul, dänischer Oberpostmeister 162; *1492*
  Paul junior 179
Klingmann
  Anna Margaretha, 2. Ehefrau von Christian Klingmann* 347
  Christian, Oberaufseher über die Gottorfer Gärten* 51, 81, 232, 330f., 345, 347, 349, 427, 463; *452, 476, 779, 783, 824; (321)*
  Christian Albrecht, Sohn von Christian Klingmann* 347
  Johan Andres, Sohn von Christian Klingmann* 347
  Johan Friedrich, Sohn von Christian Klingmann* 347
  Sophia Ernestina, 1. Ehefrau von Christian Klingmann* 347
Kloth
  Jhan, Hofgärtner in Torgau 333
  Matthias, Großvater von Johannes Clodius, Gärtner aus Antwerpen 333
Koch
  Anna Catharina, Ehefrau von Carl Ludwig Koch* 347
  Carl Ludwig, Sohn von Johann Leonhard Koch, Fontänenmeister* 330f., 335, 347, 467; *(328, 330)*
  Elisabeth Brigitta, geb. Lemmeke, Ehefrau von Johann Leonhard Koch* 348
  Johann Leonhard, Baugevollmächtigter und Fontänenmeister* 203, 330f., 336, 338, 347f., 424, 466f.; *1948; (330, 336–338)*
  Otto, Kupferstecher* 73
Friedrich Wilhelm von 67, 107–111, 247; *468, 603, 1026, 1030, 1038, 1040, 1042, 2230;* **25, 91**
Königshoven 99, 462; *434, 911, 948, 1171, 1219;* **71**
Königstein, Baron von* 262, 354
Köp, Johann, Bettmeister* *1762*

Koes
    Friedrich Wilhelm, Maler* 244, 248f., 426, 432, 465; *626, 1987*
    Glaser* 426, 436
    Steffen, Schnitzer* 66, 424
Köster, Constanze 15, 107–110, 156; *1017*
Kohlmann, Matthias, Kannengießer* 433
Kohlmorgen, Gärtner im Neuwerk* 345
Kopernikus, Nikolaus 71, 400
Kramer, Corinna 177
Krap (Krabbe), Otto, Maler* 47, 49f., 107, 122, 124f., 175, 425, 427, 431, 435, 462; *372, 421, 1176, 1218*
Krausch, Heinz-Dieter 15, 61, 440–445; *541*
Kreiser, Lorenz Christian, Bauinspektor* 213, 250, 424, 432, 467f.; *1853, 1872*
Krieger
    Johann Christoph, Gärtner im Alten Garten* 344, 354
    Johann Cornelius, dänischer Gartenarchitekt 192, 234, 354; **174, 219**
    Severin, Gärtner, Sohn von Johann Cornelius Krieger 354
Kroegmann
    Berenndt, Tischler* 424
    Peter, Tischler* 424
Krohn, Christian Heinrich, Ahrensburger Schlossgärtner 341
Krohne, Gottfried Heinrich 254
Kroken, Valentin, Bruder von Catharina, verheiratete Tatter* (424)
Kruse
    Anna, Ehefrau des Hans Hinrich Kruse* 338, 348f.
    Hans Hinrich, Fontänenmeister* 203, 205, 330f., 337f., 348f., 413, 466; *(142)*
    Hans Joachim, Gärtnergeselle im Neuwerk* 341, 350f.
Kühn, Hans Joachim 15; *336*
Küster (Kÿhter), Anton Ludwig, dänischer Gärtner 338
Kuhl, Lütge, Tischlergeselle* *656*

Lammers, Johan, Händler aus Osnabrück* 431
Lang, Mauritz *1609*
Langenheim
    Carl August, Gärtnergeselle im Neuwerk, Sohn von F. C. Langenheim* 350
    Friedrich Christoph, Gärtner und Fontänenaufseher* 203, 330f., 339, 341, 349f., 467
    Heinrich, Ökonom, Sohn des Friedrich Christoph Langenheim* 341, 349
Larson
    Familie 148
    Larson, George **134**
    Larson, Johann 148f.
Latendorf, Johann, Bibliothekar* 26
Lau
    Drechsler und Pfeifenbohrer aus Schleswig 346
    Gottfried Daniel, Bruder von M. H. Lau, Kunstdrechsler 342
    Moritz Heinrich, Schleswiger „Stadtpfeifenbohrer" 342
    Nina 15
    Schleswiger Amtsdrechslermeister 346

Lauremberg, Peter *136*
Laurus, J. 153; *1427;* **107**
Lausen, Schleswiger Amtsschlossermeister 346
Le Blond, Alexandre 234
Lehmann, F. **110**
Lemcke, Jacob, Bildhauer* 217, 219–221, 226, 228, 338, 429; *2050, 2084, 2086f., 2197;* **205**
Lemercier, Jacques 168
Le Nôtre, André 129, 161f., 182
Leopold I., Kaiser 100, 151; *958, 961*
Le Pautre, Jean 137; *136, 1359*
Le Roy
    Michael, Architekt *293*
    Michel* 24, 38, 41, 46, 87, 127, 143, 145, 159, 191, 340, 423, 426, 461; *286f., 293, 328, 790, 859*
Le Vau, Louis, Architekt 24, 153, 170
Levetzau, von, Oberhofmarschall* 204, 351, 421, 468
Lewon (Löwen)
    Albertina Friderica, Tochter von Johann Christian Lewon* 349
    Johann Christian, Oberaufseher über die Gottorfer Gärten* 19, 51, 262, 330f., 345, 349, 463; *46, 453, 1549*
Licony, Jean Baptist, italienischer Pflanzenhändler* 92; *901*
Liliencron, von, Gottorfer Amtmann* 204
Lindegaard, dänischer Schlossgärtner 341
Lindemann, Bildhauer *518*
Lindenbrog, Heinrich, Bibliothekar* 26
Linnemayr, Angelika 333
Lippay, György *1609*
Lobdantz, Lieferant* 433
Löhnsdorff, Persius von, Schlosshauptmann* 189; *15, 460*
Löke, Detlef, Zimmermann* 78; *757*
Lönborg, Hans Christopher, Ingenieur-Capitain* 13, 32, 58, 67, 70, 78, 196, 231, 234, 242, 464; *20, 181, 518, 527, 579, 581, 603, 630, 749, 753, 758, 1804f.;* **10, 34, 61**
Lohmann, Eskel 21
Lohmeier, Dieter 27, 181
Lorentz, Jürgen, Lieferant* 433
Lorenzen *167, 1911*
    Andreas, genannt Rothgießer, Messinggießer, Kupferstecher* 40, 73f., 100, 381, 402
    Christian, genannt Rothgießer, Messinggießer* 73, 381, 402
    Hans, Piepenbohrer* 35
    Peter, Meistergeselle im Neuen Werk* 336f.
Lüders* (280)
    Schleswiger Amtsdrechslermeister 346
Lueß (Lüeß), Peter, Tischler und Bildhauer* 38, 40, 87, 426; *297*
Lühning, Felix 14f., 36, 67–70, 73, 110, 112, 139, 155, 185, 424f.; *208, 328, 336, 606, 610, 626, 632, 652, 665, 977, 979, 985, 989, 991, 995;* **45–52, 58**
Lüxdorf, Geheimrat 337
Luhden, Johann, Gewürzhändler* 189
Lund, Hakon 133, 201
Lymkilde, J. J., Gastwirt* 205, 250; *1879*

Maderno, Carlo 138
Mahrt, Johann, Hausvogt* 341, 351; *2417*

Mahs, Balthasar, Hofmaler* 48, 118, 127, 164, 174, 176, 435, 462; *409, 1596f.*
Maini, Andrea 173; **166**
Mainz, Kurfürst von 24
Major, Johann Daniel 24f., 32, 42, 83, 125, 185, 187, 189, 191, 360, 364, 426, 461; *105, 180, 317, 799, 840, 845, 1213–1217, 1652, 1698, 1732f.; (412, 452)*
Majus, Johannes Burchard, Professor 100, 151; *961, 1058*
Mander
    Carl van 25
    Cornelius (Cornelis) van, Hofbildhauer* 35, 56, 63–65, 69, 76, 127, 134, 163, 424; *508, 562, 567, 636*
    Johann van, Bildhauer und Steinhauer* 40; *297*
Mansa, Gärtner auf Schloss Frederiksborg 341
Mansart, François 153
Marchini, Giovanni Francesco *1600*
Marin, Louis *1668*
Marselis
    Gabriel 148
    Gabriel junior 148
Martens, Heinrich 135; **110**
Martensen, Thomas, Tischler* 436; *2462*
Martz, Jochen 158
Massau (Maßaw), Jacob, Rentmeister* 370; *358*
Mathijs, J. **141**
Mathilde, Königin des Ostfrankenreiches, Gemahlin Heinrichs I. 406
Matthiesen, Jürgen Wilhelm Conrad, Gärtnergeselle im Neuwerkgarten* 339, 349f.
Matthiessen, Joh. Wilhelm, Kunstgärtner 349
Matthießen, Niclas, Rotgießer* 190
Maximilian I., Kaiser *1409*
Mecklenburg, Louise Herzogin zu, 1. Gemahlin König Friedrichs V. von Dänemark *2175*
Mecklenburg-Güstrow, Gustav Adolf, Herzog von 24, 147; *73, 659, 1389*
Medici 134
    Francesco I. von 185
    Katharina von, Königin von Frankreich 147, 184
Meerwicks, Susanna von, Pflanzenhändlerin* 92
Meister Thomas, italienischer Stuckateur* 48, 118, 172, 435, 462; *1125*
Mejer, Johannes, Kartograph* 12, 19, 21, 32–35, 42, 52, 55, 58, 81, 83, 191, 424, 459f.; *7, 10, 38, 173, 186, 200, 208, 222, 244, 465, 470, 481, 483, 504f., 511, 581, 588, 696, 748, 811f., 822; 1, 3, 12f.*
Mencke, königlicher Beamter* (289)
Mensch, August Wilhelm, Schlossgärtner in Plön 335
Merian, Matthäus 133, 150, 162, 166; *1282, 1381;* **109, 111, 147, 155**
Mertens, C. Ludwig 270; **216, 260**
Messerschmidt, Thomas *2405*
Meyer
    Carl Wilhelm Andreas, Gärtner aus Flensburg 341, 350
    Hausvogt* 408, 412
    Margita M. 14f.; *508, 1298, 2172; (409)*

Wilhelm Friedrich, Bauinspektor* 102, 104, 106, 204f., 222f., 225–227, 229, 231, 250, 269f., 335, 342f., 424, 429, 432, 439, 467–469; *917, 977, 983, 989, 997f., 1004, 2042, 2101, 2103, 2105, 2109, 2111, 2113, 2124, 2127, 2129, 2132, 2136, 2255, 2259, 2263, 2443; (82, 245);* **79f., 201–203, 235, 256f.**
Meylandt, Johann Rudolff, Pflanzenhändler* 92, 367
Michelangelo 134
Mierwald, Ulrich 15, 469
Mörck
    Gottorfer Amtsverwalter* 203; *1849, 1880; (137)*
    Matthias, Schieferdecker* 218, 253f., 428, 436f.; *585, 2276, 2321, 2345*
    Witwe des Schieferdeckers Matthias Mörck* 437
Mogia, Joseph* 172
Mokre, Monika 183
Moll, Isaac de, Ingenieur* 34; *190*
Mollet, André 179; *136*
Morell, Gastwirt* 205, 250, 432
Moreto, Theodor *1652*
Moritz, Zacharias, Stuckateur* 66, 425
Moser, Johann Georg, Bildhauer, Entrepreneur* 14, 219–222, 338, 428f., 466; *870, 2071f., 2075, 2079, 2081f., 2197*
Motz, Johann Hermann von, Baumeister* 203, 246, 265, 273, 335, 338, 347f., 424, 466f.; *166, 1851, 1884, 2225, 2374; (162, 334, 337);* **234**
Müller
    Christian, Hofmaler* 42, 44, 64, 70, 112, 425, 427, 431; *329, 517, 963, 1006*
    Johann, Rotgießer* 426
    Johannes (Johann), Hofmaler und Bauinspektor* 34, 38, 42, 44, 64–66, 73, 75, 112, 155, 423f., 426, 431, 460f.; *195, 274, 328f., 1052*
    Otto Johann, Baumeister* 13, 44, 55, 60, 73, 81f., 87, 91, 105, 113, 120, 123f., 127, 196–199, 209, 211, 214f., 217f., 231f., 234, 237, 245f., 248f., 253f., 257, 261f., 274, 332f., 336f., 344, 361, 406, 408, 412, 423, 426, 428, 436, 438, 451, 464f.; *20, 510–512, 527, 605, 846, 869f., 872, 874, 880f., 915–917, 920f., 924, 928, 1102, 1157, 1159, 1184, 1232, 1789, 1820, 1826, 1959f., 1969, 1154, 1198, 1988, 1999f., 2003, 2019, 2036, 2055, 2058, 2165, 2167, 2186, 2218, 2316, 2327, 2330, 2347, 2368f., 2378, 2387, 2400, 2425; (18, 20, 123, 337);* **20, 35, 65f., 81, 101, 178, 191f., 246**
Münch, von* *2385*
Münchhausen, Otto von 177; *2393*
Münchow, Rüdiger von, Hofmeister* 19
Mulier, Peter, Gärtner* 28, 459; *149*
Muller, Jan 112

Nagel
    Carl August, Gärtnergeselle im Neuwerk, Sohn von Wilhelm Nagel* 349
    Wilhelm, Garteninspektor und Fontänenaufseher* 203, 211, 215, 269, 330f., 339, 341–343, 347, 349–351, 467f.; *1852, 1879f.; (316, 380, 388f., 391, 397, 399f.)*

Wilhelm Jacob Friedrich, Sohn von Wilhelm Nagel* 341f., 347, 350; *(316)*
Nannen, Johann, Uhrmacher* 73
Nassau-Siegen, Johann Moritz von 150, 182; *1323, 1409;* **136**
Nering, Johann Arnold 169; *1324*
Neukrantz, H. C., Schlosser* 426
Niedersee, Joseph, Bildhauergeselle* 222, 429
Nissen
    Andres, Gärtner des Gutes Lindau 338
    Hans Detlef, königlich dänischer Gärtner 350
Nordmann, Norbert 179
Novack (Nouack), Ingenieur* 24, 42, 431; *328*

Österreich, Georg, Kapellmeister* 26; *(304)*
Oestmann, Günther 73
Ötken, von, Fortifikationsoffizier* 198, 428; *1820f.;* **177**
Ohrtmann, Johann Heinrich, Glaser* 426, 436f.
Oldekop, Henning 208; *56, 1014, 1911*
Oldenburg, Anton Günther, Graf von 23
Olearius, Adam, Bibliothekar, Mathematiker* 21, 26–28, 32, 38, 40, 62, 73, 77, 131f., 137, 140–142, 159, 184, 191, 333f., 352f., 381, 399, 402, 405, 431, 459–461; *43, 50, 67, 73f., 86, 141f., 269, 282, 515, 520, 560, 667, 679, 682, 694, 740, 774, 1254, 1257, 1310f., 1333, 1335, 1338, 1348, 1473, 1678, 1762; (61, 71, 453);* **9, 38, 59f., 120, 122**
Oling, Sabina da, Ehefrau von Matthias Clodius in Salzburg 333
Olsen, Frederik, Gärtner aus Kopenhagen 341
Oranien-Nassau, Frederik Henrik, Prinz von, niederländischer Statthalter 156; *1407, 1448f.*
Orbay, François d' 170
Ovens, Jürgen, Gottorfer Hofmaler* 15, 23, 25, 42, 49, 66f., 69, 71–73, 75, 106–108, 111, 127, 155f., 176, 186, 249f., 360, 365f., 403, 424, 431–433, 460f., 466; *88, 509, 579, 602, 656, 664, 701, 1015f., 1783;* **41f., 54, 82–94**
Ovid 30; *159*
Oxenstierna, Graf von 460

Paarmann, Michael 11f., 14, 16–18, 29f., 62, 100, 108, 124f., 146, 163f., 176f., 196, 209, 220, 244f., 250, 260, 333f., 353; *4, 25, 149, 466, 665; (32)*
Palissy, Bernard 184
Palladio, Andrea 27, 153
Palm, Heike 332; *(418)*
Paludanus, Bernhardus 27
Paravicini, Werner 182
Paucker, Johann Gottlieb, Drechslermeister 342
Paulus, Helmut-Eberhard 139, 165, 184–188
Pechlin
    Johann, Bibliothekar* 27, 455, 456, 462
    Johann Nikolaus, Bibliothekar* 26; *134f.*
Pehfs (Phefs), Philipp Heinrich, Zimmermeister 336, 436
Pelli, Domenico, Architekt und Unternehmer* 172, 175, 423, 435, 463; *1584*
Perelle, Adam, Gabriel u. Nicholas **129, 163**
Peschel, Johann *1484*
Peters, Franz, Rentenschreiber* *(280)*
Petersen
    Albrecht, Lakai und Hofschreiber* 338
    Benedicte Catharina 332
    Friedrich Christian, Gärtner auf Gisselfeld 341
    Matthias 1
    Nikolaus **1**
    Ulrich, Schleswiger Chronist 14, 16, 72, 82f., 114, 121, 140, 151, 187, 216, 232, 234, 245, 257, 260, 272, 332, 361, 397, 464; *21, 163, 318, 393, 478, 480, 489, 501, 510, 512, 518, 586, 612, 622, 632, 649, 666, 690, 755, 757, 760, 817, 819–821, 829, 844, 870, 920, 925, 994, 1017, 1092, 1097, 1160, 1181, 1191, 1310, 1329, 1415, 2027, 2044, 2143, 2145f., 2148–2151, 2217f., 2319, 2323, 2352, 2453*
Peucker, Johann Hinrich, Ingenieur-Capitain* 195f., 212, 232, 240, 247, 253, 258, 263, 343, 345, 361, 423, 426, 435, 448, 463; *371, 454, 476, 870, 1104, 1790, 1794–1796, 1801, 1872, 1983, 2140f., 2188, 2335f., 2386; (270, 282, 299)*
Pfalz-Zweibrücken-Kleeburg, Maria Euphrosina von, Gemahlin von Magnus Gabriel De la Gardie *1646*
Phefs, s. Pehfs
Philipp, mazedonischer König 134
Philippsen, Heinrich 14, 205, 231, 245, 332; *2134*
Piepgras (Pipgras), Jürgen, Gartenwächter* 339, 351, 467, 468
Pigage, Nicolas de **239**
Pigma, Jean Baptist *1381*
Pincier, Johannes* 19
Platero, Felice *1712*
Platon, griechischer Philosoph 445
Plett, Jürgen, Stuckateur* 67, 431
Plutarch *1380*
Polack, Johan, Tischler* 424
Polltehr, Melchior, Töpfer* 424
Pommern, Herzöge von 141
Porta, Giacomo della 138
Post, Pieter 153; **141**
Postel, Christian Heinrich 188
Potthoff, Johann Gottfried, Schlossgärtner in Glücksburg 337, 354
Poussin, Nicolas *1287*
Pozzo, Andrea 174
Prange
    Arndt, Steinhauer* 64; *567*
    Ruth 272
    Wolfgang 33
Preußen, Friedrich I., König in *344*
Priess, Hans Christian, dänischer Gärtner 350
Primon, Cornelius, Schieferdecker* 254, 435, 437; *613, 618, 870, 984, 1063, 2276, 2321*
Pozzo *1600*
Ptolemäus 400

Quellinus, Artus, d. Ä., Bildhauer* 23, 170, 460

Radeloff, Nicolaus, Uhrmacher* 73
Randahl, J. E. 16
Randerup, Nicolas Joensen, Gärtner aus Farve 332
Rantzau
    Christian, Graf zu *72*
    Heinrich 17
Rehmke, Zimmermeister* 257
Reimer, Clauß, Zimmermeister* 248
Reimers, Claus, Zimmerer* 258
Reinhold, Johann Baptista, italienischer Pflanzenhändler* 92
Reinst, Witwe von 23; *1712*
Rem, Georg 156
Remer, Martin, fürstlicher Trabant 351
Remsen von Büren, Johann* 424; *587*
Reppel, Küchenmeister* *1886*
Rethmeyer, Claus, Maurermeister* 35, 76, 424, 426; *521, 706, 806*
Rettich, Hubert *(418)*
Reventlow, Anna Sophie, Gemahlin König Friedrichs IV. von Dänemark 232
Reyher, Samuel, Professor 112, 191
Richelieu, Kardinal 166
Richter
    Johann Moritz d. Ä. 168
    Winfried 190
Rijp, Arent de 148
Ringenberg, Jörgen 15, 469
Rinn, Barbara 172–174, 176
Risler, Wilhelm 350
Rittelen, Hans Georg, Stuckateur* 20
Roding, Juliette 142, 192; *518*
Roggenkamp, Gärtner auf Schloss Rosenborg 332, 449
Rohr, Julius Bernhard von 182
Rolufs, Johan, Ziegler* 425
Rose, Joseph Simon, Gärtner in Vordingborg 341
Rosenberg, Johann Gottfried* 67, 70f., 104, 126, 199, 202, 211, 213f., 219f., 222, 242, 246, 249, 254, 265–267, 272f., 336, 338, 348, 361, 412, 415, 423, 426, 428f., 432, 437–439, 465f.; *468, 513, 533, 535, 537, 604, 607, 625, 641f., 653, 662, 870, 881, 954, 974, 978, 987, 990f., 1003f., 1015, 1053, 1230, 1965, 1968, 1970, 2060, 2067, 2072, 2074f., 2077f., 2080, 2082, 2085, 2093, 2095, 2097, 2177f., 2186, 2195, 2242f., 2274, 2299, 2416, 2429f., 2465; (337);* **26, 44, 106, 200, 224, 226, 249, 252f.**
Rossi, Giacomo Antonio 173
Rothgießer
    Andreas, s. Lorenzen, Andreas
    Christian, s. Lorenzen, Christian
Royer, Johann 440; *1735*
Rubens, Peter Paul 134; *1307, 1407*
Rudbeck, Olof 178f.; *1646;* **171**
Rudolf II., Kaiser 135
Rudolph, Hans Georg, Vogelsteller und Heidreuter des Amtes Schwabstedt* 76f.; *742*
Rüppell, Schlossverwalter* 204
Rüßler, Melchior, Steinhauer* 66, 424
Rüter, Niclas, Drechsler* 431
Russland
    Elisabeth, Zarin von 74
    Peter der Große, Zar von 51, 74, 191, 401f.; *462, 1762*
Ryckwaert, Cornelis *1547*

Sach, August 14, 164, 250; *1036*
Sachsen
    August I., Kurfürst von 27; *569*
    August der Starke, Kurfürst von *1324, 1624*
    Christian I., Kurfürst von 29; *569*
    Christian II., Kurfürst von *569*
    Johann Georg I., Kurfürst von 20; *569*
    Magdalena Sibylla, Prinzessin von, Schwester der Gottorfer Herzogin Maria Elisabeth 30
    Moritz I., Kurfürst von *569*
Sachsen-Gotha, Johann Ernst, Prinz von 36, 64; *1762*
Sachsen-Lauenburg
    Anna Elisabeth, Prinzessin von, Nichte von Herzog Friedrich III. von Schleswig-Holstein-Gottorf *1263*
    August, Herzog von *1263*
    Herzöge von 133; *1263*
    Julius Franz, Herzog von 164; *1513*
Sachsen-Weißenfels
    Christine, Herzogin von, Gemahlin Herzog August Friedrichs von Schleswig-Holstein-Gottorf 168
    Johann Georg, Herzog von *1437*
Saldern, Caspar von 199; *1839*
Sandrart 27
Sapor, König von Persien 401
Sasse, Joost van **167**
Sauermann, Provinzialkonservator 209, 431
Saurius, Andreas *(418)*
Savoyen-Carignan, Eugen Franz, Prinz von *1509*
Scamozzi, Vincenzo 153
Scharff, Thomas, Tagelöhner* 338
Schatz, Gottfried Jacob, Steinhauer *1821*
Schaumburg, Christian, Garteninspektor der königlichen Gärten in den Herzogtümern* 204, 330f., 342, 351, 421, 468
Scheel
    von, Amtmann* 421
    Generalmajor* *1802*
Scheliga, Thomas 155
Schickhardt, Heinrich 164
Schilling, Michael 157, 186
Schillmeier, Ulrike 14, 164; *25*
Schlee, Ernst 14, 19, 34, 73, 100, 125, 139f., 146, 155, 164, 168, 175, 245; *25*
Schlemmer, Hans, Uhrmacher* 38, 73
Schlepps, Irmgard 164
Schleswig-Holstein-Gottorf
    Adolf, Herzog von 11, 17, 26, 32f., 152, 423, 459; *53, 569*
    Adolf, Prinz von (jüngerer Bruder von Herzog Friedrich III.) 19, 459
    Albertine Friederike, Herzogin von, Gemahlin Herzog Christian Augusts von Schleswig-Holstein-Gottorf 191
    Anna Dorothea, Prinzessin von 189
    Anna Petrowna, Herzogin von, Gemahlin Herzog Carl Friedrichs von Schleswig-Holstein-Gottorf 401
    Augusta, Herzogin 19
    August Friedrich, Prinz von (jüngerer Bruder Herzog Christian Albrechts) 24, 168, 461
    Carl Friedrich, Herzog von 19, 49, 98, 189, 195, 232, 349, 374, 389, 401, 423, 462
    Carl Peter Ulrich, Herzog von 401
    Christian III., Herzog von *569*

Christian Albrecht, Herzog von 11f., 15f., 22–26, 30f., 38, 40–42, 44, 46–48, 60, 71, 76–79, 83f., 87, 90, 92, 94f., 99, 101, 107, 112, 114, 122, 129, 133, 142, 144f., 147f., 150f., 153, 155–158, 164, 166, 168–172, 174–176, 179–182, 185–191, 193, 212, 275, 334, 339–341, 346, 351–353, 364–366, 372, 381, 385, 387, 398f., 402–404, 406, 412f., 423, 425, 433, 459–462; *82, 86, 91, 100, 107, 110f., 119, 121, 129, 275, 306, 655, 659, 682, 687, 783, 844, 941, 974, 990, 1058, 1263, 1271, 1389, 1434, 1534, 1547, 1762*; **7**

Christian August, Herzog von, Bischof von Lübeck 49, 51, 191, 347, 349, 401

Friederike Amalie, Herzogin von 22–26, 41f., 95, 101, 107, 109–111, 186, 190f., 339, 385f., 403, 423, 461; *110, 941, 1770*; **8**

Friedrich, Prinz von (Sohn Herzog Friedrichs III.) 21, 460

Friedrich I., Herzog von 64; *569*

Friedrich II., Herzog von 18, 423, 459; *569*

Friedrich III., Herzog von 11f., 15f., 19–23, 26–28, 30–32, 38, 61, 64, 67, 71–75, 77, 131, 133–135, 138, 141f., 147, 160, 163, 181, 183–187, 190f., 193, 275, 333f., 353, 362, 381, 397, 399, 401, 418, 423, 459f.; *47, 56, 58, 62, 70, 72, 79, 88, 111, 129, 160, 509, 535, 569, 615, 622, 655, 1263, 1384, 1678, 1702*; **6, 41, 42, 56**

Friedrich IV. Herzog von 12, 31, 48f., 51, 72, 112, 118, 158, 168, 188, 191, 339, 346f., 349, 374, 423, 434, 461f.; *404, 424, 622, 934, 993, 1624, 1646, 1771f.*

Elisabeth Sophie, Prinzessin von, Gemahlin von Herzog August von Sachsen-Lauenburg *1263*

Hedwig Eleonora, Prinzessin von, Königin von Schweden 21, 23, 155, 191, 352f., 460; *615, 659*

Hedwig Sophie, Herzogin von 48f., 189, 462; *434, 934, 1646, 1772*

Johann Adolf, Herzog von 17–19, 26, 423, 459

Johann Georg, Prinz von (Sohn Herzog Friedrichs III.) 21, 460

Magdalena Sibylla, Prinzessin von, Gemahlin von Herzog Gustav Adolf von Mecklenburg-Güstrow 24, 460; *73, 659, 1389*

Maria Elisabeth, Herzogin von 19–22, 30, 64, 72, 74, 147, 168, 186, 351, 364, 399, 459, 461; *62, 535, 569, 622, 1646*; **6, 56**

Maria Elisabeth, Prinzessin von, Gemahlin des Landgrafen Ludwig VI. von Hessen-Darmstadt 24, 190, 460; *73, 659*

Philipp VIII., Herzog von 18, 423, 459; *569*

Sophie Amalie, Prinzessin von, Gemahlin Herzog August Wilhelms von Braunschweig-Wolfenbüttel 110f., 190; *1770, 1778*

Sophie Amalie, Prinzessin von, Gemahlin des Fürsten Johann von Anhalt-Zerbst *1547*

Sophie Augusta, Prinzessin von, Gemahlin des Fürsten Johann von Anhalt-Zerbst 24, 190, 460; *73, 659*

Schleswig-Holstein-Sonderburg-Augustenburg (Prinz von Noer), Friedrich Emil August, Prinz von, Statthalter des dänischen Königs 421, 423

Schletter, Hans, Zimmermann* 431, 433

Schlitz gen. Görtz, Freiherr von, Mitglied der Gottorfer Vormundschaftsregierung* 49f., 189, 339, 344, 462; *15, 460*

Schlüter, Karlheinz 15

Schmädl, J., Bildhauer* 211f., 222, 227, 240, 342, 429, 467f.

Schmidt, A. von 16

Schmidt
  Harry 164; *1583*
  Jacob, Dreher* 425
  Robert 14, 208, 244
  Maurermeister* 222, 429

Schmied (Schmieden, Schmidt, Schmid), Joachim (Jochen), Amtsinspektor* 99, 148, 370; *358, 955f.*

Schneider, Ulrich 14f.

Schmidt, Wilhelm, Bildhauer* 29

Schnittger
  Christian August, Geselle im Neuen Werk* 336f., 354
  C. N. 14

Scholten, Frits 148

Scholz, Laurentius *1314*

Schröder
  Christian Albrecht, Rotgießer* 218, 428
  Dorothea 190; *(35)*
  Ingenieur-Kapitän* 205
  Johannes von 212; *749, 752, 1310*; **262**
  Jürgen, Steinhauer* 40, 425, 431; *289, 297*

Schröter, Maler* 426

Schulze, Heiko K. L. 14, 56, 134; *507*

Schuppius, Bildhauer 220, 338

Schur, Sergeant beim 4. Schleswiger Jägercorps 346

Schuricht, Werner 366; *902*

Schuster, Martin, Stuckateur* 66, 425

Schwartz
  Ernst Christopher, Fischereipächter* 198
  Hinrich, Baumeister und Kontrolleur* 12, 51f., 73, 361, 375, 423, 427, 462f.; *14f., 459, 526, 568*

Schwarz, Andreas 174

Schwarzburg
  Anton Günther, Graf von 353
  Günther von, Kaiser 151

Schwarzburg-Rudolstadt, Ludwig Friedrich I., Graf von 151

Schweden
  Christine, Königin von 191
  Karl X. Gustav, König von 21, 460; *659*
  Karl XI., König von 462

Schweinitz, Franziska von *32*

Schwindt, Johannes 133f., 150, 160; *1291*; **111**

Seebach, Carl-Heinrich 351

Seestern-Pauly, Franz von, Hardesvogt* 272

Sello, preußischer Hofgärtner 341

Serlio, Sebastiano 27, 152f., 180; *1437, 1484*; **137–140**

Serres, Olivier de, Gartentheoretiker 163; *1252*

Severin, Bartold (Bartolt, Bartel), Kleinschmied* 40, 425f., 431

Sielens (Sielentz)
  Maler* 242, 436
  Hans Ulrich, Maler* 218, 428; *870, 893, 924, 2163*

Sierich, Jürgen, Tischler* 73

Sievert, Hans H. *33*

Silvestre, Israel **126–128**

Singelmann, Hartwig, Stuckateur* 66, 424

Siricius, Johannes, Arzt 125, 164, 179, 191, 462; *434, 647, 1168, 1213, 1216, 1220f., 1224, 1226, 1652*

Sörensen, Jochen, Firma 469

Solms-Braunfels, Amalie zu, Gemahlin des Frederik Henrik, Prinz von Oranien-Nassau 156

Sommer, Wilhelm von* 207; *1900*; **190**

Sorrot, Berhard (Bernhardt), Stuckateur* 50, 67, 425, 427; *600*

Sperling, Otto, Botaniker 334

Spiegler, Franz Joseph **166**

Staffeldt, von, Gottorfer Amtmann* 203; *1848*

Stahlmann, H., Ingenieur* 254, 404

Stallknecht, Claus, Baumeister* 196, 343, 423, 463f.; *(246)*

Steenwinckel d. J., Hans van 142

Steffens
  Bartholdt, Glaser* 48, 434
  Hans, Tischler* 425, 433f.
  Maximilian, Bildhauer* 30, 100, 244, 459

Stelzner, C. F. 101; *976, 1004, 2413*; **78**

Stemann, Georg Christian von, Kammerherr* 272

Strachen, Julius* 6

Strack, Ludwig Philipp, Maler *2120*

Stritzke, Klaus 178

Stupperich, Reinhard 151

Sturm, Leonhard Christoph 27

Suadicani, Etatsrat und Arzt 349; *1886*

Sueton 150f.

Suhr, Johann Nikolaus von, Premierleutnant 341

Sulzbach, Pfalzgraf 190

Swanenburgh, Willem **160**

Swidde, Willem **143**

Szymczyk-Eggert, Elisabeth 234, 332

Tagliata, Carlo 173f.

Tambs, Johan, Zimmermeister* 35, 76

Tamsen (Tambßen)
  Claus, Maler* 71, 425
  Tischler* 328
  Friedrich, Zimmermeister* 42, 431

Tatter
  Agneta Catharina, Tochter von Michael Gabriel Tatter* 351
  Anna Dorothea, Tochter von Michael Gabriel Tatter* 351
  Catharina, geb. Krocken, 2. Ehefrau von Michael Gabriel Tatter* 351, 352
  Catharina Margareta, Tochter von Michael Gabriel Tatter* 351
  Dorothea, geb. Remer, 1. Ehefrau von Michael Gabriel Tatter* 351
  Familie *(418)*
  Georg Ernst, Gärtner 260; *273, 2393*
  Georg Martin, Mediziner, Sohn von Michael Gabriel Tatter* 351
  Hans Georg, Gärtner* 38, 46, 334, 351f., 460; *370*

Michael Gabriel, Garteninspektor* 25, 36, 38, 40, 42, 44, 46, 60f., 78–80, 92, 125, 131, 160, 163f., 188, 330f., 334, 345f., 351ff., 360, 362, 364–367, 370, 372f., 437, 460–462; *100, 115, 254, 273, 306, 341, 358f., 901, 903, 1228, 1741; (75, 433, 442)*; **22**

Telesko, Werner 183

Tentzel, Wilhelm Ernst *666*

Tessin d. J., Nikodemus, Architekt* 14, 15, 26, 46, 87, 129, 130f., 139, 143, 145, 149f., 155, 164, 168, 175f., 181, 191f., 352f., 426, 461f.; *25, 120, 122, 278, 335, 360f., 363–365, 367f., 786, 867, 900, 906, 926, 1251, 1374, 1627, 1646*; **23**

Theile, Johann, Kapellmeister* 25

Themsen, Jörgen, Bauinspektor* 13, 60, 98, 123, 195f., 124, 212, 214, 231f., 234, 240, 244, 247, 253, 257–260, 274, 343, 345, 423, 426, 431, 435, 463f.; *20, 122, 519, 527, 605, 764, 810, 916, 937, 993, 1012, 1104, 1157–1159, 1184, 1198, 1209, 1795, 1800, 1802, 1956, 1958, 1983, 2141, 2144, 2147, 2188, 2230f., 2303, 2318, 2337, 2339, 2345f.*; **33, 105, 245**

Theophrastos, griechischer Philosoph 445

Thiel, Bildhauer 337

Thiesen, Heinrich Georg, Gärtner auf Gisselfeld 341

Thietje, Gisela 14, 219–221, 349

Thörell, Detleff, Gärtnergeselle im Neuwerkgarten* 333; *(27)*

Thomsen
  Christian Albrecht, Bauinspektor* 12, 46, 51, 58, 64, 81, 126, 195, 212, 258, 272, 347, 423, 427, 435, 437f., 461–463; *14f., 182, 371, 435–437, 458f., 526, 568, 583, 771, 783, 786, 789, 832, 993, 1012, 1088, 1208, 1228, 1771, 1792, 1872, 1953, 1955, 1981f., 2187, 2321, 2420, 2454*
  Marcus (Marx), Kammerdiener und Bauinspektor* 44, 46, 75, 370, 423, 461; *358, 1762*

Thun, Guidobald von, Erzbischof von Salzburg und Regensburg 25, 42, 176, 352, 461

Thurah, Laurids de, Generalmajor 13, 32, 67, 199, 212f., 216–218, 231, 234, 236, 239, 255, 258f., 261, 337; *20, 174, 468, 586, 603, 1310, 1577, 1829, 1962, 1997, 2000, 2032, 2412*; **24, 175, 217**

Tießen, Johann, Vogelfänger* 77

Tilly, General 20, 459

Timme, Johann, Gärtnerlehrling im Neuwerk* 353

Tischbein
  Johann Heinrich d. Ä., Maler 135, 139; **114f.**
  Johann Heinrich Wilhelm, Maler *2247*
  Johann Jacob, Kunstmaler* 249, 432, 466; *2247*

Töpfer, Conrad, Orgelbauer* 35

Torstenson, General 21, 459

Toskana, Großherzöge von 364

Traurnicht (Taurnicht), Paul, Steinhauer* 38, 87, 426; *289*

Trawin, Leutnant 51

Trube, Johann, Kieler Garteninspektor 350

Tschira, Arnold 163f., 166, 178, 261f.

Uffeln, Generalmajor von *1642*

Vak, Heinrich, Gärtner* 34–36, 58, 83, 126, 330f., 349, 351, 353, 364, 437, 459f.; *198, 552, 1227; (467)*
Vasari, Giorgio *1380*
Vergil 184, 187, 188
Vieri, Francesco de 364
Vignola, Giacomo Barozzi da 27, 30, 130, 138, 153
Vitruv 27, 400
Vogeler, Schmied* 437
Voigts, C. D. **242**
Volkamer, Johann Christoph 163, 176, 183; *1558, 1669, 2393;* **168**
Vollmer, Jürgen, Rentmeister und Fasanenmeister* 343; *687*
Voss
 von, Gottorfer Jägermeister* 346
 Adolph 354
 David Christopher, Gottorfer Garteninspektor* 30, 199, 201f., 213, 215, 217, 234, 237, 239f., 255, 261, 264, 274, 330–332, 335, 337, 353f., 464–466; *157, 1967, 2168, 2239; (97, 103, 483);* **11, 220**
Vredeman de Vries, Hans 19, 30, 138; *161, 1342*
Vries, Adrian de 134f., 191; **112f., 173**

Wacker (Waeker), Johann, Steinbrücker* 36, 426
Wagner
 dänischer Gärtner 350
 Johannes 354
 Udo 32
Wagner-Rieger, Renate 155
Waldschmidt, Wilhelm Huldreich, Professor 125, 191, 334, 353, 462; *434, 1220, 1511, 1652; (74, 454)*
Wallenstein, General 20, 459
Walther, Johann Jacob **148**
Warnstedt, Adolph Friedrich von, Kammerherr und Oberpostinspektor* 338
Weber
 Friedrich, Professor der Kieler Universität 350
 Gerold 137
 Johann Christian, dänischer Gärtner 350
Weber-Karge, Ulrike 142, 151
Wedderkop, Magnus von, Mitglied der Gottorfer Vormundschaftsregierung* 49; *121*
Weigel, Erhard 192
Weller, Philipp, Stuckateur* 35, 66, 72, 424
Wentzel, Otto, Registrator* 15

Wenzel, Horst 182
Weyandt, Ludwig, Maler* 46–48, 64, 99, 113f., 116, 119f., 122, 124f., 127, 169, 171, 175f., 257, 427, 431, 433f., 462; *11, 372, 421, 434, 963, 1068, 1078, 1081, 1091f., 1096, 1103, 1108, 1131, 1133, 1154, 1171, 1176, 1197, 1199, 1203, 1219, 1221, 1224, 1591; (290);* **7f., 98f.**
Wiese, Henrich, Tagelöhner* *957*
Wiesinger, Anja 168, 175
Willemsen (Willemßen), Nickel (Nickels), Kleinschmied* 35, 424; *705*
Willink, Hamburger Familie 252
Winding, Obristleutnant* *1802*
Wimmer, Clemens Alexander 121f., 263–265, 440–445, 449, 451, 453; *541*
Wörner, Rose und Gustav 15, 209, 469
Wohlhaupter, Emmanuel 174
Wolff
 Gärtner auf Schloss Frederiksberg 341
 Philipp Balthasar, württembergischer Hofgärtner in Ludwigsburg 332
 Pieter de 166f., 169, 174; *1538;* **159, 161**
 Marcus, Gärtner 332
Wolke, Willi 11, 14, 215, 217
Worm, Ole 28

Woudanus, Jan Cornelisz **160**
Wowern, Johann von, herzoglicher Rat* 26
Würdig, Johann, Gartenwächter im Neuwerk* 342, 351, 468
Württemberg, Eberhard Ludwig, Herzog von 332
Wulffa
 Marx, Gärtner des Gottorfer Statthalters 344
 Peter, Gärtner im Alten Garten* 50, 345f.; *370; (277, 308)*

Zech, Heike Juliane 159
Zeiller, M. *10;* **147**
Zimmermann, Friedrich, Glaser* 424; *705*
Zucchalli, Enrico 169

5. ORTSREGISTER

In das Ortsregister wurden alle Orte aus dem Fließtext, den Fußnoten, den Bildunterschriften und den Anhängen aufgenommen.

Erklärung: Seitenzahlen sind in normaler Schrift, Anmerkungen kursiv, Anmerkungen aus Anhang 1 kursiv und in Klammern, Abbildungsnummern fett gedruckt.

Afganistan 443
Afrika 121, 449, 455
Alpen 444
Alsen 336, 406
Altona 188, 252, 262, 341, 401, 461; *1821*
Amboise 19, 138; *1312*
Amerika 80, 121, 125, 440, 442, 450, 453, 455, 465
Amsterdam 23, 74, 148f., 151, 166, 336, 449, 460; *88, 1464, 1531, 1676, 1712*
  Rathaus 23, 155, 170, 192; *1432, 1562, 1783*
Anet 138, 166; *1312*
Angeln, Landschaft 433
Angers 19
Anhalt, Fürstentum 34, 334
Antwerpen 23, 333; *(49)*
  Bibliothek der Jesuitenkirche 23; *1712*
  Garten des Peter Paul Rubens 134; *1291*
  Kunstkammer von Jacob Jordaens *1712*
Arabien 441, 445, 455
Aranno *1584*
Ardebil (Persien), Garten 140; *1348*
Argentinien 444
Arnstadt, Schlossgarten 353
Ascheberg, Gartenplan 237
Asien 451, 453, 455
Assens 335
Astrachan 334
Augsburg 134f., 137; *53, 1405, 1676;* **112**
Augustenburg auf Alsen, Schloss und Garten 25, 335–337, 354; *(103)*
Aurich 354
Azoren 453

Baden-Baden 29
Bad Homburg, Garten 169
Bad Oldesloe 406
Bad Pyrmont 177
Bamberg, St. Martin-Kirche *1600*
Basel 24; *1425, 1712*
Bayreuth 36, 184; *1522, 2384*
Belgien 459
Bergendael bei Kleve, Grabmal des Johann Moritz von Nassau-Siegen *1323*

Berlin 36, 183, 469; *1407*
  Königl. Bauverwaltung 208
  Lustgarten 139, 141f., 146, 148, 150, 163, 169; *1324, 1341, 1349, 1384, 1553;* **134, 157**
  Regierung 208
Bern 24
Blois 19, 138; *1312*
Böhmen 133
Böhmen-Mähren 61
Bollingstedt, ehemaliges Müller-Haus, Haus Beeck 228; *972, 2198;* **210**
Bonn, kurkölnische Residenz 24, 144, 146
Bordesholm 406
Bornholm 429
Bornim (bei Potsdam) 146
Borstel, Gutsgarten 341
Bramstedt, Amt *72*
Brandenburg/brandenburgisch 334
Bratislava 174
Braunschweig 19, 108f., 349, 440
  Grauer Hof, Garten 350
Breda 23
Breitenburg (bei Itzehoe), Gut 17
Bremen 19, 64, 336, 409–411, 424, 427–429
Breslau, Garten des Laurentius Scholz *1314*
Brömsebro 21, 459
Bronnbach a.d. Tauber, Zisterzienserkloster 262; *2384*
Bruchsal, Schloss *1444*
Brüssel 19, 23, 150; *1712*
Buckhagen (Kreis Schleswig-Flensburg), Herrenhaus *1597*
Bückeburg, Residenz und Großer Garten 333f.; *(35)*
Busdorf (Kreis Schleswig-Flensburg) 420

Cambrai 23; *1712*
Caprarola, Palazzo Farnese *1287*
Carlsburg (Kreis Rendsburg-Eckernförde), Gut 192; *1549*
Casan (an der Wolga), Königreich 405
Celle 343
Ceylon 453
Chalon 19
Chambéry, Schloss 24
Chantilly, Garten 165f.; *1607*
China 170f., 176, 188, 443, 450, 455
Chiswick, „Pantheon" im Landschaftsgarten 251; *2266*
Coburg
  Ehrenburg 173; *1595*
  Landesbibliothek *247, 262, 569, 570f., 573, 667, 685, 726, 750, 754f., 758, 761, 1753, 1762*
Como *1380*
Coswig, Schloss 24

Dänemark/dänisch 139, 146, 162, 179, 190. 193. 332f., 335–338, 340–342, 345–348, 351–354, 401, 405, 423, 429, 433, 437, 459–463, 469; *(87)*
Dänischer Wohld 406
Damp, Herrenhaus *1117*
Danewerk 204, 420
Darmstadt 24
Delft 23; *1572*
Delmenhorst, Grafschaft 84, 423, 463–465
Den Haag 147f.
  Huis ten Bosch 23, 153, 155f., 180; *1433, 1449;* **141, 144**
  Mauritshuis 170; *1432*
Deutschland 138f., 142, 162–165, 169, 171, 177, 179–183, 332f., 336, 440, 445, 459f.
Dithmarschen 84, 401
Drage, Gut 332, 337
Dresden 19–21, 27, 29f., 142, 183, 185, 350, 459; *160, 1351, 1545, 1770, 1778*
  Großer Garten *1288, 1438*
  Jungfernbastei 142; *1349, 1384, 1701*
  Kügelgenhaus *1453*
  Residenz 147
  Zwinger 198, 336; *1324, 1624, 1674*
Dronninggaard, Schlossgarten 25, 146; *124*
Drottningholm, Schlossgarten 135, 191; *1627;* **113, 173**

Eckernförde 101, 156, 219, 406; *297*
Eichstätt, Hofgarten 177, 183, 440–445
Eiderstedt 401
Elswout (bei Haarlem) 148
England/englisch 153, 190, 333, 336f., 413, 444f., 450, 460
Enkhuizen 23, 27
Erlangen 188
Eschwege 19
Europa 131, 141f., 149, 155, 159, 170, 180f., 183, 188f., 192, 334, 441, 453–455
Eutin 19, 23, 220, 338, 349, 406, 460; *16, 2247*
  Landesbibliothek 455f.; *133, 135*
  Schlossgarten 51, 227, 260, 262, 349; *2120, 2358, 2393*

Fahrdorf (Kreis Schleswig-Flensburg) 420
Farve, Gutshof 332
Fjellebro (Fünen) *1453*
Flensburg 80, 228, 337, 341, 343, 350, 434; **211**
Florenz 364
Florenz, Boboli-Garten 169
Flottbek (bei Hamburg) 341, 417
Fontainebleau, Schloss und Garten 24, 134, 144, 147, 157, 174, 461; *1534, 1607*

Frankenthal 19
Frankfurt am Main 19, 24, 27, 250; *1263*
  Garten des Johannes Schwindt 133f., 150, 160; *1291;* **111**
Frankreich/französisch 92, 132, 138, 143f., 153, 158, 161, 165, 168–170, 174, 176, 179f., 182, 184, 186, 190, 192, 33f., 350, 370, 418, 454, 459–461; **126–129**
Fredensborg (auf Seeland), Schloss und Garten 201f., 335, 354; *1842; (87);* **180, 182**
Frederiksborg (auf Seeland), Schloss und Garten 23, 25, 139, 141, 192, 338, 340f., 463; *1341;* **174**
Frederiksdal (auf Seeland), Garten 25; *124*
Friedberg 19
Friederikenberg (bei Zerbst), Schloss 179f.; *1420*
Friedrichsdahl (Lolland) 350
Friedrichstadt 19–21, 29, 34, 63, 92, 106, 343f., 365, 424, 459; *361, 587, 740*
Fünen 350
Fulda, Orangerie 165, 174; *1722*

Gaarz (Kreis Ostholstein), Gut *1453, 1455*
Gadebusch 401
Gaibach, Garten 164f., 169; *1674, 1735*
Gaillon 138, 141f., 166; *1314, 1341, 1345f.;* **123**
Gardasee 162
Gavnø, Schloss *645*
Genf 24
Georgien 443
Gertrudenberg, Festung 23
Gießen 19
Gisselfeld, Schloss und Garten 341, 354
Glücksburg 350
  Schloss 335, 337; *1805*
Glückstadt 100, 461
Göllersdorf (Niederösterreich), Schloss Schönborn, Garten 254; *2302;* **243**
Goslar 24
Gotha, Schloss Friedenstein 254; *2302*
Gotland/gotländisch 89–91, 94f., 106, 111, 114, 409–411, 427f., 433f., 465; *383, 1118*
Gottorf, Residenz/Schloss/Hof, Gottorfer … 11–17, 19–28, 30–33, 36, 38, 40–42, 44, 46f., 49–52, 56, 64, 71, 73, 80, 87, 95, 99f., 105f., 112, 118, 121f., 125, 127, 129–131, 133–135, 137–141, 143f., 147–153, 157–159, 162–165, 167–170, 173–179, 181–185, 187f., 190–193, 196, 199, 202, 204f., 216, 250, 263–265, 329f., 332–353, 354, 360–362, 364, 366, 375f., 397, 399, 401, 404–408, 411f., 416, 418–423, 425, 427, 429f., 432f., 435–437, 448, 454–456, 459–464, 466, 468f.;

3, 15, 62, 65, 122, 124, 149, 286, 288, 361, 414, 419, 429, 790, 975, 1104, 1269, 1288, 1291, 1325, 1380, 1437, 1459, 1484, 1549, 1568, 1597, 1646, 1676, 1678, 1702, 1771, 1778, 1783, 2283; (5, 35, 75, 304, 308); 2–6, 10, 13f., 16f., 24, 43, 55–60, 66, 71f., 98, 102f., **188, 205, 220, 250**
    Alter Garten 11f., 19–21, 28–30, 31, 36, 46, 50, 78, 100, 131, 134, 163, 165, 176f., 183, 189, 234, 237, 244f., 332–334, 341, 344–347, 351–354, 364, 375, 459–461, 463–465; *148, 178, 370, 564, 719, 1162, 1167, 1267, 1269, 1288, 1640, 1740, 2167, 2202, 2398; (27, 75, 277, 304);* **6, 11, 220, 226**
    Westergarten 11, 17–19, 28, 30f., 46, 152, 165, 189, 334, 341, 459–462; **2**
Gravenstein 350
Grenoble 24
Griechenland 445
Gripenberg, Schloss 153, 155; *1436;* **142**
Gröningen (bei Halberstadt), Schloss 24
Grönwohld (Kreis Rendsburg-Eckernförde), Gut 346
Groningen, Prinzenhof 23
Großsedlitz, Garten *1291*
Güstrow 24, *1389*

Haddeby (Kreis Schleswig-Flensburg) 420
Halberstadt 24
Hamburg 23, 25–27, 30, 34, 36, 38, 40, 44, 46f., 49, 61, 92, 99f., 105, 107f., 147–149, 172f., 189, 249, 333f., 339, 346, 352, 366f., 373, 401, 424, 432, 459–461, 469; *414, 460, 992*
    Garten des Caspar Anckelmann 133
    Garten Herzog Christian Albrechts 119
    Hoppenhof 148
    Oper 25; *107*
    Landhaus Anton Friedrich Gebauer (Othmarschen) 251; **238**
    Overbeckscher Garten 198, 336
Hanau, Staatspark Wilhelmsbad 158f.; **146**
Hanerau (bei Itzehoe), Gut 162
Hannover 350f.; *(418)*
    Georgengarten 351
Harlem 23
Harz 120, 434
Heide/Holstein 73
Heidelberg
    Herrengarten 162; *1485*
    Schloss und Hortus Palatinus 24, 133, 144, 146, 162f.; *1263;* **156**
Helmstedt, Universität 333, 351
Herrenhausen, Garten 149, 164, 169f., 175, 265; *1611, 1735f.;* **135, 167**
Herzogtümer (Schleswig und Holstein) 175, 350f., 354, 421–424, 459, 461–468
Hestoft (Kreis Schleswig-Flensburg) 433
Hessem oder Hessen, Garten 142, 146, 162, 440; *1349, 1735;* **155**
Het Loo, Garten *1264, 1701, 1735*
Hildburghausen (Thüringen) 158
Himalaya 449
Höchst, Festung 24
Højriis (auf der Insel Morsø im Limfjord), Garten 179
Höxter, Kloster Corvey *1642*
Hohenstein, Gutspark bei Eckernförde *2120*

Hoher Meißner 61
Holland/holländisch 68, 72, 121f., 155, 166f., 169f., 174–177, 179f., 333, 336–338, 350, 353, 418, 437, 444, 449
Holstein, Herzogtum 84, 155, 185, 189, 342, 351, 364, 423, 424, 460
Holtegaard (Seeland), Garten 337
Honselarsdijk, Schloss 23, 155
Hütten
    Harde 406
    Vorwerk 340, 348, 406f.
Hüttener Berge 204
Husum 21–23, 35, 40, 64, 100, 381, 402, 426, 434; *361, 1646; (321)*
    Schloss und Schlossgarten 21, 26, 51, 125, 141, 162, 347, 349, 364, 463; *65, 576, 1164, 1341, 1501, 1758*
Hvedholm (Grafschaft Brabesminde) 350

Idstein, Garten 146, 160; **148**
Indien 443, 449, 451
Innsbruck, Hofkirche *1409*
Iran 450
Isfahan 140, 142; *1257*
    Ali Qapu-Palast *1337, 1343*
    Bagh-i Hizar Jarib, Garten 131f., 140, 159; *1336, 1348;* **121**
Italien/italienisch 132, 138, 147, 149, 151, 153, 155, 159, 162f., 165, 173–176, 180–182, 192, 333, 445, 450f., 462; **126–128**
Itzehoe 162, 219; *2084*

Jacobsdal, Schloss *1646*
Jägersborg, Schloss, Garten und Tiergarten 354; *275; (87)*
Jena 192, 366
Jevenstedt (Kreis Rendsburg-Eckernförde) 406

Kanarische Inseln 451, 453
Kappeln 346
Karby (Kreis Rendsburg-Eckernförde), Kirche *1597*
Karlberg, Schlossgarten *1627*
Karlsruhe, Garten 265
Kashan, Bagh-i Fin, Garten 140, 142; *1334, 1348;* **120**
Kassel 19, 24, 30, 142, 351; *160, 1300, 1351f., 1417*
    Fuldaaue 142, 152; *1349*
    Carlsberg/Winterkasten/Wilhelmshöhe 135, 181, 192, 198, 336, 350; *1291*
    Karlsaue 163, 165, 170
    Schloss Weißenstein 135, 138f., 181, 192; **114f.**
Kaswin (Persien), Garten 140
Kekenis (auf Alsen) 406
Kiel 47, 100, 112, 114, 125, 341f., 349–351, 353, 427, 434, 437, 460; *409; (409, 418, 470)*
    Botanischer Garten 350, 461; *97*
    Brunswik 350, 353
    Düsternbrook 406
    Düsternbrooker Baumschule 341
    Königliches Schullehrerseminar 341; *(207)*
    Marientempel im Düsternbrooker Gehölz 252; **242**
    Schloss und Schlossgarten 24, 26, 36, 126, 175, 204, 333, 339, 351, 353, 423, 460f.; *125*
    Schreventeich 339
    Universität 351, 461

Kirbachtal (Württemberg), Garten 146
Klein-Friedenthal (bei Freyburg in Sachsen-Anhalt), Schloss *1437*
Klein-Nordsee (Kreis Rendsburg-Eckernförde), Herrenhaus 173; **165**
Kleve 182
    Amphitheater am Springenberg 139, 146; *1322, 1438*
    Garten des Prinzenhofes 150f.; **136**
Klissow (in Polen) 49
Koblenz 24
Königsberg 74
Köln 24; *1712*
Köthen, Schlossgarten 160, 162; *1610, 2301;* **147**
Kolding, Schloss und Garten 332; *1291*
Kopenhagen 12, 22f., 25, 27f., 40f., 47, 52, 80, 87, 99, 110, 124, 133, 144f., 147f., 171, 191, 219, 223, 250f., 332, 336f., 341f., 344, 346, 348, 352, 361, 415, 417, 421, 429, 430, 432, 449, 460, 461f., 464, 466, 468; *293, 306, 403, 859, 977, 1228, 1768f., 1778, 2187; (307)*
    Akademie 227
    Baudirektion 222, 338
    Blauhof 335; *(87)*
    Börse 140
    Botanischer Garten 350
    Charlottenborg Palais, Garten 149, 171; *1276;* **164**
    Königliche Bibliothek 12
    Königliche Handbibliothek 216, 237
    Königliches Palais 337
    Nationalmuseum 84
    Reichsarchiv 11f., 352
    Rentekammer 253, 337, 350, 408
    Residenz 335
    Ridebanehaven auf Slotsholmen 133
    Rundetårn 25, 142
    Schlosskirche 251; *2265*
    Schloss Amalienborg 333; *975*
    Schloss Frederiksberg, Garten 179, 227, 263, 341, 354, 463; *1778;* **208**
    Schloss Rosenborg, Garten 25, 148, 162, 234, 332, 334, 352, 354; *124, 155, 1176, 1276, 1314, 1385;* **219**
    Schloss Sophieamalienborg 25, 40, 146, 148, 162, 164, 191; *124, 293, 1169, 1216, 1735, 1781*
    Slotsholmen 179
    Statens Museum for Kunst *77, 545*
Kremsmünster (Österreich), Garten des Stiftes 141; *1340*
Kronborg, Schloss 23
Kronshagen *1*
Kropperbusch (Kreis Schleswig-Flensburg) 406
Krusendorf 346

Langeland 350
Latium 130
Lauenburg, Herzoglicher Garten 133, 135, 138, 141, 146, 152, 164, 181; *1263, 1341, 1352, 1513;* **110**
Lausanne 24
Lausitz 445
Leiden 23, 166f., 178, 185; *1538, 1712;* **160**
Leipzig 27; *1526*
    Bosescher Garten 169; *1324*
Liancourt, Garten 23, 144; **128**
Limburg (bei Aachen) 73, 381, 402
Lindau (Kreis Schleswig-Flensburg), Gut und Garten 338

Lolland 350
London 148
Louisenlund, Gut 205, 336f., 350
Ludwigsburg (Kreis Rendsburg-Eckernförde), Gut und Garten 44, 101, 156f., 186, 190, 192; *334, 975;* **19, 145**
Ludwigsburg (Württemberg) Garten 158f., 234, 332; *1468, 1470; (6);* **218**
    Schloss Favorite *1437*
Lübeck 20, 23, 68, 173, 350, 354, 406, 459–461; **74**
Lüneburg 19
Lugano (Kanton Tessin) 172
Lyon 24; *1712*

Madrid, Museo del Prado *1307*
Magdeburg 24, 333, 425
Mainz 19, 24
Maisons-Laffitte (Maisons), Schloss 24, 153; *1429, 1534*
Malmö, Schloss 23
Mannheim 24
Marburg 19, 24
Marokko 443
Meaux 19
Mecklenburg 36, 94, 173, 401
Meiningen, Schlossgarten 260; *2393*
Metz 19
Meudon, Garten 165
Mitteldeutschland 168
Mitteleuropa 450
Mittelmeerraum 443, 445, 451, 453, 455
Monceau, Garten 158
Montpellier 454
Moskau 401, 459
Moulins, Kloster St. Marie *1606*
München 183
    Garten der Herzogin *1405*
    Lustheimer Garten 169
    Nymphenburg, Pagodenburg 171; *1575*
    Residenz und Hofgarten 141f., 145, 156, 179; *1315, 1341, 1455*

Naerum (Seeland), Garten 337
Nancy 19
Nanking, Pagode 170
Neapel 460
Nehmten, Gutsbibliothek 17, 91f., *306, 1263, 1271, 1359, 1361f., 1364, 1373, 1404, 1428, 1432, 1433, 1447, 1449, 1460f., 1534, 1537, 1539, 1546, 1563, 1567, 1606, 1695, 1712*
Neugebäude, Schloss und Garten bei Wien 133, 141f., 181; *1313, 1340, 1343, 1345;* **109**
Neustadt/Holstein 74
Niederlande/niederländisch 134, 148f., 151, 153, 156, 169f., 176, 178, 180, 333, 459f.
Norburg (auf Alsen) 406
Nordafrika 455
Nordamerika 76, 441f., 444, 451, 453–455
Norddeutschland 155, 158, 176
Nordeuropa 140, 147, 152, 156f., 161, 164, 173, 181f.
Nordindien 449
Norwegen 84, 339, 437
Nürnberg 156; *53, 1669;* **168**
    Garten des Johann Christoph Volkamer 163
    Rathaus *1453*
Nykøbing auf Falster, Schloss und Garten 25, 30, 335; *(87)*

Oberitalien 173f., 181
Öland/öländisch 94; 433; *1118*
Österreich 141, 153, 445
Oldenburg i. Holstein 408
Oldenburg i. Oldenburg 23
  Grafschaft 84, 423, 463–465
  Landesbibliothek 455f.; *133f.*
Oppendorf (Kreis Plön), Gut 342
Oranienbaum, Garten 165
Oranienburg, Garten 150, 183
Orient 444
Ortenburg (Landkreis Passau), Garten *1509*
Osnabrück 42, 106, 431; *1438*
Ostfriesland 354
Ostseeraum 155
Ottobeuren 173; **166**

Panker, Gut, Seetempel 251
Paris 19, 23f., 61, 131, 147, 234, 332, 460; *1464*; **129, 183**
  Garten des Hôtel Liancourt *1271*
  Jesuitenkolleg in der Jacobstraße *1712*
  Louvre 24, 168; *1287, 1438, 1546, 1567*
  St. Denis 24; *1712*
  Tuilerien 24, 184
Parma, herzoglicher Garten 162
Passau 183
Persien 131f., 140–142, 159, 180, 334, 401, 405, 443f., 459f.
Peru 451
Petersburg 401, 418
Pinneberg 21
  Herrschaft 423
Plön 220, 338, 465; *(225, 227, 234, 409)*
  Schloss und Garten 199, 204, 332, 335, 350f.
Pöhl, Insel bei Wismar 406
Pöhlde (gehört zu Herzberg am Harz, Niedersachsen), Prämonstratenserkloster 406
Pöhls (Kreis Stormarn) 406
Polen/polnisch 333f., 460
Pommern 460
Pommersfelden *1674*
Potsdam
  Sanssouci *1735*
  Stadtschloss 169
Prag 183, 333
  Burggarten 29, 135; *1494*
  Ledebur-Garten *1295*
Preetz 342; *(225, 227)*

Rantzau, Grafschaft 423
Rantzau (Kreis Plön), Gut 192; *1549*
Rastatt, Schloss Favorite 24; *1617*
Regensburg 25, 42, 92, 179, 352, 461; *53*
Rendsburg 172, 408, 461
  Amt 406
  Carlshütte 228, 346, 430, 468; **213**
  Festung 339
Riga 74
Rijswijk, Schloss 23, 155
Roest (Kreis Schleswig-Flensburg), Gut *1453, 1455*
Rom 23, 155, 159, 174, 180f.; *1426*
  Acqua felice 144; **133**
  Akademie de France *1374*
  Garten des Julius Caesar 134
  Garten des Kaiser Domitian auf dem Palatin *1316*
  Esquilin 404
  Orti Farnesiani auf dem Palatin 138, 333
  Palazzo Barberini *1401*
  Palazzo Borghese *1401*
  Palazzo Mattei 151
  San Ignazio *1600*
  Tempio del Dio Redicolo 251; **240**
Rosersberg, Schloss 139
Roskilde 22, 25, 186, 460
Rotterdam 23
Rousham, Garten *2119*
Rueil 24, 135, 144, 166, 174; *1271, 1359, 1534*; **126, 158**
Rüsselsheim 24
Russland 334, 401f., 405

Sachsen 168, 335, 459
Sachsen-Anhalt 165
Saint-Cloud 24, 144; *1359*; **127**
Saint-Germain-en-Laye, Schloss und Garten 24, 131, 135; *1476*; **108**
Salzburg 25, 42, 183, 333, 352, 461; *100*
  Schloss Hellbrunn, Garten 25, 144, 146, 333; *1691*
  Schloss Mirabell 25, 174, 333; *1607*
Salzdahlum, Schloss und Garten 155, 169, 179; *1439, 1558*
Sceaux, Garten 135, 166; *1291*
Scheggerott (Kreis Schleswig-Flensburg) 353
Schierensee, Gut und Garten 199, 221
Schiraz (Persien), Bagh-i Takht-i Qarace *1254*
Schlackenwerth bei Karlsbad, Garten 133, 146, 162; *1263*
Schlesien 34, 334
Schleswig 11f., 14, 19, 23, 31f., 47, 73f., 107, 125, 189, 225, 227, 262, 332–335, 337f., 340–344, 346, 348–350, 352, 354, 361, 397, 401, 408, 412, 415, 419, 424, 426, 428–433, 435, 439, 460f., 464; *21, 409, 1459, 1805*; *(337, 418)*; **1, 10, 12, 186, 216, 260, 262**
  Baumhof 354
  Dom 170, 333f., 336, 460; *(336, 338)*
  Dreifaltigkeitskirche 433; *2273*
  Garten am Hesterberg 18
  Görtzisches Haus 412
  Hesterberg 392, 419
  Hühnerhäuser 351
  Irrenanstalt 350
  Michaeliskirche 351; *(418, 421f., 445)*
  Oberförsterei 430, 439
  Palais Dernath, Garten 51, 349
  Paulihof 272
  Stadtteil Lollfuß 336, 339
  Stadtteil Friedrichsberg 335f., 351, 433f.; *(338)*
  Superintendentenhof 407
  Taubstummenanstalt 342
Schleswig, Herzogtum 84, 155, 195, 340, 342, 345, 348, 405, 424, 460f., 463, 467f.
Schleswig-Holstein 72, 153, 156, 168, 172–174, 176, 181, 332, 349, 460
Schönhorst (Kreis Plön) 342
Schuby (Kreis Schleswig-Flensburg) 436
Schwansen 406
Schwarzburg (Thüringen), Orangerie 151, 186
Schweden/schwedisch 69, 139, 175f., 178f., 181, 189, 191f., 334, 339, 352f., 401, 413, 424, 459–462; **113, 142f., 172**
Schweiz 172, 460
Schwetzingen, Garten 171, 251; *1575*; **239**
Schwöbber, Garten 169, 175, 177; *1611, 2358, 2393*; **168**
Sedan 208

Seeland 461
Segeberg 433
Siegen 24
Skandinavien 179
Småland **142**
Søholt (auf Lolland), Garten 139; *1325*
Sollerød, (in Holte auf Seeland), Schloss und Garten 337
Solothurn 24
Sonderburg 433
Spanien 333, 445, 451, 453
Speyer 19, 24; *1263*
Stans (Schweiz), Rosenburg *1453*
Steinhorst, Amt 121
Stettin, Lusthaus 141; *1341*
Stockholm 21, 189, 191, 353; *16, 120, 429, 434, 1367, 1772*
  Garten des Karl Piper (Piperska trädgården) 139; *1627*
  Kungsträdgården 352f.
Stormarn, Grafschaft 84
Stourhead, Wiltshire, Garten 251; *2266, 2269*
St. Petersburg 51, 67, 73f., 195, 463
Stralsund 336
Strand (Nordseeinsel) 459
Strömsholm, Schloss 153, 155; **143**
Struxdorfharde 426
Stuttgart 142, 152, 162, 164, 179, 185; *293, 1314, 1349, 1351, 1417, 1701*; *(6)*
Südafrika 80
Südamerika 441, 452
Süddeutschland 174
Südeuropa 443
Südfrankreich 444
Sülfeld (bei Bad Oldesloe) 341
Sultanie (Persien), Garten 140
Syrien 441

Teheran (Persien), Takht-i Qajar, Garten *1254*
Thumby (Struxdorfharde, Kreis Schleswig-Flensburg) 338
Tönning 22, 36, 38, 153, 460, 462; *361*
Tolk, Sammlung Nissen *970*; **77**
Tondern *(337)*
Torgau, Hofgarten 333
Tranekier, Gut 350
Traventhal 199, 462; *1295, 1839*
Tremsbüttel, Amt 121
Trittau, Amt 35
Türkei 450

Uelsby (Kreis Schleswig-Flensburg) 341, 349
Ulkebøl auf Alsen 337
Ulriksdal, Schlossgarten *1627*
Ulsnis-Kirchenholz (Kreis Schleswig-Flensburg) 338
Ungarn 444
Uppsala, botanischer Garten 178f.; *1643*; **171f.**

Vallery 166
Västmanland **143**
Vatikan, Belvederegarten 138
Vaux-le-Vicomte, Schloss und Garten 24, 135, 144, 147, 182; *1287, 1291*; **129**
Venedig 25, 42, 153, 461; *1344*
Veneto 153
Versailles 129, 133, 147, 158, 165, 170f., 174–176, 180f., 192; *1274, 1374, 1377, 1569–1571, 1682*

Trianon de Porcelaine 170f., 175, 180, 188, 193; *1568, 1570, 1615*; **163**
Villa Aldobrandini, Frascati 131, 138f., 144, 159, 163, 165, 180, 183f.; *1323, 1367*; **119, 131**
Villa Borghese, Rom *1312*
Villa di Castello, bei Florenz *1312*
Villa d'Este, Tivoli 131, 135, 138, 144, 159, 183; *1262, 1287f., 1312, 1319, 1322, 1692*; **132**
Villa (Palazzo) Farnese, Caprarola bei Viterbo 30, 143, 159, 180; *1401*, **125**
Villa Hadriana, Tivoli *1316, 1692*
Villa Lante, Bagnaia bei Viterbo 130f., 133, 143, 153, 159, 180; *1245*; **107, 124**
Villa Mondragone, Frascati 138; *1319*
Villa Montalto, Rom 131; *1248*
Villa Poggio Imperiale, bei Florenz *1401*
Villa Poggio Reale, bei Neapel 152; **138f.**
Villa Pratolino (bei Florenz) 131, 144, 185, 364; *1248, 1262, 1698*; **130**
Villa Rotonda, bei Vicenza *1433*
Villa San Vigilio, am Gardasee 150
Vincennes 24, 153; *1429*
Vordingborg (Seeland) 341

Wandsbek, Schlossgarten 148
Weikersheim, Garten *1291, 1295*
Weilburg/Lahn, Garten 171, 177
Weimar
  Belvederegarten 179f.
  Stadtschloss und Garten 168, 227; *1438, 1542, 1547f.*; **162, 207**
  Römisches Haus 251; *2269*
Weißenfels, Schloss Augustusburg 168; *1542, 1547*
Westensee (Kreis Rendsburg-Eckernförde) 406
Westfalen 460
Wien 25f., 42, 133, 350, 461; *1340*
  Garten des Prinzen Eugen am Rennweg *1509*
  Hofburg 162; *1494*
  Kunstakademie 351
  Palais Schönborn 134
  Schloss Belvedere *1674*
Wilhelmsbad, bei Hanau *1468*
Wismar 406
Wörlitz, Garten, 227, 251f.; *2267*; **209, 241**
Wolfenbüttel 26, 190, 333, 349f.; *1770, 1778*
Wolmirstedt 333
Worms 19; *1263*
Wotersen, Garten *1841*
Württemberg 332
Wuppertal 469

Zabern 19
Zarpen (Kreis Stormarn) 406
Zarskoje Selo 74
Zerbst 24, 179f.
Zeitz, Schloss und Schlosspark 168, 227; *1542, 1547, 2119*
Zorgvliet 139, 169; *1324, 1553*

6. ABBILDUNGSNACHWEIS

Es wurde versucht, die Bildrechte genauestens zu recherchieren. Sollte etwas übersehen worden sein, bittet die Autorin um Nachricht.

Autorin: Abb. 4, 11, 17, 18, 19, 20, 22, 27, 31, 32, 35, 36, 37, 39, 40, 62, 64, 67, 68, 70, 71, 77, 79, 81, 93, 101, 102, 135, 145, 146, 151, 169, 172, 186, 191, 194, 195, 197, 198, 199, 204, 205, 209, 210, 212, 213, 220, 224, 225, 226, 227, 228, 235, 236, 237, 239, 241, 250, Abb. S. 10

Gemeinfreie Bilder unter verschiedenen Lizenzen:
https://digi.ub.uni-heidelberg.de/diglit/gothein1928bd1/0301, Universitätsbibliothek Heidelberg, Marie-Luise Gothein, Walter Page Wright (Hrsg.), A history of garden art (Band 1), London, Toronto 1928, S. 272 (21.08.2021, 15:59 h): Abb. 107;

https://commons.wikimedia.org/wiki/File:Portrait_des_Chasteaux_Royaux_de_Sainct_Germain_en_Laye_par_A_Francini_1614_-_Gallica_2010_(adjusted).jpg – Urheberschaft: Alessandro Francini, Public domain, via Wikimedia Commons (21.08.2021, 22:49 h): Abb. 108;

https://commons.wikimedia.org/wiki/File:Schloss_Neugeb%C3%A4ude_Wien_Merian_1649.jpg – Urheberschaft: Matthäus Merian der Ältere, Public domain, via Wikimedia Commons (17.08.2021, 18:18 h): Abb. 109;

https://commons.wikimedia.org/wiki/File:GartenFrankfurt.jpg – Urheberschaft: M. Merian, Public domain, via Wikimedia Commons (17.08.2021, 23:12 h): Abb. 111;

https://archive.org/details/bub_gb_1oZbQWfuEBcC/page/n104/mode/2up; URL-Datei: https://ia800405.us.archive.org/32/items/bub_gb_1oZbQWfuEBcC/bub_gb_1oZbQWfuEBcC.pdf, S. 105 (17.08.2021, 22:48 h): Abb. 116

https://digi.ub.uni-heidelberg.de/diglit/boeckler1666bd4, Universitätsbibliothek Heidelberg, Georg Andreas Böckler, Architectura curiosa nova, Nürnberg [um 1670], S. 39: Abb. 117

https://digi.ub.uni-heidelberg.de/diglit/boeckler1666bd3, Universitätsbibliothek Heidelberg, Georg Andreas Böckler, Architectura curiosa nova, Nürnberg [um 1670], S. 134: Abb. 118

https://commons.wikimedia.org/wiki/File:Teatro_delle_Acque_in_de_tuinen_van_de_Villa_Aldobrandini_te_Frascati_Veduta_e_prospetto_del_gran_Teatro_dell%27Acque_della_Villa_Aldobrandina_(titel_op_object)_Fontane_delle_ville_di_Frascati_(serietitel)_Fonteinen_van,_BI-1893-A39-37.jpg – Urheberschaft: Rijksmuseum, CC0, via Wikimedia Commons (16.08.2021, 13:10 h): Abb. 119;

https://commons.wikimedia.org/wiki/File:Bastiments_v1_(Gregg_1972_p87)_-_Gaillon_bird%27s-eye_view_of_the_Hermitage_and_Maison_Blanche.jpg – Urheberschaft: Jacques I Androuet du Cerceau, Public domain, via Wikimedia Commons (21.08.2021, 23:02 h): Abb. 123;

https://commons.wikimedia.org/wiki/File:Water_chain_-_Villa_Lante,_Bagnaia,_Italy_-_DSC02027.jpg – Urheberschaft: Daderot, Public domain, via Wikimedia Commons (16.08.2021, 13:19 h): Abb. 124;

https://commons.wikimedia.org/wiki/File:Casino,_water_chain,_and_fountain_-_Villa_Farnese_-_Caprarola,_Italy_-_DSC02255.jpg – Urheberschaft: Daderot, Public domain, via Wikimedia Commons (16.08.2021, 13:26 h): Abb. 125;

https://www.europeana.eu/de/item/9200520/12148_bpt6k1521408x – Titel: Recueil d'un grand nombre de vues des plus belles villes, palais, chateaux, maisons de plaisance de France, d'Italie… dessinés et gravés par Israel Silvestre… von Silvestre, Israël (1621–1691), Bd. 2, Blatt 73, 1750 – Bibliothèque nationale de France, France – Public Domain (28.08.2021, 22:34 h): Abb. 126;

https://www.europeana.eu/de/item/9200520/12148_bpt6k1521408x – Titel: Recueil d'un grand nombre de vues des plus belles villes, palais, chateaux, maisons de plaisance de France, d'Italie… dessinés et gravés par Israel Silvestre… von Silvestre, Israël (1621–1691), Bd. 2, Blatt 61, 1750 – Bibliothèque nationale de France, France – Public Domain (28.08.2021, 22:51 h): Abb. 127;

https://www.europeana.eu/de/item/9200520/12148_bpt6k1521402f – Titel: Recueil d'un grand nombre de vues des plus belles villes, palais, chateaux, maisons de plaisance de France, d'Italie… dessinés et gravés par Israel Silvestre… von Silvestre, Israël (1621–1691), Bd. 3, Blatt 20, 1750 – Bibliothèque nationale de France, France – Public Domain (28.08.2021, 23:08 h): Abb. 128;

https://digi.ub.uni-heidelberg.de/diglit/perelle1680/0176, Universitätsbibliothek Heidelberg, Perelle, Adam; Perelle, Gabriel [Hrsg.]; Perelle, Nicolas [Hrsg.]: Veues des belles maisons de France, Paris [ca. 1680], Seite gt (28.08.2021, 23:57 h): Abb. 129;

https://www.europeana.eu/de/item/90402/RP_P_OB_35_122, – Laan met fontijnen in de tuin van Villa Pratolino – Rijksmuseum Amsterdam, Netherlands – Public Domain (29.08.2021, 14:33 h): Abb. 130;

https://digi.ub.uni-heidelberg.de/diglit/boeckler1666bd3 – Universitätsbibliothek Heidelberg, Georg Andreas Böckler, Architectura curiosa nova, Nürnberg [um 1670], S. 58 (19.08.2021, 23:30 h): Abb. 131;

https://digi.ub.uni-heidelberg.de/diglit/boeckler1666bd3 – Universitätsbibliothek Heidelberg, Georg Andreas Böckler, Architectura curiosa nova, Nürnberg [um 1670], S. 49 (19.08.2021, 23:30 h): Abb. 132;

https://digi.ub.uni-heidelberg.de/diglit/boeckler1666bd3 – Universitätsbibliothek Heidelberg, Georg Andreas Böckler, Architectura curiosa nova, Nürnberg [um 1670], S. 55 (19.08.2021, 23:30 h): Abb. 133;

https://digi.ub.uni-heidelberg.de/diglit/serlio1584/0095, Universitätsbibliothek Heidelberg, Sebastiano Serlio, Tutte l'opere d'architettura di Sebastiano Serlio Bolognese, Buch 1–7, Venetia 1584, 2. Buch, S. 24r (21.08.2021, 23:39 h): Abb. 137;

https://digi.ub.uni-heidelberg.de/diglit/serlio1584/0287, Universitätsbibliothek Heidelberg, Sebastiano Serlio, Tutte l'opere d'architettura di Sebastiano Serlio Bolognese, Buch 1–7, Venetia 1584, 3. Buch, S. 122r (21.08.2021, 23:45 h): Abb. 138;

https://digi.ub.uni-heidelberg.de/diglit/serlio1584/0288, https://digi.ub.uni-heidelberg.de/diglit/serlio1584/0289, Universitätsbibliothek Heidelberg, Sebastiano Serlio, Tutte l'opere d'architettura di Sebastiano Serlio Bolognese, Buch 1–7, Venetia 1584, 3. Buch, S. 122v und 123r (21.08.2021, 23:49 h): Abb. 139;

https://digi.ub.uni-heidelberg.de/diglit/serlio1584/0567, Universitätsbibliothek Heidelberg, Sebastiano Serlio, Tutte l'opere d'architettura di Sebastiano Serlio Bolognese, Buch 1–7, Venetia 1584, 7. Buch, S. 25 (21.08.2021, 23:57 h): Abb. 140;

https://commons.wikimedia.org/wiki/File:Grondplan_naar_Pieter_Post_-_%27s-Gravenhage_-_20086711_-_RCE.jpg – Urheberschaft: Rijksdienst voor het Cultureel Erfgoed, CC BY-SA 4.0 <https://creativecommons.org/licenses/by-sa/4.0>, via Wikimedia Commons (20.08.2021, 21:44 h): Abb. 141 (Grundriss); https://commons.wikimedia.org/wiki/File:Voorzijde_van_Paleis_Huis_ten_Bosch,_Jan_Matthysz.,_naar_Pieter_Jansz._Post,_1665,_ets_294_x_380_mm.jpg – Urheberschaft: Jan Mattysz., Public domain, via Wikimedia Commons (20.08.2021, 21:48 h): Abb. 141 (Voderansicht);

https://commons.wikimedia.org/wiki/File:Doorsnede_van_Huis_ten_Bosch_van_Jan_Mattysz._naar_een_ontwerp_van_Pieter_Jansz._Post,_1655.jpg – Urheberschaft: Jan Matthysz., Public domain, via Wikimedia Commons (20.08.2021, 21:51 h): Abb. 141 (Querschnitt durch den Oranjesaal);

https://suecia.kb.se/F/6SJGD2D7N9TIA6GGMKPITPNIJI83SE575FGRTY49V95YM9VLSJ-00712?func=full-set-set&set_number=011315&set_entry=000003&format=999# – Königliche Bibliothek, Stockholm, Signatur: KoB Dahlb. Handt 10:18, CC0-Licence: Abb. 142;

https://suecia.kb.se/F/6SJGD2D7N9TIA6GGMKPITPNIJI83SE575FGRTY49V95YM9VLSJ-01212?func=full-set-set&set_number=011330&set_entry=000002&format=999 – Königliche Bibliothek, Stockholm, Signatur: 289 Pr. 1 Fol., CC0-Licence: Abb. 143;

https://commons.wikimedia.org/wiki/File:Oranjezaal_na_de_restauratie_-_overzicht_noordoosthoek,_met_de_hele_oostwand_-_%27s-Gravenhage_-_20416714_-_RCE.jpg – Urheberschaft: https://commons.wikimedia.org/wiki/File:Oranjezaal_na_de_restauratie_-_overzicht_noordoosthoek,_met_de_hele_oostwand_-_%27s-Gravenhage_-_20416714_-_RCE.jpg (20.08.2021, 22:07 h): Abb. 144;

https://commons.wikimedia.org/wiki/File:Coethen.jpg – Urheberschaft: Matthäus Merian, Public domain, via Wikimedia Commons (17.08.2021, 23:22 h): Abb. 147;

Bayerische Staatsbibliothek München, 4 Oecon. 158 q, Scan 42, urn:nbn:de:bvb:12-bsb10228770-1 – No Copyright – Non-Commercial Use Only, (24.08.2021, 16:47): Abb. 149;

Bayerische Staatsbibliothek München, 4 Oecon. 158 q, Scan 41, urn:nbn:de:bvb:12-bsb10228770-1 – No Copyright – Non-Commercial Use Only, Scan 41 (24.08.2021, 16:36): Abb. 150;

Bayerische Staatsbibliothek München, 4 Oecon. 158 q, Scan 17, urn:nbn:de:bvb:12-bsb10228770-1 – No Copyright – Non-Commercial Use Only, (24.08.2021, 16:36): Abb. 153;

Bayerische Staatsbibliothek München, 4 Oecon. 103, S. 45, urn:nbn:de:bvb:12-bsb10228605-6 – No Copyright – Non-Commercial Use Only, (29.08.2021, 21:39 h): Abb.154;

https://commons.wikimedia.org/wiki/File:Lustgarten_zu_Hessem_(Merian).jpg – Digitalisat der HAB Wolfenbüttel, Public domain, via Wikimedia Commons (17.08.2021, 23:37 h): Abb. 155;

https://digi.ub.uni-heidelberg.de/diglit/caus1620/0018 – Universitätsbilbiothek Heidelberg, Caus, Salomon de: Hortvs Palatinvs: A Friderico Rege Boemiae Electore Palatino Heidelbergae Exstructus, Frankfurt a.M. 1620, S. 10 (26.08.2021, 13:22): Abb. 156;

https://commons.wikimedia.org/wiki/File:Jardin_du_Ruel_13801.jpg – Urheberschaft: Martin Zeiller. Pour le versement & les modifications: G. Garitan., Public domain, via Wikimedia Commons (18.08.2021, 00:08 h): Abb. 158;

https://www.let.leidenuniv.nl/Dutch/Renaissance/Facsimiles/CommelynHesperides1676/source/hesperides065.htm (22.08.2021, 21:21 h): Abb. 159;

https://commons.wikimedia.org/wiki/File:Hortus_botanicus_leiden.gif – Urheberschaft: Willem Isaacsz Swanenburg, Public domain, via Wikimedia Commons (22.08.2021, 21:44 h): Abb. 160;

https://www.let.leidenuniv.nl/Dutch/Renaissance/Facsimiles/CommelynHesperides1676/source/hesperides066.htm (22.08.2021, 21:28 h): Abb. 161;

https://digi.ub.uni-heidelberg.de/diglit/boeckler1666bd4, Universitätsbibliothek Heidelberg, Georg Andreas Böckler, Architectura curiosa nova, Nürnberg [um 1670], S. 51 (19.08.2021, 23:30 h): Abb. 162;

https://www.europeana.eu/de/item/89/item_6JGZB45VAHBX6UFQVHGBUWNI7LETJKKX – Veüe en Perspectiue de Trianon du costé de l'entrée von Perelle, Adam (1638–1695) (Stecher) (Herstellung) – Herzog Anton Ulrich-Museum, Germany – CC BY-NC-SA (29.08.2021, 14:55 h): Abb. 163;

https://www.europeana.eu/de/item/201/item_HPD5MJIH7NPXCRN5XJTTH6Q5TPQV4GQ5 – Stuckatur von Andrea Maini und Freskomalerei von Franz Joseph Spiegler der Glorie Gottes mit den drei Tugenden und den vier Erdteilen, zwischen 1717 und 1731 ausgeführt – Urheber: Rolf Werner von Nehrdich – Photothek des Zentralinstituts für Kunstgeschichte, Germany – CC BY-NC-SA: Abb. 166;

https://commons.wikimedia.org/wiki/File:Herrenhausen_Galerie_1751.jpg – Urheberschaft: Benutzer:AxelHH, Public domain, via Wikimedia Commons (23.08.2021, 11:12 h): Abb. 167;

Bayerische Staatsbibliothek München, Res/2 Oecon. 106, S. 23r (0123), urn:nbn:de:bvb:12-bsb00074516-2, CC BY-NC-SA 4.0 (29.08.2021, 23:01 h): Abb. 168;

https://www.biodiversitylibrary.org/page/52557525 – DOI: https://doi.org/10.5962/bhl.title.124955 – Titel: Heinrich Hessens, churft. manntzischen Garten-Vorstehers, neue Garten-Lust: das ist: Gründliche Vorstellung wie ein Lust- Küchen- und Baum-Garten unter unserm teutschen Climate füglich anzurichten..., Leipzig 1706, Abb. S. 336 – Rights Holder: Chicago Botanic Garden, Lenhardt Library, Copyright Status: Public domain. The BHL considers that this work is no longer under copyright protection, (29.08.2021, 15:49 h): Abb. 170;

https://commons.wikimedia.org/wiki/File:Herkulesfont%C3%A4nen,_Drottningholm,_dec_2017.jpg, https://upload.wikimedia.org/wikipedia/commons/b/bb/Herkulesfont%C3%A4nen%2C_Drottningholm%2C_dec_2017.jpg, Holger.Ellgaard, CC BY-SA 4.0 <https://creativecommons.org/licenses/by-sa/4.0>, via Wikimedia Commons (14.09.2021, 21:22 h): Abb. 173;

https://digi.ub.uni-heidelberg.de/diglit/blondel1737/0141, Universitätsbibliothek Heidelberg: Blondel, Jacques François, De la distribution des maisons de plaisance et de la décoration des édifices en général, Band 1, Paris 1737 [Cicognara, 435A], S. 96, Tafel 15 (21.08.2021, 15:05 h): Abb. 183;

https://digi.ub.uni-heidelberg.de/diglit/blondel1738/0026, Universitätsbibliothek Heidelberg: Blondel, Jacques François, De la distribution des maisons de plaisance et de la décoration des édifices en général, Band 2, Paris 1738 [Cicognara, 435A], S. 10, Tafel 8 (21.08.2021, 15:15 h): Abb. 222;

https://digi.ub.uni-heidelberg.de/diglit/blondel1738/0028, Universitätsbibliothek Heidelberg: Blondel, Jacques François, De la distribution des maisons de plaisance et de la décoration des édifices en général, Band 2, Paris 1738 [Cicognara, 435A], S. 10, Tafel 10 (21.08.2021, 15:21 h): Abb. 223;

https://www.digital.wienbibliothek.at/wbrobv/content/zoom/2054868 – Salomon Kleiner: Gräflich Schönbornsche Schlösser, Häuser, Gärten und Kirchen, Kupferstecher: Johann Balthasar Gutwein [...], Blatt 29 – Urheberschaft: Wienbibliothek im Rathaus, © Wienbibliothek Digital 2021: Abb. 243

Institutionen und Privatpersonen:
bpk-Bildagentur: Abb. 82, 83 (Hamburger Kunsthalle, Fotograf: Christoph Irrgang), Abb. 134 (Staatsbibliothek zu Berlin)

Det Kongelige Bibliotek, Kopenhagen (KBK): Abb. 5, 7, 8, 12, 14, 16, 24 (KBK, Billedsamling, Müllers Pinakotek 20, 41, II, 2°), 28, 43, 72, 73, 74, 98, 99, 104, 174, 182, 184, 185, 187, 188, 189, 190, 219

Det Kongelige Bibliotek, Danmarks Kunstbibliotek (KBK, Danmarks Kunstbibliotek): Abb. 238, 240

Gemeinschaftsarchiv Kreis Schleswig-Flensburg und Stadt Schleswig (SAS): Abb. 25, 91

Hendes Majestæts Dronningens Håndbibliothek, Kopenhagen (HMDH): Abb. 179, 180, 181, 221, Abb. S. 2

U. Kellner, aus Kellner 2012, S. 17, Abb. 6: Abb. 233

Klassik Stiftung Weimar, Fotothek-Nr. 100-2020-4328, Foto: Thomas Müller): Abb. 207

Kreismuseum Herzogtum Lauenburg, Ratzeburg: Abb. 110

Kulturstiftung des Hauses Hessen, Museum Schloss Fasanerie, Eichenzell bei Fulda: Abb. 114, 115

Der Kunstverein in Bremen, Kupferstichkabinett, Foto: Die Kulturscanner: Abb. 41

Landesamt für Denkmalpflege Schleswig-Holstein (LDSH): Abb. 165

Landesbibliothek Mecklenburg-Vorpommern Günther Uecker, Schwerin (LMV): Abb. 75

Felix Lühning: Abb. 45–52, 58

Museum für Kunst und Gewerbe, Hamburg (MKGH): Abb. 78

Museum Kurhaus Kleve – Ewald Mataré-Sammlung, Kleve: Abb. 136

Museumsberg Flensburg (MBF): Abb. 193

Det Nationalhistoriske Museum Schloss Frederiksborg, Fotograf: Ole Haupt: Abb. 164

Nationalmuseet, Kopenhagen (NMK) (Fotograf: Niels Elswing): Abb. 63

Rigsarkivet, Kopenhagen (RAK): Abb. 208

Rijksmuseum Amsterdam: Abb. 112

Riksarkivet, Stockholm (Fotograf: Emre Olgun): Abb. 23

Schleswig-Holsteinische Landesbibliothek, Kiel (LB): Abb. 13, 15, 216, 242, 260

Schleswig-Holsteinisches Landesarchiv, Schleswig (LASH): Abb. 3, 10, 21, 22, 26, 29, 30, 33, 34, 44, 61, 65, 66, 80, 95, 96, 97, 100, 105, 106, 173, 175, 176 u. Umschlagbild, 177, 178, 192, 196, 200, 201, 202, 203, 206, 214, 215, 217, 234, 245, 246, 247, 248, 249, 251, 252, 253, 254, 255, 256, 257, 258

Stadt Flensburg, Untere Denkmalschutzbehörde, Foto: Eiko Wenzel: Abb. 211

Stadtmuseum Schleswig: Abb. 1, 2, 262

Statens Museum for Kunst, Kopenhagen: Abb. 103

Stiftung Schleswig-Holsteinische Landesmuseen, Schloss Gottorf, Schleswig (SSHL): Abb. 9, 24, 38, 42, 53, 54, 55 (aus der Sammlung Schlee, Foto: Waldemar von Lemm), 56, 57, 59, 60, 69, 90, 94, 120, 122, 229, 230, 231, 232, 244, Abb. S. 128

Stiftung Schoss Eutin: Abb. 6

Universitäts- und Landesbibliothek Sachsen-Anhalt in Halle (Saale): Abb. 152

Victoria&Albert Museum, London: Abb. 148

Württembergisches Landesmuseum Stuttgart, Bildarchiv_244995: Abb. 218

Bildzitate und Bilder aus alten Büchern mit abgelaufenem Copyright:
aus Alemi 1995, S. 47: Abb. 121
aus Böttiger 1884, Pl. II A: Abb. 113
aus Dreesen 1894 Blatt 15: Abb. 259
aus Hamann 2003, S. 38, Abb. 8: Abb. 157
aus Josephson 1930, Bd. 1, Abb. 16: Abb. 171
aus Köster 2017, S. 218–220 u. S. 222: Abb. 84–89, 92
aus Paarmann 1986/87, S. 27: Abb. 76
aus Weldt 1985, S. 30: Abb. 261